中国社会科学院马克思主义研究学部、马克思主义研究院◎编

Marxist Theory Research and Discipline Construction Yearbook 2011

马克思主义理论研究与学科建设年鉴

2011

总第2卷

中国社会科学出版社

图书在版编目（CIP）数据

马克思主义理论研究与学科建设年鉴（2011·总第2卷）/中国社会科学院马克思主义研究学部、马克思主义研究院编.—北京：中国社会科学出版社,2011.9

ISBN 978-7-5161-0017-2

Ⅰ.①马… Ⅱ.①中…②马… Ⅲ.①马克思主义—理论研究—中国—2011—年鉴 Ⅳ.①A81-54

中国版本图书馆CIP数据核字(2011)第171131号

责任编辑 钟 馨
责任校对 林福国
封面设计 李尘工作室
技术编辑 戴 宽

出版发行 中国社会科学出版社
社 址 北京鼓楼西大街甲158号 邮 编 100720
电 话 010—84029450(邮购)
网 址 http://www.csspw.cn
经 销 新华书店
印 刷 北京君升印刷有限公司 装 订 北京盛天行健印刷有限公司
版 次 2011年9月第1版 印 次 2011年9月第1次印刷
开 本 787×1092 1/16
印 张 36.5
字 数 889千字
定 价 118.00元

编辑说明

一、由中国社会科学院马克思主义研究学部和马克思主义研究院主办的《马克思主义理论研究与学科建设年鉴》是目前全国唯一一部全面反映马克思主义理论研究成果和学科建设的综合性年鉴；主要汇集上年度马克思主义理论研究与学科建设新成果、新进展、新走向；具有权威性、学术性、时效性。

二、特约文稿部分选取的是上一年度马克思主义研究领域中知名专家的重要成果或该领域中具有较大影响的文章，具有学术前沿性。

三、本年鉴中的学科研究部分由从事马克思主义研究的权威专家撰写，反映学科发展的最新进展，具有可读性。

四、论文荟萃部分是从全国同类文章中选取部分新颖的观点予以介绍，以期对众多马克思主义研究者有所启发。

五、教育教学部分选取若干单位在马克思主义研究生教育、精品课程建设、教学基本经验等方面的成绩及博士生导师的情况予以介绍，以此检阅我国马克思主义研究阵容。

六、为了尽量反映更多学者的马克思主义理论研究成果，同一作者的成果在本年鉴中一般只使用一处。

七、本年鉴在《中国特色社会主义年鉴》的基础上创办，积累了丰富的经验和社会资源，我们将进一步使其成为全国理论工作者、党政领导干部、高等院校有关师生、全国各级各类图书馆（资料室）必备的工具书和参考读物。

中国社会科学院

马克思主义研究学部　马克思主义研究院

《马克思主义理论研究与学科建设年鉴》编辑部

2011 年 6 月

目　录

附录

第一篇

重要文献

在全党深入学习实践科学发展观活动总结大会上的讲话

胡锦涛

同志们：

今天，我们召开大会，对在全党开展的深入学习实践科学发展观活动进行总结，对巩固和扩大学习实践活动成果作出部署，进一步推动学习实践科学发展观向深度和广度发展。

这次学习实践活动，是在新中国成立60年特别是改革开放30年来我国取得举世瞩目伟大成就、正在新的历史起点上向前迈进的背景下开展的，是在世情、国情、党情发生深刻变化，我国正处在改革发展关键阶段、我们面临的机遇和挑战都前所未有的背景下开展的，特别是在全党全国积极应对国际金融危机冲击、加快经济发展方式转变、保持经济平稳较快发展的背景下开展的，取得了丰硕的认识成果、实践成果、制度成果。认真总结这次学习实践活动的成果和经验，对深入贯彻落实科学发展观，以改革创新精神加强和改进新形势下党的建设，不断夺取全面建设小康社会新胜利、开创中国特色社会主义事业新局面，具有十分重要的意义。

下面，我讲三个问题。

一　学习实践活动扎实有效，取得丰硕成果

党的十七大强调，科学发展观是对党的三代中央领导集体关于发展的重要思想的继承和发展，是我国经济社会发展的重要指导方针，是发展中国特色社会主义必须坚持和贯彻的重大战略思想。党的十七大深刻阐述了科学发展观的科学内涵、精神实质、根本要求，作出了在全党开展深入学习实践科学发展观活动的战略决策。

党的十七大之后，党中央对开展学习实践活动高度重视。中央政治局、中央政治局常委会多次对学习实践活动进行研究部署，强调在全党开展深入学习实践科学发展观活动是用中国特色社会主义理论体系武装全党的重大举措，是深入推进改革开放、推动经济社会又好又快发展、促进社会和谐稳定的迫切需要，是提高党的执政能力、保持和发展党的先进性的必然要求，是更好实现党的十七大提出的宏伟蓝图和行动纲领的现实需要。中央要求全党把深入学习实践科学发展观摆在突出位置，真正把科学发展观体现到各级党组织和广大党员、干部的行动中去，把党的政治优势和组织优势转化为推动经济社会又好又快发展的强大力量，

为实现全面建设小康社会的宏伟目标进一步奠定思想基础、政治基础、组织基础。

为开展好学习实践活动，中央举行专门研讨科学发展问题的中央政治局集体学习，举办全党深入学习实践科学发展观活动动员大会暨省部级主要领导干部专题研讨班，举办省部级主要领导干部深入贯彻落实科学发展观加快经济发展方式转变专题研讨班。中央政治局常委同志带头参加学习实践活动，认真参加专题民主生活会，深入联系点调研指导。中央党的建设工作领导小组多次听取学习实践活动情况汇报，进行专题研究，提出指导意见。中央学习实践活动领导小组认真贯彻中央精神，切实履行职责，加强对学习实践活动的统筹谋划和组织指导。各级党组织认真落实中央决策部署，结合实际精心组织实施，把学习实践活动扎实向前推进。广大党员、干部把参加学习实践活动作为增强党性修养、提高综合素质的难得机遇，积极投身学习实践活动，扎实开展各项工作，认真完成各项任务，向党和人民交出了一份合格答卷。

学习实践活动从2008年3月开始试点、同年9月正式启动，自上而下分三批进行，到今年2月底基本结束，共有370多万个党组织、7500多万名党员参加。这次学习实践活动，紧紧围绕党员干部受教育、科学发展上水平、人民群众得实惠的总要求，牢牢把握坚持解放思想、突出实践特色、贯彻群众路线、正面教育为主的原则，主题鲜明，领导有力，组织严密，措施得当，有三个鲜明特点。一是从各批次、各领域和各类党员群体实际出发，统筹协调，分类指导，突出重点，批次衔接，组织广大党员、干部深化理论学习，努力为促进科学发展打牢思想基础；以学习实践活动为契机，大力加强基层组织建设，努力为促进科学发展夯实组织基础；依靠群众、发扬民主，广泛吸收群众参与，努力为促进科学发展巩固群众基础。二是紧密联系各项工作实际，开展丰富多彩的主题实践活动，凝聚科学发展力量；紧贴群众愿望和期待，着力为群众办实事、做好事、解难事，努力使学习实践活动成为群众满意工程。三是坚持边学边改、边查边改、集中整改，着力转变不适应不符合科学发展观的思想观念，着力解决影响和制约科学发展的突出问题以及党员、干部党性党风党纪方面群众反映强烈的突出问题；抓住重点领域和关键环节，加大体制机制创新力度，努力构建有利于科学发展的体制机制。

经过全党共同努力，学习实践活动基本实现了提高思想认识、解决突出问题、创新体制机制、促进科学发展、加强基层组织的目标，取得明显成效。一是广大党员、干部受到深刻的马克思主义教育，贯彻落实科学发展观的自觉性和坚定性明显增强，加强党性修养和作风建设的自觉性明显提高，对事关本地区本部门本单位科学发展重大问题的认识进一步深化，领导和推动科学发展能力进一步提高。二是科学发展水平得到有效提升，进一步理清了本地区本部门本单位科学发展思路，制定了一批推动科学发展的政策措施，解决了一批影响和制约科学发展的突出问题，建立健全了一批保障和促进科学发展的体制机制。三是人民群众得到更多实惠，有力推动了中央惠民利民政策的落实，解决了大量涉及群众切身利益的实际问题，密切了党群关系、干群关系，促进了社会和谐稳定。四是党的基层组织建设得到明显加强，扩大了党的组织和党的工作覆盖面，丰富了党组织和党员发挥作用的有效途径和方法，改进了基层党的建设领导体制和工作机制。

按照中央的部署和要求，人民解放军和武警部队紧密结合当前形势和部队实际，围绕党员干部受教育、科学发展上水平、履行使命见成效的总要求，组织党员认真学习科学发展观，着力查找解决影响和制约军队建设和军事斗争准备科学发展的突出问题，把全力维护改革发展稳定大局、有效履行军队使命作为学习实践活动最大的实践和最重要的实际，取得了明显成效，进一步打牢了全军官兵高举旗帜、听党指挥、履行使命的思想政治基础，更加牢固地确立了科学发展观在国防和军队建设中的重要指导方针地位，全面加强了部队各级党组织建设，提高了部队以打赢信息化条件下局部战争能力为核心的完成多样化军事任务的能力，有力促进了军队建设又好又快发展。

在开展学习实践活动期间，我国成功举办北京奥运会、残奥会，隆重庆祝新中国成立60周年和党的十一届三中全会召开30周年，全力抗击四川汶川特大地震灾害和全面开展灾后恢复重建，有力应对国际金融危机冲击、保持经济平稳较快发展，积极筹办上海世博会，依法坚决平息和妥善处理拉萨“3·14”事件和乌鲁木齐“7·5”事件，可以说大事多、喜事多、难事多。这次学习实践活动，把服务党和国家中心工作、推动完成重大任务、促进解决突出问题作为最重要的实际、最大的实践、最需要取得的实效，为党和国家办成大事、办好喜事、办妥难事提供了强大动力和重要保证。

总起来说，这次学习实践活动，是深入贯彻落实党的十七大精神、坚持用中国特色社会主义理论体系武装全党、推进马克思主义中国化时代化大众化的一次富有成效的实践，是深入贯彻落实科学发展观、积极应对国际金融危机冲击、推动经济社会又好又快发展的一次富有成效的实践，也是加强和改进新形势下党的建设、提高党的执政能力、保持和发展党的先进性的一次富有成效的实践，对推进党的建设新的伟大工程和中国特色社会主义伟大事业具有重大现实意义和深远历史意义。实践证明，党的十七大作出在全党开展深入学习实践科学发展观活动的战略决策是完全正确的，广大党员、干部和人民群众对学习实践活动是衷心拥护的，社会各界对学习实践活动的成效是充分认可的。

在充分肯定成绩的同时，我们也要清醒地看到，这次学习实践活动还存在一些值得注意的问题，比如，学习实践活动在地区、部门、单位之间开展得不够平衡，一些党员、干部对科学发展观的理解和把握不够深刻，一些党员领导干部领导和推动科学发展的能力素质有待进一步提高，一些影响和制约科学发展的深层次问题有待解决，促进科学发展的体制机制需要进一步健全完善。进一步解决好这些问题，把学习实践活动成果运用于经常性工作，还有大量工作要做。这次学习实践活动为深入贯彻落实科学发展观打下了坚实基础，同时国际国内形势新变化和中国特色社会主义事业新发展对贯彻落实科学发展观提出了更高要求。全党同志要充分认识贯彻落实科学发展观的重要性和紧迫性，继续把学习实践科学发展观引向深入，切实把科学发展观贯彻落实到经济社会发展各个方面。

二　学习实践活动积累了丰富经验，为深入贯彻落实科学发展观提供了重要启示

这次学习实践活动，充分运用党的建设基本经验特别是党内开展集中教育活动的成功做法，在探索新形势下用马克思主义中国化最新成果武装头脑、指导实践、推动工作方面积累了宝贵经验，为深入贯彻落实科学发展观提供了重要启示。

第一，深入贯彻落实科学发展观，基础在于用马克思主义中国化最新成果武装广大党员、干部头脑。这次学习实践活动，坚持把加强理论学习、转变思想观念作为首要任务，组织引导广大党员、干部在深化理论学习中提高思想认识，在提高思想认识中推动工作，在推动工作实践中提高能力本领。实践证明，思想理论建设是党的根本建设，坚持用实践基础上的理论创新成果武装全党，形成全党团结一心、共同奋斗的思想基础，是我们党加强自身建设、推动事业发展的重要保证。深入贯彻落实科学发展观，必须打牢推动科学发展的思想基础，坚持理论联系实际，实现学习和实践有机统一，使党的理论创新成果转化为推动科学发展的思想力量、政策措施、实际能力、自觉行动。

第二，深入贯彻落实科学发展观，目的在于推动经济社会又好又快发展。这次学习实践活动，坚持围绕中心、服务大局，组织引导广大党员、干部着力查找和解决影响制约科学发展的突出问题。特别是在应对国际金融危机冲击的过程中，全党同志积极落实中央保增长、保民生、保稳定的决策部署，努力化危为机、危中求进，有力促进了我国经济率先回升向好。实践证明，发展是解决中国一切问题的关键，发展应该是以人为本、全面协调可持续的科学发展。深入贯彻落实科学发展观，必须始终抓住发展这个党执政兴国的第一要务，把科学发展新要求和当前发展阶段新特征结合起来，加快经济发展方式转变，着力提高经济发展质量和效益，牢牢把握发展主动权。

第三，深入贯彻落实科学发展观，关键在于提高各级领导班子和领导干部领导科学发展能力。这次学习实践活动，坚持以县级以上领导班子、党员领导干部、基层单位党员负责人为重点，认真解决领导班子和领导干部思想、能力、作风等方面存在的突出问题，特别是在推动各级领导班子和领导干部提高应对国际国内重大考验、领导和推动科学发展能力上下功夫、见成效。实践证明，各级领导班子和领导干部谋划科学发展的意识、推动科学发展的能力在很大程度上决定着贯彻落实科学发展观的成效。深入贯彻落实科学发展观，必须紧紧抓住领导班子和领导干部这个关键，帮助他们不断增强领导和推动科学发展本领，更好发挥组织领导和示范带动作用。

第四，深入贯彻落实科学发展观，根本在于发挥人民主体作用。这次学习实践活动，坚持问政于民、问需于民、问计于民，广泛吸收群众参与，虚心听取群众意见，主动接受群众评判，凝聚民心，集中民智，形成了推动科学发展的强大合力。实践证明，推动科学发展，一定要尊重人民主体地位，紧紧依靠人民群众，切实体现人民意愿，把全社会的发展积极性引导到推动科学发展上来。深入贯彻落实科学发展观，必须把实现好、维护好、发展好最广大人民根本利益作为一切工作的出发点和落脚点，使贯彻落实科学发展观的过程成为不断为民造福的过程，最大限度地把人民群众的智慧和力量凝聚到推动科学发展上来。

第五，深入贯彻落实科学发展观，动力在于创新体制机制。这次学习实践活动，立足于解决制约科学发展的突出矛盾和问题，着眼于建立健全保障和促进科学发展的体制机制、推动科学发展的政策法规、体现科学发展要求的规章制度，在解决问题与创新体制机制的结合上进行了积极探索。实践证明，创新体制机制是实现科学发展的必然要求。深入贯彻落实科学发展观，必须坚持求真务实、改革创新，加快构建充满活力、富有效率、更加开放、有利于科学发展的体制机制，为推动科学发展提供有力制度保障和持久推动力量。

这些重要启示，来源于党员群众实践，集中了全党全社会智慧，对推动学习研究和贯彻落实科学发展观向深度和广度发展具有重要作用，我们要倍加珍惜并切实运用于今后实践。

我们党在领导革命、建设、改革的实践中，历来坚持根据形势和任务的新变化、时代发展对党的建设的新要求，在全党开展马克思主义集中教育活动，以更好促进党和人民事业发展。尽管不同时期开展的集中教育活动背景、任务、内容、做法有所不同，但每一次都紧紧围绕党的中心任务来谋划、来推进、来检验，把集中教育活动作为解放思想、统一认识、振奋精神、凝聚力量、攻坚克难、推进工作的总动员，使全党创造活力和奋进动力得到广泛激发；每一次都突出理论武装的重要作用，做到党的理论创新每前进一步、理论武装就跟进一步，教育引导广大党员、干部感情上真诚认同、政治上坚定信仰、行动上自觉运用马克思主义中国化最新成果，使党的创新理论得到广泛普及；每一次都从人民群众最关注最盼望的问题抓起，立说立行，边整边改，以实际行动取信于民，保持党同人民群众的血肉联系，使党群关系、干群关系得到广泛改善；每一次都运用批评和自我批评的武器，着力解决党员、干部党性党风党纪方面群众反映强烈的突出问题，动员群众广泛参与，认真清扫政治灰尘，保持党的肌体健康，使广大党员、干部的党性修养和作风养成得到广泛提高。实践证明，适时在全党开展集中教育活动是运用马克思主义建党学说加强党的建设的重大举措，是保持和发展党的先进性的伟大创举。我们要根据实践的新发展，紧密联系党的建设新实际，坚持和运用好这一成功做法。

三　以改革创新精神加强党的建设，为深入贯彻落实科学发展观提供坚强保证

当今世界正处在大发展大变革大调整时期，当代中国正在新的历史起点上向前迈进。全面建成惠及十几亿人口的更高水平的小康社会、进而基本实现现代化、实现全体人民共同富裕，需要我们付出艰巨努力。我们党正处在新的历史方位，面临的执政考验、改革开放考验、市场经济考验、外部环境考验是长期的、复杂的、严峻的，党的领导水平和执政水平、党的建设状况、党员队伍素质同党肩负的历史使命还存在不少不相适应的地方。在这样的国内外条件下，我们党要团结带领全国各族人民继续抓住和用好我国发展的重要战略机遇期，战胜在政治、经济、文化、社会领域和自然界出现的困难和风险，全面做好改革发展稳定各项工作，关键在于加强和改善党的领导，全面推进党的建设新的伟大工程。我们要全面贯彻党的十七大和十七届四中全会精神，以邓小平理论和“三个代表”重要思想为指导，深入贯彻落实科学发展观，坚持把党的执政能力建设和先进性建设作为主线，以改革创新为动力，以解决影响和制约科学发展的突出问题为重点，把开展学习实践科学发展观活动的成功经验和有效做法运用到经常性工作中去，努力在以科学理论指导党的建设、以科学制度保障党的建设、以科学方法推进党的建设上取得新的成效，不断提高党的建设科学化水平，为推动科学发展提供坚强保证。

第一，进一步加强思想理论建设，不断提高全党学习和运用科学发展观水平。推动理论学习，提高全党理论素养，是一项紧迫的政治任务。要坚持把党的思想理论建设放在首位，继续认真学习马克思列宁主义、毛泽东思想、邓小平理论、“三个代表”重要思想以及科学发

展观，在实践中不断丰富和发展中国特色社会主义理论体系，努力开拓马克思主义新境界，切实提高全党运用科学理论改造主观世界和客观世界的能力。要坚持按照建设马克思主义学习型政党的要求，完善学习制度，丰富学习内容，创新学习方法，努力把各级党组织建设成为学习型党组织、把各级领导班子建设成为学习型领导班子。要坚持教育引导广大党员、干部牢固树立重视学习、善于学习、终身学习的观念，自觉学习社会主义核心价值体系，自觉学习党的路线方针政策和国家法律法规，自觉学习现代化建设所需要的各方面知识，不断提高理论素养和知识素养。各级领导干部要带头学习，先学一步、多学一点、学深一些，做真学真懂真信真用科学发展观的模范。要坚持学以致用、学用相长，引导广大党员、干部向书本学习、向实践学习、向群众学习，把学习科学发展观同解决人民最关心最直接最现实的利益问题、本地区本部门本单位改革发展稳定的重大问题、党的建设突出问题结合起来，把学习成果转化为推动科学发展的实际能力。

第二，进一步加强领导班子和干部队伍建设，不断提高各级领导班子和领导干部推动科学发展、促进社会和谐能力。各级领导班子和干部队伍是贯彻落实科学发展观的关键。要坚持按照科学发展观要求选干部、配班子、建队伍、聚人才，努力把各级领导班子建设成为贯彻落实科学发展观的坚强领导集体，把广大干部培养成为贯彻落实科学发展观的重要骨干，不断提高科学决策、民主决策、依法决策水平，增强推动科学发展、促进社会和谐的整体能力。要坚持德才兼备、以德为先用人标准，形成充满活力的选人用人机制，完善促进科学发展的考核评价机制，把贯彻落实科学发展观的自觉性和坚定性作为考察干部德的重要内容，把领导和推动科学发展能力作为考察干部才的重要标准，把科学发展的实际成效作为考察干部实绩的重要依据，形成有利于科学发展的用人导向。要坚持民主、公开、竞争、择优，深化干部人事制度改革，广开举贤荐能之路，使各方面优秀人才脱颖而出，并在推动科学发展、促进社会和谐的事业中建功立业。要坚持加强教育培训、强化实践锻炼，重点提高领导干部谋划发展、统筹发展、优化发展、推动发展的本领和群众工作、公共服务、社会管理、维护稳定的本领。要坚持把加快经济发展方式转变作为深入贯彻落实科学发展观的重要目标和战略举措，认真总结和运用我国应对国际金融危机冲击的成功经验，促进领导干部开阔眼界、开阔思路、开阔胸襟，增强做好加快经济发展方式转变各项工作的意识和能力。要坚持提高选人用人公信度，匡正选人用人风气，使选拔出来的干部组织放心、群众满意。

第三，进一步加强党的基层组织建设，努力把基层党组织建设成为贯彻落实科学发展观的坚强战斗堡垒。党的基层组织是党全部工作和战斗力的基础，承担着把科学发展观贯彻落实到基层的重要责任。要始终把抓基层打基础摆在更加突出的位置，大力推进基层组织工作创新，统筹抓好各领域各行业基层党组织建设，广泛开展创建先进基层党组织、争做优秀共产党员的创先争优活动，充分发挥基层党组织推动发展、服务群众、凝聚人心、促进和谐的作用。要坚持完善基层党组织设置形式，形成分布广泛、完善严密、坚强有力的基层党组织网络体系，不断扩大党的组织和党的工作覆盖面。要坚持强化基层党组织功能，找准基层党建工作与中心任务的结合点，从实际出发落实好中央方针政策和工作部署，体现好人民群众关切和期待，提高基层党组织工作水平。要坚持加强基层党组织书记队伍建设，按照守信念、讲奉献、有本领、重品行的要求，形成一支能够团结带领广大党员、群众推动科学发展和共同致富的高素质基层党组织带头人队伍。要坚持加强党员队伍建设，建立健全教育、管理、服务党员长效机制，充分发挥党员在党内生活中的主体作用，增强党员队伍生机活力，激发广大党员坚定信念、牢记宗旨、爱岗敬业、勇于进取的自觉性。要加强对老党员、生活困难党员的关怀帮助，真正重视、真情关心、真心爱护基层党员干部，让他们切实感受到党的温暖，增强荣誉感、归宿感、责任感。

第四，进一步加强党的作风建设，努力营造深入贯彻落实科学发展观的风清气正环境。推动科学发展必须有良好作风作保证。各级党组织要按照党的十七届四中全会提出的要求，大兴密切联系群众之风、求真务实之风、艰苦奋斗之风、批评和自我批评之风，以优良的党风促政风带民风，形成凝聚党心民心的强大力量。实现最广大人民根本利益是贯彻落实科学发展观的根本目的。要坚持全心全意为人民服务的根本宗旨，坚持以人为本，贯彻党的群众路线，深入了解民情，充分反映民意，广泛集中民智，切实珍惜民力，着力解决好人民最关心最直接最现实的利益问题，把群众满意不满意作为衡量各项工作的根本标准，引导广大党员、干部特别是领导干部始终与人民群众同甘共苦、为人民利益不懈奋斗。要坚持引导广大党员、干部特别是领导干部自觉学习党章、遵守党章、贯彻党章、维护党章，自觉加强党性修养，增强党的意识、宗旨意识、执政意识、大局意识和责任意识，切实做到为党分忧、为国尽责、为民奉献。要坚持解放思想、求真务实，牢固树立正确政绩观，既勇于开拓创新，又坚持埋头苦干，真正把工夫下在察实情、出实招、办实事上，努力创造经得起实践、人民、历史检验的实绩。要坚持发挥先进典型的示范带动作用，组织广大党员、干部学习先进典型，讲党性、重品行、作表率，争做群众贴心人、群众信得过的好干部。各级领导干部要始终保持高尚的精神追求和道德情操，坚持严于律己、清正廉洁，老老实实做人、干干净净做事，时刻警惕权力、金钱、美色的诱惑，坚决同一切腐败行为作斗争，用实际行动推进反腐倡廉建设，真正做到为民、务实、清廉。

加强和改进新形势下党的建设是全党的重大政治责任。各级党委要坚持党要管党、从严治党，在全党特别是党的各级领导干部中形成党组织抓好党建是本职、不抓党建是失职、抓不好党建是不称职的思想共识和舆论导向。要全面落实党建工作责任制，健全党委统一领导、部门齐抓共管、一级抓一级、层层抓落实的党建工作格局，确保党的建设各项任务落到基层、落到实处。要把巩固和扩大学习实践活动成果、扎实做好整改落实后续工作、切实健全长效机制作为各级党委贯彻落实党建工作责任制的重要内容，推动学习实践活动有效做法制度化、管用经验长效化，让学习实践活动成果在经常性工作中充分发挥作用。

同志们，实践永无止境，党的理论创新也永无止境。全党同志要紧密团结在党中央周围，高举中国特色社会主义伟大旗帜，开拓创新、团结前进，为夺取全面建设小康社会新胜利、开创中国特色社会主义事业新局面而不懈奋斗！

（原载《求是》2010年第8期）

正确认识和处理文化建设发展中的若干重大关系 努力探索中国特色社会主义文化发展道路

李长春

今年2月，中央举办省部级主要领导干部深入贯彻落实科学发展观加快经济发展方式转变专题研讨班，胡锦涛总书记发表重要讲话，深刻阐述了加快经济发展方式转变的重要性和紧迫性，提出了加快经济发展方式转变的八项重点工作，其中强调发展文化产业有利于优化经济结构和产业结构，有利于拉动居民消费结构升级，有利于扩大就业和创业。要在重视发展公益性文化事业的同时，坚持经济效益与社会效益相统一，把满足人民日益增长的多样化、多层次、多方面精神文化需求作为扩大内需的重要组成部分，深化文化体制改革，加快文化产业发展。温家宝总理在今年政府工作报告中，把"大力加强文化建设"作为需要重点抓好的八个方面工作之一，强调要继续推进文化体制改革，扶持公益性文化事业，发展文化产业，鼓励文化创新，培育骨干文化企业，生产更多健康向上的文化产品，满足人民群众多样化的文化需求。胡锦涛总书记的重要讲话和温家宝总理所作的政府工作报告，进一步阐明了文化建设在中国特色社会主义事业总体布局中的重要地位和作用，指出了大力发展文化产业是加快经济发展方式转变的重要途径和重要方面，标志着我们党对文化建设规律的认识提升到了一个新的高度。这既是对宣传思想文化战线的巨大鼓舞和激励，也为进一步深化文化体制改革、加快发展文化事业和文化产业指明了方向。我们一定要深入学习、深刻领会，切实贯彻到实际工作中，推动文化建设迈上新台阶。

党的十六大以来，以胡锦涛同志为总书记的党中央高度重视文化建设，对深化文化体制改革、发展文化事业和文化产业作出了一系列重大决策部署。党的十七大进一步从中国特色社会主义事业"四位一体"总体布局的高度，提出了兴起社会主义文化建设新高潮、推动社会主义文化大发展大繁荣的战略任务。各地区各部门认真贯彻中央决策部署，解放思想、与时俱进、开拓创新，在实践中不断探索总结，开创了文化体制改革和文化发展的新局面。覆盖城乡的公共文化服务体系初步形成，人民群众基本文化权益得到更好保障；国有经营性文化单位转企改制取得决定性进展，国有文化企业的活力和竞争力大大增强；文化产业结构调整和资源整合力度不断加大，涌现出一批有实力有活力的国有或国有控股大型文化企业；作家艺术家讴歌时代和人民的积极性空前高涨，创新动力和创造活力进一步增强，主旋律作品大放异彩；广大文化工作者改革发展的积极性主动性显著增强，展现出良好精神风貌。可以说，文化建设的春天已经到来。我们一定要高举中国特色社会主义伟大旗帜，以邓小平理论和“三个代表”重要思想为指导，深入贯彻落实科学发展观，认真贯彻中央关于文化建设和文化体制改革的一系列重要方针政策，解放思想、转变观念，牢固树立忧患意识、机遇意识、改革意识、发展意识，正确认识和处理文化建设和发展中的若干重大关系，坚持社会主义先进文化前进方向，坚持贴近实际、贴近生活、贴近群众，以推动社会主义文化大发展大繁荣为主题，以满足人民群众日益增长的精神文化需求为根本任务，以改革创新和科技进步为强大动力，以构建有利于文化科学发展的体制机制为主攻方向，以全面提高人才队伍素质为重要保障，进一步深化文化体制改革，破解文化发展难题，转变文化发展方式，不断解放和发展文化生产力，加快发展文化事业和文化产业，努力探索中国特色社会主义文化发展道路。

第一，正确认识和处理人民群众基本文化需求与多样化、多层次、多方面文化需求的关系，坚持一手抓公益性文化事业，一手抓经营性文化产业，做到两手抓、两加强，最大限度地满足人民群众日益增长的精神文化需求。满足人民群众日益增长的精神文化需求，是文化建设的根本任务。随着我国经济社会持续快速发展和人民生活水平不断提高，城乡居民文化需求越来越旺盛，文化消费进入了快速增长期。从总体上看，人民群众的文化需求可以分为两部分，一部分是体现人民群众文化权益的基本文化需求，另一部分是多样化、多层次、多方面的文化需求。现阶段，我们界定的基本文化需求主要包括读书看报、听广播看电视、进行公共文化鉴赏、参加公共文化活动等。在农村，考虑到过去的传统，每个月为农民免费放映一场电影也属于这个范畴。除此之外，就属于多样化、多层次、多方面的文化需求。正确区分这两种文化需求并处理好二者关系，有助于我们对文化建设中政府职责和市场功能进行科学定位，明确文化建设的基本思路，即一手抓公益性文化事业，一手抓经营性文化产业，做到两手抓、两加强，两轮驱动，两翼齐飞，推动社会主义文化大发展大繁荣，最大限度地满足人民群众日益增长的精神文化需求。

人民群众的基本文化需求，是社会主义制度下人民群众必须得到保障的基本文化权益。因此，要以政府为主导，以公共财政为支撑，以公益性文化事业单位为骨干，以全民为服务对象，以基层特别是农村为重点，构建覆盖城乡的公共文化服务体系。基本文化权益具有公益性、均等性、基本性、便民性等属性。公益性，就是政府提供的公共文化服务基本上是免费服务，或是低于成本、收费很少的服务；均等性，就是不分男女老少，不分富人穷人，不分城市农村，不分东中西部，都平等地享受公共文化服务；基本性，就是政府提供的是基本文化服务，而不是所有文化服务；便民性，就是要网点化，做到一定空间范围内必须有公共文化活动场所，方便群众就近参与。公共文化服务体系建设的重点和难点在农村、在基层，要向农村和基层倾斜。当前，要优先安排涉及农村和基层群众切身利益的文化建设项目，积极推进广播电视村村通、文化信息资源共享、社区和乡镇综合文化站（室）、农家书屋、农村电影放映等重点文化惠民工程建设。要大力推动公共博物馆、纪念馆、美术馆、文化馆、图书馆、青少年宫、科技馆、群众艺术馆以及基层文化活动中心向全社会免费开放，提高公益性文化单位服务群众的能力和水平。要推动政府通过购买文化产品的方式在特定时段、以特定内容、向特定群体提供公共文化服务，同时要继续开展“三下乡”、“四进社区”、“送欢乐下基层”等文化惠民活动并不断规范，丰富基层群众的文化生活。

对于人民群众多样化、多层次、多方面的文化需求，主要靠市场来满足。在社会主义市场经济条件下，市场越来越成为人们进行个性化文化消费、满足多样化文化需求的主要途径。这就要求我们必须大力发展经营性文化产业，进一步繁荣文化市场。要大力发展文化创意、影视制作、出版发行、印刷复制、广告、演艺、娱乐、文化会展、数字内容和动漫等九大文化产业，不断壮大我国文化产业的总体实力。要培育各类自主经营、自我发展的合格市场主体，这是文化产业的基础。要加快构建和培育统一开放竞争有序的现代文化市场体系，建立门类齐全的文化产品市场和文化要素市场，繁荣城乡文化市场，培育大众性文化消费市场，更好地满足人民群众精神文化需求。要积极鼓励广大文化工作者创作更多群众喜闻乐见的精品力作，鼓励国有或国有控股文化企业积极开发市场、占有市场，发挥骨干作用，鼓励非公有制文化企业积极提供多样化的文化产品和服务，提高供给能力，努力满足不同地域、不同层次、不同群体、不同年龄群众丰富多彩、健康有益的文化需求。

第二，正确认识“两种属性”、“两个效益”的关系，始终把社会效益放在首位，努力做到社会效益与经济效益有机统一。在社会主义市场经济条件下，文化产品既有教育人民、引导社会的意识形态属性，也有通过市场交换获取经济利益、实现再生产的商品属性、产业属性、经济属性。在“两种属性”中，意识形态属性是文化产品的特殊性，商品、产业、经济属性是文化产品的普遍性。不能因为文化产品具有商品的一般属性，就忽视其意识形态的特殊属性；也不能因为文化产品具有意识形态的特殊属性，就排斥其商品的一般属性，而是要把两者统一起来。正确把握“两种属性”的关系，要求我们必须正确认识和处理“两个效益”即社会效益与经济效益的关系。不论是公益性文化事业，还是经营性文化产业，都要突出以文化人的功能。每个国家、每个民族、每个人都要有精神支撑，因此要充分发挥文化陶冶情操、凝聚力量、提振信心、鼓舞士气的重要功能。公益性文化事业、经营性文化产业，只是文化形式的差别、载体的不同，而承载的精神即文化的灵魂应是一致的，那就是必须以传播社会主义先进文化为己任。因此，文化建设必须坚持社会主义先进文化前进方向，把社会效益摆在首位。发展公益性文化事业，就是要追求社会效益的最大化，不搞产业化，但也要在内部引入激励机制，改善服务。发展经营性文化产业，就是要在把社会效益放在首位的前提下，努力实现社会效益与经济效益的有机统一，当经济效益同社会效益发生冲突时，经济效益要服从社会效益。在社会主义市场经济条件下，检验经营性文化产业产品和服务“两个效益”相统一的一个重要标准，就是人民群众喜欢不喜欢、是否愿意花钱购买和消费。购买优秀文化产品的人越多，受教育的面就越大，经济效益越好，社会效益也就越广泛。从这个意义上说，没有经济效益，社会效益也是空的。但如果文化产品不讲社会效益，不符合人民群众健康有益的文化需求，在某些方面管理疏漏的情况下，即使暂时会谋些蝇头小利，但终会被边缘化直至被逐出市场，经济效益也无从谈起。因此，实现社会效益与经济效益相辅相成、相互促进、有机统一，是经营性文化产业可持续发展的重要条件。要鼓励经营性文化单位创新体制机制，把面向群众、面向基层、面向农村与面向市场统一起来，认真做好市场调研，准确把握群众需要，在占领市场的过程中更好地服务群众，在服务群众的过程中更多地赢得市场，努力实现社会效益与经济效益的最大化。与此相适应，各级各类评奖机制也要进一步改革，改变一些地方和部门评奖过多过滥和文化产品只面向评委而不面向群众的弊端，把群众喜欢不喜欢、满意不满意、接受不接受、认可不认可作为评价作品的最终标准，在导向正确的前提下，将发行量、演出场次、票房收入和销售额等作为衡量文化产品社会影响的客观指标，使评奖真正成为推动文化产品更好地面向市场、面向群众的重要宏观调控手段，催生更多“既叫好又叫座”的精神文化产品，而不能使评奖成为反向调控的指挥棒。

第三，正确认识弘扬主旋律与提倡多样化的关系，坚持社会主义先进文化前进方向，坚持贴近实际、贴近生活、贴近群众，推动社会主义文化全面繁荣。弘扬主旋律、提倡多样化，是坚持社会主义先进文化前进方向的内在要求。弘扬主旋律、提倡多样化，与坚持为人民服务、为社会主义服务的“二为”方向和贯彻百花齐放、百家争鸣的“双百”方针，从根本上讲是一致的，都是社会主义文化建设规律的客观反映。弘扬主旋律，必须始终坚持为人民服务、为社会主义服务的方向；提倡多样化，必须全面贯彻百花齐放、百家争鸣的方针。坚持“二为”方向，弘扬主旋律，是社会主义制度对文化建设提出的本质要求，是社会主义精神文明的具体体现，是社会主义文化必须担负的社会责任；贯彻“双百”方针，提倡多样化，是社会主义初级阶段的基本国情对文化建设提出的客观要求，是由人民群众日益增长的多样化、多层次、多方面的精神文化需求决定的，是社会主义文化繁荣发展的活力所在。这两个方面相辅相成、不可或缺，都统一于贴近实际、贴近生活、贴近群众的具体实践中。文化必须有深刻的精神内涵，才能以文化人，中华文化就是要体现民族精神和时代精神。在当代中国，主旋律从精神层面上来讲，最根本的就是社会主义核心价值体系；从实践层面上来讲，最根本的就是全国各族人民在中国共产党领导下走中国特色社会主义道路、全面建设小康社会、实现中华民族伟大复兴的宏伟事业。在文化建设中，要全面贯穿这一鲜明的时代主旋律，热情歌颂改革开放和社会主义现代化建设取得的伟大成就，大力唱响共产党好、社会主义好、改革开放好、伟大祖国好、各族人民好的时代最强音，鼓舞和激励全党全国各族人民为夺取全面建设小康社会新胜利、开创中国特色社会主义事业新局面而不懈奋斗。同时，也要适应社会生活日趋丰富多彩、人民群众精神文化需求日趋多样多变的客观现实，在坚持“二为”方向、弘扬主旋律的前提下，认真贯彻“双百”方针，尊重差异、包容多样，充分发扬艺术民主和学术民主，在艺术创作上提倡不同形式和风格的自由发展，在艺术理论上提倡不同观点和学派的充分讨论，在艺术发展上提倡不同品种和业态的积极创新，使社会主义文化百花园更加绚丽多彩。弘扬主旋律要坚持思想性、艺术性、观赏性的有机统一，增强吸引力、感染力，不能脱离现实生活，不能空洞说教；提倡多样化要处理好高雅与通俗、普及与提高的关系，兼顾大众和小众的需求，高雅艺术形态也要努力贴近实际、贴近生活、贴近群众，不断扩大受众面，努力做到雅俗共赏；通俗艺术形态也要强调思想内涵，追求格调品味，寓教于乐，不降低艺术标准，不低俗媚俗庸俗。

第四，正确认识和处理改革创新与加快发展的关系，坚持以改革创新为强大动力，增强文化发展活力，不断解放和发展文化生产力。推动文化大发展大繁荣是社会主义文化建设的鲜明主题，改革创新是加快文化发展的强大动力。进一步推进文化体制改革，积极推进文化创新，大力发展文化事业和文化产业，是深入贯彻落实科学发展观、加快经济发展方式转变的迫切需要，是加快文化自身发展、增强自身活力、满足人民群众日益增长的精神文化需求的迫切需要，是适应我国深化各领域改革、完善社会主义市场经济体制的迫切需要，是顺应现代信息科技迅猛发展和广泛应用新趋势、抢占文化发展制高点的迫切需要，是适应对外开放不断扩大新形势、提高中华文化国际影响力和竞争力的迫切需要。我们一定要从党和国家事业发展的全局和战略高度，不断增强改革创新的自觉性和坚定性，深化文化体制改革，推进观念创新、体制创新、机制创新、内容创新、形式创新、传播手段创新、业态创新、科技创新，进一步增强文化发展的生机和活力。

坚持以改革创新为强大动力，推动文化科学发展，最根本的是要进一步解放思想、转变观念。解放思想是发展中国特色社会主义的一大法宝。思想观念是个总开关。观念决定思路，思路决定出路。在文化建设和发展的实践中要全面贯彻党的思想路线，始终坚持解放思想、实事求是、与时俱进，自觉地把思想认识从不符合文化科学发展的思想观念和思维定势的桎梏中解放出来，从不符合文化科学发展的做法和规定的限制中解放出来，从不符合文化科学发展的传统体制的束缚中解放出来，敢于突破陈规陋习，勇于用改革的办法破解难题，不断增强改革创新的意识和本领，努力用符合科学发展观要求的新的文化发展理念指导文化建设和发展的实践。

坚持以改革创新为强大动力，推动文化科学发展，要以体制机制创新为重点，大力推进文化体制改革。要根据区别对待、分类指导、循序渐进、逐步推开的指导方针，对公益性文化事业和经营性文化产业采取不同的改革路径，从实际出发，分阶段、有区别地加以实施。对公益性文化单位，包括公共博物馆、纪念馆、美术馆、文化馆、图书馆、青少年宫、科技馆、群众艺术馆等提供公共文化服务的单位，改革的方针是“增加投入、转换机制、增强活力、改善服务”，政府要增加投入，足额保证经费，单位自己不搞创收，但也要转换内部机制，深化劳动人事制度、收入分配制度等改革，不断增强活力，切实提高服务群众的能力和水平，最大限度地发挥社会效益。对国有经营性文化单位，主要包括出版社、新华书店、电影制片厂、电视剧制作中心、电影放映单位、一般艺术院团、重点新闻网站、非时政类报刊社以及主流媒体中可剥离的经营部分等，改革的方针是“创新体制、转换机制、面向市场、壮大实力”，核心是紧紧抓住转企改制这个中心环节，重塑文化市场主体，推动国有经营性文化单位从行政附属物转变为自主经营、自我发展、自我创新、依法运营的文化产品生产经营者。在转企改制过程中，要严格按照建立现代企业制度的要求，完善法人治理结构，使国有经营性文化单位成为真正的企业法人，做到可核查、不可逆，坚决杜绝出现行政事业性质的“翻牌公司”。要在转企改制的基础上，进行股份制改造，建立现代产权制度，并把改革和改组结合起来，盘活国有文化资产，以资本为纽带，推动跨地区跨行业跨领域兼并重组，实现低成本扩张，打造一批有实力、有竞争力和影响力的国有或国有控股的文化企业和企业集团，使之成为文化市场的主导力量和文化产业的战略投资者。要在演艺娱乐业、动漫游戏业、传媒业、网络业、影视业、出版发行业等重点文化产业，选择一批改革到位、成长性好、竞争力强的大型国有或国有控股集团公司，推动上市融资，尽快做优做大做强。在有条件的地方，要鼓励以财政、金融资金为主体，吸收社会资本，组建企业化的文化产业投资公司，进一步拓宽文化产业发展的融资渠道。要进一步完善文化市场体系，建立文化资产评估体系、文化产权交易体系，发展以版权交易为核心的各类文化资产交易市场，以及文化经纪代理、评估鉴定、风险投资、保险、担保、拍卖等中介服务机构，为文化企业的成长壮大创造良好市场条件。另外，从目前国情出发，还要正确把握处于公益性文化单位和经营性文化单位之间少数文化单位的改革，这些文化单位主要指国家扶持的体现民族特色和国家水准的艺术院团，包括国家直属院团和一些重点保护剧种的重点院团如京剧院团、昆曲院团，使其代表国家的水平，并发挥示范、引导作用；还有一些需要逐步培育市场的高雅艺术团体如交响乐团、芭蕾舞团等。这些文化单位不同于普通的公益性文化单位，与文化市场有着密切的联系，具有一定的经营性质，但完全走向市场目前还不具备条件，因此暂时仍实行事业单位企业化管理。对它们的改革方针是“政府扶持、转换机制、面向市场、增强活力”。政府扶持的目的，是要支持这些文化单位更好地面向市场、增强活力。因此，这些文化单位要积极进行内部机制改革创新，建立起符合艺术发展规律、体现按劳分配原则的分配制度和能进能出的人员流动机制，建立起以观众为中心、以市场为导向、以社会效益与经济效益有机统一为目标的院团经营管理机制，形成自我发展的内生动力，在面向群众、面向市场的过程中不断发展壮大。需要指出的是，这些文化单位毕竟是少数特殊情况，仅限于现有存量，在改革过程中，要严格界定、严格审查、严格控制，最大限度地减少事业性质企业化管理的文化单位，条件成熟的，鼓励进行转企改制的探索，推动越来越多的经营性文化单位转企改制。

坚持以改革创新为强大动力，推动文化科学发展，要善于把继承与创新有机统一起来。推进文化发展，基础在继承，关键在创新。不善于继承，创新就没有根基；不善于创新，继承就缺乏活力。要继承和弘扬中华民族的优秀文化传统，加强中华优秀文化传统教育，加强对文物和非物质文化遗产的保护，深入挖掘蕴藏其中的丰厚文化资源，并赋予新的时代内涵，使其与当代社会相适应、与现代文明相协调，在新的历史条件下继续发扬光大。对具有产业和市场潜力、具备经营条件的传统文化资源，要鼓励在国家政策支持下，运用市场和产业的手段进行保护、传承和发展，特别是和发展旅游业紧密结合，开发文化产品，拓展服务项目，在与产业和市场的结合中增强生机、焕发活力，实现可持续发展。要适应人民群众文化需求的新特点和审美情趣的新变化，推动不同传统艺术门类之间相互融合，推动传统艺术与现代艺术相互借鉴，积极运用声、光、电等手段提高传统文化表现力，实现题材体裁、风格流派和表现手法的创新发展。

第五，正确认识和处理文化与经济的关系，不断提高文化产业对加快经济发展方式转变的贡献。当今时代，文化与经济日益交融，在为经济发展提供强大精神动力的同时，文化的经济功能明显增强，经济的文化含量不断提高，文化在综合国力竞争中的地位和作用越来越突出，文化产业对促进经济增长和经济发展方式转变的贡献越来越大。从实践中看，在加快经济发展方式转变过程中，文化产业具有优结构、扩消费、增就业、促跨越、可持续的独特优势和突出特点。

优结构，就是无论从总供给还是从总需求的角度讲，发展文化产业都有利于优化经济结构、产业结构、需求结构。党的十七大强调，要促进经济增长由主要依靠第二产业带动向依靠第一、第二、第三产业协同带动转变。这也就是说，我们要从过去主要依靠第二产业带动经济增长，转变为依靠第一、第二、第三产业协同带动，特别是要增加第三产业的比重。文化产业是现代服务业的重要组成部分，既为生活服务，又为生产服务。因此，抓住了文化产业，就抓住了调整供给结构的突破口，就从总供给方面进一步优化了经济结构和产业结构。扩消费，就是从总需求的角度讲，发展文化产业有利于扩大居民消费，拉动居民消费结构升级。党的十七大强调，要促进经济增长主要由依靠投资、出口拉动向依靠消费、投资、出口协调拉动转变。这也就是说，我们要从过去主要依靠投资、出口拉动经济增长，转变为消费、投资、出口“三驾马车”协调拉动。从目前总需求与总供给平衡关系上来看，很多产业都出现产能过剩的问题，文化产业是少数几个总供给还远远不能满足总需求的朝阳产业之一，人民日益增长的物质文化需要同落后的社会生产之间的矛盾这一社会主要矛盾在文化领域表现得特别突出。特别是人均国内生产总值达到3000美元之后，人民群众精神文化需求呈“井喷”之势，而我们提供的优秀文化产品和服务相比之下还太少。因此，无论是文化事业还是文化产业，都是人民群众生活基本实现小康之后增加消费的重要途径，大力发展文化事业和文化产业，也就抓住了扩大消费的重要着力点。增就业，就是发展文化产业有利于增加就业、带动创业。文化产业投入的是智力资源，产出的是知识产权，不需要更多厂房和土地就能够创造很多的就业机会。而且文化创意是推动其他相关产业发展的重要动力。因此，发展文化产业，有利于解决更多的人就业特别是能够有效缓解大学生就业难的问题，有利于带动其他领域、其他产业的创新发展，实现更多的人就业创业。促跨越，就是发展文化产业有利于实现跨越式发展，对欠发达地区就更有意义。文化产业与一个地区原来的工业发展水平等基础条件关系不大，不需要提供配套元器件和复杂的工艺性协作，只要引进优秀人才，有好的创意，就能发展。中西部地区普遍拥有丰富的文化资源，只要善于在市场化、产业化、科技化上率先突破，就能把文化资源变成现实财富，促进本地区的跨越式发展。可持续，就是发展文化产业有利于实现可持续发展。当前，经济发展面临的资源、能源、环境等瓶颈制约越来越突出，而文化产业的一大特点是资源消耗低、环境污染小，是受资源、能源、环境瓶颈制约不大的新兴产业之一，最能够实现人与自然协调发展，是典型的低碳经济、绿色经济。抓住了文化产业，就抓住了推动可持续发展的重要途径。综合以上这些优势和特点，完全可以说文化产业是战略性、先导性产业，不仅能够提供精神动力、思想保证、文化条件，而且能够开辟经济发展的新途径、新空间，是转变经济发展方式的重要途径和突破口。因此，要从加快经济发展方式转变的全局和战略高度，大力发展文化产业，将其纳入经济社会发展总体规划，作为发展战略性新兴产业的重要组成部分，摆上更加重要的日程，采取更加有力的举措，积极推动文化产业与旅游、休闲、制造、电信、交通、房地产等产业相融合，使文化产业成为国民经济新的增长点和现代服务业的支柱产业。

第六，正确认识和处理发挥政府作用与调动全社会力量参与文化建设的关系，努力形成文化建设的强大合力。兴起社会主义文化建设新高潮，推动社会主义文化大发展大繁荣，是全党全社会的共同事业。无论是发展公益性文化事业还是发展经营性文化产业，都要既充分发挥政府的主导作用，又充分调动社会各方面的积极性、主动性、创造性，努力形成多元投入、协力发展的新格局。

政府在文化建设中的作用，主要体现在提供公共文化服务和为各类文化主体发展创造良好的政策环境、法制环境和市场环境等方面。具体来讲，就是要履行好“公共服务、政策调节、社会管理、市场监管”的职能。公共服务，即政府必须切实承担起提供公共文化服务、保障人民基本文化权益的职责，把建设公共文化服务体系纳入经济社会发展总体规划，依靠公共财政投入为主建设公共文化服务体系，扶持公益性文化单位，建设文化基础设施，购买文化产品用于公共文化服务，建立健全公共文化设施免费开放的财政保障机制，不断提高公共文化产品和服务的供给能力。政策调节，即政府要在深入调查研究基础上，科学制定文化发展规划，制定引导和推动文化事业和文化产业发展的政策措施。这些年，已相继出台了《国家“十一五”时期文化发展规划纲要》、《文化产业振兴规划》等一系列政策措施，有力地引导和推动了文化事业和文化产业的发展。社会管理，即要建立健全党委领导、政府管理、行业自律、企事业单位依法运营的文化管理体制和富有活力的文化产品生产经营体制机制，推进政企分开、政资分开、政事分开、政府与市场中介组织分开，推动形成行为规范、运转协调、公正透明、廉洁高效的管理体制，为各类文化主体创造良好的发展环境。市场监管，即政府主管部门必须切实担负起文化市场监管的职责，提高文化市场监管能力和水平，确保文化市场繁荣有序。

近年来，随着我国经济结构调整力度不断加大，文化产业已经成为最有吸引力的投资领域之一，社会力量参与和投入文化事业和文化产业的积极性越来越高，作用越来越突出。要适应形势发展的要求，抓住这一有利时机，制定和实施更加完善的政策措施，坚持公有制为主体、多种所有制经济共同发展的基本经济制度，毫不动摇地加快壮大国有或国有控股经营性文化企业，毫不动摇地鼓励和引导各种非公有制文化企业的发展，努力形成以公有制为主体、多种所有制共同发展的文化产业格局。要在法律和政策许可的范围内，适当降低非公资本进入文化产业的门槛，吸收社会资本参与到振兴文化产业的进程中来，鼓励民营文化企业参与国有经营性文化单位的转企改制。要进一步完善和落实社会力量捐赠公益性文化事业的政策措施，引导和鼓励社会各方面通过捐助、捐赠、自办等方式，投资兴办公共文化服务实体，建设公共文化设施，开展公益性文化活动。总之，要努力形成政府力量与民间力量一起上、公有制文化单位和非公有制文化单位一起上，汇聚强大合力，共同推动社会主义文化大发展大繁荣的生动局面。

第七，正确认识和处理民族文化与外来文化的关系，坚持对外开放，努力形成以民族文化为主体、积极吸收外来有益文化的文化市场格局，推动中华文化“走出去”，不断扩大中华文化的国际影响力和竞争力。随着世界多极化、经济全球化加快发展和我国对外开放不断扩大，中外思想文化交流交融交锋更加频繁，这既为我们学习借鉴世界有益文化、推动中华文化“走出去”、扩大中华文化在国际上的影响力和竞争力提供了极好机遇，同时也使我们面临更加直接、更加激烈的国际文化竞争。这就要求我们必须统筹国内国际两个市场、利用两种资源，既大力弘扬民族优秀文化，又坚持对外开放，积极借鉴吸收各国优秀文明成果，加快发展文化产业，把丰富的民族文化资源转化为文化产业优势，提高我国文化产品的市场竞争力，努力形成以民族文化为主体、积极吸收外来有益文化的文化市场格局，同时大力推动文化“走出去”，不断扩大中华文化的国际影响力和竞争力。要不断创新文化“走出去”的渠道、途径和方式方法，坚持“两条腿”走路，在继续推动政府主导的文化交流的同时，积极探索市场化、商业化、产业化的运作方式，着力打造一批具有国际竞争力的外向型文化企业，打造具有重要影响力的国际文化交易平台，以企业为主体、以市场化运作为主要方式推动我国文化产品和服务出口，扩大我国文化产品在国际市场上的份额。要着力打造具有自主知识产权和核心竞争力的知名文化品牌，提高我国文化产品的附加值。要鼓励文化企业通过投资、合资、参股等多种方式，在境外兴办文化实体，使我国文化产品更直接地参与国际文化市场竞争。要加强国际传播能力建设，加快建设语种多、受众广、信息量大、影响力强、覆盖全球的国际一流媒体，使我们的图像、声音、文字、信息、影视节目更广泛地传播到世界各地，不断扩大中华文化的国际影响力。

第八，正确认识和处理促进繁荣与加强管理的关系，通过不断提高管理的科学化水平确保文化健康有序发展。繁荣是目的，管理是保障。推动社会主义文化大发展大繁荣，必须始终坚持“两手抓”，一手抓发展繁荣、一手抓加强管理，在促进繁荣的过程中不断改进和创新管理，通过科学有效的管理促进文化发展繁荣，努力建立和完善中国特色社会主义文化管理体制。要在恰当运用思想教育手段的同时，更加注重依法管理为主，综合运用法律、经济、行政、科技等手段，推进管理工作的法制化、规范化、制度化、科学化，有效解决在管理上存在的突出问题。要进一步创新管理理念，强化服务意识，寓管理于服务之中。要坚持用改革的办法解决管理中出现的问题，向体制要秩序。要通过制定和完善法人、岗位、职业、产品等市场准入和退出机制，通过健全登记备案、年检制度、加强岗位培训等多种行业监管手段，强化行业自律，推动文化企业形成自我约束、自我监督、自我管理的良性发展机制，切实履行社会责任。要进一步转变政府职能，按照建设法治政府和服务型政府的要求，推动文化行政管理部门逐步实现由办文化为主向管文化为主转变，由管微观向管宏观转变，由主要面向直属单位转为面向全社会，进一步把工作的重心转移到文化市场的管理和服务上来，按照谁主管谁负责和属地管理原则，真正把管理职责落到实处。要结合地方机构改革，加快推进城市综合文化行政主体改革和文化市场综合执法改革，切实理顺文化执法体制，解决多头执法、力量分散、执法水平不高的问题，不断提高文化市场管理水平。要进一步加强网络文化建设和管理，推动相关行政管理部门的职责向互联网、手机等新兴媒体延伸，坚决清除淫秽色情和低俗内容，净化网络文化环境。要推进网吧连锁化、品牌化经营，加强学校电子阅览室和公共图书馆、社区活动中心、青少年宫等公益性上网场所建设。要加大执法力度，依法保护知识产权，坚持不懈地开展“扫黄打非”，不断建立和完善文化市场执法的长效机制。

第九，正确认识文化与科技的关系，把运用高新技术作为推动文化建设、提高文化创新能力和传播能力的新引擎。在信息技术高度发展的当今时代，谁的传播手段先进、传播能力强大，谁的思想文化和价值观念就能更广泛地流传，谁的文化产品就能更有力地影响世界。数字技术、网络技术的迅猛发展和广泛应用，极大地增强了文化的创造力和传播力，催生了一系列新兴文化业态和新的表现形式。这些新兴文化业态和新的表现形式，是文化产业中最具活力和潜力的部分，反映了文化产业未来发展的方向。可以说，科技进步与体制机制创新一样，是加快文化发展的强大动力。要充分认识科技进步对文化发展的重要作用，敏锐把握世界文化发展的新趋势，紧紧抓住信息化深入发展的历史机遇，加快文化与科技的融合，努力掌握文化发展和文化传播的主动权。要积极利用高新技术改造传统文化产业，大力发展文化创意、手机电视、网络电视、数字出版、动漫游戏等战略性新兴文化产业，催生新的文化业态，拓展文化发展的新领域。要建立健全以企业为主体、市场为导向、产学研相结合的文化创新体系，努力掌握一批具有自主知识产权的核心技术和关键共性技术，为我国文化产业的发展提供有力的技术支撑和创新动力。要充分运用高新技术特别是数字技术、网络技术发展的最新成果，加快构建覆盖广泛、技术先进的文化传播体系和创新体系，切实增强文化传播力和文化感染力。要适应现代信息技术发展的趋势，加快媒体资源特别是音视频媒体资源的整合和融合，积极推动地方广播电台电视台合并。传统媒体要积极创办新兴媒体，实现传统媒体与新兴媒体相互促进、共同发展。要积极推进“三网融合”，在确保内容服务有效管理和文化安全的基础上，有序推动广电和电信业务双向进入，促进文化产业、信息产业和相关服务业健康发展。

第十，正确处理充分调动广大文化工作者积极性与培养造就大批文化领域创新型、复合型、外向型、科技型等新型人才的关系，为推动文化大发展大繁荣提供有力人才保障。推动文化大发展大繁荣，关键在人才。长期以来，广大文化工作者在推进社会主义文化建设方面发挥了重要作用，作出了重要贡献。在深化文化体制改革、兴起社会主义文化建设新高潮中，要充分发挥他们的积极性、主动性、创造性。对于曾为文化发展作出杰出贡献、有重大影响的老艺术家，要研究制定合理的保障机制，切实给予关爱。对于在国有经营性文化单位转企改制过程中的分流人员，要妥善安置，通过安排他们到社区文化中心担任文化辅导员等多种方式，为他们继续展示才华创造条件。要牢固树立“人才资源是第一资源”的观念，适应形势发展要求，进一步创新人才培养方式，拓展人才培养领域，提高人才培养质量，努力造就一大批文学创作、影视剧创作与编导、戏曲创作与编导、动漫制作等方面的领军人物，一大批勇于改革、敢于创新、善于开拓的创新型人才，一大批精通文化工作、懂经营善管理、具有现代科学素养的复合型人才，一大批精通外语、熟悉国际文化市场规则、善于开拓国际文化市场的外向型人才，一大批掌握现代科技知识、具有研发能力、能够占据文化科技制高点的科技型人才，构建一支门类齐全、结构合理、梯次分明、素质优良的文化工作者队伍。要尊重劳动、尊重知识、尊重人才、尊重创造，鼓励创新，宽容失败，建立和完善有利于优秀人才健康成长和脱颖而出的体制机制，最大限度地调动广大文化工作者的积极性、主动性、创造性，形成人尽其才、各展所长的良好局面。要注重发挥非公有制文化单位人员的积极性，在职称评定、培训提高、政府奖励资助等方面一视同仁，努力形成各类文化人才竞相涌现的生动局面。广大文化工作者要无愧于人类灵魂工程师的光荣称号，自觉担负起传播先进文化的历史职责，努力成为德艺双馨、深受人民群众喜爱的文化工作者。

以上十个方面的认识，是在以胡锦涛同志为总书记的党中央高度重视和坚强领导下，在实践中不断探索形成的宝贵经验和精神财富，体现了深入贯彻落实科学发展观对加强文化建设的具体要求，反映了新的历史条件下我国文化发展的客观规律，凝结着广大文化工作者的辛勤汗水和集体智慧。我们一定要始终坚持并在实践中不断发展和完善，更加自觉、更加主动地推动社会主义文化大发展大繁荣，使中国特色社会主义文化发展道路越走越宽广。

在新的历史条件下，探索中国特色社会主义文化发展道路，开创文化建设新局面，关键在党的领导。各级党委和政府一定要从中国特色社会主义事业“四位一体”总体布局的战略高度，深入学习领会、切实贯彻落实胡锦涛总书记在省部级主要领导干部专题研讨班上的重要讲话和全国“两会”精神，充分认识文化建设在经济社会发展中的重要地位和作用，充分认识发展文化产业对于调整经济结构、加快经济发展方式转变的重要性和紧迫性，进一步增强深化文化体制改革、加快发展文化事业和文化产业的自觉性坚定性。要切实把文化建设摆在更加突出的位置，纳入党委和政府的重要议事日程，纳入经济社会发展总体规划，纳入科学发展考核评价体系，与经济、政治、社会各领域工作一起部署、一同推进，加强组织领导，加强统筹协调，加强政策扶持，加强资金投入，加强督促检查，确保各项任务落到实处。要切实把文化产业作为战略性新兴产业，作为加快经济发展方式转变的重要突破口，列入产业振兴规划，积极推动文化产业与国民经济各领域各行业的融合，不断壮大文化产业的整体实力，为推动本地区经济结构调整、转变经济发展方式作出贡献。宣传思想文化战线特别是各级文化行政主管部门，要进一步增强改革创新意识，增强加快文化发展的责任感紧迫感，更加自觉地担负起兴起社会主义文化建设新高潮、推动社会主义文化大发展大繁荣的历史使命。要紧紧围绕经济建设这个中心，围绕党委和政府中心工作，从本地区经济社会发展全局出发，进一步理清文化发展思路，谋划文化发展战略，明确文化发展重点，优化文化发展布局，组织实施重大文化发展项目，加快构建覆盖城乡的公共文化服务体系，加快推进文化体制改革，大力发展文化产业特别是新兴文化产业，更好地发挥文化建设对推动经济社会发展的积极作用。

总之，新形势新任务对社会主义文化建设提出了新的更高要求。让我们更加紧密地团结在以胡锦涛同志为总书记的党中央周围，高举中国特色社会主义伟大旗帜，以邓小平理论和“三个代表”重要思想为指导，深入贯彻落实科学发展观，以改革创新精神推动文化事业和文化产业繁荣发展，为夺取全面建设小康社会新胜利、开创中国特色社会主义事业新局面作出新的更大贡献。

（原载《求是》2010年第12期）

深入学习中国特色社会主义理论体系
努力掌握马克思主义立场观点方法

习近平

一 学习和掌握马克思主义立场观点方法，是深入学习中国特色社会主义理论体系、提高思想理论水平的根本要求

党的十七大明确提出，要深入学习贯彻中国特色社会主义理论体系，着力用马克思主义最新成果武装全党。党的十七届四中全会再次强调这个问题，进一步提出党员领导干部要作真学真懂真信真用的表率。马克思主义立场观点方法，贯穿于马克思列宁主义、毛泽东思想和中国特色社会主义理论体系之中，是马克思主义科学思想体系的精髓所在。党员领导干部只有努力学习和掌握马克思主义立场观点方法，才能从根本上不断提高自己的思想理论水平和辨别是非能力，增强认识世界和改造世界的能力，坚定中国特色社会主义信念和共产主义理想；才能全面、正确地理解和贯彻党的基本理论、基本路线、基本纲领、基本经验和各项方针政策，坚定不移地继续解放思想、坚持改革开放、推动科学发展、促进社会和谐，为夺取全面建设小康社会新胜利而奋斗；也才能不断改进工作作风和工作方法，增强工作的原则性、系统性、预见性、创造性，克服和避免摇摆性、片面性、盲目性，把自己的工作做得更好。因此，我们党郑重提出的党员领导干部要真学真懂真信真用中国特色社会主义理论体系的要求，既要求真学真懂真信真用这一理论体系的基本内容，又要求真学真懂真信真用贯穿其中的马克思主义立场观点方法。

掌握和运用马克思主义立场观点方法来研究和解决中国的实际问题，是以毛泽东同志为主要代表的中国共产党人留给我们的传家宝。毛泽东同志的《中国社会各阶级的分析》、《湖南农民运动考察报告》、《中国革命战争的战略问题》、《中国共产党在民族战争中的地位》、《中国革命和中国共产党》、《论联合政府》等著作，就是学习和运用马克思主义立场观点方法写出来的指导中国革命的重要著作。1938 年 10 月，他在党的六届六中全会上提出“马克思主义在中国具体化”时明确指出，我们“不但应当了解马克思、恩格斯、列宁、斯大林他们研究广泛的真实生活和革命经验所得出的关于一般规律的结论，而且应当学习他们观察问题和解决问题的立场和方法”。他 1941 年在《改造我们的学习》这篇重要文献中，针对当时党内存在的理论脱离实际、教条主义地对待马克思主义的严重问题，再次指出许多同志学习马

克思列宁主义，“只会片面地引用马克思、恩格斯、列宁、斯大林的个别词句，而不会运用他们的立场、观点和方法，来具体地研究中国的现状和中国的历史，具体地分析中国革命问题和解决中国革命问题”。那一年，中央还作出决定，“号召我们的同志学习应用马克思列宁主义的立场、观点和方法，认真地研究中国的历史，研究中国的经济、政治、军事和文化，对每一问题要根据详细的材料加以具体的分析，然后引出理论性的结论来。”毛泽东同志关于学习和掌握马克思主义立场观点方法的重要思想，是毛泽东思想的重要组成部分，也是我们做好领导工作的重要指针。

邓小平同志在改革开放初期总结社会主义建设经验教训时指出：我们“主要的是要用马克思主义的立场、观点、方法来分析问题，解决问题。马克思主义的活的灵魂，就是具体地分析具体情况。马列主义、毛泽东思想如果不同实际情况相结合，就没有生命力了”。江泽民同志指出：“我们学习理论，关键要学会运用马克思主义的立场、观点、方法来观察和解决问题，提高辩证思维的能力，防止形而上学和片面性。”胡锦涛同志指出：“高举毛泽东思想、邓小平理论、‘三个代表’重要思想的旗帜，不断开创中国特色社会主义事业新局面，不断开创马克思主义在中国发展的新境界，最重要的是始终坚持贯穿这个科学思想体系的活的灵魂，始终坚持马克思主义立场、观点和方法。”我们党的领导人之所以一以贯之地强调学习和掌握马克思主义立场观点方法，是因为这是对待马克思主义的基本态度问题。邓小平同志指出：“绝不能要求马克思为解决他去世之后上百年、几百年所产生的问题提供现成答案，列宁同样也不能承担为他去世以后五十年、一百年所产生的问题提供现成答案的任务。”我们学习马克思主义，就要学习和掌握马克思主义立场观点方法，既坚决抵制马克思主义“过时论”等种种否定马克思主义的错误思想，又不要被针对具体情况、具体条件的个别词句、个别结论束缚住手脚。正因为我们党采取这种科学态度，坚持把马克思主义基本原理同中国具体实际和时代特征相结合，自觉运用马克思主义立场观点方法研究和解决中国革命、建设、改革的实际问题，不断推进马克思主义中国化，才先后形成了毛泽东思想、邓小平理论、“三个代表”重要思想以及科学发展观等重大战略思想，指引中国革命、建设、改革不断取得伟大胜利。

学习和掌握马克思主义立场观点方法，对于我们当前深入学习实践科学发展观、巩固扩大深入学习实践科学发展观活动成果，具有十分重要的意义。科学发展观是马克思主义中国化最新成果，是马克思主义关于发展的世界观和方法论的集中体现，它的第一要义是发展，核心是以人为本，基本要求是全面协调可持续，根本方法是统筹兼顾。这里的第一要义、核心、基本要求、根本方法，反映和体现的正是马克思主义立场观点方法。按照党的十七大部署在全党开展的深入学习实践科学发展观活动，从 2008 年 9 月开始至今历时一年半，加上试点工作整整两年，自上而下分三批在全党开展，呈现出许多特点，各地区各部门有许多创造，积累了宝贵经验，取得了明显成效。实践证明，深入学习实践科学发展观活动是马克思主义中国化最新成果在全党的一次大普及，是贯彻落实科学发展观、积极推进中国特色社会主义伟大事业和党的建设新的伟大工程的一次成功实践，为我们有效应对国际金融危机冲击、加快经济发展方式转变、保持经济平稳较快发展发挥了重要作用。按照中央的统一部署，学习实践活动已于 2 月底基本结束，中央将召开总结大会。各地区各部门各单位也要认真总结和切实运用学习实践活动的成功经验，认真做好建立健全贯彻落实科学发展观长效机制工作，运用学习和掌握的马克思主义立场观点方法不断解决影响和制约科学发展的突出问题以及党员干部党性党风党纪方面群众反映强烈的突出问题，努力形成有利于贯彻落实科学发展观的政策导向、舆论导向、用人导向和体制机制，在新的起点上推动学习实践科学发展观不断向深度和广度发展。

二　坚持中国特色社会主义理论体系中贯穿的马克思主义立场，始终站在人民大众立场上，立党为公、执政为民，把服务群众、造福百姓作为最大责任

立场，是人们观察、认识和处理问题的立足点。这个立足点，从根本上讲是由人们的经济政治社会利益和地位决定的。从马克思、恩格斯在《共产党宣言》中明确提出共产党人始终坚持为无产阶级、为绝大多数劳动人民谋利益，到列宁强调党是无产阶级的先进部队，要为人民群众服务、代表他们的利益；从毛泽东同志关于共产党人必须全心全意为人民服务的重要思想，到邓小平同志关于必须把人民拥护不拥护、赞成不赞成、高兴不高兴、答应不答应作为衡量改革和一切事业根本标准的重要思想，到江泽民同志关于中国共产党必须始终代表最广大人民根本利益的重要思想，到胡锦涛同志关于必须把最广大人民的根本利益作为贯彻落实科学发展观的根本出发点和落脚点的重要思想，从中我们可以清楚地看到一条一脉相承又与时俱进的思想主线，这就是：始终站在人民大众立场上，一切为了人民、一切相信人民、一切依靠人民，诚心诚意为人民谋利益。这是马克思列宁主义的根本出发点和落脚点，也是毛泽东思想、邓小平理论、“三个代表”重要思想以及科学发展观等重大战略思想的根本出发点和落脚点。始终站在人民大众立场上，始终不脱离、不动摇这个立场，这是共产党人掌握马克思主义世界观的重大问题，因而也是我们广大党员干部学习贯彻中国特色社会主义理论体系要解决好的重大问题。

党员领导干部要真正站在人民大众立场上，首先要对人民群众有真挚感情。随着我国改革开放的深入，在社会利益多样化、价值观念多元化的情况下，领导干部中存在着一些不符合甚至违背马克思主义立场的突出问题。有的脱离群众，对群众的感情淡漠了，有的甚至与民争利，侵害群众利益。这些都损害了党同人民群众的血肉联系。古往今来，一些对推动社会进步有作为的政治家，在不同程度上都以关心老百姓疾苦为己任，从范仲淹的“先天下之忧而忧，后天下之乐而乐”，到郑板桥的“些小吾曹州县吏，一枝一叶总关情”，就说明了这一点。封建士大夫们尚且如此，我们共产党的干部更应该时刻把群众的安危冷暖挂在心上，扎实做好事关群众切身利益的每项工作。大量情况表明，在党长期执政和改革开放新的历史条件下，各级领导干部面临着进一步培养、巩固和增进同人民群众感情的问题。我们要始终牢记党的根本宗旨，从思想和感情深处真正把人民群众当主人、当先生，把自己看作人民群众的公仆和学生，自觉贯彻党的群众路线。人民群众中蕴藏着无穷的智慧和创造力，要虚心向他们求教问策，把政治智慧的增长、执政本领的增强、领导艺术的提高深深扎根于人民群众的实践沃土中，不断从人民群众中吸取营养和力量。毛泽东同志曾经说过：“拜人民为师，这就灵了。”这句话包含的道理是很深刻的。人民是创造历史的动力，我们共产党人任何时候都不要忘记这个历史唯物主义最基本的道理。

党员领导干部要真正站在人民大众立场上，归根到底必须解决好为谁掌权用权的问题。在我国，中国共产党是执政党，一切权力属于人民，一切权力服务于人民。领导干部的权力是人民赋予的，只能用来为人民谋利益，决不能把它变成牟取个人或少数人私利的工具。我们常说领导干部要正确对待群众、正确对待组织、正确对待自己，其中一个深刻用意就是告诉领导干部要正确认识权力的性质，用好手中的权力，不辱使命、不负重托。权力是柄“双刃剑”。领导干部手中掌握一定权力，为我们创造和提供了为人民服务的机遇，同时也容易成为权力寻租的主攻目标。现在，社会上出现的对领导干部拉拢腐蚀的手段越来越多，形式也越来越隐蔽。领导干部一旦放松了警惕，经受不住各种诱惑，就可能搞权钱交易，滑向腐败和犯罪的深渊。对各级领导干部来说，权力就是责任，权力越大责任也越大，一定要真正在思想上解决入党为什么、当干部做什么、身后留什么的问题，任何时候任何情况下都要以人民利益为重、全心全意为人民谋利益，都要把执政为民、为民用权作为正确使用权力的基本要求，真正做到立身不忘做人之本、为政不移公仆之心、用权不谋一己之私。牢固树立这样的权力观，要求我们把权力用在贯彻执行党的路线方针政策和各项部署上，确保权力行使不偏向、不越轨、不出格，始终做到公正用权；要求我们必须牢固树立法律面前人人平等、制度面前没有特权、制度约束没有例外的意识，按规定的权限行使权力、不超越用权的界限，按规定的程序行使权力、不任意妄为，按规定的责任行使权力、不逃避约束，始终做到依法依规用权；要求我们必须主动接受监督、自觉接受监督、乐于接受监督，时刻警惕官僚主义滋长蔓延，坚决抵御来自各方面的诱惑，带头遵守《中国共产党党员领导干部廉洁从政若干准则》，清清白白做人，干干净净干事，始终做到立党为公、为民用权、廉洁用权。

三　坚持中国特色社会主义理论体系中贯穿的马克思主义观点，自觉运用辩证唯物主义和历史唯物主义的思想武器改造客观世界和主观世界

观点，是人们对事物的看法。马克思主义观点是马克思主义关于自然、社会和人类思维规律的科学认识，是对自然界规律和人类社会实践经验的科学总结，体现在马克思主义哲学、政治经济学和科学社会主义这三个组成部分之中，涵盖面非常广泛。比如，关于世界观、人生观、价值观的基本观点；关于辩证唯物主义和历史唯物主义的基本观点；关于社会形态和社会基本矛盾运动规律的基本观点；关于社会主义必然代替资本主义的基本观点；关于社会主义革命和无产阶级专政的基本观点；关于无产阶级政党的基本观点；关于社会主义本质和社会主义建设的基本观点，等等。这些基本观点贯穿于马克思主义科学思想体系之中，内容博大、思想精深，需要坚持不懈地刻苦学习、深入钻研，需要原原本本地阅读马克思主义原著，才能领会得更加深透。最近，《马克思恩格斯文集》和《列宁专题文集》正式出版发行，这是党的思想理论建设的一件大事，对于广大党员干部深入学习马克思主义经典著作，更好地用马克思主义指导实践，坚持中国特色社会主义不动摇，必将起到十分重要的作用。当前，重点是系统学习和掌握包括邓小平理论、“三个代表”重要思想以及科学发展观等重大战略思想在内的当代中国马克思主义，也就是中国特色社会主义理论体系中的基本观点，用以观察、分析和解决我们在改革开放和社会主义现代化建设中面临的实际问题，用以指导客观世界和

主观世界的改造。

学习和掌握中国特色社会主义理论体系中贯穿的马克思主义观点，就要学习和掌握马克思主义关于人类社会发展规律及其历史趋势的基本观点，始终坚定中国特色社会主义信念和共产主义理想。马克思主义把唯物主义原则应用于社会历史领域，揭示了人类社会的发展是一个自然历史过程，社会基本矛盾的运动决定了社会主义必然代替资本主义。这个科学理想，激励和鼓舞了世界上一代又一代共产党人为之奋斗、为之流血牺牲。现在，我们有些党员在矛盾面前畏缩不前，在困难面前悲观失望，在诱惑面前不能保持应有的纯洁以至腐败堕落，说到底是理想信念出了问题。实践表明，共产党员坚定理想信念，必须努力学习和掌握辩证唯物主义和历史唯物主义的强大思想武器，把理想信念建立在科学分析的理性基础之上。既要正确认识目前资本主义经济、科技发展的现实，更要正确认识资本主义社会的基本矛盾及其最终必然走向衰亡的历史趋势；既要正确认识社会主义发展过程中出现的曲折和反复，更要正确认识社会主义的发展前途是光明的；既要正确认识社会主义事业的长期性、艰巨性、复杂性，更要正确认识社会主义制度的强大生命力和巨大优越性。就是说，要从马克思主义关于人类社会发展规律的高度来认识当今世界的变化及其趋势，始终坚定自己的理想信念。要深刻认识到，中国特色社会主义理论体系这个当代中国的马克思主义，既坚持了科学社会主义的基本原则、又根据我国实际和时代特征形成了鲜明的中国特色，是引领当今中国社会不断发展进步、引领中华民族实现伟大复兴的科学理论，因而要始终不为任何风险所惧、不被任何干扰所惑，坚定不移地沿着中国特色社会主义方向勇往直前。

学习和掌握中国特色社会主义理论体系中贯穿的马克思主义观点，就要学习和掌握马克思主义关于生产活动是人类社会存在和发展根本前提的观点，始终把发展作为党执政兴国的第一要务。马克思主义坚持从社会物质生产特别是生产力和生产关系的矛盾运动来把握社会，揭示出生产力始终是推动社会前进最活跃、最革命的力量，从而确定社会主义的根本任务就是发展社会生产力。这个基本原理，要求我们在建设社会主义的整个历史进程中，都必须把集中力量发展社会生产力摆在首要位置，把经济建设作为党和国家的中心工作，聚精会神搞建设，一心一意谋发展。邓小平同志反复强调，发展是硬道理。我国正处于并将长期处于社会主义初级阶段，人民日益增长的物质文化需要同落后的社会生产之间的矛盾始终是我国社会的主要矛盾。因此，我们必须始终抓好发展这个第一要务，必须始终坚持以经济建设为中心，无论遇到什么情况都不能动摇。这一条，各级领导干部一定要牢牢把握。我们讲发展，是与人口资源环境相协调的可持续发展，是建立在优化结构、提高质量和效益基础上的又好又快发展。改革开放以来，我国社会主义现代化建设取得了举世瞩目的巨大成就。同时必须清醒地看到，我国经济社会发展也存在一些长期积累、制约全局的深层次矛盾和问题，集中表现为经济发展方式不适应的问题越来越凸显。国际金融危机对我国经济的冲击表面上是对经济增长速度的冲击，实质上是对经济发展方式的冲击。粗放型增长模式已难以为继，我国经济已经进入了只有加快经济发展方式转变和经济结构调整才能持续平稳较快发展的关键时期。正如胡锦涛同志强调指出的，综合判断国际国内形势，转变经济发展方式已刻不容缓。各级领导干部都要以宽广的视野、战略的思维，深刻认识加快经济发展方式转变的重要性和紧迫性，进一步增强责任感和使命感，自觉贯彻落实好中央关于推动科学发展的重大决策部署，坚定不移地推进经济发展方式转变。

学习和掌握中国特色社会主义理论体系中贯穿的马克思主义观点，就要学习和掌握社会主义经济政治文化社会协调发展的观点，把中国特色社会主义事业全面推向前进。实现物质财富极大丰富、人民精神境界极大提高、每个人自由而全面发展的共产主义社会，是马克思主义最崇高的社会理想。社会主义社会是以经济建设为中心，同时实现全面发展、全面进步的社会。没有经济的发展，其他方面的发展就没有物质基础；没有其他方面的发展和进步，物质文明建设就没有必要保障和更强大动力，经济发展目标也就难以实现。改革开放以来，我们党明确提出一系列“两手抓”的方针，就是为了既实现经济持续发展又实现社会全面进步，完整地体现和发挥社会主义制度的优越性。正是基于对马克思主义的深刻理解、对中国实际和时代特征的准确把握，党的十七大明确提出：中国特色社会主义道路，就是在中国共产党领导下，立足基本国情，以经济建设为中心，坚持四项基本原则，坚持改革开放，解放和发展社会生产力，巩固和完善社会主义制度，建设社会主义市场经济、社会主义民主政治、社会主义先进文化、社会主义和谐社会，建设富强民主文明和谐的社会主义现代化国家。各级领导干部要深刻理解这个科学概括，坚持以兴国为己任、以富民为目标，在集中力量抓好经济建设的同时，更加注重推进社会主义政治建设、文化建设、社会建设以及生态文明建设。

学习和掌握中国特色社会主义理论体系中贯穿的马克思主义观点，就要学习和掌握马克思主义关于人的全面发展的观点，在发展中始终坚持以人为本。马克思主义历来认为，人的自由和全面发展是共产主义的本质规定，是建设社会主义的重要任务。党的十六大以后，胡锦涛同志明确提出了以人为本的重要思想，指出我们提出以人为本的根本含义，就是坚持全心全意为人民服务，立党为公、执政为民，始终把最广大人民的根本利益作为党和国家工作的根本出发点和落脚点，坚持发展为了人民、发展依靠人民、发展成果由人民共享。我们在推进发展的过程中，既要见物又要见人，既要重视物质生产水平的提高又要重视人的素质的提高，既要注重经济指标又要注重人文和资源环境指标。这就必须树立致力于全面发展、全面进步的正确政绩观，也只有坚持这样的政绩观，才能做出经得起实践检验和人民满意的实绩。

四　坚持中国特色社会主义理论体系中贯穿的马克思主义方法，用唯物辩证、实事求是、群众路线的思想方法和工作方法武装头脑、指导实践，不断提高领导工作水平

这里所说的方法，是与马克思主义世界观相统一的方法论，它是指导我们正确认识和改造世界的根本思想方法和工作方法。恩格斯指出：“马克思的整个世界观不是教义，而是方法。它提供的不是现成的教条，而是进一步研究的出发点和供这种研究使用的方法。”列宁指出：“马克思主义者从马克思的理论中，无疑地只是借用了宝贵的方法。”毛泽东同志指出：“马克思主义的方法就是政治上军事上的望远镜和显微镜”，是指导我们认识世界、改造世界的根本方法。邓小平同志强调，学习运用马克思列宁主义理论，最重要的是掌握它的基本原则和基本方法。江泽民同志指出，学习和运用科学世界观和方法论，多掌握一点唯物辩证法，是对各级领导干部的一条重要要求。胡锦涛同志对学习和掌握马克思主义方法作出了许多深

刻阐述，强调“辩证唯物主义和历史唯物主义的世界观和方法论，是马克思主义最根本的理论特征”。马克思主义的世界观和方法论是有机统一的。学习和掌握正确的世界观和正确的方法论，始终是马克思主义政党思想建设的重大任务。

学习和掌握马克思主义方法，必须学习和掌握唯物辩证的思想方法。客观地而不是主观地、发展地而不是静止地、全面地而不是片面地、系统地而不是零散地、普遍联系地而不是孤立地观察事物、分析问题、解决问题，在矛盾双方对立统一的过程中把握事物发展规律，这是学习和掌握唯物辩证思想方法的基本要求。坚持唯物辩证的思想方法，对于做好领导工作十分重要。比如，出主意、用干部是领导工作的重要职责。要出好主意，基础和前提是科学认识和正确把握形势。只有学会辩证地分析和比较从局部到全局、从眼前到长远的发展形势，学会辩证地认识和比较国内外经济、政治、文化的发展趋势，学会辩证地思考和比较历史的和现实的发展经验，才能善于把本地区本部门本单位的工作放到局部与全局、眼前与长远、国内与国外、历史与现实的大形势、大趋势和历史经验之中去考虑、去研究，才能作出正确谋断和决策。选拔使用干部也是这样，既看长处又看短处，用其所长、避其所短或补其所短，让干部各得其所、各展所长。科学发展观是充分贯彻和体现马克思主义唯物辩证法的发展观。它所强调的发展，是正确处理局部与全局、数量与质量、速度与效益关系的又好又快发展，是正确处理人与人、人与社会、人与自然关系的协调发展，是正确处理城市与农村、发达地区与欠发达地区、国内发展与对外开放关系的统筹发展，是正确处理经济、政治、文化、社会以及生态等各方面关系的全面发展，是正确处理当前与长远、现在与未来关系的可持续发展。我们学习实践科学发展观，要特别注意掌握蕴含其中的辩证法，掌握得越全面、了解得越深入，对我国经济社会发展规律的把握也就会越全面，对推动科学发展的理论和实践的认识也就会越深刻、行动也就会越自觉，就越能创造出推动科学发展、促进社会和谐的业绩。

学习和掌握马克思主义方法，必须学习和掌握实事求是的思想方法。实事求是，集中体现了马克思主义唯物的、辩证的认识论，是我们党始终坚持的根本思想方法。解放思想是实事求是的内在要求。只有解放思想，不断研究新情况、解决新问题，把思想认识从各种不合时宜的观念、做法和体制的束缚中解放出来，才能使我们正确地把握不断发展变化着的客观实际，才能使我们的思想认识符合客观实际，这样才能真正做到实事求是。与时俱进是实事求是的必然要求和结果。随着时间的推移和时代的前进，客观实际发生了变化，我们的思想认识必须相应地跟着变、跟着前进，这也就是实事求是。因此，坚持实事求是，一定要同解放思想、与时俱进有机统一起来，在解放思想、与时俱进中坚持真理、纠正错误，做到不唯上、不唯书、只唯实。实践表明，坚持实事求是说起来容易做起来难，难就难在客观实际是错综复杂、千变万化的，隐藏在现象背后的规律不是那么容易把握的。要真正做到实事求是，必须注重和坚持调查研究。对于各级领导干部来说，调查研究是做好一切工作的一门必备的基本功。当今时代，信息手段十分发达，利用信息工具了解和掌握情况，也是一种方式，而且是越来越重要的方式。但不管通信手段多么发达，有多少了解情况的其他渠道，都不能替代亲自深入实际、深入基层、深入群众进行实地的调查研究。坚持实事求是，一个重要的要求就是敢于讲真话、讲实话。各级领导干部要勇于开展批评和自我批评，带头讲真话，敢于道实情，有一说一，有二说二，不刻意评功摆好，不回避和掩饰问题。要善于听真话，鼓励下级和群众讲心里话，反映真实情况。要正确对待和诚恳接受同志的诤言挚语，坚持言者无罪、闻者足戒，有则改之、无则加勉，建立和谐融洽的同志关系，坚决反对党内生活庸俗化。

学习和掌握马克思主义方法，必须学习和掌握群众路线的工作方法。一切为了群众、一切依靠群众，从群众中来、到群众中去的群众路线，是马克思主义历史唯物主义基本原理在实际工作中的具体体现，也是我们党始终坚持的根本工作路线和根本工作方法。现在，群众路线已经被有些党员干部淡忘了。不少基层党员和群众反映，现在交通工具发达了，干部与群众的距离却远了；通信工具先进了，干部与群众的沟通却难了；干部的学历高了，做群众工作的水平却低了。这种说法，从一些侧面反映出党的群众工作和党群关系、干群关系中存在的问题。这里面既有立场问题、感情问题，也有方法问题、能力问题。各级领导机关和领导干部要从政治的高度深刻认识密切联系群众的重要性，放下架子，扑下身子，深入实际、深入基层，从群众中寻找解决问题的方案和办法，使作出的决策和决策的执行充分体现民心民意。要深入研究新形势下群众工作的规律和特点，努力提高群众工作的针对性和有效性，在改革发展过程中处理好效率与公平的关系，充分调动各方面群众的积极性主动性创造性；在利益格局调整的过程中兼顾不同群体的利益诉求，妥善协调和处理不同方面群众的利益关切；在思想观念发展变化的过程中寻找与群众交流沟通的共同语言，拉近与群众的思想感情距离，努力掌握为人民服务的科学方法，提高为人民服务的实际本领，真正把广大群众凝聚在党和政府周围，为推动科学发展、促进社会和谐而共同奋斗。

(原载《求是》2010年第7期)

中国特色社会主义文化建设的实践探索和理论思考

——在第六次中越两党理论研讨会上的主旨报告

刘云山

当今时代是大发展大变革的时代，世界格局加速演变，国际关系深刻调整，文化在经济社会发展全局中的地位作用日益凸显，文化的影响比以往任何时候都更加广泛而深刻。现在，各国都把文化建设放在更加突出的位置，纷纷制定实施文化发展战略，着力推动物质文明和精神文明共同进步。这次中越两党理论研讨会以“对外开放和市场经济条件下的文化建设”为主题，深入研讨交流、相互学习借鉴，对更好地推动文化建设与经济、政治、社会建设协同发展，具有十分重要的意义。

改革开放以来，中国党和政府高度重视文化建设。中共十六大明确提出，全面建设小康社会，必须大力发展社会主义文化，建设社会主义精神文明。中共十七大进一步提出推动文化大发展大繁荣、兴起社会主义文化建设新高潮的战略任务，就深化文化体制改革、加快文化事业文化产业发展作出一系列重大部署。各级党委、政府认真贯彻中央要求，把文化建设作为现代化建设总体布局的重要组成部分加以推进，围绕中国特色社会主义文化发展道路进行了深入探索，开创了文化建设的新局面。在这一过程中，我们取得一些理论和实践成果，主要集中在这样几个方面：

一、文化是一个政党一个国家的精神旗帜，推进社会主义文化建设必须以马克思主义为指导，始终坚持先进文化前进方向。文化体现着一个民族最深层的精神积淀，反映着一个政党的理想追求。坚持什么样的方向，建设什么样的文化，不仅决定着文化自身的发展前途，更关系到党和国家事业的兴衰成败。作为有着崇高追求的马克思主义政党，要走在时代前列，就必须始终坚持先进文化前进方向，高扬自己的文化理想，把握文化发展主动权，充分发挥文化引领社会、教育人民、推动发展的重要作用。

马克思主义是人类思想文化史上最伟大的成果，是社会主义文化的灵魂，是确保文化沿着正确方向健康发展的根本。综观中国革命、建设和改革的奋斗历程，正是有了马克思主义，中华文化注入了先进的思想内涵，中国人民获得了科学的思想武器，焕发出创造新的历史、推动社会进步的精神力量。我们党坚持把马克思主义基本原理同中国具体实际相结合，不断推进马克思主义中国化，形成了毛泽东思想和包括邓小平理论、“三个代表”重要思想以及科学发展观等重大战略思想在内的中国特色社会主义理论体系这两大理论成果，为中国文化的发展进步提供了根本指针。在新形势下，我们将继续推进马克思主义中国化、时代化、大众化，坚持用发展着的马克思主义指导文化建设，不断巩固马克思主义在思想文化领域的指导地位，巩固全党全国人民团结奋斗的共同思想基础。

面对世界范围各种思想文化的交流交融交锋，面对国内社会思想意识的多元多样多变，发展壮大先进思想文化，关键是要把握正确的方针原则，始终保持思想理论的清醒坚定。我们坚持不懈地开展理论武装工作，深入学习贯彻邓小平理论和“三个代表”重要思想，深入学习实践科学发展观，推动马克思主义中国化最新成果不断深入人心，增强了人们坚持中国特色社会主义旗帜、道路、理论体系的自觉性。任何一个时期的文化，总有一种占据主导地位、起着支配作用。我们坚持把弘扬主旋律与提倡多样化统一起来，大力弘扬一切有利于国家统一、民族团结、社会进步的思想和精神，一切有利于改革开放和社会主义现代化建设的思想和精神，一切用诚实劳动争取美好生活的思想和精神，形成生动活泼、蓬勃向上的主流思想舆论。在社会主义市场经济条件下，文化发展越来越离不开市场，如何处理社会效益和经济效益的关系，始终是文化建设的一个重大问题。我们坚持把社会效益放在首位，促进社会效益与经济效益相统一，强调如果两者发生矛盾，经济效益要服从社会效益，决不能为追求经济效益而放弃社会责任、损害社会效益。

二、文化凝结着全民族共同的价值追求，推进社会主义文化建设必须构筑社会主义核心价值体系，形成全体人民奋发向上、团结和睦的精神纽带。核心价值体系是文化的内核，规定着文化的性质。有什么样的价值体系，就有什么样的文化立场、文化选择。中国有 56 个民族、13 亿人口，要把人们的思想意志凝聚好，就必须铸就能够发挥引领作用的核心价值体系。正是基于这样的认识，我们党鲜明提出了建设社会主义核心价值体系的战略任务，强调用马克思主义中国化最新成果武装全党教育人民，用中国特色社会主义共同理想凝聚力量，用以爱国主义为核心的民族精神和以改革创新为核心的时代精神鼓舞斗志，用社会主义荣辱观引领风尚，努力形成全民族奋发向上的精神力量和团结和睦的精神纽带。

推进社会主义核心价值体系建设，关键是解决认知认同的问题，使之转化为社会群体意识。我们广泛开展理想信念教育、国情教育和形势政策教育，开展爱国主义、集体主义、社会主义思想教育，开展公民道德教育，引导干部群众树立正确的世界观、人生观、价值观，不断增强对中国共产党领导、社会主义制度、改革开放事业的信念和信心。我们注意发挥大众传媒的作用，坚持正确舆论导向，唱响时代主旋律，在全社会形成弘扬社会主义核心价值体系的浓厚氛围。我们注意运用各类文化形式生动具体地表现社会主义核心价值体系的深刻内涵，用高质量高品位的文艺作品形象地告诉人们什么是真善美、什么是假恶丑，潜移默化地影响人们的思想观念、价值判断、道德情操。我们注意结合干部群众思想实际，加强对重大理论问题的阐释解读，加强对思想认识问题的正面引导，用社会主义核心价值体系引领多样化的社会思潮，在尊重差异中扩大社会认同，在包容多样中增进思想共识。

任何一种价值观念的确立，都需要同人们日常生活联系起来，让人们在实践中感知它、领悟它。在推进社会主义核心价值体系建设中，我们立足于实践养成，推动健全各行各业的规章制度，充分发挥政策法规的激励约束作用。我们注重建立和规范升国旗仪式、成人仪式、入党入团入队仪式，充分利用重大纪念日、民族传统节日，组织开展多种形式的主题实践活动，让人们在参与中增强认同感。我们坚持把社会主义核心价值体系的要求融入精神文明创建之中，深入开展文明城市、文明村镇、文明行业等群众性创建活动，开展志愿服务活动，广泛搭建载体平台，引导人们自觉践行社会主义核心价值体系。

三、文化在市场经济条件下表现为事业、产业两大形态，推进社会主义文化建设必须一手抓公益性文化事业、一手抓经营性文化产业，实现文化全面协调发展。中共十六大以来，我们顺应发展社会主义市场经济对文化建设的新要求，把文化区分为公益性文化事业和经营性文化产业，强调两手抓、两加强。实践中，我们对文化产品的意识形态属性和商品属性有了进一步认识，对人民群众基本文化需求和多样化文化需求有了进一步界定。在此基础上，明确了政府与市场在文化建设中的职能，形成了用不同思路推进文化事业、文化产业发展的办法。

在发展文化事业上，我们坚持公益性、基本性、均等性、便利性，以政府为主导，以公共财政为支撑，以公益性文化事业单位为骨干，以基层特别是农村为重点，构建覆盖广泛的公共文化服务体系，着力满足人民群众基本文化需求。我们优先安排涉及群众切身利益的文化建设项目，大力推进重点文化惠民工程，推动公共博物馆、纪念馆及爱国主义教育基地向社会免费开放。我们积极探索适合基层特点、适应群众需要的新的文化服务方式，推广政府购买、集中配送、联网服务等新做法，把健康向上的文化产品和服务送到城乡基层。通过坚持不懈的努力，覆盖城乡的公共文化服务网络已初步形成，一些边远地区群众看书难、看电影难、收听收看广播电视难的问题得到有效解决。

在发展文化产业上，我们坚持以市场为主导，通过完善产业政策、调整产业结构、繁荣文化市场，着力满足人民群众多样化多层次多方面的文化需求。我们出台文化产业振兴规划，实施重大文化产业项目带动战略，推进国产动漫振兴、数字电影基地等重大工程建设，发挥骨干企业对产业的带动作用。注重培育各类文化产品和要素市场，努力构建统一开放竞争有序的现代文化市场体系，为文化产业发展提供良好市场环境。充分发挥非公有制企业在资本运作、生产管理、市场营销等方面的优势，鼓励和引导非公有资本进入政策许可的文化产业领域。2004 年以来，我国文化产业年均增长速度在 15%以上，成为我国经济社会发展中的一个亮点。

四、文化发展根本目的是为了人民、依靠力量在于人民，推进社会主义文化建设必须坚持以人为本、面向群众，最大限度地满足人民群众的精神文化需求。社会主义文化是人民大众的文化，人民群众共建共享是一个重要特征。发展社会主义文化，应当始终坚持以人为本，把满足人民群众精神文化需求作为文化发展的根本目的，把人民群众作为文化建设的重要依靠力量，做到文化发展为了人民、发展依靠人民、发展成果由人民共享。

随着我国改革开放和现代化建设深入推进，随着物质生活不断改善，人民群众对丰富精神文化生活的期待越来越强烈。作为一个立党为公、执政为民的政党，不仅有责任实现和发展好人民的经济权益、政治权益，也有责任保障好人民的文化权益、提高全社会的文化生活质量。多年来，我们通过政策引导、资金扶持等多种途径，组织创作群众喜爱、思想性艺术性观赏性相统一的精品力作，着力降低文化消费门槛，提供更多群众买得起、用得上的文化产品，努力让文化的阳光普照人民大众。人民群众是文化产品的享有者，文化产品最终应由人民群众来评判。我们坚持把人民群众认可不认可、满意不满意作为评判文化产品质量的重要标准，引导文化创作生产更好地贴近实际、贴近生活、贴近群众。

人民大众是推动历史进步的主体，不仅创造了巨大的物质财富，也创造了丰富的精神文化。在推进文化建设中，我们坚持依靠群众，充分尊重群众的主体地位，大力支持人民群众的文化创造，总结推广源于群众、生动鲜活的文化样式和文化载体。我们积极创造条件，大力发展企业文化、社区文化、校园文化、军营文化，调动群众参与文化建设的积极性主动性创造性。我们充分发挥文化专门人才的作用，实施文化人才培养工程，着力培养理论、新闻、文艺、出版人才及文化领域经营管理人才，加大对年轻人才、高层次人才和复合型人才的培养力度。我们重视做好知识分子工作，广交朋友、改善服务，努力把知识分子团结在党的周围，为社会主义文化建设贡献聪明才智。

五、文化发展的动力来自改革，推进社会主义文化建设必须坚持不懈地深化文化体制改革，不断解放和发展文化生产力。改革不仅是推动经济发展的必由之路，而且是推进文化建设的必然选择。随着改革开放和社会主义市场经济的深入发展，我国文化赖以生存和发展的经济基础、体制环境、社会条件发生深刻变化。在这样的背景下推动文化繁荣发展，必须把文化体制改革作为解放和发展文化生产力的根本途径，努力构建充满活力、富有效率、更加开放、有利于文化科学发展的体制机制。

近年来，我国文化体制改革由点到面、由浅入深，步伐不断加快、力度不断加大。在微观运行机制上，一方面，围绕重塑文化市场主体，加快推进国有经营性文化单位转企改制，加快建立现代企业制度、完善法人治理结构，培育国有骨干文化企业和战略投资者，努力提高文化企业的实力和竞争力。另一方面，围绕提高服务水平和能力，深化公益性文化事业单位劳动人事、收入分配等制度改革，不断增强活力，最大限度地发挥社会效益。在宏观管理体制上，主要是理顺文化行政管理部门与所属企事业单位的关系，加快转变政府职能，推进政企、政事分开，使文化行政管理部门实现由办文化为主向管文化为主转变、由管微观向管宏观转变，更好地履行政策调节、市场监管、社会管理、公共服务的职能。总的看，我国文化领域的改革进展顺利、态势健康、成效显著。

文化体制改革涉及经济基础、上层建筑，是一个复杂的系统工程。我们坚持以解放思想、更新观念为先导，着力树立与科学发展观相适应的新的文化发展理念，引导文化工作者积极参与改革、支持改革。我们坚持把政策作为推进改革的强大杠杆，在财政税收、金融支持、社会保障、人员安置等方面出台一系列配套政策，形成有利于改革的政策环境。我们坚持“区别对待、分类指导、循序渐进、逐步推开”的原则，根据文化领域不同行业、不同单位的性质和特点，充分考虑不同地区经济文化发展的不平衡性，有计划有组织、分阶段分步骤、积极稳妥地加以推进。

六、文化是最需要创新的领域，推进社会主义文化建设必须创新文化的内容形式、方法手段，切实增强文化发展的生机活力。文化要有生命力，就必须不断创新。当今世界，许多国家都把创新作为文化发展的制胜之道，创造、创意成为文化领域最鲜明的时代标识。对中国来说，无论是适应建设创新型国家的战略需要，还是满足人民群众精神文化需求；无论是保持中国文化的自身特色，还是参与全球化背景下的文化交流，都需要大力推进文化创新。

推进文化创新，需要继承弘扬本国优秀传统文化，使之不断发扬光大。任何一个国家和民族文化的传承、变革与发展，都是在既有文化传统基础上进行的。应当以礼敬自豪的态度对待本国文化，充分认识本国优秀传统文化的历史意义和现实价值，坚持古为今用、推陈出新，不断给传统文化赋予时代内涵，让传统文化焕发新的光彩。推进文化创新，需要以开放包容的态度对待外来文化，广泛吸纳融汇世界文明优秀成果。世界文化多元多样、各有所长，每个国家都有引为自豪的文化，都是人类共同的精神财富。应当以开放的心态、开阔的视野，坚持博采众长，兼纳百家之精华，积极参与文化对话与交流，使文化发展顺应世界进步潮流。推进文化创新，需要重视现代科技手段，用先进技术建设和传播先进文化。应当密切关注现代科技发展趋势，注重用先进技术增强文化产品的吸引力、感染力，不断创新文化的传播方式、表现形式。要充分认识互联网迅猛发展带来的深刻影响，建设好、利用好、管理好互联网，大力发展积极健康的网络文化，努力把互联网建设成为传播先进文化、丰富精神文化生活的新平台。

创新是不断探索、不断超越的过程，良好的社会环境至关重要。这些年，我们坚持尊重劳动、尊重知识、尊重人才、尊重创造，鼓励文化工作者焕发创造激情、增强创新能力，努力使一切创新想法得到尊重、一切创新才能得到发挥、一切创新成果得到肯定。我们注重建立文化创新的法制保障、激励机制，加强知识产权保护、打击侵权盗版行为，设立文化产业基金、鼓励文化创意创造，推动建立国家荣誉制度、表彰有杰出贡献的文化工作者。我们注意探索建立市场经济条件下的文化创新体系，推动文化企业在文化与市场、科技和产业的结合中不断创新，使企业成为文化创新项目实施的主体，成为文化创新成果转化的主体。

七、文化是不同国家和民族心灵沟通的桥梁，推进社会主义文化建设必须开展多层次、全方位的文化交流，不断增进各国人民的理解和友谊。文化交流是心与心的沟通、思想与情感的交融，在国与国交往中具有不可替代的作用。当今世界，经济全球化步伐日益加快，各国之间相互联系日益密切。在这样的背景下，中国同世界的关系发生历史性变化，中国的前途命运同世界的前途命运紧密联系在一起。我们坚持把对外文化交流摆上重要位置，不断增进同各国人民的理解和友谊，推动建设持久和平、共同繁荣的和谐世界。

开展对外文化交流，需要把政府交流与民间交流结合起来。我们立足于加深各国人民对中国的了解，开展多种形式的文化交流活动，多角度展示中华文化，展示当代中国的文明进步。我们适应国际社会研究中国文化兴趣增长的新形势，注意办好海外中国文化中心、孔子学院，推出中国艺术节、中国非物质文化遗产节，开展中国传统节日活动，让更多外国民众感受中华文化。我们积极拓展对外文化交流渠道，加强青少年之间的文化交流，使对外文化交流不断向广度深度扩展。2009 年底，我国已同 160 多个国家和地区建立文化交流关系，同 140 多个国家签订政府间文化合作协定和近 800 个年度文化交流计划。

现在，国际文化贸易日趋活跃，在国家间文化交流中的作用日益突出。开展对外文化交流，需要积极探索商业化的运作方式，注重依托文化企业发展对外文化贸易。在这方面，我们还处于探索起步阶段，同一些发达国家相比还有很大差距。我们将着眼于培育对外文化贸易主体，支持文化企业打造民族文化品牌，开发体现中国特色又适应国外受众需求的文化产品，不断探索我国文化产品和服务进入国际文化市场的新途径。

（原载《求是》2010年第20期）

加强国史研究　推进民族复兴

陈奎元

中华人民共和国走过了61年的路程。这是在中国共产党领导下中华民族重新焕发生机，巍然屹立在世界东方的光辉历史，是社会主义新中国在残垣断壁中构建社会主义大厦的光荣纪录。

随着毛泽东同志那一声“中国人从此站起来了”，从1949年10月1日起，中国不再是任人宰割的羔羊，不再是西方和东方新老殖民主义者眼里的东亚病夫。中国在世界面前挺起了脊梁。在鲜艳的五星红旗下，工人阶级和农民阶级第一次成为国家和自己命运的主人。中国人民解放军迅速解放了全部中国大陆和海南岛。中国人民志愿军英勇抗击美国侵略军，粉碎了美国侵占朝鲜进而扼控中国的战略图谋，迫使美国第一次在没有取得胜利的停战书上签字。短短几年中，中国人自己解决了数亿人口吃饭的问题，并且初步建立起完整的国民经济体系，中国成为有理想、讲道德、建设新文明的社会主义国家。

在一个刚刚摆脱帝国主义、封建主义双重压迫，满目疮痍、极其贫穷落后的国家建设社会主义，世界上没有先例，中国共产党只能在实践中摸索，难免发生曲折和失误。失败是成功之母。因为发生过失误，付出过代价，就断然否认新中国带来的翻天覆地的变化，是不客观的，是不符合事实的。党的十一届三中全会，实现了新中国历史上的一次重大转折。此后30多年间，中国特色社会主义逐步形成并日趋完善，成为举世瞩目的最大的发展中国家，国内生产总值和进出口贸易居于世界前列，国家面貌焕然一新。

总结历史，是为了开辟未来。新中国61年的伟大成就、成功经验、失误教训都需要认真负责地梳理。全面了解和认识中华人民共和国的开国史、建国史、改革开放史，正确地阐释过去，认清我国发展的方向和目标，对于国家和民族未来的命运至关重要。研究国史，秉持国本，彰显国格，昌大国运，是当代中国人义不容辞的责任。

一　继承先人重视国史的传统，加强中华人民共和国国史研究

修史垂训是祖先对中华民族的不朽贡献，先人著经修史，言传身教，熏陶世世代代，使中华文明历数千年而继续长青。汇集在“经、史、子、集”各类书籍中的优秀传统文化成为中华文明的载体。如果没有这些历史文化传承，中国人在世界文明史上就没有地位，就摘不

掉别人强加的愚昧、野蛮的帽子，就被自封为执掌“普世文明”的“上等人”以及崇洋媚外的不肖子孙视作文明世界的下等人和另类。

“国史”关系民族大义的存废。唐代史学家刘知几说，“古之书事也，令贼臣逆子惧”。通过史书褒贬树立起民族大义的“道德法庭”，为功罪定名分，为美丑划标界，将善恶、美丑、忠奸载录史册，惩恶扬善。

历史是民族的宝贵财富，以古为镜可以知兴替，以人为镜可以明得失。中国历史上的开明皇帝和有作为的知识分子总结前代的得失，提出许多治国安民的信条。例如，国君身系天下安危，“禹、汤罪己，其兴也悖焉；桀、纣罪人，其亡也忽焉”；兴盛的朝代大都崇尚节俭，反对奢靡，“历览前贤国与家，成由勤俭破由奢”；治乱之本系于人心，亲民、养民则致盛世，残民、虐民则亡天下；君主似舟人民似水，水能载舟亦能覆舟；生于忧患亡于安乐，“君子安而不忘危，存而不忘亡，治而不忘乱”；内忧与外患，不患有，患视而不见；“无敌国外患者，国恒亡”，“季孙之忧在萧墙之内”；治理国家的政策法治，太上以德，其次用猛，“宽以济猛，猛以济宽，政是以和”，等等。这些经验教训对于治国理政、育人修身都有借鉴意义。

中国共产党在夺取全国政权的前夕，就警惕执政后忘乎所以、蜕变亡党的危险，发誓不作李闯王，摆脱兴亡周期率，中共几代领导人为此进行了不懈努力。现在研究国史，就是要从已往的历史中总结经验、汲取智慧、取得鉴戒，同时要启发后人从前辈的探索中增长治国强国的才干，继承和光大前人的事业。

二　客观地认识中华人民共和国建国的伟业

中华人民共和国是中国人民一百多年反抗帝国主义侵略压迫，民族觉醒和奋起的必然结果，是统治中国2000多年的封建主义退出历史舞台的必然结果，是代表官僚大资产阶级的国民党反动派反共、反人民的政策彻底破产、自取败亡的必然结果。中国共产党带领中国人民团结一切爱国力量，经过28年英勇奋斗，打倒反动派，建立人民民主的新中国，是堂堂正正的事业。纵观中国历史，博览世界历史，新中国的建立毫无疑义是20世纪人类历史精彩辉煌的篇章。现在时过61年，世界和中国都发生了巨大变化，中国共产党同在台湾的国民党等党派已站在新的起点，捐弃前嫌，共谋振兴中华和祖国统一的大业，符合历史的潮流和人民的愿望。但对这段历史的认知和评价必须尊重历史的真实。

——中国人为寻求救国道路进行了艰难求索。清帝国的腐朽和帝国主义的侵略掠夺，使中国沦落为近代史上落后的国家。鸦片战争以后，帝国主义的炮声一阵一阵地响起，《南京条约》（1842年）、《天津条约》（1858年）、《瑷珲条约》（1858年）、《北京条约》（1860年）、《马关条约》（1895年）、《辛丑条约》（1901年）等一系列丧权辱国的不平等条约一桩又一桩地签订，中国的国土一块又一块地被宰割，中国人的血汗化作赔款塞满了列强的口袋。帝国主义列强一面公开割占中国领土，在中国内地划分势力范围，攫取各种殖民地特权，还向清政府勒索大量赔款。下列几款只是其中一部分：1840年鸦片战争后签订的《南京条约》攫取赔款2100万元（银元）；1860年英法联军抢劫并火烧圆明园后，各得赔款800万两白银；1895年日本通过《马关条约》勒索2亿两白银，又以归还辽东为名，索赔3000万两白银；

1901年八国联军侵华战争时签订的《辛丑条约》，规定中国赔偿军费加利息合计近10亿两白银……中国在帝国主义列强无情的屠刀下，已经羸弱不堪。只因为中国人民坚持民族气节，为国家独立民族尊严不惜流血牺牲，中国才没有亡国。

鸦片战争与太平天国运动，敲响了中国封建王朝的丧钟。封建主义已经日薄西山，气息奄奄，清王朝也已穷途末路，康有为、梁启超等资产阶级改良派企图效法日本实行改良的道路根本走不通。另辟蹊径寻求救国、兴国道理和途径的中国人如魏源、洪秀全、严复、孙中山，都把目光投向了西方。孙中山领导的辛亥革命，推翻清王朝，结束了中国2000多年的封建帝制，宣布建立中华民国。由于中国资产阶级民主革命的力量薄弱，帝国主义、封建主义假手袁世凯和北洋军阀，窃取了辛亥革命的果实。孙中山不得不发动二次革命，直到临终，仍然惨淡地留下“革命尚未成功”的遗憾。

1919年爆发的五四运动是彻底反帝反封建的伟大爱国运动，这场运动成为中国旧民主主义革命走向新民主主义革命的转折点。由于世界进入帝国主义和殖民地、半殖民地解放斗争的时代，五四运动成为当时世界无产阶级革命运动的一部分。正如毛泽东同志所指出的：“五四运动是在思想上和干部上准备了一九二一年中国共产党的成立。”①

——中国共产党的诞生，标志着新中国启明星的升起。孙中山逝世以后，代表大地主、大资产阶级利益的蒋介石集团攫取了国民党的领导权，随即便推翻了孙中山主张的联俄、联共、扶助农工三大政策和新三民主义，对中国共产党采取斩尽杀绝的政策。党在逆境中经受严酷考验，在斗争中不断成长壮大。以毛泽东同志为主要代表的中国共产党人，从中国的历史状况和社会现实出发，把马克思主义基本原理和中国实际相结合，实现了马克思主义中国化的第一次历史性飞跃，创立了毛泽东思想，中国革命从此走上了胜利发展的道路，完成了民族独立和人民解放的历史任务。

——中华人民共和国的成立，开辟了中国历史的新纪元。鸦片战争以后，中国人努力学习西方，向西方寻找真理。一部分接触过西方世界的知识分子和官员提出教育救国、实业救国的口号，崇尚“德先生”、“赛先生”成为知识界的强音。在中国的大城市和沿海、沿江地带有许多外国的租界地、领事馆、洋行以及外国人的游乐场，外国人和中国人都在中国搞资本主义。有些人说，中国没有经过资本主义，直接搞社会主义是超越了发展阶段，这种说法并不属实。从辛亥革命推翻清王朝，直到蒋介石统治中国的22年，中国人学习西方、实行西方的制度数十年，中国没有改变贫穷衰败的命运，没有取得真正的民族独立，没有成为民主的国家。“西方资产阶级的文明，资产阶级的民主主义，资产阶级共和国的方案，在中国人的心目中，一齐破了产。资产阶级的民主主义让位给工人阶级领导的人民民主主义，资产阶级共和国让位给人民共和国。”②

中华人民共和国的成立，彻底推翻了帝国主义、封建主义、官僚资本主义及其代理人在中国的统治，这是历史的选择、人民的选择。

中国共产党从成立之日起，就以劳动人民的解放和国家富强作为根本任务。在全国革命

---

① 《毛泽东选集》第2版第2卷，第700页。

② 《毛泽东选集》第2版第4卷，第1471页。

即将胜利之时，毛泽东同志指出，夺取全国政权，只是万里长征的第一步。发展经济，实行人民民主，建设现代化的国家，是党和国家始终不渝的宗旨和奋斗目标。由于复杂的国际环境，由于我国振起于极度凋敝的基础之上，由于现代化建设的经验和人才匮乏，也由于中国传统政治文化中某些因素的影响，新中国的发展经历了曲折的探索。特别严重的是脱离实际的大跃进和导致十年内乱的文化大革命，这两次涉及全局的大运动，使国家蒙受了严重的损失和创伤。但是，这些失误和挫折不能抹杀新中国建立的历史功绩，不能由此将新中国诬蔑为专制国家。在国际、国内有一些人把建立新中国视作“原罪”，抹黑中华人民共和国国史，大肆宣扬历史虚无主义。他们兜售西方的价值观，鼓吹西方的宪政，根本目的是颠覆人民共和国，企图“改朝换代”，建立资产阶级专政的国家，使社会主义中国沦为西方大国的附庸。回顾十一届三中全会前的那29年，中国的成就与失误俱在，喜悦与悲哀并存，留下了回忆和思考的巨大空间。1981年党的十一届六中全会通过的《关于建国以来党的若干历史问题的决议》，科学地总结了建国以来党和国家的成功经验和历史教训。

三　建设中国特色社会主义，中国走向全面振兴的新里程

党的十一届三中全会以来，中国共产党和社会主义中国走向新时代。这个时代的特征是高举一面旗帜——中国特色社会主义旗帜，坚持一条道路——中国特色社会主义道路，坚持一个理论体系——中国特色社会主义理论体系。32年的改革和发展，使中国社会发生了极为深刻的变化，中国已经进入世界经济大国的行列，已经成为全球经济体系中一个不容忽视的成员，没有任何国家或者集团可以把中国当作微不足道的小伙计。

中国早已脱离了苏联式社会主义的经济和社会运行模式，也不照搬美式或欧式的资本主义制度。中国走自己的路，在中国特色社会主义理论体系的指引下，在实践中探索和不断完善中国特色社会主义的新模式。面对由美国引发的国际金融危机和经济衰退，中国成功地抵御冲击，继续保持自己高速发展的态势并在全球事务中发挥更加积极的作用。

中国仍处于并将长期处于社会主义初级阶段，整体实力和发展水平与发达国家还有距离，中国决不妄自尊大，同时也决不妄自菲薄。中国选择自己的发展道路，坚持自己的社会制度，决不做任何大国的附庸，这是中国共产党的历史选择，也是中国人民的历史选择。20世纪90年代，当苏联解体、东欧剧变时，有些人预言中国的社会主义也不会长久，有些追捧美国至上的人拿中国的弱项与美国的强项比，并以此论证两种社会制度的优劣，认为中国必须放弃自己的社会制度，尾随美国讨生活。中国今天的现实，是对这种观点最直接、最有力、最彻底的回击。第二次世界大战结束以来，世界上有100多个国家和地区获得独立，大多数继承了殖民地时代的资本主义制度，其中的多数仍没有摆脱贫穷落后，有些还长期陷于战乱。世界发展的历史证明，1949年建立的新中国没有选错自己的方向和道路。

四　严肃对待和科学研究中华人民共和国国史

1. 研究当代中国历史，要追溯鸦片战争以来中国沦为半殖民地半封建社会的历史。这是

新中国前夜的国情。由此决定中国革命的任务是推翻三座大山：帝国主义、封建主义和官僚资本主义。

2. 研究世界资本主义进入帝国主义阶段，俄国发生十月社会主义革命以后世界形势的变化。十月革命冲破了资本主义的链条，为遭受帝国主义压迫的民族和人民指明了争取独立和解放的方向和道路。

3. 研究中国百年来学习、效法西方资本主义一再失败、始终不得成功的国内外原因。国外的情况是：帝国主义以中国为鱼、肉，先是多国共同侵略分肥，后是日本一家要独灭中国，"先生老是侵略学生"；国内的情况是：民族资产阶级发育不良，无力承担领导推翻封建主义、帝国主义的使命。国内外的条件表明，试图用资本主义制度救中国"此路不通"。

4. 研究中国共产党选择新民主主义理论和路线，领导中国革命取得成功的历史必然性。旧民主主义在中国行不通，领导中国民主主义革命的责任必然地落在工人阶级及其政党——中国共产党的肩上。中国民主革命的性质是新民主主义革命，革命的主力军是农民，这个革命既不同于孙中山领导的旧民主主义革命，又有别于苏联的社会主义革命。社会主义是新民主主义的必然前途，新民主主义是社会主义的必要阶段。中国共产党第一代领导人创建的新民主主义理论是马克思主义中国化的伟大成果，是人民革命战争取得胜利和新中国建立的理论基础。

5. 研究新中国建立、确立人民当家做主、实行人民民主专政的国家政权的历史根据。抗日战争胜利以后，中国面临两种命运的选择，在蒋介石悍然杜绝了政治协商、和平建国的出路以后，国共两党的决战决定了中国的命运。中国共产党领导的人民解放战争只用了 3 年就打倒了执政 22 年的蒋介石集团，建立起以工人阶级为领导、工农联盟为基础，团结小资产阶级和民族资产阶级的人民共和国。这个选择顺应历史潮流，合乎人民愿望，受到全国人民，除反动派以外各个阶级的一致欢迎，成为共同的政治纲领。

6. 研究中国选择社会主义制度的必然性。社会主义与资本主义的本质区别在于：生产资料的所有制是社会主义公有制（或以公有制为主体的多种所有制）还是资本主义私有制；由工人阶级（或者工人和其他劳动阶级结成同盟）及其政党领导国家政权，还是由资产阶级及其政党掌握国家政权；以马克思主义与本国实际相结合的革命理论作为意识形态的灵魂还是以资产阶级自由主义作为意识形态的灵魂。这个分野是清清楚楚的。站在社会主义一边，或者站在资本主义一边，在不同的立场上，结论必然是相反的。对于中国共产党领导的社会主义制度，敌对势力总是要千方百计加以遏制，企图迫使中国屈从于附庸地位；西方的政治家当中也有人希望中国保持自己特色，不要盲目追随超级大国设定的轨道。在国内有少数竭力鼓吹西化的人，以西方敌对势力为靠山，为了谋夺中华人民共和国的政权，肆意歪曲当代中国的历史，丑化中国几代领导人，他们的目的和手法就是敌对势力惯用的"灭人之国，必先去其史"的老套路。中华人民共和国宪法规定了中国的根本制度、根本任务和公民权利，充分体现了中国的社会主义本质和特色。宪法是国家根本法，是国家和民族利益的根本保障，任何人企图推倒中华人民共和国宪法，按照敌对势力极力推广的"普世价值"鼓动颠覆中国共产党领导的国家制度，都是决不允许的。

7. 研究实行改革开放、建设中国特色社会主义的伟大历史进程。中国特色社会主义，是马克思主义中国化结出的硕果。30多年来，中国不间断地推行改革，国民经济快速发展，经济结构和社会阶层结构都发生了深刻变化。依照世贸规则，中国全面参与世界经济的合作与竞争，在经济全球化、世界多极化的格局中，占有越来越重要的位置。沿着中国特色社会主义道路阔步前进，中国的繁荣和兴旺，中国人民的富裕和幸福，正在逐步实现。经过几代人的努力，建国大业历时61年而日趋兴旺，中华民族复兴的节拍正在加速。我国的国民经济连续20多年持续、高速增长，人民生活水平不断提高，有力证明了中国特色社会主义制度具有强大的生命力和无可比拟的优越性。但必须清醒地看到，我国仍处于并将长期处于社会主义初级阶段这一基本国情没有变，人民日益增长的物质文化需要同落后的社会生产之间的矛盾这一社会主要矛盾没有变，我国是世界上最大的发展中国家这个总体定位没有变。我国经济发展的质量和水平与发达国家相比还有不小差距，人民的生活还不够富裕。国家的稳定、社会制度的改革和经济社会的发展必须打牢基础，保持正确的方向。国际上以损害中国利益满足他国利益的蛮横言行由来已久、屡见不鲜，由此引发争议、冲突的潜在风险始终存在。我国希望建立和谐世界，希望能够与世界人民共享文明成果，让各国人民安下心来建设自己的国家。中国把这一时期称作历史机遇期。其实这一时期世界和中国都遇到不少的麻烦。我们深知，实现中华民族百年的复兴理想，还有长期艰难的里程。我们深信，尽管道路曲折，但中国特色社会主义的前途一片光明。

(原载《求是》2010年第22期)

第二篇

特约文稿

世界金融危机与马克思主义、社会主义的历史命运

——兼论建设马克思主义学习型政党的战略意义和加强党的意识形态工作的重要性

王伟光

由美国次贷危机所引发的国际金融危机，进而诱使资本主义世界发生的全面危机，已经持续两年多了，尽管人们采取了种种救市措施，但它仍在顽强地发挥着负面影响，强烈地冲击着整个世界经济并改变着世界格局。以此为时间节点，以世界性危机现象为“反光镜”，往前追溯到19世纪中叶，马克思恩格斯创立科学社会主义至今一个半世纪以来，社会主义与资本主义两大力量、两种历史走势生死博弈的风风雨雨，充分印证了马克思主义经典作家关于资本主义必然灭亡、社会主义必然胜利的科学论断是颠扑不破的真理，雄辩地证明了社会主义、马克思主义的旺盛生命力，昭示了社会主义与马克思主义的历史命运。

一　一个半世纪世界历史进程，雄辩地证明了社会主义的必然性和马克思主义的真理性

唯物辩证法告诉我们：任何事物的发展都不是直线上升式发展，而是波浪式地前进、螺旋式地上升、曲折式地发展，社会历史发展也是如此。世界历史进程就是这一历史辩证法的铁定案例。社会主义运动正是遵循这一历史辩证法的逻辑在曲折中前进，虽有挫折与失败，但总体上是循时前行的，这一历史进程恰恰从实践角度检验了马克思主义颠扑不灭的真理性。

对社会历史规律的观察，历时越久、跨度越大，也就越看得明白，其判断也就越经得起实践检验。世界历史进入资本主义社会形态的发展阶段，即伴随着工人阶级与资产阶级、社会主义与资本主义两个阶级、两种社会制度、两大历史前途的博弈，其历史较量的线索、特点、规律与趋势，随着历史的发展、空间的变换、时间的推移，越发清晰，人们也看得越发清楚，其历史必然性越发显现，越发显示马克思主义的科学性。

马克思主义诞生以来，历史已走过150余年时间。回首往昔，可以清楚看到，世界历史进程已经发生了四次重大转折，社会主义呈现由低到高、到低、再从低起步之势，标志着社会主义在斗争中、在逆境中顽强地生长。这一历史进程尽管曲折，有高潮，也有低潮；有前进，也有倒退；有成功，也有失败，但在总体上印证了马克思主义关于社会主义必然胜利的历史发展总趋势的判断是完全正确的，同时也说明社会主义战胜资本主义的历史进程不会是一帆风顺的，也绝不可能在短时间内实现，必须经过一个相当长的历史跨度。

既要看到历史发展的总趋势，坚信社会主义必然要取代资本主义，同时又要看到，社会主义代替资本主义是一个漫长的历史进程，充满曲折，充满斗争，甚至有可能出现暂时的倒退。所以，既要反对社会主义“渺茫论”，又要反对社会主义“速胜论”。不能因为挫折和失败，对实现社会主义丧失信念和信心，也不能因为顺利和成功，就急躁冒进。

四次世界性历史转折可以分前两次和后两次。前两次转折发生在20世纪前半叶。社会主义运动从兴起到发展，资本主义则经历了一系列经济危机和两次世界大战的折腾，步入下降期。

第一次世界性历史转折发生在20世纪初叶，其标志是1917年爆发的俄国十月社会主义革命。19世纪中叶，马克思主义经典作家创建了科学社会主义，开创了世界工人运动和社会主义运动的新篇章。进入20世纪初叶，科学社会主义理论指导的社会主义运动由轰轰烈烈的工人运动实践变成了社会主义制度实践。列宁成功领导了十月社会主义革命，建立了第一个社会主义国家，这是20世纪初最重大的世界性事件，从此开启了人类历史的新纪元，社会主义运动开始走向阶段性高潮。

第二次世界性历史转折发生在20世纪中叶，其标志是1945年“二战”之后一系列国家社会主义革命的成功，形成了一个社会主义阵营。矛盾激化引发危机，危机造成革命机遇。20世纪初叶爆发的第一次世界大战、20世纪三四十年代爆发的第二次世界大战，都是资本主义不可克服的内在矛盾激化的结果。早在自由竞争资本主义阶段，资本主义固有矛盾就不断激化，导致从1825年开始，每隔10年爆发一次经济危机，危机的累加演变成1873年的资本主义空前激烈的世界总危机，这次总危机及之后不断迭加的危机，如1900年、1903年、1907年的经济危机，最终导致第一次世界大战的爆发。战争只能恶化、加重危机，“一战”后旋即爆发了1929—1933年资本主义世界大危机，资本主义步入严重的衰退。而危机的结果又要依靠战争来解决，但战争并不能从根本上克服资本主义内在矛盾。垄断资本主义内在矛盾的进一步激化导致第二次世界大战爆发。两次大战，标志着资本主义走向衰落。危机与战争给社会主义革命带来前所未有的机遇，“二战”后，中国等一系列国家革命成功，建立了社会主义制度，形成了社会主义阵营，社会主义运动出现阶段性高潮。相反，“二战”后，资本主义社会矛盾和总危机进一步加深，美国1948年、1953年、1957年、1960年、1969年、1973年……连续爆发危机，并波及北美、日本和西欧主要国家，成为世界性危机。资本主义整体实力下降，遭受重大打击。

20世纪八九十年代至今的20余年中，接连又发生了两次重大的世界性历史转折。世界社会主义运动由高潮到低潮，然而以中国特色社会主义为重要标志的世界社会主义运动却开始走出低谷。资本主义由低迷困境进入高速发展时期，而美国金融危机却使现代资本主义步入险境，呈进一步衰退之势。

第三次世界性历史转折发生在20世纪末叶，其标志是20世纪80年代末90年代初的苏东剧变、社会主义阵营解体，世界社会主义运动陷入低谷。“二战”之后，20世纪上半叶，社会主义走上坡，资本主义走下坡。但世界进入20世纪下半叶，社会主义各国却放慢了发展速度，特别是苏东剧变，世界社会主义运动面临举步维艰的境遇。而在此一时期，现代资本主义吸取资本主义发展进程中的经验教训，同时也吸取社会主义国家发展的经验教训，进行改良，由此进入相对和缓发展时期。

第四次世界性历史转折发生在21世纪初叶，其标志是2008年爆发的国际金融危机。这对世界发展格局和中国特色社会主义事业的发展将产生的影响无法估量。有句俗话："三十年河东，三十年河西"，短短二三十年时间，中国特色社会主义的成功使世界社会主义运动呈低潮中起步之势。而美国金融危机却使西方发达资本主义国家陷入困境。美国金融危机是资本主义制度性危机，具体的救市措施只能使危机得到暂时缓解，但最终是无法克服的。社会主义市场经济与资本主义市场经济的本质区别是生产资料占有方式的不同。资本主义生产资料私有制决定了危机最终是无法避免的，而社会主义市场经济虽然具有市场经济的特性，但由于它是与社会主义制度相结合的，这就为它规避和战胜世界性金融危机提供了可能。中国人民在中国共产党的正确领导下，成功地顶住了国际金融风暴的冲击，不仅实现了预定的稳定发展的目标，而且取得了显著成绩。这既要归功于党的正确领导和果断决策，更根本的是彰显了社会主义制度的政治优势，愈加证明了社会主义的生命力、中国特色社会主义的生命力、马克思主义的生命力。

二　中国特色社会主义道路的成功开创，中国改革开放对国际金融风险的有效抵御，彰显了社会主义的强大生命力

马克思主义经典作家创立了科学社会主义，开创了工人运动和社会主义运动的新格局。当时，他们把注意力和着眼点主要放在西方发达资本主义国家，根据当时的实际，曾设想社会主义革命将首先在生产力比较发达、工人阶级人数较多的资本主义国家发生，至少是几个主要发达资本主义国家同时发生才能胜利。而后的实践发展却超出了他们的具体判断，新的实践促使他们开始注意并研究东方社会，并提出了非资本主义国家走社会主义道路的可能性问题。他们认为，在特定条件下，东方国家能够不通过资本主义制度的"卡夫丁峡谷"，而实现社会形态的跨越式发展，走向社会主义。

马克思恩格斯最初关于社会主义革命在西方诸国同时胜利的结论，是建立在对社会历史一般发展规律的判断上。后来，马克思恩格斯经过科学研究，分析了社会历史发展的特殊性，提出社会主义发展的非资本主义道路问题。列宁分析了帝国主义历史阶段经济政治发展不平衡性，提出社会主义革命可以率先在资本主义统治的薄弱环节突破的科学论断，并成功地发动了俄国十月革命。俄国革命的成功从实践上证明了马克思主义经典作家关于非资本主义道路的设想是科学的。然而，继列宁之后，斯大林建立的社会主义制度的苏联模式，所走的社会主义建设的苏联道路，尽管取得了伟大成就，却忽略了苏联相对于西方诸发达资本主义国家落后的生产力，忽略了市场经济的必经性，逐渐形成了高度僵化、高度集中的经济政治体制，束缚了生产力的发展，束缚了人民积极性的发挥，束缚了社会主义制度优越性的发挥。其他社会主义国家在社会主义建设实践中，在一定阶段、在不同程度上，忽略了更为落后的本国生产力实际，犯了照抄照搬别国模式的错误。在几十年的发展中，社会主义制度的优越性逐渐被僵化的、不适当的经济政治体制所消耗，再加上其他客观原因和主观错误，还有西方资本主义国家围剿破坏，致使社会主义诸国陷入了发展困局。苏联解体、东欧剧变就是这

一历史演变的结果。

社会主义革命成功之后，落后的国家到底怎样建设社会主义，必须从实践和理论上给予回答。中国特色社会主义道路的成功开创，破解了这一重大课题，走出了一条社会主义建设的成功道路。

按照马克思主义经典作家的“非资本主义”道路的理论设想，落后国家可以不经过资本主义充分发展而跳跃式地推进社会主义革命，建立社会主义制度。但是资本主义已历经的市场经济和生产力高度发展的自然历史过程却是不可逾越的。中国共产党人总结了社会主义国家建设的经验和教训，坚持一切从实际出发，不照抄照搬别国模式，走自己的道路，将社会主义制度与市场经济相结合，建立了与中国社会主义现阶段生产力状况相适应的、与发展市场经济相协调的经济政治体制，回答了“什么是社会主义，怎样建设社会主义”的根本问题，成功开创了中国特色社会主义建设道路。在国际金融风暴的冲击下，西方资本主义经济衰退，前景黯淡，至今尚未走出困境，而中国特色社会主义在中国共产党的领导下，有效化解了金融风险，再次显示了社会主义制度的强大动员力和战斗力。

三　中国特色社会主义理论体系的创新，给马克思主义注入了新鲜的内容，显示了马克思主义的强劲创造力

中国共产党人在中国特色社会主义伟大实践中创新了马克思主义，赋予马克思主义以新的生命力。

当今世界正在发生全面而深刻的变化，当代中国也在发生广泛而深远的变革。国际上，美国次贷危机引发的全球性经济危机，已经并正在给全世界发展带来严重和持续的影响。在国内，中国特色社会主义取得了伟大成就，中国发展道路与中国发展经验，为人类文明的进步开辟了新的发展路径。一方面，当代资本主义面临重大挫折，给当代社会主义、马克思主义的发展提供了难得机遇；另一方面，当代社会主义、马克思主义又面临着前所未有的挑战。当前世界正处于前所未有的巨大变动之中，资本主义和社会主义两种历史趋势、两大力量、两种意识形态的较量出现了新的变数，激烈社会变动给当代社会主义、马克思主义提供了新的发展时空，提供了新的需求动力。回顾20世纪八九十年代，社会主义处于前所未有的低谷，反社会主义、反共产党执政的思潮甚嚣尘上、鼓噪一时、不可一世，新自由主义也应运而生，西方资本主义到处推销新自由主义。20多年过去了，这场国际金融危机，一方面使资本主义受到前所未有的打击，新自由主义破产，资本主义意识形态再次受到严厉质疑；另一方面，中国特色社会主义通过改革开放取得成功并顶住了金融风险，社会主义从低谷中走出，这为当代社会主义和马克思主义的发展、为我们党加强意识形态工作提供了极为有利的条件。透过国际金融危机和世界各种力量的交锋，我们可以认清，金融资本不过是资本的当代形态，我们所处的时代仍然没有超出马克思主义的理论视野，社会主义具有强劲的生命力，当代资本主义无论采取何种形态，仍然逃脱不了马克思主义所预见的命运。

马克思主义是不是过时了，马克思主义是不是没有生命力了？不是的，马克思主义是科学的，是具有旺盛生命力的。马克思主义之所以永不枯竭，永远具有蓬勃的生命力，根本在

于它的实践性。实践是理论的源泉，是理论正确与否的检验标准，是推动理论不断发展的动力。马克思主义始终与不断发展的实践相结合，才永葆蓬勃的生机和活力。马克思主义同中国实际相结合，实现中国化，产生两次历史性飞跃，形成了马克思主义中国化的两大理论成果。第一次飞跃的理论成果是被实践证明了的关于中国革命的正确的理论原则和经验总结，当然也包括关于中国社会主义建设道路探索的正确的理论成果，即毛泽东思想。第二次飞跃的理论成果是中国特色社会主义理论体系。在新的历史条件下，中国特色社会主义理论体系创造性地回答了什么是马克思主义、怎样对待马克思主义，什么是社会主义、怎样建设社会主义，建设什么样的党、怎样建设党，实现什么样的发展、怎样发展等重大理论和实践课题，深化了对“三大规律”即共产党执政规律、社会主义建设规律、人类社会发展规律的认识，既展现了当代中国马克思主义的勃勃生机，又为我们继续进行理论创新打开了广阔空间。

四　应对经济危机，加强意识形态工作

胡锦涛同志讲：“经济工作搞不好要出大问题，意识形态工作搞不好也要出大问题。”这是极其重要的指示，必须坚决贯彻执行。

1. 如何看待当前的意识形态局势

国际金融危机所引发的世界格局的深刻变化，为加强和改进意识形态工作提供了有利的条件，当然也有不利的因素和严峻的挑战。

20世纪八九十年代，随着苏、东的解体和剧变，世界社会主义陷入低谷，反社会主义、反马克思主义、反对共产党执政的声音甚嚣尘上，西方资本主义到处大力推销新自由主义理念，鼓噪一时，不可一世。

20年过去了，此次金融、经济危机，一方面使资本主义遭遇二战以来最严重的打击，西方世界多数国家2008年第三季度经济开始负增长，第四季度连续负增长，一直到2009年第三季度才开始有所回升。伴随着经济的不景气，欧洲失业率居高不下，西班牙2010年失业率为20%，50%的年轻人失业。美国全国经济研究所测定，此次危机使美国失去800万个就业岗位，吞噬美国人21%的实际财产，失业率为9.6%（危机前为5%），只有59%的20岁以上男性有全职工作。此次危机还使得以希腊为主的欧洲许多国家主权债务危机雪上加霜。另一方面，中国特色社会主义取得成功，并顶住金融风险，保持了年均8%—9%的增长速度，为世界经济的复苏作出了巨大贡献。一时间中国道路、中国模式成为世界议论的焦点。

从20世纪30年代的大萧条到今天席卷全球的经济危机，无不印证了马克思恩格斯有关资本主义在自身难以克服的矛盾中不断调整自己又不断走入危机的预言。1997年，亚洲的金融风暴，让马克思回归到世界资本主义的中心地带华尔街；时隔10年，当资本主义的发展再次陷入衰退的泥沼时，《资本论》再次登上了最畅销经济类学术著作的排行榜，成为拯救人类精神家园的“圣经”。据报道，2010年1月份，《资本论》在柏林一度脱销，相关论坛、讲座令马克思的故乡——特里尔这座因萧条而备感冬之冷寂的德国小城显得热闹而红火。尤其值得注意的是，为数不少的德国青年认为，在危机笼罩的时刻，有必要重温马克思主义政治经济学经典著作。有的德国学者指出，正统的经济学往往对危机避而不谈，而马克思认为，危

机是资本主义的有机组成部分。有的西方学者认为，现代西方经济学的历史是在国家与市场的争论中一路走来的。然而，无论是市场还是国家，抑或是国家和市场的结合，都不能避免危机重复发生且愈演愈烈。

形势的变化为我们党加强意识形态工作，做好知识分子工作，提供了极为有利的氛围、条件和机遇。这种形势也越发促使西方资本主义更加运用“两手策略”，在经济上利用、拉拢我们，捧杀我们；另一方面，在军事上加紧包围我们。同时在意识形态领域加强进攻，用所谓的人类普世价值来迷惑、分化、颠覆我们，西藏、新疆事件无不显现西方某些国家或国际组织的身影。就这一点来说，我们如今面对着更加复杂、严峻的考验。

意识形态工作是党的一项极为重要的工作，事关党和国家工作全局，事关中国特色社会主义事业顺利发展，事关社会和谐稳定、国家长治久安。要始终牢记胡锦涛总书记关于意识形态工作的重要论断，切实把加强意识形态工作作为提高党的执政能力、巩固党的执政地位的重要内容，认真贯彻落实中央一系列决策部署，不断提高意识形态工作的科学化水平，始终牢牢掌握意识形态工作的领导权和主动权。

2. 马克思主义中国化和马克思主义学习型政党建设

通过上述分析，可以清楚地得出以下几个重要结论：(1) 马克思主义是党和国家的灵魂、指南，坚持和发展马克思主义是中国特色社会主义取得胜利的根本思想保证。(2) 坚持马克思主义指导，在当代中国，必须把马克思主义与中国改革发展新的实践相结合，不断推进马克思主义中国化，用不断创新的中国化的马克思主义指导实践。(3) 在意识形态领域，必须坚持马克思主义主导地位，坚持社会主义主流意识形态，加强意识形态工作，这是坚持走社会主义道路、坚持中国共产党领导的政治底线。(4) 必须用中国化的马克思主义武装全党，特别是武装中高级干部。毛泽东同志指出，“在担负主要领导责任的观点上说，如果我们党有一百个至二百个系统地而不是零碎地、实际地而不是空洞地学会了马克思列宁主义的同志，就会大大提高我们党的战斗力，并加速我们战胜日本帝国主义的工作。”就今天而言，如果我们党有一大批系统地而不是零碎地、实际地而不是空洞地掌握了中国特色社会主义理论体系的高素质的领导干部，就会大大提高我们党的战斗力，大大加快发展中国特色社会主义事业的进程。(5) 经过30余年的改革开放，中国特色社会主义取得了举世瞩目的成就，但也存在一系列矛盾和问题。比如分配不公的问题、就业问题、环境破坏问题、拆迁（征地）与民生问题等。这些问题不很好地解决，不仅严重影响着可持续发展，也严重影响着党的执政威信和社会的稳定。同时，也会给国内外的敌对势力分化我们、在意识形态领域进攻我们留下缝隙。所以，全党一定要树立忧患意识，通过改革创新，破解前进道路中存在的种种难题、矛盾和问题，在发展中国特色社会主义伟大事业中创建学习型政党，通过创建学习型政党推进中国特色社会主义伟大事业。

（本文前三部分刊登于《求是》2010年第21期）

国际金融危机现状、趋势及对策的相关思考

李慎明

由美国次贷危机蔓延至全球的国际金融危机已经给世界各国人民造成巨大灾难，这是没有疑义的。但是，这场危机的直接和根本原因是什么？答案依然是众说纷纭的。

我个人认为，这场危机的直接和根本原因，绝不仅仅是金融家的贪婪、银行监管制度的缺失和公众消费信心不足等，更不是诺贝尔经济学奖获得者、美国普林斯顿大学教授保罗·克鲁格曼所说的美国消费方式和中国汇率与外贸政策的联姻。

这场国际金融危机的直接原因，是 20 世纪 80 年代末—90 年代初东欧剧变、苏联解体后，以美国为首的西方世界主导的以新自由主义为主要推力的新一轮经济全球化。江泽民同志在 2000 年 11 月就明确指出，这一轮经济全球化是“发达国家的主导”①。以发达国家为主导的新一轮经济全球化无疑是一柄“双刃剑”。它的正面效应是有力地推动了发展中国家 GDP 的高速增长等。但也要看到，冷战结束后，美国一家独大，以美国为首的西方强国才能够和敢于利用其在全球的经济、政治、文化以及军事、科技等强权，特别是其中的金融霸权，放肆地掠夺他国财富，张着大嘴“巧吃”、“白吃”世界。正因为如此，美国国内生活必需品的价格才长期出奇得低廉，加上美国文化霸权的大肆渲染，其所谓“民主制度”才能够在美国国内得到较多数民众的认可并得到较为稳定的维系，在国际上才能得到更多人的追捧。这反过来又进一步助长新自由主义价值观念和一系列政策在全球范围内的泛滥和推行。从一定意义上说，目前这场正在深化的国际金融危机，不仅是对美国这种强权政治和霸权主义特别是其中金融霸权肆意泛滥的绝地“报复”，是对新自由主义政策、理论的有力清算，更是对美国所谓“民主制度”的根本挑战。

这场国际金融危机的根本原因是什么呢？马克思在《资本论》中说：“一切真正的危机的最根本的原因，总不外乎群众的贫困和他们的有限的消费，资本主义生产却不顾这种情况而力图发展生产力，好象只有社会的绝对的消费能力才是生产力发展的界限。”② 也正如列宁所说：“不是生产食物更加困难，而是工人取得食物更加困难了。”③ 这就是说，这场国际金融危机的根本原因是生产社会化甚至生产全球化与生产资料私人占有之间的矛盾、生产无限扩

---

① 江泽民：《在 2000 年亚太经合组织工商界峰会午餐会上的讲话》，《人民日报》2000 年 11 月 16 日。

② 《马克思恩格斯全集》第 25 卷，人民出版社 1974 年版，第 548 页。

③ 《列宁全集》第 5 卷，人民出版社 1986 年版，第 90 页。

张与社会有限需求之间的矛盾在经济全球化条件下深入发展的必然结果。

如果说 20 世纪 30 年代的那场大危机和大萧条，迫使西方国家由自由放任的理论政策转向凯恩斯主义，推动国家垄断资本主义的兴起，并由此显现了以苏联为代表的社会主义制度及体制的优越性，促进了社会主义由一国到多国的发展；那么，这次国际金融危机也必然对西方国家的思想理论产生巨大的冲击，对资本主义社会的生存发展产生深刻的影响。如果我们对新的挑战应对得当，同时也必然会显现以中国为代表的社会主义制度及体制的优越性，给世界社会主义运动提供新的机遇。在国际金融危机仍未见底之时，我们运用马克思主义的基本原理，从宏观、战略、全局、前瞻的高度，进一步加强对国际金融危机现状、发展趋势以及危机对西方思想理论的冲击与资本主义走向等问题的研究，探讨正确应对的战略、策略和相关政策，无疑具有重要的理论意义和现实意义。目前这场国际金融危机，已经给西方的经济社会生活造成巨大的困难，并对西方思想理论界以及资本主义走向和世界社会主义及左翼思潮都已经并正在产生着深刻的影响。可以说，从这次金融危机爆发直到 21 世纪前二三十年，乃至上半个世纪的世界格局，都可能处于一种激烈动荡、变动甚至跳跃的状态。从这个意义上讲，无论在国际还是在国内，我们都有着前所未有的机遇与世所罕见的挑战。抓住机遇、应对挑战，是时代赋予我们党、国家、民族的光荣而又艰巨的任务。

我们可以着重从以下五个方面进行研究。

一　国际金融危机的现状和发展的趋势

这是我们研究的重中之重。因为，存在决定意识。我们只有首先把国际金融危机的现状及其发展趋势研究清楚，才有可能把客观存在的种种派生物——各种思潮研究清楚，并对可能出现的各种思潮及应对的举措作出科学正确的预见与规划。关于国际金融危机的发展趋势，国际国内的看法很不一致，甚至相左。国内外很多政要与学者认为，世界经济已开始出现复苏迹象；尽管复苏的步履缓慢，但其前景看好，不会出现第二次探底。也有人认为，目前国际金融危机已大体得到控制，受其涉及和拖累的世界经济也已经显露各种复苏的迹象；但断言世界经济全面摆脱衰退、进入周期性复苏还为时过早。我个人认为，经济全球化正在深入发展，当前世界性的金融危机仍未见底，世界经济看似走出低谷，但新一轮更大的金融乃至经济危机极有可能就在这看似走出低谷中酝酿与积聚。这主要因为，世界各资本主义大国都在急遽降息、恶性增发货币，试图增加新的产能；而世界范围内的穷国穷人愈来愈穷、富国富人愈来愈富的两极分化局面非但没有缩小，反呈日趋加大之势；穷国穷人的相对需求仍在急剧下降。因此，生产社会化与生产资料私人占有之间的矛盾、生产无限扩张与社会有限需求之间的矛盾非但没有缓解，反而在加剧。从根本上说，这正是在为下一轮更大的金融乃至经济危机积蓄能量。2008 年 12 月 16 日，美联储公开市场委员会（FOMC）将联邦基金利率降到 0—0.25%的区间。至此，美联储的这一目标利率已降至历史最低水平。现在世界各大国甚至各个国家仍都不敢轻言低利率退出政策，仅凭这一点，就足以证明当前世界经济复苏的脆弱性。因此，从辩证唯物主义和历史唯物主义更广阔的时空来看，从历史学和政治经济学的更广阔的视野来看，这场灾难并未结束，还在演进中，甚至极可能是刚刚开始，在世界范围内的更深刻更全面的经济社会危机极可能还在后头。正因为由“发达国家的主导”的经济全球化的灾难还没有“终结”，甚至是刚刚开始，所以，我们才面临着进一步说明科学社会主义其中包括中国特色社会主义有着光辉灿烂的希望和前景的绝佳机遇。这就如同有了公元33年犹太历尼散月十四日耶稣殉难日，也才有了其后第三天耶稣的复活节一样。列宁所说的革命死了，革命才能万岁，也是同样的辩证法。

我们说，世界经济目前的这轮复苏是脆弱的，再看看以下两组数据与两则报道有助于加深对此问题的认识。两组数据：(1) 美国高财政赤字、高额债务、高外贸逆差愈演愈烈。据清华大学中美关系研究中心高级研究员周世俭提供的数据，2010年美国前3个月的财政赤字达3886亿美元，全年可达1.55万亿美元，将占当年GDP的11%。从2007年9月底以来，美国国债以每天40亿美元的速度增加，2010年将达到15.67万亿美元，将占GDP的101%。现在美国国民人均财政赤字与国债均分别多达4万美元左右。而按照20世纪90年代欧共体成员国加入欧洲经济货币联盟的标准，即《欧洲联盟条约》规定，成员国财政不应有“过度赤字”，当年政府财政赤字不应超过当年国内生产总值的3%，政府债务总额不应超过国内生产总值的60%。这就是经常被有关人士称为政府财政赤字和政府债务总额的“国际安全线”或“国际警戒线”。而美国2010年的财政赤字可能超出国际安全线近4倍；政府债务总额可能超出国际安全线近1倍。美国这两年的贸易赤字虽有所下降，但2009年仍为3807亿美元；现在的累计贸易赤字总额已达近10万亿美元。这是历史上任何时期任何国家从来没有过的。(2) 现在全球黄金储备共约2.4万吨，美、德、法、意、英五国的储备即占72%，而其他国家只占20%多。国际大宗商品生产的资源与价格也被西方大国和强国所控制。2007年，全球货币外汇储备约为6.5万亿美元，而日本、欧美发达国家的货币外汇储备仅占8.7%，发展中国家却占76.6%。两则报道：一则是2010年1月，美国锐联资产管理公司主席罗伯特·阿诺德对我国《第一财经日报》记者说：“现在美国政府认为政府减少支出才是应对危机的办法。我非常担心的是政府通过过多地借债来应对经济的状况。如果我们要还，这需要数十年；如果我们违约，那可能造成巨大的地缘政治动荡。”他又说：“我认为从政治上可行的选择是通货再膨胀，这意味着那些借给我们钱的人只能得到部分的偿还，这实际上是一种盗窃的行为，而这可能成为事实。”① 另一则是《文汇报》驻巴黎首席记者郑若麟在2010年3月6日的报道中称：曾成功预警次贷危机的位于法国尼斯的“欧洲政治预测实验室”的智库提出警告，2010年西方发达国家从家庭到企业，一直到国家，都面临巨额债务的偿还问题。而其中最主要的问题是主权国家债务违约现象的上升：目前西方发达国家正面临归还2005年至2007年债务的高峰期，当时世界各国认为存在着“免费的午餐”而大幅举债，到今天因利润不足(仅2%—5%，远非当年估计的10%)，要归还本金的时候却资不抵债。美国国债已达到天文数字的14.3万亿美元。该报告在分析了美国目前房地产状况和经济现状后认为，美国很有可能在未来8个月中出现高达500家中等规模的银行倒闭（而2009年危机最严重的时候也只有140家倒闭)②。当然，我们也应看到，在微观经济运行层面，美国经济也正在传来，今后仍

① 林纯洁：《通货再膨胀：美国“技术性违约”的可能》，《第一财经日报》2010年1月13日。

② 郑若麟：《报告悲观预测引争议 主权债务危机二季度大爆发?》，《文汇报》2010年3月7日。

会传来经济复苏的好消息；但是，美国这些微观经济运行层面的好消息根本无助于宏观经济层面窘境的改善。全球经济在近三两年内稍有反弹之后有可能步入更大的低谷。此类情况在历史上并不鲜见。1920年，美国经济负增长达-8.7%，出现严重衰退，1921年7月曾出现复苏，但在1923年的6月即23个月之后，又再次步入新的衰退。美国在1980—1982年又曾经历复发性衰退，日本亦在90年代有同一情况。

在世界格局中，一般来说，在两种情况下最危险：一是世界大国之间力量过分悬殊时，“弱肉强食”的“丛林法则”讲的就是此时的情势。二是超级大国处境极端困难时，“困兽犹斗”的“垂死挣扎”讲的就是这种情况。我个人认为，当前仍未见底的自20世纪30年代以来的最为严重的国际金融危机，是被以美国为首的资本主义强国推迟多年和推迟多次不得不爆发的经济危机。美国这个超级大国正面临着20世纪30年代以来最为困难的时期。正因为如此，在今后一些年内，各种国际力量特别是世界上一些大国和强国，将会围绕金融、能源、粮食与主权等根本性问题，既有合作与竞争，更有博弈和较量。世界的经济格局、政治格局和文化格局正处在波诡云谲的剧烈变动的前夜。实践已经并将继续证明，党的十七大报告关于“当今世界正处在大变革大调整之中”的判断是完全正确的。

对资本主义发展的总趋势，从战略上看，我们要坚定这样的信心：资本主义社会和其他社会形态一样，必然有一个从产生、发展到衰亡的历史过程，社会主义必然要取得最终的胜利。对目前这场仍未见底的国际金融危机，我们要从战术上认真审慎研究对策。我们要充分认识到：在经济全球化深入发展的情况下，资本主义为了延缓其灭亡的命运，总要不断调整其对内对外政策，从而使国际垄断资本主义的剥削和统治形式发生不同程度的变化，进而缓解其周期性的经济危机和社会冲突。这次金融危机，是不是美国式的资本主义模式的总危机呢？我还是原来的看法，有两种可能：一是以美国为首的西方国家必将利用其在经济、政治、文化和科技、军事等方面的优势，设法在其国内生产关系的范畴中进行各种最大的改良与调节，在世界经济、政治秩序和各大国之间做文章，以谋取最大的经济、政治利益。而广大发展中国家在各方面还都处于相当的弱势地位，特别是由于这些年来新自由主义在全球的泛滥，世界各国特别是广大发展中国家的人民在理论上的准备还远远不足，人们认识真理还有一个相当长的过程。因此，决不能排除美国式的资本主义模式经过成功调整，获得新的生机与活力。若如是，美国经济就会有新的强劲反弹，霸权主义和强权政治将会在世界范围内得到进一步巩固和加强，世界社会主义思潮和运动也可能会陷入新的更大的低潮。二是如果世界上其他大国强国应对正确，美国的经济危机就会进一步深化，从而使美国式资本主义模式和美国世界霸主地位从根本上得到动摇，也必然会引发全球经济秩序的深刻变化和全球政治格局的深刻变动。若如是，21世纪前二三十年乃至上半个世纪，政治多极化和国际关系民主化将会得到真正的展示和彰显。

二　国际金融危机对西方国家的新自由主义、社会民主主义等思潮的冲击

对国际金融危机爆发以来资本主义可能发生的变化及其未来走向，我们马克思主义理论工作者应及时作跟踪研究和科学分析。这场金融危机首先引起西方国家的政治动荡和思想震

动，促使不同阶级阶层和不同政治派别的人们在认识金融危机的原因、性质和后果的过程中，对西方的各种社会思潮进行反思和批判。西方国家一些左翼学者批判了新自由主义理论和政策，认为新自由主义是导致金融危机的主要原因，金融危机给新自由主义特别是其集中体现的"华盛顿共识"以沉重打击，暴露了新自由主义意识形态和体制模式的局限，使其"在很大程度上失去了合法性"（美国学者大卫·科茨语）。在此情势下，西方思想界和西方政要分别提出用凯恩斯主义或社会民主主义拯救自由资本主义的口号，试图通过一些改良资本主义的理论和政策，实现凯恩斯主义或社会民主主义的复兴。实践已经并将继续证明，不论是资产阶级右翼奉行的新自由主义或是凯恩斯主义，还是资产阶级中左翼所奉行的社会民主主义，都不能从根本上消除资本主义社会所固有的矛盾和危机，都不能改变资本主义衰颓的历史大趋势。及时了解国际金融危机对新自由主义、社会民主主义等西方思潮的影响和冲击，有助于我们把握西方思想理论的最新动向，划清马克思主义与西方各种社会思潮的界限，更好地坚持以马克思主义中国化的理论成果武装头脑、指导实践。

三　国际金融危机爆发以来马克思主义在西方"复兴"的现状和前景

马克思主义是指导人们批判资本主义旧世界，实现人类解放和每个人自由全面发展的科学理论。"它给人们提供了决不同任何迷信、任何反动势力、任何为资产阶级压迫所作的辩护相妥协的完整的世界观"，"它把伟大的认识工具给了人类，特别是给了工人阶级"[①]。金融危机爆发后，马克思的《资本论》在西方国家热销，马克思主义成为西方学术界研究的热点，越来越多的人希望通过马克思主义认识金融危机产生的原因，寻找克服这场危机乃至消除资本主义罪恶的现实途径和办法。例如，德国法兰克福的卡尔·马克思书店的顾客及销量大增，2009年《资本论》第1册的销量比2008年多5倍以上，该书店还将《马克思选集》等录成CD大量出售。据德国柏林专门出版马克思著作的卡尔迪次出版社总经理施特隆普夫介绍，2004年以前该社每年平均售出《马克思全集》100余套，仅2009年的一天就销售《马克思全集》89套，而且征订数量直线上升。这位总经理谈到，马克思的《资本论》等著作重新热起来，反映了德国社会当前所面临的状况，"社会遇到的问题越多，就会有更多的人试图从马克思的著作中寻找答案"。英国的《泰晤士报》还以"马克思重新回到了欧洲"为标题发表评论说，金融危机使西方人突然重视马克思的《资本论》了。法国前总统密特朗的经济顾问雅克·阿塔利对马克思撰写《资本论》的情况作了详细的介绍，并指出："马克思预见到了全球化的到来，预见到了世界金融危机的实质。"一些欧洲学者还认为，"今天马克思又成时尚了，比30年前的马克思热还热。"[②] 更加值得注意的是，马克思不仅在他生活和流亡的欧洲大陆再次"热"起来，而且他在大西洋彼岸的美国也成了不少媒体关注的焦点。2009年4月，美国《大西洋月报》发表了一篇题为《卡尔·马克思的复仇》的文章，明确提出现在的危机是由资本主义固有的缺陷造成的。2009年5月，美国《外交政策》杂志刊登了印有马克思生前

① 《列宁专题文集·论马克思主义》，人民出版社2009年版，第67—68页。

② 参见王德春《近期国外马克思主义研究的几个特点》，载《学术研究》2010年第1期。

画像的封面文章，加拿大约克大学政治学教授利奥·帕尼奇在《十分时髦的马克思》一文中说，当美国的房地产泡沫崩溃时，对世界的影响是如此深远和惨烈，马克思会以此作为“资本主义像一个魔法师，无力控制自己召唤出来的魔鬼”的生动例证。

仅从技术经济学、经济管理学或公众心理学的角度，只能认识金融危机的某些现象，但都无法讲清它的实质和根源。只有从马克思主义政治经济学的角度，才能解释清楚这件大事的本质特征和根本原因。这也是《资本论》和马克思主义学说在西方重新获得青睐的主要缘由。我国的马克思主义理论工作者应该从中得到启示和鼓舞，增强运用马克思主义的立场、观点和方法分析解决重大理论和现实问题的自觉性和坚定性。

有同志认为，现在西方的“马克思热”仅仅局限在学术界与学术层面，鲜有政治与社会层面。我认为，这种看法不无道理。但是，我们也应看到，事物的发展和人们的认识都有一个必要、必须的过程。没有革命的理论，便没有革命的运动。而正确的理论是正确行动的先导。先进的理论一旦被人们所认识和掌握，正确的行动是或早或晚的事。现在，西方一些主要国家，不时出现上百万人的大罢工，强烈谴责资本主义特别是新自由主义，呼唤公平与公正，这也是过去鲜见的现象。从一定意义上讲，西方国家的社会主义和左翼思潮及其运动，取决于这次国际金融危机发展的广度与深度。如果广大发展中国家能正确应对，使以美国为首的西方国家无法大规模地从根本上向国外特别是发展中国家转嫁其危机，那么，这必将有助于世界社会主义和左翼思潮的复兴。世界社会主义和左翼思潮的复兴，必将有助于中国特色社会主义进一步发展壮大。

四 以美国为首的西方国家在国际金融危机条件下生存发展的举措

人们常常说，迄今为止，在我们这个地球上已经发生了两次世界大战。20世纪80年代末—90年代初的苏东剧变后，也有不少人说，第三次世界大战已经发生过。这次世界大战，以美国为首的西方世界取得胜利，以苏联为首的苏东社会主义国家最终失败。现在，也有人说第四次世界大战正在进行。主要对手是美国与中东的伊斯兰世界，目的是争夺对石油的控制权。

2010年3月10日的美国《时代》周刊刊登的一篇文章中说：“尽管寻求得到中东石油以及在伊拉克和阿富汗的战事耗费华盛顿外交政策机构大部分精力，但在未来十年里，美国关注的重点将更多转移到‘新中东’——中国身上。”① 文章还列举了美国如此关注中国的原因：中国现在已经是世界最大的商品制造国、最大的汽车市场、最大的水泥生产国和最大的环境污染国。中国的军事实力和海上作战能力正在迅速提升。诺贝尔经济学奖获得者罗伯特·福格尔甚至预言，2040年中国的GDP将占全球的40%。由于生产规模的扩张，其自身对自然资源特别是能源与木材的需求会急遽上升。因此，《当中国统治世界》的作者马丁·雅克认为中国的崛起会动摇西方的价值观念体系。西方不少政要与学者，坚持把正在崛起的中国看作是当年的苏联，并坚持把美中之间的合作、竞争与博弈看成是“新冷战”。

---

① 克里斯蒂娜·拉森：《中国和美国：不可或缺的轴心》，美国《时代》周刊2010年3月10日。

因此，能否可以说，苏东剧变前，美国关注的着重点在欧洲即大西洋；苏东剧变后，美国关注的着重点将逐渐转移到亚洲即太平洋地区呢？奥巴马就自称要做美国的首位太平洋总统。

美国自诩自己是全球各国的有能力的领导者。那么，什么是领导能力呢？美国前总统德怀特·艾森豪威尔曾说：领导能力是指让人做事，“不仅因为你让他们这样做，你在强制推行你的命令，而且还因为他们本能地想要为你做事”①。美国哈佛大学肯尼迪政府学院教授约瑟夫·奈认为，一个国家软实力的主要因素包括文化（如果令人愉悦）、价值观（如果有吸引力和始终如一地遵循）和政策（如果人们认为它是包容和合理的）。他还明确而坚定地批评了“美国的军费开支大约是广播和交流项目开支的500倍”的现象，主张“通过向软实力投入更多资本来补充军事和经济力量，美国可以重建它应对一些全球严峻挑战所需的框架。这就是真正的巧实力”②。

可以说，现在美国有点像《红楼梦》中的贾府，表面上繁花似锦，但内囊已经空虚。在20世纪30年代以来最为严重的国际金融危机面前，美国当局深知“不战而屈人之兵”之奥妙，它要摆脱自己的危机并生存、发展，当然首要的是运用自己的“软实力”和“巧实力”。这个“软实力”和“巧实力”表现在什么方面呢？我们可以试列举如下。

一是运用金融手段企图使我国大量失业。金融是现代经济的命脉和血液。美国仍然是当今世界上唯一的金融霸权国家。美国运用金融对发展中国家其中包括我国展开“进攻”的手段很多。它最近逼迫我们进行人民币汇率升值，仅仅是其手段的一种。让人民币升值，至少可以造成我们出口锐减、使我们的外汇储备大幅缩水，从而使我国企业倒闭，工人失业，进而企图引发我国的社会动乱。二是利用互联网企图改变我们的价值观念。美国国务卿希拉里2010年1月21日在华盛顿发表的一次演讲中多次谈论所谓的“网络自由”，对中国依法进行的网络信息管理说三道四，声称“限制自由获取信息或侵犯互联网用户基本权利的国家面临着自己与下一个世纪的进步隔绝的风险”，并说这“最终还关系到我们希望有一个什么样的世界以及我们将会生活于一个什么样的世界”。③ 但谁都知道，互联网仅仅是各种信息甚至是意识形态的载体。据统计，在国际互联网的信息流量中，有超过2/3来自美国，而网民人数达3亿多的中国，在整个互联网的信息输入流量中仅占0.1%，输出流量更只占0.05%。负责控制互联网流量的世界13台根域名服务器中有10台都在美国。美国利用自己的技术和市场优势，实质上充当着全球互联网信息高速公路的警察，企图只让符合美国价值观的东西上路。正因为如此，时任美国国务卿的奥尔布赖特当年曾说：“中国不会拒绝互联网这种技术，因为它要现代化。这是我们的可乘之机。我们要利用互联网把美国的价值观送到中国去。”三是组建网络战司令部企图对我展开网络战。美国约有8.8万名IT专家，其中包括多达5000名电子战专家，在五角大楼网络战司令部下属机构工作。尽管奥巴马政府减少了在F－22战斗机等尖端武器上的开支，却大幅度提高了网络战的预算。在必要时，他们不仅可以通过网络直

① 《美国成为“高明大国”途径：巧实力》，转引自《参考消息》2009年7月5日，原文见约瑟夫·奈《变高明》，美国《外交》双月刊7—8月号。

② 同上。

③ 新华社：《参考资料》2010年1月25日。

接攻击我军的武器装备，而且可以攻击我们的银行、民航、发电等国民经济的核心部门。四是在我国策划制造动乱。西藏的“3·14”事件与新疆的“7·5”事件的背后，不都是以美国为首的西方国家为背景吗？五是运用基因和转基因武器。六是培植持不同政见者。七是对台军售。八是利用我国的东海、钓鱼岛、南沙群岛、中印边界等我国主权问题牵制我国并从中谋利。

毫无疑问，在国际金融危机的条件下，美国为求其生存和发展，首推的是其“软实力”和“巧实力”，但决不会放弃其“硬实力”。

历史的经验值得重视，帝国主义不仅依靠战争直接掠夺财富，在特定条件下，它还会企图通过战争摆脱其无法转嫁的经济危机。第一次世界大战与经济危机有关，第二次世界大战也是由资本主义深刻的经济危机引起的。从1929年10月下旬开始，西方发达国家发生了有史以来最严重的一次经济危机。这次持续五年之久的经济危机，使资本主义世界遭受2600多亿美元的损失（第一次世界大战造成的损失也只有1700多亿美元）。这次经济危机中，资本主义世界的工业生产下降了37.2%，其中美国下降了46.2%，居各帝国主义国家之冠；大批企业破产，美国有14万家以上，德国为6万家；国际贸易急剧萎缩，1933年资本主义世界的贸易额比1929年缩小了2/3，其中德国下降了76%，美国为70%，成千上万工人失业，处于饥寒交迫之中。美国采用“罗斯福新政”，清理、整顿银行，防止挤兑风潮；停止金币流通，防止黄金大量外流，并宣布美元大幅贬值；兴建“公共工程”，调节劳资关系；对7种主要农产品生产实行控制，“消灭”农产品过剩，其中2300多万头牛羊被宰杀，而成千上万的普通百姓却挣扎在死亡线上。除此以外，还出台了一系列城市政策和社会政策等。“罗斯福新政”先后共支出了约350亿美元的巨额款项，这使联邦政府的预算赤字每年都新增数十亿美元。但是“新政”中得到好处的是大垄断资本，国内贫富差距却进一步扩大，200家美国的工业大公司，在全部资产中所占的比重，1930年为47.9%，到1939年已提高到55%。美国的公共工程，每年临时吸收就业者不过为200万—360万人，但其工资每个月却仅有70—80美元，略高于失业救济金。余下的1000多万失业人员只能靠政府的微薄救济。1934—1937年，美国开工率仅为50.5%—73.8%。1936年资本主义世界的生产才勉强恢复到1928年的水平。1937年，美国、英国、法国又陷入经济危机之中。“罗斯福新政”并未能消除美国的经济危机，第二次世界大战给美国提供了绝佳的发展机遇。1941—1945年，美国军工生产平均占工业总产值的60.6%。在第二次世界大战中，美国除两面大做军火生意直接赚钱外，还凭借“租借法案”，扩大军火销路，为其过剩的农产品打开市场。美国的出口在战时非但未减少，反而增加了近两倍；在战争高潮的1943—1944年，其工业生产值比战前增长了两倍以上。第二次世界大战后，资本主义世界的工业生产已有一半以上被美国一国掌握，当时的美国还控制了国际贸易的1/3，并把世界黄金储备的3/4搜刮到了自己的金库之中。[①]

美国前总统罗斯福曾说，美国必须一边外交“说软话”，一边挥舞着“大棒”。集理想主义与现实主义、多边主义与单边主义于一身的奥巴马，早在当选总统之前2006年出版的《无畏的希望》一书中说：“即使遭到反对，美国必须一再充当世界警长。”“美国有权利对那些准

① 樊元主编：《资本主义兴衰史》，人民出版社1984年版，第227、250、279、284、286页。

备破坏其目标的国家采取单方面行动。”美国传统基金会负责外交与国防政策研究的副会长金·R. 霍姆斯2009年6月在其发表的文章中明确指出了美国“软实力”的局限性和维护军事实力的重要性，他说：“硬实力萎缩症的后果将是美国外交影响力的明显减退”，“美国安抚朋友、遏制对手、压制好战国、击败敌人的能力并不取决于我们政治领导人的外交承诺；而是取决于强大的军事基础。只有保住‘大棒’，美国才能成功实现外交目标。只有建立一支具有综合能力的军队，美国才能让许多朋友和盟友放心，才能指望这些朋友和盟友在未来给予美国支持。”① 因此，可以断言，美国在其经济危机向其他国家转嫁不顺利时，军事霸权主义就可能会明显抬头，决不能排除其首先策动代理人的战争。比如，在伊朗、朝鲜以及其他可能的地方。

五　我国对国际金融危机的应对之策

1. 一定要有坚定坚强的信心，同时又要有强烈的忧患意识

我们这个国家，我们这个民族，我们这个党，经历了多少坎坷、曲折与苦难，但从中国共产党诞生后，我们党相信人民、依靠人民、为着人民，领导人民群众一次又一次渡过难关，取得了辉煌的胜利。这正应了《荀子·儒效》中所说的：“天不能死，地不能埋。”现在，我们有马克思主义中国化，即毛泽东思想和中国特色社会主义理论体系为指导，有新中国成立以来特别是改革开放30多年来创造的强大的物质基础，有以胡锦涛同志为总书记的党中央的正确领导，我们就一定能够抓住前所未有的机遇、应对世所罕见的挑战。与此同时，我们也一定要有强烈的忧患意识。毛泽东说：“世界上的事情就是这样，要走弯路，就是S形。”② 胡锦涛同志曾在一次讲话中指出，宁可把风险、困难估计得足一些，也千万不要因为估计不足而在风险发生时手足无措，陷于被动。忧患兴国，多难兴邦。我个人认为，现在有“四大安全问题”摆在我们面前：经济安全特别是金融安全、社会安全特别是就业与分配问题、周边安全和意识形态安全。在未来三至五年乃至十年左右，应对这“四个安全问题”十分重要。假若我们及时抓住了机遇，正确应对了挑战，我国的改革开放和社会主义现代化建设就必然出现一个崭新的局面。

2. 高度重视党的理论工作

理论十分重要。理论正确，党就坚强，政策就正确，思想就统一，经济就发展，社会就稳定。反之，党便涣散，政策便失误，思想便混乱，经济就会停滞甚至倒退，社会就会动荡。没有革命的理论，便没有革命的运动。从另一角度来说，错误的理论必然产生错误的行动。明年是苏共亡党、苏联解体20周年。从一定意义上讲，苏共亡党、苏联解体肇始于苏共的理论出了问题。以上所讲的“四个安全问题”中，其中最重要的是意识形态亦即理论安全最重要。坚持和创新了正确的理论，经济、社会和周边安全就有了可靠的前提与保证。我们应充分看到，改革开放以来，由于各种所有制的共同发展和我国收入分配差距的拉大，人们思想

① 金·R. 霍姆斯：《利用军事实力维护美国的领导地位》，美国传统基金会网站2009年6月1日。

② 《建国以来毛泽东文稿》第13册，中央文献出版社1998年版，第181页。

之间的认知差距也在急遽拉大。我们应当充分肯定我国宣传思想战线这些年来所取得的十分重要的巨大成就，同时我们也要正视近年来出现的各种杂音、噪音。这种杂音、噪音也往往不是仅凭宣传思想战线所能解决的，如同社会稳定不能仅凭宣传教育与政法战线所能解决的一样。实践已经并将继续证明，各级领导干部仅忙于GDP及社会稳定不行，必须同时注重提高自己的理论素养。这就是党的十七届四中全会要把我们党建设成为学习型政党的深意所在。

3. 必须坚持公有制为主体、多种所有制经济共同发展的基本经济制度

我认为，邓小平和邓小平理论的最大贡献，就是确立当代中国正处于并将长期处于社会主义初级阶段的基本国情，并依据对这一国情的准确判定，制定了“以经济建设为中心，坚持四项基本原则，坚持改革开放”的“一个中心、两个基本点”的基本路线。我国宪法规定：“中华人民共和国的社会主义经济制度的基础是生产资料的社会主义公有制”，“在社会主义初级阶段，坚持公有制为主体、多种所有制经济共同发展的基本经济制度”。我国这种经济基础的社会主义性质，决定了我国坚持中国共产党的领导，坚持社会主义道路。在社会主义初级阶段，走社会主义道路的根本体现和实质标志，就是坚持公有制为主体、多种所有制经济共同发展的基本经济制度。否则决不是社会主义道路。坚持公有制为主体、多种所有制经济共同发展的基本经济制度，才能坚持和完善按劳分配为主体、多种分配方式并存的分配制度，鼓励一部分地区和一部分人合法致富，并逐步缩小收入分配差距，逐步消灭贫穷，最终达到共同富裕。坚持公有制为主体、多种所有制经济共同发展的基本经济制度，才能有效地遏制腐败，始终保持与人民群众的血肉联系，不断提高党的执政能力，使我们党能够长期执政。坚持公有制为主体、多种所有制经济共同发展的基本经济制度，才能为社会主义核心价值体系建设提供坚实的物质基础，为正确处理改革、发展和稳定的关系以及应对国际国内的风险提供根本的前提和可靠的保证。

4. 统筹国际国内两个大局，加强对宏观性、战略性、全局性、前瞻性重大问题的研究

随着经济全球化的深入发展，随着国际金融危机的不断演进，随着世界上各个大国合作博弈的不断加强，随着国际问题与国内问题日益紧密地交错交织，新情况与新问题将不断显现。以美国为首的西方世界为了自己的生存和发展，必然会不断采取新的形式与新的举措。因此，我们必须把马克思主义的基本原理和当今时代的发展变化与国际国内最新实际相结合，抛弃任何形式的教条主义，坚持一切从实际出发，果断地与时俱进、勇于创新，并要准备采取许多与过去不同的国际合作方式与斗争形式。只有这样，我们才能始终掌握主动权，在任何时候和任何情况下，都能立于不败之地，从而真正使中国特色社会主义道路越走越宽广，真正实现中华民族的伟大复兴。

（原载《马克思主义研究》2010年第6期）

什么是延安精神的核心以及应当怎样弘扬延安精神

朱佳木

一

现在说到延安精神，人们比较多地是讲自力更生、艰苦奋斗；还有的讲独立自主、实事求是、为人民服务、密切联系群众等。这些对不对呢？都对。但是，如果把这些理解为延安精神的全部，我认为是远远不够的。如果仅仅按照这种理解来弘扬延安精神，延安精神是很难弘扬得起来的。因为，这些都不是延安精神的核心和灵魂。

那么，什么是延安精神的核心和灵魂呢？回答这个问题，首先要明确，延安精神是指中共中央长征到陕北以后迁入延安的 13 年时间里，全国各抗日根据地尤其是陕甘宁边区的共产党人，通过领导人民进行抗日战争、反摩擦斗争、大生产运动和自身整风运动，形成的带有体系性的观念和作风。因此，这种精神从本质上讲，并非全民族的精神，而是无产阶级的先进政党——中国共产党的革命精神。中国共产党人在当年那样艰苦的环境下，能够坚持自力更生、艰苦奋斗、独立自主、实事求是、为人民服务、密切联系群众等观念和作风，根本原因在于广大党员的心中始终坚守共产主义必定胜利的信心。就是说，延安精神中虽然有自力更生、艰苦奋斗、独立自主、实事求是、为人民服务、密切联系群众等内容，但核心和灵魂是对共产主义理想的坚定信念。

我们今天弘扬延安精神，固然要用其中自力更生、艰苦奋斗、独立自主、实事求是、为人民服务等精神教育广大群众，特别是青少年，使这些精神在全社会得到推广和发扬，把它们变成全民族的精神，但首先需要身体力行的并不是一般群众，而应当是共产党人特别是党的各级领导干部；对于共产党人特别是党的各级领导干部来说，弘扬延安精神固然要强调自力更生、艰苦奋斗、独立自主、实事求是、为人民服务、密切联系群众，但首先需要强调的是发扬延安时代那种坚信共产主义理想必定实现的精神。因为只有这样，我们才可能真正继承和发扬延安时代自力更生、艰苦奋斗的精神，独立自主的精神，实事求是的精神，为人民服务的精神和密切联系群众的精神；才可能把自力更生、艰苦奋斗的精神，独立自主的精神，实事求是的精神，为人民服务的精神推广到全社会，使之融入中华民族的精神之中。

二

精神是一种意识，一种观念形态的东西。它产生于一定的社会实践，也是一定社会存在的反映。我们要深刻认识延安精神的核心和灵魂，不能脱离它产生的时代背景和形成过程。

中国共产党自诞生之日，就把共产主义的理想和共产主义的思想体系即马克思主义，作为自己的最终奋斗目标和指导思想；自创立之初，就明确要在中国先进行民族民主革命，然后再进行社会主义革命，并为此而同国民党结成了反帝反封建的统一战线，联合掀起了大革命高潮。但是，代表帝国主义和大地主大资产阶级利益的国民党右翼势力背叛革命，屠杀共产党人，迫使中国共产党拿起枪杆子，对国民党的反革命政策进行武装抵抗，开展了长达10年的国内革命战争。后来，一方面党犯了“左”倾错误，丢掉了南方大部分革命根据地；另一方面，随着日本帝国主义扩大侵华战争，民族矛盾上升，需要北上抗日，由共产党领导的红军主力经过长征来到陕北革命根据地，并在西安事变后，同国民党再次联合，建立了抗日民族统一战线。在这种情况下，以延安为中心的陕北革命根据地变成了被国民党政府承认的陕甘宁边区，延安也由此成为了边区的首府，开创了中国共产党的延安时代。

在延安时代，如何正确认识和正确处理民族民主革命和社会主义革命，以及党的最低纲领和最高纲领的相互关系问题，是摆在中国共产党人面前的首要的和不容回避的问题。当时，党内存在两种思想偏向：一种认为，既然共产党承认国民党在抗战中的领导地位，提出“三民主义为中国今日之必需，本党愿为其彻底实现而奋斗”，那么国民党的“一个党一个主义”的提法也不是完全没有道理。另一种认为，共产党是要为共产主义奋斗的，代表的是劳苦大众的利益，即使国共合作，也不应当对地主仅仅实行减租减息的政策，对城市工商业资本家实行鼓励政策。针对这两种思想偏向，毛泽东运用马列主义的基本原理，创造性地提出了关于新民主主义革命的理论。

根据新民主主义理论，中国革命分为上下两篇，上篇是新民主主义革命，而且首要任务是把日本帝国主义赶走，实现民族独立，下篇才是社会主义革命。但做上篇文章时，绝不意味着共产党人可以放弃共产主义的远大理想，脱离共产主义思想体系的指导，停止对共产主义思想的宣传。因为，新民主主义革命既不同于社会主义革命，也不同于旧民主主义革命。那时，毛泽东多次到中央党校等部门讲演，说明国共两党对待三民主义是有区别的。他说：中国共产党“现在要实行的是三民主义，将来是社会主义，一定要把三民主义（现在的）变为社会主义（将来的），这一条我们不能放弃也不应该放弃。我们跟友党讲亲爱，讲团结，这是对的，而同时要大大发展我们的党，不要因讲亲爱、团结而放弃了自己的任务。”[①] 对于这个思想，毛泽东在党的七大上作了更清晰的表述。他指出：“我们共产党人从来不隐瞒自己的政治主张。我们的将来纲领或最高纲领，是要将中国推进到社会主义社会和共产主义社会去的，这是确定的和毫无疑义的。我们的党的名称和我们的马克思主义的宇宙观，明确地指明了这个将来的、无限光明的、无限美妙的最高理想。每个共产党员入党的时候，心目中就悬

① 《毛泽东传（1893—1949）》，中央文献出版社1996年版，第535—536页。

着为现在的新民主主义革命而奋斗和为将来的社会主义和共产主义而奋斗这样两个明确的目标，而不顾那些共产主义敌人的无知的和卑劣的敌视、污蔑、谩骂或讥笑。”①他还在《新民主主义论》中说过：“在现时，毫无疑义，应该扩大共产主义思想的宣传，加紧马克思列宁主义的学习，没有这种宣传和学习，不但不能引导中国革命到将来的社会主义阶段上去，而且也不能指导现时的民主革命达到胜利。”②“中国的民主革命，没有共产主义去指导是决不能成功的，更不必说革命的后一阶段了。”③因此，他要求广大党员既要满腔热情、脚踏实地、不遗余力地执行党在现阶段的政策，同时又要把共产主义思想体系“作为观察问题、研究学问、处理工作、训练干部”的理论和方法。④

正是因为有了新民主主义革命的理论，有了毛泽东关于为党的最低纲领奋斗时不能忘记最高纲领、执行新民主主义政策时不能离开共产主义思想体系指导的思想武装，我们党才可能在与国民党建立抗日民族统一战线的过程中，始终坚持独立自主的原则；才可能在国民党顽固派对陕甘宁边区和其他抗日根据地进行经济封锁、军事摩擦的形势下，坚决实行自力更生、艰苦奋斗的方针；才可能在领导人民进行反对外族侵略的斗争中，牢记为人民服务的宗旨；才可能在掌握抗日根据地政权的情况下，不忘发扬密切联系群众的作风；才可能在异常艰难的环境里，抓紧党的作风整顿，树立实事求是的思想路线；简而言之，才可能产生延安精神。1940 年，当国民党停发陕甘宁边区的经费，并对其实行经济封锁时，毛泽东在干部大会上讲：“怎么办？无非三种办法，第一饿死；第二解散；第三不饿死也不解散，就得要生产。我们来一个动员，我们几万人下一个决心，自己弄饭吃，自己搞衣服穿，衣、食、住、行统统由自己解决。”⑤所谓不“解散”，就是指不放弃我们党的最高纲领，延安时代的大生产运动就是这么来的。可见，从根本上讲，延安精神的各项内容都来自于党的共产主义远大理想和广大党员对共产主义理想的坚定信念。试想，如果当年我们党因为要实行抗日民族统一战线、执行新民主主义政策而放弃自己的最高纲领，广大党员也因此放弃共产主义的理想和共产主义的思想体系，还可能在那种恶劣的条件和环境下自力更生、艰苦奋斗吗？还可能坚持为人民服务的宗旨吗？还会密切联系群众吗？倘若做不到这些，怎么会有延安精神呢？

三

邓小平是改革开放的总设计师，也是伟大的马克思主义者和久经考验的共产主义战士。他一生无论在何种处境中，都始终忠于共产主义的理想信念，并力倡广大党员特别是党的高级干部坚持共产主义理想，同时在这个前提下，教育人民尤其是青年要树立建设社会主义的理想。他在改革开放之初指出：“所谓精神文明，不但是指教育、科学、文化（这是完全必要

---

① 《毛泽东选集》第 3 卷，人民出版社 1991 年版，第 1059 页。

② 《毛泽东选集》第 2 卷，人民出版社 1991 年版，第 706 页。

③ 同上书，第 686 页。

④ 同上书，第 706 页。

⑤ 《毛泽东传（1893—1949）》，中央文献出版社 1996 年版，第 610 页。

的),而且是指共产主义的思想、理想、信念、道德、纪律,革命的立场和原则,人与人的同志式关系,等等。……从延安到新中国,除了靠正确的政治方向以外,不是靠这些宝贵的革命精神吸引了全国人民和国外友好人士吗?没有这种精神文明,没有共产主义思想,没有共产主义道德,怎么能建设社会主义?党和政府愈是实行各项经济改革和对外开放的政策,党员尤其是党的高级负责干部,就愈要高度重视、愈要身体力行共产主义思想和共产主义道德。否则,我们自己在精神上解除了武装,还怎么能教育青年,还怎么能领导国家和人民建设社会主义!我们在新民主主义革命时期,就已经坚持用共产主义的思想体系指导整个工作;用共产主义道德约束共产党员和先进分子的言行;提倡和表彰'全心全意为人民服务','个人服从组织','大公无私','毫不利己、专门利人','一不怕苦、二不怕死'。"①

1985年,邓小平进一步指出:"我们一定要经常教育我们的人民,尤其是我们的青年,要有理想。为什么我们过去能在非常困难的情况下奋斗出来,战胜千难万险使革命胜利呢?就是因为我们有理想,有马克思主义信念,有共产主义信念。我们干的是社会主义事业,最终目的是实现共产主义。这一点,我希望宣传方面任何时候都不要忽略。""我们这些人的脑子里是有共产主义理想和信念的。要特别教育我们的下一代下两代,一定要树立共产主义的远大理想。"②

邓小平的这些论述说明,在他看来,坚定共产主义的理想信念,坚持共产主义思想体系即马克思主义的指导是延安精神中最重要的内容。如果今天因为要以经济建设为中心,要实行社会主义市场经济,要执行社会主义初级阶段的政策,就淡化甚至丢掉共产主义的远大理想,广大党员特别是党的各级领导干部就不再需要以共产主义思想体系即马克思主义为指导,不再需要身体力行共产主义的思想道德,那就会在精神上解除武装,就不可能弘扬延安精神,更不可能使广大群众尤其是青少年接受延安精神的教育。

四

延安精神不是孤立存在的,它与我们党在长期革命斗争中形成的长征精神、西柏坡精神等革命精神之间,有着直接的传承关系。我们要弄清楚什么是延安精神,除了要考察延安精神产生的时代背景和形成过程外,还应当把它同其他革命精神加以比较。

对于长征精神,江泽民同志在纪念长征胜利60周年时曾作过如下概括:"这种精神,就是把全国人民和中华民族的根本利益看得高于一切,坚定革命的理想和信念,坚信正义事业必然胜利的精神;就是为了救国救民,不怕任何艰难险阻,不惜付出一切牺牲的精神;就是坚持独立自主,实事求是,一切从实际出发的精神;就是顾全大局、严守纪律、紧密团结的精神;就是紧紧依靠人民群众,同人民群众生死相依、患难与共,艰苦奋斗的精神。"③

党的十六大闭幕后,胡锦涛总书记率领新的中央领导集体前往西柏坡学习考察。在强调我们党无论取得什么成就都必须坚持艰苦奋斗精神时,他指出:"对于共产党员和领导干部来

① 《邓小平文选》第2卷,人民出版社1994年版,第367页。

② 《邓小平文选》第3卷,人民出版社1993年版,第110—111页。

③ 《江泽民文选》第1卷,人民出版社2006年版,第590页。

说，保持和弘扬艰苦奋斗的精神，说到底就是牢固树立和坚持马克思主义的世界观、人生观、价值观的问题。只有从根本上解决好世界观、人生观、价值观的问题，牢固树立群众观点，才能使艰苦奋斗的精神在思想上真正扎根、在行动上自觉体现。”①

从他们的论述也不难看出，我们党在长期革命斗争中形成的革命精神，无论是长征精神、延安精神还是西柏坡精神，其核心和灵魂都是对共产主义理想的坚定信念。如果没有了这种信念，革命就会因为失去精神支柱而半途而废。那样，自力更生、艰苦奋斗也好，独立自主、实事求是也好，为人民服务、密切联系群众也好，就都无从谈起了，还有什么延安精神可言？

五

我们党在延安时代强调坚定共产主义理想信念，坚持用共产主义思想体系即马克思主义指导，并不意味着当时就要实行共产主义政策。同样，今天在弘扬延安精神中强调坚定共产主义理想信念，坚持共产主义思想体系即马克思主义的指导，也不意味着现在就要实行共产主义政策。相反，我国由于仍然处于并将长期处于社会主义初级阶段，发展社会生产力仍然是现阶段的中心任务，因此必须而且只能实行与这个阶段相适应的中国特色社会主义的经济与社会政策。例如，要在坚持公有制和按劳分配为主体的前提下，大力发展私营个体经济，允许资本等非劳动要素参与分配；要在坚持国家宏观调控的前提下，使市场发挥资源配置的基础性作用；要在坚持自力更生方针的前提下，积极扩大对外开放的领域，吸引国外资本家投资办厂，参与资本主义主导下的经济全球化，等等。我们每个共产党员要履行入党誓词所作的承诺——为共产主义而奋斗，就要认真落实、模范执行党在现阶段的各项政策，绝不能去做超越阶段的事。过去，我们曾经犯过试图超越阶段的错误，对于那些教训务必牢牢记取。但同时，我们也绝不能把正在实行的政策当成党的最终目标和最高理想，否则势必失去正确的前进方向，在执行现行政策时走样；势必放松党性的锻炼修养，在各种考验面前打败仗。

当前，一些地方和部门选人用人公信度不高，跑官要官、买官卖官屡禁不止；一些基层党组织软弱涣散，部分党员意识淡化；一些领导干部言行不一、弄虚作假，铺张浪费、奢靡享乐，形式主义、官僚主义严重，腐败案件层出不穷。之所以出现这些问题，原因虽然是多方面的，但说到底，都在于这些地方、部门、组织的党员和领导干部，在社会主义市场经济的条件下和对外开放的环境中，忘记了甚至背叛了共产主义理想，有的信仰“人不为己、天诛地灭”和“一切向钱看”的极端个人主义，有的信仰西方资产阶级的所谓“普世价值观”，有的甚至信神信鬼。常言说，理想的滑坡是最危险的滑坡，信念的动摇是最致命的动摇。我们弘扬延安精神，就要针对当前存在的突出问题，把坚定广大党员特别是党的各级领导干部的共产主义理想信念，用共产主义思想体系即马克思主义武装头脑放在第一位。否则，对党风中的这些突出问题不下大力气抓，不使它们得到有效遏制，却让广大群众特别是青少年去发扬延安精神，是不会有什么实际效果的。

---

① 《十六大以来重要文献选编》（上），中央文献出版社 2005 年版，第 85 页。

六

现在有一些似是而非的“理论”，起着动摇、瓦解共产党员理想信念的作用。例如，说“共产主义遥遥无期，太渺茫了”；说“现在是社会主义初级阶段，讲共产主义理想不合时宜”；说“共产党的革命任务已经完成了，应当从革命党转变为执政党”；等等。如果对于这些“理论”不加以必要的澄清，要使广大党员坚定共产主义理想信念，弘扬延安精神，必然会事倍功半。

共产主义是马克思、恩格斯在科学分析人类社会发展规律后，所指出的历史必然趋势。在共产主义，人类社会将“实现物质财富极大丰富、人民精神境界极大提高、每个人自由而全面发展”。[①] 人类社会要达到这样的理想境界，当然要具备发达的生产力，同时还要由代表先进生产力的工人阶级去奋斗、去争取。因此，这将是一个非常漫长的历史过程。但这个过程又是由许多发展阶段组成的，只要这些阶段的具体目标和任务与实现共产主义远大目标相联系，那么，每完成一个发展阶段的任务，就是向共产主义迈进了一步。因此，共产主义虽然遥远，但并不渺茫，更不是遥遥无期。马克思、恩格斯曾指出：“我们所称为共产主义的是那种消灭现存状况的现实的运动。”[②] 就是说，共产主义不仅指共产主义的思想体系和共产主义的社会形态，也指在共产主义思想体系指导下的现实运动。从这个意义上讲，共产主义早在19世纪中叶就开始实践了，而且产生了巨大而深远的影响；在我国从1919年的五四运动起，也开始实践了，并经过我们党领导亿万人民的艰苦奋斗，建立起了作为共产主义初级阶段的社会主义社会，又通过实行社会主义初级阶段的政策，加快了社会生产力发展的步伐，为从这个阶段向社会主义的高级阶段乃至共产主义社会的过渡，准备了和继续准备着物质条件。

苏联解体和东欧剧变确实使共产主义运动遭受了重大挫折，但这并不表明共产主义的学说错了，也不表明共产主义的运动失败了。像我国这样一个人口占世界五分之一的大国，在世界共产主义运动处于低潮的情况下，不仅能继续坚持走社会主义的道路，而且综合国力逐渐跃居世界前列，充分说明共产主义无论作为一种学说还是一种运动，都是经受了实践检验的。今天的中国距离共产主义的目标，无论与马克思创立共产主义学说时相比，还是与共产主义运动在中国兴起时相比，都不是越来越远，而是越来越近了。如果在延安时代，我们党实行抗日民族统一战线和新民主主义政策时，尚且需要使每个党员明确共产主义的奋斗目标，需要扩大共产主义思想的宣传，需要共产主义思想体系即马克思主义的指导，那么在我们国家已经进入社会主义，我们党开始实行社会主义初级阶段政策的时候，更应当强调每个党员坚定共产主义理想，用共产主义思想体系即马克思主义武装自己的头脑。

“革命”这个概念有多种含义，既指进步阶级推翻反动阶级的暴力革命，也指由先进的社会制度取代落后制度的整个过程，甚至指在一定社会制度内某些领域进行的根本性变革，比如经济体制的改革、科技上具有重大意义的发明创造等。因此，党执政后还要不要革命，关键

① 《十六大以来重要文献选编》（上），中央文献出版社2005年版，第363页。

② 《马克思恩格斯选集》第1卷，人民出版社1972年版，第40页。

看从什么意义上理解革命。如果从“暴力革命”的意义上理解，我们党的革命任务早已完成，当然不再革命了。但如果从领导人民不断向共产主义制度迈进的意义上理解，我们党的革命任务还远远没有完成，因而仍然是一个革命的党，是执政的革命党或革命的执政党。从国际范围看，我们党领导的中国特色社会主义事业相对于当代资本主义体系来说，本质上也是一种革命。这种革命当然不采取暴力方式，也不向外输出。但是，反对革命的力量却并没有因此放弃或放松对我国进行的渗透、颠覆、分裂活动，反而有时不惜采用暴力方式。这些矛盾和冲突从反面说明，国内外敌对势力从来不认为我们党的革命任务结束了。马克思、恩格斯曾说：“对实践的唯物主义者，即共产主义者说来，全部问题都在于使现存世界革命化”。[1] 从这个意义上说，只要共产主义没有最终实现，共产党的革命任务就不可能结束。

我们今天当然不必把“革命党”天天挂在嘴上，但也绝不能否认自己是革命党。现在，解放军正在进行“当代革命军人核心价值观”的教育。解放军是由我们党领导的，解放军是革命军人，怎么能说领导它的党反而不是革命党了呢？这在逻辑上也讲不通。另外，我们讲改革也是一场“革命”。改革是由我们党领导的，怎么能说我们党不再革命了呢？可见，要我们党“由革命党转变为执政党”的说法是站不住脚的，其要害在于把“执政”和“革命”对立了起来，抹杀了我们党的执政与资产阶级政党执政的本质区别。如果误信了这种“理论”，党的工人阶级先锋队的性质就会被改变，党的共产主义奋斗目标就会被取消。果真如此，不要说延安精神无法弘扬，就连延安精神的载体也不存在了。

七

党的十七届四中全会通过的《关于加强和改进新形势下党的建设若干重大问题的决定》（以下简称“决定”）中，列举了不符合党的性质和宗旨的六个方面的表现，其首要表现就是：一些党员、干部“理想信念动摇，对马克思主义信仰不坚定，对中国特色社会主义缺乏信心”。《决定》在论述建设马克思主义学习型政党的任务时，提出的重要措施之一就是：要“把理想信念教育作为全党学习践行社会主义核心价值体系的重中之重，教育引导党员……做共产主义远大理想和中国特色社会主义共同理想的坚定信仰者。”可见，共产党员要不要和能不能坚定对共产主义远大理想和中国特色社会主义共同理想的信念，仍然是今天加强和改进党的建设的重大课题。

把共产党人奋斗的最高纲领和最低纲领、最高理想和近期理想、最终目标和现阶段目标统一起来，是三代中央领导集体和以胡锦涛为总书记的党中央一以贯之的主张，也是我们党不断由一个胜利走向另一个胜利的保证。《共产党宣言》中有一句名言：“共产党人为工人阶级的最近的目的和利益而斗争，但是他们在当前的运动中同时代表运动的未来。”[2] 我们党建立 80 多年来，正是由于比较好地处理了为人民眼前利益而奋斗和始终代表人民长远利益、根本利益的关系，才可能使广大党员做到不在胜利面前沾沾自喜，不在矛盾面前畏缩不前，不

① 《马克思恩格斯选集》第 1 卷，人民出版社 1972 年版，第 48 页。

② 同上书，第 284 页。

在困难面前悲观失望，不在诱惑面前动摇涣散；才可能使党带领人民在民主革命，以及社会主义革命、建设和改革的道路上不断胜利前进。

江泽民同志在计划经济体制向社会主义市场经济体制转变时强调："我们现在的努力是朝着最终实现共产主义的最高纲领前进的，忘记远大目标，不是合格的共产党员；不为实现党在社会主义初级阶段的纲领努力奋斗，同样不是合格的共产党员。在新的历史条件下，共产党员保持先进性，要体现时代的要求，做到：胸怀共产主义远大理想，带头执行党和国家现阶段的各项政策，勇于开拓，积极进取，不怕困难，不怕挫折；诚心诚意为人民谋利益，吃苦在前，享受在后，克己奉公，多做贡献；刻苦学习马克思主义理论，增强辨别是非的能力……在危急的时刻挺身而出，维护国家和人民的利益，坚决同危害人民、危害社会、危害国家的行为作斗争。"①

胡锦涛总书记在进入新世纪后也指出："崇高的理想信念，始终是共产党人保持先进性的精神动力。……共产党员有了这样的理想信念，就有了立身之本，站得就高了，眼界就宽了，心胸就开阔了，就能自觉为党和人民的事业而奋斗。……革命先烈在生与死的考验面前所以能够威武不屈，就是因为他们对共产主义理想坚贞不渝、矢志不移。在社会主义建设和改革中，许许多多共产党员所以能够为党和人民的事业鞠躬尽瘁、死而后已，也都是因为有崇高理想和坚定信念的激励。现在，有的党员在矛盾面前畏缩不前，在困难面前悲观失望，在诱惑面前不能洁身自好，说到底，还是共产主义理想和中国特色社会主义信念不坚定。"②

他们虽然不是在直接论述延安精神，但这些话从不同角度告诉我们，如果只讲延安精神而不讲共产主义理想信念，那种"延安精神"不是真正的延安精神。对于共产党员尤其是党的各级领导干部来说，弘扬延安精神必须首先解决共产主义理想信念是否坚定的问题；只有坚定共产主义理想信念，延安精神才能得到发扬，也才能把其中的艰苦奋斗等精神推广到全社会。即使对于广大群众来说，要发扬我们党在延安时期形成的自力更生、艰苦奋斗的精神，独立自主的精神，实事求是的精神，为人民服务的精神，也必须树立和坚定建设中国特色社会主义的共同理想。总之，理想信念是一切精神力量的源泉。有了崇高的理想，人才会有坚忍不拔的决心和持之以恒的毅力。没有理想信念作为支撑，任何精神都会黯然失色。

八

延安精神的核心和灵魂是对共产主义理想的坚定信念，因此，即使有的人有的单位没有把弘扬延安精神挂在嘴上，但只要他们牢记共产主义的远大理想，并在实际工作中始终为实现这一理想而不懈奋斗，那他们在事实上就是在弘扬延安精神。

黄楠森是北京大学的教授，马克思主义哲学家，今年已90多岁。他在"左"的指导思想盛行时，曾被开除过党籍，但最近当记者问他，做了一辈子学问，最想达到的境界是什么时，他回答说：境界有两种，一种是个人的境界，即自己要成为怎样的人，在哪方面作出贡献，

① 《十五大以来重要文献选编》(上)，人民出版社2000年版，第49—50页。

② 《十六大以来重要文献选编》(中)，中央文献出版社2006年版，第620—621页。

这要根据自己的才能、素质、条件去努力，不可强求；还有一种是大家的境界、长远的境界，这应该是为共产主义事业而奋斗，它不能凭个人实现，也不是一辈人就能实现的。他说，他的理想是参与到为共产主义奋斗的事业中去，为它将来的实现作一点贡献。他这么说，也是这么做的。例如，改革开放后，质疑马克思主义哲学具有科学性的声音相当高，他不同意这种观点，指出马克思主义哲学永葆生命力的唯一途径就是坚持科学性。再有，怀疑和否定辩证唯物主义甚至否定历史唯物主义的观点带有一定的普遍性，有人主张把马克思主义哲学改称实践唯物主义。对此，他旗帜鲜明地提出："辩证唯物主义和历史唯物主义，是马克思主义的原初形态，是它的科学体系，不能根本推翻。"他还针对有人曲解《共产党宣言》里关于共产主义社会里"每个人的自由发展是一切人的自由发展的条件"这一论述的现象说：不能把自由发展理解为想怎么发展就怎么发展，决不能把个人的解放和制度的解放对立起来；不能否定制度和阶级的解放，这样理解就歪了。① 他没有说要弘扬延安精神，但我理解，他这就是弘扬延安精神，就是艰苦奋斗，就是实事求是，就是为人民服务。

大秦公司是太原铁路局将原有分局改制后组建起来的我国规模最大的铁路运输国有控股企业，主要负责大同至秦皇岛铁路线的煤炭运输任务，涉及国内六大电网、五大电力公司、十大钢铁企业和6000余家工矿企业的用煤。改制后，公司一方面充分引进现代企业制度，发挥技术密集与资本运用的优势，按照现代企业生产的原则，对原有的生产链进行重新整合，从而大幅度扩大了运输产能，提高了管理层集中协调的能力；另一方面，严格遵循传统国有企业的治理原则，实行"政治工作与中心一体化"的机制，让党组织的政治工作引领企业的方向，融入职工的生产和生活，保障工人在工厂的政治地位、民主权利与民生福利。2008年世界金融危机给铁路运输也带来巨大冲击，大秦公司的产能急剧下降。面对这一形势，公司做到了不让一个职工下岗，不让一个职工及其家属看不起病，不让一个职工的孩子上不起学；同时，副段长级以上干部的工资降低20%，而职工津贴反倒平均增加12%。正是由于企业在改制后，党的组织仍然不忘党的最高纲领，运用传统的思想政治工作方法；党员干部仍然牢记共产主义的奋斗目标，与工人群众同呼吸共命运；大秦公司的工人群众才能充分发挥主人翁精神，不计一切地为集体荣誉努力工作；大秦公司才能在运量逐年大幅度递增的同时，使重大、特大事故逐年大幅度减少。② 他们也没有在公司内部开展弘扬延安精神的活动，但我认为，他们的所作所为就是在弘扬延安精神。

以上事例说明，一名共产党员或一个党的基层组织是否弘扬了延安精神，最要紧的不在于是否打出了延安精神的旗帜，而在于是否按照延安精神中的那些要素尤其是核心要素去做。只要是坚定共产主义理想信念，并因此而发扬自力更生、艰苦奋斗、独立自主、实事求是、为人民服务、密切联系群众的精神，都是弘扬延安精神。否则即使把弘扬延安精神喊得震天响，也不能算是弘扬延安精神，甚至还可能与延安精神背道而驰，在群众中产生相反的效果。

（原载《中华魂》2010年第11期）

① 参见陈静《境界与思考：马克思主义哲学的科学形态——访北京大学黄楠森教授》，《中国社会科学报》2010年8月5日第6版。

② 参见樊鹏《太铁考察记》，北京大学中国与世界研究中心《观察与交流》第58期。

马列主义是认识和改造世界的科学方法与指南

程恩富　李　伟

《马克思恩格斯文集》和《列宁专题文集》的出版，是我国思想界、文化界一件可喜可贺的事情。20世纪八九十年代，国际共产主义运动经历了严重挫折，马克思列宁主义在世界的传播遭受了空前的压力。在这样的国际形势下，中国共产党启动并完成了这样一件很有规模的马列著作编辑和出版工程，为马克思列宁主义的传播和发展，为推动陷入低潮的国际共产主义运动复兴，作出了实实在在的努力。

在1954年中华人民共和国第一届全国人民代表大会上，毛泽东在开幕词的讲话里向中国人民，也是向全世界庄严地指出："指导我们思想的理论基础是马克思列宁主义。"① 这不仅指明了马克思列宁主义与作为中国共产党指导思想的毛泽东思想的关系，也同样阐明了马克思列宁主义与作为当代中国社会主义建设的指导思想的中国特色社会主义理论体系的关系。明确这种关系，无论在我国的新民主主义革命战争年代，还是在当代社会主义革命和建设时期，对我们科学地认识马克思列宁主义，无疑是至关重要的。显然，如果我们不知道、不懂得党和国家的指导思想的理论基础是什么，那就既不能科学地理解党和国家的指导思想，也不能科学地运用和发展它们。

马列著作是非常丰富的。为了学习马列主义的立场、观点和方法，先读他们的哪些文章和著作呢?《马克思恩格斯文集》和《列宁专题文集》的编辑、出版，为我国人民特别是理论工作者深入学习和研究马列主义，又增添了一种文本，是中国人学习和研究马列主义的又一个成果。结合我们的前辈学习马列主义的历史和经验，不断地研读和领会马列主义，回答和解决实践中不断产生的新问题，是中国马克思主义者继往开来的一个不断探索的课题。

一　做马克思、列宁那样的革命者和建设者

"马克思首先是一个革命家。他毕生的真正使命，就是以这种或那种方式参加推翻资本主义社会及其所建立的国家设施的事业，参加现代无产阶级的解放事业，正是他第一次使现代无产阶级意识到自身的地位和需要，意识到自身解放的条件。斗争是他的生命要素。很少有

① 《毛泽东文集》第6卷，人民出版社1999年版，第350页。

人像他那样满腔热情、坚忍不拔和卓有成效地进行斗争……正因为这样，所以马克思是当代最遭嫉恨和最受诬蔑的人。各国政府——无论专制政府或共和政府，都驱逐他；资产者——无论保守派或极端民主派，都竞相诽谤他，诅咒他。他对这一切毫不在意，把它们当作蛛丝一样轻轻拂去，只是在万不得已时才给以回敬。现在他逝世了，在整个欧洲和美洲，从西伯利亚矿井到加利福尼亚，千百万革命战友无不对他表示尊敬、爱戴和悼念，而我可以大胆地说：他可能有过许多敌人，但未必有一个私敌。"[①] 恩格斯在马克思墓前的这番讲话，可以说，不仅是对马克思，也是对列宁等无产阶级革命战士一生所追求的事业及其全部活动和思想的评述。要学习和掌握马列主义，就要做他们那样的人；而只有做马克思、列宁那样的人，才能学会马列主义。

在马克思列宁主义诞生的100多年里，马列主义一再被许多国家、被来自不同社会阵营的人们反复地思考与争论，被来自马克思主义阵营内外的一大批时髦的思想家一而再、再而三地宣布过时或死亡了。但是，马列主义每一次被宣布过时了、死亡了，就如同昭告它们依然还茁壮地生存和顽强地奋斗着。这种来自反马克思主义、非马克思主义阵营对马列主义的一再打击和否定，难道不正是强烈表现了它那不可遏止的蓬勃的生命力吗？难道不是再鲜明不过地体现了它那穿越时空的巨大影响和极其深刻的现实意义吗？马列主义一再地被引起争论，再清楚不过地表明有人需要他，有人害怕他。这个世界共处和对立的两大阶级、两大阵营——无产阶级和资产阶级、社会主义和资本主义，是可以用对待马列主义的态度来标识和区别的。

苏东剧变后，西方思想界一度流行马列主义"过时论"、"破产论"。但是仅仅过去了十几年，美国就于2008年爆发了金融危机，进而引起全球经济危机，西方思想界不得不重视马克思主义经典作家的著作，尤其是马克思的《资本论》，不得不承认马克思的理论和科学预见对分析当前危机的实际启迪和指导意义。人们现在又戏剧性地听到那个一再发出马克思主义过时论的西方世界，开始流行马克思主义"复兴论"了。马克思主义在西方为什么会得以复兴呢？原因就在于马克思主义是科学的世界观和方法论，具有巨大的认识功能和实践（改造）功能，是革命和建设的学说。马列主义关于"人类的解放"这一经常被谈论的永恒主题，也使它的复兴成为历史的必然。我们学习这两部文集，不能无视马列主义诞生以来发生过的一系列具有深远影响的历史事件，不能无视世界历史进程中发生的新变化新进展。当前，我们尤其需要通过研读体现了马列主义精髓的这两部文集，来提高我们运用马列主义的水平和能力，深刻观察和科学分析目前正在发生的这场西方金融危机和经济危机以及世界的新走向。

研读马列主义，从哪里开始认识它们呢？马克思说过这样的话："共产党人的理论原理，决不是以这个或那个世界改革家所发明或发现的思想、原则为根据的。"[②] 恩格斯公开申明，马克思主义没有为共产党人准备过"任何一劳永逸的现成方案，我们对未来非资本主义社会区别于现代社会的特征的看法，是从历史事实和发展过程中得出的确切结论，不结合这些事实和过程加以阐明，就没有任何理论价值和实际价值"。[③] 无产阶级革命和建设的理论精

---

① 《马克思恩格斯文集》第3卷，人民出版社2009年版，第602—603页。

② 《马克思恩格斯文集》第2卷，人民出版社2009年版，第44页。

③ 《马克思恩格斯文集》第10卷，人民出版社2009年版，第548页。

髓——马克思主义，绝不是马克思、恩格斯坐在屋子里冥思苦想的结果，而是他们积极进行革命活动的纪录和总结，是他们所从事的“无产阶级运动的理论表现”。这个理论的任务，是深入考察现代无产阶级的历史使命——解放人类和世界的事业—的历史条件以及这一事业的性质本身，“从而使负有使命完成这一事业的今天受压迫的阶级认识到自己的行动的条件和性质”。[①] 列宁主义也是这样。

“马克思的学说直接为教育和组织现代社会的先进阶级服务，指出这一阶级的任务，并且证明现代制度由于经济的发展必然要被新的制度所代替，因此这一学说在其生命的途程中每走一步都得经过战斗，也就不足为奇了。”[②] 经过战斗得来的东西，也只有在战斗中才能读懂和应用。我们应当从马克思、列宁所从事的社会活动，来了解和把握他们是怎样思考问题和解决问题的，脱离了他们的社会活动而作单纯的或学术的思想文字来解读，只会离马列主义越来越远。

中国人在学习马列主义的历史上，直到今天也时常听到一种责备某某理论准备不足而做错事情的观点。这种观点是不科学的。因为它经不起这样的追问，即所谓的“理论准备”要准备什么，怎么准备，准备到什么程度就算准备足了？革命斗争史上有理论“准备足”了的案例吗？既然提出了理论准备不足的问题，那么请提出这个观点的人把今后所需要的理论准备出来，能做得到吗？显然是行不通的，是违反生活常识和历史常识的。毛泽东批评过这种情况：“共产党的正确而不动摇的斗争策略，决不是少数人坐在房子里能够产生的，它是要在群众的斗争过程中才能产生的，这就是说要在实际经验中才能产生。”[③] 这样的认识，科学地回答了马克思主义的革命理论是从何而来的问题，说明了马克思主义的理论是怎么“准备”出来的。理论产生于实践，理论的意义在于回答实践所提出的问题，理论与实践紧密结合，是马克思主义生命的源头活水和发展动力。所以，马克思主义创始人一再申明，共产党人的理论原理“是现存的阶级斗争、我们眼前的历史运动的真实关系的一般表述”；“这些原理的实际运用，正如《宣言》中所说的，随时随地都要以当时的历史条件为转移”。[④] 不要用“学理主义和教条主义的态度去对待它，认为只要把它背得烂熟，就足以满足一切需要”，马克思主义不是教条，而是行动的指南。[⑤]

中国和世界关于社会主义和共产主义的革命和建设任务，并没有都完成，相反任重而道远。毫无疑问，如果我们不能像马克思、列宁那样毕生“参加推翻资本主义社会及其所建立的国家设施的事业，参加现代无产阶级的解放事业”，而是脱离替代资本主义的无产阶级革命斗争，脱离广大人民群众为主体的社会主义革命和建设的具体实践，关起门来学习和研究马列主义，那么马列主义就成了毫无生命的古董。不仅如此，还可能走向它们的反面。

---

① 《马克思恩格斯文集》第3卷，人民出版社2009年版，第566—567页。

② 《列宁专题文集·论马克思主义》，人民出版社2009年版，第148页。

③ 《毛泽东选集》第1卷，人民出版社1991年版，第115页。

④ 《马克思恩格斯文集》第2卷，人民出版社2009年版，第45页。

⑤ 《马克思恩格斯文集》第10卷，人民出版社2009年版，第557页。

二 科学的认识工具

人类为摆脱数不尽的剥削和压迫，为摆脱各种苦难，历经千年艰辛，从未停止对“理想国”、“大同世界”的追求。即使是近代资产阶级经济学家和伟大的空想社会主义批评家所做的一切研究，也只是在黑暗中摸索，一直没有发现、没有找到通向理想社会的有效途径。在马克思主义产生之前，无产阶级最好的待遇也不过是被资产阶级学者和空想社会主义批判家看作一个值得同情的受苦最深的阶层，是一些社会慈善家施舍或需要扶助的贫苦人群。即使像英国欧文主义者那样坚韧的合作主义改革家，为改变在他们看来是不合理的生产制度所导致的工人的贫苦状况，建设了诸如理性社、和谐厅、罗契台儿先驱者合作社等新社会试验区，可在告终之日也没有为无产阶级找到迅速摆脱困境的出路。原因在于，他们既没有完全阐明资本主义制度下雇佣奴隶制的本质，又没有完全发现资本主义发展的规律，没有完全找到能够成为新社会的创造者的社会力量。

马克思主义实现了人类思想领域里的彻底革命。他们继承和发展了唯物主义，把它对自然界的认识推广到对人类社会的认识，把唯物主义贯彻到底。他们发现并创立的历史唯物主义，是科学思想的最大成果，使过去在历史观和政治观方面占支配地位的那种混乱的和随意性的理论，被一种极其完整严密的科学理论所代替。[①] 历史唯物主义揭示和阐明了历来为繁芜丛杂的意识形态所掩盖着的这样一个简单事实，即人们首先必须吃、喝、住、穿，然后才能从事政治、科学、艺术、宗教等；因而每一历史阶段的直接的物质的生活资料的生产便构成该阶段的社会的基础，人们的国家设施、法的观点、艺术以至宗教观念，就是从这个基础上发展起来的，必须由这个基础来解释。[②] 马克思、恩格斯运用历史唯物主义的思想方法，研究了人类的全部历史及其社会生活，发现了隐藏在商品生产中的剩余价值，揭示了资本剥削劳动的秘密，从而发现了现代资本主义生产方式和它所产生的资产阶级社会的运动规律，阐明从原始土地公有制解体以来的“全部历史都是阶级斗争的历史，即社会发展各个阶段上被剥削阶级和剥削阶级之间、被统治阶级和统治阶级之间斗争的历史；而这个斗争现在已经达到这样一个阶段，即被剥削被压迫的阶级（无产阶级），如果不同时使整个社会永远摆脱剥削、压迫和阶级斗争，就不再能使自己从剥削它压迫它的那个阶级（资产阶级）下解放出来。”[③]

1872 年，即巴黎公社失败后的第一年，在资本战胜劳动的强大资本主义世界面前，马克思再版了《资本论》第一卷，公开声明《资本论》是代表一个阶级对资本展开无情的批判，“它能代表的只是这样一个阶级，这个阶级的历史使命是推翻资本主义生产方式和最后消灭阶级。这个阶级就是无产阶级。”[④] 从无产阶级的立场出发，马克思、恩格斯从资本主义社会生活隐藏的一个事实里面看到这样一种任何力量也不能阻挡的发展趋势，那就是“无产阶级不

---

① 参见《列宁专题文集·论马克思主义》，人民出版社 2009 年版，第 68 页。

② 参见《马克思恩格斯文集》第 3 卷，人民出版社 2009 年版，第 601 页。

③ 《马克思恩格斯文集》第 2 卷，人民出版社 2009 年版，第 9 页。

④ 《马克思恩格斯文集》第 5 卷，人民出版社 2009 年版，第 18 页。

只是一个受苦的阶级，正是它所处的那种低贱的经济地位，无可遏止地推动它前进，迫使它去争取本身最终解放。而战斗中的无产阶级是能够自己帮助自己的。工人阶级的政治运动必然会使工人认识到，除了社会主义，他们没有别的出路。另一方面，社会主义只有成为工人阶级的政治斗争的目标时，才会成为一种力量。"① 所以，当一批社会幻想家，甚至是一些天才人物，站在工人群众运动以外，以为只要说服统治人物和统治阶级相信现代社会制度是不合理的，就很容易在世界上确立真正合乎人性的和平、和谐、自由、民主、公平、正义和福利等制度的时候，当他们幻想不经过斗争就能实现社会主义的时候，是马克思、恩格斯向工人阶级指出，工人阶级本身及其要求是现代经济制度的产物，现代经济制度在造成资产阶级的同时，也必然造成并组织了无产阶级；能使人类摆脱现在所受灾难的，不是个别高尚人物善意的尝试和慈善行为，而是组织起来的无产阶级所进行的阶级斗争；社会主义不是幻想家的臆造，而是现代社会生产力发展的动力、目标和必然结果；到现在为止的全部有记载的历史，都是不断更替地由一些社会阶级统治和战胜另一些社会阶级的历史，这种情形在阶级斗争和阶级统治的基础即私有制及其混乱的社会生产消灭以前，将会继续下去；无产阶级的利益要求消灭私有制，所以有组织的工人自觉进行的阶级斗争，目标就应该对准私有制。② 消灭私有制及其私有观念，这是《共产党宣言》强调的共产主义运动同其他社会运动的本质区别。

历史唯物主义和剩余价值学说，是马克思、恩格斯为人类作出的两个划时代的历史贡献。马克思主义的哲学唯物主义世界观使无产阶级摆脱深受资产阶级欺骗的精神奴役，而马克思主义的经济理论为无产阶级阐明了它们在整个资本主义制度中的地位，③ 从而"教会了工人阶级自我认识和自我意识，用科学代替了幻想。"④

马克思列宁主义是中国人民和中国共产党一切指导思想的理论基础，以辩证唯物主义和历史唯物主义构成的完备的唯物主义哲学世界观则是马列主义的理论基础，学好这个理论基础，对掌握马列主义是至关重要和不可或缺的。

20世纪60年代，毛泽东在中宣部编印的一份学术资料上作了这样的批语："不关心哲学，我们的工作是不能胜利的。"⑤ ——把关心哲学，把提高哲学的思维和分析的能力与共产党人事业的成功与否结合起来，这在马克思主义思想史上还是第一次。毛泽东作出这样的论断并昭告全党，决非小题大做，而是从国际共产主义运动和中国革命的历史实践中总结出来的经验和教训。

从19世纪80年代发展起来的第二国际社会主义运动，历经90年代的高潮，走到20世纪初期，遭到了破产。这一历史结果，是从德国社会民主党为首的第二国际理论家篡改和背叛马克思主义的哲学唯物主义世界观开始的。恩格斯逝世后，资产阶级思想家对马克思主义哲学进行了广泛的攻击。那时以巴特尔和齐美尔为代表的资产阶级教授公开出来反对唯物主

① 《列宁专题文集·论马克思主义》，人民出版社2009年版，第55页。
② 同上书，第52页。
③ 同上书，第71页。
④ 同上书，第53页。
⑤ 《建国以来毛泽东文稿》第11册，中央文献出版社1996年版，第148页。

义历史观，在关于社会存在决定社会意识的相互关系问题、社会规律性问题、人民群众和个人在历史上的作用、社会意识（艺术、宗教）的各种形态的本质和相互作用、意识形态发展的相对独立性等一系列问题上，轻视和歪曲马克思主义的历史唯物主义观点。这类马克思主义的公开论敌，得到了第二国际修正主义者的支持。他们把这些敌人的唯心主义世界观、庸俗进化论和“批判”历史唯物主义的方式全盘接受了。修正主义把自己缚在了唯心主义的战车上，企图把任何一种唯心主义学说与马克思主义“调和”起来。以伯恩施坦为代表的一批第二国际理论家，号召回到康德那里，宣称马克思主义应当与康德主义、与“社会达尔文主义”相调和，要求马克思主义与新康德主义、马赫主义相结合。

列宁与第二国际理论家进行了激烈的论战，毫不留情地揭露和批判他们：“在哲学方面，修正主义跟在资产阶级教授的‘科学’的屁股后面跑。”① 哲学战线，是列宁领导的布尔什维克与第二国际机会主义进行激烈斗争的战场之一。正是在这场批判资产阶级唯心主义哲学和捍卫马克思主义唯物主义哲学的斗争中，列宁写下了《马克思主义和修正主义》、《唯物主义和经验批判主义》等哲学著作，清除资产阶级唯心主义哲学的污染，保卫了俄国马克思主义队伍的理论基础。与此相反，“在第二国际内部，修正主义者对马克思主义理论的攻击往往是没有遇到重大的阻力的。革命马克思主义者——拉法格、威廉·李卜克内西、梅林和其他人——对修正主义思潮、尤其是对伯恩施坦反对马克思主义唯物主义斗争的危险性估计不足。拉法格认为伯恩施坦对马克思主义的‘批判’是‘理智的疲劳过度’的结果。威廉·李卜克内西说伯恩施坦主义是智力的发展过程，可以不去理会它。按梅林的意见，修正主义决不是在工人运动发展的社会历史条件下产生的。‘除了修正主义的情绪外，在德国从来没有存在过修正主义。’”② 如此哲学视野和思想水平，第二国际内部的革命马克思主义者焉能不在修正主义思潮的泛滥中打败仗。第二国际的破产，就是毛泽东所说“不关心哲学，我们的工作是不能胜利的”一个典型案例。列宁与第二国际修正主义在哲学战场上进行尖锐斗争的历史实践和历史经验，是我们中国马克思主义者在学习马列主义时应该反复思考和汲取的。

以毛泽东为代表的中国共产党人，学习和继承了列宁主义保卫马克思主义理论基础的战斗风格和思想遗产，一直把在中国共产党内灌输和普及马克思主义世界观作为党的建设的不可偏废的重要方面。早在20世纪30年代初革命战争的开创时期，毛泽东就为阻止教条主义侵害革命根据地建设而写下了《反对本本主义》一文，有针对性地提出“必须洗刷唯心精神，防止一切机会主义盲动主义错误出现，才能完成争取群众战胜敌人的任务，必须努力作实际调查，才能洗刷唯心精神”，喊出了“没有调查，没有发言权”的口号。③ 在抗日战争即将全面爆发之际，毛泽东精心写下了《实践论》、《矛盾论》，为全党思想转变及制定新的战略策略，铺垫了哲学理论的基石。

重视马克思主义方法方面的学习，是列宁和毛泽东的一个共同特点。列宁强调：“马克思主义者从马克思的理论中，无疑只是借用了宝贵的方法，没有这种方法，就不能阐明社会关

① 《列宁专题文集·论马克思主义》，人民出版社2009年版，第150页。

② 《普列汉诺夫哲学著作选》第2卷，生活·读书·新知三联书店1962年版，第5页。

③ 《毛泽东选集》第1卷，人民出版社1991年版，第112、109页。

系。”[①] 在毛泽东领导中国共产党革命和建设的艰苦奋斗的年代，尤其重视中国共产党思想方法和工作方法的创新和建设，亲手制定和讨论通过了中国共产党历史上第一个也是唯一一个《中共中央关于工作方法的决定》；撰写了一系列关于政治、经济、军事、社会等方面的方法论著作，《关于纠正党内的错误思想》、《怎样分析农村阶级》、《关心群众生活，注意工作方法》、《中国革命战争的战略问题》、《关于领导方法的若干问题》、《党委会的工作方法》、《工作方法六十条》等，不胜枚举。毛泽东深知，方法不是个小问题，尤其在哲学中就更不是小问题了，因为方法是任何一个哲学体系的灵魂，在每一个严肃的体系中具有决定性的意义。[②]

新中国成立后，毛泽东把推动全党和全国人民学习马克思主义哲学提到了社会主义建设和发展的更加重要的地位上。1955年，在社会主义革命和建设全面到来的时候，毛泽东在中国共产党全国代表会议上明确提出了要在全党和全国人民中建立共同语言的问题，鲜明地指出：“我劝同志们要学哲学。有相当多的人，对哲学没有兴趣，他们没有学哲学的习惯。可以先看小册子、短篇文章，从那里引起兴趣，然后再看七八万字的，然后再看那个几十万字一本的书。马克思主义有几门学问：马克思主义的哲学，马克思主义的经济学，马克思主义的社会主义——阶级斗争学说，但基础的东西是马克思主义哲学。这个东西没有学通，我们就没有共同的语言，没有共同的方法，扯了许多皮，还扯不清楚。有了辩证唯物论的思想，就省得许多事，也少犯许多错误。”毛泽东号召全党：“组成这么一支强大的理论队伍，有几百万人读马克思主义的理论基础，即辩证唯物论和历史唯物论，反对各种唯心论和机械唯物论。我们现在有许多做理论工作的干部，但还没有组成理论队伍，尤其是还没有强大的理论队伍。而没有这支队伍，对我们全党的事业，对我国的社会主义工业化、社会主义改造、现代化国防、原子能的研究，是不行的，是不能解决问题的。”[③]

哲学是民族思想形成和发展的基石，是一个民族理论思维能力的直接体现。人类思想史表明，哲学是人由精神被动转入主动的食粮和推手，没有先进哲学的民族是没有前途的民族。列宁在掌握和运用马克思主义的辩证唯物主义和历史唯物主义思想方法的基础上，继续开辟了科学运用它们的领域，创造了列宁主义，造就了伟大的十月革命的胜利，开启了人类历史发展的新时代。中国曾经沦落为半殖民地的历史，也是中华民族哲学思想和能力衰败的历史。中国本来是个不缺哲学的民族，有过骄人的灿烂和辉煌。但是到20世纪初，已经是“只手难扶唐社稷”，“鼓角灯前老泪多”。[④] 国家的贫弱，民族的危亡，迫使中国思想界不得不喊出“打倒孔家店”，奋起刨自己的“祖坟”！那个时候，以尊孔读经、提倡旧礼教为代表的中国哲学，早已不是西方资本主义的对手，不但不能引领民族前进，反而与帝国主义“结成文化上的反动同盟”，[⑤] 反对新思想、新文化。世界史一再表明，在帝国主义扩张称霸的时代，哲学的兴衰与民族的兴衰可谓休戚与共。列宁主义在苏俄的经历，也是苏联的兴亡史。南斯拉夫等国家的悲惨现实，无一不是哲学荣辱史的注脚。

---

① 《列宁专题文集·论马克思主义》，人民出版社2009年版，第300页。

② 《普列汉诺夫哲学著作选》第2卷，生活·读书·新知三联书店1962年版，第420页。

③ 《毛泽东文集》第6卷，人民出版社1999年版，第396页。

④ （清）严遂成：《三垂冈》，转引自《建国以来毛泽东文稿》第10册，中央文献出版社1996年版，第225页。

⑤ 《毛泽东选集》第2卷，人民出版社1991年版，第695页。

马克思主义发展史、理论史揭示出这样一种思想现象，在理论思想的建设和创新方面，“没有辩证法，没有哲学家头脑的作家，要写出好的经济学著作来是不可能的。马克思能够写出《资本论》，列宁能够写出《帝国主义论》，因为他们同时是哲学家，有哲学家的头脑，有辩证法这个武器。”[①] 只有方法的创新，才是一种哲学思想或哲学体系产生和发展的标志。马克思主义的完备的哲学唯物主义世界观是伟大的认识工具。马克思把这一伟大的认识工具给了人类，特别是给了工人阶级，给他们指明了如何摆脱一切被压迫阶级至今深受其害的精神奴役的出路。马克思列宁主义是人类伟大的认识工具，是无产阶级用来观察世界和改造世界的思想上的望远镜和显微镜。

三　关于全世界无产者和被压迫民族联合起来

认真读过《共产党宣言》的人，都不会忘记《宣言》的最后一句话——“全世界无产者，联合起来!”这是1848年马克思、恩格斯和共产主义同盟的战友们“在巴黎革命即无产阶级带着自己的要求参加的第一次革命的前夜向世界上发出这个号召”。[②] 16年后，马克思领导的国际工人协会即第一国际在英国伦敦成立，又亲自起草了《国际工人协会成立宣言》。这份宣言的最后一句话，仍然是当年他在《共产党宣言》里第一次发出的号召：“全世界无产者，联合起来!”自那以后，从马克思、恩格斯始，列宁、斯大林、毛泽东、邓小平，所有坚信马克思主义的无产阶级革命家在出版自己的著作时，都把“全世界无产者，联合起来!”这句口号，庄严地印在自己著作的第1页上。这个相沿已久的举动，已经成为马克思主义革命家的一个传统，一个公开申明自己身份和信念的标记。这个口号是马克思主义的精髓之一，再清楚不过地显示出马克思主义的本质和它那毫不妥协的革命品格。

无产阶级要彻底改变自身被资本剥削、压迫和奴役的社会地位，它们在强大的资本面前，除了联合起来、团结起来共同与资本战斗，没有别的可以选择。无产阶级认识到这一点，完全归功于马克思、恩格斯，归功于马克思主义。

进入20世纪，欧洲自由资本主义发展成垄断资本主义，进一步公开诉诸武力，争霸世界。列宁运用马克思主义的望远镜和显微镜，重新考察和深入分析被垄断资本主义争霸而极大分裂的世界和各个民族，由此发现了导致世界各国经济和政治发展的不平衡已经成为资本主义的普遍现状和发展的绝对规律，确认世界进入到帝国主义和无产阶级革命的时代，冲破第二国际修正主义设置在马克思主义上的重重藩篱，提出了“社会主义可能首先在少数甚至在单独一个资本主义国家内获得胜利”的论断。[③]

我们不在这里讨论划分整个人类历史发展时代的十月革命的各种意义，就学习马克思列宁主义来说，其中最重要和最成功的经验之一，是列宁在坚持马克思的“全世界无产者，联合起来!”的口号和纲领的同时，进一步丰富并发展为“全世界无产者和被压迫民族联合起来!”这个伟大的纲领性口号是列宁主义最主要最鲜明的特征之一，也是十月革命所开启的无

① 《毛泽东文集》第8卷，人民出版社1999年版，第139页。

② 《马克思恩格斯文集》第2卷，人民出版社2009年版，第21页。

③ 《列宁专题文集・论社会主义》，人民出版社2009年版，第4页。

产阶级社会主义革命时代的最重要、最鲜明的特征之一。

中国人民和中国共产党人历来对“全世界无产者和被压迫民族联合起来”这个口号感到特别的亲切！正是列宁向东方发出的这个号召和动员，把十月革命的光辉照耀到备受帝国主义列强凌辱的中华民族身上，启蒙了有思想的中国人，产生了尊严和勇气，重新规划民族的未来。中国共产党就是列宁发出的这个震撼当代世界伟大口号的直接产物。

从“全世界无产者联合起来”到“全世界无产者和被压迫民族联合起来”，两个口号分别代表着不同的革命年代，显示出革命的范围和革命的力量扩大了，革命的内容和革命的主题深化了。

1848 年马克思、恩格斯发出“全世界无产者联合起来”号召的年代，是欧洲资产阶级革命即将走向后期的年代。马克思、恩格斯通过共产主义同盟发出这个号召，一方面着眼于把欧洲各国散乱的无产阶级团结起来，组织起来；另一方面，更主要的用意是把组织起来的无产阶级从长期受资产阶级领导和思想影响的资产阶级革命运动中解放出来，独立出来，作为一支不依附于资产阶级的独立的政治力量与尚能革命的资产阶级联合，共同把反封建的资产阶级革命进行到底。只有这样，无产阶级才能享有他们为之浴血奋斗过的资产阶级革命胜利的果实，并在这一革命成功之日，立刻把资产阶级革命不停顿地发展为无产阶级的社会主义革命，从而完成和实现自身的彻底解放。显然，在那个无产阶级革命刚刚起步，还混淆于资产阶级革命运动的年代，这是一项十分艰巨的任务。“全世界无产者联合起来”这个口号直接反映了 19 世纪无产阶级革命运动的欧洲范围和马克思、恩格斯为此而制定的战略策略。马克思、恩格斯一方面积极投身欧洲大陆的革命运动，另一方面，又不得不用更多的精力来从事无产阶级革命思想体系和理论纲领的研究、制定和创立，启发、教育和组织年轻的无产阶级。而后一方面，更是那个年代稚嫩的无产阶级及其革命运动所急需的。《资本论》的研究和写作深刻表明，历史决定了他们有限的生命所能完成的任务，就是为后来的无产阶级革命运动打下思想理论和组织机构两方面的基础。

同 19 世纪相比，列宁生活的时代，无论资产阶级还是无产阶级都有了翻天覆地的变化。至 20 世纪初，欧洲自由资本主义发展到垄断资本主义，完全丧失了早期反封建的革命性，成为穷凶极恶的帝国主义。欧洲无产阶级运动经历第一国际和第二国际几十年的锻炼，在各国已经形成有组织的革命政党。其思想纲领的成熟灵活和组织机构的严密有力，首先体现在列宁领导的俄国社会民主工党布尔什维克派别身上。1917 年俄国二月资产阶级革命成功不久，列宁就立刻领导布尔什维克率先从思想上“脱掉那件‘穿惯了的’、‘可爱的’脏衬衫”，决意要把党的名称由社会民主党改为共产党，[①] 另起炉灶，彻底实现与第二国际社会民主主义的决裂。同时，紧紧抓住第一次世界大战帝国主义相互厮杀和彼此损伤的机会，把国际战争转变为国内革命，成功地把二月资产阶级革命过渡到无产阶级的十月社会主义革命。列宁坚持和运用马克思主义不断革命的思想和方法，建立共产国际，组成最广泛的革命统一战线，马不停蹄地在全世界开辟无产阶级革命的战场，扩大十月革命的战果，有组织地把革命推广到殖民地半殖民地国家，通过发展十月革命来保卫和扩大十月革命的直接成果——苏维埃无产

---

① 《列宁选集》第 3 卷，人民出版社 1995 年版，第 68 页。

阶级专政。列宁不愧为能够最大限度地发展革命和扩大革命成果的革命大师。

通过十月革命，列宁领导苏维埃俄国和共产国际在坚持“全世界无产者联合起来”口号的基础上，向世界发出了“全世界无产者和被压迫民族联合起来”的号召和动员，极大地激发和调动了世界被压迫民族和人民争取自身解放的勇气和力量。这个深深地打着时代烙印的口号，雄辩而光辉地体现了集列宁主义之大成的无产阶级革命的战略策略。这个纲领性口号之英明，就在于它紧紧抓住了垄断资本主义和帝国主义时代最重要最基本的经济事实和经济特征：“几个特殊民族的剥削者的幸福建筑在对亚洲和一切殖民地以及小国亿万劳动人民的奴役之上”；[①]“现在全世界已经划分为两部分，一部分是为数众多的被压迫民族，另一部分是少数几个拥有巨量财富和强大军事实力的压迫民族。”[②] 正是这个基本事实及其所体现出来的阶级力量的对比，决定了今后各国无产阶级革命所应采取的与以往时代完全不同的战略和策略，并从这个具体事实出发制定具体的可行的革命政策。在列宁的领导和启发下，共产国际和各国共产党迅速调整了支持落后国家资产阶级民主运动的方针政策，首先在概念和名称上，把“资产阶级民主”运动改提为民族革命运动。[③] 这种对落后国家尤其是殖民地半殖民地资产阶级民族革命运动的重新界定，具有极其重大的实践意义和理论意义。

“全世界无产者和被压迫民族联合起来”这个口号是列宁主义的精髓之一，包含着列宁主义对马克思主义的无产阶级革命理论尤其是农民问题理论的极其重大的发展。首先在实践上，表现为直接影响、发动和掀起了波澜壮阔的世界民族解放运动，这本身就是对无产阶级革命运动和人类社会解放的一个特别重大的贡献。列宁清楚地看到“落后国家的主要居民群众是农民”，[④] 民族解放运动的主体和实质应是工人阶级领导的农民运动。所以，列宁极其重视农民被剥削被压迫的一面，挖掘了、提升了农民长期被忽视、被压抑的革命潜能和无穷力量，把农民视为工人阶级革命的牢固的同盟军。这样，就把曾经长期依附于资产阶级的农民运动接纳到无产阶级革命运动里，解决了无产阶级可以领导以农民为主体的资产阶级革命运动的问题。从此，这样的资产阶级民族民主革命运动“就不再是属于旧的世界资产阶级民主主义革命的范畴，而属于新的范畴了；它就不再是旧的资产阶级和资本主义的世界革命的一部分，而是新的世界革命的一部分，即无产阶级社会主义世界革命的一部分了。这种革命的殖民地半殖民地，已经不能当作世界资本主义反革命战线的同盟军，而改变为世界社会主义革命战线的同盟军了”。[⑤]“全世界无产者和被压迫民族联合起来”的伟大口号，直接体现出被剥削被压迫的农民在无产阶级革命运动中成为一个平等的革命主体和一支极其重要、极其巨大的革命力量，从而能够在社会主义革命和建设中形成巩固的工农联盟。正是由于列宁真心地把农民当作无产阶级的极其重要、极其巨大的革命力量而加以依靠，这就不仅在理论上，也在实践上终于解决了在此之前恩格斯自己“只是觉得”，包括马克思、恩格斯和整个第一国际、

① 《列宁选集》第 3 卷，人民出版社 1995 年版，第 387 页。

② 《列宁专题文集·论资本主义》，人民出版社 2009 年版，第 278 页。

③ 同上。

④ 同上。

⑤ 《毛泽东选集》第 2 卷，人民出版社 1991 年版，第 668 页。

第二国际“没有找到”的“接近农民的正确方法”①。

历史显示，列宁主义领导和影响下的无产阶级革命运动和民族解放运动的紧密结合又互为支撑，开辟了打击和削弱帝国主义的无限广阔的战场。这样的民族解放运动，一方面是支持社会主义的苏联，在20世纪上半叶在帝国主义的围剿中能够坚持下来的巨大力量，另一方面为社会主义的苏联生存和发展，提供了可以纵横捭阖的纵深无比的战略空间。列宁提出了关于农民问题理论的新学说：“胜利了的革命无产阶级对落后民族进行系统的宣传，而各苏维埃政府以其所拥有的一切手段去帮助它们，那么，说落后民族无法避免资本主义发展阶段就不对了。在一切殖民地和落后国家，我们不仅应该组成能够独立进行斗争的基干队伍，即党的组织，不仅应该立即宣传组织农民苏维埃并使这种苏维埃适应资本主义前的条件，而且共产国际还应该指出，还应该从理论上说明，在先进国家无产阶级的帮助下，落后国家可以不经过资本主义发展阶段而过渡到苏维埃制度，然后经过一定的发展阶段过渡到共产主义。”②这一新学说，把马克思主义的社会主义理论大大地向前推进了。

毫无疑问，列宁主义不仅在理论上，也在实践上，解决了无产阶级革命与资产阶级革命的关系问题，实现了资产阶级革命与无产阶级的社会主义革命的连接和过渡，给了殖民地半殖民地人民一件实现自身解放的强大思想武器，特别是在俄国和中国，实现了恩格斯的这样一种设想，即努力使农民“免于真正沦为无产者，在还是农民时就能被我们争取过来的农民人数越多，社会改造的实现也就会越迅速和越容易”③。正是经过列宁主义阶段，马克思主义和列宁主义的农民问题理论在中国这块农民人口广阔的土地上得到了发扬光大，由毛泽东在中国革命和建设的实践中发展成一个成熟的体系，正在广大的第三世界得到传播和运用。

列宁主义关于“全世界无产者和被压迫民族联合起来”的号召和思想，在21世纪的当代世界仍然有着非常重要的现实意义。因为这个伟大口号所反映和依托的世界经济状况和政治格局——“全世界已经划分为两部分，一部分是为数众多的被压迫民族，另一部分是少数几个拥有巨量财富和强大军事实力的压迫民族”——没有根本改变，那么无疑，坚持和贯彻这一纲领性口号及其战略策略，就是当代一切真正的马克思主义政党和马克思主义者的义不容辞的任务。

四　关于社会主义就是消灭阶级和剥削

“全世界无产者联合起来”、“全世界无产者和被压迫民族联合起来”干什么呢？就是消除资本主义，建立社会主义。在科学社会主义产生的19世纪40年代，共产主义就是马克思的社会主义。那么什么是社会主义呢？这个曾经是很明确的问题，在当代，因苏联亡党亡国使国际共产主义运动陷入低潮而被搅得模糊起来。我们所从事的是马克思列宁主义指导的科学社会主义事业，而不是别的什么思想影响下的别的什么社会主义。牢牢记住马克思主义经典作家说过的几条最简明易懂的关于什么是社会主义的观点，就能识别形形色色的冒牌社会

① 《马克思恩格斯文集》第4卷，人民出版社2009年版，第523页。

② 《列宁专题文集·论资本主义》，人民出版社2009年版，第281页。

③ 《马克思恩格斯文集》第4卷，人民出版社2009年版，第526页。

主义。

——1846年，恩格斯致布鲁塞尔共产主义通讯委员会的信中说："共产主义究竟是什么呢？……我把共产主义者的宗旨规定如下：(1) 实现同资产者利益相反的无产者的利益；(2) 用消灭私有制而代之以财产公有的手段来实现这一点；(3) 除了进行暴力的民主的革命以外，不承认有实现这些目的的其他手段。"①

——1848年，马克思、恩格斯在《共产党宣言》里说："共产主义的特征并不是要废除一般的所有制，而是要废除资产阶级的所有制。""共产党人可以把自己的理论概括为一句话：消灭私有制。"②

——1850年，马克思在总结1848年至1850的法兰西阶级斗争时指出：无产阶级要"团结在革命的社会主义周围，团结在被资产阶级用布朗基来命名的共产主义周围。这种社会主义就是宣布不断革命，就是无产阶级的阶级专政，这种专政是达到消灭一切阶级差别，达到消灭这些差别所由产生的一切生产关系，达到消灭和这些生产关系相适应的一切社会关系，达到改变由这些社会关系产生出来的一切观念的必然的过渡阶段。"③

——1875年，恩格斯批评俄国民粹派时指出："现代社会主义力图实现的变革，简言之，就是无产阶级战胜资产阶级，以及通过消灭任何阶级差别来建立新的社会组织。"④

——1880年，恩格斯在《社会主义从空想到科学的发展》著作里说："社会主义现在已经不再被看作某个天才头脑的偶然发现，而被看作两个历史地产生的阶级即无产阶级和资产阶级之间斗争的必然产物。它的任务不再是构想出一个尽可能完善的社会体系，而是研究必然产生这两个阶级及其相互斗争的那种历史的经济的过程；并在由此造成的经济状况中找出解决冲突的手段。"⑤

——1894年，恩格斯在《法德农民问题》文章里说："社会主义是专门反对剥削雇佣劳动的。"⑥

——1894年，列宁在批判自由主义民粹派时说："要知道，反对剥削劳动者的抗议和斗争，目的在于完全消灭这种剥削的斗争，才叫作社会主义。"⑦

——1905年，列宁在《小资产阶级社会主义和无产阶级社会主义》文章里说："社会主义斗争则是工人反对整个资产阶级的斗争。"⑧

——1916年，列宁在《论"废除武装"的口号》文章里强调："谁指望不通过社会革命和无产阶级专政来实现社会主义，谁就不是社会主义者。"⑨

---

① 《马克思恩格斯文集》第1卷，人民出版社2009年版，第40页。

② 《马克思恩格斯文集》第2卷，人民出版社2009年版，第45页。

③ 同上书，第166页。

④ 《马克思恩格斯文集》第3卷，人民出版社2009年版，第389页。

⑤ 同上书，第545页。

⑥ 《马克思恩格斯文集》第4卷，人民出版社2009年版，第518页。

⑦ 《列宁全集》第1卷，人民出版社1984年版，第237页。

⑧ 同上书，第657页。

⑨ 《列宁专题文集·论社会主义》，人民出版社2009年版，第385页。

——1919年，列宁在《无产阶级专政时代的经济和政治》中说："社会主义就是消灭阶级。"[①]

我们对上述言论无须作过多的解释，即使是文化程度不高的工农群众理解起来也不困难。因为他们是从自身的生活来认识和学习社会主义的，如同毛泽东所揭示的那样，"中国有许多专门从书本上讨生活的从事社会科学研究的共产党员，不是一批一批地成了反革命吗？……那些不识字的工人常常能够很好地掌握马克思主义"。[②]

当代中国人熟悉邓小平的一段话："社会主义的本质，是解放生产力，发展生产力，消灭剥削，消除两极分化，最终达到共同富裕。"[③] 我们说马克思列宁主义、毛泽东思想、邓小平理论是一脉相承的，那么这个"一脉"是什么呢？在哪里呢？我们认为，就是邓小平说的"消灭剥削"。在市面上流行的解说邓小平理论的读本里，人们一眼就能发现，我国思想界往往只谈"解放生产力，发展生产力"、"共同富裕"三句话，认为这是邓小平社会主义本质观最主要、最本质的东西，而对"消灭剥削，消除两极分化"两句话不作解释，避而不谈。这种认识是极其错误、极其有害的。有这种认识的人，非常有必要学一学关于社会主义的初步知识。

这种错误的认识割裂了邓小平社会主义本质观，泯灭了邓小平社会主义本质观鲜明的党性原则即阶级性和革命性，掩盖了邓小平社会主义本质观的社会指向和革命锋芒，把马克思主义的科学社会主义变成了非马克思主义或反马克思主义可以接受和玩弄的庸俗社会学。为什么呢？道理并不复杂，难道资产阶级就不解放生产力、发展生产力吗？任何关于什么是社会主义的思想观点，如果不把"消灭剥削"看作是最本质的东西，其错误的性质正如美国前驻苏大使马特洛克在《苏联解体亲历记》里一针见血地剖析苏共修正主义纲领所说的："苏联领导人愿意抛弃这个观念（即阶级斗争的理论——笔者注），那么他们是否继续称他们的指导思想为'马克思主义'也就无关紧要了。这已是一个别样的社会里实行的别样的'马克思主义'。这个别样的社会则是我们大家都能认可的社会。"[④] 显然，任何关于邓小平社会主义本质观的论述，有意或无意地回避"消灭剥削"即消灭由私有制形成剥削这一内核，就是抹杀了马克思主义的无产阶级社会主义与资产阶级社会主义的本质区别，都是对邓小平社会主义本质观的亵渎。

"解放生产力，发展生产力"，是"消灭剥削，消除两极分化，最终达到共同富裕"的物质基础，而"消灭剥削，消除两极分化"是"解放生产力，发展生产力"和"最终达到共同富裕"的所有制基础，"最终达到共同富裕"是生产力发展和公有制发展共同的目标和结果。邓小平社会主义本质观更深刻的内容在于，既然"社会主义的本质"是"消灭剥削"，那么前提自然是在建立和建设的社会主义进程中还在一定程度、一定范围内存在私有制引发的剥削。由此，对社会主义实践的考察必然产生出一系列十分重大的问题及其思想逻辑，如什么是剥削？是谁在剥削谁？怎么才能"消灭剥削"？靠谁、靠什么来"消灭剥削"等。马克思主义告

---

① 《列宁专题文集·论社会主义》，人民出版社2009年版，第158页。

② 《毛泽东选集》第1卷，人民出版社1991年版，第111页。

③ 《邓小平文选》第3卷，人民出版社1991年版，第373页。

④ 《苏联解体亲历记》，世界知识出版社1996年版，第169页。

诉我们，剥削是个生产方式和生产关系的问题，它发生在阶级之间，因而剥削关系也是个阶级关系问题。

当代世界是资本主义生产方式和生产关系占统治地位的世界，不是别的而是私有资本剥削劳动，是资产阶级剥削工人阶级和其他劳动人民。剥削是怎么实现的？主要是通过商品交换，即通过商品经济实现的。就是说，有私有制基础上的商品经济就存在剥削，因为私有剩余价值就包含在商品之中，并通过商品经济，通过劳动力的买卖和其他商品交换得以实现。而“两极分化”是剥削的必然结果，“两极分化”就是阶级分化，其表现和结果就是无产阶级与资产阶级的矛盾和博弈。消灭剥削和消灭阶级是一回事，是一个问题的两个不可分割的方面。正是基于此，列宁讲“社会主义就是消灭阶级”，但是“要一下子消灭阶级是办不到的”。① 因为阶级的存在是同生产发展的一定历史阶段相联系的，② 因而消灭剥削即消灭阶级是一个历史的过程，因而社会主义要“消灭剥削”即消灭资本主义就必须实行一套科学的持久的政策和策略。这就是邓小平为什么说“最终达到共同富裕”。“最终”是个时空概念，所表达的内容就是告诉人们，“达到共同富裕”是要经过一个历史的过程，是社会主义社会发展的最终结果。

无疑，在实现“达到共同富裕”的历史进程中，要“消灭剥削”就不可避免地发生阶级之间的矛盾和较量，即无产阶级彻底消灭资产阶级的斗争，而邓小平提出的四项基本原则是无产阶级为“消灭剥削”而彻底消灭资产阶级最有力的武器。因为“社会主义就是由无产阶级专政的社会向无国家的社会的过渡”。③ 邓小平在1992年初即国际共产主义运动刚刚遭受巨大挫折的时候，毅然决然地指明社会主义的本质是“消灭剥削”，就是坚持了马克思主义的阶级斗争和无产阶级专政的学说，就是举起了马克思主义阶级斗争和人民民主专政（无产阶级专政）的社会主义革命旗帜。同时也是告诫我们，苏联共产党的领导集团就是因为放弃了科学社会主义的这个基本原则而导致了亡党亡国。

毋容质疑，马克思主义的科学社会主义的本质和宗旨，“就是阐明了无产阶级作为社会主义社会创造者的世界历史作用”，④ 就是无产阶级反对资产阶级的斗争，就是“无产阶级必须采取政治行动，必须实行无产阶级专政以作为达到废除阶级并和阶级一起废除国家的过渡”，⑤ 因而无产阶级只有解放全人类才能最后解放自己。所以“离开阶级斗争，社会主义就是空话或者幼稚的幻想”，⑥ “只要阶级斗争还在一定范围内存在，我们就不能丢弃马克思主义的阶级和阶级分析的观点与方法。这种观点与方法始终是我们观察社会主义与各种敌对势力斗争的复杂政治现象的一把钥匙。”所以马克思主义的科学社会主义是全面建设的社会主义，其中包括经济、政治、文化、社会、生态、国防等领域的建设，包括正确处理人民内部矛盾、敌我矛盾和阶级矛盾等，包括科学发展、改革和开放，包括社会主义的革命、建设和

① 《列宁专题文集·论社会主义》，人民出版社2009年版，第161页。
② 《马克思恩格斯文集》第10卷，人民出版社2009年版，第106页。
③ 《斯大林选集》上卷，人民出版社1979年版，第356页。
④ 《列宁专题文集·论马克思主义》，人民出版社2009年版，第61页。
⑤ 《马克思恩格斯文集》第3卷，人民出版社2009年版，第310页。
⑥ 《列宁选集》第1卷，人民出版社1995年版，第658页。

改革等。

五 关于党是阶级的领导者和组织者

在马克思、列宁的著作中，关于他们从事党的建设的历史实践和理论思想有丰富的记述，其中既有成功经验的总结，也有对失败教训的分析。当我们学习他们呕心沥血建立工人阶级政党的光辉历史和理论思想的时候，同时必须面对国际共产主义运动中一个又一个曲折的历史结果。一部马克思列宁主义发展史，就是一部既有成功发展又有惨痛失败的无产阶级政党的历史，就是一部无产阶级政党建设的经验和教训的历史教科书。显然，要学好马克思列宁主义关于党的建设的理论思想和基本经验，就必须结合各国无产阶级政党曲折斗争的经历。

从 19 世纪 40 年代，也就是国际共产主义运动白手起家的年代始，马克思、恩格斯经过艰苦的宣传和动员，在欧洲一些国家首先开始建立工人阶级的政党组织，组织和发动了无产阶级革命运动。那时，马克思、恩格斯把分散的与个别资本家斗争的工人组织起来，“把许多性质相同的地方性的斗争汇合成全国性的斗争，汇合成阶级斗争”，把“无产者组织成为阶级，从而组织成为政党”。① 通过组建工人政党，他们给欧洲工人阶级灌输了这样两点最基本的思想理念：其一，“共产党一分钟也不忽略教育工人尽可能明确地意识到资产阶级和无产阶级的敌对的对立，以便德国工人能够立刻利用资产阶级统治所必然带来的社会的和政治的条件作为反对资产阶级的武器，以便在推翻德国的反动阶级之后立即开始反对资产阶级本身的斗争。”② 其二，“认清自己的阶级利益，尽快地采取自己独立政党的立场，一时一刻也不要由于受到民主主义的小资产者花言巧语的诱惑而离开无产阶级政党保持独立组织的道路。他们的战斗口号应该是：‘不断革命’，‘直到无产阶级夺取国家政权’。”③ 正是由于建立了这样的革命或彻底改革的意识，欧洲工人阶级不断革命，发展出了夺取资产阶级政权的巴黎公社斗争。其后，他们大力支持德国社会民主党的建立，指导德国社会民主党在俾斯麦的“反社会主义者法”高压下，不屈不挠地进行“非法”的半公开的秘密斗争，获得了巨大发展。马克思去世后，恩格斯担起了指导世界无产阶级革命运动的重担，不失时机地以德国社会民主党为核心发起和组建了第二国际，在德国打破了“反社会主义者法”，使德国社会民主党获得了公开活动的权利和条件。

比较后来列宁、毛泽东这样的能够完全掌控本国无产阶级政党的革命家、组织家和理论家，马克思、恩格斯在党的建设的实践方面就显露出很深的历史和时代的局限性。由于马克思深受欧洲各国反动政府的通缉和迫害，不仅在自己的祖国——德国，在其他一些国家也难以安身，被迫流亡在英国。这种已经公开的革命家身份，使他难以非常具体地指导各国的无产阶级政党的实际斗争和发展，主要是从远方和外部，给某一国家的工人政党活动以影响和导引。社会存在决定社会意识。国际共产主义运动的政党史表明，对党的建设具有重大指导作用的理论思想、政策策略和基本经验，是经过列宁、毛泽东的发展而系统化并成熟起来的。

① 《马克思恩格斯文集》第 2 卷，人民出版社 2009 年版，第 40 页。
② 同上书，第 66 页。
③ 《马克思恩格斯选集》第 1 卷，人民出版社 1972 年版，第 392、385 页。

列宁领导俄国布尔什维克夺取十月革命的胜利，毛泽东领导中国共产党夺取中国革命的胜利，是马克思列宁主义关于无产阶级政党建设思想上方法上的成功体现，也是无产阶级政党建设取之不尽的思想宝库。

政党是干什么的？政党是近代以来，即资本主义社会建立以来阶级发展的产物和工具。为夺取政权和领导政权而进行的政治活动，是一切政党最基本的任务。谁不了解这一点，不牢牢地把握这一点，谁就不懂得政党是干什么的，也就不懂得党的建设的宗旨、任务和方法到底该怎么确定和实施，也就谈不上共产党的先进性建设、夺权能力建设和执政能力建设。

列宁对马克思主义政党建设的重要发展和贡献，首先体现在组织建设方面，确立了民主集中制的原则。这是列宁与深受第二国际“合法”斗争影响的俄国社会民主工党孟什维克派激烈斗争的产物。其实马克思很早就看出，“革命活动只有在集中的条件下才能发挥全部力量……实行最严格的中央集权制是真正革命党的任务。”[①] 列宁继承了马克思的这一基本思想，创造性地提出和贯彻了民主集中制的组织原则，从而在资产阶级镇压革命的复杂形势下，把“非法”斗争与“合法”斗争灵活地结合起来，取得了无产阶级革命政党的发展和胜利。而第二国际和俄国社会民主工党的孟什维克派，实行的仍然是来自资产阶级政党的自由主义的党的建设的理念和制度，在资产阶级国家所谓三权分立政体的“合法”的议会政党斗争中，反而被所谓的“合法”和议会民主制改造得面目全非，丧失了工人阶级政党的品格，堕落成欺骗工人的机会主义政党。列宁不仅以民主集中制组建和发展了俄国社会民主工党布尔什维克，还把这个原则推广到十月革命后俄国共产党对无产阶级专政的国家的领导和建设上，旗帜鲜明地强调，必须坚持俄共在国家政权中的领导地位，“国家政权的一切政治经济工作都由工人阶级觉悟的先锋队共产党领导”[②]，其他政党必须接受和拥护俄共的领导地位，绝不允许搞什么资产阶级的议会多党制。针对国内外资产阶级和第二国际攻击俄共“独裁”、“一党专政”，列宁针锋相对地回答，如果你们认为坚持共产党的领导就是“一党专政”，那么“我们就说：是的，是一党专政！我们就是坚持一党专政，而且我们决不能离开这个基地”[③]。民主集中制的组织原则是马克思列宁主义指导的无产阶级政党建设的基本原则和基本经验之一。

列宁对马克思主义政党建设的第二个重要贡献是，把俄国社会民主工党更名为俄国共产党。列宁的这个举动是20世纪前期国际共产主义运动和马克思主义政党史上的一件大事，对后来各国共产党的建立和发展产生了巨大影响。这件事的影响和意义，正如当年列宁阐明的：其一，“‘社会民主党’这个名称在科学上是不正确的……工人在建立了自己的国家之后，就了解到民主制（资产阶级民主制）的概念在我国革命的发展中已经过时了；我们建立了西欧任何地方不曾有过的民主类型”；“实际情况准确说明苏维埃政权是新型国家，是无产阶级专政的形式，说明我们为民主制提出了不同的任务”；其二，真正的无产阶级政党“所要达到的目的，即建立共产主义社会……因此，共产党这个名称在科学上是唯一正确的”；其三，第一次世界大战时期，“欧洲各先进国家旧的正式的社会党，都没有摆脱使欧洲正式社会主义在这次战争中彻底破产的社会沙文主义和社会爱国主义的乌烟瘴气，因此直到现在，几乎所有正

① 《马克思恩格斯文集》第2卷，人民出版社2009年版，第197页。

② 《列宁全集》第42卷，人民出版社1987年版，第274页。

③ 《列宁全集》第37卷，人民出版社1986年版，第126页。

式的社会党都是工人社会主义革命运动真正的障碍，真正的绊脚石。”① 俄国共产党的新命名，为酝酿已久的共产国际的成立扫清了道路，推动了后来一个时期国际共产主义运动的大发展。

列宁对马克思主义政党建设的第三个重要贡献是，把农民当作无产阶级的极其重要、极其巨大的革命力量来依靠，解决了马克思、恩格斯和整个第一国际、第二国际“没有找到”的“接近农民的正确方法”，从而扩大了党的组织及其所领导的革命队伍，极大地拓展了无产阶级政党建设的深度和广度。

列宁对马克思主义政党建设的第四个重要贡献是，在思想建设方面反对和摈弃“自发论”，提倡和推行科学的“灌输论”。列宁深入挖掘和论述了这样一个观点，马克思主义即科学社会主义是不能在工人阶级中自发产生的。实践证明，“工人阶级单靠自己本身的力量，只能形成工联主义的意识”及其经济主义；工人阶级的科学社会主义的意识“只能从外面灌输进入”。所以“问题只能是这样，或者是资产阶级的思想体系，或者是社会主义的思想体系，这里中间的东西是没有的”；因为“在为阶级矛盾所分裂的社会中，任何时候不可能有非阶级的或超阶级的思想体系，因此，对社会主义思想体系的任何轻视和任何脱离，都意味着资产阶级思想体系的加强”；而“工人运动的自发的发展，恰恰导致运动受资产阶级思想体系的支配”。② 马克思列宁主义的立场、观点、方法和人类优秀的思想、道德和作风，都需要自觉地、有意识地、长期地去提倡和培养，才能被人们普遍接受并形成起来。这是因为自阶级社会产生以来，占统治地位的剥削阶级对劳动人民几千年的压迫和奴化，使剥削阶级的思想道德深入到社会生活的各个领域，形成了强大的习惯势力。要改变这种情况，只有经过长期不懈的教育。因此，必须有组织地、经常地对全体党员和各界群众进行系统地马克思主义思想道德的教育。

列宁对马克思主义及其政党建设的一些发展和贡献，是在与第二国际机会主义的斗争中取得的，是在反对一切修正主义和机会主义的斗争中产生和发展起来的。

中国共产党是在十月革命和列宁主义建立起来的历史平台上，接受和吸取了世界上最先进的、最成功的俄国共产党的革命经验和建党理论成立起来的。为了在中国这样一个曾经是极度衰败的半殖民地半封建国家里，在一个有几亿贫穷愚昧的农民、众多小资产阶级而现代工业无产阶级很少的国家里，建立起以马克思列宁主义为指导、有战斗力的、强大的无产阶级政党，以毛泽东为代表的中国共产党人自觉地提出并解决了这样一个问题：“我们今天要怎样建设我们的党？要怎样才能建设一个‘全国范围的、广大群众性的、思想上政治上组织上完全巩固的布尔什维克化的中国共产党’？”“我们现在要建设这样一个党，究竟应该怎样进行呢？”③ 由此，毛泽东把马克思列宁主义的政党建设及其理论学说发展成一个系统的、完备的科学体系。为什么这样说，根据在哪里呢？根据就是毛泽东发现并阐明了无产阶级政党建设的一条根本性的原理。

科学产生和发展的历史表明，一种科学体系只有在它的理论形态里含有若干自然的或社

① 《列宁选集》第 3 卷，人民出版社 1995 年版，第 456、467、457 页。

② 《列宁专题文集 · 论无产阶级政党》，人民出版社 2009 年版，第 76、85 页。

③ 《毛泽东选集》第 2 卷，人民出版社 1991 年版，第 603、613 页。

会的基本原理的时候才能树立起来，才有了在科学史上独立存在的人类价值。原理不是被人为地制造出来的，而是在长期的生产实践和科学研究中，被人们发现出来的自然的或社会的不可违背的规律。

毛泽东发现的无产阶级政党建设的基本原理是什么呢？1945年他在中国共产党第七次代表大会的政治报告里总结整风运动，总结中国共产党24年党的建设的一条基本经验："掌握思想教育，是团结全党进行伟大政治斗争的中心环节。如果这个任务不解决，党的一切政治任务是不能完成的。"[①] 这个原理揭示出，无产阶级政党——共产党，首先是一个专门做政治思想工作的机关。政治思想工作是共产党各级组织和领导首要的工作和任务。党的历史表明，共产党的领导和威信，从而共产党的权力，首先和根本的是通过对广大群众进行持久而深入的政治思想教育，影响他们，把他们团结和争取到马克思主义的、共产党的旗帜下。共产党的领导首先和根本的是体现在"无产阶级思想领导"[②] 上。"思想领导"必须通过党的政治思想的教育才能实现。毛泽东把思想教育和政治工作，当作"中心环节"，当作"生命线"，足见其多么的重要！如果共产党把"中心环节"和"生命线"这样的工作，这样的事情淡化或忘记了，那将意味着什么呢？就意味着共产党或党的一级组织放弃了，失去了对它所依靠的群众的影响，也就是放弃从根本上领导群众，这无异于一种自杀的行为。党的政治思想教育一旦被忽视或破坏，其结局就是群众和干部如同离群的野马，四散而去，相应的制度就会随之坍塌。制度固然重要，但思想会指导制度的制定和落实。

邓小平在中国共产党第八次代表大会作修改党章报告时指出："党是阶级组织的最高形式，指出这一点，在今天党已经在国家工作中居于领导地位的时候，特别重要。"[③] 无疑，党"是阶级的领导者和组织者"[④]。如果不是从无产阶级反对各种非无产阶级，特别是从反对封建主义和资产阶级的方面，自觉思考和从事党的建设及其政治思想工作，那么连党的建设的"门"也进不去。只有明确了、解决了党的建设及其政治思想工作的对象及其问题，党的其他建设才能有的放矢，党的组织才能成为教育人、改造人的学校，党的政治思想工作才能成为实现党的各项任务的强有力的工具。

思想理论教育是党的建设的基础，是中国共产党学习马克思列宁主义而总结出的一条根本经验，为我们党和整个国际共产主义运动正反两方面历史经验和教训的实践所证明。针对1989年的政治风波，邓小平一针见血地指出，"这次事件确实把我们的失误也暴露得足够了，我们确实有失误呀！而且失误很不小啊！"[⑤] 问题主要在哪里呢？就是我们的"教育和思想政治工作太差"，"缺乏一贯性，没有行动，甚至讲得都很少"，"十年最大的失误是教育，这里我主要是讲思想政治教育，不单纯是对学校、青年学生，是泛指对人民的教育"。[⑥] 正是因为"教育和思想政治工作太差"，导致了腐败蔓延，激起了严重的政治动乱，为此邓小平向全党

① 《毛泽东选集》第3卷，人民出版社1991年版，第1094页。
② 《毛泽东选集》第1卷，人民出版社1991年版，第77页。
③ 《邓小平文选》第1卷，人民出版社1994年版，第236页。
④ 《列宁专题文集·论无产阶级政党》，人民出版社2009年版，第337页。
⑤ 《邓小平文选》第3卷，人民出版社1993年版，第312页。
⑥ 同上书，第305—306页。

大声疾呼，“这个党该抓了，不抓不行了!”① 东欧、苏联共产党的垮台，都可以从他们放弃这一无产阶级政党建设的基本原理得到科学的解释。

总之，我们应当看到，《马克思恩格斯文集》和《列宁专题文集》的编辑和出版，是中华民族和中国共产党人勤勉学习、准确传承和科学发展马克思列宁主义的写照。为了推进马列主义及其中国化理论的发展，我们首先就要研读马列主义本身，并弄懂马列主义与中国化马列主义之间的关系。在怎样学习马克思列宁主义这一国际共产主义运动的重要问题上，邓小平从中国共产党人的长期实践中作出的这样一个总结性论断，应当成为一切坚持马克思主义的同志们学习的指针。他说：“马克思主义的思想理论工作是不能离开现实政治的。我在这里所说的政治，是国内外阶级斗争的大局，是中国人民和世界人民在现实斗争中的根本利害。不能设想，离开政治的大局，不研究政治的大局，不估计革命斗争的实际发展，能成为一个马克思主义的思想家、理论家。”② 我们要以马列主义及其中国化理论为指导，继续促进中国和世界的不断进步与和谐。

参考文献

[1]《马克思恩格斯文集》，人民出版社 2009 年版。

[2]《列宁专题文集》，人民出版社 2009 年版。

[3]《毛泽东选集》，人民出版社 1991 年版。

[4]《邓小平文选》第 3 卷，人民出版社 1993 年版。

[5] 程恩富、何干强：《坚持公有制为主体、多种所有制经济共同发展的基本经济制度》，载《海派经济学》2008 卷第 24 辑。

[6] 程恩富、胡乐明：《中国马克思主义理论研究 60 年》，载《马克思主义研究》2010 年第 1 期。

[7]《江泽民文选》第 3 卷，人民出版社 2006 年版。

(原载《马克思主义研究》2011 年第 1 期)

① 《邓小平文选》第 3 卷，人民出版社 1993 年版，第 314 页。

② 《邓小平文选》第 2 卷，人民出版社 1994 年版，第 179 页。

马克思主义方法论四大基本命题辨析

侯惠勤

马克思主义方法论对于许多人而言是一个既熟悉又陌生的概念。说熟悉，是因为人们多少都知道一些唯物辩证法和历史辩证法的观点，至少承认其对于工作和学术研究的指导意义；说陌生，是因为许多人不懂得马克思主义方法论与其根本立场、基本原理间有着不可分割的联系，不了解马克思主义方法论其实就是其思想体系和思想路线。因此，对这一问题的把握，关系到对于马克思主义的整体认识。自马克思主义诞生160多年来，就其内部的理解而言，在对其的整体认识上主要有两种偏向：第一，认为马克思主义是如同自然科学般精确的知识体系，这种观点强调了马克思主义的科学性、确定性、完整性，但忽略了其随着实践的发展而发展的开放性、变动性和不确定性，从而导致了对于马克思主义的僵化认识，第二国际的“正统派”马克思主义是此种观点的代表；第二，认为马克思主义仅仅是一种顺势应变的方法，没有确定的思想体系，这种观点强调了马克思主义的灵活变动和开放，但忽略了其立场和基本观点的确定、公开及不可违背，从而导致了对于马克思主义的严重偏离，第二国际后出现的“西方马克思主义”思潮就是其中的代表。在我们看来，马克思主义是方法论和世界观的统一，即马克思主义方法本身便是马克思主义世界观的体现，也是其基本原理的表达，它集中体现在理论和实际相结合上。邓小平指出，“我们坚信马克思主义，但马克思主义必须与中国实际相结合。只有结合中国实际的马克思主义，才是我们所需要的真正的马克思主义。”① 而“马克思列宁主义的普遍真理与本国的具体实际相结合，这句话本身就是普遍真理。”因此，从基本原理和方法论的统一上准确把握马克思主义，是正确解读马克思主义的基本要求。“一切从实际出发”、“具体情况具体分析”、“历史和逻辑相一致”、“理论与实践相结合”是马克思主义方法论的四个基本命题，正是在这些众所周知的重大命题上，存在着一些似是而非、甚至是习以为常的错误认识，需要加以辨析和澄清。

一 关于“一切从实际出发”

“一切从实际出发”是马克思主义方法论中的首要的基本命题，“从实际出发，实事求是，

① 《邓小平文选》第3卷，人民出版社1993年版，第213页。

这是我们唯物主义者的根本立场。”① 邓小平甚至把这一命题等同于马克思主义哲学世界观，等同于党的思想路线。他指出：“搞社会主义一定要遵循马克思主义的辩证唯物主义和历史唯物主义，也就是毛泽东同志概括的实事求是，或者说一切从实际出发。”② 那么，什么是“实际”？在毛泽东看来，所谓的“实际”就是“客观存在的事实”。他在《延安文艺座谈会上的讲话》中强调：“我们讨论问题，应当从实际出发，不是从定义出发。……马克思主义叫我们看问题不要从抽象的定义出发，而要从客观存在的事实出发，从分析这些事实中找出方针、政策、办法来。”③ 这样，从实际出发的问题就变成了如何把握“客观存在的事实”这一难题。毫无疑义，客观存在的事实不仅丰富多样、相互冲突，而且无穷无尽。这就提出了能否及如何把握客观事实的问题。

从哲学史上看，先验主义和经验主义各执一端：先验主义认为现象世界是如此纷繁复杂，以至于个人经验永远无法穷尽，且我们所拥有的个人经验往往互相冲突，人们单凭经验根本无法区分各类事实的真假善恶及其重要性；20世纪初发生的“物理学危机”说明单凭经验甚至无法证明事实的客观性，这种自相矛盾的冲突本身就证明了个人经验的不可靠性，因此我们需要一个可靠的分析框架，来对事实进行整理、筛选。这个框架是先验的，非个人经验的产物，康德因此提出了因果律、时空范畴等以及所谓“第一推动力”、“第一原理”、“第一范畴”等先验的分析框架，并称之为“先天综合判断”。应该说，先验主义的确抓住了经验主义的要害，但是问题在于它提出的这个先验分析框架本身是否可以分析、可以讨论的，换言之，这个分析框架是“自明的”，还是需要证明的。毫无疑义，先验主义把先于经验的逻辑范畴视为认识的当然前提，其本身是无须证明、也无法证明的（康德断言人们一旦试图用经验的方法去证明先验范畴，就会陷入“二律背反”的困境），这不仅是非科学的独断论，而且打开了通向神秘主义和不可知论的大门。经验主义则认为只有经验才是可靠的，只有能够得到经验证明的才是真实的存在。尽管哲学史上存在着两种经验主义，即唯物主义的经验主义（把个人经验视为通向外部客观世界的唯一通道）和唯心主义的经验主义（把主观经验视为唯一的存在），但其共同点则在于都认为只有个人经验是可靠的，因此，它们共同面临着无法解决的两个问题：一是无法解释普遍范畴的来源问题。当经验主义把一切认识都还原为个人经验时，其遇到的最大难题就是一些被人们普遍接受的范畴同个人经验有什么关系？从时空等客观范畴到自由、人权等价值范畴，将其说成是个人经验的结果能说得通吗？能用有限的经验来论证这些普遍范畴吗？显然，经验主义者们的狭隘的经验观无法解决这个问题，无法对普遍范畴进行科学的还原。二是个人经验之间往往也会得出不同的结果，那么谁正确呢？哲学史上经验主义者们的各种回答往往最终导向了相对主义的真理观。

那么马克思主义方法论是怎么解决“客观事实”的问题的呢？马克思主义世界观作为方法论就是唯物辩证法，其根本要求就是“考察的客观性（不是实例，不是枝节之论，而是自在之物本身）。”④ 这就是说，客观真实的情况不能靠举例来说明，也不能靠罗列现象，而必

① 《邓小平文选》第1卷，人民出版社1994年版，第244页。
② 《邓小平文选》第3卷，人民出版社1193年版，第118页。
③ 《毛泽东选集》第3卷，人民出版社1991年版，第853页。
④ 《列宁选集》第2卷，人民出版社1995年版，第411页。

须把握事实的总和，必须把辩证法作为认识论。列宁强调，“在社会现象领域，没有哪种方法比胡乱抽出一些个别事实和玩弄实例更普遍、更站不住脚的了。挑选任何例子是毫不费劲的，但这没有任何意义，或者有纯粹消极的意义，因为问题完全在于，每一个别情况都有其具体的历史环境。如果从事实的整体上、从它们的联系中去掌握事实，那么，事实不仅是‘顽强的东西’，而且是绝对确凿的证据。如果不是从整体上、不是从联系中去掌握事实，如果事实是零碎的和随意挑出来的，那么它们就只能是一种儿戏，或者连儿戏也不如。”① 孤立的、随意的事例没有意义，不能说明任何问题；具有无可辩驳的事实是从其整体上、从其全部联系中把握的事实。因此，事实的总和不是无数零碎事实的简单叠加。

那么怎么才能把握事实的总和，或者说，怎么才能从整体和联系中把握事实呢？最根本的是抓作为矛盾聚焦点的事实，抓住了这些事实，就抓住了事实的总和，因此列宁称对立统一为辩证法的核心。马克思把作为矛盾聚焦点的事实分为三种类型。

一是所谓最简单、最普通、最基本、最常见、最平凡的事实，此类事实能够反映某一社会的基本属性和根本矛盾。诚如列宁所说：“马克思在《资本论》中首先分析资产阶级社会（商品社会）里最简单、最普通、最基本、最常见、最平凡、碰到过亿万次的关系：商品交换。这一分析从这个最简单的现象中（从资产阶级社会的这个‘细胞’中）揭示出现代社会的一切矛盾（或一切矛盾的萌芽）。往后的叙述向我们表明这些矛盾和这个社会——在这个社会的各个部分的总和中、从这个社会的开始到终结——的发展（既是生长又是运动）。”②《资本论》之所以能够从商品分析开始，成功地展开对于资本主义的逻辑和历史再现，就因为资本主义社会是一个由“商品堆积”起来的社会，它构成了该社会的基本特征，即“细胞”。

二是所谓最反常、最病态、最不近情理、最不可理喻的事实，此类事实反映了某一社会的矛盾尖锐化和对抗程度，是其病根所在，问题所在。在马克思看来，在工人身上就集中了种种反常事实，“工人生产的财富越多，他的产品的力量和数量越大，他就越贫穷。工人创造的商品越多，他就越变成廉价的商品。物的世界的增值同人的世界的贬值成正比。劳动生产的不仅是商品，它生产作为商品的劳动自身和工人，而且是按它一般生产商品的比例生产的。……这一事实无非是表明：劳动所生产的对象，即劳动的产品，作为一种异己的存在物，作为不依赖于生产者的力量，同劳动相对立。”③ 马克思与资产阶级经济学家的根本区别就在于他以私有制的基本矛盾为研究对象，因而一下子就抓住了工人和劳动产品之间的反常关系，即“异化劳动”这一事实。一般说来劳动者和劳动产品之间有着某种天然的亲近感，因为劳动产品是对劳动者的主体性地位的确证。但是资本主义条件下工人和劳动产品之间却有着一种天然的疏离感，两者的关系是陌生乃至于对抗的。这一事实的典型性还在于它是资本主义所独有的，而并非私有制社会的普遍现象，也就是说，异化劳动的产生并非就简单地由于剥削。封建时代的农民同样受到剥削，但是他不存在同劳动产品的异化关系，农民的劳动成果被剥夺并没有使农民作为劳动创造者的地位被否定。虽然马克思在1844年还未能真正揭示出异化劳动的根源，但抓住这一重大事实无疑促成了他的科学研究。后来马克

① 《列宁全集》第28卷，人民出版社1990年版，第364页。

② 《列宁选集》第2卷，人民出版社1995年版，第558页。

③ 《马克思恩格斯选集》第1卷，人民出版社1995年版，第40—41页。

思在《资本论》中科学解释了这一反常事实：工人和劳动产品之间之所以会有这种对抗性的反常关系，就在于在资本主义生产方式中劳动力成为商品，而劳动力成为商品是货币转化为资本的决定性条件。自此，劳动者和商品的关系就不再是创造者和被创造者那种“人和物”的关系，而是变成了商品和商品之间的关系，必须遵循商品竞争规律，表现出相互排斥、相互疏离的倾向。这样，马克思就通过资本主义社会这一最反常、最病态、最不近情理和最不可理喻的事实，打开了揭示资本主义全部奥秘的大门。

三是所谓最新大量出现、且不断增长而具有普遍化趋势的事实，此类事实预示着社会矛盾的发展趋势，是旧社会中孕育着的新社会的萌芽。这便是马克思说的所有文明国家都大量出现，所有资本主义国家都不断出现的事实，这就是现代无产阶级的产生。马克思指出：“由于在已经形成的无产阶级身上，一切属于人的东西实际上完全被剥夺，甚至连属于人的东西的外观也被剥夺，由于在无产阶级的生活条件中集中表现了现代社会的一切生活条件所达到的非人的顶点，由于在无产阶级身上人失去了自己，而同时不仅在理论上意识到了这种损失，而且还直接被无法再回避的、无法再掩饰的、绝对不可抗拒的贫困——必然性的这种实际表现——所逼迫而产生了对这种非人性的愤慨，所以无产阶级能够而且必须自己解放自己。”①马克思关注工人阶级是其世界观的转折点，自此，马克思的世界观随着其对无产阶级的科学认识而成为科学。马克思把无产阶级看成是人类解放的实际承担者，就必须超越世俗的眼界，即不能把现代无产阶级仅仅看作“一无所有”的受苦人，更不能将其视为只顾眼前利益的芸芸众生。马克思在《神圣家族》中回答对于现代无产阶级的质疑时说，“问题不在于某个无产者或者甚至整个无产阶级暂时提出什么样的目标，问题在于无产阶级究竟是什么，无产阶级由于其身为无产阶级而不得不在历史上有什么作为。”②

马克思看好工人阶级有四个理由：一是现代无产阶级是工业化大生产的产物，是社会化大生产的实际承担者，是现代社会物质财富的创造者，是先进社会生产力的代表，因此，它的本质特征不是“一无所有”，而是（如同考茨基所说的）“现代社会的养活者”。二是现代无产阶级又一本质特点，就是它是唯一与生产资料没有直接的联系的阶级，因而其解放不能通过个人直接占有生产资料的方式，而必须通过“联合起来的个人”重新拥有生产资料，这就决定了它是新的生产关系的代表，代表了社会化占有的生产关系发展的趋势。三是现代无产阶级还是人类历史上第一个有文化的被剥削阶级，也是唯一可能形成阶级意识的被剥削阶级，因而是唯一可能成为革命阶级并上升为统治阶级的劳动者阶级。加上自觉的知识分子转向无产阶级革命立场以及一些破产的资产阶级分子的不断加入都给工人阶级的队伍注入了文化的血液，使得作为劳动阶级代表的无产阶级终于打破了剥削阶级对于文化的垄断。四是现代无产阶级经历了资本主义社会化大生产那样具有严密分工、严格纪律、严酷生活的训练，成为一支可以被组织的政治力量，这就是说，现代无产阶级虽然是可以“自由”出卖劳动力的自由人，但它并没有农民阶级的散漫性和奴隶阶级的依附性。这正是工人阶级可能成为革命领导阶级的重要依据。

马克思正是通过这种在矛盾分析具体化上的事实分类，发现并抓住了上述三类事实，从

---

① 《马克思恩格斯文集》第1卷，人民出版社2009年版，第261—262页。

② 同上书，第262页。

而把握住了资本主义的“事实总和”或者“事实整体”，从而解决了如何认识资本主义这个最大的“实际”问题。

可见，“一切从实际出发”是马克思主义世界观的实际运用，其精神实质是善于抓住作为具体矛盾聚焦点的典型事实，以此展开对于矛盾的具体分析，因而是唯物辩证法的简明表述。

二　关于“具体情况具体分析”

“具体情况具体分析”是马克思主义方法论中的又一基本命题，列宁称其为“马克思主义的活的灵魂”①。在这一问题上的主要偏差，就是把这一原则视为无党性口号，似乎“具体情况具体分析”是任何阶级、任何政党或任何人都可以做到的一种处事技巧，或一种灵活变通的原则，而不是无产阶级及其政党特有的思想路线。实际上，这个命题不仅有严格的党性立场，而且有明确的针对性。这个命题是针对资产阶级社会所形成的抽象思维、抽象话语提出的，是打破资产阶级狭隘眼界和片面思维方法的产物。

首先，这个命题所说的“具体”，不是感性具体，而是思维具体、概念具体。关于这个方面我们通常可以看到以下两种偏向：

一是用抽象的整体否定具体的部分。当戈尔巴乔夫指认“全人类的利益高于无产阶级的阶级利益”时，似乎很是理直气壮。因为无产阶级人数再多，也是人类的部分，而整体大于部分则是毋庸置疑。但是且慢，问题在于这个“全人类的利益”，自人类历史进入阶级社会以来，它就没有现实地存在过，而现实存在的是对抗的阶级利益，或以革命阶级利益为代表的多数人利益。因此，正确的提法就不是抽象的全人类利益与具体的阶级利益相比较，而是什么阶级的阶级利益更能代表大多数人的利益，什么阶级的阶级利益代表了人类发展的未来。马克思正是在这个意义上强调无产阶级的利益高于一切。进一步说，也正是存在着阶级利益的对抗，才存在着（统治阶级）用抽象的人类利益去否定某些现实利益的情形。而一旦实现了人类大同，当个人的自由全面发展与社会的进步能够协调一致的时候，用抽象的整体利益去和现实的具体利益加以比较并否定后者的思维方式也就失去了根据。可见，这种抽象性思维本身就是阶级对抗社会的产物。

二是用抽象的人性否定具体的个性。作为资产阶级社会抽象思维的典型表现，就是把体现了该社会具体历史条件下的人性状况，视为是一成不变的抽象人性，并以此作为根本的价值依据。这一抽象思维方式可以达到双重功效：一是为现存的资产阶级社会辩护，使其占领“自然如此”的人性高地；另一是消解任何试图超越资本主义的努力，使其陷入“违反人性”的道义困境。但是这种把一成不变的人性视为历史的深层根据是经不起科学检验的。无论是历史科学还是自然科学都证明，人性是人类文明进化的结果，因而不同的文化背景、不同的历史阶段也就呈现出人性的不同状况。比如资产阶级话语体系中最为重要的“自我”及其引申出的人权、民主等价值，就不仅存在着东西方文化上的重大差异，而且存在着生理基础上的差异。“阿姆巴迪认为，文化神经系统科学的确促进人类的有关认识。她说，‘自我/母亲’

① 《列宁选集》第4卷，人民出版社1995年版，第213页。

方面的发现‘证明了集体主义文化中自我与（你所亲近的人）之间的强有力的重叠，以及个人主义文化中自我与他人之间的分离，因此将有关分析推进到大脑水平上是十分必要的’。尤其是，这种分析能显示出文化差异的根本性，诸如人权、民主等‘普世’概念可能并不是放之四海而皆准的东西。”① 从马克思主义的观点看，人性不是社会矛盾的根源，而是其表现；不是人性创造历史，而是历史改变人性。

可见，用抽象的人性去解释社会现象，本身就是资产阶级的思想统治方式，因为资产阶级社会是真正的抽象化社会。“抽象性”在真正意义上构成了资本主义社会的本质。与此相应就是人的抽象化以及思维方式的抽象化，而抽象观念的统治则是社会的自我认同方式。由此我们就可以知道，为什么不能用所谓“普世价值”去解读我国的抗震救灾行动，而必须唱响“社会主义好、共产党好、伟大祖国好、改革开放好、人民军队好、各族人民好”这六好。把本来属于社会主义制度性因素的成就归结于抽象人性（所谓“人类大爱”一类）和“普世价值”（所谓“人权的力量”一类），除了制造混乱和别有用心，没有其他可能。用抽象的人类爱心去解读当代中国的救灾成果，不仅不符合中国今天的事实，也不符合中国历史的事实。至少近代以来，我国民众的爱心就常常无从表现。鲁迅笔下国民的那种冷酷、麻木、涣散、愚昧，决不是文学上的夸张，而是历史的真实。因此，即便是爱与人同在，我们也还是不得不去具体分析在什么样的历史条件下，这种爱可以表现、可以弘扬，而在什么样的历史条件下，这种爱会被压抑、扼杀乃至扭曲。这样，我们就不能突破“爱”和人性的空洞议论，去面对具体的历史矛盾和问题，从中才能得到真理性的认识。

因此，要做到“具体情况具体分析”，首先需要能够进行具体分析的认识和实践主体，即能够摆脱资产阶级社会“抽象性”的社会力量。在马克思主义看来，这种社会力量就是现代无产阶级。

其次，需要提出可以进行具体分析的“问题”，这就是马克思主义强调的“改变世界”的问题。没有改变世界的追问，必然会把存在的东西作为当然的前提，其讨论问题就必然只在解释现象上兜圈子，而与真正的现实相隔阂。这就不可能达到对于世界的规律性认识，具体分析也就无从谈起。“这些哲学家没有一个想到要提出关于德国哲学和德国现实之间的联系问题，关于他们所作的批判和他们自身的物质环境之间的联系问题。”因此，“哲学家们只是用不同的方式解释世界，而问题在于改变世界。”②

再次，需要能够进行具体分析的具体概念。概念具体是指能够正确把握和历史再现客观存在的思想范畴，这就决定了它必然是以对立统一为特征的矛盾概念，而不是孤立、静止的范畴。“要做到具体，首先要创立能够‘具体分析’的世界观、历史观和方法论，以及相应的概念、范畴，这就是唯物辩证法、历史辩证法及其基本范畴，最为主要的是‘生产关系’、‘工人阶级’、‘共产党’等核心范畴。有了生产关系的概念，人类社会的矛盾运动规律才得以发现，生产力和生产关系的矛盾运动这一社会变革的源泉才得以揭示，对于不同社会形态的区分以及深入每一社会形态的具体分析才得以可能。有了‘工人阶级’的概念，超越资本主

---

① ［美］沙伦·贝格利：《西方的大脑，东方的大脑》，《新闻周刊》网站2010年2月18日。

② 《马克思恩格斯选集》第1卷，人民出版社1995年版，第66、61页。

义社会的人类解放才有了现实的实践形式，冲破资产阶级社会‘抽象性’的具体分析才有了实践的历史主体，批判资产阶级‘普世价值’才有了实质性的具体内容。有了‘共产党’的概念，真正区别于一切旧式政党的、人民群众自己解放自己的最高政治形式才得以确立，工人阶级作为自为阶级和历史主体的领导作用才得以实现，足以与资产阶级世界观抗衡的共产主义思想体系才得以实践。可见，‘对具体情况作具体分析’不是任何人、任何思想体系都能做到的，其实质就是实事求是。它是马克思主义和工人阶级世界观的特质和活的灵魂，其锋芒所向，直指资产阶级社会的抽象性，根本颠覆了作为‘普世价值’的资产阶级思想统治。”①

最后，具体分析还是一个不断认识新情况、解决新矛盾的过程。如果说概念具体在于其能够再现事物的过程性存在的话，那么把握具体概念就必须深入到现实的矛盾性关系中。不深入到事物的矛盾内部认清矛盾的主次及主次方面，认清矛盾的发展规律，就不可能做到具体情况具体分析，而这“深入”就要求我们要通过科学实践、实验总结、实际调查等方式去进入实际。如果说“一切从实际出发”强调的是事物的客观真实性、规律性方面的话，那么，“具体分析”则强调的是事物在思维中的准确再现。只有把握思维的进程是从抽象上升到具体，并通过具体这一许多规定的综合，才能在思维中再现实在和具体现实。“后一种方法显然是科学上正确的方法。具体之所以具体，因为它是许多规定的综合，因而是多样性的统一。因此它在思维中表现为综合的过程，表现为结果，而不是表现为起点，虽然它是现实的起点，因而也是直观和表象的起点。在第一条道路上，完整的表象蒸发为抽象的规定；在第二条道路上，抽象的规定在思维行程中导致具体的再现。”②

可见，“具体分析”有两个过程：一是深入实际，这其实是一个拆分实际、梳理问题、发现本质的过程；另一是解决实际，这其实是一个综合整理、形成思路、解决问题的过程。因此，“具体分析”就是用具体概念还原现实，其实质是体现理论的彻底性，抓住事物的根本，形成可以说服人并用以指导实践的科学理论。所以，“具体分析”和“一切从实际出发”一样，都是唯物辩证法和历史辩证法的概括和体现，但前者更为强调的是理论自身的创新发展、理论把握现实的能力，而后者则更强调认识和行为的客观制约性以及对于客观规律的遵从。

三　关于“历史和逻辑相一致”

“历史和逻辑相一致”是马克思主义方法论的又一基本命题。前面的两大命题可以说都是根本属性判断，而这个命题的独特性就在于它是矛盾关系性判断。矛盾关系性判断的复杂性就在于它不仅要论证对立面的统一，而且要论证相统一的基础。如同“思维与存在的同一性”存在着唯物论和唯心论两种不同的回答一样，历史和逻辑相一致也不仅存在着能否一致的分歧，而且存在着如何统一的分歧。实际上最早提出这个方法论原则的是黑格尔，他提出这个方法原则主要是为了解决“理性”把握历史规律的可能性的问题。

黑格尔把对历史的认识分为下述三类：一是原始式的历史记录，即试图通过具体叙事方

① 侯惠勤：《我们为什么必须批判“普世价值”观》，《马克思主义研究》2009年第3期。

② 《马克思恩格斯全集》第12卷，人民出版社1962年版，第751页。

式而再现具体真实的历史。这种纯客观叙事的历史只能对历史作表象的、局部的认识，最多做到故事真实，而不能达到对于历史整体的认识，因而不能达到历史的真实。二是反思式的历史，即从一定的思想观念出发，对历史事实进行鉴别评价取舍。各种史论性质的著作便是这类历史认识的表达。但此类历史往往是主观性的表现，因为它总是观念先行，所以不能客观地再现历史的整体。三是哲学的历史，即通过逻辑的方式再现历史，也就是历史和逻辑相一致，这是整体性地把握历史真实的唯一方式。

历史和逻辑相一致不是直观的结果，而是思维的创新。从现象上看，历史和逻辑存在着内在的冲突：历史是多线条的，而逻辑则是单线条的；历史是感性的、跳跃的和充满偶然性的，而逻辑则是理性的、环环相扣和由必然性支配的，如此等等。黑格尔为解决这一难题，进行了两个设定：一是设定其站在历史的制高点（终点）上面对历史，因而其逻辑再现的历史是以往的历史。正因为如此，黑格尔的历史观不预言未来，而只是回溯和反思历史，是在黄昏才起飞的“密纳发头上的猫头鹰”。对此，我们过去单纯地将其视为黑格尔哲学的保守性，现在看来这并不完全。面向过去、而不愿面向未来，固然有其保守的一面，但黑格尔因此也回避了历史的多线条和逻辑单一性的冲突，因为尽管历史是多样乃至多元的，但已经过去的、成为现实的历史却是单一的，换言之，历史的多样性是就其未来和可能性来说的，而不是从其现实性上说的。另一是设定其逻辑为辩证逻辑，而非形式逻辑。黑格尔认为哲学概念不是单质的，而是异质性的统一体，即每个范畴都是包含着矛盾的对立统一体。由于概念自身存在着“差别的内在发生”，存在着自我发展的源泉，因而其本身就不是僵死的、凝固的，而是活生生的、不断过渡、转化和自我更新的。正是这种具有历史过程性的、动态的辩证逻辑，成为追踪现实历史和再现历史真实的理论基础。如果说黑格尔较为成功地解决了历史和逻辑可以一致的问题的话，那么他并未解决两者如何一致的问题。当他把逻辑人格化，以逻辑过程取代历史发展时，就不可避免地要受到历史的惩罚，其逻辑体系必然难逃在历史的真实进程中解体之命运。

马克思是如何解决这一难题的呢？马克思站在彻底的唯物主义立场上，打破了黑格尔为求得逻辑上的自恰而自我封闭的理论立场，使哲学不是面对以往的历史，而是面向未来、向实践开放，把历史和逻辑相一致奠立在唯物史观的基础上。这就需要面对历史和逻辑相对立的方面，从对立中揭示其相一致的根据。可见，在马克思看来，历史和逻辑相一致就是揭示历史的客观逻辑，是以逻辑的方式再现历史发展的客观规律。因此，不了解马克思主义的全部理论精华，历史和逻辑相一致就是空话。我们这里仅就马克思如何克服历史和逻辑的对立，作一简要的阐发。概括地说，马克思就此提出了三大原则。

一是“通过批判旧世界发现新世界”[①] 的原则。在面向历史未来的多种可能性中，如何确定其客观趋势及未来社会的基本特征，靠人道理想（如费尔巴哈）不行，靠逻辑精神（如黑格尔）也不行，只能靠解剖旧世界去发现新世界。必须指出，马克思在这里用的是“批判”，但不是通常意义上的否定性研讨，其精神实质是我们在前面说过的“具体分析”，即着眼于历史必然性的批判，寻找其产生、发展和灭亡的具体条件。因此，“从批判旧世界中发现

① 《马克思恩格斯文集》第10卷，人民出版社2009年版，第7页。

新世界”的原则也可称为必然性批判原则。黑格尔曾把这种辩证批判视为历史必然性的具体展开。“这种具体的普遍性包括着它自身一切发展出来的形态和方面，在这些形态和方面里，精神是并且将成为符合理念的对象。所以精神对于它自身的思维的认识，同时就是那充满了发展的全部实在的进展。这种进展并不是通过个人思想，表现在个人意识里的进展，而乃是具有丰富形态，揭示其自身于世界史中的普遍精神的进展。”① 列宁就此作了如下评注：“‘现实的诸环节的总体、总和，现实在展开中表现为必然性。’现实的诸环节的全部总和的展开（注意）＝辩证认识的本质。”② 因此，“批判旧世界”决不是先入为主的否定，而是把旧世界纳入整个世界历史的发展进程考察，从必然推动其产生和发展的历史条件中，确定其必然被取代的历史根据以及新社会的基本特征。最终，马克思通过生产力和生产关系矛盾运动规律的发现，揭示了资本主义兴起、兴盛和衰落的历史必然性。

二是内在否定的原则。正如黑格尔指出的：“发展的原则包含一个更广阔的原则，就是有一个内在的决定、一个在本身存在的、自己实现自己的假定作为一切发展的基础。这一个形式上的决定，根本上就是‘精神’，它以世界历史做它的舞台、它的财产和它的实现的场合。”③ 发展的必然性可以合理地推出内在的决定性，因而着眼于必然性上的否定就一定会承认内在否定的意义。事物都是自我运动、自我实现，同时也是自我否定、自我毁灭的，而且这两种倾向的推动力是一个。推动资本主义发展的内在因素既是资本主义赖以生存和发展的基础，也是其丧失历史合理性的内在根据。资本主义曾以令人吃惊的魔力呼唤出前所未有的巨大生产力，然而，“资本的发展程度越高，它就越是成为生产的界限，从而也越是成为消费的界限，至于使资本成为生产和交往的棘手的界限的其他矛盾就不用谈了。”④ 资本主义的巨大力量来自其永不停息的扩张，把一切地域和历史要素卷入自身的发展，从而真正开创了世界历史。但是，“资本不可遏止地追求的普遍性，在资本本身的性质上遇到了限制，这些限制在资本发展到一定阶段时，会使人们认识到资本本身就是这种趋势的最大限制，因而驱使人们利用资本本身来消灭资本。”⑤

这是因为，资本的活力在于剩余价值的生产，为了获取超额利润和更多的剩余价值，它必须一方面不断地扩大再生产，另一方面尽可能压缩生产成本、尤其是挤压可变资本。这既是资本的本性也是其活力所在。这样，资本在其发展中，就遇到了两个自身制造、因而自身无法克服的矛盾：一是资本的发展需要无限广大的市场，需要不断扩大的需求，然而它对于剩余价值的无度攫取又必然造成市场的不断萎缩。资本主义发展数百年始终无法解决的“两极分化”，就是这一矛盾的突出表现。另一是资本的发展需要不断的技术创新来支持，而技术创新的基础在于高素质（包括人文素质）的人，而资本的主导性逻辑恰恰使人物化，资本家成为人格化的资本，劳动者遭受物役化，拜物教作为生存方式等，使人的异化问题日益严重。资本在摧毁了人的全面发展的同时，也摧毁了自身发展的创新基础。

---

① 黑格尔：《哲学史讲演录》第1卷，贺麟、王太庆译，商务印书馆1983年版，第37页。

② 《列宁全集》第55卷，人民出版社1990年版，第132页。

③ 黑格尔：《历史哲学》，王造时译，商务印书馆1963年版，第95页。

④ 《马克思恩格斯全集》第30卷，人民出版社1995年版，第397页。

⑤ 同上书，第390—391页。

三是制高点批判原则，马克思用人体解剖对猴体解剖的意义形象地说明了这一原则的方法论意义，即“人体解剖对于猴体解剖是一把钥匙”[①]。所谓的制高点不是黑格尔的历史终点，而是每一历史阶段和时代条件下的制高点，因此这是一个相对且持续不断的要求。认识任何事物，总是发展越成熟，才能看得越透。尤其是认识资本主义这样的世界性现象，必须要有世界历史的依据。因此，马克思主义本质上不是德国一国的产物，而是国际的产物，是英法德等当时最为成熟的资本主义地域的产物。但是，也不能由于资本主义后来还在发展就否定马克思批判资本主义的资格。这不仅由于资本主义是个统一体，其基本矛盾从一开始就存在，而且其不同发展阶段也有连贯性，每一阶段的相对真理都包含绝对真理的颗粒。成熟是相对的，只要是站在某一具体历史条件下的制高点去把握对象，就能获得真理性认识，就能揭示历史的某些客观趋势。我们也就要站在这个相对成熟的社会形态发展阶段的制高点来进行批判。制高点原则没有剥夺任何历史条件下人们认识历史真理的权利，相反，它表明了马克思主义与时俱进的理论创新取向。

四 关于“理论与实践相结合”

“理论与实践相结合”是马克思主义方法论的又一重要的矛盾关系性命题。这一命题比“历史和逻辑相一致”更为深入处在于，它不仅涉及主客观关系，而且涉及主体间关系。在讨论这个马克思主义方法论的命题之前，要有一个前提性认识，那就是理论与实践既然作为矛盾关系，就必然既相互依赖、相互转化，又相互对立、相互排斥。之所以要提出这个问题，就因为现在存在着两种很普遍的偏向：一是只认为理论依赖实践，而不承认实践对于理论的依赖性；另一是认为理论和实践只有一致性，而没有相互对立和排斥。因此，解读理论和实践相结合这一命题，首先要论证两者的矛盾关系是否成立。没有这样一个前提，就谈不上两者的结合问题了。

实际上，马克思主义经典作家在强调实践的基础性地位的同时，从来不否认实践对于理论的依赖。列宁明确指出：“没有革命的理论，就不会有革命的运动。”“只有以先进理论为指南的党，才能实现先进战士的作用”。[②] 邓小平在谈及马列主义、毛泽东思想的巨大作用时也留下了掷地有声的名言：“没有毛主席就没有新中国，这丝毫不是什么夸张。”“没有毛泽东思想，就没有今天的中国共产党，这也丝毫不是什么夸张。”[③] 尽管理论依赖于实践和实践依赖于理论不能等量齐观，但其作为矛盾关系在具体实践中的相互依赖则是无疑的。

进一步说，人们之所以容易忽视实践对于理论的依赖性，还在于没有真正弄懂理论所具有的独特作用。人们往往片面地去理解列宁关于“实践高于（理论的）认识，因为它不但有普遍性的品格，而且还有直接现实性的品格”的论断，因而把实践视为无所不能、自满自足的力量，当然也就谈不上实践对于理论的依赖性了。但是，列宁这里讲的实践的普遍性品格只是一种可能性，其成为现实恰恰离不开理论的作用。因此，有必要谈谈为理论所独具的一

① 《马克思恩格斯选集》第 2 卷，人民出版社 1995 年版，第 23 页。

② 《列宁选集》第 1 卷，人民出版社 1995 年版，第 311—312 页。

③ 中央文献研究室：《毛泽东邓小平江泽民论世界观人生观价值观》，人民出版社 1997 年版，第 300 页。

些品格。理论不可替代的独特作用，概括起来有二：一是其所具有的前瞻性、预见性，使之能够成为凝聚人心、团结队伍的力量源泉，成为自觉的实践活动不可或缺的思想指导；二是其所具有的全面性、普遍性，使之能够成为对感性经验进行鉴别取舍、提炼加工的思想工具，成为把局部实践上升为规律性认识并转化为普遍性实践的唯一方式。正因为如此，理论就不仅能够反映实践的需求，而且能够通过创新实践去满足这种需求。可见，自发的实践可以不依赖于理论，而自觉的实践则必然依赖于理论；重复性实践可以不依赖于理论，而创新性实践则断然离不开理论的指导。从所有的理论都无例外地依赖实践，而并非所有实践都依赖理论来看，理论和实践的相互依赖是不对等的；但在理论和实践共存的范围内，两者的相互依赖则是毋庸置疑的。

与此相应，那种认为理论和实践只有一致性而没有冲突性的偏向，其结果不是促使理论和实践相结合，而是以僵死的“同一”取代了矛盾的统一，即单方面的依从代替了相互作用。现在我们看到，理论和实践相结合不仅是实践中的难题，从理论上看也不易统一：

一是理论和实践在现实依托上的差异。实践立足于直接现实性，历史的过去是其活动所无法改变的前提，其对于过去的作用只能通过创造未来去体现，因而它毫无疑义地垂青于未来；而对于实践来说，历史的过去却由于其是一种较为确定的存在而获得了理论的钟情，因为任何科学理论的对象必定以其自身的确定性为前提，因而理论即便面对未来，其依据也在于对过去的科学把握。“这样，对于任何可能的历史学来说，在知识和行动、理论和实践之间，总会有一种固有的分裂。”①

二是理论和实践在价值取向上的差异。理论作为具有一定逻辑体系的存在，是以对历史必然性的把握为其基本内容的，因而无疑地偏爱真理性的科学原则；而实践作为一种具有直接现实性的感性活动，“真”似乎已不是问题，关键在辨别“善恶”，这就需要一种理想的价值坐标，以判别人们的行为，扬善惩恶，因而无疑地偏爱“至善”原则。这样，在历史实践和理论分析中，人们都难以回避历史尺度和道德尺度的经常性冲突。

三是理论和实践在主体依托上的差异。粗看起来，理论和实践的统一实行起来并不困难：“思想提供对过去的理解，以便指导我们的行动，行动则体现了思想的转化，使思想融化在我们对未来的创造”②。但是，思想和行动、过去和未来的这种统一要有个前提，即统一的历史主体的存在。如果没有这个前提，致使思想和行动分属于两部分人，就难免形成难以协调的矛盾：“这是其生命活动决定着实践的男女大众与掌握着理论的少数男人女人之间的关系”③。这样，在实践中，“统一”的结果往往是“一方支配一方”：或者是理论“指令”实践，即某些领导者意志操纵群众行动的方式。或者是行动支配理论，即理论成为某些盲目实践的附庸并充当其辩护工具的方式。这种“同一”，不仅不能使双方因互补而相得益彰，而且由于其失去相互钳制而必定造成危害。以上矛盾关系是我们在贯彻理论和实践相结合原则时必须时刻关注的问题。

（原载《哲学研究》2010年第10期）

---

① 佩里·安德森：《西方马克思主义探讨》，人民出版社1981年版，第136页。

② 海尔布隆纳：《马克思主义：赞成和反对》，中国社会科学院情报所1982年版，第51页。

③ 同上。

关于“普世价值”的追问和思考

李崇富

最近几年，“价值哲学”和价值观研究，在我国是一门显学和热门话题。原来，国内学术界并不太看重它。20 世纪 30 年代，张东荪先生曾经撰写和出版过一本《价值哲学》，社会反应冷淡，影响不大。在马克思主义著作中，也没有正面和系统地论述过哲学价值问题。它被看作是一个不言自明的问题，不是马克思主义要解决紧迫的和核心的理论问题。应该说，哲学价值论研究还是有意义、有理论发展空间的，应当不断地推进和深化。从 2007 年底到现在，我国思想理论界讨论的一个与此有关的热点问题，就是所谓“普世价值”。我认为，一些人提出和宣扬所谓“普世价值”，就是一个思想陷阱，必须追问明白和值得深思。

一 所谓“普世价值”的所指是什么?

从字义上看，普世价值的所指很广，是“价值哲学”中的一个理论问题，似乎仅仅是一个需要探讨的学术问题。其实并不是这样。从 2007 年底开始，一些人提出和宣扬这个问题，所指的就是一种特定的意识形态、一种事关中国社会发展方向、事关中国政治体制改革方向的有害的政治主张。从其本质看，现在有些人所讲的“普世价值”，就是把西方的特别是美国意识形态中的资产阶级核心价值观中性化、普遍化、神圣化、绝对化为一种超阶级、超时代、超越历史条件的所谓“普世价值”。以白纸黑字为据，他们说的是这样：

1. 有些人崇拜和迷信西方资产阶级的核心价值观和基本制度，说资本主义制度是人类社会“最终的制度进化归宿”。有人说，“民主、法治、自由、人权、平等、博爱，是人类社会共同追求的普世价值”，“没有必要去区分是姓‘资’还是姓‘社’”。认为西方“民主一经产生，就具备了普世意义，从英国、美国推行民主以来，全世界 2/3 的地区都实行了民主，可见其普世的程度”①。还有人说，资产阶级的“自由、民主、平等和博爱”等意识形态，是“人类文明的核心，是人类在长期进化发展中形成的具有普遍世界意义的价值准则，以及由这些准则所规定的基本制度”，是“最高文明境界”，是“任何民族最终的制度进化归宿”②。有

① 《改革内参》2007 年 7 月 1 日；《老干部内参》2007 年第 20 期。

② 《南方周末》2007 年 10 月 25 日。

人甚至说，“西方是人类的西方，不是西方人的西方；西方的观念，不仅是西方的，也是全人类的观念”。这些人都把西方资本主义经济制度、政治制度及其意识形态，称为“世界文明的主流”或“人类文明的主流”，公然为“全盘西化论”翻案。[①] 有学者说：“1980 年代之前，抵制普世民主的手法主要是所谓阶级论，今天这种强词夺理的说法已经不值一驳。后来又捏造一个‘全盘西化论’，现在进入第三阶段，要撇开普世民主，自己另搞一套，所谓‘协商民主’。”说这是“用‘中国特殊论’抵制民主进中国”[②]。

其实，在当今世界，社会制度及其民主，都是具体的、有阶级性的。只有社会主义制度及其民主，或者资产阶级制度及其民主。这些人宣扬抽象的、超阶级的、超时代的所谓“制度归宿”和“民主”，都是虚伪的欺人之谈，是在中国为资本主义制度和资产阶级民主招魂。

2. 有些人认为中国走社会主义道路是“离开甚至背离了人类近代文明主流”，改革开放是向资本主义的“价值回归”。如有人说：“中国实行改革开放，必须融入人类文明主流，承认民主、科学和法治，是普世价值，同世界文明接轨。”[③] 又有人说：“经过 30 年的改革开放中国已经重新融入世界文明，人权、法治、公平、正义、自由、平等、博爱等普世价值，日渐成为我们文明中的核心价值。”[④] 还有人说，“无论是经济、政治还是社会、文化的理论创新，我们都必须以普世价值为尺度”，主张用这个“价值尺度”和“价值准则”来改造中国。[⑤] 这些说法，显然都是对于我国社会主义改革开放的歪曲，并企图误导之。

3. 有些人断言我们党提倡“解放思想”，就是要“确立普世价值”，并把党中央提出的“以人为本”，曲解和归结为“普世价值”。有位教授说：“解放思想应该有个核心目标，这个核心目标就是价值体系，解放思想就是要确立普世价值。”他还说：“以人为本是个纲，要贯彻这个纲，就需要民主、自由、人权等一整套普世价值，就是需要价值观的转变。普世价值不能确立起来，就不会是以人为本。所以价值观问题是决定中国命运的一个基础性问题。”[⑥] 于是，一些人筹划出版《大家西学》丛书，来宣扬“普世价值”。有位负责人说，丛书的主旨是：“人类的普世价值，中国的观念读本。”[⑦]

4. 有些人大谈“普世价值”，名曰谈“学术”，实则是做政治文章，即公开主张中国实行资本主义制度。一是他们张扬“普世价值”，就是企图通过所谓“解放思想”，“要从‘用生产资料公有制来界定社会主义’这个观念中解放出来”，“要从公有制主体的错误观念中解放出来”。有人说：“在所有制结构上，2007 年中国非公经济占 GDP 的比重超过 60%，非公经济事实上成为主体，而我们的基本经济制度、我们的宪法仍规定公有制为主体。”有些人对现在经济改革之所以不满意，说“就是因为这种理论束缚，因为基本经济制度没有创新”。这种所谓“基本经济制度创新”，就是要抛弃我国现行的“公有制为主体、多种所有制经济共同发展

① 《南方都市报》2007 年 12 月 30 日。
② 同上。
③ 《炎黄春秋》2008 年第 4 期。
④ 《改革内参》2008 年 4 月 20 日。
⑤ 《南方周末》2008 年 3 月 27 日。
⑥ 同上。
⑦ www.book.sina，com.2008－03－20。

的基本经济制度”，让私有制经济成为我国的经济主体，实现私有化；并且用“人的本性都是自私的”来论证私有化的必要性。二是他们张扬的“普世价值”，主要锁定在“政治体制改革的目标”上，美其名曰“民主宪政”。说“新一轮的政治改革，总的目标当然是宪政。宪政就是民主、法治加人权，就是这三者的结合”①。他们认为，当今中国社会主义政治制度，即“上层建筑已不适应经济基础”，是“集权制度”和“病态社会”，应改变为与“普世价值”相适应的、附庸于西方资产阶级“现代民主制度”②。他们甚至公然要中国共产党“放弃列宁‘无产阶级先锋队’的提法”，说“‘先锋队’理论已经完全不能适用于在宪法和法律范围内活动的群众性的现代政党”，“中国共产党要获得新生，也必然要走国民党走过的宪政之路”③。

5. 还有一个典型实例，就是有些人所搞的《零八宪章》中更为露骨的所谓“普世价值”。《零八宪章》宣称以西方“普世价值”作为理论基础，认定“自由、平等、人权是人类共同的普世价值”，说“自由是普世价值的核心之所在”，人权是“每个人与生俱来就享有的权利”，每个人的“人格、尊严、自由都是平等的”，“民主宪政”就是“保障公民的基本自由和权利的原则”。主张按照这些“普世价值”，来设计中国的未来，断言“21 世纪中国走向何方”，就是“认同普世价值、融入主流文明”。而《零八宪章》中所列的政治主张，就是公开反对共产党的领导、反对人民民主专政、反对社会主义制度，要在中国仿效西方资产阶级宪政，“西化”和“分化”中国，主张建立所谓“中华联邦共和国”。这样，《零八宪章》就最清楚明白地表达了一些人宣扬“普世价值”的图谋和实质。

显然，上述所谓“普世价值”的含义，既是指西方资产阶级核心价值观，也是指西方资本主义制度，是这两者的总称和统一。而其实质就在于，他们不是在讲人类思想文化中共有的价值因素的继承问题，而是在宣扬西方资本主义意识形态及其核心价值观，以及它的社会载体即西方资产阶级的社会制度，特别是美国式的资本主义多党制（两党制）和议会民主制，并把它说成是“任何民族最终的制度进化归宿”、是“最高的文明境界”。其意图是很明确的，就是要以这种“普世价值”作为“价值尺度”、作为“政治准则”，来“设计”中国的“基本制度”，来曲解中国正在实行的“解放思想”和“改革开放”，公开地主张中国从经济、政治、文化上都“融入人类文明主流”，实行资本主义制度，走上附庸于西方资本主义的道路。还美其名曰：“应该走向以瑞典为代表的民主社会主义道路”。④

二 “普世价值”的历史根源和政治背景

有些人说，近年来提倡和宣扬“普世价值”，是由于 2008 年宣传汶川大地震的“抗震救灾精神”、宣传北京奥运会的“奥运精神”，而引发和扩展开来的。其实根本不是这样。

早在 2005 年，有位教授在《中西文化论争的内涵和意义》一文中指出：“以中国签署联合国两个人权公约和参加 WTO 为标志，中西文化论争在理论上已经终结，中国政府承认现

---

① 《南方周末》2008 年 3 月 27 日。

② 《炎黄春秋》2008 年第 1 期。

③ 《领导者》2008 年第 2 期。

④ 《中国民主要碎步前进》，www. stnn. cc 2008 - 4 - 5。

代文明的普世价值。”“目前东方许多国家仍在泥淖中打滚，说到底，就是冲不破传统的桎梏，不愿勇敢地接受普世性的文化（民主、法治、宪政等等）”，“不应以多元文化为借口，抗拒普世性的文化价值”，“任何国家和地区的现代化的成败的关键，都与是否接受这些普世性的核心价值息息相关。”[①] 2007 年 2 月，有人在题为《民主社会主义模式与中国前途》的文中，赞赏一位学者提出瑞典民主社会主义经验“具有普世价值，是对于人类文明的伟大贡献”，“为我们在改革开放中坚持社会主义方向，走民主社会主义道路，提供了成功的范例”[②]。

我认为，这些人由此宣扬的“普世价值”，在理论上和政治上都是站不住脚的。这既是同中国特色社会主义、同马克思主义较量的一种新话语和新策略，也是剥削阶级一种惯用的意识形态手法。这与宣传“抗震救灾精神”和“奥运精神”不是一回事，具有其久远的历史根源和现实的政治背景。

1. 在几千年的阶级社会中，一切占统治地位的剥削阶级思想和学说，即剥削阶级国家的主流意识形态，往往都是以普世的或以“普遍性的形式”出现。对此，马克思、恩格斯说：“统治阶级的思想在每一时代都是占统治地位的思想。这就是说，一个阶级是社会上占统治地位的物质力量，同时也是社会上占统治地位的精神力量。支配着物质生产资料的阶级，同时也支配着精神生产资料，因此，那些没有精神生产资料的人的思想，一般地是隶属于这个阶级的。”但由于统治阶级在社会人口中是极少数，由于他们要以其思想理论来为自己的剥削制度辩护，来论证其统治地位的合法性，就“不得不把自己的利益说成是社会全体成员的共同利益，就是说，这在思想观念上的表达就是：赋予自己的思想以普遍性的形式，把它描绘成唯一合乎理性的、有普遍意义的思想”[③]。也就是，他们往往把自己这个剥削阶级、这个统治集团、这个在国家中占支配地位的思想、观念和文化，说成是代表全民的超阶级、超时代、唯一正确和永恒不变的神圣意识。这种情况，在中外思想史上，都历来如此，概莫能外。如果说，这种情况对于处于革命时期的剥削阶级来说，多少有一些现实性和进步意义的话，那么当这个剥削阶级在取得了统治地位以后，就主要是一种统治策略、一种思想欺骗。在中国封建社会中，地主阶级思想家们就把其思想政治道理，说成是人人必须认同和遵守的、永世长存的“天道”和“天理”，宣称“天不变，道亦不变”，“存天理，灭人欲”。如果有人敢于违背和反抗这种“天道”和“天理”，就会大开杀戒。这不就是把封建主义伦理纲常及其核心价值观，说成是“普世价值”吗？

2. 一些世界性宗教教义也往往把自己的宗教教条说成是“普世的”。我们从基督教《圣经》中，就能读到：“耶稣说过，他到世上来是宣布普世的恩年”，说“耶和华的慈爱……从亘古到永远；他的恩义也归于子子孙孙”。在欧洲中世纪，基督教中还有个“普世主义”教派，主张要拯救一切罪恶的灵魂。佛教教义，也称“慈悲为怀，普渡众生”，认为人人都有“真如佛性”，都能够成佛。即使是罪大恶极者，也能“放下屠刀，立地成佛”。据说有个地藏菩萨，自称：“我不入地狱，谁入地狱？”他立誓要将一切罪恶鬼魂都拯救出地狱，都渡到西方极乐世界以后，他才出地狱。这不也是在宣传佛教的“普世性”吗？

---

① 《炎黄春秋》2005 年第 2 期。

② 同上。

③ 《马克思恩格斯选集》第 1 卷，人民出版社 1995 年版，第 98、100 页。

然而，作为宗教幻想的“普世主义”，能成为宣扬现实社会之“普世价值”的理论根据，能成为我国改革开放的价值追求吗?

3. 从现实背景看，“普世价值”也是当代西方的舶来品，是呼应西方资产阶级战略家“西化”和“分化”中国的政治图谋的错误主张。据了解，这至少有两个来源和途径：一是“普世伦理”的启示和联想。在苏东剧变、两德统一后不久，先是西方天主教神学家孔汉思(Hans Kung)，在1993年召开的芝加哥世界宗教会议上，起草和通过了《全球伦理宣言》；1995年，德国前总理勃兰特领导一个委员会撰写了名为《天涯若比邻》的研究报告，提倡“全球公民伦理”(“global civic ethics”)。同年，联合国秘书长也呼吁建设“全球公民伦理”(“global civic ethics”)。联合国教科文组织据此提出了“普世伦理计划”。为贯彻这个“计划”，在该组织支持下，多次在世界一些城市包括在我国北京先后召开过宣传“普世伦理”的国际学术会议。原想通过这些讨论和呼吁，促成联合国大会通过一个关于提倡“普世伦理”的宣言，但终因与会政治家、哲学家和宗教神学家们思想分歧，争论激烈，无果而终。然而，大概是国内一些人，就由“普世伦理”价值的启示，联想到“普世价值”。二是在苏东剧变前后，以日裔美国学者福山为代表的西方新保守主义战略家们提出、并大肆宣传“历史终结论”。他本人就在《美国国家利益》杂志(1989年夏季号)上发表过题为《历史的终结》的文章。说苏东国家剧变和退回到资本主义，表明“我们正在见证的不仅是冷战的结束，也不是战后历史这一特殊时期的消逝，而是一种历史的终结”，即“人类思想演进的终点和作为人类最后的政府形式的西方自由民主的普遍化”。这就是美国历届总统宣布要向全球推广“美国价值观”的学术表达。

如果说，西方宗教界和思想界要向全球推广“普世伦理”，为国内一些人提出和张扬“普世价值”提供了思想形式的话，那么福山等美国垄断资产阶级战略家们提出和宣扬“人类思想进化史”将终结于西方的特别是美国式的“自由民主的政府形式”，则是我国一些人提出和张扬“普世价值”的思想内容和政治实质。可以说，这就是国内有些人提出和张扬“普世价值”的思想来源和政治背景。

三 思想文化的历史继承性与剥削阶级核心价值观的本质区别

首先应该看到，我们生活的当今世界(除了几个社会主义国家以外)，在总体上还是一种阶级社会。而在任何阶级社会中，根本不存在超阶级、超时代、普世的和统一的，并为一切人所认同的价值体系和核心价值观。当今世界的价值观既是多元的、也是有阶级性的。但其核心价值观大体上只有两种：资产阶级核心价值观和无产阶级核心价值观。我们把后者称为“社会主义核心价值体系”。

同时也应承认，在人类历史发展的进程中，属于全人类共有的精神文化财富还是有的。这主要是指一些非意识形态的，诸如自然科学、语言文字、形式逻辑、山水画、无标题音乐，以及其他精神文明中反映人类社会生活若干共性方面的社会意识、思想文化的因素。它们为全社会所共有和认同，或关系到所有的人，因而具有一定意义上的普世性价值因素。在社会现实中、在国内外的各种社会联系和社会交往中，基于一定的利益共同点，为维护世界和平、维持正常的社会和国际秩序所需要，在过去和当今世界不同的国家、阶级和社会集团之间达成一定范围和一定程度的价值共识，还是必要和可能的。不过，即使以正式和权威性的文书形式，达成这类价值共识和政治承诺，不同的国家、阶级和社会集团也往往会对其有不同理解、不同态度。

直言之，人类自从进入阶级社会以来，直至阶级完全消灭为止，凡是反映一定社会的经济基础、利益结构和社会关系的经济、政治、文学、哲学和道德等社会意识形态中的核心内容和本质属性，都具有阶级性、时代性和社会形态的质的规定性。同时，在人类历史上，包括阶级社会的思想文化中，即使是作为意识形态的思想文化之间，毫无疑问，都有一定的历史继承性，每个民族都有自己优秀的文化传统。但这种文化继承，必须按照该社会经济基础的性质和该社会发展的基本要求，而加以必要的文化改造、整合和创新，使之融入一种新质的文化和意识形态。即是说，在阶级社会的历史发展中，封建社会对于奴隶社会的、资本主义社会对于封建社会的、特别是社会主义社会对于资本主义及以往一切剥削阶级社会的思想文化，既有一定的历史继承性，同时在新旧社会形态中占统治地位思想文化之间，又具有性质上的本质区别。一方面，新社会应当继承、改造和吸收旧社会的一切合理和有价值的思想文化成分，作为建设新社会思想文化的一部分思想资料，这体现了历史继承性、过程性和连续性；另一方面，新旧社会形态在思想文化上的新陈代谢和本质区别，是由新的生产关系和新的统治阶级的根本利益所决定的；同时，这也是时代进步的要求，因而具有阶级性和时代性。

所以从根本上看，在阶级社会或存在阶级斗争的社会之间，都根本不存在、也不可能存在包括其社会伦理和政治意识在内的超阶级、超时代、普世的和统一的共同的核心价值观。如果说，奴隶社会、封建社会和资本主义社会，都是剥削阶级统治的、是以私有观念作为其意识形态的核心，因此它们在思想文化上会有较多的共同语言、有较多较为基本的价值观上的认同的话，那么，社会主义社会同资产阶级社会，以及同一切剥削阶级社会之间在思想文化及其核心价值观上的区别，更具有根本性和质的差异性。

马克思主义认为，在包括社会主义思想文化在内的、一切社会的意识形态体系中，都是由其一定的历史观和真理观决定其核心价值观的。我国正在建设的“社会主义核心价值体系”，也就是社会主义核心价值观。这种核心价值观，是社会主义公有制的基本经济关系的要求和反映，是以马克思主义为指导的，特别是以其真理观和唯物史观作为理论基础的价值观念的体系。这种核心价值观，同以历史唯心主义占主导地位的剥削阶级核心价值观、特别是资产阶级核心价值观之间，具有根本性、实质性和不容混淆的区别。

资本主义社会或资产阶级的核心价值观，用法国启蒙思想家的话来说，主要是“自由、平等、博爱”等思想观念。现在，有人适应美国等西方资产阶级的战略要求，又有所增加，说“民主、法治、自由、人权、平等、博爱，是人类社会共同追求的普世价值”。这是欺人之谈。

先说其中的“人权”和“民主”。我们知道，最近一些年，美国当局一直在向第三世界，特别是向社会主义国家推行“人权战略”和“民主战略”，其目的，是推行美国霸权主义。这同我国实行和发展社会主义的人权、民主和法制，不是一回事。这个问题，从马克思和恩格斯，到列宁和斯大林，再到毛泽东和邓小平，都讲得很清楚，认为只有具体的、一定阶级所理解和实行的人权和民主制度，没有抽象的民主和人权。邓小平谈到“人权”时说：“这就要问，什么是人权？首先一条，是多少人的人权？是少数人的人权，还是多数人的人权，全国人民的人权？西方的所谓‘人权’和我们讲的人权，本质上是两回事，观点不同。”他又指出：“西方一些国家拿什么人权、什么社会主义制度不合理不合法等做幌子，实际上是要损害我们的国权。搞强权政治的国家根本没有资格讲人权，他们伤害了世界上多少人的人权！从鸦片战争侵略中国开始，他们伤害了中国多少人的人权！”①

马克思主义谈到“民主”时，历来批评超阶级、普世的民主，即所谓“纯粹民主”。列宁在批评考茨基时指出：“如果不是嘲弄理智和历史，那就很明显：只要有不同的阶级存在，就不能说‘纯粹民主’，而只能说阶级的民主……‘纯粹民主’是自由主义者用来愚弄工人的谎话。历史上有代替封建制度的资产阶级民主，也有代替资产阶级民主的无产阶级民主。”② 邓小平也指出：“资本主义社会讲的民主是资产阶级的民主，实际上是垄断资产阶级的民主，无非是多党竞选、三权分立、两院制。我们的制度是人民代表大会制度，共产党领导下的人民民主制度，不能搞西方那一套。”③ 我国一些讲“普世价值”的人，不是声称拥护邓小平理论吗？为什么却对此视而不见呢？

至于讲到从法国启蒙思想家开始所提倡的“自由、平等、博爱”观念，作为新兴资产阶级的政治理念和核心价值观，曾经在反对封建神学的思想禁锢中，发挥过思想解放和历史进步作用。恩格斯针对资产阶级在革命胜利后按照这些政治理性所建立的国家，指出：“现在我们知道，这个理性的王国不过是资产阶级的理想化的王国；永恒的正义在资产阶级的司法中得到实现；平等归结为法律面前的资产阶级平等；被宣布为最主要的人权之一的是资产阶级所有权；而理性的国家、卢梭的社会契约在实践中表现为而且也只能表现为资产阶级的民主共和国。”因为在资产阶级国家中，所谓“自由”只是资本家剥削工人、发财致富的自由；只是工人们出卖劳动力而受剥削、受压迫的自由。所谓“平等”，也是在资产阶级法律面前形式上的平等、在金钱面前的平等，而一旦回到社会现实中，广大受雇佣的工人群众同少数大资本家之间，是没有实际平等可言的。“无产阶级的平等要求的实际内容就是消灭阶级的要求。任何超出这个范围的平等要求，都必然要流于荒谬。”④

以“自由、平等、博爱”等思想为主要内容的资产阶级核心价值观，还有中国以儒家伦理思想为代表的封建地主阶级的核心价值观，即国内一些人所讲的“普世价值”中最重要的理论基础，就是地主、资产阶级的抽象的人性论和人道主义。而作为其哲学根据的“人性自私”论和“天赋人权”论，在当今就是资本主义经济关系的反映，属于唯心主义历史观。有人却说：“自由、平等、民主、法治是普遍人性的体现，自然也属于普世价值。”⑤ 须知，在阶级社会和存在阶级差别的社会中，回避人们的阶级性，而大讲所谓普世的“人性”和“人

① 《邓小平文选》第3卷，人民出版社1993年版，第125、348页。

② 《列宁选集》第3卷，人民出版社1995年版，第600—601页。

③ 《邓小平文选》第3卷，人民出版社1993年版，第240页。

④ 《马克思恩格斯选集》第3卷，人民出版社1995年版，第356、448页。

⑤ 见《炎黄春秋》2009年第4期。

类之爱”，这是资产阶级的偏见和谎言。

四 所谓“普世价值”在学理上也不能自圆其说

有些人对于从根本上否认“普世的价值”的存在感到不可理解，认为不符合逻辑。他们往往离开“普世价值”的特定含义和具体所指，总是力图从事物的共性与个性关系上，从思想文化的历史继承性上，以及从某些真理（例如马克思主义真理）的普遍性上等方面，来论证“普世价值”的存在，为“普世价值”论辩护。持有这类观点的有些学者，其态度也许是真诚和善良的，但却是天真和牵强附会的。即使不考虑其政治意图而仅从学理上看，也同样是错误的、是不能自圆其说的。

1. 所谓“普世价值”提法和内容本身，就是自相矛盾、不能自圆其说的。有些人既然把西方的“民主、法治、自由、人权、平等、博爱”，说成是“人类社会共同追求的普世价值”，那么就应当是任何时代、任何地方，都人人赞成、人人维护和人人共享的“普世价值”。然而，他们却说“从英国、美国推行民主以来，全世界 2/3 的地区都实行了民主”。这至少是说，英国和美国的资产阶级民主分别产生二三百年至今，世界上还有 1/3 的地区，没有实行民主。更何况，他们说目前还有一个拥有 13 亿人口的中国，正在“撇开普世民主”，自己另搞一套，在用“协商民主”、“中国特殊论”，“抵制民主进中国”。一个不被 13 亿中国人民和其他第三世界广大人民赞同的民主，能够算作是“普世民主”吗？其实，何止是 13 亿人不赞同美式民主的“普世价值”！法国前外长韦德里纳和战略关系研究所所长博尼法斯，在近年出版的《全球地图册》一书中，就谈到这个情况。当有人质疑韦德里纳先生是否思想“过于偏激”而放弃了人权、自由和民主等“普世价值”时，他回答说：“我一直坚信和捍卫这些价值。但我不无伤感地告诉您，西方 10 亿人口在全球 60 亿人口中只占少数，我们认定的‘普世价值’未必真的就是‘普世’的，现在我们没有理由也没有能力强迫别人接受我们的价值观。”至于西方的 10 亿人，是否都赞同、都具有西方资本主义的“普世价值”，同样是一个问号。“普世价值”不普世，是一个悖论和谬论。

2. 从事物共性与个性的辩证关系看，只能证伪而不能证实“普世价值”。其一，任何事物都是具体的。根据同类事物的共性只能寓于个性之中，共性只是对同类事物的思维抽象，而不能离开该事物及其个性而独立存在的哲学原理，在总体上还是阶级社会的当今世界的不同阶级、阶层、政党、群体及其个人的形形色色价值观中，可能存在某些共同因素或某种范围、某种程度的价值共识，但根本不存在所谓“普世价值”，即没有人类共有和统一的核心价值观。其二，事物的分类及其共性是有层次性的。而作为其反映的语词和概念的内涵和外延是成反比的，其外延越大则内涵越贫乏，即必须舍弃的事物质的规定性就越多。例如，哲学上的“物质”和“意识”范畴，就舍弃了大千世界之万事万物在性质上的种种区别，仅仅包含着物质第一性、意识第二性的本体论意义。又如，社会主义各国的民主观念、民主制度和民主体制之间的共性，就在性质上不同于资本主义各国的民主观念、民主制度和民主体制之间的共性，形式上的共性多于实质上的共性。其三，事物的共性的存在，往往是以事物之间的异质性和独立性为前提的。如果离开不同时代、不同阶级的意识形态及其核心价值观之间的个性、差异和本质区别，光讲它们之间的共性和历史继承性，而否认其阶级性和阶级实质，是片面和错误的，是一种逻辑诡辩。就马克思主义基本原理而言，它们是适用于世界各国的普遍真理，但只是国际无产阶级的思想体系和科学世界观，具有鲜明的阶级性。在世界完全消灭阶级以前，它只能受到各国工人阶级和其他劳动阶级拥护和认同，而往往会受到剥削阶级及其政治代理人反对、歪曲和围剿。因此，也不能说它们具有“普世价值”。

3. 从思想文化观念发展的历史继承性和历史进步性的辩证关系看，只能证伪而不能证实“普世价值”。在人类历史上，任何一种新的价值观念形成，都具有一定的历史继承性。例如，当今中国建设社会主义核心价值体系，其中包含着中华民族优秀思想文化的继承、弘扬和发展。但在这种历史性的继承中，必须伴随有符合历史辩证法的批判、扬弃和改造，即抛弃旧思想文化中的封建主义糟粕，而把其中优秀、合理的思想文化因素，改造成为有利于中国社会主义经济和整个社会主义事业发展，与当今时代精神相适应、属于社会主义性质的思想文化的有机组成部分，而不能简单搬用古代和外国的不同社会形态、不同性质的思想文化体系及其核心价值观。历史虚无主义是错误的，国粹主义也是不现实的。中国和整个世界，都是由原始社会思想文化、到奴隶社会思想文化、到封建社会思想文化、再到资本主义思想文化，直至社会主义思想文化的发展和转变。这都是社会文明的进步，其间既有历史性的联系和继承，又有新陈代谢和质变性的飞跃，是连续性和阶段性的统一。根本就不存在一个贯穿古今、为整个人类所共有和统一的价值观念的体系。

4. 从思想文化发展的时代性、民族性与阶级性的辩证关系看，只能证伪而不能证实“普世价值”。如同人类历史上任何新兴社会和新兴阶级建设其核心价值观一样，当今中国建设社会主义核心价值体系，当然必须与时俱进，应当具有时代气息和时代精神；当然应当具有中华民族的特点和特色。但它同时也具有工人阶级的阶级性和先进性，是适应社会主义经济基础的上层建筑，是社会主义意识形态的重要组成部分。因此，它必须以马克思主义为指导，必须以社会主义实践为基础，必须是中国工人阶级和全国人民根本利益的正确反映。在阶级社会和存在阶级斗争的社会中，任何进步的核心价值观，都是追求社会美好前景的一种革命的社会意识。因此，它必须是以客观的社会价值关系即价值事实作为现实根据，以其先进性和真理性的认识作为理论前提，以一定的革命阶级及其社会进步力量作为主体的系统化、理论化的一种阶级意识。在近代社会，资产阶级以“自由、平等、博爱”等作为主要内容的核心价值观，在资本主义革命时期，具有反对封建主义的性质，曾经发挥过历史进步作用。但在无产阶级的社会主义价值观产生后，特别是在社会主义国家中，再宣扬和推销资产阶级核心价值观，就是一种历史倒退和反动，更不能称之为所谓“普世价值”。

5. 我们之所以说没有所谓“普世价值”、没有全人类统一的普世价值观，是因为没有这样统一的价值主体。前已指出，所谓“普世价值”的内容，即是西方资产阶级的核心价值观，又是指作为其价值事实的资本主义经济和政治制度。这样的“普世价值”要是能够成立，就必须有一个在世界历史和现实中都存在、认同和共享这种“普世价值”的统一的价值主体。然而，自从人类在原始社会末期产生奴隶主和奴隶阶级以来，由奴隶社会到封建社会、到资本主义社会、再到社会主义社会消灭阶级以前，都没有也不可能形成全人类统一的“普世价值”的价值主体。

在世界历史和当代现实中，已经发生过和正在发生着的奴隶主阶级对奴隶的人身占有和经济剥削，地主阶级对农民阶级、资本家阶级对工人阶级的剥削和压迫，他们讲的是什么“普世价值”？即使是在剥削阶级及其政治集团之间、在各种宗教和各个教派之间，往往也难以形成统一的“普世价值”的价值主体。远的不讲，仅就两次世界大战，以及战后主要是美国以种种堂皇的理由发动的大大小小成百次局部战争而言，都是西方资产阶级，特别是西方垄断资产阶级的政治代理人发动和进行的。他们在打击对手、屠杀人民群众之时，何曾讲过什么“普世价值”？从鸦片战争到新中国成立前，帝国主义列强对于中国人民的掠夺和屠杀，特别是日本帝国主义对于中国人民的掠夺和屠杀，何曾讲过什么“普世价值”？直到今天，美国等西方国家的统治当局，哪里会以“普世价值”为“尺度”和“准则”，来对待中国人民和中国特色社会主义事业？在当今世界，我们国家既要努力维护世界和平、发展和进步事业，又要不断推进对外开放和国际合作。与此同时，我们对于西方敌对势力企图“西化”和“分化”中国的战略图谋，应当时刻保持清醒和警惕。

我认为，我国思想理论界之所以会在“普世价值”这类问题上，争论不休、缺乏应有共识，一个根本原因，就是许多理论工作者在改革开放的新时期，在停止使用“以阶级斗争为纲”口号的同时，走向另一个极端，即完全抛弃了马克思主义阶级观点和阶级分析方法。应当看到，当代世界总体上还是阶级社会；在我国社会主义初级阶段，在剥削阶级作为阶级消灭以后，阶级斗争已经不是主要矛盾。但由于国内的因素和国际的影响，阶级斗争还将在一定范围内长期存在，在某种条件下还有可能激化。所以，马克思主义的阶级观点和阶级分析方法，并没有过时和失效。对此，江泽民曾经指出：“我们纠正过去一度发生的‘以阶级斗争为纲’的错误是完全正确的，但是这不等于阶级斗争已不存在了。只要阶级斗争还在一定范围内存在，我们就不能丢弃马克思主义的阶级和阶级分析的观点和方法。这种观点和方法始终是我们观察社会主义同各种敌对势力斗争的复杂政治现象的一把钥匙。”[①] 因此，我们必须在坚持和贯彻党在现阶段的“一个中心、两个基本点”的基本路线的前提下，坚持准确地领会、掌握和运用马克思主义阶级观点和阶级分析方法，才能够对于国内外重大的政治问题，有一个正确的和实事求是的看法，以利于推进中国特色社会主义事业。否则，我们就是在自我解除思想理论武装，就难以澄清思想理论上的种种谬误和混乱，难以用社会主义核心价值体系有效地引领各种社会思潮。

（原载《马克思主义中国化研究报告》，社会科学文献出版社 2010 年版）

① 《江泽民文选》第 3 卷，人民出版社 2006 年版，第 83 页。

马克思和恩格斯的基本思想及其真髓

梅荣政

马克思和恩格斯的基本思想，是丰富多彩的、多方面的和非常深刻的。它构成了马克思主义体系的理论基础。要在有限的文字内阐述清楚马克思和恩格斯的基本思想，具有相当的难度，难免挂一漏万。本文以《马克思恩格斯文集》十卷中的主要文章为依据，遵循恩格斯《反杜林论》和列宁的《马克思主义的三个来源和三个组成部分》等著作的思路，试从马克思主义理论体系的高度对这个问题作出初步概括。

一　马克思、恩格斯的世界观和方法论：完备的哲学唯物主义

列宁指出："马克思的哲学是完备的哲学唯物主义。"① 完备的哲学唯物主义是马克思、恩格斯创立的哲学世界观和方法论。它是对欧洲近代，特别是18世纪末叶以来法国唯物主义哲学的发展。当时法国唯物主义哲学在同农奴制和农奴制思想等展开决战中，忠于一切自然科学学说、仇视一切迷信和伪善行为，是唯一彻底的哲学。马克思、恩格斯在批判地吸收其基本内容的基础上，创立了自己的完备的唯物主义哲学。

马克思、恩格斯对这种唯物主义哲学的根本立场和具体态度是捍卫、丰富和发展。

马克思、恩格斯反复多次地指出："一切离开这个基础（唯物主义——引者注）的倾向都是极端错误的。"② 恩格斯在《路德维希·费尔巴哈与德国古典哲学的终结》、马克思在《资本论》等著作中，最明确最详尽地阐述了这种立场。

尽管18世纪的法国唯物主义是进步的，但是马克思、恩格斯没有停止在这个水平上，而是向前推进了这一哲学唯物主义，用德国古典哲学中有价值的成果丰富了它。这主要是用黑格尔体系中的合理内核——辩证法丰富了它。

马克思、恩格斯不仅用辩证法丰富了哲学唯物主义，而且极大地加深和发展了它，把它贯彻到底，从对自然界的认识推广到对人类社会的认识，通过探寻人类社会"现实的联系"，从社会生活的各个领域中划分出经济领域，从一切社会关系中划分出生产关系，并把它当作

---

① 《列宁专题文集·论马克思主义》，人民出版社2009年版，第68页。

② 同上书，第67页。

决定其余一切关系的基本的原始的关系，把生产关系归结到生产力的高度，把历史看作是一个自然过程，这就推翻了他们之前的所有思想家把历史看作是某种观念的逐渐实现的观点，把唯心主义从它的最后的避难所——历史观驱逐出去——创立了历史唯物主义，从而产生了把社会生活领域也包括在内的彻底的唯物主义。

历史唯物主义“是科学思想中最大成果”①，是人类思想史上一次真正的壮丽的日出。1859年，马克思在他的《〈政治经济学批判〉序言》中对历史唯物主义的内容作了经典概括。这包括四个基本点，一是关于“社会形态”的构成；二是关于“社会形态”内部两个基本方面的正确关系；三是社会形态发展的规律；四是人类社会形态一般演进的几个时代。这四个方面集中起来说，就是“阐明了生产力决定生产关系、经济基础决定上层建筑、人们的社会存在决定人们的社会意识等历史唯物主义基本原理，揭示了人类社会发展的一般规律，论证了旧的社会形态为新的更多的社会形态所取代的历史必然性和必要条件”②。

正是由于马克思这一伟大发现，过去在历史观和政治观方面占支配地位的那种混乱和随意性，被一种极其严密的科学理论所代替了。从此使得研究人类社会的学问变为像自然科学一样精确的科学。这里必须强调说明三点：一是尽管科学共产主义创始人恩格斯在多处讲过，完备的哲学唯物主义世界观“绝大部分是由马克思确立和阐发的”，但是应该公正地说，这是由马克思、恩格斯共同创立的。二是正像不能把马克思主义政治经济学和科学社会主义视为只是对英国古典政治学和法国社会主义学说简单的、单线的继承一样，这里不能把马克思主义哲学的形成只视为对德国古典哲学的继承。马克思主义的三个组成部分同三个来源不是单线的简单的对口衔接关系。马克思主义的三个组成部分同三个来源之间的联系是复杂的。事实上马克思主义的任何一个来源都与三个组成部分有关、三个组成部分中的任何一个组成部分也都与三个来源有关，问题只是密切的程度有所不同，不能简单化。三是马克思、恩格斯不是书斋的学者，在他们看来，如果唯物主义缺少革命实践活动方面，就是不彻底、片面的、毫无生气的唯物主义。他们创立了完备的唯物主义哲学世界观，便“把伟大的认识工具给了人类，特别是给了工人阶级”③，从而把完备的唯物主义哲学世界观和由现代经济制度造成，并意识到自己的利益和历史使命的力量即无产阶级结合起来；他们严格地根据辩证唯物主义世界观的一切前提来确定无产阶级策略，指导无产阶级进行胜利的斗争。

二　马克思、恩格斯思想的主要内容：无产阶级的经济理论

马克思、恩格斯运用完备的唯物主义哲学来修改整个政治经济学，深入剖析资本主义生产方式和交换方式，形成了他们思想中的主要内容：无产阶级的经济理论。马克思、恩格斯的经济论著十分丰盛。其中，由马克思撰写、恩格斯精心雕琢的《资本论》，是他们经济理论成熟、完善和完成的主要标志，是他们批判资产阶级政治经济学的最高总结，也是他们理论

① 《马克思恩格斯文集》第2卷，人民出版社2009年版，第592页。

② 同上书，第5页。

③ 《列宁专题文集·论马克思主义》，人民出版社2009年版，第68页。

体系的全面论证。这里以《资本论》为代表作，来概述他们经济理论中最基本的方面，应该是适当的。

1. 创立科学的劳动价值论

马克思、恩格斯以前，在英国这个最发达的资本主义国家形成了古典政治经济学。其主要代表人物亚当·斯密和大卫·李嘉图通过对经济制度的研究，奠定了劳动价值论的基础。这是古典政治经济学经过一个半世纪以上的研究才得到的智慧之果。但是，古典经济学家由于资产阶级立场、唯心主义历史观和形而上学的思维方法，并未科学地解决这个问题。其一，他们对劳动的分析，“在任何地方也没有明确地和十分有意识地把表现为价值的劳动同体现为产品使用价值的劳动分开”①。不懂得劳动的二重性质。什么劳动形成价值，价值的本质是什么他们是不清楚的。当然更不会运用劳动价值论去批判地理解现实的经济问题。其二，他们将价值和交换价值的价值形式混同，未能通过商品价值的分析，发现交换价值的价值形式，也未打算探索其发展来说明货币的起源。

马克思运用唯物辩证法，批判地研究古典经济学，继承了它的科学因素，摒弃了其中不科学的成分，创立了科学的劳动价值理论，解决了科学上未曾解决的难题。其一，马克思从概念上严格区分开价值和交换价值。其二，建立了劳动二重性学说。马克思详尽地分析和论证了商品二因素和劳动二重性的内在联系，透彻地说明了生产商品的劳动具有二重性，正是它决定了商品的二因素。从理论上奠定了科学劳动价值论和剩余价值学说的基础。其三，创立了价值形式学说。价值形式即价值的表现形式，亦即交换价值。它和价值是形式和内容的关系。马克思完成了对价值本质、价值形式及其历史发展过程的分析，科学地说明了货币的起源和本质。其四，创立了商品的拜物教理论。

正是由于马克思在商品分析中，论述了商品的二因素及其体现在其中的劳动的二重性；在价值分析中，研究了价值的质和量，包括对价值实体和价值量、价值的内容和形式的考察；在商品理论分析中，揭示了这些经济范畴的社会本质和历史性质；在货币分析中，深层地考察了货币的起源、本质和种种职能，这样就完成了价值理论的革命变革，创立了科学的价值理论，并以此为基础和出发点，创立了剩余价值理论。

2. 创立了剩余价值理论

剩余价值理论是马克思的第二个发现，是马克思经济理论的基石。在马克思、恩格斯以前，包括古典政治经济学家和空想社会主义者在内，一直没有搞清楚现代社会中资本和劳动关系的真相，不懂得资本主义剥削的秘密所在。弄不清或者察觉不到资本和劳动的交换与价值规律之间的矛盾，这是导致古典政治经济学家破产或解体的第一大难题。与此不同，“马克思的第二个重要发现，就是彻底弄清了资本和劳动的关系，换句话说，就是揭示了在现代社会内，在现存资本主义生产方式下，资本家对工人的剥削是怎样进行的”②。

马克思的第二个伟大发现，从19世纪40年代开始研究，完成于50年代和60年代，

① 《马克思恩格斯文集》第5卷，人民出版社2009年版，第98页，注（31）。

② 《马克思恩格斯文集》第3卷，人民出版社2009年版，第460页。

直到他去世还一直在继续深化研究。对第二个伟大发现最详细、最全面、最系统的论述当数《资本论》。《资本论》第一卷《资本的生产过程》，通过对资本主义生产过程本身作为直接生产过程呈现的各种现象的考察，创建了完整的剩余价值生产的理论。《资本论》第二卷《资本的流通过程》，考察了在生产和流通统一中剩余价值和资本自身怎样通过流通过程得到实现的问题。在这一“异常出色的研究著作”中，以剩余价值实现的理论为中心，“所取得的崭新成果”[①] 成为狭义剩余价值理论向广义剩余价值理论过渡的中介。《资本论》第三卷《资本主义生产的总过程》，通过对资本运动过程作为整体考察时所产生的各种具体形式的探讨，以剩余价值的转化和分割的理论为中心，考察了资本和剩余价值等抽象关系在现实运动中呈现出来的各种具体形式，说明了剩余价值如何进行分配的问题。最终完成了剩余价值理论的制定，作为剩余价值理论部分的终结，也完成了政治经济学的最终变革。《资本论》第四卷《剩余价值理论》，是对剩余价值理论史的集中分析。这一卷围绕剩余价值理论这一核心，对资产阶级政治经济学各派的观点做了全面的评述，进一步深入地阐发了马克思的科学理论。这样，《资本论》四卷就以“巧妙的辩证的结构”[②] 制定了关于剩余价值理论的完整严谨的科学体系。

《资本论》对剩余价值理论的系统阐明，使资本主义社会经济运动规律被清晰地揭示出来，使历史唯物主义得到科学论证，同时也使科学社会主义得到全面论证。

三 马克思、恩格斯基本思想的核心：社会主义学说

马克思、恩格斯是在与空想社会主义相对应的意义上，使用“科学社会主义”概念的。它的基本含义是“无产阶级必须采取政治行动。必须把实行无产阶级专政作为达到废除阶级并和阶级一起废除国家的过渡”[③]。集中起来说，科学社会主义是关于无产阶级解放的条件、性质和一般目的的学说。其内容以唯物史观和剩余价值理论为基础，大致包括三个基本方面：社会主义、共产主义的历史必然性；无产阶级解放的基本道路和主要任务；无产阶级的建党思想和策略原则。

1. 马克思、恩格斯的社会主义学说是在批判空想社会主义学说中形成的

空想社会主义是伴随“自由”资本主义社会的出现而产生的。它作为社会主义的最初形态，是反映资本主义压迫和反对这种压迫的学说。空想社会主义“批判资本主义社会，谴责它，咒骂它，幻想消灭它，臆想较好的制度，劝富人相信剥削是不道德的”[④]。特别是三大空想社会主义者对资本主义的批判在广度和深度上都达到了前所未有的水平，成为其学说中最突出、最精彩、最有生命力的一部分。这种批判，对于人们认识资本主义的本质，提高工人的思想觉悟，起了积极的作用；空想社会主义对未来社会提出了许多积极的主张和合理的预测，为科学社会主义的形成提供了有益的思想材料；空想社会主义提出了一些具有唯物史观

① 《马克思恩格斯文集》第6卷，人民出版社2009年版，第25页。

② 《马克思恩格斯全集》第16卷，人民出版社1965年版，第233页。

③ 《马克思恩格斯文集》第3卷，人民出版社2009年版，第310页。

④ 《列宁专题文集·论马克思主义》，人民出版社2009年版，第70页。

思想萌芽的观点，为科学地论证人类社会历史提供了宝贵的思想资料。但是，由于空想社会主义诞生在资本主义生产状况及其阶级状况都不成熟的历史条件下，其历史观是唯心主义的，因而不了解社会发展、特别是资本主义社会发展的客观规律，不能科学地阐明社会主义代替资本主义的历史必然性，对未来社会的设想，更多的还是处于价值上的判断；不了解无产阶级的社会地位和历史使命，找不到变革资本主义的社会力量；不了解阶级斗争是阶级社会发展的直接动力，找不到实现社会主义的正确途径。因此，“空想社会主义没有能够指出真正的出路。它既不会阐明资本主义制度下雇佣奴隶制的本质，又不会发现资本主义发展的规律，也不会找到能够成为新社会的创造者的社会力量”①。

马克思、恩格斯的科学社会主义学说，正是应新时代的呼唤，在批判空想社会主义学说的过程中，继承其思想遗产而创立起来的。

2. 马克思、恩格斯“从全世界历史的提示中”得出了“阶级斗争学说”

在马克思和恩格斯以前很久，资产阶级的历史学家就叙述过阶级斗争的历史发展，资产阶级的经济学家也对这些阶级作过经济的剖析。但是，这些理论的问题是，或者只赞成资产阶级对封建贵族的斗争，否认无产阶级对资产阶级的斗争；或者没有分析地主、资本家、工人三大阶级关系产生的根源，无产阶级的本质和发展趋势；或者把资本看作是一种永恒的自然关系，极力掩饰资本主义生产力和资本主义生产关系的矛盾冲突，否定资本主义普遍存在的生产过剩导致经济危机的可能性，表现出鲜明的资产阶级本性，因此资产阶级思想家的阶级斗争理论是不彻底的。与此不同，马克思的天才之处就在于他最先从这里得出了全世界历史所提示的结论，并且彻底地贯彻了这个结论。这个结论就是阶级斗争学说。

马克思明确指出，他的“阶级斗争理论”有三点新贡献，就是他证明了：(1) 阶级的存在仅仅同生产的一定的历史发展阶段相联系；(2) 阶级斗争必然导致无产阶级专政；(3) 这个专政本身不过是达到消灭一切阶级和达到无阶级社会的过渡。② 马克思和恩格斯的阶级斗争理论，给我们认识复杂的社会现象“提供了一条指导性的线索，使我们能在这种看来扑朔迷离、一团混乱的状态中发现规律性”③。这是因为，每个社会分成的各个阶级的地位和生活条件不同，必然产生各种矛盾的意向，只有用阶级斗争的理论分析每个阶级以至一个阶级内部各个集团或阶级所处的地位，各种社会关系以及一个阶级到另一个阶级，从过去到将来的各个过渡阶段，才能科学地确定这些意向的结果，测定历史发展的整个合力。

3. 马克思和恩格斯创立了无产阶级历史作用的学说

找出现代资本主义社会中能够除旧布新的力量是时代提出的课题。当时社会主义者就是要了解：究竟哪种社会力量因其在现代社会中所处的地位而关心社会主义的实现，并使这种力量意识到它的利益和历史使命。而马克思、恩格斯创立的哲学唯物主义，看出人类社会的发展同一切自然现象一样，也是受物质力量即生产力的发展所制约的。生产力的发展决定人们在生产人类必需的产品时彼此所发生的关系。用这种关系才能解释社会生活中的一切现象，人的意向、观念和法律。生产力的发展造成了以私有制为基础的社会关系，

① 《列宁专题文集·论马克思主义》，人民出版社2009年版，第71页。

② 《马克思恩格斯文集》第10卷，人民出版社2009年版，第106页。

③ 《列宁专题文集·论马克思主义》，人民出版社2009年版，第15页。

现在生产力的发展正在消灭私有制，即现代社会制度的基础，这种发展本身就是朝社会主义者所指定的那个目标前进的。无产者因其在现代社会中所处的地位而关心社会主义的实现，必须使他们意识到它的利益和历史使命。马克思、恩格斯在科学上，而且也从斗争实践上真正找到了改造资本主义旧世界，创建共产主义新世界的社会力量。他们用这个原理去教育无产阶级，使其产生明确的阶级意识，团结起来，组成自己阶级的政党，为自己的解放而斗争。

4. 马克思、恩格斯关于未来社会的科学预见

马克思、恩格斯当时面临的主要任务是要从科学上论证社会主义取代资本主义的必然性，但是他们对于未来新社会也有许多科学预见。这里简明地概述三点。

一是关于共产主义的未来发展阶段问题。马克思、恩格斯认为，共产主义是历史地从资本主义中产生、发展出来的。从向着共产主义发展的资本主义社会过渡到共产主义社会，要经过三个阶段：从资本主义变为共产主义的“革命转变时期”；共产主义社会的第一阶段；共产主义社会的高级阶段。马克思、恩格斯论述了这三个阶段各自的特征。

二是关于共产主义社会第一阶段经济和政治的特征。共产主义社会第一阶段，“它不是在自身基础上已经发展了的，恰好相反，是刚刚从资本主义社会中产生出来的，因此它在各方面，在经济、道德和精神方面都还带着它脱胎出来的那个旧社会的痕迹。”[①] 在共产主义社会的这个阶段，经济方面的基本特征是，“以生产资料公有制为基础”，它与资本主义旧社会的根本差别在于在生产资料公有制基础上组织生产；“消费资料的任何一种分配，都不过是生产条件本身分配的结果”。在生产资料公有制基础上，“生产的物质条件是劳动者自己的集体生产”，由此决定，消费资料的分配应同资本主义生产方式基础上的分配不同，要实行按劳分配，即“以一种形式给予社会的劳动量，又以另一种形式领回来。”[②] 这种分配制度中的“平等的权利按照原则仍然是资产阶级权利”，存在着事实上的不平等，但是“在经过长久阵痛刚刚从资本主义社会产生的共产主义社会第一阶段，是不可避免的。权利决不能超出社会的经济结构以及由经济结构制约的社会的文化发展”[③]。此外，马克思、恩格斯还预见到未来社会中要合理调节社会生产，仍将保留“价值决定”，进行社会再生产，仍存在剩余劳动、剩余产品。因此，这反映在政治方面，“还需要有国家在保卫生产资料公有制的同时来保卫劳动的平等和产品分配的平等”。对劳动和消费量实行极严格的监督。国家正在消亡，还没有完全消亡。

三是共产主义社会高级阶段的特征。马克思描述了共产主义社会高级阶段的特征：“在共产主义社会高级阶段，在迫使个人奴隶般地服从分工的情形已经消失，从而脑力劳动和体力劳动的对立也随之消失之后；在劳动已经不仅仅是谋生的手段，而且本身成了生活的第一需要之后；在随着个人的全面发展，他们的生产力增长起来，而集体财富的一切源泉充分涌流之后——只有在那个时候，才能完全超出资产阶级权利的狭隘眼界，社会才能在自己的旗帜

① 《马克思恩格斯文集》第3卷，人民出版社2009年版，第434页。

② 同上。

③ 同上书，第435页。

上写上：各尽所能，按需分配!”① 马克思、恩格斯认为，实现共产主义社会是人类最崇高的社会理想，但是达到共产主义高级阶段是非常漫长的历史过程，需要经过长时期的努力。这个过程的长短取决于共产主义的发展速度，实现的前提是劳动生产率和人们思想觉悟的极大提高。

四　马克思、恩格斯基本思想中的真髓

以上是从马克思主义整体性的角度对其三个组成部分的基本观点的概述。这对深入把握马克思主义理论体系及其某一组成部分的思想观点是必要的，必不可少的，但是仅仅停留在这个层面的认识还是不够的。我们还应该以此为基础，进一步从总体上来把握马克思主义思想体系的真髓。

1. 马克思主义思想体系极其完备而严整

恩格斯和列宁都强调，马克思的学说极其彻底、完备而严密，是完整的严格的无产阶级世界观。马克思、恩格斯基本思想的严整性，集中表现在它的三个组成部分之间的相互联系、相互渗透、相互贯通。完备的唯物主义哲学是马克思、恩格斯思想理论体系的世界观和方法论原则，是根本的理论基础。以剩余价值学说为基石的经济理论是唯物辩证法达于资本主义社会的现实，对资本主义生产方式和交换方式的剖析，是马克思、恩格斯理论最深刻、最全面、最详尽的证明和运用，是他们思想的主要内容；社会主义学说则是运用唯物辩证法分析资本主义生产方式的内在矛盾及其发展得出的结论，是其哲学、政治经济学研究的落脚点和归宿。正是因为马克思、恩格斯思想理论体系中三个组成部分存在着内在联系，因此，无论在理论内容上，还是在逻辑思维形式上彼此都不能分割。马克思、恩格斯思想的严整性是一种内在的规定。

首先，无产阶级实现伟大的历史使命需要完备的科学理论。无产阶级的历史使命是要根本改变旧世界，创立新世界。实现这样的使命，无论是破旧还是立新，所要面对、解决的是包括经济、政治、文化等领域在内的整个社会的问题，回答这样总体性的问题是涉及多个学科的综合性任务。而在马克思主义诞生以前，在英国、法国、德国已有的理论成果，如政治经济学、古典哲学和社会主义学说，不仅都彼此分离，而且同以往一切理论一样，有两个根本缺陷：一是至多只考察了人们的历史活动的思想动机，而没有探究出物质生活资料的生产和再生产决定一切社会关系，因而也决定人们思想动机的根源；二是只看到个人在历史上的作用，而没有看到人民群众的决定作用。这种精神上的片面性和理论上的根本缺陷，决定这些学说不可能科学地揭示社会历史发展规律，对社会历史只能限于片面的了解，甚至所持的是极其混乱和武断的见解。无产阶级自然不能从这些理论中取得革命信念，并用以确立奋斗目标、斗争方法和活动方式。无产阶级要实现自己的历史使命，所需要的科学理论形态，必须是全新的，即克服了以往一切理论在精神上的片面性和理论内容上的根本缺陷、适应自己变革旧世界、创立新世界整体要求的，熔哲学、政治经济学和科学社会主义理论为一块整钢

① 《马克思恩格斯文集》第3卷，人民出版社2009年版，第435—436页。

的，形成了观点和学说体系的理论，即马克思主义。

其次，马克思主义自身的内在逻辑要求完备的科学理论。马克思主义需要哲学，这是无产阶级的“头脑”和“精神武器”，唯有它无产阶级才能摆脱旧世界的精神奴役，科学地认识世界、能动地改造世界；马克思主义需要政治经济学。马克思主义的真理性在于以事实为依据。马克思、恩格斯所创立的无产阶级经济理论，如实地揭示了资本主义社会内在矛盾、运行机制和规律，才有马克思主义科学的主要内容；马克思主义需要科学社会主义。马克思主义的目的、任务和使命在于彻底解放无产阶级、进而解放全人类。科学社会主义集中表现了马克思主义的目的、任务和使命。因此没有科学社会主义，马克思主义就将失去自己的核心内容。

这里还应指出，马克思、恩格斯思想体系的严整性不排除其各个组成部分的形成，在不同历史时期某一方面特别突出。如在德国，1848 年以前马克思主义哲学的形成特别突出；1848 年，马克思主义的政治思想特别突出；在 19 世纪 50 年代和 60 年代，马克思的经济思想又特别突出。这当然也不是绝对的，它只是表明某个历史时期由于总的历史条件的变化，马克思主义创始人把注意力主要放在某一方面，那一方面的思想被提到了首位。

2. 为工人阶级的解放而创作

我们在前面引述的恩格斯《在马克思墓前的讲话》中的那段话清楚地说明了马克思（自然也包括恩格斯本人）全部理论和实践活动的根本宗旨。马克思、恩格斯在很多研究领域都有独到的发现。但是作为科学家，在他们身上远不是主要的。他们之所以重视科学，是因为“科学是一种在历史上起推动作用的、革命的力量”。所以，任何一门理论科学中的每一个新发现，特别是那种对工业、对一般历史发展立即产生革命性影响的发现，都使他们喜悦非同寻常。正是这样，马克思、恩格斯的思想内容虽然丰富多彩，但他们学说中的“主要的一点，就是阐明了无产阶级作为社会主义社会创造者的世界历史作用”①。“马克思和恩格斯的具有世界历史意义的伟大功绩，在于他们向各国无产者指出了无产者的作用、任务和使命就是率先起来同资本进行革命斗争，并在这场斗争中把一切被剥削的劳动者团结在自己的周围。”②在这个意义上，列宁把马克思主义直接称为“严格的无产阶级世界观”③。

众所周知，以往一切社会科学理论都受它所代表的那个阶级的地位所局限，劳动者的根本利益和要求是在其视野之外的。与此根本相反，马克思、恩格斯思想的根本价值取向，是彻底的全心全意地为工人阶级解放而斗争，这是人类开天辟地以来从未有过的。马克思、恩格斯的思想在最完备的形式上实现了真理的科学性和价值的合理性的高度统一，则更是如此。历史是人民创造的，人民同历史同存。在这个意义上我们完全应该说，永远的马克思和恩格斯。

3. 理论与实践的高度统一

马克思、恩格斯倡导了理论与实践相统一的根本原则，在社会主义思想史上，第一次实现了理论与实践的统一，他们自身又是坚持理论与实践统一的典范。马克思在任《莱茵报》

① 《列宁专题文集·论马克思主义》，人民出版社 2009 年版，第 61 页。

② 同上书，第 81—82 页。

③ 同上书，第 297 页。

主编时，就关注农民的切身利益，为利益受损的农民进行辩护。1845年至1847年，恩格斯在布鲁塞尔和巴黎时，经常到工人中间进行实际工作。在这一期间，马克思和恩格斯与德国“共产主义者同盟”发生了联系。1848年革命爆发后，他们回德国，在莱茵普鲁士主编在科隆出版民主派的《新莱茵报》。1870年以前，恩格斯住在曼彻斯特，马克思住在伦敦。后恩格斯移居伦敦，直到1883年马克思逝世为止，他们始终过着充满紧张工作的共同精神生活。一方面从事科学研究，另一方面积极参加和指导工人运动。马克思在1864年创立了国际工人协会，在整整十年内领导了这个协会，恩格斯也积极地参加了协会的领导工作。这个协会依照马克思、恩格斯的主张，联合全世界的无产者，对工人运动的发展起了巨大的作用。在19世纪70年代国际工人协会解散后，他们所起的团结作用也没有停止。作为工人运动和工人政党的精神领导者，马克思、恩格斯所起的作用不断增长，有力地促进了工人运动和工人政党的不断发展。马克思逝世后，恩格斯一个人继续担任欧洲社会党人的顾问和领导者，成为社会主义的“保姆”。西班牙、罗马尼亚和俄国的社会党人都向恩格斯征求意见，请求指示，都从老年恩格斯的知识和经验的丰富宝库中得到教益。

马克思、恩格斯还非常关心俄国和中国等国家的情况，以同情的态度注视这些国家的革命运动，一直与俄国的革命者保持联系，并以极大的热情和同情心给予革命者指导。

理论与实践的统一贯穿于马克思主义形成、发展的整个过程。马克思主义始终以生动的生活实践和丰富的社会实践为基础和原动力。正是这样，列宁说马克思主义是从“世界各国的革命经验和革命思想的总和中生长出来的”[①]，而且它总是能够不断回答时代、实践提出的新课题，在不断总结历史经验和现实的新鲜经验中得到提升和发展，不至于重蹈历史上那些保守的、故步自封的学说的覆辙，真正体现出它是科学的世界观、方法论，是开放的、发展的体系，而不是封闭的、僵化的教义。

马克思、恩格斯所确立的普遍真理与实践相结合的原则，所树立的理论与实践相结合的风范，发展为马克思主义的普遍真理同各国具体实践相结合的普遍原理，永远指导和激励着无产阶级和进步人类，指导他们去夺取民族民主革命和社会主义革命、社会主义建设和改革的伟大胜利。

4. 在斗争中创新科学理论

马克思主义的本质是批判的、革命的。马克思主义取得的每一步胜利，都得经过战斗，在斗争中发展是马克思主义的发展规律。马克思、恩格斯正是在同错误思潮和反对势力不断的斗争中创立和推进自己的理论的。

在马克思主义创立后的第一个50年里，马克思、恩格斯一直在同那些与他们根本对立的势力和理论观点进行斗争。19世纪40年代的前五年，马克思、恩格斯清算了站在哲学唯心主义立场上的激进青年黑格尔派；40年代末，他们在经济学方面开始进行反对蒲鲁东主义的斗争，到50年代完成了这个斗争；60年代，马克思、恩格斯将斗争从一般的理论方面转移到更加接近于直接工人运动的方面：从第一国际中清除巴枯宁主义。70年代初主要是与在德国名噪一时的蒲鲁东主义者米尔柏格进行斗争，70年代末主要与实证论者杜林进行斗争。经

① 《列宁专题文集·论马克思主义》，人民出版社2009年版，第298页。

过斗争，使这两人对无产阶级的影响日益式微，马克思主义绝对地战胜了工人运动中的其他思想体系。到19世纪90年代，这一胜利大体完成。甚至在蒲鲁东主义传统保持得最久的罗曼语各国，工人政党实际上也把自己的纲领和策略建立在马克思主义的基础上。重新恢复起来的国际工人运动组织，即定期举行的国际代表大会，几乎没有经过什么斗争就立即在一切重大问题方面都站到马克思主义立场上来了。

在马克思主义把一切比较完整的、同马克思主义相敌对的学说排挤出去以后，这些学说所表现的倾向就开始给自己另找出路。斗争的形式和起因改变了，但是斗争还在继续。列宁继承了马克思、恩格斯的伟大事业，同第二国际的修正主义展开了激烈的斗争，捍卫了马克思主义的伟大旗帜，使国际社会主义运动的理论思想有了颇有成效的活跃，在帝国主义新的时代条件下，把马克思主义发展成为列宁主义，并使这场斗争成为“不顾小市民的种种动摇和弱点而向本阶级事业的完全胜利迈进的无产阶级所进行的伟大革命战斗的序幕”①。

要特别指出的是，马克思、恩格斯敢于和善于同一切旧的观点实行彻底的决裂。但是，他们并不是历史虚无主义者，相反，他们比任何派别都更加尊重历史，尊重人类文明成果。他们的学说正是在批判地继承德国的古典哲学、英国古典政治经济学和法国的空想社会主义的积极因素中创立和完善起来的，而且在哲学、政治经济学和社会主义理论的每一个部分，都在继承和创新的统一中有所建树。譬如说，在社会主义理论领域，在19世纪40年代，许多有才能的或无才能的人，正直的或不正直的人，都醉心于争取政治自由的斗争，醉心于反对皇帝、警察和神父专横暴戾的斗争，而看不见资产阶级利益同无产阶级利益的对立。他们根本没有想到工人能成为独立的社会力量。另一方面，当时有许多幻想家，有些甚至是一些天才人物，都以为只要说服统治者和统治阶级相信现代社会制度是不合理的，就很容易在世界上确立和平和普遍福利。他们幻想不经过斗争就实现社会主义。最后，几乎当时的所有社会主义者和工人阶级的朋友，都认为无产阶级只是一个脓疮，他们怀着恐惧的心情看着这个脓疮如何随着工业的发展而扩大。因此，他们都没法阻止工业和无产阶级的发展，阻止历史车轮的前进。与这种害怕无产阶级发展的普遍心理相反，马克思、恩格斯在继承资产阶级学者关于阶级斗争的正确观点基础上，把自己的全部希望寄托在无产阶级的不断增长上，认为无产者人数愈多，这一阶级的革命力量就愈大，社会主义的实现也就愈接近，愈有可能。马克思、恩格斯的这些思想在当时是完全崭新的。

马克思、恩格斯在斗争中创新理论的品格，教育和影响着一代代的马克思主义者，激励着他们在无产阶级革命、社会主义建设和改革的奋斗中，在同形形色色的错误思想、思潮的斗争中，不断划清是非界限，推进马克思主义民族化、时代化和大众化，创新马克思主义的新观点、新思想、新结论、新公式、新体系。

（原载《马克思主义研究》2010年第11期）

① 《列宁专题文集·论马克思主义》，人民出版社2009年版，第156页。

划清“四个重大界限”的有关理论与实践问题

秋　石

党的十七届四中全会通过的《中共中央关于加强和改进新形势下党的建设若干重大问题的决定》指出：“加强党的意识形态工作和思想政治工作，引导党员、干部增强政治敏锐性和政治鉴别力，筑牢思想防线，自觉划清马克思主义同反马克思主义的界限，社会主义公有制为主体、多种所有制经济共同发展的基本经济制度同私有化和单一公有制的界限，中国特色社会主义民主同西方资本主义民主的界限，社会主义思想文化同封建主义、资本主义腐朽思想文化的界限，坚决抵制各种错误思想影响，始终保持立场坚定、头脑清醒。”

这里提出要划清的四个界限，都是关系中国特色社会主义道路的重大问题。

一　关于划清“四个重大界限”的理论与实践意义

改革开放以来中国的发展进步举世公认，改革发展的成果惠及国人。最突出的是：中国经济30年来以年均增长9.8%的速度持续快速发展，是同期世界经济年均增长率的三倍多，经济总量跃居世界前列，人民生活实现了从温饱不足到总体小康的历史性跨越；伴随着经济生活的深刻变革，中国社会焕发出蓬勃旺盛的活力，人民享有越来越广泛的自由和权利，勤劳智慧的中国人民迸发出巨大创造能量；在经济体制深刻变革、社会结构深刻变动、利益关系深刻调整、思想观念深刻变化的过程中，我国社会大局始终稳定，长期保持了政通人和、安定团结的政治局面。这一切，对于我们这样一个有着13亿人口的发展中大国来说，都是了不起的成就，是当之无愧的“中国奇迹”。

对改革开放的伟大历史进程和经验，我们党在不断地进行总结。党的十七大指出：“改革开放以来我们取得一切成绩和进步的根本原因，归结起来就是：开辟了中国特色社会主义道路，形成了中国特色社会主义理论体系。”包括邓小平理论、“三个代表”重要思想、科学发展观等重大战略思想在内的中国特色社会主义理论体系，是中国特色社会主义道路的理论表现，也是我们理解和说明中国发展道路的最权威的理论。

但是，对于中国这30多年走过的路，也有人作出别样的解读和评说，并且在竭力同我们党争夺话语权和影响力。有人以“反思改革”为名，得出中国的改革走入歧途、已经背离社会主义道路的结论，实际上就是否定改革，主张回过头去走封闭僵化的老路；有人把西方的自由、民主、人权说成是“普世价值”，鼓吹中国只有接受这些“普世价值”、照搬西方制度模式才有光明前途，实际上就是主张走改旗易帜的邪路。

对于中国的发展模式，国际上也议论纷纭。西方一些势力虽然不能不承认中国的经济成就，但出于其政治立场和意识形态偏见，从来没有也不可能认可中国的政治制度，反而认为中国的成功会威胁到他们的制度模式和价值观。

政治上的坚定来自理论上的清醒。在关系党和国家发展道路、未来走向的重大问题上，我们必须旗帜鲜明。近年来特别是去年，中央主要媒体推出了大量文章，深入回答“六个为什么”；这次中央提出划清“四个重大界限”，是回答“六个为什么”的继续和深化，而且使问题更集中。可以说，划清“四个重大界限”，有助于把握中国特色社会主义道路的“基本面”，有助于回答国际国内对改革开放以来“中国模式”的主要关切，有助于抵制错误思想、澄清模糊认识、坚定理想信念，因而具有重大的理论与实践意义。

二　关于划清马克思主义同反马克思主义的界限

马克思主义是我们立党立国的根本指导思想，是社会主义意识形态的旗帜和灵魂。因此，划清马克思主义同反马克思主义的界限，对于正确认识中国特色社会主义道路，就有第一位的意义。

什么是马克思主义？首先，马克思主义是科学。马克思创立的辩证唯物主义和历史唯物主义世界观和方法论，照亮了人们对自然界、人类社会和人类思维发展普遍规律的探索之路。尽管马克思逝世一百多年来世界发生了许多重大变化，但是所有这些变化都没有脱离马克思主义揭示的人类社会发展规律，都可以用马克思主义基本原理加以解释和说明。其次，马克思主义是工人阶级和劳动人民的思想武器。马克思对资本主义经济运动作了最彻底、最深刻、最缜密的研究，揭示了资本主义灭亡的历史必然性和工人阶级的历史使命。马克思主义最鲜明的政治立场，是为实现工人阶级和劳动人民的根本利益而奋斗；马克思主义关于消灭一切不公正社会制度、实现全人类解放和人的自由全面发展的学说，代表了整个进步人类的理想和信念。最后，马克思主义是开放的与时俱进的理论体系。马克思和恩格斯都强调，他们的理论是发展着的理论，而不是必须背得烂熟并机械地加以重复的教条。马克思主义并没有终结真理，而只是开辟了认识真理的道路。一切从实际出发，理论联系实际，实事求是，在实践中检验真理和发展真理，是马克思主义最重要的理论品格。

中国共产党是非常重视理论指导的政党。在把马克思主义基本原理同中国具体实际相结合的过程中，我们党创立了毛泽东思想和包括邓小平理论、“三个代表”重要思想以及科学发展观等重大战略思想在内的中国特色社会主义理论体系。这些理论成果都是中国化的马克思主义，都是我们党对马克思主义理论宝库的重大贡献。正是由于党在指导思想和基本理论上的与时俱进，我们党的实践才能够体现时代性、把握规律性、富于创造性。在当代中国，坚持中国特色社会主义理论体系，就是真正坚持马克思主义。

什么是反马克思主义？从历史和现实看，反马克思主义的东西集中在两个方面：其一，从右的方面否认马克思主义的科学性，反对马克思主义的政治立场、思想体系和基本原理，反对马克思主义的指导地位和作用。现实中，有人宣扬马克思主义“过时论”、“无用论”；有人主张用西方的所谓“普世价值”取代马克思主义的指导地位。其实质和要害，就是主张全盘西化，主张用西方资本主义制度模式取代中国共产党的领导和社会主义国家政权。其二，从“左”的方面打着马克思主义的旗号反对马克思主义的本质，根本否定我国的改革开放，否定中国特色社会主义。实践证明，把马克思主义当成僵死的教条，拿书本教条来裁判党和人民生机勃勃的历史创造活动，不但不符合马克思主义，恰恰是马克思主义的大敌，是党和人民事业的大敌。

划清马克思主义同反马克思主义的界限，有两点特别重要：一是政治立场。马克思主义是世界观与价值观的统一。作为世界观，它是严谨的科学，是对客观世界、客观事物、客观规律的科学反映；作为价值观，它代表的是工人阶级和劳动人民亦即最广大人民的根本利益，反映的是最广大人民对共同富裕、公平正义的价值追求。是否始终站在最广大人民的立场上，是马克思主义与反马克思主义的分水岭和试金石。二是思想路线。只有活的理论才管用，僵死的理论只会害死人。解放思想、实事求是、与时俱进是马克思主义活的灵魂和思想路线，任何时候都要坚持。明明在实践中行不通的理论还要死抱着不放，那是病态和愚蠢，只会自取灭亡。

怎样对待非马克思主义？在当今思想界，除了反马克思主义的东西，还有大量非马克思主义的思潮和学说。在国内，社会思想意识多元、多样、多变的趋势日益发展，思想理论领域学派纷呈、热点频现；国际上，既有形形色色的左翼思潮，也有日趋活跃的绿色环保思潮等；宗教在世界范围都有广泛影响，其“有神论”的基本思想同马克思主义的“无神论”显然是对立的。如果我们把这些不符合甚至违背马克思主义的东西统统归于反马克思主义，那只会四面树敌、孤立自己。一部马克思主义发展史，就是随着时代、实践和科学的发展，吸收人类创造的一切文明成果，在同各种思想理论的相互激荡和斗争中，不断丰富、完善和创新的历史。对反马克思主义的东西要斗争；对非马克思主义的思想，既要斗争，也要尊重、包容、借鉴、吸收。既尊重差异、包容多样，又有力抵制各种错误和腐朽思想的影响，是坚持和发展马克思主义的题中应有之义。

任何国家和社会都有占统治地位的意识形态，意识形态领域的主导思想从来都是一元的，不能多元化。社会思想观念越是多样化，就越是需要坚持和巩固马克思主义的指导地位。如果动摇了马克思主义的指导地位，就会动摇中国特色社会主义的理论根基，动摇全党全国人民团结统一的思想基础。只有坚持马克思主义指导思想，才能有效引领和整合社会思潮，在尊重差异中扩大社会认同，在包容多样中形成思想共识，从而凝聚起建设国家的伟大力量。

三　关于划清社会主义公有制为主体、多种所有制经济共同发展的基本经济制度同私有化和单一公有制的界限

划清这个界限，是正确理解“中国奇迹”的一把钥匙。

第一，中国经济改革的实质，就是要在社会主义条件下发展市场经济，或者说是要把坚持社会主义基本制度同发展市场经济结合起来。邓小平同志讲：“社会主义的本质，是解放生

产力，发展生产力，消灭剥削，消除两极分化，最终达到共同富裕。”这里，消灭剥削、消除两极分化、最终达到共同富裕，都是社会主义的价值诉求、价值目标，而解放生产力、发展生产力，则是实现价值目标必须遵循的客观规律。我们过去的错误，不在价值取向错了，而在违背了客观规律，结果事与愿违。我们党把经济体制改革的目标确定为建立社会主义市场经济体制，以利于解放和发展生产力，这解决了关系整个社会主义现代化建设全局的一个重大问题。

商品经济的充分发展，是社会经济发展不可逾越的阶段。市场经济是商品经济条件下社会经济资源的一种配置方式、一种经济运行机制，是人类创造的重要文明成果，但却是在资本主义条件下创造的。在社会主义条件下发展市场经济，是我们党和人民的伟大创举。社会主义市场经济的蓬勃发展，给我国经济社会注入了以往一切时代都不可比拟的生机和活力。改革开放以来我国经济社会的一切发展进步，都是以社会主义市场经济的发展为基础的。把市场经济成功“嫁接”在社会主义制度上，是我们党对马克思主义和社会主义的历史性贡献。

第二，公有制为主体、多种所有制经济共同发展的基本经济制度，是社会主义市场经济的基础。改革开放之前我国“一大二公”、近乎单一公有制的所有制形式，脱离了生产力发展状况，导致生产效率低下、经济发展停滞、人民生活困难。改革开放以来，我们党认真总结经验教训，在新的实践基础上不断深化对所有制问题的认识。确立公有制为主体、多种所有制经济共同发展的基本经济制度，正是基于三个认识：第一，我国是社会主义国家，必须坚持公有制作为社会主义经济制度的基础；第二，我国处在社会主义初级阶段，需要在公有制为主体的条件下发展多种所有制经济；第三，一切符合“三个有利于”的所有制形式都可以而且应该用来为社会主义服务。

多种所有制经济共同发展，是市场经济的必然要求。市场经济是一种交换的经济，要求有产权清晰的多元化的市场主体，要求各市场主体自主决策、自主经营，要求市场主体之间形成公平的竞争关系。即便同是公有制经济，也要求建立产权清晰、权责明确、政企分开、管理科学的现代企业制度，使企业成为适应市场的法人实体和竞争主体。实践证明，实行公有制为主体、多种所有制经济共同发展的基本经济制度，逐步消除了所有制结构不合理对生产力的羁绊，形成了公有制实现形式多样化和多种经济成分共同发展的局面，促进了社会生产力的大解放、大发展。

我们党在确定改革目标时就明确强调，建立社会主义市场经济体制，就是要使市场在国家宏观调控下对资源配置起基础性作用。改革开放以来，我国经济在持续快速增长的同时，有效抑制了市场经济的周期性起落，总体上保持了平稳发展的态势，充分显示了社会主义国家宏观调控的巨大威力。没有公有制经济的主体地位和主导作用，宏观调控就不可能如此有效。宏观调控与市场机制的有机结合，既有利于抑制市场经济的自身弱点和消极方面，又可以让一切劳动、知识、技术、管理和资本的活力竞相迸发，让一切创造社会财富的源泉充分涌流。

第三，廓清在所有制问题上的种种迷雾，毫不动摇地坚持社会主义初级阶段的基本经济制度。在确立社会主义初级阶段基本经济制度的过程中，一直伴随着思想交锋。反对的声音来自“左”、右两方面。右的观点视公有制为万恶之源，把私有化说成包治百病的良药，极力主张全盘私有化；“左”的观点则认为发展非公有制经济就是搞私有化，就是发展资本主义。

公有制是社会主义经济制度的基础，没有公有制就没有社会主义。改革开放以来的实践表明，坚持公有制为主体，没有妨害经济发展，恰恰相反，它是中国经济持续快速发展的重要制度保障。土地是最基本的生产资料。这30多年来中国经济的高速成长，是以工业化、城市化为主要推动力的，而中国的城乡土地公有制为工业化、城市化的迅速推进提供了有规划、高效率、低成本的土地资源支撑，同时又避免了世界上一些实行土地私有制的国家在工业化、城市化进程中出现的城市贫民窟等现象。虽然在土地征用、房屋拆迁中发生了一些问题，但那并不是主流。事实的主要方面是：土地公有制是中国能够创造经济奇迹的最大“奥秘”之一。

苏联解体后俄罗斯以“休克疗法”搞私有化运动，结果导致经济急剧衰退，贫富两极分化，财富集中于极少数寡头。在拉美地区，实行西方兜售的新自由主义经济政策、搞私有化越坚决的国家，危机就越严重。美国华尔街的金融巨头是这次国际金融危机的始作俑者，它们的高管在正常年份大把捞钱、薪酬高得吓人，而危机爆发后却要由美国政府拿纳税人的钱为其注资救助、实行部分国有化，甚至一边拿政府救助一边还要发放高额红利，激起公愤。问题在于这些大银行、大公司掌握着美国经济的核心和命脉，大到不能倒闭。这难道不恰好证明中国由国有经济控制国民经济命脉的体制的合理性吗?

对我国改革发展过程中出现的收入差距拉大、城乡区域发展不平衡、经济社会发展不协调、资源环境压力加大等问题究竟应该怎么看?从实际出发看问题，深层原因在于：我国人口多、底子薄、发展不平衡、生产力不发达，正处于并将长期处于社会主义初级阶段，这个基本国情是我们为什么必须实行现在这样的政策而不能实行别样的政策的根本依据；我国面临经济全球化深入发展和世界经济结构调整造成的重要发展机遇，机遇稍纵即逝、时不我待，但在抢抓机遇、加快发展过程中难免会发生偏重于经济增长、经济效率而对社会发展、社会公平、资源节约、环境保护等重视不够、兼顾不够的问题；市场机制主要解决的是经济效率问题，在许多领域市场是失灵的，我国在发展过程中出现的许多问题，在一定程度上正是市场缺陷的产物，也表明我们对在社会主义条件下发展市场经济的经验不足；任何国家要发展都必须对外开放，封闭只能窒息自己的生机，但是当今世界经济体系是资本主义主导的经济体系，我们在对外开放、利用外资、发展外贸的同时难免要付出代价、要承受不合理国际经济秩序带来的压力。我们党提出科学发展观，正是为了解决改革发展进程中出现的这些问题。

总之，我们是在既定的历史条件和内外环境下建设社会主义的，这种历史条件和内外环境不由我们选择，也无法超越。我们只能从实际出发，务实地解决改革、发展、稳定的问题，任何因循守旧、拘泥于书本教条的想法和做法都只会葬送社会主义、葬送党和国家的前途。只有这样看问题，我们才能在理论与实践的结合上自觉划清公有制为主体、多种所有制经济共同发展同私有化和单一公有制的界限，毫不动摇地坚持社会主义初级阶段的基本经济制度。

四　关于划清中国特色社会主义民主同西方资本主义民主的界限

划清这个界限，是正确理解“中国奇迹”的另一把钥匙。

第一，发展是中国的首要任务，稳定是中国的核心利益。近代史上中国积贫积弱，备受列强欺凌，实现国家富强、民族复兴是全民族最强烈的愿望；中国历史上长期动荡、战乱频仍，人民深受其害，能否实现社会团结稳定和国家长治久安，是衡量政治制度是否适用的最重要标准。近代以来中国真正在社会政治稳定的条件下发展经济，只有新中国成立后特别是改革开放以来这几十年时间。离开共产党的领导，搞西式民主，中国肯定会来一次大折腾，折腾出一个政党林立、纷争四起、国无宁日、动乱不已的乱世，折腾成一个四分五裂、虚弱不堪的西方附庸国。事实证明，我国现行的政治制度保证了国家的统一、政权的稳定、人民的团结，保证中国能够沿着正确道路长期稳定发展。

第二，共产党的坚强领导是中国最大的政治优势。我们党从来就以实现和发展人民民主为己任。党执政后领导人民进行了广泛的民主实践，在根本改变劳动人民的社会地位和历史命运、实现社会平等和人民当家作主等方面取得了旧中国不可比拟的巨大进步。但党在民主问题上犯过错误、走过弯路。从本质上看，是党和党的领导人在群众中享有崇高威望，以致党内产生骄傲自满、个人崇拜、头脑不清醒导致的，也与中国历史上封建专制主义传统的影响、与我们党在长期战争环境中形成的领导方式、与共产国际和苏联模式影响、与应对新中国成立后国际敌对势力的包围以及经验不足等因素有关，这与反民主的独裁、专制的性质根本不同。为国为民，是我们党不变的灵魂，这使党具有强大的自我纠错、自我更新能力，能够郑重对待自己的失误，总结经验教训，勇于改革创新。改革开放以来，我们不仅创造了经济高速成长、社会充满活力、政治安定团结的成就，而且战胜了一个又一个突如其来的重特大自然灾害和传染病疫情，从容应对了一系列关系我国主权和安全的重大突发事件，经受住了一次又一次国际政治、经济风浪的重大考验。香港、澳门回归，“神舟”、“嫦娥”飞天，北京奥运会的巨大成功，抗震救灾和应对国际金融危机冲击的出色表现，都是在党的领导下取得的；市场基础上强有力的宏观调控，集中力量办大事的举国体制，全国一盘棋的动员组织能力，“一方有难、八方支援”的互助协作机制，这些在国际比较中显示出巨大优势的“中国特色”，离开党的领导也是不可想象的。一切不抱偏见的人们都应该承认：共产党的坚强领导，是创造“中国奇迹”的政治保证，也是别的国家比不了、学不来的制度因素。

第三，中国经济持续快速发展的事实证明，我国的政治体制是基本适应经济发展要求的。西方看中国的一个流行观点是：经济上是好的，政治上是坏的；经济上在改革，政治上不改革；经济上在搞自由市场经济，政治上还是极权专制。这是一种根本站不住脚的观点。经济决定政治，政治是经济的集中体现；政治制度、政治体制必须适应经济发展的需要，如果不适应并阻碍了经济发展，它就必然要被改变。事实上，中国的改革开放就是一项政治决定，它改变了过去严重束缚经济发展的旧体制，使中国走上了一条新路。30多年来中国经济的高速成长并不是孤军突进的，而是伴随着政治、文化、社会等方面广泛深刻的变革。中国经济的巨大成功，反过来证明了中国政治上的成功。在当今世界，我们看不到还有哪个与中国有可比性的国家比中国发展得更好、更成功；相反，我们看到了很多可以从反面或者侧面证明中国的路走对了的事实。

第四，民主法治、自由平等、公平正义是社会主义的本质要求，要在实践中不断探索、逐步实现。民主从来都是具体的、历史的、不断发展的，不同的国家、不同的历史发展阶段，其实现形式和途径各不相同，没有统一的模式。在当代中国，公有制为主体的基本经济制度、人民代表大会制度、中国共产党领导的多党合作和政治协商制度、民族区域自治制度以及基层群众自治制度，为实现社会主义民主提供了经济基础和政治保障。党和国家政治生活中的民主集中制原则、各级领导层实行的集体领导制度、党和政府工作中的群众路线和民主作风、党同人民群众的密切联系等，是国家生活中切实管用的民主机制、民主因素，是中国式民主的特点和优势。我们承认由于历史文化传统和现实条件的制约，中国在实现人民民主方面还有许多不尽如人意的地方，还有很长的路要走。我们将顺应经济社会的发展变化，适应人民政治参与积极性的不断提高，坚持党的领导、人民当家做主、依法治国有机统一，不断深化政治体制改革，不断推进中国特色社会主义民主政治的发展。我们需要借鉴人类政治文明有益成果，借鉴世界各国包括西方发达国家政治发展的有益经验，但不会照搬西方政治制度模式，不会吞下损害自己利益的苦果。

第五，西方资本主义民主没有“普世性”，照搬别国模式从来不能成功。现代西方民主制度是经过几百年的发展才达到今天这样的水平，而且已经是弊端丛生：一是金钱操控。西方民主早已成为“富人的游戏”、“钱袋的民主”和资本玩弄民意的过程，竞选活动拼的就是金钱。西方民主游戏中的权钱交易固然与当事人个人操守有关，但根本原因还在制度层面：烧钱的选举必然产生捞钱的腐败。二是形式至上。现代西方政治已使民主形式化、工具化，造成民主的异化。选举是西方民主最主要的形式，几年一次的选举搞得挺热闹，但选举一过，民主就“沉睡”了，民众对政府日常施政的影响力十分有限。西方向世界输出民主，实际上就是输出选举，甚至不惜用飞机大炮、狂轰滥炸把西式选举强加给别国，以为只要搞了选举就是民主国家了。三是僵化停滞。西方民主已成固定模式，逐渐丧失活力，任何改变和创新都十分艰难。民主的僵化常常导致决策上的僵局，反对党“为反对而反对”，致使一些重大社会问题长期得不到解决；僵化和停滞还造成优秀政治人才严重短缺，不少西方国家为选不出合适的领导人而苦恼。放眼当今世界，与西方历史文化传统不同而照搬西方民主制度的国家，没有一个是真正成功的。

胡锦涛总书记指出：“衡量一个政治制度是不是民主的，关键要看最广大人民的意愿是否得到了充分反映，最广大人民当家作主的权利是否得到了充分实现，最广大人民的合法权益是否得到了充分保障。”这就是我们的民主观。中国共产党是有伟大创造力的党。党一定能够领导人民探索建立起一套不同于西方、符合中国实际、具有自己特点的民主政治制度体系，我们应该对此充满信心。

五 关于划清社会主义思想文化同封建主义、资本主义腐朽思想文化的界限

当今时代，文化越来越成为民族凝聚力和创造力的重要源泉，意识形态等软实力因素在国际竞争和斗争中的作用越来越突出。划清社会主义思想文化同封建主义、资本主义腐朽思想文化的界限，对于我们正确认识和自觉坚持中国特色社会主义道路至关重要。

第一，社会主义核心价值体系是社会主义意识形态的本质体现，是我国思想文化领域的主旋律。在改革开放的历史进程中，一方面，马克思主义在创新中不断发展，党的理论创新

成果日益深入人心，人们对中国特色社会主义道路的认同度不断提高，爱国主义和改革创新成为思想精神领域最强劲的主流；另一方面，在各种因素影响下，封建主义残余思想意识仍广泛存在，国外资本主义腐朽思想也乘机而入，各种思想文化相互交融、激荡十分突出。在思想大活跃、观念大碰撞、文化大交融的新形势下，建设社会主义核心价值体系，具有极强的现实针对性和重大的理论与实践意义。

马克思主义指导思想、中国特色社会主义共同理想、以爱国主义为核心的民族精神和以改革创新为核心的时代精神、社会主义荣辱观，构成社会主义核心价值体系的基本内容。这四个方面的基本内容，都是社会主义意识形态最本质、最重要的部分。在这个价值体系中，马克思主义指导思想是灵魂，提供的是科学的世界观和方法论，是建设社会主义的理论基础和行动指南；中国特色社会主义共同理想是主题，鼓舞和激励着全国各族人民在中国共产党领导下，走中国特色社会主义道路，为实现中华民族的伟大复兴而奋斗；民族精神和时代精神是精髓，深深熔铸在我们民族的生命力、创造力和凝聚力之中，为民族复兴提供着不竭动力；社会主义荣辱观是基础，为在社会生活中确定价值取向、作出道德判断提供基本准则，发挥着引领风尚的作用。这四个方面的基本内容，相互联系、相互贯通、有机统一，共同构成一个完整的价值体系。这个价值体系应该是相对稳定的，要长期起作用；又不是一成不变的，必定随着社会主义的发展、时代的发展和人们社会实践的发展而不断发展。这个价值体系不应该是封闭的，而应该是开放的，必须要吸收人类创造的一切先进、有益的思想文化成果，不断丰富和完善自己。更重要的是，这个价值体系需要在全社会宣传推广，为广大社会成员所感知、所认同、所接受、所掌握，真正成为社会精神生活的主旋律，成为社会发展进步的生命线。

第二，封建主义思想文化的残余影响仍然广泛存在，肃清这种残余影响仍然是一项长期艰巨的任务。邓小平同志曾经说过，旧中国留给我们的，封建专制传统比较多，民主法制传统很少，解放以后，我们也没有自觉地、系统地建立保障人民民主权利的各项制度，法制很不完备，也很不受重视。他深刻指出，党和国家领导制度、干部制度中存在的官僚主义现象、权力过分集中的现象、家长制现象、干部领导职务终身制现象和形形色色的特权现象，多少都带有封建主义色彩。他指出，封建主义残余影响还表现在社会关系中残存的宗法观念、等级观念，上下级关系和干群关系中在身份上的某些不平等现象，公民权利义务观念薄弱，经济领域的官商作风、本位主义，文化领域的专制主义作风，对科学教育的不重视，对外关系中的闭关锁国、夜郎自大，等等。他强调，对待继续肃清思想政治方面封建主义残余影响的任务，要有实事求是的科学态度。首先，要划清社会主义同封建主义的界限，决不允许借反封建主义之名来反社会主义，也决不允许用假社会主义来搞封建主义；其次，要划清文化遗产中民主性精华同封建性糟粕的界限；还要划清封建主义遗毒同我们工作中由于缺乏经验而产生的某些不科学的办法、不健全的制度的界限。邓小平同志的这些分析和论述，对于我们今天划清社会主义思想文化同封建主义腐朽思想文化的界限，仍然有着重要的指导意义。

改革开放以来，随着我国经济社会的发展进步，封建主义思想文化残余受到进一步的涤荡。特别是以胡锦涛同志为总书记的党中央提出科学发展观以来，从中央到地方，从政府施政到百姓生活，到处都在讲以人为本，都在讲尊重人民主体地位、保障人民各项权益、促进人的全面发展，都在讲发展为了人民、发展依靠人民、发展成果由人民共享。这种“以人为本、人民至上”的理念，是反对封建主义思想文化最重要的思想武器，也是指引中国社会未来发展进步的重要战略思想，其意义是极其重大而深远的。

第三，世界范围内围绕发展模式和价值观的斗争日益凸显，资本主义思想文化的影响正日益成为我们面对的主要挑战。资产阶级在反对封建等级制度的斗争中，提出了自由、平等、民主、人权等口号，以此为思想武器赢得了人民的支持并取得胜利，推动了社会的进步。但是，随着资本主义经济关系的发展，资本主义社会不可避免地形成了以拜金主义、享乐主义、极端个人主义为实质内容的核心价值观。在西方社会现实中，金钱、财富决定一切，决定你的自由度，决定你在民主游戏中的地位，决定你享有的人权水平；如果没有金钱至上的价值观，没有对享乐、消费的无限贪欲，没有在财富欲望驱动下的“个人奋斗”，资本主义就不可能得到发展。马克思主义经典作家对资本主义社会金钱至上的本质，曾经给予大量深刻的揭露和批判。这场发端于美国的国际金融危机，再次暴露了那些作为资本人格化的华尔街精英们追逐金钱、贪婪无度的本性。无数的事实表明：西方公开标榜的自由、民主、人权，早已不再是资本主义社会的核心价值，而只是美妙动人的广告语和贴在门上的标签。拜金主义、享乐主义、极端个人主义才是资本主义社会的精神内核，而资本主义制度下的自由、民主、人权不过是包裹在这种内核外面，并为其提供条件和保障的抽象话语、法律条文。

冷战结束以后，西方发达国家一直利用其经济科技强势地位，对发展中国家进行思想文化渗透，推销西方价值观念和制度模式，企图建立西方意识形态和社会制度一统天下的国际格局。但是，接受西方价值观念和社会制度的一些发展中国家政局动荡、经济萧条的事实，使西方社会制度和发展模式广遭诟病。特别是这场国际金融危机的爆发，进一步引发了国际上对西方制度模式的反思。但是，由于西方垄断国际舆论话语权，长期宣传西方意识形态，使国际社会形成顽固的意识形态偏见。在我国社会全方位对外开放和西方主导国际舆论的情况下，西方资本主义思想文化对国内的影响正日趋扩大。

我们同各种敌对势力在意识形态领域的斗争，本质上是社会主义价值体系同资本主义价值体系的较量。社会主义核心价值体系，是社会主义制度的内在精神之魂。只有努力构建具有广泛感召力的社会主义核心价值体系，用以引领和整合多样化的思想观念和社会思潮，才能在尊重差异、包容多样的基础上保持全社会共同的理想信念和道德规范，形成全民族奋发向上的精神力量和团结和睦的精神纽带，打牢全党全国各族人民团结奋斗的共同思想基础，使13亿人民团结起来，万众一心推进中国特色社会主义伟大事业。

（原载《求是》2010年第16期）

党内权力结构和运行机制的调适

李景治

党的十七大报告提出要坚定不移地发展社会主义民主政治，强调“要坚持用制度管权、管事、管人，建立健全决策权、执行权、监督权既相互制约又相互协调的权力结构和运行机制”①。第一次明确论及建立健全党和国家的权力结构和运行机制问题。党的十七届四中全会重申，要“建立健全决策权、执行权、监督权既相互制约又相互协调的权力结构和运行机制，推进权力运行程序化和公开透明”②。同样一个论断，出现在两个相互关联又有所不同的领域，即社会主义民主建设和执政党建设，说明建立健全权力结构和运行机制的问题，既涉及国家政治建设领域，也涉及执政党自身建设领域。这不仅是全面推进社会主义民主建设的重大举措，也是全面加强和改进执政党建设和解决党所面临的诸多问题的重要办法，是党在自身建设方面的重要理论创新和制度创新，应当引起我们的高度重视和深入研究。

一

三权分立是西方政治体制的基本特征，它不符合我国国情和社会主义政治制度。然而，权力的相互制约则是社会发展和人类政治文明建设的成果，社会主义应该借鉴和吸收人类政治文明建设的一切优秀成果，当然也应该借鉴和吸收权力相互制约的成果。这一原则不仅适用于社会主义政治建设，而且也适用于执政党建设。

中国共产党党内权力结构和运行机制有自己的突出特点和明显优势。一是决策权、执行权、监督权的内在统一性。党内的权力来源和权力授受关系十分清晰。这种权力授受关系保证了党内权力来源的唯一性、权力结构的完整性及其运行机制的统一性。二是决策权、执行权和监督权的总体协调性。在权力运行中，执行权的出发点和归宿都是为了确保决策的实现。而监督权，则是为了保证执行决策的准确性、有效性。当然，新的决策往往都是在总结执行与监督经验教训的基础上做出的。也就是说，执行权和监督权对决策权亦

---

① 胡锦涛：《高举中国特色社会主义伟大旗帜　为夺取全面建设小康社会新胜利而奋斗》，人民出版社 2007 年版，第 33 页。

② 《中共中央关于加强和改进新形势下党的建设若干重大问题的决定》，人民出版社 2009 年版，第 36 页。

有制约作用。

在此基础上，党内权力结构和运行机制形成了两大明显优势。一是便于集中统一领导。可以有效地防止和反对分裂主义、分散主义、小团体主义。二是党的工作效率比较高。重大问题绝不久议不决。一旦决议形成，全党就会坚决贯彻执行，工作雷厉风行。党的严密组织和严明纪律，为决策的贯彻落实提供了组织和制度保障。监督的根本出发点，在于保证党的路线、方针政策的贯彻落实和决议的完成，保证各级领导勤政廉政，全心全意为人民服务。这里只有全党的“公利”，而没有本部门的私利。

当然，党的权力结构和运行机制也存在一些问题。一是权力有待于进一步分解，分工可进一步明确。二是监督机制有待于进一步加强。从行使监督权力的主体来看，人们只重视纪委这一专门的监督机构，而相对忽略了代表大会、全委会对常委会的监督，忽略了决策权对于执行权的监督。三是权力结构和运行机制相互制约又相互协调的具体制度需要进一步完善。这些具体制度和规定，还没有形成一个完整的体系，存在不少漏洞和相互脱节的现象。

二

在新形势下加强和改进党的建设，建立健全既相互制约又相互协调的权力结构和运行机制，需要高度重视和加强党的决策权。

1. 要进一步理顺党内权力的授受关系和行使决策权的主体

全体党员是党的主体，他们通过民主选举产生各级代表大会，代表自己对全党实行领导和管理。因此，全体党员是党内权力包括决策权之源，而代表大会则是行使党的最高决策权的主体。

中央委员会由党的全国代表大会选举产生向其报告工作，接受其监督。地方各级委员会由同级党代表大会选举产生向其报告工作，接受其监督。可见，中央委员会和地方各级委员会的权力包括决策权，都是党的代表大会所赋予的。党的代表大会授权给中央委员会和地方各级委员会行使决策权。这里无可争议的是，全国代表大会作为最高领导机关，无疑应该拥有党的最高决策权。同样，各级代表大会拥有同级党组织的决策权。然而，中央委员会属于最高领导机关，还是最高执行机关，学术界仍有不同的看法。但笔者认为，无论做哪种选项，都不会影响中央委员会依照党章所享有的最高决策权。也就是说，在代表大会闭幕期间，中央委员会领导全党的工作，行使最高决策权。

党的全国代表大会和中央委员会都是党的最高决策机关。全国代表大会的决策主要包括三个方面：其一，审议通过上一届中央委员会的工作报告；其二，制定全党未来五年乃至更长时期的路线、方针、政策；其三，选举产生新一届中央委员会和中央纪律检查委员会的成员。中央委员会的决策主要包括三个方面：其一，选举产生新一届中央政治局、中央政治局常务委员会和中央委员会总书记；其二，贯彻落实党代表大会的路线、方针、政策及各项决议，并根据形势的发展，提出阶段性的任务及其方针政策，完成党代表大会提出的各项任务，带领全党为实现党的奋斗目标而努力；其三，全面领导党的日常工作，提出重大决策，决定重要人事任用，处理重大事件。同样，地方各级代表大会和地方各级委员会也依据这一模式行使决策权。

2. 进一步完善党的代表大会制度，充分发挥其决策功能

加强和改进党的建设，一方面，应当进一步明确代表大会和中央委员会决策权的范围和决策程序，避免二者决策权的相互影响和错位；另一方面，从具体制度的安排上，保障代表大会行使决策权。如何做到既进一步发扬党内民主，又符合精简机构、提高效率、控制决策成本的原则，这需要一定的时间，要有一个过程。

党代表大会的决策功能，是通过党代表按照民主集中制的原则来行使的。党代表，一方面作为代表大会的一个成员直接参与决策；另一方面，在大会闭会期间有组织地通过各种形式间接参与决策，或为大会的决策进行必要的调研和准备。这无疑是代表大会全面行使决策权的一个重要领域。从内容来看，代表有权力和机会参与同级党委重大事项的决策、重要人事的任用和重大事件的处理。作为必要的条件，代表首先应享有知情权，没有知情权就谈不上参与权。从参与决策的形式来看，代表参与重大决策的民主讨论、参加重要干部推荐和民主评议、列席党委有关会议、联系党员群众。相关部门应做好代表联络工作，使代表能够充分反映党员的意见和建议。

3. 进一步完善全委会制度，充分发挥全委会的决策功能

首先，需要明确划分全委会和常委会的职权范围。党章规定，常委会由全委会选举产生并向全委会报告工作，接受监督。在委员会全体会议闭会期间，由常委会行使委员会的职权，领导党组织的工作。中央政治局及其常务委员会在中央委员会全体会议闭会期间，行使中央委员会的职权。可见，二者的权力授受关系非常明确。但在实际工作中，不少地区和部门之所以存在常委会代替全委会行使决策权的现象，主要是由于缺乏具体的制度规范和具体的程序安排。为此，应进一步明确规定哪些问题必须经过全委会讨论决定，如不经全委会讨论，常委会无权决策；哪些问题属于常委会的决策范围。

其次，要健全和规范党委常委会向全委会定期报告工作并接受监督制度。十六届三中全会以来，中央政治局向中央委员会全体会议定期报告工作已形成良好的制度，为全党树立了典范。此后，这一制度在全党各级组织中逐步推广。现在的问题是，如何做到既要始终如一地贯彻落实这一制度，坚持照章办事，按程序工作，又要求真务实，避免走形式，避重就轻。不要把向全委会报告变为好听好看的官样文章，而有意或无意回避重大问题的决策、重要人事的任免和重大事件的处理等问题。常委会应就重大问题向全委会进行通报，使全委会享受充分的知情权，能够掌握常委会的决策意图和所做的主要工作，并就此进行讨论决定。常委会也应在重大决策之前，听取、征求全委会的意见，全委会经讨论做出初步的决定，交由常委会贯彻落实，使之成为便于操作、切实可行的方针政策和实际举措。

此外，要正确处理全委会定期召开和根据需要召开、事先研究决策和事后听取报告的相互关系。十七大党章规定：党的中央委员会全体会议每年至少举行一次，党的地方各级委员会全体会议每年至少召开两次。党章的要求十分明确，无论中央委员会还是各级地方委员会都应该严格遵照党章召开会议。其具体召开的时间可以采取定期召开和根据需要召开两种形式。定期召开属于常态的工作程序，例如地方委员会可以上半年召开一次，下半年召开一次，就前半年的工作进行总结，对下半年的工作进行筹划。根据需要召开全委

会，一般来说都是围绕某些重大问题，进行专题研究和决策。例如，贯彻落实中央的最新精神，涉及本地区发展与稳定、党的建设的重大问题。常委会事后向全委会报告工作固然重要，但更重要的是，凡重大问题要事先由全委会进行民主讨论、民主决定，其中有些重要决定还要按照中央的有关规定实行票决制。在此基础上，常委会进行决策、领导党的实际工作。这样才能真正使全委会成为名副其实的决策机关。这里，一个长期被颠倒了的关系应扭转过来：召开全委会，不是为了领会常委会的精神，贯彻落实常委会的决定，而是要由全委会进行决策；常委会要认真领会、认真贯彻落实全委会的精神，以及相关的决议。

三

加强和改进党的建设，建立健全既相互制约又相互协调的权力结构和运行机制，还需要进一步明确和规范决策权与执行权，正确处理决策权与执行权的相互关系。

1. 建立健全结构性执行权与机制性决策权相互结合的权力运行机制

从党内权力的划分与构建的角度看，中央政治局及其常委会在行使执行权的过程中，又拥有并行使必要的决策权。如果说，代表大会和中央委员会的决策权是结构性决策权，那么中央政治局及其常委会的决策权，则是机制性决策权，即执行机关在权力运行中行使的决策权。中央政治局及其常委会的权力，正是这种结构性执行权和机制性决策权的有机结合。地方各级党组织的代表大会是同级党组织的权力机关，行使决策权。地方各级党组织没有设置类似政治局这样的机构，其执行机关是党的地方各级委员会的常务委员会（简称常委会）。不言而喻，结构性执行权和机制性决策权的相互结合，也是各级常委会权力运行的基本特征。

要对常委会的决策权进行规范，进一步明确各级常委会作为结构性执行机构的地位和功能，防止其机制性决策权的扩大和滥用。代表大会和全委会要对常委会行使决策权进行严格而有效的制约与监督，常委会作为执行机关也必须主动的接受这种制约和监督，慎用和善用机制性决策权。将这种决策权严格限定在党章规定的范围内，凡属需要提交代表大会或全委会讨论通过的重大事项，常委会绝不能绕过代表大会和全委会擅自决定。在极特殊的情况下，常委会不得不果断做出决定，事后应及时提交代表大会或全委会认可。在代表大会尚未普遍实行常任制的情况下，充分发挥全委会的作用就至关重要。

要进一步完善党内民主决策机制。各级常委会要合理有效地行使决策权，就要做到民主决策，即“按照集体领导、民主决策、个别酝酿、会议决定的原则决定重大事项”①。

2. 建立健全集体决策权和个人执行权相互结合的权力运行机制

机制性决策权是由常委会集体来行使的，而并非由常委个人行使。这是与党的集体领导、分工负责的基本原则相一致的。凡属重大问题必须由常委会集体讨论、集体决策，然后按照分工负责的原则贯彻落实，相关的常委行使执行权，负责执行常委会的决议。

---

① 《中共中央关于加强和改进新形势下党的建设若干重大问题的决定》，人民出版社2009年版，第18页。

坚持集体决策权，要做到有议有决、有决必行，防止议而不决、决而不行。常委会作为一个决策集体又要监督和制约每个常委的工作，防止其执行权的扩大和滥用。

在工作中，常委个人尤其是“一把手”，实际上也拥有一定的决策权，即根据形势发展变化和工作需要，随机做出这样或那样的决策。但这种决策权，必须是在贯彻落实集体决策的框架内、为了实现集体决策的目标而采取的，而不能违背甚至于推翻集体决策另搞一套。对集体决策权而言，这种决策应该是建设性的、补充性的、完善性的，而不能是颠覆性的。个人决策仅限于具体问题及其具体举措，不能涉及工作的全局和大政方针。因此，相对集体决策权而言，这种个人决策是有限的，必须受到严格的制约与监督。

3. 建立健全职能性执行权与工作性决策权相互结合的权力运行机制

各级党组织的职能工作部门，例如办公厅（室）、组织部、宣传部、统战部等，是各级党委领导下的实际工作部门，担负着党委全委会和常委会各项决议的贯彻落实工作。它们所行使的是职能性执行权。这种执行权，从属于全委会和常委会的结构性执行权。这些部门拥有与其职能相适应的机构、人员编制、及其他资源；拥有贯彻落实全委会和常委会决议的组织体系、平台、方法和手段。其状态如何，直接关系到全委会和常委会的决议能否得到全面而有效的贯彻落实。因此，它们作为职能性的执行机构，还应当具有和行使必要的工作性决策权。

四

要建立健全决策权、执行权与监督权相互协调又相互制约的权力结构和运行机制，就必须进一步加强监督权，完善监督体系。

1. 进一步调整监督机制

共产党历来重视党内监督。列宁就借鉴西欧一些社会党的做法，推动俄共建立了与中央委员会平行的监察委员会。按当时的制度规定，它是与中央委员会平行的，即不是在中央委员会的领导下工作，而是独立地开展监督工作，其监督的重点首先是中央委员会是否贯彻执行代表大会的决议，是否按照代表大会的路线、方针政策领导全党的工作，其次才是其他方面的监督工作。同时，列宁时期代表大会又较好地贯彻了年会制。因此，监察委员会以及党内的监督工作发挥了很好的作用。一是实现了党内权力的相互制约，有效地防止了权力过分集中，为充分发扬党内民主提供了制度保障；二是使党内的执行权受到了监督，从而保证它能按照代表大会的路线方针政策工作；三是对党的高级领导人乃至党的领袖进行民主监督，从而较为有效地防止了决策失误和权力腐败。然而，在斯大林时期，这些制度不但没有得到进一步完善，反而弱化监察委员会的监督功能，将中央监察委员会改为在中央委员会领导下工作。这一变化，不仅使监察委员会在党内权力结构中的地位下降，而且使其监督的重点也发生了变化，尤其是使中央委员会脱离了监察委员会的监督，其弊端是很明显的。之所以如此：一是当时的党内斗争错综复杂，斯大林在党内的领导地位尚未完全确立和巩固，监察委员会的这种地位和作用容易被“反对派”所利用，乃至造成党内对立和分裂的局面；二是就斯大林的个人领导风格来说，他显然不喜欢监察委员会和中央委员会平行的权力结构和运行机制。

改革开放30年，党内监督制度、监督体制建设不断完善，各级纪委的工作取得了不小的成就，保障了党的建设和执政工作健康发展。但也不能不承认，在实践中，确实也存在着一些问题：一是监督权与决策权、执行权难以分开；二是平行监督权难以实施，党内的监督体制基本上是自上而下实施监督的；三是对“一把手”难以进行监督；四是对纪委尤其是纪委书记的监督成了新的薄弱环节。

上述问题，绝不是单独采取一两项措施就能解决的，需要从制度上、体制上进行整体的综合的规划和调整，从权力结构和运行机制上寻找解决问题的办法。作为一种尝试，有必要进一步强化平行监督权。可试行并逐步建立和完善同级执行权与监督权相互协调又相互制约的机制。要整体提升纪委（这里主要指纪委常委）在权力结构中的地位，而不是仅仅提高纪委书记个人的政治地位。要保证各级纪委相对独立地开展监督检查工作，不受同级常委会特别是其主要领导人的干预。要对常委会中纪委书记的权力进行规范，明确其主要职责是行使监督权而不是决策权。为此，他应享受充分的知情权、民主讨论权、发言权、建议权，但不参与具体事项的表决。也就是说，不行使决策权。这样，他既能够了解常委会的工作意图、方针政策，表示纪委对此的看法，同时又不是直接的决策者和执行者，从而有利于纪委对常委会的工作进行有效的平行监督。当然，纪委和常委从组织机构上完全分开，纪委书记不进入常委，不了解整个常委的工作思路和领导意图，就难以实行有效的监督，难以对常委会及其成员进行有效的平行监督。同时，常委会也有权监督纪委特别是纪委书记的工作，形成相互监督制约的机制。

要建立和不断完善纵向和横向相结合的领导管理体制。地方党组织的纪委成员尤其是主要领导人，应采取上下结合的方式产生。必要的话，也可以由上级纪委单独提出候选人，经地方党代会民主讨论、选举产生。纪委既要接受同级党委全委会的领导，又在业务上接受上级纪委和中央纪委的垂直领导，既要对全委会负责，又要对上级纪委和中央纪委负责，鉴于纪委工作的特殊性，凡涉及同级全委会成员特别是常委会成员的案件，纪委可以直接向上级乃至中纪委汇报，并在其直接垂直领导下工作。纪委领导及相关人员的工作调动，要征询上级纪委的意见，防止同级领导人的打击报复，“公报私仇”。

2. 进一步加强党代会和全委会的监督功能

从权力结构和权力的授受关系来看，全国代表大会既是全党的最高领导机关，也是最高监督机关。各级党代会既是同级党组织的领导机关，也是其监督机关。党代会这种监督地位和监督功能是结构性的，也是最权威的。凡属经由其民主选举产生的机构及其人员，包括中央委员会（全委会），中央纪律检查委员会（地方各级纪律检查委员会）都要向其汇报工作接受其监督检查。但代表大会如何行使监督权，包括其监督的对象、内容，监督的形式、方式方法，都需要进一步的研究。要有具体的制度加以保障，使其具有可操作性。我们不仅要为党代表参与党内各项事务提供必要的制度保障，同时也要为代表行使监督权包括监督检查全委会、常委会的工作，以及各部门领导人的廉政勤政情况，提供必要的制度保障。这种制度不应仅限于原则性的规定，应该细化为具体的、可实际操作的程序和安排，要有刚性的具体规定做保障。例如，对代表列席党委有关会议、联系党员群众、检查各部门的工作，要做出实质性的有序安排。

全委会在代表大会闭会期间，是党的领导机关，也是其监督机关。它对常委会的工作有权进行全方位的监督，常委会也有义务定期或不定期地向全委会汇报党内权力结构和运行机制的调适工作，接受监督检查。全委会还应对常委会的每个成员包括“一把手”、纪委书记和分管纪委工作的副书记进行监督。现在的问题是，全委会的地位和作用没有得到充分发挥，其监督功能也就被大大削弱和忽略。党章对于全委会的地位和作用以及相关的文件都有明确规定，无论从理论上和制度安排上，其监督地位和功能都是名正言顺、顺理成章的。其障碍主要是其行使监督权的具体制度、具体程序、具体平台和具体的方式方法不够健全、不够完善，乃至完全缺位。

3. 进一步建立健全党内监督体系

要把专门的监督机关同群众监督结合起来，为群众参与党内监督创造有利条件。党的权力的运行应该做到公开透明，时刻接受广大人民群众的监督。享有必要的知情权是群众进行监督的前提条件。为此，党的各级领导机关应该通过媒体特别是网络及时发布相关的信息，主动接受群众监督。群众监督要有畅通的渠道，包括畅通的网络保障，使群众的监督、举报能够及时传达到专门的监督机构及相关的部门。同时，也要保证对于群众的监督、举报及时进行回应，对群众有交代，严防各种打击报复。

党外的监督除了一般的群众监督外，尤其要进一步发挥民主党派的监督作用。共产党领导的多党合作和政治协商制度是我国的一项基本政治制度，也是我国政治制度的一大优势，但在实际工作中，民主党派及其他党外人士参政议政做得比较好，而民主监督还有待于进一步加强。

舆论监督尤其是网络监督，将在党内监督中发挥越来越大的作用，应该引起我们的高度重视。首先要有具体的制度和规定来保证这种监督的正常进行，而不能人为地设置障碍。其次要积极引导这种监督朝着健康有序的方向发展。

就党的自我监督来说，监督体系应该做到上下、左右相互结合。即把广大党员和下级组织的监督和上级组织乃至中央相关部门的监督结合起来，使领导干部不仅要关注上级的监督检查和评价，而且要重视来自下边的反映、口碑和满意度。要重视平行监督，常委会尤其是“一把手”既要接受同级代表大会、全委会的监督，又要接受同级纪委的监督，要把结构性的权力监督和专门的功能性监督有机结合起来。总之，要进一步建立健全党内监督体系，形成一个上下左右、党内党外相互结合的监督网络，保证监督权、决策权与执行权相互制约又相互协调，保障各级领导班子的科学决策、民主决策、依法决策，以及各级领导干部的勤政廉政，从根本上遏制腐败现象。

（原载《学术界》2010 年第 1 期）

国外马克思主义研究的“向前做”与“向回做”

李佃来

一个学科或者一个学术领域的研究，如果隔离了对方法、路径、边界、范式的反思和内在检讨，可能就会走入歧途而积重难返，一旦如此，其合法性将难以维系。对于目前已经升格为显学的国外马克思主义研究而言，这种状况就格外突出：国外马克思主义研究意欲何为？它的研究对象理当如何界划？它的研究方向应当怎样定位？这些在国外马克思主义研究中并非自明的前提性问题，在近几年总是被理论界，特别是被马克思主义理论界不断提及、追问。这当中虽然隐含着理论界对热闹非凡的国外马克思主义研究的一种期待，但实质上更多的还是困顿与疑问、指责与诘难。既然如此，在国外马克思主义人物、流派、命题研究不断出新的同时，对其背后问题的考辨是一定要浮出水面、走上前台的。基于这样的审视与理解，本文提出“向前做”与“向回做”的问题，由此说明我们继续开展国外马克思主义研究的具体规范和取径。

对于国外马克思主义研究而言，所谓的“向前做”，就是以一种前沿跟踪的方式捕捉最新的研究动态与理论进展，进而扩展国外马克思主义研究的题域和边界；所谓的“向回做”，就是回到国外马克思主义的原初思想语境，强化对传统西方马克思主义的研究以及对马克思哲学的研究。应当说，国外马克思主义研究自开始的那一刻起，就存在一个“向前做”与“向回做”的关系问题。就完整意义上的国外马克思主义研究来说，这是两条截然相反但又应当紧密咬合在一起的理论路径。可是，当下的学术研究却表明，人们并没有有意识地去处理两者之间的张力关系，而是普遍集中在“向前做”的思路向上去开发与赢获国外马克思主义研究的创新意义，由此导致“向回做”的理论路数总是闭而不显，或者直接就被删除。我们在此彰明这样一个问题，并不是否定“向前做”的学术价值，相反，我们认为，国外马克思主义研究之所以能够从过去被打压的状态中脱颖而出，进而在青年马克思主义学术群体中起到引领潮头的作用，与“向前做”的开拓意识是分割不开的。与此同时，这样一种开拓意识，让我们能够以更积极、更有效的方式进入国际学术的对话当中，而不至于使国外马克思主义研究沦为一种自言自语的学术游戏。我们指认目前存在的“向前做”与“向回做”一边倒的格局，只是要表明，如果一味地向外扩展、开拓新的研究领地，而缺失了对学术活动本身的反思与盘点，这种“向前做”就不仅是不自觉的、盲目的、放任自流的、散漫的，而且会使我们的研究漂浮于表层问题和似是而非的观点之间，而不能达及思想的最根本之处。为此我们认为，在“向前做”的同时，国外马克思主义研究应当注重“向回做”。具体说来，主要包括两方面的“回归”，即回归传统西方马克思主义，回归马克思。

一 回归传统西方马克思主义

中国的国外马克思主义之旅是从西方马克思主义开始的。在国外马克思主义研究的前20年中，进入学者们视野中的，主要是从卢卡奇到阿多诺的欧洲西方马克思主义哲学家，“早期西方马克思主义”、“法兰克福学派”、“存在主义马克思主义”以及“结构主义马克思主义”等成为这一时期学术研究的关键词。照此说来，“回归传统西方马克思主义”的口号似乎是可有可无的，或者将之提出根本就是多此一举。然而，事实并非如此，这是为什么？首先，西方马克思主义在20世纪70年代之后逐渐退出了思想的舞台，并将马克思主义研究的接力棒递交到后马克思主义、英美马克思主义等的手中，这是毋庸置疑的事实。但对70年代之后国外马克思主义种种理论形态的理解和把握，若是不让西方马克思主义继续在场，则是根本完成不了的事情。理由在于下述两方面的事实：其一，西方马克思主义作为一种传统并没有因为理论的势衰而完全消失在思想的地平线之下，相反，我们发现，西方马克思主义作为一种思想的效应延续到20世纪70年代之后国外马克思主义知识分子当中，由此催生出具有西方马克思主义家族血统的理论流派和学术研究倾向。在当今美国马克思主义的理论创造中，法兰克福学派的思想传统就是一个极其重要的理论质点。通过继承马尔库塞、弗洛姆、阿多诺等人的思想遗产来阐述美国的理论与现实问题，一直是一种极为普遍的学术方向和理论趋向，被称做法兰克福学派之美国传人的理查德·沃林（Richard Wolin）对批判理论的研究，以及近几年兴起的“美国马尔库塞热”，都是这一状况的显证。诺曼·莱文（Norman Levine）、托尼·史密斯（Tony Smith）、克里斯多佛·亚瑟（Christopher Arthur）、肖恩·塞耶斯（ Sean Sayers）等英美新黑格尔主义马克思主义者将黑格尔作为理论支点而形成的对马克思与黑格尔关系的学理考证，也是直接沿取了以卢卡奇为代表的西方马克思主义哲学家开创的理论传统。

其二，那些与传统西方马克思主义表面看来根本异质的当代国外马克思主义理论派别，实质上也在以各不相同的方式享用着西方马克思主义的思想资源。这种情况更为复杂。一是有些派别与人物是从西方马克思主义传统中走出来，进而创造出不同于西方马克思主义的学术话语的。鲍德里亚与法国存在主义马克思主义，特别是与列斐伏尔的思想关系，就是属于这一种情况。拉克劳、墨菲与葛兰西的关系，也说明了这一状况。二是有些研究虽然没有直接彰显西方马克思主义的思想效果，但在创造出传统西方马克思主义不曾具有的思想语式的过程中，却实质上隐性地从西方马克思主义中借取了这样那样的学术资源。美国辩证法马克思主义大师伯特尔·奥尔曼（Bertell Ollman）对内在关系辩证法理论的阐释与申解，就有卢卡奇总体性辩证法理论的身影。以弗雷德里克·詹姆逊（Fredric Jameson）和戴维·哈维（David Harvey）为代表的美国后现代马克思主义对空间问题的探讨，也与列斐伏尔“空间生产”的理论观点有着千丝万缕的关联。如此这般的情况说明，如果切断了传统西方马克思主义的思想脉线，对当下国外马克思主义理论形态的考察就会失去根基，平面化、肤浅性也就难以避免。

其次，国外马克思主义研究的任务，不仅在于及时地反映理论进展的最新成果，也在于将整体的理论成果客观、真实地呈现在中国学术研究的界面上。就此而论，我们的研究依然没有理由跳过传统的西方马克思主义，因为已然展现在我们面前的并不一定是西方马克思主义的真实逻辑，需要分辨、需要反拨的东西有许许多多：

其一，西方马克思主义的研究，向来就是按照苏联哲学和传统原理教科书指认的模式进行的。所以，成为西方马克思主义评判标准的，从来就是“唯物主义—唯心主义”、“阶级斗争”等逻辑论式和范畴，当人们凸显这些论式和范畴时，也就相应地遮盖了政治哲学、文化哲学、革命的文化批判理论、文化的现代性批判理论等西方马克思主义内在的理论路向，西方马克思主义本身的思想结构也总是难以呈现出来。例如，人们在论析卢卡奇的思想观点时，总是习惯于用公式化的观点指认他如何陷入了黑格尔主义的泥潭，如何远离了辩证唯物主义的思想结构等，进而在这样的指认基础上，将卢卡奇贴上各式各样的正统马克思主义不愿接受的标签。这样的研究，显然脱离了历史的背景，脱离了理论家所处的强大的义理结构，因而不能看到卢卡奇之所以用黑格尔的方式来解释马克思主义哲学，是因为他意识到实证主义因素已经潜入马克思主义哲学传统当中并危险地腐蚀着这一传统，意识到西方国家的社会主义革命如若关闭了意识形态和主体性自觉的大门，则根本完成不可能。由于没有沉潜到卢卡奇哲学背后，对他的思想实质的把握常常是失真的，对他的评判往往也是外在的、牵强的。诸如此类的情况自然远不止卢卡奇研究，葛兰西研究、马尔库塞研究等，亦复如此。

其二，在中国学者对传统西方马克思主义认识的过程中，不仅是苏联哲学和原理教科书，而且英国学者佩里·安德森（Perry Anderson）的论见，也起到了直接的引导作用。在这方面，佩里·安德森的下述观点尤为突出：西方马克思主义的理论与实践、与历史是分离的，即理论并没有建立在实践和历史的基础之上而只是一种闭门造车式的话语创造，在这个意义上，西方马克思主义也就从经济学转向了纯粹的哲学。这一论见对中国学者的影响是极为明显的，中国学者几乎是众口一词地指证西方马克思主义从现实、从历史中超脱出来并投身于思辨哲学的怀抱。这样的结论显然没有建立在对西方马克思主义通透理解的基础之上，因为若是洞察西方马克思主义哲学家的理论逻辑会发现，他们不但没有在理论与实践、理论与历史之间划出清晰的楚河汉界，而且其理论的创造正是以映射、剥离西方社会的历史问题为前提的。卢卡奇、葛兰西等早期西方马克思主义者对西方国家革命道路的历史思考自不待言，霍克海默的“启蒙辩证法”、马尔库塞的“单向度的人”、弗洛姆的“逃避自由”、萨特的“人学辩证法”，这些在哲学史上产生强烈思想共鸣的理论话语，也都将当代资本主义最突出的文化问题、政治问题一一折射出来，理论的创造无论如何都不是书院里的心灵独舞。葛兰西、柯尔施等人虽然是将哲学的研究作为他们理论活动的根本性基调，但葛兰西在指认哲学的特质时却说：“一个历史时代的哲学，无非是那个时代本身的‘历史’，无非是领导集团成功地加诸于世代承传下来的现实的大量变动。在这个意义上，历史和哲学不可分割：它们形成一个集团。”葛兰西的论述和相沿成习的见解之间的差距，着实是耐人寻味的。

其三，由于缺乏对西方马克思主义哲学文本的深入解读，人们对西方马克思主义思想的立体性开掘也就极为欠缺，由之而得出的一些观点也就疑窦丛生、问题多多。比如，人们经常指认西方马克思主义走向了文化批判、意识形态批判、心理机制批判、现代性批判等，其实这是一种似是而非的见解，它是将西方马克思主义作为一个完全同质的思想结构进行描述的，而没有看到西方马克思主义内在的差异与分殊。其实，西方马克思主义在不同时期的话语路径是大不相同的，卢卡奇、葛兰西代表的早期西方马克思主义，主要还是在思考社会主义革命以及由之而来的政治哲学问题，虽然也有现代性批判的思想因素位居其中；到了法兰克福学派那里，现代性批判显然迁升到理论研究的上位，而革命的思考则就退居其次了。所以，20 世纪 40 年代之前和之后的西方马克思主义理论是大相异质的。这一点在现有的西方马克思主义知识结构中，似乎并不是自明的。再比如，人们总是习以为常地认为，西方马克思主义由于是在批评苏联哲学和社会模式的基础上产生和发展起来的，所以，它与苏联哲学根本就不可能是通约的。这一观点自然有合理的方面，柯尔施、萨特等人在理论的创造中的确曾将矛头直指苏联哲学。可是，西方马克思主义哲学家对苏联哲学的批评，主要指向的是其哲学中的客观主义、科学主义、实证主义（斯大林就是一个标靶），而苏联哲学的辩证法理论，尤其是列宁的辩证法理论则不仅没有成为西方马克思主义的众矢之的，而且还作为一种思想的养料被西方马克思主义据以资用，这是卢卡奇、柯尔施、布洛赫、列斐伏尔的著述传递出来的另外一条重要信息，对中国学术界来说，却是十分陌生的。上述种种情况表明，传统的西方马克思主义对中国的国外马克思主义研究而言，其实并不是现成在手的，语焉不详、误读或者根本就未曾触及的东西比比皆是。在这种情况下，回归传统西方马克思主义，一定是责无旁贷的。

二 回归马克思

我们指认“回归马克思”的学术路向，自然不是要求将马克思哲学的研究随意镶嵌到国外马克思主义研究当中，进而使之成为后者的一个构件。毋宁说，这一学术路向连接的是这样两个事实：一是如果不能回到马克思的哲学语境，国外马克思主义研究就难以开进、难以拓深；二是如果不能将国外马克思主义的解读自觉提升为重新理解马克思哲学的介质，国外马克思主义研究的意义就不能完全彰显。这样说来，“回归马克思”对于国外马克思主义研究而言，就同样具有两方面的含义。

首先，回归马克思与国外马克思主义研究的拓深。考察国外马克思主义种种形态的内生性历史会发现，无论是西方马克思主义、东欧新马克思主义，还是当今英美马克思主义、后马克思主义，其实都在以各不相同的方式回应或者接续马克思开创的哲学传统，由此创造出彰示自己的时代主题、民族思维和个性特征的理论学说，马克思在此过程中从来就没有缺席过，而始终是在场的：卢卡奇对总体性辩证法的论证，葛兰西对实践哲学的解释，弗洛姆对人道主义的张扬，以及阿尔都塞对认识论断裂的标指，这些在西方马克思主义哲学史上有着坐标意义的思想活动，无一不以回到马克思并以重新理解马克思的文本为根本进路；哈贝马斯对历史唯物主义的颠覆性重建，以及鲍德里亚对生产之镜的釜底抽薪式翻转，虽然并非以复原或者激活马克思的传统为根本旨向，但也都将马克思置放于他们理论求证的逻辑链条当中；詹姆逊、哈维、奥尔曼、福斯特，这些当下正红的美国马克思主义哲学家，则更是以在新的历史条件下开发或者捍卫马克思本人的思想遗产为本己使命，马克思自然更是当仁不让地位居他们学术阐发的中心。

诸如此类的状况不难说明，对国外马克思主义种种理论观点的洞穿，一定是要建立在马克思哲学研习基础之上的。例如，葛兰西在解释实践哲学的产生时曾说："实践哲学是在格言警句和因为纯粹偶然的缘故而提出的实践标准的形式中诞生的。因为实践哲学的创始人将其智慧用在了其他问题、特别是经济问题（他对它进行了系统的论述）上，但在这些实践标准和格言警句中却暗含着整个世界观，暗含着一种哲学。"在这段话中，葛兰西宣指的"格言"，其实就是马克思在《关于费尔巴哈的提纲》中的陈述，尤其是第一条的陈述。如果对马克思这一文献的内容知之甚微或者缺乏深度的理解，也就无法对葛兰西的实践哲学作出质性的理解。再例如，弗洛姆在标举"人道主义"的旗帜时曾说："马克思的学说并不认为人的主要动机就是获得物质财富；不仅如此，马克思的目标恰恰是使人从经济需要的压迫中解脱出来，以使他能够成为具有充分人性的人；马克思主要关心的事情是使人作为个人得到解放，克服异化，恢复人使他自己和别人以及与自然界密切联系的能力。"弗洛姆的这一论述是对马克思《1844年经济学哲学手稿》之理论实质的一种理解，即认为马克思在《1844年经济学哲学手稿》中预制的并非是"经济决定论"的思想，而直接就是一种"人道主义"。研究者会以什么样的姿态来评论弗洛姆此一观点自然不可估算，但有一点却是可以确定的，即没有对《1844年经济学哲学手稿》及其相关理论文本的一定程度的解读做铺垫，对弗洛姆的评论一定是不能深刻的。需要反省的是，中国学术界在国外马克思主义的相关研究中，似乎并不将这样的问题视为学术探讨的前提，而常常是在不计思想之原初语境的情形下直接入手（这在青年学术群体中是极为普遍的），结果不仅仅是马克思的隐退，而且直接的研究对象也完全失真。所以，正如有的学者呼吁在做国外马克思主义研究时应当一起做当代西方哲学研究一样（因为国外马克思主义的许多理论观点是在当代西方哲学的视阈融合中产生的），我认为在做这方面的研究时应当一起做马克思哲学的研究，这一学术方略是国外马克思主义研究能够走向深入的内驱力之一。

其次，从国外马克思主义研究到马克思哲学研究。如果说，马克思哲学研究为国外马克思主义研究提供了得以拓深的重要前提，那么，国外马克思主义研究相反也可以成为马克思哲学研究能够创获新的思想语境的重要介质。为什么会如此？若是察问中国20多年来的学术史，特别是马克思主义哲学研究的历史会发现，中国学者对马克思哲学的重新理解以及在此基础上所进行的种种哲学话语形态的构建，与国外马克思主义种种思想学说的出场以及由之而形成的学术效应其实是直接粘连在一起的。这突出表现在人学、文化哲学、政治哲学等学术研究方向的厘定以及主体性问题、人的生存问题、上层建筑问题等理论问题的张扬上。也就是说，中国学术界能够将这些在过往的马克思主义哲学研究中遮而不露的学术方向和理论问题彰显出来，虽然与学者们对当今中国实践（现实）语境的感悟与解读不无相关，但与此同时，在很大程度上也正是因为西方马克思主义、东欧新马克思主义等理论形态的刺激所致，是因为学者们认识到仅仅滞留于传统教科书和苏联哲学的水平上而不参照葛兰西、马尔库塞、萨特、沙夫等人的观点来理解马克思哲学，就无法通达马克思哲学精神之根本。在这一意义上表征的"回归马克思"虽然业已成为国外马克思主义研究的隐性路向，但在狂热的"向前做"的当下学术实践中，这一路向似乎又在逐渐地离我们而去。为了或许是时效性、或许是学术噱头的比拼，国外马克思主义的研究遗忘了自身的学科反思，遗忘了舍去马克思的再解读之后，自身的意义空间就根本不可能完全打开这一事实。当然，我们将“回归马克思”作为显性的学术口号提出来也不仅仅是因为对这一学术态势的观察与考量，同时也在于我们认识到我们现有的对马克思的理解并不比国外马克思主义所涉及的那些哲学家的理解更深刻、更符合思想史的原初语境。就此而论国外马克思主义的解读是应当接入马克思哲学的解读中来的。深层地审视，这一学术路径不独指向某一个学术观点或者学术问题，毋宁说，它在具体的学术观点和学术问题的翻转与变更中牵引出研究范式的解构与建构。“马克思哲学的来源与革命”问题就极为突出地表明了这一状况。

对于马克思哲学的来源与革命，传统主导的理论解释无非是认为，马克思在费尔巴哈唯物主义的基础上吸纳了德国古典哲学的辩证法、英国政治经济学的经验以及法国社会主义的思维等的精华，进而创立起辩证唯物主义和历史唯物主义的全新哲学。现在看来，这一指认不能说明马克思思想的真实来源，也不能说明他的思想的真正本质。因为它一方面是将马克思之前的那些思想成果机械、平面地对应到马克思理论创造的结构中，从而忽视了对它们之间的内在关系进行立体性的开掘，另一方面又隐性地在马克思与他之前的思想史之间划定了一条难以逾越的鸿沟，从而过分放大了马克思哲学在思想史上的转换意义。在这个意义上，中国现有的马克思哲学研究并没有处理好马克思哲学的来源与革命问题，不论用什么样的方式、以什么样的论式来解答这一问题，传导出来的总是那些波澜不惊、习以为常的见解。

在这一问题上，西方马克思主义及当今美国马克思主义哲学家，提供了完全不同的然而对于我们的理解却具有十分重要的引导意义的解释和观点。他们没有生硬地分割马克思的思想，进而在此基础上去找寻马克思之前思想史上的对应之物；他们也没有在马克思哲学与其之前哲学之间设置难以通约的范式裂谷（阿尔都塞是一个例外），而是以打通马克思哲学与黑格尔哲学、与康德哲学之间的关系为研究的前提的。一个最直接的例证在于，卢卡奇、马尔库塞等西方马克思主义哲学家，以及诺曼·莱文、肖恩·塞耶斯等当今英美马克思主义哲学家都曾指出，黑格尔哲学对于马克思哲学的意义绝不是“正统马克思主义”一直强调的“唯心主义辩证法被改造为唯物主义辩证法”（即颠倒之喻），而是有着更为丰富、更加深刻的内涵。卢卡奇在《青年黑格尔》中说道：“黑格尔所发展出来的那种特殊形式的辩证法，乃是从他研究资本主义社会问题，研究经济学问题里生长出来的。”所以，“马克思的黑格尔批判的巨大意义，恰恰在于它根据黑格尔对资本主义社会、资本主义经济学的矛盾和发展规律的理解的正确性与局限性，来说明黑格尔辩证法的伟大所在和缺点所在”。卢卡奇在此是要宣明：马克思并不是简单地用唯物主义的哲学框架来颠倒黑格尔的唯心主义辩证法，而是通过对黑格尔辩证法背后的巨大的历史之幕，即资本主义经济、社会问题的分析和把握来处理黑格尔辩证法的遗产。就此而论，黑格尔为马克思提供的就不是一般意义上的辩证法，毋宁说，提供给马克思的正是辩证法所蕴涵的那种历史感，那种与历史唯物主义创立须臾不可分开的经济学基础。就此而论，马克思哲学与黑格尔哲学享用着共同的理论前提，都是以回答和解决现代社会和资本主义呈现的历史问题为主旨的，虽然它们采取了不同的方式，得出了不同的结论。恩格斯曾经明确指出：“黑格尔的思维方式不同于所有其他哲学家的地方，就是他的思维方式有巨大的历史感做基础。形式尽管是那么抽象和唯心，他的思想发展却总是与世界历史的发展平行着。”因而，黑格尔的历史观“是新的唯物主义观点的直接的理论前提”。由恩格斯的论述我们自然可以推知，卢卡奇没有信守业已定格的理论范式，而是以对黑格尔和马克思主义经典作家的文本的深入洞观为基础，以梳理思想的内生性历史为前提来呈现马克思哲学的来源与革命，这比起用公式化的观点和论式来推导这一问题，无疑更具有理论的张力和思想的说服力。将对卢卡奇等人的解读作为理论支点来实现对马克思哲学的再解释，不仅会赢获一个全新的思想的境界，而且也会摆脱国外马克思主义研究中诸如“价值遗失”、“意义贫乏”之类的诘难，其重要性是不言而喻的。

三 “向回做”与国外马克思主义研究的界域转换

在先前的学术研讨中，我认为国外马克思主义研究应当包括五个部分：一是西方马克思主义研究，二是东欧新马克思主义研究，三是当代英美马克思主义研究，四是欧洲后马克思主义研究，五是马克思学研究。这是对国外马克思主义研究之对象与边界的一种界定。在明确提出“向前做”与“向回做”的研究路向之后，这一问题需要往前推进，因为我们不得不正视这样一个现象，即许多学者对当下国外马克思主义研究的对象与边界提出了种种疑问，进而批评在这一学科下所从事的研究其实超出了这一学科所应当涵纳的内容，例如一些人们并不熟知而且其思想也并未真正产生强烈共鸣的国外学者，却被堂而皇之地引介进来并被夸张地放大。且不论这样的批评是否是建立在通透解读国外马克思主义的研究基础之上，就其牵引出的问题而言，是值得我们深长思之的。对研究对象的舍取标准，以及与之相关的研究边界的规范性厘定，应当根据“向回做”的路向凸显出来。

首先，“向回做”的路向将我们的视野切换到马克思和传统西方马克思主义的语境，这实质上凸显了马克思主义传统在研究中的位次，因为马克思自不必说，而西方马克思主义也基本上还是以承接和延伸马克思开出的思想传统为前提进行理论创造的，虽然在这一过程中表达的问题和表达问题的方式与马克思是大为不同的。进而论之，马克思主义传统的凸显，是应当成为我们锁定研究对象的一种自觉标准的，因为从事国外马克思主义研究，不是简单地将国外研究马克思主义的学者的思想介绍过来，而应当将我们的研究作为思考中国马克思主义哲学建设，即马克思主义哲学中国化的重要参照，这是一个目标定位问题。既然如此，我们在遴选研究对象的时候，还是应当看它是不是处在马克思主义的传统当中。可在“向前做”的过程中，一些与马克思主义传统没有必然联系的理论流派或者人物，如布尔迪厄、福柯、德里达、吉登斯等却大张旗鼓地进入国外马克思主义研究的麾下，这是令人不可思议的。对马克思主义传统的继承是一回事，理论学说的光彩夺目是另一回事，将这两者混为一谈，就会导致对象择取上的标准颠倒以及研究上的视线混乱。

其次，“向回做”的路向将我们的视野切换到传统西方马克思主义的语境，凸显了政治哲学问题和现代性问题在研究中的位次，因为传统西方马克思主义，基本上是在政治哲学和现代性的坐标系中进行社会批判和理论创造的。推进地看，这又涉及研究对象遴选的标准问题。我们从事国外马克思主义研究，“中国问题”的范式是一定要出场的这不仅指涉中国的理论问题，也指涉中国的现实问题。虽然正如有些学者所指认的那样，前现代、现代、后现代文化意识在当代中国交叠共存、同时在场，但现代性无疑是我们追求的主导性文化逻辑现代性语境下所呈现的问题，尤其是政治哲学方面的问题（如市民社会、个体的权利意识、公平、正义等），无疑是我们关照的核心内容。在这个意义上，国外马克思主义研究应当突出与现代性反思、与政治哲学考论最相关的那些部分，传统西方马克思主义如此，当代英美分析的马克思主义、生态学马克思主义等亦复如此。这是“中国问题”范式出场的根本性表征之一。

最后，“向回做”将我们的视野切换到传统西方马克思主义的语境，这同时也凸显了主流马克思主义形态在研究中的位次，因为西方马克思主义本来就应当是国外马克思主义研究中的最主要部分。这同样还是涉及一个研究对象选取的标准问题，即我们在研究中应当检审研究对象是否代表了理论发展的主流，其提出的问题是否在哲学史上或者在我们这个时代根本就无法回避。就此而论，当下“向前做”的学术活动是需要反思的，因为研究者时常是将已所了知的流派或者人物圣化为各自话语系统中的“哲学英雄”，进而以一种“二世情结”的心态对之进行辩护和捍卫，对于国外马克思主义发展的重点和理论的焦点，却不去进行考量和总结。平心而论，这样的研究，造就的是话语的“盛宴”，但同时带来的又是思想的“流沙”；学术即便彰显，思想亦会隐退。

目前国外马克思主义研究显然界域不清、对象不明，这已经成为不容讳言的事实。随着“向回做”意识的伸张与布展，以及上述三方面标准的厘定，国外马克思主义研究会从前反思的、离散的状态走向自觉反思的、规范的状态，研究的对象也会从无限扩展的局面转向主动收缩的局面。在这个意义上，“向回做”会引发国外马克思主义研究的界域转换，而这正是这一学科领域需要发生的事情。

总之，本文的种种论述是要诠证：目前国外马克思主义研究应当从单一的“向前做”的思维结构中抽脱出来，由此凸显“向回做”的理论路向，即回归到传统西方马克思主义和马克思的思想语境中，进而在此基础上调整研究的对象和疆界。如此这般的变化，犹如范式的转折和新的理论平台的构筑，对于推进和拓深方兴未艾的国外马克思主义研究来说，其意义一定是非凡的。

（原载《社会科学辑刊》2010年第4期）

低潮中的奋进

——1990—2010年的世界社会主义运动

聂运麟

苏东剧变是20世纪下半叶重大的历史事件，它对世界格局和人类社会发展已经产生并将继续产生深远的影响。人们对苏东剧变后世界社会主义运动的发展有不同的看法，大多数人认为世界社会主义运动处于低潮，但也有人认为国际共运已不复存在，还有人认为国际共运在不断走向高潮。笔者认为，对当前世界社会主义运动发展的总体态势，用“低潮中的奋进”来概括较为贴切。

一 20年来世界社会主义运动总体处于低潮

苏联解体东欧剧变，使地处欧亚的10个社会主义国家倒退到资本主义，这一事件对世界社会主义运动打击的广度和深度都是空前的，带来了长达20多年的运动低潮。

之所以称为低潮，是因为这20年来，在资本主义世界没有出现统治阶级不能照旧统治下去、被统治阶级不能照旧生活下去的危机形势，没有出现波涛汹涌的工农群众运动和大范围的革命发动。有的是反动势力对进步力量的摧残和高压，革命队伍的涣散和解体，群众政治意识的低落。特别是作为科学社会主义发源地的西欧国家，其共产党在社会政治生活中日益被边缘化，在2008年夏天爆发的极其严重的资本主义金融和经济危机中，资本主义国家的工人运动并没有得到明显的增强。但是，资本主义国家的共产党并没有在低潮中沉沦，他们在艰难的条件下坚持斗争，对其理论和政策进行了调整和变革，并取得了相应的斗争成果。其间，经历了三个相互联系而不可分割的发展进程。

其一，资本主义国家共产党在受到剧烈冲击后经历了一个站稳脚跟的过程（从苏东剧变到2001年的“9·11”事件）。苏东剧变后，垄断资本对各国共产党发动的进攻，其野蛮程度“二战”以来未曾有过，特别是在前苏东国家竟采取法西斯手段宣布共产党为非法。在此情况下，有的党从此解体，有的党则改行社会民主主义，有的党发生分裂，比较普遍的是党员退党，党员人数锐减。在极端艰难的条件下，许多国家共产党人顶住了外部的压力，克服了内部的思想混乱和组织分裂，始终坚持社会主义的信念，高举马克思主义的旗帜，勇敢地进行了反对垄断资本和捍卫劳动群众基本权益的斗争，基本稳定下来。目前，在世界100多个资本主义国家中，约有127个党仍然保持共产党的称号，党员总数达700多万（比苏东剧变前锐减 2/3）。应该说，这是个很难得的成就。

其二，资本主义国家共产党经历了一个总结经验教训和制定新的理论与策略的过程（从“9·11”事件到 2008 年经济危机）。正当以美国为首的西方国家陶醉于反共产主义运动的“成功”时，2001 年 9 月 11 日美国纽约世界贸易大厦发生了震惊世界的恐怖袭击。“9·11”事件使他们不得不承认，恐怖主义乃是其面对的更现实更直接的威胁。他们组成反对恐怖主义的世界阵线，在阿富汗、伊拉克等国发动了反恐战争，耗去了大量的人力、物力和财力。这在客观上减缓了苏东剧变后反共势力给各国共产党所造成的压力。在此情况下，资本主义国家共产党进一步分析了新科技革命条件下资本主义的新调整和新变化，总结了国际共产主义运动以及本国社会主义运动的经验和教训，深化了对资本主义的认识，深化了对走具有本国特色的社会主义发展道路的认识，并制定了相应的战略和策略，从而使其处境在新世纪出现了不同程度的好转。资本主义国家共产党的党员人数基本稳定下来，少数党还有所发展，党的影响力有所提升。如印度共产党（马）党员发展到 101 万人，日本共产党有 40 万人，巴西共产党有 20 多万人，俄罗斯联邦共产党有 16 万人，捷克和摩拉维亚共产党有 14 万人，乌克兰共产党有 11 万人，法国共产党有 13 万人等。其中，摩尔多瓦共产党人、塞浦路斯劳动人民进步党、印共（马）、尼泊尔共产党（毛主义）、尼泊尔共产党（联合马列）等还先后执掌过或正在执掌全国政权或地方政权。这些成就说明，世界社会主义运动开始走出低潮的谷底。

其三，资本主义国家共产党正在经历一个深化对资本主义认识和调整丰富社会主义理论与策略的过程（2008 年经济危机至今）。2008 年夏天爆发的资本主义金融和经济危机，是世界社会主义运动走向振兴的一个新的契机。这次经济危机使资本主义再次坐到历史的被告席上，并使马克思主义理论获得新的证实，从而使全世界的工人阶级和劳动群众再次认识到只有社会主义才是人类的光明未来。这就进一步坚定了在艰难环境中斗争的各国共产党人的社会主义信念。从总体看，这次危机使工人运动活跃了，使国际共产主义运动的团结加强了。在此期间，资本主义国家许多共产党提出了符合本国国情的反危机斗争纲领，加强了反对垄断资本的斗争，密切了工人阶级与其他反垄断资本力量的团结与合作，增强了共产党的国际团结与合作，进一步调整丰富了其理论与策略。

二　低潮中的奋进之一：社会主义国家在改革开放中开拓前进

当今的世界社会主义运动在低潮中的奋进，首先当推社会主义国家在改革开放中取得的举世瞩目的伟大成就，特别是 13 亿人口的中国，其发展完全是一种逆势上扬的态势，特别引人注目。

第一，中国特色社会主义理论继承、丰富和发展了科学社会主义，实现了其历史性发展。

第二，中国改革开放和社会主义现代化建设的成功，体现了社会主义的优越性及其无限的生机与活力，扩大了社会主义的影响，鼓舞了全世界进步力量争取社会主义前途的信心，对低潮中发展的世界社会主义运动起到了中流砥柱的作用，促进了世界社会主义运动的恢复和发展。

第三，中国改革开放和社会主义现代化建设的成功，为社会主义各国提供了一个可以成功地走出危机、从而获得稳定发展的崭新的社会主义模式，开拓了一条发展社会主义事业的崭新道路。

第四，中国改革开放和社会主义现代化建设的成功，给人类社会的进步以深刻的影响，它为广大发展中国家提供了一个不同于西方国家的新型现代化发展道路。

同时，越南、古巴、朝鲜、老挝等国巩固和发展社会主义的事业也获得了新的进展，这是对世界社会主义运动的巨大鼓舞。

三　低潮中的奋进之二：资本主义国家共产党在调整和变革中探索前行

苏东剧变后，资本主义国家一些共产党非常重视对社会主义运动历史经验的总结，他们对马克思主义理论、资本主义的新变化、社会主义发展道路、马克思主义政党的建设等重大问题进行了认真的理论思考，取得了一定的进展。

1. 关于党的指导思想：从教条式地对待马克思主义到创造性地运用马克思主义

马克思主义理论不是教条，而是行动的指南。然而，从 20 世纪 30 年代起，教条主义在世界社会主义运动中便日益占据主导地位。全世界的马克思主义者都清楚地看到，苏联东欧的剧变，并不是马克思主义的失败，而是教条式地对待马克思主义的失败，是教条主义的彻底破产。同时苏共这个曾经被教条主义所腐蚀的“理论权威”的消失，也为人们创造性地运用马克思主义创造了有利条件。当今，把马克思主义与本国的具体实践相结合，已经成为世界社会主义运动发展的历史潮流。法共在 20 世纪 90 年代就提出了“新共产主义”理论，日共在新世纪提出了建设“日本式社会主义”的理论，希腊共产党提出了“反帝反垄断的社会主义革命理论”，印共（马）提出了“人民民主革命理论”，巴共提出了“建设具有巴西特色的新型社会主义”，等等。

2. 关于现代资本主义：走出资本主义总危机的理论误区，直面现代资本主义的调整、变革与发展

大多数资本主义国家共产党对当代资本主义发展的认识，比过去更加实际而辩证，对一些基本问题的认识比较一致：一是现代资本主义与自由资本主义时代和垄断资本主义初期相比有很大的不同，它已经具有较强的自我调节、自我更新和自我发展的能力。二是资本主义的自我调节、自我更新和自我发展的能力，并没有也不可能消除资本主义社会的基本矛盾，解决这一矛盾的根本途径是用社会主义取代资本主义。三是在资本主义的发展中，其内部的新社会因素也在增长，这就为实现社会主义准备了条件。法共认为，资本主义的自我调节，可以成为资本主义内部生长着的社会主义因素增长的条件；日共认为，资本主义国家对民主的规制以及通过各种形式对经济的介入，在使生产力获得发展的同时，也将使其成为建设社会主义的“重要基石”。四是反对资本主义的全球化。资本主义国家共产党认为，全球化是伴随着社会生产力发展的客观历史进程，是一种历史的必然现象；但当前的全球化进程是由资本主义大国主导的，是新自由主义的和帝国主义的全球化，这一进程给生产与消费、政治与国家、权利与平等的各个领域都造成了破坏性的后果，它扩大了剥削、统治和压迫，从而为

世界范围内的反帝、反资本主义运动的兴起和发展创造了条件。他们反对资本主义全球化，要求为建立造福于全人类的完全不同的全球化而进行必要的斗争。

3. 关于社会主义社会：从一元社会主义模式到多元社会主义模式

当前资本主义国家共产党普遍认为，建设社会主义的模式不是唯一的而是多样的。其主要理论观点为：

一是强调建设社会主义必须从资本主义国家的具体实际出发，不能照搬别国现成的模式。美共认为，未来美国的社会主义将按美国的传统、历史和文化条件来建立，因此它将不同于其他国家的社会主义社会。许多国家共产党都重新制定了关于社会主义的理论和策略。

二是主张建立公有制起主导作用的混合经济体制。法共主张发展以公有制为主体的混合经济，反对私有化和国家干涉主义，既不能实行统制经济，也不能屈从于市场法则。美共主张结束国家财富的私人占有，主要产品生产在公有制下进行，公有制在社会主义建设中起主导作用；同时还认为，社会主义并不要求废除所有由私人占有的生产方式，为自己工作或不雇佣他人创造利润的人所拥有的财富不实行国有化。葡萄牙共产党主张实行经济民主，在国家、合作社和私营等部门组成的“混合经济”基础上发展经济。

三是越来越多的党承认市场经济在建设社会主义社会中的作用，但认为国家的宏观调控必不可少。日共提出了“市场经济社会主义”理论，特别重视中国建设社会主义市场经济体制的经验；西班牙共产党主张发挥公有制在经济领域中的“决定性”作用，同时也要尊重作为“计划”补充和纠正个体所有制形式的作用，认为“市场必须严格服从政治决策和民主”；葡共主张对国民经济实行有计划的领导，同时又充分发挥市场的作用，等等。

四是主张实行多党民主制。资本主义国家共产党从本国的实际出发，一般都主张未来的社会主义社会将实行多党民主制度，但又强调社会主义社会只有在共产党的领导下才能得以实现。持这类主张的既包括发达国家的共产党，也包括南非、印度、尼泊尔等发展中国家的共产党。

五是高度重视未来社会民主的发展。美共认为，比资本主义更优越的、真正的民主是社会主义的实质，争取民主和民主价值的斗争，在任何时候都是社会主义的实质。葡共提出了“争取民主和社会主义”的口号和“先进民主”纲领，认为社会主义就是深化民主。法共认为，新社会要扩大民主，使代议制民主从直接民主中汲取营养，使公民享有比代议制民主大得多的、新的权利和权力。

六是实行广泛联盟的政策。在阶级结构已经发生巨大变化的条件下，资本主义国家共产党特别重视实行最广泛的阶级联盟政策，反对宗派主义的策略。如美共、葡共等主张建立以工人阶级的团结为基础的同农民、小资产阶级的联盟；在现阶段的革命进程中，职员、干部、知识分子、小商人、企业家和城市中等资产阶级都是联盟体系的组成部分。法共主张在议会和政府中实现一切左翼进步力量的联合，以便同议会外的广大人民群众结合起来，与工人、农民、知识分子、中小资产阶级结成的广泛联盟结合起来，共同实行由人民决定的社会变革。

七是高度重视保护生态环境问题。当今资本主义国家共产党的纲领和政策中，一般都写有保护生态环境的内容。第十一次共产党和工人党国际会议还专门通过了“关于纪念博帕尔毒气泄漏悲剧25周年的决议”，呼吁全世界的进步力量在2010年开展纪念活动，抗议帝国主义的掠夺行径，支持印度和其他发展中国家人民保护生态环境的斗争，强调解决地球的生态环境问题，必须“要从这种野蛮的资本主义中解放出来，必须实行真正的替代方案——建立社会主义制度”。

4. 关于走向社会主义的道路：从主张暴力革命到主张走和平民主的发展道路

第二次世界大战后，大多数国家的共产党在理论上仍然坚持或至少是不否定通过暴力革命夺取政权，实现社会主义。此后，世界局势和资本主义国家出现了新的变化，从而引发对无产阶级斗争策略的新认识。苏东剧变以后，大多数资本主义国家的共产党都主张通过和平、民主的道路走向社会主义，一般不再提无产阶级革命，更不提建立无产阶级专政。法共主张“通过法国人民的运动和民主的力量，沿着新型革命的道路即一种人道的、公民的和互助的现代革命的道路前进”。日共认为，日本社会的进步需要通过和平和民主的方法，分阶段地、一步一步地向着既定的目标接近。美共提出要通过美国人民在发展着的宪法秩序的范围内，进行政治和经济的斗争，争取和平、民主地走向社会主义。希共、葡共等在提出走和平民主发展道路的同时，也不排除在资产阶级首先使用暴力的条件下走非和平发展道路的可能性。但是，在经济文化比较落后的发展中国家情况又不完全相同，这里的共产党往往分为两派，一派主张走由农村包围城市的武装夺取政权的道路，另一派则主张走议会民主的道路，或者将这两种策略结合起来加以灵活的运用，如尼泊尔、印度等国的共产党。

5. 关于党的性质：从工人阶级先锋队政党逐步转变为工人阶级和全体劳动者的群众性政党

如何给共产党的性质以科学的定位，是关系到共产党的阶级认同的重大问题。共产党自诞生之日起就一直自称是工人阶级的先锋队，被公认为是工人阶级或无产阶级的政党。但是自20世纪60年代以后，特别是在70年代中期以后，情况有所变化。此时兴起的“欧洲共产主义”，明确提出了有关党的性质的新主张，即否定“职业革命家的党”，主张建立“群众性的党”；否定党是无产阶级组织的最高形式。苏东剧变以后，西方国家共产党对其性质的表述又有新的变化。此时除希腊共产党等少数党继续坚持党是“工人阶级的先进的、有觉悟的、有组织的部队”这一传统理论观点之外，大多数国家的共产党已不再提工人阶级的先锋队，如日共自称“日本共产党是工人阶级的党，同时是日本国民的党”；意大利重建共产党自称是一个新型的工人阶级的群众性政治组织；法共自称是指导工人阶级、劳动人民和其他劳动阶层同资本主义进行斗争的坚强集体，斗争的目标是实现共产主义；葡共自称是“无产阶级”的政党，“是工人阶级和全体劳动者的政党”，等等。与此同时，发展中国家的共产党也对党的性质提出了新的见解。1990年南非共产党在取得合法地位以后认为，为适应新形势的发展，有必要将自己建设成一个“群众性的先锋党”。1998年尼共（联合马列）六大通过的政治纲领重申，尼共（联合马列）是尼泊尔无产阶级、劳动阶级的政党，保护所有劳动阶级和爱国民主力量的利益，强调了党的群众性。

由此可见，资本主义国家共产党自称是工人阶级的政党，但同时还认为自己是全体劳动阶层的党，甚至是全体国民的党，其阶级基础已经扩大；另外，资本主义国家共产党强调自己是群众性的政党，不再提是无产阶级组织的最高形式，不再提党是工人阶级的先锋队。

6. 关于党的运行机制：从实行民主集中制转变为强调民主运行体制

作为现代群众性政党，党的运行机制也发生了重大的变化，即从强调实行民主集中制转变为强调民主运行体制。资本主义国家共产党是在十月革命以后按照苏联共产党的模式建立和发展起来的，在党内形成了高度集中的权力体制。苏东剧变以后，在有关党的组织原则问题上，部分资本主义国家共产党已不再遵循传统的民主集中制，而是强调民主、自由和多样性，例如法共现在实行“民主的运转原则”，等等。另外，那些继续坚持民主集中制的党，则对民主集中制作了新的解释，重点强调其民主的方面。例如，希共强调“在坚定贯彻民主集中制原则的前提下，加强党内民主和集体决策与运作”；日共二十二大仍坚持民主集中制原则，但是删除了“少数服从多数，下级服从上级”的提法，并把党员“无条件服从”党的决议，修改为“自觉服从”党的决议；美共二十八大对民主集中制作出了新的解释：“在今后，党的建设应以灵活性、集体性、团结和互相承诺为目标，致力于争取全体党员支持全党民主地制定政策，而不是以纪律来强迫少数人接受。”

7. 关于党的工作方法：信息技术在党的工作中起着日益重要的作用

人类已经进入信息化时代，能否掌握信息工具、运用信息手段，关系着社会各政党的生存和发展。瞬息万变、公开透明和广泛传播的信息，对各国共产党的领导、组织、宣传、动员工作带来了严峻的挑战，原有的工作方式和方法已显得不够，不少党都拥有自己的网站、出版社、报纸、杂志（如法共、日共、美共、印共［马］等），有的党还拥有定时开播的电台和电视台（如希共等），它们在党的日常工作中起着越来越重要的作用。因此，是否拥有并成功运用这些传媒工具，就成为衡量该国共产党是否具有实力和公众影响力的重要标志。

四 低潮中的奋进之三：各国共产党之间新的国际联系正在重新建立和发展

苏东剧变使各国共产党之间的国际联系几乎完全中断。但是，无产阶级国际团结的思想仍然在继续发展，经过 20 年的不懈努力，各国共产党之间的国际联系正在重新建立和发展。

第一，左翼学者、社会主义学者和马克思主义学者的国际学术会议频繁召开。苏东剧变以后，先后在巴黎、莫斯科、纽约、伦敦、特里尔、北京、武汉等地召开了多次社会主义学者国际学术会议，这是世界社会主义运动在理论上相互交流的重要形式。特别是在社会主义运动低潮时期，社会主义学者国际会议的意义大大超过了会议本身，它起到了交流社会主义理论和思想，加强全世界马克思主义者之间的联系和合作，鼓舞社会主义者的斗志和扩大社会主义影响的积极作用。

第二，左翼政党国际会议的召开和左翼政党联盟的建立。在面对共同的问题和争取共同的利益面前，左翼政党开始了更密切的合作。首先是左翼政党的国际会议的频繁召开，其中历史最长、参加的左翼政党最多、影响最大的是圣保罗论坛会议。1990 年，在巴西劳工党倡议和主持下，拉美 48 个左派政党（包括古巴共产党）和组织参加了首次圣保罗论坛会议。从 1992 年第三次会议起，圣保罗论坛会议还邀请了世界五大洲的共产党和其他左派政党和组织与会。每年一次的圣保罗论坛会议已经成为拉美和世界左派政党的重要聚会。其次是左翼政党联盟的建立，其中最突出的是“欧洲左翼党”。2004 年 1 月 10—11 日，在德国民主社会主义党（前身为德国统一社会党）的主持之下，在柏林州议会大厦召开了成立“欧洲左翼党”的协商会，来自欧洲 17 个国家的 19 个左翼政党的代表参加了会议，宣布欧洲左翼党的成立，这标志着欧洲左翼政党在政治上和组织上的联系进一步加强。

第三，共产党工人党的国际联系出现新的形式。从 20 世纪 90 年代开始，共产党工人党的国际合作不断恢复和发展。首先，党与党之间的相互关系获得新的发展。当前，发展各国共产党相互之间的关系，已经成为各国共产党进行国际联系、交流经验和相互支持的主要形式。这种党与党之间相互关系的特点是：完全自愿、平等、独立自主、互不干涉内部事务，这就避免了过去以某个大党为中心的国际联合所产生的强制性、不平等性、依附性和干涉别国党内部事务等不正常现象的发生。其次，“国际共产主义研讨会”的定期召开。自 1992 年以来，国际共产主义运动研讨会（ICS）每年在布鲁塞尔（比利时）举办一次，目前已经召开 18 次。其宗旨是就当前世界与社会主义的重大问题进行广泛的讨论和经验交流，捍卫马克思列宁主义和无产阶级国际主义，反对修正主义。目前已经有来自五大洲的约 150 个政党和组织参加到该研讨会中来。比利时工人党承担了研讨会秘书处的工作会议刊物《马克思主义研究》的编印工作。最后，“共产党工人党国际会议”的定期召开。苏东剧变以后，各国共产党试图重组国际共产主义运动，并努力使共产党和工人党聚集在一起。1993 年，印度共产党（马克思主义）第一个进行了这种尝试，举办了关于“当代世界形势与马克思主义有效性”的国际研讨会。从 1998 年开始，希腊共产党连续主办七次共产党工人党国际会议，目前共产党工人党国际会议已经召开过 11 次，它是世界各国共产党工人党加强联系、交流思想观点和工作经验、促进世界社会主义运动发展的重要形式。会议出版理论季刊《国际共产主义评论》。从总体上看，苏东剧变 20 年来的世界社会主义运动长期处于低潮，它并没有出现量的扩展，却有一定质的提高。经过此次资本主义金融和经济危机的洗礼，世界社会主义运动将迈出更加坚实的步伐。

（原载《马克思主义研究》2010 年第 8 期）

第三篇

学科建设

第一章　马克思主义基本原理

一　研究概况

马克思主义基本原理学科是马克思主义理论一级学科的一个二级学科。2010 年，马克思主义基本原理学科界立足原理，关注现实，总结经验，规划发展，取得重要进展。

（一）学科建设

2010 年，是马克思主义基本原理学科设立五周年。学界一般认为，经过五年建设，马克思主义基本原理学科取得了初步成绩，积累了最初经验。首先，马克思主义基本原理与马克思主义理论学科其他二级学科一起形成了全国性的学科布局，在六个二级学科中马克思主义基本原理学科学位点设置数量和质量排在前列，各学科点不断调整学科结构，提高学科水平和质量。其次，初步形成了马克思主义基本原理学科专业研究人才队伍，培养了新学科最早一批研究生。最后，在组织机构、管理制度建设等方面也不断完善。关于学科未来发展，学界一般认为，经过五年发展，学科现在正处于建设和发展的关键时期。针对当前各学科点建设在学术研究、人才培养、学科管理等方面存在一些不规范的现象和问题，加强学科的规范化建设成为今后马克思主义理论学科建设的重要任务，也是当前马克思主义基本原理学科建设的当务之急。学者们从加强学术规范、人才队伍培养、管理制度建设等各方面进行了分析和探讨。

2010 年，马克思主义基本原理学科各类学术会议、理论交流活动频繁，对学科建设起到直接推动作用。例如，2010 年 4 月第七届“马克思主义哲学创新论坛”在天津举行，本次论坛以唯物史观与政治哲学为主题，围绕唯物史观及其当代意义、唯物史观与中国经验、马克思唯物史观的内涵等问题进行了广泛而深入的探讨。2010 年 8 月“改革开放新起点上的马克思主义哲学”理论研讨会暨中国马克思主义哲学史学会 2010 年年会在贵州师范大学召开，会议围绕着“关于马克思主义哲学经典著作、基础理论研究”、“关于马克思主义哲学在当代中国的发展”等问题进行了广泛交流。2010 年 11 月，第七届“全国马克思主义论坛”在华中科技大学开幕，专家学者们认真梳理了全球金融危机背景下马克思主义和社会主义的理论与实践，提出，肇始于美国次贷危机的国际金融危机和经济危机，是资本主义的制度性危机，是资本主义基本矛盾在当代发展中的必然结果，再一次向全世界证明了马克思主义基本经济理论的真理性，等等。这些学术会议和理论交流活动立足于马克思主义基本原理，关注中国社会主义现代化建设实践，站在时代高度推动了马克思主义基本原理学科理论研究和学科建设工作。

（二）理论研究

总体来说，2010年马克思主义基本原理学科理论研究的特点，表现在三个方面：一是继续努力从整体性视角研究马克思主义基本原理，二是继续立足于经典著作文本研读马克思主义基本原理，三是继续关注现实问题深入挖掘马克思主义基本原理。

1. 继续努力从整体性视角研究马克思主义基本原理

马克思主义基本原理是一个完整的理论体系，其理论整体性内涵着认识、理解、研究、掌握马克思主义理论的一个最为根本的方法论要求，就是从整体性出发来研究和发展马克思主义基本原理。从整体性视角研究马克思主义基本原理和学科建设是当前学界的强烈共识。2010年马克思主义基本原理的整体性研究视野更宽阔，内容更丰富，具体来说包括以下两个方面内容：

（1）深入揭示马克思主义基本原理自身的整体性。马克思主义基本原理是一个完整的理论体系，但是究竟如何来认识、理解和把握，研究者角度不同，得出的结论也不相同。大体说来，本年度有如下几个角度：一是从马克思主义哲学、马克思主义经济学和科学社会主义三个组成部分辩证统一的角度理解，认为马克思主义理论的整体性，就在于它是以马克思主义理论三个组成部分为基础，贯穿于三个组成部分，具有严密的逻辑联系。关于马克思主义哲学、政治经济学、科学社会主义三大组成部分的研究是马克思主义理论整体性研究的内容基础，没有马克思主义三大组成部分的分科性研究，马克思主义理论整体性研究就是无源之水、无本之木。三大组成部分的内容是其中最主要的、最根本的、最具有实质性的内容，它们由此就成为马克思主义理论整体性研究、构建马克思主义理论学科整体的主体内容。关键在于认识它们是有机统一的整体。① 二是从实践理论角度理解，认为马克思主义的整体性根源于人类实践的整体性，实践性是马克思主义的整体性的基础，因而对马克思主义的理解要以实践性为落脚点和出发点。② 三是从哲学与政治经济学内在逻辑角度理解，认为马克思的哲学革命与经济学革命的内在逻辑联系，是关于马克思学说整体性研究中的一个关键性问题。马克思的哲学革命与经济学革命的内在逻辑联系是在马克思超越政治经济学领域的政治经济学批判和超越哲学领域的哲学批判的过程中展现出来的，即在超越哲学领域的哲学批判中构建政治经济学的方法论系统，同时在超越政治经济学领域的政治经济学批判中丰富和发展初步完成的哲学革命的成果，最后在这两种“互动”的批判中基本完成经济学革命并使哲学革命的内容和形式趋于完善。③ 四是从真理观、价值观和历史观等辩证统一的角度来理解，认为“真理观、价值观与历史观的逻辑统一及其理论阐述”和“历史辩证法与劳动价值论的逻辑统一及其理论阐述”是理解马克思主义原理整体性的两

① “整体把握马克思主义科学体系研究”课题组：《关于整体把握马克思主义科学体系的几个问题》，《马克思列宁主义研究》2010年第2期。

② 吴苑华：《如何“整体地”理解“马克思主义”？——针对〈马克思主义基本原理概论〉的思考》，《马克思列宁主义研究》2010年第2期。

③ 叶险明：《马克思哲学革命与经济学革命的内在逻辑及其启示》，《中国社会科学》2010年第3期。

个根本性问题。[①] 五是从理论与实践统一的角度理解，认为在理论与实践的统一中整体把握马克思主义，必须实现问题逻辑与实践逻辑的内在融通，找到实现马克思主义理论创新和发展的根本路径，在实践基础上打通马克思主义理论。[②] 无疑，上述讨论从不同层次、不同视角丰富、深化了对马克思主义基本原理的认识。

（2）多方面探讨理解、认识和掌握马克思主义基本原理整体性的途径和方法。对于整体性的马克思主义基本原理如何把握确实是一个大难题，2010 年，又有很多学者对这个问题进行了深入思考，提出了自己的看法。这些方法包括：一是“思想史”理解路径。通过马克思主义思想发展史来理解马克思主义的演变规律和本质内容，以期达到对马克思主义基本原理的客观整体理解。[③] 二是“概念”理解路径。就是通过马克思主义基本原理包含的基本概念，来理解马克思主义原理整体性。所谓基本概念就是围绕这一理论的主题的展开而形成的基础性范畴，并从这些范畴的相互联系中展示出一系列基本原理，如“无产阶级解放”、“实践”概念等。[④] 三是学科整合法，即打破传统研究中的学科壁垒，在学科整合的理论平台上，进入马克思的思想，从哲学、政治经济学与社会主义思潮的内在整合关系中来理解马克思。[⑤] 四是思维路径上，要有完整的系统的观点，包括联系的全面的观点，发展的创新的观点，实践的科学的观点，理论与实践相结合的观点，逻辑和历史相统一的观点，这是整体把握马克思主义的基本思维方法。[⑥] 五是借鉴法。借鉴国外马克思主义理论，通过对卢卡奇、柯尔施和詹姆逊等国外马克思主义学者的思想和观点进行分析，认为大多数国外马克思主义学者或学派之所以能够从整体上理解马克思主义理论，就在于他们都把认识和把握社会具体现实问题作为理论研究的着眼点，这无疑有助于启发我们对马克思主义整体性的理解。[⑦] 无疑，上述这些方法对人们正确理解、认识和把握马克思主义基本原理具有重要启示。

2. 继续立足于经典著作文本研读马克思主义基本原理

经典著作研读是马克思主义基本原理学科深化理论的一个重要内容。2010 年学术界一方面对经典著作文本进行深入解读，另一方面就如何研读经典著作作了进一步探讨。关于文本研读，本年度最受关注的著作是新出版的十卷本《马克思恩格斯文集》和五卷本《列宁专题文集》，很多学者研读了这两部文集并撰写出学习心得，很多科研单位召开学术会议进行学习交流，一些具有重要影响的理论研究杂志，如《马克思主义研究》、《高校理论战线》等辟有研读这两部文集的专栏，发表了一系列高水平的研读文章。学术界对这两部文集的系统深入学习，不仅深化了马克思主义理论的学理研究，也使马克思主义经典著作的学习达到了新的

① 刘宗碧、杨文富、刘玉兰、苏庆华：《打通马克思主义学科板块的两个理论难题和教学难点——〈马克思主义基本原理概论〉课程的整体性分析》，《凯里学院学报》2010 年 4 月。

② 朱荣英：《论在理论与实践的统一中整体把握马克思主义》，《井冈山大学学报》（社会科学版）2010 年第 1 期。

③ 李春江：《马克思主义整体性原则的二维体现》，《理论界》2010 第 11 期。

④ “整体把握马克思主义科学体系研究”课题组：《关于整体把握马克思主义科学体系的几个问题》，《马克思列宁主义研究》2010 年第 2 期。

⑤ 仰海峰：《学科整合与马克思思想研究方式的转变》，《学术研究》2010 年 2 期。

⑥ 王丽娟：《整体把握马克思主义的思维路径初探》，《山西高等学校社会科学学报》2010 年第 1 期。

⑦ 曾长秋、李邦铭：《近五年关于马克思主义整体性研究述评》，《当代世界与社会主义》2010 年第 4 期。

水平。此外，关于《资本论》的研读延续前两年的热度，本年度亦有新进展，学者们不仅从《资本论》中寻找经济危机理论的新阐释，而且努力从《资本论》中寻找马克思主义理论对现代社会研究的多维启示。对《德意志意识形态》、《关于费尔巴哈的提纲》、《黑格尔法哲学批判》等经典名篇亦有很多学者从新的角度进行深度解读，取得很大进展。

关于如何研读经典著作，这是一个半世纪以来一直困扰人们的问题。本年度，又有很多学者对此进行了深入思考，并提出了很多非常有见地的意见，这就是，不能孤立地就文本研究文本，既要把经典著作放到当时的历史背景下去研读，又要站在时代高度和立足当代课题。如有学者认为，要科学把握马克思主义经典著作，就需要注意四个联系：注意联系中西国情，注意联系历史环境，注意联系社会现实，注意联系实践发展。如有学者指出，学习和研究马克思理论，要正确处理马克思主义经典著作中八个向度的关系——马克思主义经典著作与著作原时代的关系、经典著作与同时代其他思想家的著作的关系、经典作家本人不同时期著作之间的关系、经典文本内部主次部分之间的关系、“元典”与“今典”的关系、经典著作与当代实践的关系、经典著作的研究与传播的关系、经典著作批判与自我批判的关系。再如有学者指出，科学把握马克思主义经典著作，要注意这样几个问题：一是中外文翻译是否科学，二是读者对中文译文的解读是否科学，三是科学把握马克思主义的基本观点。还有学者指出，马克思主义文献研究一定要与基本理论的研究相配合，这样才既有助于正确理解经典著作又有助于正确理解马克思主义基本原理，① 等等。无疑，这些思考对人们进一步研读经典著作都具有重要启示。

3. 继续关注现实问题深入挖掘马克思主义基本原理

关注、解释和解决现实问题是马克思主义基本原理研究的基点和建构旨归，也是马克思主义基本原理随着实践发展而不断丰富自身的源泉。运用马克思主义基本原理解释和解决重大现实问题，是马克思主义基本原理理论研究的重要内容。2010年度，马克思主义基本原理学科界继续密切关注国际国内重大问题，通过深入挖掘和整理马克思主义基本原理，对人们普遍关注的前沿热点问题给以马克思主义的理论分析，在这个过程中，既进一步深化和丰富了马克思主义基本原理体系，也使对现实问题的分析更加深入、更加清晰、更有说服力。例如，2010年度，学者们通过深化马克思主义价值观研究，进一步深化了当前学界关于普世价值观、社会主义核心价值观等的研究，通过深入挖掘马克思经济危机理论深刻解读当前国际金融危机，从维护社会主义基本经济制度的战略高度对“国进民退”问题进行深层次讨论，从马克思主义发展观高度对当前我国转变经济方式提出政策主张，从深化马克思主义人学理论角度对当前社会普遍关注的关于公平、正义、公共性等政治哲学问题进行深入研究，等等。这些研究因为有了马克思主义基本原理这个锐利的思想武器，显示出卓然不同的思想高度，从而展示了马克思主义理论解释和解决现实问题的深度和力度。

---

① 冯志斌：《凝视经典——论科学把握马克思主义经典著作应注意的四个联系》，《湖北社会科学》2010年第8期。冯志斌、张晓川：《凝思经典——论科学把握马克思主义经典著作应注意的几个问题》，《西北农林科技大学学报》2010年第1期。李建柱：《论马克思主义经典著作研读中的八对关系》，《胜利油田党校学报》2010年第1期。杨海英：《马克思主义哲学创新道路的探索一访著名哲学家陈先达》，《高校理论战线》2010年第9期。

二　重大问题研究进展

马克思主义基本原理重大问题研究，主要包括两个方面内容：一是侧重马克思主义基本原理的基础理论研究，二是侧重运用马克思主义基本原理分析、解释和解决现实问题。

（一）基础理论问题

1. 继续深化“什么是马克思主义基本原理”问题研究

关于“什么是马克思主义基本原理”及其内容概括是当前学术界的一个理论难题，2010年，学者们在深化以往研究的基础上，进行了新的研究尝试，包括以下几个方面内容：一是通过区分“马克思主义理论”与“马克思主义基本原理”概念的不同，来理解马克思主义基本原理。“马克思主义”、“马克思主义理论”、“马克思主义原理”与“马克思主义基本原理”是不同的概念，不能简单地画等号，前者的概念内涵要比后者大很多，马克思主义基本原理只是马克思主义的一部分，所谓的“基本”在内容上仅仅是指马克思主义庞大体系中最根本的、最为主要的观点和规律；称得上马克思主义基本原理的“基本”，必须是具有马克思主义本性且贯穿于马克思主义变化发展过程始终的观点和规律。[①] 二是从规律角度理解马克思主义基本原理。规律和原理具有内在的统一性。与规律紧密相联系的原理必然是重要的、基本的原理。马克思主义阐明和论述了三个不同层面的规律：关于世界本质和自然、社会思维发展的普遍规律；关于资本主义发展和资本主义转变为社会主义的客观规律；关于社会主义发展和社会主义过渡到共产主义的客观规律。这三个方面都包含着一系列马克思主义的基本原理。马克思主义基本原理是马克思主义立场观点方法最基本、最直接、最集中的体现。总体上说，马克思主义基本原理是对世界本质及其发展过程普遍规律和对自然、社会、思维三大领域各自普遍规律的反映。[②] 三是从层次角度理解马克思主义基本原理，即把马克思主义原理分为不同层次，以此理解什么是马克思主义基本原理。如有学者把马克思主义基本原理分为两个层次：马克思主义关于自然界、人类社会和思维领域即整个世界的世界观和方法论层次的基本原理；运用世界观和方法论层次的马克思主义基本原理具体分析资本主义社会和社会主义社会得出的基本原理。[③] 四是从原理体系及其辩证统一角度理解马克思主义基本原理，认为马克思主义基本原理是一个理论体系，要从理论与实践、理想与现实辩证统一的整体高度来把握。马克思主义基本原理是马克思主义唯物论、实践观、价值观之间相互交融、相互渗透、相互支持的理论体系。以唯物论为核心，马克思主义基本原理是物质观与实践观、历史观、辩证法等的辩证统一；以实践观为核心，马克思主义基本原理是实践观与物质观、辩证法、认识论等的辩证统一；以价值观为核心，马克思主义基本原理是价值观与唯物论、实

---

① 王志林、余冰：《〈马克思主义基本原理概论〉课程教材体系的构建》，《武汉工程大学学报》2010年第4期。殷石龙：《论马克思主义基本原理中的“基本”》，《云梦学刊》2010年第1期。

② “整体把握马克思主义科学体系研究”课题组：《关于整体把握马克思主义科学体系的几个问题》，《马克思列宁主义研究》2010年第2期。

③ 田勇：《马克思主义基本原理的科学认识》，《理论界》2010年第2期。

践观的辩证统一。[①] 当前的研究表明，关于“什么是马克思主义基本原理”目前仍难以形成广泛共识，这道理论难题仍有待人们进一步探索。

2. 深入解读历史唯物主义

历史唯物主义无疑是马克思主义基本原理的核心理论，它对人类历史宽银幕大视野的独特理解方式和说明方式，是马克思主义卓然不同于其他理论并高于其他理论的标志所在。当今时代，人类社会发展瞬息万变，运用历史唯物主义原理解释社会发展的新情况，解决时代发展提出的新问题，成为理论界的重要课题。近些年来，历史唯物主义研究成为一个受关注程度越来越高的热点。2010年理论界关于历史唯物主义的讨论再次掀起高潮，本年度召开的第十届马克思哲学论坛、第六届马克思主义创新论坛等学术会议均以历史唯物主义为主题，《中国社会科学》、《马克思主义研究》、《哲学研究》、《光明日报》等报刊都刊发了大量相关论文，对历史唯物主义的本质内涵、基本范畴、重解路径等问题进行了广泛而深入的探讨，具体说来有以下几方面：

一是关于历史唯物主义与政治经济学的关系。过去一般认为，马克思先创立了历史唯物主义，然后将之运用于政治经济学批判，提出了剩余价值理论。有学者认为，只有当马克思提出以剩余价值理论为核心的资本逻辑批判时，才能真正地将自己同过去的政治经济学及社会主义思潮区别开来，在这个意义上，资本逻辑批判构成了历史唯物主义的深层内容。有学者强调，中国政治经济学的创新与发展，必须以对历史唯物主义理论的科学认识为前提，突破照搬历史唯物主义的传统“分析范式”和方法，坚持从近代以来的世界体系及其对中国社会发展轨迹的影响的分析作为创建中国政治经济学理论的出发点，通过创立一个新的历史发展理论和分析框架才能对中国这一独特的发展道路加以解释。[②] 这些研究开拓了历史唯物主义研究视野，并为从哲学、政治经济学与科学社会主义的学科整合视角研究马克思思想提供了新思路。

二是关于历史唯物主义的本质与特征。这是老话题了，本年度关于这个问题的研究更强调人的日常生活世界，很多学者就此进行了专题研究。如有学者指出马克思主义历史观在本质上是一种社会学理论，马克思主义哲学作为一种新世界观，它是关于“感性世界”或“对象、现实、感性”的一种全面而完整的根本观点，是新的自然观与新的社会历史观的完整统一。[③] 马克思和恩格斯创建的历史唯物主义，从“感性的人的活动”或“历史中行动的人”出发去解决“思维和存在的关系问题”，形成了以“历史”为解释原则、以“生活决定意识”为核心理念、以“历史的内涵逻辑”为基本内容、以“人类解放”为价值诉求、以“改变世界”为理论指向的历史唯物主义的世界观。[④] 相信未来关于这个问题研究还会继续。

三是关于历史唯物主义的一些概念、基本范畴问题。每年都有大量关于历史唯物主义基本概念、基本范畴的重新解读与审视，如阶级、国家、市民社会、社会形态等，本年度也

---

① 张建云：《当前学界关于“什么是马克思主义基本原理”研究综述》，《马克思主义研究》2010年第8期。

② 仰海峰：《历史唯物主义的理论新境》，《中国社会科学报》2010年12月28日。邱海平：《论中国政治经济学的创新及逻辑起点——基于唯物史观对于中国现代历史适用性的思考》，《教学与研究》2010年第3期。

③ 林剑论：《马克思历史观视野中的历史生成论诠释及其价值》，《哲学原理》2010年第1期。

④ 孙正聿：《历史唯物主义与哲学基本问题——论马克思主义的世界观》，《哲学研究》2010年第5期。

是如此。一方面通过反思澄清这些概念、范畴的本来含义，另一方面结合时代发展和实践需要赋予其新的内涵。本年度最具热度的范畴可谓“资本”，这不仅因为资本在马克思思想中的重要地位，也是当前通过对资本的批判反思解决现实问题的需要。有学者指出，马克思的历史唯物主义正是通过研究和揭示资本的“秘密”，来断言资产阶级的命运和共产主义的前途的。我们完全可以说马克思的“政治经济学批判”，正是一门使“资本现象”直接地被给予，并且根据这些现象的本质来进行历史唯物主义研究的社会科学——“资本现象学”。对资本逻辑的批判分析构成了历史唯物主义面对社会历史现实的基本方式，这种批判对历史唯物主义的思维方式、世界图景和伦理诉求这三重理论内涵均产生了决定性影响。①

3. 马克思主义实践观研究

实践是马克思主义基本原理的一个核心范畴，马克思主义实践观是一个随着人类实践的发展而常说常新的话题，它以其特有的理论魅力吸引着大批学者深入其中探求真理。本年度，马克思主义实践观的研究进展表现在：

一是关于实践内涵的再探讨。关于实践范畴的本质和内涵，有学者主张从本体论角度理解，认为实践作为一种特殊的经验事实，因而成为本体论范畴。这种观点从一开始就受到质疑，越来越多的学者从思维方式角度理解实践的本质和内涵。本年度又有很多学者提出实践思维方式理念，并进一步深化了这一思想。有学者提出实践过程思维方式概念，认为实践过程思维方式就是现实、感性的人为了满足自己的需要，通过一定手段而进行的主体活动，它把主观和客观、本质和现象、目的和实现等相互作用中的对象性存在看作原本不可分割的流动整体，人、自然、社会都处于生成性的实践过程中，体现着否定性的自我统一，通过创造而实现进化，又通过对象性存在关系理解人与自然、人与社会以及人自身的互动生成。② 有学者认为实践思维方式内在蕴涵着以人为本的思维方式、辩证的思维方式、没有固定模式的思维方式。深入理解和体会这三种思维方式在现实中的导向作用，对于培养人们的人文精神、科学精神和创新精神具有重要意义。③

二是关于实践地位的争论。“实践是马克思主义认识论的首要的基本观点”，关于这一点理论界一般都很认同，但对于“实践是整个马克思主义哲学的首要的基本观点”，则存在很大争议和分歧。有学者强调，唯物的观点才是马克思主义哲学的首要的基本观点，认为“马克思主义哲学首要的基本的观点不是实践，而是物质”④。是物质本体论还是实践本体论？成为本年度激烈争论的一个话题。实践本体论者认为，实践的终极原初性决定了它是比旧唯物主义与唯心主义及其对立更具有始源性的基础。在此意义上，确立实践的本体论地位。物质本体论者认为，在本体论意义上，实践的原初性同物质的原初性是绝不能并存的。因为本体范畴的原初性是终极的原初性，这就注定了实践作为本体范畴，其原初地位是无条件的。倘若在它之前尚存在一个比它更具有始源性的规定（即“物质”）决定着它，那么它的原初性就被

① 高云涌：《资本逻辑与历史唯物主义的三重内涵》，《江苏社会科学》2010年第3期。白刚：《资本现象学——论历史唯物主义的本质问题》，《哲学研究》2010年第4期。

② 闫顺利、赵红伟：《“实践思维方式”与马克思哲学本体论》，《青海民族大学学报》（教育科学版）2010年第3期。

③ 文翔：《实践思维方式内涵的当代确证》，《长春理工大学学报》（社会科学版）2010年第1期。

④ 冯爱华、任中平：《马克思主义哲学首要的基本的观点不是实践，而是物质》，《新西部》2010年第6期。

实际地消解掉了。面对上述争论，有第三种观点主张用“对象化”取代“实践”作为本体范畴，以超越这一对立。因为对象化是比实践更根本的概念，可为马克思主义哲学本体论奠基，因为它更能显示出实践的内在矛盾、人之存在的根本矛盾。当然这种观点也引来质疑，有学者指出，“对象化”只是实践的内在矛盾的彰显形式，而绝非是比实践更具有始源性的前提。① 无疑上述争论对于人们深化对实践范畴的理解具有重要意义。

三是实践的价值与意义揭示。实践观的确立在马克思主义发展史上具有划时代的意义，对此，很多学者早已进行过阐述。本年度亦有很多学者着眼于此，对这个问题又进行了深度思考，特别是结合时代发展揭示其当代意义还是很有价值的。如有学者指出，从根本上说，实践的观点关系到我国社会主义社会的全面发展，特别是精神文化发展战略的选择。有学者指出任何理论的价值都要在实践中体现出来，马克思实践哲学体现着对人的本质和生存方式的深刻把握，体现着对人类社会存在和发展规律的深刻把握，能够更好地以理论的方式推进中国特色社会主义的伟大实践。②

4. 马克思主义价值论研究

价值是马克思主义基本原理的一个核心范畴，以往这个范畴并不如实践等范畴那样受重视。随着人类实践活动的深入发展，人类面临自身困境的不断增加，价值研究也日益受到关注，特别是近些年关于价值观问题的讨论不断形成热点，普世价值观、社会主义核心价值观等就是当前广受关注的热点话题。2010年度，关于价值论讨论的主要问题仍然集中在以下两个方面：

一是关于“普世价值观”的讨论。讨论主要围绕着有没有普世价值、什么是普世价值等问题展开，争论很激烈。一种观点持肯定态度，认为存在普世价值。有学者从规范的普遍性等角度论证普世价值是存在的，认为任何规范都具有普遍性，否则就不是规范，就不能作为规范而存在。有学者强调普世价值是人类社会在长期的实践过程中创造出来的，并且又是人类要继续生存并不断进步的需要和基础。特别是在当今全球问题越来越突出的情况下，普世价值显得尤为重要。

另一种观点否定普世价值存在，认为我们争论的不是民主、自由等的价值性问题，而是其普世性问题，这是两个不同的问题。我们肯定自由、民主等的历史进步性，但反对把它作为普世价值，因为它不是抽象的永恒的观念，与特定的社会政治制度不可分离，不存在普世性。还有学者从马克思主义价值观本质上是价值实践生成论出发，论证普世价值的价值主体是非现实性的绝对人类，是主体虚设，因而普世价值是价值虚构。

还有一些学者提出普遍价值的概念，依据是马克思提出的“我的普遍意识的活动本身也是我作为社会存在物的理论存在”这一命题，认为普遍价值的背后是“共同的利益”，共同利益是普遍价值的内容。承认人们之间存在共同利益，就要承认普遍价值。但是肯定普遍价值并不等于肯定“普世价值”。恰恰相反，在严格准确的学理意义上，“普遍价值”与“普世价

---

① 孙亮：《实践本体论的困境——对何中华先生回应的反驳》，《学术界》2010年第3期。何中华：《实践本体论若干问题再探——答张立达先生》，《华中科技大学学报》（社会科学版）2010年第2期。

② 李楠、高燕宁：《马克思实践哲学的当代审视》，《前沿》2010年第7期。刘海霞：《浅析马克思主义实践观的当代意义》，《社科纵横》2010年6月。

值”是有区别的，是不能混淆的。还有学者从“兼容”、“无人被排挤”等角度论证了什么样的价值才有资格成为普遍价值，以及如何达到价值共识，等等。①

从目前研究看，各种观点很难相互说服，很多思想还需要深化，争论还将继续。

二是关于社会主义核心价值观建设。自“社会主义核心价值体系”命题提出以来，学者们从多个向度、多门学科进行了大量的研究。本年度关于这个问题的研究进展主要表现在：一是进一步思考社会主义核心价值的基础、内涵。有学者指出，建设社会主义核心价值体系涉及马克思主义理论、中国特色社会主义共同理想、中华民族精神、西方文明价值体系、时代精神、社会公共道德与公民道德等核心理念，社会主义核心价值观的基本理念包括：民主法治、自由平等、公平正义、道德文明、社会和谐。也有学者认为，科学社会主义所追求的社会主义核心价值是人的彻底解放与全面自由发展。民主、自由、平等、公平、正义等，是社会主义核心价值的衍生价值。但有学者认为，“人的全面自由发展”是社会主义核心价值观的一般，具体则是“以人为本、共同富裕、公平正义”等。可以说，关于社会主义核心价值观的具体内容，还没有形成一致共识，不同学者观点不同，存在很大差异。② 二是深入探讨社会主义核心价值观与社会主义核心价值体系的关系问题，并在这一过程中深化对社会主义核心价值的认识。绝大多数学者都认为，二者之间不能等同，是有区别的。有学者明确指出，价值体系与价值观之于价值来说是形式与内容的关系，即价值体系是价值的现实性转化在层次和结构上的彰显，而价值观是价值的实质或本质的形而上的揭示与概括。一般来说，价值观统领价值体系，有什么样的价值观就有什么样的价值体系。有学者认为，社会主义核心价值体系是核心价值观的形成的基础，核心价值观是核心价值体系的提升，是核心价值体系基本内容的共同指向，是灵魂和目标。③ 此外，关于社会主义核心价值观建设的意义、现实基础与实践路径等问题，亦有很多研究，这些研究对社会主义核心价值观建设都具有重要启示。

当然，除了上述热点问题，关于价值的本质、价值观的核心问题等基本理论也有很多学者关注，此处不再赘述。

5. 马克思主义人学与文化理论研究进展

“现实的人”是马克思主义理论研究的起点，马克思主义人学博大精深，是理解和把握马克思主义基本原理的智慧之门，每年都吸引大批学者关注和思考。2010 年度关于人的本质、人的能力、人的自由、人的解放等问题讨论仍占有很大分量，并且这些讨论不局限于理论本

① 刘吉发：《从价值主体性维度看“普世价值”何以不能》，《哲学原理》2010 年第 4 期。马俊峰：《再论重视规范价值的研究——兼论“普世价值”》，《哲学原理》2010 年第 1 期。董晋骞：《论普遍价值——与陈先达先生商榷》，《辽宁大学学报》（哲学社会科学版）2010 年第 3 期。邵汉明、陈姝宏：《关于普世价值的研究与思考》，《哲学原理》2010 年第 1 期。本刊记者：《历史唯物主义：是什么为什么怎么用——访中国社会科学院马克思主义研究院特聘研究员陈先达教授》，《马克思主义研究》2010 年第 7 期。

② 王中汝：《社会主义核心价值：公平正义抑或人的解放与全面自由发展》，《马克思主义研究》2010 年第 9 期。冯景源、林坚：《社会主义核心价值体系的基础、内容及意义》，《江淮论坛》2010 年第 2 期。

③ 方爱东：《社会主义核心价值观论纲》，《马克思主义研究》2010 年第 12 期。王增国：《对社会主义核心价值体系几个基本问题的审思》，《中国特色社会主义理论》2010 年第 4 期。戴木才、田海舰：《社会主义核心价值体系建设需要深化研究的若干理论问题》，《中国特色社会主义理论》2010 年第 2 期。

身，而是结合时代发展和社会现实，从保障人的权利、促进人的幸福、实现人的价值等角度进行深入探讨，彰显了这一问题的研究力度。2010年度马克思主义人学研究的重点体现在以下方面：

一是人的全面发展理论。人的全面发展是马克思主义人学理论的重要内容，本年度很多学者都对人的全面发展的内涵、实现人的全面发展的现实条件等进行了深入思考。依据马克思关于人的全面发展的内涵和目标，有学者指出，当今时代的人的发展应是创造性发展与合理的享受性发展的统一，人的发展的新路向应是创造能力的提升和实现、休闲生活的拓展以及精神生活的充分发展。如何准确解读马克思人的全面发展思想，有学者比较了历史主义和阶级分析方法，指出，作为解读马克思主义人的全面发展理论的方法论，历史主义更具统摄力和剖析力。①

二是“以人为本”问题。马克思人本思想的最高哲学理念是以“人是人的最高本质”对待人。本年度很多学者对此又进行了深入分析，马克思主义人本思想的内容概括起来就是关怀人、为了人、谋求人类的彻底解放，通过人、依靠人实现人的全面发展。人本主义的出发点是人，目的也是人，一切为了人。② 有学者还分析了剩余价值学说的人本思想，指出，剩余价值的创造者似乎是一种弱者，但剩余价值显示出人类在自身发展的历史长河中所蕴涵的力量，也标志着人类自身自由而全面发展的无限远景。随着社会发展，人类劳动的人文结构、科技当量和综合素质日益提高，历史上的必要劳动和剩余劳动的区分将逐步消解而融为一体，长期蕴藏在剩余价值中的人的价值也就会充分彰显出来。③

三是精神家园建设问题。关注人的生活幸福、关注人的精神家园、关注人的信仰建设是本年度人学研究的重要看点。精神家园是一种与物质家园相对应的精神文化和价值系统，是人的意义世界和精神境界，对这一问题的思考和研究在当代中国有着特殊的时代意义。学者们分析了精神家园的内涵和意义，指出精神的家园是由文字或文化搭成的精神空间，并充实以民族独有的价值观念、思维方式、行为习惯等，其基本功能是安顿我们的心灵。物质家园必不可少，但精神家园更为重要。因为追求“精神自由”和“心灵归宿”是人性中最宝贵的东西，也是人生命活动的最高意义。④ 有一些学者探讨了马克思主义幸福观、“幸福指数”等问题，强调在关注经济发展和物质财富增长的同时，注重人民群众幸福指数的不断提升，将经济增长、社会进步这一比较抽象的指标，与每个家庭、每个国民的切身感受紧密地结合起来，实现幸福指数与GDP的同步提高。⑤ 针对当前普遍存在的信仰危机，很多学者强烈呼吁：信仰问题极端重要，探讨了坚定马克思主义信仰的重要意义，分析了马克思主义信仰的内涵，并指出，不能一概而论地认为马克思主义遇到信仰危机，实践的唯物主义信仰从来没有遇到过危机，彻底的人道主义信仰有极强的生命力，共产主义的政治信仰面临着一定程度

① 林伟：《马克思人的全面发展理论的历史主义解读》，《浙江社会科学》2010年第11期。陈新夏：《人的发展的新路向》，《马克思主义与现实》2010年第2期。

② 林春：《马克思哲学中的人本思想》，《重庆邮电大学学报》2010年7月。

③ 郝逸孚：《注重剩余价值学说的“人本学”底蕴》，《湖北社会科学》2010年第5期。

④ 欧阳康：《融入精神家园马克思主义的当代价值与当代命运》，《华中科技大学学报》（社会科学版）2010年第1期。

⑤ 方丹、赵华朋：《对幸福指数研究的哲学思考》，《西安社会科学》2010年2月。

危机的考验。[①]

6. 马克思主义经济学发展与创新研究

马克思主义经济学的发展和创新，是马克思主义经济学者当前肩负的重大战略任务，它事关马克思主义经济学走出被边缘化的困境，重新焕发学术生命力和政策影响力的发展大局。所以它是马克思主义学者近年来一直关注和倾心研究的重大热点问题。2010 年度，对这一问题研究的进展集中在以下两个方面。

一是从不同角度探讨了马克思主义经济学创新的基本原则和总体思路。参加全国第三届"马克思主义经济学发展与创新论坛"的学者们提出继承与创新马克思主义经济学，必须秉承实事求是、与时俱进、开放争鸣的学术之风。有学者从马克思主义经济学视角提供了对市场经济的新的认识，基于马克思的社会发展三阶段理论，将市场经济定位在人类社会发展的第二阶段，从而强调市场经济是一种以物的依赖关系为基础的异化经济；基于马克思的两种社会主义发展道路的理论，强调资本主义、社会主义与市场经济之间的区别和联系，认为在社会主义初级阶段，只有通过国家资本主义才能走向社会主义。有学者主张将国家范畴作为社会主义政治经济学的逻辑起点，认为目前政治经济学存在的缺陷源于没有在方法或研究范式上的创新。当用历史唯物主义的方法时，并没有回答为什么实行公有制。按照马克思的观点，新的更高层次的生产关系，在它的物质存在条件在旧社会的胎胞里成熟以前，是绝不会出现的。要以国家范畴作为起点重构政治经济学理论的逻辑框架，对社会经济制度的产生和发展过程中的国家作用提供解释。有学者指出经典马克思主义经济学是相对科学，在研究目的、研究内容、研究方法等方面都有理论创新的空间，只有创新，马克思主义经济学才是与时俱进的能够发展的科学。[②] 有学者认为中国政治经济学研究存在的主要缺陷和问题是方法论上的教条主义和学术上的不规范。因而，中国政治经济学的根本出路在于彻底摈弃教条主义，大力倡导科学精神，努力建立学术研究规范。[③]

二是研究了马克思主义经济学创新的具体方向和具体内容。有学者呼吁政治经济学教学和研究加强实证分析，对客观存在的事实及其内在联系和规律表现予以实事求是的分析和说明，认为没有这种分析说明，就不可能对它面临的问题有明晰的概念和提出可行的方案。[④] 有学者主张用发展的马克思主义政治经济学引领应用经济学创新，基本思路是明确马克思主义经济学是一个包括理论经济学和应用经济学两个层次的科学体系，确立马克思主义理论经济学的元理论，认清不同的应用经济学科的性质、对象和任务，梳理清楚马克思主义理论经济学元理论与应用经济学的耦合关系，找出它们之间的接点，进而确立各应用经济学逻辑展开的路径，构建应用经济学的内容体系。[⑤] 有学者认为，当代马克思主义经济学目前所面临

---

① 陈志尚：《信仰问题极端重要——访北京大学陈志尚教授》，《党政干部学刊》2010 年第 11 期。陈志尚：《谈坚定马克思主义信仰》，《党建研究》2010 年第 5 期。张连：《马克思主义信仰危机辨析——关于马克思主义信仰内涵的再思考》，《长白学刊》2010 年第 3 期。

② 林勇、赵学增、刘志铭、贾丽虹：《推动马克思主义理论发展，创新中国经济学研究——全国第三届"马克思主义经济学发展与创新论坛"综述》，《经济研究》2010 年第 5 期。

③ 邱海平：《中国政治经济学研究的主要缺陷与出路》，《马克思主义研究》2010 年第 6 期。

④ 刘国光：《关于中国社会主义政治经济学的若干问题》，《政治经济学评论》2010 年第 4 期。

⑤ 程恩富、王朝科：《用发展的马克思主义政治经济学引领应用经济学创新》，《教学与研究》2010 年第 2 期。

的现实问题是缺乏对微观制度的具体分析。在微观行为机理以及影响因素实证方面，现代西方主流经济学作了很大的发展。当代马克思主义经济学的发展应该吸收现代西方经济学新近发展起来的研究具体微观问题的工具、模型以及理论。① 有学者具体分析了马克思主义经济学经典理论中需要继承的理论，以及需要突破和创新的理论。认为需要继承的理论包括马克思关于资本主义和社会主义生产方式的基本原理，需要突破的理论包括马克思关于古典资本主义生产方式的具体结论和传统社会主义的教条化观点。②

7. 马克思所有制理论研究

2010年，马克思所有制理论研究主要在两个方面取得进展：一是对“重建个人所有制”的进一步讨论；二是对我国公有制主体地位的深入讨论。

“重建个人所有制”是马克思的一个重要理论命题，是马克思对后资本主义时代社会所有制的本质所作的科学概括。但是长期以来理论界对于马克思所说的“个人所有制”到底是什么含义始终无法形成共识。主要原因有二：一是个人所有制至少从字面理解似乎是私有制的一种形式，这与马克思所倡导的共产主义公有制存在矛盾；二是恩格斯认为个人所有制是指生产资料归全社会成员共同占有，消费资料归社会成员个人所有这样一种所有制形式，但这似乎与马克思的表述不符。目前理论界的观点大体分为两派，一派认为“重建个人所有制”就是重建生产资料的个人所有制；另一派则坚持恩格斯的观点，认为“重建个人所有制”指的是重建消费资料的个人所有制。2010年一些学者联系中国改革和经济发展的实践，对这一问题展开了进一步的讨论和争鸣。有学者认为“重新建立个人所有制”是重建被资本主义否定了的劳动者的生产资料个人所有制，但不是劳动者单个人的个人所有制的回归，而是在更高形式上的与公有制相通的联合起来的社会的个人所有制。公有制和联合起来的社会的个人所有制是社会主义所有制不可分割的两个方面。这可以从经典作家的论述中找到更多的依据。③ 有学者也主张“重建个人所有制”是重建生产资料的个人所有制，并认为它是包括社会主义在内的全部共产主义阶段所有制结构的基本特征。个别学者强调马克思“重建个人所有制”的理论在今天具有重要的现实意义，认为公众股份制是我国现阶段“重建个人所有制”的重要形式④。

与上述观点相反，多数学者认为，恩格斯对“重建个人所有制”的解读是正确的，是符合马克思原意的，也是马克思本人和列宁所认可的观点，符合否定之否定的规律和表述方式。如果把“重建个人所有制”解读为重建生产资料“个人所有制”，又说它是经否定的否定而建立起来的公有制，是明显的同义反复的逻辑错误，也违背了马克思和恩格斯的原意。⑤ 有学者主张对马克思这个理论必须多角度进行全面性地动态地理解。认为马克思所指的“重建个

---

① 周文、朱富强：《论当代马克思主义经济学及其发展》，《经济学家》2010年第12期。

② 于金富：《马克思主义经济学经典理论的科学继承与创新发展》，《河南大学学报》（社会科学版）2010年第3期。

③ 卫兴华：《究竟怎样理解马克思提出的“重建个人所有制”的理论观点——再评王成稼先生的有关见解和辩驳》，《当代经济研究》2010年第6期。

④ 于金富、安帅领：《“重建个人所有制”是共产主义社会所有制关系的本质特征——兼论公众股份制是我国现阶段“重建个人所有制”的重要形式》，《经济学动态》2010年第4期。

⑤ 王成稼：《恩格斯解读“个人所有制”最符合马克思的原意——复卫兴华教授的第三次批评与提问》，《当代经济研究》2010年第12期。

人所有制”，是“重建”一种逐步取代资本主义占有方式，并在资本主义时代的生产力成果基础上形成的局部生产资料“公有制”（土地及凝结过去劳动的生产资料的公有制条件下的消费品的个人所有制）；是与公有制紧密联系的、动态的、实践的“个人所有制”；是特指资本主义向社会主义过渡时期的“个人所有制”。①

2010 年理论界对公有制主体地位的讨论集中在两个问题上：第一，目前我国公有制主体地位是否巩固。一种观点认为，当前我国公有制的主体地位是巩固的。其理由是，公有资产不仅包括经营性资产，还包括资源性资产，判断公有制主体地位时应把经营性资产和资源性资产加在一起，这样公有资产在社会总资产中就占有明显优势。② 另一种观点则认为目前我国公有制主体地位并不巩固。其理由为，改革开放以来，新自由主义思潮干扰我国发展思路，国有资产因为各种形式的“变卖”或“侵吞”而大量流失，非公有制经济在整个国民经济中的比重已经超过 50%，国有经济比重已下降到不足 30%，而且下降趋势仍在进行，公有制经济的主体地位岌岌可危。③ 还有学者认为，公有制经济在国民经济中比重严重下降，危及社会主义基本经济制度的巩固，必须看到公有制经济主体地位面临的危险性。④ 第二，是否需要坚持公有制主体地位。多数学者主张必须坚持公有制的主体地位。有学者指出，社会主义初级阶段的基本经济制度是当代中国社会制度的基础，是中国特色社会主义健康发展和改革开放获得成功的根本保障。建设社会主义市场经济、社会主义民主政治、社会主义核心价值、社会主义和谐社会都离不开基本经济制度这一基础。因此必须坚持公有制经济的主体地位，否则就会动摇中国特色社会主义事业的根基，导致社会的混乱。⑤ 也有少数学者有不同看法。有学者认为，“社会所有制”的概念比公有制更好。公有制经济产权不清，效率低下，而且与市场经济不能兼容，应让国有企业完全退出竞争领域，同时加快垄断性国有企业的私有化进程。⑥

8. 关于“什么是社会主义”问题的研究

社会主义不是抽象概念，其具体内涵必然随着社会主义建设实践的发展而不断丰富完善。深化社会主义认识是时代提出的课题。2010 年，关于“什么是社会主义”的研究进展表现在：一是深化对科学社会主义一般原理和基本原则的认识。学者普遍认为，社会主义的本质是一个内涵极其丰富的有机整体，对它的认识必将随着实践的发展而不断深化。有学者从三个视角展开：共同富裕和人的全面发展是社会主义的价值目标，生产资料公有制是社会主义的本质特征，社会和谐是中国特色社会主义的本质属性。有学者主张把科学社会主义表述为关于无产阶级所进行的斗争的性质、条件以及由此产生的一般目的的学说。⑦ 二是关于科学

---

① 蒋南平、帅小林：《“重建个人所有制”理论的历史沉思及其在中国的实现》，《当代经济研究》2010 年第 2 期。

② 李成勋：《论社会主义初级阶段基本经济制度的机理与特征》，《毛泽东邓小平理论研究》2010 年第 2 期。

③ 周新城：《划清社会主义公有制为主体、多种所有制经济共同发展同私有化和单一公有制的界限》，《中共石家庄市委党校学报》2010 年第 1 期。

④ 何干强：《抓住有利时机振兴公有制经济》，《探索》2010 年第 1 期。

⑤ 纪宝成：《重视和加强对基本经济制度的认识和研究》，《政治经济学评论》2010 年第 1 期。

⑥ 董德刚：《“社会所有制”这个概念更好些》，《共产党员》2010 年第 13 期。

⑦ 董正平：《历史与现实社会主义本质的理论探索》，《中国特色社会主义理论》2010 年第 5 期。本刊记者：《科学社会主义的实践和发展——访北京大学教授、中国社会科学院马克思主义研究院特聘研究员钟哲明》，《马克思主义研究》2010 年第 2 期。

社会主义科学性的论证。针对一些人抨击社会主义不具有科学性，有学者指出，科学社会主义的科学性，主要在于经济条件的客观性和现实性、社会发展的规律性和历史性。现实的经济条件和特殊的历史地位，决定了它独特的阶级性和前所未有的高级性和世界性。有学者指出，马克思的社会主义观之所以是科学的是因为它奠定在现实的基础上，立足于实现全人类彻底解放，归根到底由生产力的发展决定，等等，之所以有人怀疑马克思社会主义的科学性，是对社会发展阶段的认识误区造成的。① 三是深入研读经典作家对社会主义的论证和说明。有学者指出，马克思恩格斯对社会主义的论述具有这样几个特点：它是从未来社会主义基本特征的角度来论述社会主义的，它强调社会主义是不断变化的社会，它强调社会主义还在多方面有“旧社会的痕迹”。他们的思想特点是抽象地、原则性地指明社会主义社会的某些特征；反对制定出关于什么是社会主义社会的十分完善的方案。列宁把握社会主义社会“标准”的方法和理论：被广大群众肯定“这比旧制度好”的东西就是社会主义社会的东西。② 很多学者着眼于深化对邓小平关于社会主义本质理论的认识，其一是认为社会主义社会应该把发展生产力放在首要地位，其二是认为社会主义社会应该不断地增加人民的收入和改善人民的生活。有学者指出：邓小平关于“‘什么是社会主义，怎样建设社会主义’这个问题我们过去没有完全搞清楚”的论断，说的是我们过去对社会主义社会的基本规定性或基本特征在中国社会主义初级阶段的具体实现形式没有完全搞清楚。③ 四是对科学社会主义变革的现实依据实现道路的思考。学者们认为将呈现各依国情、丰富多样的特点，正如马克思恩格斯多次强调的，社会主义不是书斋里的理论，而是人民群众变革社会、创造历史的实践活动。

(二) 重大现实问题研究

1. 用马克思经济危机理论解读当前国际金融危机

2008 年全球金融危机和经济危机爆发以来，许多学者运用马克思经济危机理论解读当前金融危机和经济危机。2010 年它仍然是一个理论热点。学者们的研究重点集中在两方面：

一是从总体上对马克思经济危机理论作了较为深入的梳理和概括。有学者认为，马克思没有提出完整的或没有充分阐明危机理论。马克思虽在其著作中从不同角度分析了资本主义经济危机，但没有对此进行必要的整合。后来的学者在解读马克思文本的基础上逐渐形成了消费不足论、比例失调论、利润挤压论和利润率下降论四个代表性理论流派，各持己见地寻求危机的主因，造成了马克思主义危机理论的分野甚至相悖。同时，这些理论都着眼于产业资本积累的内在矛盾，相对忽视了马克思对货币、信用和金融的研究。他们认为一项完备的危机理论既要将导致利润率下降的多种原因综合起来，又要将信用关系的具体运动考虑为引

① 陈文通：《如何认识科学社会主义的科学性》，《科学社会主义》2010 年第 1 期。石镇平：《为马克思的社会主义观辩护——论马克思社会主义观的科学性及其当代价值》，《马克思主义研究》2010 年第 9 期。

② 俞良早：《马克思主义关于社会主义社会标准的理论》，《中国特色社会主义理论》2010 年第 1 期。辛向阳：《“什么是社会主义”的多维解析》，《中国特色社会主义理论》2010 年第 5 期。

③ 赵家祥：《全面准确地理解“什么是社会主义，怎样建设社会主义”问题》，《理论视野》2010 年第 1 期。

发危机的内生过程。[①] 有学者梳理了马克思危机理论萌芽、形成和发展过程，认为马克思的经济危机理论萌芽于19世纪40—50年代，马克思明确指出危机的根源在于生产的无政府状态，并分析了危机爆发的周期性。19世纪50年代后期，马克思经济危机理论的基本轮廓形成。马克思分析了在简单商品流通中就存在着危机的抽象形式即危机的可能性，证明了在资本主义社会中，生产过剩的经济危机有其发生的必然性。19世纪60年代前期，马克思创立了科学的经济危机理论。马克思认为资本主义经济危机的基础或根本原因在于资本主义生产方式本身，在于资本主义生产方式的基本矛盾。马克思还阐述了危机的周期性的基础、危机的形式、危机的后果等等一系列经济危机的理论问题。[②] 有学者对马克思经济危机理论作了概括，指出，马克思认为，资本主义经济危机的实质是相对的生产过剩。在资本主义条件下，生产过剩危机是这种制度本身必然产生的结果。因此，危机产生的原因，危机的可能性转化为现实性的一般条件，必须用资本主义生产的一般条件，即资本主义经济固有的基本矛盾来说明。马克思在《资本论》中，从论述资本主义生产的最初的前提，即商品表现为货币并完成形态变化的过程时就阐明了危机的可能性。马克思从分析资本循环中得出重要结论：只有在三个循环的统一中，才能实现总过程的连续性。但是，由于资本主义生产的对抗性质和无政府状态，这种连续性遭到不断的破坏。在考察资本周转时，马克思揭示了危机的周期性及其物质基础。马克思通过对社会总资本再生产的分析表明，在资本主义条件下，由于私有制和生产的无政府状态，社会总资本的再生产是在资本主义周期性经济危机中实现的。《资本论》第三卷考察了资本主义生产总过程。这里把资本在直接生产过程和流通过程中所采取的形态作为特殊的要素纳入资本总过程的各种形态，对资本运动过程作总体考察。这样资本主义的各种复杂矛盾便进一步展开了，危机也同时获得了进一步的规定，危机的形式也有了具体的内容，危机的规律也进一步显现出来。马克思还研究了经济危机对工人的影响，指出危机必然引起社会革命。他把马克思危机理论的方法论特殊总结为：科学抽象，总体把握，辩证思维。[③]

二是运用马克思危机理论对金融危机和经济危机进行深度解读，理论解释力有所加强。有学者指出，马克思将金融危机作了广义和狭义的划分：广义的金融危机是指伴随经济危机爆发而爆发的一般意义上的金融危机；狭义的金融危机则是指单纯的货币危机。马克思认为，发达的资本主义经济是信用经济，这种信用经济就是虚拟经济。金融危机可以在以虚拟资本为代表的金融系统超常发展的混乱中爆发。其逻辑可表述为：经济金融危机的本质在于生产过剩；而生产过剩又是由群众的购买力不足从而有效需求不足所导致的；群众购买力不足是资本和劳动收入分配两极分化的结果；而两极分化是生产资料的资本家占有制度的使然。可见，金融危机的本质原因在于资本主义基本矛盾。虚拟资本市场的过度膨胀和银行信贷的过度增长是独立的货币金融危机发生的基础和条件，而这也正是次贷危机前美国社会的现实状况。次级抵押贷款发放的增长中很大部分代表的是住房的虚假消费需求，在房价上涨时由于

① 谢富胜、李安、朱安东：《马克思主义危机理论和1975—2008年美国经济的利润率》，《中国社会科学》2010年第5期。

② 董瑞华：《马克思的经济危机理论与当今世界金融危机》，《当代经济研究》2010年第7期。

③ 李其庆：《马克思经济危机理论及其当代价值》，《当代经济研究》2010年第1期。

各方都暂时受益而隐藏了事实的真相，但房地产经济的波动性决定了房地产市场不可能保持永远的繁荣。因此，尽管次级债在信用杠杆的支持下借助现代金融工具风生水起，如果有效需求不能同步增长，泡沫最终将受实体经济的制约而破灭。① 有学者运用马克思研究政治经济学的方法，即抽象法和从抽象上升到具体的方法来分析这次国际金融危机的原因和影响，认为这次金融危机的根本原因是资本主义固有的基本矛盾，具体原因是虚拟资本的无序发展和虚拟经济与实体经济的失衡，直接原因或导火线是美国次级贷款的盲目发放。关于这次危机的影响，从短期看，贸易保护主义会抬头；从中期看，产业结构调整的势头会加快；从长期看，资本主义的历史暂时性会得到进一步的体现。② 有学者用马克思主义观点和方法分析了希腊的主权债务危机的形成原因和后果，认为，资本主义基本矛盾是资本主义国家主权债务产生的本质原因；剥夺性积累是资本主义国家主权债务危机的诱发因素；金融资本的贪婪成性是一些资本主义国家债务危机爆发的直接导火索；对债务危机的应对将加剧资本主义体系边缘与核心之间的分化。危机的后果是引发严重的社会动荡，民族主义倾向抬头；危机凸显社会民主主义的困境，人民参与政治的热情减弱。随着债务危机向东欧的蔓延，东欧国家人民最终会发现资本主义并没有兑现其许诺的经济持续增长的目标。相反，新一轮的剥夺性积累极有可能终止原始积累已经在这些国家开启的通往扩大再生产的道路。反抗剥夺性积累的斗争与扩大再生产领域的斗争结合起来，在希腊大规模的罢工和示威游行中得到集中体现。尽管希腊人民的反抗可能因金融资本势力的镇压而失败，但它仍然标志着近年来无产阶级反抗剥削和掠夺的一个阶段性高潮。③

2. 对“国进民退”问题的深层次讨论

所谓“国进民退”问题是近年来引起学术界较多关注和较大争议的一个重大现实问题。2010年对此问题的讨论进一步深入。马克思主义学者从维护社会主义基本经济制度的战略高度对这一问题给出了全面的回答。首先，就是否存在“国进民退”的问题，多数学者给出了否定的回答。有学者指出，从我国所有制结构总的变化情况看，国有经济比重总体在下降，中央和地方的国有企业从数额和分布上总体呈收缩态势。不能将特定条件下个别“国进民退”案例夸大为整体的变化。“国进民退”和“国退民进”一样，都是指一种战略性和全局性的取向和发展趋势。因此，当前所谓的“国进民退”现象并不存在。“国进民退”这一提法无论是在国家宏观政策取向上，还是在市场竞争的微观操作层面上，或是在国有企业和私有企业的发展趋势上，或是在理论与概念的准确性上，都是缺乏科学依据的一种主观论断。④ 其次，对于当前个别地方个别行业发生的国有企业兼并重组私营企业的现象，批评者认为它强化了国有企业的垄断地位，不利于市场经济的发展和完善，有学者指出，这种观点在理论和事实上都是站不住脚的，因为：(1) 国有企业并不都是垄断企业。(2) 国有企业与垄断并没有直接关系。(3) 垄断是生产社会化发展的客观结果。(4) 我国国有企业经营绩效的改善并非主要来源于垄断。(5) 反垄断不是国有企业改革的首要任务。深化国有企业改革和促进国有企

① 李楠迪、任新立：《次贷危机的源与流：基于马克思视角的分析》，《经济学家》2010年第2期。

② 朱炳元：《马克思主义视野下的国际金融危机》，《马克思主义研究》2010年第2期。

③ 陈硕颖：《透视希腊债务危机背后的资本主义体系危机》，《马克思主义研究》2010年第6期。

④ 卫兴华、张福军：《当前“国进民退”之说不能成立》，《马克思主义研究》2010年第3期。

业的发展要警惕“国有企业垄断论”的误导，坚持和完善社会主义初级阶段的基本经济制度，进一步发挥国有经济的主导作用，做大做强国有企业，努力提高国有企业的国际竞争力。[①] 再次，“国进民退”问题的争论，实质上反映出当前我国两种不同的改革观之间的竞争。不少学者认为，所有制改革必须服从社会主义基本经济制度建设的大局，必须保持正确的方向。有学者指出，当前一些人对国有经济的批评不是以搞好国有经济为目标的，而是以私有化为目标的。这些批评者执拗地认为，国有企业是计划经济的残留物，只有彻底实行私有化才能建立“真正的市场经济”。他们主张只能“民进国退”，不能“国进民退”。这种观点和主张是站不住脚的。包括国有经济在内的公有制经济，是我国社会主义制度的经济基础，否定公有制的主体地位和国有经济的主导作用，必然会加剧劳动与资本的对立、财富分配的两极分化，催生私人资本特别是大资本的形成，导致金融寡头的出现，破坏社会的稳定，导致社会的混乱，动摇中国特色社会主义事业的根基，最终将严重阻碍生产力的健康发展。在这一点上，不应当有丝毫的含糊。[②] 有学者进一步指出，不能把公有经济与非公有制经济对立起来。在社会主义市场经济中，公有制经济与非公有制经济之间是相互促进、相互渗透和共同发展的。坚持和完善基本经济制度，就是要寻求“国”、“民”共进之道。“国进”并不意味着“民退”，在社会主义市场经济条件下，国有经济与非公有制经济之间不是此消彼长的关系，而应是和谐共生、协调发展的关系。[③] 总之，应当在保持公有制为主体的基础上来讨论公私经济的关系问题。

3. 对当前中国转变经济方式的政策主张

中国改革开放以来靠廉价劳动力优势建立起来的以加工出口为主的劳动密集型产业越来越不可持续，由此造成的资源过度开采、环境污染、城乡差距过大、劳资分化和冲突严重、过度依赖外部市场和内需不足等问题到了必须解决的时候。中国经济发展方式必须作出调整。关于调整的方向和思路，马克思主义经济学家在2010年作了进一步的探索。第一，系统提出中国对外经济发展方式的转变思路。有学者分析了传统开放型经济在今天面临的五大问题：外国直接投资的过度利用带来很多负面影响；“外源”依赖性的增强及其对经济发展的制约；对外技术依存度过高及其冲击效应；外汇储备过大产生的利益损失和国际争端风险；外贸规模过大导致的经济运行风险。在此基础上，他们提出了转变对外经济发展方式的“新开放策论”，即六个适当控制和积极提升：适当控制外资依存度，积极提升中外资本协调使用的效益；适当降低外技依存度，积极提升自主创新的能力；适当降低“外源”依存度，积极提升配置资源的效率；适当控制外汇储备规模，积极提升使用外汇的收益；适当控制外贸依存度，积极提升消费拉动增长的作用；适当降低“外产”依存度，提升参与国际分工的层次。[④] 第二，进一步分析了中国经济目前存在的根本问题，提出转变经济发展方式的目标和原则。有学者认为总需求结构失衡是我国经济结构不合理的突出表现，反映在经济发展方式上，则表

① 张宇、张晨：《“国有企业垄断论”的谬误》，《政治经济学评论》2010年第1期。

② 张宇：《当前关于国有经济的若干争议性问题》，《经济学动态》2010年第6期。

③ 李政：《“国进民退”之争的回顾与澄清》，《社会科学辑刊》2010年第5期。

④ 程恩富、侯为民：《转变对外经济发展方式的“新开放策论”》，载程恩富主编《激辩“新开放策论”》，中国社会科学出版社2011年版。

现为经济增长方式的非均衡、不可持续与低效率。这些问题存在并积累的体制原因主要有：分配机制不完善、价格形成机制不完善、政府职能转型滞后、现行财税体制不尽合理。必须着力深化体制改革，大力进行经济结构调整、切实转变经济发展方式。[①] 有学者提出，中国经济发展方式根本转变的目标模式是科学发展方式，是集约型、协调平衡型、内外向结合型、可持续发展型、高效型发展方式的综合。导致中国经济发展方式难转的原因主要有四个方面：一是技术、劳动力素质、资本、管理等经济发展条件的限制；二是总体上处于工业化中期、主要发展目标是解决温饱问题的经济发展阶段的制约；三是市场机制、企业制度、收入分配、社会保障等制度缺陷的主要约束；四是受追求数量扩张和高速度、忽视节约资源和保护环境的传统发展观念的影响。中国经济发展方式根本转变的主要途径是，树立和落实科学发展观，创造发展的有利条件，加快发展阶段的转换，建立和完善制度。[②] 有学者提出，转变经济发展方式，必须坚持中国道路。第一，必须巩固和完善社会主义基本经济制度，不断巩固和发展公有制经济的主体地位，积极鼓励和引导非公有制经济发展；第二，必须加强和改善国家宏观调控，完善市场与政府的调节功能，强化长期规划和计划调节，提升政府微观规制和宏观驾驭能力，有效节制资本，发挥社会调节和伦理调节的积极作用，弥补市场失灵和政府失灵，统筹国际和国内，提升政府应对国际形势变幻的能力。[③] 有学者指出，加快转变经济发展方式必须处理好四个关系：一是速度和质量的关系，要以质量带动 GDP 增长；二是推进生产力强进弱退与优化基本经济制度的关系，应全面推进生产方式的优化；三是扩大内需与分配公平的关系，应该深化收入分配制度改革，增加城乡居民收入；四是加快农业发展方式转变与加快城市化的关系，必须善于统筹城乡协调发展。[④]

4. 关于公平、正义、公共性等政治哲学问题研究

近些年来，政治哲学及政治哲学领域中几个重要问题，如新型国家、社会和个人良性关系的构建，公共性、合法性、公共治理、意识形态建设等问题，一直是理论界研究的热点问题。运用马克思主义基本原理对这些问题进行分析、解释和解决，是马克思主义基本原理学科理论研究的重要任务。2010 年关于这些问题的研究取得了重要进展，表现在：一是对马克思主义政治哲学的再认识。马克思主义政治哲学思想散见于马克思主义经典著作之中，当代马克思主义政治哲学还处在构建之中。建构当代中国马克思主义政治哲学的研究范式面临的前提性问题在于：什么是马克思主义政治哲学以及当代中国需要什么样的马克思主义政治哲学。有学者指出：马克思主义政治哲学站在人类解放的高度，把规范性与事实性、理想性与现实性有机统一起来，是探究人类最终解放和自由全面发展终极目的的学说。马克思主义哲学对人类政治生活的哲学思考所形成的唯物史观就构成马克思主义政治哲学的核心议题。有学者提出了以领域定位、现实依据、理论维度、立体动态、旨趣倾向、研究路径和目标指向为结构内容的当代中国马克思主义政治哲学研究的范式的构想。有学者指出，肯定马克思主义政治哲学的存在及其意义，还需要澄清当前马克思哲学转向政治哲学的动因、诸问题及其

---

① 卫兴华、武靖州：《我国经济结构与发展方式的突出矛盾及缓解途径》，《中共中央党校学报》2010 年第 2 期。

② 简新华、李延东：《中国经济发展方式根本转变的目标模式、困难和途径》，《学术月刊》2010 年第 8 期。

③ 胡乐明：《转变经济发展方式必须坚持“中国道路”》，《中国流通经济》2010 年第 11 期。

④ 杨承训：《转变经济发展方式中若干关系论析》，《中共天津市委党校学报》2010 年第 3 期。

他面相；从理论与实践的关系厘定哲学与政治的关系；弄清从人学视角探索马克思政治哲学可能性的起点等问题。①

二是公平、公正问题是当前社会普遍关注的问题，针对种种对公正问题的错误理解，有学者在梳理马克思主义公正观的基础上进行了辨析，指出马克思主义作为无产阶级认识和改造世界、求得自身解放和人类解放的世界观和方法论，是真理与价值相统一的理论，也只有从科学向度与价值向度辩证统一的角度，才可能对作为价值表现之一的公正问题作出合理的理解。公正既是一种价值观念，具有评价标准的功能，也是实际的价值（包括利益、机会、权利等）分配的一种状态，其中会涉及自由与平等的矛盾、形式公正与实质公正的矛盾、一般与特殊的差别、平等与效率的抵牾、公正与不公正的对立，等等，只有运用辩证思维的方法，才能对其复杂性获得正确的认识。②

三是关于公共性问题研究。随着当前我国不断加大公共产品、公共服务、公共管理等的公共供给，公共性问题成为人们普遍关注的热点话题。本年度很多马克思主义学者深入挖掘马克思主义“公共性”思想内涵，阐述其当代意义。如有学者指出，批判与重构“公共生活”乃是马克思思想革命的重要体现。马克思公共生活思想内涵在于：未来“公共生活”是建立在一定物质生产条件基础上的，“联合”起来的个人能够实现对“生产条件”的控制。对于马克思而言，重建“公共生活”的目的是为了实现“个体”自由和发展，而不是使人重新依附于“共同体”。③ 还有学者对马克思哲学的公共性问题进行了系统深入的梳理，对公共性在马克思哲学思想中形成的逻辑脉络及其主要内容和观点，进行比较全面、系统而深入的阐释。④这些研究对丰富马克思主义公共性理论、指导当前公共供给实践具有重要意义。

5. 自觉划清马克思主义同反马克思主义的界限

当前，我国正处于改革发展的关键时期，世界范围内各种思想文化交流、交融、交锋更加频繁，意识形态领域的斗争更趋复杂，从理论与实际相结合的高度，教育和引导党员、干部自觉划清马克思主义与反马克思主义的界限，是关系共产党生死存亡的重大问题。2010 年度，学科理论界就此问题展开热烈讨论。学者们普遍认为，划清马克思主义同反马克思主义的界限，首先要弄清楚什么是马克思主义，什么是反马克思主义。关于什么是马克思主义，学者们普遍认为，坚持马克思主义基本原理、基本立场观点和方法，是坚持马克思主义的根本。有学者指出，坚持马克思主义，就是要坚持由马克思恩格斯创立并被他们的继承者不断丰富和发展了的科学理论体系，掌握这一理论体系的立场、观点、方法，并用它来指导社会主义建设实践。有学者指出，马克思主义是在总结无产阶级斗争经验和人类自然科学、社会科学优秀成果的基础上产生的，它深刻揭示了客观世界特别是人类社会发展的普遍规律，揭

---

① 张文喜：《马克思政治哲学诸问题及其他面相》，《社会科学辑刊》2010 年第 2 期。马俊峰：《马克思主义政治哲学的合法性》，《唯实》2010 年第 8 期。王海滨：《反思与建构：当代中国马克思主义政治哲学的研究范式》，《理论与现代化》2010 年第 2 期。

② 马俊峰：《马克思主义公正观的基本向度及方法论原则》，《中国社会科学》2010 年第 6 期。

③ 卞绍斌：《公共生活的批判与重建：从黑格尔到马克思》，《哲学原理》2010 年第 2 期。

④ 丰子义：《公共性：马克思哲学创新的新视域——评〈公共性视域——马克思哲学的当代阐释〉》，《东岳论丛》2010 年第 5 期。

示了社会主义必然代替资本主义并最终实现共产主义的普遍规律，是无产阶级进行革命和建设的科学思想体系。马克思主义之所以具有彻底的革命性，正在于它的严格的和高度的科学性和真理性。①

关于什么是反马克思主义，学者们一般认为，反马克思主义的错误思潮包括四个方面：民主社会主义、新自由主义、历史虚无主义和普世价值论。这些反马克思主义思潮，尽管说法不同，使用的辞藻、具体观点也不大一样，但实质都是一样的，就是实行西方资本主义制度。有学者更进一步指出，反马克思主义有多种表现，要注意那些公开的、直接的反对马克思主义，明目张胆地对马克思主义进行诋毁、攻击、嘲弄，把马克思主义当成“过时”的东西，当成“左”的、激进思想的代表，同时更要警惕那些打着马克思主义旗号反马克思主义的思潮。有学者指出，什么是反马克思主义，是一件十分复杂的事情，不能简单化、标签化，既不能把一般学术问题当作政治问题，把不同的学术观点说成是反马克思主义的，也不能把探讨中出现的失误或一些错误看法，视为反马克思主义的。②

关于如何坚持马克思主义，学者们认为，要认真学习和掌握马克思主义基本原理，增强政治敏锐性和政治鉴别力。有学者指出，实践标准是这种“自觉划清”的根本标准，站稳正确立场是“自觉划清”的根本政治前提，坚持和运用马克思主义世界观是“自觉划清”的方法论基础。有学者指出，要坚持坚定信念，坚持与时俱进，坚持实践标准，坚持理论武装。有学者认为，一是必须从基本原理所构成的体系上去把握马克思主义，而不能把马克思主义肢解和割裂开来，或把它的一些个别论断绝对化与神圣化。二是要用马克思主义的态度对待马克思主义，就是说要把解放思想、实事求是的马克思主义思想路线贯穿到马克思主义的学习和研究中去，三是要把坚持马克思主义基本理论同推进马克思主义中国化结合起来。③

三　简要评论

回顾一年来特别是学科设立五年来的马克思主义基本原理学科建设和理论研究工作，毋庸置疑取得了重大成绩，但是必须看到，还存在一些问题，需要在今后的工作中不断改进和提高。

（一）从学科总体发展上看，加强规范化建设是当前学科建设的首要任务

当前从马克思主义理论学科总体建设情况看，存在的主要问题是缺乏规范化、制度化，各学科点建设在学术研究、人才培养、学科管理等方面还存在着一些不规范的现象和问题，加强学科的规范化建设是当前马克思主义理论学科建设的重要任务，也是当前马克思主义基

① 赵曜：《划清界限：思想战线的长期任务——论自觉划清马克思主义和反马克思主义的界限》，《红旗文稿》2010年第13期。季明：《对划清马克思主义同反马克思主义界限的几点思考》，《理论学习》2010年第8期。

② 钟欣：《自觉划清“四个界限”切实筑牢思想防线——学术理论界关于划清“四个界限”的研究动态简述》，《求是》2010年第14期。李孝纯：《划清马克思主义与反马克思主义的界限》，《红旗文稿》2010年第2期。

③ 李崇富：《自觉划清马克思主义同反马克思主义的界限》，《高校理论战线》2010年第2期。孙存良：《发展中国特色社会主义的首要认识问题——论自觉划清马克思主义同反马克思主义的界限》，《人民日报》2010年3月23日。徐崇温：《划清马克思主义和反马克思主义的界限》，《光明日报》2010年4月13日。

本原理学科建设的首要任务。

马克思主义基本原理作为一个新设立的学科，是由原来的马克思主义哲学、政治经济学、科学社会主义等学科整合而来的，各学科点依托不同的院系和研究所而设立。在管理机制上，存在着管理体制不健全、管理制度不规范、保障机制不到位等问题，有些单位仅搭建了一个空架子，缺乏真正的马克思主义基本原理学科建设内容。在科研规范方面，许多学科点的研究方向和所承担的课题与本学科不相关比例很大，论文选题不规范，甚至偏离学科的要求；有些学术单位和个人把学术与政治分割开来，搞纯学术研究，等等。在教学规范上，各个学科点在导师的基本要求上、研究生招生和培养的基本制度上、基本课程设置的要求上、学位论文基本选题要求上等，要求各异，良莠不齐，缺乏共性要求。在学术规范上，还在一定程度上存在着写作不规范，盲目追求数量，低水平重复研究，粗制滥造等现象；存在着学风浮躁，甚至是学术抄袭、敷衍等现象。这些现象和问题的存在无疑影响和制约了马克思主义基本原理学科的健康发展。

（二）从理论研究上看，马克思主义基本原理整体性研究仍任重道远

从马克思主义基本原理学科设立之日起，整体性研究就是一个主题。五年来，学者们经过多方努力，也取得了一定成绩，但是与马克思主义博大精深的理论相比，与人们的预期相比，实在是很不如意。本年度，马克思主义基本原理整体性研究仍然主要是从马克思主义哲学、政治经济学、科学社会主义三者统一角度，表面化、形式化地讨论整体性问题，给人感觉仍停在表面，没有深入。具体地说：在教学上，由于过去长期分门别类地研究马克思主义基本原理，马克思主义基本原理学科教学老师原来接受的也都是马克思主义哲学、政治经济学和科学社会主义等分部分知识，对某个部分熟悉，但对整体不怎么熟悉。所以，现在不少单位马克思主义基本原理课的讲授由几位老师分头担任，实际上仍然按照马克思主义哲学、政治经济学、科学社会主义三门独立课程来教研和讲授。在研究上，很多马克思主义基本原理研究人员仍然是从研究者原有专业背景和知识结构出发选题和写作，马克思主义基本原理的内容被分解在马克思主义哲学、政治经济学和科学社会主义等学科之中，马克思主义基本原理变成了三个方面内容的简单拼连，仅是一个形式上的整体，而其内在的统一性、关联性却难以体现出来。

由于马克思主义基本原理被分化、被肢解，造成了对完整统一的马克思主义基本原理的误读和误解，甚至出现这样的结果：马克思主义一些基本原理是不一致的，“如推动人类社会发展的动力到底是什么？马克思主义经济学告诉我们，人类社会的基本矛盾（生产力和生产关系的矛盾）推动社会向前发展；科学社会主义告诉我们，阶级斗争是推动阶级社会发展的动力；马克思主义哲学告诉我们，人民群众是推动社会发展的真正动力。这样，同一个问题，有三种不同的答案。结果，马克思主义的科学性遭到质疑。这是马克思主义遭遇整体性危机的一个重要原因”[①]。

总之，当前的马克思主义基本原理研究仍缺乏真正的马克思主义理论整体性的视野和方法，缺乏熟练驾驭马克思主义基本原理深入分析现实问题的力度和能力，这需要马克思主义

① 秦宣：《从整体上推进马克思主义研究和学科建设》，《理论视野》2010 年第 3 期。

基本原理学科界的每个理论工作者长期不懈的努力，在自己专业的背景下，不断深入探讨其他领域知识，像马克思那样深入钻研哲学、政治学、经济学、各国文化历史，特别是最新自然科学成果，这样才能写出真正体现马克思主义理论整体性的经典著作。

（三）从专业人才队伍看，加强马克思主义基本原理专业研究人才培养是当务之急

队伍建设是学科建设的根本。可以说，马克思主义基本原理学科整体性理论研究不尽如人意的根本原因在于专业研究人才的缺乏。

马克思主义基本原理学科必须要培养自己的专业研究人才，这是马克思主义基本原理学科健康发展的根本保证。没有一支理论功底扎实、理论视野宽阔、富有创造力的学科队伍是不可能完成学科健康发展任务的。学科队伍的素质决定着推进学科建设的内容、质量和方式。在学科队伍建设上，可以从以下两方面努力：

一是切实提高青年学者的马克思主义理论素养。通过经典著作研读会、各种专题报告会等，为青年学者学习马克思主义基本原理、领会马克思主义根本精神创造条件、搭建平台，要通过制定规范，增加学习的压力和动力，提高学习效率。

二是努力培养学科拔尖人才。学科队伍整体素质的提升有赖于高水平者的带动和影响，拔尖人才多了，彼此互相切磋，互相提高，学科整体科研水平才能提高。要创造条件，使那些理论功底深厚、有创新思想的学者有机会发挥自己的才能，同时也要给以适当压力，使他们尽快成长起来。同时，应当加大资金投入、完善课题制度，加强对拔尖人才的重点扶持，使他们逐步成为有影响的理论工作者。

第二章 马克思主义中国化

一 研究概况

(一)马克思主义中国化研究学科建设稳步推进

“马克思主义中国化研究”二级学科建设取得了显著的进展：马克思主义理论学科学位点拥有一级学科博士点21个、硕士点73个，二级学科博士点213个。[①] 学术界围绕学科设立的意义、学科内涵与特点、学科研究方向与范围、人才培养和队伍建设以及应处理好的相关关系等展开了较为系统的研究。

多数学者认为，加强马克思主义中国化研究，推进马克思主义中国化研究向学科化方向发展，是必然选择。只有从整体上深入研究马克思主义和中国化马克思主义，才能正确回答哪些是必须长期坚持的基本原理，哪些是需要结合新的实际加以丰富发展的理论判断，哪些是必须澄清的附加在马克思主义名义下的错误观点，引导人们用科学的态度对待马克思主义和中国化马克思主义。[②] 也有学者认为，加强马克思主义中国化研究有利于树立科学的马克思主义观、有利于推进马克思主义理论研究和建设工程的实施、有利于繁荣发展我国的哲学社会科学、有利于加强和改进高校思想政治理论教育。[③]

学术界认为，马克思主义中国化研究的基本内涵主要有两个方面：其一，研究马克思主义中国化的历史进程、基本经验和基本规律；其二，研究中国化的马克思主义，也就是马克思主义中国化的主要理论成果。马克思主义中国化研究学科不同于一般人文社会科学学科，有其自身的特点：科学性、政治性、理论性、实践性、整体性。

关于学科方向设计，学术界认为应坚持两个原则：一是研究方向应该是属于学科内涵的范畴，二是研究方向的设计应该有一定的研究基础。学科方向设计要注意防止两种倾向：一是不顾学科范围与学科特点，以个人原有的学科背景、研究兴趣为依据设计方向；二是脱离本学科范围，盲目靠近某些“热门”学科或专业，使马克思主义中国化研究学科被边缘化。马克思主义中国化研究学科的具体研究方向主要有“两方向说”、“三方向说”及“五方向说”三种。

学术界围绕着“马克思主义中国化研究”学科的人才培养目标、人才培养内容以及人才

---

① 赵付科：《“马克思主义中国化研究”学科建设研究综述》，《当代世界与社会主义》2010年第2期。

② 罗本琦：《马克思主义中国化研究学科建设》，《光明日报》2011年1月31日。

③ 赵付科：《“马克思主义中国化研究”学科建设研究综述》，《当代世界与社会主义》2010年第2期。

培养制度等方面对人才培养问题进行了深入研究。大家普遍认为，建设好马克思主义中国化研究二级学科，需要有硬件、软件多方面的建设，但关键在于抓紧抓好队伍建设。

除此之外，学术界还认为学科建设应正确处理好学科属性和研究特色、本学科与相关学科、整体性与分科性、已知领域和未知领域这几个关系。

（二）马克思主义中国化理论研究日益深化

2010年，伴随着马克思主义中国化理论研究与学科建设的深入发展，马克思主义中国化理论研究逐渐深入，取得了丰富的研究成果。根据对中国期刊全文数据库、中国博士学位论文全文数据库、中国优秀硕士学位论文全文数据库、中国重要报纸全文数据库的检索，2010年以“马克思主义中国化”为标题的论文的数量为740篇，以“中国特色社会主义理论体系”为标题的论文412篇，以“毛泽东思想”为标题的论文228篇，以“邓小平理论”为标题的论文72篇，以“‘三个代表’重要思想”为标题的论文28篇，以“科学发展观”为标题的论文6071篇，以“中国模式”为标题的论文385篇，以“毛泽东”为标题的论文2051篇，以“邓小平”为标题的论文843篇，以“江泽民”为标题的论文192篇，以“胡锦涛”为标题的论文1266篇。

马克思主义中国化、时代化、大众化、马克思主义中国化的历史进程和基本经验、马克思主义中国化的内在规律、马克思主义中国化与中国化的马克思主义、马克思主义中国化史、马克思主义中国化研究的学术史、中国模式、社会主义核心价值体系等成为马克思主义中国化理论研究的主要论题，并且不断触及一些深层理论问题：马克思主义中国化的必要性和可能性、马克思主义中国化的实现机制、马克思主义中国化与中国传统文化，实际上深度挖掘了马克思主义中国化的理论前提、现实条件和实现机制问题。对于毛泽东、邓小平、江泽民、胡锦涛等领袖人物思想的研究仍然是马克思主义中国化重要代表人物思想研究的最强音，但对于马克思主义中国化史上几乎所有的重要代表人物，包括使马克思主义中国化遭受重大挫折的历史人物的思想研究也继续展开。可以说，2010年马克思主义中国化理论研究在多个方面取得了可喜的进展。

马克思主义中国化、时代化、大众化整体研究得到进一步推进。学术界主要围绕马克思主义中国化、时代化、大众化的科学内涵、重大意义、实现路径对马克思主义中国化、时代化、大众化开展了整体性研究，在分析如何理解“三化”的概念、探索推进“三化”的切入点和着力点、大力推进马克思主义时代化研究、形成马克思主义大众化研究重要共识、揭示马克思主义大众化与不同群体的关系、提出马克思主义大众化应避免的误区、探讨推进马克思主义大众化的途径和方法等方面取得了丰富的研究成果。

马克思主义中国化的历史进程和基本经验研究深入展开。马克思主义中国化问题一直是马克思主义理论研究的热点，把握这一问题需要深刻认识马克思主义中国化的可能性、实现机制、历史进程和基本经验。学术界在回应马克思主义中国化何以可能、探索马克思主义中国化实现机制、考察马克思主义中国化与“西学东渐”、揭示马克思主义中国化的历史进程、探讨领袖群体与理论工作者的作用、总结马克思主义中国化的历史经验、研究马克思主义中国化范畴、辨析马克思主义中国化的国外理解等方面取得了新的研究成果。

马克思主义中国化与中国传统文化关系的深层揭示。马克思主义与中国传统文化的关系问题，是当前继续推进马克思主义中国化中的一个重要理论和实践问题。新中国成立后特别是改革开放以来，随着社会主义建设的逐步展开，马克思主义与中国实际相结合所关注的重点越来越深入到思想文化领域。学术界代表性观点认为，马克思主义与中国传统文化不仅必须结合，而且能够结合，我们必须科学把握马克思主义与中国传统文化相结合的正确走向。

“中国模式”研究持续推进。海内外学者对于中国发展模式和发展道路进行了广泛讨论。他们对于是否存在“中国模式”进行了争论，从不同角度和侧面对“中国模式”进行了定义和解读，从政治、经济、社会和策略等方面对“中国模式”的特征进行了总结归纳，并且积极探索“中国模式”的未来走向与挑战。

从前面检索的文献来看，关于马克思主义中国化及相关内容的研究成果仅就论文一项就达一万多篇，相对于马克思主义中国化理论研究所取得的丰硕成果而言，在概述时难免会出现挂一漏万，有些漏掉的内容会在“重大问题研究进展”中出现。

二 重大问题研究进展

（一）马克思主义中国化的整体性研究

国内理论界在上一年全面回顾马克思主义中国化 60 年的历史进程、系统总结 60 年基本经验的基础上，着重从马克思主义中国化的总体经验规律，马克思主义中国化与中华传统文化的关系，以及马克思主义中国化、时代化、大众化“三化”一体等角度，继续从整体上展开关于马克思主义中国化的研究。

1. 马克思主义中国化的历史经验及规律性问题

有学者结合《马克思主义中国化研究——历史进程和基本经验》一书，阐述了马克思主义中国化的历史进程，指出中国共产党史归根结底就是马克思主义中国化史，因此要科学地处理党的历史分期与马克思主义中国化两次历史性飞跃的关系，要辩证地分析马克思主义中国化历史进程的三个“30 年”。在此基础上，他对马克思主义中国化的历史经验进行了初步概括，即科学地对待马克思主义，一切从中国国情出发，创造马克思主义的民族形式，不断吸收人类文明优秀成果，让理论掌握群众。①

有研究者指出，马克思主义中国化的理论成果，虽然在时间和理论成果的具体内容上都有各自的特点，但他们的产生却有共同的规律，可以概括为三个方面：解放思想、实事求是、与时俱进是马克思主义中国化的思想保障；坚持中国共产党的领导是马克思主义中国化的政治保障；正确执行民主集中制的原则是马克思主义中国化的组织制度保障。②

有学者将马克思主义中国化历程总结出六个“三”：承继了社会主义从空想到科学、从思想到实践、从共性到个性的三层转变；经历了新民主主义革命、社会主义建设和改革开放的三次结合；改革开放时期产生了邓小平理论、“三个代表”重要思想和科学发展观三个理论成果；加深了对社会主义建设、共产党执政和人类社会发展三大规律的认识；贯彻了真正弄懂

① 石仲泉：《马克思主义中国化的历史进程和基本经验研究》，《马克思主义与现实》2010 年第 4 期。

② 封从胜、邹小宁：《中国化马克思主义发展规律初探》，《毛泽东思想研究》2010 年第 6 期。

马克思主义精神实质、真正了解实际情况与把真正弄懂的理论和真正了解的实际相结合的三项要求；形成了中国特色社会主义理论体系的实践性、时代性和民族性三点特色。[①]

有研究者总结了马克思主义中国化的特征后指出，马克思主义中国化是一个马克思主义基本原理与中国革命和建设的实际相结合的历史过程，继承性、民族性、创新性、曲折性是始终贯穿于马克思主义中国化整个历史进程中的重要特征。由于时代环境不同，需要解决的历史主题不同以及党在国家中的地位不同，使新中国成立60年来马克思主义中国化具有鲜明的特征，即开放性与包容性的统一、人民性与大众性的统一、时代性与创新性的统一。[②]

2. 马克思主义中国化、时代化、大众化的一体化研究

党的十七届四中全会首次提出“马克思主义时代化”的重大命题，将“时代化”与“中国化”、“大众化”并列纳入马克思主义实践形式和发展形态的范畴，这是我们党对中国特色社会主义理论的重要创新，学界随即围绕这“三化”之间的辩证关系展开热烈的研究与阐释。

刘云山于2010年3月25日在“纪念艾思奇同志诞辰100周年暨推进当代中国马克思主义大众化座谈会”上讲话强调，要发挥科学理论对实践的巨大指导作用，就必须架起理论与大众之间的桥梁，推动理论走向大众、贴近大众、服务大众，说到底，就是要推进马克思主义的大众化。他指出，中国化、时代化、大众化三者紧密联系、相互促进，中国化、时代化为大众化奠定了前提和基础，大众化是中国化、时代化的目的和归宿，中国化、时代化每前进一步，大众化就要及时跟进一步。在新的历史起点上，顺利推进中国特色社会主义事业，必须深入把握马克思主义发展规律，在推进中国化、时代化进程中更好地推进大众化，以大众化的深入发展更好地带动中国化、时代化，充分发挥科学理论统一思想、凝聚力量的巨大作用。为此，要重点做好：(1) 在坚持与时俱进、实现理论创新中推进当代中国马克思主义大众化；(2) 在深化理论武装、深入指导实践中推进当代中国马克思主义大众化；(3) 在关注热点难点、着力解疑释惑中推进当代中国马克思主义大众化；(4) 在用好大众传媒、拓展传播渠道中推进当代中国马克思主义大众化；(5) 在改进文风、贴近群众中推进当代中国马克思主义大众化；(6) 在加快人才培养、壮大理论队伍中推进当代中国马克思主义大众化。[③]

什么是马克思主义中国化、时代化、大众化？三者之间是什么关系？有学者认为，马克思主义中国化，就是把马克思主义基本原理运用于中国社会历史条件，解决中国社会发展所面临的问题。马克思主义时代化，是指我们运用马克思主义的立场观点方法去研究我们所处的历史时代，认识当今时代的性质、主题、特征、趋势等重大问题及其对我国的影响，并据此制定出符合时代发展要求的理论、路线、方针、政策。马克思主义大众化的关键是通俗化，就是把博大精深的马克思主义理论变得通俗易懂、简单明了，为广大群众所掌握。[④] 郭建宁认为，马克思主义中国化就是马克思主义和中国实践、中国社会、中国文化、中国学术相结合；马克思主义时代化就是马克思主义和时代特征、时代任务相结合；马克思主义大众化就是马克思主义与广大人民群众相结合。推进马克思主义中国化、时代化、大众化，就是要使

---

① 齐卫平：《马克思主义中国化历程中的六个“三”》，《桂海论丛》2010年第1期。

② 莫岳云、陈敏：《新中国成立60年来马克思主义中国化的特征》，《学术研究》2010年第10期。

③ 刘云山：《架起科学理论与人民大众的桥梁用马克思主义中国化最新成果掌握群众》，《人民日报》2010年3月29日。

④ 闫志民：《马克思主义中国化时代化大众化研究》，《新视野》2010年第5期。

当代中国马克思主义更加具有中国作风和中国气派，更加立足时代前沿，更加具有影响力和感染力。[1] 蔡永生指出，马克思主义中国化、时代化和大众化具有辩证统一关系，这表现在三个方面：其一，从理论分析看，马克思主义中国化、时代化、大众化三者是一致的，又相互促进、共同发展；其二，从历史考察看，马克思主义中国化、马克思主义时代化和马克思主义大众化是同一个过程；其三，以现实需要来看，马克思主义中国化、时代化和大众化是缺一不可的。推进马克思主义中国化、时代化、大众化研究，是在整体性推进和相互作用过程中实现的，其中马克思主义中国化是前提，也是核心。[2]

如何推进马克思主义中国化、时代化、大众化？有学者指出，在当代中国的语境下，要推进马克思主义中国化、时代化、大众化，就是要使马克思主义"说中国话"、"说新话"、"说人民群众喜闻乐见的话"，就是要不断提供中国化马克思主义的新文本，用发展着的马克思主义指导新的实践，就是要用马克思主义中国化的最新理论成果武装全党、教育人民，破除对"三种"教条主义的迷信。[3]

有学者认为，在新的历史进程中，马克思主义中国化、时代化、大众化有内在的规定性要求。当今，加强中国共产党各级组织建设，是马克思主义中国化、时代化、大众化最有效的也是必须的组织保证。掌握马克思主义基本理论，掌握历史文化知识和最新科技知识，是理论前提。以解决现实突出问题、紧迫问题和长远的科学发展战略问题为出发点，着力破解和平共处、科学发展、拒腐防变三大历史课题，是联系实际的针对性要求。[4] 梅荣政等指出，马克思主义不断发展、创新的实质，就是理论与不断发展着的具体实践相结合，就是马克思主义中国化、时代化、大众化的过程。反过来说，马克思主义理论创新的科学本性和内在要求，是马克思主义中国化、时代化、大众化实现和不断推进的深刻根据。[5]

还有研究者总结了一段时间以来理论界对该问题认识的不同观点，包括所谓"核心—关键—基础"说、"统领"说、"主次分明"说、"核心—动力—归宿"说、"三位一体"说、"核心—基础—落脚点"说、"关键—基础—目的"说、"主题—关键—途径"说、"辩证关系"说、"共时共存的复合体"说、"前提—灵魂—目的"说，等等。同时提出，马克思主义在中国的每一次重大发展和重要理论创新都是与中国国情、时代特征以及中国人民的实践紧密结合起来的，都是马克思主义中国化、时代化、大众化三位一体的产物和结果。历史证明，中国共产党对马克思主义中国化、时代化、大众化的问题，只有在实践上和理论上都达到高度的自觉，真正把握三者须臾不可分割的内在关系，才能克服一切艰难险阻，一往无前，实现中华民族的伟大复兴。[6]

2010 年秋，由中国马克思主义哲学史学会、邓小平理论研究会、应用哲学研究会和中央党校哲学教研部联合主办的"马克思主义中国化时代化大众化暨全国邓小平理论和应用哲学

---

① 郭建宁：《论马克思主义中国化、时代化、大众化》，《学术探索》2010 年第 2 期。
② 蔡永生：《推进马克思主义中国化、时代化、大众化的一体化研究》，《教学与研究》2010 年第 2 期。
③ 袁银传：《马克思主义中国化、时代化、大众化命题解析》，《思想理论教育》2010 年第 13 期。
④ 曹泳鑫：《马克思主义中国化时代化大众化的基本内涵和基本要求》，《毛泽东邓小平理论研究》2010 年第 1 期。
⑤ 梅荣政、杨瑞：《推进对马克思主义中国化、时代化、大众化的科学认识》，《思想理论教育》2010 年第 17 期。
⑥ 石云霞、陈曙光：《关于马克思主义中国化时代化大众化的若干思考》，《马克思主义研究》2010 年第 9 期。

研讨会”在湖南长沙举行。与会学者围绕马克思主义中国化、时代化、大众化的内涵、关系、特征、实现路径等，进行了广泛深入的探讨。会议提出，有效地推进马克思主义中国化、时代化、大众化，应实现“五个转化”：一是将党和国家的主导思想转化为社会主体的认同；二是将党和国家的理论诉求转化为人民大众的实践诉求；三是将党和国家的政治话语转化为社会主体的大众话语；四是变以往的单向灌输为双向互动；五是改变“大呼隆”式的理论宣传模式，增强层次性、针对性。

3. 推进马克思主义中国化与弘扬中华传统文化

随着综合国力的提升和新一轮“国学热”的兴起，关于马克思主义中国化的传统文化基础问题的探讨成为新世纪马克思主义中国化研究的主要论题之一。学者们将研究视野再次聚焦于马克思主义与传统文化的关系问题，主要围绕二者相结合的必要性、可能性、结合路径与方法等论域展开深入挖掘，取得了丰硕的理论成果。

有研究者从以下两个方面将近年来学术界的相关研究作了简要梳理总结：[①]

首先一个问题，是探讨马克思主义与传统文化相结合的必要性与可能性。有学者指出，马克思主义与中国传统文化的结合，不仅是相互的，而且是双方内在的要求。马克思主义与中国传统文化相结合，是进一步中国化的必然要求，是由它的指导地位和自身的发展决定的；而中国传统文化及其哲学与马克思主义及其哲学相结合，是与它的现代化要求分不开的。正是双方的这种内在的要求，决定了它们互相结合的必要性。[②] 有学者认为，马克思主义与中国传统文化的结合是其获得中国形态和内容、被赋予中国作风和气派、从而实现和生成中国化马克思主义的重要途径，因此，他主要探讨了传统文化在马克思主义中国化的进程中三种价值：作为文化载体的符号价值、实现现代化的互补价值以及创新马克思主义的发展价值。[③] 有些学者认为，对人的现实生活世界的关注，是马克思主义与中国文化传统具有相似相通之处的根本原因。[④] 也有学者对此提出了不同的看法，认为正是这种被诠释出来的所谓的“一致性”阻碍了人们对马克思主义的正确、全面的理解。[⑤] 深受传统文化影响的中国人容易误读马克思主义，在理解马克思主义过程中，很可能会附加给马克思主义一些源于这种表面上相似性的似是而非的东西，使马克思主义丧失本真或出现某种程度的变形、失真。[⑥]

第二个研究焦点是关于马克思主义与传统文化的结合路径。大多数论者认为，在二者结合路径的处理上，必须以马克思主义为本来改造传统文化，而不是用传统文化尤其是儒家学说来取代马克思主义在意识形态中的指导地位。由此，有学者提出了实现马克思主义哲学与中国传统哲学相结合的三种方法：批判的方法，开展争鸣、自由讨论的方法与“化理论为方法”即把马克思主义哲学化为研究方法，运用于中国思想史、文化史和哲学史领域。[⑦] 有学

---

① 张路园：《近年来马克思主义中国化的传统文化基础研究述要》，《求索》2010年第3期。

② 方君诚：《论马克思主义与中国传统文化的结合——兼与王锐生先生商榷》，《哲学动态》2007年第6期。

③ 李建勇：《中国传统文化在马克思主义中国化中的三种价值》，《黑龙江社会科学》2007年第1期。

④ 何萍、李维武：《马克思主义中国化探论》，人民出版社2002年版，第38—39页。乔湘平：《论马克思主义中国化的传统文化基础》，《求索》2005年第9期。

⑤ 叶险明：《关于马克思主义中国化的历史和逻辑研究中的两个问题》，《哲学研究》2001年第2期。

⑥ 李朝阳：《对马克思主义与中国传统文化相结合的思考》，《天津师范大学学报》(社会科学版) 2006年第6期。

⑦ 方君诚：《论马克思主义与中国传统文化的结合——兼与王锐生先生商榷》，《哲学动态》2007年第6期。

者就从马克思主义中国化主体的角度，探讨了中共几代领导人及理论工作者结合二者的路径与贡献。①

2010 年度，“马克思主义与中国传统文化”依然是学界研究的一个热门话题。有学者认为，二者的结合具有极大的必要性，是马克思主义运用于中国、解决中国问题的需要，是其获得中国人的文化心理认同的需要，也是马克思主义中国化的重要途径。马克思主义与中国传统文化相结合具有现实可能性，这既取决于马克思主义的非宗派性，即它是国际性的学说；也取决于中华民族文化的非宗教性，即它是理性的伦理文化，而不具有宗教文化的排他性；还取决于中国共产党的双重特性，即它既是中国传统文化的继承者，又是马克思主义的信仰者和传播者，因而是两者之间的结合者，承担着自觉促使两者结合的使命。马克思主义与中国传统文化之间的关系只能是相互“结合”。“结合”的方式，不是一方取代、消融、克服一方，而是用马克思主义观点对传统文化进行吸收、改造或再创造；“结合”的走向是一种以马克思主义为指导的当代中国文化，即中国化的马克思主义。要科学地看待中国传统文化，防止文化复古主义和虚无主义两种错误倾向。②

有学者认为，马克思主义与中国传统文化的契合性奠定了传统文化转型的文化基础。马克思主义与中国传统文化之间的共性在于文化精神的相通。马克思主义通过对中国传统文化进行改造和提升，充分激活了传统文化中仍有生命力的内容，使其通过转型获得了新的生存形式和生命活力，同时，通过中国化重新塑造自己的结构和形式，在中国生根、开花、结果。马克思主义已成为中国现代文化的核心，与中国文化融为一体。③

2010 年 9 月，北京市委宣传部、北京市中国特色社会主义理论体系研究中心和北京市社科联以“共同思想基础和共有精神家园”为主题，共同举办“马克思主义中国化论坛·2010”。傅华在会议致辞中指出，巩固共同思想基础与建设共有精神家园，在当前主要体现在不断推进马克思主义中国化、时代化、大众化和弘扬中华优秀传统文化上，这两个重大课题又是有机统一的。他强调，弘扬中华优秀传统文化、构建共有精神家园，必须始终坚持以马克思主义为指导；推进马克思主义中国化、巩固共同奋斗的思想基础，必须大力继承和弘扬中华文化；在马克思主义中国化的过程中，中国化的马克思主义本身也必将成为中华文化传统的重要组成部分。与会专家学者围绕论坛主题，深入研讨马克思主义中国化与中华文化的关系。黄楠森、陈先达、石仲泉、许全兴、夏兴有、郝立新、秦宣等专家先后从马克思主义与当代中国文化建设、马克思主义与中国传统文化、毛泽东思想与中国传统文化、中国马克思主义的历史文化渊源、当代中国人的精神生活、中国特色社会主义文化的现代性与传统性、增强中华文化认同等方面，作了系统阐述和深入剖析。专家们一致认为，从文化层面研究马克思主义中国化问题具有十分重要的意义。在当代，我们强调马克思主义与中国传统文化结合的根本目的，是推进马克思主义中国化，创造当代中国先进文化，即中国特色社会主义文化。必须以马克思主义的世界观、方法论为指导，认真挖掘和提炼传统文化中的有益思想价值，赋予其新的时代内涵，为进一步丰富和发展马克思主义提供思想文化基础。

---

① 范贤超、范湘涛：《毛泽东实现马克思主义哲学中国化的两条基本路径》，《毛泽东思想研究》2006 年第 3 期。

② 陈先达：《论马克思主义与中国传统文化》，《中国特色社会主义研究》2010 年第 6 期。

③ 陶相根、郑继江：《契合与提升：马克思主义与中国传统文化的融通》，《当代世界与社会主义》2010 年第 2 期。

（二）马克思主义中国化的两次历史性飞跃及其理论成果

1. 毛泽东思想研究

作为马克思主义中国化第一次历史性飞跃的理论成果，毛泽东思想是国内理论界长盛不衰的研究热点。根据中国知网检索到的结果，仅2010年一年，国内公开发表的题名中含有“毛泽东”的文章就达2000多篇。

一批知名学者深入挖掘毛泽东对马克思主义中国化作出的开创性贡献，并总结毛泽东在探索中国社会主义建设规律上所取得宝贵的经验。田心铭指出，把马克思主义普遍真理同中国具体实际相结合，是我们党确立并一贯遵循的思想原则。这一思想原则是由毛泽东创立的，它的形成、确立，与毛泽东思想的形成及其指导地位的确立是同一个过程。“结合”原则是毛泽东的马克思主义观的核心，应围绕这一核心深入研究毛泽东的马克思主义观，探讨其基本内涵和精神实质。① 有学者认为，毛泽东以马克思主义基本原理同中国具体实际的“第二次结合”为目标，对适合中国国情的社会主义建设道路进行了艰辛的探索，取得了积极成果，其思想框架是以经济建设为中心的社会主义建设，大体上包括三个方面内容：关于中国社会主义现代化的战略目标和实现步骤，关于适合我国国情的中国工业化的道路和方针，关于社会主义社会的矛盾、发展阶段、经济体制以及民主政治建设和文化建设的方针。然而，在这种探索过程中，由于国内外矛盾的干扰和影响，又逐渐形成和发展出一个以阶级斗争为纲的思想框架，这一思想框架改变了毛泽东探索的方向，使之由探索适合中国国情的社会主义建设道路转而变成实施“无产阶级专政下的继续革命”。② 有学者将毛泽东在探索中国社会主义建设规律上取得的经验归结为：他提出了探索中国社会主义建设道路的任务，阐明了实行马克思主义与中国实际“第二次结合”的基本原则、主要途径和方法；他提出了建设一个伟大的社会主义国家的目标和发展战略，创造性地阐述了社会主义社会的基本矛盾和人民内部矛盾学说；制定了社会主义建设的指导方针；他以苏联经验为鉴戒，把马克思主义基本原理与中国社会主义建设相结合，努力探寻在中国建设社会主义的具体道路，为中国特色社会主义道路指明了方向。③

有研究者从毛泽东的一些经典文献出发，分析他对马克思主义中国化的理论创新。指出，毛泽东于1930年5月创作了《反对本本主义》（原题为《调查工作》）一文，创造性地提出了一系列重要的理论观点，形成了中国化马克思主义的重要理论创新成果。在文中，毛泽东针对当时党内存在的“唯上论”、“唯书论”、“唯共产国际论”等错误思想，提出“没有调查、没有发言权”这个马克思主义认识论的中国化表述，“马克思主义的本本必须同我国实际情况相结合”这个对待马克思主义的中国化态度，“中国革命斗争的胜利要靠中国同志了解中国情况”这个中国共产党人的中国化气派，“从斗争中创造新局面”这个中国化马克思主义的思想路线，标志着中国化马克思主义的初步形成。④ 有学者认为，1949年3月毛泽东在西柏坡召

---

① 田心铭：《毛泽东的马克思主义观的核心思想》，《北京大学学报》（哲学社会科学版）2010年第2期。

② 徐崇温：《毛泽东对适合中国国情的社会主义建设道路的先行探索》，《中共云南省委党校学报》2010年第2期。

③ 孙树芳：《毛泽东在探索社会主义建设规律中取得的宝贵经验》，《中共天津市委党校学报》2010年第20卷第2期。

④ 金民卿：《中国化马克思主义初步形成的重要标志——〈反对本本主义〉的思想价值及其当代启示》，《马克思主义研究》2010年第4期。

开的七届二中全会上的报告和总结讲话，是西柏坡精神的基本文献载体和历史见证，集中反映了西柏坡精神的精髓和核心内涵：（1）学会原来不懂的东西的学习精神；（2）对待马克思主义和毛泽东思想的科学态度；（3）第一步和新起点意识；（4）对中国兴盛的雄心壮志和必胜信念；（5）两个务必的思想。新中国成立后，直至进入改革开放的新时期，党中央多次倡导弘扬西柏坡精神，不断推动它在党的事业中延续和传承下去。①

还有学者对毛泽东某一具体方面的思想与实践加以研究和反思。认为，毛泽东是中国特色社会主义民主政治的创立者，毛泽东民主思想的基本价值取向值得肯定，这就是他的群众路线的思想，群众路线是人民主权的中国化表达。此外，毛泽东为新中国社会主义民主政治制度建设作出的贡献是任何人都无法抹杀的。透视毛泽东的民主思想与实践，有两点值得思考：一是在社会主义条件下，民主政治建设的关键是寻找民主的适当方法和适当形式。二是民主的功能有限，不能对民主政治抱不切实际的期待。② 有学者则认为，毛泽东一生与马克思主义大众化事业紧密相连，正是由于毛泽东的大力倡导和率先垂范，才使马克思主义具有了中国老百姓喜闻乐见的中国作风和中国气派，使其大众化、通俗化。这是我们党最可宝贵的政治和精神财富。③

针对国内出现的一股否定毛泽东思想，从而否定党的历史、党的领导和社会主义的逆流，张全景以事实为依据，有力地批驳了对毛泽东、毛泽东思想的诬蔑和攻击。比如有人说，毛泽东只懂阶级斗争，不懂经济建设；只抓阶级斗争，不抓生产。这是完全错误的。毛主席历来既抓对敌斗争，又抓经济建设。早在苏区时，毛主席就提出必须学会做经济工作。延安时期亲自发动大生产运动，提出“发展经济，保障供给”。有的说毛主席在没有战争威胁的情况下，提出备战备荒为人民，“深挖洞，广积粮，不称霸”。这也是不对的。当年苏联在中苏边界陈兵百万，美国在日本、韩国和我国的台湾地区都有驻军，越南战争激烈进行，还有印度对我国虎视眈眈，怎么能说没有战争威胁呢？④

2. 中国特色社会主义理论体系研究

在以往对中国特色社会主义理论体系的研究中，学界曾广泛地探讨过这一体系的发展进程及所形成的理论表现形态，并已基本达成共识，认为它是包括邓小平理论、“三个代表”重要思想和科学发展观等重大战略思想在内的比较完善的理论体系。在进一步的研究中，学者们开始深入讨论这一理论体系所涵盖的基本问题、核心观点及其逻辑层次等问题。

有学者提出，马克思主义与中国实践的“第二次结合”是一个复杂的过程，是经历了以1956年为起点和以1978年为起点的两次探索、两次“结合”才完成的。他认为，“中国特色社会主义理论体系”包括15个主要观点，即建设中国特色社会主义，必须坚持从和平与发展这一时代主题出发；必须坚持从社会主义初级阶段这一基本国情出发；必须坚持以经济建设为中心，贯彻落实科学发展观；必须坚持以人为本，始终把实现好、维护好、发展好最广大人民的根本利益作为党和国家一切工作的出发点和落脚点；必须坚持改革开放；必须建立社

① 卢洁：《从毛泽东的三篇历史文献解读西柏坡精神及其当代价值》，《党的文献》2010年第5期。

② 房宁：《毛泽东民主思想的当代启示》，《马克思主义研究》2010年第9期。

③ 宋业春：《毛泽东对马克思主义大众化理论的独特贡献》，《理论导刊》2010年第2期。

④ 张全景：《学习研究毛泽东思想是长期任务》，《红旗文稿》2010年第3期。

会主义市场经济体制，全面参与经济全球化和世界市场的平等互利竞争；必须坚持党的领导、人民当家做主与依法治国相统一的政治制度，发展社会主义政治文明；必须坚持以培育“四有”新人为目标，建设社会主义核心价值体系，推进社会主义先进文化建设；必须坚持以民生为重点推进社会建设，构建社会主义和谐社会；必须坚持民族团结和繁荣，引导宗教同社会主义相适应；必须坚持“一国两制”，保持香港、澳门长期繁荣稳定，争取和平解决台湾问题，维护国家完全统一和主权完整；必须建设强大的国防和可靠的国家安全体系；必须始终不渝地走和平发展道路，与世界各国人民一道推动建设持久和平、共同繁荣的和谐世界；必须依靠工人、农民、知识分子，依靠所有中国特色社会主义事业的建设者，最广泛最充分地调动一切积极因素；必须以改革创新精神全面推进党的建设新的伟大工程，加强和改善中国共产党的领导。①

有学者将中国特色社会主义理论体系划分为四个不同层次的内容：一是有一个鲜明的主题和主线；二是有一个深厚的理论基础和哲学基础；三是有一个核心内容和核心思想；四是围绕主题和主线有一系列崭新的中国特色社会主义基本理论。② 有学者提出，任何一个成熟的理论体系，都有贯穿其中的基本问题。胡锦涛所总结的什么是马克思主义，什么是社会主义，建设什么样的党，实现什么样的发展这四个问题，就是中国特色社会主义理论体系的基本问题。③ 赵甲明等提出，中国特色社会主义理论对马克思主义基本原理和科学社会主义基本原则的创造性运用和发展是全方位的，并重点分析了中国特色社会主义理论是怎样在解决“什么是社会主义、怎样建设社会主义”，“建设什么样的党、怎样建设党”以及“实现什么样的发展、怎样发展”这三个基本问题的过程中建立和发展的。④

有学者认为，中国特色社会主义理论体系的重要历史地位表现在三个方面：实现了科学社会主义从经典理论到当代理论的历史性发展；指导中国社会主义现代化建设事业从胜利走向胜利的行动指南；推动世界社会主义运动发展和人类社会进步的一面光辉旗帜。⑤ 有学者从三个方面概括了中国特色社会主义理论体系在马克思主义和社会主义发展史上的历史地位：首先，它是马克思主义中国化的最新理论成果；其次，它是社会主义建设理论的一个重大突破；最后，它是 21 世纪中华民族实现伟大复兴的指针。⑥

有学者指出了当前中国特色社会主义理论中存在的三大疑难问题：一是“中国特色社会主义理论”与“中国特色社会主义理论体系”关系问题；二是“中国特色社会主义理论”是否应该包括“毛泽东思想”中的相关内容问题；三是“中国特色社会主义理论”能否与“毛泽东思想”相对应问题。⑦

有学者则从正面列出了系统准确掌握中国特色社会主义理论体系需要注意的几个重要问

① 李君如：《马克思主义中国化第二次飞跃是如何完成的》，《前线》2010 年第 4 期。

② 赵曜：《论中国特色社会主义理论体系》，《社会主义论坛》2010 年第 1 期。

③ 卞敏：《论中国特色社会主义理论体系的基本问题》，《东南大学学报》（哲学社会科学版）2010 年第 1 期。

④ 赵甲明、周雅难：《中国特色社会主义理论对真理与价值统一原则的坚持和发展》，《毛泽东邓小平理论研究》2010 年第 5 期。

⑤ 聂运麟：《中国特色社会主义理论体系的历史地位》，《社会主义研究》2010 年第 2 期。

⑥ 赵曜：《论中国特色社会主义理论体系》，《社会主义论坛》2010 年第 1 期。

⑦ 张景荣：《论中国特色社会主义理论的三大疑难问题》，《探索》2010 年第 3 期。

题是：一要把“三大理论成果”贯通起来；二要把“四个基本问题”有机结合起来；三要密切联系十一届三中全会以来的历史和实践；四要看到毛泽东思想和中国特色社会主义理论体系都坚持解放思想、实事求是、与时俱进，都坚持党的群众路线，都坚持独立自主地走自己的路。[①]

3. 邓小平理论研究

2010年国内学界在对邓小平理论的研究中，突出了邓小平的发展理论、国际战略思想、政治体制改革思想、社会分配等几个重点问题。

有学者结合中央文献研究室编辑的《毛泽东邓小平江泽民论科学发展》一书，指出邓小平科学发展思想具有三个鲜明特点。第一是解放思想、实事求是、一切从中国处于社会主义初级阶段的国情出发；第二是倡导大胆吸收人类社会创造的一切文明成果，吸收和借鉴包括资本主义发达国家的一切反映现代社会化生产规律的先进经营方式、管理方法；第三是强调以发展生产力为中心，带动社会全面发展。[②] 陈艳认为，邓小平发展理论是一个完整的科学体系，有其自身的逻辑关系。在发展理念上，强调要从政治角度看经济发展，要体现实事求是精神；在发展内涵上，提出“两手抓，两手都要硬”的方针，强调物质文明和精神文明共同进步、协调发展；在发展条件上，强调在改革开放中发展，在稳定中发展；在发展目标上，强调和体现发展的人民性质，发展的最终目标是达到马克思、恩格斯所设想和要求的“人的自由全面发展”；在发展方向上，强调和体现发展的社会主义性质和方向。[③]

一些学者提出，邓小平对国际战略的谋划和对中国现代化的构建，是其中国发展战略的内外两方面。和平与发展的时代主题，多极化的世界格局趋势，国家利益的维护和拓展，科学认识世界战争问题，警惕西方国家针对中国的没有硝烟的战争，是邓小平国际战略思想的主要内容；邓小平对中国现代化道路的构建形成了经济、政治、文化和公民素质的完整的体系，科学回答了中国现代化必须回答的问题。[④] 有学者认为，邓小平维护国家利益的思想是邓小平外交思想的重要组成部分。在改革开放新时期，邓小平对风云变幻的国际形势作出了新的分析判断，在对我国外交战略和对外政策进行调整的同时，对我国外交战略中的国家利益进行了具体而全面的阐述。邓小平始终把维护国家利益作为我国对外政策的出发点，认为发展对外关系需要超越社会制度和意识形态的差别，把社会主义现代化建设当作是我国最大和最高的国家利益，并从国家主权和国家安全出发来处理国际关系，形成了完整的外交战略及维护国家利益的思想。[⑤]

邓小平关于政治体制改革的论述也受到了研究者的关注。有学者提出，邓小平政治体制改革的大目标有二：一是解决建设一个什么样的执政党制度以及怎样建设的问题，二是解决建设一个什么样的国家制度以及怎样建设的问题。相应地，邓小平政治体制改革的核心问题也就是构建党和国家之间的领导关系问题。邓小平当年把政府视为国家体系的核心，从而选

① 严书翰：《中国特色社会主义是扎根于当代中国的科学社会主义》，《理论学刊》2010年第3期。

② 龙平平：《邓小平理论与科学发展观》，《中国特色社会主义研究》2010年第1期。

③ 陈艳：《试论邓小平发展理论的形成基础及其内在特点》，《思想理论教育导刊》2010年第2期。

④ 吕斌、栾雪、孙海杰：《邓小平国际战略思想和中国现代化道路的构建》，《前沿》2010年第5期。

⑤ 何腊生：《邓小平外交战略中维护国家利益的思想论析》，《思想理论教育导刊》2010年第3期。

择党政分开作为政治体制改革的突破口；在人民代表大会制度下，国家体系的核心是人民代表大会，解决好党和人民代表大会之间的关系问题才是关键所在。[①] 有学者认为，邓小平的政治体制改革思想包括改革的必要性、目的、解决的主要问题和遵循的原则。其历史地位突出地表现在以下两个方面：一是邓小平政治体制改革思想具有鲜明时代特征，丰富发展了社会主义民主政治建设理论，为社会主义国家政治制度建设开辟了新道路；二是在邓小平设计的政治体制改革蓝图指引下，具有中国特色社会主义民主政治制度正在逐步健全和完善。[②]

有学者提出，分配问题是邓小平晚年思考和关注的一个重要问题，他直面现实，坦言两极分化自然出现，尖锐地指出，贫富悬殊、两极分化必然导致社会矛盾尖锐化，势必首先冲击现代化建设和改革开放所必需的社会稳定局面，并强调如果仅仅是少数人富有，那就会落入资本主义去。他指明，社会主义最大的优越性就是共同富裕，这是体现社会主义本质的一个东西，要求利用各种手段、各种方法、各种方案来解决这些问题。[③] 有学者认为，邓小平历来重视社会管理体制问题，在积极进行实践探索的同时，提出管理体制建设上要加强责任制、管理格局要由国家主导转向多元参与、管理成效要体现为“先富”带“共富”等创新思想，这些思想对于构建社会主义和谐社会具有重要的指导意义。[④]

4. “三个代表”重要思想研究

2010 年 2 月，中央文献研究室编写的《江泽民思想年编（1989—2008)》出版发行。这部《年编》为人们研究江泽民思想及其理论品质提供了丰富材料。该书集中记录了江泽民同志作为党的第三代中央领导集体的核心，在改革发展稳定、内政外交国防、治党治国治军等各方面的重要论述，系统反映了他对坚持和发展中国特色社会主义重大理论和实际问题的探索思考历程以及提出的一系列新思想、新观点、新论断。这本书的出版对于进一步深入学习“三个代表”重要思想、更好地用中国特色社会主义理论体系武装全党具有重要意义。

学界着重从江泽民对中国特色社会主义理论体系的历史贡献以及他的和谐社会理念、意识形态建设和民主政治建设工作思路等角度展开研究。

有研究者指出，以江泽民为核心的党的第三代领导集体，面对世情、国情和党情的发展变化，着眼于中国特色社会主义事业建设规律的探索与总结，对改革发展稳定、内政国防外交、治党治国治军等事关中国特色社会主义发展方面的理论和现实问题进行大胆创新和实践，不断推进马克思主义中国化的历史进程，为中国特色社会主义理论体系的形成和发展作出了不可磨灭的历史贡献。[⑤] 江泽民同志多次强调，党员领导干部要努力学习马克思主义理论知识，运用马克思主义基本原理解决现实问题，要与时俱进，不断创新和发展马克思主义。只有努力学好马克思主义，我们对马克思主义的坚持才能坚持得牢，发展才能发展得好，这也

① 席文启：《重温邓小平关于政治体制改革的论述》，《新视野》2010 年第 6 期。

② 戴安林：《邓小平政治体制改革思想及其历史地位》，《湖南行政学院学报》2010 年第 2 期。

③ 梁柱：《邓小平晚年心系分配问题》，《毛泽东邓小平理论研究》2010 年第 3 期。

④ 齐英艳：《邓小平社会管理体制创新思想探析》，《理论视野》2010 年第 5 期。

⑤ 周建超、刘华：《论江泽民对中国特色社会主义理论体系形成和发展的历史贡献》，《中国特色社会主义研究》2010 年第 5 期。

是江泽民同志对待马克思主义的一个科学的态度。[①]

在构建和谐社会方面，有学者提出，江泽民在领导改革开放和现代化建设的过程中，提出了保持社会稳定，正确处理改革、发展、稳定的关系，以人民群众为本，实施科学发展，建立和谐世界，保持长期稳定的社会环境等观点。这些思想观点，形成了江泽民和谐社会理念。[②] 王浩斌提出，江泽民在积极推进中国特色社会主义现代化建设的实践过程中，成功地实现了对和谐社会经济制度基础的实践诠释，形成了“三个代表论”、“初级阶段基本经济制度论”、“社会主义市场经济体制论”以及“西部开发论”等理论创新。深入探讨江泽民科学诠释和谐社会及其经济制度基础的历史背景与实践主题、理论维度与基本内容以及主要历史经验，这无论是对丰富当代中国马克思主义的理论研究，还是对有效促进我国社会主义和谐社会的实现都具有深远的现实意义。[③]

有学者指出，江泽民的社会主义民主政治建设理论进一步揭示了民主的本质，尤其人权观丰富了社会主义民主理论的内涵；把社会主义民主政治建设纳入现代化建设的整体目标和阶段性目标体系中进行思考，突出它与经济、文化、社会发展的辩证关系，拓宽了人们的认识视野；从根本途径、关键措施等方面说明民主政治建设的方式方法，具有重要的理论和实践价值。[④]

江泽民关于社会主义意识形态建设的论述颇丰，有学者经研究得出的结论是：江泽民运用辩证唯物主义和历史唯物主义的基本原理，从社会主义事业的成败；增强民族团结，提升民族凝聚力和战斗力；挫败西方敌对势力“西化”、“分化”图谋；维护和巩固党的执政地位；保证精神文明建设沿着社会主义正确方向前进等方面，科学阐释了社会主义意识形态在社会系统中的战略地位和作用。[⑤] 范秋迎认为，以江泽民为核心的第三代中央领导集体坚持以马克思主义为根本指导思想，正确区分主流意识形态与非主流意识形态的界限；以建设社会主义先进文化为统领，努力实现主旋律与多样性的统一；以四项基本原则为指针，坚决抵制封建主义和资本主义腐朽思想；以主流意识形态宣传为重点，大力加强思想政治工作。[⑥]

5. 科学发展观研究

2010 年 4 月 6 日，全党深入学习实践科学发展观活动总结大会隆重举行，胡锦涛总书记在大会上发表重要讲话。他强调，要坚持把党的执政能力建设和先进性建设作为主线，以解决影响和制约科学发展的突出问题为重点，把开展学习实践科学发展观活动的成功经验和有效做法运用到经常性工作中去，不断提高党的建设科学化水平，为推动科学发展提供坚强保证。

由华文出版社出版的《深入贯彻落实科学发展观加快经济发展方式转变学问答》于 2010 年面市，该书采取一问一答的方式对完善推动科学发展、加快经济发展方式转变的具

① 马明、王燕晓：《论江泽民的马克思主义观》，《求实》2010 年第 2 期。
② 吴克辉：《江泽民和谐社会理念探析》，《社科纵横》2010 年第 6 期。
③ 王浩斌：《江泽民对和谐社会经济制度基础的实践诠释》，《广西青年干部学院学报》2010 年第 1 期。
④ 杨德山：《试论江泽民的社会主义民主政治建设理论》，《思想理论教育导刊》2010 年第 1 期。
⑤ 蒋淑晴：《江泽民对社会主义意识形态战略地位和作用的科学阐释》，《学术论坛》2010 年第 1 期。
⑥ 范秋迎：《江泽民对待非主流意识形态的科学态度及启示》，《中共石家庄市委党校学报》2010 年第 2 期。

体思路和举措进行解疑释惑，是深入学习胡锦涛讲话精神的权威辅导读物。王金华的专著《科学发展观理论研究》(湖北人民出版社2010年出版)，把科学发展观作为一个完整的理论体系加以研究，特别是结合社会主义现代化建设中的一系列重大问题：科学发展观与走中国特色社会主义发展道路、科学发展观与构建社会主义和谐社会、科学发展观与高校创新型人才培养、科学发展观与社会主义新农村建设、科学发展观与党的建设等进行了深入的理论探讨。

学术理论界的研究在科学发展观的方法论基础和思想来源、科学发展观对以往发展理论的超越与成就、科学发展观理论体系的建构、如何贯彻落实科学发展观等多个维度上同时展开。

有研究者认为，马克思主义关于发展的一般世界观与方法论集中体现于唯物辩证法；马克思主义社会发展观集中体现于唯物史观；作为一种社会发展观，科学发展观坚持马克思主义的哲学立场，科学地回答了实现什么样的发展、怎样发展等一系列重大理论和实际问题，是马克思主义关于发展的世界观和方法论的集中体现，是马克思主义社会发展观的最新成果。[①] 科学发展观是马克思主义关于发展的世界观和方法论的集中体现。科学发展观蕴涵的方法论主要包括：实事求是，推进理论创新；与时俱进，创新发展理念；突出使命，坚持以人为本；求真务实，强调全面协调可持续发展；总揽全局，坚持统筹安排。[②] 马克思主义关于发展的世界观和方法论是科学发展观的根本思想来源；党的三代中央领导集体关于发展的思想是科学发展观的直接思想来源；中国传统文化中的发展理念是科学发展观的间接思想来源；国际社会发展的理论成果是科学发展观的重要思想来源。[③]

有学者认为，科学发展的本质就是依据对社会主义社会的发展规律和社会主义建设规律的认识，对我国社会发展道路和发展方式的科学选择。科学发展观所正确反映和科学揭示的社会主义基本规律主要有：社会全面协调发展的规律，社会发展与人的发展相互促进的规律，社会稳定和谐的规律，人与自然协调发展的规律。这些规律也是科学发展必须遵循的基本规律。科学发展观依据社会主义发展和建设的客观规律科学地选择了全面协调可持续发展的发展方式和坚持生产发展、生活富裕、生态良好的文明发展道路。[④]

有研究者认为，科学发展观同时完成了对历史经验论和西方发展理论的超越。当代中国共产党人在新世纪新阶段创立的科学发展观，在积极借鉴西方发展观的有益成果的同时，也实现了对西方发展观的扬弃和超越。这表现在：其一，科学发展观的“以人为本”思想不但扬弃了西方传统发展观的“物本”思想，而且以其人民性在发展目的和发展动力上超越了西方当代发展观的“人本”思想；其二，科学发展观的“全面协调发展”思想不但扬弃了西方传统发展观的“经济增长论”，而且以其系统性在发展内涵和发展方法上超越了西方当代发展观的“综合发展观”和“整体发展观”；其三，科学发展观的“可持续发展”思想不但扬弃了西方传统发展观的粗放型经济增长方式，而且以其和谐性在发展目标和发展道路上超越了西

① 邵军、戴卫义：《论科学发展观的马克思主义哲学基础》，《社会主义研究》2010年第1期。

② 王海：《试论科学发展观蕴含的方法论》，《理论探索》2010年第2期。

③ 李保忠、王以童：《科学发展观思想来源探析》，《中国井冈山干部学院学报》2010年第2期。

④ 张新：《论科学发展的本质和规律》，《教学与研究》2010年第3期。

方当代的可持续发展观。[①] 在对以往社会发展进程的本质解读上，科学发展观并没有以社会发展太快为由，把改革开放三十年的历史进程解读为经验事实的简单链接，也没有以经验事实的横向联系之重要性越来越凸显为由，把上述这一历史进程的意义仅仅置放在空间层面上来加以定位，而是从中国特色社会主义建设的视角出发，深刻地解读改革开放进程的内在本质。在规划和开拓中国特色社会主义更为广阔的发展前景时，科学发展观也以深刻把握发展规律为基础，在方法论上与经验主义、机遇主义的观点区别了开来。[②] 科学发展观是具有鲜明特色的马克思主义中国化的新成果。“实现什么样的发展、怎样发展”，是科学发展观的“问题”特色；“统筹国内国际两个大局”，是科学发展观的时代特色；“关于发展的世界观和方法论”，是科学发展观的理论特色；“求真务实”，是科学发展观的实践特色。[③]

至于科学发展观的内在理论体系，有学者提出，科学发展观是重大战略思想体系，体现在战略方针、战略布局、战略核心、战略重点、战略主流意识、国际战略和战略保证等方面。党的十七大明确指出：“深入贯彻落实科学发展观，继续解放思想，坚持改革开放，推动科学发展，促进社会和谐。”这是贯彻落实科学发展观的重大战略方针。[④] 有学者认为，构建科学发展观的理论体系，应以“实现什么样的发展、怎样发展”这一新的伟大觉醒为主题；以人与自然、人与人两大关系及其两大和谐取向为逻辑中轴线；以科学发展的三大世界观基础、四大价值观建构、三大方法论创新为范式结构，形成“一主题三层次”的有机整体。[⑤]

国防大学中国特色社会主义理论体系研究中心撰文指出，实现好、维护好、发展好最广大人民的根本利益，是贯彻落实科学发展观的根本出发点和落脚点。发展为了人民、发展依靠人民、发展成果由人民共享是实现科学发展的根本目的。把科学发展观贯彻落实到经济社会发展各个方面，就要综合运用各种手段，解决好人民群众关注的就业、收入分配、社会保障、医疗、子女上学、生态环境保护、安全生产、社会治安等热点问题，顺民意、谋民利、得民心，实现人民的愿望、满足人民的需要、维护人民的利益；就要继续推进党的建设新的伟大工程，加强党的思想建设、组织建设、作风建设、制度建设和反腐倡廉建设，抓紧解决党员干部队伍中存在的问题，不断提高党的执政能力，不断保持和发展党的先进性，把党的政治优势和组织优势转化为推动经济社会又好又快发展的有力保证，把改革开放和社会主义现代化建设伟大事业不断推向前进。[⑥]

（三）世界瞩目的中国特色社会主义实践

1. 关于“中国模式”与中国特色社会主义道路

就像数年前对“北京共识”的争论一样，近两年来国内外学术界对“中国模式”的研讨也是热烈持久、众说纷纭。经历了“是否存在‘中国模式’”、“怎样理解‘中国模式’”的大

---

① 李曙新：《论当代中国科学发展观对西方发展观的扬弃与超越》，《当代世界与社会主义》2010 年第 1 期；王泉：《发展理论视阈下的科学发展观》，《社会主义研究》2010 年第 1 期。

② 唐正东：《科学发展观对历史经验论的超越及其理论意义》，《南京社会科学》2010 年第 1 期。

③ 付建明：《科学发展观的特色探析——以马克思主义中国化为视阈》，《中共四川省委党校学报》2010 年第 1 期。

④ 李康平：《科学发展观的重大战略思想研究》，《科学社会主义》2010 年第 1 期。

⑤ 曾繁亮：《科学发展观理论体系的建构向度》，《理论与改革》2010 年第 4 期。

⑥ 国防大学中国特色社会主义理论体系研究中心：《贯彻落实科学发展观的根本出发点和落脚点》，《人民日报》2010 年 2 月 2 日。

争论。2010年以来，学者们客观分析“中国模式”提出的国内国际背景，以及中国道路未来的发展走向，在“是否提倡‘中国模式’提法”这一基本问题上依然看法不一。

关于“中国模式”这一概念的提出并被广泛认知的历史背景，有学者从全球化的视角审视，认为当代中国处在“古今”（传统与现代）“东西”（东西方文明）矛盾的交叉点上，原本存在着时空差距的问题同时呈现，从而使“中国难题”成为“世界之最”。在这方面，雷默的“北京共识”将给我们提供某种方向性的启示。虽然中国学者对“中国模式”和“北京共识”的反应保持了相当低调的姿态，但随着中国发展道路日益引起国际社会的重视，如何从理论上真正说清楚“中国特色”的内涵所在，已经对哲学社会科学研究提出了新的要求。[①] 有学者提出，“中国模式”是世界尤其是西方发达国家对中国发展道路的一种解读，其实质是“中国特色社会主义现代化道路”，这一发展道路既是本土的、独特的，又是世界的、普遍的。对于“中国模式”的普适性问题，应当避免把中国发展模式或发展道路所具有的“中国特色”与它对于人类社会发展所具有的普遍性的启示意义和价值对立起来。[②]

有学者试图从马克思主义的视角，揭示和阐明“中国模式”的形成是近代中国社会面临的诸多矛盾共同作用的结果，所以“中国模式”应是一个有目标、任务和路径的层次性结构系统。我们已站在新的历史起点上，需要在深化改革开放中不断发展完善“中国模式”，这是一项重大的任务。[③]

有学者在分析当前有关对中国的各种误解和曲解的基础上正面作出解释和回应，认为中国模式是对中国式现代化乃至中国特色社会主义的概括和表述，是中国近几十年成功发展的客观模式，是中国独立思考、寻找适合自己实际的发展模式。中国模式的提出，着眼于社会主义的发展道路和落后国家实现现代化道路的多样性，丝毫没有自封样板、自作示范的意思。中国模式所体现的，不是“民族主义”，而是无产阶级尊重民族特征、重视民族差别的一贯要求。衡量一种模式是否成功的标准，并不是看它还要不要发展，而是看它是否实现了自己的战略目标。应该说，在这方面，中国模式的成功是有目共睹的。[④] 有学者认为，中国模式既是中国改革开放30年历史经验的总结，也是中国应对全球化的发展战略；否定中国模式的存在是一种不自信的表现，而主张“慎用”则是“惧外”的表现。实际上，中国在过去30年的现代化建设实践中，在经济、政治、社会、文化、外交等各方面都创造性地形成了有中国特色的体制。这种体制概括起来就是中国模式。[⑤]

一些学者则不赞成“中国模式说”，认为这一说法值得商榷。主要是：人类社会发展中不存在某种固定的发展模式；发展经验不等于发展模式；“中国模式说”既不符合中国发展现实，又不符合中国迅速变化的时代特征；苏联模式及其对其他社会主义国家的影响也证明了所谓的模式是有害的；“中国模式说”会引发负面的国际效应，会掩盖中国社会发展中存在的

---

① 杨学功：《全球化与“中国模式”——兼谈雷默的“北京共识”》，《学术界》2010年第1期。

② 吴海江：《“中国模式”的实质、普适性及未来挑战》，《思想理论教育》2010年第5期。

③ 陈章亮：《马克思主义语境下的“中国模式”研究》，《思想理论教育》2010年第7期。

④ 徐崇温：《关于如何理解中国模式的问题》，《中共中央党校学报》2010年第2期。

⑤ 胡键：《争论中的中国模式：内涵、特点和意义》，《社会科学》2010年第6期。

问题。[①]

学者们均意识到，“中国模式”的兴起反映出理论工作者应当承担起历史职责。有学者指出，伴随着我国改革开放和现代化建设，国际社会关于“中国模式”的探讨不绝于耳，赞同者有之，效仿者亦有之。相比较，国外学者热炒“中国模式”，国内媒体和学者对这一概念的使用则显得比较谨慎。明晰“中国模式”的科学内涵，有助于更好地总结我国改革开放以来的社会发展模式，坚持中国特色社会主义道路，不僵化、不教条、不照搬、不固化，永葆“中国模式”的生机和活力。[②] 有学者指出，应该承认中国理论工作者在中国模式的成功崛起中已经发挥了不可替代的重要责任；在机遇与挑战并存的现时代，中国的发展更加迫切需要精神和学术的支持，需要理论界提供高层次高水平的研究成果，应当承担起时代、民族所赋予它的历史职责：一是总结中国经验，坚持理论创新；二是提供理论支持，坚持科学发展；三是应对理论质疑，扩大世界影响。西方世界对“中国模式”有许多质疑和误读，这既是对中国政治价值的挑战，也是对中国理论界的挑战。面对并回应这种挑战，理论界应当详尽地阐述当代中国马克思主义与经典马克思主义的一脉相承关系，研究考察中国化马克思主义产生的客观条件及其历史意义，厘清中国化马克思主义与西方某些现代思潮的根本界限，从而消除西方学术界对中国化马克思主义的误解或曲解，反击西方对中国特色社会主义理论体系的挑衅，扩大“中国模式”的世界影响。[③]

2. 世界视野中的中国特色社会主义

学者们加强了对中国特色社会主义与世界发展之间联系的研究，一方面注意到了世界对于中国的普遍关注，另一方面也尝试着开阔中国特色社会主义发展的国际视野。

有学者认为，中国特色社会主义之所以冠之以“中国特色”，就是因为它深深地扎根于中国国情。但是，立足中国与面向世界从来就不是矛盾的，而是互补的和辩证统一的。宽广深邃的世界眼光，正是中国特色社会主义顺利推进的重要前提。一是密切关注国际局势，始终站在国际大局与国内大局相互联系的高度审视中国和世界的发展问题，思考和制定中国的发展战略。二是通过放眼世界，在国际对比中找准自身的位置，借鉴国际成功的经验，汲取国际失败的教训。三是敏锐地把握时代的脉搏，积极寻求国际机遇，冷静应对国际挑战。[④]

有学者指出，“中国道路”体现了中国与世界的联系，本质上是现代世界体系运行至一定阶段后的必然结果。“中国道路”的主题是近代以来人类文明的基本脉络——现代化，而其成功却在于努力处理好与世界体系的关系：充分肯定与彰显世界的现代化进程对当代中国的意义，选择并确立有利于“更快、更好”实现现代化的价值原则与各项制度。“中国道路”在实践中所取得的巨大成功，也从物质能力、思想观念以及制度体制等方面，为世界体系的运行与发展作出重要贡献。[⑤]

有学者认为，面对全球性问题对人类生存和发展的挑战，资本主义对社会主义的关系也

① 丁志刚、刘瑞兰：《“中国模式说”值得商榷》，《学术界》2010年第4期。

② 秦宣：《“中国模式”之概念辨析》，《前线》2010年第2期。

③ 韩喜平：《“中国模式”与理论职责》，《马克思主义研究》2010年第6期。

④ 陶文昭：《中国特色社会主义的世界眼光》，《学习论坛》2010年第8期。

⑤ 韦定广：创造与贡献：《世界体系视域中的“中国道路”》，《社会科学》2010年第6期。

作出了新的调整，即由原来对抗性关系逐步变成竞争中寻求合作的关系。全球性问题对于社会主义发展既是一个机遇，同时又是一个严峻的挑战。但社会主义的前途是光明的，中国模式就是对解决全球性问题的一个响亮回应。[①]

有学者认为，中国特色社会主义理论在解决中国社会主义的生存发展问题中，把它放在世界大背景、大格局中思考，站在全局的角度，用发展眼光把握问题、解决问题，形成了宽广的世界视野。由于站得高、视野宽阔，正确处理了中国经济发展与争取和平国际环境的关系；中国社会主义与西方资本主义的关系；中国社会主义建设与学习、借鉴资本主义优秀成果的关系；中国经济发展与推动世界进步、发展的关系。不仅使中国特色社会主义建设取得巨大成就，也使中国特色社会主义理论得到丰富发展。[②]

（四）社会主义核心价值体系与主流意识形态建设

社会主义核心价值体系，是党的十六届六中全会首次明确提出、党的十七大报告和党的十七届四中全会通过的《中共中央关于加强和改进新形势下党的建设若干重大问题的决定》又进一步阐述的一个命题，自提出以后即成为国内学界的研究热点。近年来，学术理论界围绕"社会主义核心价值体系"的重大意义、科学定位、主要内涵、基本特征以及实践路径等多个层面的问题进行了深入探讨。

截至 2009 年年底，关于社会主义核心价值体系建设的研究成果主要体现在如下几个方面：[③]

一是关于社会主义核心价值体系的内涵和特征。从地位上看，社会主义核心价值体系是在社会生活中占主导地位的价值体系。不少学者指出，正确认识价值、核心价值、价值体系、核心价值体系等基本概念，是准确理解社会主义核心价值体系的前提。虽然当前思想意识领域存在不同的价值观念和价值取向，但它们在社会生活中的地位和影响并不相同，其中处于主导地位的是社会主义核心价值体系。从结构上看，社会主义核心价值体系是科学的、严密的理论体系。有学者认为，就逻辑结构而言，社会主义核心价值体系四个方面的内容相互联系、相互贯通又各有侧重，是一个逻辑严密的统一体。就内容而言，社会主义核心价值体系涵盖了社会主义主导价值理念、共同价值理想、核心价值精神、基本价值标准等，鲜明地回答了在新的历史条件下社会主义意识形态建设以什么样的精神风貌、遵循什么样的行为准则、朝着什么目标前进等重大问题。从历史和现实基础看，社会主义核心价值体系具有深厚的历史渊源和实践基础。有学者认为，从历史角度看，一方面，社会主义核心价值体系植根于中华民族优秀传统文化，充分反映了中华民族最深层的精神追求和行为准则，符合民族心理、体现民族特性；另一方面，它继承和发展了马克思主义经典作家关于价值观的基本思想与论断。从现实基础看，它植根于当代中国特色社会主义伟大实践，体现了时代发展潮流，适应了当前我国经济社会发展要求。

二是关于社会主义核心价值体系建设的规律。学者们一致认为，建设社会主义核心价值体系是一项长期的战略任务和复杂的系统工程，应抓住其中规律性的东西，处理好一系列重

① 吴建华：《全球性视域下的社会主义与中国模式》，《南京社会科学》2010 年第 4 期。

② 许玲英：《论中国特色社会主义理论的世界视野》，《毛泽东思想研究》2010 年第 1 期。

③ 参见杨学博《为中国特色社会主义事业提供强大精神支撑——关于社会主义核心价值体系建设的研究综述》，《人民日报》2009 年 12 月 1 日。

大关系。

理论与实践的关系。学者们认为，社会主义核心价值体系建设是一个崭新课题，其中有许多理论问题有待深入研究。同时，社会主义核心价值体系重在建设。应努力把人们对这一体系的正确认识转化为自觉认同和自觉实践，这是建设社会主义核心价值体系的一个根本问题。

先进性与广泛性的关系。学者们指出，建设社会主义核心价值体系应坚持从实际出发，把先进性要求同广泛性要求结合起来。建设社会主义核心价值体系应充分体现包容性，倡导积极的，支持有益的，允许无害的，改造落后的，抵制腐朽的，在尊重差异中扩大共识，充分发挥不同阶层人们的积极性和创造性。

整体与局部的关系。学者们指出，社会主义核心价值体系包括四个层次分明、各有具体内涵的组成部分，应进一步深化对各个组成部分的研究。有学者认为，在深入研究各部分内容的同时，更应强调“整体性的研究方法”，即从总体上、根本上对社会主义核心价值体系的基本内涵和外延等进行把握。

三是关于推进社会主义核心价值体系建设的途径。学者们认为，当前推动社会主义核心价值体系建设主要面临两大任务：一是主动引导，把社会主义核心价值体系融入国民教育和精神文明建设之中；二是及时回应，积极探索用社会主义核心价值体系引领社会思潮的有效途径。具体而言，就是要通过教育引导、文化熏陶、实践养成、制度保障等，使社会主义核心价值体系转化为人们的自觉追求，体现到人们的具体行动中。

2010年，学术界关于社会主义核心价值体系的研究继续深入，而且关注点逐步集中于社会主义核心价值体系的构建途径。

从社会主义核心价值体系提出的现实针对性来看，有学者认为，可以提出至少三个“两点论”及其具体关联性判断：一是改革开放以来我国的综合国力有了迅速提升，但国家“软实力”的建设相对滞后；二是以中国特色社会主义理论体系为标志的党的理论创新生机勃勃，但这一理论创新成果的大众化、普及化以及国际化相对薄弱；三是文化建设有了很大发展，但人民群众文化需求的增长更为迅速，文化供给（尤其是社会主义先进文化）相对不足。这三个“相对”，是我们把握这一问题的着眼点。因此，构建社会主义核心价值体系，可以视为我们在新的历史条件下，对于意识形态基本矛盾关系认识的一个重大飞跃，同时又提出了需要面对的新课题。[①]

社会主义核心价值观是社会主义核心价值体系的内核，研究者们尝试着对核心价值观作出凝练性概括。有学者强调，要把对社会主义核心价值体系的研究聚焦到社会主义核心价值观上来，这需要强化以下三个关键点的研究：研究和谐文化、社会主义核心价值体系和社会主义核心价值观三者的联系、区别及相互关系；研究社会主义核心价值体系的聚焦点；概括社会主义的核心价值观。该学者认为，以下四个观点（或称概念）应该成为社会主义核心价值观：民主，平等，集体主义，人的自由全面发展。[②] 有学者认为，社会主义核心价值观集

① 侯惠勤：《新中国主流意识形态建设的基本经验》（下），《思想理论教育导刊》2009年第9期。

② 严书翰：《社会主义核心价值体系的聚焦点》，《人民论坛》2010年4月（中）。

中体现为和谐与公正。建设社会主义核心价值观，最根本的是培育和谐文化、养成和谐思维，其关键在党，其突破口在消除存在的不和谐、不公正因素。① 有学者提出，在进一步提炼和概括社会主义核心价值体系过程中，要进一步明确和加强宣传我们党提出社会主义核心价值体系建设的根本宗旨，要坚持科学的方法论，要高度重视社会主义核心价值观体系内容的科学表述。建议把这个体系称之为社会主义核心价值观体系，不宜称之为社会主义核心价值体系。② 有学者总结了社会主义核心价值体系的三个源泉，一是马克思主义；二是新民主主义及社会主义建设伟大实践；三是中国传统文化。③

理论界十分重视理想信念在社会主义核心价值体系中的突出地位。有学者提出，在经济全球化和改革开放新时代，共产党人坚定自己共产主义的远大理想和中国特色社会主义的共同理想，是学习践行社会主义核心价值体系的重中之重。应当做到：牢固树立全心全意为人民服务的宗旨；认认真真刻苦学习钻研马克思主义；进一步增强忧患意识，认真关注、深入思考重大现实和理论问题；坚持深入实际，坚持理论与实践相结合；解放思想、与时俱进、大胆探索和勇于进行理论创新；既有勇于追求真理、坚持真理的勇气，又要有勇于修正错误的气度；改造主观世界。④ 有学者强调，建设中国特色社会主义的共同理想，是社会主义核心价值体系的主题。只有始终突出这一主题，我们才是真正意义上的坚持马克思主义的指导，培育和弘扬民族精神和时代精神才具有现实的实践意义，社会主义荣辱观也才有所皈依。⑤

关于社会主义核心价值体系的基本特征，有学者从三个方面进行了提炼：第一，社会主义核心价值体系是科学性与人民性的统一。这一体系以科学世界观与方法论作为指导，是对社会主义意识形态建设规律的科学总结，是真理性体系。同时，这一体系是人民利益的要求，是为了维护和发展广大人民利益的体系。第二，社会主义核心价值体系是民族性与世界性的统一。社会主义核心价值体系体现了各族人民的根本利益，是我们国家 56 个民族共同的价值基础；社会主义核心价值体系是从中华民族深层的文化土壤中生长出来的价值准则，不仅符合我们民族的心理与追求，也反映中华民族的特征与品格。同时，我们还看到，社会主义核心价值体系着眼于当今世界和时代的发展，具有世界性。第三，社会主义核心价值体系是主导性与包容性的统一。⑥

理论界广泛探讨了构建社会主义核心价值体系的现实路径。有学者强调，价值观的最重要特性是以“实践精神”来把握世界。任何价值观都必须首先有“大人”们的身体力行；执政党在核心价值观建设中起着关键作用；科学发展观与核心价值体系是统一的，其核心都是“以人为本”，旨在努力促进人的全面发展。⑦ 有学者认为，把坚持与发展马克思主义相统一、

---

① 任建东、仝涛：《论社会主义核心价值体系与核心价值观》，《中国井冈山干部学院学报》2010 年第 4 期。

② 梅荣政：《深化社会主义核心价值体系研究的几点思考》，《贵州师范大学学报》（社会科学版）2010 年第 5 期。

③ 范勇、李忠：《论社会主义核心价值体系的理论源泉》，《求实》2010 年第 6 期。

④ 李慎明：《把理想信念教育作为学习践行社会主义核心价值体系的重中之重》，《毛泽东邓小平理论研究》2010 年第 2 期。

⑤ 王向明：《牢固树立建设中国特色社会主义的共同理想——论社会主义核心价值体系的主题》，《群言》2010 年第 10 期。

⑥ 辛向阳：《社会主义核心价值体系的五个基本问题》，《人民论坛》2010 年 3 月（中）。

⑦ 余源培：《建设社会主义核心价值体系从哪里抓起》，《中共宁波市委党校学报》2010 年第 6 期。

把近期目标与终极目标相统一、把时代精神与民族精神相统一、把端正党风政风与振兴民风相统一，是加快构建社会主义核心价值体系的现实路径。① 有学者主张，社会主义核心价值体系所拥有的重要品质以及良好的实践效果要转化为社会群体共识，让社会成员正确、全面、深刻地理解，就需要社会主义核心价值体系的不断外推。就价值主体而言，外推包括个人自身的推进、集体推进和代际推进三种；就内容方式而言，外推包括语言的外推、实践的外推和意识形态层次上的外推。② 有学者认为，建设社会主义核心价值体系的关键就是要解决社会公众对核心价值体系的政治认同问题，即以政治认同为诉求，把社会主义核心价值体系的精神实质内化为公民个体的认知，再外化为公民的具体行为，最终使社会主义核心价值体系为广大社会成员所感知、认同和掌握，真正成为社会精神生活的“主旋律”。③ 有学者认为，日益凸显的民生问题会对构建社会主义核心价值体系带来负面影响。着力改善民生，夯实社会主义和谐价值体系的现实基础，才能增强社会主义核心价值体系的吸引力、感召力和说服力。④

还有学者着重从社会主义核心价值体系大众化的角度探讨这一体系的构建途径。有学者强调，社会主义核心价值体系大众化的本质是坚持社会主义核心价值体系在人民大众中的主导地位，现实意义在于可以满足人民大众和社会主义核心价值体系的双向需要。坚持以人为本的逻辑起点，建立价值的视角，注重运用教育这一重要载体，注重把握青年这一特殊群体，是开展社会主义核心价值体系大众化建设所要坚持的基本路径。⑤ 有学者认为，坚持理论彻底性是推进社会主义核心价值体系大众化的前提；立足中国特色社会主义实践是推进社会主义核心价值体系大众化的基础；紧扣最广大人民的根本利益是推进社会主义核心价值体系大众化的关键；创新思想政治工作方式方法是推进社会主义核心价值体系大众化的保证。⑥

2010 年，教育部中国特色社会主义理论体系研究中心、教育部高等学校社会科学发展研究中心、中国教育报主办了“中国特色社会主义理论体系论坛·2010”，会议围绕推进社会主义核心价值体系建设这一主题进行了研讨。与会者指出，用社会主义核心价值体系引领高校思想政治教育，需要不断探索新途径、新办法。应把社会主义核心价值体系贯穿到课堂教学中，融入到和谐校园文化建设中，渗透到大学生社会实践中，推动大学生把个人发展与社会发展统一起来、把实现自身价值与报效祖国统一起来，努力成为理想远大、信念坚定、品德高尚、视野开阔、知识丰富、勇于创新的社会主义现代化事业的合格建设者和可靠接班人。

（五）深入研究曾对马克思主义中国化作出重要贡献的代表人物

1. 陈独秀思想研究

中国共产党早期领导人为马克思主义中国化所作的开创性探索，日益得到学术界的重视。本世纪以来，围绕陈独秀思想及其生平的研究学术活动十分活跃。纵观新世纪以来关于陈独

① 韩军、庄锡福：《构建社会主义核心价值体系的现实路径》，《科学社会主义》2010 年第 2 期。

② 李梅敬：《“外推”——社会主义核心价值体系的认同与传承路径》，《唯实》2010 年第 1 期。

③ 胡建：《公民政治认同：社会主义核心价值体系建设的关键》，《毛泽东思想研究》2010 第 6 期。

④ 葛亚坤、郑百灵：《改善民生是构建社会主义核心价值体系的现实基础》，《求实》2010 年第 7 期。

⑤ 李忠军：《社会主义核心价值体系大众化探析》，《社会科学战线》2010 年第 10 期。

⑥ 李伟、邹绍清：《推进社会主义核心价值体系大众化的思考》，《理论探索》2010 年第 2 期。

秀研究的著述、论文、研讨会等，其主要研究成果可以概括为以下几个方面：一是关于陈独秀的民主思想；二是关于陈独秀的社会主义思想；三是关于陈独秀的文化教育思想；四是关于陈独秀的“二次革命论”；五是关于陈独秀生平的若干问题及对他的历史评价。2010年，国内学界侧重于从陈独秀对早期马克思主义中国化的贡献、陈独秀晚年的民主思想、陈独秀的民族国家观和文化观等角度开展研究。

陈独秀作为五四新文化运动的发起者和领导者，作为中国共产党的主要创始人之一，对马克思主义在20世纪初中国的传播，对早期马克思主义中国化付出了不懈努力，作出了重大贡献。有学者研究表明，他发动并领导了针对中国封建专制制度和封建传统文化的具有现代意义的思想启蒙运动，为实现马克思主义中国化奠定了基础；积极传播和宣传马克思主义，并促成理论与实践的尽快结合，为马克思主义中国化作出了积极贡献；创立中国共产党并领导其初期的革命斗争实践，为推动马克思主义中国化迈出了实质性步伐。① 有学者强调，陈独秀对中国社会性质、革命动力、发展阶段、目标任务的认识，与李大钊、瞿秋白等党的早期领导人一样，都为马克思主义中国化第一次飞跃，即毛泽东思想的产生，提供了丰厚的正反两方面的理论资源和实践经验。②

学术界对于陈独秀晚年的思想尤其是民主思想给予了重点研究，充分肯定了他晚年民主思想的价值。有学者展现了陈独秀对民主思想的探索中所大致经历的三个阶段：第一阶段，作为新文化运动的旗手，陈独秀推崇以自由、人权为核心的资产阶级民主；第二阶段，作为马克思主义者，陈独秀主张无产阶级民主；第三阶段，主要是指被开除党籍的陈独秀的晚年民主思想。晚年陈独秀的民主思想是一个复杂的体系，他根据个人亲身经历与苏联的经验教训，结合当时的国际政治环境，并在与托派朋友的争论中对民主问题进行了重新思考与反思。他认为，民主是人类社会进步的重要指标，资产阶级民主有多方面的借鉴价值，应该建立大众民主和党内民主，加强民主制度建设等等。研究陈独秀晚年的民主思想，对我们今天进行改革开放和社会主义现代化建设仍然有着重要的理论价值和现实意义。有学者认为，陈独秀晚年对民主的反思，体现了他对民主理想的执著追求。他通过对斯大林极权主义体制的批判而形成的新民主观，并非重归“五四”的思想循环，而是对民主进行了全新诠释的深刻洞见。③ 有学者认为，陈独秀对无产阶级民主充满了信念，其追求的大众民主，正是马克思所主张的工人阶级的民主，也就是工人阶级实行自我管理的民主制替代资产阶级的代议民主制。他坚信，民主是社会主义的本质要求，民主的大众化是社会主义的应有之义。无产阶级取得政权后，不应抛弃民主主义而应扩大民主主义，要实现民主与社会主义的结合，从而走向大众民主乃至全民民主。④

陈独秀的民族国家思想是颇具有先导性、前瞻性和启蒙性的。陈独秀对近代民族关系和民族矛盾以及国家与政府关系的认识有自己独到见解。他主张域内各民族一律平等，不排满。

① 郑丽平：《陈独秀对早期马克思主义中国化的贡献》，《马克思主义研究》，2010年第2期。

② 姜金林：《陈独秀对马克思主义中国化的早期探索》，《南都学坛》（人文社会科学学报）2010年第4期。

③ 贾钢涛：《陈独秀晚年民主思想三论》，《理论月刊》2010年第11期。

④ 部攀：《简论晚年陈独秀的大众民主思想》，《理论界》2010年第11期。

他警惕“日患”，坚定抗战胜利之信心。他认为国家应为人民谋福利，否定“政府即国家”观念。[①] 陈独秀曾对中国文化的现代化有着十分深刻的思考。他曾对东西方文化的差异及其产生这种差异的深层次原因作过深入的分析，并倡导以西方文化来改造中国传统文化。他特别强调文化价值取向上的先进性和文化的世界互通性，主张以开放的姿态对待世界文化。他的东西方文化观对于改造中国传统文化具有十分重要的意义，但也存在较大的局限性。[②]

2. 陈云思想研究

陈云作为中国社会主义经济建设的开创者和奠基人之一，其丰富的经济思想历来受到学术界、理论界高度重视。陈云的学习观和统战思想也成为2010年学者们研究的重点。

在陈云的经济理论和实践贡献方面，有学者强调，陈云不仅积极支持邓小平提出的改革开放思想和方针政策，而且以自己长期领导经济工作的丰富经验，提出了许多影响深远的重要思想。陈云首先认识到传统计划经济的弊端，主张引入市场调节（市场经济），并得到邓小平的赞同。在邓小平和陈云的理论认识中，市场调节和市场经济的内涵是相同的。在改革开放初期，中央采纳了陈云提出的计划经济为主、市场调节（市场经济）为辅的思想，在传统计划经济体制上打开一个缺口，成为建立社会主义市场经济体制的先导。[③] 有学者认为，新中国在60年发展历程中经历了两次经济体制转变，一次是20世纪50年代社会主义计划经济体制的逐步形成和确立，另一次是1978年以来的由计划经济向社会主义市场经济体制的转变。在两次转变的过程中都扮演了重要角色的陈云，其经济思想的一个主要特征，是他一直主张政府对经济的管理应当有机结合计划与市场两种调控方式。[④] 有学者分析了陈云对新中国经济体制的确立、完善和改革作出的贡献。在以公有制为主体的社会主义经济制度确立过程中，陈云主张在保持国有经济统治地位和坚持计划经济的前提下，引入某些市场经济因素，提出了“三个主体，三个补充”的社会主义经济体制模式构想，为以后经济体制改革理论的探索提供了方法论启示；在改革开放的起步阶段，陈云通过总结经验教训，从计划与市场之间“主要”和“从属”关系的论述，渐渐发展为“计划经济为主、市场调节为辅”的规范提法，成为党在经济体制改革中的指导方针，也为后来逐步确立我国社会主义市场经济体制的改革目标作了重要的历史铺垫；此后，陈云又提出了“鸟笼经济”思想，针对改革开放后出现的摆脱国家计划的倾向，对计划与市场的关系作了进一步思考，对于经济生活的健康运行和深化经济体制改革都有着长久的方法论意义。[⑤]

关于陈云与邓小平经济思想的异同比较，有学者强调，改革开放初期的陈云与邓小平，他们之间的合作和相互补充是第一位的，差别和分歧是第二位的。而且他们之间的差别也不在于要不要改革开放，而在于如何改革开放。在分歧面前，他们以大局为重，求大同存小异。[⑥] 有学者指出，邓小平和陈云关于计划与市场的理论观点都有一个发展过程，那种将邓

① 董根明：《陈独秀民族国家思想探析》，《中国社会科学院研究生院学报》2010第6期。
② 郑丽平：《陈独秀的东西文化观评析》，《南京社会科学》2010年第9期。
③ 卫兴华：《陈云关于计划与市场的思想是我国经济体制改革的先导》，《山西高等学校社会科学学报》2010年第9期。
④ 王丹莉：《陈云计划和市场思想研究——以新中国60年经济体制探索为背景》，《长白学刊》2010年第2期。
⑤ 迟爱萍：《陈云与新中国经济论纲》，《党的文献》2010年第3—4期。
⑥ 朱佳木：《改革开放初期的陈云与邓小平》，《当代中国史研究》2010第3期。

小平和陈云的观点对立起来的认识是不符合实际的。有学者具体分析了陈云和邓小平两人经济思想的诸多一致之处，主要表现在两人都支持农村搞家庭联产承包；都主张对国民经济进行调整；都倡导对外开放等。陈云和邓小平在关于经济特区问题、党员雇工问题、计划与市场的关系等问题认识上也有不同之处，但他们之间的这种不同，并没有演化为根本性分歧和矛盾，在相当程度上更表现为一种和而不同、差异互补的协力合作。①

结合建设马克思主义学习型政党的现实，有学者认为，党的十七届四中全会把“完善和落实党委（党组）中心组学习制度”作为建设学习型政党的重要举措，对于提高领导干部的思想政治水平和执政能力，具有极其重要的意义。而党委中心组这种学习组织和学习制度的创新，同陈云的开创性探索有着密切的关系。有学者强调，曾任中共中央组织部部长的陈云在抗战时期就明确提出了“学习是共产党员的责任”这一重要思想，并进行了深刻阐述，这对提高党员党性修养和综合素质，促进抗战时期党的空前发展壮大，发挥了积极的指导作用。有学者认为，陈云同志组织学习的方法启示我们，要注重发挥马克思主义学习型党组织的组织功能，发挥集中学习、集体学习的优势。学习不仅是党员的个人行为，更是一种组织行为。要在党组织中激发党员学习的热情，倡导努力学习的风尚，形成坚持学习的氛围。因此，建设学习型党组织，有利于党组织的成员相互借鉴、相互启发、相互促进、共同提高，有利于激发学习动力和学习的自觉性，也有利于形成“比学赶帮”、生动活泼的学习局面，更有利于加强团结实现我们共同的奋斗目标。②

有研究者指出，陈云在长期的革命斗争实践中，提出了一系列关于统一战线的正确理论和实践方法。他提出，在白区要灵活地运用统一战线策略，阐述了党建立抗日统一战线的重要性和在抗日统一战线中应采取的策略，提出使用改造旧知识分子和民族资产阶级的统一战线思想，具有重要的当代价值。③ 在对资本主义工商业社会主义改造的过程中，针对民族资产阶级在国民经济恢复和发展中的特殊作用，陈云提出了许多争取和团结民族资产阶级的正确主张，形成了独特的统一战线思想。他不仅充分肯定民族资产阶级的历史进步性，而且强调必须充分调动民族资产阶级的积极性，重视和维护他们的切身利益，同时还对一些错误观点和倾向进行批评，主张对民族资产阶级进行团结和改造。新中国成立初期陈云的统战思想丰富和发展了统战理论，对统战工作作出了巨大贡献，具有重大的理论价值和现实意义④。

（六）马克思主义中国化研究学科建设

2005年马克思主义理论一级学科正式设立以来，在其所属的六个二级学科中，理论界有关马克思主义中国化研究学科建设基本问题的讨论最为热烈，内容涉及学科建设的众多方面。总体而言，马克思主义中国化研究学科建设问题已经日益引起理论界的关注和思考，并在学

---

① 李玉胜：《陈云与邓小平经济思想比较探析》，《吉林师范大学学报》（人文社会科学版）2010年第6期。

② 李君如：《陈云对党委中心组学习的开创性贡献》；李蓉：《“学习是共产党员的责任”——抗战时期陈云的学习观》；陈龙发：《秉承陈云同志学习至上精神，努力建设马克思主义学习型党组织》，《中国浦东干部学院学报》2010年第3期。

③ 王雁菊、李江、杨熠晨：《陈云的统一战线思想及其当代价值》，《党政干部学刊》2010年第11期。

④ 叶张瑜：《略论新中国成立初期陈云的统战思想——以对资本主义工商业的社会主义改造为中心》，《中国石油大学学报》（社会科学版）2010年第4期。

科地位、学科性质、主要内容、业务范围、相关学科等若干重要方面初步达成共识，马克思主义中国化研究学科正逐步成长为一门新兴的“显学”。

有学者对马克思主义中国化研究学科建设的基本问题提出了一些见解和看法。[①]

第一，马克思主义中国化研究的学科地位和学科属性。马克思主义中国化研究学科地位的重要性表明，它与一般的人文社会科学有着不同的学科属性和特点。马克思主义中国化研究学科属性首先表现在它的理论性，当然对这种理论性的把握不能片面化、绝对化，应当辩证、客观地加以理解。一是理论性与实践性的统一。我们既不能撇开马克思主义侈谈中国实际，也不能脱离中国实际空谈马克思主义，否则都是对马克思主义中国化的误解和曲解。二是科学性与政治性的统一。马克思主义中国化具有科学性，是因为马克思主义中国化的理论成果是被实践证明了的关于中国革命、建设和改革的正确的理论原则和经验总结，是中国共产党集体智慧的结晶和科学的理论体系。马克思主义中国化同时具有很强的政治性，研究者需要坚持马克思主义立场、观点和方法来阐述和分析马克思主义中国化的历史进程，科学总结马克思主义中国化的基本经验和基本规律，为改革开放和社会主义现代化建设事业服务。三是反思性与前瞻性的统一。马克思主义中国化研究具有意识形态功能，但不意味着该学科是政府政策和文件的简单注脚。为从根本上长期坚持马克思主义中国化研究的意识形态性，最有效的方法是不断提高学科的反思能力。为此，在坚守马克思主义基本原则和政治立场的同时，需要把一些新思想、新问题、新方法、新挑战从学科外部引入学科内部，正确认识和处理马克思主义、中国传统文化、西方文化三者之间的关系，对马克思主义中国化的理论和实践进行多角度、多层次、全方位的反思，不断增强马克思主义中国化的理论解释力和判断力。

第二，马克思主义中国化研究的学科对象和学科内容。独立的研究对象是学科设立的首要条件。首先必须明确，学科对象与学科内容是两个并不具有同一性的范畴。学科对象是对学科内容的概括和集中反映，学科内容包含在学科对象之中。学科对象一经正确界定后，一般不会轻易发生变化，具有相对稳定性；而学科内容则会随着学科发展、研究深入和实践需要不断拓展和充实，具有时代性、变化性特点。2005 年，国务院学位委员会、教育部在《关于调整增设马克思主义理论一级学科及所属二级学科的通知》（以下简称《通知》）中，虽然没有明确标明马克思主义中国化研究学科对象、学科内容的具体所指，但在介绍学科概况时指出：“马克思主义中国化，是马克思主义同中国具体实践相结合的过程；马克思主义中国化研究，是专门研究马克思主义中国化的基本经验、基本规律，以及马克思主义中国化理论成果的学科。”具体言之，马克思主义同中国具体实践相结合的过程，是马克思主义中国化研究的学科对象。而学科研究内容主要包括两方面：一是马克思主义中国化的发展进程、基本经验、基本规律；二是马克思主义中国化的理论成果。这两方面内容从历史与逻辑相统一的高度涵盖了马克思主义中国化研究的一系列基本问题。前者重历史的启示，后者重理论的收获。

第三，马克思主义中国化研究的学科体系。学科体系是指一门学科的范围和分科构成的有机联系的整体。作为新兴学科，马克思主义中国化研究的许多规范和制度尚在探讨和建设之中，但形势的发展已经迫切需要对其支撑科目和子学科展开研究。只有通过对承担某方面

---

① 姚宏志：《马克思主义中国化研究学科建设基本问题述论》，《教学与研究》2010 年第 5 期。

和领域研究任务的分支科目的深入探究，才能全方位、多角度、多领域地建构起马克思主义中国化研究的学科体系。

第四，马克思主义中国化研究的课程设置与人才培养。关于课程设置问题，一要认真思考该学科的基本特色，二要正确区分不同层次的教育对象和任务，三要充分考虑到人才培养目标和要求。因为课程设置只是人才培养目标的外化。一方面要遵循《通知》中的有关原则性规定，它是马克思主义中国化研究学科建设的科学指南；另一方面，各学科点要充分考虑到本地区、本单位、本学科的实际状况，坚持“有所为，有所不为”的方针。

第五，马克思主义中国化研究的相关学科。除了马克思主义理论所属的其他五个二级学科之外，马克思主义中国化研究的相关学科还包括：政治学一级学科所属的中共党史、科学社会主义和国际共产主义运动两个二级学科。

在谈到加强学科制度建设时，有学者强调，要重视学科制度的外在建设，更要重视学科制度的内在建设，以学科制度的内在建设促进外在建设。在学科划分制度上，我们把马克思主义理论一级学科划分为六个二级学科。这种划分的标准依据是什么？它的科学性是什么？在学科规范制度上，学术研究的规范和人才培养的规范是什么？怎么才能建立起马克思主义理论学科所具有的特色规范？在学科课程制度上，研究生不同层次的专业课程如何设立更为科学？如何才能有效地提高思想政治理论课的教学实效？不同类型的高校，其学科点在研究生课程设置上怎么才能体现自身的特色？在学科梯队制度上，怎么来提高导师的学术水平和质量？在学科培养制度上，培养什么样的人、怎样培养人？对这些问题的研究和探讨以及实践，可以进一步带动学科制度的外在建设，既可以获得较好的社会舆论，也可以得到政府部门的大力支持，通过改善学科发展的外部环境，进一步促进学科本身的发展①。

有学者认为，在马克思主义理论一级学科建立之后，大家初步形成一个共识，即马克思主义理论学科是从整体上研究马克思主义的学科。这是一件好事，但由此也带来了另外三个问题：一是好像只有马克思主义理论学科才对马克思主义进行整体研究，其他学科可以忽视马克思主义学科的整体性。这样，以往单一研究存在的问题仍然不可能很好地解决；二是好像只有马克思主义理论学科是研究马克思主义的，其他学科不研究马克思主义，这有可能导致原有的马克思主义理论学科出现“去马克思主义化”的倾向；三是好像马克思主义理论学科只要从整体上研究马克思主义就行了，马克思主义的各个组成部分就不需要研究了，这种脱离部分只重整体的做法同样不利于马克思主义理论研究②。

三　简要评论

自从“马克思主义中国化研究”作为马克思主义理论一级学科下的二级学科，学术与理论界对它的研究就常态化和精细化了，研究领域、研究内容、研究方法、研究视角、研究队伍等在这几年得到不断拓展，研究成果在量不断增多的基础上正朝着提高质方向发展。

① 张雷声：《必须加强马克思主义理论学科制度建设》，《思想理论教育导刊》2010年第1期。

② 秦宣：《从整体上推进马克思主义研究和学科建设》，《理论视野》2010年第3期。

综合2010年国内对“马克思主义中国化”研究情况来看，研究状况形势喜人，研究成果推陈出新，研究观点创新不穷。主要集中在：马克思主义中国化、时代化、大众化、马克思主义中国化的历史进程和基本经验、马克思主义中国化的基本规律、马克思主义中国化与中国化的马克思主义、马克思主义中国化史、中国模式、社会主义核心价值体系，等等。同时，一些深层理论问题也在不断触及，如马克思主义中国化的必要性和可能性、马克思主义中国化的实现机制、马克思主义中国化与中国传统文化。还有，对于毛泽东、邓小平、江泽民、胡锦涛等领袖人物和其他重要历史人物的思想的研究仍然是马克思主义中国化重要代表人物思想研究的最强音。

当前，“马克思主义中国化”研究与学科建设也还存在一些不足与需要进一步深化的问题。不足之处：

一是从多学科视角研究“马克思主义中国化”不够，大多是从马克思主义哲学、政治经济学、政治学、历史学角度展开，从社会学、人类学、法学、文艺学、新闻学等视角研究的成果还是凤毛麟角。

二是“马克思主义中国化”平面化研究较多，立体化研究不够。从中国历史纵向平面，从国别对比横向平面研究较多，而从纵横结合对比研究显得薄弱。

三是“马克思主义中国化”从学理层面研究显得分量不够，从政治层面研究的较多。对有些重大问题的研究在学理上难以达成共识，就自然会影响到它的宣传与教育。

四是对推进“马克思主义中国化”的历史人物的研究不够全面。在把马克思主义基本原理与中国具体实际相结合这条路上，一大批共产党人都作出了重要贡献，包括使马克思主义中国化遭受重大挫折的历史人物。在这些历史人物中，既要对李大钊等正面人物进行研究，也要对陈独秀、王明等起过负面影响的人物进行研究。就目前而言，当前对党历史上起过“负面”作用的代表人物的研究不是很够。

五是研究的领域较窄，多是围绕毛泽东思想、邓小平理论、“三个代表”重要思想和科学发展观展开研究，在其他相关内容的研究上则显得薄弱。如对马克思主义中国化的民族、文化背景，对马克思主义中国化在各个领域的具体表现研究得不多。

六是对马克思主义如何与中国当前实际相结合研究欠深入。从目前的研究情况看，对过去的“相结合”研究成果颇多，但在当今实践以及在将来实践中又如何“相结合”研究没有到位。

需要进一步深化的问题：

一是要进一步加大对马克思主义中国化历史进程的整体性研究。找到、找准“马克思主义中国化”的历史起点，全面系统地研究马克思主义中国化历史进程，特别是要在这几个方面加大研究力度：马克思列宁主义、毛泽东思想与中国特色社会主义理论体系的一脉相承性及如何一脉相承；毛泽东思想与中国特色社会主义理论体系的一脉相承性及如何一脉相承；中国特色社会主义理论体系三个部分的关系问题。

二是要进一步拓展马克思主义中国化研究的国际视野。研究“马克思主义中国化”，不能只考虑马克思主义同中国具体实际相结合，还需要考虑马克思主义同中国每个历史阶段所处的国际环境相结合，考虑国际环境对马克思主义中国化进程的影响；不仅研究马克思主义中国化及中国化的马克思主义理论对中国的意义，还要研究马克思主义中国化的国际影响。

三是要进一步加强马克思主义中国化与中国传统文化的关系研究。目前，该方面的研究成果多集中在马克思主义与中国传统文化“必须结合、为何能结合、结合的正确方向”等方面，但二者的结合点在什么地方、怎样结合等问题有待进行深入研究。把马克思主义与中国传统文化相结合时又是如何在扬弃中吸收传统文化中的有益因子，传统文化究竟具有哪些现代价值，如何用马克思主义来改铸文化传统以期更好地推进马克思主义中国化的进程等问题，应有实质性的探讨。

四是要进一步加强马克思主义中国化与中国现代化的关系研究。马克思主义中国化历程，从某种程度上说，就是中国的现代化历程。把这两个问题结合起来研究还有待深化。

五是要进一步加强对马克思主义中国化未来走向的研究。研究“马克思主义中国化”是为了更好地掌握和利用其中的规律，来预测马克思主义中国化未来走向，以更好地搞好理论创新，更好地指导实践、提高实践的科学性。

六是要进一步加强对海外马克思主义中国化研究。受语言文化、社会发展、资料来源、世界观、价值观甚至意识形态等多种因素的影响，海外学者的研究肯定具有不同于国内研究而呈现出许多不同于中国学者的特点。因此，加强与海外学者的对话与交流，有利于澄清海内外研究中存在的一些模糊甚至错误的认识，有利于扩大马克思主义中国化理论成果，特别是中国特色社会主义理论体系的国际影响力。

第三章　马克思主义发展史

一　研究概况

（一）2010 年“马克思主义发展史”理论研究与学科建设的主要特点

2010 年，是国家“十一五”规划的收官之年，也是国家开展“十二五”规划的过渡之年。“马克思主义发展史”理论研究和学科建设经过 5 年多的探索，获得了新的进展，积累了一些研究经验。总体上看，2010 年的“马克思主义发展史”重点学科建设仍处于探索、整理、酝酿并积蓄新的力量以实现突破的交错时期，呈现出以下特点：

1. 体现历史性、实践性与整体性的研究特点

2010 年的马克思主义发展史研究依然能够体现本学科一直具有的“历史性”、“实践性”、“整体性”的研究特点。不管是概述马克思主义产生与发展的历史过程，从总体上展现马克思主义的历史命运和发展规律的通史性著作，还是侧重于中国化马克思主义发展历史的国别史著作，以及重点阐述意识形态的理论形成和历史发展的专题史等著作，“历史性”无疑都是贯穿其中的显著特点。历史性特点内在规定着要把马克思主义发展史首先作为一门历史科学进行研究，即对马克思主义发展历史的阐述和规律的总结要放置在特定的历史条件下进行，不能以主观臆断代替具体的历史分析；马克思主义发展史理论研究和学科建设始终没有脱离时代发展和现实实践，“实践性”特点依然非常突出。反映时代的要求和现实的需要，立足我国的改革开放和中国特色社会主义伟大实践，既是马克思主义自身的发展要求，也是马克思主义发展史这门学科的生命力所在。2010 年本学科对一些重大理论与现实问题也给予了关注，并从本学科的视角作出阐释，进一步深化了理论认识，为现实问题的解决提供了可资借鉴的路径；马克思主义发展史研究越来越重视与各学科的交流与融通，重视理论阐释法、文献考证法和现实引导法等研究方法的综合运用，重视理论与现实、历史与逻辑的内在统一，这种融合统一和综合运用使马克思主义发展史研究呈现出“整体性”的研究特点。

2. 探索“总体把握”与“重点突破”的辩证统一

在马克思主义发展史研究中，“总体把握”和“重点突破”是需要同时具备的两种思维路向。没有总体视野的马克思主义发展史是盲目的，会迷失方向；缺乏细节的马克思主义发展史是空的，会流于空泛。但是，如何实现“总体把握”、“重点突破”以及二者的辩证统一，却还处于探索讨论之中。2010 年，“马克思主义发展史”学科建设已经走过 5 年，反思“总体把握”和“重点突破”以及二者的辩证统一问题是学科的特点之一。

目前可见的马克思主义发展史的著作和教材，从体例到内容大同小异，都是“历史分期”加“问题研究”的写作格局，即把马克思主义发展的历史分成若干个历史时期，每个历史时期围绕几个重点问题，没有用逻辑来再现历史的真实。真正将历史和逻辑统一起来、本质地而非机械地、历史地而非空泛地再现马克思主义的发展历程，需要具备新的“总体把握”的宏大视野。在如何实现“总体把握”的问题上，学界围绕马克思主义发展史的“扩容”与“逻辑化”之间的关系进行了探讨。有学者强调以往受教条主义影响的“一线单传”马克思主义发展史观有其局限性，马克思主义发展史需要扩容，比如经典西方马克思主义就应该纳入马克思主义发展史之中；有学者强调马克思主义发展史要扩容，但不是无限制地扩容，不能模糊马克思主义和非马克思主义之间的界限，还有逻辑化的问题。要界定马克思主义，就要弄清马克思主义的基本概念和问题，要正本清源，回答什么是马克思主义，如何对待马克思主义，分清马克思主义、非马克思主义和反马克思主义的本质界限，这是一个挑战。

撰写真正的马克思主义发展史，不是从德国到俄罗斯再到中国的空间布景转换，而是要体现思想概念的变动、更新、创新和逻辑观点，超越旧唯物主义和唯心主义的对立，结合历史和现实梳理马克思主义发展中产生过重大争论和引起混乱的概念，如实践论、观念论、价值论、经验论、辩证法等，它们是马克思主义发展史的关节点。需要强调的是，马克思主义理论的发展不是停留在概念转换上，而是在实践层面上，它的一个重要的实现途径就是从基本事实、经验上升为理论概括和观念。或者说，马克思主义的逻辑和历史的统一是双向的运动，一个是实践转化为历史的过程，一个是历史转化为经验的过程。马克思主义对实践的反作用不是用它来规范实践，而是用它来指导实践，不断创新。当实践创新后，马克思主义要及时概括新的实践，要作出新的理论概括和新的理论创新。

在重点突破方面，马克思主义发展史一方面依靠新材料的收集和研究，利用文献学研究的新成果，更全面地理解马克思思想及其产生的历史背景，更清晰地定位马克思理论在学术史上的地位，以及马克思主义理论的创始人及其后继者和阐释者之间的源流关系，进一步推动马克思主义发展史的研究；另一方面力求在方法论以及关涉马克思主义理论发展的一些重要概念的演变等细节上有所创新和突破。

真正实现马克思主义发展史的历史与逻辑、理论与实践的内在统一，需要“总体把握”和“重点突破”的辩证统一，以目前的研究状况来看，还存在各持一端的问题，或者只偏重于对马克思主义发展史的宏观把握，细节考证不够翔实；或者拘泥于琐细的文献考证，缺乏对马克思主义发展脉络的贯通梳理和总体把握。如何实现“总体把握”和“重点突破”的辩证统一，还没有成熟的理论和著作。探索和争鸣还在继续，力求实现“总体把握”和“重点突破”的辩证统一，已经成为2010年马克思主义发展史研究中的一个重要特点。

3. 促进与其他马克思主义理论二级学科的交流与会通

马克思主义理论一级学科下设的六个二级学科的成立，适应了学科发展细化、深化和专门化研究的大趋势，对加强马克思主义理论体系研究、推进党的思想理论建设和巩固马克思主义在高等学校教育教学中的指导地位，加强高校思想政治理论课建设、培养思想政治教育工作队伍意义重大。自马克思主义理论各二级学科成立以来，都从各自学科视角对重大理论与现实问题给予关注和研究，但客观上也要求处理好各二级学科与一级学科的关系、各二级学科之间的关系，从而完整、系统、准确、全面地研究马克思主义理论体系。

2010年的马克思主义发展史研究在重点突出马克思主义历史发展的进程、揭示马克思主义历史发展规律的同时，也充分重视与其他二级学科的交流和会通，既体现本学科的特点和侧重点，也有利于把握马克思主义的整体性。比如，2010年学界热议的西方马克思主义在马克思主义发展史中的理论地位问题就涉及国外马克思主义和马克思主义发展史两个学科，既需要具备对西方马克思主义的深厚学术研究和中肯的评价，也需要对马克思主义发展史的整体把握和树立正确的马克思主义发展史观；再比如，学界对“中国模式”、“中国特色社会主义道路”等问题的关注、对金融危机的反思，很难界定这些热点问题就专属于某个二级学科的研究范围，马克思主义发展史对这些问题的研究在运用本学科的研究方法、突出本学科研究特点的同时，必然与其他学科的视角、观点和成果存在交叉和融合，这既是马克思主义发展史研究适应马克思主义研究综合性、系统性、多学科的趋势，也是当下正在呈现的现实特点。

另外，2010年，围绕一些重大议题，马克思主义理论界举行了一系列学术会议：如为纪念恩格斯诞辰190周年，由中国马克思恩格斯研究会、广西师范大学、《马克思主义与现实》杂志社共同主办的“推进马克思主义中国化、时代化、大众化学术研讨会”于2010年11月13—14日在广西师范大学召开。中共中央编译局、中共中央党校、中国社会科学院、教育部、北京大学、中国人民大学、武汉大学、军事科学院、广西师范大学等单位的专家学者参加会议。2010年7月19—22日，由中国马克思主义哲学史学会主办、贵州师范大学承办的“‘改革开放新起点上的马克思主义哲学’理论研讨会暨中国马克思主义哲学史学会2010年年会”在贵州省贵阳市举行。会议总结了改革开放30多年来我国马克思主义哲学研究与教育方面所取得的巨大成就和基本经验，交流了如何从哲学高度概括总结在建设和发展中国特色社会主义过程中形成的中国道路、中国经验、中国模式与中国气派，探讨了如何从哲学上理解和把握改革开放新的历史起点、马克思主义哲学在新时代的使命和作为等问题。2010年11月13—15日，由中共湖南省委宣传部、中国历史唯物主义学会、湖南省社会科学界联合会共同主办的“当代生态文明研究与‘两型社会’建设理论研讨会”在湖南省湘潭市召开。与会者认为，“两型社会”建设是生态文明建设的重要内容和有效途径。建设资源节约型、环境友好型社会，是中央为了缓解和破解我国经济社会发展的资源环境约束、建设生态文明而作出的一项重大战略决策。2010年9月16—17日，由中央编译局政党研究中心和德国罗沙·卢森堡基金会共同主办的“国际比较视阈下的社会主义探索”学术研讨会在北京举行。来自德国、巴西、古巴、越南等国家的7位外国学者和来自中国社会科学院、中央编译局、中央党校、中国现代国际关系研究院、北京大学、清华大学、中国人民大学、山东大学等单位的学者共计40余人出席了此次研讨会。与会学者一致认为，社会主义代替资本主义是不可抗拒的历史发展规律。在当今世界上，不仅存在着中国、越南、古巴等社会主义国家，还存在着以不同方式顽强探索社会主义的各种思潮、流派和运动，它们都是世界社会主义的组成部分。从这样的视角来看，社会主义在全世界具有强大的生命力和广泛的影响。2010年10月15—16日，由中国社会科学杂志社、中国人民大学哲学院与中国人民大学马克思主义哲学研究中心联合主办的第十届马克思哲学论坛在中国人民大学举行。来自中国社会科学院、中央编译局、中央党校、北京大学、清华大学、中国人民大学等单位的160多位专家学者出席了本届论坛。2010年12月17—18日，中国马克思主义研究基金会在中央党校举办“中国马克思主义论坛2010”。与会专家学者结合中国特色社会主义的发展道路和历史命运，围绕“应对国际金融危机的经验与启示”、“后国际金融危机时期国际经济格局变动与中国对外经济战略”、“后国际金融危机时期与中国发展方式的转变”等三个议题、十二个分议题展开了热烈的讨论和交流。

（二）研究热点与学术成果

2010年，马克思主义发展史理论研究和学科建设围绕一些基本问题和重大社会现实问题展开，取得了一批有分量的研究成果。

第一，关于马克思主义发展史的基本问题研究。2010年马克思主义发展史的宏观研究围绕历史唯物主义、马克思主义方法论、马克思主义哲学史观、研究马克思主义中国化史的指导原则等问题展开。例如，关于历史唯物主义的学科性质和具体运用问题，陈先达教授撰文《历史唯物主义是什么、为什么、怎么用》（载《马克思主义研究》2010年第7期），在如何为历史唯物主义定性的问题上，指出历史唯物主义的本质是哲学，而不是实证科学和历史科学；在社会规律的客观性与人的主体选择性和行为自主性之间的关系问题上，指出社会规律是社会的规律，而不是人的规律，历史是人追求自己目的的活动，可追求的结果并不直接决定于每个人的主观追求，而是集体合力的产物。但这不是说社会规律与人的活动无关，社会生活的本质是人类的实践，因此社会规律是在人类实践中形成又必须通过人类实践来实现的规律。历史规律与自然规律作用的方式不同。社会规律是大尺度规律，它起作用的时间有的需要几十年甚至几百年，由于时段长和历史发展的反复，容易否认社会历史发展有规律；在如何认识历史规律与历史事件的不可预测，如何理解马克思关于不发达的社会主义国家可以跨越资本主义卡夫丁峡谷以及如何从历史唯物主义社会形态理论分析理解苏联解体和中国在三十年的公有制一统天下以后重新发展私营资本，而且比重越来越大的问题，社会形态的普遍性与特殊性问题，历史进步观念、历史唯物主义与经济决定论的界限问题，历史观与价值观的关系问题以及当前热议的“和为贵”、“普世价值”、中华民族文化伟大复兴与儒学复兴的关系问题上，此文都有独到、深刻的阐发，能够廓清当前的种种思想迷雾，令人对许多理论和现实问题的认识豁然开朗。

关于如何准确把握马克思主义、正确解读马克思主义的问题，侯惠勤教授撰文《马克思主义方法论的四大基本命题辨析》（载《哲学研究》2010年第10期），从方法论角度指出，在对马克思主义的整体认识上有两种偏向：一种是以第二国际的“正统派”马克思主义为代表，强调马克思主义的科学性、确定性、完整性，但忽略了其随着实践的发展而发展的开放性、变动性和不确定性；一种是以“西方马克思主义”思潮为代表，强调马克思主义的灵活变动和开放，但忽略了其立场和基本观点的确定、公开和不可违背，从而导致了对马克思主义的严重偏离。文章强调，马克思主义是方法论和世界观的统一，“一切从实际出发”、“对具体情况作具体分析”、“历史和逻辑相一致”、“理论与实践相结合”是马克思主义方法论的四大基本命题。

与马克思主义发展史观、马克思主义哲学史观相关，围绕西方马克思主义哲学能否被纳入马哲史的研究范围以及如何可能的问题，王雨辰教授撰文《作为马哲史研究对象的西方马克思主义哲学研究何以可能》（载《马克思主义与现实》2010 年第 3 期）指出，我国的马克思主义哲学史研究与西方马克思主义哲学研究长期处于相互脱节的状态，其根源在于流行的“一线单传”的马克思主义哲学史观以及西方马克思主义哲学边界的不断扩大和盛行的两极思维方式。只有树立“一源多流”的马克思主义哲学史观以及变革西方马克思主义哲学研究方式，才能建立二者之间的有机联系。

对于马克思主义中国化史这一国别史研究，梅荣政、荣枢教授撰文《研究马克思主义中国化史的指导原则》（载《马克思主义研究》2010 年第 1 期）指出，马克思主义中国化史是马克思主义发展史中极为重要的组成部分，研究马克思主义中国化史必须有一个正确的指导原则和研究方法。具体讲有六方面原则：要把握好马克思主义中国化史既是一门理论科学又是一门历史科学的特性；要始终坚持历史与现实、理论与实践的统一，坚持从现实出发，坚持马克思主义是科学，用史论结合的方法，深入地研究中国化马克思主义发展史；要力求科学地反映中国化马克思主义整体发展的历史；要重视对马克思主义经典著作、马克思主义基本原理、国外马克思主义等的综合研究；坚持正确认识、对待和处理马克思主义与多样化思潮的关系，从中获得推进马克思主义发展的带有规律性的认识；注重凸显中国化马克思主义理论成果在马克思主义发展史、特别是在马克思主义当代命运中的重要地位。

第二，2010 年马克思主义发展史在一些专题研究上也有所推进。例如关于马克思与黑格尔的关系问题，如何评价和认识黑格尔对马克思思想产生的影响，是理解马克思思想的重要环节。理论界为此撰写了不少文章，如韩立新的《回到黑格尔——由“国外马克思学译丛”的出版所想到的》（载《晋阳学刊》2010 年第 5 期）、李佃来的《马克思与黑格尔思想因缘的再考证》（载《武汉大学学报》2010 年第 3 期）、罗伯特·法恩的《马克思与黑格尔的关系：一种新阐释》（载《马克思主义与现实》2010 年第 1 期）以及臧峰宇翻译的《作为马克思主义先驱的黑格尔（上、下）》（原作者［美］诺曼·莱文，载《江海学刊》2010 年第 1 期、第 2 期）。

关于马克思与恩格斯哲学思想之间的关系问题也是 2010 年学界关注较多的具体问题。鉴于恩格斯在马克思主义哲学传播史和解释史上的重要地位及恩格斯对马克思哲学的解释对后人理解马克思产生的重要影响，马克思主义理论界以恩格斯诞辰 190 周年为契机，对恩格斯的学术贡献、马克思与恩格斯哲学思想之间的关系进一步作深入研究，并且取得了新进展。例如，梁树发教授撰文《马克思恩格斯关系研究方法辨析》（载《江西社会科学》2010 年第 2 期），从方法论角度对这个问题的研究进行了反思，指出马克思与恩格斯的关系问题，是一个同对马克思哲学变革的实质的理解、马克思主义哲学的本质及其体系建构，同对苏联哲学和“西方马克思主义”思潮的评价等密切相关的问题。关于二者之间的关系有了正确的方法才能得到正确的结论；魏小萍研究员从文本研究和个案解读入手，具体地阐明马克思和恩格斯在同一时期哲学思想的异同①；何丽野则撰文《从文本考证看马克思和恩格斯关于社会意识的

① 《探求马克思——〈德意志意识形态〉原文文本的解读与分析》，人民出版社 2010 年版。

思想——与魏小萍研究员商榷》(载《哲学动态》2010 年第 10 期),从社会意识这一特定专题入手,深入辨析马克思与恩格斯在相同问题上的观点分歧。学术界对马克思与恩格斯关系的理解突破了简单化和概念化的藩篱,朝着学术化和精细化的方向扎实推进。对这一问题的研究既有助于回归马克思哲学"原本"的理解,也有助于推进马克思主义哲学形态史的深入研究。[①]

第三,关于马克思主义发展史的主要著作。2010 年关于马克思主义发展史的学术著作虽然有专题史、国别史方面的著作,但是,从总体上看相关的理论著作还是相对较少,从中选取以下几部代表著作进行简单介绍,以期能够反映学科去年一年的著述情况:《新中国意识形态史论》(侯惠勤等,安徽人民出版社 2010 年 10 月版)运用唯物主义历史观梳理新中国意识形态的历史,是围绕新中国意识形态建设的基本经验展开的专题史著作;《中国马克思主义发展史》(郭德宏主编,中共中央党校出版社 2010 年版)、《马克思主义中国化史》(梅荣政主编,中国社会科学出版社 2010 年版)属于重点研究马克思主义在中国传播、发展史的国别史著作;《新编马克思主义哲学发展史》(安启念,中国人民大学出版社 2010 年版)属于专题史著作;《马克思主义经典文本解读新编》(许俊达主编,安徽大学出版社 2010 年版)是一部按照马克思主义发展历史的脉络对马克思主义经典文本进行解读的政治理论统编教材。

二　重大问题研究进展

2010 年,涉及马克思主义发展史的相关议题不少,内容也相当广泛。比如,关于马克思的思想来源问题、马克思主义哲学的表现形式及其历史命运问题、市民社会与马克思主义理论的关系问题、西方马克思主义在马克思主义发展史中的地位问题、对金融危机的反思与马克思主义经济危机理论的关系问题、对斯大林及"斯大林模式"的评价问题、对列宁"我们对社会主义的整个看法根本改变了"的理解问题、生态文明建设与马克思主义自然观的关系问题、新民主主义社会的争论问题、中国模式与中国特色社会主义的关系问题、社会主义社会基本矛盾问题研究新进展等,这些热点问题有些直接关涉马克思主义的本质和发展问题,牵涉如何回答什么是马克思主义、怎样对待马克思主义及其发展的重大问题,有些是专题史领域的问题,如马克思主义哲学形态的历史走向与命运问题,有些是与时代发展与人类实践密切相关的现实问题。这些问题同样也是其他学科关注的热点,但将这些问题纳入马克思主义发展史领域进行研究,从马克思主义发展的角度进行理论阐发则展现出马克思主义历史性、实践性、整体性的鲜明特点,体现了马克思主义历史与逻辑、理论与实践、坚持与发展、继承与创新的辩证统一,一定程度上推进了马克思主义的发展和创新。

1. 马克思的思想来源问题

马克思主义思想史研究路径大致有两个方向[②]:一个是向前溯源,探究马克思主义理论

---

① 参见《2010 年度中国十大学术热点》,《光明日报》2011 年 1 月 11 日。

② 张盾:《马克思哲学研究的思想史路径——以"市民社会与历史唯物主义"为案例》,《哲学研究》2010 年第 1 期。

的思想史来源；另一个是向后联系实际，讨论马克思的当代理论效应。两个环节相比较起来，前一个环节显得局面冷清、研究力量薄弱，顾忌和禁忌比较多，谨慎有余、开拓不足。

“溯源”涉及的一个十分紧要的问题，是关于马克思与黑格尔之间关系问题。这层关系对于理解马克思思想、解读马克思是一把金钥匙。然而，长期以来研究中主导思想是片面“强调马克思对黑格尔的批判，淡化马克思对黑格尔的师承”，因而，马克思和黑格尔关系问题就成了研究马克思思想来源问题的一只拦路虎，既绕不过去，又突破不了，处于尴尬境地。黑格尔的思想及其对马克思的影响虽然曾一度被苏联马克思主义者（尤其是在斯大林时期）所贬低，但是黑格尔对马克思思想的形成无疑有着重要的不可替代的影响，因此，从20世纪70年代开始，这个问题又被重新提出来，而且越来越成为一个热点问题。种种迹象表明，二者的联系不像我们现在所理解的那样表面和肤浅，特别是随着黑格尔早期手稿的发现和出版，学者们公认黑格尔的观点来源于斯密、李嘉图等古典政治经济学思想，这一点至少也是跟马克思一致的，这就更加证实了我们的初步判断。还有其他方面的例子，如《世界哲学》杂志发表了《马克思的Wesen概念》[①] 以及回应文章《Wesen概念：致舒远招教授的信》[②]。前者提出利用Wesen概念考证马克思哲学思想的来源。马克思常用Wesen一词，追问马克思对Wesen的使用，可进一步发现他的思想和黑格尔、亚里士多德哲学的联系，而在马克思的重要哲学文本中，却没有使用康德哲学中跟“现象”相对应的“本体”（Noumena）这一概念。看来，这种种现象表现绝不是偶然的。

2009年年底在我国出版的国外马克思学译丛被认为具有“回到黑格尔”倾向的[③]，带动了马克思与黑格尔关系的研究，这一专题相关的论文、译文在《哲学研究》、《马克思主义与现实》杂志以及许多《学报》等核心期刊上发表。国外马克思学译丛中，费彻尔的《马克思与马克思主义：从经济学批判到世界观》一书围绕“回到黑格尔”的争论，结合当时的政治文化语境考察梳理从考茨基、伯恩斯坦到列宁、卢卡奇、科尔施、斯大林、格洛普、科尔纽、布洛赫到阿尔都塞等各派对马克思与黑格尔关系认识的嬗变过程，兼顾正反两方的论战，较全面地通过该问题反映了马克思主义的发展史。[④] 古尔德的《马克思的社会本体论：马克思社会实在理论中的个性和共同体》讨论马克思在《大纲》（即马克思《1857—1858年手稿》的主体部分）中对“实体”等哲学概念的使用，从而提出一个理解马克思思想来源的新思路，即把马克思看作西方哲学主流（即亚里士多德、康德、黑格尔这一传统）中的一位伟大的哲学家，马克思的本体论接近亚里士多德和黑格尔，时间观接近康德。[⑤] 诺曼·莱文在《分歧的路径：马克思主义和恩格斯主义中的黑格尔》指出，马克思不仅受《精神现象学》和《法哲学原理》影响，而且受《逻辑学》影响，吸收了黑格尔的方法论。[⑥] 莱文批评了恩格斯误

① 舒远招：《马克思的Wesen概念》，《世界哲学》2010年第2期。

② 张东辉：《Wesen概念：致舒远招教授的信》，《世界哲学》2010年第2期。

③ 韩立新：《回到黑格尔——由“国外马克思学译丛”的出版所想到的》，《晋阳学刊》2010年第5期。

④ ［德］费彻尔：《马克思与马克思主义，从经济学批判到世界观》，赵玉兰译，北京师范大学出版社2009年版。

⑤ ［美］古尔德：《马克思的社会本体论：马克思社会实在理论中的个性和共同体》，王虎学译，北京师范大学出版社2009年版，第40页。

⑥ ［美］诺曼·莱文：《不同的路径：马克思主义和恩格斯主义中的黑格尔》，臧峥宇译，北京师范大学出版社2009年版。

解黑格尔的思想，进而曲解马克思。莱文本人于2009年12月因该译本的发行来到北京，参加“传统与当代世界”的国际学术研讨会，并在中国人民大学发表学术演讲，该演讲内容以《作为马克思主义先驱的黑格尔》为题发表在《江海学刊》上，他详细考察黑格尔的财产权、阶级、社会、政治宪法、国家等5个范畴，指出马克思继承了黑格尔方法论的主要成分，采用了黑格尔的历史主义、有机体主义、从基础条件上升到哲学层面的社会解释模式。① 国内学者还有文章与之回应，有的从整体上指出该译丛的主题即马克思与黑格尔关系的研究是马克思主义研究的经典课题，在理论难度和重要程度方面都具有非常重要的意义。② 有的对个别观点进行质询和商榷，例如《马克思与黑格尔思想因缘的再考证》检讨莱文“去黑格尔化”的学术工作，认为生硬的“黑格尔化”会造成马克思与恩格斯的极端对立。③

《马克思主义与现实》还刊登了罗伯特·法恩的文章《马克思与黑格尔的关系：一种新阐释》和乔治斯·戴尔玛斯的《马克思的黑格尔国家哲学批判及其民主理论》。法恩用翔实的文献证据论述了马克思与黑格尔方法论一致性，并提出不能仅限于马克思自己所做的说明来理解马克思与黑格尔的关系，而是应将马克思与黑格尔放在一起阅读，理解他们各自贡献。④ 戴尔玛斯指出，马克思用人类存在、类本身、社会的观念取代黑格尔国家精神的理念至上性，通过对黑格尔国家意志范畴的批判，意识到超个体结构关系的存在决定个体意志的形成。⑤

2. 马克思主义哲学的表现形式及其历史命运问题

改革开放以来，我国的马克思主义哲学研究不断取得新的进展。从历史纵向角度考察，可以发现，当前国内学术界不断地在寻求马克思主义哲学研究范式创新，主要形成了四种研究马克思主义哲学的基本路径和基本方法：即“文本解读派”，“比较研究派”，“实践解读派”，“基础研究派”。

这四种派别在总结历史经验与反思传统教科书弊端的过程中都对马克思哲学进行了重新解读，由于解读框架与模式的差异，在从马克思哲学出发，结合时代发展，寻求马克思主义哲学发展路径的时候，出现了诸多新的哲学形态或者说新的研究方向，比如人学学、发展哲学、政治哲学、社会哲学、价值哲学、实践哲学和批判哲学，等等。然而对于马克思主义哲学形态成体系的研究相对缺乏。2010年马克思主义哲学研究的一个新进展就是从历史命运的角度，以整体的视角来考察马克思主义哲学三种形态在发展中呈现出的历史状态。

《中国社会科学》2010年第4期发表韩庆祥、张艳涛文章《马克思哲学的三种形态及其历史命运》⑥，《长白学刊》2010年第1期发表王海滨文章《马克思哲学的三种形态及其当代性》⑦，分别从不同角度分析了马克思主义哲学的三种形态：学术形态、政治形态和大众形态。认为研究马克思哲学的三种形态，推动这三种形态之间的良性互动，对于构建中国化马

---

① ［美］诺曼·莱文：《作为马克思主义先驱的黑格尔（下）》，臧峰宇译，《江海学刊》2010年第2期。

② 韩立新：《回到黑格尔——由“国外马克思学译丛”的出版所想到的》，《晋阳学刊》2010年第5期。

③ 李佃来：《马克思与黑格尔思想因缘的再考证》，《武汉大学学报》2010年第3期。

④ ［英］罗伯特·法恩：《马克思与黑格尔的关系：一种新阐释》，山小琪译，《马克思主义与现实》2010年第1期。

⑤ 乔治斯·戴尔玛斯著：《马克思的黑格尔国家哲学批判及其民主理论》，鲁绍臣编译，《马克思主义与现实》2010年第1期。

⑥ 韩庆祥、张艳涛：《马克思哲学的三种形态及其历史命运》，《中国社会科学》2010年第4期。

⑦ 王海滨：《马克思哲学的三种形态及其当代性》，《长白学刊》2010年第1期。

克思主义哲学的当代形态具有重要的启示。该观点认为，马克思哲学分析和解决的“总问题”，是资本占有劳动与无产阶级的解放。马克思哲学在探索这一问题的过程中，形成了大众形态、学术形态和政治形态三者有机统一的基本形态，但三种基本形态在当代中国呈现不同命运：大众形态得以倡导，但尚未完全实现；学术形态强劲，但疏离政治和大众的倾向较为明显；政治形态突出，但需进一步得到学理支持和大众认同。当代中国马克思主义哲学研究的健康发展，不仅需要廓清马克思哲学的完整结构，而且要营造马克思主义哲学研究的可持续发展的“生态环境”，以推动其大众形态、学术形态与政治形态的良性互动。马克思主义哲学需要贯彻落实科学发展观、实现可持续发展。该观点本着可持续科学发展马克思主义哲学，独辟蹊径，从马克思哲学呈现的三大形态在当代中国不同命运入手，分别解答马克思主义中国化科学发展的理论和实践路径，为今后的马克思主义中国化研究提供了一个独特的视角，也是马克思主义发展史建设中的一个新的理论生长点。

3. 市民社会与马克思主义理论的关系问题

随着中外学术交流的深入，“市民社会”概念在马克思理论中的地位问题颇受我国学者关注。近年来，日本马克思研究成果重新受到了国人关注，译著大增，译著丛书尤以张一兵、彭曦和韩立新最为得力。2009 年 10 月国内出版了“市民社会学派”望月清司的代表作《马克思历史理论的研究》，对马克思市民社会理论作了重新考证，提高了国内对该问题的热议程度。之所以称为重新考证，是因为它冲破了苏联教科书范畴体系。苏联教科书将市民社会等同于资本主义，将市民社会视作马克思在建构唯物史观过程中不成熟的范畴，基本上归属于“青年马克思”思想。而事实上，德语“bürgerlicheGesellschaft”兼具市民社会与资产阶级社会两重含义，马克思使用最多的是“（近代）市民社会，是在‘市民社会’和‘市民的社会’基础上形成和展开的‘资本家生产方式’”①。而很少使用资本主义（Kapitalismus），即便在《资本论》中也是如此。《资本论》甚至连资本家社会（KapitalistischeGesellschaft）也只用过十余次。然而，国内学界一般将“资本家生产方式占统治地位的各种社会”意解为“资本主义社会”，而将“市民社会”意解作“市民（Bourgeoisie）的社会”，其结果，强化了资本主义属性，实际上是淡化甚至取消了市民社会这个基本范畴。望月清司梳理了《1844 年手稿》的“异化”、《穆勒评注》的“交往”，《德意志意识形态》的“分工”、《哲学的贫困》和《雇佣劳动和资本》的“社会联系”，再到《1857—1858 年经济学手稿》“依赖关系”这些概念，并制作了一张“马克思历史理论范畴展开表”，内中包含几十个范畴，再现了这些概念的发生史发展史。在日本，有一派人如内田义彦、高岛善哉、平田清明、望月清司、森田桐郎、内田弘、山田锐夫在解析马克思理论时力挺“市民社会”，因而在 20 世纪 70 年代构成了所谓的“市民社会学派”。而过分强调市民社会的结果，必然是取消阶级斗争，淡化剥削关系，转而鼓吹阶级和谐。

诺曼·莱文于 2009 年年底在中国人民大学发表学术演讲《作为马克思主义先驱的黑格尔》中也详细分析了市民社会概念，指出黑格尔对市民社会的阐述，将社会区分为市民社会

① 望月清司：《马克思历史理论的研究》，北京师范大学出版社 2009 年版，第 6 页。

和国家两种形式，是黑格尔留给马克思的最重要遗产。①

我国学者将“市民社会”概念当作研究马克思与黑格尔之间、西方马克思主义与马克思之间的思想延续和差异的切入点。张盾认为，马克思提出市民社会问题大于国家，经济问题大于政治问题，这种观念和现代政治哲学的主流观点是一致的。财产权问题是整个德国古典哲学以及现代政治哲学的核心问题，马克思的贡献在于真正把财产权提升为政治问题，将市民社会的私域和公域打通，与自由主义分道扬镳。在对现代社会理论中市民社会概念的理解上，马克思继承了黑格尔而不是契约论思想家。黑格尔把市民社会的本质看作普遍物与特殊利益的统一，为马克思的历史唯物主义打造理论平台②。孙承叔在《马克思主义的市民社会理论及其当代价值》中考察由黑格尔、马克思到西方马克思主义者对“市民社会”概念使用的演变过程。他指出，市民社会的最初含义指社会的经济领域，马克思和黑格尔都是在这一意义上使用市民社会概念。而葛兰西、阿尔都塞、哈贝马斯等西方马克思主义者的市民社会是指公共领域。以弗罗姆、萨特、列斐伏尔为代表的人本主义突破了市民社会的狭隘框架，提出人与社会这一哲学思考的最高问题。③

4. 西方马克思主义在马克思主义发展史中的地位问题

自20世纪70年代末西方马克思主义被译介到中国，我国学界对西方马克思主义的认识就存在着争论和分歧。概括说来，我国学界对西方马克思主义的认识大致经历了三个阶段，即从基本否定到一定程度的肯定再到具有独特价值的马克思主义解释与发展的形态这样三个阶段。因为如何认识和评价西方马克思主义，本质上是关系到如何认识和对待马克思主义的问题，所以对西方马克思主义认识的变化实际上反映了对西方马克思主义与马克思主义关系认识的变化。下面简要概述一下这一认识历程：

第一阶段，认为“西方马克思主义”是非马克思主义。这一阶段“西方马克思主义”被认为是与“正统马克思主义”相对立的思潮，被看作是马克思主义的异端、一种小资产阶级激进思潮。持这种观点的学者以徐崇温先生为代表。作为最早开展西方马克思主义研究的学者，他在1978年撰文《关于西方的“马克思主义研究”——流派和观点综述》，1982年出版第一本研究“西方马克思主义”的专著《“西方马克思主义”》，明确对西方马克思主义作出评价，指出西方马克思主义是在十月革命胜利而西方革命相继失败的背景下，在欧美资本主义国家出现的一股修正主义和“左”的激进主义思潮。这种思潮在哲学上不同于正统马克思主义的辩证唯物主义与历史唯物主义，与马克思主义基本原理相违背，对现代资本主义的分析和对社会主义的展望以及在革命战略策略问题上与列宁的见解也不同，总体是与现代西方各种思潮折衷调和的“左”的意识形态，是马克思主义的异端。

第二阶段，认为“西方马克思主义”是马克思主义的一个流派。在这一阶段学者要求改变纯粹否定西方马克思主义为非马克思主义的呼声，以杜章智、张本、张翼星、衣俊卿等学者为代表。他们认为西方马克思主义本身是一个含糊的概念，不能轻易、笼统地将西方马克思主义定性为反马克思主义、非马克思主义，而应对其中的各种派别、具体人物的性质、归

① ［美］诺曼·莱文：《作为马克思主义先驱的黑格尔（上）》，臧峰宇译，《江海学刊》2010年第1期。

② 张盾：《马克思哲学研究的思想史路径——以“市民社会与历史唯物主义”为案例》，《哲学研究》2010年第1期。

③ 孙承叔：《马克思主义的市民社会理论及其当代价值》，《南京大学学报》2010年第1期。

属、功过、是非问题作具体分析与评价①；认为西方马克思主义可以看作是马克思主义基本原理在西方的应用和发展，是马克思主义发展史中合乎规律的现象；认为马克思主义的发展是“一源多流”的，西方马克思主义是“多流”中的一个流派。②

第三阶段，认为“西方马克思主义”是马克思主义解释与发展的形态，有其自身的独特价值和意义，要积极评价西方马克思主义在马克思主义发展史上的地位和作用，以深化马克思主义基本理论研究，为中国特色社会主义建设提供可资借鉴的思想资源。对“西方马克思主义”的这种认识是近几年才形成的，以陈学明、梁树发、段忠桥、王雨辰、黄继锋等为代表。他们主张改变把“西方马克思主义”看作一种只与带引号的“左”相联系的“激进主义的马克思主义”、严重脱离实际的“经院式的马克思主义”、局限于哲学和美学领域的“‘哲学的’马克思主义”、把现代西方思潮与马克思主义结合在一起的“调和、折衷的马克思主义”③，而主张把它看成是马克思主义在发展过程中形成的、与第二国际、第三国际对马克思主义的解释不同的新的解释与发展形态，这种新的解释路向为中国特色社会主义理论体系建设提供了丰富的可资借鉴的思想源，有其自身的意义和价值。④

为了从更广阔的视野推进中国马克思主义哲学研究，有学者提出应接受理论界提出的“经典西方马克思主义”概念，强调要在全面认识“经典西方马克思主义”的马克思主义性质的不完全、不彻底性的同时，客观对待其在一定程度上对马克思主义的坚持，从而扩大马克思主义研究视野，在坚持主流马克思主义发展史的同时，与“经典西方马克思主义”开展积极的对话、交流，吸收其积极的思想成果，对其违背马克思主义基本精神和基本原理的理论、观点，则进行科学的批评。⑤

还有学者指出如何评判西方马克思主义与马克思主义的关系，争议的根源在于经典西方马克思主义的“非正统性”，争议的实质实际上就是到底应该如何看待马克思主义的发展史，如何看待、处理和评价马克思主义发展史中的不同理论谱系之间的关系。“经典西方马克思主义”在实质上是马克思主义发展中的非主流思潮或非主要流派，归根结底，属于马克思主义阵营的观点。我国传统的马克思主义发展史研究和教材编写，对于西方马克思主义重视不足，往往将其排除出研究视野，主要原因在于将其视为马克思主义的“异端”。随着文本研究的深入和中西方学术交流的加强，马克思主义发展史研究必须开阔视野。该观点的提出顺应了这一潮流，也为我们正确处理主流马克思主义和非主流马克思主义之间的关系提供了新的思路。⑥

5. 对金融危机的反思与马克思主义经济危机理论的关系问题

2010 年仍处在始自 2008 年的金融危机的阴影之下，因而对这场危机的根源、机制有了

① 张翼星：《怎样分析“西方马克思主义”的性质》，《中州学刊》1989 年第 2 期。

② 梁树发、黄刚：《改革开放三十年来我国学者关于马克思主义认识的发展——从“西方马克思主义”与马克思主义关系的认识谈起》，《学术研究》2009 年第 4 期。

③ 陈学明：《对“西方马克思主义”的新认识》，《教学与研究》2008 年第 9 期。

④ 黄继锋：《关于深化西方马克思主义研究的几点看法》，《马克思主义与现实》2010 年第 2 期。

⑤ 梁树发、于乐军：《关于“经典西方马克思主义”的研究》，《理论视野》2010 年第 8 期。

⑥ 王雨辰：《从经典西方马克思主义研究到国外马克思主义研究：问题与反思》，《学术研究》2010 年第 3 期。

更深刻的反思：(1) 危机再次验证了《共产党宣言》、《资本论》、《帝国主义论》等有关著名论断[①]。(2) 危机使得人们对社会主义前途和命运有了更多的思考[②]。

2010年召开的一系列研讨会议题都与金融危机有关，如第七届全国马克思主义论坛、全国高等财经院校《资本论》研究会第二十七届学术年会、全国综合大学《资本论》研究会第十二次会议、“21世纪社会主义理论、历史和实践”国际学术会议、中国经济社会发展智库第三届高层论坛、“世界经济危机与新自由主义”学术研讨会、“国际金融危机对西方思想理论的冲击及资本主义走向”研讨会、西南马克思主义经济学论坛、后国际金融危机时代的世界社会主义”学术研讨会暨当代世界社会主义专业委员会2010年年会，等等。理论界从马克思主义视角、运用马克思主义理论和方法进行分析，探讨金融危机的根源[③]。援引最多的是《共产党宣言》、《资本论》、《帝国主义论》三部光辉论著，比如，韩周瑜、刘清地的文章运用《共产党宣言》的结论分析全球化特征及趋势[④]；陈俊明、贺汉魂、邓志平等人的文章分别用《资本论》的理论和方法解剖资本主义结构并指出新自由主义的根本不足[⑤]，于鸿飞联系《帝国主义论》分析美国经济危机爆发的理论根源[⑥]。

这场危机反映了新自由主义的失败和马克思主义预言的胜利[⑦]。连一向被西方思想界奉为自由市场经济理论根基的“经济人假设”也遭受阿玛蒂亚·森等人质疑[⑧]。法国学者阿兰·巴迪乌认为，世界金融危机使广大民众认识到，人类解放的主题从来没有失去它的效应，而共产主义恰恰体现了人类解放的主题即人的自由而全面的发展。“毫无疑问，‘共产主义’一词正体现了这一主题，但却被贬低和侮辱了。”[⑨] 德国学者于尔根·哈贝马斯谈到，私有化的幻想已走到末路，它带来骇人听闻的社会不公：制度失灵所产生的社会成本对最脆弱的社会群体的打击最为无情。普通大众本来就不是经济全球化的受益者，但是面对金融体系可预见的功能失灵给实体经济带来的后果，现在他们却被再次要求埋单。而且这不像股票持有者

---

① 裴小革：《国际金融危机与马克思主义》，《理论参考》2010年第1期。李薇辉：《马克思主义物质利益理论的深刻性——金融危机下的重新认识》，《马克思主义研究》2010年第1期。[美] 伊恩·莫里森、葛晶晶：《马克思回来了吗？——访美国约克大学政治学系教授利奥·帕尼奇》，《马克思主义研究》2010年第10期。周新城：《全世界都在对金融危机进行反思》，《中国社会科学报》2010年10月19日。

② 王伟光：《国际金融危机与社会主义、马克思主义的历史命运》，《求是》2010年第21期。王伟光：《从国际金融危机看社会主义的必然趋势和马克思主义的生命力》，《毛泽东邓小平理论研究》2010年第4期。贺方彬：《后危机时代中国特色社会主义的新发展》，《前沿》2010年第22期。牛文浩：《全球金融危机下的社会主义思考》，《重庆科技学院学报》2010年第20期。

③ 周肇光：《从马克思经济危机理论看当前世界金融危机的必然性——读马克思〈资本论〉的几点体会》，《广东社会科学》2010年第5期。李洁：《马克思主义视角下的金融危机根源》，《理论与现代化》2010年第6期。

④ 韩周瑜：《浅析〈共产党宣言〉对“全球化”的前瞻性》，《经营管理者》2010年第19期。刘清地：《〈共产党宣言〉与经济全球化》，《学习月刊》2010年第26期。

⑤ 陈俊明：《〈资本论〉的经济危机理论新阐释——以结构与主体分析为视角》，《泉州师范学院学报》2010年第5期。贺汉魂、王泽应：《金融危机背景下〈资本论〉及自由主义经济学的伦理对立性研究》，《甘肃社会科学》2010年第5期。邓志平：《金融危机中重读〈资本论〉的方法论意义》，《生产力研究》2010年第4期。

⑥ 于鸿飞：《重读〈帝国主义论〉——探索美国经济危机爆发的理论根源》，《北京城市学院学报》2010年第2期。

⑦ 所强飚、余达淮：《新自由主义经济思潮与资本主义经济危机的反思》，《学海》2010年第6期。

⑧ 新华社《参考资料》2009年第52期。

⑨ 法国《世界报》2008年10月17日。

那样以票面价值支付，而是以他们日常赖以生活的硬通货来支付。[①]

我国从容应对金融危机和规避风险的成功经验，是对马克思主义经济危机理论在新形势、新条件下的重要发展，有三点经验值得总结[②]：（1）如何看待全球化。理论界开展了对全球化新特点的分析，普遍认为，危机产生于全球化的过程中，但全球化的趋势不会因此而改变[③]。（2）如何对待市场经济。理论界普遍认为，危机说明市场存在着缺陷，但是，市场配置资源的基础性作用不会因此而改变[④]。（3）如何看待世界经济秩序，特别是美元的国际地位。理论界普遍认为，危机动摇了美元的地位，但美元主导国际金融体系的局面不会在短期内改变。[⑤] 由此引出"后危机时代"应对策略，主要议题是：（1）进一步规范金融风险管理的约束机制和管理办法[⑥]，（2）逐步完善收入和财富分配制度改革[⑦]。

6. 对斯大林及"斯大林模式"的评价问题

当前，在俄罗斯，不仅理论界在讨论斯大林的功过是非，而且连总统梅德韦杰夫、总理普京都接连发表见解。我国理论界对斯大林也相当关注，对其的评价争论较多。应该说，从1956年苏共二十大以来，围绕斯大林的争论就没有停息过。斯大林已经去世半个多世纪了，至今仍成为政治界、理论界的热门话题，因为它不仅是一个历史问题，而且也是一个十分现实的问题。对于斯大林功过是非评价的现实影响，一些研究者认为，在当今中国正处在深化改革的关键时刻，对斯大林以及"斯大林模式"的评价，直接关系到当代中国应该举什么旗、走什么路。有的人想通过彻底否定斯大林和"斯大林模式"来否定科学社会主义基本原则，进而否定中国的社会主义道路；有一些研究者则认为，理论界关于"斯大林模式"的争论，反映出一些人颂扬"斯大林模式"，否定中国的改革开放。这种认识从本质上、在主要方面不体现科学社会主义的"斯大林模式"，这在客观上必然阻碍中国的改革与中国特色社会主义道路进一步发展。有研究者指出，把斯大林模式那种一党高度集权、个人专权视为唯一正宗的社会主义，影响着中国改革开放的历史进程。[⑧]

对于如何认识斯大林的社会主义理论，理论界存在对立的观点。有研究者认为，现在有些人所坚持的"科学社会主义"实际内容是斯大林所创建的社会主义制度，这并不是"科学

---

① 德国《时代》周报2008年11月6日号专访《破产之后》。

② 参阅《胡锦涛在省部级干部落实科学发展观研讨班上讲话》，新华网2010年2月3日。

③ 张保和：《全球经济危机产生缘由的根源性解读》，《社会科学辑刊》2010年第3期。史瑞君：《当代经济危机的新特点及对中国的启示》，《知识经济》2010年第24期。

④ 雷江梅：《国际金融危机与全球化的发展趋势》，《思想理论教育导刊》2010年第7期。王文卿、药朝诚：《略论金融危机与全球化》，《中共山西省委党校学报》2010年第1期。

⑤ 梁君：《从信用制度看次贷危机的成因及对中国金融市场的启示》，《知识经济》2010年第12期。吴莲：《经济危机的传导机制与治理：经济全球化视阈中的规制研究》，《中共天津市委党校学报》2010年第4期。

⑥ 吕红梅：《〈资本论〉对后金融危机时代金融风险管理的启示》，《北方经贸》2010年第9期。邓志平：《金融危机中重读〈资本论〉的方法论意义》，《生产力研究》2010年第4期。

⑦ 刘建华：《社会主义收入分配理论及其发展——兼论收入分配制度改革与扩大消费》，《吉林大学社会科学学报》2010年第6期。王家强、王志峰：《收入分配体制改革的关键何在》，《改革》2010年第11期。李红亮、杨奔：《论资本虚拟化下的财富分配与金融危机》，《统计与决策》2010年第24期。

⑧ 黄宗良：《实践是最权威的评价——从斯大林模式到中国模式是世界社会主义发展史上的大飞跃》，《探索与争鸣》2010年第7期。

社会主义”。斯大林主义不同于马克思主义，因而不能作为“科学社会主义”的内容。该研究者认为，“斯大林是社会主义理论的最大误导者。斯大林所杜撰的社会主义理论和制度有许多是似是而非，经不起推敲的（如全民所有制、商品和价值规律等），但却披上马克思主义的外衣，被后人误认为是‘科学社会主义’和‘社会主义基本制度’”。“斯大林创建社会主义所依据的理论，是早期的马克思主义，强调阶级斗争，无产阶级专政，将其空想的社会主义，‘从外部强加于社会’，因而背离了历史唯物主义，脱离了本国实际，最后导致失败”①。

有研究者则提出，突破对斯大林的“两个凡是”的观点很难站得住脚。必须站在时代与时代主题的历史高度认识斯大林及其社会主义理论和实践，斯大林是伟大的社会主义理论家和伟大的社会主义制度的创立者，他的一生是辉煌的、成功的，尽管有失误和错误，但他创立的斯大林社会主义模式所昭示的方向和原则是永存的。斯大林的社会主义模式必须坚持和发展，突破不得。“斯大林的社会主义理论的核心和根本，仍然是马克思恩格斯的社会主义理论，总体上并没有突破马克思。如果彻底否定斯大林，必然是连马克思一起否定掉。”②

当前理论界在评价斯大林时，总是牵涉到如何认识斯大林与苏联解体问题。2010年，理论界在对这一问题的认识上依然针锋相对。一些研究者认为只有深入细致地透视斯大林的错误，才能认清苏联解体、苏共灭亡的深层原因。有研究者指出，不能笼统地说斯大林的错误与苏联解体、苏共灭亡没有关系，也不能简单地说由于赫鲁晓夫、勃列日涅夫、戈尔巴乔夫否定了斯大林而导致了苏联解体、苏共灭亡。应该说，苏联解体、苏共灭亡的深层根源还是在斯大林，斯大林的错误可分为五个层次：思想作风、方针政策、发展战略、理论观点和具体体制。体制又可分为政治、经济、文化、社会管理和对外关系五个方面。该研究者着重分析了苏联的政治体制，他认为，斯大林时期权力过度集中的政治体制为苏联解体埋下了祸根。该研究者认为正是斯大林开创的个人集权制、职务终身制、指定接班制以及他实行的一党专政制、以党代政制、官员特权制等权力过度集中的政治体制为苏联解体留下了祸根。苏共几代领导人一而再、再而三地沿袭斯大林的政治体制，延误体制内的政治体制改革，为叶利钦击溃苏联和苏共提供了口实和机遇。汲取苏联剧变教训，必须加快政治体制改革。③

有研究者指出，苏联发生剧变是日益走进死胡同的斯大林模式长期以来未能进行根本性改革的结果，而不是对其进行批判、进行根本性改革和扬弃的结果。苏联体制经过历次改革，按照斯大林理论建立起来的社会主义模式，并没有发生实质性的变化。正是这一基本原因，使苏联模式积弊太多，已走不下去了，已走进死胡同，失去了动力机制，并最后成为导致苏联剧变的一个根本性原因。④ 有研究者也持类似见解，他比照中国改革开放的成功实践，这样说道：“中国改革开放取得的伟大成就，从一定意义上说，就是革除斯大林模式的弊端取得的。我们这么说，并不是否定斯大林模式曾经取得的成就；我们只是不赞成把它当成唯一的社会主义模式，把任何对这个体制、模式的改革视为‘反马’、‘非马’，‘杂音’、‘噪音’，

---

① 何伟：《斯大林模式今天怎样影响我们》，《炎黄春秋》2010年第8期。

② 曾昭禹：《斯大林的“科学社会主义”、“社会主义基本制度”能突破吗——兼与何伟先生商榷》，《探索》2010年第4期。

③ 高放：《苏联解体、苏共灭亡与斯大林的关系》，《马克思主义与现实》2010年第3期。

④ 陆南泉：《不扬弃斯大林模式是导致苏联剧变的根本原因》，《探索与争鸣》2010年第7期。

‘是想重演苏联剧变的悲剧’。实际上，苏联悲剧的发生，既是戈尔巴乔夫错误的改革思维、方针、政策造成的，也是其前几任的体制改良始终没有实现模式转变的结果。这才是苏联的历史事实。”①

有些研究者持不同观点，有研究者提出，在苏共亡党苏联解体这一问题上，有的派别总是把批判的矛头指向斯大林，认为“苏联剧变的根本原因是斯大林模式”，苏共亡党苏联解体“问题的总根子则是斯大林种下的”，而对其他原因谈得不多，甚至不怎么谈。这一思想现象和社会现象，是耐人寻味的。该研究者认为，持这种观点的人发现了苏共亡党苏联亡国之根，只不过他们的论述是头足倒置而已。“有的派别如此一致地否定斯大林，从反面非常直白而清晰地提示我们，导致苏共亡党苏联解体的原因虽然很多，但是否定斯大林是其中最根本的原因，其他原因都是第二位、第三位的，都是由否定斯大林而衍生或派生出来的”。苏共苏联悲剧的根本原因是放弃和否定了斯大林坚持和捍卫的马克思列宁主义，放弃和否定了斯大林领导苏联人民曾经开辟出来的社会主义道路的实践和理论。②

一些研究者高度重视如何评价已有的社会主义实践，指出这不仅是学术问题，而且是关系共产党和社会主义国家的前途命运的重大政治问题。“正因为如何评价斯大林以及‘斯大林模式’，关系到社会主义有没有前途、马克思主义灵还是不灵等一系列带根本性的原则是非，所以，不同阶级、不同政治派别以及不同思潮的代表人物有着不同的看法，甚至完全对立的看法”③。持这种观点的研究者提出，苏联演变的惨痛教训表明，敌对势力从彻底否定苏联社会主义实践出发，提出“彻底抛弃斯大林模式”、“要炸毁过去的一切”，等等，搞乱了广大党员和人民群众的思想，乱中夺取政权，最后复辟了资本主义制度。有研究者这样问道：“在社会主义实践是失败的、一无成就的舆论成为主流的情况下，敌对势力宣布解散共产党、推翻社会主义制度，还会有谁能站出来捍卫共产党和社会主义呢？总结这一教训，我们对斯大林以及‘斯大林模式’进行评价时，必须慎之又慎，严格依据事实，科学地进行分析和判断，不要轻言‘失败’不要轻易否定。”④

虽然已经探讨多年，有关斯大林及其创建的社会主义模式问题，在中国学术界依然存在不同的看法，有些观点是完全对立的。当前在中国的改革继续深入推进的情况下，正确认识苏联社会主义与中国特色社会主义的关系，对于推进中国特色社会主义事业乃至世界社会主义事业都至关重要。斯大林在社会主义运动史上是一位非常重要的人物，对斯大林以及他创立的社会主义模式的评价，应当尊重历史事实，辨明观点。

7. 对列宁的“我们对社会主义的整个看法根本改变了”的理解问题

研究者普遍认为，列宁的晚期思想不仅对于丰富马克思主义具有重要的理论意义，而且对于深入理解社会主义道路的合理性和科学性，始终不渝地坚持中国特色社会主义道路，推进中国特色社会主义事业具有十分重要的实践意义。这是近年来列宁的晚期思想受到广泛关

① 黄宗良：《实践是最权威的评价——从斯大林模式到中国模式是世界社会主义发展史上的大飞跃》，《探索与争鸣》2010 年第 7 期。

② 李伟：《否定斯大林是苏联亡国的根本原因》，《探索》2010 年第 1 期。

③ 辛程：《怎样评价斯大林以及“斯大林”模式》，《中华魂》2010 年第 4 期。

④ 同上。

注的一个重要原因。

"我们对社会主义的整个看法根本改变了"这句话是列宁晚年《论合作社》一文中著名的一句话,"整个"看法和"根本"改变这样引人注目的提法使这句话受到学术界的重点关注,研究者从不同角度对列宁的这句话及其相关思想进行了分析和评价。很多研究者认为这句话体现了列宁思想的一个重大变化,体现了列宁晚年对社会主义的新认识。那么应当如何理解这句话呢?这些新认识都包含什么内容呢?学术界存在不同见解。

有一些研究者认为这句话反映了列宁对社会主义与商品货币、市场经济关系的认识的变化,说明列宁认识到了社会主义存在商品货币关系,并且把合作制及其赖以存在的商品经济看作与社会主义完全一致的,这是一个对社会主义看法的"根本改变"。

针对这种观点,有研究者提出不同认识,他认为,这句话只是反映出列宁认识到建设社会主义必须利用资本主义的市场、商品等经济形式。列宁当时并没有把商品经济看作社会主义的固有属性,没有认识到"商品经济"、"市场经济"既不姓"社"也不姓"资",还没有达到这方面"对社会主义整个看法的根本改变"。该研究者认为,新经济政策是列宁对马克思主义经济学的一大发展。由于"合作社"建筑在贸易自由的基础上,列宁又认识到"合作社与社会主义是完全一致的",实际是承认社会主义存在商品货币关系;而且认识到这个过渡时期是长期的,"在最好的情况下也要一二十年";最重要的是认识到建设社会主义必须利用资本主义的市场、商品等经济形式。这就是列宁为什么说对社会主义整个看法"根本改变"的原因。①

有研究者认为,列宁晚年对社会主义的新认识,既不是从传统的固有观念出发,也不是囿于前人的"本本"和"原理",而是随着客观情况的变化和实践的经验教训而不断变化、创新、发展。该研究者认为,"我们对社会主义的整个看法根本改变了"这一论断充分体现了列宁晚年对社会主义的新认识。这些新认识主要体现为以下几个方面的转变:在向社会主义过渡上,由直接过渡到迂回、间接过渡的转变;在对待商品货币关系上,从排斥商品货币到利用商品货币的转变;在对待资本主义的态度上,从消灭资本主义到不完全排斥资本主义、利用资本主义的转变;在中心工作上,从强调革命、阶级斗争到经济建设是工作中心的转变。②

一些研究者则认为,这句话反映出列宁的新认识是对社会主义认识的全盘性、整体性的改变,是对过去的僵化的社会主义观、传统社会主义观的突破。列宁不再拘泥于马克思恩格斯的某些论断,也改变了自己以前的看法,提出了一系列关于经济文化比较落后国家如何建设社会主义的重要思想。

有研究者认为,"我们对社会主义的整个看法根本改变了"这句话表明列宁的思想发生了质的变化,是对"社会主义"本身的"看法"的"根本改变"。从工作"重心"的转移到工作"方法"的改变,从社会主义到"走向社会主义",从"世界革命"之是否现实到社会主义"一国建成"之是否可能,从经济到政治,从具体设想到哲学基础,都表明了列宁的社会主义

① 吴恩远:《近年来学界关于列宁的几个争议问题》,《科学社会主义》2010年第4期。

② 张喜德、张富文:《列宁晚年对社会主义的新认识及其现代启示——兼论中国特色社会主义道路的科学性》,《湖湘论坛》2010年第1期。

观的相当全面、相当深刻的一次“根本改变”。[①]

有研究者持类似观点，他是这样认为的：列宁所说的对社会主义的整个看法是“根本”性的改变，不是一般的表达与前人不同观点或者与过去的提法有所变化。列宁是对社会主义的“整个”看法而不是部分看法发生改变。十月革命胜利之初，列宁受到传统社会主义观念的束缚，而在晚期，则冲破传统社会主义观念的束缚，大胆提出社会主义新认识。列宁经过深刻反思和实践检验之后，把过去对社会主义的误解、曲解和某些错误的做法根本改变了，对现实社会主义提出了“新经济政策”等许多有独创性的理论观点和战略举措，丰富和发展了科学社会主义。该研究者指出，列宁对社会主义整个看法根本改变的方法论启示我们：当马列本本与当代社会主义现实发生差异或者某些结论有所碰撞时，我们必须尊重实践，勇于突破传统社会主义观念的束缚。在新的历史条件下，传统社会主义观念与社会主义现实发生诸多碰撞是不可避免的。一旦出现这类碰撞时，我们既不能以现代眼光苛求于前人，也不能按传统社会主义的定论随意剪裁今天的现实。如果本本与现实发生矛盾，我们宁可以现实突破本本，而不能以本本剪裁现实。[②]

有研究者将列宁的晚期思想称为“社会主义改良思想”，认为列宁晚年关于社会主义改良思想的提出，表明他在经历了艰难的探索和沉痛的反思之后，终于从传统的“纯社会主义”观念的束缚中解放出来，回归感性的物质生活，从而实现了思想上的一次伟大飞跃，达到新的理论升华。该研究者认为，在列宁的思想深处总有一种“纯社会主义”的先验观念在时隐时现地缠绕他。后来，列宁认识到所谓“纯社会主义”的形式是不存在的，这种观念是违背社会现实的。列宁最终认识到手段和目的是不能分割的，当社会主义的建设实践需要发展合作制、租让制、贸易自由和商品生产的时候，没有理由将其当作异己的东西，这本身就是现实的社会主义。现实的社会主义不可能是纯而又纯的社会主义，所谓“纯社会主义的经济形式和纯社会主义的分配”，只能是一种脱离现实的空想。[③]

也有研究者持相反观点，认为列宁并未改变过马克思的社会主义观，列宁与马克思、恩格斯的社会主义观是一致的。“我们对社会主义的整个看法根本改变了”中所说的改变只是改变了建设社会主义的方式和途径，并不是表明列宁改变了社会主义观。

有研究者对“传统社会主义观念”这一提法提出了质疑和批评，认为这一提法不利于完整、准确地理解与把握马克思主义的社会主义理论。马克思主义的社会主义观应是指马克思主义关于社会主义总的根本的看法，而不是个别观点，因而一般地说，它是指马克思主义科学揭示和概括的关于社会主义的本质和基本特征等方面的基本原则和基本理论，如社会主义代替资本主义的历史必然性，生产资料公有制、按劳分配原则、大力发展生产力，等等。这样一些基本观点、基本原则，反映了社会主义的一般规律和普遍原则。只要是搞社会主义，无论过去、现在和将来，都必须坚持这些根本原则，没有也不能有什么“传统的”和“新的”区分。“传统的社会主义观”这一提法，传达出一种较浓的马克思主义过时论的味道。

综观理论界的研究，关于列宁晚期思想的研究仍然受到学术界的相当关注，虽然研究者

① 杨筱刚、张忠平：《社会主义观的变迁：从列宁到斯大林》，《四川大学学报》2010年第5期。

② 袁秉达：《从科学理论体系的视角领悟列宁晚期思想的价值》，《上海党史与党建》2010年第8期。

③ 左亚文、王梅清：《列宁晚年社会主义改良思想解读》，《理论探讨》2010年第3期。

从不同角度阐述了对“我们对社会主义的整个看法根本改变了”及列宁晚年思想的理解，观点各异，甚至存在尖锐分歧，然而有一点却是共同的，即研究者认为列宁的晚期社会主义建设思想并没有成为历史，在现时代仍然具有重要的现实意义。许多研究者肯定了列宁思想的当代价值，指出纪念列宁的着眼点在于在新的历史起点上进一步推动中国改革的发展。中国进一步改革所面临的问题凸显出列宁思想研究的重要性和必要性。“列宁关于俄国发展道路的最后沉思，也是列宁思想在当代的主要生长点，对于探索当前改革和现代化建设的总体布局有指导意义，理应成为我国深化改革、科学发展在理论上的重要资源”[①]。

8. 中国模式与中国特色社会主义的关系问题

2010 年，“中国模式”依然是理论界的热点问题，研究的“热度”不仅体现为研究成果的丰硕，而且体现在研究视角的多样化和多学科的介入。2008 年始于美国金融危机进而蔓延到全世界的经济危机，使全球许多国家的经济遭受重创。中国却凭借日益增强的经济实力率先走出了危机，于是学者纷纷撰文从“中国模式”的角度进行总结，这也是“中国模式”研究升温的一个原因。马克思主义理论研究者更注重从“中国模式”这一提法的科学性、“中国模式”与中国特色社会主义的关系等方面对“中国模式”问题进行研究。

关于“中国模式”概念的科学性，有学者指出“中国模式说”的提法值得商榷，理由主要是：人类社会发展中不存在某种固定的发展模式；发展经验不等于发展模式；“中国模式说”既不符合中国发展现实，又不符合中国迅速变化的时代特征；苏联模式及其对其他社会主义国家的影响也证明所谓的模式是有害的；“中国模式说”会引发负面的国际效应；“中国模式说”会掩盖中国社会发展中存在的问题。[②] 有学者认为中国模式是个比较出来的概念，如果我们把某一类国家归纳出什么特点，而这些特点我国没有，同时，我国有一些东西是那些国家都没有的，那大概就是中国模式了。[③] 还有学者认为完全没有必要回避“中国模式”这个概念来概括中国的发展道路和发展经验。理由是：“模式”一词的涉及范围非常广泛，它标志了事物之间隐藏的规律关系，而这些事物并不必然是图像、图案，也可以是数字、抽象的关系甚至思维的方式。就社会发展这个意义而言，“模式”往往指前人积累的经验的抽象和升华；经过 60 年的探索和 30 年的改革开放，我国在经济、政治、文化和社会等各个方面已经初步形成了比较定型的体制；我国的领导人和党的文件并没有回避使用“模式”这个概念；“中国模式”概念提供了一种研究中国社会发展的新视角。[④]

关于中国模式与中国特色社会主义的关系，有学者指出中国经过 30 年的改革，已经形成了一个中国特色社会主义的理论体系和道路，也就是“中国模式”。这个模式就是十七大报告讲的，“三者有机统一，四大民主框架”[⑤]。有学者指出中国模式的实质就是中国特色社会主义，二者是等同的。选择什么样的发展模式，走什么样的发展道路，对于我国这样一个发展

---

① 王晶：《列宁思想的遗产与中国的改革与发展——“纪念列宁诞辰 140 周年座谈会”综述》，《哲学动态》2010 年第 8 期。

② 丁志刚、刘瑞兰：《“中国模式说”值得商榷》，《学术界》2010 年第 4 期。

③ 秦晖：《有没有“中国模式”?》，《经济观察报》2010 年 4 月 5 日。

④ 秦宣：《“中国模式”之概念辨析》，《前线》2010 年第 2 期。

⑤ 程恩富：《改革开放 30 年，中国经验已上升为中国模式》，见人民网—理论频道 2009 年 3 月 12 日。

中的社会主义国家具有重要的现实意义和理论意义。全球化背景下，世界各国在发展模式的选择上，呈现出多样化的趋势，“中国模式”正是诸多模式中的一种，反映了我国在发展中的探索历史，是改革开放30年的经验总结，其实质就是要坚持走中国特色社会主义道路，强调协调发展、以人为本、开拓创新。①

有学者将“中国模式”与“中国特色”的提法进行了比较，认为“中国特色”比“中国模式”的提法好。“特色论”与“模式论”是截然不同的两种发展战略思维方式。“模式论”就是确定事物的标准形态，一味模仿，全盘照搬，守成不变；特色论则是从本国实际出发，因地制宜，自我创新，不断发展。前者为形而上学，后者才合乎辩证法。总结我国三十多年改革发展史的最宝贵的经验，就是开辟了中国特色社会主义道路，形成了中国特色社会主义理论体系。而这正是反对“模式论”，坚持“特色论”的伟大成果。这位学者进一步对“模式论”与“特色论”的差异作出了分析：第一，特殊性与普遍性。“特色论”强调特殊性，“模式论”却夸大普遍性，认为自己的“模式”放之四海而皆准；第二，变动性与永恒性。“特色论”认为事物是不断变化、发展的，任何思想、体制虽有相对稳定的阶段性，但本质上却是要与时俱进，不断更新的，这样才能保持时代特色，“模式论”则把某种模式当成永恒不变的固定模式、终结状态；第三，多样性与一致性。“特色论”认为，世界政治上应是多极的，文化上应是多元的，人们的生活应是丰富多彩、各具特色的。这就是“和而不同”的和谐世界，“模式论”则认为世界应统一为一种模式。经过比较，这位学者认为“特色论”比“模式论”的提法好，应当坚持“特色论”，强调“中国特色”。②

还有学者不主张纠缠于“中国特色”与“中国模式”的具体概念，主张在认定中国模式客观存在的前提下，踏踏实实地对此进行研究，认识它的优缺点并对它进行改进和完善。针对那种认为中国发展中存在的问题而批评甚至否定“中国模式”存在的观点，指出“中国模式”是客观存在的，强调“中国模式”仍然处于探索之中就是基于中国模式已经基本形成和基本肯定性评价的事实。如果中国能够调整发展方式走可持续之路、解决好社会公正问题、使人们能够真正认同和自觉自愿遵守最基本的政治伦理秩序，那么这条道路不论称之为“中国道路”、“中国实践”，还是叫“中国经验”、“中国模式”，都是不为过的。③

还有学者认为“中国模式”讨论的混乱与中国发展经验的复杂性和丰富性有着直接关系，但是也在于我们这个民族和国家至今对于自己的历史、现在和未来，缺乏共识性认识，存在着主体的模糊和认同的摇摆。中国模式不是什么新现象，在20世纪60年代就已经受到了西方国家和一些发展中国家的关注，并被一些学者所总结。中国模式是中国人一直都在探索的自己的发展道路，要以“正常的”心态看待中国今天的处境，用客观的标准对待我们的过去，用清醒的头脑展望我们的未来。④

9. 生态文明建设与马克思主义自然观的关系问题

我国学者探索如何用马克思主义指导生态文明建设，并回应西方绿色思潮和生态学马克

① 高飞：《关于“中国模式”与“中国特色社会主义”的思考》，《山东社会科学》2010年第5期。

② 朱相远：《“中国特色”比“中国模式”的提法好》，《北京日报》2010年4月12日。

③ 吴波：《中国模式与中国问题》，《光明日报》2010年12月14日。

④ 杨雪冬：《中国模式和自我坐标》，《人民论坛》2010年第6期（上）。

思主义的生态理论对马克思自然观的挑战。针对国内部分论者由于受西方绿色思潮影响而对历史唯物主义产生的误解，王雨辰在《以历史唯物主义为基础的生态文明理论何以可能？——从生态学马克思主义的视角看》一文中，从生态学马克思主义对西方绿色思潮的批驳入手，提出要在马克思自然观和历史观统一的基础上构建生态文明理论。[①] 西方绿色思潮认为历史唯物主义与生态学对立，理由是它是经济决定论、主张“支配自然”的人类中心主义，没有考虑资源、自然对生产的限制。北美和欧洲的生态学马克思主义理论家，如奥康纳、福斯特、莱斯、本顿、格伦德曼和佩珀等反驳绿色思潮的论点，通过重新阐释或修正历史唯物主义，建立以制度批判为基础、强调价值批判和技术批判的生态文明理论，并提出解决生态危机途经，例如制度上以生态社会主义社会取代资本主义社会，破除消费主义价值观，建立新的技术伦理和生物多样性伦理，等等。受生态学马克思主义的启发，王雨辰认为应建立生态学与历史唯物主义的联系，同时也指出，生态学马克思主义的缺陷在于没有挖掘马克思对近代主体形而上学批判的生态意义，没有在自然观和历史观统一的基础上建构生态文明理论。

面对形形色色的生态理论，陈学明在《在马克思主义指导下进行生态文明建设》一文中指出，只有马克思主义才能担起指引人类走出生态危机、建设生态文明的重任。[②] 文章根据生态马克思主义的分析，提出马克思的主要著作中包含丰富的生态世界观思想：《1844 年经济学哲学手稿》中分析了“自然异化”，尤其是土地异化；《共产党宣言》并不是“反生态的”，它揭示出生态矛盾是资本主义生产方式引起的；福斯特等西方生态马克思主义者聚焦《资本论》的“新陈代谢”概念，认为“新陈代谢断裂”的根源是资本主义制度。文章指出，人与自然之间的最大障碍归根结底是资本主义制度造成的，解决所有制问题是消除生态危机、实现可持续发展的前提。

《马克思主义的生态文明观及其现实意义》一文提出马克思主义生态文明观的内涵，即人与自然有机统一，人和自然界之间有生态经济循环关系，应“合理调节”人和自然关系。根据马克思的生态观，应以人为本，将经济价值与生态价值紧密结合，提高政府和民众的生态保护意识。[③]

10. 社会主义社会矛盾问题研究新进展

社会基本矛盾是唯物史观的重要内容，从历史发展的角度看，正确认识和处理社会各类矛盾，把握社会基本矛盾，是发展理论和指导实践的必要步骤。2010 年，从马克思主义发展史角度考察，社会矛盾的研究呈现出以下两种特点：（1）社会主义社会基本矛盾再认识；（2）人民内部矛盾政治性淡化的新特征。下面主要就上述两类特点进行理论概述。

第一，社会主义社会基本矛盾再认识：生产力和生产关系、经济基础和上层建筑之间的矛盾普遍存在于各种社会形态之中，规定着社会的性质和基本结构，形成历史发展的动力。然而，却没有具有社会主义内涵的独特的社会基本矛盾概括。而对于基本矛盾的表现形式——社会主要矛盾：人民日益增长的物质文化需要同落后的社会生产力之间的矛盾，显然

① 王雨辰：《以历史唯物主义为基础的生态文明理论何以可能？——从生态学马克思主义的视角看》，《哲学研究》2010 年第 12 期。

② 陈学明：《在马克思主义指导下进行生态文明建设》，《江苏社会科学》2010 年第 5 期。

③ 张青兰：《马克思主义的生态文明观及其现实意义》，《山东社会科学》2010 年第 8 期。

已不足以完全解释和指导实践。有学者提出社会主义革命取得胜利之后，建立了生产资料的公有制，以雇佣的联合劳动为主要特点的资本主义生产方式，逐渐被以自主的联合劳动为主要特点的社会主义生产方式所取代；生产的社会化与生产资料的私人占有这一主要存在于资本主义生产方式中的资本主义社会基本矛盾也逐渐被消除，取而代之的是生产的自主性与生产资料的社会占有这一主要存在于社会主义生产方式中的社会主义社会的基本矛盾。该观点首次从马克思主义发展史的角度，以社会主义革命胜利为里程碑，提出社会基本矛盾的转变，体现了理论随社会实践发展而不断创新的品格。①

第二，人民内部矛盾政治性淡化的新特征：改革开放以来，随着中国社会基本矛盾呈现形式的变迁，人民内部矛盾也呈现出不同的特征，最重要的表现是政治性色彩逐渐淡化，取而代之的是对民生问题的不断诉求。有学者分析，市场经济体制的逐渐形成以及以人为本基本理念的扩散，导致了社会成员个体意识、财产意识和维权意识的觉醒，同时又使人们十分看重自身的经济利益问题，于是造就了一种普遍的现实感，使社会成员注重现实的日常生活，注重现实生活的质量问题，但是，由于民生问题在改革开放以前没有得到应有的重视，以致出现严重欠账的情形。大量社会调查几乎都一致地显示出这样一种情况：民众关注的主要问题多集中在同民众日常生活有直接关系的方面，如就业难问题、收入差距过大问题、社会保障滞后问题、教育问题、住房问题等。一方面是对于基础民生问题表现出一种前所未有的重视；另一方面却是民生问题没有得到应有的改善，明显滞后于经济发展。在这样的情形下，源自民生方面的社会矛盾必然会大量出现。相比之下，政治方面的诉求尚未引起民众的足够重视，相应的由政治诉求所引发的社会矛盾不可能成为数量居多的社会矛盾。② 这一论断从近几年来的实践中可以得到证实，即无论是在实践还是理论上，党和政府解决人民内部矛盾的着力点都放在民生问题之上，而人民的关注点也集中于民生问题。

社会矛盾是唯物史观理论中最切近现实的一部分内容，如何正确认识我们现阶段社会基本矛盾以及这类矛盾在表现形式上的新发展，对于我们党和政府更好地执政、更好地进行社会建设与控制、构建社会主义和谐社会有着重大的意义。2010 年的研究，从本质和现象两方面对社会矛盾进行了立体的梳理和总结，在此基础之上，进行进一步的研究，不仅在理论上有助于推动马克思主义发展史在现实层面的发展，更是我国社会现实的迫切诉求。

三　简要评论

经过 5 年多的努力探索和总结，马克思主义发展史理论研究和学科建设对自身的学科定位、研究领域、研究特点、研究方法以及与其他马克思主义理论二级学科的关系都有了比较清晰的认识，并在通史、专题史、阶段史、文献研究等领域取得了丰硕成果。

总体而言，2010 年马克思主义发展史理论研究和学科建设继续体现着本学科一贯具有的“历史性”、“实践性”和“整体性”的研究特点。作为研究马克思主义的历史和发展规律的科

① 罗文东：《关于正确认识和处理社会主义社会基本矛盾的问题》，《当代世界与社会主义》2010 年第 4 期。

② 吴忠民：《我国现阶段社会矛盾演变新趋势》，《北京日报》2010 年 7 月 26 日。

学，“历史性”是马克思主义发展史这门学科的基本特点之一，这一特点充分体现在本年度马克思主义发展史的通史性著作、国别史著作、专题史著作以及对一些重大理论现实问题的研究推进上。“实践性”既是马克思主义保持自身生命力的基本特性，同时也是赋予马克思主义发展史学科现实性，彰显其作为历史科学的现实意义和时代价值的基本特性。始终关注重大社会现实问题，并从马克思主义发展的角度对现实问题进行分析研究和理论阐发，这充分显示出马克思主义发展史作为一门历史科学所具有的时代性和现实性，同时也体现了马克思主义理论与实践、历史与现实的辩证统一。本年度的马克思主义发展史学科立足马克思主义发展的历史，对当今时代的金融危机与经济危机问题、生态文明建设问题、中国模式问题、社会主义社会基本矛盾问题等与时代发展和人类实践密切相关的重大社会现实问题进行分析研究，力图从马克思主义发展的角度为这些问题提供可资借鉴的解决路径。“整体性”的特点突出体现在马克思主义发展史研究与马克思主义理论其他各二级学科的交流与融通方面，在研究方法上，马克思主义发展史重视理论研究、文献考证与现实引导等多种研究方法的综合运用。本年度马克思主义发展史关注的几大问题，比如，西方马克思主义在马克思主义发展史中的理论地位问题、中国模式与中国特色社会主义道路问题等，都存在与马克思主义理论其他二级学科的研究视阈、观点的交叉融合问题，这种综合运用和融合统一体现了马克思主义发展史研究的“整体性”特点。

围绕重大议题，各学术团体和学术组织召开学术研讨会也是推进马克思主义发展史理论研究和学科建设的重要方式。2010年度，中国马克思恩格斯研究会、中国马克思主义哲学史学会、中国历史唯物主义学会、中国人民大学马克思主义哲学研究中心、中国马克思主义研究基金会等多个学术团体与学术机构就本年度学术界热议的重大理论与现实问题举办学术研讨会，通过考察分析当今时代和当代中国遇到的理论与现实问题，推进马克思主义的发展。

虽然2010年度的马克思主义发展史理论研究和学科建设取得了丰硕的研究成果，体现了历史与逻辑、坚持与发展、继承与创新的辩证统一原则，推进了马克思主义的发展，但是本学科建设尚存在一些薄弱环节需要继续突破。

2010年的马克思主义发展史理论研究和学科建设已经在探索“总体把握”与“重点突破”的辩证统一，但是如何实现这种统一尚无定论。现实存在的研究状况是对于马克思主义发展160多年的历史还停留在逻辑发展的早期水平，还只是通过“历史分期”加“问题研究”的格局展现马克思主义发展的历史，未能通过科学认识的“圆圈”、做到历史与逻辑相一致；具体的文献考证和细节研究虽然能够在某一专题上有所推进，但由于缺乏对马克思主义发展史的总体把握而无法实现理论的整体提升。也就是说，目前的马克思主义发展史研究，在“总体把握”和“重点突破”的辩证统一方面尚有欠缺，存在偏重一端的现象：或者过于偏重对马克思主义发展史的宏观把握，忽视或轻视翔实的细节考证；或者拘泥于琐细的文献考证，缺乏对马克思主义发展脉络的贯通梳理和总体把握。在马克思主义发展史研究中，“总体把握”和“重点突破”需要同时具备，没有总体视野的马克思主义发展史是盲目的，会迷失方向；缺乏细节的马克思主义发展史是空的，会流于空泛。寻求二者的辩证统一，实现马克思主义的整体性与具体细节研究相结合，以达到细化文献研究和提升整体理论，是马克思主义发展史理论研究和学科建设需要进一步深入思考的问题。

从 2010 年学科研究取得的成果来看，学界除了对历史唯物主义的学科性质与理论创新问题、马克思主义方法论问题、马克思主义发展史观问题等马克思主义发展史上的一些基本问题继续给予关注以外，运用马克思主义的立场、观点、方法，结合马克思主义发展史对当前人类社会实践中的热点问题作出分析也是本年度学科发展的突出特色。但是总体而言，围绕马克思主义中国化研究的成果比较多，通史研究比较少。立足现实、关注中国问题当然是中国马克思主义发展史的重点研究领域，但是如何处理好与马克思主义中国化二级学科的关系、避免重复交叉研究，突出马克思主义发展史的学科特色还需认真探讨；如何实现马克思主义中国化研究的理论、历史、现实“三结合”，既体现马克思主义发展历史的规律和特点，又能突出马克思主义中国化研究的理论创新和现实意义，是未来马克思主义发展史研究的理论生长点。相信随着马克思主义理论研究和学科建设的不断深入和拓展，一定会有更多的优秀成果涌现出来，大批中青年学术骨干也将依托学科建设脱颖而出。

第四章　国外马克思主义

一　研究概况

2010年的国外马克思主义研究异彩纷呈，且在国外共产党研究、西方马克思主义研究、国外左翼思想研究方面各具特色。

（一）国外共产党研究概况

伴随着世界性资本主义经济危机的发展演化，各个国家的共产党人都在对共产主义运动的现实、历史和理论进行更加深入的思考。我国学术界围绕国外共产党总体发展状况、国外共产党大会、经济危机爆发以来国外共产党发展动态追踪、形成热点的发展中国家共产党研究、以国别划分的国外共产党研究、取得较大发展的国外共产党党建研究等，刊发了一批有影响的研究论文。此外，2010年中国社会科学出版社还出版了聂运麟主编的《当代资本主义国家共产党的理论与实践研究丛书》。2010年相继出版了《日本共产党的“日本式社会主义”理论与实践》、《美国共产党的社会主义理论与实践》、《探索中的法国共产党理论与实践》、《战后英共的社会主义理论及英共衰退成因研究》以及《印共（马）“人民民主革命”理论与实践研究》等专著，是近年来系统研究国外共产党理论与实践的重要成果。

（二）西方马克思主义研究概况

2010年国内的西方马克思主义研究虽取得了较多成果，但就专门的论著出版情况来看，明显少于2009年。2010年3月出版的仰海峰的《西方马克思主义的逻辑》一书关注西方马克思主义哲学的逻辑进程，将其逻辑进程置于西方资本主义社会形态变迁的理解和分析的基础上。谭群卫编的《马克思主义：中国与西方》[①] 是中国和西方马克思主义研究者之间交流的一本论文集。2010年出版的与西方马克思主义研究相关的英文作品主要有Nigel M. Greaves著的《葛兰西的马克思主义：重新诉求历史与政治哲学》、《乌托邦的概念》、《哈贝马斯：知识传记》等。Nigel M. Greaves的著作重点探讨了葛兰西的实践哲学、葛兰西走向人民大众的思想、葛兰西的霸权概念，以及与霸权相关的意识形态理论、国家理论、政党策略以及知识分子理论。Sasha Lilley编《资本及其不满：在一个喧嚷的时代与激进思想者的对话》收录了与艾伦·伍德关于《资本时代的帝国》的对话、与大卫·哈维关于《新自由主义兴起和资本之谜》的对话等。后马克思主义思想家巴迪欧、齐泽克等近年来进入高产期，其

---

① 谭群卫编：《马克思主义：中国与西方》，社会科学文献出版社2010年版。

中2010年出版的有巴迪欧的《共产主义假设》英译本，齐泽克的《生活在末世》、《共产主义观念》。

2010年西方马克思主义研究对象的扩展不仅表现在对一些传统论题的关注，而且也包括研究兴趣向如下论题的延伸，比如，西方马克思主义的经济学研究、空间生产理论、西方马克思主义的哲学传统及其历史嬗变、历史观、文本政治学、物质观等方面。郑吉伟在《"西方马克思主义"与经济学——兼谈我国西方马克思主义研究体系的逐步完善》[①] 一文中指出，从西方马克思主义发展的整体性角度加强西方马克思主义经济学的研究是十分必要的。车玉玲在《对空间生产的抵抗》一文中讲到历史地理唯物主义对列斐伏尔"空间本体论"的承续关系，并将空间生产理论与消费社会理论联系起来分析当代资本主义的特性。何萍在《西方马克思主义的哲学传统及其历史嬗变》指出，应该以葛兰西、卢卡奇、柯尔施创造的批判的马克思主义哲学、法兰克福学派、分析马克思主义哲学和生态学马克思主义哲学为主线，分析西方马克思主义哲学传统的形成、变革及其在当代的风貌，从中发现当代西方资本主义世界马克思主义哲学发展的特点及其规律。其他论题可参见黄继锋的《西方马克思主义对马克思历史观的解释概览》[②]、范永康的《西方马克思主义的文本政治学》[③]、陈云洁的《西方马克思主义的物质观初探》[④]，等等。另外，值得关注的是，国内学者对西方马克思主义的国别研究开始崭露头角。比如，张亮对英国马克思主义的研究，对英国第一代与第二代新左派之间的论战的线索梳理，即文化马克思主义和结构主义的马克思主义之间的论战和调适[⑤]；李佃来系统介绍和评析了包括分析的马克思主义、生态学马克思主义、后现代马克思主义、新黑格尔主义的马克思主义、辩证法的马克思主义等派别在内的美国马克思主义，认为美国马克思主义其实并不是西方马克思主义在逻辑上的简单延伸，所以，只有从西方马克思主义的研究范式中抽脱出来，依据美国马克思主义自身的问题架构和逻辑论式对其进行梳理、定位、指认，方能真正通透地洞略它的思想实质与理论"技艺"。[⑥]

（三）国外左翼思想研究概况

首先，学者们探讨了马克思主义的复兴问题和为马克思主义进行辩护的话题。客观地看，马克思主义确实在国外尤其是在左翼阵地里呈复兴态势，但马克思主义并没有形成滚滚洪流，全世界无产阶级团结一致、同仇敌忾地起来推翻资产阶级的资本主义统治、建立无产阶级专政的社会主义的局面并没有出现。相反，随着时间的推移，随着金融危机的慢慢被克服，资本主义世界又开始了新一轮的发展。[⑦] 其次，对21世纪社会主义和拉美左翼新发展的探讨。21世纪社会主义是拉美国家委内瑞拉查韦斯近年来提出的一个面向21世纪的社会主义建设

---

① 郑吉伟：《"西方马克思主义"与经济学——兼谈我国西方马克思主义研究体系的逐步完善》，《教学与研究》2010年第5期。

② 黄继锋：《西方马克思主义对马克思历史观的解释概览》，《思想理论教育导刊》2009年第12期。

③ 范永康：《西方马克思主义的文本政治学》，《兰州学刊》2010年第1期。

④ 陈云洁：《西方马克思主义的物质观初探》，《黑龙江教育学院学报》2009年第12期。

⑤ 张亮：《从文化马克思主义到"结构主义的马克思主义"——20世纪60年代初至80年代初英国马克思主义的发展历程》，《文史哲》2010年第1期。

⑥ 李佃来《美国马克思主义的流派及其理论进展》（上、下），《学术月刊》2010年第4、5期。

⑦ 侯惠勤、辛向阳：《国际金融危机中马克思主义的复兴》，《红旗文稿》2010年第12期。

理论。这一理论一经提出，迅速吸引了世人的目光。在查韦斯本人的努力和21世纪社会主义的感召下，拉美左翼运动可谓风起云涌，形成了许多具体的措施和主张，并把这些积极的主张运用到国家建设、国与国关系处理以及地区整体发展当中，且取得了许多积极的效果。连美国这个庞大帝国，也开始改变策略，来与拉美改善关系，顺势发展。① 时至今日，对21世纪社会主义进行探讨仍然是学界和思想家乐此不疲的话题。对于21世纪社会主义有哪些内核和主要理论主张，学者们也慢慢达成了共识。② 再次，对苏联东欧地区的怀旧现象的思考。苏联的解体既是人类历史的悲剧，更是俄罗斯人的无法挽回的历史悲剧。近年来俄罗斯开始反思自己这二十多年走过的道路，开始试图在反思中寻找一条能够再次走向强大的道路。③ 在这样一种历史背景下，俄罗斯开始掀起一股席卷全国的怀旧思潮，那就是开始重新审视苏联历史，重新评价斯大林，重新看待1991年苏联解体的悲剧。俄罗斯人对苏联的怀念也提醒我们，中国共产党人应该更好地确保中国特色社会主义建设事业顺利进行。④

此外，工会与社会民主主义政党的建设和发展也是国外左翼思想研究领域里的一个关注点。工会的发展如何，工人政党的建设怎样，直接关系着社会主义的未来和国际共产主义运动的发展。⑤ 波兰的团结工会的成与败，给全球工会的建设和发展留下了很多的经验和教训。学者们认为，全球工会建设应该汲取这些经验和教训，相互合作，团结一致，共同在金融危机中，在左翼力量中增加自己的作用。⑥ 在新形势下，欧洲左翼党和左翼力量开始交流联合，形成了较为强大的力量，形成了对政府和欧洲政治的积极影响。⑦ 有些左翼党由于自身原因，比如匈牙利社会党，也在化解危机过程中失误频现，造成了自己在选举中落败的局面。但整体上看，欧洲左翼力量呈现活跃的态势。⑧

二 重大问题研究进展

综观2010年的国外马克思主义研究，在国外共产党研究方面既注重整体，又关注热点问题，在国别研究和国外党建研究等方面也取得重大进展；西方马克思主义研究的定位逐步明确、论域不断拓宽，对后马克思主义的认识不断深化，对文化哲学转向探讨也日益引人关注；国外左翼思想研究在为马克思主义复兴和为马克思主义进行辩护方面取得进展，在探讨21世纪社会主义和拉美左翼新发展、苏联东欧地区的怀旧现象、工会与社会民主主义政党及欧洲左翼政党等问题方面也有很多值得关注的成果。

（一）国外共产党状况整体研究

《西方国家共产党的特色论及其启示》一文，是本年度深度剖析国外共产党理论的代表性

① ［美］詹姆斯·彼得拉斯：《历史视角下的拉美21世纪社会主义》，官进胜译，《国外理论动态》2010年第1期。

② 方超：《委内瑞拉"21世纪社会主义"研究综述》，《辽宁教育行政学院学报》2010年第5期。

③ 吴恩远：《历史虚无主义的破产——俄罗斯对苏联历史从全盘否定到公正评价》，《红旗文稿》2009年第7期。

④ 李瑞琴：《俄罗斯人缘何怀念苏联》，《马克思主义研究》2010年第7期。

⑤ 王继停：《"后危机"时代全球工会面临的挑战与策略抉择》，《当代世界与社会主义》2010年第5期。

⑥ 戈铭：《团结工会三十周年——反思工会角色蜕变带来的教训》，《社会科学论坛》2010年第14期。

⑦ 本刊记者：《专访意大利重建共产党全国书记费雷罗》，《当代世界》2010年第1期。

⑧ 刘聚：《左翼溃败右翼独大——2010年匈牙利议会大选初析》，《当代世界》2010年第6期。

文章之一。作者指出，在中国改革开放明确提出中国特色社会主义之前，西方发达国家共产党有过几次明显的特色论尝试，诸如美国例外论、法国色彩社会主义、日本式社会主义等。这些特色理论的提出具有特殊的国际背景，留下了许多经验教训。它们的实践证明，特色论是有边界的，不能偏离科学社会主义本质；特色论是针对苏联提出的，但更重要的是从自身国情出发；特色论不是灵丹妙药，如何在革命和建设中取得成功还需要注意处理普遍性与特殊性的关系，切实从自身实际出发努力探索。[①]

有学者对苏东解体20年以来世界社会主义运动进行了概括总结。分析指出，20年来世界社会主义运动发展的总体处于低潮，社会主义国家在改革开放中开拓前进，资本主义国家共产党在调整和变革中探索前进，各国共产党之间新的国际联系正在重新建立[②]。

有学者概括了发达国家共产党的生存现状与未来。各国共产党将金融危机的性质和特征判定为，是一场严重的经济和金融危机，从而具有结构性全面性的本质特征；各国共产党对危机成因和根源分析认为，是资本主义社会固有矛盾发展的产物；在对当前资产阶级政府所采取的“救市”策略上，各国共产党持批评态度。面对危机所引发的严重后果，各国共产党纷纷提出了各自应对危机的策略和主张。此外，发达国家共产党还认为，本次危机再次验证了马克思主义的科学性；社会主义中国在应对金融危机中所扮演的角色有利于发达国家共产党国内外政治影响的提升；危机蔓延使得西方民众生活水平下降，为发达国家共产党提供了更加广阔的政治空间。但金融危机并没有宣告资本主义命运终结的迹象，也未改变共产党在发达国家政治生活中的“边缘化”处境。发达国家共产党也并不具备解决危机的实际能力。[③]

（二）国外共产党大会情况介绍和评析

由印度共产党（马克思主义）和印度工人党联合主办的第十一次共产党和工人党国际会议于2009年11月20—22日在印度新德里举行。来自48个国家的57个共产党和工人党的89名代表参加了这次会议。代表们围绕会议的主题“国际资本主义危机，工人和人民的斗争，替代方案，共产党和工人阶级运动的作用”进行了热烈的讨论，最后通过了《德里宣言》以及“关于纪念博帕尔毒气泄漏悲剧25周年的决议”和“关于塞浦路斯问题的决议”。[④] 有学者对这次会议讨论的主题，即关于经济危机的性质和源头？关于“复苏”能否持久、危机是否正在过去？危机为什么没有促进工人运动的高涨？重振国际共产主义运动的热切期待等作了详细介绍。

除了世界共产党大会之外，2008—2009年，国外一些共产党相继召开了党的全国代表大会。研究者对代表大会的情况进行了介绍，并对重要思想和理论的变化情况进行了评析。

有学者对2009年10月2—5日召开的澳大利亚共产党第十一次全国代表大会的情况进行了总结，认为澳共尤其从资本主义制度层面对资本主义经济危机和环境危机的危害、根源与本质进行了深入透彻的分析，该次会议认为，世界人民面临的不仅仅是全球性金融危机和经

① 陶文昭：《西方国家共产党的特色论及其启示》，《马克思主义与现实》2010年第4期。

② 聂运麟：《低潮中的奋进——1990—2010年的世界社会主义运动》，《马克思主义研究》2010年第8期。

③ 孙勇、李申：《发达国家共产党的生存现状及其未来前景》，《当代世界与社会主义》2010年第1期。

④ 聂运麟、刘卫卫、杨成果：《冷静的分析，热切的期待：第十一次共产党和工人党国际会议综述》，《马克思主义研究》2010年第6期。

济危机，而且面临着威胁人类未来的环境危机以及威胁世界人民生命和健康的粮食危机，并面临着发生新战争和产生法西斯主义的危险，甚至有可能发生核战争。目前的资本主义危机证明了马克思和恩格斯的理论在今天仍然有效，并为根本的进步变革和世界人民的社会主义未来创造了新的机会[①]。

有的学者对2009年11月5—8日在圣保罗召开的巴西共产党第十二次全国代表大会的情况进行了概括，指出大会对巴共中央领导班子进行了调整，选出了新的中央委员会和全国政治委员会；修改了党章；通过了一系列文件，阐述了巴西共产党关于社会主义、资本主义经济危机、加强党的干部队伍建设以及反对帝国主义斗争等重要问题[②]。

2010年1月13—16日在日本热海举行了日本共产党第二十五次代表大会。有学者对该次会议进行了述评。本次大会分析了日本国内政局和世界格局的变化以及全球经济危机对世界的影响，总结了政党外交的成就和党建方面的经验教训，并基于对当前国内外政治经济形势的理解、对过去工作的总结、对经济危机的认识，提出了日共在经济转型期间的任务、日共的外交立场、未来党的选举目标和相应的党的措施。日共二十五大关于停止非正式雇用等主张是对近20年来资本主义弹性生产方式导致劳动力出现分化的典型反应，日共在国会席位的减少是当代工人运动与议会选举脱节的一个缩影[③]。

还有学者具体分析了西欧地区共产党新一届代表大会的理论政策变化，并从这些理论政策的变化中进一步探究该地区共产党近年发展变化的新动向，指出这些发展动向包括政治战略的左转、左翼联合政策的调整、党内民主的推进、经济危机下对社会主义相关问题的理论反思。[④]

（三）经济危机爆发以来国外共产党发展动态追踪

2009年理论界对危机下国外共产党的具体观点主张跟踪较多，本年度该层面的研究大都是从更为宏观的层面对危机爆发以来共产党的动态发展进行综合概括。有学者从“用马克思主义观点揭示危机的根源；明确行动纲领，调整斗争策略；扩大党的队伍，加速年轻化；加强国际联合和协调行动”等几个方面分析了危机爆发后世界各国共产党发展变化情况[⑤]。

2010年初欧债危机全面爆发以来，所谓南欧“金猪”（PIGS）四国，即危机重灾区希腊以及濒临危机边缘的葡萄牙、西班牙、意大利等国共产党表现活跃，四国共产党直面危机形势，连续采取了一系列行动抗议政府反危机的紧缩政策，围绕债务问题的成因及其解决提出了独具特色的观点和主张，并对最近一段时期的主要斗争任务进行了具体规划[⑥]。

资本主义经济危机爆发以后，土耳其共产党积极回应，指出，这不是一场简单的“金融危机”，资本主义为应对危机所作出的调整和“改变”，其实质是为了掩盖危机爆发的根源，从资产阶级自身利益出发寻求摆脱危机的出路；危机进一步削弱了美国的经济垄断地位，但

① 杨成果：《澳大利亚共产党十一大关于资本主义经济危机和环境危机的分析》，《马克思主义研究》2010年第5期。

② 王建礼：《从巴西共产党十二大看其理论发展及政策主张》，《上海党史与党建》2010年第5期。

③ 陈硕颖：《日本共产党第25次全国代表大会述评》，《当代世界与社会主义》2010年第6期。

④ 于海青：《西欧共产党发展变化的几个新动向》，《马克思主义研究》2010年第6期。

⑤ 刘淑春：《金融危机爆发以来国外共产党的新动态》，《红旗文稿》2010年第4期。

⑥ 于海青：《债务危机下南欧四国共产党的发展动态》，《世界社会主义研究》2010年第11期。

它在其他领域更加具有扩张性；此次危机发生在一个反对革命的时代，并未促进工人运动的高涨；共产党人的当前任务就是在反对资本主义中激发工人阶级的阶级意识，加强相互之间的沟通与协作[①]。

（四）发展中国家共产党研究形成热点

发展中国家共产党研究历来薄弱，是国外共产党研究存在的问题之一。然而本年度发展中国家共产党研究有长足进展，尼泊尔、南非和巴西等国共产党研究形成热点。

关于尼泊尔的研究，有编写整理的《尼联共（毛）关于当前国际形势和尼泊尔国内形势的基本看法》；有对尼联共毛副主席巴特拉伊访谈的译介。值得注意的是，探讨普拉昌达辞职深层原因的《尼泊尔共和国首任总理辞职探析》和以尼泊尔为例的《发展中国家共产党派别研究》。《尼泊尔共和国首任总理辞职探析》认为普拉昌达的辞职是尼和谈以来主要党派之间的矛盾和斗争的又一次爆发，是尼国内外多种因素相互交织、共同作用进而激化的结果，斗争的核心是政权问题。辞职事件深刻反映了尼多党政治斗争的特殊性和尖锐性，透露出议会道路的局限性与曲折性，加剧了尼泊尔局势的复杂程度；以尼泊尔为例的《发展中国家共产党派别研究》在探讨尼泊尔共产党的起源、发展与派别现状的基础上，从内部和外部因素入手，分析了尼泊尔共产党派别演变的过程及其原因，并对目前尼泊尔两个最大的共产党派别尼共（毛）和尼共（联合马列）的理论主张、政治和社会影响力进行了比较分析。文章最后预测了尼泊尔共产党未来发展趋势，指出政治困境拖得越久，尼联共（毛）甚至其他尼共派别分裂的可能性就越大，而继续分裂又会持续削弱领导力量，尼泊尔国内政治仍将长期陷入僵局之中。当前尼共在各派力量分散、思想不统一的情况下，仍有继续分裂的可能。

关于巴西共产党的文章《21 世纪初巴西共产党对社会主义的新探索》介绍了 21 世纪初，巴西共产党先后召开了党的“十大”（2001 年）、“十一大”（2005 年）和“十二大”（2009 年）。在这三次党代会上，巴西共产党对当代资本主义、20 世纪世界社会主义运动的经验教训以及巴西向社会主义过渡的理论与实践进行了积极的探索；《新时期巴西共产党的行动纲领》介绍了 2009 年 11 月 5—8 日，巴西共产党在圣保罗召开了第十二次全国代表大会，通过了新制定的《巴西社会主义纲领》，并且对《党章》进行了修改。在《纲领》中，巴西共产党从战略和策略的角度分析了党的根本目标和党在现阶段的具体任务，即在巴西向社会主义过渡的预备性阶段，如何为实现向社会主义过渡准备物质条件的具体行动手段。

苏东剧变后，南非共产党通过积极主动的政策调整，获得了很大的生存空间。《苏东剧变后南非共产党的策略调整探析》一文，介绍了南非共产党在国内政策、国际斗争和党的自身建设方面采取的措施；《冷战后南非共产党党的建设研究》则详细介绍了冷战后南非共产党的党建举措和成就；《南非共产党的农村发展策略及其启示》介绍了南非共产党通过认真分析南非政府已实施的农村发展策略基本背景、策略内容、策略效果及策略缺陷，向南非政府提出三大策略：对土地市场进行干预；发起农村社会运动；在农村发展教育和开展扫盲活动。此外，关于南非的文章还有译文《2009 年全国大选后南非共产党的独立性问题》等。

---

① 刘卫卫：《土耳其共产党论资本主义经济危机和共产主义运动》，《唐山师范学院学报》2010 年第 6 期。

(五) 以国别划分的国外共产党研究情况

对具体国家的共产党发展演变情况的研究一如既往受到关注。除上述尼泊尔、南非、巴西等国共产党研究外，希腊、越南、日本、土耳其、澳大利亚等国共产党的研究引人注目。此外，国内鲜有涉及的对阿拉伯国家共产党的介绍也令人耳目一新。

希腊共产党不论在国内还是世界共产主义运动中，都是一支不可忽视的政治力量。有学者撰文苏东剧变后希腊共产党根据世界社会主义运动的历史与现状以及希腊本国的社会性质，系统阐述了希腊反帝反垄断民主革命论，并在具体实践中加强自身建设，推动本国和世界社会主义运动的发展①。

资本主义内部“新社会因素”思想是马克思主义的一个重要思想，但在相当长时期却被视为“和平长入社会主义”的修正主义观点而受到批判。第二次世界大战后，资本主义各国尤其是发达资本主义国家出现了前所未有的新变化，马克思主义关于“新社会因素”的思想因而被国内外一些学者重新提出并受到重视。日本共产党认为，21世纪是超越资本主义、建立社会主义新体制条件成熟的世纪，像日本这样的发达国家已孕育成熟了“新社会因素”，成为建立新体制的“重要基石”、“强有力基础”和“重要线索”。在当代，重新审视马克思主义“新社会因素”思想对把握发达国家的发展变化与发达国家共产党的发展走向，具有重要意义②。

土耳其共产党是世界社会主义运动中的一支重要力量，也是土耳其国内具有一定实力和影响力的政治组织。有学者撰文对土耳其共产党的状况进行历史回溯和理论梳理。20世纪土耳其的社会主义运动经历了一个艰难曲折的发展过程。苏东剧变沉重打击了土耳其的左派，然而土耳其坚定的社会主义者顶住了国内外的巨大压力，继续高举社会主义旗帜，成立了土耳其共产党，坚持进行社会主义理论与实践探索，推动土耳其社会主义事业的发展③。

在国外共产党研究领域，阿拉伯国家共产党研究经常被忽略。今年，有学者撰文对阿拉伯国家共产党的发展状况、影响和教训作出分析。20世纪20年代以后，阿拉伯国家纷纷建立共产党。在抵抗帝国主义、殖民主义的民族运动浪潮中，阿拉伯国家共产党在国际政治舞台上发挥了一定作用。但由于组织规模很小、力量有限、生存艰难，这些共产党均未出现过辉煌和繁荣。造成这种情况的原因是：长期无法摆脱苏联的控制，缺乏理论创新，意识形态僵化；对本国国情认识不足，在民族问题上立场摇摆，弄僵了许多与民族主义派别的关系，最终导致自身发展严重受阻④。该研究拓宽了国内共产党研究的视阈。

此外，中宣部《党建》杂志还开辟专栏“开阔视野”，今年先后对乌克兰共产党、俄罗斯联邦共产党、波罗的海三国共产党和美国共产党的最新发展情况进行介绍分析。还有学者对摩尔多瓦共产党人党、芬兰共产党纲领进行了译介；对最新理论主张如日共前主席不破哲三访谈录《马克思仍然活着，而且活的很健康》、美共主席萨姆·韦伯的《关于社会主义的八点思考》、希腊共中央政治局委员马瑞诺斯的《资本主义危机与共产党的任务》的译介，有利于我们了解国外共产党的最新思想理论动态。

---

① 王喜满：《希腊共产党的社会主义观》，《江西师范大学学报》2010年第4期。

② 曹天禄：《日共对资本主义内部“新社会因素”的认识及其启示》，《当代世界社会主义问题》2010年第2期。

③ 刘春元：《土耳其共产党对社会主义的探索》，《当代世界与社会主义》2010年第5期。

④ 严庭国、廖静：《阿拉伯国家共产党的发展历程及影响》，《当代世界社会主义问题》2010年第4期。

（六）国外共产党的党建研究有较大发展

本年度国外共产党研究的突出特点是对共产党的党建情况研究有所加强。有学者分析列举了国外共产党加强执政体制建设的主要做法：依靠政治法律制度，强化执政体制建设；争取人民群众的支持，夯实执政体制基础；处理好各种关系，保障执政体制的良好运行；借助媒体力量，创新执政体制。这些国外共产党通过如上加强执政体制的做法，赢取了最广泛的社会支持，达到了维护和巩固自身执政地位的目的。

有学者对日本共产党的党建情况进行了研究，指出在全球化迅速发展的形势下，面对社会阶层日益细化，日共积极适应社会结构的变化，努力扩大党的代表性和开放性，变革党的组织形式，具体表现为：及时调整党的纲领和路线；将党组织建设的发展规模与质量的提高相结合；把制度建设作为规范党建的重要途径；努力活跃党际关系，提升日本共产党的国际地位。作者认为，日共党建取得了一定的成效，党的队伍日益壮大，成为发达国家中规模最大的共产党。

有学者介绍了新时期美国共产党加强基层党建的若干新举措。这些新举措包括：建设群众性的共产党，努力扩大党的新成员，提高党的影响力；修订党章，重视党的基层队伍的发展与稳定；加强俱乐部建设，夯实基层组织建设基础。作者认为，美共加强基层党建的新举措是对传统工作方式的改进，对于改变美共目前状况具有现实意义。而这些举措的实施，是基于两点认识：一是对基层组织建设与社会主义革命胜利的关系，美共意识到社会主义革命不能停在口头上，而应该建立在坚实的基层组织基础上，否则社会主义革命只能成为空中楼阁，这也是美共对过去失败教训的总结；二是对基层组织的现状有一个清醒的认识，苏东剧变后严峻的外部条件，加之美共内部的分裂，一些俱乐部不存在了，另一些俱乐部徒有虚名，党的基层组织受到严重影响。这些状况不改变，势必影响党的生存。因此，改变基层组织状况成为党建中心工作①。

还有学者从指导思想、组织建设、工人阶级先锋队性质、作风建设、思想政治教育工作以及党际关系等多方面，对冷战后南非共产党的党建情况进行了研究。有学者从思想建设、组织建设、党的作风建设、党的思想工作方法等方面，对卡斯特罗的党建思想进行了研究。

（七）深入探讨了西方马克思主义研究的定位问题

有学者认为，“西方马克思主义”在理论本质、理论基础、理论特色及社会基础等方面都不具有“马克思主义”的本质特征，因而在总体上并非是“马克思主义”，理论界长期称之为“西方马克思主义”是有悖逻辑的，也是有违事实的。作者建议，我们在一定限度内就可将“西方马克思主义”视为“西方马克思学（左翼）”，而将原有的“西方马克思学”称为“西方马克思学（右翼）”。或者，将“西方马克思主义”改称为“西方马克思理论流派”；又或者，可将其写为“西方马克思主义”（即加引号）或“现代‘西方马克思主义’”乃至“现代‘西方马克思主义’流派”。这样才可能在一定限度内克服这一概念的含混性与逻辑矛盾，也才有

① 丁淑杰：《新时期美国共产党加强基层党建的若干新举措》，《社会主义研究》2010年第2期。

望在概念清晰的基础上促进这一领域的研究取得更具实质性的进展。[①]

有学者认为，第一代西方马克思主义者属于非“正统马克思主义”的共产主义者，第二代西方马克思主义者则属于非共产主义的“马克思主义”者。如果援引科尔施的限定，西方马克思主义是“无产阶级运动”内部的一种理论趋向，那么在这个意义上，第二代西方马克思主义的许多代表人物已经根本没有资格被称为“西方马克思主义者”了，更不要说是“马克思主义者”了。他们之所以还有做“西方马克思主义者”的资格，只是因为他们依旧“在哲学上”坚持着马克思主义。作者认为，西方马克思主义属于“极左思潮”——激进的左翼思潮。西方马克思主义既不是地域上的西方发达资本主义国家的马克思主义，也不是后马克思主义，而是与正统马克思主义相对产生、消亡的一种理论形态。其上限为马克思的《1844年经济学哲学手稿》的发表，下限到1985年戈尔巴乔夫上台，西方马克思主义也就寿终正寝了。作者认为，即使在最宽泛的意义上使用这个概念，也不应该将生态马克思主义、后马克思主义包括在内。[②]

有学者认为，在20世纪世界马克思主义研究的总体格局中，真正能够称之为“新马克思主义”的主要有三个领域：一是我们通常所说的西方马克思主义，主要包括以卢卡奇、科尔施、葛兰西、布洛赫为代表的早期西方马克思主义，以霍克海默、阿多诺、马尔库塞、弗洛姆、哈贝马斯等为代表的法兰克福学派，以及萨特的存在主义马克思主义、阿尔都塞的结构主义马克思主义等；二是20世纪70年代之后的新马克思主义流派，主要包括分析的马克思主义、生态学马克思主义、女权主义马克思主义、文化的马克思主义、发展理论的马克思主义、后马克思主义等；三是我们上面所探讨的东欧新马克思主义。在这种意义上，20世纪许多与马克思思想或马克思主义有某种关联的理论流派或实践方案是不能划归为“新马克思主义”的，例如，欧洲共产主义等社会主义探索，它们主要涉及实践层面的具体操作，而缺少比较系统的马克思主义理论传统；再如，一些偶尔涉猎马克思思想或对马克思表达敬意的理论家，他们只是把马克思思想作为自己的某一方面的理论资源，而不是马克思理论的传人；甚至包括日本、美国等一些国家的学院派学者，他们对马克思的文本进行了细微的解读，虽然人们也常常在宽泛的意义上称他们为“新马克思主义者”，但是，同具有理论和实践双重维度的马克思主义传统的理论流派相比，它们还不能称做严格意义上的“新马克思主义者”[③]。

（八）拓展、深化了西方马克思主义研究的论域

第一，东欧新马克思主义研究升温。有学者认为，可以粗略地将东欧新马克思主义的发展历程划分为两大阶段：20世纪50年代到70年代中期，是东欧新马克思主义主要流派和主要代表人物在东欧各国从事理论活动的时期，也是他们比较集中、比较自觉地建构人道主义的马克思主义的时期；20世纪70年代中后期以来，东欧新马克思主义者不再作为自觉的学术流派围绕共同的话题开展学术研究，而是逐步超出东欧的范围，通过移民或学术交流的方式分散在英国、美国、澳大利亚、德国等地，汇入到西方各种新马克思主义流派或左翼激进主义思潮之中，作为个体，在不同的国家和地区分别参与国际范围内的学术研究和社会批判，

---

① 游兆和：《“西方马克思主义”概念辨识》，《教学与研究》2010年第7期。

② 夏凡：《“西方马克思主义”论域的历史构形与逻辑边界》，《现代哲学》2010年第3期。

③ 衣俊卿：《论东欧新马克思主义的理论定位》，《求是学刊》2010年第1期。

并直接以英文、德文、法文等发表学术著作。可以发现：东欧新马克思主义发展的第一个阶段大体上是与典型的西方马克思主义处在同一个时期；而第二个阶段又是与20世纪70年代以后的各种新马克思主义相互交织的时期。作者将东欧新马克思主义的三个理论特色归纳为：其一，对马克思思想独特的、深刻和系统的阐述；其二，对社会主义理论和实践、历史和命运的反思，特别是对社会主义改革的理论设计；其三，对于现代性的独特的理论反思[①]。

第二，对日本马克思主义研究的关注。有学者提出了日本的“新马克思主义”范畴，认为日本“新马克思主义”的主要奠基人是20世纪60年代登上理论舞台的广松涉、望月清司和平田清明等人。其中，广松涉和望月清司又分别代表了内在于这一流派之中的两种理论逻辑，即隐含在广松涉“物像化”批判中的科学认识论倾向和望月清司“市民社会”论背后的深层人本主义倾向[②]。

第三，在生态马克思主义研究方面继续深化。有学者以现实问题为切入点，使生态马克思主义理论在政治社会生活中获得生动的体现[③]。有学者从马克思主义生产与消费同一性的视角，分析了消费主义的资本主义性质，并在以下三个层面展开了对消费主义的生态批判：一是从消费主义对个体的异化及对人身自然的破坏的角度，从文化和哲学的层面对消费主义展开的批判；二是从作为消费主义体现的资本主义城市对自然界和人的破坏的角度，从文化和社会的层面展开的批判，提出了在资本主义条件下建设生态城市的不可能性；三是提出了在资本主义全球化的过程中，资本将实现对生命的总体统治，从而使以消费主义为表象的资本主义发展到极端，这应该引起全世界对资本统治的警惕[④]。同时，该学者以国内学术界还较少关注的生态马克思主义学者泰德·本顿的《马克思主义和自然的限制》为基础文本，对本顿的生态历史唯物主义进行了系统的分析，作者认为，本顿对马克思的批评由于混淆了唯物主义和自然主义，缺乏辩证法和历史性，从而使其生态历史唯物主义的建构企图无法成立[⑤]。有学者指出，在西方马克思主义内部，围绕马克思恩格斯是否是生态学家一直存在着激烈的争论，至今还没有定论。这场争论谁胜谁负并不重要，重要的是它对马克思恩格斯生态观研究起到了积极的推进作用。正是在这种争论中，马克思主义理论的生态价值凸显出来[⑥]。同时，对生态马克思主义更广度的研究可以参见《西方马克思主义视野中的生态社会主义》[⑦]、《更少地生产与消费，更好地生活》[⑧] 等论文。

第四，在西方马克思主义的伦理观方面有了较为深入的研究。有学者认为，西方马克思

---

① 衣俊卿：《论东欧新马克思主义的理论定位》，《求是学刊》2010年第1期。

② 张一兵：《“日本新马克思主义”视域中的市民社会与国家暨第四届广松涉与马克思主义哲学国际学术研讨会综述》，《哲学研究》2010年第1期。

③ 谭扬芳：《哥本哈根峰会的较量——评发展中国家对发达资本主义国家的批评》，《马克思主义研究》2010年第2期。

④ 张剑：《消费社会批判的生态之维》，《南京社会科学》2010年第3期。

⑤ 张剑：《本顿的生态历史唯物主义是否可能》，《国外社会科学》2010年第5期。

⑥ 杜秀娟：《一场关于马克思、恩格斯是否是生态学家的争论——解读西方马克思主义生态观的一个视角》，《社会科学辑刊》2010年第4期。

⑦ 曾文婷：《西方马克思主义视野中的生态社会主义——评生态学马克思主义的社会主义愿景》，《武汉大学学报》（人文科学版）2010年第2期。

⑧ 陈永森、朱武雄：《更少地生产与消费，更好地生活——一个西方马克思主义观点析解》，《贵州社会科学》2010年第1期。

主义在许多方面都丰富和发展了马克思主义的伦理思想和道德理念：坚持社会批判和道德实践；主张建立“知识—道德集团”；提倡消除人的异化、复归人性和实现人的自由全面发展；提倡艺术革命、解放美学和确立新感性；反对极权主义、霸权主义和法西斯主义；宣扬国际和平主义、生态主义、新人格主义；提出“否定的幸福观”、包容理论、社会交往伦理学，倡导交往主体的平等性和互动性；力主存在主义的自由论、道德相对主义、多元伦理观、社会游戏道德观、规定主义的伦理学和彻底的人道主义；立足后现代主义，否定旧道德，确立新道德，抑制自我膨胀、利己主义，弘扬集体精神；凸显社会美德；接受道德革命；渴求全人类的和谐与友谊；促进世界公民之间的团结，构建新文明；超越资本主义，建立多元民主的社会主义社会[①]。张双利的《宗教与革命的伦理》通过考察卢卡奇与布洛赫的思想发展历程，指出来自宗教方面的思想资源在他们走向马克思主义的道路上起到了重要的作用。正是借助于宗教方面的思想资源，他们才能重新走上人本主义的道路，并把它具体地落实为革命的伦理。在此基础之上，文章进一步指出马克思本人的思想也以革命的伦理为核心内容，革命的伦理被直接地落实在无产阶级的普遍性身上。通过辨析无产阶级的普遍性所包含的各个不同环节，文章进一步回答了为什么在 20 世纪初卢卡奇与布洛赫等需要通过建构马克思主义与宗教的联盟来重构革命的伦理。

(九) 西方马克思主义研究中的文化哲学转向日益引人关注

欧阳谦在《马克思主义与“文化研究”》一文中，对英国新左派的“文化的马克思主义”进行了梳理和分析，文章指出，面对战后英国社会的变化及其工人阶级状况，英国新左派的理论家们着力探讨了“工人阶级文化”、“大众文化”、“青年亚文化”、“消费文化”以及阶级、种族、性别等社会现实问题，提出了“文化实践”、“文化生产”和“文化政治”等一系列新概念，旨在揭示历史发展的结构性、多元性、重叠性、矛盾性和复杂性等特征。通过跨学科的“文化研究”，他们试图建立起一种“文化唯物主义”的理论范式，以求解决马克思主义的理论与实践的衔接问题。作者认为，英国新左派的“文化研究”为了实现正义社会的政治抱负而用力推进马克思主义的理论变革，其思想方法和理论成果不能说是完备的，但至少是新鲜的和富于创见的。

(十) 对后马克思主义有了更为深入的认知和研究

有学者明确指出后马是反马。通过对后马克思主义的性质、政治立场与社会主义战略的总体分析，明确指认后马是一种反马，本质上是认同了资本主义的合理性并向他投降了[②]。

在探讨西马向后马的转向问题上，有学者认为，今天的西方激进理论多数不仅仅是传统意义上的争取对资本主义生产方式进行替代的革命规划或乌托邦方案，同时也是一种新的知识学路向。在这两个层次之间存在着复杂的关联，其焦点则在于他们对学科知识的反思和历史叙事的重新定向。正是在这一点上，他们与马克思恩格斯之间存在着难以沟通的认识差异，因此今天的多数激进思潮可以称得上是“后马克思主义”，即试图以新的历史认识论、新的政治理解和“革命”策略占据传统马克思主义的意识形态位置，替代它而成为新的社会斗争的

① 张之沧：《西方马克思主义伦理思想研究》，《马克思主义与现实》2010 年第 2 期。

② 王平：《“后马克思主义”是一种什么主义》，《学术月刊》2010 年第 3 期。

指导思想。整个西方马克思主义向“后马克思主义”方向的发展，既与第二国际以来的资本主义经验、革命形势直接相关，又是激进思想之历史叙事转移的结果[①]。

（十一）马克思主义复兴和为马克思主义进行辩护

金融危机导致了马克思主义在全球的复兴，但这种复兴需要我们进行相应的辨别。在这种复兴过程中，2010年为马克思主义进行辩护，成了国外左翼思想研究领域里的一个亮点。马克思通过创立唯物史观和剩余价值学说，深刻剖析了资本主义经济的内在矛盾，科学地指出了资本主义经济制度的历史进步性和危机趋势。近年来西方资本主义世界里的金融危机和经济危机，再一次印证了马克思主义的真理性。人们开始承认，马克思主义所揭示的资本主义的矛盾和经济社会发展规律依然正确。关于马克思主义在西方的复兴问题，有学者认为应该理性看待，正确分析，要明确当前国际金融危机所引发的马克思主义在西方的复兴还处于社会情绪的表达，缺乏相应的阶级组织、实践形式和理论思考，不能过于乐观。因而其在思想界的回声也还是弱势的，而对于当前国际金融危机的大量分析仍然是为现行制度和世界秩序进行辩护，只是作了局部的、改良的、技术和操作层面的批评。[②]

近年来，由于全球化激化了西方社会在生产力与生产关系、分配与消费、劳资关系、民族宗教等领域的深层矛盾，人们又不约而同地把目光集中到马克思主义的经典原著中去。连美国自由主义思想家福山最近也作出了“未来世界七大意外”的预言，其中第七个即“世界转向中国式社会主义”。世界主要资本主义国家共产党对社会主义理论的研究和探索在对社会主义的认识上，更加推崇建设具有本国特色或本民族特色的社会主义。一方面，世界主要资本主义国家共产党更加重视本国特色的社会主义实践；另一方面，金融危机过后，经济全球化在贸易投资保护主义抬头的背景下有所调整，这也促进国际马克思主义理论的本土特色社会主义的理论创新。马克思主义复兴运动表现出六大新动向：第一，马克思主义复兴运动带有强烈的社会运动特征，国外共产党与新左翼只有通过各自政党与社会运动的结合才能重新崛起；第二，以欧洲为代表的马克思主义复兴运动带动左翼崛起，并且运动的发展由非主流意识形态推动逐步转变为由主流意识形态和民众积极参与的社会运动联合推动；第三，在马克思主义复兴运动中，各种资本主义反对党、共产党以及左翼运动组织加强协作，凝聚政治党派之外的各种社会、文化、劳动层面的民众力量，逐步推进左翼对右翼的替代；第四，探讨马克思主义在理解当前世界时所具有的可能性及其挑战，使马克思主义研究更具开放性，在多元文化背景下更多地展开方法论创新研究；第五，对传统马克思主义经典著作的重新关注以及对《资本论》的研究成为一大特色，并且，逐步由对《资本论》中商品理论的研究转为更多关注马克思关于资本主义的整体机制和作为整体的人类生存状态研究；第六，马克思主义复兴运动更具行动力和实践性，提出对资本主义制度的超越，发挥马克思主义实践创造历史的潜能。[③]

国外左翼思想研究领域里，除了表现出马克思主义复兴的势头外，为马克思主义本身进行辩护，也表现得比较抢眼。关于什么是社会主义的问题，日本马克思主义学者众说纷

---

① 胡大平：《重述西方马克思主义知识史的视角和战略》，《南京大学学报》（人文版）2010年第4期。

② 侯惠勤，辛向阳：《国际金融危机中马克思主义的复兴》，《红旗文稿》2010年第12期。

③ 李元：《“后危机”时代的西方马克思主义复兴运动：趋向与未来》，《当代世界与社会主义》2010年第5期。

坛，但是占据主流的是苏联社会主义模式与马克思主义模式应该区别开来的观点。社会主义不再是以计划经济和动员体制为特征的特殊系统，而应该是追求人的自由而全面发展的系统。日本学者还认为，马克思主义经济学不是社会主义经济学，其研究的核心是资本的运动规律及资本主义社会的矛盾，苏东社会主义经济的解体并不等于社会主义失败、资本主义胜利，苏东的社会主义实践也并不一定是马克思意义上的社会主义。① 美国著名马克思主义理论家弗雷德里克·詹姆逊撰文认为，金融危机导致的马克思主义的复兴需要仔细辨别。马克思主义的复苏似乎已初露端倪，因为还没有哪个政治选择在解决当前危机方面明显比马克思主义更为有效。尽管《资本论》没有过多涉及政治，没有提供政治说教，但马克思和列宁一样都是天才的政治战略家，尽管他的立场在不同的历史阶段涵盖了不同的甚至是对立的策略。《资本论》是一本关于资本主义的书；而政治是关于如何实现社会主义的。这并不代表我们认为《资本论》是非政治性的。② 而关于共产主义，意大利学者安东尼奥·奈格里从历史总是阶级斗争的历史这个著名假设出发，指出阶级斗争历史的意义在于共产主义，而成为共产主义者则要求反对国家、建立新世界。从我们现在的环境出发，我们如何向共产主义实现前进呢？其结论是必须有一种共产主义伦理。在历史唯物主义的基础上存在这样一个断言：历史是阶级斗争的历史。当历史唯物主义者探讨阶级斗争时，通过政治经济学批判来这样做。这一批判得出的结论是：阶级斗争历史的意义是共产主义，即“消灭现存状况的真实运动”。它是这场运动内部的存在问题③。关于向共产主义地平线迈进的步伐是否存在？委内瑞拉学者玛尔塔·哈内克尔认为，拉美地区已经迈出了重要的步伐，特别是在委内瑞拉这一国家④。

另一方面，左翼政党积极强调汲取环保主义、女权主义、和平主义、人道主义、反法西斯主义等其他所谓新左翼的思想理论与价值取向。对马克思主义进行重新评估和思考，并挖掘一些新的政治资源，进一步促进马克思主义在大左翼之中受到广泛的传播和接纳，尤其在马克思主义之中的那些共同接受的理论观点受到普遍的欢迎。左翼政党承认马克思主义是全人类的文化遗产，而关于针锋相对的马克思主义意识形态的争论开始减少，这是各派之间求同存异的结果⑤。

关于马克思主义经典文献的研究方面，美国社会主义者欧内斯特·乌恩特曼的《一天就能读完的〈资本论〉：马克思主义经济学》一书较为具有代表性。该书以通俗的语言，解读了历史上最有影响力的经济学原理，讲述了马克思的历史唯物主义原理、劳动价值论、剩余价值理论、雇佣劳动与利润、前资本主义社会以及从封建主义到资本主义的经济转型等⑥。另外，由段忠桥主编的当代英美马克思主义研究译丛中的《马克思主义、道德与社会主义》一

---

① 刘邦凡、李汉卿、文旭：《近年来日本马克思主义经济学研究——以对社会主义的再认识为对象》，《科学社会主义》2010年第4期。

② ［美］弗雷德里克·詹姆逊：《马克思主义辨析》，杨慧译，《国外理论动态》2010年第4期。

③ ［意］安东尼奥·奈格里：《共产主义：概念与实践之思》，申林译，《当代国外马克思主义评论》2010年刊。

④ ［委］玛尔塔·哈内克尔：《拉美构建新型民主制度》，官进胜译，《国外理论动态》2010年第9期。

⑤ 赵宬斐、宋坚刚：《西方政党意识形态的发展理路》，《学术界》2010年第5期。

⑥ ［美］欧内斯特·乌恩特曼：《一天就能读完的〈资本论〉：马克思主义经济学》，吕博译，中国轻工业出版社2010年版。

书，承袭了分析的马克思主义的方法，根据马克思本人的相关论述，对马克思主义与道德和社会正义问题作了深入探讨：从隐含在马克思思想中的道德元素出发，考察了对马克思道德观的各种解读，得出马克思是以致力于平等自由最大化为核心的混合义务论者的结论；运用当代元伦理学证明马克思主义与道德在总体上是相容的，批驳了认为马克思主义与道德不相容的论断；提出一种包含马克思道德理论在内的激进的平等主义社会正义理论；论证了当代分析政治哲学与马克思主义结合的重要意义，阐明了马克思关于资本主义的功能失调及建立民主的、自我管理的后资本主义社会的经验性理论对于发展一种充分的马克思主义道德和社会理论的必要性①。

关于马克思主义之于中国在解决和应对金融危机方面的作用和意义，《第三条道路："新马克思主义"与中国崛起之真谛》一书进行了详尽分析。该书指出，纵观今日之世界，一场由美国次贷危机引发的百年不遇的金融危机正肆虐全球。资本主义正处于自 20 世纪 30 年代大萧条以来最糟糕的境地中，而中国经过 30 年的改革开放，已经发展为世界第三大经济体，国家外汇储备世界第一，与西方资本主义各国的窘状形成鲜明的对比，堪称一枝独秀。于是，人们试图从马克思主义理论中找到解决金融危机的灵丹妙药，"新马克思主义"思潮便再度时髦。它旨在建构一种新的理论和学说，走"第三条道路"。从一般特征来说，市场经济对资本主义和社会主义并无根本区别。中国给市场经济加上社会主义，这就是创造。中国 30 年高速发展的道路，既不同于苏联社会主义，也不同于西方发达的资本主义国家，而是中国特色的社会主义道路②。

（十二）探讨 21 世纪社会主义和拉美左翼新发展

近年来，以委内瑞拉为龙头的拉美社会主义运动吸引了全球的目光。过去的一年，关于委内瑞拉 21 世纪社会主义的研究成果颇多。而关于拉美左翼的新发展，也同样映衬了查韦斯的社会主义理论。2010 年拉美社会主义运动有了许多新的发展。委内瑞拉总统查韦斯继续推行和建设 21 世纪社会主义，同时还提出建立"第五国际"的倡议，以期进一步加强左翼政党之间的联系，这得到了拉美左翼政党的支持。由于其他地区的左翼政党对此意见不一，所以"第五国际"并没有如预期的那样得以建立。拉美左翼在危机中有了进一步的新发展。拉美左派不仅影响力扩大，还提出了一个根本的替代方案，即消除资本主义制度，同时脱离宗法统治，建立一个反对种族主义、反对宗法统治、尊重地球母亲的社会主义替代制度。

有学者认为，从查韦斯公开宣称在委内瑞拉建设"21 世纪社会主义"至今已五年。查韦斯亲手组建的"委内瑞拉统一社会主义党"的纲领性文件与民主社会主义划出了清晰的界限；委内瑞拉的政治民主与社会民主建设取得了举世瞩目的成就；经济体制改革与经济建设在世界金融危机背景下也收获了骄人的成绩；查韦斯在历次选举中获得委内瑞拉人民的支持与拥护。查韦斯宣称他领导委内瑞拉人民实现的"21 世纪社会主义"是介于斯大林模式的社会主义与资本主义之间的"新社会主义"，代表了苏东集团解体后世界上各种社会主义流派的总体思维和总的探索方向③。

① ［美］R.G. 佩弗：《马克思主义、道德与社会主义》，吕梁山、李旸、周洪军译，高等教育出版社 2010 年版。

② 李忠尚：《第三条道路："新马克思主义"与中国崛起之真谛》，人民出版社 2010 年版。

③ 冯骊、陈雅琢：《查韦斯 21 世纪社会主义的合理内核》，《求索》2010 年第 12 期。

关于20世纪和21世纪社会主义，有学者从历史的视角对它们进行了比较。美国学者詹姆斯 · 彼得拉斯撰文认为，假如我们采用公认的准则来评判20世纪和21世纪的社会主义，我们就能在经济独立、社会公正与政治自由方面对其进行客观的判断①。关于拉美左翼运动的新发展，委内瑞拉著名政治学者玛尔塔 · 哈内克尔认为，拉美左翼政府正摈弃新自由主义，构建一种超越资产阶级代议制的新型民主制度：高度强调人民对公共事务管理的参与，并通过建立社区委员会、工人委员会、学生委员会以及农民委员会实现这种参与，这些措施使地方持续发展、公民更加满意、更好地惩治了腐败②。

（十三）苏联东欧地区的怀旧现象研究

有学者认为，苏联剧变时，俄罗斯曾幻想能迅速融入欧洲文明，跨入发达国家行列，但是20年来，面对发展道路的实践结果与期望值之间的巨大反差，俄罗斯社会开始反思过去，理性审视曾经否定的苏联历史。考察剧变前后不同时期俄罗斯各界对斯大林、对苏联历史两种截然不同的评价，探寻俄罗斯重评苏联时代的背后动因，可以看出，俄罗斯对斯大林及苏联历史的评价已经发生了根本性变化，重评斯大林及苏联历史已经成为一种民族意识乃至国家行为。充分认识俄罗斯重评斯大林、重评苏联历史的客观必然性，理性对待俄罗斯重评苏联历史的社会思潮，对于把握俄罗斯的未来具有重要的意义。正如俄罗斯科学院历史学家谢尼亚夫斯基所说，在当代俄罗斯的地缘政治几乎被挤压到17世纪时的状况时，对苏联历史进行"骑兵式攻击"的做法，不仅显得极其简单化和不理智，而且已经造成了严重后果。这些都促使许多曾经有过错误认识的历史学家转变态度，开始从另一个角度观察当代祖国历史。因此可以说，重评苏联历史是当代俄罗斯社会现实的必然反映③。

2008年金融危机以来，俄社会各界对苏联社会主义及斯大林的肯定性评价，对俄自由资本主义的否定，对中国、越南等社会主义经验的肯定，对政府反危机措施的批评等，从以俄共等左翼力量为主的立场，逐渐成为社会各界的普遍反映。回顾苏联历史，对比今昔，再次思考俄国家的未来发展道路成为金融危机时期俄罗斯社会思潮的主流。

近年来一些调查机构进行的调查数据显示了苏联东欧地区出现了怀旧思潮，主要表现在三个方面：一是怀念苏联时代，对苏联东欧的瓦解感到惋惜；二是开始理性地审视过去否定的历史，重新评价斯大林和苏联历史；三是开始否定自由资本主义，反思金融危机的根源，重新思考发展道路问题。出现这样的思潮主要原因是对现实的不满：一是苏联是俄罗斯国家历史上最强盛的时代，其在世界上的强国地位，俄罗斯各个时代无一企及。二是社会主义制度下劳动人民的主人翁地位、苏联时期全面的社会保障和国家义务教育制度、苏联时期的社会安全感，都令当今俄罗斯人难以忘怀。私有制条件下的贫富严重分化，则使当今俄罗斯普通民众怀念苏联。三是对以美国为首的西方失望而重归苏联立场。尽管怀念苏联时代和社会主义制度是两个不同的概念和范畴，但不容置疑的是，当时苏联强大的前提是确立了社会主义制度④。

---

① ［美］詹姆斯 · 彼得拉斯：《历史视角下的拉美21世纪社会主义》，官进胜译，《国外理论动态》2010年第1期。

② ［委］玛尔塔 · 哈内克尔：《拉美构建新型民主制度》，官进胜译，《国外理论动态》2010年第9期。

③ 李瑞琴：《俄罗斯重评斯大林和苏联历史的社会思潮分析》，《俄罗斯研究》2010年第1期。

④ 李瑞琴：《俄罗斯人缘何怀念苏联》，《马克思主义研究》2010年第7期。

（十四）对工会与社会民主主义政党的研究

有学者认为，由于资本主义因素的出现和增长，尚处于社会主义初级阶段的中国社会面临许多严峻的社会问题，如果处理得不好将有可能出现资本主义不战而胜的局面。在这些问题中，由于国企改革中的过失、私有企业和雇佣关系的大量存在，使工人与党和政府的关系问题成为最严峻的问题之一。如何解决这一问题成为关系到中国共产党生死存亡的关键所在①。

关于社会民主主义政党与工会的情况，王继停分析认为，社会民主主义政党是西方发达国家政坛上中左翼政党的主要代表，工会是西方发达国家中处于社会中下层的劳方组成的重要社会组织。这两种不同的组织在相当程度上都代表着中下层民众的利益，它们之间也有着多种形式的联系。在金融危机的背景下，全球工会组织既要面对失业剧增和受信度下降的巨大压力，又不能回避系统内部存在的复杂矛盾及与左翼力量之间关系微妙的严峻现实。为了组织发展和工会运动的需要，工会组织除了需要重新反思自身定位之外，还需探索未来新的生存和运行机制。

工会运动的发展与全球经济、科技和政策环境的大背景息息相关。在当前金融危机余波未平、经济增长严重乏力的情况下，全球范围内持续的就业危机给工会运动带来了巨大挑战。全球各工会组织也大多利用这一节点，对过去的各项策略进行调整和反思，以期使工会运动尽快走出当前的低谷和困境。②

关于社会民主主义政党的具体政策和策略，《新自由主义时代的社会民主主义：1980 年以来的左翼和经济政策》一书，进行了全面的分析和透视。该书作者以全面而精密的分析向读者展示了这样的关于社会民主主义政党的画面：在新自由主义时代，那些具有“改良主义的社会主义”传统的政府是如何艰难地追求充分就业、保证平等的财富分配以及扩大对资本配置和工作组织的民主控制等社会民主主义的传统目标的。该书具体分析了瑞典与“第三条道路”、社会民主主义的困境、德国社会民主党、荷兰的奇迹与荷兰的就业增加、福利改革、法团主义、英国的新工党及其福利、社会政策、法国社会党与权力关系以及西欧六国社会民主党执政政策等诸多内容，全面分析和梳理了欧洲社会民主主义政治的方方面面，全景式地展示了欧洲左翼的力量和政策③。

（十五）欧洲左翼政党及社会民主主义的新探索

关于进入 21 世纪后法国社会党的新变化，有学者认为，法国社会党对社会主义理论进行了一系列新探索，主要表现在对资本主义的批判减弱，走左翼的、改良主义的道路，突出参与式民主和新责任观，成为跨阶级政党等。这背后的原因主要是工人阶级意识形态持续淡化和社会党自身日趋中间化。未来法国社会党将继续从实用主义出发，淡化其意识形态。尽管社会党富有玫瑰色的意识形态纲领在历史上曾经吸引了无数选民，但随着西方社会结构中间化的不断加强，意识形态对选民的重要性已经降低。在社会党人看来，既然已经放弃制度代

① 戈铭：《团结工会三十周年——反思工会角色蜕变带来的教训》，《社会科学论坛》2010 年第 14 期。

② 王继停：《“后危机”时代全球工会面临的挑战与策略抉择》，《当代世界与社会主义》2010 年第 5 期。

③ ［英］安德鲁·格林编，刘庸安：《新自由主义时代的社会民主主义：1980 年以来的左翼和经济政策》，马瑞译，重庆出版社 2010 年版。

替的做法，实现社会主义就只有改良主义这唯一的道路。社会党认为，今天的法国社会，一方面受到经济全球化、世界金融危机源源不断的冲击，另一方面以新自由主义为代表的右翼思想蒙蔽了不少民众，为此，社会党必须继续自己的左翼特色，坚持社会改良主义，不断推进公共服务。进入21世纪，受新自由主义思潮的冲击，社会党开始扩展自由、公平、民主、团结互助等传统价值观的含义。对民主的新理解，将以前的政党代议制民主升华为公民参与式民主。通过改良主义的道路实现理想社会，国家就不可避免地成为实现社会党主张的社会主义的媒介。因为只有上台掌握国家公共权力，才能把社会党的政治理念、政策主张全部付诸实践①。

关于英国工党的性质，有学者认为，根据英国工党百年发展进程中基本力量、政策取向和意识形态的变与不变，能够全面动态地认识工党的性质。从阶段划分讲，工党原来是一个信奉民主社会主义而非马克思主义的工人政党；革新后的工党是一个信奉社会民主主义而非马克思主义的中左翼政党。从动态审视，在英国政党政治谱系中，工党在由左向右移动，由左翼力量转变为中左力量；在世界社会主义政党谱系中，工党属于右翼力量，并且在进一步向右移动②。

至于匈牙利社会党，由于在2010年4月的选举中惨败，近期难有作为。关于该国议会大选情况，有学者认为，受国际金融危机影响，匈牙利民族主义思潮暴涨，右翼民族主义政党青民盟成为匈牙利剧变以来第一个获得如此明确、广泛支持的政党，极右政党尤比克亦藉由民族主义浪潮进入议会。匈牙利2010年议会大选后，社会党选举结果惨不忍睹，在国会地盘尚不足六分之一，社会党元气大伤，近期难再有大作为。选举结束后，社会党主席兰德沃伊及其主席团主动引咎辞职，党内人心涣散。如无强势领导人重新整合党内，则该党作为匈牙利中左力量的领军地位前景堪忧。③

关于欧洲左翼力量的现状及发展趋势，意大利重建共产党全国书记费雷罗认为，目前欧洲地区左翼力量的联合主要分成两派：一是社会党国际，社会党国际在以自由主义和经济至上为特点的欧洲一体化进程中发挥了积极的推动作用。因此，社会党国际与资本主义全球化有着紧密的联系。社会党国际在欧洲的左翼力量中占有多数，但是目前他们也陷入了战略性危机；二是欧洲左翼党，包括左翼社会党、共产党以及左翼的环保主义力量。欧洲左翼党相对于社会党国际力量比较弱小，他们对资本主义全球化和由经济主导一切的欧洲一体化模式持批评态度。当今的欧洲有统一的货币和统一的市场，但是欧洲左翼党认为欧洲还应该有统一的工资标准、社会保障和权利标准，只有这样，一体化的欧洲才能真正帮助改善工人的生活条件和经济困境。④

国内关于全面反映西欧社会民主党的理论与政策的著作，首推2010年出版的《从民主社会主义到社会民主主义：当代欧洲社会民主党的理论与实践》一书。该书阐述了西欧左翼中的社会民主党力量从民主社会主义向社会民主主义的转变。社会民主党在西欧各国一直有着

① 向国华：《21世纪初法国社会党对社会主义理论的探索》，《社会主义研究》2010年第1期。

② 李华锋：《英国工党性质的三维解读》，《理论导刊》2010年第7期。

③ 刘聚：《左翼溃败右翼独大——2010年匈牙利议会大选初析》，《当代世界》2010年第6期。

④ 本刊记者：《专访意大利重建共产党全国书记费雷罗》，《当代世界》2010年第1期。

广泛的影响。社会党国际目前仍是世界上最大的政党集团，社会民主党在西欧许多国家仍然处于执政地位，虽然在指导思想、组织原则、革命道路以及奋斗目标等许多方面与共产党有着重大区别，但历史上，在资本与劳动的冲突中，社会民主党始终代表劳方的利益。但是，苏东剧变以后，西欧各国社会民主党纷纷进行战略调整，甚至公开主张以“社会民主主义”代替先前使用的“民主社会主义”作为旗帜。该书较为系统地分析了西欧社会民主党这一发展、演变的历史轨迹，并力图揭示这一变化的深层原因①。

关于欧洲社会民主主义的转型问题，《欧洲社会民主主义的转型与德国、瑞典学者对话实录》一书，进行了深入的阐释和集中反映。该书是作者 2007 年 9 月 15—30 日在德国、瑞典进行学术访问期间，同这两个国家的学者进行座谈的对话实录。访谈对象包括德国艾伯特基金会总部、德国社会民主党总部、特里尔大学、柏林自由大学。瑞典社会民主党总部、瑞典国会、斯德哥尔摩大学、乌普萨拉大学、瑞典工会联合会总部、瑞典社会民主青年团总部等机构。《欧洲社会民主主义的转型与德国、瑞典学者对话实录》深刻讨论了 21 世纪初社会民主党及社会民主主义面临的形势、挑战以及策略的调整变化，展示了社会民主主义演变的历程和趋势，深入揭示了社会民主主义的特征和实质。该书内容丰富，材料新颖。对于相关研究人员及读者全面了解当代欧洲社会民主主义，通过比较分析进而坚定走中国特色社会主义道路，具有重要的参考价值②。

三　简要评论

整体上说，2010 年国外马克思主义研究取得了新的成绩，不管是研究广度还是研究深度上都有新的进展，为了进一步把握国外马克思主义研究的着力点和生长点，推进国外马克思主义研究和学科建设，需要在翻译和资料整理的基础上从不同学科的视角，进一步结合实践，深化问题的研究。

（一）国外马克思主义研究中存在的问题

第一，国外共产党研究的覆盖面、文章数量、研究水平与国内庞大的马克思主义研究队伍不相称。全世界 190 多个国家，共有 120 多个共产党组织。这些国家的共产党或者执政，或者在野。有的数量很多，影响巨大，有的则组织规模很小，影响力微小。这些国家中，有诞生几十年的老牌共产党，也有新兴起的共产党力量。但是真正纳入国内学界研究视野的仅仅有十几个国家，一年发表的文章不过 40 多篇。有大量国家的共产党尚未纳入研究视野，对他们的状况我们不熟悉、不了解。显然，这与国内庞大的和素有传统的马克思主义研究队伍是不相称的。为了进一步完善国外社会主义科学研究体系，更好更全面地掌握全球共产党动态，应该扩大研究的覆盖面，及时对全球范围内的共产党进行动态追踪以及理论评述。

第二，对国外共产党现象追踪，需要进一步进行深度解析。在 2010 年国外共产党研究的 40 多篇文章中，现象追踪的占百分之九十。显然，未来的国外共产党研究任重道远，需要进

① 刘玉安、蒋瑞等：《从民主社会主义到社会民主主义：当代欧洲社会民主党的理论与实践》，人民出版社 2010 年版。

② 何秉孟、姜辉、张顺洪：《欧洲社会民主主义的转型与德国、瑞典学者对话实录》，社会科学文献出版社 2010 年版。

一步开阔视野，加强理论深度，把国外共产党理论的研究工作落在实处。

第三，对西方马克思主义研究的定位和概念内涵的讨论既是一个老问题，又是一个新话题，随着时代状况和马克思主义在后现代社会的发展，这个问题仍会继续讨论下去，以免概念使用上的混乱。

第四，把握国外左翼思想研究的定位与国外左翼运动的真实状况，在平和中推进世界共产主义运动向前发展。在回顾2010年的国外左翼思想中，我们看到国外左翼中既有对马克思主义的辩护，也有拉美左翼运动的风起云涌，热火朝天；既有全球工人运动的向前发展，也有欧洲社会党的失落。马克思主义重新成了人们热议的话题，但在全世界范围内还没有形成主流。社会主义在世界范围内还没有形成洪流，世界主流意识形态还是资本主义的，这样一种局面需要我们正确认识国外左翼思想研究的成果。

（二）深化国外马克思主义研究的建议

第一，加强对国外重点国家和地区共产党研究的力度。沿袭了前几年的情况，日共和美共是今年研究的重点，这缘于一些成熟的研究人员对以上两国进行着持续稳定的追踪。今年的研究亮点是对发展中国家尼泊尔、南非和巴西的关注。然而，对法共、俄共、葡共、德共、意大利共等拥有漫长历史，在国际共运中曾发挥了重要历史作用，在本国政治中举足轻重的共产党重视却不够。特别是，经过一场自1930年代以来最大的经济危机后，欧洲社会主义运动出现新动向。此外，20世纪当世界向右转的时候，拉丁美洲向左转，拉丁美洲的社会主义运动取得了很大成就。因此，对拉丁美洲共产党研究有待加强。此外，东亚、南亚、非洲以及东欧、西欧等重点地区综合性研究也有待进一步增强。

第二，应加强对东欧新马克思主义、日本马克思主义、后马克思主义的译介工作，推进研究的进一步深入。

第三，国外马克思主义研究的国别研究须结合所研究国家的社会主义运动、工人运动、激进运动以及左翼政党的活动来综合进行，从而能够赋予国别研究以历史感、时代感和现实意义。

第四，需要我们开展对外交流与合作，坚持走出去、请进来，建立面向全球的学术联系，是获得国外左翼思想研究领域里第一手资料的有效途径和方法。可以更好地拓展视野，开阔研究领域，形成对国外马克思主义的更为宽阔和准确的了解和认识。很多的思想来源停留在对外国文献的翻译层面上，这样的做法，很容易使我们的工作走偏。避免这种现象需要我们多进行学术交流，直接与国外左翼组织和人士建立广泛的联系。

第五章　国际共产主义运动

一　研究概况

2010年，国际共产主义运动学科的研究重点依然是金融危机背景下各国共产党、左翼政党和工人运动的发展状况以及资本主义的发展变化和历史趋势、社会主义的现状和发展前景。一年来，围绕国际金融危机的实质、影响以及当代资本主义和世界社会主义的历史、现实和未来等问题，国内外学界进行了深入研究和认真思考，推出了一系列重要著述，提出了许多有价值的思想观点，使国际共产主义运动无论是在学科建设还是在理论研究方面，都取得了比较大的进展。

（一）国际金融危机的深化激发了世界范围内对社会主义的研究热情，拓展了国际共产主义运动的研究领域

由美国次贷危机引发的国际金融危机，给资本主义国家乃至整个世界带来了巨大影响。特别是2010年爆发的欧洲债务危机，不仅使欧洲的经济复苏深受债务危机的影响，也拖累了整个资本主义经济体系走出危机的步伐。如何看待这场经济危机及其给世界社会主义运动带来的机遇和挑战，是人们关注的重大理论和现实问题。2010年，国内外思想理论界围绕国际金融危机的影响及其发展趋势，召开了多次研讨会，对一系列相关问题进行了深入研究和探讨。

在国外，2010年5月14—16日，由比利时工人党主办的第十九次国际共产主义者研讨会在比利时首都布鲁塞尔召开，会议主题是“经济危机的后果与共产党的干预”。来自37个国家的41个共产党和工人党参加会议，与会者从经济、政治和军事等层面深入分析了不断深化的资本主义制度危机所引发的严重后果，并系统而深入地讨论了金融危机背景下各国共产党的使命及其战略策略等问题，最终通过了文件《总绪论：在资本主义系统危机日益深化条件下的共产党》。2010年12月3—5日，第十二次共产党和工人党国际会议在南非的茨瓦内召开，会议主题是“不断加深的资本主义经济危机以及共产党的任务——保卫国家主权，深化社会同盟，加强争取和平、进步和社会主义的反帝阵线”，来自43个国家、51个共产党和工人党的代表参加，会议深入探讨了国际金融危机发展的态势和特点，以及危机背景下加强共产党在反帝阵线中的作用等问题，最后发表了综合表述各国共产党和工人党代表意见的《茨瓦内宣言》：要求各国共产党将争取和平、进步、生态环境可持续发展的斗争整合到为实现社会主义的斗争中来，并要求各国共产党和工人党高度重视思想领域的斗争，用科学社会主义

思想战胜各种形式的资产阶级思想。

在国内，围绕着国际金融危机的后果及其影响，学界也召开了几次大型研讨会。2010年3月29日，中国社会科学院世界社会主义研究中心、社会科学文献出版社在北京联合举办了“《2009—2010世界社会主义黄皮书》发布暨国际金融危机对西方思想理论的冲击及资本主义走向研讨会”。会议紧紧围绕国际金融危机与资本主义走向、国际金融危机与马克思主义和世界社会主义前景、国际金融危机与新自由主义社会民主主义、国际金融危机与世界大变革大调整、国际金融危机与我们的应对等主题进行深入研讨。2010年5月28—31日，世界政治经济学学会第5届论坛《资本主义危机：出路——21世纪社会主义》国际研讨会在苏州举行，与会人员深入研讨了当前金融危机对资本主义和社会主义经济的影响。2010年8月7—8日，由中国科学社会主义学会当代世界社会主义专业委员会主办，华东师范大学和上海社会科学院联合承办的“后金融危机时代的世界社会主义学术研讨会”在华东师范大学和上海社科院举行。会议围绕“后国际金融危机时代世界社会主义的新形势新特点”、“全球化与社会主义：观念与政策”、“第三条道路的理论与实践”、“经济危机背景下的欧洲左翼政治”、“后国际金融危机时代的社会秩序构建”以及“后危机时代的中国特色社会主义”、“中国特色社会主义与中国模式”等一系列问题展开了热烈的讨论。2010年9月16—17日，由中央编译局政党研究中心和德国罗莎·卢森堡基金会共同主办的“国际比较视阈下的社会主义探索国际学术研讨会”在中央编译局举行。与会学者围绕21世纪社会主义面临的问题与前景、拉美社会主义的理论与实践、欧美左翼对社会主义的理解与探索、中国特色社会主义的理论与实践、中国模式与中国道路、其他社会主义国家的理论与实践等问题进行了广泛的交流。2010年10月25—30日，中国国际共运史学会2010年年会暨学术研讨会在浙江杭州召开，会议主题是“变化中的资本主义与社会主义”。与会者就马克思主义危机理论与当代资本主义危机，资本主义新变化及其新社会因素，全球化条件下的两制关系，社会主义道路、模式的新探索，社会主义国家改革的经验教训，社会主义国家执政党建设的理论和实践等问题进行了深入探讨。

上述一系列围绕金融危机召开的研讨会，拓展了人们对国际共产主义运动的研究领域，为社会主义理论创新提供了机会。

(二)一系列纪念性活动和学术会议助推了人们对国际共产主义运动重要历史人物的关注

2010年是科学社会主义创始人恩格斯诞辰190周年，也是第一个社会主义国家的缔造者列宁诞辰140周年。围绕这两个在国际共产主义运动史上具有重要作用的历史人物，国内外举行了相关的纪念活动和会议。

为纪念恩格斯诞辰190周年，2010年11月13—15日，中国马克思恩格斯研究会、广西师范大学、《马克思主义与现实》杂志社在广西桂林联合主办了“推进马克思主义中国化、时代化、大众化——纪念恩格斯诞辰190周年学术研讨会”。与会者探讨了恩格斯对创立和发展马克思主义所作的突出贡献，认为恩格斯科学分析国际共产主义运动面临的形势，密切关注世界各国工人运动的发展，广泛了解各国的历史和现状，深入思考马克思主义民族化的理论和实际问题，积极引导各国社会主义者结合本国国情和工人运动具体实际来理解和运用马克思主义，极大地推动了马克思主义在广大人民群众中的传播和国际共产主义运动的发展。

2010 年 11 月 27 日，越南胡志明国家政治行政学院也举办了主题为“恩格斯：共产主义和国际工人运动中光明磊落的革命理论家和伟大革命战士”的学术研讨会。越共中央政治局委员、书记处常务书记张晋创出席会议并发表了题为《恩格斯：全世界工人阶级和共产党人的伟大领袖、思想家》的讲话，对恩格斯革命的一生作了高度的评价。

为纪念列宁诞辰 140 周年，2010 年 4 月 22—24 日，由俄罗斯国家历史博物馆——哥尔克列宁历史文物保护区、莫斯科金融法律学院、莫斯科大学哲学系、德国罗莎·卢森堡基金会和《选择》基金会 5 家单位共同承办的“纪念列宁诞辰 140 周年国际学术研讨会”在莫斯科召开。会议主要围绕“列宁的理论遗产”、“列宁与现代政治进程”等主题展开研讨。来自美国、德国、匈牙利以及俄罗斯国内的专家学者、社会活动家共 70 余人参加会议。2010 年 4 月 19—25 日，乌克兰在基辅的乌克兰大厦（原列宁博物馆）举行了列宁展览，这是乌克兰独立以来首次举办的列宁展览，也是列宁博物馆展品撤展 20 年来的第一次“亮相”，参观者很多，各个年龄段的人都有。2010 年 4 月 22 日，即列宁诞辰日当天，由北京大学党委宣传部、邓小平理论研究中心、马克思主义学院、哲学系、中国马克思主义哲学史学会、列宁思想研究会承办的“纪念列宁诞辰 140 周年座谈会”在北京大学召开，会议充分肯定了列宁在马克思主义发展史和国际共产主义运动史上的地位，强调了列宁思想研究的重要性和必要性。

上述纪念活动和学术会议的开展，助推了理论界对国际共产主义运动重要历史人物的关注，尤其是对马克思主义经典作家及其思想的研究不断深入。相关学术成果在该年显得特别突出和厚重。

（三）围绕国际共产主义运动史、金融危机与当代世界社会主义和资本主义等研究领域，推出了一系列重要学术成果

2010 年，本学科涵盖的三大研究领域，即国际共产主义运动发展历史中的重大事件和重要人物的研究、当代世界社会主义运动的发展现状和发展前景研究、金融危机背景下当代资本主义的发展变化与发展趋势的研究，均取得了比较丰硕的研究成果。

在国际共产主义运动史方面，本年度围绕恩格斯、列宁、斯大林思想及其现实意义，围绕苏联解体的原因及其教训等热点问题进行研究，出版了许多重要著述。有代表性的专著包括：程玉海、林建华著，《世界社会主义共产主义运动新论》（上下册），人民出版社 2010 年版；[英] 拉斐尔·塞缪尔（Raphael Samuel）著，《英国共产主义的失落》，陈志刚等译，社会科学文献出版社 2010 年版；[法] 弗朗索瓦·巴富瓦尔（Francois Bafoil）著，《从“休克”到重建——东欧的社会转型与全球化—欧洲化》，陆象淦、王淑英译，社会科学文献出版社 2010 年版；陆南泉等著，《苏联真相——对 101 个重要问题的思考》（上中下三册），新华出版社 2010 年版。

在世界社会主义的前沿动态和发展趋势研究方面，围绕世界社会主义运动的现状和趋势、现有国外社会主义国家的理论与实践等问题，学界也展开了深入研究并出版了一系列著述。有代表性的专著包括：李慎明主编，《世界社会主义跟踪研究报告（2009—2010）》，社会科学文献出版社 2010 年版；何秉孟、姜辉、张顺洪编著，《欧洲社会民主主义的转型》，社会科学文献出版社 2010 年版；李慎明主编，《金融危机与世界社会主义发展前景——国际研讨会论文集》，西南师范大学出版社 2010 年版。

在当代资本主义的新变化及其发展趋势、社会党和其他左翼力量的现状和发展前景等方面，特别是围绕国际金融危机爆发的原因、危机的实质及其对世界社会主义运动造成的影响等问题，学界进行了比较深入的研究并取得了相当丰硕的成果。有代表性的专著包括：李慎明主编，《国际金融危机与当代资本主义——低潮中的世界社会主义思潮与理论》，社会科学文献出版社2010年版；何秉孟主编，《国际金融垄断资本与经济危机跟踪研究》，社会科学文献出版社2010年版；[美] 薇安·A. 施密特 (Vivien A. Schmidt) 著，《欧洲资本主义的未来》，张敏、薛彦平译，社会科学文献出版社2010年版；[美] 理查德·罗宾斯 (Richard Robbins) 著，《资本主义文化与全球问题》，姚伟译，中国人民大学出版社2010年版；[日] 中谷岩著，《资本主义为什么会自我崩溃?》，郑萍译，社会科学文献出版社2010年版；[美] 罗伯特·巴伯拉 (Robert J. Barbera) 著，《资本主义的代价》，朱悦心译，中国人民大学出版社2010年版。

除了上述三大领域，2010年国际共产主义运动学科还围绕中国特色社会主义发展道路的世界意义、各种社会主义运动和思潮及其与中国特色社会主义的关系等重大理论和现实问题进行了深入探讨。从中可以看出，随着全球金融危机的演化，越来越多的人开始从社会主义中寻找解决此次金融危机的出路，从而为进一步研究国际共产主义以及社会主义创造了良好的条件。

二　重大问题研究进展

2010年，国际共产主义运动学科着重围绕下列六个重大问题，进行了深入研究和广泛探讨，并取得了比较大的研究进展。

（一）关于苏联解体原因问题的研究

对斯大林模式的评价以及对苏联解体原因的分析，不单纯是历史学术问题，它对中国现实政治的选择和走向具有重大的象征意义。2010年，国内学术界对斯大林模式以及苏联解体的研究，继续保持高度关注并依然存在激烈争论，争论的焦点是围绕苏联解体的原因展开的，归纳如下：

1. 斯大林、斯大林模式与苏联解体的关系

目前学界将苏联解体归结为斯大林和斯大林体制或斯大林模式的仍不在少数。譬如，有学者认为“在斯大林思想指导下形成的斯大林模式（或苏联模式）为苏共覆灭、苏联解体以及国际共运陷入低谷埋下了病根”①。《苏联真相——对101个重要问题的思考》一书也持这种观点，该书作者明确提出：“苏联剧变的根本性原因是斯大林模式的社会主义制度以及体现这一模式的体制问题，就是说斯大林模式的社会主义制度由于弊病太多，已走不下去了，已走入死胡同，失去了动力机制。”并进一步认为，“斯大林模式的社会主义，在政治与经济体制方面的弊端，带有制度性与根本性的特点。而苏联长期没有进行根本性的改革，而只是进行一些修补，这使苏联的社会主义失去了动力机制，最后走进死胡同”。有学者指出，在斯大林领导下，苏联在社会主义工业化、农业集体化以及国民经济计划化的过程中逐步形成了一

① 张万杰：《斯大林思想与世界社会主义运动》，《中共天津市委党校学报》2010年第3期。

种过度集权的政治经济和文化体制，即为斯大林模式（或称苏联模式）。这一建设模式具有很强的保守性，在政治、经济、文化等诸方面权力过度集中，政策严重缺乏灵活性及自主性，在革命与战争年代曾有其合理性优势，但在和平建设年代这些弊端日益暴露，并且越来越僵化，与马克思主义学说的基本精神渐行渐远。“这一僵化体制最终积重难返，成为导致其亡党亡国亡制的深层次原因”①。有学者认为，苏联剧变的根本原因是斯大林模式的社会主义制度及体现这一模式的体制问题，认为斯大林模式不能顺应人类社会发展的潮流，这种封闭式、靠行政命令建立和运转的体制模式，拉大了这些国家与世界发达国家的距离，导致了落后。苏联的实践表明，如果想按照少数人的意志，滥用国家机器的力量去搞社会主义，这种社会主义的根基就不可能牢靠。斯大林之后，赫鲁晓夫、勃列日涅夫对斯大林体制有所改革和改良，经济有新的发展，民主也有些许扩大，但没有打破斯大林模式的基本框架，这正是苏共丧权、苏联社会主义制度瓦解、苏联国家解体的根本原因。也有的学者强调苏联经济没搞好是苏联解体的根本原因，认为苏联国民经济的崩溃直接导致人民生活水平下降，从而瓦解了苏联人民意识形态，最终使得苏联社会主义大厦轰然倒塌②。

当然，也有不少学者对斯大林和斯大林模式持相反看法，认为斯大林时期苏联取得的社会经济进步和成就与斯大林模式有密不可分的关系，虽然斯大林模式存在一些弊端，但它的优越性是无可否认的。后来的苏联领导者放大了体制的弊端，抛弃了这一体制的核心要素，从而导致了苏联的解体。譬如，有学者就通过历史地考察苏联经济发展史后提出：斯大林时期的经济发展取得了巨大成绩，但存在很多问题。认为简单地说“没有搞好”，并不符合实际。1913 年苏联疆域内的工业总产值只占美国的 6.9%，到 1985 年已达到美国的 80% ，从一个极其落后的国家一跃而成为世界上两个超级大国之一，而且苏联是在其国土历经两次世界大战蹂躏的恶劣环境下取得这一成就的③。

2. 戈尔巴乔夫与苏联解体的关系

学术界亦有不少人把苏联解体归因于戈尔巴乔夫，认为是戈尔巴乔夫推行的人道的、民主的社会主义导致了苏联社会主义的解体。譬如，有学者强调指出，戈尔巴乔夫放弃马克思主义信仰，主张走社会民主主义道路，导致苏联国内的思想混乱并最终导致苏共垮台和苏联解体④。有学者认为，“非斯大林化”拆毁了苏共执政的思想基础，“人道主义”搞乱了苏联党和人民的思想，“新思维”导致了苏共政治控制的衰变，“选拔干部不讲政治”加速了苏联的解体⑤。还有些学者提出：戈尔巴乔夫等苏共领导人对斯大林以及苏共其他领导人的批判，严重破坏了苏联领袖的形象，搞乱了思想意识，带来信仰危机。揭露历史“空白点”引发了各种社会矛盾，是苏共垮台、苏联解体的重要思想因素⑥。

① 黄宗良：《实践是最权威的评价——从斯大林模式到中国模式是世界社会主义发展史上的大飞跃》，《探索与争鸣》2010 年第 7 期。

② 刘剑飞：《苏联国民经济崩溃成因探析》，《哈尔滨学院学报》2010 年第 1 期。

③ 辛程：《怎样评价斯大林以及斯大林模式》，《中华魂》2010 年第 4 期。

④ 吴恩远：《苏联解体原因综述》，《史学史研究》2010 年第 3 期。

⑤ 刘友田：《苏联解体的意识形态原因及启示》，《高校理论战线》2010 年第 5 期。

⑥ 李燕、刘新民：《戈尔巴乔夫改革时期苏联对斯大林的批判及其后果》，《理论界》2010 年第 10 期。

对上述观点持反对意见的也不少，譬如，在《苏联真相——对101个重要问题的思考》一书中，作者就明确反对把苏联剧变的根本原因归罪于戈尔巴乔夫，该书指出："戈尔巴乔夫首先是改革者，其次是改革的失败者，改革的失败加速了苏联剧变的进程。如果把苏联剧变的根本原因归结为戈尔巴乔夫的改革，必然会忽略历史上长期积累下来的问题，忽略引起质变的诱因，忽略量变背后更为重要的起决定性作用的东西，导致笼统地否定改革的必要性。"

综上所述，当前学术界普遍认为，苏联剧变是综合因素促成的，但由于学者在立场、方法、视角和价值判断的标准等方面存在差异，所以各自都有强调的重点，尤其是在根本原因的分析上，也因此形成了对这一重大问题的激烈争论。看来对这一问题的探讨还不可能在短时期内形成共识并出现一个统一的结论。可以预知的是随着时间的推移和现实的变化对这一问题的争论还将会继续下去。

（二）关于现有社会主义国家的理论与实践研究

2010年，越南、古巴、老挝和朝鲜等社会主义国家继续深入探讨马克思主义的基本原理，并把它与本国实践相结合，寻求适合本国的发展道路。2009年，在资本主义国家普遍受到经济危机负面影响，国内生产总值增长率为零，甚至为负的情况下，社会主义国家的表现在一定程度上证明了社会主义高效调配资源、合力解决重大问题的制度优越性。这引起了学界的广泛关注。

1. 学界对越南问题的研究

2010年，越南官方及理论界围绕越南的社会主义道路、执政党的建设、胡志明思想等重大问题发表了大量作品。越共中央政治局委员、宣教部部长苏辉若从五个方面概括了胡志明对越南民族独立和社会主义的贡献：一是对马克思列宁主义认识的创新；二是揭露了资本主义、帝国主义和殖民主义的本质，同时阐明了殖民地国家的民族解放运动必须与宗主国的无产阶级革命紧密配合的思想；三是站在工人阶级的立场上，成功地解决了民族与阶级、民族解放与阶级解放的关系问题；四是在正确的理论和革命方法的指导下，把越南民族引入世界先进民族的行列，建设符合本国国情的社会主义；五是胡志明的民族独立与社会主义相结合的思想符合辩证关系，深刻体现了实践、发展和革新的思想①。为配合《社会主义过渡时期国家建设纲领》的修订，越南国会主席阮富仲发表了数篇文章，分别对纲领的重要性、修改纲领的主要方向作了详细说明。并总结了1991年纲领发表至今，越共对社会主义建设的六点经验，即（1）社会主义过渡时期的建设是一项长期而艰辛、复杂的事业；（2）形成了建设社会主义定向的市场经济的观点；（3）提出文化是社会精神之基础的观点；（4）明确要维持和平、独立自主的环境，积极而主动地融入国际；（5）提出发挥民主，建设社会主义法权国家，增强全民族大团结的力量；（6）提出越南共产党是工人阶级的先锋队，同时是劳动人民和全民族的先锋队等。尤其强调：社会主义过渡时期的建设是一项长期而艰辛、复杂的事业②。

我国有学者介绍了越共政治革新的最新进展③，认为越共十一大将着力破除发展道路上的理论束缚，建立适应新形势需要的思想理论体系，并且在政治系统革新方面寻求较大突破。

① ［越］苏辉若：《胡志明主席对民族独立和社会主义的杰出贡献》，《共产杂志》2010年9期。

② ［越］阮富仲：《自1991年纲领以来我党认识的发展》，《共产杂志》2010年9期。

③ 潘金娥：《越南革新的最新动态》，《思想理论教育导刊》2010年第4期。

今后，越共的权力会受到越来越多的监督和制约，越共的执政能力和执政地位将面临着更加严峻的挑战[①]。还有一些学者对越南建设公民社会[②]、越南共产党加强党的自身建设、提高党的战斗力的举措进行了介绍[③]。

2. 学界对古巴社会主义的研究

2010 年，古巴主要围绕“变革”问题进行了探讨。古巴驻华大使卡洛斯·米格尔·佩雷拉指出，“古巴社会主义在向前走，绝对不会变”。古巴社会主义必须在“延续”的基础上寻求“变革”。调整收入分配、改革双重货币体制和探索适合古巴国情的社会主义模式是当前古巴亟待解决的问题。古巴在学习和借鉴中国经验时，必须清醒地认识到即使是别国最成功的经验，如果脱离本国实际，也会无所适从。[④] 古巴著名学者拉斐尔·埃尔南德斯教授（Rafael Hernández）在中国社会科学院拉丁美洲研究所作的“古巴改革：当前的变革”报告中指出，古巴当前面临的主要问题有日益增加的社会不平等和贫困、权力过度集中、严重的社会与人口失衡、机构管理效率低下、基本的消费需求得不到保障、腐败、自然灾害（主要是飓风）与流行病、美国对古巴的干涉等，而古巴战略调整的重心包括革新社会主义经济模式、深化社会主义民主政治模式、建立支持新宪政秩序的共识[⑤]。

有学者指出，古巴的“改革”是困难时期被迫作出的调整或开放，是暂时的“让步”，具有一定的应急性、阶段性特征，因此，困难一旦缓和，政策就会出现反复。尽管古巴民众和古巴最高领导层无不肯定改革的必要性，但古巴各界在改革的分寸和细节等问题上仍然缺乏应有的共识[⑥]。

3. 学界对老挝人民革命党的研究

2010 年，老挝的理论界主要围绕即将于 2011 年召开的人民革命党“九大”，针对统一思想、党建问题和民族团结问题进行了探讨。老挝人革党总书记朱马利·赛雅颂提出：“党内的团结和党与各族各界群众的团结是革命取得成功、革新取得成就的硬道理”和“党建是政治要务，以思想政治高度统一即坚持马列主义为党的指导思想，同时以民主集中制的组织形式作为保证思想政治统一的前提”[⑦] 等观点。学者万赛分析了老挝人革党的组织机构，指出老挝目前中央、地方和基层金字塔式的组织机构在特定的时期有利于国家的发展，但随着革新开放的深入，这种组织形式却出现了由机构臃肿、党政职能区分不明派生的诸多不适因素[⑧]。

还有学者还分析了影响老挝社会主义建设的因素，提出老挝建设社会主义的有利条件和机遇都是外部因素占优，包括外资外援丰富、商品无出口配额限制以及各种区域合作机制的带动；而困难和挑战则更多的来自于内部的因素[⑨]。

---

① 潘金娥：《越南共产党的政治革新》，《中共中央党校学报》2010 年第 3 期。

② 马洪波、彭强：《“公民社会”构想与越南政治革新的新进展》，《社会主义研究》2010 年第 2 期。

③ 罗凌莎、贺安民：《革新开放以来越南共产党加强自身建设举措探析》，《传承》2010 年第 6 期。

④ 贺钦：《社会主义在向前走，绝对不会变——访古巴驻华大使佩雷拉》，《中国社会科学报》2010 年 6 月 3 日。

⑤ 齐峰田：《古巴学者谈古巴当前的改革》，http：//ilas. cass. cn/cn/xwzx/content. asp? infoid，2010 年 10 月 18 日。

⑥ 袁东振：《古巴改革何处去》，《人民论坛》2010 年第 31 期。

⑦ 参见老挝《宣传杂志》，2010 年 3—4 月刊。

⑧ ［老挝］万赛：《老挝人民革命党组织机构存在的问题及其完善》，《传承》2010 年第 8 期。

⑨ 马树洪：《老挝建设社会主义的机遇、挑战及前景》，《东南亚南亚研究》2010 年第 3 期。

4. 学界对朝鲜问题的研究

2010年，朝鲜一方面从思想理论上更加强化主体思想；另一方面完成了党的领导班子的交接。朝鲜劳动党致力于突破马克思主义，建立本国的社会主义理论体系，认为“马列主义无法为现实的革命提供现成的答案”，不能教条式地服从马列主义；同时，朝鲜也强烈批判与马列主义竞争的伪社会主义派别。2010年，朝鲜修改其劳动党党章，其中最值得注意的内容是，劳动党的定义由“伟大领袖金日成同志创建的主体型的马克思列宁主义革命政党”，修改为“伟大领袖金日成同志的政党”；党的最终目标由“实现全社会的主体思想化和建设共产主义社会”，修改为“实现全社会的主体思想化和人民大众的绝对自主”，删除了“共产主义”字眼。朝鲜学者的研究成果还关注如下几方面的内容：对主体思想和先军政治的阐释、关于社会主义建设和党的建设、对源自美国的经济危机的分析、对美帝和韩国政治体制的批判等。

2010年9月28日，朝鲜劳动党选举产生了中央书记局，金正日当选为书记局总书记。尽管有人认为，这可能将是朝鲜变革的新起点，但也有学者认为：朝鲜实施大幅变革的可能性不大。紫龙认为，朝鲜采取的种种措施表明，朝鲜经济开放之门正在试探之中微微开启，让人们隐隐感到朝鲜经济对外开放的气息[①]。有学者根据朝鲜以前的政治表态和年初以来采取的各种举措的动因进行深入分析，认为朝鲜的国家战略和发展道路并没有改变，也无意改变，关于朝鲜改革开放的说法是不准确的[②]。有学者指出：朝鲜在意识形态上以先军政治思想为指导稳定渡过危机时期；国家安保上由打核牌向拥核战略转变，以此保障国家生存安全；外交上以全方位外交为基础寻求对美外交的突破，以改善外部环境；经济上对内加强自力更生的社会主义计划经济控制，对外继续扩大经济合作，寻求经济发展[③]。

(三) 关于国外共产党的生存现状及其对社会主义道路新探索的研究

国外共产党对社会主义的新探索，一直是本学科研究的一个重要领域。2010年共运界对这一问题的研究和关注，主要集中在国外共产党在新的国际国内背景、尤其是在国际金融危机背景下，对资本主义所作的批判，对自身斗争方式、斗争策略和斗争目标所作的思考和调整等方面。

1. 国外共产党发展的总体情况

对于国外共产党发展的总体情况，学界着重从其分布组织状况以及发展趋势等方面进行了比较全面的研究。譬如，中央组织部党建研究所联合其他单位发布的研究报告指出：当前国外共产党从地区分布看，亚洲29个、非洲8个、欧洲55个、大洋洲3个、美洲32个。其中，执政和参政的共产党约25个[④]。对于国外共产党的划分，多数学者都主张把现有的一百多个共产党分为社会主义国家执政党、发展中国家共产党、转型国家共产党和发达国家共产党四种类型。其中，社会主义国家执政党“力量在革新开放中得到加强”。发展中国家共产党力量比较分散，大多缺乏走上政治前台的实力、途径和方法。原苏东剧变后的“转型国家”内部派别众多，情况复杂。发达国家的共产党逐渐被边缘化。对于国外共产党的发展趋势，学

---

① 紫龙：《朝鲜经济开放之门微启》，《产权导刊》2010年第5期。

② 张琏瑰：《朝鲜会“改革开放”吗?》，《理论视野》2010年第5期。

③ 张慧智：《朝鲜国家战略调整探析》，《现代国际关系》2010年第2期。

④ 常天乐等：《国外共产党的生存现状》，《领导文萃》2010年第10期。

界普遍用"曲折中奋进"来概括，譬如，有学者认为，国外共产党从2008年经济危机至今，正在经历一个深化对资本主义的认识和调整丰富社会主义理论与策略的过程。并将其奋进的表现概括为三方面：一是社会主义国家的共产党在改革开放中开拓前进；二是资本主义国家共产党在调整和变革中探索前行；三是各国共产党之间新的国际联系正在重新建立和发展[①]。

2. 清醒认识当前国际国内形势的变化，及时调整党的政策和任务

对于目前很多国家出现的右翼势力不断抬头甚至取得政权的现象，特别是对于金融—经济危机背景下全球环境问题、社会矛盾、收入两极化等问题更加凸显的状况，国外共产党给予了密切关注并作出了政策调整。对国外共产党的这一发展状况，学界进行了跟踪报道和研究。思想理论界一致认为，国外共产党对此背景下的国际国内形势皆有着清醒的认识和判断并及时作出了政策调整，并分别对美共、日共、芬兰共产党、尼联共（毛）、希腊共产党等国家的情况进行了译介和评价。

2010年5月召开的美共第29次代表大会积极探讨了美共面临的新形势并就如何走出危机提出了建议。受到两场战争和经济危机的影响，美国在军事、政治、经济上都有所削弱。美共主席韦伯指出，右翼和金融资本——经济崩溃和膨胀的财政赤字的始作俑者——正在重组并尽最大努力恢复他们的权力。鉴于此，韦伯提出要在国家和公司层面形成新的政治经济治理模式，这个治理模式有益于劳动群众、被压迫的种族和民族、妇女、年轻人、老人、小企业主以及其他社会群体[②]。

日共认为，从国际形势来看，新兴国家正在国际事务中发挥日益重要的作用。从国内来看，日本社会的两大"畸形状况"——日本对美国唯命是从与大财阀的专制统治——并未改观。鉴于此，日共提出了在政治转型期间的三项主要任务：将日本政治引向更加进步的方向；纠正日本的"畸形状况"；防止反动政策死灰复燃。[③]

芬兰共产党着重于从芬兰自身、欧洲和世界三个层面关注国际国内形势。指出，环境、人类社会经济、科学技术和文化的发展，在某种程度上给大多数人提供了获得福利、获取知识和取得进步的可能性，但同时，贫穷、失业、疾病、气候变化等环境问题以及军备竞赛等战争隐患都严重影响着人类的生存[④]。

2009年11月—2010年1月，尼联共（毛）召开的中央委员会会议通过了题为《目前的形势和无产阶级的历史任务》的决议，指出目前尼泊尔政治形势的主要特征是，国家正在从敏感的过渡阶段走向成熟的革命危机阶段。

希腊共产党中央政治局委员吉厄戈斯·马瑞诺斯也指出，世界格局发生了重要的变化，美国和日本在世界生产总值中所占份额有所减少，欧盟地位凸显，中国、俄罗斯、印度和巴西的实力增强。正是在这样的历史时刻，资本主义危机的爆发加剧了帝国主义的内部矛盾。在这种背景下，共产党人必须坚决驳斥关于对资本主义制度进行管制的幻想，必须直面在组织和发展阶级斗争中所遇到的困难。应该说服、团结和动员工人阶级及群众力量，进行反垄

---

① 聂运麟：《低潮中的奋进——1990—2010年的世界社会主义运动》，《马克思主义研究》2010年第8期。

② SamWebb，Awayoutofthedeepeningcrisis. http：//www. cpusa. org.

③ 陈硕颖：《日本共产党第25次全国代表大会述评》，《当代世界与社会主义》2010年第6期。

④ 禚明亮译：《芬兰共产党纲领》，《当代世界与社会主义》2010年第4期。

断、反帝的斗争①。

3. 继续聚焦国际金融危机的影响，深化对资本主义的批判

国际金融危机的性质、根源、影响以及国外共产党对此作出的积极反应是学界持续跟踪和报道的重点，2010 年南欧债务危机的加深和国外共产党及时提出的对策主张与采取的措施，更是受到学界的关注。学者们一致认为，国外共产党能够直面危机造成的新形势，并借此展开了对资本主义更为深入的批判。

2010 年召开的共产党和工人党国际会议继续聚焦金融危机的后续影响，围绕会议主题“不断加深的资本主义经济危机以及共产党的任务”展开了热烈的讨论，会议发表了《茨瓦内宣言》。宣言认为，至今“资本主义还没有找到危机的解决之道”，它们采取的是进一步深化危机的办法，从而使自己“陷入了进退维谷的境地”。资产阶级政府的反人民政策加剧了社会财富的两极分化，造成“危机社会化，财富私有化”，工人阶级和劳动群众的生存环境日益恶化的局面②。

南欧四国共产党针对债务危机下政府采取的反危机的紧缩政策组织了一系列抗议活动，并就债务问题的成因展开了尖锐的批判，尤以葡共和希共的观点有代表性。葡共总书记德索萨指出，目前葡萄牙正在经历的经济和社会危机，虽然是伴随国际经济危机的加剧和欧洲一体化进程的推进而发展起来的，但在根本上是几十年来右翼政党和社民党推行右翼政策的结果。③ 希腊共产党不仅深度挖掘了经济危机爆发的根源，而且还指出了“无论在资本主义的危机阶段还是在资本主义发展的复苏阶段，资本和劳工这二者之间都不会有共同利益存在”。因为“在所有发展阶段上，它都是以剥削劳动者、榨取无偿劳动创造的剩余价值、追逐作为资本主义制度生命和灵魂的资本利润为特征的”。为了让群众弄清真相，“共产党必须斗争，以突出这场危机的真正原因，揭露社会民主主义和机会主义捏造的辩解，他们借用许多托辞以维护资本主义制度，并掩盖它的不可调和的矛盾。”④

4. 斗争的方式呈现多样性，议会斗争的道路引发新思考

世界社会主义运动中应该采取暴力革命还是议会斗争一直是学界分歧的焦点，摩尔多瓦共产党和塞浦路斯劳动人民进步党就是通过议会选举上台的，但是，2010 年 7 月西孟邦的加尔各答市议会选举的失利，使印共（马）面临执政 33 年来的最大困境。在 2010 年 7 月 21 日开始的尼泊尔总理选举中，本届议会第一大党尼联共（毛）主席普拉昌达在历经七轮选举仍无法胜出的情况下，于 9 月 17 日宣布退出竞选⑤。2010 年国外共产党选举的不断遇挫，使议会道路的局限性又再度成为学界关注的热点问题。

学界认为，国外许多共产党在选举中失利，主要是由于其提出的竞选纲领和右翼政党差别不大，工人构成的分化以及阶级意识的弱化使工人在劳资对立中处于弱势。尽管议会道路

---

① ［希腊］吉厄戈斯·马瑞诺斯：《资本主义危机与共产党的任务》，戈铭、陈人江译，《国外理论动态》2010 年第 2 期。

② 聂运麟、杨成果、刘卫卫：《经济危机、工人阶级的斗争与反帝阵线的策略——第十二次共产党和工人党国际会议述评》，《当代世界与社会主义》2011 年第 1 期。

③ 于海青：《债务危机下南欧四国共产党的发展动态》，《世界社会主义研究动态》2010 年 10 月 18 日。

④ ［希腊］吉厄戈斯·马瑞诺斯：《资本主义危机与共产党的任务》，戈铭、陈人江译，《国外理论动态》2010 年第 2 期。

⑤ 戈铭：《经济危机下南亚国家共产党动态分析》，《当代世界与社会主义》2010 年第 6 期。

值得反思，但不能因为国外一些共产党在选举中的失利而完全否认议会道路在国外共产党和工人运动中的作用。对此美共就认为，一场经济危机并不足以撼动资本主义的霸权，武装斗争和内战不是通向社会主义的唯一道路，暴力的社会主义道路在美国基本行不通[①]。尽管日共得到了广大非正规工人的拥护，但暴力之路尚行不通。在议会道路下，日共只能先在议会斗争中生存下来，再逐渐转变人们对社会主义的偏见，分阶段实施党的纲领[②]。近两年西欧各国共产党相继召开的新一届党的全国代表大会体现出来的新动向也值得我们注意[③]。

5. 斗争的目标更为具体和有针对性，提倡建立广泛的统一战线并加强工会的领导

学界认为，国外共产党根据形势适时调整了斗争策略，在斗争中更为关心工人群众的切身利益，注重不同力量之间的联合，从而使政策更为有效可行。第十二次共产党和工人党国际会议就强调“共产党人要把捍卫国家主权的斗争与争取社会解放和阶级解放的斗争结合起来”。要求各国共产党和工人党从五个方面采取共同行动，巩固和发展各国的反帝阵线，其中重要一点就是，推动工人和人民争取劳工权利和社会权利的斗争，加强工会运动及其阶级导向，加强与农民和其他社会阶层的联盟，要特别关注妇女问题和青年问题。

日共倡议政府修改劳动派遣法，停止非正规雇佣。从长期看，日本工人必须联合起来反抗大企业的压迫，改变劳资双方之间的力量平衡，才能从根本上缩小贫富差距，解决生产过剩的问题[④]。芬兰共产党指出：“我们不臆断我们可以提供现成的处方和提前预备好所有事情，但我们想与其他希望改变的人、工会组织、市民运动团体和政党一道来寻求和实现一种政治替代。”[⑤] 希腊共产党指出，应该增进工人阶级的阶级联合以及与农民和其他被压迫阶层人民的联盟，坚持在工作场所和工会中组织工人阶级。[⑥] 尼联共（毛）也指出，应该发动群众运动，建立广泛的统一战线，推进和平进程、制定新宪法，加强党、群众组织和阵线的建设。

（四）关于社会民主党和民主社会主义的研究

社会（民主）党以及作为其思想体系和意识形态统称的民主社会主义，一直是国际共产主义运动学科的重要研究对象。2010 年，学界对于社会民主党的研究，主要集中在金融危机背景下社会民主党陷入困境的原因分析以及摆脱困境的出路思考两个方面。对于民主社会主义的探讨，学界仍着眼于民主社会主义的转型、实质以及民主社会主义与科学社会主义、与中国特色社会主义的区别等问题，并在研究和探讨中形成了如下一些基本观点。

1. 金融危机背景下欧洲社会民主党陷入困境的原因

国际金融危机的爆发，曾被许多人视为社会民主党的机会。但随着危机的加剧，奉行社会民主主义的各国社会民主党非但没有走出其近 20 年来一直在困境中徘徊的态势，反而陷入了更加严重的困境。在 2009 年的欧洲议会选举中，作为欧洲社会党、工党和社会民主党代表

---

① ［美］萨姆·韦伯：《美共：在变化的世界中求进步》，陈硕颖译，《国外理论动态》2010 年第 1 期。
② 参见陈硕颖《日本共产党第 25 次全国代表大会述评》，《当代世界与社会主义》2010 年第 6 期。
③ 于海青：《西欧共产党发展变化的几个新动向》，《马克思主义研究》2010 年第 6 期。
④ 陈硕颖：《日本共产党第 25 次全国代表大会述评》，《当代世界与社会主义》2010 年第 6 期。
⑤ 《芬兰共产党纲领》，禚明亮译，《当代世界与社会主义》2010 年第 4 期。
⑥ ［希腊］吉厄戈斯·马瑞诺斯：《资本主义危机与共产党的任务》，戈铭、陈人江译，《国外理论动态》2010 年第 2 期。

的原欧洲社会主义党团（PES），遭遇前所未有的惨败。这一状况引起了国内外各界的强烈关注。

对于欧洲社会民主党的现实处境，学界普遍认为：相对于世界中右翼政党而言，国际金融危机中的社会民主主义政党目前不但依然处于弱势地位，而且颓势愈发明显、处境更加严峻，社会民主党能否走出危机还有待实践检验①。“全球金融危机的爆发并没有将欧洲的话语权交至左派手中，欧洲社会民主党人也未能借助此次危机重新夺回对欧洲议会的控制权。恰恰相反，此次选举反而暴露出欧洲社会民主党所面临的种种现实困境”②。

对于欧洲社会民主党陷入困境的原因，国内外学者也给予了广泛关注并达成了三点共识：其一，右翼政党借助自身的政治实力以及掌控传媒的优势地位，在应对此次金融危机中抢占先机，不断挤占左翼的理论阵地和政策空间；其二，各国社会民主党在“第三条道路”指引下，程度不同地丧失了自己的身份特征，并因此遭到了传统支持群体特别是党内左翼的强烈反对；其三，社会民主党内部缺乏团结，且与左翼政党之间在理论政策上存在分歧，未能形成有效的联合之势，这也是导致其选民分散和选举失败的重要原因③。国外有学者结合资本主义的发展变化对欧洲社会民主党陷入困境的原因进行了分析，认为，全球化削弱了左翼力量所凭借的工具，最终导致世界资本的力量不断团结一致，而劳工之间却相互敌视。因此，全世界劳动之间的斗争并不是意识形态问题，而是政治问题，对于这一问题，需要各国政治力量相互协调采取整治措施来解决④。还有的学者认为，欧洲社会民主党陷入危机的原因在于，当资本主义陷入周期性危机时，难以兼顾多数平民选民的要求和资本主义经济摆脱危机的要求⑤。

2. 欧洲社会民主党摆脱困境的出路和发展前景

对于危机中社会民主党如何摆脱困境实现复兴，国内外学者提出了许多方案。

在改革的思路方向上，国内外理论界对冷战结束后社会民主党推行的“第三条道路”进行了反思，并结合新的历史条件对其纲领进行了重新定位，将其出路定格在摈弃“第三条道路”、回归社会民主主义的传统政策上。譬如，德国社民党工会领袖马德赫斯·马林强调：如果社会民主主义要重新活跃，它就必须成为与左翼联盟的左翼政党，代替“第三条道路”重新确定左翼政治的新方向。

在改革的具体策略上，国内外学界提出了许多回归社会民主主义传统的政策主张：其一，进一步强调“社会公正”的重要性，主张重新举起“社会公正”的旗帜，以彰显社会民主主义的传统特色；其二，要致力于实现可持续发展，“建设一个公正而可持续的经济”。当前这一政策主张得到了越来越多的支持和认可；其三，加强对国际金融资本的监管，实现全球治理，加快确立符合时代要求的新的国际金融框架与规制，对不受控制的资本流动进行管制，

① 吕薇洲：《国际金融危机中社会民主主义的困境》，《党建内参》2010年第6期。

② 王军、赵献梓：《危机与重建：从2009年欧洲议会选举看欧洲社会民主党的现实困境》，《当代世界与社会主义》2010年第1期。

③ 吕薇洲：《国际金融危机中社会民主主义的困境》，《党建内参》2010年第6期。

④ 高静宇：《欧洲社会民主主义的危机和前景》，《国外理论动态》2010年第10期。

⑤ ［英］戴维·贝利：《向“新”社会民主主义的转型：一种新的解释》，朱世龙译，《国外理论动态》2010年第12期。

对自由放任的全球化进行调控。其四，加强社会民主党内部及其同其他左翼政党的团结合作。主张左翼政治力量应当在最广泛的意义上，在世界范围内进行不带任何意识形态偏见的合作[①]。

对于社会民主党的发展前景，有学者指出：尽管社会民主党目前的政治环境不容乐观，但是我们可以看到社民党在解决社会问题、应对全球化挑战方面还是提供了许多有益的新思路，它试图在社会公正和资本主义的经济增长之间找到一条可行的道路。只要这个原则基础存在，社会民主党及其理论就不会失去它存在的意义和价值[②]。

3. 民主社会主义的转型及其实质

社会民主党诞生以来就不断地对其理论政策进行调整，不断地发生周期性的转型。特别是冷战结束后，社会民主党为了应对西方社会在政治、经济、文化领域发生的剧烈变化以及新自由主义的强烈攻势，对其理论政策进行了一系列重大调整，提出了一套全方位（包括政治、经济、文化、社会等）、多层次（即从微观公司改革到宏观福利改制）、多角度（即从公民社会到世界主义的民族国家）的改革方案和政治策略。这引起了学界的高度关注，2010年，学界从多个角度、多个层面探讨了民主社会主义的转型及其实质。

学界通过分析社会民主党的转型轨迹，深刻揭示了社会民主党从社会主义政党向资本主义政党蜕变的过程。多数学者认为：社会民主主义不是一种社会主义模式，而且对于社会民主党而言，在苏东剧变之后，出于现实利益的考虑，他们倾向于使社会民主主义与社会主义尽可能地划清界限[③]。有学者指出："随着时代的变迁和形势的变化，民主社会主义思潮进行了由左向右、从社会民主主义到民主社会主义再到社会民主主义的不断自我修正，并在演进中离社会主义越来越远，成为了今天与科学社会主义完全不同的一种'永恒的修正主义。'……就其实质来说，民主社会主义是一种与科学社会主义完全不同的非马克思主义的社会改良主义思潮，是以唯心主义的多元论和实用主义的方法论为指导，是为改良资本主义制度服务的。它与科学社会主义的性质和功能泾渭分明，根本不同。"[④]

4. 民主社会主义与科学社会主义、中国特色社会主义的本质区别

近年来，民主社会主义与科学社会主义、与中国特色社会主义的本质区别一直是学界探讨的热点。尤其是一些错误论断，如"马克思主义的正统是民主社会主义"，"只有民主社会主义才能救中国"等提出后，学界对这一问题的探讨更加具有针对性。

学界普遍认为：民主社会主义与科学社会主义、与中国特色社会主义存在原则分歧和本质区别。有的学者从政治制度上比较了两者的区别[⑤]，有的学者从价值体系方面考察了两者的关系[⑥]，更多的学者则是多角度、全方位地考察了它们之间的关系，揭示了它们之间存在

① 吕薇洲：《国际金融危机中社会民主主义的困境》，《党建内参》2010年第6期。

② 李伟：《欧洲政坛右转：社会民主主义面临挑战》，《聊城大学学报》2010年第1期。

③ 何秉孟、姜辉、张顺洪编著：《欧洲社会民主主义的转型：与德国、瑞典学者对话录》，社会科学文献出版社2010年版。

④ 吕薇洲：《民主社会主义的流变及其与中国特色社会主义的本质区别》，《红旗文稿》2010年第4期。

⑤ 刘秀华、张俊忠：《中国特色社会主义与民主社会主义政治制度比较分析》，《法制与社会》2010年2期。

⑥ 代晓君、赵成文：《科学社会主义和民主社会主义在价值体系上的区别》，《理论学刊》2010年第6期。

的本质区别。譬如，有学者从思想理论基础、社会制度设置、发展模式选择等方面考察了中国特色社会主义与民主社会主义的区别①，有学者认为中国特色社会主义与民主社会主义的根本不同点主要表现在经济制度、政治制度和思想领域等三个方面②。还有的学者从理论和实践两个层面分析了民主社会主义与中国特色社会主义的区别，指出：民主社会主义并非我国社会主义改革的指导思想：从理论上看，民主社会主义的“社会主义”是一种“伪社会主义”，其“民主”实质上是资本主义改良主义；从实践中看，民主社会主义的改革取向是导致苏联解体的重要原因之一③。

多数学者指出，民主社会主义是与科学社会主义截然不同的思想体系，要全面、客观、实事求是地进行区分利弊的批判性分析。当前，面对民主社会主义思潮对我国主流意识形态造成的挑战，我们要旗帜鲜明地反对“只有民主社会主义才能救中国”等错误论调，坚定不移地走中国特色社会主义道路④。

（五）关于国际金融危机的本质、根源及发展趋势研究

进入21世纪后，学界对当代资本主义的研究更多地集中于其发展变化的新特征及其对世界社会主义造成的挑战等问题上。随着金融危机爆发，对危机的本质及其产生的根源等问题的探讨成为了学者们研究的热点。2010年欧洲债务危机的爆发更加深了学者们对这一问题的认识，并就资本主义国家实施的各种救市措施、资本主义是否已走出危机等问题进行了分析和研究。

1. 金融危机和欧洲债务危机的性质是资本主义体系性的危机

随着欧洲一些国家陷入债务危机的泥潭、大多数资本主义国家经济复苏缓慢，学者们更加清楚地认识到，此次危机并不是单纯的金融危机，而是典型的资本主义生产过剩危机，是资本主义体系的危机，欧洲债务危机更是这场资本主义制度全局性大危机的延伸和发展。何秉孟指出，此次危机是国际金融垄断资本主义的结构性危机。沃勒斯坦认为，当前的危机是资本主义体系的危机，因为人员成本、投入成本和税收成本三种基本成本作为产品销售价格的一部分一直在稳步上升，这导致体系大大偏离了平衡⑤。日共前主席不破哲三认为此次危机的性质是金融危机与生产过剩的结合。英国共产党总书记罗伯特·格里菲斯也指出，“这是一场体制性危机，是资本主义制度所固有的危机，是被马克思称之为周期性的生产过剩危机。”⑥ 萨米尔·阿明进一步指出，当前的危机不仅仅是金融危机，也不只是多重体系危机的综合，而是帝国主义寡头资本主义的危机⑦。

2. 资本主义基本矛盾是危机产生的根本原因

对于危机的成因，学者们从马克思主义视角进行了解读和分析，指出资本主义固有的基

① 李晓燕：《关于认识把握中国特色社会主义与民主社会主义关系的几点思考》，《理论导刊》2010年第9期。

② 朱宗友：《中国特色社会主义与民主社会主义比较》，《理论研究》2010年第2期。

③ 张文艳：《“民主社会主义是我国社会主义改革的指导思想”辨》，《宜宾学院学报》2010年第5期。

④ 吕薇洲：《民主社会主义的流变及其与中国特色社会主义的本质区别》，《红旗文稿》2010年第4期。

⑤ 刘海霞：《美国社会学家沃勒斯坦论资本主义体系危机》，《红旗文稿》2010年第18期。

⑥ 聂运麟、刘卫卫、杨成果：《第十一次共产党和工人党国际会议述评》，《当代世界与社会主义》2010年第3期。

⑦ ［埃及］萨米尔·阿明：《理解世界金融危机的本质》，希桐、李楠译，《国外理论动态》2010年第2期。

本矛盾是危机产生的根本原因。不破哲三对资本主义基本矛盾进行了分析，指出：资本主义基本矛盾主要体现在四个方面：一是社会阶级关系发生变化，资本主义国家贫困阶层有所扩大；二是经济全球化不断发展，发展中国家无法实现独立自主的经济发展，资本主义加剧了南北矛盾；三是资本主义无法避免经济危机和经济萧条，危机以更加激烈的形式爆发出来；四是破坏地球环境。国内有学者则具体指出了资本主义基本矛盾如何导致危机：第一，在微观基础上，私有制及其企业管理模式容易形成管理层追求利润极大化，从而日益采取风险较大的金融工具；第二，在经济结构上，私有制条件下的市场经济容易造成生产相对过剩，实体经济与虚拟经济的比例失衡；第三，在经济调节上，垄断集团和寡头反对国家监管和调控，而资本主义国家又为私有制经济服务，从而导致市场和国家调节双失灵；第四，在分配和消费方面，私有制下的市场经济容易造成两极分化，导致生产的无限扩大与群众有支付能力需求相对缩小的矛盾。通过这四个方面，资本主义基本矛盾必然导致危机的发生①。

在对危机产生的根本原因达成共识的基础上，许多学者进一步强调了新自由主义意识形态、资本主义积累方式等因素在引发危机中的重要作用，认为这次危机也是新自由主义的危机。李慎明提出，国际金融危机的爆发从根本上说仍然是马克思主义创始人所揭示的生产社会化与生产资料私人占有这一资本主义基本矛盾所引起、所决定的，是资本主义发展的当代形态——国际金融垄断资本主义（制度）内在矛盾发展的必然结果。国际金融垄断资本主义的理论基础就是以“华盛顿共识”为其完成形态的新自由主义。日本有学者明确提出，“在新自由主义意识形态、新古典经济学宏观经济政策和市场原教旨主义——‘三位一体’的经济体制下，危机的发生不可避免。”② 陈硕颖则对资本主义积累方式进行了批判，指出，剥夺性积累是债务危机的诱发因素，当前希腊、冰岛等国的债务危机暗含着新一轮资本主义体系核心对外围的剥夺性积累，是美国将危机转嫁给欧洲的切入口③。

3. 资本主义的救市措施并未触及危机的根源，资本主义国家并未真正走出危机

危机爆发后，资本主义国家采取了一系列的救市措施，对此，大多数学者认为，这些政策对遏止金融危机起到了一定作用，避免了危机的进一步深化。但从根本上说，这些政策并没有触及危机的根源。许多学者指出，金融危机是制度性危机，具体的救市措施只能使危机得到缓解，但却不能从根本上克服危机，而且，在不改变资本主义基本经济制度的前提下，这些克服危机的办法不过是“准备更全面更猛烈的危机的办法，不过是使防止危机的手段越来越少的办法”④。对于这次危机而言，新自由主义和凯恩斯主义都不是产生危机的根本原因，而只是加剧或缓和危机的一种因素，调整政策有可能减轻危机带来的损害，但不能根除危机。在现有的制度下，资本自我调控的空间已经越来越窄，无论是何种完美的设想，只要不触及资本主义的基本矛盾，那么在危机面前都会显得无能为力。萨米尔·阿明从垄断资本与金融化之间的关系分析了国家干预政策不可能从根本上解决危机，因为寡头统治和世界经济管理的不可避免的金融化之间存在着不可分割的联系，从而危机的深化也是无法避免的。

① 程恩富、杨斌：《国际金融危机对资本主义生存和发展的影响》，《社科党建》2010年第6期。

② ［日］高田太久吉：《国际金融危机与现代资本主义的困境》，武萌、张琼琼译，《国外理论动态》2010年第7期。

③ 陈硕颖：《透视希腊债务危机背后的资本主义体系危机》，《马克思主义研究》2010年第6期。

④ 王伟光、程恩富、胡乐明：《西方国家金融和经济危机与中国对策》，《马克思主义研究》2010年第7期。

美国有学者则更为明确地指出，解决危机的方案“只有消除阶级剥削。进而言之，我们的目标是消灭资本主义，首先是彻底改变资本主义生产的阶级结构。这才是我们所需要的重要改变，也只有在这个目标实现后，才能辅之以人民愿意接受的或多或少的国家干预或管制”①。

在分析国家干预政策的基础上，学者普遍认为，资本主义国家并没有真正走出危机，经济复苏难以持久。许多学者还指出，西方资本主义国家可能会陷入长期的经济停滞和动荡的状态。杨圣明认为，经济危机并没有真正过去，仍存在一定的不确定性。这种不确定性主要表现在政府债务的不确定性、失业的不确定性、虚拟经济和实体经济的不确定性以及刺激经济政策进退的不确定性②。有学者认为，西方资本主义可能陷入长期动荡甚至生存危机，这是因为，危机不仅凸显出金融体系的“有毒资产”难以根治，也凸显出资本主义国家贫富分化的加剧和国家调节的低效③。美国有学者指出，在资本主义的垄断阶段，资本主义虽然不会立即全面崩溃，但是却会陷入长期停滞。资本主义走向金融化、投机化并日益不稳定化正是这一基本趋势的反映，因此不可能通过对金融加强监管等技术性办法来克服当前的国际金融危机④。

（六）关于资本主义发展阶段及历史命运的研究

金融危机爆发后，学者们不仅对资本主义基本矛盾的表现及其如何引发危机有了更为深刻的认识，而且在对危机进行深入分析的基础上，进一步将关注的焦点集中在资本主义的本质特征以及历史命运等问题上，并达成了一些共识。

1. 金融化成为资本主义当前阶段的重要特征

此次危机的发生和发展凸显了金融资本在当代资本主义经济中的重要地位，国内外学者结合资本主义的这一新发展对资本主义的本质特征、金融资本主义的前景进行了分析，试图在总结资本主义新变化和新特征的基础上更准确地把握资本主义的历史命运。

我国许多学者都非常重视金融资本在当今资本主义发展中的重要作用，并认为这体现了资本主义发展阶段的重要特征。许多学者在定义当前资本主义发展阶段时都将金融资本作为其定义的重要因素。如何秉孟认为，从 20 世纪 70 年代开始，当代资本主义发展已进入一个新的阶段——由国家垄断向国际金融资本垄断转变，在这一阶段，以跨国公司为代表的国际垄断资本、尤其是国际金融垄断资本已经成为经济全球化的深厚基础，超级国际金融垄断资本集团已经具备足够的实力把全世界作为其运作的舞台。杨承训指出，以美国为首的现代资本主义的阶段特征就是由国际垄断资本主义嬗变为国际金融超级垄断资本主义。王天玺认为，一种新型资本主义——金融资本主义登上了世界历史舞台。裘白莲、刘仁营、左乐平等学者则认为这个时代已不再单纯是资本主义时代，而且是金融垄断帝国主义时代。

国外学者也认同了金融资本的重要作用，但对资本主义处于何种阶段尚未达成一致意见，部分学者认为当前处于金融垄断资本主义阶段，如《金融时报》的资深经济专栏作家马丁 ·

① ［美］斯蒂芬 · 雷新尼克、理查德 · 沃尔夫：《经济危机：一种马克思主义的解读》，孙来斌、申海龙译，《国外理论动态》2010 年第 10 期。

② 杨圣明：《当前国际经济危机不确定性问题及应对思路》，《红旗文稿》2010 年第 14 期。

③ 程恩富、杨斌：《国际金融危机对资本主义生存和发展的影响》，《社科党建》2010 年第 6 期。

④ ［美］约翰 · B. 福斯特、罗伯特 · W. 迈克切斯尼：《结构凯恩斯主义对国际金融危机解释的局限性》，王静、许健康译，《国外理论动态》2010 年第 10 期。

沃尔夫等人就认为资本主义已经变成了全球金融资本主义，而有些学者如约翰·贝拉米·福斯特等人则认为尽管金融化对资本主义产生了重要影响，但资本主义尚未进入全新的发展阶段，而是在垄断资本主义阶段中的“垄断金融资本时期”。尽管国外学者对当今发展阶段的定义有所不同，但不可否认的是，这些定义都体现了金融资本的重要性。

2. 金融化导致资本主义出现了一些新的特征

资本的金融化不仅使资本的垄断和剥削力量得以增强，而且对资本主义社会的经济、政治、文化等各个方面都产生了重要影响，因而使资本主义出现了一些与金融资本加速发展相关的特征。对此，学者们结合资本主义的新变化，阐释了资本主义当前阶段的一些新特征。何秉孟认为，由信息技术和网络技术革命、新自由主义意识形态和为国际金融垄断资本服务的国际金融货币体系共同构建的国际金融垄断资本主义，是资本主义在全球化时代的表现形式。其特征为：(1) 经济加速金融化；(2) 金融虚拟化、泡沫化；(3) 金融资本流动、金融运作自由化；(4) 实体经济逐步空心化；(5) 在所谓“效率优先”的新自由主义政策主导下，劳苦大众日益贫困化；(6) 美国经济乃至国家运行的基础债务化[①]。杨承训提出了国际超级金融垄断资本主义的七个特征：(1) 资本主义发展极端不平衡；(2) 美国通过与实体经济相脱离的虚拟经济主导全球化，剥削发展中国家，表现了后殖民主义的新形式；(3) 垄断最先进的技术，并与虚拟资本紧密结合，强化金融的流动性与连锁性；(4) 通过跨国公司推进实体产业转移；(5) 以虚拟经济支撑军事优势；(6) 以新自由主义和“民主价值观”作为统治意识，在全世界强力推行；(7) 由超级的经济虚拟化导致整体泡沫化，由金融危机引发经济危机，并通过各种方式转嫁于世界各国。[②] 还有学者指出，20 世纪 70 年代后，时代特征发生了深刻变化，因此，“如果说列宁帝国主义论的核心内容是资本输出，那么今天的资本输出仅仅是一个基础，最残酷和疯狂的掠夺方式——金融掠夺，成为当今帝国主义的最本质特征”，在这一特征下，尽管虚拟资本掠夺仍然植根于实体资本掠夺，但已经超越了对实体资本的直接剥夺，而是直接控制了财富度量权和财富经营权，直接对他国财富进行社会达尔文主义的金融洗劫[③]。

3. 资本主义发展的历史趋势并未改变

在对当前资本主义基本特征进行概括的基础上，国内外学者分析和展望了资本主义的历史命运。学者普遍认为，资本主义当前的特征与列宁所说的帝国主义的五个基本特征并不矛盾，这些新特征是对以前的五个基本特征的继承与扩展，而帝国主义的根本性质并未发生变化，只是发生了部分质变，寄生性和腐朽性更加突出了，这是因为金融资本主义助长了发达国家的“经济寄生性”。学者们指出，进入金融资本主义时代以来，西方国家通过汇率手段、通胀手段等，“直接向世界劳动人民赖账和转移财富，这是帝国主义寄生性、腐朽性的最集中、最彻底的暴露和体现”[④]，而且，它们玩弄虚拟经济越来越玄妙，而不屑于真正创作社会

---

① 何秉孟：《当代资本主义的新发展：由国家垄断向国际金融资本垄断过渡》，《红旗文稿》2010 年第 2 期。

② 红旗文稿编辑部：《深刻剖析国际金融危机的根源进一步认清当代资本主义本质——汝信、周新城、杨承训访谈录》，《红旗文稿》2010 年第 19 期。

③ 刘仁营、左乐平：《金融危机坐标中的资本主义新变化》，《红旗文稿》2010 年第 14 期。

④ 同上。

财富的实体经济，这既加深了其寄生性，但也为某些新兴国家提供了机遇，它们“乘机接受了产业的转移，辛辛苦苦地创造社会财富，逐步地使自己的经济肌体壮健起来，从而推动世界经济格局的大变化”[①]。

许多学者认为，在资本主义的本质特征并未发生根本改变、资本主义基本矛盾也未发生根本性变化的条件下，资本主义发展的历史趋势也就不会发生改变，而且，“当前发生的全球性金融危机，充分表明资本主义制度不能解决自身面临的问题和矛盾，而且一步步地走向崩溃的边缘”[②]，最终必将被社会主义所取代。“历史终结论”的创始者弗朗西斯·福山在反思金融危机时也慨叹“历史似乎没有终结”，他在接受日本政论杂志《中央公论》的专访时提出，“客观事实证明，西方自由民主可能并非人类历史进化的终点。随着中国的崛起，所谓‘历史终结论’有待进一步推敲和完善。”

同时，学者们也指出，尽管资本主义的历史命运并未改变，但社会主义取代资本主义仍是一个长期的过程。当代资本主义虽然在国际金融危机中受到了多种冲击，遭到了重创，但并没有被压垮，并没有崩溃。胡振良等学者还指出，社会主义代替资本主义的长期性一方面取决于资本主义发展的内在机制，即资本主义自身还有调节的空间，还能在一定程度上适应生产力的发展，因此，资本主义的灭亡仍是一个长期的过程；另一方面，社会主义代替资本主义不仅是资本主义内部矛盾运动的结果，还要看社会主义本身的发展。只有社会主义建设好了，才能代替资本主义，这也决定了社会主义代替资本主义的长期性。

三 简要评论

总体上说，金融危机背景下的世界社会主义——共产主义运动从实践到理论呈现出了一定的复苏迹象，相应地，国际共产主义运动学科建设也取得了比较明显的成效。一年来，国际共产主义运动界既能跟踪研究一些重大现实问题，又能深入探讨一些重要理论问题，基本上能够做到立足中国国情，具有国际视野，理论联系实际，服务中国特色社会主义建设实践。这一点从前述研究概况和重大问题研究进展中都可以得到印证。

尽管国际共产主义运动学科在2010年取得了比较大的成效，但是，该学科建设在学科研究内容和研究成果、研究人员和研究队伍培养、研究力量整合等方面，仍有待进一步加强。

1. 在学科研究内容和研究成果方面存在的问题及改进措施

国际金融危机的爆发虽然进一步拓展了国际共产主义运动的研究领域，使人们不仅从整体上研究金融危机背景下世界社会主义运动呈现出的历史性变化，关注当代世界社会主义的整体发展态势，而且还能专门研究几个现有社会主义国家的探索和创新，深入探讨资本主义国家的社会思潮和工人运动的具体发展情况。但是，对国际共产主义运动史，特别是国际共产主义运动史上一些重大事件、一些重要组织如第二国际等问题的研究还不够深入。

就研究成果而言，虽然2010年学界围绕国际共产主义运动学科三大研究领域，即国际共

---

① 王天玺：《美国与金融资本主义》，《红旗文稿》2010年第13期。

② 靳辉明、罗文东：《〈帝国主义论〉与现时代》，《中华魂》2010年第5期。

产主义运动史、当代世界社会主义、当代世界资本主义出版了大量专著，发表了大量论文，但是具有久远价值的、值得称道的拳头作品不是很多。

为此，学界应当进一步加强对国际共产主义运动史的研究，应当从历史与现实、理论与实践、社会主义与资本主义相结合的视角，对国际共产主义运动进行纵向和横向研究。在研究中注重“两个强调”：一是强调对国际共产主义运动史的研究，从历史中探寻和把握国际共产主义运动发生发展的规律；二是强调对现实世界社会主义运动的研究，从当代资本主义的新变化中把握当代世界社会主义面临的挑战和发展前景，以此来加强对坚持和发展中国特色社会主义的学理支撑。准确把握世界社会主义发展的特点和趋势，及时提供相关信息，为中央决策提供理论参考，以此增强学科建设的服务功能，进一步提升国际共产主义运动学科的地位。

2. 在研究队伍培养方面存在的问题及改进措施

目前，从事国际共产主义运动尤其是从事国际共产主义运动史研究的人员比较少，且大都是老的专家学者。随着一批老的从事国际共产主义运动史研究的专家相继退休，国际共产主义运动理论研究出现了队伍青黄不接、后继乏人的现象。目前从事国际共产主义运动学科研究的队伍存在着功底不厚、急功近利等问题。

为此，一方面要加强对现有研究人员的培养，鼓励研究人员在国内国外深造，加强马克思主义经典著作的学习，加强马克思主义发展史、社会主义思想史和国际共产主义运动史等学科知识的学习，夯实研究队伍的理论功底，提高科研人员的研究能力。同时，还要培养或招收一批具有马克思主义理论素养，具有国际共产主义运动理论功底，具有一定外语水平和科研能力的青年学生和学者，以“传帮带”等多种形式，尽快提高国际共产主义运动学科研究队伍的整体学科素养和科研水平。

3. 在研究力量整合方面存在的问题及改进措施

目前，从事国际共产主义运动学科研究的教学机构和研究中心以及学术团体虽然在逐渐壮大，且各教学和科研部门的研究各具特色、各有所长。但是，各部门之间缺乏必要的交流与合作。由于缺少科学的组织和协调，学科发展缺乏整体规划，研究力量缺乏整合机制，研究工作缺乏深入，研究成果往往低水平重复。

为此，本学科今后将继续加强与相关机构的交流与合作，并就国际共运热点问题，譬如，2011年，本学科可以利用苏东剧变20周年之机，举办学术研讨会。同时，还要鼓励科研人员积极参与中国共运史学会、当代世界社会主义专业委员会、世界社会主义研究中心等相关学会和中心的活动，发挥骨干作用。另外，本学科还要充分发挥学科研究人员外语水平较高，语种齐全的特点和优势，放眼世界，积极参与世界社会主义论坛、中越马克思主义论坛的工作，加强与国外相关研究机构和学者的交流，进一步提升本学科在国际上的影响力。

第六章　中国近现代史基本问题研究

一　研究概况

2010年是一个特殊的年份：鸦片战争爆发170周年，圆明园罹难150周年，义和团运动爆发110周年，抗日战争胜利65周年，“12·9”运动爆发75年，抗美援朝60周年，深圳特区建立30周年，李达诞辰120周年，艾思奇诞辰100周年，等等。围绕众多的纪念活动，学术界展开了研究。

2010年党史学科发展呈现出新特点：2010年6月颁布的《中共中央关于加强和改进新形势下党史工作的意见》和7月中央首次召开的党史工作会议，表明党史学科发展受到了高度重视。

党的十七届四中全会提出了党的建设科学化的新要求，成为党建理论研究的指向标。2010年，理论界进一步梳理了党执政以来在党的建设上积累的基本经验，并从探索党的建设基本规律角度进行了深入研究。学者普遍认为：科学化的关键是如何正确认识“中国的问题，关键在党”。科学化在党的建设中不是简单地就事论事、满足于工作部署，而是在总结经验的基础上提取本质性和规律性的认识，并在实际工作中遵循规律、运用规律。如果说科学化是党的建设的方向性要求，那么学习型组织建设则是其载体、实际步骤和重要举措。学者围绕学习的主体、学什么、怎么学以及学习的动力和机制等问题，建言献策，提出不能把学习当做目的，学习的目的应在运用；建设学习型党组织主旨在于提升个人、团队、组织整体的素养和能力；学习型组织建设要坚持以实际行动提高各级党组织和广大党员的学习能力、理论素养和执政本领，更好地担负起引领中国社会发展进步的历史使命。在党的建设实践方面，中央提出开展创先争优活动。学者一致认为，深入开展创先争优活动，是学习实践科学发展观活动的继续；是推动科学发展、促进社会和谐的需要；是加强基层组织建设的需要；是进一步调动和激发广大党员积极性创造性的需要。开展好创先争优活动，关键在于狠抓落实，真正做到基层组织创先进、党员干部争优秀、人民群众得实惠。但关于创先争优活动的理论研究尚处于探讨阶段，没有充分展开。

二　重大问题研究进展

（一）党史重大问题研究

1. 总结改革开放以来党史学科新进展

2010年是中共党史研究的最高机构——中共中央党史研究室成立30周年。为了纪念中共中央党史研究室成立30年，该室与《光明日报》联合召开了研讨会，总结改革开放30多年来党史学科发展。

有学者认为，大体来说，改革开放以来党史研究的发展可分为三个阶段：20世纪80年代的工作主要是对档案资料进行系统的征集整理，探讨各种新问题；90年代是建立整体框架，开展专题研究；从21世纪起，党史研究进入深化阶段。在这三个阶段的发展中，人们对党史的了解由粗到细，研究的重点也逐步从民主革命时期向社会主义建设时期转移，并向改革开放新时期伸延。

具体来说，首先，通过新史料的挖掘、档案的公开和研究的展开，党史上的不少疑点和悬案被解开了。如党的一大召开的时间，由于没有明确的记载，原来只知道是在1921年的7月，具体日期一直不清楚。经过研究者多方查找线索，最后确定一大是在7月23日召开的。又如遵义会议，原来了解十分有限，直到找出陈云与会后不久所写的一份报告，许多情况才得以证实。这是20世纪80年代初期党史学界两个引人注目的发现。同时，随着专题研究的开展，许多重大历史事件的过程也被完整地披露了出来，如民主革命时期的西安事变、皖南事变、重庆谈判、三大战役等。至于新中国成立以后重大事件的来龙去脉，几乎都是在这30年里经过大量研究考证才逐渐弄清楚的。现在的党史书中对许多事件的记述都与以前有所不同，以前回避的一些问题现在也据实写出。关于改革开放史，开展这方面研究也有十几年了，但总体上还处于起步阶段，主要工作是收集史料、勾勒基本轮廓、构筑框架、开展专题研究。随着《党史》第二卷的出版，新时期将成为党史研究的重点。

改革开放以前，研究党史人物主要是宣传革命先烈和英雄，评价问题比较简单。现在，人物研究的成果是大量的，如中央文献研究室编写的毛泽东、刘少奇、周恩来等领袖人物的传记、年谱等，关于其他党史人物的出版物也不少。在人物评价方面，最大的变化是不再从一些概念化的结论出发，而是把那些重要人物放到特定的历史环境中去，据实分析。对一些在历史上犯有过错的领导人不再简单加以斥责，而注重从他们失误的地方吸取历史教训；如果他们曾有功绩，也如实承认和肯定。对一些尚难定论的事件和人物，则允许探讨，不急于做出最后结论。

改革开放以来党史学科在实现“资政育人”方面发挥了重要作用。

2. 深入研究中国近代史上的社会主义

近代中国为什么选择了社会主义，是一个重大的问题。随着对历史研究的深入，马克思主义以外的非主流的社会主义派别及其思想家受到学术界的关注。社会主义思潮在中国知识界，尤其是在20世纪三四十年代影响非常普遍。研究中国近代史上的社会主义，对理解近代中国最终选择了社会主义十分重要。2010年，为了推动对中国近代社会主义的研究，中国社会科学院中国近代思想研究中心在北京举办了“中国近代史上的社会主义”学术研讨会。

有学者认为，社会主义是近代中国最主要的社会思潮之一。社会主义一直是先进的中国人孜孜不倦的选择与追求；和民族主义一样，社会主义也贯穿于近代各种社会思潮之中。中国共产党成立以后，中国的社会主义分为两条思想谱系向前发展：一条是中国共产党人以及在中国共产党领导下的左翼知识分子的社会主义思想及其实践；另一条是以报刊编辑、大学教授为中坚的中国知识界的社会主义思想及其追求。这两条思想谱系对于社会主义的理解存在着不同，在研究近代中国的社会主义时，应对两种思想谱系及其对社会主义的理解加以区分。苏联是世界上第一个社会主义国家，其社会主义模式对近代中国知识界产生过重大影响，计划经济是社会主义的本质属性这一深远地影响过近代中国人社会主义观念的认识，就得自于20世纪30年代初中国知识界对苏联“一五”计划的总结①。

有学者认为，自由主义和社会主义是近世最有影响的两大社会思潮。前者强调个体自由，后者以追求社会公平为思想特色。它们在传入中国后，相互间的思想论证不断，给人们留下了彼此对立、互不相容的印象。事实上，自由主义不仅充分肯定了社会主义思潮、社会主义运动产生的历史合理性，也认可社会主义倡导的社会公平价值，并主张以部分生产资料的公有制来保障公平的实现。社会主义者则认可自由对于生命个体的价值和意义，主张通过宪法来保障个体的自由权利。受十月革命影响的社会主义者进而主张通过俄式革命，为失去自由的劳工大众争取自由。自由主义与社会主义的“重叠共识”，不仅直接受制于知识分子肩负的启迪思想、变革政治的历史使命，也与这两大思想流派原本就存在着的既对立又互动的关系分不开。②

如何推进中国近代史上的社会主义研究，学者们建议：第一，社会主义的发展史需要重新梳理和细化研究；第二，中国社会主义的思想资源有待细致梳理；第三，在中国近代社会主义的研究中，应该处理好社会主义理论与社会主义发展史的关系；第四，加强思想史学界、党史学界与政治学界的交流，互相借鉴、吸收彼此的研究成果和方法，共同推进中国近代史上的社会主义研究。

3. 从百年历史纵深中研究中国道路

2009年新中国成立60周年，中国道路成为学术界研究的热点。2010年学者们继续展开对这个问题研究，在视野上更为开阔，不少学者从百年历史纵深中研究中国道路。

有学者认为，把握中国百年历史发展的本质，才能得出符合历史逻辑的科学结论。对于这一百年历史，可根据社会发展的主题分为三个阶段：第一阶段为革命阶段，时间是从1911年辛亥革命到1949年新中国成立，主要是通过革命来完成民族独立、人民解放和国家富强、人民富裕的历史任务；第二阶段为探索阶段，时间是从1949年到1978年，主要是对“什么是社会主义，怎样建设社会主义”的探索；第三阶段是改革发展阶段，时间是从1978年至今，主题是建设中国特色社会主义。对这一百年历史可以进行大致的时间段划分，即三个“30年”：第一个“30年”是革命，第二个“30年”是探索，第三个“30年”是改革发展。③

有学者从新中国60年的发展历程甚至更长的历史阶段内国内政治、经济和文化条件，以及所处的国际环境等方面，探讨和认识新中国经济发展模式的特点、原因以及结果。该文从上述三个方面论述中国经济发展模式，得到以下几点启示：一、严峻的国际环境和民主革命

① 郑大华：《中国近代社会主义研究的几个问题》，《教学与研究》2010年第10期。

② 闫润渔：《试析自由主义与社会主义的“重叠共识”——基于20世纪上半叶中国思想界的考察》，《教学与研究》2010年第10期。

③ 梅宁华：《对中国近现代百年历史进程的思考——兼论维护历史的真实性和严肃性》，《北京日报》2010年5月24日。

造就了中国模式；二、政府主导发展是中国模式的基本特征；三、实施赶超战略是中国模式的基本理念。[①]

有学者认为，理解中国道路的特殊性，不仅要考察中国近三十多年的奇迹，而且要考察这种奇迹所植根的深广的历史结构。中国从一百多年前开端的现代化既是一个受压迫民族的解放过程，又是一个落后国家自我改造与赶超的过程，同时也是一个古老文明向现代文明转型的过程。这决定了中国现代化历程的艰难与独特。

在艰难转型的过程中，中国走出了一条独特的道路，可以概括为：政党缔造国家、国家孵化市场、市场催生社会、社会再造文明。政党缔造国家，西方国家多是先有国家后有政党，而中国是先有政党后有国家；国家孵化市场，西方的先发展国家多是先有市场后有计划，而中国是先有计划后有市场；市场催生社会，经市场经济的推动，中国社会逐渐由家族制、单位制向现代法人社团制转化，这种社会的力量日益成为国家发展的动力，并正在催生中华文明的复兴。

整体观之，百年中国道路是一个从传统的宗法向现代法人社会转化的过程，是一个新文明诞生的过程，是一百多年来，一代又一代人在不断试错中形成的独特的通往现代之路。在这个过程中，中国共产党领导全中国人民用自己伟大的实践回答了"严复悖论"，正是通过一个坚强的领导集团实现了中国的百年转换。中国特色社会主义正是这种探索的伟大结果，是正在形成中的中国模式。[②]

有学者从历史制度主义的角度考察了我国从"以农立国"到"统筹城乡发展"的发展道路转变。他认为我国现代化的历史起点是"以农立国"。这一基础性制度使我国在农业文明时代领先于世界。随着工业文明的崛起，"以农立国"的国家战略发生了变化，经历了五个阶段，最后演化为"统筹城乡发展"。这一国家发展战略，不是一时之策，而具有长远价值，并会演化为规范意义的制度。为实现统筹城乡发展的目标，必须消除城乡二元结构时代遗留的制度性障碍，推进制度创新。[③]

4. 党史人物研究取得新进展

中共党史人物一直是学界研究的热点。近年来，随着大量档案资料的发掘和解密，党史人物研究受到了极大的关注；一些重大纪念活动的开展，进一步推动和深化了党史人物研究。学界对那些为人熟知的领袖人物的认识和评价，更加趋于全面客观；对一些曾经在党的历史上作过贡献或产生过影响的非知名人物，甚至"反面人物"，也有了新的发掘和认识。

对毛泽东在探索社会主义建设道路上的贡献提出新观点

毛泽东研究已经成为学术高地。近年在毛泽东研究中，学术界对毛泽东晚年的社会主义实践进行了比较平实客观的研究，提出了一些新的观点。

有学者认为，作为中国共产党杰出的政治领袖，毛泽东率先发起对于苏联模式的反思，提出为中国创造社会主义建设的新路线，为中国特色社会主义的理论与实践发展奠基。在体制选择上，毛泽东反对照搬照抄苏联的教条主义，强调要进行新的"路线创造"，成为后来改

① 武力、王丹莉：《中国模式：百年兴衰的历史选择》，《中国经济》2010年第6期。

② 宣兴章：《中国道路与中国共产党》，中国共产党新闻网2010年08月30日。

③ 徐勇：《历史制度主义视角下的中国道路》，《华中师范大学学报》2010年第4期。

革开放实践的理论先声和探索中国特色社会主义道路的重要思想资源；在国家管理体制上，提出要大胆借鉴西方资本主义国家的管理经验，并以“虚君共和”的构想去配置中央和地方的权力关系，调动地方的积极性，推动国家建设持续快速发展；在经济运行方式上，主张科学认识商品生产，不能把商品生产与资本主义混为一谈；在探索农村现代化路径上，把人民公社当作农村中具有自我发展和自我管理可能的基本组织架构，避免重蹈苏联集体农庄的惨痛代价和西方城市化发展道路的覆辙。科学评价毛泽东的上述重要思想和实践，必须还原当时的历史环境。基于对毛泽东的认知性研究不足而导致的认识偏差，只能导致“去毛泽东化”的思想倾向，人为地割断中国共产党的中国特色社会主义建设理论与实践的发展脉络的连续性，绝非学术研究的理性表达。

全面考察毛泽东探索中国社会主义建设新道路的实践及其重要思想，即使以今天的视界来看，其意义也是不容低估的。他借势苏共二十大，旗帜鲜明地提出反对和克服社会主义建设中的教条主义，带领全党反思苏联模式和中国既往的经验，创造性地探索中国社会主义新的建设路线；他融会中外古今的政治经验，致力于改革由中国传统和苏联模式影响而成的中央集权过多的政治格局，提出了思考中央与地方的纵向权力配置及其改革方略；他力排国内极“左”思潮干扰，阐发社会主义商品生产的概念，反复提出中国应该大力发展社会主义商品生产；他立足中国基本国情，反对把农村集体经济组织变成中国版的苏联集体农庄，主张通过社队企业的发展壮大集体经济力量，增加农民收入，并就地转移农村富余劳动力，促进社会主义新农村的建设，力图为综合解决中国农业、农村和农民问题，乃至整个国家的现代化，提供了一个富有创见的方案。①

黄力之认为，新中国成立以后，由于人民时代的到来，文化民主的问题逐渐凸显出来。毛泽东担心由文化领导权而失去政治领导权的想法，导致了对文化民主的最终忽略，发生了历史失误。理论上的问题是：以政治实用主义否定了观念形态的相对独立的文化意义；文化理念的单一模式解构了文化的民主形式。②

对李大钊未能参加中共“一大”的原因进行多层面探讨

关于李大钊为何没有出席1921年7月召开的党的“一大”会议问题，近年来，学术界根据已有的成果和史料，综合分析，总结了以下几个原因：（1）直接原因：公务繁忙。（2）重要原因：参与领导索薪斗争。（3）根本原因：对中共“一大”会议不重视。（4）个人原因：为人低调。

对陈独秀思想发展轨迹进行了系统研究

随着大批档案资料的发现，学术界对陈独秀的许多方面重新研究。有学者认为，大革命的失败错误主要在于共产国际，而陈独秀只是莫斯科的“替罪羊”。还有学者指出，对于陈独秀一生的作用和贡献要进行全面认识，不能只限于“革命家”这一角色，陈独秀在其他方面的成就还有很多，比如其创办《安徽俗话报》在新闻学方面的功绩；比如其文字、文学、书法方面的成就，都值得进一步深入研究。

---

① 徐俊忠：《毛泽东社会主义建设道路几个问题再探讨》，《马克思主义与现实》2010年第6期。

② 黄力之：《毛泽东与社会主义文化民主问题》，《毛泽东思想研究》2010年第4期。

对瞿秋白在中共历史上的贡献进行了深入发掘

有学者指出，历史的事实和留存下来的史料都说明，瞿秋白是探索“农村包围城市”道路的主要启动者之一，是“工农武装割据”理论的重要奠基人。1927 年 12 月瞿秋白在《布尔什维克》杂志上发表的《论武装暴动问题》，是当时党内总结“工农武装暴动”经验教训、探索中国革命特点和发展方式的一篇代表作，之后又多次对“割据”理论进行阐述。

学者还挖掘了瞿秋白对南昌起义的作用和贡献。有学者指出，瞿秋白不仅积极参与了南昌起义的酝酿和决策，统筹部署了起义军南下的行动方案，而且在起义失败后以中央临时政治局总负责人的身份对起义的得失进行了全面的总结。瞿秋白在南昌起义期间对中国革命新途径的探索和思考，为遭到挫折的中国共产党人积蓄战斗力量作出了贡献。

对张闻天历史性贡献的史实进行新发掘

张闻天是中共党史上的一个重要人物。2010 年出版的《何方谈史忆人：纪念张闻天及其他师友》是一部在人物研究方面具有较高学术价值的著作，发掘了一些关于张闻天历史性贡献的史实，提出了一些新观点：一是在张闻天是否作过名副其实的“总书记”的问题上，作者运用历史事实和人证物证，证明了张闻天在遵义会议上被选为中共中央总书记是历史事实；二是对党史学界普遍所说的遵义会议确立了毛泽东在党中央和红军中的领导地位（或说成对全党全军的领导）的观点予以证伪；三是详细地分析了张闻天作为党的总书记在中国现代史上几次转折性事件（如遵义会议、瓦窑堡会议、和平解决西安事变）中所起的重大作用；四是关于外交和国际问题研究方面，作者认为，张闻天是国际问题研究的楷模、新中国国际问题研究工作的开拓者。

对陈云在改革开放的重大贡献进行了深入研究

陈云是以毛泽东同志为核心的党的第一代中央领导集体和以邓小平同志为核心的党的第二代中央领导集体的重要成员。近年来，学者对陈云改革开放的重大贡献进行了深入研究。

有学者系统总结了陈云对改革开放的重大贡献：带头在十一届三中全会前的中央工作会议上提出，要实现全党工作重点转移，必须解决一系列重大历史遗留问题；力主综合平衡并成功领导了新中国成立后的第二次大规模国民经济调整；率先提出社会主义时期的经济应由计划经济和市场调节两部分组成；较早表态支持安徽等地实行家庭联产责任制的做法；率先提出对外开放也可以到国外投资办厂的主张；强调处理好积极改革与稳步改革、搞活经济与宏观调控的关系；大力倡导并积极推动干部的革命化、年轻化、知识化、专业化；强调发扬党内民主及民主的制度化；反复提醒广大党员干部警惕改革开放中的消极因素，坚持理想信念，等等。

对张国焘的错误和贡献进行了更为深入的研究

张国焘是中国共产党的创始人之一，由于他中途叛党，长期以来对其历史贡献研究较少。近年来，随着档案资料的不断公布和党的实事求是路线的贯彻，学术界对张国焘的错误和贡献有了更为深入的研究。主要体现在：（1）在长征途中另立中央的原因和西路军与分裂路线的关系问题。有学者研究认为，张国焘放弃另立中央是多种因素作用的结果，包括朱德等人的坚决抵制、康北地区恶劣的生存环境、共产国际的干预与调解、中共中央的正确策略等。（2）在建党中的历史作用。有学者指出，虽然张国焘在革命过程中犯过严重错误，甚至中途叛变，但不应当遮盖其在中国共产党建立过程中的历史贡献。

2010年是著名马克思主义理论家李达诞辰120周年，学术界发表了不少文章，一致认为，李达是中国共产党重要创始人和早期领导人之一，杰出的马克思主义理论家、教育家，为中国共产党的创建，为马克思主义的中国化、时代化、大众化，为新中国高等教育事业，作出了重要贡献。

2010年也是艾思奇诞辰100周年，中共中央有关部门举行了座谈会，学术界围绕艾思奇在马克思主义大众化的贡献等方面进行了深入的研究。

5. 拓展党史研究方面有新思路

党史学科的发展，必须加强与相近学科的合作，充分利用相近学科成果。特别是国史学科。

中国社会科学院院长陈奎元提出，总结历史，是为了开辟未来。新中国61年的伟大成就、成功经验、失误教训都需要认真负责地梳理。全面了解和认识中华人民共和国的开国史、建国史、改革开放史，正确地阐释过去，认清我国发展的方向和目标，对于国家和民族的未来至关重要。研究国史，秉持国本，彰显国格，昌大国运，是当代中国人义不容辞的责任。继承先人重视国史的传统，加强中华人民共和国国史研究，客观地认识中华人民共和国成立的伟业。中华人民共和国是中国人民100多年反抗帝国主义侵略压迫，民族觉醒和奋起的必然结果，是统治中国2000多年的封建主义退出历史舞台的必然结果，是代表官僚大资产阶级的国民党反动派反共、反人民的政策彻底破产、自取败亡的必然结果。中国共产党带领中国人民团结一切爱国力量，经过28年英勇奋斗，打倒反动派，建立人民民主的新中国，是堂堂正正的事业。纵观中国历史，博览世界历史，新中国的成立毫无疑义是20世纪人类历史精彩辉煌的篇章。建设中国特色社会主义，中国走向全面振兴的新里程。党的十一届三中全会以来，中国共产党和社会主义中国走向新时代。这个时代的特征是高举一面旗帜——中国特色社会主义旗帜，坚持一条道路——中国特色社会主义道路，坚持一个理论体系——中国特色社会主义理论体系。严肃对待和科学研究中华人民共和国国史，要求：(1) 要追溯鸦片战争以来中国沦为半殖民地半封建社会的历史。这是新中国前夜的国情。由此决定中国革命的任务是推翻三座大山：帝国主义、封建主义和官僚资本主义。(2) 研究世界资本主义进入帝国主义阶段，俄国发生十月社会主义革命以后世界形势的变化。十月革命冲破了资本主义的链条，为遭受帝国主义压迫的民族和人民指明了争取独立和解放的方向和道路。(3) 研究中国百年来学习、效法西方资本主义一再失败、始终不得成功的国内外原因。(4) 研究中国共产党创立新民主主义理论和路线，领导中国革命取得成功的历史必然性。(5) 研究新中国成立、确立人民当家作主、实行人民民主专政的国家政权的历史根据。(6) 研究中国选择社会主义制度的必然性。(7) 研究实行改革开放、建设中国特色社会主义的伟大历史进程。①

陈奎元的上述观点对拓展党史研究有着重要的借鉴意义。

(二) 关于马克思主义学习型政党的研究

党的十七届四中全会提出：要把建设马克思主义学习型政党作为重大而紧迫的战略任务

① 陈奎元：《加强国史研究推进民族复兴》，《求是》2010年第22期。

抓紧抓好，开启了学术界关于马克思主义学习型政党的研究热潮。学术界关于马克思主义学习型政党的研究，主要集中在对建设马克思主义学习型政党的科学内涵、时代意义、基本特征、基本经验、实现路径及其与党的建设关系等方面。

1. 关于马克思主义学习型政党的科学内涵

关于学习型政党的概念一直没有一个标准的定义，学者们分别从各自不同的视角来对学习型政党的概念进行分析。中国社会科学院学者戴立兴认为，所谓学习型政党，是一种以新的学习为基础，以发展能力为核心，以实现政党目标为愿景，通过在全党开展新的学习活动，不断拓展政党适应社会变化的能力，以实现党员个体、政党组织与整个社会协同发展的政党发展模式。① 中共天津市委党校课题组从政党理论出发，认为马克思主义学习型政党，是指把学习特别是学习马克思主义基本理论和马克思主义中国化的最新理论成果，作为加强党的建设的关键措施和保证党始终走在时代前列引领中国发展进步的决定性因素，通过持续开展党员个人学习、党组织的团队学习和全党的学习，提高全体党员的素质和能力，提高各级党组织的创造力、凝聚力和战斗力，提高全党的思想政治水平的马克思主义执政党。② 兰州大学刘先春教授则从学习的角度出发，认为学习型政党是立足于党内传统文化和现实条件，成员广泛参与，以学习为基本手段，融合一切可利用的先进理念知识和科学技术，以提高人的各项素质和全面发展为宗旨，最终实现全民学习发展的政治组织。③

学术界在关于学习型政党的科学含义分析上，大部分混淆了学习型政党和马克思主义学习型政党的概念，认为学习型政党其实指的就是马克思主义学习型政党。其实，学习型政党是一个普遍的概念，不是中国共产党的特有概念。因此，在研究马克思主义学习型政党时必须要对学习型政党作出区分。马克思主义学习型政党不是一般意义上的学习型政党，而是一个以马克思主义作为学习的指导思想和理论基础，以马克思主义和马克思主义中国化最新成为主要学习内容，坚持马克思主义学风的学习型政党。正如中国社会科学院金民卿研究员在《人民网》发文所认为的那样，我们建设的学习型政党的学习是有方向的，前提就是坚持马克思主义。

2. 关于马克思主义学习型政党建设的时代意义

党的十七届四中全会指出："世界在变化，形势在发展，中国特色社会主义实践在深入，不断学习，善于学习，努力掌握和运用一切科学的新思想、新知识、新经验，是党始终走在时代前列引领中国发展进步的决定性因素。"这是对建设马克思主义学习型政党的理论和现实意义的高度概括。

中国社会科学院徐崇温教授从时代发展对中国共产党的要求出发，提出建设马克思主义学习型政党的重要性和必要性。他认为，建设马克思主义学习型政党是我们党在新的历史时期和形势下，面对不断变化的世情、国情、党情作出的一项重要战略部署，对于提高全党思想政治水平，把推进党的建设新的伟大工程同推进中国特色社会主义伟大事业更加紧密地结合起来，以改革创新精神开展党的建设新的伟大工程，开创中国特色社会主义事业的新局面，

---

① 戴立兴：《对学习型政党的三点认识——基于组织学习理论的思考》，《理论视野》2009 年 11 期。

② 中共天津市委党校课题组：《建设马克思主义学习型政党的若干思考》，《中共天津市委党校学报》2010 年第 2 期。

③ 刘先春：《论学习型政党内源性发展的整体把握》，《唯实》2010 年第 5 期。

都具有极其重大而深远的意义。[①] 河南省委党校蒋仁勇教授从中国共产党的自身建设出发，提出建设马克思主义学习型政党对党建的重要意义。他认为，学习型政党是党善于学习创新达到较高水平的一种状态与境界，其善于学习创新的组织发展模式和机制，是党的思想建设、组织建设、作风建设、执政能力建设、先进性建设的长效机制，为党的其他建设提供了有价值的参照系，是党的建设新的伟大工程的基础性、战略性和系统性工程。[②] 中共中央党校戴焰军教授认为，建设马克思主义学习型政党是推进党的建设和党的事业发展的理论需要；是坚定全党理想信念的政治需要；是增强党的执政能力的时代需要；是提高各级党组织整体能力和水平，强化组织优势的组织需要。[③] 也有的学者从中国共产党建设马克思主义学习型政党的历史和现实角度出发，提出建设马克思主义学习型政党既是历史的传承又是现实的需要。

学习型组织理论创始人彼得·圣吉从中国经济社会发展的角度出发，认为中国开展学习型政党和学习型组织建设的最重要意义就是放弃掠夺型的旧发展模式，选择再生型经济社会发展的新模式，要求社会创新与技术创新，还很可能要求从中国历史上的智慧传承中汲取越来越多的力量，并把它运用到今天最深刻的挑战中去。[④]

3. 关于马克思主义学习型政党的基本特征

党的十七届四中全会提出，要“按照科学理论武装、具有世界眼光、善于把握规律、富有创新精神的要求”来建设马克思主义学习型政党。这个要求其实是对马克思主义学习型政党的基本特征作出的要求。在这个总的要求下，学者对马克思主义学习型政党的基本特征提出自己的看法。

有学者对马克思主义学习型政党的“四项基本要求”作了高度概括，认为马克思主义学习型政党的基本特征为政治性、时代性、科学性和创新性，深刻把握马克思主义学习型政党的基本特征，有助于我们明确方向、突出重点，深入推进马克思主义学习型政党建设。[⑤] 中共中央党校钟国兴教授则认为，学习型政党具有鲜明的时代性、突出的政治性和高度的创新性特征。[⑥] 有人认为，学习型政党本质特征是用科学理论武装的政党；是具有科学学习理念的政党；是具有发展创新能力的政党；是具有健全学习机制的政党。这些都类似于“四项基本要求”。

也有学者在同意这“四项基本要求”的基础上，进一步认为马克思主义学习型政党的基本特征应当突出“学习”二字。比如，有一些学者认为，学习型政党，是拥有全员学习、终身学习理念与机制的政治组织，其不同于以往“学习”之处在于：一是有利于党员在学习过程塑造共同愿景；二是有利于党员通过创造性学习实现自我超越；三是有利于各级党组织进行有效的团体学习；四是有利于通过学习提高系统思考能力；五是有利于把学习与工作相

① 徐崇温：《建设马克思主义学习型政党，大力推进党的思想理论建设》，《前线》2009年第11期。

② 蒋仁勇：《学习型政党建设与党的其他建设关系探析》，《长白学刊》2010年第2期。

③ 戴焰军：《建设马克思主义学习型政党的意义和要求》，《中共珠海市委党校珠海市行政学院学报》2010年第1期。

④ 彼得·圣吉：《中国建设学习型政党的世界意义》，《刊授党校》2010年第5期。

⑤ 广东中国特色社会主义理论体系研究中心：《深刻把握学习型政党的基本特征》，《人民日报》2010年4月26日。

⑥ 钟国兴：《把握学习型政党的基本特征》，《学习月刊》2009年第22期。

融合。

总之，无论是其“学习”特征还是其“四项基本要求”，都不失为马克思主义学习型政党的最明显的特征。

4. 关于马克思主义学习型政党建设的基本经验

自2002年中国共产党提出建设学习型政党理念以来，学术界对此课题进行了一些研究和探索。关于建设马克思主义学习型政党的基本经验研究，学者们主要从中国共产党构建马克思主义学习型政党的历史出发，认真总结各个不同历史时期中国共产党建设马克思主义学习型政党的经验教训。

学者认为，党的三代主要国家领导人对建设学习型政党进行了不懈的探索，作出了历史性贡献。有学者认为，延安时期建设马克思主义学习型政党的经验启示主要体现在：党员理想信念建设是建设马克思主义学习型政党的基础；党内优良学风的养成是建设马克思主义学习型政党的关键；学习型干部的生成是建设马克思主义学习型政党的根本；加强理论研究是建设马克思主义学习型政党的重要一环。[①] 延安时期是中国共产党建设马克思主义学习型政党的辉煌时期，其很多做法都非常值得现在去学习。毛泽东对于建设马克思主义学习型政党的历史功绩是毋庸置疑的，他以政党的角度，从“学习是什么、为什么学习、学习些什么、怎么样学习”等层面对政党学习作了比较详尽的论述，形成了比较系统的观点，这对于现在及今后推进“学习型政党”建设和做好各项工作，具有重要指导意义和当代价值。如今，许多学者，如中国社会科学院李伟研究员就在《人民网》发文积极主张恢复延安时期的“五五学习节”。

作为党的第一、二代领导集体的核心成员，陈云曾经为把中国共产党建设成为一个学习型政党，提出了学习是共产党的责任；党内的老干部、高级干部首先要努力学习；自我批评是共产党员学习的宝贵的武器；读书最好有个小组，要采取与人一起讨论的方法等宝贵思想。邓小平着眼于中国改革开放和现代化建设新的历史实践，强调要全方位地学、辨证地学，既要学习理论，又要学习文化科学等专业知识；既在书本上学，更要在实践中学习；既学习外国经验，也要学习中国自己的经验；同时要注意防止两种倾向，即教条主义和经验主义。江泽民在担任总书记13年间，九次向全党发出了“学习、学习、再学习”的号召，还把“讲学习”放在“三讲”的首位，强调要“坚持学习，加强学习，改善学习”。

自党的十七届四中全会提出建设马克思主义学习型政党之后，在全党掀起了学习的新热潮。各级党委政府、企事业单位都纷纷提出“学习”的口号，建设马克思主义学习型政党成了广大媒体舆论的焦点。然而在实践中也出现了一些形式主义的做法。中共中央党校张志明教授指出，提高马克思主义学习型政党建设的科学化水平，首先要避免把马克思主义学习型政党建设庸俗化和简单化，要避免运动式地一哄而上。随便多读几本书、多写几篇读书笔记、多搞几次学习活动、多做几个学习专栏等，这些形式主义浪费大量人力物力财力做表面文章，败坏党风，损害党的公信力。更重要的是误导了全党的视线，把党的十七届四中全会提出的

---

① 康小怀、刘建德：《延安时期中国共产党对马克思主义学习型政党的建构及启示》，《中共福建省委党校学报》2010年第4期。

建设马克思主义学习型政党的真正意义给疏离了。[①] 这也是对于目前建设马克思主义学习型政党的重要警示。

5. 关于马克思主义学习型政党建设的路径选择

党的十七届四中全会对于如何建设马克思主义学习型政党提出要求，即“推进马克思主义中国化、时代化、大众化”；“用中国特色社会主义理论体系武装全党”；“开展社会主义核心价值体系学习教育”；“建设学习型党组织”。学术界就这四个方面展开讨论，分别从不同方面提出建设马克思主义学习型政党的路径。毕元贵认为，“为什么要建设学习型政党”问题已经在全党达成共识，但“怎样建设学习型政党”还需要在实践中进行积极的探索。他指出，建设学习型政党，要以抓好领导干部的学习为重点；要以理念创新为牵引；要以学习马克思主义中国化的最新理论成果为主题；要以理论学习与业务学习的结合为抓手；要以健全和完善学习的体制机制为支撑。[②] 有学者认为，建设马克思主义学习型政党重点主要体现在领导干部的学习上。推进学习型党组织建设，领导干部应当学用在前。真学，主要是要认真学习、领会和掌握马克思主义，重点是中国化的马克思主义。学习问题从来不是小事，既是思想方法问题，也是对待马克思主义的态度问题。学习是共产党员政治生命的源泉，也是提高理论素养的重要途径。[③]

有学者指出，建设马克思主义学习型政党关键就在于形成马克思主义学风和学习机制。李景田认为，树立良好学风是建设马克思主义学习型政党的重要保证，因而必须坚持和弘扬理论联系实际的学风。[④] 学者们普遍认为，中国共产党应当在学习的过程中，处理好理论学习与实践学习、政治学习与专业学习、向专家学习与向群众学习、学习现成经验与批判创新的关系来加强马克思主义学习型政党建设。同时要把握好几个关键环节作为切入点：重视领导干部的学习，坚持贯彻扎实的学风，建立相关的学习教育和考核监督机制，创新学习形式、变革教育方式、调整学习内容。当前，应该从坚定学习立场、明确学习内容、把握学习规律、建立学习机制等方面入手，大力推进马克思主义学习型政党的建设。还有人认为，要做到建立学习制度与培养自觉学习习惯相结合；理论联系实践学习与实践联系理论学习相结合；在学习中创新与在创新中学习相结合；有字书学习与无字书学习相结合；提高领导能力与加强个人修养相结合。[⑤]

有学者提出建设学习型政党应体现在实践和落实环节上，最终通过实践来检验和落实建设马克思主义学习型政党的实效性。中共中央党校牛先锋教授认为，建设马克思主义学习型政党既要重视理论，还要重视实际，更要重视社会实践这个桥梁。他认为领导干部只有投身改革开放的伟大实践中，用掌握的理论去解决实际问题，用解决问题的实际效果来检验和发展理论，只有在理论指导实际、实际检验和发展理论的螺旋式前进过程中，才能使自己的社

---

① 张志明：《马克思主义学习型政党建设也要科学化》，《理论视野》2010年第4期。

② 毕元贵：《如何在实践中推进学习型政党建设》，《新长征》(党建版) 2010年第5期。

③ 戴立兴：《推进学习型党组织建设要在真学真懂真信真用上下功夫》，《领导之友》2010年第3期。

④ 李景田：《树立良好学风是建设马克思主义学习型政党的重要保证》，《求是》2010年第10期。

⑤ 广东省中国特色社会主义理论体系研究中心：《建设学习型政党是重大而紧迫的战略任务》，《光明日报》2010年1月26日。

会实践能力、理论联系实际的能力和为人民服务的本领真正得到提高，才能把建设马克思主义学习型政党这项重大而紧迫的战略性任务落到实处。[①]

体现在学习的组织过程上，就是要避免形式主义。为此，中共中央党校钟国兴教授提出了“裸面学习法”理论。这种理论认为，传统的形式主义学习是一种回避问题、戴着面具的表演。真正学习型组织的学习应该是让大家摘掉面具、直面问题的裸面学习。裸面学习相应的方法是带着问题学的链式学习法，这个方法是“学习型”的核心模式。他指出，真正学习型组织的学习要经过这样六个环节：找问题—小组研讨—自主学习—知识共享—深入研讨—实现创新。这六个环节是一环连着一环的，不断循环的，称之为“链式学习”。“链式学习”就是要摒弃过去那种搞运动式的学习方式。[②]

还有学者认为，建设马克思主义学习型政党是一个系统工程，涉及面广，如外部环境、制度建设、机制创新、物质保障等，任何一个方面都是推进马克思主义学习型政党建设的重要路径。张永刚学者针对当前建设马克思主义学习型政党面临的问题，指出当前建设马克思主义学习型政党应首先转变观念，为建设马克思主义学习型政党提供思想保障；丰富形式，为建设马克思主义学习型政党提供内容保障；完善制度，为建设马克思主义学习型政党提供体制机制保障；加大投入，为建设马克思主义学习型政党提供物质保障。[③] 也有人认为，建设学习型政党的提出，是我们党的一个伟大创造，是保持党的先进性的一个重要举措。为把我们党建设成为一个学习型政党，需要从强化动力机制、革新组织机制、创新实践机制、完善保障机制四个方面进行探索。

6. 关于马克思主义学习型政党建设与党的建设关系

我国学者普遍高度评价学习型政党建设对党建理论创新的意义。中国社会科学院王伟光教授认为，建设马克思主义学习型政党，是对马克思主义执政党性质、特征和执政规律认识的进一步深化，是对马克思主义政党建党学说的重大贡献。这是我们党的建设历史上一个重大的理论和实践创新，标志着我们党对马克思主义执政党先进性建设和执政能力建设问题认识的深化和实践上的推进。[④]

关于学习型政党建设与党的建设关系研究，有代表性的观点主要集中在以下三个方面：第一，认为拓宽了党建研究的思路。建设学习型政党的目的，在于通过学习和创新学习，使党的建设逐步现代化，从而推动党的建设升级。有利于确立“大党建”视野，把党建问题放在时代大背景下系统思考，跳出传统的“就党建论党建”思路；第二，认为马克思主义学习型政党建设与党的执政能力建设、先进性建设是相联系的。学者们认为，建设学习型政党是以树立新理念、建立新机制、增长新本领尤其是以提高党的学习力、创新力、执行力来提高党的执政能力的。一是改变了党的领导方式和执政方式。二是建设学习型政党有利于提高党员的整体素质。三是建设学习型政党、加强全面学习，对于提升党员思想政治水平、转变党

---

① 牛先锋：《社会实践是理论联系实际的桥梁——对如何建设马克思主义学习型政党的理论思考》，《大连干部学刊》2010年第3期。

② 钟国兴：《“学习型”的核心模式——链式学习》，《学习时报》2010年3月17日。

③ 张永刚：《新形势下建设马克思主义学习型政党面临的问题及对策》，《云南行政学院学报》2010年第2期。

④ 王伟光：《大力推进马克思主义学习型政党建设》，《光明日报》2009年11月27日。

员和干部工作作风、加强党性修养，具有重要的指向意义和指导作用；第三，认为为党建创新提供了制度保证。

中国社会科学院学者戴立兴认为，通过学习型政党建设，思想建设上，有利于提高党的理论水平。学习和工作的有机融合，避免了流于形式、空洞的理论学习，促使“理论与实际”、“学习与运用”、“言论与行动”相统一；组织建设上，变革了组织结构。层次扁平化、组织资讯化、系统开放化的结构，为党的组织结构变革提供了一个很好的借鉴“蓝本”；其他建设上，通过学习促进了党员对世界观、人生观、价值观和思维方式的改造，有助于解决党的作风方面的突出问题，改善制度建设水平。①

（三）关于党的建设科学化的研究

党的十七届四中全会通过的《中共中央关于加强和改进新形势下党的建设若干重大问题的决定》，向全党提出了“提高党的建设科学化水平”这个重大命题和重大任务。自此之后，学术界围绕着提高党的建设科学化水平的重要性、现实意义、内涵、特征、途径等问题，进行了深入的讨论。

1. 提高党的建设科学化水平的重要性和现实意义

对于党的十七届四中全会提出“提高党的建设科学化水平”这一重大命题和重大任务的重要性，学术界的认识比较一致。

学者们一致认为，“党的建设科学化”是马克思主义建党学说史上的一个新命题，它既是中国共产党回应国内外形势深刻变化、顺应世界发展潮流的决定，显示出体现时代性、把握规律性、富于创造性的能力，同时也是中国共产党从自身的历史经验出发，继承和创新党的建设伟大工程，为保证永不辜负人民的信任和期待而提出的新战略，是近年来党中央部署党的建设和创新党建理论的逻辑结果，是以马克思主义为指导的中国共产党自身发展的基本要求。②

有学者认为这是十六大以来党中央着力强调的“科学发展”与“科学执政”这两大战略思想在逻辑上延伸的必然结果。科学执政是建立在党的建设科学化的基础之上的。③

学者们普遍认为，提高党的建设科学化水平，是提高党要管党、从严治党水平的迫切需要，是提高治党治国水平、巩固党的执政地位和履行党的执政使命的迫切需要，是新形势下党的建设领域贯彻落实科学发展观的重大举措。④

2. “党的建设科学化”的基本内涵

要切实提高党的建设科学化水平，必须首先准确界定这一概念，挖掘其基本内涵。不同学者从各自不同视角出发，给出了不同的解释。

第一种观点主张从过程性特征上来界定科学化。有的学者认为，党的建设科学化，就是党的建设走上科学化轨道的状态与过程，它重在通过一系列科学理论、科学制度、科学方法的运用，努力使党的建设体现时代性、把握规律性、富于创造性，以实现和达到切实推进党

---

① 戴立兴：《对学习型政党的三点认识——基于组织学习理论的思考》，《理论视野》2009年11期。

② 齐卫平：《崭新命题：“党的建设科学化”战略意义的若干思考》，《领导科学》2010年第4期。

③ 张书林：《论党的建设科学化》，《上海党史与党建》2010年第1期。

④ 秋石：《不断提高党的建设科学化水平》，《求是》2009年第24期。

的建设新的伟大工程和完善党的建设总体布局，切实推进中国特色社会主义伟大事业，不断提升党的建设水平、执政水平和领导水平，不断巩固党的执政地位与领导地位的目的。[①]

第二种观点，也是多数学者主张的观点，把科学化的本质界定为规律性，认为科学是关于自然界、社会和人类思维的知识体系，是对客观事物发展和运行规律的认识和把握，而科学化是人们对事物发展规律的认识和运用。因此，把科学化的概念引入党建领域，就是要求党的建设必须按照政党建设的本质特点和内在规律运行。

国内著名党建研究专家蔡长水认为，党的建设科学化就是规律化，就是自觉认识和运用规律。党的建设科学化的三个方面：一是科学化的问题不是说过去党的建设完全没有按规律办事，而是说科学化是一个长期实践的过程，是党的建设不断积累的过程；二是党的建设科学化要在新的实践中增强应用和遵循客观规律的自觉性，在科学理论的指导下去解释和回答党的领导所面临的重点问题、热点问题，从基本理论、制度体制、方式方法上继续推进党的建设新的伟大工程；三是党的建设科学化是一个过程。我们不是要构建一个科学化，而是要提高党的建设的科学化水平。提高党的建设科学化水平是一个不断发展的过程，在这个过程中科学化标准也不是一成不变的，而是需要随着时代的发展，不断做出新的解释。[②]

党的建设应该遵循怎样的规律呢？学者们一致认为，新时期实现党的建设科学化的精神实质，就是按照马克思主义执政党建设的客观规律来建设我们的党。[③] 但与此同时，研究政党活动规律，特别是研究政党执政规律，必须善于既把握一般性，又把握特殊性。强调一般性而忽视特殊性，放弃了自己的本真，很难走出一条适合本党本国特色的道路。强调特殊性而忽视一般性，甚至把二者对立起来，则往往容易掉入经验主义的泥潭。由于各种复杂原因，在我们党的建设实践中，吃亏较多的常常是后者，而不是前者。[④]

第三种观点从综合的角度，把党的建设科学化当作一个系统工程，认为科学化应体现在党的思想建设、组织建设、制度建设、作风建设、反腐倡廉建设之中。党的建设这项伟大工程，需要作为科学来看待、作为规律来研究和作为宗旨来实践。[⑤]

第四种观点，强调从内容上对党的建设科学化进行界定。很多学者认为，党的建设科学化主要体现为三方面，即以科学的理论指导党的建设，以科学的制度保障党的建设，以科学的方法推动党的建设。有学者则认为，党的建设科学化的基本内容包括：理论科学化、观念现代化、制度科学化、方法科学化。[⑥] 有学者认为科学化应包括规律层面、理论层面、制度层面、方法层面等问题，并进一步分析这些层面的关系，认为把握党建客观规律是提高党的建设科学化水平的首要前提，提出科学理论是党的建设科学化水平的关键所在，建立科学制度体系是党的建设科学化水平的内在要求，坚持科学方法是党的建设科学化水平的基本

① 张书林：《论党的建设科学化》，《上海党史与党建》2010年第1期。

② 蔡长水：《党的建设科学化就是规律化，就是自觉认识和运用规律》，《理论学刊》2010年第5期。

③ 杨志超：《新时期实现党的建设科学化的理论探讨》，《实事求是》2010年第5期。

④ 王长江：《对“党的建设科学化”的几点思考》，《天津日报》2010年1月18日。

⑤ 刘雪影、朱新现：《略论提高党的建设科学化水平》，《思想理论教育导刊》2010年第5期。

⑥ 胡利群：《党的建设科学化的内涵与实现途径》，《理论学习》2010年第2期。

需要。[①]

另外，许青云区分了党的建设科学化的定义和内涵，认为科学化的内涵简单地说就是符合客观规律。提高党的建设科学化水平，就是发现规律、认识规律、运用规律的过程，说到底是要更加自觉地把握和运用马克思主义执政党建设规律。而基本内涵则十分丰富，包括“六个坚持”的基本经验、“五位一体”的总体布局、四个着力点、“一条主线和五个重点”的基本格局、总目标、主要任务。[②]

上述对党的建设科学化的概念与内涵的界定，虽然众说纷纭，但其基本内核是大体一致的。为了进一步推进党的建设科学化研究和实践，需要进一步加以准确界定，对党的建设科学化的内涵、基本内容、基本目标加以明确区分。

3.“党的建设科学化”的基本特征

党的建设科学化是一项系统工程和战略。张书林认为党的建科学化具有六个特征：第一，规律性。党的建设科学化就在于遵循和把握规律；第二，导向性。党的建设科学化不是一个已经实现了的状态，而是党的建设的目标状态、理想状态、预期状态，是指引党的建设前进的方向和灯塔；第三，相对性。党的建设科学化永远是相对的，它的发展是永无止境的；第四，整体性。党的建设科学化是涵盖党的建设各个领域、各个方面、各个要素的全方位、多角度、立体式、宽领域的整体性概念；第五，制度性。党的建设科学化的衡量必须有一个标准，这个标准的制定必须以制度的形式予以明确，党的建设科学化暗含了制度的建立健全过程；第六，民主性。党的建设科学化与民主化是内在统一的。党的建设民主化是科学化的前提与基础，没有党的建设民主化就难保党的建设科学化。[③]

季明认为党的建设科学化还具有人民性、实践性、创新性的特征。所谓人民性，是指政党的兴衰取决于人心向背，这是党的建设最根本的规律，党的建设科学化的根本目的必须确保党的性质和宗旨符合人民的根本利益。所谓实践性，是指党的建设的科学化这一问题，既是重大理论问题，更是具体实践问题。党的建设科学与否，最终要靠实践来体现和检验。而创新是科学化的本质要求，也是党的建设科学化具有强大生命力和战斗力的奥妙所在。党的建设要适应形势发展变化的要求，不断改革与创新，跟上时代潮流，实现实践创新、理论创新、制度创新、方法创新，等等。[④]

4. 制约“党的建设科学化”的因素

吴玲玲、胡洪彬认为，推进党的建设科学化，需要破解以下四个问题：第一，组织惰性。推进党建科学化，对党组织来说无疑是一场挑战自我的革命，会引起权力和利益的调整，会遇到来自不同方面的阻力；第二，制度缺位。从党的组织发展方面看，制度缺位和制度漏洞问题依旧是目前困扰党建科学化的障碍之一；第三，方法陈旧。党建工作效果不尽如人意，许多微观领域的方法还有待进一步探索和研究；第四，人的消极因素。当前，党的领导水平

---

① 吴桂韩：《提高党的建设科学化水平的深刻意蕴》，《党史党建》2010年第1期。

② 许青云：《提高党的建设科学化水平的内涵、意义及基本途径》，《毛泽东邓小平理论研究》2010年第2期。

③ 张书林：《论党的建设科学化——兼解析党的十七届四中全会提出的“党的建设科学化”思想》，《长白学刊》2010年第1期。

④ 季明：《深刻理解和准确把握党的建设科学化的内涵特征》，《新视野》2010年第3期。

和执政水平、党员队伍素质总体上同党肩负的历史使命是适应的，但党内依旧存在不少不适应新形势新任务要求、不符合党的性质和宗旨的问题，如一些党员理想信念动摇，先锋模范作用丧失；一些领导干部宗旨意识淡薄，脱离群众、脱离实际，形式主义、官僚主义作风严重；一些地方官员跑官要官、买官卖官等腐败问题屡禁不止等，这些问题严重削弱党的凝聚力、战斗力，严重损害党同人民群众的血肉联系，严重影响党的执政地位巩固和执政使命实现，制约了党建科学化水平的提升。①

张书林认为，党的自身建设方面存在如何坚持和发展马克思主义，并有效教育党员群众的问题；民主集中制在党的组织运作过程中，一定程度上被断章取义甚至被阉割或背离；党员干部行为腐败之风屡禁不止；党的制度、规章在执行过程中仍然存在着“因为领导人的改变而改变，因为领导人看法和注意力的改变而改变”的突出问题；“倡廉”有余而“反腐”不足。在党的领导方面，代替人民当家作主的问题仍然存在；党必须在宪法法律范围内活动的理念尚没有完全树立。在执政方面，党的执政合法性重新受到考验；党的执政能力与党的执政使命和执政任务存在不相适应的地方。②

5. 切实提高党的建设科学化水平的路径

提高党的建设科学化水平首先是一个重大的实践问题，需要从多个方面、多个层次探索解决之道。

有学者从当前最关切的问题入手，认为党的建设科学化的核心是在认识规律基础上的自我约束、自我完善、自我发展。自我约束，就是反腐倡廉的问题；自我发展，就是解决理想信念问题、基层组织建设问题、党内民主问题；自我完善，就是在认识规律的基础上开展制度建设。③

有学者从方法论的角度提出，一要努力在研究新问题、解决新问题、总结新经验上取得成效；二要总结党执政的经验，揭示执政规律，探索推进党的建设科学化水平的新思路和新方法上取得实效；三要创新学习手段，改进学习方法，丰富学习内容，进一步增强党员干部认识和掌握执政规律的能力和素质，努力在建设马克思主义学习型政党、提高党的思想政治水平上取得成效。④

提高党的建设科学化水平是一个系统工程，因此有的学者特别强调要以系统意识推进党的建设科学化。王兆铮认为，首先应系统研究党的建设历史，深刻认识提高党的建设科学化水平是马克思主义政党一以贯之的自我追求，强化推进党的建设科学化的坚定性；其次，系统研究执政党的使命和所处环境，全面认识当今提高党的建设科学化水平的条件，充分发挥推进党的建设科学化的主动性；再次，系统研究执政党同中国特色社会主义事业的关系，提高党的建设科学化水平必须同认识和实现中国特色社会主义规律相同步，实现量力而行与尽力而为的辩证统一；最后，系统研究执政党建设内在结构，使党的建设科学化覆盖党的建设

---

① 吴玲玲、胡洪彬：《党建科学化研究：回顾与思考》，《理论研究》2010年第4期。

② 张书林：《论党的建设科学化》，《上海党史与党建》2010年1月号。

③ 张兆本：《党的建设科学化的核心：在认识规律基础上的自我约束、自我完善、自我发展》，《理论学刊》2010年第5期。

④ 刘雪影、朱新现：《略论提高党的建设科学化水平》，思想理论教育导刊，2010年第5期。

的方方面面，促进党的建设科学化的协调有序进行。[①]

有学者对提高党的建设科学化水平必须遵循的基本原则进行了分析。谢忠平认为，一要坚持成本效益的原则，在追求党建工作的实效上采取切实的举措。二要坚持质量优化的原则，严格执行质量建党的方针，严把“入口”、疏通“出口”。三要坚持统筹兼顾的原则。党的建设是一个巨大的系统工程，包含多种要素和多方面内容，统筹兼顾要求党的建设的各要素间相互协调，相互作用，相互促进，党的各项工作、各个方面既要突出重点，又要平衡推进。四要坚持比较借鉴的原则。当前，党建的理论研究的政治性、宣传性大大超过了学术性、科学性。此要推动党建理论的发展和进步，就需要同其他学科领域进行比较借鉴，借鉴其他学科的科学方法。在时间上要吸收借鉴其他政党的有益做法，遵循政党产生、活动、发展的普遍规律。[②]

还有学者认为，推进党的建设科学化是关系到党的执政地位的重大政治问题，在推进的过程中还应该深刻把握其政治逻辑。对时代特征和规律的把握是党的建设科学化的要素之一。加强法律与制度建设是党的建设科学化的保障。对民生的保障与改善体现着党的建设科学化的本质。党的建设的科学化，就是要在保证党对社会有效的整合能力的基础上，保障人民群众的基本利益。[③]

6. 推进党的建设科学化研究的方向

党的建设科学化研究是一个崭新的课题，必须坚持解放思想、实事求是、与时俱进的思想，以马克思主义为指导，以中国共产党自身建设的历程为经验来源，以世情、国情、党情的深刻变化及其对党的建设提出的新要求为出发点，以研究新情况、解决新问题并服务于党的建设实践为目标取向，努力为推进党的建设科学化提供学术支撑、政策咨询和有益借鉴。

蔡长水认为，党的建设科学化研究要抓住重点。开展党建科学化研究，需要把握执政党建设的规律，如何有效控制腐败问题，如何处理党群关系，如何提高自身的领导水平和执政水平，如何真正保持先进性。不仅如此，党的建设科学化要选好若干支撑点来展开对这一问题的研究。比如，中国共产党建设科学化的历程及基本经验研究、国外主要政党自身建设科学化的主要做法和经验教训等。[④]

丁俊萍在《逐步深化新形势下党的建设科学化研究》一文中对开展党的建设科学化研究的基本思路、基本方法、基本内容、重点、难点作了阐述。她认为，应重点围绕以下问题：一是党的建设科学化的基本问题、基本理论、基本实践、基本经验的整体性研究；二是中国共产党自身建设科学化的历史进程、主要特点、基本规律和基本经验研究；三是目前党的建设中存在的主要问题及其原因，以及新形势下进一步推进党的建设科学化、不断提高党的建设科学化水平的对策建议研究；四是党内已有的制度体系及其不断完善的研究；五是党的建设科学管理方法研究。在党的建设科学化研究中予以解决和突破的难点有：马克思主义执政党自身建设规律与人类社会发展规律、社会主义建设规律、共产党执政规律相互关系问题；

① 王兆铮：《以系统意识推进党的建设科学化》，《岭南学刊》2010年第4期。

② 谢忠平：《提高党的建设科学化水平的原则》，《党政论坛》2010年9月号。

③ 蔡志强：《价值寻找制度：党的建设科学化的政治逻辑》，《福建理论学习》2010年第6期。

④ 蔡长水：《党的建设科学化就是规律化，就是自觉认识和运用规律》，《理论学刊》2010年第5期。

在长期执政、市场经济、改革开放、外部环境四大考验下，马克思主义执政党自身建设基本规律与党的各个方面建设具体规律及其相互关系问题；推进经济社会科学发展和推进党的建设科学化的关系问题；党的建设的革命化（政治化）与科学化的关系问题等。[①]

三 简要评论

在新的历史起点上开拓党史研究新局面，需要：

第一，深入学习和贯彻习近平同志在中央党史工作会议上的讲话精神。习近平同志在中央党史工作会议上的讲话，阐述了党史学科发展的方向、任务和方法。党史工作者应该深入学习和贯彻这个精神，牢牢把握党的历史发展的主题和主线、主流和本质，旗帜鲜明地揭示和宣传中国共产党在中国的领导地位和核心作用形成的历史必然性，揭示和宣传中国人民走上社会主义道路的历史必然性，揭示和宣传社会主义现代化建设实现中华民族伟大复兴的历史必然性，揭示和宣传党在革命、建设、改革各个历史时期领导人民所取得的伟大胜利和辉煌成就，揭示和宣传党在长期奋斗中积累的宝贵经验、形成的光荣传统和优良作风，坚决反对任何歪曲和丑化党的历史的错误倾向。这是党史工作必须遵循的党性原则，也是每一个党史工作者应该履行的政治责任。

第二，充分认识党史研究的政治性，强化党史研究政治意识，增强“资政育人”功能。作为哲学社会科学的一门重要学科，党史研究是一门研究中国共产党的历史、从中国共产党的活动揭示当代中国社会运动规律的科学，具有鲜明的党性、政治性，与现实有密切联系。随着党史研究的深入，会产生一些不同的认识和分歧。但是需要高度警惕一些片面歪曲、全盘否定党的历史，进而否定共产党领导、质疑共产党执政的情况。这对于社会稳定、政权巩固是不利的。党史工作者要自觉从巩固党的执政地位的政治高度认识和做好党史工作，遵守党的政治纪律和宣传纪律，遵照中央关于“党史姓党”的要求，站在党和人民立场，用历史唯物主义观点分析问题。既要保持马克思主义史学研究的优良传统，坚持和发展党史工作积累的成功经验和方法，还要积极运用现代科学技术，创新党史研究的手段、方法、载体。

第三，批驳各种错误观点，强化党史研究的科学性，增强党史科学的战斗性。改革开放以来，境内外出版和发表了大量关于党史的专著和文章，其中有些是好的或者基本上是好的，符合或者基本符合历史的真实。值得注意的是，其中也有不少专著和文章，否定和丑化党的历史，否定和丑化党的领袖人物，刻意渲染和夸大党的缺点和错误，把党的历史说得一团漆黑。他们使用造谣诽谤、无中生有、断章取义、以偏概全、颠倒是非等种种手段，欺骗那些善良的不了解情况的人们，在群众中间散布对中国共产党的不信任感，以达到他们别有用心的目的。党史工作者有义务将真实的历史呈现在读者面前，起到澄清事实、正本清源、以正视听的作用。

第四，加强党史成果大众化，加强全民党史教育。中国共产党的历史是一部丰富生动的教科书。一部党史，就是用事实告诉读者：中国共产党究竟是怎样一个党。这个问题在今天

① 丁俊萍：《逐步深化新形势下党的建设科学化研究》，《理论学刊》2010年第5期。

有格外重要的意义。用党的历史教育党员、教育干部、教育群众尤其是教育青少年，是党史工作服务党和国家大局的重要任务。要以各级党员领导干部为重点，把党史教育纳入干部教育培训的必修内容，把全面了解和正确认识党的历史作为一项基本要求，教育引导党员领导干部特别是年轻干部认真学习党的历史，努力提高思想政治素质和领导水平。要着力抓好青少年这个群体，开展形式多样的党的历史知识、光荣传统和优良作风、英雄模范事迹的教育，积极推动党史教育进学校、进课堂、进学生头脑，从小培养青少年热爱党、热爱社会主义的感情。通过富有成效的党史宣传和教育，在引导舆论，提高广大党员、干部、群众的思想道德水平上发挥作用。

学术界关于建设马克思主义学习型政党的研究，观点明确，意义突出。但就其研究方法和研究范围存在诸多问题。一是雷同研究、重复性研究多，突破性、创新性研究少；二是解读研究、诠释学研究多，建设性研究、针对性研究少；三是意义研究、必要性研究多，问题研究、可行性研究少；四是对学习性研究多，对学习型政党作为政治组织的特征研究少；五是对党的历史经验、历史传统的纵向研究多，与世界政党政治做的横向比较研究少；六是对党员领导干部个人如何学习研究多，对领导干部集体如何学习研究少；七是搬用西方学习型组织理论多，对马克思主义经典著作中学习型政党思想挖掘研究少；八是对学习型组织的共性研究多，对中国共产党作为马克思主义学习型政党的个性研究少。今后应加强建设马克思主义学习型政党的比较方法研究，拓展研究范围。针对现有研究的薄弱方面和推进学习型政党建设中存在的问题，要在研究中坚持运用马克思主义的立场、观点、方法，以中国特色社会主义理论体系为指导，围绕建设马克思主义学习型政党的主题，着眼于新的实践和新的发展，着眼于提高党的执政能力、保持和发展党的先进性，做出新的理论探索和科学概括。

关于党的建设科学化的研究，还是一个崭新的课题。丁俊萍等认为，研究的不足主要表现在三个方面：理论界总体上还没有以“党的建设科学化”为视角来全面系统地研究党的建设问题，有分量、高质量的文章不多，相关问题的研究还处于起步阶段，诸多问题还有待于深入探讨。不同层级、领域、部门的党组织建设科学化的具体要求有哪些？如何衡量党的建设科学化水平？中国共产党在自身建设科学化方面有哪些经验教训？新形势下提高党的建设科学化水平迫切需要解决哪些问题？国外政党特别是执政党在党的建设科学化、制度化、规范化方面有哪些值得我们借鉴之处？等等。所有这些问题有待回答。[①] 因此，实现党的建设科学化，尚有大量的复杂课题需要我们去研究、去破解。

---

① 丁俊萍、李向勇：《党的十七届四中全会以来党的建设科学化研究述评》，《马克思主义研究》2010年第11期。

第七章　思想政治教育

一　研究概括

2010年新年伊始，刘云山在全国宣传部长会议上讲话强调指出，要解放思想、开拓创新、奋发进取，要面向群众、服务基层，扎实做好2010年思想文化宣传工作，并对2010年工作提出总体要求，其中包括要加强社会主义核心价值体系建设、进一步凝聚全国各族人民团结奋进的强大精神力量。[①] 思想政治教育是党的优良传统，在中国革命、建设和改革中始终发挥着“生命线”的重要作用。2010年，在进一步巩固和扩大应对国际金融危机成果，推进经济、政治、文化、社会、生态文明建设和党的建设各项事业发展，成功举办上海世博会和广州亚运会等重大国际活动以及抗击各类自然灾害中，思想政治教育都发挥了重要作用。思想政治教育研究紧紧围绕党和国家中心工作，密切联系国际国内形势的新变化，密切联系当前意识形态领域的新变化，密切联系人们思想观念的新变化，以服务党和国家的工作大局、促进经济社会稳定和谐、促进人的全面发展为目标，在学科建设、基础理论和重大现实问题研究方面都取得了可喜成绩。总体特征可概括为：研究领域广泛、研究视角多维、研究方法多样、研究成果丰硕。

第一，思想政治教育的基础理论研究内容广泛、重大问题研究有所深化。经过20多年的努力，目前已经构建起了以思想政治教育学原理为基础，以思想政治教育发展史、马克思主义思想政治教育理论基础、中国共产党思想政治教育史、思想政治教育方法论、比较思想政治教育学等为主干学科；以思想政治教育管理学、思想政治教育心理学、思想政治教育社会学、思想政治教育经济学等为分支学科的思想政治教育学科体系，初步具备一门科学所具有的基本特征，具有自身特定的“概念”、“范畴”、“原理”，形成思想政治教育的研究对象、基本矛盾、客观规律、途径方法以及评价标准体系等方面的基本知识和理论观点，使思想政治教育工作克服盲目性和主观随意性，由朴素的经验变为令人信服的科学，大大提升思想政治教育的说服力和信誉度。

基础理论是思想政治教育研究的重点之一，2010年的研究延续了长期以来的良好态势，研究内容更加广泛，研究成果更加丰富。研究内容具体涉及思想政治教育的历史和规律、本质和内涵、定位与发展、价值和作用、理论和方法、载体与环境等多个方面。其中对一些根

---

① 刘云山：《解放思想、开拓创新、奋发进取扎实做好今年宣传思想文化工作》，《党建》2010年第2期。

本性问题的研究有所深化。一是对于一直存在的思想政治教育学科边界模糊、学科独立性不强的问题研究有所进展。这个问题实际上触及了思想政治教育的本质问题。其代表性成果有：祖嘉合、代玉启的《思想政治教育理论研究中的问题与思考》、汪勇的《论思想政治教育的泛化、危害及应对》、李合亮的《解析与建构——当代中国思想政治教育的哲学反思》、李春华的《当前思想政治教育的重大基本问题探析》、白显良的《论思想政治教育的马克思主义学科属性》、王颖则的《回到“思想政治”的思想政治教育学》等；二是对思想政治教育人学范式转换及人文关怀问题的研究有所进展。学科范式的转换是一种带有革命性的变革，将引起学科一系列问题的变化，因而也是一个关乎思想政治教育发展的根本性问题。近年来，张耀灿教授提出的“思想政治教育的人学范式转换”，在学界引起重大影响。2010年代表性成果有：张耀灿的《推进思想政治教育研究范式的人学转换》、王智慧的《范式转换与思想政治教育原理的创生》、白显良的《把握思想政治教育人文关怀的几个维度》、张轩的《思想政治教育是人的生存方式之一》等。

第二，思想政治教育的理论问题研究内容广泛、重大理论问题研究进一步深化。思想政治教育是一门“讲道理”的学问和活动，而这个“道理”必须是令人信服的真理。思想政治教育就是要使人们认同“道理”、澄清模糊认识、自觉抵制各种错误思潮，达到统一思想、凝聚力量、行动一致之目的。提高思想政治教育实效性，方式方法和载体手段固然重点，但理论内容本身的说服力更重要。当前我国思想政治教育的主体内容是以理想信念为核心，加强对马克思主义信仰、社会主义信念、对改革开放和现代化建设的信心、对党的领导的信任的教育；以爱国主义教育为重点，发扬民族优良传统，弘扬和培养民族精神；以道德建设为基础，加强社会公德、职业道德和家庭美德教育。其中马克思主义、毛泽东思想和中国特色社会主义理论体系，是思想政治教育的指导思想、理论基础及主要内容。以此为指导深入研究思想政治教育的重大理论问题，全面系统而深刻地把握重大思想理论问题的精神实质，澄清思想理论上的重大是非，自觉划清思想领域的重大界限，是占领思想阵地制高点和拥有意识形态话语权的前提和基础，也是做好思想政治教育的前提和基础。

2010年，学界对意识形态问题，马克思主义中国化、大众化、时代化问题，社会主义核心价值体系问题以及科学发展观等重大理论问题的研究继续深化，为思想政治教育提供了深厚的理论底蕴和强有力的理论支持。针对我国改革开放进入关键阶段出现的各种尖锐的社会问题和思想矛盾，特别是对于如何解决在思想上坚持以马克思主义为指导，抵制历史虚无主义对党的历史和领导地位的否定；在经济上保证公有制的主体地位，确保人民群众享受到国家发展的成果；在政治上坚持社会主义道路，抵制新自由主义思潮的侵扰等重大基本问题，学界的研究给出了明确有力的回答。中央宣传部理论局组织编写了《划清“四个重大界限”学习读本》、侯惠勤教授的《马克思的意识形态批判与当代中国》，是近年来关于民主社会主义、普世价值、中国模式等问题讨论的继续和深化；纪念中国社会科学院马克思主义研究院成立五周年召开的“推进马克思主义中国化、时代化、大众化，把握社会主义意识形态主动权”学术研讨会，众多马克思主义研究专家学者会聚一堂，深入探讨马克思主义与中国发展问题，在我国思想理论界引起较大反响。

第三，思想政治教育研究方法呈多样性、跟踪调查和对策研究尤显突出。比较以往人文社科领域的传统研究方法，思想政治教育研究方法的规范化、精细化趋势明显，越来越多的研究者采用量化研究、实证分析、数据分析、模型建构、质性研究、个案分析、心理学分析等方法。在关于如何进一步加强思想政治教育的实效性等重大问题上，很多学者通过实地调研、统计归纳、跟踪观察等方法取得了很多具有理论和实践意义的结论，为思想政治教育的创新发展提供了丰富的资源。2010 年值得一提的是，跟踪调查、评述研究和对策研究尤显突出。程恩富、郑一明等的《关于社会主义核心价值体系研究和践行情况的调查报告》，谭培文的《当代大学生信仰与信仰教育研究——以广西壮族自治区高校为例》，柳礼泉的《高校思想政治教育生活化研究述评》，闵永新的《大学生思想政治教育有效性研究的现状与展望》，张国玉、余斌的《维汉关系中族群意识与国家认同的实证分析》，张楠、李航敏的《大学生网络道德问题分析及教育的对策建议》等报告，不仅通过大量的实证资料让我们了解客观的情况，而且运用统计学尤其是数理统计分析方法进行了具体详细的分析，对于我们认识问题的原因、找到解决的对策、把握未来趋势都提供了有价值的参考。

第四，思想政治教育的现实问题领域广泛、研究内容更加具体。思想政治教育是具有很强的现实性，关注现实、解决人们思想的困惑是它的生命力所在。当前国际国内形势发生深刻的变化，经济全球化、政治多极化、文化多元化的世界语境，国内改革开放和社会主义现代化建设进入关键阶段的新特点，思想领域的多元多样多变的特征，都给思想政治教育提出了诸多新课题。2010 年我国发生了一系列重大事件，在维护社会秩序的稳定、灾后心理疏导和精神抚慰，在消除金融危机的影响、有效化解社会矛盾等方面，思想政治教育都发挥了重要作用，充分体现了“生命线”地位。同时，非公有制经济中思想政治工作得到重视。2010 年 10 月，中共中央统战部和全国工商联召开了全国非公有制经济人士思想政治工作经验交流会，研究探索进一步加强和改进非公有制经济思想政治工作的新思路和新方法。思想政治教育的研究是对这些现实问题的理论自觉，是对实践经验的系统总结与概括。思想政治教育紧紧围绕客观实际的变化，密切关注社会现实和人的思想实际，进行了较为广泛的研究。如新形势下企业思想政治教育问题、大学生就业中的思想政治教育问题、高职院校思想政治教育问题、民族思想政治教育问题、志愿精神问题、军人价值观问题、边疆地区意识形态问题等。而尤为引人注目的是：高校校园（校内 BBS 等传播媒介）、特定人群（新生代农民工等）、新社会组织（外企、私企、个体等）等，使得思想政治教育的研究更加具体化和多样化，呈现出广泛性与特殊性相结合，群体性与个体性相结合的研究态势，进一步增强了理论研究的现实性和针对性。

第五，研究成果丰富多彩，高校思想政治教育研究成果仍占主体地位。思想政治教育研究成果主要包括学术著作、各类教材、学术论文、调研报告以及普及宣传读物，等等。以出版的成果为例，2010 年出版了大量关于思想政治教育的学术成果，涵盖面广、角度各异，而高校的思想政治教育研究在数量和质量上仍占据主体地位。在基础理论研究方面，具有代表性的成果有：张耀灿总主编的思想政治教育专业主干课教材《思想政治教育学原理》、《思想政治教育方法论》、《比较思想政治教育》、《中国共产党思想政治教育简史》、《当代西方思潮与思想教育》；王树荫等著《新中国思想政治教育史纲（1949—2009）》、骆郁廷主编《思想政治教育原理与方法》、余双好主编《大学生思想政治教育研究方法》、唐克军主编《比较思想政治教育学》、平章起等著《思想政治教育基本理论问题研究》。在思想政治教育基础理论的专题性研究方面主要有：丁林著《思想政治教育科学发展研究》、傅安洲等著《德国政治教育研究》、蔡红生著《中美大学校园文化比较研究》、毕红梅和李东升主编《当代西方思潮与思想教育》、罗爱平著《思想政治教育经济价值研究》、毛英著《思想政治教育环境学》、沈壮海主编《思想政治发展报告2010》等。高校思想政治教育研究仍然是研究成果中最丰盛的：云荣布扎木苏和刘振洪主编《内蒙古高校党建与思想政治教育研究》、傅忠贤等著《科学发展观视阈下高校思想政治教育创新研究》、吴太胜著《高校思想政治教育新论：以高技能人才培养为视角》、吴惠主编《思睿观通：大学生思想政治教育研究》、张秀荣和韦磊编著《高校思想政治教育研究热点问题》等。

二　重大问题研究进展

（一）思想政治教育基础理论研究

思想政治教育的基础理论研究具有一定的稳定性。2010年学界在关于思想政治教育的学科建设、历史与过程、本质与内涵、价值与作用、方法与载体以及中外比较等方面作了较深入的探讨，对我们把握前沿问题、开展理论创新、指导实践工作都具有一定的启发意义和促进作用。

1. 关于思想政治教育的本质问题。学界对思想政治教育本质的探讨涉及多个角度，研究方法大多源于哲学对“本质”的内涵及其自身特征和属性的界定，以此来抓取思想政治教育的本质。2010年在思想政治教育本质研究的进展主要表现在以下几个方面。

有的研究依然倾向于“意识形态”说，认为历史与逻辑相统一的思维方法应是探索思想政治教育起源的基本方法，其具体内涵在于从历史事实和理论逻辑的相互生成中求解思想政治教育的历史起源。从这个前提出发，意识形态应该是思想政治教育的起源。① 有学者认为，自从阶级、国家产生之后，人的社会化过程同时也是人的政治化过程，阶级、国家、社会基于利益的实现，需要其成员尽快实现政治社会化，而这个政治社会化过程需要思想政治教育作为其实现的基本手段，于是思想政治教育附着于阶级社会的发展而占据了教育的主导。可以说，思想政治教育源起的动因在于政治社会化的需求与期待。② 思想政治教育是工具性和目的性的统一，工具性决定了思想政治教育对于阶级、政党、国家、社会的价值和意义，决定了思想政治教育的社会地位与发展的社会支持度，是其存在与发展的外在约束与支撑；目的性反映了思想政治教育对社会人的需要的满足，是其存在于发展的内在制约和动力。目的性和工具性实质上互相兼容。③ 有的研究试图从我国当前思想政治教育的重大基本问题的分析中来进一步求解思想政治教育的本质。认为思想政治教育的重大基本问题，是带有战略性、全局性和紧迫性，在思想政治教育体系中处于基础与核心地位的问题，是指那些触及我党和国家的根本指导思想、社会主义根本制度和执政党的领导地位问题。因此，“马克思主义还灵

① 金林南：《从意识的政治到政治的意识》，《思想教育研究》2010年第19期。

② 李合亮：《解析与建构——当代中国思想政治教育的哲学反思》，人民出版社2010年版，第125—130页。

③ 同上书，第149页。

不灵”、“社会主义道路还通不通”、“共产党的领导还行不行”的问题，是当前思想政治教育的重大基本问题，是思想政治教育本质的直接反映和集中体现。① 有的研究从分析当前思想政治教育泛化问题的角度来认识思想政治教育本质。认为在思想政治教育实现快速发展，优秀成果不断涌现的过程中，思想政治教育出现了泛化现象。这种泛化扩大了思想政治教育的内容，脱离受教者的实际，甚至夸大思想政治教育的功能和价值，这不仅不能帮助思想政治教育发展，反而会造成危害作用，使得思想政治教育的有效资源得不到高效利用。② 这种泛化现象的实质是实践中的外在化价值取向和理论研究中的获得性品质，回避思想政治“理论硬核”，进行非对象化、非本体性诠释的“去思想政治”化。因此，有的研究从学科建设角度明确提出了思想政治教育学要回到“思想政治”。③

与此种观点不同的是，把思想政治教育本质理解为一种“实践活动”。有的研究从两个尺度来定义思想政治教育的本质：一是事物本质的理论的规定，二是思想政治教育是一项特殊的实践活动的规定，认为“思想政治教育本质就是一种改造人的思想政治品德的精神生产实践活动”。④ 有的研究认为，根据唯物史观，思想政治教育应当不是从社会意识、而是从社会存在中去寻找思想政治教育的根本原因，物质动因是思想政治教育变化发展的根本源泉，社会物质生产方式的变化决定思想政治教育的变化，决定思想政治教育的发展。思想政治教育属于社会实践领域，它不是意识形态领域的直接延伸，应当是意识形态的转化形态，主要是意识形态功能的体现，是意识形态在人的现实的社会活动中的体现，因此，思想政治教育的本质不等于意识形态的本质规定，而是思想政治教育所特有的本质规定；思想政治教育是阶级进行政治统治和社会管理的重要而有力的手段，影响和左右思想政治教育的关键力量不是它自身，而是外部力量内在化的结果。国家力量是思想政治教育关系的关键力量。⑤ 从以上观点可以看出，运用不同的思想方法对于思想政治教育本质的研究与认识可以得出不同的结论。

2. 关于思想政治教育研究人学范式转换及人文关怀问题。改革开放以来，倡导人文关怀成为包括思想政治教育在内的所有哲学社会科学探究的一种倾向。在党的历史文献中党的十七大首次明确提出思想政治教育人文关怀的时代课题，思想政治教育人学范式转换及人文关怀问题再次成为研究的热点问题之一。

有的研究分析了思想政治教育研究人学范式转换的客观必然性。在党的十一届三中全会之后，思想政治教育实现了历史性转折，逐步恢复了自己的优良传统，重新找到了自己的历史方位，开始被作为一门学科来研究和建设，同时，马克思主义人学的创建与理论突破为思想政治教育人学的转换奠定了坚实的理论基础。应该发掘马克思主义的人文关怀思想，强调坚持以人为本的思想政治教育价值新取向。弘扬人的主体性和关注人的个性发展，以此作为

① 李春华：《当前思想政治教育的重大基本问题探析》，《思想理论教育》2010 年第 9 期。
② 汪勇：《论思想政治教育的泛化、危害及应对》，《河南师范大学学报》（哲学社会科学版）2010 年第 2 期。
③ 王颖：《回到“思想政治”的思想政治教育学》，《思想教育研究》2010 年第 13 期。
④ 邓艳葵：《对思想政治教育本质的认识》，《光明日报》2010 年 7 月 14 日。
⑤ 孙其昂：《思想政治教育本质的唯物史观解读》，《学校党建与思想教育》2010 年第 5 期（中）。

思想政治教育模式的转变契机和教育方法的着力点。[①] 另外，随着社会主义市场经济体制的确立，改革开放以及社会主义民主政治建设的发展，随着全面建设小康社会实践的推进，也随着哲学从认识论向生存论的范式转向，思想政治教育及其研究范式的人学转换成为时代的呼唤。思想政治教育研究的人学范式转换和人本主义转移将是该学科发展的趋势。如果说过去的思想政治教育研究属于社会哲学范式，那么新时期则呼唤思想政治教育研究的人学转换。社会哲学范式侧重强调社会需要、工具价值，而人学范式体现的个体价值、目的价值。社会哲学范式是革命战争时期夺取政权这一中心任务的客观需要，人学范式则是马克思主义社会建设思想的人本意蕴，是以人为本科学发展观的具体要求。[②] 思想政治教育研究从社会学范式到人学范式的转换催生了包括研究对象论在内的思想政治教育元理论的全面自觉。[③]

人学范式的转换为思想政治教育人文性的发扬提供了更好的环境。在思想政治教育中切实加强人文关怀，需要人们对思想政治教育人文关怀的本质和要义有准确而深刻的理解，全面把握其实践要求。为此，有的研究认为，对于作为实践活动的思想政治教育，其人文关怀可以从理念、要素、过程、结果四个维度加以理解。从理念维度讲，要求思想政治教育要有人本意识；从要素维度讲，要求思想政治教育每一个要素都要体现人文情怀；从过程维度讲，要求思想政治教育自始至终全过程关怀人文；从结果维度讲，要求思想政治教育要把营造人文氛围、高扬人文精神、凸显人文价值、提升人文素养作为实践追求，努力实现思想政治教育人文境界的提升。[④] 有的研究认为，现代思想政治教育的发展研究，必须立足于人们提高生活质量和追求生命意义的内在发展向度，突出人的生命关怀意识，关注人的精神生活质量以及生态环境的优化。[⑤] 还有的研究指出，把思想政治教育理解为人的生存方式，有助于实现思想政治教育理念的转变，实现思想政治教育从“社会需要论”的研究范式向“现实的人”的研究范式的转向。在思想政治教育实践活动中完成人的存在、人的本质的生成、人的精神境界的提升、实现人的全面发展。由此助益于思想政治教育理念的转变，思想政治教育研究范式从“社会需要论”向“现实的人”的转向，以及思想政治教育向生活世界的回归。[⑥]

3. 关于思想政治教育的价值和作用问题。思想政治教育的价值，就是思想政治教育这一人类实践活动及其属性对社会和人的发展需要的满足关系，[⑦] 是一个与思想政治教育的本质紧密相连的问题。“生命线”论断长久以来是党和国家对思想政治工作的明确定位，也是思想政治教育的价值和作用的生动体现。有的研究通过解析思想政治工作“生命线”地位的源起及内涵，在阐明新时期继续坚持和巩固思想政治工作“生命线”地位的理论、历史及现实依据基础上，提出新时期坚持和巩固思想政治工作“生命线”地位，必须着眼于“加强党对思想政治工作的领导”、“紧密围绕党的中心任务开展工作”、“不断推进思想政治工作创新”等

① 李春英：《马克思人文关怀思想及其对思想政治教育的启示》，《学校党建与思想教育》2010年第2期。

② 张耀灿：《略论思想政治教育研究范式的人学转换》，《广西教育学院学报》2010年第1期。

③ 王智慧：《范式转换与思想政治教育原理的创生》，《思想理论教育》2010年第13期。

④ 白显良：《把握思想政治教育人文关怀的几个维度》，《思想教育研究》2010年第5期。

⑤ 张国启：《论现代思想政治教育的发展向度》，《思想教育研究》2010年第19期。

⑥ 张轩：《思想政治教育是人的生存方式之一》，《思想政治教育研究》2010年第2期。

⑦ 石书臣：《思想政治教育的价值定位及其发展》，《学校党建与思想教育》2010年第3期。

三个重要维度。[①]

有的研究认为，在我国意识形态领域日益多元化的背景下，思想政治教育要服务于我们党明确提出的建设社会主义核心价值体系的战略任务和目标，要突出思想政治教育的主导性内容、坚持思想政治教育的特色性内容、增强思想政治教育的时代性内容、吸纳思想政治教育的兼容性内容等。[②] 有的研究认为，思想政治教育在国家文化软实力构建中具有特殊的价值，加强思想政治教育，是提高中国的国家文化软实力的重要路径之一。[③] 而针对思想政治教育的效果不易显现这一问题，有的学者从思想的运动特征出发，指出思想政治教育的主要作用之一在于激活思想。激活思想本身，也激活人们对思想的敏感性，使得那些已经存在于人的大脑中，但还未成为人的行动指南和动机的前期思想政治教育成果活跃起来。思想政治教育应把激活既有的思想作为自己的重要功能和职责。[④] 有的研究从综合的角度全面地阐述了思想政治教育的价值和作用问题。认为改革开放以来，与我国社会的转型、中国特色社会主义建设的新要求和现代社会人的发展的内在诉求相适应，我国思想政治教育的价值定位也发生了深刻变化。一是以人为本的价值原则，在思想政治教育的目标、内容、方式、方法、管理、评价等各个环节都要贯彻以人为本的理念；二是意识形态性与非意识形态性相统一的价值功能，思想政治教育功能不能局限于意识形态性方面，还要不断向非意识形态性方面发展；三是以社会的核心价值为导向的价值本质，只有这样才能有效发挥思想政治教育的真正价值；四是社会价值与个体价值相统一的评价标准；五是促进人的全面发展的价值目标。[⑤]

4. 关于思想政治教育的研究方法问题。独特的话语体系和研究方法，是一门学科独立和成熟的标志。方法创新是学术创新的先导。[⑥] 近年来，量化研究、实证分析、数据分析、模型建构、个案分析、心理学分析、质性研究等都被运用到思想政治教育的研究中，极大地推进了思想政治教育研究方法的创新与发展。2010 年思想政治教育的研究方法多样性明显，跟踪调查、评述研究和对策研究尤显突出。

相对于量化研究，一种思想政治教育的质性研究方法开始被学者采用。质性研究是一种注重人与人之间的意义理解、交互影响、生活经历和现场情景，在自然状态中获得整体理解的研究态度和方式。有的研究用质性研究方法中的深度访谈法，对大学生关于当代文化保守主义思潮的认知和态度进行了调查和研究。结果表明，文化保守主义对当代大学生思想的积极影响最大之处在于对传统文化的认同度提高及增加对现代文化的反思与批判。同时，文化保守主义思潮的传播在大学生思想上也产生了本土主义、复古主义和消解主流意识等负面影响，造成一部分青年学生世界观、人生观、民族观、政治观产生变化，对他们的健康成长带来不同程度的消极影响。[⑦] 有的研究在总结 20 世纪 80 年代以来我国思想政治教育研究方法之

---

① 张果：《论新时期思想政治工作的“生命线”地位》，《思想政治教育研究》2010 年第 2 期。

② 石书臣：《建设社会主义核心价值体系对思想政治教育内容体系的新要求》，《思想政治教育研究》2010 年第 1 期。

③ 任美慧：《国家软实力构建中的思想政治教育价值定位》，《思想政治教育研究》2010 年第 3 期。

④ 刘建军：《激活思想是思想政治教育的重要功能和职责》，《思想理论教育导刊》2010 年第 8 期。

⑤ 石书臣：《思想政治教育的价值定位及其发展》，《学校党建与思想教育》2010 年第 3 期。

⑥ 胡菊华、裘杰：《思想政治教育学科视野中的研究方法创新》，《思想教育研究》2010 年第 9 期。

⑦ 杨红英：《当代文化保守主义思潮对高校学生思想的影响——基于 36 名在校大学生的一种质性研究》，《思想政治教育研究》2010 年第 6 期。

后，对20世纪80年代以来我国思想政治教育研究方法进行了概括：经验总结提升方法、逻辑思辨的方法、历史分析的方法、比较研究方法、权威经典研究方法、学科交叉研究方法。[①]有的研究对思想政治教育研究方式进行了概括：理论式研究，抽象的、从理论层次和角度对思想政治教育进行研究；问题式研究，注重从实践的、实证的、实效性角度对思想政治教育进行研究；对话式研究，横向对话式和纵向对话式。该研究指出，以上三种研究方式有着内在的合理性和必要性，同时也都存在着自身潜在的、隐性的不足。三者结合，优势互补，才能处理好把握理论与面向现实、借鉴继承与发展创新的关系，才能使思想政治教育适应社会实践发展和学科发展的现实需要，谋求思想政治教育更好更快的发展。[②]

值得一提的是跟踪调查、评述研究和对策研究尤显突出。如前面已经提到过的程恩富等人的研究成果，不仅对于我们认识问题的原因、找到解决的对策、把握未来趋势都提供了非常有价值的参考，而且其研究和分析方法值得推广。

5. 关于思想政治教育的比较研究问题。比较研究在整个思想政治教育研究中占有重要地位。2010年的思想政治教育的比较研究在稳定中有所进展。在比较研究的对象上，依然以西方的英国、法国和美国以及亚洲圈的日本、韩国等国家为主，比较的内容也主要是思想政治教育目标、形式、管理体制机制、借鉴价值和意义等方面。尽管同质化比较问题依然存在，但以下几个特点值得重视：多角度、多层面的比较研究已成为一种共识；非对比性借鉴研究受到关注。

有的研究强调“比较思想政治教育”的学科意识问题，并提出比较思想政治教育的“三级学科”问题。随着马克思主义理论一级学科地位的确立，思想政治教育取得了二级学科的地位，“比较思想政治教育”也随之由一门课程变成了三级学科。目前，在思想政治教育比较的教学和科研中还存在许多问题需要解决：研究视野需要进一步拓展、学术成果的同质化比较严重、“比较思想政治教育”课程自我反思不足，学科意识淡薄，发展思路不清晰。该研究还提出了“比较思想政治教育”的“居间性”概念，认为“比较思想政治教育”学科就是由于学科之间的交叉、渗透，产生了交叉学科、边缘学科、横断学科。[③]

多角度、多层面的比较研究已成为一种共识。有的研究指出，当前要侧重抓好如下几方面的比较研究：不同时期、不同阶段党的思想政治教育比较研究；社会主义国家的思想政治教育与资本主义国家的思想政治教育比较研究；发展中国家与发达国家的思想政治教育比较研究；东方国家与西方国家的思想政治教育比较研究；古代中国思想政治教育与现代中国的思想政治教育的比较研究；中国内地思想政治教育与台港澳地区思想政治教育比较研究；不同行业、不同部门的思想政治教育研究等。[④]

以美日为例对东西方发达国家之间的比较。美日是当今最发达的资本主义国家，虽文化传统有较大差异，但都对思想政治教育高度重视。从美国的政治社会化的历史考察中可以明显看出，美国的“思想政治教育”这种客观存在一直发挥着巨大的教育作用。日本的思想政

---

① 佘双好：《科学研究也是思想政治教育研究的基本规范》，《思想理论教育导刊》2010年第1期。

② 祖嘉合、代玉启：《思想政治教育理论研究中的问题与思考》，《思想理论教育》2010年第1期。

③ 陈立思：《论“比较思想政治教育”的学科意识》，《教学与研究》2010年第2期。

④ 苏振芳：《思想政治教育在比较研究中改进和创新》，《中共福建省委党校学报》2010年第2期。

治教育具有鲜明的政治性，而且近年来日本下决心提高道德教育的地位，把战后提出的“智德体”的排列顺序改为“德智体”。从方法和途径来看，美国由灌输向灌输与渗透并重转变，通过生活指导、批判性思维等方法潜移默化地传播资本主义的生活方式和价值观念。日本对青少年的思想政治教育的方法，除灌输性、渗透性之外，其特色是体验性、疏导性和全方位性①，只有大胆地学习借鉴，才不会陷入狭隘民族主义的窠臼。但必须认清其他国家“思想政治教育”的本质，在比较中一定要遵循客观全面、实事求是、取长补短、理性借鉴的原则，避免肤浅的比较以至流于形式。②

亚洲圈内国家之间的比较受到关注。有的研究对亚洲圈内且原是同一个民族的朝鲜和韩国进行比较，具有一定的意义和价值。两国由于地缘政治、民族文化、历史传统等方面的相似性在学校道德教育上存在共同的地方。朝韩都非常重视学校道德教育。两国都通过开展学校德育，强调爱国和民族文化的教育，引导学生正确认识国土和民族分裂的现实及南北统一任务，具备获得统一所必要的共同体意识和实现国家统一的意志。但由于政治制度、意识形态、生活理念的不同，两国学校道德教育的内容、指导思想、途径有着很大差异。朝鲜突出意识形态教育，重点是不断强化反帝的教育，强化反对美帝国主义和日本军国主义的教育。而韩国德育教育内容带有明显的时代性、开放性。大量吸收中国和朝鲜的传统德育方法，并借鉴日本、欧美等国家的现代德育方式，体现了韩国作为资本主义国家的性质。在道德教育的途径上，朝鲜学校道德教育的途径体现了朝鲜作为社会主义国家的特色，而韩国学校道德教育的途径表现出强烈的民族性、人性化和科学性的特点。③ 多角度、多层面的比较研究还体现在不局限于国家之间的比较。有的研究就从各国共产党提高党员素质对加强执政能力建设的角度进行了比较研究，认为在党的自身建设中，党员干部整体素质优劣是影响执政党可持续发展的重要因素。各国共产党提高党员素质以加强执政能力建设的共同点在于，都看到了从政治思想上建设党的重要性，重视党员思想政治素质的提升，开展反腐败斗争，并通过反腐倡廉教育培育党员干部的廉洁从政意识等。但也有区别：党员干部队伍政治信仰及其整体思想政治素质优劣不同、党员干部在民主法治素质及依法行政上有较大差异、党员干部在联系群众的工作作风上疏密有别、执政党对腐败的惩治力度及民众对执政党、党员干部信任支持度不同。④

非对比性借鉴研究备受到关注。如有的研究对苏联解体后的思想教育问题进行了较系统而深入的研究，强调吸收借鉴的意义。该研究深入考察转型时期的俄罗斯思想教育，深刻剖析其主要困境：理论基础几近摧毁、意识形态凸显真空、价值观念扭曲。俄罗斯思想教育的前景不乐观，严重的两极分化，加大了俄罗斯思想教育的转型成本；深刻的人才危机，降低了俄罗斯思想教育的实效性；非理性的民族主义情绪，削减了俄罗斯思想教育的合理张力。俄罗斯思想教育给我们深刻的思考和启示在于：必须夯实中国特色的思想政治教育理论基础，

---

① 张景山：《美日两国思想政治教育工作对我国的启示》，《学校党建与思想教育》2010 年第 10 期。

② 赵铁锁、孙晓华：《美国政治社会化与我国思想政治教育的比较研究及启示》，《思想理论教育导刊》2010 年第 7 期。

③ 凌靖波：《朝鲜与韩国学校道德教育比较及其启示》，《思想教育研究》2010 年第 1 期。

④ 唐小芹：《共产党执政各国提高党员素质以加强执政能力建设的比较研究》，《湖南师范大学社会科学学报》2010 年第 3 期。

创新思想政治教育的多重路径，从而切实提升思想政治教育的实效性；加强马克思主义理论研究与创新，营造以社会主义核心价值体系为核心的思想政治教育氛围，避免出现像俄罗斯在思想教育环境建设中存在的问题和失误。①

6. 思想政治教育的有效性问题。思想政治教育的有效性（实效性）就是增强思想政治教育的吸引力和实际效果，从而实现思想政治教育的目的，这是关系到思想政治教育存在根据的一个重大问题，因而始终是思想政治教育研究中普遍关注的问题之一。2010年“增强大学生思想政治教育有效性的对策研究”是热门的研究方向；而“思想政治理论课有效性”和“网络思想政治教育有效性”是两个重要的研究领域，在一定意义上是“对策研究”的重要分支。②

目前，我们的思想政治教育的有效性（实效性）亟待提高。影响思想政治教育的有效性（实效性）的因素是极其复杂的。因此，要提高思想政治教育的有效性（实效性），也必须以系统的方法来研究、在实践上需要形成合力来解决。有的研究借鉴当代社会思潮发生影响的主要特征，从方法论的角度探讨增强思想政治教育的吸引力和有效性问题。社会思潮影响机制的新颖性、生动性和渗透性是思想政治教育可以借鉴的地方，以此增强教育内容的社会现实性和生活化，增强思想政治教育的渗透力和增加教育活动的生动性和鲜活力等。③ 有的研究从“效度”概念出发，指出思想政治教育“效度”是对思想政治教育有效性程度的描述，是进行思想政治教育效果评估和测量的重要工具。对思想政治教育效度进行测评是检验思想政治教育发展水平、活动状况和实践效果的必要手段，也是完善思想政治教育体系、提升思想政治教育效果的重要环节。④ 有的研究提出建立健全高效的思想政治教育机制的重要性，认为理性认同机制、情感认同机制、利益互动机制、自律转化机制和制度保障机制是增强思想政治教育针对性和实效性的有力保证。在思想政治教育机制的协同作用下，思想政治教育才能取得更好的实效。⑤ 而有的研究则再次强调恩格斯的权威理论与列宁的灌输理论同为马克思主义伟大理论体系中的重要内容，认为权威理论下的灌输理论巩固了马克思主义的思想权威，强调权威和灌输，并没有扼杀对话与人性。即使以人为本的和谐社会，也需要权威。⑥

高校思想政治教育有效性仍是研究的重点。有的研究关注改革开放以来思想政治教育实效性的发展，指出从2000年以前关于思想政治教育实效性的经验的局部、零碎的研究，到2000年之后思想政治教育有效性系统理论的提出，其研究取得了较大的发展，研究对象也从高校学生向辅导员、后勤集团以及向校园外的军队、企业扩展，实效性研究对象向着横向和纵深发展。⑦ 有的研究认为，目前尚未自觉地将大学生思想政治教育有效性的研究和解决置于马克思主义理论学科的整体性视野之内，研究成果完整性、操作性、应用性相对欠缺。因

---

① 丁军、刘爱军：《转型时期俄罗斯思想教育探微》，《思想理论教育》2010年第7期。

② 闵永新：《大学生思想政治教育有效性研究的现状与展望》，《思想理论教育导刊》2010年第2期。

③ 邱柏生、左超：《从社会思潮的影响特征看如何增强思想政治教育的吸引力》，《思想理论教育》2010年第17期。

④ 宇文利：《论思想政治教育效度的测评》，《思想理论教育导刊》2010年第3期。

⑤ 陆树程、方文：《思想政治教育机制新论》，《思想理论教育导刊》2010年第3期。

⑥ 孙迎光、刘近：《恩格斯权威理论视角下的列宁灌输理论再认识》，《思想政治教育研究》2010年第4期。

⑦ 刑丽霞：《改革开放以来思想政治教育时效性研究》，《学校党建与思想教育》2010年第4期。

此，必须以整体性视野作为研究大学生思想政治教育有效性的逻辑理路，培育马克思主义的整体意识，确立马克思主义的整体观。该研究还分析了当前国内对思想政治教育有效性研究总体发展的两大趋势：一是问题阈的创新趋势，提出了整体考虑大学生思想政治教育有效性的问题，大学生思想政治教育有效性的范式转换问题、时代内涵问题、运行规律问题等；二是方法的规范化、精细化的趋势，越来越多的研究者采用实证分析、模型建构等研究方法。国外的研究虽然在某些侧面先于优于国内的研究，但在整体性把握的意识和操作模式的研究方面同样存在不足。在马克思主义理论学科的整体性视野中，建构大学生思想政治教育整体有效性理论，对于加强和改进大学生的思想政治教育具有重要意义。[①]

（二）思想政治教育重大理论问题研究

所谓“思想政治教育重大理论问题”是指思想政治教育内容中带有根本性的理论问题。深入研究当前思想理论领域的重大理论问题，是搞好思想政治教育的前提和基础。

1. 关于意识形态与思想政治教育问题。改革开放给中国社会带来了全方位的变化，在社会思想领域也出现了多种思潮和观念。西方从未间断对我国进行意识形态渗透，推行所谓的“普世价值”，同时历史虚无主义、新自由主义思潮和民主社会主义思潮沆瀣一气，反对共产党、反对社会主义，反对马克思主义，对我国改革开放和社会主义现代化建设造成较大干扰。2010 年学界在意识形态问题的研究上有几点引人注目。

侯惠勤教授的《马克思的意识形态批判与当代中国》，是当前意识形态研究的权威性与创新性的著作，具有较高学术分量和社会影响力，是一部深入辨析和系统阐明马克思主义意识形态理论的精品力作。该研究有厚度、有广度、有深度、有力度和高度，富有尖锐的现实性兼有高度的思辨性的研究主题、鲜明坚定的理论立场、条分缕析的逻辑论证和睿智闪光的话语表述，体现了综合性的学术特征。从理论和实践的统一、历史和逻辑的统一上，有理有据地回应了国内外一些人对于我国主流意识形态的种种歪曲和责难，它以对一个重大理论难题的有效破解，对笼罩其上的层层迷雾的拨开，从根本上推倒了“非意识形态化”的马克思学根据，为在新的历史条件下坚持和发展马克思主义的党性原则、建构当代中国的富有活力的意识形态阵地提供理论支撑，[②] 也是思想政治教育重要的理论资源。

有的研究回顾了中国共产党在意识形态建设理论上的创新。坚持既一脉相承又与时俱进的马克思主义是新中国的灵魂，也是新中国主流意识形态建设的基本经验。毛泽东确立了新中国主流意识形态建设的基本原则，从国家根本制度上确立马克思主义的指导地位和中国共产党的领导地位；邓小平理论和“三个代表”重要思想是针对新的历史条件创建马克思主义话语权的重大成果；以胡锦涛为总书记的党中央根据新世纪、新阶段的新特点，不断推进我国社会主义意识形态建设，是新世纪我国主流意识形态建设的伟大战略飞跃。[③] 有的研究强调，社会主义意识形态建设的根本问题是坚持、巩固和发展马克思主义指导地位问题。当前我国社会主义意识形态建设必须坚持马克思主义的指导地位，这是由社会主义基本经济制度

① 闵永新：《大学生思想政治教育有效性研究的现状与展望》，《思想理论教育导刊》2010 年第 1 期。

② 李崇富、辛向阳：《拨开笼罩在“意识形态”上的层层迷雾——读〈马克思的意识形态批判与当代中国〉》，《马克思主义研究》2010 年第 8 期。

③ 侯惠勤：《中国共产党在意识形态建设理论上的创新》，《新视野》2010 年第 2 期。

决定的，也是由我国社会主义意识形态的本质属性及马克思主义在社会主义意识形态中的地位和作用等因素决定的。坚持马克思主义在社会主义意识形态建设中的指导地位，需要协调处理好继承与发展、指导思想一元化与思想观念多样性、社会主义意识形态的理论基础与具体表现形式等关系。[①]

划清“四个重大界限”成为思想理论界讨论的重大问题。党的十七届四中全会提出的划清“四个重大界限”，从中国特色社会主义的指导思想、经济制度、政治民主、思想文化四个维度出发，提出要把牢思想关、政治关，高度关注意识形态领域的动向，时刻警惕意识形态领域的斗争，充分表明党在思想政治上的敏锐性，体现党在思想政治上的科学性，反映党在思想政治上的成熟性。[②] 为深入学习领会划清“四个重大界限”的重大意义，中央宣传部理论局组织编写了《划清“四个重大界限”学习读本》，人民日报、光明日报和求是杂志等纷纷发表重要文章，广大理论工作者围绕划清“四个重大界限”的若干重点和难点问题进行了有针对性的深入研究，由此形成了2010年我国思想理论界关于“四个重大界限”讨论的热潮。这是近年来关于民主社会主义、普世价值、中国模式等问题讨论的继续和深化。学者们指出，当前我国正处于改革发展的关键时期，世界范围内各种思想文化交流、交融、交锋更加频繁，意识形态领域的斗争更趋复杂，从理论与实际相结合的高度，教育和引导党员、干部自觉划清“四个重大界限”，是党的思想理论建设中一个重要而紧迫的任务，是加强党的意识形态工作和思想政治工作的重要举措，是建设马克思主义学习型政党的基本要求，对于提高全党的思想政治水平，坚定走中国特色社会主义道路的信念，增强党的执政能力，具有重要意义。[③] 可以说，在当前，“加强党的意识形态工作和思想政治工作”，就是要“引导党员、干部增强政治敏锐性和政治鉴别力，筑牢思想防线，自觉划清四个重大界限”[④]。

继续针对几股错误思潮进行批判。有的研究认为，我们反对和批判现在有些人所主张的普世价值，一是指有些人把本不具有普世意义的东西主观地冠以“普世”的名义，有人把西方资本主义国家特别是美国所提倡的“自由、民主、人权”说成是具有普世价值的东西；二是指少数鼓吹民主普世价值的人怀有很坏的目的和不良的用心，就是要用西方特别是美国的民主政治制度取代我国现行的社会主义的人民民主专政的政治制度，要我们放弃共产党的领导和人民代表大会制度，实行西方的多党制和议会选举制，放弃社会主义道路，走资本主义的道路。[⑤] 有的研究指出，在当今世界，西方资本主义凭借其在经济科技上的优势，依然维持着其思想上的统治，把持着强势话语权，有资格以“普世价值”名义推行自身价值观。“普世价值”之争表明，核心价值观上的渗透与反渗透，既是当前意识形态冲突的动向，也是我们借以判断当前意识形态态势的重要依据。[⑥] 有的研究认为，历史虚无主义之所以受到多种

① 夏建国：《论社会主义意识形态建设的根本问题》，《武汉大学学报》（人文科学版）2010年第2期。

② 颜晓峰、刘光明：《自觉划清“四个重大界限”》，《求知》2010年第6期。

③ 钟欣：《自觉划清“四个界限”切实筑牢思想防线——学术理论界关于划清“四个界限”的研究动态简述》，《求是》2010年第14期。

④ 《中共中央关于加强和改进新形势下党的建设若干重大问题的决定》，人民出版社2009年版。

⑤ 李士坤：《论建设社会主义核心价值体系的重要意义》，《中共福建省委党校学报》2010年第4期。

⑥ 侯惠勤：《“普世价值”与核心价值观的反渗透》，《马克思主义研究》2010年第11期。

错误思潮青睐，是因为它的反马克思性被新自由主义和民主社会主义利用，三者在阶级属性、哲学基础和价值观等方面具有同一性。因此，批判新自由主义和民主社会主义，必须鲜明地坚持历史唯物主义，批判历史虚无主义。①

深化意识形态与思想政治教育研究。思想政治工作的重点在于，把握新形势下主流意识形态建设的主动权，提炼简单、明了、制度特征鲜明而又与优秀传统、人类文明未来相一致的核心价值观，并着力加以培育。有的研究深刻揭示了当代意识形态冲突的实质是以核心价值观为核心、以文化软实力为特征的较量。因而，加强意识形态建设就是要用社会主义核心价值体系教育党员干部和广大人民群众。在文化软实力的斗争中，核心价值观的冲突首当其冲。要在这场意识形态的斗争中取得胜利，排除西方国家的渗透和干扰，全心全意发展国家，就必须认清问题实质，巩固马克思主义的指导地位不动摇，坚持不懈地用马克思主义的最新理论成果武装全党、教育人民。② 加强对青少年社会主义意识形态建设尤为重要。因为青少年是西方意识形态渗透的重点，攻心战术、抢占互联网阵地、培植青年精英、消解核心价值观的优势地位、侵蚀青少年正确的生活方式是其采取的主要手段。因此，迫切需要我们加强社会主义核心价值体系建设，增强社会主义意识形态对青少年的吸引力和凝聚力，牢牢掌握互联网上社会主义意识形态建设的主动权，完善青年工作机制，强化青少年尤其是重点青少年群体对社会主义意识形态的认同，提升青少年的马克思主义和当代中国马克思主义理论水平，培养青少年正确的生活方式。③

2. 关于马克思主义与思想政治教育问题。马克思主义是我国思想政治教育的指导思想和基本内容。思想政治教育具有马克思主义的学科属性：它以马克思主义为学科理论基础、以马克思主义教育为学科主旨和灵魂、以巩固马克思主义在我国意识形态中的指导地位为学科使命。推进思想政治教育学科建设，要从根本上深化对思想政治教育马克思主义学科属性的认识，在理论研究、实践建设、人才培养等方面牢牢把握思想政治教育的马克思主义学科灵魂。④

有的研究认为，马克思主义的当代价值和当代命运，在于融入中华民族的共有精神家园，并在其中发挥积极的引领作用。马克思主义能否很好地融入中华民族的共有精神家园，取决于能否处理好几个重要关系：在对马克思主义的正解和误解之间、在马克思主义和中华民族传统文化之间、在“有神论”和“无神论”之间、在社会主义与非社会主义之间、在“阳春白雪”和“下里巴人”之间恰当定位。当代中国的马克思主义研究有两个基本的走向：一个是“回到马克思”，寻找马克思主义的真谛；另一个则是走向“生活世界”，走向最广大民众的生活世界，概括和提升他们的哲理创造。所以，马克思主义在今天中国和未来中国的命运都取决于它的理论形态和实践方式的转换和它在民众生活中的认同程度。⑤

关于当前马克思主义理论教育问题。有的研究指出，马克思主义理论教育的重要性和实

① 梅荣政、杨瑞森：《历史虚无主义思潮的泛起与危害》，《思想理论教育导刊》2010年第1期。

② 侯惠勤：《“普世价值”与核心价值观的反渗透》，《马克思主义研究》2010年第11期。

③ 邓希泉：《以青少年为重点的社会主义意识形态建设研究》，《中国青年政治学院学报》2010年第1期。

④ 白显良：《论思想政治教育的马克思主义学科属性》，《学校党建与思想教育》2010年第4期（中）。

⑤ 欧阳康：《融入精神家园——马克思主义的当代价值与当代命运》，《华中科技大学学报》（社会科学版）2010年第1期。

效性之间存在着很大的落差。这种现象客观长期的存在：一方面，马克思主义理论教育作为思想政治教育的重要组成部分，得到党和国家的高度重视和支持；另一方面，马克思主义理论教育却或多或少受到冷漠、奚落和拒绝。如何富有成效地进行马克思主义理论教育，既是重大的理论课题，也是直接关系到青年一代健康成长、中华民族未来命运的现实问题。因此，必须深入研究“什么是马克思主义理论教育、怎样进行马克思主义理论教育”的问题。[①] 有的研究认为，马克思主义理论教育的性质有三层含义：马克思主义理论教育所反映的政党性质、所反映的制度性质以及马克思主义理论教育自身的学科性质。依据这样的定位，马克思主义理论教育具有以下基本特征：方向性，体现马克思主义理论教育所具有的明确的目的性，要求马克思主义理论教育必须旗帜鲜明地用马克思列宁主义、毛泽东思想和中国特色社会主义理论体系武装人们的头脑；思想性，马克思主义理论教育是“引导思想、规范行为”的实践活动，具有对人们行为的指导作用，当前主要是进行社会主义核心价值体系教育；科学性，科学性体现了马克思主义理论教育在内容上的真理性和方法论上的正确性，要求马克思主义理论教育真正做到以科学的理论武装人，以真理的力量说服人，以科学的方法吸引人。这三者具有内在统一性。[②]

关于马克思主义中国化与思想政治教育。在当代中国，坚持马克思主义具体化为坚持中国化的马克思主义，进行马克思主义理论教育也就具体化为中国化的马克思主义教育。思想政治教育要架起科学理论与人民大众的桥梁，用马克思主义中国化最新成果掌握群众。[③] 有的研究指出，马克思主义中国化、大众化与时代化是紧密联系在一起的。当代中国马克思主义大众化必然是“理论掌握群众”与“群众掌握理论”的内在统一，其过程就是双向互动。创新思想政治教育方式，使通俗性与学理性相结合，显性教育与隐性教育相结合，历史熏陶与现实感染相结合，是实现双向互动，从而实现当代中国马克思主义大众化的重要路径。[④] 有的研究指出，马克思主义中国化有其深层的文化动因。中国早期共产主义者最初选择和接受马克思主义，不只是把它作为救国救民的科学真理，同时也是融合了东西方优秀思想的先进文化。马克思主义与中国传统文化既矛盾冲突又交融创新，这是马克思主义中国化的逻辑前提。[⑤] 在推进马克思主义中国化研究的方法论上，必须坚持辩证的思想方法，实现“四个结合”：把伟人思想研究和平民思想研究结合起来、把理论发展研究同实践创新研究结合起来、把理论成果研究同成果应用研究结合起来、把理论成果内容研究同理论成果体系研究结合起来，并特别注意构建马克思主义中国化理论的科学体系。[⑥]

用马克思主义最新成果武装全党是思想政治教育的着力点。可以说，思想政治教育就是一个推进马克思主义中国化的过程，是马克思主义中国化运行推进的载体，党的理论武装工

---

① 参见房玫为《马克思主义理论教育若干基本问题研究》所作的编者按，《思想理论教育》2010年第15期。

② 汤文曙：《马克思主义理论教育若干基本问题研究》，《思想理论教育》2010年第15期。

③ 刘云山：《架起科学理论与人民大众的桥梁，用马克思主义中国化最新成果掌握群众》，《人民日报》2010年3月29日第5版。

④ 侯小慧：《双向互动：当代中国马克思主义大众化的内在逻辑》，《思想理论教育导刊》2010年第7期。

⑤ 都培炎：《马克思主义中国化的文化动因》，《思想理论研究》2010年第1期。

⑥ 郑又贤：《推进马克思主义中国化研究的辩证思考》，《思想理论研究》2010年第1期。

作状态下要求思想政治教育与马克思主义中国化有机整合。[①] 重视学习，加强思想理论建设，提高全党的马克思主义理论水平，是我们党的一大政治优势，也是党建设的根本。建设马克思主义学习型政党，必须用马克思主义中国化的理论创新成果——中国特色社会主义理论体系武装全党。[②] 把学习和掌握马克思主义立场观点方法作为重点，是深入学习中国特色社会主义理论体系、提高思想理论水平的根本要求；始终站在人民大众立场上，立党为公、执政为民，把服务群众、造福百姓作为最大责任，用唯物辩证、实事求是、群众路线的思想方法和工作方法武装头脑、指导实践，不断提高领导工作水平。[③]

加强大学生中国特色社会主义理论体系教育尤为重要。中国特色社会主义理论体系是马克思主义中国化最新成果，是培养中国特色社会主义合格建设者和可靠接班人的强大思想理论武器，是加强大学生应对当前复杂多变的国际国内形势考验的科学指导。[④] 特别是推进大学生对中国马克思主义中国化的认同感，具有重大政治意义和深远的历史意义。有的研究者在 2010 年 4 月作了一次关于"当代大学生对马克思主义中国化认同感"的问卷调查，结果并不乐观。推进大学生对中国马克思主义中国化的认同，必须与大学生的实际相结合，突出实践性，转化为广大青年学生的自觉追求。[⑤] 把马克思主义中国化的最新理论成果融入国民教育中，就是具体融入到思想政治教育教师队伍建设中、融入到大学生思想政治理论课教学中、融入到大学生思想政治教育方式创新中。[⑥] 高校应加强校风建设，优化教育环境，整合教育资源，积极探索新的教育途径，构筑立体化、全方位的教育模式，增强高校中国特色社会主义理论体系教育的有效性。[⑦] 要尊重青年的主体地位，调动青年学习中国特色社会主义理论体系的积极性；着力建构与社会发展趋势和当代青年发展特点相适应的理论传播与教育方式；积极开发用中国特色社会主义理论体系武装教育青年的有效载体；注重引导青年在参与社会实践中掌握中国特色社会主义理论体系。[⑧]

3. 关于社会主义核心价值体系与思想政治教育问题。社会主义核心价值体系是思想政治教育的重要内容。要使社会主义核心价值体系更好地贯彻到思想政治教育中去，一是要对社会主义核心价值体系本身有深入系统的研究，准确把握其实质和精神；二是要深入研究如何把社会主义核心价值体系贯彻到思想政治教育中去。近年来，这两个方面的研究都取得了丰硕的成果。

建设社会主义核心价值体系是 2006 年提出的，2007 年党的十七大又进一步强调。从 2007 年年底，中国社会科学院马克思主义研究学部程恩富教授主持和承担了中国社会科学院重大国情调研课题——"关于社会主义核心价值体系研究和践行情况的调查"，对社会主义核

---

① 叶宗波、李宪伦：《理论武装工作状态下马克思主义中国化意识形态学的构建》，《学校党建与思想教育》2010 年第 4 期。

② 王伟光：《用中国特色社会主义理论体系武装全党》，《中国特色社会主义研究》2010 年第 2 期。

③ 习近平：《深入学习中国特色社会主义理论体系—努力掌握马克思主义立场观点方法》，《求是》2010 年第 7 期。

④ 万美容：《用中国特色社会主义理论体系武装教育青年的方法论思考》，《思想政治教育研究》2010 年第 1 期。

⑤ 游龙桂、陈文：《新形势下推进"90 后"大学生对马克思主义中国化认同感的思考》，《学理论》2010 年第 30 期。

⑥ 谭晓玲：《用中国特色社会主义理论体系加强大学生思想政治教育》，《学理论》2010 年第 5 期。

⑦ 韩柱：《高校加强中国特色社会主义理论体系教育的若干思考》，《南昌航空大学学报》2010 年第 1 期。

⑧ 万美容：《用中国特色社会主义理论体系武装教育青年的方法论思考》，《思想政治教育研究》2010 年第 1 期。

心价值体系宣传与研究、贯彻与落实情况进行了追踪调查，可谓是2010年的重大成果。经过三年的跟踪调研，对建设社会主义核心价值体系所取得的成绩、存在的问题、取得成绩与存在问题的原因以及解决问题的对策等作了全面的分析研究，具有重要的理论价值和实践意义，特别是对思想政治教育的理论与实践具有重大指导意义和实践参考价值。在经过对调查的问题具体深入分析研究基础上指出，加强社会主义核心价值体系建设，一是要在理论研究层面，深化社会主义核心价值体系的理论研究，使社会主义核心价值体系在理论上能够“说服人”、在内容上能够“引领人”、在形式上能够“吸引人”；深入研究如何用社会主义核心价值体系的精髓坚持、发展和扩充马克思主义基本原理，如何批判地吸收中华传统文化、西方文化等人类先进文化成果等关系社会主义核心价值体系建设的重大问题。特别要深化马克思主义基本理论的研究，和中国特色社会主义共同理想的研究。二是在实际工作层面，要牢牢掌握党对意识形态工作的领导权和主动权，努力提高党领导和驾驭意识形态工作的能力；要从源头上治理党内腐败，提高党的威信；要巩固和完善社会主义初级阶段的基本经济制度，形成全民共建、共享的财富创造和分配机制，逐步缩小和消除两极分化；要积极加强理想信念教育，特别是抓好党员领导干部和青少年的共同理想教育；要进一步把知荣明耻与日常工作生活紧密结合起来，鼓励人们从自己、从小事做起。必须积极探索用社会主义核心价值体系引领多样化的社会思潮的途径，建立社会主义核心价值体系的文化领导权，使之成为意识形态国家机器的重要组成部分，巩固马克思主义的指导思想地位，用社会主义核心价值体系来掌控文化话语权，形成有利褒扬高尚品德、谴责不良行为的舆论强势。①

关于建设社会主义核心价值体系的重大意义的研究有所深化。有的研究认为，我们国家实际存在着多种价值体系，这是提出一个核心价值体系的事实前提和基础。核心价值体系是相对于核心以外的价值体系而言的。社会主义核心价值体系就是我国所有价值体系中处于核心地位的价值体系。从社会历史发展的高度考察，一个时代的确立实际上就是一种新的价值观的确立，比如资产阶级时代就是资产阶级价值观确立的时代，资产阶级的价值观就成为衡量一切的唯一标准。②

有的研究探讨儒家伦理与社会主义核心价值观的有机联系，也是很有价值的成果。儒家伦理与社会主义核心价值体系具有潜在的类同性，尤其是社会主义核心价值体系中的共同理想、民族精神和社会主义荣辱观等基本元素，是对传统中国儒家文化中德治文化、礼治文化合理元素的一种汲取和创新。儒学在教化普及进程中的具体实践经验，对当今社会主义核心价值观大众化进程具有相当的借鉴意义。在社会主义核心价值体系大众化进程中，要从正面和积极意义方面挖掘传统民俗的文化底蕴并努力传承，发挥其在道德教化方面潜移默化的作用，以达到敦风化俗，变化气质的目的。③

有的研究认为，社会主义核心价值体系的提出为破解底线伦理与终极价值的辩证统一提供了一条有效途径。社会主义核心价值体系既揭示了当代社会的终极价值，又规范了社会主

① 程恩富、郑一明等：《关于社会主义核心价值体系研究和践行情况的调查报告》，《民主与科学》2010年第2期。

② 李士坤：《论建设社会主义核心价值体系的重要意义》，《中共福建省委党校学报》2010年第4期。

③ 丁根林：《略论儒家伦理普及教化的历史经验及当代启示：兼论社会主义核心价值体系的大众化》，《浙江社会科学》2010年第3期。

义社会人的行为应该普遍遵循的底线伦理。从道德发展层次来看，道德价值的培育是二者转换与实现的中介与桥梁。因此，加强核心价值认知教育是二者转换与实现的思想前提；努力实践核心价值是二者转换与实现的基本途径；营造认同核心价值伦理生态环境是二者转换与实现的重要条件。①

对于社会主义核心价值体系引领社会思潮问题依然是重点，以下研究值得关注。有的研究认为，以社会主义核心价值体系引领社会思潮是一个实践性课题，因此需要做方法论上的探讨。可以把“一致而百虑”看作以社会主义核心价值体系引领社会思潮的主要的方法论原则，辩证地理解作为“一致”的社会主义核心价值体系和作为“百虑”的社会思潮之间的关系。还需要在方法上处理好以下几对关系：引领社会思潮和与社会思潮作斗争的关系、负责任地研究社会主义核心价值体系和对社会主义核心价值体系负责的关系、社会主义核心价值体系建设与自由人格培养的关系。② 有的研究认为“引领机制”是引领工作中的关键。要建构科学、有效的引领机制，首先要明确引领机制应具备强化主流意识形态、疏导同质态非主流意识形态、抗御异质态非主流意识形态、整合与发展主流意识形态的功能。其次要明确引领机制是一个纵贯引领始终、横涉引领各方的复杂系统。再次要明确建构引领机制的基本条件，即充分认识建构引领机制的必要性、制定清晰、完善的政策、提高引领队伍的素质、探索有效的引领方式。③ 有的研究则认为用社会主义核心价值体系引领多样化社会思潮，离不开有效的教育和传播。要坚持和发展马克思主义，保持教育和传播的正当性；要深入分析多样化社会思潮，保持教育和传播的针对性；要实现好、维护好和发展好广大人民群众的利益，要增强教育和传播的现实性；健全教育和传播机制，提高教育和传播的实效性。④

（三）思想政治教育的重大现实问题研究

思想政治教育作为人类的一项社会实践活动，既是统治阶级进行思想统治的客观需要，也是人民精神发展的客观需求；既是党和国家工作的生命线，也是现实和社会的人的发展的准绳。在新的历史背景下，思想政治教育需要解放思想、转变思维、不断创新理论范式，真正面向人和现实，凝聚和鼓舞群众、改善人际关系、协调利益矛盾来推进和谐社会的构建。⑤

1. 关于高校思想政治教育的问题。对高校思想政治教育的研究一直是思想政治教育学科研究的重要领域。李长春强调：大学生是党和国家的宝贵人才资源。要坚持以理想信念教育为核心，以爱国主义教育为重点，以思想道德建设为基础，以大学生全面发展为目标，着力创新方式方法，着力提高队伍素质，着力健全长效机制，着力优化育人环境，不断提高大学生思想政治教育工作水平。⑥ 高校思想政治教育分为政治理论课教学和课余思想生活辅导两大部分。2010 年，学界继续对高校思想政治教育的方法、理念、队伍建设、教学内容、实效

① 谭培文：《从底线伦理到终极价值的转换和实现——兼以社会主义核心价值认同为视角》，《道德与文明》2010 年第 2 期。

② 顾红亮：《以社会主义核心价值体系引领社会思潮的方法论思考》，《毛泽东邓小平理论研究》2010 年第 9 期。

③ 王秀阁：《论社会主义核心价值体系引领机制的建构》，《马克思主义研究》2010 年第 1 期。

④ 孙发锋：《社会主义核心价值体系引领社会思潮的有效教育与传播探析》，《求实》2010 年第 1 期。

⑤ 卢岚：《草根萎缩背景下的思想政治教育》，《学校党建与思想教育》2010 年第 6 期（中）。

⑥ 李长春：《不断提高大学生思想政治教育工作水平》，《党建》2010 年第 7 期。

性、时代性等问题进行探讨，取得了较丰硕的成果，并在以下几个方面较为突出。

从多角度、多层次研究高校思想政治教育问题。有的研究认为，提高大学生思想政治教育科学化水平，是时代发展和教育发展的必然要求。必须把握五个基本规律，即知行合一的规律、言传身教的规律、朋辈影响的规律、因材施教的规律和按需施教的规律。① 有的研究认为，马克思主义理论学科建设是思想政治理论课程建设的有力支撑，要发挥马克思主义在理论和价值上的比较优势，提高思想政治理论课教师队伍的马克思主义的理论素养，在课堂上展现马克思主义的理论魅力。② 有的研究认为，高校必须坚持以科学发展观统领思想政治理论课和马克思主义理论学科建设，这是加强和改进大学生思想政治教育工作的新要求。为此，高校应以人为本，坚持全面、协调、可持续的发展原则，对思想政治理论课和马克思主义理论学科统筹安排、合理规划。在机构设置、资金支持、课程安排、队伍建设等环节，统筹兼顾、协调发展、持续推进。③ 建立思想政治教育的长效机制关系到大学生思想政治教育的可持续发展。有的研究建议通过"一岗两责"的岗位责任制，切实保证"三全"育人机制落到实处，做到思想政治教育的"全员、全过程、全方位"。④ 加强辅导员队伍建设、提高辅导员素质备受重视。有的研究认为，良好的品质是辅导员做好工作的前提和基础，从哲学的角度看，辅导员应具备的基本品质包括学习、思考、务实、公正、创新、奉献⑤关于高校思想政治教育的实效性评价分析，也是研究的重点之一。有的研究认为，必须提高思想政治教育评价的科学性和可操作性，可参考教育主客体评价、教育过程评价、教育环境评价、教育活动整体评价四个指标。⑥ 高校思想政治教育的改革和创新，要推进学科体系和教材体系的建设，代表成果之一就是全国普通高等学校从2010年秋季开学起，要统一使用由中宣部、教育部组织修订的、由高等教育出版社出版的高校思想政治理论课2010年修订版教材。而主要抓手就是培训高质量的思想政治理论课教师。⑦ 有的研究强调，教材建设是基础工程，要常抓不懈。⑧ 学风是学生思想道德素质的反映，学风建设是大学生思想政治教育工作的重要内容。应坚持正面引导，狠抓制度管理，营造成才氛围，强化自我实践，促进大学生的全面成才。⑨

对大学生信仰问题的调查成为研究的重点。有的研究对大学生信仰的特点进行了调查分析。调查表明，当代大学生宗教呈现出以下一些新特点：对人的态度总体肯定和信任，但人际顾虑和不信任成分在增长；对政治形势近看困难重重，远看充满信心，总体评价较好，具体评价问题较多；对社会主义政治价值观念表现出较高认同度，但认可度要低于中国传统价

---

① 杜汇良：《遵循教育规律提高大学生思想政治教育科学化水平》，《思想教育研究》2010年第5期。

② 陈锡喜：《马克思主义理论学科建设支撑思想政治理论课程建设的可能性思考》，《思想理论教育导刊》2010年第10期。

③ 渠长根：《以科学发展观统领思想政治理论课与马克思主义理论学科建设》，《思想理论教育》2010年第3期。

④ 张耀灿：《化解瓶颈制约，推进科学发展》，《理论经纬》2010年第4期。

⑤ 曹勇、张耀灿：《高校辅导员必备品质的哲学思考》，《前沿》2010年第8期。

⑥ 任祥：《高校思想政治教育实效性评价分析》，《光明日报》2010年2月17日。

⑦ 倪光辉、郝悦、周琳：《开创思想政治教育新境界》，《人民日报》2010年5月26日。

⑧ 李梁：《新中国成立以来高校思想政治理论课教材建设的探索历程和基本经验》，《思想理论教育导刊》2010年第1期。

⑨ 张丽、林鑫：《以学风建设为突破口——全面推进大学生思想政治教育》，《求实》2010年第1期。

值观念和西方价值观念；注重从党的宗旨和精神追求角度选择入党的理由，但入党动机中渗透着明显的个人利益考虑；多数大学生破除了对宗教的神秘和负面印象，但对宗教传播危害认识不足；封建迷信思想尽管得不到多数大学生认同，但依然还有一定市场。这些特征折射出一些值得引起注意的问题：一是大学生对科学信仰的比例日益下降，宗教信仰却得到越来越多学生的理解；二是尽管大学生依然保持着较高的人际信任，但顾虑在增长，市场经济中的一些消极负面观点逐渐渗透在人际关系中，成为人际关系的基本准则；三是虽然大学生对爱国主义、集体主义、为人民服务等社会主义价值观念有较高认同，但认同度低于代表西方资本主义的核心价值观念的政治价值观念和中国传统政治价值观念；四是虽然不少大学生把入党看成一种信仰和精神追求，但大学生入党动机中渗透着较多的功利考虑，大多数学生把入党看成一种现实个人发展的考虑；五是大多数大学生对宗教问题缺乏警觉，在宗教传播问题上认识错误，封建迷信在不少大学生心中还有一定的市场。① 有的研究对当前大学生“信仰教育状况”进行调查研究分析，认为信仰教育的工作重点是：建立层次性和发展性的信仰教育目标体系；发展规模化和网络化信仰教育模式；确立科学性和人文性的信仰教育内容；探究传统与现代相结合的信仰教育方式；强化高校教师自身的马克思主义信仰教育。当前信仰教育工作的难点在于：如何结合大学生身心成长特点、生活阅历进行信仰教育；如何引导大学生在多元文化中进行信仰选择；如何恰当运用社会正负面现实进行信仰教育；如何把握信仰教育中的现实性与超越性关系。② 另有的研究以广西 10 所高校的大学生信仰问题调研结果为例，对当前大学生信仰现状、大学生信仰的内涵和政治边界教育等问题作了分析，并提出解决的对策。调查显示，当代大学生的中国特色社会主义共同理想信仰已基本确立，但信仰的内涵与政治边界仍不清晰。要解决这些问题，必须加强马克思主义信仰理论研究；培养一支马克思主义信仰坚定、理论与教学水平高的师资队伍；把马克思主义信仰教育贯穿于马克思主义理论教材内容始终。③

“90 后”大学生的思想教育研究备受关注。从 2008 年开始，大学生群体出现了“分水岭”式的变化，“90 后”大学生开始走进高校校园，高等教育开始面向一个新的时代群体。2009 年更成为“90 后”大学生的元年。④ 由于“90 后”学生所处的社会环境，使他们的身心发展、认知能力、思想状态、生活习惯、价值认同等都具有特殊性，如何针对“90 后”大学生进行教育，成为高等教育的重要课题，自然也成为思想政治教育关注和研究的热点之一。

“90 后”大学生群体的特征分析。有的研究认为“90 后”生活于网络技术和信息化快速发展的年代，带有明显的时代烙印。“90 后”青年的“标签”也是对他们所出生与成长的时代特征的一种反映。“90 后”现象也是当前世界性的青年代际特征的表现。⑤ 具体表现为：主体意识很强，但集体意识缺乏；民主意识很强，但享乐主义盛行；创新意识很强，但抗挫折

① 佘双好：《当代青年大学生信仰的特点及问题分析》，《学校党建与思想教育》2010 年第 11 期。

② 熊沽、张爱林：《当前大学生信仰教育之重难点问题分析》，《西南大学学报》（社会科学版）2010 年第 3 期。

③ 谭培文：《当代大学生信仰与信仰教育研究——以广西壮族自治区高校为例》，《广西师范大学学报》（哲学社会科学版）2010 年第 2 期。

④ 胡德平：《“80 后”辅导员开展思想政治教育工作的挑战与探索》，《思想理论教育》2010 年第 7 期。

⑤ 滕飞：《“90 后”大学生的特征分析和高校育人工作的对策建议》，《北京教育》（德育版）2010 年第 1 期。

能力较弱。[①]“90后”大学生普遍存在的心理特点表现为：行为特点上具有很高的自主性，他们渴望独立也表现得过早成熟，但实际是他们依赖心理强，抗挫能力差，假性成熟；情感特点表现为外显而又张扬，但深度不够，具有情绪心境化，隐蔽性差的特点；思维特点表现为观念前卫、超前、“世故圆滑”；认知特点上是常常逆向而行、悖于常理，聪明的“90后”都有一技之长，但大多数人对学习没兴趣，并且有强烈的叛逆意识。“90后”大学生的平均智商高、好奇心强、接受新生事物能力强，富有创造力，具有创新精神。[②]

影响“90后”大学生群体思想文化及心理特征的分析。研究一致认为，“90后”大学生是在中国经济发展最快、成就最大，中国社会结构转型最为激烈、科学技术发展最为迅速，人们的思想观念最为解放、价值观也最为多元的时期成长起来的。[③] 有的研究将其概括为时代、社会、家庭三个方面，而首先是时代因素。[④] 市场经济体制的运行规则以及市场中的个体行为模式对“90后”大学生的价值判断和人格特征有着很大的影响，而网络技术和信息化的高速发展是“90后”大学生成长中的重要时代特征。相当一部分“90后”在童年就开始了网络生活。[⑤] 他们的生活是与互联网、移动电视、手机等新兴媒体带来的网上聊天、短信、博客、播客等新的传播方式相伴随。[⑥] 另外，家庭因素也是重要原因。“90后”大学生是出生在国家推行计划生育政策的年代，在家多为独生子女，因而备受父母、长辈的疼爱与呵护，同时也寄托着家人的希望。家人的过度溺爱，使其形成了娇惯、任性、自我、不善于交流、自理能力差、心理素质低等不良特性。[⑦]

“90后”大学生思想教育的对策研究。要用辩证发展的观点认识评价“90后”大学生。否定“90后”就等于否定社会，否定时代。[⑧] 但“90后”大学生思想教育不容忽视。对“90后”大学生的思想教育必须实现高校的全员育人工程。树立“全员育人、以学生为本”的管理理念，党政干部、教师、辅导员、班主任等皆是育人主体。要做到真正把大学生思想政治教育贯穿和渗透于教学、管理和服务工作的各个环节，要在全面发展的视野下培养全面发展的人。[⑨] 在教育中，要坚持传统文化和传媒引导相结合，在承认“90后”的多元亚文化存在的前提下，引导其实现主导价值和主体价值的统一，实现自我价值和社会价值的统一。[⑩] 正确引导“90后”大学生理性对待非主流文化，对校园的非主流文化，如课桌文化、宿舍文化、食堂文化甚至是厕所文化，加以引导。[⑪] 要重视“90后”大学生的挫折教育和生命伦理教育，帮助学生辩证地看待问题，树立克服困难的信心；树立关爱自然、关爱他人、敬畏生

① 马永春、李洁：《“80后”、“90后”大学生思想政治教育方法探析》，《思想教育研究》2010年第5期。

② 张宝君：《“90后”大学生心理特点解析与对策》，《思想理论教育导刊》2010年第4期。

③ 蔡昱：《思想政治课教学面对“90后”的思考》，《思想政治课研究》2010年第8期。

④ 张杰：《做好“90后”大学生思想政治工作的对策研究》，《吉林省教育学院学报》（学科版）2010年第8期。

⑤ 滕飞：《“90后”大学生的特征分析和高校育人工作的对策建议》，《北京教育》（德育版）2010年第1期。

⑥ 张宝君：《“90后”大学生心理特点解析与对策》，《思想理论教育导刊》2010年第4期。

⑦ 张杰：《做好“90后”大学生思想政治工作的对策研究》，《吉林省教育学院学报》（学科版）2010年第8期。

⑧ 徐鹏：《试论“90后”大学生思想政治教育的新途径》，《社科纵横》2010年第10期。

⑨ 马永春、李洁：《“80后”、“90后”大学生思想政治教育方法探析》，《思想教育研究》2010年第5期。

⑩ 滕飞：《“90后”大学生的特征分析和高校育人工作的对策建议》，《北京教育》（德育版）2010年第1期。

⑪ 张宝君：《“90后”大学生心理特点解析与对策》，《思想理论教育导刊》2010年第4期。

命、善待生命的生态道德良知。[①] 有的研究强调“90 后”大学生心理健康教育的关键性。高校教育者要在原有心理健康教育的基础上，针对“90 后”大学生的实际特点，找准契合点，拓展教育内容，进而增强心理健康教育实效性。[②] 坚持课堂教学和主题教育相结合。发挥课堂教学主渠道的作用，在开设心理学基本理论和基础知识课程等选修课和必修课基础上，还应开设“人际关系学”、“健康与成才”、“职业生涯规划”等立足于适应与发展的课程，来提高心理素质和适应能力，使心理健康教育全面走进课堂。对于一个与网络不可分割的时代群体，利用网络资源，开创思想政治教育的新载体，成为所有的研究者的共识。可以说，离开网络对“90 后”大学生进行思想政治教育，是无法取得成效的。要牢固占领网络教育阵地，建立形势教育网、校园生活网、心理健康教育网、科技创新网、职业教育与就业指导网等融思想性、知识性、趣味性、服务性于一体的主题教育网站或网页，引导“90 后”大学生身心和思想向健康方向发展。要实现网络管理手段创新和网络组织结构创新的统一，更多地利用各类校外网络平台，如博客、飞信、校内网、开心网等对其进行思想引导，[③] 这种无声的交流，能产生“润物细无声”的效果，对治疗心理障碍起着非常重要的作用。[④] 在网络思想政治教育中，要建立新型的平等的师生关系，最大限度地满足大学生成才的需要，这样的思想政治教育才能做到学生的心坎上，被学生接受，受学生欢迎，达到解疑释惑、化解矛盾、鼓舞士气、激发热情的作用，为大学生成长成才提供精神动力和舆论力量。[⑤]

2. 关于新媒体和网络教育的问题。网络思想政治教育研究也是近年来研究的重要问题之一。随着互联网的迅猛发展，中国网络用户总量持续攀升，互联网也成为现代人特别是青年群体生活的重要组成部分。网络社会拓展青年群体生活空间的同时，引发的网络道德问题日益引起社会的关注，网络成为思想政治教育的新阵地。2010 年网络思想教育研究仍然受到重视。

从主体间性的角度研究网络思想政治教育问题具有创新意义。主体间性思想政治教育是当前理论界研究的前沿课题。自 2002 年起一些学者逐渐把主体间性引入思想政治教育研究。研究认为，网络是主体间性思想政治教育实现的理想空间，一是网络社会人们交往所具有的“去中心化”和“信息共享”的特点，适合进行主体间性思想政治教育；网民队伍的扩大和网络社会问题迫切需要主体间性思想政治教育；二是我国网民不仅队伍增长速度快而且呈年轻化的发展趋势，而中国青少年网民规模在总体网民中占的比例为 51.8%，他们的政治思想道德观念又欠成熟，因此迫切需要对其进行主体间性思想政治教育。网络为主体间性思想政治教育的实现开拓了具体途径，可以利用 BBS、OICQ、BLOG、E-mail 等进行主体间性思想政治教育。[⑥]

青少年网络道德教育继续受到重视。有的研究充分肯定网络对青少年的积极意义。该研

① 马永春、李洁：《“80 后”、“90 后”大学生思想政治教育方法探析》，《思想教育研究》2010 年第 5 期。

② 同上。

③ 滕飞：《“90 后”大学生的特征分析和高校育人工作的对策建议》，《北京教育》（德育版）2010 年第 1 期。

④ 张宝君：《“90 后”大学生心理特点解析与对策》，《思想理论教育导刊》2010 年第 4 期。

⑤ 徐鹏：《试论“90 后”大学生思想政治教育的新途径》，《社科纵横》2010 年第 10 期。

⑥ 蔡丽华、黄永久：《浅析主体间性思想政治教育的网络实现》，《当代世界与社会主义》2010 年第 1 期。

究在调查分析的基础上得出结论：青少年的网络道德是积极向上的、青少年网上亲社会行为表现令人欣慰、网上亲社会行为随年级递增而衰减、网络道德可促进网上亲社会行为，这种网上亲社会行为令人欣慰，青少年在网络中经常做出帮助他人的行为。随着互联网在人们的生活中扮演着越来越重要的角色，网络环境中的亲社会行为将成为青少年道德发展水平和道德品质的重要表现。学校和社会可以进一步加强对青少年的道德认知和情感教育，提高他们的认知水平，促使其产生更积极的网络道德情感体验，培养青少年积极的网络道德意向。①

大学生网络道德教育依然是研究者倾注力量最多的领域。据中国互联网络信息中心近 5 年发布的《中国互联网络发展状况统计报告》显示，大学生是网民中上网人数最集中、最活跃、时间最长的群体。网络作为新的生活元素已全面进入大学生生活，对大学生群体的生活方式、思维方式、思想道德观念、价值取向都发生着直接的、持续的、强烈的影响，给高校德育带来新挑战和新课题。近十年来，高校德育网络化构建的理论研究和实践探索不断深入，有效推动了网络背景下的高校德育工作。面对网络对传统教育模式特别是道德教育的持续冲击，已形成的网络道德教育方式面临着再造的考验。② 有的研究通过大学生网络道德状况问卷调查分析了大学生主要网络行为特征以及网络行为背后的价值观、道德观、大学生网络道德现状及高校的网络道德教育状况，提出要从观念、全员教育体系的构建、加强思想政治理论课教学阵地建设、网络道德社区的建立等方面加强大学生网络道德教育。③

上海交通大学在加强高校网络思想政治教育的实践引人深思。早在 1999 年，上海交通大学党委就前瞻性地提出"思想政治工作进网络"的理念和思路。中央 16 号文件颁发以后，上海交通大学党委又多次召开会议，认真研究如何推进大学生网络思想政治教育工作，努力开拓网络育人新领域。该校积极实践，牢牢掌握高校网络思想政治教育主动权；主动探索，提升高校网络思想政治教育新境界，努力开拓高校网络育人新领域，使网络成为大学生思想政治教育的"第三课堂"。这既是为国家培养高素质创新人才的紧迫任务，又是维护高校和社会稳定的迫切需要。④ 有的研究以北大未名 BBS 作为实证对象，从维护校园 BBS 网络文化的主体地位入手，认为曾经长期承担着发布信息、互动交流、反映现实等重要职能的高校 BBS，开始受到以"人人网"为代表的 SNS 交友网站等新媒体的巨大冲击，使得多年来形成的较为稳定的校园 BBS 网络文化也随之发生重大变化，出现了用户的关注度和参与度下降、原有结构面临调整、讨论环境呈现浮躁态势，不良的和非理性的生活认知态度开始渗入等新问题。高校思想教育工作者需要深入思考如何维护校园 BBS 的重要地位，发挥其作为大学生知性文化传播的中坚阵地。

关于网络道德教育的途径问题。一是网民素质的提高。有的研究认为，信息化时代的青年群体是一个"媒介化群体"，但青年群体应用新传媒的高能力与传媒素养的低水平形成令人尴尬的反差。而更为重要的是，传媒素养的缺失将极大地促使青年群体价值盲从与信仰迷失。

---

① 雷雳、马晓辉：《青少年网络道德实证研究》，《中国德育》2010 年第 5 期。

② 张楠：《大学生网络道德培育的范式创新》，《首都师范大学学报》(社会科学版) 2010 年第 2 期。

③ 张楠、李航敏：《大学生网络道德问题分析及教育的对策建议》，《思想理论教育导刊》2010 年第 10 期。

④ 参见上海交通大学《加强高校网络思想政治教育的实践与思考》，《思想教育研究》2010 年第 4 期。

为此，传媒素养教育是当代青年群体思想政治教育的一个新兴而紧迫的主题。[①] 二是建立有效机制。有的研究提出创新大学生网络道德培育的有效机制、构建网络生态文明，具有一定的创新意义。该研究认为，道德教育应遵循网络化的生态顺应。所谓生态顺应，是指遵循生态规律而主动采取与生态相适宜的、有利于生态平衡和生态进化的作用方式。网络与道德教育是一个双向互动的过程，网络对道德教育造成生态冲击的同时，也促进了道德教育生态的改善，而道德教育则有助于促进网络生态文明形成。实现网络与道德教育的生态融通，是实现网络文明的基础保障，是构建网络文明的根本途径。[②]

3. 农民工（以及新生代农民工）的思想道德状况研究。近些年来，农民工问题被社会广泛关注。从最开始的“民工潮”到近几年的“民工荒”、从农民工的工资拖欠到农民工权益保护、从流动人口的治理到农民工子女的就学问题；从农民工生存生活状态的关注到主张组建农民工组织的建议；从对农民工劳动力的流动到“留城，还是回乡”的探讨，等等，这表明关于农民工的诸多问题已进入社会关注的视野。同时，农民工的精神文化生活和思想道德问题也成为关注和研究的重要领域。

当代农民工思想道德状况是一个不断变化中的相对稳定存在。有的研究从动态与静态两个角度进行了分析。从静态的角度来说，农民工在整个农民中属于主力群体（生产力的主力军），其思想道德状况既具有整体性也存在着分层与分化，并正处于变化之中，呈现出一元主导多元交织的景观。从动态的角度看，当代农民工思想道德出现了明显的“层化现象”，不同层次、不同年代的农民工，在思想道德文化生活上有不同的要求与表现。该研究对农民工的思想道德现状产生的原因进行了分析，认为现实是思想生成的土壤，农民工以传统思想为主导，这是由其乡土性为主的生存与生活方式所决定的，并根源于城乡二元的社会结构。而一元性中呈现出多元性与变化性的思想道德特点，则与其所依赖的不同社会资源支持息息相关。农民工目前的生活方式与思想状况取决于当前的社会结构。从根本上说，它导源于中国特殊的城乡二元社会结构。因此，农民工思想道德建设真正的有效性最终依赖于“城乡二元分化”体制的彻底破除和“城乡一体化”格局的真正形成。[③]

新生代农民工的思想工作受到了社会的重视，全国总工会在2010年5月发出的《关于进一步做好职工队伍和社会稳定工作的意见》中专门提出，要加强对青年职工特别是新生代农民工的心理疏导，关心职工的生产生活，使广大职工有尊严地生活，实现体面劳动。当前，出生于20世纪80年代，年龄在20—30岁之间，总数达1亿左右的新生代农民工已成为农民工的主体，由此也使得农村劳动力流动发生着由“亦工亦农”向“全职非农”转变，由“城乡双向流动”向“融入城市”转变，由“寻求谋生”向“追求平等”转变。相较于老一代农民，新生代农民工思想道德处于游离状态：一方面，难于融入到现代城市思想道德文化之中，另一方面，他们又脱离了传统的思想道德文化教育。[④] 老一代农民工进行的是地理上的“迁移流动”，而新生代农民工所进行的则是一种“社会流动”，农民工开始向着“全职非农”转

① 高立伟：《传媒素养教育：当代青年思想政治教育的新主题》，《学校党建与思想教育》2010年第2期（中）。

② 张楠：《大学生网络道德培育的范式创新》，《首都师范大学学报》（社会科学版）2010年第2期。

③ 丁成际：《社会转型期农民工思想道德状况及建设》，《唯实》2010年第1期。

④ 同上。

变。由“城乡双向流动”向“融入城市”转变，将“打工”视为改变生活方式和寻求更好发展的契机，追求的是身份、地位和文化的提升。新生代农民工的土地情结弱，城市向心力强；亲情意识弱，功利倾向明显；学习、培训意识强，吃苦耐劳精神弱；权利意识增强，组织性较差；消费观念强，节俭意识弱。① 中国青少年研究中心对北京市、山东省、成都市和唐山市四省市青年农民工进行的抽样调查和农业部、人力资源和社会保障部、国家统计局等有关部委的相关调查为依据，分析新生代农民工的思想意识特征：对自身由“城市过客”变成“城市主体”，在工作中有较强的主体意识和进取精神，工作目的取向出现多元化；倾向选择技术含量较高的工作，而且继续学习和再发展的愿望比较强烈；比较重视闲暇的价值，工闲生活时尚化，消费观念多元化，性观念比较开放包容，对婚前同居和婚外性行为态度更为开放与包容；普遍感到社会不公平，认为腐败猖獗和贫富悬殊是最严重的社会问题；倾向于融入城市，成为“新城市人”，在服饰形象方面也在积极靠拢城市人群，有较强的品牌消费意识。而且，在生活方式和消费方式上也已基本融入了城市生活。②

针对新生代农民工的特征，思想政治工作要突出以下几点：一是要发挥社会各类资源优势综合进行，二是要真心关心他们的身心状况，切实解决他们的实际困难，才能收到实效。因此，有的研究强调，各级党、政、工、青、妇组织应贴近新生代农民工生活；要更多关心新生代农民工的精神文化生活；提高新生代农民工的心理健康水平；积极促进新生代农民工融入社区生活。要依托集中居住中心、居（村）综合活动室有针对性地开展社会公德、法制宣传、市民素质等教育活动，积极引导和吸纳新生代农民工参加社区自治组织和各类学习型、服务型、文体型、公益志愿型等居民互助性的社区民间组织，使新生代农民工逐步融入社区生活和社区管理，成为新生代农民工加速融入城市的大熔炉。③ 在农民工社会物质生活与社会心理被双重“边缘化”的进程中，应特别注重城乡协调发展，除加强物质层面的协调建设外，更应重视城乡人民社会心理与思想道德层面的和合，以提高与加强农民工思想道德建设，从而为构建和谐社会奠定思想道德基础。④

三　简要概括

2010年的思想政治教育研究虽然取得了较丰硕的成果、重大问题研究有所进展，为思想政治教育的发展和创新积累了经验。但是，思想政治教育研究存在着一系列问题。找准存在的主要问题、分析产生问题的原因，有利于我们明确今后的研究方向。

第一，努力提高思想政治教育研究的整体水平。思想政治教育研究领域广泛，但极不平衡。目前思想政治教育整体呈现领域广泛、内容多样、成果丰富的特点，但是，领域的覆盖、内容的涉猎、成果的多寡及水平的高低却表现出明显的差异。从研究领域来看，作为思想政治教育学科发祥地因而聚集大批研究人才的高校思想政治教育研究一直占据主体地位，研究

① 长子中：《当前新生代农民工群体观念特征分析及思想引导》，《思想政治工作研究》2010年第3期。

② 刘俊彦：《新生代农民工思想意识的几个特点》，《思想政治工作研究》2010年第3期。

③ 长子中：《当前新生代农民工群体观念特征分析及思想引导》，《思想政治工作研究》2010年第3期。

④ 丁成际：《社会转型期农民工思想道德状况及建设》，《唯实》2010年第1期。

成果也最为丰富、成果水平也相对较高。其次是对军队和党政系统的研究成果，而对企业思想政治教育的研究成果较少，对农村及其他领域的思想政治教育研究不论从成果还是水平来看，都相对滞后。从思想政治教育对象研究的情况来看，以青少年特别是大学生和党员干部作为研究对象的学术成果较多，而以其他人群作为研究对象的成果则相对较少。从具体研究的内容来看，对思想政治教育的必要性和紧迫性的研究较多且比较深刻，但对于提高思想政治教育实效性的研究平面化、同质化倾向明显。在唯物辩证法看来，事物的不平衡是绝对的，思想政治教育研究必须关注现实、突出重点，但在坚持重点论的同时也应坚持两点论。因此，坚持重点领域、重点对象和重大问题优先研究的前提下，对非重点领域、非重点对象和非重大问题研究也给与足够的重视，以避免研究领域的失衡与无序，从而在实践上促进社会整体思想道德水平的提高和社会的和谐发展，应是今后思想政治教育研究的发展方向。

第二，实现思想政治教育政治本色与人文关怀的统一。思想政治教育从诞生开始就带有浓厚的政治色彩，因为它反映的是统治阶级的意识，特别是在特殊的历史时期，思想政治教育的政治色彩更浓，其工具价值特征突出。随着我国改革开放的进行和社会主义建设的不断推进，特别是以人为本科学发展观的确立，越来越多的学者开始意识到思想政治教育的人文性，认识到人文关怀对于有效发挥思想政治教育实效性的重要性，很多研究以马克思主义的人学为基础，强调思想政治教育的个人实现功能和个体价值，这是思想政治教育发展与进步的表现，值得我们肯定。但在强调人文性的同时，“去政治化”倾向也明显表现出来。从本质上来说，思想政治教育仍然带有并将长期带有其鲜明的政治本色，这是思想政治教育之所以被称为思想政治教育的根源所在。去掉或忘掉了这一点而片面地强调人文性，都会影响现阶段思想政治教育的健康发展。因此，如何实现思想政治教育政治性和人文性的统一，是学界需要思考和深入研究的课题。

第三，加强对思想政治教育现实问题对策研究的力度。从2010年的研究成果来看，论述思想政治教育必要性的内容较多，无论是从本质、地位，还是从其价值和作用上，学者都提出了很多重要的观点，这对于我们今后进一步加强思想政治教育无疑具有极大的参考价值。但是，对现实问题的对策研究还显单薄、尚缺乏力度。一方面是对策与措施研究成果数量相对较少，另一方面是对策与措施的研究趋于平面化。思想政治教育实效性的提高确实存在一定的难度，客观上导致了对其研究的难度。这是我们进化需要努力攻克的难题之一。

第四，有效整合资源、实现思想政治教育效果的最大化。从目前的现实情况来看，思想、政治、教育三支队伍分离的问题依然较严重。研究、教学和实践“三支队伍”各司其职，没有有效整合，从而造成教育资源的巨大浪费，在很大程度上影响了思想政治教育的有效性。这一方面需要建立有效的联合机制，为三支队伍的有机结合创造制度条件，同时也需要我们深入探讨思想政治教育实效性瓶颈的根源所在，为我们整合资源提供明确的方向。如何确保研究的成果能够成为教学和实践的有力支撑，同时教学和实践中遇到的问题又能及时反馈到研究对象上来，是目前面临的一个重大课题。

第八章　科学无神论

马克思主义无神论是科学无神论发展的高级形态。它继承了17—18世纪英国和法国唯物主义、19世纪德国费尔巴哈人本主义等人类优秀成果，通过唯物主义历史观和剩余价值论的发现而展示出来。科学无神论作为马克思主义世界观的出发点和基石，由思想文化领域，进入科学社会主义运动的实践。

一　研究概况

加强科学无神论研究和宣传教育，是中国共产党人的一贯方针。在当代中国，科学无神论的研究和宣传教育工作，是党的意识形态工作的重要组成部分，是建设社会主义核心价值体系的重要工作之一。

（一）科学无神论在中国的历史沿革

科学无神论思想自五四运动起传入近代中国。中国共产党人一贯坚持宣传科学无神论、破除愚昧迷信。

1. 近代中国五四运动倡导“民主与科学”，包括反对迷信鬼神，宣传科学无神论，成为中国进入近代的思想标志之一。

在近代中国的学术界，首先使用无神论概念的是著名学者章太炎，其锋芒直指基督教等一神论。在近代中国救亡图存、文化启蒙的历史背景下，五四运动时期的陈独秀、胡适等重要思想家，用西方无神论的思想批判灵学，破除封建迷信等思想枷锁；批判基督教等一神论的有神论，开展抵制帝国主义文化侵略的“非基督教运动”。

科学无神论在中国的传播，是中国共产党诞生的重要思想前提。早期的中国共产党领袖李大钊等人，在传播马克思主义的同时，也将传播科学无神论作为自己重要的使命。波澜壮阔的战争与革命，使旧中国的社会结构发生了深刻变革。1949年新中国成立，为科学无神论的普及和宗教有神论的衰微，奠定了坚实的社会基础。中国共产党人在社会主义建设事业中，将科学无神论的宣传教育纳入了思想文化建设的整体战略中。

2. 当代中国的科学无神论宣传教育事业，在党中央的支持下，艰难奋斗，不断发展。

1963年，毛泽东主席批示，要研究宗教，“批判神学”。1964年，任继愈先生奉命创建世界宗教研究所。改革开放后，任继愈先生建立“科学无神论研究室”，开始招收研究生，包括科学无神论专业，但只招收了一届，其后，“科学无神论研究室”被更为“宗教学原理研究室”。1978年年底，任继愈先生创建中国无神论学会。其后，由于种种原因，学会的工作曾一度沉寂。科学无神论研究事业逐步落入低谷。

20世纪90年代，打着“特异功能”旗帜的新有神论泛滥，各种邪教势力成为影响社会稳定发展的重要问题。1996年，在任继愈先生的倡导下，中国无神论学会恢复工作。1999年，法轮功围攻中南海事件发生以后，中央领导同志责成中国无神论学会创办《科学与无神论》杂志，由中央财政部直接拨款支持。从1999年开始，科学无神论的研究和宣传教育工作进入了一个新时期。

十多年来，在党中央和中国社会科学院的大力支持下，中国无神论学会和《科学与无神论》杂志，为宣传科学精神，开展无神论教育，弘扬社会主义核心价值，为构建社会主义和谐社会作出了重要贡献。

学会和刊物成为当代中国最重要的科学无神论研究和宣传的学术社团和学术阵地，凝聚了一批优秀的研究无神论学者。除社会科学工作者外，还有一些自然科学家、科普作家、新闻工作者等各界人士加盟无神论事业。但是随着时间的推移，这些学者们的年龄越来越大，退休和自然减员相当严重，后继人才培养问题日益紧迫。

3. 与科学无神论的宣传教育相比，学术研究事业，仍处于弱势地位，只有少量科学无神论著作问世。

自20世纪90年代以来，中国学术界陆续出版过少量无神论著作。关于中国无神论思想史的著作有：牙含章、王友三主编《中国无神论史》（1992年）；关于西方无神论思想史的著作有：陈麟书著《西方无神论史》（1993年）；关于马克思主义无神论的著作有：龚学增、李申主编《马克思主义无神论干部读本》（2004年），李士菊著《科学无神论研究》（2002年）和《马克思主义科学无神论的当代阐释》（2006年）。此外，还有由教育部部长袁贵仁和《科学与无神论》杂志杜继文主编的大、中、小学三种《无神论读本》（2004年）。总之，学术著作和普及读物共计大约只有十几种。可以说，在当代中国学术界，科学无神论还没有形成独立的学科体系。

为应对当前国内外严峻的时局，开展科学无神论学科的建设，势在必行。只有建立研究和宣传科学无神论的队伍，形成系统的科学无神论理论体系，才能为应对战略和具体政策，提供人才智库和坚实的思想理论基础。

（二）科学无神论学科的现状

1. 新时期，党中央高度重视加强无神论研究和宣传教育工作

加强科学无神论的研究和宣传教育，是建设社会主义核心价值体系、加强社会主义意识形态工作的重要组成部分。十六大以来，以胡锦涛为总书记的党中央高度重视此项工作，连续作出一系列重要批示。

2003年8月15日，中国社会科学院陈奎元院长致函中共中央总书记胡锦涛，转交中国无神论学会理事长任继愈等撰写的《关于进一步加强科学无神论研究和宣传教育的建议》。8月19日，胡锦涛总书记在陈奎元院长的信函上批示：“关于无神论研究和宣传教育是一项长期任务，需纳入科学研究规划和宣传思想工作的总体部署，锲而不舍地进行。尤其是共产党员应牢固地确立唯物主义的世界观。这与贯彻党的宗教信仰自由政策并不矛盾。”李长春、刘

云山等同志分别批示，要求贯彻胡锦涛同志的重要指示。

2004年5月28日，中共中央组织部、宣传部、文明办和中央党校、教育部、中国社会科学院六部委发出《关于进一步加强马克思主义无神论研究和宣传教育工作的通知》(以下简称《通知》)，提出“要加强马克思主义无神论学科建设和人才培养，办好无神论研究机构和高校有关专业，建立和培养一支用马克思主义武装起来的无神论研究工作队伍”。

2005年3月12日，中共中央政治局常委李长春在任继愈先生《关于创建无神论研究机构的建议》上批示：“建议中国社会科学院加强对无神论的研究。”陈奎元院长批示：“现在封建迷信泛滥、宗教传播深广，进行无神论的研究、宣传和教育的确是文明建设中不容忽视的任务。”

2009年1月14日，中国社会科学院陈奎元院长在任继愈先生的信函上批示：“中国社会科学院理应为研究、弘扬无神论作出贡献。这与落实‘三个代表重要思想’和‘科学发展观’是完全符合的。如果广大人民群众经常去跪拜神佛，‘以人为本’岂不成了空话。”

这些批示和文件表明，以胡锦涛同志为首的党中央，面临新时期中国社会更加复杂的局面，高度重视加强无神论研究和宣传教育，将其纳入到科学研究规划和宣传思想工作的总体部署中。

2. 科学无神论事业迎来了重要的发展机遇期

2009年冬至2010年春，科学无神论事业迎来了重要的发展机遇期。2009年9月中国社会科学院发布《加强马克思主义理论学科建设与理论研究实施方案(2009—2014)》。根据任继愈先生生前致陈奎元院长的最后一封信和陈院长的批示精神，马克思主义理论学科建设方案包括，在马克思主义研究院组建“马克思主义无神论研究室”，成立中国社会科学院“科学与无神论研究中心”(挂靠在马研院)。这是具有转折性的重要举措。

2009年12月24日，中国社会科学院批准在马研院成立“马克思主义无神论研究室”。这是20世纪任继愈先生创建的“科学无神论”研究室被更名后，中国再次出现实体性的无神论研究机构。

根据2010年1月21日中国社会科学院院长办公会会议的精神，2月9日，武寅副院长主持，科研局协调，马研院、世界宗教研究所、中国无神论学会等负责同志参加，将中国无神论学会和《科学与无神论》杂志社，正式由世界宗教研究所移交给马研院。依托马研院的大平台，科学无神论学科将逐步建设起来。

2010年4月20日，中国社会科学院批准成立“科学与无神论研究中心”。这是当代中国第一个“科学与无神论”事业的社会平台。该中心的目标，不仅应成为马克思主义无神论的学术研究中心，开展科学无神论宣传、教育的基地，而且要成为应对宗教意识形态化、境外敌对势力利用宗教渗透的应对战略研究中心。

自2010年7月起，“科学与无神论研究中心”作为协办单位，参与编辑中国无神论学会的刊物《科学与无神论》，推动它向专业学术期刊方向发展。

自2010年起，“科学与无神论研究中心”与中国社会科学出版社签订合作协议，长期出版《科学与无神论》研究丛书。本年度出版的第一种专著为：习五一著《科学无神论与宗教研究》。

2010年，“科学与无神论研究中心”和中国无神论学会联合举办了多次座谈会和学术研讨会。主要如下：

6月25—27日，中国无神论学会2010年年会暨科学无神论的理论与实践研讨会在新疆乌鲁木齐召开。此次会议由中国无神论学会、中国社会科学院科学与无神论研究中心、新疆社会科学院、新疆师范大学共同举办。来自全国各地70多位学者和新疆地区列席者共百余人与会。会议收到论文28篇。与会者围绕着科学无神论的理论体系和学科建设、无神论的宣传教育以及少数民族地区的无神论教育等专题，展开广泛深入的研讨。会议综述发表于《马克思主义研究》2010年第7期和《科学与无神论》2010年第4期。习五一的开幕词被《马克思主义文摘》2010年第12期全文转载。

8月1日，《任继愈宗教论集》出版座谈会在中国社会科学院报告厅召开。此次座谈会由中国社会科学出版社、中国社会科学院科学与无神论研究中心、《中华大藏经》编辑委员会联合举办。来自中国社会科学院、国家图书馆、北京大学、上海师范大学等单位的60多位学者出席。中国社会科学院副院长李慎明发表重要讲话。全文刊登在《科学与无神论》2010年第5期。

11月5—6日，坚持教育与宗教相分离原则座谈会在北京召开。此次会议由中国无神论学会、中国社会科学院科学与无神论研究中心联合举办。主办方邀请中国社会科学院马研院、北京大学、北京师范大学、北京科技大学、中国藏学研究中心、教育部社会科学研究中心等单位的学者，座谈贯彻中共中央统战部、教育部、公安部、国家宗教事务局《关于教育引导大学生正确认识和对待宗教问题的意见》（2007年16号文件）。与会者表示，要坚持教育与宗教相分离的原则，坚决抵御境外敌对势力利用宗教进行渗透活动，培养大学生树立正确的世界观。

二 重大问题研究进展

2010年，科学无神论的研究主要从以下方面展开：科学无神论是马克思主义宗教观的基石；科学无神论建设面临的重大理论和现实问题；自然科学与无神论；中西方无神论思想资源；原苏联的无神论状况研究；邪教和膜拜团体研究。

（一）科学无神论是马克思主义宗教观的基石。

科学无神论是马克思主义宗教观的基石。马克思主义宗教观为科学地研究宗教提供了正确的理论方法。有学者指出，马克思主义宗教观深刻揭示了宗教的本质，辩证分析了宗教的社会作用，以辩证唯物主义和历史唯物主义为基石来考察和研究宗教。作者认为，如果片面停留在“宗教是人民的鸦片”的认识上，是对马克思主义宗教观的误读。进一步研究马克思主义宗教观，确立唯物论，倡导无神论，对于正确认识宗教，在处理宗教问题的过程中，坚持宗教信仰自由，正视和抑制宗教的消极作用，变被动为主动，充分发挥宗教的积极作用，促进社会主义和谐社会的构建具有积极价值①。还有学者提出，马克思主义宗教观是建立在现代自然科学、社会科学和思维科学基础之上的科学宗教观，是我们观察宗教问题的锐利思想武器、开展宗教工作的根本指导思想、搞好宗教研究的基本科学方法。必须全面、深刻地

---

① 陆树程、方文：《马克思主义宗教观及其当代价值》，《马克思主义研究》2010年第5期。

理解马克思主义宗教观的精神实质，把握其历史唯物的基本原则、科学辩证的基本方法和与时俱进的理论品质，积极推进马克思主义宗教观中国化、时代化、大众化[①]。

学者们就如何认识和对待马克思主义宗教观进行了讨论。有学者认为，正确回答“什么是马克思主义宗教观、怎样对待马克思主义宗教观”的大问题，必须坚持马克思主义宗教观的本质和特性，即：坚持马克思主义宗教观的科学无神论本质，就是坚持马克思主义的辩证唯物主义和历史唯物主义的宗教观，就是坚持中国共产党的宗教观，就是坚持社会主义核心价值体系，否则很容易走到“打着马列主义旗号反对马列主义”的邪路上去[②]。有学者认为，马克思主义哲学与马克思主义的宗教学是汲取西方哲学与宗教学精华之大成后的质的升华，对待马克思主义哲学与马克思主义宗教学的正确态度只能是勇于坚持和创新。要坚持和创新，一是要认认真真读一读马克思主义经典作家的原著；二是坚持和创新都要坚持从客观实际出发；三是要从人民群众的根本利益和推动社会进步这一根本立场出发；四是对自己的学术成果要勇于接受人民群众实践的检验；五是要善于并大胆地借鉴汲取正在发展变化中的中西方哲学各方面的优长，同时也要勇于抵制和扬弃其中的错误与糟粕；六是一定要有强烈的历史责任感和使命感。[③]

有学者结合社会主义的实践，来探讨马克思主义无神论的内涵和意义。习五一在《社会主义者是实践的无神论者》一文中指出，马克思、恩格斯对宗教的批判，与历史唯物主义的创立同步，两者相辅相成，密不可分。科学无神论是历史唯物主义宗教观的哲学基础，与共产主义事业紧密相连。该学者认为，社会主义者是实践的无神论者，列宁发展了马克思主义的无神论，主要内容包括：(1) 社会主义国家的宗教政策是政教分离和公民宗教信仰自由；(2) 无产阶级政党要坚持和宣传无神论；(3) 处理宗教问题，始终要服从无产阶级革命的总任务。该学者指出，目前中国共产党“以人为本”在解决宗教问题上有两层意义：一是以“为人民服务”为根本宗旨，依靠人民大众，为人民谋幸福，信教者和不信教者同属于人民，但国家决策上没有神灵的位置；二是高扬人文主义理念，是人民大众逐步脱离“宗教神性”，坚决地、真诚地向“人性”复归。[④]

有学者对中国共产党在马克思主义宗教观方面的认识尤其是十六大以来党中央在这方面的新认识和新观点进行了总结。他们认为，以胡锦涛为总书记的中央领导集体从构建社会主义和谐社会的战略出发，明确提出要建立和谐宗教关系；从建设中国特色社会主义的大局出发，强调要充分发挥宗教在促进经济社会发展中的积极作用；从巩固新时期统一战线的高度，进一步要求加强和改善党对宗教工作的领导[⑤]。

如何从马克思主义无神论来看待进行科学无神论宣传和教育的问题？宣传科学无神论、批评有神论是否正当、是否合理，这是科学无神论研究需要回答的一个前提性问题。田心铭

---

① 裴飏：《深入研究马克思主义宗教观》，《世界宗教文化》2010 年第 4 期。

② 加润国：《如何认识和对待马克思主义宗教观》，《科学与无神论》2010 年第 4 期。

③ 李慎明：《做一名有强烈历史责任感和使命感的学人——在“追思任继愈先生：〈任继愈宗教论集〉出版座谈会”上的讲话》，《科学与无神论》2010 年第 5 期。

④ 习五一：《社会主义者是实践的无神论者》，《科学与无神论》2010 年第 4 期。

⑤ 何虎生、周守高：《十六大以来党中央对马克思主义宗教观的新认识和新观点》，《世界宗教文化》2010 年第 1 期。

撰文指出，马克思主义是我们立党立国的根本指导思想，坚持科学无神论是坚持马克思主义的题中之义。坚持辩证唯物主义和历史唯物主义，坚持马克思主义宗教观，都必须坚持科学无神论。他指出，坚持科学无神论不能不分析批评有神论，这是科学无神论在研究对象和基本结论方面的本质特征所决定的。科学无神论是作为有神论的对立面而产生和发展的，不研究不批评有神论，科学无神论是不可能存在和发展的。当然，科学无神论研究和宣传必须坚持以马克思主义为指导，遵循党的宗教工作基本方针。坚持科学无神论同努力实现宗教方面的三个"和谐相处"是统一的。[①] 还有人指出，自中华人民共和国成立以来，科学无神论的宣传和教育，一直是我们思想理论建设和精神文明建设的极为重要的内容，是坚持马克思主义的题中应有之义。无神论是马克思主义的思想基础，宣传无神论与贯彻党的宗教信仰自由政策并不矛盾；提倡无神论，是社会和谐的重要基础，宣传无神论不仅不会损害社会和谐，相反，还能够正确引导妥善处理好社会矛盾；宗教的替代性满足不能解决现实生活中的道德修养和精神安慰问题，共产主义道德和中华传统美德才能真正满足人们无限的精神需求和精神超越[②]。

有人就无神论宣传和教育问题提出，要敢于宣传宗教的负面影响。作者认为，在中国传播无神论和全面认识宗教的影响，是任重道远的任务。从公民有信仰自由的权利来看，宗教的发达繁荣，无可厚非；但从全民提高科学文化素养的角度来看，不能不认为是科学教育与无神论宣传的失败。一个时期以来，科学的普及远不如宗教迷信的扩散有力，而且不时遇到以维护宗教政策为由，限制对宗教阴暗面的揭露与批评。其结果是反而会毁了宗教。特别是今日在金钱的腐蚀下，宗教信仰也在变质，成了利润机器，无神论者当然更不应该为之隐晦，作为科学家发言，并非代表政府，只能着眼于是非，更不可丢掉是非[③]。

关于科学无神论和马克思主义无神论的关系，杜继文指出，科学无神论不但是一种世界观和思维方式，而且也是一种人生态度和生活方式；科学无神论是马克思主义宗教观的基石和起点，与科学社会主义有血肉联系。它服从和服务于工人阶级政党的历史使命和国家的整体任务，为"科教兴国"贡献力量，让社会摆脱愚昧迷信的负担，家家过上健康和谐幸福的生活，每个人得到独立自由而全面的发展。无神论是劳动和人性自觉的产物，是人类文明和思考的成果；马克思主义无神论也属于科学无神论范畴，但更彻底、更科学，是科学无神论的高级形式，其特点为：唯物史观的理论与科学社会主义运动的实践以及贯彻始终的科学精神。唯物史观，把无神论纳入了科学社会主义运动。在认识科学无神论的同时，我们需要对宗教的信仰内核及其意识形态功能建立正确的理解。宗教具有特定的核心观念、信仰对象和仪式，这构成其信仰内核。这些内核并不具有永恒性，相反，宗教发展的历史表明，没有一成不变的教义，没有永不消亡的教派，宗教是受到历史发展规律支配的精神现象，其本质在于它的社会性。与此同时，宗教一旦被特定社会力量组织化——包括思想体系的构建和教会组织的确立——之后，便被赋予了意识形态的意义，具有了社会的性能。其影响便不再局限

---

① 田心铭：《坚持马克思主义与坚持科学无神论》，《科学与无神论》2010年第2期。

② 李建生：《"中国无神论学会2010年年会暨科学无神论的理论与实践研讨会"综述》，《马克思主义研究》2010年第7期。

③ 陶世龙：《要敢于宣传宗教的负面影响》，《科学与无神论》2010年第1期。

于精神层面，而是转化成了物质力量。很多宗教的戒条都表现出对内的封闭性、内聚性以及对外的排他性和扩张性，而这些特征往往成为对内进行政治迫害，对外发动侵略战争的经典根据。①

有学者研究了青年马克思从有神论到无神论的思想转变过程。马克思早年的中学作文主要体现了他宗教观的有神论阶段，但此时他也在一定程度地显示出与传统宗教有神论的不同，他的博士论文表现出他向无神论的转变。这一转变发生的原因在于，当时理性精神的发扬、宗教革新运动、学校教育、家庭环境的变化都对马克思的宗教信仰产生了影响；更重要的是，马克思在思想认识上发生了变化：一是将"神的存在"问题转化为"神的观念"问题；二是在与宗教的对比中选择了哲学；三是发现"神"的特殊性与理性精神的普遍性相抵触；四是发现"神不承认自我意识具有最高的神性"与"自我意识"相矛盾。②

有学者就恩格斯对马克思主义宗教观的产生和发展的贡献进行了研究，认为，恩格斯用历史唯物主义的观点研究宗教问题和宗教现象，阐述了马克思主义宗教观的基本观点，并做出了一些独创性的贡献。该文从宗教起源与历史发展，宗教的历史发展与社会经济、政治制度的变化，宗教与科学，宗教与哲学，宗教与社会主义等五个方面，说明了恩格斯对马克思主义宗教观所作出的理论贡献③。

有学者对一些重要的存在争议的问题进行了研究和讨论。有学者提出，在当今世界，许多人包括一些打着马克思主义者旗号的研究者竟然在如下两个最基本的问题上产生了怀疑：其一，马克思究竟是不是唯物主义者？其二，马克思的唯物主义是不是与宗教目的论相对立的？他们千方百计地在"制造"一个不信奉唯物主义、其理论与宗教目的论相容的马克思。作者借助于J. B. 福斯特的研究，以无可辩驳的事实澄清了这两个基本问题。J. B. 福斯特还提出，马克思的唯物主义早在青年时期就已形成，而且马克思主要是通过批判宗教目的论走上唯物主义道路的。④ 另外，有学者也看到，坚持科学无神论的思想导向，存在两个思想障碍：一是无神论能解决信仰需求吗？另一个是宣传无神论能保护信仰自由吗？有作者提出，要准确理解马克思主义关于保护公民信仰自由问题；要深刻理解马克思主义在信仰问题上的突破和创新；要把共产主义理想信念的培育和个人信仰的引导有机结合起来。⑤

（二）科学无神论建设面临的重大理论和现实问题

学者们十分关注当前一些重要理论和现实问题的思想动态，从马克思主义无神论的立场，对一些重大事件、重要问题进行澄清，对某些观点进行分析、提出批判和讨论。

1. 党的宗教政策和方针

2010年年初，一篇文章引发了一场讨论。2008年11月，《中国宗教》刊载了一篇题为《从"精神鸦片"到"社会资本"》的论文，文中提出，党的宗教政策是，"从中国共产党执政

---

① 杜继文：《科学无神论和它的社会责任》，《科学与无神论》2010年第5期。

② 王珍：《试论青年马克思从有神论到无神论的思想转变》，《世界宗教文化》2010年第6期。

③ 王肖燕：《恩格斯对马克思主义宗教观的贡献》，《科学与无神论》2010年第5/6期。

④ 陈学明：《应当重视马克思对宗教目的论的批判——评J. B. 福斯特对马克思"博士论文"的研究》，《科学与无神论》2010年第6期。

⑤ 侯惠勤：《科学无神论与信仰自由》，《科学与无神论》2010年第2期。

初期，一直到‘文化大革命’期间，‘鸦片论’一直是我国宗教工作和宗教研究的出发点和最终归宿”；认为，“从改革开放的角度，赋予了社会主义社会中宗教存在的合法性——宗教信仰及其信教群众，也从被斗争的对象，变成了被团结的对象”。在中国无神论学会理事建议下，《科学与无神论》邀请了几位长期从事宗教事务管理工作和统战工作的老领导举行了一次小型座谈会。座谈会主要是围绕新中国成立 60 年来中国共产党对宗教的方针政策究竟是什么，前三十年与后三十年是否有原则性的变化等问题展开。正如座谈会记录的编者按中所提到的，早就有人在公开媒体和学术报刊上评论过执政党的宗教方针政策及其理论和实践。而存在各种不同认识和观点，以致引起辩论，也是正常和有益的。但自 2001 年《马克思主义宗教观必须与时俱进》一文发表后相关舆论出现了一边倒的迹象，这篇《从“精神鸦片”到“社会资本”》将这种倾向推到了一个新的坡度，引起了人们的特别关注。不仅如此，《中国宗教》的主管单位是国家宗教事务局。该文的发表，使人容易把作者的言论误作官方的意向，具有了舆论的甚至政策的导向性假象。

在座谈会上，原国务院宗教事务局政策研究室主任王秉权认为，中国共产党的宗教信仰自由政策是长期、一贯的，从抗日战争时期就有，而不是从改革开放以后才有的。说中国共产党“鸦片论”，把宗教当成是搞“精神鸦片”的，把信教群众当成“斗争对象”，这是给共产党戴帽子、扣帽子，这是否定过去的历史。中共中央统战部研究室前主任黄铸提出，我们党内文件里面，没有任何文件提到过“鸦片论”。我们党涉及宗教的文件，1930 年的《宪法大纲草案》规定：宗教信仰自由和政教分离。我们党解放以来的宗教工作和政策，就是两大步：第一步是引导宗教适应新民主主义社会；第二步就是引导宗教与社会主义社会相适应。中国藏学研究中心前党委书记朱晓明认为，改革开放以来，党和政府在实践中对宗教工作理论和政策的发展，可以概括为“四论”，即“合作论、管理论、适应论、和谐论”，其中特别重要的是“相适应”问题，要认识宗教在社会作用上的“两重性”，对宗教的现状应该看到基本适应的方面，也要看到还有不适应的方面。宗教信仰自由政策是我们的一个基本政策，但并没有包括宗教工作基本方针的全部内容，并没有反映共产党人在宗教工作上更高的价值追求，这就是要把信教的人与不信教的人都团结起来、和谐相处，把他们的意志和力量集中到全面建设小康社会的共同目标上来。中国社会科学院荣誉学部委员杜继文认为，从马克思主义及其科学社会主义运动的整体中分离出“鸦片论”来，孤立起来，当成中国共产党制定宗教政策的基本观点，是有意识地把宗教信仰领域的世界观问题同宗教的社会功能与政治性质问题混为一谈。马克思主义政党对社会的分析，着眼于社会的生产力与生产关系及其相应的经济基础，依据社会历史发展的阶段性和阶级关系制定自己路线、方针和政策，从来没有用信教与否作为划分社会人群的标准。用宗教划分人群是宗教极端主义和狭隘的宗教布道者的尺度①。

有学者对新中国成立 60 年来科学无神论事业的发展历史进行了概括和总结。作者认为，科学无神论事业的发展经过了四个阶段：(1) 从破除迷信到研究宗教。从一般的破除封建迷信，进入到深入研究宗教问题，宣传科学无神论。其标志为，依照毛泽东的批示，建立了世

---

① 求实：《有关我国宗教工作方针理论问题的座谈会发言——从“鸦片论”触发的话题谈起》，《科学与无神论》2010 年第 3 期。

界宗教研究所。(2)“文化大革命”及其恢复阶段。“文化大革命”期间，一方面对待宗教问题出现“极左”做法，另一方面是宗教以及封建迷信后来的过度发展和泛滥。“文化大革命”后，落实宗教政策取得重要成绩，但无神论宣传工作比较单薄。(3)无神论无人讲时期。学术界对于要不要宣传无神论开始发生激烈争论。争论的结果出现了“有神论有人讲，无神论无人讲”的状况。“特异功能”等兴起，封建迷信重新流行，宗教信仰者的数量急剧增长，有神论泛滥。(4)科学无神论宣传艰难行进时期。1999年创办《科学与无神论》杂志。2003年中国无神论学会任继愈先生等致信党中央领导，得到批示，明确指出无神论宣传教育与党的宗教信仰自由政策并不矛盾。2010年建立了实体性的无神论研究机构。无神论教育问题也逐渐纳入高校思想政治课和教育改革和发展规划中。总之，新中国成立60年来，科学无神论的宣传教育和研究事业经历了一场曲折复杂的过程，现在科学无神论事业正稳步向前发展，科学无神论宣传任重道远①。

2.“宗教自由”和宗教发展趋势

有学者对目前国内存在的某些观点进行了批判性的研究。比如，有些学者主张宗教进入社会所有公共领域，而“宗教自由”是其主要的法理依据，赋予宗教一相情愿的功能则是其理论基础。《试看〈1998年国际宗教自由法案〉中的“宗教自由”》一文从法理上对此进行了分析，文章认为，这类主张的来源是美国《国际宗教自由法案》宣扬的宗教无政府主义，其实质是在搅乱舆论，干涉他国内政。这种“宗教自由”凌驾于他国的法权和主权之上，也违背美国的建国宗旨和宪法原则——政教分离。作者提出，我们提倡多元文化共同繁荣，尊重每个人在宗教信仰上的自由选择，绝对不希望不同文明和不同宗教的冲突在世界上以及我们国内发生。捍卫和完善我国的民主法制体系，是其中极其重要的一环。那些信奉宗教无政府主义的公民和学者，也应当回归法制②。

当前世界宗教发展态势和无神论发展环境到底如何?有人认为世界宗教处于高发期，但是也有学者从新无神论的视角，质疑“当代世界宗教的发展趋势日益强劲”的判断。该学者根据国际社会调查署公布的数据，认为，在现代社会，与不断发展的世俗化潮流相比，宗教有不断衰落之势。一股新的无神论思潮正在西方社会兴起，这股新鲜的知识力量使公众意识到，以科学理性的方法批评宗教，有助于驱散近些年来宗教保守势力制造的阴霾。在影响宗教衰弱的因素中，科学与教育这两个因素特别值得重视③。有学者十分关注西方新无神论思潮的出现，认为新无神论是21世纪美国最引人注目的一个宗教文化现象，它对具有浓郁宗教色彩的美国社会价值观提出了质疑和挑战，引发了美国宗教文化界的巨大震荡和空前论战。作者对新无神论在美国的突起、新无神论的一般特征和主要论点、对新无神论的回应与诘难、新无神论勃兴的缘由等作了介绍和探讨，揭示了美国宗教文化界这场大论战的来龙去脉④。

有学者就中国的宗教生态和无神论发展环境进行了分析，认为中国当代宗教生态景观主

① 李申:《科学无神论与建国六十年(提纲)——在中国无神论学会2009年学术年会上的发言》,《科学与无神论》2010年第5期。

② 文丁:《试看〈1998年国际宗教自由法案〉中的“宗教自由”》,《科学与无神论》2010年第6期。

③ 习五一:《当代世界宗教的发展趋势是日益强劲吗?》,《中国党政干部论坛》2010年第2期。

④ 尚劝余:《美国新无神论晚近勃兴初探》,《世界宗教文化》2010年第4期。

要表现为信教人数持续增长、教徒结构明显变化、宗教格局面临冲击、国外影响更加突出、宗教矛盾日益复杂。基督教在华非常规扩张有着深刻的国际背景，在宗教问题上若不理直气壮地强调“中国特色”，在宗教人权问题上无论怎么做，都很难符合某些国家的标准。在中国当代语境中，无神论的前途命运从根本上说与执政者的经济社会政策及相应制度安排（如全民社保制度）密切相关，科学无神论在不断完善的主流意识形态中应该占有应有的地位。应当创造条件使社会大众有足够多的机会接触无神论、接触科学理性，对青少年进行科学无神论教育①。

3. 教育与宗教相分离的问题

教育与宗教相分离是我国宪法规定的一项原则，在《中华人民共和国教育法》有明确的规定，然而在现实中很多人并不十分清楚，并且目前宗教传播在高等院校中相当活跃，大学生信教问题日益突出，非常引人关注。

有学者从历史和法律规定的角度来探讨了这一问题。他指出，基督教传教和文化神学进入大学和研究机构是近30年中国宗教发展态势中的重要现象。它突破了中国教育的传统，同西方宗教与教育分离的历史趋势相背离，在海外的某些势力的特别关注下，也值得全国瞩目。作者提出这样一些问题，如公立学校和国家科研机构是否应该向宗教开放？与人类文明史的发展方向能否相容，近代教育的理论和实践是否一致，与中国革命和建设密切相连的文化教育理论和实践，这与中国特色社会主义的社会性质和建设“先进文化”的要求能否相容，与国家的教育培养人才的方针和目标是否没有矛盾？通过对这些问题的一一分析，他认为，当前的科学无神论应服从和服务于中国特色社会主义建设，依据《宪法》维护宗教信仰自由的公民权利，着重推动“科教兴国战略”的实施。对干扰和阻碍这一大方向以及在世界观和价值观上制造混乱的各类鬼神论进行揭露和批判，同时正面研究和宣传科学的世界观体系，融入中国社会主义核心价值体系的构建中②。

有学者对大学生信教的情况进行了调查研究。根据2003年、2005年和2008年三次较大规模调查的结果，信教大学生的总比例约占10%左右，信基督教的占大学生总人数的不足4%。从绝对量看，来自农民家庭的信教大学生较多，从家庭背景与信教人数之比看，来自个体户家庭和私营企业主家庭的大学生较多。从性别的角度看，女生较多。从年级看，低年级的较多，而且信教的硕士研究生和博士研究生呈上升趋势。个案分析，家庭的影响、民族传统的影响不容忽视，学生个人遭遇的问题和宗教组织的积极拉拢是重要诱因。分析大学生信教的成因，国民教育体系的某些缺憾使得学生在形成世界观、价值观的时期没有得到正确的引导，从而导致信仰空白或曰精神荒漠的出现，从而给了宗教以可乘之机③。

有学者通过深度访谈和参与式观察的方法来进行研究。有研究以北京市某高校大学生团体为例，发现大学生信仰基督教的原因主要是受家庭或朋友的影响，部分被调查者是出于内心的需要或好奇心信仰基督教。大学生信仰和传播基督教主要有以下几个特点：组织形式社

① 黄奎：《中国当代宗教生态景观·基督教·无神论》，《中国党政干部论坛》2010年第2期。

② 杜继文：《关于宗教神学进入国家教育系统和科研机构问题的商榷》，《科学与无神论》2010年第2期。

③ 李志英：《关于大学生信教的若干问题》，《科学与无神论》2010年第3期。

团化、主要通过人际网络与基督教发生联系、流动性强[①]。还有研究对上海市8所高校的25位大学生进行调查后发现，与普通民众信教历程不同的是，大学生信仰基督教是在遭遇危机、认知探索和人际网络三者的共同作用下实现的。作者认为，大学生信仰基督教与大学教育的缺失有着某种关系[②]。

有学者对少数民族大学生信教问题进行了调查分析。通过调查发现，近几年来自边远贫困乡村的少数民族学生从事宗教活动人数有所增加，干扰了学校正常的教育、教学秩序。因此，我们应该正视少数民族大学生中的宗教信仰现象，对信教的学生进行分析，热情地关心、爱护、教育他们。这对于促进少数民族大学生思想政治教育以及打造少数民族地区“平安校园”具有重大意义。作者认为这种现象存在一定的思想认识根源：即缺乏强烈的科学精神，缺乏正确的理想信念，缺乏排解苦恼的合理选择，受宗教文化和家庭传统的感染，对党的宗教政策缺乏正确的认识等等。还存在一定的心理原因，如人格上多内省、依赖、偏执，严重的政治认识偏差和狭隘的民族主义意识，浓厚的宗教观念和氛围的浸染，受周围频繁的宗教活动和宗教宣传、鼓动甚至威胁，好奇心和追新求异的想法较强烈等等。最后作者提出对策：要完善和加强马克思主义宗教观的教育，提高少数民族大学生思想政治教育的实效性，广泛开展科普宣传，培养大学生的科学精神，加强少数民族大学生心理健康教育[③]。

有学者对宗教传播中境外势力的渗透进行了关注。有学者发现，在境外敌对势力主导的向高校的宗教渗透中，文化宣教已成为一种隐性形式。一些宗教团体和非政府组织打出“学术交流”的旗帜，资助国内一些高校和研究机构的学者建构教会之外的“文化神学”，翻译出版以宣教为宗旨的图书，以“请进来”、“走出去”的方式举办带有宣教性质的研讨班，开设“知识性”、“学术性”的宗教课程和讲座。此类文化宣教，同教育与宗教相分离的原则相悖，是境外敌对势力同我国争夺大学生的重要举措[④]。

4. 关于共产党员信教的问题

有学者明确提出共产党员必须坚持辩证唯物主义世界观，不能信仰宗教。该学者指出，辩证唯物主义是中国特色社会主义的理论和实践所不可缺少的世界观基础。加入中国共产党，就是在宪法规定的宗教信仰的范围内选择了辩证唯物主义的无神论世界观，这是党员作为一个公民已经享有了宗教信仰自由的权利。对于人民群众，必须把宗教信仰和政治态度区分开来。共产党员的世界观信仰问题绝不是“私人的事情”。党员放弃辩证唯物主义而信仰宗教，是对党的指导思想的背离。坚持辩证唯物主义世界观才能正确贯彻党的宗教工作基本方针，避免这样那样的偏离。[⑤]

习五一研究员针对近期国家级研究机构某课题组采取“‘开放与宽容’的政策处理党员信教问题”的建议，通过对西藏地区调查以及总结西藏在解决这一问题的实践经验后认为，党员信教问题“是高举还是降下共产主义旗帜的大是大非问题”，“共产党员不得信仰宗教，这

---

① 谢明：《当代大学生基督教传播现状调查——以北京市某高校大学生团契为例》，《民族教育研究》2010年第6期。

② 华桦：《大学生信仰基督教的原因与路径分析》，《中国青年研究》2010年第11期。

③ 依里合木·牙生：《当前高校少数民族大学生信仰宗教成因及对策研究》，《科学与无神论》2010年第6期。

④ 左鹏：《宗教向高校渗透的隐性形式：文化宣教》，《科学与无神论》2010年第6期。

⑤ 田心铭：《共产党员必须坚持辩证唯物主义世界观》，《科学与无神论》2010年第1期。

并不是新的、过高的要求”。无神论是人类社会文明和思想智慧的结晶。马克思主义无神论与“简单打倒宗教”的文化主义相反，共产党人要团结各阶层民众，包括无神论者和有神论者，齐心合力地为铲除宗教的社会根源，创造理想的共产主义社会而努力奋斗。在这个相当长的历史阶段中，根据不同的国度和社会发展程度，共产党人要制定相应的纲领和策略，将科学无神论的教育和宣传，纳入整个共产主义事业中。解决共产党员信教的问题“需要中央的权威声音，在党内进行振聋发聩的教育”①。

（三）自然科学与无神论

有学者指出，自然科学是近现代无神论的重要基石，特别是生物科学向宗教神学领域发起的挑战。达尔文的进化论动摇了宗教神学的基础，成为科学无神论的支柱之一。在当代科学技术突飞猛进的压力下，传统的宗教势力为保存生存，不断调整的战略，企图为现代宗教罩上科学的光环。当代基督教新基要主义势力提出“智能设计论”（Intelligent Design），向生物进化论发起挑战。美国科学促进联合会发表声明，反对将“智能设计论”列入公共学校的教育课程。在国际宗教组织大力资助下，多种版本的“智能设计论”被翻译为中文在国内出版发行。而人文主义者、科学家的批判声音，仅在新闻媒体上有零星的报道。生物科学分支——神经认知学，用科学技术研究宗教神秘主观体验现象。当代科学技术的不断创新发展，将会导致全世界超自然主义的逐渐衰退②。

有学者对天文学对宗教和哲学的影响进行了研究，指出，天文学研究对象的特殊性和研究方法的有效性深刻影响了包括时间、空间、宇宙结构和宇宙起源、人在宇宙中的位置等核心观念，并影响着其他学科领域的研究方法。这些观念或者因天文学发现得到修正，或者被赋予全新意义。纵观天文学史，天文学不但在方法论上发挥启迪功能，还启发其他学科综合统一地看待自然界。天文学的一些研究成果还深刻地影响了社会生活，成为社会思潮或运动的触媒。天文学变革一次次推动社会意识形态向科学、理性的方向发展③。

有学者注意到，有些科学家将宗教现象本身作为科学研究的对象。科学的进步导致了宗教的观念不断被否定，例如进化论否定神创论，天文学否定了地球是宇宙的中心。在涉及事实的方面，宗教正在不断收缩阵地。然而长久以来，自然科学很少对宗教本身进行研究。如果把宗教视作一种和生物进化类似的自然现象，那么它就应该有起源和发展的过程。有人介绍了一些自然科学家对宗教现象的研究情况。近年来，探索这个意义上的宗教起源已经成为了进化心理学等认知科学领域的一个研究方向。有些科学家认为，宗教是意识进化的一个副产品，或者，宗教的起源是适应和副产品的综合产物④。

学者们对科学家的宗教信仰情况进行了研究。有学者指出，达尔文“一生中的主要享受和唯一职业就是科学工作”。独立的思考和研究实践使他相信，科学同基督没有任何关系，也未曾有过“什么神的启示”，“神创论”是“怪异的理论”和“超自然的东西”，是“不能同

① 李建牛：《“中国无神论学会2010年年会暨科学无神论的理论与实践研讨会”综述》，《马克思主义研究》2010年第7期。

② 习五一：《生物科学探索宗教神学——自然科学是当代无神论的重要基石》，《科学与无神论》2010年第2期。

③ 赵洋：《天文学历史发展对基本观念的影响及其启迪》，《科学与无神论》2010年第1期。

④ 杜磊：《宗教的起源：适应或偶然?》，《科学与无神论》2010年第3期。

意”的。因而，他放弃了普通的宗教信仰①。也有学者认为，达尔文的自然选择理论，不仅摧毁了作为造物主的上帝，同时也摧毁了作为救世主的上帝。但终其一生，达尔文本人在宗教信仰上却是一个不可知论者②。

(四) 中西方无神论思想资源

无神论思想的发展历史中，中国和西方积累了丰富的思想资源，对此进行整理和挖掘，可以为当今的无神论学科建设提供借鉴意义。

1. 中国古代无神论思想

有人对中国古代无神论的特点进行了总结，认为中国古代无神论具有加强王权抵制神权，宣扬人道遏制神道，以实用理性批判神学迷信等鲜明特点。这些特点启示我们，政府在无神论宣传中应该有所作为，必须努力提高全民族的科学水平，必须努力提高无神论的理论水平③。

学者们对古代无神论代表人物的思想进行了分析探讨。有学者提出，针对春秋时期普遍流行的种种世俗迷信，申和叔兴相继提出了“妖由人兴”与“吉凶由人”的无神论命题，有力地推动了先秦无神论思想的发展，并向后人昭示：“天人相分”是无神论思想的原初表现形式；“人本精神”是无神论思想的基本价值取向；“批判意识”是无神论思想的宝贵理论品质④。有人对明末大儒、哲学家、历史学家和无神论者黄宗羲的无神论思想进行了研究，认为黄宗羲将社会上流行的愚昧、虚伪、妄说、神妙等种种迷信现象统称为“怪物”或“邪说”，并运用历史知识和自然知识一一予以揭露和鞭挞。他清醒地意识到世俗迷信、陋习对社会政治、经济的影响，提出必须革除迷信和陋习的主张，并运用气化论揭露种种迷信如“尊天”、“鬼荫”、“地狱”和“投胎”等的虚妄性⑤。还有人对明清时期的王夫之的无神论心理学思想进行了研究，认为，其无神论心理学思想的形成和他的成长背景、社会生活背景和学术思想背景有着密切关系。在自然领域里，他在“气一元论”基础上与有神论展开斗争，即认为气是宇宙的本质，是自然界唯一实体，从形神观和心物观来否定灵魂不灭和鬼魂存在；在社会历史领域里，从多个角度批判了佛道宗教的神学生死观和天命观。虽然王夫之的思想透露着无神论的气息，具有强烈的反神学意义，但受历史局限，具有不彻底性。⑥

2. 西方无神论思想

有人对英国无神论思想的历史进行了研究。作者指出，英国无神论思想是该国政治思想史上的重要内容，长期以来循序发展。其源头至少可溯至都铎王朝晚期，代表人物有伊丽莎白的近臣沃尔特·雷利爵士。在培根之后，霍布斯是17世纪批判上帝和基督教的典范。光荣革命前后不列颠无神论思想大致分为两种类型：洛克、休谟、边沁型，含蓄委婉地质疑上帝和

---

① 于祺明：《达尔文的宗教观——纪念达尔文诞生200周年和〈物种起源〉发表150周年》，《科学与无神论》2010年第2期。

② 陈蓉霞：《达尔文，一个不可知论者》，《科学与无神论》2010年第2期。

③ 徐长安、刘光育：《中国古代无神论的特点及其当代启示》，《科学与无神论》2010年第5期。

④ 张强：《“妖由人兴”与“吉凶由人”——申与叔兴无神论思想评析》，《科学与无神论》2010年第3期。

⑤ 李明友：《明末大儒黄宗羲的无神论思想》，《科学与无神论》2010年第2期。

⑥ 赵雷：《王夫之无神论心理学思想浅议》，《科学与无神论》2010年第4期。

基督教教义，以及托兰德、葛德文、雪莱型，直率无畏地抨击宗教的蒙蔽和虚伪。欧文的批评更是淋漓尽致。19 世纪中叶科学文化的长足进步促成了信仰自由的社会局面，政教合一的政府体制渐被削弱。1886 年布雷德洛事件的了结，是英国政教合一体制明显松动的标志①。

自 2010 年起，《科学与无神论》杂志新辟了《无神论在西方》栏目，系统介绍西方文明发展中的无神论思想及其对宗教的关系。主要介绍了三位人物。

一位是托马斯·潘恩（Thomas Paine，1737—1809），美国独立战争时期的政治活动家、民主主义者，资产阶级革命时期的启蒙思想家，无神论者。他的名著《理性时代》对教会、启示和基督教理论及其相关问题进行分析和阐述。他认为，教会是人创造出来的，其目的在于恐吓和奴役人类；启示本身如同传闻，并没有神圣的根据；基督教的理论与古代神话的偶像崇拜相差无几，它并不宽容；《圣经》的神圣性不能自我确证，曾使全人类变得腐化和野蛮；愚昧的时代是与基督教体系同时开始的，神学阻碍了科学的发展；基督教是依靠刀剑建立起来的②。

另一位是大卫·施特劳斯（D. F. Strauss，1808—1874），青年黑格尔派主要成员，杜宾根学派的主要代表。他的名著《耶稣传》，对圣经新约进行了历史考察，认为几乎整个新约不过是神话，一切神迹都必然是魔术性的，福音书中的超自然记载是不可信的。人可以凭自身过有尊严的生活，不需要向彼岸世界自我欺骗的诱惑屈服。他用科学的普遍性对基督教宣称的特殊性进行了分析，并对耶稣的虚构历史形象进行了阐述。他认为，科学并不是有意对基督教特别严厉，它只是以普遍性为原则；关于世上的伟大人物的历史知识，很少有像耶稣这样令人不能满意的；耶稣的形象是矛盾而不可信的；人类的幸福不可能建立在信仰不可靠的事情之上③。

最后一位是布鲁诺·鲍威尔，德国著名哲学家、政论家、无神论者，青年黑格尔派重要成员，被称为时代“神学领域的罗伯斯庇尔”。在其名著《复类福音作者批判》及其他著作中，他用自我意识对基督教进行批判性分析。他认为，启示包含着矛盾：关于耶稣的一切都是幻想；宗教是被歪曲了的本质，作用似鸦片；宗教活动受人现实利益的支配，但人们还没有足够的勇气承认自己是世界的主人；人的自我意识是一种普遍力量，是世界和历史的唯一力量④。

（五）苏联的无神论状况研究

2010 年，学者们对苏联的无神论教育情况和俄罗斯的无神论发展状况进行了研究。苏联的宗教与无神论问题，无论在苏联解体之前，还是解体之后，都是国际国内争议很大的问题。有学者对苏联无神论研究、宣传教育的指导思想、历史过程、无神论研究、宣传教育的特点进行了回顾和反思，评析了其历史功过。苏联无神论的理论和实践作为一笔历史遗产需要认真加以研究，简单地加以彻底否定和肯定都不是科学的态度。苏联无神论研究、宣传教育的指导思想是基于以下基本原则：辩证唯物主义和历史唯物主义世界观同宗教世界观是根本对

---

① 阎照祥：《英国近代前期无神论思想拾零》，《世界历史》2010 年第 1 期。

② 王珍：《托马斯·潘恩的〈理性时代〉》，《科学与无神论》2010 年第 2/3 期。

③ 王珍：《大卫·施特劳斯〈耶稣传〉》，《科学与无神论》2010 年第 4/5 期。

④ 王珍：《布鲁诺·鲍威尔〈复类福音作者批判〉及其他》，《科学与无神论》2010 年第 6 期。

立的；在社会主义时期，资产阶级意识形态、陈旧的风俗习惯和宗教偏见的残余还将长期存在；在社会主义社会中，必须对人民群众进行社会主义共产主义思想教育；科学无神论的宣传教育要服从党在各个历史时期在经济、政治、文化等方面提出的基本任务。苏联无神论研究和宣传教育的历史可以划分为两个阶段：第一阶段，从十月革命胜利到卫国战争爆发前夕。无神论教育采用的是反宗教宣传的提法，注重反宗教宣传的进攻性和战斗性；第二个阶段是从卫国战争胜利到20世纪80年代中期。这一时期基本上放弃了反宗教宣传的口号，代之以无神论宣传和无神论教育。苏联无神论宣传和教育的主要特点是：强调无神论教育必须以深刻的社会变革为基础，必须同思想教育工作的其他方面密切结合；重视对宗教现状的社会调查；加强科学无神论教育的组织工作，综合运用多种方法。苏联无神论教育作为思想教育工作的一个方面，推动了社会的世俗化进程，抵制和削弱了宗教思想对人民群众的影响；但是也存在不少问题，如开展得很不平衡，一定程度上脱离实际，形式主义和简单化，对于开展无神论教育的认识还存在分歧，等等①。

有人对苏联在农村进行无神论教育的结果进行了研究。有学者提出，在苏联建国后的十余年历史中，随着国家体制的变化，人们的文化思想和价值观念在发生变化，尤其是青年农民的思想和信仰也发生了根本的转变。苏联政府通过采取在每一个村庄建立图书馆和娱乐场所，在农村发展共青团组织，组建专门协会组织“不信神同盟”，开展各种文学艺术形式的无神论宣传措施，对农村施加文化影响，使青年农民的东正教信仰发生了变化。这些变化透视出苏联无神论宣传的成功，体现了社会主义意识形态，被大多数青年农民所接受。有关问题的研究在我国还很薄弱，因此探讨这一问题具有很大的现实意义，尤其是如何对我国青少年进行宗教教育和无神论宣传问题有很大的启示和借鉴②。

苏联解体后，俄罗斯神秘主义流行。这种流行是国际大环境变迁的背景下出现的，也与苏联的演变有着密不可分的联系，与美苏争霸及世界格局的变迁也息息相关。有学者专门对俄罗斯神秘主义流行的现状进行了系统的研究，不仅对其流行的种种表现进行描述，且对其泛滥的原因进行了分析。该学者指出，俄罗斯神秘主义在苏联解体之前已有了明显表现，在1990年代以后大规模地公开传播。各种神秘主义如特异功能，占星术、巫术等纷纷出现，伪科学大行其道，这些都得到政府、军界、媒体和舆论的广泛支持。神秘主义泛滥的原因主要是，理性的堕落使公共意识出现危机；政府滥用职权，为神秘主义畅行提供支柱；媒体推波助澜。该学者认为，俄罗斯神秘崇拜和伪科学的繁荣加速了苏联的解体，神秘主义思想泛滥戕害了一代年轻人③。

（六）邪教和膜拜团体问题研究

“邪教”一词是中国人所使用的术语，国际学术界或社会实践中没有完全相对应的词语，一般认为与西方社会所说的“破坏性膜拜团体”的含义比较接近。邪教问题或膜拜团体问题，仍然是科学无神论研究者们2010年关注的一个重要问题。

有学者指出，当代中国“邪教问题”，在国际学术话语圈中，可以称为“破坏性膜拜团

---

① 龚学增：《前苏联无神论研究、宣传教育的历史功过》，《科学与无神论》2010年第3期。

② 雷丽平、王岩：《苏联无神论教育的成果——农村青年东正教信仰的变化》，《科学与无神论》2010年第4期。

③ 申振钰：《俄罗斯神秘主义流行现状研究》，《科学与无神论》2010年第4/5期。

体”问题。美国基督教新基要主义势力和政治新保守主义势力结盟，共同推动国会通过《1998 年国际宗教自由法案》，使其成为以国家力量进行基督教全球战略扩张的工具。“邪教问题”成为指责中国“严重侵犯宗教自由”的重要口实。目前，该项研究的盲区是，基督教类型的“破坏性膜拜团体”。根据目前国内外的局势，这类团体将会有相当多的发展空间，其中的破坏性因素将成为影响社会稳定的重要因素[①]。

有学者指出，破坏性膜拜团体对发展中国家造成的冲击力，远远超过发达国家。我们应当关注新兴膜拜团体中的破坏性因素。目前，世界上新兴膜拜团体仍层出不穷。15 年内，法国的新兴膜拜教派由 172 个迅速增加到 500—600 个。新兴膜拜团体问题，在当代学术界是个边缘性议题。但是，这个问题在现实生活中依然存在，仍是影响社会和谐发展的一个因素。当代中国的膜拜团体实际现状如何？它的性质、原因、作用如何？其中破坏性因素的特点是什么？怎样防范其危害社会稳定和国家安全？建议有关部门开展持续深入的调查研究，制定并不断调整相应的政策；同时重视开展学术研究，在国际舞台上建立中国自己的话语权[②]。

有学者从心理学角度来探讨邪教问题，指出没有系统研修过心理学的邪教教主，特别是邪教“法轮功”教主李洪志，却十分善于运用心理学的原理去大量捕获信徒。作者从需要理论、心理挫折理论、认识过程理论和群体心理动力理论视角，结合实际案例，揭示了邪教利用心理学技巧来设置骗局，快速发展邪教组织，驾驭和控制邪教信徒，为自己的罪恶目的服务。应当针锋相对地运用心理学的理论和方法迎战邪教，包括揭示邪教满足需要的虚假性，对心理挫折型邪教痴迷者进行心理救助，借助“非正式群体”解救被控信徒，等等[③]。

三　简要评论

在中华民族历史上，人文主义思想丰富多彩，儒释道多元兼容，宗教处于亚文化地带。在当今社会中，社会主义核心价值体系日渐深入人心，同时受到国际国内各种极端宗教势力和思潮的严重挑战，迫使我们在思想文化领域必须挺身应对，加强科学无神论研究和宣传教育工作，迫在眉睫。

改革开放以来，随着“宗教热”的兴起，　种“精心呵护”宗教文化的学术倾向也逐渐升温。有一些学术权威大力倡导“汉语神学”，并积极推动其成为国家研究机构和高等院校的学术方向。这种思潮已经开始影响政策制定和舆论导向。某些号称研究马克思主义宗教观的学者，绝口不谈无神论，力图把无神论从马克思主义那里阉割出去，无神论成为濒危学科。

当前，科学无神论作为独立的学科十分薄弱。根据中国社会科学院党委发布的加强马克思主义理论学科建设的方案，在马研院设立马克思主义无神论研究室，同时成立中国社会科学院“科学与无神论研究中心”（挂靠在马研院）。院领导把科学无神论作为“濒危学科”重点扶持，是抓住了当前问题的实质。“科学与无神论研究中心”和“研究实体”的成立，是高扬科学无神论旗帜的重要举措。这必将影响全国有关领域的思想趋势和学术结构的良性变化，

---

① 习五一：《简评美国〈1998 年国际宗教自由法案〉》，《新疆师范大学学报》（哲学社会科学版）2010 年第 3 期。

② 习五一：《应当关注新兴膜拜团体的破坏性因素》，《科学与无神论》2010 年第 1 期。

③ 徐碧波：《心理学怎样为邪教所用和怎样用心理学迎战邪教》，《科学与无神论》2010 年第 5 期。

对先进文化的建设和民族素质的提高，具有重要的积极作用。

目前，解决学术人才奇缺的问题，是最紧迫核心环节。招聘和培养高水平的研究人员，是能否实现党中央战略部署的关键所在。由于缺乏马克思主义无神论专业人才，今明两年，力争在马克思主义宗教学、科技哲学、西方哲学、中国哲学等专业方面，每年招聘2—3名博士生或博士后，边工作边培养。作为中长期人才建设战略，培养科学无神论专业方向的研究生，势在必行。鉴于科学无神论研究基本成为“绝学”，需要采取特殊政策给予扶持，争取尽早在马克思主义研究学科中增设科学无神论专业方向的硕士点和博士点。

第四篇

热点聚焦

一　关于“历史唯物主义是实证科学、历史科学、还是哲学”的争论

历史唯物主义到底应该如何定性，是实证科学、历史科学，还是哲学？这是个复杂的理论问题。说它是历史科学有文本依据，马克思和恩格斯在《德意志意识形态》中声言，“我们仅仅知道一门唯一的科学，即历史科学”。说它是实证科学也有文本依据，在《德意志意识形态》中有段话说：“在思辨终止的地方，在现实生活面前，正是描述人们实践活动和实际发展过程的真正实证科学开始的地方。”当然说它是哲学更有诸多依据。2010 年度，在历史唯物主义越来越成为理论研究热点之际，关于历史唯物主义定性问题也成为人们关注的焦点，各种观点在相互交锋、争论和商榷中将本课题研究又推向深入。

一种观点认为，历史唯物主义是历史科学。唯物史观不是一种哲学，而是一种历史观、一门实证科学。有学者梳理了马克思和恩格斯的相关论述，指出在马克思和恩格斯发现唯物史观之后，一般意义上的哲学确实终结了，但还保留着形式逻辑和辩证法，唯物史观不是哲学，而是历史观。[①] 有学者通过对“唯物主义”、“历史”、“历史科学”的深入理解，认为历史唯物主义既不能被归结为思辨的历史哲学，也不能被归结为经验论的实证科学。由于它是一种自觉的以一种经过批判性反思的一般性方法原理为范导的实证性或经验性科学，因而在此意义上，它可称之为批判的历史科学。[②]

一种观点认为，历史唯物主义是实证科学。“历史唯物主义不是哲学而是真正的实证科学”。有学者认为，马克思和恩格斯用“真正的实证科学”指称从处在现实的、可以通过经验观察到的、在一定条件下进行的发展过程中的人出发去描述人们实践活动和实际发展过程的考察方法，因而他们认为历史唯物主义不是哲学而是真正的实证科学。将历史唯物主义说成是一种形而上学或本体论哲学，这是对历史唯物主义的曲解。[③]

一种观点认为，历史唯物主义的本质是哲学，“历史唯物主义是哲学而不是实证科学”，哲学与实证科学之间存在着根本性的差别。实证科学以存在者作为自己的研究对象，哲学则以存在作为自己的研究对象。在这个意义上，哲学是为实证科学的研究澄清思想前提的。历史唯物主义正是以存在尤其是社会存在作为自己的研究对象的。历史唯物主义不但体现为理论思维与经验直观的结合，而且体现为以异化批判为核心的社会哲学理论。[④] 有学者指出，马克思和恩格斯并没有否定哲学，而是要扬弃思辨哲学。马克思和恩格斯所谓实证科学是对思辨哲学而言的，而不是说历史唯物主义是实证科学。离开了与思辨历史哲学相对比的意义，容易造成对历史唯物主义性质的误解，以为它不是哲学而是实证科学。历史唯物主义也不能简单归为历史科学，它并不只是关于历史的科学，而首先是关于社会总体结构及其运动发展

---

① 沈湘平：《关于历史唯物主义的重新理解》，《哲学研究》2010 年第 6 期。

② 王南湜：《认真对待马克思的“历史科学”概念——关于历史唯物主义理论特征的再理解》，《哲学研究》2010 年第 1 期。

③ 段忠桥：《历史唯物主义：“哲学”还是“真正的实证科学”——答俞吾金教授》，《学术月刊》2010 年第 2 期。

④ 俞吾金：《历史唯物主义是哲学而不是实证科学——兼答段忠桥教授》，《哲学原理》2010 年第 1 期。

规律的理论。[①]

一种观点主张辩证全面地看待这个问题，不能断言历史唯物主义是什么而不是什么。这应该是本课题研究的方向，但当前相关研究力量较弱，难让人信服。如有学者认为，首先，就马克思的思想旨趣而言，历史唯物主义并没有在哲学和实证科学中形成非此即彼的二元对立，而是在哲学的“逻辑前提”和实证科学的“事实前提”的互动中关注着现代人的生存境况及其历史性命运；其次，从区别于传统哲学的特质来说，历史唯物主义恰好是以人的感性实践为基础，论证并引领着人的自由与解放的“真正的实证科学”；最后，从现象学的视角出发，历史唯物主义既不是一门抽象的思辨哲学，也不是一门仅仅基于感性经验的事实科学，而是一门关于人的感性现象学。[②]

目前关于“历史唯物主义是实证科学、历史科学，还是哲学”仍在争论中，未来研究期待着有超越三者之上的更成熟更有说服力的成果。

二　马克思主义基本原理大众化问题受到普遍关注

在信息时代思想多元化的背景下，如何把马克思主义基本原理同不断发展变化的时代相结合，成为广大人民群众广泛接受、认可和信仰的科学理论体系和行动指南，越来越受到人们普遍关注。2010年，学术界对马克思主义大众化的研究掀起高潮，其核心内容是马克思主义基本原理大众化问题。包括以下三个方面：

一是如何认识和把握马克思主义基本原理大众化的深刻内涵。学者们普遍认为，马克思主义基本原理大众化就是要使这个原理理论体系由普遍抽象变为生动具体、由深奥思辨转变为通俗易懂，由专家学者所理解和掌握转变为广大人民群众所理解和掌握，并成为人民大众的思想理念和价值观念，内化为人民大众自觉的生活方式和行为方式，从而为社会主义现代化建设提供精神支柱。有学者具体指出，马克思主义基本原理大众化是“掌握群众”与“群众掌握”的统一、内容与形式的统一、普及与提高的统一。有学者指出，马克思主义基本原理大众化深刻揭示了“三个统一”，即马克思主义认识论与中国共产党群众路线的有机统一，主流意识形态与公民信仰的有机统一，中国化与大众化的有机统一。有学者强调这是一个“化大众”与“大众化”相统一的双向互动过程，是由“大众塑造马克思主义”与“马克思主义塑造大众”这样的双维取向前后衔接、循环互动所构成的整体。[③]

---

① 本刊记者：《历史唯物主义：是什么为什么怎么用——访中国社会科学院马克思主义研究院特聘研究员陈先达教授》，《马克思主义研究》2010年第7期；边立新：《不能把历史唯物主义实证化》，《理论视野》2010年第8期；张文喜：《马克思“历史科学”的具体化路径探讨》，《山东社会科学》2010年第4期。

② 张廷国、梅景辉：《历史唯物主义是什么意义上的“实证科学”——由俞吾金教授与段忠桥教授之争所想到的》，《学术月刊》2010年第2期。

③ 曹萍、任泰山：《当代中国马克思主义大众化的实现路径探索》，《中国特色社会主义理论》2010年第4期；欧彦伶：《“马克思主义大众化”的科学内涵及实施途径》，《韶关学院学报·社会科学》2010年第7期；宋爽：《论当代马克思主义大众化》，《和田师范专科学校学报》2010年第3期；欧阳仕文：《试论马克思主义大众化的科学内涵》，《经济与社会发展》2010年第4期；李秀芝：《论当代中国马克思主义大众化的实现方式》，《中共福建省委党校学报》2010年第3期；肖士英：《单向塑造还是双向规约——马克思主义大众化内涵诠释合法形态探究》，《华中科技大学学报》2010年第6期。

二是从不同层面、不同视角对马克思主义基本原理大众化的实现路径进行深入探讨，这是本年度马克思主义基本原理大众化研究的最主要内容，很多学者撰文著书，对这个时代课题提出自己的见解和主张。总体说来包括以下途径和方法：（1）马克思主义网络化是推进马克思主义大众化的有效途径。很多学者关注到，在当前新媒体境遇下推进马克思主义基本原理大众化的实现路径，如有学者提出要加强主题网站建设、营造良好的新媒体氛围；有学者进一步指出设置马克思主义网络化的专门机构，组建马克思主义的网络答疑团队，创建马克思主义大众化的“网络基地”，开发马克思主义的网络游戏，等等。[①]（2）在宣传上，语言、形式都要通俗化、形象化、生动化，讲广大群众关注的话题，架起理论通向大众的桥梁。“让马克思主义说中国话”，说能让人听明白的中国话。用大众化的语言形式、大众化的活动形式宣传讲解马克思主义基本原理。[②]

三是关于马克思主义基本原理大众化与通俗化、大众化与中国化等的关系问题。很多学者都谈到，要划清通俗化与庸俗化的界限。通俗化要求深入浅出，用通俗的语言讲明深刻的道理，而不是要把理论变成粗鄙低劣的东西，绝不能因为追求易懂牺牲理论的准确性，不能“失真”；同时通俗化也有不同的层次、不同的形式，需要根据不同时期、不同对象的要求，精心编著一些不同形式、不同风格的通俗读物。关于大众化与中国化、时代化的关系，学者们一般认为它们之间各有侧重，相互衔接，相互促进，是一个有机统一的整体，既不能等同，也不能相互取代。中国化是大众化的前提，大众化是中国化的目的。[③]

三　在“中国模式”问题上各持己见

中国经济独特的发展方式取得了巨大成功，特别是在这次国际金融危机中较为成功地化解了各种不利影响，取得了突出成绩，引起国内外学术界的持续关注。关于中国模式、中国道路的讨论仍然是本年度最受关注的热议话题。究竟有没有“中国模式”？如果有，其内涵和特点是什么？如何看待“中国模式”和中国特色的发展道路？围绕这些问题，有关专家学者运用马克思主义基本原理进行了深入分析，取得重要进展。

有没有中国模式。一种观点肯定有中国模式存在。如有学者认为，中国既有许多成功的事实，包括经济、政治、文化、社会的发展成就，也有许多成功的制度安排。这些事实的背后存在共同的、规律性的因素，而这些共同的、规律性的因素在一定程度上是具有普遍意义的。尽管任何模式都包含两个方面，有正面，也有反面；有成功，也有失败；有积极的一面，

---

① 王玲：《新媒体境遇下马克思主义大众化的思考》，《哈尔滨市委党校学报》2010年第6期；陈东英：《网络化PK大众化：马克思主义大众化的新探索》，《湛江日报》2010年11月21日。

② 陶德麟：《关于马克思主义大众化问题》，《红旗文稿》2010年第2期；张雷声：《推进马克思主义大众化的学科建设路径思考》，《高校理论战线》2010年第6期；袁银传：《马克思主义中国化、时代化、大众化命题解析》，《思想理论研究》2010年第13期。

③ 韩建新：《马克思主义大众化过程中存在的错误倾向及其克服》，《学校党建与思想教育》2010年第5期；杨秀萍：《试论马克思主义中国化与大众化的关系》，《探索》2010年第3期；陈方刘：《马克思主义大众化与大众化马克思主义》，《理论视野》2010年第11期；蔡永生：《推进马克思主义中国化、时代化、大众化的一体化研究》，《教学与研究》2010年第2期；王晓青：《简论马克思主义中国化、时代化、大众化的辩证关系》，《河北大学学报》2010年第5期。

也有消极的一面。但从学术研究的角度来讲，要先承认它是一个客观存在。[①] 一种观点否认有中国模式存在。如有学者认为，中国发展道路或“中国模式”虽然取得了很大成功，但无论经济还是其他方面水平都还不高，而且今天的中国仍然处在深刻变革中，很多方面还远未定型，况且发达国家的发展模式各方面大都达到较高水平，并且经历了长期的、不同环境的检验，因此说，中国发展道路或“中国模式”似乎尚不成熟，尚不足以称为“模式”，并不具备供其他国家借鉴的条件。[②] 关于有没有中国模式目前很难有定论，这个问题也有待于继续探讨。

关于中国模式的内涵。大家看法不一，具体表述多样。有学者认为，“中国模式”是指新中国成立60多年来特别是改革开放30多年来建设和发展中国特色社会主义的理念、战略、政策、实践的过程和结果的总称。[③] 有学者认为，“中国模式”对发展中国家来说更多的是发展经验问题，对西方国家来说则更多的是价值理念问题，“中国奇迹”、“中国模式”的背后，必然有着与之相适应的“中国价值”。[④] 还有学者认为，“中国模式”实质上是在经济全球化背景下，中华民族在中国共产党领导下把科学社会主义基本原则同当代中国国情和时代特征相结合而走出的一条后发国家的现代化之路。对此，准确把握“中国模式”要求我们坚持中国特色社会主义道路的内在要求，科学把握中国特色社会主义事业总体布局，并按照这个总体布局全面推进社会主义市场经济、社会主义民主政治、社会主义先进文化、社会主义和谐社会建设。应当注意把握几个问题：第一，它是马克思主义中国化的模式；第二，它是社会主义的模式；第三，它是发展中大国的发展模式。[⑤] 有学者从经济建设、政治建设、文化建设和社会建设四个方面作了概括：在经济建设上主要体现为“四主型制度”，在政治建设上体现为“三者统一、四层制度”，在文化建设上体现为“一个体系、两个主体”，在社会建设上体现为“一个格局、一个网络、四个机制”。[⑥] 有学者认为，“中国模式”在制度安排和发展模式上主要体现在以下几个方面：一是以公有制为主体、多种经济成分并存的所有制；二是政府主导下的市场经济配置资源模式；三是渐进与梯度推进的改革模式；四是财政分权与区域竞争的区域发展模式。[⑦] 可见，关于中国模式的内涵，不同学者角度不同，视界不同，表述也不同，这个问题还有待继续讨论。

关于中国模式的独特性及其意义。有学者认为，不能把“中国模式”的“特”理解为“中国独有”或“中国特殊”。中国发展道路或中国特色社会主义要十分重视考虑中国的特点，但一定要把普遍性与特殊性联系起来，不能离开普遍性谈特殊性。当前要特别警惕“中国特殊论”，这种观点将可能导致反对借鉴和吸取人类的文明成果，或者导致否认经济社会发展的普遍性规律，限制人们的眼光和思维，极不利于中国特色社会主义的发展。强调中国发展道

---

① 郑永年：《中国模式客观存在应该去政治化》，《人民论坛》2010年第9期。

② 郑云天：《百家评说“中国模式”》，《北京日报》2010年9月20日。

③ 赵启正：《中国无意推广自己的模式》，《中国日报》2010年3月11日。

④ 常培育：《如何释放“中国价值”》，《人民日报》2010年9月13日。

⑤ 程恩富、辛向阳：《如何理解“中国模式”》，《人民日报》2010年9月15日。

⑥ 程恩富、辛向阳：《如何理解“中国模式”》，人民网：http://theory.people.com.cn/GB/12726470.html。

⑦ 纪宝成：《中国模式与中国经济复苏》，《经济学动态》2010年第5期。

路或“中国模式”的“特”，是要表明它主要是适合中国国情的、具有中国特色的、尚在发展变化的道路，因此，不一定是适合其他国家的发展模式，其他国家可以借鉴但不可以模仿，仍应把握普遍性与特殊性的关系，走出适合自身情况的发展道路。[①] 有学者认为，“中国模式”的独特性在于，它既不同于苏联式的“产品经济”，也不同于英美式的“市场经济”，也不是德国和日本史上的“国家资本主义”，中国经济是“国”与“民”相互支撑的经济，即“有中国特色的社会主义市场经济”。[②] 很多学者认为，中国模式对其他国家有一定的借鉴意义，但目前不会成为具有普遍意义的“全球共识”。[③]

四 对马克思主义“三化”——中国化、时代化、大众化展开热烈讨论

党的十七届四中全会首次提出“马克思主义时代化”，将“时代化”与“中国化”、“大众化”并列，学界随即围绕这“三化”之间的逻辑关系展开热烈讨论，形成了诸多观点。例如，有所谓“核心—关键—基础”说、“核心—动力—归宿”说、“三位一体”说、“核心—基础—落脚点”说、“关键—基础—目的”说、“主题—关键—途径”说等等。这些观点的共同点在于，一是高度重视“中国化”在“三化”中的核心地位，二是都强调了“三化”之间不可分割的关系。而不同之处则在于各自的着眼点不同，因而对“三化”及其相互关系认识和强调的程度有所不同。[④] 进入 2010 年后，有关探讨方兴未艾，成为马克思主义中国化研究领域的一大热点。

何谓马克思主义中国化、时代化、大众化？闫志民认为，中国化就是把马克思主义基本原理运用于中国社会历史条件，解决所面临的问题；时代化是指运用马克思主义的立场观点方法研究我们所处的历史时代，并据此制定出符合时代发展要求的理论路线方针政策；大众化的关键是通俗化，为广大群众所掌握。[⑤] 郭建宁认为，中国化就是马克思主义和中国实践、中国社会、中国文化、中国学术相结合；时代化就是马克思主义和时代特征、时代任务相结合；大众化就是马克思主义与广大人民群众相结合。[⑥]

“三化”之间是什么关系？刘云山指出，中国化、时代化、大众化三者紧密联系、相互促进，中国化、时代化为大众化奠定了前提和基础，大众化是中国化、时代化的目的和归宿，中国化、时代化每前进一步，大众化就要及时跟进一步。[⑦] 蔡永生指出，推进马克思主义中国化、时代化、大众化研究，是在整体性推进和相互作用过程中实现的，其中马克思主义中国化是前提，也是核心。[⑧]

如何推进马克思主义中国化、时代化、大众化？袁银传主张，要使马克思主义“说中国

① 沈宝祥：《再谈“中国特色”》，《北京日报》2010 年 9 月 13 日。

② 吴强：《中国模式是走向成功的模式——访北京大学潘维教授》，《红旗文稿》2010 年第 8 期。

③ 胡键：《争论中的中国模式：内涵、特点和意义》，《社会科学》2010 年第 6 期。

④ 石云霞、陈曙光：《关于马克思主义中国化时代化大众化的若干思考》，《马克思主义研究》2010 年第 9 期。

⑤ 闫志民：《马克思主义中国化时代化大众化研究》，《新视野》2010 年第 5 期。

⑥ 郭建宁：《论马克思主义中国化、时代化、大众化》，《学术探索》2010 年第 2 期。

⑦ 刘云山：《架起科学理论与人民大众的桥梁 用马克思主义中国化最新成果掌握群众》，《人民日报》2010 年 3 月 29 日。

⑧ 蔡永生：《推进马克思主义中国化、时代化、大众化的一体化研究》，《教学与研究》2010 年第 2 期。

话”、“说人民群众喜闻乐见的话”，就是要不断提供中国化马克思主义的新文本，用发展着的马克思主义指导新的实践，就是要用马克思主义中国化的最新理论成果武装全党、教育人民。[①] 曹泳鑫认为，加强中国共产党各级组织建设，是马克思主义中国化、时代化、大众化最有效的，也是必须的组织保证。掌握马克思主义基本理论，掌握历史文化知识和最新科技知识，是理论前提。以解决现实突出问题、紧迫问题和长远的科学发展战略问题为出发点，着力破解和平共处、科学发展、拒腐防变三大历史课题，是联系实际的针对性要求。[②] 梅荣政等指出，马克思主义理论创新的科学本性和内在要求，是马克思主义中国化、时代化、大众化实现和不断推进的深刻根据。[③]

五 社会主义核心价值体系的问题仍是研讨的重点

党的十六届六中全会以来，学界围绕“社会主义核心价值体系”命题的重大意义、主要内涵、基本特征、建设规律以及实践路径等多个层面的问题进行了深入探讨。进入 2010 年，学者们继续关注社会主义核心价值观的提炼，同时认真思索社会主义核心价值体系的构建途径。

社会主义核心价值观是社会主义核心价值体系的内核，研究者们尝试着加以凝练概括。梅荣政提出，在进一步提炼和概括社会主义核心价值体系过程中，要重视核心价值观体系内容的科学表述，并建议把这个体系称之为社会主义核心价值观体系。[④] 严书翰主张，民主、平等、集体主义、人的自由全面发展应该成为社会主义核心价值观。[⑤] 任建东等认为，社会主义核心价值观集中体现为和谐与公正。[⑥] 理论界十分重视理想信念的突出地位，李慎明提出，共产党人坚定自己共产主义的远大理想和中国特色社会主义的共同理想，是学习践行社会主义核心价值体系的重中之重[⑦]；王向明强调，建设中国特色社会主义的共同理想，是社会主义核心价值体系的主题[⑧]。

从社会主义核心价值体系提出的现实针对性来看，侯惠勤认为，改革开放以来我国的综合国力有了迅速提升，但“软实力”的建设相对滞后；党的理论创新生气勃勃，但成果的大众化、普及化以及国际化相对薄弱；文化建设有了很大发展，但文化供给相对不足。因此，构建社会主义核心价值体系，可以视为新的历史条件下对于意识形态基本矛盾关系认识的一

① 袁银传：《马克思主义中国化、时代化、大众化命题解析》，《思想理论教育》2010 年第 13 期。

② 曹泳鑫：《马克思主义中国化时代化大众化的基本内涵和基本要求》，《毛泽东邓小平理论研究》2010 年第 1 期。

③ 梅荣政、杨瑞：《推进对马克思主义中国化、时代化、大众化的科学认识》，《思想理论教育》2010 年第 17 期。

④ 梅荣政：《深化社会主义核心价值体系研究的几点思考》，《贵州师范大学学报》(社会科学版) 2010 年第 5 期。

⑤ 严书翰：《社会主义核心价值体系的聚焦点》，《人民论坛》2010 年 4 月 (中)。

⑥ 任建东、仝涛：《论社会主义核心价值体系与核心价值观》，《中国井冈山干部学院学报》2010 年第 4 期。

⑦ 李慎明：《把理想信念教育作为学习践行社会主义核心价值体系的重中之重》，《毛泽东邓小平理论研究》2010 年第 2 期。

⑧ 王向明：《牢固树立建设中国特色社会主义的共同理想——论社会主义核心价值体系的主题》，《群言》2010 年第 10 期。

个重大飞跃。[①] 关于这一体系的基本特征，辛向阳将其概括为：它是科学性与人民性的统一，是民族性与世界性的统一，是主导性与包容性的统一。[②]

理论界广泛探讨了构建社会主义核心价值体系的现实路径。余源培强调，执政党在核心价值观建设中起着关键作用。[③] 韩军等认为，把坚持与发展马克思主义相统一、把近期目标与终极目标相统一、把时代精神与民族精神相统一、把端正党风政风与振兴民风相统一，是加快构建社会主义核心价值体系的现实路径。[④] 胡建认为，建设社会主义核心价值体系的关键就是要解决社会公众对核心价值体系的政治认同问题。[⑤] 葛亚坤等认为，着力改善民生，夯实社会主义和谐价值体系的现实基础，才能增强社会主义核心价值体系的吸引力。[⑥] 李忠军强调，注重运用教育这一重要载体，注重把握青年这一特殊群体，是开展社会主义核心价值体系大众化建设所要坚持的基本路径。[⑦]

六　围绕"新民主主义社会"问题的争论

早在1994年，就有学者提出改革开放、社会主义市场经济是向1953年结束的新民主主义社会的复归[⑧]，只是在当时的社会和学术环境下，没有形成一股较强的思潮。之后，随着社会的进一步发展和改革的进一步深化，特别是2008年《炎黄春秋》相继刊发了几篇有关新民主主义社会讨论的文章后[⑨]，就逐渐形成了一种思潮，对新民主主义社会研究进入了一个讨论热烈而交锋激烈的新阶段，也对我们马克思主义发展史研究提出了新的挑战。

2010年4月19日《北京日报》理论版刊发了一篇关于近年来新民主主义社会研究进展的综述[⑩]，作者在文中梳理了这场争论的几个关节点，如新民主主义社会是否存在？是否是一个独立的社会形态？确切结束的时间点是什么时候？社会主义初级阶段对新民主主义社会是超越还是回归？其中，最值得注意的观点是社会主义初级阶段和新民主主义社会的关系问题。

于光远在1989年所著的《"新民主主义社会论"的历史命运》一文中下了一个著名的判断，他认为毛泽东的"'新民主主义论'包括'新民主主义革命论'和'新民主主义社会论'这样两个密不可分的组成部分。'新民主主义革命论'的内容就是关于俄国十月革命胜利后中国和一切半殖民地殖民地国家进行的革命的性质、动力、对象、阶段性、前途的学说。而

① 侯惠勤：《新中国主流意识形态建设的基本经验》（下），《思想理论教育导刊》2009年第9期。

② 辛向阳：《社会主义核心价值体系的五个基本问题》，《人民论坛》2010年3月（中）。

③ 余源培：《建设社会主义核心价值体系从哪里抓起》，《中共宁波市委党校学报》2010年第6期。

④ 韩军、庄锡福：《构建社会主义核心价值体系的现实路径》，《科学社会主义》2010年第2期。

⑤ 胡建：《公民政治认同：社会主义核心价值体系建设的关键》，《毛泽东思想研究》2010年第6期。

⑥ 葛亚坤、郑百灵：《改善民生是构建社会主义核心价值体系的现实基础》，《求实》2010年第7期。

⑦ 李忠军：《社会主义核心价值体系大众化探析》，《社会科学战线》2010年第10期。

⑧ 杨家志：《社会主义初级阶段与新民主主义发展模式的复归》，《中南财经大学学报》1994年第5期。

⑨ 姚监复（整理杜润生同志讲话记录）：《当代中国与新民主主义结构》，《炎黄春秋》2008年第2期；辛子陵：《政治改革的突破口》，《炎黄春秋》2008年第5期。

⑩ 王九高：《"新民主主义社会理论"的几个研讨热点》，《北京日报》2010年4月19日。

‘新民主主义社会论’则是关于新民主主义革命胜利后中国将要经历一个独立的民主主义社会，即新民主主义社会的学说”。[①] 而中国社会科学院马克思主义研究院学者李伟反对这一说法，旗帜鲜明地提出，“新民主主义社会理论”是个谎言，无论是从党的文件还是从党的实践中，都足以反驳这一理论的真实性。[②] 因此，这个短暂的3年不可以独立成为一个社会形态。然而无论是于光远还是李伟，虽然在新民主主义社会是否存在的问题上是大相径庭，却对中国社会主义性质坚决肯定，坚决反对社会主义初级阶段是向新民主主义社会回归的说法。

事实上，无论毛泽东的思想中是否有完整的“新民主主义社会论”，1949—1953年的4年是真实存在的，而这一时期，无论是从经济、政治还是社会氛围，都不同于新中国成立前新民主主义革命时期，也不同于1953—1956年的过渡时期以及1956年社会主义三大改造完成之后的社会主义社会。至于在《新民主主义论》中出现的“新民主主义的社会”是不是“新民主主义社会”这一专用名词，并不是问题的重点。李伟之所以如此旗帜鲜明地否认这个理论，是为了维护毛泽东思想的正统性，以釜底抽薪的方式来回击现阶段有人提出用新民主主义社会取代社会主义初级阶段的“政治改革”方案，反对将社会主义初级阶段简单地说成是向新民主主义社会的必然回归。而于光远对20世纪八九十年代就已经存在的“补课论”进行了逻辑的批判，在他看来，按照新民主主义制度的道路建设会比现在情况好的判断无法在实践中验证，有的时期一旦错过，绝不可能通过补课来弥补，而是应该向前看，寻找符合事物发展规律的道路。

由此看来，以《炎黄春秋》为代表的姚文和辛文提出社会主义初级阶段是向新民主主义社会复归的观点，不是简单地从历史角度通过积极批评毛泽东获取社会主义社会发展的正确路径，也不是简单地将社会主义初级阶段等同于新民主主义模式，而是将毛泽东的社会主义看作空想社会主义，而改革开放则是对这一空想社会主义的全盘否定[③]，将改革开放和社会主义置于对立境地，从而否定改革开放的社会主义性质。就他们的立场而言，新民主主义社会的实质与发展前途到底是什么，在所不问。他们只是“拿来主义”地选取了这个中国历史上存在的某个在表现形式上最类似于资本主义的社会形态，来裁剪中国革命发展的大趋势，试图用资本主义来勾画中国未来发展的蓝图。

任何历史问题在今天学术界成为热议的焦点，都有着其具体而现实的社会背景。归根结底，对这一问题的争论，已不仅仅是理论学说的争鸣，而是中国现实社会中复杂政治局面的真实反映。因此，正确认识新民主主义社会的科学内涵是我们正确定位现今社会发展阶段的前提，是判断中国社会未来发展方向的根本依据之一，是坚持我国社会主义国家性质的重要理论基础。

七 《马克思恩格斯文集》和《列宁专题文集》出版掀起讨论热潮

新编《马克思恩格斯文集》10卷本和《列宁专题文集》5卷本的出版，被我国思想理论

① 于光远：《“新民主主义社会论”的历史命运》，《求索》1989年第1期。

② 参见李伟《“新民主主义社会理论”不能成立》，《探索》2008年第4期。

③ 参见辛子陵《政治改革的突破口》，《炎黄春秋》2008年第5期。

界誉为党的思想理论建设的一件大事，马克思主义经典著作编译的一大盛事，是马克思主义理论研究和建设工程的一个重大成果，对于学习、研究、传播和运用马克思主义具有重要意义。

李长春同志高度肯定了两部文集出版的重要意义，他指出，长期以来，我们运用马克思主义指导中国革命、建设和改革，在理论和实践两方面都取得了丰硕成果，但也不同程度地存在着用教条主义和实用主义的态度对待马克思主义的问题。比如，对马克思主义的一些重要思想观点没有足够重视、深入阐发；对一些本来不属于马克思主义的观点，附会、强加在马克思主义名下；对马克思主义经典作家在特定历史条件下的具体论断作了机械的、僵化的理解。重新编译马克思主义经典著作，一个重要任务，就是要帮助人们做到“四个分清”，即分清哪些是必须长期坚持的马克思主义基本原理，哪些是需要结合新的实际加以丰富发展的理论判断，哪些是必须破除的对马克思主义的教条式的理解，哪些是必须澄清的附加在马克思主义名下的错误观点，使我们能够更好地掌握和运用马克思主义，更好地坚持和发展马克思主义。[①]

理论界围绕《马克思恩格斯文集》和《列宁专题文集》展开了热烈的研讨。有研究者认为，“新出版的10卷本《马克思恩格斯文集》规模适中、收文较全，精选了马克思、恩格斯在各个时期具有代表性的重要著作，比较完整地体现了马克思主义理论体系的思想精髓和科学品格。”[②]《列宁专题文集》受到理论界高度关注和肯定，许多学者指出，《列宁专题文集》，既具有极强的现实针对性，又包括了列宁主义的基本内容，这就为我们在新时期学习马克思主义理论、建设学习型政党，提供了最基本的教科书。《列宁专题文集》为学习和研究列宁的思想和理论，提供了新的基础文本。“这五卷文集凝聚了列宁坚持和发展马克思主义的主要理论成果，集中了列宁领导社会主义革命和社会主义建设的主要经验。学习这部文集对于加强我们党的思想理论建设具有重要意义。这部文集对于深入研究中国特色社会主义理论体系，推进建设中国特色社会主义的伟大事业也有现实意义。我们应当结合中国的实际学习列宁的著作，加深对中国特色社会主义理论体系的认识，增强坚持这一科学理论体系的自觉性和坚定性。”[③]

许多研究者强调两部文集的现实意义，认为这两部文集，具有很强的现实针对性和指导意义，是我们推进马克思主义中国化、时代化的经典教材。“学习两部文集，可以进一步加深对中国特色社会主义理论体系这一当代中国马克思主义的理解。”[④] 理论界普遍认为，两部文集的出版，对于广大干部群众深入学习马克思主义经典著作，更好地用马克思主义指导实践，坚持中国特色社会主义旗帜、道路和理论体系不动摇，进一步巩固马克思主义在意识形态领域的指导地位，必将起到重要作用。一些报刊还专辟栏目，刊发理论工作者学习两部文集的

---

① 李长春：《在〈马克思恩格斯文集〉和〈列宁专题文集〉出版座谈会上的讲话》，《人民日报》2009年12月31日。

② 王学东：《完整准确地理解和把握马克思主义——写在〈马克思恩格斯文集〉和〈列宁专题文集〉出版之际》，《人民日报》2010年1月12日。

③ 顾锦屏：《纪念列宁，学习列宁·写在〈列宁专题文集〉出版之际》，《当代世界与社会主义》2010年第2期。

④ 程恩富：《推进马克思主义中国化、时代化的经典教材——学习〈马克思恩格斯文集〉和〈列宁专题文集〉》，《人民日报》2010年7月8日。

心得体会。如《马克思主义研究》从 2010 年第 11 期开始，连续三期刊发了 10 位学者的文章。

八　围绕《俄罗斯现代史（1945—2006）》（教师参考书）的争论

2007 年，由菲利波夫主编的历史教学参考书《俄罗斯现代史（1945—2006）》的出版，在俄罗斯引起了热烈的争论。我国学术界对于该书中的一些观点也存在不同认识，争论的一个重要问题是这本书是否重新评价了斯大林和苏联历史。

一些研究者认为，这本书对苏联的历史作了比较客观和全面的说明，反映了近年来俄罗斯民众对苏联重大历史事件和历史人物重新评价的新观点。在这本书中，斯大林被称为“苏联最成功的领导人”，书中肯定了斯大林领导下苏联各个方面取得的成就，同时也不回避存在的问题。① 有研究者是这样评价的：俄罗斯新版历史教材对过去强加于斯大林的两个主要“罪行”——“大清洗”问题和农业全盘集体化，进行了尊重事实的分析和评价。俄罗斯新版历史教材一方面承认“大清洗”问题发生的严重性，“大清洗”是“所有课程中最为沉重的课题”；但和以前对它全盘否定的态度不同，认为“大清洗”有必要性一面，这个问题充满矛盾，必须辩证看待。从辩证的角度看待“大清洗”问题，这就是当前俄罗斯史学界新的观点。由此也多少洗刷、减轻了斯大林在这个问题上被强加的罪名。② 该研究者认为这本俄罗斯历史教学参考书，代表了当今俄罗斯主流意识形态观点，“在这些问题上，他们由当时全盘否定苏联历史和全盘否定斯大林，到今天回到有关对苏联历史和有关斯大林的一些重大事件所作出的一些新的比较尊重事实的分析和评价，这在一定意义上是否定的否定、是历史虚无主义的破产、历史辩证法力量的彰显。”③

一些研究者则指出，菲利波夫的这本教师参考书推出后，俄国史学界一片哗然，媒体纷纷发表文章，对该书的一些观点提出质疑和批评，指责该书作者为斯大林和勃列日涅夫恢复名誉。作者认为镇压是用来保持管理机构的最大功效的，把镇压说成实现国家现代化的手段，这种替无端镇压辩解的说法受到史学家和媒体的激烈批评。梅德韦杰夫和普京对斯大林镇压的看法也是一致的，他们承认并且谴责斯大林时期对自己人民的无端镇压。在这一点上，他们的立场同菲利波夫是不一样的。④

有研究者认为，这本教师参考书对斯大林的评价并不是“重评”，而是“一仍其旧”的一种说法，差别仅在于，以前的社会主义改革派和极端民主派，在这个问题上还没有摆脱马克思列宁主义的观点，还是用社会主义的标准要求斯大林的，因此对斯大林的俄罗斯帝国思想和大俄罗斯民族主义是持批判态度的。而到了目前这位民族爱国主义者亚·维·菲利波夫的笔下，却是完全没有了马克思列宁主义气息，没有了社会主义的标尺，而完全是

① 张捷：《俄罗斯隆重纪念斯大林 130 周年诞辰》，《马克思主义研究》2010 年第 4 期。

② 吴恩远：《从对苏联历史的全盘否定到公正评价表明历史虚无主义的破产》，见《世界社会主义跟踪研究报告——且听低谷新潮声（之六）（2009—2010）》，社会科学文献出版社 2010 年版，第 450 页。

③ 吴恩远：《俄罗斯最新历史教科书关于苏联历史评价的一些新观点》，《马克思主义研究》2009 年第 4 期。

④ 郑异凡：《一本引起争论的历史教学参考书——评菲利波夫的〈俄国现代史〉》，《探索与争鸣》2010 年第 2 期。

歌颂、肯定斯大林这位"俄罗斯帝王的继承人"了。该研究者认为，从马克思主义观点和无产阶级社会主义的立场来看，该书对斯大林定性性质的评价，是对这位政治领袖人物的否定。[①]

综览争论，可以看出，围绕这本教师参考书争论的一个重要问题仍然是俄罗斯是否存在重新评价斯大林的问题，这个问题，在我国学术界已经争论有年，至今余音未息。有研究者指出，关于这本教科书的争论之所以如此激烈，是因为历史教科书问题不是孤立的，它与整个历史特别是苏联时期的历史问题进而还与整个意识形态密切相关。[②]

九　列宁的《帝国主义论》及其晚年社会主义思想研究再掀新热潮

作为世界上第一个社会主义国家的缔造者，列宁的著述和思想一直以来都是学界研究的重点。2010 年 4 月 22 日恰逢列宁诞辰 140 周年纪念日，以此为契机，学界再度掀起了列宁及其思想的研究热潮。结合国际金融危机背景下当代资本主义的新变化和世界社会主义的发展，学界对列宁的帝国主义论和晚期社会主义思想给予了高度重视并进行了深入探讨。

对于列宁的《帝国主义是资本主义的最高阶段》，学界作了充分肯定的评价，认为它是对马克思《资本论》的继承与发展，其基本精神没有过时。譬如，有学者指出："列宁的帝国主义理论不仅在一战及战后的特定阶段具有重要的历史意义，在接近 100 年后的今天，我们仍然能看到它的理论的影响和实践的意义。当代资本主义的发展并没有证明列宁的帝国主义论'已经过时'，相反，在很大程度上正是其科学性的当下体现。"[③] 有学者认为：列宁深刻揭示了帝国主义的本质内涵、主要特征、历史地位和发展趋势，"近年来由金融危机引发的全球性资本主义经济危机，更加证明了列宁帝国主义论的正确性和洞察力"[④]。"由美国次贷危机引起的全球金融风暴，必将进一步引发关于列宁《帝国主义论》的学术争论，极大地激活其中蕴涵的思想活力。列宁的《帝国主义论》，为中国特色社会主义的时代观奠定了重要的理论基础"[⑤]。

列宁晚年的社会主义思想也是学界普遍关注并广存争议的一个问题。列宁晚年对社会主义的新认识，究竟是对马克思主义理论的丰富和发展还是放弃和背弃？对此，多数学者都认为列宁晚年思想是对马克思主义的丰富和发展。譬如，有学者提出，"列宁晚年对社会主义的新认识既不是从传统的固有观念出发，也不是囿于前人的'本本'和'原理'，而是随着客观情况的变化而不断创新、发展……列宁晚年对社会主义的新认识对中国特色社会主义道路的开辟具有重要启示作用。我们今天研究列宁晚年对社会主义的新认识，对于理解中国特色社

① 马龙闪：《俄罗斯在"重新评价"斯大林吗？——兼谈〈俄罗斯现代史（1945—2006）·教师参考书〉对斯大林的评价》，《俄罗斯研究》2010 年第 1 期。

② 张盛发：《历史教科书问题如何纠缠俄罗斯？》，见陆南泉等主编《苏联真相——对 101 个重要问题的思考》，新华出版社 2010 年版，第 1503 页。

③ 刘怀玉：《列宁帝国主义理论的当代意义》，《中国社会科学报》2010 年 4 月 22 日。

④ 靳辉明、罗文东：《〈帝国主义论〉与现时代——纪念列宁诞辰 140 周年》，《中华魂》2010 年第 5 期。

⑤ 王东：《列宁思想在当代的四大生长点》，《中国社会科学报》2010 年 4 月 22 日。

会主义道路的科学性具有重要意义。”[①] 多数学者充分肯定了列宁的社会主义思想:“列宁的社会主义思想是动态发展的……列宁在短暂的社会主义实践探索中取得了丰硕的思想成果,虽然因为身体的原因未能全部付诸实践,但它对于在经济文化落后的国家建设社会主义提供了重要启示。”[②] 当然,仍有学者把列宁晚年的社会主义思想作为一种改良主义。[③]

除了力图从列宁帝国主义论和晚年社会主义观中开掘中国社会主义伟大实践的理论源头,为社会主义建设提供新的理论支撑外,学界还深入研究了列宁的民主集中制思想、党内民主思想、“灌输理论”、管理思想等并推出了一系列重要的研究成果。

十 古巴社会主义新探索引热议

自2006年劳尔·卡斯特罗主政以来,古巴新一轮经济调整方兴未艾。其中,裁减公共岗位、改革配给制、扩大私营经济群体、赋予国有企业更大自主权等措施,令外界对古巴共产党此番改革的性质与方向多有猜测。借中古建交50周年之机,2010年国内外各界对古巴社会主义经济调整以及中古两国社会主义模式给予了广泛关注。

(一)古巴社会主义经济调整引热议

自20世纪90年代古巴进入特殊困难时期以来,古巴领导人采取了一系列振兴经济的新举措,如美元合法化、引进外资、开发旅游业等。上述措施取得了部分成效,但各种社会流弊亦随之出现。如何看待此次经济调整并评判古巴特色的“更新社会主义”成了各界关注的焦点。[④]

按照古巴共产党的解释,古巴新一轮经济调整,旨在促进其经济增长与发展,以确保古巴社会主义的顺利前行。其具体目标是:(1)短期旨在通过增加外汇收入和进口替代,实现收支平衡,提高经济效率,加强工作激励,改善收入分配;(2)长期旨在实现粮食与能源的自给自足、人力资源的有效利用、产业竞争力的提升以及高附加值产品与服务的研发与生产。正如劳尔·卡斯特罗指出,经济战是当前意识形态工作的主要任务及核心,是古巴社会主义制度赖以生存和发展的基础。《经济社会政策纲要(草案)》[⑤] 也指出,“只有社会主义才能战胜一切困难并保护革命成果”。在经济模式的创新过程中,“计划而不是市场将占据主导”,但“在方法与组织层面,将引入新的管理与领导方式”。“计划体制不仅涉及国有企业和古巴合资企业,同时还应在非公有部门发挥相应的作用,从而实现旧计划体制向新的国家计划与管理经济模式转变”。在所有制方面,“社会主义国有企业是国有经济的主要实现形式,与此同时还应承认和鼓励合资企业、合作社、土地承包、租赁业、私营企业等其他有利于提升社会劳

---

① 张喜德、张富文:《列宁晚年对社会主义的新认识及其现代启示——兼论中国特色社会主义道路的科学性》,《马克思列宁主义研究》2010年第5期。

② 杨军、梅荣政:《列宁社会主义思想的历史演进、思想内容和启示》,《高校理论战线》2010年第7期。

③ 左亚文、王梅清:《列宁晚年社会主义改良思想解读》,《理论探讨》2010年第3期。

④ 徐世澄:《古巴:“更新”社会主义模式迎接党的“六大”召开》,www. ddsjcn. com/10-12/10-12-10. htm。

⑤ Proyecto de Lineamientos de la política económica y social del PCC, http://www. pcc. cu/congresos_asamblea/vi_congreso/proyecto-lineamientos-pcc. pdf.

动效率的生产经营方式，在新形式下的非国有经济领域，禁止任何法人和自然人的所有权集中”。由此可见，古巴新一轮经济调整并未像外界普遍猜测的那样彻底走向市场经济，而是在坚持社会主义基本制度和社会主义计划经济体制的基础上，力求合理利用市场因素，以促进古巴国内经济发展，改善古巴经济的国际参与。

国内有学者认为，这次古巴“更新”社会主义经济模式所采取的措施有两个特点：一是来势凶猛，牵涉面大；二是触动了经济结构和观念问题，它不只是局限于某一方面，而是开始对古巴经济发展模式进行结构性的改革。[①]

（二）中古社会主义模式比较受关注

2010年恰逢中古建交50周年，学界不乏对中古两国社会主义模式与道路的比较与评析。有学者认为，中古两国在强调共产党的绝对领导地位、把改革作为完善社会主义制度的必要手段、坚持公有制等方面颇为相似，而在社会主义理论体系、社会主义经济体制、改革的具体成效与步伐、两国与美国的关系、腐败问题的严重性等方面存在不同程度的差异。[②] 有人指出，中古两国在基本国情上存在不少差异，如中国农村人口众多而耕地相对稀少，古巴则面临城市人口居多、大量耕地闲置的问题；古巴是世界上距离资本主义大国美国最近的社会主义国家，任何战略性错误的出现都会立刻断送古巴社会主义的前途，而中国较古巴而言，似乎更有可能赢得修正错误的时间和机会。古巴大使指出，“中国模式”的成功很大程度上归功于其所坚持的、具有本国特色的发展道路，因此古巴在学习和借鉴中国经验时，必须清醒地认识到即使是别国最成功的经验，如果脱离本国实际，也会无所适从。[③]

十一　国外共产党的党建问题研究成为热点之一

在关注国外共产党动态情况的介绍和评析的同时，本年度国外共产党研究的一个热点，是对相关党建问题的研究有所拓展和深化。既有对整个国外共产党党建的某一方面情况进行深入分析的文章，也出现了一批围绕具体国家共产党党建情况进行综合研究的成果。这些成果内容丰富、信息量大，对我们了解和掌握国外共产党党建发展的新情况新问题具有重要意义。

柴尚金关于国外共产党创新党内民主情况的分析文章，是本年度国外共产党党建研究的主要成果之一。该文在综合概括国外共产党实现党内民主的三种方式，即以发挥党员主体作用为重点，构建民主选举、民主决策等制度体系；以发挥集体领导作用为突破口，创新党内权力运行机制；以提升党的凝聚力和战斗力为目的，在畅通各种民主渠道的基础上，着重指出了国外共产党在创新党内民主制度的进程中形成的三点共识：一是通过制度创新来推动党内民主建设；二是只有通过民主的整合作用，才能实现党的统一和保证党的生机活力；三是在党内民主制度创新中要避免民主过头和形式化倾向。这些经验教训的概括和总结，对于我们党推进党内民主建设也具有重要借鉴和启发意义。

---

① 徐世澄：《古巴：“更新”社会主义模式迎接党的“六大”召开》，www. ddsjcn. com/10－12/10－12－10. htm。

② 江时学：《中国特色社会主义与古巴特色社会主义之比较》，《中国特色社会主义研究》2010年第2期。

③ 贺钦：《社会主义在向前走，绝对不会变——访古巴驻华大使佩雷拉》，《中国社会科学报》2010年6月3日。

尹文清总结了近年来日本共产党加强党建的一些具体做法，如调整党的纲领和路线；将党组织建设的发展规模与质量的提高相结合；把制度建设作为规范党建的重要途径；把制度建设作为规范党建的重要途径；等等。丁淑杰概括了美国共产党加强基层党建的若干新举措，如建设群众性的共产党，努力扩大党的新成员，提高党的影响力；修订党章，重视党的基层队伍的发展与稳定；加强俱乐部建设，夯实基层组织建设基础；等等，深入分析了这些举措的认识论根源，包括对基层组织建设与社会主义革命胜利关系的清醒认识，以及对基层组织现状的清醒认识，对于我们全面把握当前美共的发展变化情况提供了重要的资料信息。陆轶之从指导思想、组织建设、工人阶级先锋队性质、作风建设、思想政治教育工作以及党际关系等多方面，对冷战后南非共产党的党的建设情况进行的综合研究，也在很大程度上填补了国外共产党相关情况研究的空白。

十二 国外左翼思想研究热点追踪

2010年，著名的左翼学术期刊《新左派评论》创刊50周年，以该期刊为核心的英国新左派运动或群体走过了50年。新左派们低调庆祝了50周年纪念，仅仅是新左派的新老几位编辑，斯图尔·霍尔、佩里·安德森、罗宾·布莱克本、塔里克·阿里、埃瑞克·霍布斯鲍姆、苏珊·沃特金斯等在2010年《新左派评论》上撰文以作纪念，其中仅有霍尔的文章直接回顾了《新左派评论》创建时的情形和背景。值得一提的是，该刊出版了《〈新左派评论〉文章和作者索引（1960—2010)》，集中了50年来该刊发表的所有文章和书评，算是对这50年来的一个总结。斯蒂芬·科勒尼（Stefan Collini）在《卫报》上撰文《政治中的生活：50岁的〈新左派评论〉》，高度评价了该刊令人起敬的知识严肃性，但又不无矛盾地说，“在缺乏左翼运动的时代里，左翼的事业能够生存吗？这仍然要拭目以待。”

2010年8月9—14日，美国著名“异见”学者，82岁高龄的麻省理工学院教授弗拉姆·诺姆·乔姆斯基访问中国，先后在台北“中央研究院”和北京语言文化大学作题为《刺激的匮乏：尚待努力的课题》的语言学专论演讲，在台湾国立清华大学和北京大学作《世界秩序的轮廓：常与变》的演讲，围绕核威胁和环境恶化这两个核心问题，深入探讨了与之相关的美国与伊朗的关系、美国与亚洲的关系、美国与中国的关系。乔姆斯基还被台湾国立清华大学和北京大学授予荣誉博士学位。乔姆斯基此次中国之行被誉为全国学术界的一桩盛事，是自20世纪罗素和杜威之后，来中国访问的最重要的西方哲人。

2010年9月22—25日，第6届国际马克思大会在法国巴黎召开，世界各地数百位专家学者出席了会议。大会围绕“危机、反抗、乌托邦”这一主题，就哲学、经济学、法学、历史学、社会学、政治学、文化、女性权主义、生态学、社会主义和马克思主义等学科或专题进行了广泛的讨论，共举行了4次全体会议和近百场分组讨论会。与会学者主要探讨了如下问题，即经济和生态的双重危机已成为现代资本主义历史上具有标志性的断裂环节，这一环节能否开启一个全新的时代？如今的反抗能否发展成为马克思主义所关注的革命？积极意义上的乌托邦能够在社会、政治和文化领域凸显出颠覆性的创造力，能否将这样的乌托邦变为现实？他们认为，危机是资本主义的本质，反抗是自由的要求，乌托邦是令人向往的愿景，三者缔造了社会运动的历史。在不到20年的时间内，自由主义经济模式的全球化就造成了危机的必然性，反抗的必要性和对乌托邦的需求。

2010年10月23日伦敦政治经济学院前院长安东尼·吉登斯和剑桥大学三一学院院长马丁·里斯共同发表了“关于气候变化的公开信”，其目的是希望借此呼吁世界各国行动起来，切实节能减排，遏制气候变化。他们认为2010年极端天气侵袭世界许多区域传达了一个明确的警告：随着全球气候不断变暖，极端气候事件更加频繁、剧烈。而2009年的哥本哈根气候峰会却没能达成任何具有约束力的协议，所以世界各国领导人应该加快目前正在进行的讨论，以便为穷困国家提供大规模资金援助来发展基础设施，从而更好地抵御未来恶劣天气的侵袭。同时各大国应在注重小国利益的前提下，携起手来推动新的国际协作。公开信以不同的文字先后在世界24个国家的主要报刊上发表，其中包括《中国社会科学报》和《华南日报》，世界许多政要阅读了此信，墨西哥总统还回信明确表达了对该信提议的支持。

十三 西方工人运动的发展现状及其在未来斗争中的战略策略备受学界关注

资本主义危机的发生和蔓延不仅使资本主义国家的经济陷入困境，更使广大工人阶级面临失业、减薪等问题，其生活状况不断恶化。为维护自己的权益，2010年西方工人运动蓬勃发展，主要资本主义国家相继爆发了规模庞大且具有一定的计划性和秩序性的工人罢工运动。这一现象引起了学界的高度关注和广泛研究。

关于工人运动高涨的原因，学者们一致认为，这不仅是危机导致了工人阶级大量失业，还因为在危机后，资产阶级政府的救市计划迫使工人阶级为危机埋单，从而不断危害工人阶级的利益。随着资本主义救市措施的执行，不平等现象也越来越严重。

对于2010年各国普遍出现的罢工潮，学者们指出，这种运动仍然是工人维护自己权益的重要形式，它在一定程度上改善了工人的经济地位、限制了资本的剥削，而且随着危机的加深也开始出现一些政治性声音。但学者们同时也指出，根据历史的经验，经济危机会带来资本主义国家工人运动的高涨，甚至会造成资本主义的统治危机。然而，尽管此次危机是1929年以来最严重的一次经济危机，这种历史景观却没有再现，各国工人运动对资本主义统治并没有造成太大的威胁。

对于工人运动并未对资本主义统治造成太大威胁的原因，学者们从不同方面进行了分析，形成了以下几种观点：一是认为新自由主义削弱了工人阶级的组织性，主要表现为，新自由主义一方面用国家这只“看得见的手”削弱和剥夺劳动者的基本经济权利以及结社自由、集体谈判和罢工的权利；另一方面加大劳动力市场的“灵活性”，开发“非工会化”劳动力市场，推行非规范就业，从而使劳动呈现非正规化趋势，削弱了工人阶级的组织性。二是认为工会组织的宪政化使工会向职业化、专业化方向发展，经常陷于小规模经济斗争和烦琐的法律程序中，从而造成了工会官员眼界狭隘，逐渐丧失总揽全局的能力。三是认为工人阶级的政治意识不足以及社会主义理论不足。四是认为工人阶级组织缺乏与左翼政党及其他组织的联合。

对于工人运动今后的发展，许多学者也提出了建议。学者们普遍认为，现在是社会矛盾凸显的时期，应加强工会的力量，提出应对社会矛盾的总方针。在这一时期，工会组织的任务就是要避免政府和企业将危机的不良后果转嫁到工人身上，同时，争取通过斗争迫使资本家建立一套符合经济效率、社会正义及永续环境的全新经济发展模式，使各国将大规模军事开支转移到受危机影响而生计困顿的工人生活方面；通过把就业和社会保障结合起来，为工人争取体面工作和劳动的机会。为实现这一目标，工会应充分利用选票的力量，同时强化工会组织之间的国际和区域合作，协调工会与左翼或泛左翼政党等其他左翼力量的合作。

十四 围绕抗美援朝60年展开的讨论

2010年是中国人民志愿军抗美援朝出国作战60周年。中央有关部门召开了隆重的纪念大会，中共中央政治局常委、国家副主席、军委副主席习近平发表了重要讲话，高度评价了抗美援朝的重要历史意义，提出要努力学习和发扬中国人民志愿军的伟大爱国主义精神和革命英雄主义精神，更加奋发有为地推进中国特色社会主义伟大事业。学术界召开了一系列会议，发表了不少文章，纪念抗美援朝60周年。

李捷认为，历史已经证明，以毛泽东为核心的党中央的这一重大决策是必要的、及时的，也是完全正确的。这一决策对于新中国的巩固与发展，对于争取有利于国内和平建设的良好外部环境，意义重大，影响深远。

现在有人说，这场战争本来是可以避免的，战争的爆发使我们恶化了同美国的关系，阻碍了解放台湾的进程，得不偿失。李捷认为事实并非如此。第一，朝鲜战争对于以毛泽东为核心的中国领导人来说，是一场不期而遇的战争。第二，抗美援朝战争，是中国政府尽力避免、却被以美国为首的侵略集团强加在中国人民头上的一场战争。第三，抗美援朝战争决策，是以毛泽东为核心的党中央从国家根本利益和民族长远利益出发反复权衡而谨慎作出的重大决策。

有人说，这场战争阻碍了中国经济和社会进步，使我们付出了高昂的代价。李捷认为，要充分认识抗美援朝决策的伟大意义。抗美援朝，当年作为同土地改革、镇压反革命同等重要的一项伟大运动。这一评价，现在也不过时。没有抗美援朝，就不可能有中国周边的国家安全，就不可能为国内大规模和平建设创造良好的外部环境，也不可能沉重地打击美国对华封锁遏制政策、使中国国际地位得到大幅度提高。①

齐德学认为，抗美援朝战争是新中国成立初期美国侵略当局强加给中国人民的一场战争，也是新中国历史上的第一场战争。这场战争为新中国的巩固、建设和发展奠定了基础，是新中国的立国之战。中国人民为进行这场战争付出了重大代价，应对这场战争的必要性、正义性和积极意义给予正确评价。

针对有人质疑抗美援朝战争的必要性问题和抗美援朝战争的得失问题，作者认为，持这种认识的人大体有两种情况：一种是对中国共产党和毛泽东持有政治偏见，甚至全面崇拜美国和对霸权主义行径大加赞赏的人，凡是共产党和毛泽东决定做的事情他们几乎都持否定态

---

① 李捷：《抗美援朝的战略决策及其对新中国的重要意义》，《当代中国研究》2010年第6期。

度；另一种人是纯粹不了解历史情况，而受到上述错误思想观点的影响。

针对那种不但把中共中央决策出兵抗美援朝归结为毛泽东的个人决定，而且认为毛泽东决策出兵朝鲜的动机“更多的成分是出于意识形态，而不是站在现实基础的考虑”，作者认为，抗美援朝出兵决策是以毛泽东为主席的中共中央书记处和政治局多次研究讨论，以政治局扩大会议形式形成一致意见作出的。中共中央决策出兵抗美援朝有意识形态因素，但绝不是决策动机的主要原因。①

丁明认为，抗美援朝战争的辉煌胜利，其意义绝不仅仅局限在军事领域。中国领导人作出的参战决策本身就是外交战略的卓越运用。抗美援朝战争使新中国第一次登上国际外交舞台，在全世界面前树立了不惧强权的威武形象；抗美援朝战争密切了中苏关系，提高了中国在苏联及社会主义阵营中的地位，使我国在国家安全和经济建设方面都赢得了许多有利条件；中国军队的英勇表现给中国带来了前所未有的尊严和荣耀，在许多外国人和海外华人心目中的地位得到了极大的改观；抗美援朝战争使中国开始真正拥有了外交层面上的大国影响力。②

十五　革命史再认识成为热点

革命是中国近现代史的主题和基调。一段时期以来，在“告别革命”的错误思潮的影响下，一部分人谈“革”色变，对革命史采取了漠视的态度。2010 年出现了可喜的变化，由于一系列重大历史事件的纪念本身就是革命史的内容，革命史再认识成为热点。

2010 年是义和团运动 110 周年。110 年前的义和团运动以及随之而来的八国联军侵华，是历史进入 20 世纪国际上的第一重大事件。学术界召开了纪念会。中国史学会会长张海鹏认为，“义和团本身并不知道何谓帝国主义，何谓封建主义，这不重要，重要的是义和团的斗争方向，它符合了反帝反封建这个大方向。”

为了迎接辛亥革命 100 周年，学术界围绕孙中山研究和辛亥革命研究召开了一系列研讨会。2010 年 11 月 12　14 日，“孙中山·辛亥革命研究回顾与前瞻高峰论坛”在广东省中山市召开。章开沅在会上提出做好辛亥革命“三个一百年”研究的观点，得到了与会学者的广泛共鸣。12 月 16 日，为纪念辛亥革命 100 周年，“2010 海峡两岸中山论坛”在中山大学开幕，论坛主题为“弘扬中山精神，共同振兴中华”。对中山思想研究的学术价值与现实意义，两岸学术界颇有共识。

为了纪念抗日战争胜利 65 周年，张海鹏认为，中国抗日战争时期，领导和推动全民族抗战的是中国国民党和中国共产党两个领导中心。正是这两个领导中心构成了两大战场的政治保障。③

步平提出，在中国国际地位日益提升的背景下，近年来抗日战争史的研究也相应地在深度和广度两个方面不断拓展，其中一个显著特点就是以中国大国地位的确立为视角。④

---

① 齐德学：《关于抗美援朝战争史研究的几个焦点问题》，《当代中国研究》2010 年第 6 期。

② 丁明：《抗美援朝与中国外交及其大国地位的确立》，《当代中国研究》2010 年第 6 期。

③ 张海鹏：《中国抗日战争领导权问题的思考》，《中国社会科学报》2010 年 9 月 2 日。

④ 步平：《关于近年来抗日战争史研究的思考》，《人民日报》2010 年 9 月 3 日。

针对贬损新中国历史上革命作用的现象，李捷认为，必须高度重视并充分肯定革命在共和国发展史上的地位和作用。革命在共和国发展史上的地位和作用，应当说至少有四次大的革命，有力地推动了共和国的发展进步。共和国历史上，也出现过滥用革命的理论和实践导致的全局性失误，这就是在所谓“无产阶级专政下继续革命”理论指导下的“文化大革命”。要防止以革命的名义使极“左”思潮死灰复燃。同样，也要高度警惕借着批判极“左”错误而从根本上否定革命的错误倾向。要同这两种错误认识划清界限，科学地、正确地把握革命的含义。要建成中国特色社会主义，必须坚定革命的理想和目标，鼓足革命的锐气和勇气，弘扬革命传统和精神。①

如何开创革命史研究新局面，李金铮认为，中共革命是中国近代史的重大问题、关键问题，只有对其进行深入研究才能阐释中国近代历史的发展演变和最终结局，并为人类革命史的研究提供具体实证和理论参考，使我们更加清晰地理解新中国历史的发展脉络。要想实现中共党史或革命史研究的真正突破，必须寻求研究思维的转换和研究视角的创新。比较而言，中共革命与中国乡村相互连接、国家政权与民间社会双重互动的视角是研究的切入点和突破点之一。②

十六　划清“四个重大界限”的讨论受到强烈关注

党的十七届四中全会提出的划清“四个重大界限”，从中国特色社会主义的指导思想、经济制度、政治民主、思想文化四个维度出发，指出要把牢思想关、政治关，高度关注意识形态领域的动向，时刻警惕意识形态领域的斗争，充分表明党在思想政治上的敏锐性，体现党在思想政治上的科学性，反映党在思想政治上的成熟性。③ 为深入领会划清“四个重大界限”的重大意义，中央宣传部理论局组织编写了《划清“四个重大界限”学习读本》，《人民日报》、《光明日报》、《求是》杂志等纷纷发表文章，广大理论工作者围绕划清“四个重大界限”的若干重点和难点问题进行了较深入研究，由此形成了2010年我国思想理论界关于“四个重大界限”讨论的热潮。这是对近年来关于民主社会主义、普世价值、中国模式等问题讨论的继续和深化。当前我国正处于改革发展的关键时期，世界范围内各种思想文化交流、交融、交锋更加频繁，意识形态领域的斗争更趋复杂，从理论与实际相结合的高度，教育和引导党员、干部自觉划清“四个重大界限”，是党的思想理论建设中一个重要而紧迫的任务，是加强党的意识形态工作和思想政治工作的重要举措，是建设马克思主义学习型政党的基本要求，对于提高全党的思想政治水平，坚定走中国特色社会主义道路的信念，增强党的执政能力，具有重要意义。④ 在当前，“加强党的意识形态工作和思想政治工作”，就是要“引导党员、

① 李捷：《要重视并充分肯定革命在共和国历史中的地位和作用》，《当代中国研究》2010年第6期。

② 李金铮：《向“新革命史”转型：中共革命史研究方法的反思与突破》，《中共党史研究》2010年第1期。

③ 颜晓峰、刘光明：《自觉划清“四个重大界限”》，《求知》2010年第6期。

④ 钟欣：《自觉划清“四个界限”　切实筑牢思想防线——学术理论界关于划清“四个界限”的研究动态简述》，《求是》2010年第14期。

干部增强政治敏锐性和政治鉴别力，筑牢思想防线，自觉划清‘四个重大界限’”[①]。

政治上的坚定来自理论上的清醒。在关系党和国家发展道路、未来走向的重大问题上，我们必须旗帜鲜明。[②] 划清马克思主义同反马克思主义的界限，对于正确认识中国特色社会主义道路，具有第一位的意义。如果动摇了马克思主义的指导地位，就会动摇中国特色社会主义的理论根基，动摇全党全国人民团结统一的思想基础。[③] 一部马克思主义发展史，就是自觉划清与反马克思主义的界限，坚持同反马克思主义进行斗争，并在斗争中不断发展的历史。[④] 划清社会主义公有制为主体、多种所有制经济共同发展的基本经济制度同私有化和单一公有制的界限，是正确理解“中国奇迹”的一把钥匙。划清社会主义民主同资本主义民主的界限事关我国的根本政治制度，是正确理解“中国奇迹”的另一把钥匙。我国现行的政治制度保证了国家的统一、政权的稳定、人民的团结，保证中国能够沿着正确道路长期稳定发展。共产党的坚强领导是中国最大的政治优势，是创造“中国奇迹”的政治保证。划清社会主义思想文化同封建主义、资本主义腐朽思想文化的界限，是发展中国特色社会主义的必然要求。社会主义核心价值体系，是社会主义制度的内在精神之魂，是全民族奋发向上的精神力量和团结和睦的精神纽带，是党领导全国各族人民团结奋斗的共同思想基础。[⑤]

划清“四个重大界限”，需要借助思想政治工作的力量。划清“四个重大界限”要通过思想引导、说服教育、民主讨论的方法来解决，具有经济、法律、行政等手段起不到的效果。思想政治工作坚持以人为本，体现人文关怀，既教育人、引导人、鼓舞人，又尊重人、理解人、关心人，能够在潜移默化中引导人们树立正确的思想认识；思想政治工作注重解决思想问题同解决实际问题相结合，既讲道理又办实事，能够在实际问题中解决人们的思想认识问题；思想政治工作强调尊重差异、包容多样，反对“一刀切”和“大批判”，能够最大限度地统一思想、凝聚力量。划清“四个重大界限”，离不开有力的思想政治工作。[⑥] 高校思想政治理论课是对大学生进行思想政治教育的主渠道，要在划清“四个重大界限”中发挥重要作用。要采取多种形式把划清“四个重大界限”引入教学当中，把“四个重大界限”作为教学的着力点。[⑦] 划清“四个重大界限”是思想政治理论课全部课程的共同任务，每门课程的教学都要将其有机地融入其中。教师应采用多种教学方法，创造性地将划清“四个重大界限”的理论与学生的现实生活有机结合起来，了解大学生最关心的社会热门话题、焦点问题，开展有针对性的理论和实践指导，切实提高教育教学效果。[⑧]

---

① 《中共中央关于加强和改进新形势下党的建设若干重大问题的决定》，人民出版社 2009 年版。

② 秋实：《划清“四个重大界限”的有关理论与实践问题》，《求是》2010 年 8 月 16 日。

③ 同上。

④ 赵耀：《划清界限：思想战线的长期任务——论自觉划清马克思主义和反马克思主义的界限》，《红旗文稿》2010 年第 13 期。

⑤ 闫志民：《中国特色社会主义文化建设的一个根本问题》，《人民日报》2010 年 4 月 14 日。

⑥ 张益刚：《划清“四个重大界限”：思想政治工作的重要着力点》，《光明日报》2010 年 11 月 9 日。

⑦ 李冬晓：《划清“四个重大界限”对〈概论〉课教学的新要求》，《宿州教育学院学报》2010 年第 6 期。

⑧ 杨芳：《内容的教学采用多种形式突出划清“四个重大界限”内容的教学》，《思想理论教育导刊》2010 年第 11 期。

十七 回顾和总结"05方案"成为热点

2010年是高校思想政治理论课程新方案即"05方案"实施五周年。实施"05方案"是与马克思主义理论研究与建设工程的实施和马克思主义理论学科建立以及高校马克思主义学院的设立紧密联系在一起的。确立马克思主义理论一级学科的重要目的之一，就是加强高校马克思主义理论教育和思想政治教育。① 认真回顾"05方案"实施五年来的具体作法、总结成效与经验，进一步明确发展的方向是十分必要的。对此，各地高校纷纷举办纪念"05方案"实施五周年的座谈会、研讨会，专家学者和教师从不同角度进行回顾与总结，由此成为2010年学界比较集中讨论的一个话题。有学者认为，贯彻落实《中共中央国务院关于进一步加强和改进大学生思想政治教育的意见》（16号文件）的五年来，整个高校的思想政治教育创新和发展成绩显著、形势喜人。高校思想政治理论课改进显著，马克思主义理论学科支撑大大加强，实践育人长效机制开始建立，贫困生助学体系运行顺畅，校园文化与大学生社团活动蓬勃发展，志愿者精神得到大大弘扬，心理健康教育和心理辅导辐射到社会等。② 特别是在高校思想政治理论课的学科建设、课程体系、教材编写、教学方法创新、教师队伍建设等方面都提出了新思路、新举措，高校思想政治理论课教育教学改革生机勃勃，开创了崭新的局面。③

"05方案"包含加强和改进的重大意义、指导思想和总体要求、学科建设、教材建设、教学改革、队伍建设、坚强领导等诸多内容，构成了一个有机整体。④ 因而，对"05方案"实施五年成绩的回顾和总结也是全面系统的。一是按照思想政治理论课教学改革新方案建立了新的课程体系，与原有课程体系相比，具有鲜明的综合性、整体性、时代性、创新性的优点；二是全力推进高校思想政治理论课教材编写工作，把教材编写纳入中央实施的马克思主义理论研究和建设工程，保证了教材的科学性、规范性和权威性，从而为高质量实施新课程方案提供了根本保证；三是全面开展思想政治理论课教师培训工作，为培养一支适应新世纪新阶段高校思想政治理论课教学的骨干教师队伍起到了重要作用；四是大力推进思想政治理论课教学方法改革，积极探索适应实施新课程方案的教学方法，逐步实现教学过程科学化、教学技术手段现代化，对增强教学的实效性和吸引力起到了积极的促进作用；五是大力推进思想政治理论课的学科建设，使思想政治理论课教育教学有了坚实的学理支撑。⑤ 马克思主义一级学科的设置和建设，凝聚、引领全国高校思想政治理论课教师的学术发展和科学研究，⑥ 广大思想政治理论课教师努力把学科建设同科学研究紧密结合起来，为不断地推出研

---

① 靳辉明：《关于马克思主义理论研究和建设工程与马克思主义理论学科体系和课程体系建设》，《思想理论教育导刊》2007年第11期。

② 张耀灿：《化解瓶颈制约推进科学发展——大学生思想政治教育面临的突出问题及其对策建议》，《北京教育·德育》2010年第4期。

③ 姚郁卉：《高校思想政治理论课"05方案"实施5周年座谈会综述》，《思想理论教育导刊》2010年第5期。

④ 胡锦涵：《"05"方案实施以来思想政治理论课教师队伍建设的再思考》，《思想理论教育》2010年第9期。

⑤ 石云霞：《高校思想政治理论课"05方案"实施五周年回顾》，《思想理论教育》2010年第9期。

⑥ 姚郁卉：《高校思想政治理论课"05方案"实施5周年座谈会综述》，《思想理论教育导刊》2010年第5期。

究成果，解决教学中的难点服务；努力把学科建设同教师队伍建设紧密结合起来，为培养和造就一批中青年学科带头人和骨干教师服务。[①]

有的学者对高校实施“05方案”的情况进行了调研，初步总结了高校在思想政治理论课教学和管理方面的一些有效做法：一是理顺管理机制，组建课程组，搞好宏观指导。二是设立常规及专项经费，强化师资队伍建设。三是注重“三进”工作，改革教学方法。四是学科、教学与科研紧密结合，互相促进发展。各高校抓住国家设立马克思主义理论一级学科的契机，纷纷依托马克思主义理论学科来引领思想政治理论课建设。武汉大学、华中科技大学、华南理工大学、东北师范大学等学校的实践经验别具特色，具有可资借鉴的价值意义。[②]

实施“05方案”以来积累了宝贵的经验，获得了一些规律性的认识。第一，领导支持是实施新方案、取得好效果的有力保障；[③] 健全制度建设，落实经费保障，整合教学资源，保证教学力量，加强督导检查，有力地推进了教育教学工作。[④] 第二，培训骨干，多措并举，建设高水平的教师队伍是实施新方案、取得好效果的基础。[⑤] 第三，树立精品意识，全力打造国家级精品课程，准确理解新教材的基本内容和教学重点，是实施新方案、取得好效果的枢纽；[⑥] 探索课程改革和教法创新是推进思想政治理论课建设的重要动力。如大连理工大学的思想政治理论课案例教学方法改革成效显著，该校组织编写的31部思想政治理论课案例教学专著、教参和13套多媒体教学课件全部由高等教育出版社公开出版，被国内许多高校采用，产生了广泛的社会影响。[⑦] 第四，坚持科研与教学彼此促进，课堂和实践相互融合的原则，不断改进和提升思想政治理论教育的质量和效果，是实施新方案、取得好效果的长效动力[⑧]。强化学科支撑，坚持以马克思主义理论学科建设为课程建设提供学科支撑，是实施新方案、取得好效果的根本。第五，充足的专项经费支持是做好思想政治理论课工作的必要保障[⑨]

尽管“05方案”的实施成效明显，但在思想认识、教师素质、政策支持等方面还存在一定的问题，教材体系和教学体系之间、理论学时和实践学时之间、学科建设与思想政治理论课教学之间的关系等问题还需要进一步探讨和解决。要进一步学习中央的相关文件，提高思想认识；要强化学科意识，提高科研含量；要分工负责，各取所长，探索教学组合的方式；要加大支持力度，改善领导和管理。[⑩]

---

① 石云霞：《高校思想政治理论课“05方案”实施五周年回顾》，《思想理论教育》2010年第9期。

② 王永贵：《“05方案”实施以来高校思想政治理论课建设的基本经验和若干思考》，《思想理论教育》2010年第3期。

③ 姚郁卉：《高校思想政治理论课“05方案”实施5周年座谈会综述》，《思想理论教育导刊》2010年第5期。

④ 王永贵：《“05方案”实施以来高校思想政治理论课建设的基本经验和若干思考》，《思想理论教育》2010年第3期。

⑤ 姚郁卉：《高校思想政治理论课“05方案”实施5周年座谈会综述》，《思想理论教育导刊》2010年第5期。

⑥ 同上。

⑦ 王永贵：《“05方案”实施以来高校思想政治理论课建设的基本经验和若干思考》，《思想理论教育》2010年第3期。

⑧ 姚郁卉：《高校思想政治理论课“05方案”实施5周年座谈会综述》，《思想理论教育导刊》2010年第5期。

⑨ 王永贵：《“05方案”实施以来高校思想政治理论课建设的基本经验和若干思考》，《思想理论教育》2010年第3期。

⑩ 姚郁卉：《高校思想政治理论课“05方案”实施5周年座谈会综述》，《思想理论教育导刊》2010年第5期。

十八　思想政治教育在化解社会矛盾中的作用继续受到关注

我国改革开放和现代化建设取得了举世瞩目的成就，但是随着我国改革发展进入关键阶段，我国处于社会矛盾的高发期。社会矛盾的多发与激化，不仅直接增加了我国社会发展和经济发展的代价和成本，关系改革开放成果的巩固，关系党群干群关系的密切、关系党的宗旨的贯彻落实、关系社会主义优越性的体现、关系社会和谐稳定和健康发展，关系党和国家的前途命运。同时，也影响着世界的稳定与发展。“没有中国就没有世界的稳定”①。因此，近年来对社会矛盾的关注与研究，不仅是各行各业面前的重大课题，也成为学术研究的热点问题。

有研究者从深层次原因将社会矛盾分为：贫富矛盾、官民矛盾、政社矛盾、文化矛盾，并具有交叉性、突发性、群体性、持续性、广泛性、周期性等特性，有的还呈现智能化、暴力化、组织化等倾向。② 化解社会矛盾是一项涉及全社会的系统工程，不是仅仅靠经济发展和有效机制就能解决的。其中，教育的方法、协商的方法、疏导的方法，都是行之有效的方法。从根本上来说，社会矛盾和问题体现为人与人之间利益关系的失常状态，而思想政治工作是以现实关系中的人为活动对象、以恢复和重建主体间常态关系的实践活动，思想政治工作通过对社会主体的道德品质的提升、利益关系的说服教育，做到防范预警在前、解决问题在前，把矛盾纠纷化解工作的重心从“事后处理”转移到“事前防范”，从而成为化解人民内部矛盾的“安全阀”和“黏合剂”，是化解社会矛盾的有效途径。中国共产党是中国特色社会主义事业的领导核心，加强和改进党的思想政治工作不仅能增强党的先进性和执政能力，而且能从根本上消除腐败，消释党群隔阂，从而有效化解信任危机，巩固党的执政基础。③

有研究者特别强调提高人的素质在化解社会矛盾中的重要性。通过思想政治教育提高人的素质是化解社会矛盾更深层更持久的力量。首先是提高广大领导干部的素质，特别是基层领导干部。增强立党为公、执政为民意识，牢记党的宗旨、坚持党的群众路线，这是做好群众工作的前提。其次，必须提高广大群众的素质。人民群众是历史的创造者，但不能认为人民群众不需要教育便自发产生先进的思想和进步的行动。要提高群众思想道德素质，帮助群众树立正确的世界观、人生观和价值观，正确认识和处理个人利益与国家利益的关系，局部利益与全局利益、眼前利益与长远利益的关系，个人对社会的责任和义务；客观辩证地分析各种社会矛盾、理性地处理矛盾冲突；用发展的观点对待当前我们社会遇到的各种困难，对社会发展充满信心，保持乐观的情绪和振奋的精神状态。针对民众中普遍存在着“信访不信法”的现象，要特别重视提高群众法律意识，教育群众学会用法律武器维护自身利益和权益。④

---

① 参见基辛格《世界新秩序的机遇》，《国际先驱论坛报》2009年1月12日。

② 叶治安：《转型期国家城市社会的主要矛盾与化解途径——访著名社会学家邓伟志教授》，《上海城市管理》2010年第1期。

③ 陈成文、孙树文：《论加强思想政治工作与化解社会矛盾》，《思想教育研究》2010年第3期。

④ 李春华：《创新群众工作模式、促进社会和谐稳定》，《学校党建与思想教育》2010年第10期（中）。

非对抗性矛盾不能及时而有效的化解，就可能演化为对抗性的冲突。群体性事件和突发事件（非自然灾害）是当前社会矛盾的激烈冲突的极端表现形式。思想政治教育在预防、应对和处理群体性事件和突发事件中具有得天独厚的其他方式不可代替的作用。它能够发挥强大的精神动员和精神激励，为应对突发事件提供支持和动力，起到宣传鼓动，教育引导，典型示范，沟通交流，骨干影响的巨大作用。[①] 有研究强调隐性思想政治教育的作用。隐性思想政治教育以渗透、暗示等方法，在潜移默化、不知不觉中使教育对象受到教育，可以部分隐去显性教育的功利色彩，更容易为群众所接受，起到规范群众行为、提高群众素养的功用。[②]

十九　大学生信教问题引起广泛关注

我国宪法和《教育法》规定，实行教育与宗教相分离的原则。近年来，宗教在高等学校的传教活动逐渐由秘密转向公开，基督教传教和文化神学进入大学和研究机构。这引起了学者们的广泛关注。

有学者从历史发展和中国法律的角度阐明，基督教传教和文化神学进入大学和研究机构是突破了中国教育的传统，同西方宗教与教育分离的历史趋势相背离。[③]

很多学者都对这一问题进行了调查研究。有学者调查后认为，信教大学生的总比例在10％左右，信基督教的约占总人数的4％，女生和低年级的信教学生较多。主要原因在于学生在形成世界观、价值观的时期没有得到正确的引导，从而导致信仰空白或曰精神荒漠的出现，给了宗教以可乘之机。[④]

有人通过对四所高校进行调查发现，受调查的大学生中有宗教信仰的人数比例高达21.9％。并认为，大学生信仰认知基础存在差异，导致同样的信仰教育收到的结果却不尽相同，需要对青年大学生实行有差别的、有层次的信仰教育。[⑤]

有调查认为，对信教大学生，教育他们确立依法信仰宗教的观念和宽容对待不同的宗教信仰的意识，教育他们学会处理宗教信仰与世俗社会的关系。对无宗教信仰的大学生，要让他们理性地接触、学习宗教知识和文化，尊重宗教信徒合法正常的宗教信仰，坚决维护不信仰宗教的权利。[⑥]

有人对某高校的本科生的信仰结构进行了调查，发现文科学生在宗教信仰、神灵崇拜、政治信仰上均值高于理科和医学类学生，医学类学生在国家主义信仰、生命信仰、金钱崇拜上均值高于理科和文科学生，文科学生在家庭崇拜上均值高于理科和医学类学生。[⑦]

---

① 杜旭宇：《应对突发事件的思想政治教育动员机制分析》，《求实》2010年第9期。

② 陈军强：《群体性事件处置与隐性思想政治教育的耦合》，《学校党建与思想教育》2010年第7期（中）。

③ 见杜继义《关于宗教神学进入国家教育系统和科研机构问题的商榷》，《科学与无神论》2010年第2期。

④ 李志英：《关于大学生信教的若干问题》，《科学与无神论》2010年第3期。

⑤ 荆学民，林雪原：《目前大学生信仰问题的调查与分析》，《北京教育·德育》2010年第6期。

⑥ 王黎芳：《大学校园宗教信仰现象与对策》，《中国电力教育》2010年第22期。

⑦ 刘莉等：《大学生信仰结构的调查探析》，《甘肃科技》2010年第2期。

有人对某高校本科生信仰基督教的情况进行调查后发现，大学生基督徒多数是因为其家庭信教，不少对基督教有着高度的认同，尤其是女大学生和家庭在大城市的学生；音体美专业的大学生基督徒最虔诚，政治面貌与其宗教信仰间呈负相关，学习成绩、同学关系与其宗教信仰呈正相关。①

少数民族的大学生的宗教信仰尤其受到关注。有人通过对某民族大学的少数民族大学生的伊斯兰教信仰状况的调查发现，少数民族大学生对伊斯兰教的认同程度降低，仪式遵从度降低，对清真寺功能的认知较为一致；在校学生的宗教生活改变较大，突出表现在宗教行为方面。②

关于这个议题，中国无神论学会和中国社会科学院科学与无神论研究中心专门组织了座谈会。与会学者指出：高校的宗教研究领域，一定要坚持以马克思主义基本理论为指导，以科学无神论的观点进行批判性的研究。放弃这一立场，任凭传教势力侵入大学校园，实际上是在利用公共教育资源为宗教服务，有强制学生接受宗教教育之嫌，与教育和宗教相分离的基本原则背道而驰。

① 王康、冯群：《大学本科生基督新教信仰状况调查》，《世界宗教文化》2010年第4期。

② 张翼：《少数民族大学生的伊斯兰教信仰状况调查——以某民族大学为例》，《中南民族大学学报》（人文社会科学版）2010年第2期。

第五篇

论文荟萃

一　马克思主义基本原理研究代表性论文

1. 自觉划清马克思主义同反马克思主义的界限

李崇富，《高校理论战线》2010 年第 2 期

自觉划清马克思主义同反马克思主义的界限，其理论前提是要懂得“什么是马克思主义”。马克思主义作为马克思恩格斯的“观点和学说的体系”，是无产阶级立场在其反对资产阶级斗争中的理论表现，“是无产阶级解放的条件的理论概括。同时，它还包括了后来马克思主义者对它的坚持、丰富和发展。

马克思主义是关于整个世界的“主义”。它是以整个世界和人类历史及其发展的一般规律作为研究对象的科学理论，而不是仅仅研究某个国家、某个地区和某个历史阶段的学问。它关注、研究和阐明的是整个世界和人类的前途命运，以及世界历史演进的大趋势。马克思主义是关于各国工人阶级及其历史使命的“主义”。它是工人阶级根本利益的理论表现，是无产阶级的阶级意识的思想升华和系统阐明。马克思主义及其哲学具有鲜明的实践性和阶级性，而不是超阶级的理论。马克思主义是关于世界由资本主义社会过渡到共产主义社会这个历史大时代的“主义”。它揭示了社会形态更替和演进的客观必然性，找到了推动这种根本变革的内在动因（社会基本矛盾运动）和依靠力量（工人阶级），指明了人类社会“从必然王国进入自由王国的飞跃”的历史趋势、基本阶段和美好前景。

尽管马克思主义在我国意识形态领域中居于指导地位，但在思想理论上反复出现噪音和杂音，不可轻视。一方面，一些僵化和“左”的教条主义的思想观点时有所现，对此仍应保持警惕；另一方面，以资产阶级自由化为代表的右的错误思潮，往往有恃无恐，肆无忌惮，顽固坚持，对此绝不可以掉以轻心。

目前，我国意识形态领域存在的消极思想，主要有资产阶级自由化、民主社会主义、民族虚无主义等。其中，顽固坚持资产阶级自由化的人所散布的反对共产党领导、反对社会主义、反对马克思主义的言论和主张，最为露骨和典型。他们公开主张中国在经济上实行“私有化”（即所谓“人间正道私有化”）；在政治上实行资产阶级“多党制”和议会民主制（即美国式的“民主宪政”）；在思想文化上实行“全盘西化”（即所谓“回归西方文明主流”和“普世价值”）；如此等等。总之，它就是反对走中国特色社会主义道路，要走资本主义道路。

要自觉划清马克思主义同反马克思主义界限的根本标准和思想方法：第一，实践标准是这种“自觉划清”的根本标准，因为从认识论上说，划清马克思主义同反马克思主义界限的问题，就是分清真理与谬误的问题。而归根到底，社会实践是划分一切真理与谬误的根本标准，当然也是划分马克思主义与反马克思主义界限的根本标准。而“生产力标准”和“人民利益标准”是实践标准用于社会历史领域的具体化。第二，站稳正确立场是这种“自觉划清”的根本政治前提。对于我们的党员、干部来说，只有站在工人阶级的立场、站在党性的立场、站在人民大众的立场，把工人阶级解放和人类解放、把广大人民现实利益和长远利益的统一，作为自己的根本立足点和根本出发点，才能够自觉地划清马克思主义同反马克思主义的界限。第三，坚持和运用马克思主义世界观是这种“自觉划清”的方法论基础。自觉划清马克思主

义同反马克思主义界限要坚持的思想方法至少包括：现代唯物主义与辩证法相统一的观点和思想方法；“实践第一”的观点和用社会实践检验认识的真理性的方法；全面、发展和本质地看问题的观点和矛盾分析方法；尊重客观规律性与发挥人的自觉能动性相统一的观点和思想方法；群众观点和群众路线的方法；认识阶级社会的阶级（阶级斗争）观点和阶级分析方法；坚持不断革命论与革命发展阶段论相统一的观点和思想方法；坚持革命性与科学性相统一的观点和思想方法；坚持原则的坚定性与策略的灵活性相统一的观点和思想方法，等等。

2. 从整体性角度把握马克思主义

张雷声，《甘肃社会科学》2010 年第 6 期

从整体性角度把握马克思主义，是深化马克思主义理论研究、推进马克思主义大众化、加强马克思主义理论学科建设的根本所在。从整体性角度把握马克思主义，实际上提出了研究马克思主义完整性或整体性的思路。马克思主义整体性既包括马克思主义三大组成部分的逻辑整体性、方法整体性和历史整体性，也包括马克思主义理论整体性、马克思主义理论学科整体性、思想政治理论课教学整体性。从整体性角度把握马克思主义，首先必须搞清楚马克思主义整体性研究的立足点、马克思主义整体性研究的内容基础、马克思主义整体性研究的内容主线。搞清楚这三大基本问题是从整体性角度把握马克思主义的重要前提和基础。

马克思主义整体性研究的立足点只能是世界观、方法论。这一点是不能动摇的。马克思主义整体性的内容基础主要就是哲学、政治经济学、科学社会主义三大组成部分。没有这三大组成部分为内容基础，马克思主义的整体性就是无源之水、无本之木。当然，马克思主义包含的内容远远不止这三大组成部分，还涉及了社会学、历史学、文艺学、新闻学等内容。就马克思主义整体性研究的内容主线而言，马克思主义在阶级性上的表现就是无产阶级争取自身解放并最终解放全人类，在社会发展上的表现就是阐明人类社会发展的客观规律。

马克思主义理论整体性是方法的整体性、逻辑的整体性，是内在整体与外在整体的统一，这三个方面的交织交融构成了对马克思主义理论整体性的理解。方法的整体性是指，以世界观、方法论为立足点研究马克思主义理论整体性，要求在运用唯物辩证法从事马克思主义理论研究时，将其具体化为系统方法的运用，具体化为抽象法、抽象上升到具体的方法、逻辑与历史相统一的方法的运用。逻辑的整体性是指马克思主义理论是一个具有严密的内在逻辑的有机整体，是由相互联系着的理论构成的，而这相互联系着的理论就是整体性的马克思主义理论。整体性的马克思主义理论就是指在马克思主义哲学、政治经济学和科学社会主义这三个组成部分中的“一以贯之”的具有综合性特点的理论。内在整体指的是马克思思想发展（马克思自身思想逻辑发展过程和马克思的理论研究过程到叙述过程）的逻辑进程；外在整体指的是马克思主义理论在历史发展过程中的一脉相承和与时俱进；并强调无论是在马克思自身的思想发展和马克思的理论研究和叙述过程中，还是在马克思思想到中国特色社会主义理论体系的发展过程中，中国特色社会主义理论体系的每一个理论的形成中，都反映了历史整体与逻辑整体的统一，也就是内在整体与外在整体的统一。

3. 关于马克思主义大众化问题

陶德麟，《红旗文稿》2010 年第 2 期

马克思主义理论代表的是有史以来最进步的阶级即无产阶级的根本利益，同时也代表了

有史以来最广大的人民群众的根本利益。它的根本任务不是以一种剥削制度代替另一种剥削制度，以一个剥削阶级的统治代替另一个剥削阶级的统治，而是经过一系列的历史发展阶段，最终达到彻底消灭阶级差别，解放全人类。因此，它的大众性具有史无前例的深刻内容和广阔空间，与其他理论的大众性有原则的不同。

但是，如果离开了中国化和时代化孤立地谈论马克思主义的大众化，那就会使大众化成为抽象的口号。

就当前我国的具体情况来说，大众化的重点应当是当代中国的马克思主义，也就是中国特色社会主义理论体系，因为这是马克思主义中国化最新成果，是党的路线方针政策的理论基础，是当前中国人民最迫切需要掌握的思想武器。这个理论也是最贴近中国人民大众的需要、最为人民大众密切关注的。

"大众"这个概念的内涵和外延不是一成不变的，而是历史地发展着的。在今天社会结构多元化的情况下，对不同的社会阶层、不同的社会群体的要求应当有所区别；对同一阶层、同一群体的成员，还需要根据不同的文化水平、职业特点等等具体情况有所区别，不能一刀切。

大众化不同于通俗化。大众化是马克思主义理论的基本要求，离开了大众化就丧失了马克思主义的根本，会使马克思主义不起作用。而通俗化则可以理解为大众化的形式之一，是特指马克思主义理论的普及工作。通俗化绝不是庸俗化。通俗化也有不同的层次，不同的形式。要根据不同对象的特点有所区别。而且，提高和普及的界限也不是固定不变的，随着大众水平的提高和需要的变化，普及的对象、范围和内容也要与时俱进。

在中国要实现马克思主义的大众化，就得下工夫用中国人喜闻乐见的语言文字说话，说中国话。西方的历史背景和文化传统与中国的不同，思维方式和语言习惯也确有差别，这是事实。但由此推出不可能用中国语言讲马克思主义，那就远离事实了。如果一种理论只能用一种语言表达，那么不同民族之间的文化交流和对话就根本不可能了。用中国语言讲马克思主义不仅可能，而且必要，非如此不能使马克思主义在中国生根。

4. 历史唯物主义与哲学基本问题——论马克思主义的世界观

孙正聿，《哲学研究》2010年第5期

通过探析恩格斯所论述的"已经不再是哲学"的"世界观"，我们可以形成关于"现代唯物主义"的两点基本结论：其一，现代唯物主义对"哲学"的扬弃，一方面是"克服"了作为"科学的科学"的"哲学"，另一方面则是"保存"了作为"理论思维的本能的和无条件的前提"的"思维和存在的关系问题"，并自觉地把这个"关系问题"确认为哲学的"重大的基本问题"；其二，"现代唯物主义"是从"历史中行动的人"出发去回答作为哲学的重大基本问题的思维和存在的关系问题的，因此，现代唯物主义的真实含义就是历史唯物主义，只有历史唯物主义才是"不再是哲学"的马克思主义的"世界观"。

马克思和恩格斯创建的历史唯物主义，从"感性的人的活动"或"历史中行动的人"出发去解决"思维和存在的关系问题"，形成了以"历史"为解释原则、以"生活决定意识"为核心理念、以"历史的内涵逻辑"为基本内容、以"人类解放"为价值诉求、以"改变世界"为理论指向的历史唯物主义的世界观。这个"不再是哲学"的"世界观"具有极其深刻和丰厚的理论内涵。

(1) 历史唯物主义的世界观是以“历史”作为解释原则的世界观

历史唯物主义的历史概念远不止是活动或过程的概念，更是文明的概念。以历史作为解释原则的历史唯物主义，从根本上说，是以文明为其内涵而实现的对思维和存在关系问题的回答，也就是以文明为其内涵构成的世界观。

(2) 以“历史”为解释原则的世界观，是以“生活决定意识”为核心理念的世界观

马克思和恩格斯认为，由“纯粹动物式的意识”发展为真正的人的“意识”，这是“被历史的进程所改变”的结果。这表明，与“被意识到了的存在”一样，“意识”本身也是“历史”的产物。因此，“意识”与“存在”的关系，在其现实性上，就是“社会意识”(现实的人的意识)与“社会存在”(现实的人的生活过程)在“历史的进程”中所形成的关系。在“历史的进程”中所形成的意识与存在的关系，就是社会意识与社会存在的关系；在这种现实的社会意识与社会存在的关系中，从根本上说，“不是意识决定生活，而是生活决定意识”。这是历史唯物主义的世界观的核心理念和根本观点。

(3) 以“历史”为解释原则的世界观，是以“历史的内涵逻辑”为内容的世界观

历史唯物主义的世界观并不是一般意义的唯物主义与辩证法的统一，而是马克思主义的唯物主义与辩证法的统一，这就是以“历史”为解释原则的唯物主义与辩证法的统一。它的最为重要的理论问题，并不是抽象的“思维”和“存在”的关系问题，而是解决“思维和存在的关系问题”中的“历史”与“逻辑”的关系问题、“理论”与“实践”的关系问题；它的主要的和直接的批判对象，是黑格尔以唯心主义辩证法所构成的“历史与逻辑的一致”；它的真实的理论内容，是作为历史的内涵逻辑的历史唯物主义。

(4) 以“历史”为解释原则的世界观，是以人类解放为价值诉求的世界观

推翻使人“被侮辱”、“被奴役”、“被遗弃”、“被蔑视”的“一切关系”，是马克思和恩格斯创建自己的全部学说的真正出发点，也是马克思和恩格斯全部学说所承诺的最高的价值理想——以人的全面发展为内容的人类解放。

(5) 以“历史”为解释原则的世界观，是以“改变世界”为理论指向的世界观

历史唯物主义的世界观，以“历史”的解释原则回答了哲学的基本问题——思维和存在的关系问题；以“历史”的解释原则论证了人对世界的关系——人在自己的实践活动及其历史发展中所实现的人对世界的否定性统一关系；以“历史”的解释原则最深切地体现了哲学的批判本质——“对现存的一切进行无情的批判”；以“历史”的解释原则升华了哲学对自由和崇高的追求——历史作为“追求自己的目的的人的活动过程”所指向的人类解放和人的全面发展的崇高理想。因此，历史唯物主义的世界观，不只是改变了对“思维和存在的关系问题”的理解，更是改变了对“理论与实践的关系问题”的态度。正是在对关于“理论与实践的关系问题”的态度的改变中，深刻地体现了历史唯物主义的“改变世界”的世界观。

5. 资本逻辑与历史唯物主义的三重内涵

高云涌，《江苏社会科学》2010 年第 3 期

历史唯物主义对现实的把握，并不是再现资本主义时代的诸种社会表象，而是使自身成为“思想中的时代”和“时代精神的精华”，从而塑造和引导了无产阶级争取从资本关系的统治中解放出来、把人类生活的现实变成理想的现实的新的时代精神。从这个意义上来说，对

资本逻辑的批判分析构成了历史唯物主义面对社会历史现实的基本方式，这种批判对历史唯物主义的思维方式、世界图景和伦理诉求这三重理论内涵均产生了决定性影响。

正是在批判资本逻辑的过程中，马克思实际上对古典政治经济学的近代唯物主义思维方式和黑格尔概念辩证法的唯心主义思维方式进行了双重颠倒：将前者把资本逻辑理解为物质实体的逻辑和将后者把资本逻辑理解为精神实体的逻辑都颠倒为现实的社会关系的逻辑，其结果就是一种历史唯物主义的思维方式——合理形态的辩证法的建立。

正是运用合理形态的辩证法这一历史唯物主义的思维方式，马克思将资本逻辑运行的内在机制和演化规律揭示得一清二楚，并在此基础上以概念和范畴的逻辑体系的方式为"实践的唯物主义者即共产主义者"提供了一幅历史唯物主义的世界图景。这幅历史唯物主义的世界图景是马克思以合理形态的辩证法对资本主义社会有机体的总体性社会关系结构进行动态和历史性地把握的结果。在这一宏大的世界图景中，古典政治经济学家"看"到的全部可感的物质表象都作为社会关系的化身和承担者而重新呈现在人们眼前：具有始源性意义的资本主义生产关系即大写的"资本"关系在其矛盾运动的不同阶段分别外化为资本主义的所有制、分工、分配和交换等社会制度，外化为资本主义的生产劳动、交往和消费等各种社会活动，外化为自然、机器、商品、货币、资本和财富等各种社会物象，外化为两大对立阶级和资产阶级国家等社会组织，内化为资产阶级意识形态，人格化为雇佣工人和资本家。正是在这幅动态的世界图景中，马克思一步步地揭示出了"资本主义社会充满矛盾的运动"规律。

通过资本逻辑批判，历史唯物主义不仅以思维逻辑的形式为无产阶级提供了历史地发展着的思维方式和以概念的逻辑体系的形式为人们提供了历史地发展着的世界图景，而且还以其所具有的普遍性、规律性和理想性为人们提供了历史地发展着的价值观念，从而充分表达出无产阶级争取从资本关系的束缚中挣脱出来、追求人类自由与解放理想的伦理价值诉求。这种历史唯物主义的伦理诉求主要表现为公正伦理诉求、制度伦理诉求和权力伦理诉求三个方面。

6. 马克思主义公正观的基本向度及方法论原则

马俊峰，《中国社会科学》2010 年第 6 期

马克思通过引入科学的实践观，创立了实践唯物主义，以实践思维或实践观点的思维方式超越了传统的理论哲学思维的固有局限性，在哲学主题、哲学使命、理论立场、运思方式等一系列问题上都实现了重大转向。马克思恩格斯作为科学社会主义的创始人，其对空想社会主义的合理因素以及局限性的分析，其无产阶级立场的自觉确立，其对资本主义历史进步中加剧了人的异化的不公正性或非正义性的批判，其对历史发展规律和资本主义生产方式的科学分析，都是为了论证人类解放或进入"真正的人的历史"的可能性的目的，在他们那里，正像其个人人格是革命家和理论家的统一一样，其理论也是科学性与革命性、真理与价值、真理观与价值观的有机统一。这两个方面或两个维度虽然会在不同场合不同问题上有所偏重，甚至有时会表现出一定的抵牾和紧张，但在总体指归上是统一的，当然是一种辩证的统一。任何将之割裂并对立起来的做法，都是一种偏颇，任何否定这两个维度总想使之归结为一的做法，也势必会造成一定的歪曲。

公正观当然是价值理论和价值观的重要内容，但正如"价值观"这个概念存在着双重的意义一样，马克思主义公正观也包含两个方面的内容：一方面是作为“价值观念”的公正观，也就是作为无产阶级的评价标准的公正观，它又分两个层次，低层次的或作为“最低纲领”的是与现实经济关系和权利关系相联系的评价标准；高层次的或作为“最高纲领”的则是作为社会主义运动目标和理想的公正观，这就是消灭私有制、剥削和一切阶级差别后所达到的自由个性基础上的真正的平等和实质公正的公正观。二者既内在联系又有原则差别，前者是确立现实策略的基础，后者则是最终理想，绝不能将它们混为一谈，也不能以一个否定另一个。另一方面则是作为价值理论对公正问题的基本看法的公正观，是立足于历史的辩证的实践的唯物主义思维方法，分析了公正问题的历史和现状而所形成的基本理论观点。这两个方面当然无法决然割裂，但它们之间的差别也不是无关紧要的：前者主要是评价标准和价值判断，后者则主要是一种对公正问题的理论说明；前者突出的是无产阶级的利益诉求和理想形态，后者侧重的是基于历史发展情况对不同阶级不同阶层不同时代的公正观的合理解释；前者展现的是不同阶级立场和利益诉求的对立性，后者着重于对不同阶级及其利益诉求的历史合理性及其局限性的实事求是的科学分析。前者只有建立在后者的基础上，才能获得其深厚的理论支撑和历史底蕴，才不至于成为空洞僵死的无法变通的教条，后者也须站在无产阶级立场上才能具备一种彻底唯物主义的精神气质和理论优势。很显然，马克思主义作为真理（科学）与价值、真理观与价值观的统一，不仅表现在它同时具有科学的维度和价值的维度，也表现在对价值现象的理解中始终保持一种科学分析的态度。

马克思主义对待公正和公正观的方法论原则至少包括如下几点：

第一，不能从抽象的人性、理性等为基础来确定公正不公正的标准，并将之当作一种一经发现就永恒不变的“绝对真理”。相反，要根据一定历史时期经济的发展水平以及由之制约的人们的实际地位和权利结构来揭示不同公正观的实质及其历史变迁。公正观作为一种价值观念，作为一种价值评价的标准和价值判断，尽管它直接来源于法权观念和道德理想，但它又与经济发展的不同阶段、与人们的经济地位和利益联系着，正如没有超历史的权利和权利观一样，也没有超历史的公正和公正观。

第二，从实践的角度看，不同公正观是不同主体（阶级、阶层、民族等）的利益诉求的抽象表现，不同的公正观之间的分歧和对立，表面上看是不同理论观点的对立，实际是不同的利益主体如阶层阶级集团等的不同利益诉求之间的对立，这种矛盾和对立的解决，不是理论的事情而是实践的事情。在现实的社会实践生活中，无数的个人之间要通过合作互助，结成一定的社会关系来进行交往，但这些个人从来都不是作为孤立的同质的个人而是作为有差别的个人并结成不同的集团、阶层、阶级来行动的，他们站在不同的立场上，有选择地继承不同的文化传统或文化传统的不同方面而形成自己的公正观和价值观，进而对现实的社会秩序、利益分配制度进行一定的评价，作出一定的价值判断，形成自己的态度。只要社会还存在着不同的集团、阶层和阶级，存在着不同集团阶层等的利益冲突，就不可能有统一的公正观。

第三，公正观作为法权观念、道德观念的最高抽象，作为评价各种制度、规范之合理性与否的最高标准和原则，绝不是直观的思维方式和抽象的逻辑推理能够胜任的，只有辩证思维才能揭示其中的奥秘所在。

7. 马克思哲学革命与经济学革命的内在逻辑及其启示

叶险明，《中国社会科学》2010 年第 3 期

《哲学的贫困》为经济学革命所奠定的“最初的方法论基础”，推动了政治经济学批判向构筑科学的政治经济学理论方面发展，其标志是：马克思开始把劳动价值论作为剖析资本主义经济制度的理论基础。这就是政治经济学批判在构建科学的政治经济学理论方面所取得的最初成果。马克思对现实的历史运动更深入的把握必须通过对现实的资本主义经济运动的科学考察来实现，而对现实的资本主义经济运动的科学考察则在逻辑上要求马克思把对“劳动价值”的初步科学认识作为基点（这一基点所涉及的内容就包含着剩余价值生产问题）。为经济学革命奠定“最初的方法论基础”和政治经济学批判在构建科学的政治经济学理论方面取得最初的成果，推动了马克思的经济学革命。

《伦敦笔记》作为马克思哲学革命逻辑进一步延伸的重要转折点和马克思经济学革命过程的重要转折点而存在，其主要理由是：哲学批判由主要对经济学领域内的思辨唯心主义的彻底批判，转向对存在于资产阶级和小资产阶级经济学家具体的经济学理论中的各种错误的观点和认识方法的批判，从而进一步验证、丰富和发展了历史唯物主义的核心理论，由此，哲学批判对经济学领域的全面介入有了实质性进展；而政治经济学批判则进一步深入到构建科学的政治经济学理论所必须的具体环节中去，如科学的货币学说、级差地租学说、资本价值实现矛盾学说、经济危机学说等。这两个方面的批判是互动的一体。因此，《伦敦笔记》在哲学批判和政治经济学批判方面成为科学的劳动价值理论和剩余价值理论创立的直接准备。

对《经济学手稿（1857—1858）》和《政治经济学批判》第一分册在马克思的哲学批判和政治经济学批判中的地位和作用无论怎样高估都不为过。一方面，科学的政治经济学方法论系统构建的完成，标志着马克思哲学革命的内容和形式趋于完善。这里所说的“趋于完善”主要是指：从方法论上看，历史唯物主义开始具有了指导人们认识和改造现实世界的完备形态。另一方面，科学的政治经济学理论体系的初步确立标志着马克思经济学革命的基本完成。

马克思的哲学革命与经济学革命的内在逻辑联系从动态上凸显了马克思学说的整体性。在马克思的哲学革命与经济学革命的内在逻辑联系中所体现出的“马克思学说的整体性”在方法论上的基本规定是：这一“整体”是由该整体的各个要素及其相互间关系构成的。所以，对这一“整体”的研究既不能采用整体主义的方法，也不能采用个体主义的方法。把马克思学说作为一个整体来研究与从马克思学说的整体性出发来研究这一整体的某个或某些理论，在方法论上是一致的，即都不能偏离马克思学说整体性在方法论上的基本规定。

从方法论上看，马克思的哲学革命与经济学革命的内在逻辑联系充分表明：马克思的哲学革命和经济学革命就是马克思跨学科意识、跨学科方法和跨学科研究的产物。对一个学者来说，要进行真正意义上的“跨学科”研究，首先也是最重要的是要具有强烈的跨学科意识。笔者这里所说的“跨学科意识”不是一般意义上的，而是指马克思所特有的，即由批判理念、问题理念和时代理念构筑而成的跨学科意识。

8. 关于中国社会主义政治经济学的若干问题

刘国光，《政治经济学评论》2010 年第 4 期

过去对于社会主义经济的研究，一般采用规范方法。学者的注意力集中在社会主义经济

"应该怎样"，从给定的前提中合乎逻辑地推出结论。现在研究社会主义经济改革时，当然也不能不关心社会主义初级阶段的经济"应该怎样"的规范，但首先要分析清楚初级阶段的经济"实际上是怎样"的问题，即对客观存在的事实及其内在联系和规律表现予以实事求是的分析和说明。没有这种分析说明，就不可能对它面临的问题有明晰的概念和提出可行的方案。

除了帮助政府实行对国民经济有计划的调整外，国有经济还有另一项任务，即保证社会正义和公平的经济基础，对那些对于政府调控经济不重要，但是对于保障正义和公平非常重要的竞争性领域的国有资产，也应该视同"重要"和"关键"的领域，要力争搞好。所以，不但要保持国有经济在具有自然垄断性的关系经济命脉部门领域的控制力，而且同时要保障国有经济在竞争性领域的发展，发挥它们在稳定和增加就业，保障社会福利和提供公共服务的作用，增强国家转移支付和实行公平再分配的经济能力和实力。

收入分配不公源于初次分配，与资本主义私有制生产方式相适应的分配方式是按要素（主要是按资本）分配，而与社会主义公有制生产方式相适应的分配方式则是按劳分配。在社会主义初级阶段，由于我们在坚持社会主义道路前提下允许一些资本主义因素在一定范围内存在，所以允许同时实行按资本和其他非劳动要素分配，但这种分配方式只能处于从属地位，为主的应是按劳分配。这是由所有制结构以公有制为主决定的。

总的看来，在考虑调整收入分配关系和缩小贫富差距时，人们往往倾向于从分配领域本身着手，特别是从财政税收转移支付与再分配领域着手，但仅仅从分配和再分配领域着手，不能从根本上扭转贫富收入差距扩大的问题。还要从所有制结构，从财产关系上直面这一问题。也就是说，我们要从巩固社会主义初级阶段基本经济制度的角度来看待这一问题。只有强化公有制的地位，发展多种经济成分，同时弱化私有趋势来解决这个问题，才能最终阻止贫富差距继续扩大向两极分化推进的趋势，实现共同富裕。

9. 用发展的马克思主义政治经济学引领应用经济学创新

程恩富、王朝科，《教学与研究》2010 年第 2 期

马克思主义经济学是包括马克思主义理论经济学（政治经济学）和马克思主义应用经济学两个层次的完善的学科体系。在这个体系中，马克思主义政治经济学就应该是整个学科体系的基石，处于金字塔的塔尖，它除了揭示人类社会经济发展的一般规律以外，还必须能够为其他的学科提供基本概念、基本理论、基本方法、基本的分析范式和分析逻辑，甚至也包括一些基本的分析技术。只有这样，马克思主义政治经济学与应用经济学之间的天然联系才能建立起来，马克思主义政治经济学的指导地位才能实实在在地得到体现，也才能更好地用发展的马克思主义政治经济学引领应用经济学创新，改变中国的应用经济学被"学术殖民"的现状。也唯有如此，才能建立起具有中国特色、中国风格和中国气派的经济学学科体系。

马克思主义政治经济学不是教义和干巴巴的原理，而是随着历史的发展变化而不断丰富发展、具有高度开放性的思想体系和方法论体系，但同时，马克思主义政治经济学又蕴藏着适用于一切历史时期的元理论，也就是通常人们所说的马克思主义政治经济学的"硬核"。元理论抑或硬核是马克思主义政治经济学得以发展创新的基础，也是用发展的马克思主义政治经济学引领应用经济学创新的出发点，是马克思主义经济学体系中理论经济学与应用经济学内在的、本质联系的接点。

究竟什么是马克思主义政治经济学的元理论，除了马克思创立的辩证唯物主义和历史唯物主义的方法论外，应该还有其他更具体的理论。程恩富教授关于现代马克思主义政治经济学的四大理论假设——（1）新的活劳动创造价值假设；（2）利己和利他经济人假设；（3）资源和需要双约束假设；（4）公平与效率互促同向变动假设，是对马克思主义政治经济学元理论研究的开创性工作。尽管对马克思主义政治经济学元理论的研究尚不成熟，有待深入系统地挖掘和凝练，但马克思主义政治经济学元理论无疑是引领应用经济学创新发展和构建马克思主义应用经济学学科体系的逻辑起点，同时也是马克思主义理论经济学与应用经济学内在联系的逻辑接点，有了这个逻辑接点，应用经济学理论体系的展开就获得了一个纲。

由于马克思主义政治经济学的元理论还缺乏系统的、共识性的成果，加之不同的应用经济学也各有其自身的特质，所以在这里我们只能原则性地提出一种用发展的马克思主义政治经济学引领应用经济学创新的逻辑路径，我们将其概括为：根据马克思主义政治经济学的元理论，结合不同应用经济学的特质（研究对象和最终要达到的目的），确定元理论与应用经济学特质之间内在的逻辑联系，构建该应用经济学的概念体系和分析范式，进行应用经济学理论体系和方法体系的逻辑展开，从而实现对具体的经济现象和经济问题的科学解释，提出符合事物发展规律的政策建议。

10. 转变经济发展方式必须坚持“中国道路”

胡乐明，《中国流通经济》2010 年第 11 期

西方国家的金融和经济危机是资本主义发展方式的危机。资本主义的发展历史，是用血和火的文字载入人类编年史的。资本主义愈是发展，其发展方式的危机便愈加严重。在自由竞争时代，西方资本主义依靠剥削劳动、殖民战争和殖民贸易进行资本积累和扩张。进入垄断阶段之后，资本主义世界体系逐步形成，西方资本主义通过资本输出、技术垄断以及各类战争，更加巧妙而残酷地剥削和掠夺发展中国家的资源和财富。随着资本主义全球化进程的深化，西方资本主义国家通过它们所控制的国际经济组织和游戏规则，继续主导国际政治经济秩序，持续地剥削和掠夺广大发展中国家，以试图缓解日趋严重的资本主义基本矛盾和资本积累危机。然而，当代西方资本主义的全球扩张，日益步入不可持续的严重依赖金融泡沫和经济增长的“良性循环”的发展轨道，同时资本主义依靠“劳德代尔悖论”式的发展也已经失去了进一步扩张的空间。

西方国家金融和经济危机凸显了我国原有经济增长方式的弊端。我国经济增长长期过度依赖投资和出口的拉动作用，居民消费贡献率明显偏低，外贸依存度显著偏高。同时，我国企业长期缺乏自主创新能力，缺乏核心技术、缺乏自主知识产权，更多依靠廉价劳动力的“比较优势”、依靠资源能源的大量投入来赚取国际产业链低端的微薄利润。重国际市场、轻国内需求，重低成本优势、轻自主创新能力，重物质投入、轻资源环境，重财富增长、轻社会福利水平提高，这就是我们长期依赖的经济发展方式。这样的经济发展方式是一条发展动力难以持续的“风险之路”，是一条资源环境难以支撑的“负重之路”，是一条竞争能力难以提升的“低端之路”，是一条人民福利难以增长的“物本之路”。西方国家金融危机和经济危机带来的巨大冲击表明，转变我国经济发展方式已经刻不容缓。

转变经济发展方式必须巩固和完善社会主义基本经济制度。以生产资料公有制为基础的

社会主义市场经济，可以消除生产资料私有制与社会化生产的根本矛盾以及生产与消费之间的对抗性矛盾，有利于克服市场机制的自发性和生产的无政府状态。为了有效防范与应对各类金融和经济危机的发生与冲击，必须始终不断地巩固和加强公有制经济的主体地位。各种非公有制经济的存在和发展有利于增加就业、满足需求，促进经济发展的活力，为抵御各种外来危机的冲击提供物质保障。因此，必须辩证把握公有制经济为主体与多种所有制经济共同发展的关系。必须正确处理社会主义与资本主义的关系，不能简单地把坚持公有制为主体和促进非公有制经济发展两者对立起来。毫不动摇地鼓励、支持和引导非公有制经济的发展不等于全面推行资本主义私有制，必须以毫不动摇地巩固和发展公有制经济的主体地位为前提。社会主义初级阶段鼓励、引导非公有制经济发展，是生产力水平相对落后国家坚持社会主义道路，正确对待资本主义、利用资本主义建设社会主义，辩证否定私有制的必然要求。

转变经济发展方式必须加强和改善国家宏观调控。必须充分发挥社会主义政治制度的强大优势，强化政府的长期规划和计划调节功能，科学制订经济社会的长远发展规划，努力保持各项政策的稳定性和连续性，既发挥市场调节的优良功能去抑制“政府调节失灵”，更发挥政府调节的优良功能去纠正“市场调节失灵”，建立一种“基础—主导”双重调节机制，形成“强市场”和“强政府”的“双强”调节格局。必须提升政府微观规制和宏观驾驭能力，有效“节制资本”。必须通过制订发展规划、实施经济政策、制定经济规则等手段，限制资本主义因素在社会主义中国的发展规模和活动范围，使资本主义因素的发展严格控制在社会主义国家允许的必要范围之内，防止社会生活领域的“全面资本主义化”。必须发挥社会调节和伦理调节的积极作用，弥补“市场失灵”和“政府失灵”。必须投入一定的公共资源，整合社会成员的意识形态与价值追求，打破个人利益至上的市场价值追求，以社会主义核心价值体系引领人们的经济行为，构建良好的“利益追求—道德文化”互动架构。必须统筹国际和国内，提升政府应对国际形势变幻的能力。必须加强国际国内金融体系和国际资本流动的监管，加强金融规制以防范全球化所带来的金融风险和经济危机以及发达资本主义国家的“金融殖民”；必须坚持走中国特色自主创新道路，遏止发达资本主义国家的“技术殖民”；必须积极参与“国际规则”的博弈，防范西方发达国家的“规则殖民”。

11. 全面准确地理解“什么是社会主义，怎样建设社会主义”问题

赵家祥，《理论视野》2010年第1期

改革开放以来，邓小平反复强调，“什么是社会主义，怎样建设社会主义”这个问题，我们过去没有完全搞清楚。对邓小平的这一论断，要有全面准确的理解，不可片面和偏颇，更不能把自己的主观臆测附加在邓小平名下。邓小平关于“什么是社会主义，怎样建设社会主义”这个我们过去没有完全搞清楚的论断，是针对中国建设社会主义过程中的经验教训讲的，有其具体的针对性和具体的含义。只有把这个论断放到它的具体语境之中，与上下文联系起来，才能全面准确地理解。如果只是引“什么是社会主义，怎样建设社会主义”这一句话，就会把邓小平在具体语境中针对具体问题讲的具有具体含义的论断抽象化，必然造成对其理解片面和偏颇，为主观臆测留下可乘之机。

（1）邓小平关于“什么是社会主义，怎样建设社会主义”这个我们过去没有完全搞清楚的论断，既不是说马克思、恩格斯没有搞清楚什么是社会主义的问题，也不是说我们对马克

思、恩格斯设想的未来社会主义社会的基本规定性或基本特征没有搞清楚。只要我们回顾一下马克思主义的发展史，认真阅读马克思主义经典作家的著作，就不难发现，马克思、恩格斯在《共产主义原理》、《共产党宣言》、《资本论》、《法兰西内战》、《哥达纲领批判》、《反杜林论》、《社会主义从空想到科学的发展》等著作中，列宁在《卡尔·马克思》、《马克思主义的三个来源和三个组成部分》、《马克思主义论国家》、《国家与革命》以及十月革命胜利以后的许多著作中，都通过对资本主义基本矛盾及其发展趋势的科学分析，对于未来社会主义社会的基本规定性或基本特征作了科学的预测和设想。马克思、恩格斯从来不去教条式地预见未来，他们只是在批判旧世界的过程中发现新世界。因此他们在社会主义革命没有取得胜利、社会主义改造和社会主义建设没有成为现实行动的情况下，不会去凭空预测和设想社会主义社会的基本规定性或基本特征的具体实现形式。至于如何建设社会主义，马克思、恩格斯虽然提出了一些基本原则，但由于他们在世时，社会主义还只是理论上的设想，没有变成现实，所以他们也就不会对这个问题作出具体的论述。我们也不应该要求他们对这个问题作出具体论述。列宁虽然亲自领导了俄国社会主义建设的实践并取得了一些实践经验，但由于时间过短，取得的经验教训很有限，对如何建设社会主义的问题，对他来说，很多方面都是未知的领域。

（2）邓小平关于“什么是社会主义，怎样建设社会主义”我们过去没有完全搞清楚的论断，是针对中国十一届三中全会以前建设社会主义的经验教训讲的，是说过去我们对社会主义社会的基本规定性或基本特征在中国社会主义初级阶段的具体实现形式没有完全搞清楚。离开总结我国建设社会主义的经验教训和我国现阶段怎样建设社会主义的现实，抽象地谈论“什么是社会主义，怎样建设社会主义”，没有任何实际意义。我们与马克思、恩格斯、列宁对于社会主义社会基本规定性或基本特征的预测和设想相对照，把我国社会主义初级阶段的基本特征概括如下：①生产力发展水平仍然低于发达的资本主义国家，需要经过相当长的时间。②应该坚持以公有制为主体、多种所有制经济共同发展的基本经济制度，不能急于建立单一的社会主义公有制经济。③要坚持按劳分配为主体、多种分配方式并存的制度。④剥削阶级作为一个阶级已经消灭，但阶级斗争还将在一定范围内长期存在，在一定条件下还可能激化。⑤由于仍然存在着破坏社会主义事业的敌对分子，在国际上还存在着敌视我国社会主义事业的势力，所以还要坚持无产阶级专政或人民民主专政，国家仍然具有政治性质和阶级压迫工具的功能，还不是“非政治国家”。⑥应该发展社会主义市场经济，自觉地利用价值规律、价格杠杆和竞争机制的功能，不能超越市场经济充分发展的阶段，直接过渡到产品经济。

（3）邓小平关于“什么是社会主义，怎样建设社会主义”这个我们过去没有完全搞清楚的论断，还包含着一个重要思想，即如何正确认识中国特色社会主义理论与马克思、恩格斯创立的科学社会主义理论之间的关系，以及如何正确处理坚持马克思主义和发展马克思主义之间的关系。我们说中国特色社会主义理论与马克思、恩格斯创立的科学社会主义理论本质上是一致的，并不是说二者之间没有区别。二者的区别主要表现在以下几个方面：首先，二者分别是针对不同国家的情况讲的。其次，二者分别讲的是社会主义社会发展的不同阶段的特点。再次，二者分别属于科学社会主义理论的不同层次。正因二者有区别，所以它们在马克思主义理论体系中才是互相补充而不能互相代替的。它们对于全面准确地理解“什么是社会主义，怎样建设社会主义”这个问题都是不可或缺的。只有把二者紧密结合、内在统一起来，才能对这个问题有全面准确的理解。

二　马克思主义中国化研究代表性论文

1. 马克思主义中国化的文化阐释

黄力之，《中共中央党校学报》2010 年第 1 期

从马克思主义产生世界影响这一历史事实的角度来看，把马克思主义作为中国的国家意识形态，是中国共产党领导中国革命并取得成功的一个历史成果。而从文化演变的角度看，则是生成中的中国现代文化对传统文化进行改造与扬弃的结果。

改革开放以后，有人在总结百年中国文化的道路时，只承认用西方文化取代中国传统文化的正确性，认为这才是中国现代化的文化保证，而将毛泽东诸人对马克思主义的选择说成是启蒙思想的失落，是“救亡压倒启蒙”，说什么只有“告别革命”才有中国的现代化。实际上，历史的运转过程完全不是现在的人们所自由想象的。一方面，当时的世界潮流确实就是社会主义、马克思主义；另一方面，当时中国的国情也注定只能这样选择。当时，不只是信仰马克思主义的先进知识分子，就是对马克思主义表示怀疑的知识分子，也感受到了马克思主义与中国问题之间的巨大契合关系，这证明了 20 世纪初的中国选择马克思主义有着历史的必然性。

但是，中国的文化传统及中国问题的独特性将对中国的马克思主义产生影响；任何外来文化在试图取代本土文化时，如果要长远地达到这一目标，则不可能不与本土文化互相交融。马克思主义创始人只是为后来的马克思主义者提供了科学的世界观和方法论，而不可能提供解决各个国家的具体问题的方案。这样，马克思主义在一个国家的运用，必须结合这个国家的具体国情，而不能教条主义地搬用。

“中国化”与马克思主义的对接主要表现为：对马克思主义世界观、方法论以及马克思主义价值观形成中国表述，而“中国表述”意味着“适用于中国”。从中国历史文化的背景性安排出发，将中国化了的马克思主义确立为国家意识形态，满足了中国社会客观存在着的需要一个统一的主流思想的文化愿望，以此建立公共行为准则，维系社会关系，稳定社会秩序。这是中国的历史文化特点，谁不尊重并遵守之，就会给社会带来混乱。

今天的世界已经进入全球化时代。美国阿里夫 • 德里克在讨论到文化全球化问题时，高度评价了毛泽东的“马克思主义中国化”的独特文化意义。他认为，毛泽东的这种“马克思主义中国化”并不是指在中国的文化空间里掌握马克思主义，而是指在面对并改变马克思主义实践的同时改变中国的文化空间。所谓“改变中国的文化空间”，即是指马克思主义已经融入中国文化之体，成为当下文化构建所不可回避的要素。马克思主义中国化这一文化事实，既证明了中国文化自身的合理性存在，也证明了马克思主义的世界性意义。

2. 马克思主义中国化的主体探析

陈金龙，《马克思主义研究》2010 年第 5 期

纵观马克思主义中国化的历史进程，领袖群体、知识分子、人民群众各自发挥了独特的

作用，共同构成了马克思主义中国化的主体。

在马克思主义中国化过程中，领袖群体的主体作用可以概括为如下几个方面：(1) 马克思主义中国化任务的提出者与主题的确立者。领袖群体能准确把握历史演进、社会发展趋势与规律，从而适时提出马克思主义中国化的任务。(2) 中国国情与时代特征的把握者。中国国情是马克思主义中国化展开的历史前提和现实基础，时代特征是马克思主义中国化展开的国际背景。(3) 中国化马克思主义理论体系的建构者。领袖群体在吸收全党、全社会理论智慧与实践经验的基础上，形成了一系列中国化马克思主义的文献，建构了较为完整的中国化马克思主义理论体系。(4) 中国化马克思主义理论体系的诠释者。领袖群体为使理论为大众所接受、所认同，对理论进行了解释、作出了说明。(5) 马克思主义中国化偏差的纠正者。领袖群体的政治地位、驾驭能力和理论敏锐力，使其善于发现和纠正马克思主义中国化过程中的偏差和失误。

知识分子的文化素养、职业特征、使命意识，使其成为马克思主义中国化的主体之一。知识分子的主体作用表现在如下几个方面：(1) 马克思主义的传播者。马克思主义的引进和传播，是马克思主义中国化的前提，而担负这一任务的首先是知识分子。(2) 中国国情的探究者。领袖群体对国情的准确判断，是以知识分子的探究为基础的。(3) 中国化马克思主义文本建构的参与者。中国化马克思主义文本建构，既凝结了领袖群体的心血，也蕴涵了知识分子的智慧。(4) 中国化马克思主义的传播者与运用者。中国化马克思主义一经形成，就面临向社会传播的任务，在这方面，知识分子既有独特优势，也有责任担当。

人民群众是历史的主体，也是马克思主义中国化的主体。在马克思主义中国化过程中，人民群众的主体作用表现在如下几个方面：(1) 人民群众的理论诉求是马克思主义中国化的动力。没有人民群众变革社会的实践对马克思主义的诉求，就不会有马克思主义中国化。(2) 人民群众的理论取向是马克思主义中国化的坐标。人民群众的知识素养、接受能力、思维方式、审美习惯要求马克思主义通俗化、具体化、生活化、本土化，这一理论取向也就成为马克思主义中国化的坐标。(3) 人民群众的实践智慧是马克思主义中国化的原料。人民群众的实践活动创造和积累了丰富的经验与智慧，是马克思主义中国化的原料来源。(4) 人民群众的社会实践是检验中国化马克思主义的尺度。中国化马克思主义的科学性、合理性如何，只有回到人民群众的实践之中，由实践去检验、去评判。

总之，马克思主义中国化是由人在“化”，因人而“化”，其主体是多元的，不是单一的。领袖群体是马克思主义中国化的主导者，知识分子是马克思主义中国化的推动者，人民群众在马克思主义中国化过程中处于基础性地位，三者共同作用推动了马克思主义中国化。

3. 马克思主义中国化研究中的十个理论问题

杨瑞森，《教学与研究》2010 年第 7、8、9 期

(1) 关于研究马克思主义中国化的理论前提。①研究马克思主义中国化问题的首要理论前提是承认马克思主义理论的科学性和真理的普遍性。②马克思主义中国化的“合法性”与历史必然性。③对马克思主义中国化中真理普遍性与特殊性关系的理解。

(2) 关于马克思主义中国化科学内涵的界定和把握。①科学地界定和把握马克思主义中国化的基本内涵，是研究马克思主义中国化全部问题的基础。②毛泽东对马克思主义中国化科学内涵的经典界定及其启示。③马克思主义中国化科学内涵问题尚待深入研究。

(3) 关于马克思主义中国化与弘扬祖国优秀传统文化的关系。①要充分重视对马克思主义中国化文化内涵的研究。②对祖国传统文化的科学性和历史作用需要作全面分析和整体性估量。③建设和谐文化与坚持社会主义核心价值体系。

(4) 关于马克思主义中国化的根本问题和根本经验。①要善于从哲学上研究和总结马克思主义中国化的历史经验。②实事求是是马克思主义的精髓，也是马克思主义中国化的根本历史经验。③我们党对“相结合”历史经验的总结同坚持实事求是思想的一致性。

(5) 关于继承和发扬马克思主义中国化的优良传统。①创造性地学习和应用马克思主义哲学是马克思主义中国化的显著特点和优良传统。②要深入研究和总结毛泽东对马克思主义哲学中国化的伟大贡献。③自觉地继承和发扬我们党创造性地学习和应用马克思主义哲学的优良传统。

(6) 关于新中国成立后“两个 30 年”的关系。①对“两个 30 年”关系的认识仍需深入研究。②理性地看待“前 30 年”我们党和毛泽东所犯的错误。③客观地和辩证地分析与理解“两个 30 年”的关系。④要深入研究和把握科学社会主义与民主社会主义的本质区别。

(7) 关于《建国以来党的若干历史问题的决议》对毛泽东思想历史地位评价的科学性和有效性。①对毛泽东思想历史地位的评价实际上始终存在着重大分歧。②邓小平及《决议》对毛泽东思想基本内容和历史地位的具体分析和科学评价。③毛泽东思想何以具有重要的当代价值和长远的指导意义。

(8) 关于马克思主义中国化“两大理论成果”的内在联系性。(1) 深入研究马克思主义中国化“两大理论成果”内在联系性的重要性和必要性。②对党的十七大关于中国特色社会主义理论体系科学内涵界定的理解。③马克思主义中国化“两大理论成果”间的内在联系性。

(9) 关于解放思想和理论创新。①解放思想、理论创新与马克思主义中国化。②中国特色社会主义理论体系的创立与马克思主义中国化的第二次理论飞跃。③把握解放思想和理论创新的科学性。

(10) 关于马克思主义中国化与高校思想政治理论教育。①马克思主义大众化就是要用马克思主义科学理论武装人民群众，特别是教育青年学生。②要使马克思主义为人民大众所接受，就应着力研究和回答他们关注的热点难点问题。③加强马克思主义学科建设，为高校思想政治理论教育提供强有力的学科支撑。

4. 关于马克思主义中国化的哲学反思

周凡，《江海学刊》2010 年第 2 期

从经验分析上，是“马克思主义”先“化”中国——不仅“化”中国之面貌，而且也“化”中国之精神——然后才在事后提出一个次生性的概念“马克思主义中国化”。马克思主义“化”中国与中国“化”马克思主义并不是两个完全重叠的过程，前者侧重于以普遍性“干预”特殊性，而后者则以特殊性“归化”普遍性为能事。并且，在一定意义上，马克思主义“化”中国比中国“化”马克思主义更为明显，也更具客观效应。毕竟，马克思主义“化”中国是“改造世界”，而中国“化”马克思主义主要是“改造理论”。当然，马克思主义“化”中国不仅“化”中国社会、“化”中国政治，也“化”中国的文化、“化”中国的理论。

我们在用马克思主义“化”中国的时候，往往没有意识到，这个作为主词的“马克思主义”在一定程度上已经被宾词“中国”所“化度”。如果把“马克思主义中国化”作为一个概念的话，那么，这个概念内部隐藏这种张力对于这个概念本身来说是不可或缺的。换言之，如果“马克思主义”与“中国”之间没有任何观念上的阻隔，二者天然就融洽圆合，那么，“马克思主义中国化”或许就不会作为一个问题而存在。更进一步讲，如果“马克思主义”与“中国化的马克思主义”之间没有任何差异，那么，“马克思主义中国化”作为一个理论性概念也就失去了其独特的规定性。

“马克思主义中国化”这一概念既然标示着“马克思主义”与“中国”之间的相互作用的一个维度，那么，从空间的意义上，这一维度必定发展为“国际化”与“地域化”之间的关系。马克思主义作为一种最初产生于西欧这一特定地缘空间的理论体系，它本身不可避免地带有一定地域色彩。但是，马克思主义之所以是马克思主义，恰恰是因为它不把自己局限于某一个国家或某一个地区之内，它要解决的是世界性问题，而它所达到的结果则是全人类的解放。马克思主义的世界性与它在每一个不同地域的适用性是辩证统一的，而这种统一的根据就在于马克思主义把现实的矛盾与历史的可能性作为解决问题的出发点。

我们对马克思主义、对马克思主义哲学的“先验”理解方式在很大程度上制约着其“中国化”的方式与效果。我所说的“先验理解”是指主体在“化”马克思主义之前已有的“认识”架构或对马克思主义的“前理解定向”。马克思主义中国化是一个包括“化者”（主体）在内的一个复杂生成系统。一个人在何种条件下、何种基础上、何种程度上、何种观念之下理解马克思主义，会直接影响他“化”马克思主义的样式与能力。

我们应该有中国的“新型解放话语”，也许，中国化的马克思主义“化”到最高境界可能就是“化”掉这个“化”字。一开始，我们是“引进”马克思主义，可谓一种“进口替代型”，但是我们这么大的国家，不能老是搞“进口主导”，我们应该有完全的“自主创新”，我们应该有完全的自家“品牌”，应该有完全的“中国的马克思主义”。

5. 马克思主义中国化的解释模式：一个批判性的考察

周建伟，《科学社会主义》2010 年第 4 期

对于马克思主义中国化的解释模式，可以概括为结合论、发展论、综合论、斗争论、异端论五种不同的形态。

（1）结合论。这是马克思主义中国化最为经典的表述。结合论认为，马克思主义中国化就是马克思主义的普遍原理与中国实际相结合，用马克思主义的普遍真理指导中国的革命和建设，其成果是毛泽东思想、邓小平理论、“三个代表”重要思想及科学发展观。由于官方对结合论的解释基本上是结论性的，大陆学者主要做的工作就是对结合论进行论证，但同时也对结合什么、如何结合等问题进行了探索和拓展。

（2）发展论。发展论认为，马克思主义中国化不仅是马克思主义在中国的运用，也是马克思主义在中国的发展。不同的学者对发展的内容有不同的侧重。比如，有的学者强调马克思主义中国化是以中华民族的优秀思想来丰富和发展马克思主义，有的学者强调以中国共产党革命与建设的经验成果来发展马克思主义，有的学者两者都强调。

（3）综合论。这种观点将马克思主义中国化视为一个综合的过程，融合了结合与发展、

过程与结果等多个维度。综合论主要有两种：一是结合论和发展论的综合，二是全面的综合。

(4) 异端论。异端论的基本观点是，由于中共的核心思想是经典马克思主义所没有的，因此，所谓的中国化马克思主义实际上已偏离了正统马克思主义，带有“异端”性质。

(5) 斗争论。斗争论有权力斗争论和话语斗争论两种形态。西方不少学者持这种观点，国内也有个别学者认同和采用此说。斗争论虽然对了解党内派系情况和毛泽东等领导人的地位沉浮有所帮助，但如果以它来解释马克思主义中国化，其褊狭也是显而易见的。

从现有的各种马克思主义中国化的解释模式中，可以看出：其一，不同的观点角度有所不同，虽然国内的学者基本上认同结合论，但还是存在不同的学术见解。其二，存在三个共同的基点：马克思主义与中国的关系、经典马克思主义与毛泽东思想（以及邓小平理论等）的关系、马克思主义话语与领导人个人权力地位的关系。其三，有些观点是一致的，比如，结合论是发展论、综合论的基础。有些看似不一致的观点也有相通之处，比如，主张结合论的，实际上并不排斥斗争论尤其是话语斗争，因为话语斗争是实现马克思主义与中国实际结合的一个重要手段，也是生产中国化马克思主义话语的重要机制；又如，异端论看似和结合论相矛盾，但也有一些相通的地方，如以解释学来理解马克思主义中国化，往往强调中国传统文化在马克思主义中国化过程中的作用，但如果过头了，则就会走向隐蔽的异端论或置换论。

综合比较，结合论还是最全面、最有解释力的模式。不过，也不能就此认为经典结合论已经非常完善，其他理论观点没有学术价值。实际上，它们从自己的角度提出了马克思主义中国化的一些问题。即使是异端论也具有一定的学术价值。

6. 马克思主义中国化的若干国外理解辨析

徐崇温，《红旗文稿》2010年第1期

马克思主义中国化一直遭到苏联的大党大国主义，以及西方某些汉学家的误解和曲解。有一种观点没有根据地给马克思主义基本原理和各国具体实际的结合扣上“民族主义”的帽子。历史上的苏联大党大国主义历来把自己的经验凝固化、绝对化和神圣化，把苏联模式强加于兄弟党和兄弟国家，而把兄弟党、兄弟国家独立自主、自力更生，根据本国本民族的特点建设社会主义的努力，当作“民族主义”来加以批判和斥责。以毛泽东为代表的中国共产党人提出的马克思主义中国化的理论与实践却完全符合马克思恩格斯列宁的思想。马克思恩格斯在《共产党宣言》德文版序言中指出其中所阐述的一般原理在25年后的当时还是完全正确时，又特别强调“这些原理的实际运用，正如《宣言》中所说的，随时随地都要以当时的历史条件为转移”。列宁则在1920年所写的《共产主义运动中的“左派”幼稚病》一书中，要求使共产主义基本原则正确地适应于民族国家的差别。他强调说：“各国共产主义工人运动国际策略的统一”，“要求运用共产党人的基本原则（苏维埃政权和无产阶级专政）时，把这些原则在某些细节上正确地加以改变，使之正确地适应于民族的和民族国家的差别，针对这些差别正确地加以运用”，而为此就“必须查明、弄清、找到、揣摩出和把握住民族的特点和特征”。

有些西方汉学家无视中国的革命胜利和理论发展是马克思主义基本原理与中国实践相结合的成果，而从主观臆测来理解马克思主义中国化，他们认为，“马克思主义中国化意味着对马克思主义普遍规律的拒斥和对中国现实及传统的提升，目的在于改变马克思主义的实质使之符合中国情况"；马克思主义中国化在马克思主义成分和中国传统成分之间进行拆分组合，中国马克思主义是列宁主义的异端，中国成分仍然是其中的决定性因素。

随着中国改革开放和中国特色社会主义的开创，西方汉学家对马克思主义中国化的研究和理解也逐步出现了摆脱主观臆测的发展趋向。一些左翼青年学者强调说，首要的任务是要抓住当时的社会政治背景，提倡从既成事实出发，追溯历史原因的思维方式，注重从实地考察和史实考证入手，研究马克思主义理论与实践的持续互动。西方汉学家如何理解马克思主义中国化，澳大利亚汉学家尼克·奈特认为，看法大体上有两种，即第一种说它因强调中国的传统和实际情况而抛弃了马克思主义的普遍原理；第二种把它说成毛泽东进行权力斗争的一个花招，而他本人认为是毛泽东试图制定一个公式，既不抛弃马克思主义的普遍原理，又能够将这种普遍原理应用于一个国家特殊的历史条件和文化环境。

7. 马克思主义中国化的实践路径、特点和逻辑

梅学兵，《湖北社会科学》2010年第5期

马克思主义中国化的历史可大致分为三个"30年"，即1919—1949年、1949—1978年、1978—2009年。

对应着三个"30年"，马克思主义在中国经历了中国化的道路、大众化的路线、时代化的征途三条实践路径。第一个"30年"，毛泽东根据中国的具体特点分析中国革命的对象、动力、道路、策略等问题，并明确提出：马克思主义要在中国革命中发挥巨大的作用，"必须和我国的具体特点相结合并通过一定的民族形式才能实现"，因此，要"具体地研究中国的现状和中国历史，具体分析中国革命问题和解决中国革命问题"，最后形成了毛泽东思想。第二个"30年"，通过学习马克思主义活动，马克思主义大众化的推进成效显著。学习活动中大众化的路线主要是用通俗的语言简明阐述马克思主义的基本观点、方法，并把学到的理论与实际工作联系起来，对社会主义建设进行了积极的探索。第三个"30年"，我们党根据时代发展的需要，对"什么是社会主义、怎样建设社会主义"、"建设什么样的党、怎样建设党"、"实现什么样的发展、怎样发展"作出了科学的回答，把马克思主义中国化往前推进了一步，形成了中国特色社会主义理论体系。

马克思主义中国化、大众化、时代化的三条实践路径实质上是统一的，一是时空和时空中运动着的物质的统一。时代是马克思主义和中国相结合的社会时间，中国是马克思主义中国化的空间，这个空间既包括我国的河流山川等自然空间，更包括我们在实践交往中形成的社会空间。人民大众是中国特定时空中的高级物质存在，大众的实践是这个高级物质的运动。马克思主义中国化、时代化和大众化是特定的时间、空间和运动着的物质的统一，不可分割地联系在一起。马克思主义的中国化和时代化总是以实践着的大众为主体，大众始终是推动马克思主义和中国特定时空相结合的主导力量，其原因在于人民大众是历史的真正创造者，人民群众的实践是马克思主义中国化和时代化的现实基础和实现方式。二是真理原则和价值原则的统一。马克思主义的中国化和时代化是马克思主义在中国的发展规律，体现了真理原则。在中国，没有马克思主义的中国化和时代化，就没有科学的马克思主义，马克思主义应有的真理性就得不到体现。马克思主义大众化既包括用马克思主义武装人民，也包括"化大

众”，以马克思主义为指导的中国革命和建设的实践最终都是以满足人民的需要为终极目标，它体现了马克思主义“以人为本”的价值原则。马克思主义中国化、时代化所蕴涵的真理原则和大众化所蕴涵的价值原则在中国人民的革命和建设的实践中获得了具体的历史的统一。

从中国共产党的执政思路角度来解读马克思主义中国化的逻辑，包括党的执政价值论、执政认识论和执政方法论这三个方面。在执政价值论上，经历了从公平优先、兼顾效率到效率优先、兼顾公平再到把提高效率同促进社会公平结合起来的过程；在执政认识论上，经历了解放思想、实事求是、与时俱进的思想路线；在执政方法论上，经历了主要依靠矛盾对立面的斗争来解决问题向主要依靠矛盾对立面的和谐统一来实现发展的转变，这是三个“30年”党执政思路的逻辑。

8. 马克思主义中国化的学术意义

孙麾，《哲学研究》2010年第3期

中国学术话语体系的建构意识及其结果要基于实践基础和严格的实证研究，只有这样，才能形成一种新的学术势能，或者说产生一种新兴的学术力量；才能对学术结构中的自由主义的强势话语造成冲击，进而为中国学术走向世界开辟道路，为推动中华民族的伟大复兴和中国社会的健康发展提供实质性的学术贡献。

生活是历史性的存在。马克思从现实的经济分析中深刻把握到了存在的真实根据：不仅洞察了生产在资本关系中是怎样进行的，而且看到这种关系本身是怎样被生产的，看到在这种关系中又怎样同时创造出瓦解这种关系的物质条件，从而看到这种关系作为经济发展的、社会财富生产的必要形式的历史根据是怎样消除的。而有些学者却无视“历史这一现实基础”，把现实的生活生产看成非历史的东西，企图在中国实践中寻求资本主义的中国特征、机制及其全球意义，将中国的道路描绘为“后共产主义的转型国家”，是自下而上地“无须资本家打造的资本主义”，并断言“中国问题”从本质上就是如何成为资本主义新成员的问题。

面对这种学术研究态势，有必要强调马克思主义中国化的学术意义。

提出马克思主义中国化的学术意义，不单纯是一个政治问题，同时也是一个根本性的学术问题。将学术与政治割裂开来，断绝两者的内在联系，并以学术化去政治化，是学术自视清高的一种表现。同样，回避或绕开马克思主义中国化的实践历程及其理论建构，以非学术的价值判断将其限制在政治领域又排斥在学术领域之外，也不能增加学术的光环。

一种哲学不能融入到现实的社会生活，必然为现实的社会生活所抛弃；一种哲学不关注现实社会生活，也必然不被现实社会生活所关注。现代化进程中我们的民族精神和时代精神就是构筑在马克思主义中国化的历史基础和实践基础之上的。这些基础不但促成了“中国特色社会主义理论体系”，而且也深刻影响了当代中国的文化积淀和学术发展。与这个基础相适应，不断开拓和形成中国风格的学术话语体系，将体现出哲学社会科学的中国形态的发展轨迹。由于学术发展的规律与社会发展的规律具有内在逻辑的一致性，从这个意义上说，“马克思主义中国化”同时也构成了引导和制约中国学术发展的学术范式，它从实践的需要和理论的本质特征以及叙事的方法论上规定了哲学社会科学的中国形态的学术任务、意义和方向。这深刻地表明，哲学社会科学研究成果只有同本国国情和时代特征紧密结合，在实践中不断丰富和发展，才能更好地发挥指导实践的作用；哲学社会科学也只有在深深地凝聚和折射着一个时代迫切需要解决的重大问题时，才能真正体现和发挥其应有的学术价值。

正确认识马克思主义中国化的这种学术意义，是学术界亟待了解、亟须解决并形成方法自觉性的一个大问题。

9. 唯物主义方法与马克思主义中国化

李进，《马克思主义研究》2010 年第 7 期

在马克思恩格斯的视野中，唯物主义方法、唯物辩证法和认识论是一致的，集中反映为马克思主义的唯物主义方法。马克思主义倡导并坚持的唯物主义方法，在马克思主义中国化的进程中发挥着方法论的奠基作用。

唯物主义方法与马克思主义中国化是内在统一的，马克思主义中国化始终贯穿着唯物主义方法。马克思主义中国化在实践发展过程中实现了三个方面的统一，即一是具有与时俱进特征的世界观和方法论的高度统一。中国革命和建设的实践催生了毛泽东思想和中国特色社会主义理论体系，而这些创新理论又以世界观方法论高度统一的形态指导着中国革命和实践，取得了一个又一个社会主义事业的历史性发展。另外，邓小平的“学马列要精，要管用”的论述，本质上是强调从实际出发，坚持世界观和方法论的辩证统一，在马克思主义中国化进程中显现出不可替代的方法论作用。二是表现出改革开放特征的认知规律和实践方法的高度统一。唯物主义方法的指导作用在于，一方面充分体现马克思主义唯物主义世界观的基本原理，帮助人们正确认知客观规律；另一方面又在最一般的方法上规范人们认识和改造世界的活动，帮助人们形成符合实际而又行之有效的实践方法。我们党的三代中央领导集体都始终强调，必须遵循中国革命和现代化建设不断发展的客观规律，坚持实践探索、实践检验、实践推进。三是表现出不断升华特征的改造世界与完善自我的高度统一。从毛泽东到胡锦涛，都突出改造世界进程中人的主体地位以及社会主义实践的价值趋向，强调人民创造历史的作用与人的全面发展，这些思想既是马克思主义中国化的根本原则，同时也是根本方法。

马克思主义中国化首先是一种实践关系，然后才是认识关系和评价关系。

马克思主义中国化从实践关系中体现了唯物主义方法的实践性品格。实践性品格，指唯物主义方法与实践活动相契合。马克思主义中国化有其发展的历史标度和实践阶段，不同时期的实践都必须强调从实际出发、与时俱进，把唯物主义方法贯穿其中。中国特色社会主义建设实践，是中国共产党人带领广大群众自觉能动的活动，其目的必须通过改变外部世界的规定来实现，它总是指向中国社会的具体条件、环境和特点的；其进程是长期的复杂的，主客体的实践关系也是不断深化递进的，它必然随着世界格局的变化、中国社会条件的发展而不断地加以调整。

马克思主义中国化从认识关系中体现了唯物主义方法的理论性品格。理论性品格，指唯物主义方法与理论发展相统一。中国共产党人在中国特色社会主义实践中，运用唯物主义方法去认识现代中国，形成中国特色社会主义理论体系，进而为现代中国的改革发展提供理论指导，这是一个群众实践探索转化为理论诉求的过程，也是理论掌握群众转化为物质力量的过程。中国特色社会主义理论体系，在理论内涵上是对中国现状与发展的客观反映和创造；在理论构建上是从生动的直观上升到抽象的思维的过程，是通过汇集分散的个别的创造性实践，从直接的现实的改革实践中抽象总结出来的；在理论形态上是不断充实和创新的开放体

系，具有自己的理论形态，这一理论形态的实质是马克思主义的时代阐释、中国阐释与大众接受、大众运用的有机结合。

马克思主义中国化从价值关系中体现了唯物主义方法的现实性品格。现实性品格，指唯物主义方法与价值追求相一致。唯物主义方法是中国特色社会主义理论的理论价值、现实价值和执政价值目标实现的推进力量，现实性品格指导和引导着中国特色社会主义建设实践与理论的科学发展。

运用唯物主义方法科学地解决现实发展问题，在科学地吸取历史经验、科学地促进理论创新、科学地实施实践探索三方面形成建设中国特色社会主义的历史自觉、理论自觉、实践自觉，以充分体现出主体的能动性和首创性，这对于不断开拓马克思主义中国化新境界有着重要的现实意义。

10. 毛泽东的马克思主义观的核心思想——把马克思主义普遍真理同中国具体实际相结合

田心铭，《北京大学学报》2010年第2期

把马克思主义普遍真理同中国具体实际相结合，是我们党确立并一贯遵循的思想原则。这一思想原则具有普遍的真理性和价值，是对马克思主义和世界社会主义运动的重要贡献。

这一思想原则是由毛泽东创立的，它的形成、确立，与毛泽东思想的形成及其指导地位的确立是同一个过程，是一个与毛泽东的全部实践和全部思想相随而行、同步发展的过程，也是我们党的理论和实践逐步走向成熟的过程。“结合”的思想原则的形成和明确表述，是在20世纪三四十年代的延安时期。

“结合”原则融会在毛泽东思想的整体之中。以毛泽东为代表的中国共产党人探索和回答中国革命和建设问题的重大理论成果和实践成果，都贯穿着这一思想原则和方法论原则，都是“结合”的深刻体现。具体体现在：第一，中国新民主主义革命的理论，是党和毛泽东把马克思主义运用于中国实际创立的引导中国革命走向胜利的理论。第二，人民民主专政的理论，是党和毛泽东把马克思主义的国家学说和无产阶级专政理论同中国实际相结合创立的国家政权建设理论。第三，中国社会主义改造的道路，是党和毛泽东把马克思主义同中国实际相结合，创造性地开辟的一条适合中国特点的建立社会主义基本经济制度的道路。第四，毛泽东提出了实现马克思主义同中国实际“第二次结合”的任务，并对适合中国国情的社会主义建设道路展开了初步探索。

“结合”原则是毛泽东的马克思主义观的核心，应围绕这一核心深入研究毛泽东的马克思主义观，探讨其基本内涵和精神实质，从而深化对“什么是马克思主义，怎样对待马克思主义”的认识。围绕着这一核心而展开的毛泽东的马克思主义观，包括的主要或基本的内容有：第一，必须坚持马克思主义的普遍真理；第二，必须从中国实际出发，开展调查研究，理论联系实际，有的放矢；第三，必须实现马克思主义中国化；第四，必须反对教条主义和经验主义；第五，马克思主义理论必须同群众相结合；第六，坚持实事求是。

“结合”原则是普遍真理。把马克思主义普遍真理同中国具体实际相结合的思想原则，具有普遍的真理性和普遍的价值，对于不同国家都是适用的。邓小平有一句话讲得非常明确：“马克思列宁主义的普遍真理与本国的实际相结合，这句话本身就是普遍真理。它包含两个方面，一方面叫普遍真理，另一方面叫结合本国实际。”以毛泽东为代表的中国共产党人经过长

期的实践和理论探索，揭示出并在实践中验证了这条普遍真理，确立了“结合”的思想原则，这是对马克思主义的一个重要贡献，是对世界社会主义运动的一个重要贡献。

三　马克思主义发展史研究代表性论文

1. 关于正确认识和处理社会主义社会基本矛盾的问题

罗文东，《当代世界与社会主义》2010 年第 4 期

社会主义社会的基本矛盾是社会主义社会发展的根本动力，决定着社会主义社会的本质属性和发展方向。正确认识和处理社会主义社会基本矛盾，不仅是科学社会主义理论的核心内容，而且是顺利推进社会主义建设的重要前提。在社会主义社会基本矛盾的问题上，以毛泽东为代表的中国共产党人在坚持和发展马克思主义关于人类社会基本矛盾的理论观点的基础上，进行了积极的探索，作出了巨大的贡献。只要我们将马克思主义关于人类社会基本矛盾的普遍真理与中国社会主义建设的具体实践相结合，全面总结社会主义革命和建设的历史经验，深刻揭示社会主义社会基本矛盾的科学内涵和本质特征，就能为当代中国的社会主义理论和实践奠定一个更加坚实的基础。

对于社会主义社会的基本矛盾，马克思和恩格斯作过某些原则性的分析和预见，但限于历史条件，他们没有作出具体的解答。

深化对社会主义社会基本矛盾问题的认识，应反映社会主义生产方式的本质属性，揭示其不同于资本主义社会基本矛盾的科学内涵和本质特征。从理论上说，毛泽东关于社会主义社会基本矛盾“仍然是生产关系和生产力之间的矛盾，上层建筑和经济基础之间的矛盾”的重要论断，阐述的是社会主义社会基本矛盾存在的所有领域和与其他社会的基本矛盾相一致的普遍属性，可以说是对社会主义社会基本矛盾的一种“外延式”的界定。科学社会主义的历史发展和逻辑演进，要求我们进一步揭示社会主义社会基本矛盾存在的重点领域和其他社会的基本矛盾相区别的特殊性质，以达到对社会主义社会基本矛盾的“内涵式”的解答。马克思主义创始人在《德意志意识形态》中深刻指出：“生产力与交往形式的关系就是交往形式与个人的行动或活动的关系”；“在整个历史发展过程中构成一个有联系的交往形式的序列，交往形式的联系就在于：已成为桎梏的旧交往形式被适应于比较发达的生产力，因而也适应于进步的个人自主活动方式的新交往形式所代替”。笔者认为，社会主义革命取得胜利之后，建立了生产资料的公有制，以雇佣的联合劳动为主要特点的资本主义生产方式，逐渐被以自主的联合劳动为主要特点的社会主义生产方式所取代；生产的社会化与生产资料的私人占有这一主要存在于资本主义生产方式中的资本主义社会基本矛盾也逐渐被消除，取而代之的是生产的自主性与生产资料的社会占有这一主要存在于社会主义生产方式中的社会主义社会的基本矛盾。如何认识和解决生产的自主性与生产资料的社会占有这一社会主义社会的基本矛盾，是摆在全世界的共产党人和劳动人民面前的历史课题。

深化对社会主义社会基本矛盾问题的认识，正确处理生产的自主性与生产资料的社会占有的矛盾，是社会主义社会健康发展的必然要求。马克思和恩格斯昭示人们：代替那存在着阶级和阶级对立的资产阶级旧社会的，将是一个自由人的联合体，劳动者以自由人的身份，自愿地联合起来，进行自主性的社会生产。与此相适应，生产的目的不再是为资本家创造剩余价值，而是更好地满足全体劳动者自己的生活需要；人们在生产中的关系，也不再是资本家剥削工人的雇佣劳动关系，而是平等协作、团结互助的联合劳动关系。正因为社会主义生产方式要克服资本主义旧社会里劳动者与生产资料相分离、资产阶级剥削和压迫工人阶级的罪恶，才能从根本上实现工人阶级和全人类的自由解放和平等权利。但是，在生产资料社会占有的条件下，每个劳动者不能像被资本主义私有制所否定的个体劳动者那样，孤立地、分散地占有生产资料，而只能作为社会的一分子或联合体的一个成员，在生产社会化的基础上，共同占有生产资料。正如马克思主义创始人所说："实现自己的充分的、不再受限制的自主活动"，是对"生产力总和的占有以及由此而来的才能总和的发挥"。"过去的一切革命的占有都是有限制的；各个人的自主活动受到有局限性的生产工具和有局限性的交往的束缚"，"他们的生产工具成了他们的财产，但是他们本身始终屈从于分工和自己的生产工具"。而在"无产阶级的占有制下，许多生产工具必定归属于每一个个人，而财产则归属于全体个人。现代的普遍交往，除了归全体个人支配，不可能归各个人支配"。这样，在社会主义生产方式内部，在社会主义社会生产力和生产关系之间，产生了生产的自主性与生产资料的社会占有之间的矛盾。这种新的矛盾不仅表现为劳动者个人和每个生产组织的自主性与整个社会生产的有序性之间的矛盾，而且表现为全体社会成员日益增长的生活需要和相对不足的生产供给之间的矛盾。只有正确认识和解决社会主义社会的这些基本矛盾，才能从根本上消除人与人、人与社会之间的对抗和冲突，为每个人的自由全面发展提供"绝对必需"的前提条件。

2. 经典中的经典——《马克思恩格斯全集》历史考证版（MEGA）的历史、编辑语文学基础与视角

曼弗雷德·纽豪斯著，符鸽译，《现代哲学》2010年第1期

马克思的文字学驶入学术港湾，足足花了一个世纪。俄国学者梁赞诺夫跨出了第一步。苏共中央马克思列宁主义研究院与德国统一社会党中央马克思主义研究院于1975年开始出版《马克思恩格斯全集》历史考证版，尽管有意识形态压力，它仍是通往学术性马克思版本道路上的一个里程碑。1989年之后，MEGA项目才有可能最终实现高学术标准和国际化。

《马克思恩格斯全集》历史考证版（MEGA）的出版语文学基础是由几代学者在理论讨论和出版实践中构筑起来的。一开始是梁赞诺夫竖起独石柱。他提出了重要的历史—语文学的原则，并以此建立了马克思恩格斯出版的学院传统。MEGA第一版先在柏林后于1933年后在莫斯科出版12卷，一直是未完成作品。在对匿名或假名发表的作品进行作者身份确认以及对个别信件、手稿和摘录进行精确的日期标注的工作上，梁赞诺夫的国际化团队做得很好。

出版新的MEGA"第二版"的想法经激烈辩论后于20世纪60年代和70年代才得以实施。其中的关键点即文本起源学原则：最高要求不再是形成一个尽可能接近作者原意的文本，而是记录这个文本从最初的草稿到最后的文本的形成过程。在这种观念的引导下，一系列至今未发表的或新发现的作品被添加进来，包括第三者写给他们的书信。通过对作者身份的分析，证实或证伪了马克思或恩格斯之于大量文本的作者身份。所有文本都严格按照时间顺序编排。运用现代出版方法，从动笔写下第一个想法一直进行到最后写出的稿本的工作方式被呈现出来。第二版在结构上接受了梁赞诺夫关于作品种类的基本划分，然而，它还通过一个

包含摘录、笔记本和旁注的独特的第四部分对它进行补充。

MEGA 项目在德意志民主共和国和苏联结束之后，进入柏林—勃兰登堡科学院这一学术港湾。国际马克思恩格斯基金会拥有发行权，学院出版社从卡尔迪茨出版社接管了出版工作。MEGA2 目标是“去政治化、国际化和高学术标准”，其历史定位是尽可能全面地重建当时的讨论语境，且关注思想史路线。以下几个例子体现了这个新定位。首先，卷 I/14 收入了马克思恩格斯 1855 年记者工作期间发的文章和草稿，主要涉及匿名发表的文章，有十几个新的文本通过鉴别匿名社论作者身份而补充进来。其次，在 MEGA 第二部分，《资本论》的所有文本和手稿稿本第一次得到历史性、批评性地重构。再次，马克思恩格斯书信将在 MEGA 第三部分用 35 卷出版，所有写出和收到的信件都按照时间顺序编排。最后，第一次在卷 IV/12 呈现出马克思对西班牙历史的研究兴趣。许多摘录表明，马克思对卡迪茨宪法非常关注，这部宪法可算作欧洲自由主义的出生证。马克思还注意到不对称作战现象。

MEGA2 计划内 114 卷中 55 卷已经印刷。预计 2010 年完成“资本论”部分。之后优先完成第一部分。

3. 马克思哲学研究的思想史路径——以“市民社会与历史唯物主义”为案例

张盾，《哲学研究》2010 年第 1 期

在对马克思学说之历史性的理解中，马克思的思想史来路和马克思的当代理论效应是同等重要的两个课题。但面对近十年有越来越多学者（特别是年轻学者）致力于往后做，笔者提出往前做的重要性问题。这不仅是因为这条思想史之路相对岑寂，研究者和论著的数量都少，更主要是因为我们在这个方面的研究工作总体上质量不高，而这一研究对于解读马克思来说，恰恰是更艰难和更重要的。最为致命的是，我们已形成一个定式：既然马克思实现了哲学史上的一次革命，那就意味着马克思的哲学与整个近现代哲学传统是“断裂”的。在这一定式下，谁把马克思放在近现代哲学谱系中解读，谁就是贬低马克思。例如，当我们往前追溯马克思的思想史来源时，首先碰到的一个大问题就是马克思与黑格尔的关系。在这一课题研究中存在一种普遍倾向，即强调马克思对黑格尔的批判，淡化马克思对黑格尔的师承，认为黑格尔的观点大多是谬误的，马克思的才是正确的。

笔者提出，我们的研究工作应该改变让马克思脱离现代思想史并与之对立的定式。思想家们受一些共同的问题引导，从各种不同的角度切入问题的讨论，马克思在此过程中作出了独特而突出的贡献。以市民社会与历史唯物主义之间的关系为例。“市民社会”是马克思在“历史唯物主义”名下毕生研究的课题，它来自黑格尔和更早的 18 世纪欧洲思想史。黑格尔的市民社会提出的需要、劳动、财产、所有权等问题后来成了马克思历史唯物主义的基本论题，也是整个现代政治哲学关注的基本问题。特别是财产权问题，是自由问题的核心。马克思的自由观分享了“财产权是现代人自由的真正基础”这一前提性观点，马克思的“阶级”概念和“社会”概念首先是一种财产权概念。马克思的重要新贡献在于：真正把财产权提升为政治问题，将市民社会的私域和公域的界限打通。笔者强调，就思想史渊源来说，马克思提出市民社会问题大于国家，经济问题大于政治问题，这种看法存在于现代哲学之中。

针对马克思在市民社会问题上对黑格尔的批判，笔者指出：我们过去爱讲黑格尔用国家

压制市民社会是不准确的。黑格尔维护公共善对个人权利的优先性，唱的是自由主义的对台戏，这和马克思是相通的。不同之处在于，黑格尔用“国家”标示自由理想，马克思用“社会所有制”来标示他的自由理想。笔者还认为不宜过分强调马克思对黑格尔颠倒现实与观念的批判，黑格尔将现代政治哲学综合于“普遍性与特殊性”这样一种基本结构，有力体现了德国先验哲学与现代哲学的内在一致性。

4. 马克思与黑格尔的关系：一种新阐释

罗伯特·法恩著，山小琪编译，《马克思主义与现实》2010 年第 1 期

很多学者一直按照马克思自己所做的说明去理解黑格尔和马克思的关系，这样就不会看到二者之间在方法上的一致性。只有把马克思和黑格尔放在一起阅读，才能更好地理解他们各自对批判资本主义所作的贡献，看到他们之间的一致性，特别是马克思的政治经济学研究和黑格尔法哲学之间的一致性。

在《法哲学原理》中，黑格尔探讨了构成政治现代性的权利诸形式，而在《资本论》中，马克思探讨了构成经济现代性的价值的诸形式。对于黑格尔，我们认为他致力于现代性的观念形式，马克思致力于现代性的物质形式。但是他们的工作是互补的，黑格尔的分析关注的是构成现代政治生活的权利的各种形式，而马克思的分析关注的是构成现代经济生活的价值的各种形式。把他们放在一起阅读，他们提供了一个比他们彼此孤立所提供的更为全面的对现代性的整体想象。

马克思没有认识到他自己遵循的方法和被黑格尔在《法哲学原理》中发展的方法是多么的接近。他们二者都从他们的主题的最简单最抽象的形式出发，发展到更复杂更具体的形式。关于现代的政治形式，黑格尔主张最简单最抽象的元素是抽象权利并分析了它自我分裂为“人格”和“所有物”。关于现代的经济形式，马克思主张最简单最抽象的元素是商品并分析了它自我分裂为价值和使用价值。对于黑格尔，运动是从抽象的权利通过契约和法律到国家。对于马克思，运动是从价值通过交换价值和金钱到资本。他们两人都是从允许他们解释更高发展程度的形式的最简单形式出发，并依照这些形式不断增加的复杂程度来定制他们的陈述，所以依照对先前各层次概念的详细阐述，每个层次的理论都能得到阐述。

《资本论》和《法哲学原理》彼此也通过克服其他可能的限制相互补充。在《法哲学原理》中，所克服的唯心主义源于把现代性的排他性看成和法律、政治生活的观念形式一样。在《资本论》中，所克服的唯物主义源于把等同于现代性的排他性看成和经济生活的物质形式一样。事实上，说黑格尔是唯心主义者，仅仅是说他所强调的现代主体观念的形式以损害人类劳动产品所承载的物质形式为代价。而说马克思是唯物主义者，仅仅是说他所强调的人类劳动产品所采取的经济形式以损害现代主体的观念形式为代价。说黑格尔的唯心主义和马克思的唯物主义都有错，只是就他们只注意到问题的一个方面而言，但是在他们自己研究的领域，他们是同样有效的。

如果黑格尔关注的是人格化和主体拜物教，那么马克思关注的就是具体化和商品拜物教。当我们把这些抽象形式放在一起时就会发现：(1) 现代创造和再创造着这些分裂和对立；(2) 现代的功绩就是对这种矛盾的包容和支持；(3) 当主体和客体漂泊无依、彼此失去了联系时，就会引发最严重的危险。

5. 马克思主义的市民社会理论及其当代价值

孙承叔，《南京大学学报》2010 年第 1 期

市民社会主要包含二重含义，即作为社会的经济领域的市民社会和作为公共领域的市民社会。马克思和黑格尔主张前者，葛兰西、阿尔都塞、哈贝马斯等主张后者。

市民社会的最初含义是指近代以来伴随资产阶级一起发展起来的社会经济领域。黑格尔把家庭、市民社会、国家看作伦理精神发展的三个实体性阶段。他认为，市民社会要求的平等不是财富分配的平等，而是私有财产不可侵犯的原则平等。黑格尔提出"国家是伦理理念的现实"，"成为国家成员是单个人的最高义务"，颠倒了国家和市民社会的关系，因而受到马克思的批判。马克思在特殊市民社会的研究中发现了历史的普遍规律。从黑格尔和马克思的论述看，市民社会的最本质的含义主要指社会的经济领域，但是也包含着作为公共领域的市民社会含义。

西方马克思主义主要从公共领域的角度提出自己的市民社会理论。葛兰西提出作为上层建筑的市民社会概念，"国家＝政治社会＋市民社会"。在这里，市民社会不是经济领域，而是以精神同化为目的的意识形态文化领域，不再是非国家的物质交往领域，本身就是国家机器的构成部分。阿尔都塞继承了葛兰西的思想，并明确提出了意识形态国家机器理论，进行了专门的研究和分类，把宗教、教育、家庭、法律、政治、工会、信息、文化都规定为意识形态国家机器。第二次世界大战后，以弗罗姆、萨特、列斐伏尔为代表的人本主义突破了市民社会的狭隘框架，进入"真正的人类社会"的理论层面。哈贝马斯从现代社会与生活世界对立的角度提出"系统——生活世界"的分析框架，把政治与经济层面的公共领域拓展为生活世界的公共领域。哈贝马斯提出，晚期资本主义出现了两种发展趋势：第一，国家干预活动增强，第二，科学成了第一位的生产力。他认为，在这种情况下，继续用生产力和生产关系、经济基础与上层建筑理论的分析框架已经不能揭示现代社会矛盾，因为现代社会的矛盾不是政治与经济的矛盾，而是政治、经济系统与人的生活世界的矛盾。由此，哈贝马斯试图重建社会交往理论和历史唯物主义。

市民社会的研究有两点值得深思。第一，必须重视构成社会生活基础的人和生活世界的研究。现实的人是马克思历史观的根本出发点，传统历史唯物主义教科书体系的误解割断了国家与现实的人及生活世界的联系，实际上也肢解了国家的合法性。第二，必须加强公共领域的建设。一方面是经济领域公共领域的建设，建立更好的经济秩序；另一方面是政治、文化、社会生活公共领域的建设，使人民的愿望得到更好的表达。

6. 马克思哲学的三种形态及其历史命运

韩庆祥、张艳涛，《中国社会科学》2010 年第 4 期

马克思哲学从其产生起便形成了完整的形态。这里所谓的"形态"是指由哲学的主题、研究方法、核心内容、表述形式、涉指主体和运思方式所呈现出的哲学形象。马克思哲学具有相对独立的问题域、研究方法、基本内容、表述形式、涉指主体和运思方式。基于这样的界定，我们在相对的意义上，把马克思哲学区分为大众形态、学术形态和政治形态。

不可否认，马克思哲学的三种形态具有相对独立性，三种形态各有其核心和特点，马克思在研究和阐释哲学时也各有侧重。但同时我们也应清醒地认识到，马克思哲学的这三种基

本形态构成了一个具有内在联系的完整结构，在本质上是统一的，且统一于哲学所要解决的“总问题”、基本方法论和人民大众的根本立场。这里的“总问题”就是前面所说的“资本统治社会的逻辑，或者说是资本占有劳动与无产阶级解放”；基本方法论就是马克思哲学三种形态用以分析问题的方法，这一方法是科学与价值的统一；根本立场指马克思哲学的三种形态所坚持的共同立场是实现人民大众的根本利益，它是面向人民大众根本利益的世界观、方法论。

当今，中国马克思主义哲学的“三形态”某种程度上处于相对分离的状态，尚未达到真正的统一。由此造成了马克思主义哲学的大众认同危机、学术认同危机和政治认同危机的困境。

实现马克思主义哲学“三形态”的统一则三者相辅相成，反之则三败俱伤。如果大众形态不能得到政治形态和学术形态的支持，就难以真正实现；如果学术形态疏离政治形态和大众形态，就会失去合法性和生命力；如果政治形态脱离学术形态和大众形态，就会失去学理支持和大众认同。不能满足大众需要、实践需要、国家需要，且抓不住事物根本、不能说服群众、不能转化为现实力量的哲学，迟早要被历史终结。今天，马克思主义哲学政治形态的主体是中国共产党人，学术形态的主体是专家学者，但是，大众形态的主体相对缺失，这是值得深思的问题！当今中国马克思主义哲学界呼吁“回到马克思”，应回到“三形态”相统一的马克思哲学。那么，在当代中国马克思主义哲学研究中如何推进这三种形态的结合?

我们认为这一结合的总体思路、方法和路径是：首先，哲学研究工作者要跳出过去仅从单一形态理解马克思主义哲学的局限，确立一种新的马克思哲学观，重新从结构、整体、协同、生态等视角对马克思哲学进行学术形态、大众形态和政治形态的解读，注重三者间“三位一体”、“彼此映照”的关联性，以勾勒出马克思哲学的完整形态，建构当代中国马克思主义哲学可持续发展的“生态环境”，从认识上解决不同研究主体必须且愿意实现三种形态结合的问题。

其次，哲学研究工作者应具备合理的知识结构和思维结构，既要深入现实，全面了解人民大众的生存世界与生活境遇，又要全面准确把握执政党的政治理念与执政方式，还要具有丰富深厚的学理积累，依据“三形态”的有机统一来重新理解和把握马克思主义哲学发展史，以解决不同的研究主体实现“三形态”结合的理论素养即“能力”问题。

再次，哲学研究工作者须明确“三形态”结合的方向、目标，寻求共同关注的“总问题”、共同遵循的基本方法论和共同坚持的根本立场，以解决不同研究主体“在何处结合”的问题，并选择三种形态的结合点，以解决“如何结合”的问题。我们认为，当代中国共产党人执政的核心理念是以人为本，政治形态的哲学必须关注以人为本；而以人为本首要是以人民大众的根本利益为本，大众形态的哲学也必须关注以人为本；马克思主义哲学的核心主题和追求目标是实现每个人自由而全面发展，学术形态的哲学无疑要关注以人为本。这样，建构“以人为本”的马克思主义哲学便成为三种形态的一个基本结合点。

最后，国家应积极倡导并鼓励从事马克思主义哲学研究的专家学者投入大众哲学研究领域，把执政党的思想体系和专家学者的哲学学理转化为人民大众可以理解、接受和掌握的精神食粮，让哲学从书本和政治中走出来，深入人民大众心灵世界，掌握人民大众，以解决实现“三形态”结合的“主体”问题。

7. 斯大林的“科学社会主义”、“社会主义基本制度”能突破吗——兼与何伟先生商榷

曾昭禹，《探索》2010 年第 4 期

何伟先生的《突破对斯大林的“两个凡是”》一文，认为目前我国理论界出现改革开放以来第三次大争论后，有一个共同的“结”，即斯大林；因为改革不到位、改革方向有问题，都以斯大林的社会主义模式为依据；斯大林是一位伟大的社会主义制度实践的探索者，又是一位社会主义理论最大的误导者，他在历史上曾经辉煌一时，最后是一个失败者；必须突破对斯大林的“两个凡是”。笔者认为上述观点是很难站得住脚的。笔者的观点是，必须站在时代与时代主题的历史高度认识斯大林及其社会主义理论和实践，这样，得出的结论恰恰是：斯大林是伟大的社会主义理论家和伟大的社会主义制度的创立者，他的一生是辉煌的、成功的，尽管有失误和错误，但他创立的斯大林社会主义模式所昭示的方向和原则是永存的。斯大林的社会主义模式必须坚持和发展，突破不得。

实事求是地说，斯大林的社会主义理论的核心和根本，仍然是马克思恩格斯的社会主义理论，总体上并没有突破马克思。如果彻底否定斯大林，必然是连马克思一起否定掉。因此，何文认为：“科学社会主义，其内容是斯大林的社会主义理念，并不是真正意义上的科学社会主义。”这是完全没有依据的。

斯大林一生最主要最重要的活动，就是领导苏联人民在十月社会主义革命开辟的由资本主义向社会主义过渡的时代和战争与革命成为时代主题的历史条件下，建立和建设社会主义社会。这个历史及其结果被称为“斯大林模式”，其直至苏联社会主义社会演变之时，都存在着，因此，“斯大林模式”成了人们如何对待社会主义绕不开的巨石。马克思主义的灵魂是具体事物具体分析。分析“斯大林模式”必须把它置于当时的具体条件下，看它当时是不是运用了马克思主义的基本原理，正确分析了主客观条件，领导人民完成了当时的历史任务。

斯大林的主要贡献在于根据实际创造了“斯大林模式”。在斯大林模式问题上，要实事求是。处于战争与革命时代主题的历史条件下，“斯大林模式”在苏联基本上是成功的；处于和平与发展时代主题的历史条件下，“斯大林模式”在苏联是僵化的，是不成功的。这也被苏联处于和平与发展时代主题的历史条件下对于“斯大林模式”的全盘否定式改革与和平演变社会主义制度的悲剧性实践而证明。

我觉得有必要把斯大林模式和斯大林破坏社会主义法制的具体事件分开，也就是说斯大林模式是经过实践证明是正确的建立和建设社会主义的办法和体制的总和，包括社会主义的基本原理和具有苏联自己特点的社会主义体制。而斯大林的失误和错误不包括在斯大林模式中，因为这些东西，如肃反扩大化等，也不是建设社会主义的办法，而是破坏社会主义的。不能用斯大林错误的、非基本的东西，来否定斯大林正确的、基本的东西。

8. 从科学理论体系的视角领悟列宁晚期思想的价值

袁秉达，《上海党史与党建》2010 年第 8 期

列宁 1922 年 12 月 23 日—1923 年 3 月初口授并亲自审定形成的八篇文稿，是他“最后的书信和文章”。列宁对社会主义再认识的思想精华，也是以科学态度对待马克思主义，与时俱

进地坚持和发展马克思主义的光辉典范。我们认为，从这些文稿的思想内涵和精神实质来看，列宁是对社会主义的“整个”看法而不是部分看法发生改变，因而他的晚期思想既不是个别结论的改变，也不是星星点点和零零碎碎的“碎片化”成果，而是全面的、系统的理论体系。同时，列宁强调，他对社会主义的整个看法是“根本”性的改变，不是一般的表达与前人不同观点或者与过去的提法有所变化。因而列宁晚期思想是带有理论飞跃性质的重大突破，极大地丰富发展了马克思主义。列宁在最后八篇文稿中，首次全面初步地提出并回答了关于不发达国家要不要、能不能和怎么样建设和发展社会主义的一系列基本问题，记载了列宁对苏联社会主义建设道路初步探索的实践经验、理论总结和规律性认识。

列宁“晚期思想”的形成和发展有其深刻的历史背景和战略意义。只有把列宁对社会主义认识的一系列改变放到特定的历史中去考察，才能深刻领会列宁对社会主义认识“根本改变”的实质和意义。

①原典社会主义认识的逻辑起点与现实社会主义发展的历史起点之差异，促使列宁对社会主义认识的视角发生根本转换；

②十月革命胜利以后，社会主义发展已经到了“一切都在于实践”这样一个历史关头，社会主义现实使列宁第一次得以用实践来验证并科学地认识和阐述社会主义；

③向社会主义“直接过渡”的失败，促使列宁及时提出新经济政策，形成对社会主义的新看法；

④澄清思想，消除迷惘，初步回答落后国家社会主义建设的基本问题。

列宁与中国共产党及其领导的伟大事业具有不解之缘，他生前不仅指导和帮助我们建立中国共产党，关心和支持中国革命，而且他的晚期思想与中国特色社会主义理论体系有着深厚的思想理论渊源。列宁“晚期思想”是不发达国家建设社会主义的宝贵财富和行动指南，在和平发展时代仍然具有重大的现实指导意义。

列宁的“特色”社会主义论，精辟地揭示了社会主义革命方向和各国具体道路的辩证关系，无疑是经济落后国家建设具有本国特色社会主义的重要理论基础。邓小平在回答怎样建设社会主义的基本问题时，发现“还是列宁的思路比较好”，在中国特色社会主义理论体系中有列宁晚期思想在延伸。中国特色社会主义理论与实践，就是我们党对列宁晚期思想的继承和发展，并且创造性地推进了马克思列宁主义的中国化、时代化和大众化。在改革开放新时期，我们还要在新的历史条件下坚持和发展列宁晚期的社会主义思想。

9. 西方马克思主义的学术传统与问题逻辑

王雨辰，《中国社会科学》2010年第5期

自从西方马克思主义在20世纪80年代系统传入中国学术界以来，如何把握它的理论性质和理论地位一直是一个争论不休的问题，由此带来它对于中国马克思主义理论建设到底有何价值和意义的问题。问题的关键就在于如何从根本上理解和把握西方马克思主义的学术传统和问题逻辑。

西方马克思主义具有“非正统性”，即它是起源于20世纪20年代初围绕如何展开西方社会主义革命这一问题的争论而形成的一股在理论形态上有别于苏俄马克思主义哲学的理论思潮。西方马克思主义的“批判性”学术传统主要沿着两条路径展开：一条路径是对资产阶级

意识形态和文化价值观的批判，其目的在于建立无产阶级的文化意识形态领导权。这一条路径在阿尔都塞之前的理论家那里表现得比较突出。另一条路径在于对资本主义制度和生产方式展开批判，其目的在于找寻西方社会主义革命的道路。这一条路径在阿尔都塞之后的理论家那里表现得比较突出。西方马克思主义的“批判性”学术传统较之于西方其他批判理论的不同在于，一方面它分析西方革命面临的问题始终是以历史唯物主义为理论工具的，因此，重新理解和阐释马克思哲学的理论性质和内涵就成为其问题逻辑的逻辑起点；另一方面其理论探索不是停留于抽象的价值批判的层面，而是始终从资本主义社会现实的变化出发，围绕如何展开西方社会主义革命这一主题展开的。

从西方马克思主义的学术传统和问题逻辑，大致可归纳出它不同于西方其他左派思潮的理论特点。第一，西方马克思主义是20世纪马克思主义阵营中的理论思潮。第二，他们注重从哲学形态、哲学功能、哲学使命和哲学理论体系的重构等多方面对马克思哲学展开理论探讨，注重马克思哲学的批判价值功能，对资本主义制度和生产方式和文化意识形态展开批判。第三，西方马克思主义理论家具有较强的历史意识、现实意识和问题意识，他们的理论建构和理论主题的转换始终和他们所处时代条件的变化密切相关。第四，如何才能真正实现历史发展进程中的主观因素和客观因素的有机结合，如何把对资本主义制度和生产方式的经济批判、文化意识形态批判和政治批判有机结合起来，避免对马克思哲学的主观主义和抽象人道主义解释，则是他们仍待解决的问题，也正是这一理论弱点导致了他们在对西方革命的战略和策略问题上浓厚的浪漫主义和乌托邦色彩。

我国学术界对西方马克思主义的认识经历了一个从否定到肯定的变化过程。只有通过考察西方马克思主义所处的社会历史条件和文化传统，其理论的价值和意义才能得到科学的评判。立足于上述认识，大致可从三个方面考察西方马克思主义理论对于中国马克思主义哲学理论研究和中国现代化实践的价值和意义问题。第一，关于马克思主义哲学的理论创新和当代形态建构的路径问题。第二，关于马克思主义哲学的价值立场问题。第三，关于西方马克思主义理论与解决中国现代化进程中出现的现代性问题。

四　国外马克思主义研究代表性论文

1. 俄罗斯重评斯大林和苏联历史的社会思潮分析

李瑞琴，《俄罗斯研究》2010年第1期

苏联剧变后，俄罗斯迅即全面推行了自由化的资本主义改革。昔日在苏联大地上生存了近七十年的社会主义制度，几乎成了“极权体制”、“专制独裁”的代名词。但是，近20年来，在俄罗斯并没有出现激进民主派所许诺的、改弦易辙后就能迅速融入欧洲文明、跨入发达国家行列的情景，反而经历了国家瓦解、民族分裂、经济崩溃、人民生活水平下降等种种挫折。自叶利钦时期俄罗斯陷入长达十年的衰退期后，国家应对危机往往乏力。1998年、2008年爆发的两次全球性金融危机，俄罗斯均遭受严重影响，而苏联在1929年世界经济大萧条时期反而获得了发展的机会。面对发展道路的实践结果与期望值之间的巨大反差，俄罗斯社会反思历史、探索未来国家之路的各种社会思潮非常活跃。尤其是近年来，俄罗斯重评斯大林及苏联历史的社会思潮持续地引起了广泛的关注。追问历史是为了关照现实，更是为了在思考中廓清发展的方向。正如俄罗斯科学院历史学家谢尼亚夫斯基所说，当代俄罗斯的地缘政治几乎被挤压到17世纪时的状况，对苏联历史进行“骑兵式攻击”的做法，不仅显得极其简单化和不理智，而且已经造成了严重后果。这些都促使许多曾经有过错误认识的历史学家转变态度，开始从另一个角度观察当代祖国历史。因此可以说，重评苏联历史是当代俄罗斯社会现实的反映。

俄政府采取的一些恢复苏联时期传统的措施，以俄罗斯各阶层各方面力量都能接受为原则。一方面恢复苏联时的一些传统，以恢复民族自信心；另一方面，也满足其他社会思潮和社会意识的需求。如，普京支持重新安葬俄国皇后玛丽亚·费奥多罗芙娜和沙俄将军安东·邓尼金；2008年5月9日俄罗斯阅兵式8000多名军人的新制服同时突出了苏联和沙皇俄国时期的特征。2008年10月1日，俄最高法院主席团裁决为尼古拉二世及其家人恢复名誉。还有，因为国家主要经济命脉实际上掌控在大资本家手中的，因此普京也以国家和社会稳定为第一目标，强调：“俄罗斯经济不可能也不会进行国有化，这不是我们的任务。扩大国家在经济生活中的存在，是被迫采取的措施，具有暂时性。”包括俄罗斯民众对斯大林的重新评价，都会同俄罗斯历史联系起来考量，强调其民族性。这是客观现实。尤其在俄罗斯政界，无论是恢复苏联传统，还是恢复俄国沙皇时代的特征、稳定俄罗斯大资本持有者，其主要目的还是在于团结俄罗斯社会各阶层，发展经济，增强国力，实现强国梦想。当今俄罗斯出现重新肯定苏联社会主义时代的社会思潮，也从另外一个方面证明了马克思主义的真理性，证明了走向社会主义是世界上爱好和平和进步人民的共同愿望。尽管俄罗斯不同的阶级阶层怀念苏联和斯大林有着不同性质，但是普通民众对苏联的怀念，是在经历和比较了两种社会制度后的真切感受，是他们真情实感的真实流露。

2. 论巴迪欧的“共产主义假设”

王金林，《马克思主义与现实》2010年第3期

在20世纪共产主义经验遭受近乎“灭顶之灾”之后，共产主义观念难道还有新的生机？时人对此难免满腹狐疑。巴迪欧（Alain Badiou）却反潮流而动，强调要开启新的可能性，不能没有共产主义观念。他近期所提出的“共产主义假设”，蕴涵诸多玄机，在西方激进思想界引起了广泛的关注与激烈的争论，甚至可以说掀起了一股不大不小的“共产主义热”，其高潮当属2009年于伦敦大学召开的“论共产主义观念”大会。巴迪欧把“共产主义假设”的历史概括为三个阶段：一是创立与表述共产主义假设并把它落实到群众运动中去；二是通过无产阶级政党与工人运动而赢得共产主义假设的胜利；三是重新创立、表述与落实共产主义假设，但不再依靠群众运动与政党。巴迪欧“共产主义假设”的首要含义在于他把“共产主义假设”不是视为纲领，而是当作康德式范导性观念。巴氏说：“如此这般的‘共产主义’表示的只是这套非常普遍的知识表象。这是康德所谓的观念（Idea），具有一种范导性功能，而不是一个纲领。”这同《共产党宣言》中的共产主义有了一定的距离，在那里，共产主义不仅是革命观念，更是革命纲领。马克思在第二章结尾处甚至还列举了十项具体革命措施。巴氏直言，把《共产党宣言》所论述的共产主义原则称为乌托邦是“愚蠢的”，因为他所定义的共产主义原则乃是“知识模式”（ intellectual patterns），总以不同方式实现。这就使“共产主义假设”

这种范导性观念似乎具有某种不同于康德的独特性：虽范导，却有待落实。含义之二在于“共产主义假设”被视为无异于古已有之的平等观念，而非马克思铸造的独门暗器。巴氏指出：“作为一种纯粹的平等观念，共产主义假设毫无疑问自从有了国家就一直存在。一旦群众行动以平等正义之名反对国家强制，这种假设的雏形或片断就开始出现。”这里，巴氏直接把“共产主义假设”指认为“一种纯粹的平等观念”，并且声称它同国家史一样久远。在巴氏看来，国家强制乃是“共产主义假设”的催生剂。正是由于要反对国家强制，人们才在采取集体行动时需要“共产主义假设”。但是，如果“共产主义假设”被等同于“平等观念”，那么共产主义实质也就在于平等了。然而，资本主义革命不是早已把“自由、平等与博爱”写在自己的旗帜上了吗？莫非是资产阶级虽号称“自由、平等与博爱”，实际上却施行奴役、不平等和仇恨？难道共产主义就是要把这类启蒙原则贯彻到底？文章批判了这一假设的抽象性，同时也对其表现出的理论勇气表示赞赏，并在此基础上指出巴迪欧这番理论努力的一个重要意义在于迫使我们不得不再次面对青年马克思当时所经历的难题：如何走出观念革命的泥淖，使解释世界通达世界的改变？

3. 国外共产党创新党内民主制度的探索

柴尚金，《党建》2010 年第 12 期

进入 21 世纪以来，随着经济全球化的不断推进和各国经济社会的不断发展，多元化的社会结构日益凸显党内利益要求的多样性，社会民主快速发展逐渐提高党内民主的期望值，新形势、新任务亟待有效提升凝聚力和战斗力，这一切使得党内民主制度创新成为各国共产党自身建设面临的重大课题。一些国家的共产党根据所处社会环境、利益格局的新变化，及时调整和创新党内民主的基本制度和运行机制，积极探索实现党内民主的新方式。

实现党内民主主要有以下几种方式：

（1）以发挥党员主体作用为重点，构建民主选举、民主决策等制度体系。对该项党内民主制度的具体落实，文中指出，要尊重党员民主权利，有序推进党内民主选举和民主决策等民主制度建设；顺应当前民主潮流，注重发挥地方和基层党组织的自主性。一方面，要改革选举制，扩大党内直接选举，保障党员的真实选举权；另一方面，党内重大事项决策尊重和听取党员意见，引导党员更多参与民主决策。争取每个党员都有平等、公正的发言权，自下而上地解决党所遇到的问题。

（2）以发挥集体领导作用为突破口，创新党内权力运行机制。对该项民主制度的具体落实，文中指出，需要妥善处理民主与集中的关系，突出集体领导的作用，确保党内权力在民主的基础上良性运行。既要避免权力集中在一个人或极少数人手中；又要避免领导职务终身制、领导人老龄化等严重影响党的形象的痼疾；还要公开党务，加大民主监督力度。

（3）以提升党的凝聚力和战斗力为目的，畅通各种民主渠道。对该项民主制度的具体落实，文中指出，无论是资本主义国家在野的共产主义政党，还是社会主义国家执政的共产主义政党，都要在维护工人阶级利益的同时，充分考虑各种利益需求，承认并允许多样性，拓宽民主渠道，以不断提升党的凝聚力和战斗力。一方面要尊重少数人的民主权利，团结一切可以团结的力量；另一方面要利用互联网和各种社团组织的作用，畅通各种民主渠道。

国外共产党在创新党内民主制度的进程中，逐步形成的几点共识：

一是要通过制度创新来推动党内民主建设；

二是只有通过民主的整合作用，才能实现党的统一和保证党的生机活力；

三是在党内民主制度创新中要避免民主过头和形式化倾向。

4. 西方共产党的特色论及其启示

陶文昭，《马克思主义与现实》2010年第4期

在国际共产主义运动中，特色论并不是中国改革开放后才提出来的，也不是某一个国家的主张。一些国家共产党在不同时期和不同程度上有过这类的设想。在中国改革开放明确提出中国特色社会主义之前，西方发达国家共产党有过几次明显的特色论尝试，诸如美国例外论、法国色彩社会主义、日本式社会主义等。这些特色论的提出具有特殊的国际背景，留下了许多经验教训。有几个重大的问题需要厘清。

第一，特色论是有边界的，不能偏离科学社会主义本质。历史和现实中曾经有许许多多打着各色社会主义旗号的理论。但是，这些色彩斑斓的社会主义，基本属于民主社会主义、民族社会主义，而不是科学社会主义。对一个事物的存在来说，共性的东西更加重要。特色即使再鲜明，一旦离开了共性，尤其是与共性相对立，就变成了另外的东西。如果没有了科学社会主义的本质，也就无所谓其旗号上的色彩了。所谓本国特色，无非是在充分认识和准确把握本国国情的基础上，在坚持矛盾特殊性和普遍性的统一中，更突出一些特殊性而已。

第二，特色论是针对苏联提出的，但更重要的是从自身国情出发。提出本国社会主义的特色，总需要一个参照物，并且这个参照物要具有较大的普遍性，这样才便于显示自身的特殊性。由于历史上苏联在国际共产主义运动中的特殊影响，因此各国的特色论毫无例外地都是针对苏联提出来的，以区别于苏联的道路和模式。中国特色社会主义的提出也是如此。提出特色论，有利于从一种模式中解放出来。但特色论的真谛，不在于与苏联的差别，而在于是否适合本国的国情。当今世界更为复杂，各国情况更为千差万别，各国共产党更应该积极从本国实际出发探索社会主义，以自身为立足点的特色社会主义才具有长久的生命力。

第三，特色论并不是灵丹妙药，如何在革命和建设中取得成功还需要更多的探索。有了特色论的名义并不能确保实践的成功。对于各国社会主义来说，提出特色比较容易，而真正干出特色却比较难。在国际共运史上，东欧一些国家曾提出过要走有“本国特色 ”的社会主义道路，也不同程度地进行过某种试验和探索。但结果都没有成功。需要指出的是，现今世界各国的社会主义都在冠之以某种特色的修饰词。这些国家的社会主义建设能否取得成效，关键不在于是否有特色二字，而在于是否有更切实的政策、措施。

5. 西欧共产党发展变化的几个新动向

于海青，《马克思主义研究》2010年第6期

2008—2009年是西欧共产党的代表大会年，许多共产党相继召开了新一届党的全国代表大会。从代表大会通过的各项决议和文件中，我们可以窥见西欧地区共产党在最近时期发展变化的一些新动向。

第一，“向左转”成为各共产党的政治战略共识。苏东剧变后，西欧共产党的政治战略选择经历了一个变化的过程。剧变之初，西欧各共产党不约而同地致力于塑造党的激进形象，

捍卫党的共产主义身份特征。20 世纪 90 年代中期后，各党纷纷把理论革新和政策调整提上日程。但从近年来的发展看，这种着意淡化党的身份特征的变革造成了党自身的力量也不断下滑。面对艰难处境，各党相继对其理论政策进行反思和调整，并在战略策略上逐渐展现出不同程度的“左转”动向。

第二，左翼联合斗争趋向愈益加强。苏东剧变后，西欧共产党普遍选择了与其他左翼力量和群众运动进行联合的斗争策略。近年来，为有效反对新自由主义全球化的强势发展、垄断资本的霸权扩张以及国内右翼势力的攻击，西欧共产党的左翼联合斗争趋向越来越明显，而且这种联合逐渐从议会斗争转向议会外斗争，从国内联合朝着地区、国际联合斗争等更深、更广的领域发展。

第三，党的建设凸显“民主”发展的大方向。党的建设历来是共产党代表大会的一项重要内容。新一届西欧各党代表大会在党建方面的共同特点，是突出强调党内民主的重要性，并相应提出了强化党内民主的一些新举措。

第四，经济危机下的社会主义理论反思与斗争实践。全球经济危机的爆发对西欧共产党的理论政策发展和斗争实践产生了很大影响，推动各共产党对资本主义和社会主义相关问题进行更加深刻的理论反思，更加坚定了各党对社会主义替代资本主义必然前景的认识。同时，危机也直接推动了西欧共产党的反抗斗争实践。2009 年以来，西欧各共产党积极投入到各种形式的反资本主义斗争中。

从新一届党代会以及 2009 年以来的实践斗争看，可以形成以下几点认识。

第一，西欧共产党整体上呈现一种明显激进化的发展转向。

第二，西欧共产党的左翼联合主张与实践，对共产党力量的恢复与发展具有积极意义，但目前仍然问题重重。

第三，在党的建设中强调推进党内民主，是包括西欧共产党在内的世界政党发展的方向和趋势，但一些共产党内确实也存在过于强调民主而忽视集中的问题。

第四，在这次经济危机中，西欧各共产党在推动捍卫工人阶级权利的经济斗争中起到了一定作用，但从目前看，作用发挥得还不充分。共产党若要谋求获得新的发展，尚需付出更大努力。

6. 坚持奋斗的乌克兰共产党

陈爱茹，《党建》2010 年第 1 期

乌克兰共产党是苏联解体之后，一部分信念坚定的乌克兰共产党人于 1993 年 6 月 19 日重新建立的新的共产主义政党。

重建的乌克兰共产党是一个比较传统的马克思主义政党。思想上：乌克兰共产党坚持马克思主义的指导地位。宣称“马克思恩格斯列宁的学说是乌克兰共产党的思想和理论基础，这一学说随着新的任务、新的条件和实际情况的变化不断地与时俱进”。乌克兰共产党在马克思恩格斯列宁主义的指导下，把党的发展目标设定为建设社会主义社会。发展目标上：乌克兰共产党坚信社会主义必然胜利。认为十月革命开启了乌克兰人民当家作主、摆脱帝国主义剥削和奴役的道路。“社会主义在苏联的失败是暂时的”，“一系列欧亚国家社会主义的暂时失败并不意味着社会主义的崩溃。两种体制历史上的原则性角逐并没有结束，它只是在质上过渡到了一个新的阶段”。失败的是过时的社会主义形式，而不是社会主义本身。社会主义必将取得最后的胜利。阶级基础的界定上：转变了重建之初认为党代表“一切劳动者”的观点，重申党是工人阶级的先锋队。

重建的乌克兰共产党有9000多个基层党组织，基层党组织遍布全国，但是，党员人数仅有10万人左右，这与苏联时期乌克兰共产党有300多万党员相比，相距甚远，而且党员中，老年人居多，有“白发”政党嫌疑，而“白发”政党必将随着历史的自然规律逐渐走向消亡。乌克兰共产党中央委员会考虑到这种窘迫的局面之后，积极开展工作，吸收年轻力量，并控制推荐的被选举人年龄，大力致力于党的年轻化工作，并已经取得了初步的成效。

乌克兰共产党在现有的乌克兰资本主义制度体制内，为谋求最大的生存和发展空间，认可通过议会斗争上台执政，进而建设社会主义的途径。因此，对乌克兰共产党而言，参加最高拉达（议会）和总统选举是它的一项重要实践活动。而参加选举，制胜的最关键因素就是拉选票，20世纪90年代中期，由于乌克兰独立后，经济凋敝，民众生活困顿，乌克兰共产党曾获得极高的支持率，一度成为最高拉达第一大党团。但是，21世纪以来，生存空间不断萎缩，支持率在3%—5%徘徊，在这样的情况下，乌克兰共产党倡议组建乌克兰左翼力量同盟，但是，左翼力量同盟也没有使乌克兰共产党在议会选举中的得票率获得明显的提升，在今日之乌克兰，左翼力量举步维艰，但是，乌克兰共产党并不气馁，随着形势的变化，乌克兰共产党不断地调整政策，为实现社会主义进行不懈的斗争。

7. 新自由主义与国际金融危机——西方国家思想界的反思与评析

谭扬芳，《国家行政学院学报》2010年第4期

本文从四个方面分析了西方国家思想界对新自由主义与国际金融危机的反思与评析，梳理了二者的内在关联：新自由主义缘起与发展于滞胀危机与社会主义受挫，并孕育了但又救不了当前的国际金融危机，其结果是危及自身。

（1）新自由主义的缘起及发展

新自由主义兴起于20世纪70年代开始的“滞胀”危机，兴盛于苏东剧变后的世界政治危机。①凯恩斯主义走向衰落是新自由主义产生的理论契机。20世纪70年代，西方经历了两次战后最深重的经济危机，整个西方经济长期陷入“滞胀”。而当时人们所奉行的凯恩斯主义却提不出有效对策，凯恩斯主义由此走向衰落。“撒切尔新政”的实施，标志着哈耶克倡导的新自由主义思潮开始进入主流社会。里根政府于1982年签发的《加恩—圣杰曼存款机构法案》，标志着新自由主义从思潮转变成为政府政策。②社会主义受挫是新自由主义大行其道的政治因素。20世纪90年代初期，苏东剧变后，社会主义的挫折和计划经济的低效使广大发展中国家无所适从，出现了意识形态真空，迫切需要一种新的思想和改革思路引导广大发展中国家摆脱贫困，走上经济繁荣之路。新自由主义恰好填补了这一“真空”而大行其道。

（2）新自由主义孕育了当前的国际金融危机

西方国家思想界对当前国际金融危机的原因分析是多方面的，但基于不同的政治立场和理论基础，人们对危机的原因作出了不同的解释。但是每一种原因都与新自由主义推行的政治经济政策和生活方式密切相关。①新自由主义的金融自由化政策导致金融危机。新自由主

义的理论认为，只要按自由市场机制办事，一切社会经济问题和个人自由问题都可有序地迎刃而解。正是在这种自由理论指导下，美国实施了一系列金融自由化政策。对于新自由主义推行的金融自由化政策与当前国际金融危机的关系，西方思想界不少学者看得很清楚。有的学者批评弗里德曼、哈耶克等人所尊崇的自由市场化政策并没有实现个人自由的目的。相反，市场交换在表面自由平等的背后却掩盖着极不公平的事实，以致会引发种种社会问题，直至暴力，人们所追求的个人自由也只能化为泡影。②新自由主义的私有化财产制度导致金融危机新自由主义将私有化作为自己的体制核心，其主要理由就是认为私有化一定能够带来自由民主和高效经济。新自由主义私有化与当前国际金融危机之间的内在关系，西方思想界一些有见地的学者作出了深刻分析。③新自由主义反对国家干预导致金融危机。新自由主义主张，让市场机制去调节一切社会资源的配置问题，即不论是私人产品还是公共产品都要让市场机制去调节和安排，反对国家干预。西方思想界普遍认为，正是新自由主义反对国家干预导致了金融危机。④新自由主义加剧贫富分化导致金融危机。当前国际金融危机的深层根源是新自由主义导致美国国内外的两极分化，加剧了资本主义的基本矛盾。金融全球化进程把一国资本主义经济政治发展的不平衡扩展到世界范围，即在促进世界经济发展和社会财富不断增加的同时，扩大了世界范围的贫富差距，使一些国家和一部分人走向贫穷化。

（3）新自由主义救不了当前的国际金融危机

①新自由主义救市方案遭拖延。②新自由主义救市计划的本质及后果。西方思想界批评新自由主义的救市计划实质是为平息金融市场恐慌的空前国家干预行动，这种干预体现在为危机中的美欧银行纾困或者使其国有化，与此同时，世界各国央行实施了巨额全球注资行动。③当前国际金融危机的影响。当前的国际金融危机正在严重冲击世界各国，其中包括最为强势的经济体。金融危机的影响突出表现为经济增速急剧下滑，失业急速增长，贫富分化进一步加剧。

（4）新自由主义必将衰败于当前的国际金融危机

随着世界各国携手应对危机，当危机走出低谷时，新自由主义能幸免于难吗？①当前国际金融危机的现状。当前的国际金融危机走出低谷、全球经济开始回暖了吗？西方政界和媒体好像给出了肯定的答复。西方思想界有些谨慎的人士也表现出了担忧。②新自由主义的未来。金融危机走出低谷，那么新自由主义何去何从？在这个问题上西方思想界分歧较大。有的认为，危机什么都没有改变，还是一切照旧。有的认为危机对新自由主义的影响可能是根本性的。

五　国际共产主义运动研究代表性论文

1. 新中国成立以来国际共运史学科教材建设的回顾与反思

蒲国良，《当代世界与社会主义》2010 年第 1 期

文章回顾了新中国成立以来国际共运史教材的建设过程，总结了国际共运史教材建设的主要成就和主要教训，并对新编国际共运史教材的编写提出了思考与建议。

文章分期考察并总结了不同时期国际共运史教材编写的特点：自新中国成立至 1956 年以

前，国际共运史尚未形成为一门独立学科，其关注的重点主要是联共（布）党史。教材便是斯大林主持编写的《联共（布）党史简明教程》。1958 年由中国人民大学马列主义基础系编写的两卷本《国际共产主义运动史》是我国国际共运史教材的开山之作。1961 年教育部组织一些高校教师组成编写组编撰新的国际共运史教材，20 世纪 70 年代北京大学等若干高校也纷纷编写并出版了教材，由于“左”的指导思想的影响，这些教材被打上了那个特殊年代的烙印。进入 20 世纪 80 年代，教育部在文科类院校恢复了四门政治理论课，国际共运史教材的编撰进入了一个较为繁荣的时期。20 世纪 90 年代以来，由于高校公共政治课改革取消了文科院校的国际共运史课程，以及高校专业的调整，国际共运史教材也就基本上失去了它原有的市场。这一时期教材的特点，一是基本上都是通史，即概要介绍国际共产主义运动 150 年的整体历史进程；二是“简”，一般都是以三四十万字的篇幅涵盖国际共运 150 年的历史；三是厚今薄古，即一般都把重点放在 20 世纪以后。

文章指出新中国成立以来的国际共运史教材建设总体上是成功的，它推动了国际共运史学科建设，推动了国际共运史基础知识的普及，推动了国际共运史研究的深化，凝聚了一支相对稳定的国际共运史专业人才队伍，积累了国际共运史教材编写经验。但国际共运史教材建设过程中也存在一些值得汲取的教训：第一，教材编写不能任意剪裁历史。第二，教材编写必须遵循教材建设规律。第三，教材编写必须突出个性特色。第四，教材建设必须与学科建设形成互动。

2008 年 7 月，国际共运史被正式列入国家马克思主义理论研究和建设工程第三批重点教材，这对于国际共运史教材的建设而言无疑是一个难得的机遇。文章对新编国际共运史教材提出了如下思考与建议：

首先，教材编写不应无的放矢。其次，教材编写不应混淆主线。第一，国际共运史不是世界社会主义运动史。第二，国际共运史既不是某个国别的共产党史，也不是各个国别的共产党党史概览，而是世界共产主义运动总体进程的历史。第三，国际共运史是运动史而不是思想史、学说史和理论发展史。再次，教材编写应以建设性思维统领全书。国际共运史不应该被简单地看成一部纯粹的内部斗争史，而应是一部共产党人领导广大人民群众追求人类解放的艰苦探索史。复次，教材编写的基点是立足中国，放眼世界。最后，教材编写不应忽视编写技巧的借鉴。

2. 当前国际共产主义运动发展状况和趋势分析

孟鑫，《当代世界与社会主义》2010 年第 6 期

文章将世界上现有的 120 多个共产党分成四种类型，在此基础上分析了国际共运面临的主要任务和发展趋势。文章共分为五个部分：

第一，现实社会主义国家在探索与创新中发展。社会主义国家中的共产党是世界共产主义运动的中坚力量，坚持走社会主义道路，致力于社会主义的理论、实践创新。越南共产党确认越南处于向社会主义过渡的初级阶段，并把革新开放，建设“社会主义定向的市场经济”作为一项长期任务。老挝人民革命党确认老挝正处于为向社会主义过渡准备条件的阶段，将加速经济发展、尽快摆脱不发达状态作为今后一个时期的首要任务。朝鲜劳动党提出“主体思想”的基本理论和“先军政治”的最高理念，强调从新的高度出发探索朝鲜式的社会主义

发展道路。古巴共产党认为古巴正处于“和平发展的特殊阶段”，要同帝国主义展开“思想战”。为此，古巴共产党在巩固社会主义政权基础方面采取了一系列的措施。

第二，发达国家左翼的理论创新和实践调整有一定新成果。苏东剧变后，发达资本主义国家的共产党为走出困境，积极开展理论创新和围绕各自国情探讨革命的基本问题。它们一致认为苏东剧变不是社会主义的终结，“社会主义是自由、平等、人的解放和消灭剥削”，突出民主的地位和人民的参与意义。在指导思想、性质、变革主体、社会主义前景和实现社会主义道路等方面，各党所持的观点、强调的重点不同。法国共产党在反思中形成了“新共产主义理论”，提出了一系列值得关注的新观点。日本共产党将党的目标修改为“最终实现没有剥削、压迫和战争，人与人的关系是真正平等和自由的共同社会”，将党的性质修改为“工人阶级的党，同时是日本国民的党”。

第三，前苏东地区共产主义力量在逆境中求生存发展。尽管前苏东地区的政治环境和社会环境都非常复杂，但仍然存在着共产主义复兴的运动，态势较好的是俄罗斯和摩尔多瓦。俄共曾经被取缔，后经政治斗争取得了合法地位并成为一支很有影响的政治力量，在国家杜马控制了大部分席位和包括杜马主席在内的大部分领导职位。俄共在思想、理论、政策、策略和口号上及时调整，不乏积极意义。然而，俄罗斯目前仍存在反共反社会主义意识，俄共今后不得不重新考虑在新的环境下到底如何生存和发展的问题。俄罗斯境内还有其他一些共产党组织，大都坚持较为传统的社会主义观点，影响一般不大。

第四，发展中国家共产党面临新的挑战和考验。在南亚、南非、拉美等地，一些共产党不但保持了原有的队伍，有的规模还有所扩大。印共（马）的党员人数目前达 83 万，远远超过 20 世纪 90 年代的水平。刚刚走出地下状态的尼泊尔共产党（联合马列），是尼泊尔最主要的政党之一。南非共产党至今仍是南非三方执政联盟中的重要一方，党员人数也在不断增长。坦桑尼亚是非洲最早提出走社会主义道路的国家之一，冷战结束后仍然坚持社会主义。拉美地区共产主义运动相对稳定。力量较大的有巴西共产党、智利共产党和阿根廷共产党等，其中巴西共产党的党员人数已由苏东剧变时的 9 万人扩大到 32 万多人。

第五，国际共产主义运动面临的主要任务和发展趋势。执政共产党的主要任务是不断强化自身和政权建设，继续推进社会主义。非执政共产党的主要任务是进行理论与实践创新，争取越来越多的群众支持，巩固自己在国内政治舞台上的地位。当前世界范围内的共产主义运动没有统一的组织领导，但是各共产党组织之间交流往来不断，相互学习借鉴。目前，各国共产党，不论是参政党还是在野党，都在积极探索复兴之路。社会主义理论和实践的发展对国际共产主义运动提出了新的挑战，同时展示了发展的新契机。当今国际共产主义运动仍然在继续，从现实的道路看，要善于长期奋斗，通过逐步改良来完成世界革命的任务。

3. 当前国际共产主义运动史学科发展调研报告

俞思念，《当代世界与社会主义》2010 年第 5 期

作者在强调国际共产主义运动史研究重要性的基础上，考察了国际共产主义运动史学科发展的现状，详尽分析了该学科建设中存在的问题并就学科未来的发展提出了建议。

作者认为，国际共产主义运动史是中国特色社会主义前进的一面镜子，可以为坚持社会主义、坚持中国共产党的领导，提供基本的理论依据和现实依据。国际共产主义运动史学科

建设承担着在准确掌握马克思主义的基础上，从国际共产主义运动中吸取经验，为防止党的路线出现极端“左”倾或右倾而建言献策的重要任务。

作者指出，“十一五”期间国际共产主义运动史研究的热点问题主要包括：对社会主义在20世纪的理论与实践的总结性研究；对当代资本主义新变化的研究；关于民主社会主义的研究；对当代资本主义与社会主义关系的研究；关于世界共产主义运动的现状及走向的研究。

作者深刻剖析了当前国际共产主义运动史学科建设中存在的主要问题，认为国际共产主义运动史学科的目前状况与当前繁荣哲学社会科学提升文化软实力的任务是不相称的。作者把学科目前存在的问题归纳如下：作为一个成熟的学科，缺少科学的相对稳定的基本理论体系；学科本身内容老化，研究方法和手段落后，也成为困扰学科发展的旧疾；研究工作缺少跨单位、跨学科的分工合作；在国际共产主义运动史研究中存在盲目翻案的学风问题。理论研究队伍青黄不接，后继乏人；现有从事这方面研究的队伍也存在着思想不稳、功底不厚、耐心不够、急功近利等流行病。

最后，作者对“十二五”期间国际共产主义运动史学科发展提出了几条具体的建议：把国际共产主义运动史作为基础理论研究项目，组织攻关性、集团性研究，将相应经费投入到专项选题中；重视20世纪世界社会主义思想遗产的整理发掘工作；关注当代世界社会主义研究的学术前沿，从理论与实践相结合的角度，研究解决现实中的重大问题，把学术性研究与应用性研究结合起来，结合中国实际，挖掘国际共产主义运动史的理论精髓，为党和国家领导层的科学决策服务，为中国特色社会主义建设和改革服务；进一步拓宽研究领域，形成符合历史本来面貌的综合性研究；建立国际共产主义运动史学科建设和研究基地（以中共中央编译局为基础），集中人才和集中优势，形成国际共产主义运动史研究的国家队，以承担这方面研究的重大课题；既要注意奖励国际共产主义运动史理论研究的优秀成果，也要注意克服当前理论界惯常的急功近利、不求甚解、好作空论的风气，培养实事求是、开拓创新的科学精神，不遗余力地倡导马克思主义学风文风。建立有效科学的评估机制，鼓励出优秀作品，抵制粗制滥造、缺少新意的劣作和下品，反对学术抄袭和剽窃以及由“官本位”衍生出的学界怪现象；开展关于国际共产主义运动史学科构建新体系的讨论，建立面向21世纪的、科学的、相对稳定的学科理论体系和逻辑体系。

4. 在曲折中奋进的俄罗斯社会主义运动

刘淑春，《中国社会科学报》2010年9月2日

21世纪以来，俄罗斯的社会主义运动步入曲折发展之路。与20世纪90年代相比，这一运动在主体、理论和实践等方面都发生了程度不同的变化。

20世纪90年代俄罗斯社会主义运动的主要载体是共产主义政党及其领导的人民爱国主义阵线，而近年来社会民主主义政党异军突起、大有抢夺社会主义运动旗手的态势。共产主义政党仍是俄社会主义运动的主力军。其核心是“俄罗斯联邦共产党”，它目前拥有16万党员，是议会第二大党。俄共近十年来腹背受敌，其组织规模锐减，政治影响力削弱。不过俄共没有消沉，而是通过思想整顿和组织调整重新振作起来。国际金融危机来临之际，俄共深入宣传让俄罗斯摆脱危机、实现现代化的建设性方案，并在城市居民，尤其是青年学生中吸收新党员，结果俄共在地区选举中的得票率几乎增加一倍。

社会民主主义政党近十年来不断分化组合。戈尔巴乔夫领导的社会民主党在2007年春因未能达到注册资格而被解散，2006年10月成立的“公正俄罗斯党”成为俄目前最大的社会民主党。该党目前是议会第四大党，有40多万党员。该党已于2008年6月底被社会党国际接纳为观察团成员。该党的成立意在取代俄共成为新社会主义运动的旗手。虽然它在党员数量上超过俄共，但社会支持率远赶不上俄共，其社会基础并不牢固。

无论是共产党还是社会民主党，都向俄罗斯社会推出了建设新的、21世纪社会主义的构想。然而，二者的理论基础不同，前者依据马克思列宁主义，以建立“摆脱了人剥削人，建立在公有制基础之上，按照劳动的数量、质量和成果分配生活财富的社会”为目标；后者依据“公正、自由和团结”的价值观，以西欧社会经济发展模式为目标。

现阶段，俄共和公正俄罗斯党在实践上都以反对派政党的身份参与国家政治生活，二者在政治、经济、社会、外交等方面的主张有些接近，但俄共的反对派角色更鲜明，对现在政权的抨击更激烈。俄共号召左翼力量结为广泛的民族和爱国主义阵线以战胜统治集团，改变现行制度，将自然资源和重要部门国有化，动员社会潜力和资源实现国家的社会主义现代化。公正俄罗斯党一方面支持普京，另一方面攻击普京领导的统一俄罗斯党，同时还用社会主义词汇面对公众。这种自相矛盾的反对派角色自然也引起社会主义运动内部的疑惑。

因此，俄社会主义运动内部在主体力量、理论和实践等方面的这种复杂局面预示着，俄罗斯社会主义运动的发展近期内仍将是曲折和艰难的。

5. 东欧、中东欧和东南欧的社会主义觅踪

孔寒冰，《当代世界与社会主义》2010年第1期

作者在实地考察几十个东欧城市的基础上，概括总结了这些国家剧变之后的社会发展状况。

作者认为，经过近20年的发展，俄罗斯、白俄罗斯和乌克兰三国的政治制度、经济制度和社会生活都发生了程度不同的变化，但它们仍带有较多原来社会主义的标志和特征。

波罗的海的立陶宛、爱沙尼亚和拉脱维亚三国认为加入苏联意味着他们独立国家的消失，而走上社会主义道路意味着苏联对他们的“殖民地化”。从这两个角度讲，他们对苏联和苏联的社会主义几乎没有任何的认同感。这三个国家，特别是拉脱维亚有着强烈的反苏、反俄情结，彻底否定苏联式的社会主义制度。

与波罗的海三国类似，地处中欧的波兰、捷克、匈牙利、斯洛伐克四国也否定苏联和苏联式社会主义。这几个国家社会转型相对较为成功，经济发展程度较高，都加入了欧盟、北约和申根区。它们都认同西方的民主社会主义，各类社会民主党在本国的政党政治中占有一席之地。它们都否定苏联式的社会主义，否定其外交政策。

巴尔干三国对传统社会主义的态度不尽相同。塞尔维亚人特别怀念铁托和铁托时代。斯洛文尼亚回归欧洲最快，经济最发达，对西欧的民主社会主义认同感最强。保加利亚对俄国充满了感恩之情，不像其他东欧国家对俄国在巴尔干的扩张耿耿于怀。

作者通过对苏东剧变20年后的各国的整体考察，得出了如下两点重要结论：第一，各国民主政治转型不够成熟。虽然这些国家都由过去共产党的一党执政转向了西方式的多党议会民主制，但是各政党之间的分化整合频繁，政策的连续性不够。第二，民主政治没有解决民

生问题，这些国家在很大程度上仍然在吃社会主义时期的老本。

6. 国际金融危机中的世界社会主义——国际金融危机观点全球扫描与透视

刘志明，《红旗文稿》2010 年第 10 期

文章运用了大量的文献资料，从以下四个方面，概括总结了各国学者就金融危机对世界社会主义的影响所发表的观点：

(1) 金融危机“既是机遇也是挑战”。日共前主席不破哲三，美共主席萨姆 · 韦伯和英国社会主义工人党理论家、马克思主义经济学家克里斯 · 哈曼都持这种观点。其中克里斯 · 哈曼的观点尤为鲜明，他指出，“应该利用资本主义的这次混乱来传播社会主义者的观点，同时在统治阶级试图让人民大众为这次危机买单之时，力争成为各种反抗形式的中流砥柱”。

(2)“马克思主义的复兴”。经济危机再度掀起了世界对马克思的兴趣，《资本论》在全球的销量一路飙升。在西方学者看来，马克思主义复兴的原因主要在于“人们普遍认为资本主义已经从根本上破产”，全球金融危机证实了马克思关于“美国的资本主义制度将陷入停顿并开始腐朽”等预言。

(3)“左翼终于获得巨大的发展契机”。美共主席萨姆 · 韦伯认为，在这场金融危机面前，“左翼力量有机会从美国政治的边缘步入主流，从而有机会在决定国家前途命运的争论中获得话语权”。法国群众的“左倾”趋势愈来愈明显，“新反资本主义党”的成立被看作“法国左翼力量在野蛮与革命时代的重新出发，也将有助于欧洲以至世界各地激进左翼的发展”。

(4)“中国模式将会改变世界”。此次金融危机爆发后，人们对于美国等西方国家的发展模式产生了越来越多的质疑，弗朗西斯 · 福山也加入了这种质疑人群的队伍。美国未来学家约翰 · 奈斯比特对中国模式倍加肯定。“中国模式”对发展中国家“无法抗拒”的诱惑力也是自不待言。西方的一些政要甚至在金融危机爆发前就意识到，中国的威胁不是中国力量本身，而是中国的发展经验。

文章指出，通过扫描和透视上述关于国际金融危机对世界社会主义的影响的主要观点，可以得出以下几点认识：第一，从金融危机导致“马克思主义的复兴”和“中国模式将改变世界”等观点传递出来的信息来看，这次国际金融危机完全证明了邓小平同志的重要论断，即“世界上赞成马克思主义的人会多起来的，因为马克思主义是科学。它运用历史唯物主义揭示了人类社会发展的规律”。第二，任何事物都有两面性。我们必须清醒地认识并坚持自己“发展中国家”的地位，必须向世界阐明按照“权利与义务平衡”的原则承担国际责任的正义性和公平性，为我国的进一步发展营造良好的国际环境。第三，尽管“左翼终于获得巨大的发展契机”是时代发展的新的强音，但是也不能否认，金融危机对世界社会主义来说的确“既是机遇也是挑战”。

7. “后危机”时代全球工会面临的挑战与策略抉择

王继停，《当代世界与社会主义》2010 年第 5 期

文章深入分析了金融危机背景下全球工会面临的挑战及其所采取的策略抉择。作者认为，在金融危机的背景下，全球工会组织既要面对失业剧增和公信度下降的巨大压力，又不能回避系统内部存在的复杂矛盾及与左翼力量之间关系微妙的严峻现实。为了组织发展和工会运动的需要，工会组织除了需要重新反思自身定位之外，还需探索未来新的生存和运行机制。

作者指出："后危机"时代的全球工会组织面临多重挑战，主要包括：失业率居高不下，工会组织率下降，公信度面临考验；工会系统及组织内部的矛盾在危机下更加凸显；工会与左翼政党的关系变得更为微妙；全球化的发展进一步削弱了工会国际联合的力量。

全球工会组织认为，工人阶级不应该为危机埋单，争取体面工作和体面劳动是目前工会工作的核心任务。当前工会的作用是迫使政府和资本家建立一套符合经济效率、社会正义及永续发展的全新经济发展模式。

对于"后危机"时代全球工会组织的策略抉择，作者也进行了深入考察和分析：在工会的重新定位上，工会组织的首要目标仍然是维护工人的劳动权益；工会运动仍应该是自由独立的；工会的主体力量仍应该是中下层劳动者，工会应多渠道发展会员，壮大力量。

对于工会的新发展战略，作者认为工会可以利用恰当的选举策略，组建多种形式的选举联盟，在国家和地方的领导人及立法选举中获取组织利益维护工人权益。要强化工会组织之间的国际和区域合作，克服民族主义的影响，实现与政府和雇主组织的区域及各层次的谈判。要协调工会与绿党和泛左翼的非政府组织的合作。

当下的经济危机使工会可以探索和尝试新的生存和运作机制。不过，这带来两个值得思考的问题：一方面，它确实可以让工会站在企业角度思考和解决问题，全面权衡工会组织和工会行动的得失，尤其是在经济方面可以最大限度地协调政府、企业和工会（工人）三方利益；另一方面，这种方式导致了工会自身传统定位的颠覆。因此，新的生产和运作机制是否是未来工会生存发展的一种新方向，还有待观察。

8. 瑞典是社会主义国家吗——瑞典模式的起落

珀·奥尔森、葛晶晶，《当代世界与社会主义》2010 年第 1 期

文章指出瑞典从来不是完全意义上的社会主义国家——以公有制为基础，工人阶级管理和掌握国家政权，实现社会公平及民主的计划生产。瑞典既不是所谓的"混合经济"，也没有提供"第三条道路"——资本主义和共产主义之外的一种选择。

文章把 20 世纪 70 年代中期第二次世界大战后繁荣的结束看作旧的瑞典模式的终结。在 20 世纪 60 年代和 70 年代初，由于世界资本主义的繁荣和国内工人阶级运动的发展，瑞典建立了一套高度发达的、覆盖社会各个角落的社会福利制度，成为世界各国的榜样。阶级合作成为样板，雇主、工会领导和社会民主党政府几乎并肩工作来推动经济的增长。这被人们称为"瑞典模式"。但是，这个瑞典模式在很久以前就不存在了。而现在，大多数人所说的"新瑞典模式"指的是私有化的模式、放松管制和其他市场导向的"改革"，还有 20 世纪 90 年代初以来瑞典治理银行业危机所采用的方法。总之，目前的瑞典模式被人们看作用来展示资本主义胜利的新自由主义的"作品"。而且，瑞典所谓的"混合经济"从来就不是公共和私人公司的混合，国有化从来不是"一项原则"。

文章认为以上这些变化肇始于 20 世纪 80 年代瑞典社会民主党政府开始的"制度改革"——社会福利的倒退与放松管制和私有化相结合。这种右转有其国际和国内的原因：（1）自从 20 世纪 80 年代初马克思主义者（工人国际委员会成员）被驱逐以后，党内没有左翼或反对势力可以挑战这种新进程。（2）瑞典资本主义经济停滞，社会福利没有发展空间，资本家因此要求减少公共开支，削减工人经济蛋糕的份额。（3）在 20 世纪 70 年代凯恩斯主义失败

之后，由于全球化进程的加剧以及日益激烈的国外竞争，使得新自由主义制度在全球范围扩张。(4) 1989—1991年斯大林主义国家的崩溃以及包括瑞典在内的其他国家社会民主主义的右转，进一步推动了这些趋势。

这些改革造成了社会民主党成员人数的急剧下降，工会参加率的下降，私营部门雇员比例的增加和国家雇员人数的减少。社会民主党的右倾政策为1991年的大选失败埋下伏笔。1994—2006年，社会民主党领导的瑞典在许多方面还率先实施"市场改革"，在欧盟内部实施新自由主义。2006年大选失败以后社会民主党在某些方面进一步右倾。

文章指出，瑞典的社会民主党和工会运动正面临着历史性的危机，摆在瑞典和其他国家真正的社会主义者面前的任务是，在社会主义道路上重建工会运动——建立一个新的群众性的社会主义工人党，并把工会改造成民主的战斗型组织。从瑞典经验中吸取的关键教训是，除非真正推翻资本主义制度，否则所取得的社会利益都将无法保存。

9. 民主社会主义的流变及其与中国特色社会主义的本质区别

吕薇洲，《红旗文稿》2010年第4期

文章考察了民主社会主义的嬗变过程，分析了民主社会主义的本质和影响，并在此基础上阐明了民主社会主义与中国特色社会主义的本质区别。

文章认为，作为西方社会（民主）党思想体系与意识形态的统称，民主社会主义在其一百多年的嬗变过程中，进行了不断的自我修正，成为了一种与科学社会主义完全不同的社会改良主义思潮。文章把民主社会主义的演进划分为三个时期：民主社会主义改良主义基本理论的构建时期（19世纪末期到20世纪中叶）；民主社会主义进一步放弃传统马克思主义、倡导改良主义时期（20世纪中叶到冷战结束）；"第三条道路"的兴起与衰落，也即民主社会主义的变革与转型时期（冷战结束至今），并在此基础上分析了各个时期不同的理论内容和表现形式。

文章辩证地分析了民主社会主义在世界社会主义运动中所起的积极作用和消极影响。文章认为，民主社会主义在其演变过程中，尽管不断放弃了社会主义的制度目标，但它在理论和实践两个层面，对现代资本主义的发展演进，对世界社会主义的历史进程产生了一些积极正面的影响：一是揭露和批判了资本主义的弊端，尤其是资本主义制度下的贫富不均、阶级对立、劳动者无权、失业、危机、战争等等一系列不合理的状况。二是迫使资本主义在某些方面做出了一些让步，在一定程度上维护了人民群众的利益。三是对资本主义国家尤其是欧洲国家的工人运动产生了极大影响，是工人运动中一支重要力量。文章同时强调，民主社会主义作为与科学社会主义根本对立的一种思想体系，在意识形态上是反对马克思主义的，在实践中则是反对从根本上变革资本主义制度的。民主社会主义的这一性质特征决定了其对世界社会主义运动具有相当大的消极负面影响：一是淡化资本主义基本矛盾，局限于在资本主义体制内做文章。二是在理论上反对科学社会主义，在实践中反对共产党和社会主义制度，并直接促成了苏东地区共产党的社会民主党化。三是调和了资本主义国家的阶级对立，推迟了社会主义革命形势的到来。

基于民主社会主义的实质和影响，文章指出，必须对民主社会主义进行区分利弊的分析，科学辨明其与中国特色社会主义的本质区别，以便更加坚定地走中国特色社会主义道路。文章认为，民主社会主义与中国特色社会主义的原则性分歧表现在：1. 民主社会主义主张指导思想多元化，中国特色社会主义坚持马克思主义的指导地位；2. 民主社会主义主张把社会主义看成一种道德需要，中国特色社会主义坚持把共产主义作为自己的奋斗目标；3. 民主社会主义主张实行“混合所有制”，中国特色社会主义强调坚持公有制占主体；4. 民主社会主义公开宣称自己是“全民党”，中国特色社会主义坚持党的工人阶级性质；5. 民主社会主义主张资产阶级民主宪政，中国特色社会主义坚持社会主义民主政治。

六 中国近代史基本问题研究代表性论文

1. 对建设马克思主义学习型政党的几点认识

邢贲思，《求是》2010 年第 5 期

党的十七届四中全会提出建设马克思主义学习型政党的背景。主要是：国际形势复杂多变，在和平与发展占主流的情况下，仍有许多不确定因素。创新能力成为综合国力和国际竞争力的核心因素。国内方面，虽然前景一片光明，但面临的矛盾和困难也很多。无论是解决老问题，还是应对新问题，都要有新的思路、新的对策，这就要求我们党进一步提高驾驭全局的能力，把执政水平提升到一个新的高度。从党自身看，执政党的历史地位赋予我们党双重任务：既要把党建设好，又要把国家治理好、发展好。因此党中央强调，新的形势和任务使我们必须在党的建设上探索出一条新的路子，这些都要靠深化学习才能解决。建设马克思主义学习型政党的战略决策，就是在这样的背景下形成的。

建设马克思主义学习型政党的目的，是按照科学理论武装、具有世界眼光、善于把握规律、富有创新精神的要求，进一步把党建设好。主要内容包括：推进马克思主义的中国化、时代化、大众化，这是建设马克思主义学习型政党的首要任务；继续用中国特色社会主义理论体系武装全党；开展社会主义核心价值体系的学习教育。核心价值体系的学习教育要科学地回答如下问题：在当代中国为什么必须坚持马克思主义的指导地位，而不能搞指导思想多元化；为什么必须坚持社会主义方向，而不能搞资本主义；为什么必须坚持以公有制为基础、多种所有制经济共同发展的基本经济制度而不能搞私有化和单一公有制；为什么必须坚持党的领导、人民当家作主、依法治国三者统一的基本方略，而不能搞西方那套多党制和三权分立；为什么必须坚持改革开放而不能走回头路，等等；建设学习型党组织。在新形势下把全党学习提高到一个新水平，重要的一环就是要有制度保证、组织保证。

建设马克思主义学习型政党，必须把学风建设摆在突出位置。学风正不正，直接影响到学习效果，影响到是否真学、真懂、真信、真用。学风问题本质上是对待马克思主义的态度问题。当前，学风建设的首要问题，就是要使广大党员特别是党员领导干部进一步明确学习的目的。要使他们懂得学习本身不是目的，学习的目的是为了解决实际问题，是为了提高我们应对新形势下产生的各种新课题的能力，把党的建设和国家的发展推向一个新阶段。

2. 中国共产党在意识形态建设理论上的创新

侯惠勤，《新视野》2010 年第 2 期

坚持既一脉相承又与时俱进的马克思主义，是新中国主流意识形态建设的基本经验。我们坚决不搞“两个马克思”（包含“两个邓小平”）的割裂，不搞所谓“革命的马克思主义”和“建设的马克思主义”的划分，而是始终在坚持马克思主义精髓的前提下，围绕现代中国实践的重大问题，不断开拓马克思主义中国化的新境界，使得以马克思主义为核心的主流意识形态成为凝聚人心、形成共识、稳定大局的有效保障。

毛泽东确立了新中国主流意识形态建设的基本原则。毛泽东认为：必须从国家根本制度上确立马克思主义的指导地位和中国共产党的领导地位；必须从社会基本矛盾出发正确把握主流意识形态建设的整体定位；必须把学习和世界观改造作为社会主义意识形态建设的根本任务；必须正确开展反对错误倾向的思想斗争，注意一种倾向掩盖另一种倾向。虽然意识形态的具体定位和实践方式必然随着社会发展和时代特征变化而变化，因而在社会主义制度建立前后、改革开放前后以及面对新世纪新挑战呈现不同特点，但是毛泽东抓学习（解决什么是马克思主义、如何用马克思主义武装头脑、占领思想阵地）、抓批判（及时纠正错误倾向、注意一种倾向掩盖另一种倾向）、抓制度化（从国家政权建设高度抓意识形态建设、意识形态和制度建设互为支撑），则是我们进行意识形态建设必须高度重视和始终坚持的宝贵经验。

邓小平理论和“三个代表”重要思想实现了对主流意识形态的改革式建构。主要表现在：努力塑造富于时代特征的“当代中国形象”。以“中国特色”为核心理念全方位地展示当代中国三大新形象：立足中国发展、紧跟世界潮流的改革开放形象；对外和平发展、对内安定团结的合作稳定形象；坚持独立自主、不信邪、不怕鬼的敢于负责形象。以爱国主义为核心进行意识形态话语创新。突出了以爱国主义为内核进行话语重组，以便在新的历史条件下继续高扬社会主义、集体主义和爱国主义旗帜。这种意识形态既不是对抗世界文明的民粹主义或狭隘民族主义，也不是淡化意识形态界限的实用主义，而是以中华人民共和国为背景的新型爱国主义，坚守社会主义意识形态的底线不动摇。大致有三：不许干扰经济和现代化建设这个中心；不许否定四项基本原则；不要指望控制中国。

21世纪我国主流意识形态建设有了伟大战略飞跃。一方面，把社会主义主流意识形态建设置于学习实践科学发展观的总体布局中。坚持从发展的意义上对社会主义意识形态建设进行再定位；从“以人为本”这一核心思想上加强和改进社会主义意识形态建设；从关于发展的世界观方法论上发挥社会主义意识形态的功能。另一方面，以社会主义核心价值体系建设为抓手推进社会主义主流意识形态建设。努力探索用一元化指导思想引领多样化社会思潮的有效途径；努力探索增强理论和舆论引导力的现实途径；努力探索全球化背景下社会主义话语方式的创新。

建设社会主义核心价值体系表明，我们不能纠缠于同资本主义大打“普世”牌，孤立、抽象和无条件地使用人类性话语，但是社会主义意识形态确实要注意话语表达方式，不能一概否定使用人类性话语，而必须根据历史发展的具体实际，把阶级性话语和人类性话语统一起来。

3. 创先争优活动是提高党建科学化水平的重要创新

国防大学中国特色社会主义理论体系研究中心，《光明日报》2010年9月14日

创先争优活动既是推动学习实践科学发展观向深度和广度发展的一个重要抓手，也是新形势下党的基层组织建设的一项重要创新。体现在四个方面：

一是，创先争优活动把建立健全发挥党的基层组织战斗堡垒作用、党员先锋模范作用长效机制与推动科学发展、促进社会和谐有机统一起来。创先争优活动着眼于加强党的基层组织建设，服务于发展中国特色社会主义。这项活动以深入学习实践科学发展观为主题，以在推动科学发展、促进社会和谐、服务人民群众、加强基层组织的实践中建功立业为总体要求，把基层党组织先进性建设统一于21世纪新阶段党的中心任务，落实到为科学发展、社会和谐提供组织保证，目的在于把党的政治优势和组织优势转化为推动经济社会又好又快发展的强大力量，体现了党的建设与党的任务的高度统一。

二是，创先争优活动把保持党的先进性与夯实党执政的组织基础有机统一起来。基层党组织的先进性建设、夯实党执政的组织基础，是同一项工作，前者以后者为目的，后者以前者为条件。创先争优活动作为基层党组织活动方式的创新，其要旨就在于探索出加强基层党组织先进性建设的一种方式，同时这种方式又具有夯实党执政的组织基础的重要功能。提高党的基层组织建设科学化水平，需要着力解决如何以科学制度、科学方法促进基层党组织的先进性建设、促进党的执政使命在基层的实现。要通过基层党建的制度创新和方法创新，构建先进性建设的长效机制，强化党的执政基础。

三是，创先争优活动把推进基层党组织工作创新与增强党员队伍生机活力有机统一起来。创建先进党组织与争当优秀共产党员是同一项活动，党组织建设与党员队伍建设是同一项建设。在创先争优活动中，党组织建设与党员队伍建设的总体要求、活动步骤、组织领导是一致的，推进基层党组织工作创新与增强党员队伍生机活力相得益彰。创建先进基层党组织，为党员提升素质创造了一个良好的组织环境，而且创建先进基层党组织本身就是在培养优秀共产党员；争当优秀共产党员，为基层党组织增强先进性准备了人员条件，而一个基层党组织内部如果缺少一批优秀党员，先进基层党组织是很难创建成的。

四是，创先争优活动把创新党的基层组织建设激励机制与在基层党组织和广大党员中营造良好风气有机统一起来。创先争优活动是要建立健全党的基层组织建设的激励机制，通过基层党组织的“创先”和党员的“争优”，表彰先进、奖励优秀，激发基层党组织和党员增强光荣感和责任感、保持先进性的内在动力，从而在全党和全社会形成学习先进、崇尚先进、争当先进的良好风气。

4. 党执政以来制度建设的成就和经验

王庭大，《党建研究》2010年第2期

关于执政党制度建设的发展历程。本文划分为四个阶段：执政党制度建设的起步探索阶段（1949—1978年）；执政党制度建设的突破创新阶段（1978—1989年）；执政党制度建设的全面推进阶段（1989—2002年）；执政党制度建设的深入发展阶段（2002年至今）。

关于执政党制度建设的主要成就。本文认为有五点：一是，改革完善党的领导制度，坚持科学执政、民主执政、依法执政。我们党不断总结治国理政的实践经验，深入探索和把握执政规律，初步形成了科学执政民主执政依法执政的体制机制。二是，深化干部人事制度改革，建设了一支善于治国理政的高素质干部队伍。我们党坚持“党管干部”原则，按照干部队伍“四化”方针，积极稳妥地推进和深化干部人事制度改革。三是，健全完善党的组织制度，保证党的基层组织优势的发挥。围绕为党的政治路线服务的根本任务，我们党确立和坚持了一条正确的组织路线。四是，建立健全党内民主制度，激发了党的生机和活力。五是，建立健全党内监督制度，保持了党的纯洁性。

关于执政党制度建设的基本经验。本文概括为六条：第一，必须深化对制度问题的认识。在新时期，加强党的制度建设，要求我们必须不断深化对党的制度建设问题的认识，始终坚持把党的制度建设摆在党的建设的重要位置，既要注重党的制度的发展、创新和完善，更要注重制度的科学性、系统性、有效性、针对性。第二，必须坚持党在指导思想上的与时俱进，以改革创新精神推进党的制度建设。第三，必须加强以党章为核心的党内规章制度建设。在新时期，扎实推进党的制度建设，必须始终坚持党章在党的制度体系中的统领地位，认真学习党章，自觉遵守党章，切实贯彻党章，坚决维护党章。同时，又要以党章的修订和完善促进党的制度建设，努力构建以党章为核心的党内规章制度体系。第四，必须以健全民主集中制为重点加强制度建设，实现党内民主的制度化、规范化。第五，必须坚持党的领导与依法治国相统一，既重视党内规章制度的建立健全，又注意与国家法律法规的协调配合。第六，必须努力增强制度的科学性、系统性、权威性，不断提高制度建设的质量和水平。

5. 建设学习型政党与提高党的建设科学化水平

高新民，《光明日报》2010年9月21日

建设学习型政党与提高党建科学化水平，是党建工作总体布局的组成部分。党的建设科学化有其深刻的内涵，它是指对党建客观规律的正确反映，并按照这种客观规律确立党建目标、任务，促成党的建设各个方面按照规律运转的过程。环境是不断变化的，党的建设科学化是一个在追求党的终极目标中开放的、动态的、无止境的发展过程，需要不断根据客观环境与中心工作的变化而不断调整、改革、创新的过程。这就需要有科学的思维方式和共同的价值取向，需要有系统的、整体的自我超越、自我革新的能力与机制，需要有透过缤纷的表象而认识客观事物规律的能力。而学习型组织内含的充满活力的团队学习、转变思维方式、系统思维、自我超越、共同愿景等元素，就其本来意义而言是提升组织力、实现组织整体超越的方式、手段，恰合了长期执政条件下探索党的建设规律的需求，是提升党的整体素质、提升执政能力和领导能力的重要途径。

建设学习型政党蕴涵于提高党建科学化水平的全过程。建设学习型政党贯穿于党的建设的方方面面，内含在党的建设整体过程之中。

第一，建设学习型政党与党的思想理论建设融为一体。思想理论建设最大的难点在于怎样确保党的指导思想实事求是、与时俱进，符合客观规律。虽然建设学习型党组织并不能够解决党内思想理论建设的一切问题，但可以促使思想理论建设的功能更充分地体现出来，尤其有利于理解新的客观环境与新的经验。再者，党的思想理论建设的具体内容，就是建设学习型政党所要解决的具体问题，如马克思主义中国化、时代化、大众化，这也是建设学习型政党需要解决的首要问题。

第二，建设学习型党组织与提高党的执政能力和先进性是统一的过程。其连接点在于：以解决重大理论和现实问题为中心学习，把学习理论同解决人民最关心最直接最现实的利益问题、本地区本部门改革发展稳定的重大问题、党的建设突出问题结合起来。通过这种“以问题为中心”的学习，把学习与实践有机地结合在一起。

第三，建设学习型政党为党的组织建设提供了新理念。学习型党组织提供了一种新型的组织内部的管理模式——渗透于组织运作之中的学习，以团队学习为载体，形成一种扁平化的组织结构，而充塞于这一结构中的是平等的精神、共同愿景，使分属于不同社会群体的党员以此联结起来，分享学习成果，分享组织的事务的管理，促成对组织的归属感，这是市场经济条件下党内形成新的凝聚力的条件之一。

第四，建设学习型政党为作风建设注入新的活力。比如可以提高全党对于政治、社会的认知水平，提升共产党员的党性修养水平，从而提高作风建设的内在涵养。再如，可以通过全员学习、上下互动、团队互动的学习方式，以解决实际问题的效果作为学习型组织建设的考核标准，来改善学风状况。又如，作风建设本身也要与时俱进，优良传统需要有符合时代特点的新的表现形式，还需要根据新的时代发展要求形成新作风，而学习型党组织以终身学习、不断学习的理念推动党组织和党员领导干部认清社会发展现状，形成新的良好作风。

6. 对中国当代史定义、分期、主线问题的再思考

朱佳木，《当代中国史研究》2010 年第 1 期

中国当代史的定义、分期和主线，是当代史学科建设中比较重要的三个问题，也是目前学界分歧较多的问题。在这几个问题上的反复思考，深入探讨，不断完善认识，对于构建当代史的学科体系具有重要意义。

关于什么是中国当代史。要弄清楚什么是中国当代史，就要弄清楚中国当代史与国史、现代史、党史的关系。从一般意义上说，中国当代史就是中华人民共和国成立后的中国历史，是中国近代史的自然延伸；从学科意义上说，它完全是中国现代史，但不完全是国史，完全不是中共党史。

关于当代史分期。为了更大程度地体现当代史的特点，应当从经济社会发展目标模式的角度来观察和划分历史时期，大致分为五个时期：（1）1949—1956 年，这是结合中国实际学习苏联社会主义建设道路的时期，或者说是以苏联的建设道路为目标模式的时期。（2）1956—1978 年，这是探索中国社会主义建设道路的时期，或者说是要突破苏联模式，试图用计划经济体制加群众运动搞建设的时期。（3）1978—1992 年，这是开创中国特色社会主义建设道路的时期，或者说是试图在计划经济体制内，采用经济计划加市场调节的时期。（4）1992—2003 年，这是开创中国特色社会主义道路新局面的时期，或者说是确定建立并初步建立了社会主义市场经济体制的时期。（5）2003 年至今，这是中国特色社会主义建设进入新的发展阶段的时期，或者说是在社会主义市场经济初步建立的前提下，开始注重经济与社会协调发展、经济科学发展、社会和谐发展的时期。

关于当代史的主线。历史主线，指的是贯穿历史发展过程的主要线索。历史发展的内在动因是历史主体与客体相互作用的结果，而历史主体经过各种意志相互冲突而产生出来的基本动机、目的，导致各种重大历史事件的发生，起着左右历史发展方向的主导作用。因此，史学工作者找寻历史主线，应当是找寻历史主体创造历史的基本目的。贯穿中国当代史的主线，不是一条，至少有三条：第一，探索中国自己的建设社会主义道路；第二，争取早日实现中国的工业化和现代化；第三，维护中国的国家安全、主权独立和领土完整。当然，新中国成立后，中国人民在中国共产党领导下创造历史的动机、目的还有许多，但能与上述三个

相提并论的，目前还找不出第四个来。新中国 60 年的历史说明，上述三条主线既相互区别又相互联系，它们都受新中国的性质和国情所决定，都是中国人民的根本利益和最大愿望之所在，都在中国客观经济条件的制约下支配和左右着中国当代史的发展。当代史迄今为止发生的所有重大事件，几乎都可以从这三条主线中找到答案。抓住了这三条主线，也就抓住了中国当代史发展的主要线索和基本脉络，而且可以大致预测出新中国未来发展的基本趋势。

7. 中国抗日战争领导权问题的思考

张海鹏，《中国社会科学报》2010 年 9 月 2 日

抗日战争中的领导权问题，是一个长期有争议的老问题。我们过去强调共产党的领导作用，台湾学术界则只承认国民党的领导作用。对抗战历史中的这个重大原则性问题的不同认识，至今还影响着海峡两岸的人们。在抗战胜利 65 周年之际，我们应该冷静地、客观地看待这个问题。中国抗日战争时期，领导和推动全民族抗战的是中国国民党和中国共产党两个领导中心。正是这两个领导中心构成了两大战场的政治保障。

从历史唯物主义的观点看，从实事求是的观点看，从中华民族的民族利益看，蒋介石在抗战中尽管没有放弃反共，但还是把八年抗战坚持到底了。这一点是值得肯定的。同样，中国共产党领导的人民力量的存在和发展，是这场民族解放战争胜利的基本条件，如果没有这个基本条件，全民族抗战是否能实现，是否能取得抗战的最后胜利，就要打一个大问号。从这个角度说，中国共产党及其领导的人民力量，是保证抗战胜利的中流砥柱。所以，人民力量的存在和发展这个基本条件的极大重要性，更加应该得到客观的、全面的理解。因此，抗日战争这场民族解放战争的胜利，是国民党、共产党和全国人民共同奋斗争取得来的。

国民党、共产党两个领导中心，它们所处的地位不同，能够起作用的方面不一样，不是一个从属另一个，又都是不可缺少的。这两个领导中心，不是一时一刻起作用的，都是全面的、全局的，是贯彻抗战始终的。客观地说，在抗日战争的整体大局中，国民党、共产党都起着领导作用。这个作用，都是全局性的。不承认其中任何一个中心所发挥的领导作用，都不是实事求是的态度，都不是历史主义的态度。承认国民党的领导中心，并没有削弱更没有否定共产党的领导中心的全局性作用。双方这种都是全局性的领导作用，是通过各自的领导能力来实现的，是在又统一又矛盾的斗争中来实现的。在抗日统一战线内部既统一又斗争的过程中，国共力量的消长发生着变化，总的历史趋势是国民党政权的力量由盛转衰、中国共产党领导的人民力量由弱转强，并且历史性地改变了国内政治力量的对比。国民党这个领导中心的作用由大变小，共产党这个领导中心的作用由小变大，这是对抗日战争中国民党、共产党的领导地位和作用的最终说明，也是为什么抗战胜利后不久，国民党就垮得那么快，中华人民共和国能够迅速成立，近代中国历史开辟了新纪元的原因。

研究抗战史的学者应该明确这样的历史认识：抗日战争中存在着两个领导中心，共产党、国民党共同领导了全民族抗日战争的胜利！这样的认识，对于抗日战争的历史认识是一个升华，对于在台湾的国民党人及受其影响的人民正确认识抗战历史，对国家统一会发生好的作用。

8. 历史虚无主义是唯心主义的历史观

梁柱，《思想理论教育导刊》2010 年第 1 期

我们党在领导革命、建设和改革的进程中，一贯重视历史经验的借鉴和运用。在新形势

下，我们要更加重视学习历史知识，更加注重用中国历史特别是中国革命史来教育党员和人民。但在如何对待历史这样重大的问题上，在改革开放的历史进程中却出现了刺耳的噪音，这就是以否定人民革命和社会主义建设成就的历史为重点的历史虚无主义思潮的泛起，并呈现出愈演愈烈之势。这股错误思潮，具有很大的欺骗性、迷惑性和渗透性，是值得我们关注的。

历史虚无主义违背实事求是的历史研究的根本原则。以史实为依据，从历史实际出发，实事求是，是历史研究的根本原则和根本方法。历史虚无主义对待历史的态度，则是有哗众取宠之心，无实事求是之意。持历史虚无主义态度的一些人越过了学术研究应有的底线，却在“学术研究”的名义下，不尊重历史事实，片面引用史料，根据他们的政治诉求，任意打扮历史、假设历史，胡乱改变对近现代史中重大事件、重要人物和重要问题的科学结论；有的则以“客观”、“公正”的面貌出现，崇尚“坏人不坏”、“好人不好”的模式，要求按照所谓的人性论原则治史，否则就是脸谱化、“扣帽子”；一些人还以“思想解放”、“理论创新”的名义糟蹋、歪曲历史。

历史虚无主义违背全面、客观的历史研究方法。要全面地、客观地把握历史材料，从历史的实际出发，具体问题具体分析，正确评价历史事件和历史人物。只有这样，才能够把历史现象个别性、独特性的研究与历史规律性的思想统一起来，尊重历史发展的辩证法；也只有这样，才能真正做到“把历史的内容还给历史”。历史虚无主义者则与此相反，他们往往是用一些片面的材料，就很轻易地作出结论，轻易地推翻过去的判断，并都把它当成“创新成果”塞给读者，这对于不了解历史的人来说，是有迷惑作用的。

历史虚无主义否认和反对阶级分析的历史研究方法。在历史研究中要坚持马克思主义的阶级分析的方法。运用阶级分析方法分析社会历史现象，这是唯物史观研究社会历史问题的基本方法。在历史研究中坚持运用这一反映客观实际的基本方法，才能够揭示隐藏在政治思想斗争背后的、最终起决定作用的阶级的物质利益。如果离开了这一基本点，就会陷入唯心主义的泥淖中去。历史虚无主义无视人类社会历史的这一基本事实，否认和反对阶级分析的方法，用抽象的人性论取代马克思主义的阶级论。

9. 新中国60年：毛泽东哲学的伟大丰碑

石仲泉，《毛泽东思想研究》2010年第1期

为什么说新中国60年的发展进步是毛泽东哲学的一座伟大丰碑？从实践层面言，无论前“30年”探索适合中国情况的社会主义建设道路，还是后“30年”开辟建设中国特色社会主义道路，实际上都是以毛泽东哲学的“三论”作为哲学指导的。从理论层面言，我们党的指导思想实现两次历史性飞跃，产生的两大理论成果，按照十七大的概括，一个是毛泽东思想，一个是中国特色社会主义理论体系。而这两个理论体系的哲学基础——不仅毛泽东思想的哲学基础是毛泽东哲学思想，就是包括邓小平理论、“三个代表”重要思想和科学发展观等战略思想在内的中国特色社会主义理论体系的哲学基础，也是毛泽东哲学思想。

实事求是思想是新中国60年发展进步坚持正确方向的辩证唯物论基础。改革开放的“30年”，就是高扬毛泽东哲学的实事求是思想的“30年”。这主要表现为以下三个方面：一是实事求是思想的内涵得到很大的丰富和发展，被正式确立为党的马克思主义的思想路线和被视为马列主义、毛泽东思想的精髓。二是实事求是思想指导政治路线的拨乱反正和政治理论的创立，是中国特色社会主义重要理论的直接之源。三是实事求是思想指导经济建设方针的拨乱反正，推动改革开放全面展开。

矛盾的对立统一思想是新中国60年发展进步制定正确政策的唯物辩证法基础，成为制定政治经济文化各方面政策的基础。邓小平积中国共产党领导革命和建设数十年之经验，把唯物辩证法的对立统一思想应用到政治层面，从多个角度对社会主义和资本主义的关系进行了比较全面的分析，成为制定政治经济文化各方面政策的基础。这主要表现为：一是就社会政治制度而言，坚持历来的科学认识，毫不含糊地指出社会主义与资本主义是根本对立的。二是就发展生产力和管理社会经济的方法而言，强调社会主义与资本主义有许多共通之处，建设社会主义必须学习资本主义发达国家的先进的科学技术、经营管理方法，以及其他一切有益的知识和文化。三是就我国将长期处于社会主义初级阶段的现实而言，提出在坚持社会主义为主体的前提下，可以允许包括资本主义成分在内的非社会主义经济形式存在和发展。

社会主义基本矛盾思想是新中国60年发展进步、明确根本任务的历史唯物论基础。改革开放30年来，对毛泽东的社会主义基本矛盾思想，第一是始终不渝地坚持；第二是创造性地加以运用。最突出的两大成果是，从理论层面说，提出了社会主义本质论；从实践层面说，提出了“一个中心，两个基本点”的基本路线。

10. 中国模式：百年兴衰的历史选择

武力、王丹莉，《中国经济》2010年第6期

中国具有与众不同的内部条件和外部环境，而且在1949年新中国建立以后的60年里，也的确形成了自己的经济发展模式，这就是政府主导的有中国特色的社会主义发展道路。新中国经济发展模式的特点、原因以及结果，要从新中国60年的发展历程甚至更长的历史阶段内，国内政治、经济和文化条件以及所处的国际环境等方面，来探讨和认识。严峻的国际环境和民主革命造就了中国模式，政府主导发展是中国模式的基本特征，实施赶超战略是中国模式的基本的理念。在上述论述的基础上，得到以下几点启示：

第一，中国人均资源的极度匮乏、所处的国际环境和特殊的时代，以及中国的大国地位和心态，使它在20世纪50年代选择了强大的政府主导型的发展模式，通过全体人民“勒紧裤腰带”来加快发展。

第二，新中国60年经济发展中的失误和不尽人意的地方，很多都是由不利因素造成的，是发展的问题，而不是制度的问题。我们分析中国经济发展模式的利弊得失，应该避免一种倾向掩盖另一种倾向，尤其是要避免陷入“制度万能”的误区。

第三，从新中国发展模式的形成和演变来看，中国的经济发展始终受到国际环境的影响和制约。离开对世界政治经济的准确把握，就无法正确解读新中国60年的经济发展模式。同时，历史也告诉我们，善于学习和充分吸收人类文明成果，善于在国际环境中趋利避害、抓住机遇，中国的发展才能实现赶超，才能少走弯路。此外，还应该认识到，既得利益国家不愿看到，当然也不会欢迎中国的崛起。所以在过去60年里，以及在今后相当长的时间里，国际上始终会有一种压制中国崛起的经济斗争，这种经济斗争还往往会以其他的名义出现。

第四，新中国60年经济发展模式的形成和演变还充分证明：由于中国独特的国情和所处

的历史阶段以及发展条件，就其发展的途径来说，则没有现成的可以照搬的发展模式。尤其是在政府与市场的关系、中央与地方的关系、人口与资源的关系、利用国外资源和市场的方式等方面，都必须探索适合中国自己的发展方式和道路。

60年间，中国为了实现快速、公平和全面的发展，吸取各国的经验教训，不断地探寻适合自己国情的发展道路，在经济体制方面，先后经历了新民主主义经济、传统的社会主义经济和今天正在不断完善的社会主义市场经济。在这个急剧的体制变革中，随着国际环境和国内经济发展阶段的变化，中国的经济体制不断地吸取计划经济和市场经济的长处，扬弃其短处，从而形成了富有中国特色的社会主义市场经济体制。

七　思想政治教育研究代表性论文

1. 推进思想政治教育研究范式的人学转换

张耀灿，《思想教育研究》2010年第7期

文章认为，思想政治教育研究范式的人学转换是时代的呼唤。思想政治教育研究应自觉推进人学范式转换。过去思想政治教育研究的社会哲学范式是历史形成的，新中国成立后未自觉及时实现研究范式的人学转换是思想政治教育效果欠佳的重要原因。

从这一转换的可行性方面来看，马克思主义人学的创建为思想政治教育研究范式的人学转换奠定了坚实的理论基础。近年来，思想政治教育及其研究在马克思主义人学指导下取得的进展，成为我们民族新的"文化自觉"的重要组成部分。这不仅对于提高思想政治教育实效性具有重要意义，而且对于推进思想政治教育原理的创新以至推进整个思想政治教育学科建设的创新发展和成熟完善都具有重要意义。

文章指出，从主流研究范式来看，思想政治教育研究范式的人学转换，不是对社会哲学范式下研究成果的推倒重来，而是改革、创新、拓展、深化，使研究进一步回归和贴近生活世界，有了新视野、新思路、新话语。总之，是继承基础上的创新，在全面深化中实现超越。因为马克思主义社会哲学的元典是历史唯物主义。我们的思想政治教育及其研究始终坚持马克思主义指导，但在不同历史阶段，随着党的中心任务的不同，思想政治教育侧重解决的问题也不同，从而势必形成不同的主流研究范式。因此，思想政治教育研究的人学范式是对社会哲学范式的继承和超越。它强调以人为本，既要推动社会进步，又要促进人的自由全面发展，既要坚持思想政治教育的意识形态功能，又要努力促进教育对象生存发展方式的优化提升，将二者有机统一起来。

思想政治教育研究范式的人学转换是集体奋斗协作攻关的渐进过程。首先是由于思想政治教育人学与思想政治教育研究结构的人学范式既有联系又有区别，新范式下理论新形态的形成是一个系统工程，需要许多同仁协作攻关，一步一个脚印地向前推进；其次是这一转换是个渐进过程，要通过集体奋斗，由量的积累逐步达到质的飞跃。具体而言，以下三个问题尤为重要。一是核心概念的优化。按照马克思主义人学范式，"思想政治教育"这个核心可以这样表述：思想政治教育是一定的阶级、社会、组织、群体与其成员，通过多种方式开展思想、情感的交流互动，引导其成员吸纳、认同一定社会的思想观念、政治观点、道德规范，促进其成员知、情、意、信、行均衡协调发展和思想品德自主建构的社会实践活动。二是思想政治教育本质认识的拓展。三是理论体系的完善。文章提出了思想政治教育学原理理论体系的重构思路。四是思想政治教育研究范式的人学转换也要注意吸取其他研究范式和流派的优长。只有在马克思主义指导下博采众长，充分发展，才有利于在更高层次上实现科学的融合，建成中国特色社会主义的思想政治教育学。

2. 当代社会精神文化的发展与价值彰显

郑永廷、罗姗，《思想政治教育研究》2010 年第 2 期

党的十七大报告系统阐述了我国精神文化的发展趋势与重大价值，提出了建设中华民族共有精神家园的时代课题。所谓精神文化，是指文化心态及其在观念形态上的对象化，表现为文化心理和社会意识诸形式，主要包括哲学、政治、法律、伦理等思想理论。

文章认为，当代精神文化的发展与价值，之所以呈现出彰显的发展态势，究其原因主要是两个方面。一方面，根据经济基础与上层建筑的关系原理，经济、科技的快速发展，既为精神文化的发展奠定了基础，也向精神文化发展提出了要求，推进着精神文化发展与价值彰显。另一方面，按照马克思主义的需要层次理论，当人们的物质生活条件得到满足和改善后，当人们学习掌握了现代科学技术知识与技能后，人们就会提出更高的需要，追求精神文化的满足。因而，精神文化的发展与价值彰显，是我国社会发展和人们价值追求的必然趋势。

当代社会精神文化的发展与价值彰显，与当代社会的经济发展、经济竞争是有着内在关联的。精神文化存在并渗透于社会生活的各个领域。例如从经济管理理论的不断发展可以看出，经济竞争与发展，总是促进人们去寻求其深层动因，总是需要物质与精神两个轮子协调转动。精神文化与经济发展是整合与互动的，精神文化对经济作用的切入点和着力点，就是直接为经济发展提供人文动力，推动、保证经济合理、快速发展。

世界范围内激烈的经济竞争，必然导致科技竞争、人才竞争。科技的发展，既是人的主体性发展的结果，又需要人文精神得到新的发展。科技发展能满足人的需要，提升人的主体性，同时还能成为控制人的力量，使人丧失人文精神。我们应当清醒地看到，环境危机、科技发展的问题，说到底，生态危机、道德危机正在伴随科技发展和一些人对精神文化的忽视，对社会和个人正在造成危害。而能够控制和合理使用科学技术的，只能是精神文化，即人的正确价值取向和道德。

为此，在新的历史条件下，我们应当转化和开发我国的人文传统，克服人文精神发展遇到的新问题，积极构建中国特色社会主义精神文化，这样才能提供经济、科技发展的人文动力，孕育人的精神生活。

3. 当前思想政治教育的重大基本问题探析

李春华，《思想理论教育》2010 年第 9 期

思想政治教育是我们党的优良传统和政治优势，是我们取得革命、建设和改革胜利的重要法宝之一。在当前我国改革开放进入关键阶段、各种问题和矛盾复杂尖锐的时期，继续发挥思想政治教育的“生命线”作用显得尤为重要。然而思想政治教育是一种理论性、现实性、政策性、实践性很强的综合性的社会教育活动，涉及的问题极具广泛性和复杂性。准确定位、重点突破当前思想政治教育中的重大基本问题、认识其产生的原因及其规律、探索其解决途

径，对于深刻认识我国思想政治教育的本质和特征、提高思想政治教育的理论高度，特别是对于提高思想政治教育的针对性和现实性，从而在实践中增强思想政治教育的时效性都具有十分重要的意义。

文章认为，我国思想政治教育在新的形势下遇到了极其复杂尖锐的问题和前所未有的挑战。当前思想政治教育的重大基本问题概括起来就是："马克思主义还灵不灵"、"社会主义道路还通不通"、"共产党的领导还行不行"。其中，"马克思主义还灵不灵"是对马克思主义当代价值的质疑；"社会主义道路还通不通"是对社会主义制度的疑问；共产党的领导还行不行是对中国共产党执政地位和我国政治制度的疑惑。这些问题触及我们党和国家的根本指导思想、社会主义根本制度和执政党的领导，关系到我们党、国家和民族的生存发展、前途命运，对于个人的发展都具有至关重要的作用，因而构成了当前我国思想政治教育的重大基本问题。

思想政治教育中的重大基本问题是指一定时期思想政治教育实践中遇到的重大的、普遍的、关键的、集中的、带有战略性、全局性、紧迫性的一系列问题。上述问题之所以构成了思想政治教育的重大基本问题，一是从思想政治教育的本质和作用上看，这个问题关乎党和国家的生死存亡、前途命运；二是从当前思想政治教育问题复杂体系中来分析，这个问题处于核心和基础的地位；三是从当前思想政治教育问题的解决上来分析，这些问题是解决思想政治教育其他问题的关键所在。

文章还指出了当前思想政治教育重大基本问题的产生原因：一是客观环境变化造成马克思主义世界范围内缩小和挤压；二是中国改革开放进入新时期后面临新的困难和新的问题而产生的思想迷茫和困惑；三是国内部分哲学社会科学研究者包括思想政治教育者自身马克思主义阵地的"主动放弃"；四是党内和社会上出现各种消极腐败现象导致人们思想上的困惑迷茫；五是传统思想政治教育造成的后遗症：先入为主、一听就排斥、不懂就拒绝。

文章最后指出，深刻反思当前思想政治教育重大基本问题的产生原因，会发现一些带有规律性的问题。第一，思想政治教育重大基本问题与社会转型具有同步性，它总是与社会变革紧密相联，是社会变革在思想领域的反映和表现，是社会变革的晴雨表；第二，思想政治教育重大基本问题总是与社会矛盾和社会问题的解决紧密相联，是能否正确解决社会矛盾和社会问题一个重要体现；第三，思想政治教育重大基本问题总是与马克思主义理论创新紧密相联，是理论与实践结合程度的重要体现；第四，思想政治教育重大基本问题总是与对党和国家的路线方针政策的解读紧密相联，是能否正确解读党和国家的路线方针政策的重要体现；第五，思想政治教育重大基本问题总是与社会舆论导向和社会示范紧密相联，是社会能否坚持正确导向和树立正确典范一个重要体现。

4. 论思想政治教育的马克思主义学科属性

白显良，《学校党建与思想教育》2010 年第 4 期

思想政治教育是马克思主义理论一级学科之下的一门独立二级学科，具有马克思主义的学科属性。如何理解思想政治教育的学科属性，如何看待思想政治教育归属于马克思主义理论学科，而不归属于政治学、教育学等相关学科领域，成为一个在设立马克思主义理论一级学科背景下，思想政治教育学科建设迫切需要回答的问题，对于推进思想政治教育学科建设与发展具有根本意义。

思想政治教育学科之所以具有马克思主义的学科属性，在于它以马克思主义作为坚实的理论基础和学科方法论，担负着捍卫马克思主义在我国意识形态领域指导地位的特殊使命。

具体而言，一是思想政治教育之所以是一门马克思主义的学科，最根本的一点就在于思想政治教育以马克思主义理论体系为学科理论基础。这体现在多个层面。首先，马克思主义的科学世界观和方法论为思想政治教育提供了学科世界观和方法论的指导。其次，马克思主义关于社会存在与社会意识辩证关系的理论、关于人的本质的理论、关于人的全面而自由发展的学说等一系列基本原理为思想政治教育提供了学理论证，为思想政治教育构建学科体系提供了基本的理论支撑，成为思想政治教育学科大厦的"理论钢筋"。再次，马克思主义关于思想政治教育的一系列论断为思想政治教育提供了精细论证和深刻阐明，推动思想政治教育由经验性走向学理性、由散在性走向学科化，赋予了思想政治教育学科发展以学术营养和智慧源泉。二是思想政治教育以马克思主义理论教育为学科主旨和灵魂。对马克思主义理论教育的关注，贯穿思想政治教育学科发展始终。以马克思主义为理论指南关注和把握思想政治教育，尤以研究和探讨马克思主义的思想政治教育为学科旨趣。三是思想政治教育以捍卫马克思主义在我国意识形态领域的指导地位为学科使命。

文章认为，回答思想政治教育何以具有马克思主义学科属性，仅仅从其理论基础、学科主旨、学科使命等正面视角进行探讨还不够，还需要从反面回答清楚几个问题：一是思想政治教育为什么不归属于教育学、政治学等相关学科，为什么不具有这些学科的根本学科属性；二是马克思主义在为思想政治教育提供理论指导的同时，也为马克思主义理论学科以外的其他哲学社会科学学科提供理论指南，为什么它并不具有所有学科的学科属性；三是为什么其他理论不能为思想政治教育奠定根本理论基础。

推进思想政治教育学科发展，必须深刻理解思想政治教育的学科本质，牢牢把握思想政治教育的马克思主义学科属性，尤其要在理论研究、实践建设、人才培养等方面鲜明地体现马克思主义学科属性。具体而言，第一，思想政治教育理论研究要突出对马克思主义本身及其教育的研究；第二，思想政治教育实践建设要着力于马克思主义的中国化、时代化和大众化；第三，思想政治教育要培养兼通马克思主义理论与教育的人才，这样才能牢牢把握思想政治教育的马克思主义学科灵魂。

5. 建设社会主义核心价值体系对思想政治教育内容体系的新要求

石书臣，《思想政治教育研究》2010年第1期

党的创新理论是思想政治教育创新和发展的重要理论依据。建设社会主义核心价值体系，作为我们党在文化建设方面的一次重大理论创新，既是在当前我国意识形态领域多元化背景下加强社会主义意识形态建设的战略任务和目标，也为新形势下我国思想政治教育内容体系的建构提出新的要求。

首先，要突出思想政治教育的主导性内容。文章认为，社会主义核心价值体系的灵魂是马克思主义。能否坚持马克思主义在意识形态领域的指导地位，决定着社会主义核心价值体系的性质和方向。因而，思想政治教育必须把马克思主义理论教育作为主导内容，长期坚持，常抓不懈。坚持马克思主义理论教育包括马克思主义基本原理和马克思主义中国化的理论成果两层内容，具体来说就是马克思列宁主义、毛泽东思想和中国特色社会主义理论体系，它们构成了我国现代思想政治教育的中心内容和主导内容。特别是在当前意识形态领域多元化的背景下，坚持马克思主义指导地位、加强马克思主义理论教育是非常重要的。就思想教育的主导内容而言，就是坚持马克思主义信仰教育、社会主义和共产主义理想信念教育；就政治教育的主导内容而言，就是加强政治方向教育；就道德教育的主导内容而言，就是加强爱国主义、集体主义和社会主义思想道德教育，特别是社会主义荣辱观教育。

其次，要坚持思想政治教育的特色性内容。社会主义核心价值体系具有鲜明的中国特色和民族内涵，因而，思想政治教育必须把富有中国特色和民族性的教育内容进行提炼和提升，这是思想政治教育服务中国特色社会主义建设的内在要求。具体包括：我国优秀传统文化，特别是民族传统美德和民族精神教育；中国近现代史教育和党的革命传统教育；社会主义初级阶段的国情教育。另外，我国改革开放以来的经验与教训教育等内容，也都体现了我国思想政治教育内容的特色性。

三是要增强思想政治教育的时代性内容。这就要求：一是加强时代主题教育，教育人们树立合作意识、兼容意识及发展意识；二是要加强改革开放教育；三是加强生态教育，培养人们的生态意识和生态道德，促进生态文明建设；四是加强心理疏导；五是加强现代科学技术新成果教育。另外，还包括现代社会面临的全球性问题教育、现代性观念教育等内容。

四是吸纳思想政治教育的兼容性内容。所谓兼容性内容，就是思想政治教育的一些非意识形态性要求和其他意识形态中的具有普遍性、合理性的内容。这包括：思想政治教育的普遍性内容，如爱国主义教育、法律法纪教育、底线道德教育；西方文化中对我国有益的教育内容，如人本思想、公民教育等。另外，还包括西方文化和思想政治教育中其他一些体现人类优秀文明的教育内容。

6. 论思想政治工作的十八个转变

刘建军，《思想政治教育研究》2010 年第 4 期

改革开放以来，特别是实行社会主义市场经济体制以来，我国社会的情形和人们的思想状况发生了很大的变化，思想政治工作的环境、对象和任务有了很大改变，要求思想政治工作实现转型。文章概括出十八个方面的转变，以揭示这种转型的若干方面。

一是从实施领导向注重服务转变。我们要有一个全面正确的认识，即强调思想政治工作的服务并非完全排斥和否定它的引导甚至领导的意义，而是把这种意义包含在服务之中。在现有的条件下，应该更加注重服务，在服务中实现领导功能。二是从“以事为本”向“以人为本”转变。“以人为本”是科学发展观的核心和实质，它也应是思想政治工作的核心理念。思想政治工作应该改变从前“以事为本”或“以任务为本”的理念，向着“以人为本”转变。三是从泛政治化到以政治为核心的综合文化转变，这是在思想政治工作内容上的转变。要认识到政治内容并不是思想政治教育的唯一重要内容，更不是唯一的内容；其他的非政治性内容，不要政治化处理；要把政治体现在文化中，渗透在文化中。四是从“小政工”向“大政工”格局转变。这是思想政治工作总体思路和工作格局方面的转变。政工的大小，并不是说思想政治工作规模越大效果就越好，摊子铺得越大就越好，而指的是总体思路，指的是工作格局，也指的是战略层面。思想政治工作要搞得好，也要有战略规划，有宏大的格局。通常所说的全员育人、全方位育人、全过程育人。五是从孤立地解决思想问题，向解决思想问题与解决实际问题相结合转变。只要尽力地帮助人们去解决实际问题，那么不论实际问题解决得怎样，都会有助于思想情绪问题的解决。只要你真是尽心尽力了，即使由于客观条件没有完全解决问题，人家也会谅解。六是从单纯工作视野向工作与生活的视野融合转变。过去的思想政治工作，往往更多地关注工作领域，但容易忽视人的生活领域，认为工作是主要的，生活是次要的；工作是重要的，生活则不重要，甚至说什么“个人的事再大也是小事，工作的事再小也是大事”。因此，思想政治工作者眼睛不能只看着工作，在工作领域中打主意，而是要把关注的目光延伸到人们的生活领域，把工作领域和生活领域联系起来考虑。因为职工的工作状态是与生活紧密相关的，生活和工作是互相影响的。七是从超功利教育向关照物质利益与引导精神追求相结合转变。八是从单纯增动力向增动力与减压力相结合转变。九是从集中型、运动式思想政治工作为主，向日常性、渗透式思想政治工作为主转变。十是从单向灌输式向双向对话转变。十一是从常规被动型向主动创造型转变。十二是从自外部实施教育向发动群众自我教育转变。十三是从权威指令式向平等商量式转变。十四是从政治优势向政治优势与专业优势相结合转变。十五是从只允许一种道理向引领各种不同思想的转变。十六是从注重说理向情理交融转变。十七是从只讲大道理向大小道理相结合转变。十八是从主要依靠传统媒体和渠道向更多地利用新兴媒体转变。

7. 论新时期思想政治工作的“生命线”地位

张果，《思想政治教育研究》2010年第4期

“生命线”论断是长久以来党和国家对思想政治工作的明确定位。进入新的历史时期，经济社会环境发生了深刻变化，党所处的历史方位和所承担的时代使命也发生了重大变化，如何科学认识思想政治工作的“生命线”地位，始终坚持和不断巩固思想政治工作的“生命线”地位，值得深入研究和认真思考。

文章首先梳理了思想政治工作“生命线”地位的源起及内涵。它源于党对思想政治工作历史经验的深刻总结，建基于党成立以来思想政治工作的伟大实践，并随着时代发展日趋丰富完善。在党的历史上，最早提出思想政治工作“生命线”论断是在1932年7月21日《中央给苏区中央局及苏区闽赣两省委信》中，随后“生命线”论断的内涵得以进一步丰富，逐步涵盖了经济领域及其他一切工作领域。

思想政治工作在党的事业中一直占有极其重要的地位，是中国革命、建设和改革取得成功和胜利的重要保证，是经济工作和其他一切工作的“生命线”。党用“生命线”来比喻思想政治工作的重要地位，但在不同历史时期，党对“生命线”的内涵的解释有所不同。思想政治工作“生命线”地位的内涵，可以包含引导、教育、保证、服务四层含义。引导，主要是指思想政治工作在政治方向上的引导；教育，是指思想政治工作依据对历史和社会发展规律的科学认识，对广大人民群众进行思想政治方向的教育；保证，是指思想政治工作保证党的中心任务的实现，保证党在政治、思想、组织上对社会主义事业的绝对领导；服务，是指思想政治工作为党和国家的中心任务和各项事业的顺利进行服务。

文章分析了新时期坚持思想政治工作“生命线”地位的依据。

首先，思想政治工作“生命线”论断的提出具有深刻的理论依据。一是马克思主义关于

政治与经济相互关系原理；二是马克思主义关于物质和意识辩证关系原理。概言之，坚持思想政治工作的“生命线”地位是建基于辩证、历史唯物主义理论基石的。其次，新时期坚持思想政治工作“生命线”地位的历史依据。回顾思想政治工作“生命线”地位的历史演进，着眼于党在革命、建设和改革不同时期的实践历程，不难发现，越是在党的历史方位处于变化时期，越是需要坚持和巩固思想政治工作的“生命线”地位。再次，新时期坚持思想政治工作“生命线”地位的现实依据。这包括：思想政治工作保证经济工作和其他一切工作的社会主义性质和方向、思想政治工作为经济工作和其他一切工作提供强大的精神动力、思想政治工作为经济工作和其他一切工作提供思想保证。

文章最后从“加强党对思想政治工作的领导”、“紧密围绕党的中心任务开工作”、“不断推进思想政治工作创新”三个重要维度提出了新时期坚持和巩固思想政治工作“生命线”地位的建议。

8. 当代青年大学生信仰的特点及问题分析

佘双好，《学校党建与思想教育》2010 年第 31 期

该文首先把信仰看成个体内在精神动力系统中最高层次的一种精神动力，是个体对某种主义和主张极度服从并身体力行的精神状态。作者从个体人际信任、政治信任、政治信念、共产主义信仰和对宗教、迷信的看法等几个方面，对当代大学生信仰状况进行了调查分析，揭示出了大学生内心深层次信仰的一些问题。

首先，阐述了对信仰的认识及作用。信仰是人精神世界最高的价值信念，它是个体对某种理想和主张极度信服和尊重，而在日常行为中自觉身体力行的一种精神状态。信仰是信念的一种特殊、强化的高级形式。任何信仰，哪怕是最虚幻、最不切实际，甚至是荒谬的信仰，也会对个体发展产生极大影响。这就给我们提出了这样一个严峻的问题：如何用理性的、科学的和高层次的信仰，来驱除盲目的、愚昧的和低层次的信仰，充分发挥信仰在个体成长过程中的积极作用。如何在一个多元、开放条件下帮助人们形成科学、合理的信仰，这是一个世界性难题。

其次，对大学生人际信任、政治信任、政治信念、共产主义信仰、宗教信仰、封建迷信等的认识现状进行了调查分析。调查表明，当代大学生在信仰问题上的特点。一是大学生对人的态度总体肯定和信任，但人际顾虑和不信任成分在增长。既保持着对人的基本积极和肯定看法和适度的人际关系信任，也存在着较高的人际关系顾虑。二是对政治形势近看困难重重远看充满信心，总体评价较好，具体评价问题较多。他们容易受到具体经济政治问题的困扰，因而表现出较高的不满意和不满足，但是对我国政治局势长期保持稳定充满信心。三是对社会主义政治价值观念表现出较高认同度，但认可度要低于中国传统价值观念和西方价值观念。大学生对爱国主义、集体主义和为人民服务等政治价值观都表现出较高的认同度，其中认可度最高的为爱国主义，其次为集体主义，对“为人民服务”的认同度，大学生选择“非常赞同”和“赞同”的比例同“集体主义”一样也为 88.5%，但选择“非常赞同”的比例略低于集体主义，说明绝大多数大学生对这些基本价值持积极认同态度。但是，大学生对以传统意识形态为核心的价值观念的选择和西方意识形态为核心的价值观念的选择明显高于上述三种政治价值观念的选择，大学生对于忠孝、仁爱、信义、和平等传统政治价值观念的认同度选择“非常赞同”的均超过70%，而选择“非常赞同”和“赞同”的比例累计均超过90%；大学生对于自由、民主、平等、公正等与西方政治价值观念联系较紧密的价值观念的认同度，选择“非常赞同”的比例也大多数都高于70%，选择“非常赞同”和“赞同”的比例累计也均达到或超过90%，在这三种政治价值观念的选择中，与社会主义相关联的政治价值取向的选择比例相对较低。四是注重从党的宗旨和精神追求角度选择入党的理由，但入党动机中渗透着明显的个人利益考量。当代大学生有较高的入党积极性，表示现在或将来有入党意愿的占80%以上，并且多数大学生选择入党的主要理由是出于对共产党宗旨的认同和出于信仰和精神寄托的考虑；但在入党动机中，也具有了越来越多的个人利益的考量。还有1/3左右大学生选择其他类型的政治理想，党的现实表现已经影响到大学生对入党动机的选择。五是多数大学生破除了对宗教的神秘和负面印象，但对宗教传播危害认识不足；封建迷信思想尽管得不到多数大学生认同，但依然还有一定市场，影响着科学信仰的形成。

9. 回到“思想政治”的思想政治教育学

王颖，《思想教育研究》2010年第13期

文章认为，加强思想政治教育学科建设，就要加强思想政治教育学科本身的建设。要克服学术研究中的外在化特征和获得性品质，加强内生性研究和自在性诠释，解释思想政治教育对社会和人民群众的真实意义和价值。

首先，应回到思想政治素质，这是思想政治教育的实质性追求。提高人的思想政治素质是思想政治教育的根本目标和实质性追求。但是，目前的思想政治教育学只是抽象、笼统地强调思想政治素质的重要性。思想政治素质的构成要素与表现形态是一个值得探讨的问题，对其内涵和结构理解上的差异会导致思想政治教育方法、路径和价值取向的不同，这种不同又直接关系到思想政治教育的成效。所以，相对准确地阐述思想政治素质的内涵和结构是思想政治教育学的当务之急。思想政治教育要通过培养人们的思想政治判断能力、思想政治选择能力、思想政治行为能力、对思想政治信息的选择能力、获取思想政治信息的学习能力，提高和培养人的思想政治素质。只有让人们参与各种实践，才能领悟思想、感悟道德、矫正行为，提高认识水平，提高思想政治素质。

其次，应回到思想政治需要，这是思想政治教育的发生学依据。思想政治教育的来源和定性取决于它的生成和维系状况。如果思想政治教育需要，并能够持续保持自己的思想政治教育特性，必须有某种相应的维系条件或运作机制，姑且称之为社会联结。进一步说，思想政治教育要走出学校的“围墙”，在“社会联结”的意义上才能臻于完善。目前，有思想政治理论需要、思想政治教育需要、思想政治需要三种相近似的提法和看法。影响思想政治需要发生的心理因素主要有人的困惑感、意义感、价值感。当人的思想政治需要由潜在向着眼于思想政治需要中的认知成分和情意成分，转化思想政治教育对象的内在矛盾，保持并激发其思想政治教育需要的持续生长，才能增强思想政治教育的吸引力和感染力，保证教育对象对于思想政治教育的期待和渴望。否则就会造成思想政治需要敏感性的消退和钝化。

再次，应回到思想政治学习，其着眼于思想政治教育的主体性自主建构。文章认为，思想政治教育在开展教育性的价值引导过程中，向教育对象所展示的、可能的意义世界会使教育对象在此基础上进行自主建构和重构。一个人的成长和成就，相当程度上取决于他自主建

构、主动学习的积极性和连续性。建构未来，是思想政治教育的应有之义。在思想政治学习过程中，教育对象成了主体。只有教育对象成为主体，才能具备由需要激发的能动性、在目的推动下的创造性、进行自我控制和自我调节的自主性，才能表现出目的性、自觉性、自主性、能动性和创造性等主体性特征。

最后要增强思想政治教育学从理论上独立解决具体问题的能力。思想政治教育学知识走向体系化、整体化意味着要进行长时间的、大量的、艰苦的知识积累工作。这种知识积累工作尤其依赖于以下三个方面的努力和突破：第一，研究方法的综合运用；第二，思想政治教育学自身范畴的完善；第三，提高思想政治教育学研究中学术论证的逻辑性和论据表达的真实性。

文章最后指出，社会转型背景下的思想政治教育实践领域充满着创新性和不确定性，肩负如此重任的思想政治教育学科，置身于学科领域开放的大背景下，要在跨学科的交叉、协调与支撑中，继续实现学科的科学发展，必须怀有精神独立、自由思考的确定性追求，要有解决具体问题的勇气和信心。这就对理论研究和学科建设提出了双重要求。一方面，要求理论工作者加强学术研究的创新与突破以及学术品性上的自我提升；另一方面，又要求学术研究为实践的变迁提供必要的支持，为实践主体提供新的理论参照系，剖析实践行为背后隐藏的误区，通过理论的渗透改变实践主体的思维方式，实现自我发展。

10. 论思想政治教育学科建设的十大关系

戴锐，《思想政治教育研究》2010 年第 6 期

该文梳理了在思想政治教育学科建设中存在着一系列复杂而重要的关系，认为这一系列关系是思想政治教育学科建设的关键问题，只有正确把握和处理这些关系，思想政治教育学科建设才能保持恰当的功能定位、积极的发展方向，也才能得到持续发展，达到较高的学科水平。

一是思想政治教育学科与马克思主义理论学科中其他二级学科之间的关系。思想政治教育学科作为马克思主义理论一级学科中的一个二级学科，与其他二级学科之间的关系直接关涉各学科的边界与功能定位问题。目前学科边界不够清晰、研究范围明显重叠现象依然存在。只有恰当处理学科边界问题，才能保证各学科充分、有效地服从、服务于马克思主义理论学科的整体价值实现。二是学校思想政治教育与社会思想政治教育之间的关系。目前思想政治教育学科研究的领域主要集中于高校思想政治理论课教学、大学生思想政治工作和学生事务管理等方面。机关、社区、企业、军队、农村等广阔的社会领域，未能成为思想政治教育学科关注的重要方面。在未来的思想政治教育学科建设中，必须及时、有效地纠正这一现象。三是政治教育与思想教育、道德教育之间的关系。强调思想政治教育的政治性无疑是必要的，这也是与思想政治教育与教育学领域的德育学两个学科之间差异性的显著表征。然而，出于教育内容、过程的可接受性等方面的考虑，加之国外德育理论在思想政治教育领域的影响日深，近年来，越来越多的研究和实践者日益关注德育的“泛政治化”问题，并开始试图抛弃思想政治教育的政治性这一特殊属性，淡化政治教育，这种倾向也影响了学科建设和学术发展，必须对此引起足够的重视。四是思想政治教育学科教学、学术研究与社会服务之间的关系。与其他学科不同的是，思想政治教育学科并不能直接服务于经济建设，而是通过对人们的思想观念道德品质的影响来间接作用于经济、社会过程。从目前看，思想政治教育的主渠道、主阵地仍然在高校，这意味着思想政治教育学科的社会服务功能首先体现在培养社会所需的人才的政治素质、思想道德品质上，学校内的教育活动实际上就是本学科之社会服务功能的具体实现途径。五是体系与问题之间的关系。当前的思想政治教育学科研究中，研究者们更习惯于构建各种体系，而不是在实际的思想政治教育过程中发现问题并针对问题而提出，因此，理论探讨几乎成了概念的演绎，对于实践缺乏足够的问题意识和应对能力，也即人们通常所说的解题能力，或者因其过于笼统而无法直接应用于实践，或者因其主观性突出而在实践中会呈现出各种缺陷、局限以至错误。由此，使思想政治教育学科呈现出“既富饶又贫困”的特殊景象。六是建构与反思之间的关系，当前思想政治教育学科的研究更多的是在教育学或相似的体系框架下的理论建构，但没有对以往的思想政治教育的理论、制度或活动进行有效的反思。七是理论元典与实践元典之间的关系。理论元典应包括马克思主义经典作家在内的古今中外的教育家有关思想政治教育的重要典籍，实践元典是对社会发展进程中思想政治教育活动的真实纪录，是理论的生命力之所在。八是学科的中国特色与国际共通性之间的关系，思想政治教育学科不仅需要探索中国特色，体现中国气派，还应当具有世界视野和胸襟。九是党和政府的推动与学科自主发展之间的关系。目前思想政治教育学科似乎尚未摆脱以外源性动力作为主要发展动力、内源性发展动力不足的现实困境。

八 科学无神论研究代表性论文

1. 科学无神论和它的社会责任

杜继文，《科学与无神论》2010年第5期

科学无神论在当代中国的研究面临种种挑战。造成这种局面的原因是学界对无神论的根源、性质和社会功能存在误解，对宗教信仰的实质缺乏正确的认识。科学无神论并不反对宗教，而是贯彻信仰自由的原则；科学无神论并不是意识形态的强权话语，而是一种世界观和生活方式。它是马克思主义宗教观的基石，为“科教兴国”贡献力量，让每个人得到独立自由而全面的发展。

从根源上看，无神论是劳动和人性自觉的产物，是人类文明和思考的成果。劳动创造了人类。一切物质文明与精神文明成果也都在人类劳动中被创造出来。关于劳动的观点是无神论的坚实依据。同时，自然人性中也并不存在对神的本然需求。无神论的观念在与有神论的论辩和斗争中逐渐系统化，是人类的重要思想成果。

从种类上看，无神论形式多样，而马克思主义无神论是其高级形态。无神论一词源自西方。从古希腊哲学到文艺复兴、启蒙思潮和新黑格尔派，无神论经历了包括唯名论、自然神论、泛神论、宗教怀疑论和不可知论在内的形式转变。现代西方无神论一方面捍卫科学，反对宗教神秘主义的世界观，另一方面捍卫民主，反对宗教对民主政治的干预，具有鲜明的理性主义特征。中国历史上的祖先崇拜、道教和大乘佛教虽然都属于广义的宗教，且都有人格神崇拜的特征，但并没有出现独尊的信仰对象。五四时期，无神论观念传入后，中国知识界开始自觉清理传统中的迷信和神秘主义因素。马克思主义坚持以科学解释世界，其无神论是

科学的无神论，而且由于马克思主义以历史唯物主义的立场解释宗教，认为宗教的实质是对现实世界的扭曲反映，因此它是科学无神论的一种高级形式。

在认识科学无神论的同时，我们需要对宗教的信仰内核及其意识形态功能建立正确的理解。宗教具有特定的核心观念、信仰对象和仪式，这构成其信仰内核。这些内核并不具有永恒性，相反，宗教发展的历史表明，没有一成不变的教义，没有永不消亡的教派，宗教是受到历史发展规律支配的精神现象，其本质在于它的社会性。与此同时，宗教一旦被特定社会力量组织化——包括思想体系的构建和教会组织的确立——之后，便被赋予了意识形态的意义，具有了社会的性能。其影响便不再局限于精神层面，而是转化成了物质力量。很多宗教的戒条都表现出对内的封闭性、内聚性以及对外的排他性和扩张性，而这些特征往往成为对内进行政治迫害，对外发动侵略战争的经典根据。

科学无神论的历史作用不局限于反对种种有神论。无神论更重要的任务是积极建立一种正确的思维方式与生活态度，它是中国科学社会主义建设事业的有机成分。

2. 科学无神论与新中国成立六十周年（提纲）

李申，《科学与无神论》2010 年第 5 期

科学无神论是马克思主义世界观的重要组成部分，它在中国的发展与马克思主义的传播紧密相联。从五四运动以来，特别是在新中国成立后的六十年中，科学无神论的研究与教育工作经历了曲折复杂的过程。这一过程大致可归纳为四个阶段。

第一阶段，从破除迷信到批判神学。五四运动提倡民主、科学，其内容也包括反对迷信，倡导无神论。中国共产党在井冈山时期和延安时期就一直关注无神论的发展。解放初期开展的破除迷信活动对动员广大人民群众发挥主观能动性，建设社会主义起到了重要作用。1954 年，国家宗教局编写了《更广泛地开展科学无神论的宣传》一书。1959 年，毛主席找任继愈先生谈话，更加重视无神论的宣传问题。1963 年，毛主席提出建立“批判神学”的宗教研究机构。与此同时，任继愈先生的《汉唐佛教研究论集》出版。这是中国马克思主义者研究宗教问题的奠基之作，也是中国科学无神论研究的奠基之作。这一时期，中国共产党人从一般地破除迷信深入到了研究宗教、宣传科学无神论的阶段。

第二阶段，“文化大革命”与科学无神论研究的恢复。“文革”期间，许多宗教界人士受到错误对待，宗教设施遭到破坏，科学无神论的研究也基本搁置。“文革”结束后，社科院宗教所恢复正常活动，招收研究生，并推出了一系列研究成果，1982 年，中共中央印发《关于我国社会主义时期宗教问题的基本观点和基本政策》，一方面倡导落实宗教政策，纠正“文革”中的错误，另一方面继续强调宣传无神论的重要性。

第三阶段，科学无神论的困境。“文革”结束后，宣传无神论的文章陆续在《世界宗教研究》等杂志上发表，社科院还成立了“中国无神论学会”。但一些宗教界人士开始反对无神论。1981 年，《理论动态》发表了《对宗教方面的一些理论和实践问题的认识与体会》一文，该文明确反对“批判神学”和“宣传无神论”。此后，科学无神论备受争议，甚至出现了“无神论无人讲”的困境。1990 年代“特异功能热”和“法轮功”的出现很大程度上是这种困境的结果。

第四阶段，科学无神论宣传艰难行进的时期。尽管遇到重重困难，宣传和研究无神论始

终是中国共产党思想政治教育工作中的基本路线和方针。在党中央关怀下，1999年，《科学与无神论》杂志创刊。该杂志前几年的主要任务是宣传无神论，以破除当前社会中新出现的迷信现象和以宗教为名的迷信活动，目前正逐渐实现向学术性刊物的转化，以深入讨论宗教问题。2003年，中央六部委发布《关于进一步加强马克思主义无神论研究和宣传教育工作的通知》，强调了无神论研究的重要性和艰巨性。从2007年起，中国社会科学院马克思主义研究院开始筹建实体性的无神论研究机构。2009年初，刘延东同志做出批示，要求把无神论教育问题"纳入高校思政课和教育改革与发展规划纲要之中"。

科学无神论正在得到应有的重视，但这一事业的稳步发展仍然任重而道远。

3. 社会主义者是实践的无神论者

习五一，《科学与无神论》2010年第4期

"社会主义者是实践的无神论者"这一命题源于恩格斯的论述，在当前马克思主义宗教学的理论建设中，仍是一个富有生命力的命题。

马克思主义无神论思想渗透在哲学、政治经济学和历史学等诸多著作中，与其整体思想同生共存。马克思和恩格斯对宗教的批判，与历史唯物主义的创立同步，两者相辅相成，密不可分。他们第一次科学地揭示了宗教与现实社会基础的关系。根据历史唯物主义的原理，宗教作为一种社会意识形态，是社会存在的反映。研究宗教的本质和发展规律，应当考察人类社会每一个发展阶段的生产力与生产关系构成的物质基础，应当考察生产力发展所决定的社会结构和意识形态。因此，马克思主义宗教观就是历史唯物主义宗教观。

科学无神论是历史唯物主义宗教观的哲学基础，并与共产主义事业紧密相连。科学无神论从哲学的范畴，研究宗教问题和各种有神论的世界观、认识论和方法论。马克思梳理了路德的宗教改革、启蒙运动、黑格尔和费尔巴哈的思想，揭示了宗教现象的物质根源、宗教的性质和宗教的社会功能。他将宗教作为一种意识形态进行批判，是近代西方启蒙思想的继续和发展，其目的是摧毁资产阶级国家与基督教的联盟，提出社会变革的方案，建立新的社会制度。马克思认为共产主义一开始就是无神论，无神论和共产主义是人的本质的真正实现。恩格斯在接受共产主义的同时逐步转向了无神论。

列宁发展了马克思主义的无神论，主要内容包括：(1) 社会主义国家的宗教政策是政教分离和公民宗教信仰自由；(2) 无产阶级政党要坚持和宣传无神论；(3) 处理宗教问题，始终要服从无产阶级革命的总任务。这表明，马克思主义的政党是无产阶级的先锋队，其纲领建立在科学的唯物主义世界观基础上，它的工作之一就是无神论的宣传。

目前我国处于社会主义社会的初级阶段，中国共产党在意识形态上坚持历史唯物主义和辩证唯物主义，坚持科学无神论，如何面对以神学为核心的各种宗教文化，如何推动主流文化与宗教文化的和谐发展，是一个需要认真探索的命题。中国共产党人提出的"以人为本"的科学发展观，在解决宗教问题上有两层意义：一是以"为人民服务"为根本宗旨，依靠人民大众，为人民谋幸福，将信教者和不信教者同视为人民，但国家决策上没有神灵的位置；二是高扬人文主义理念，使人民大众逐步脱离"宗教神性"，重新获得自己的本质。

4. 俄罗斯神秘主义流行现状研究（上、下）

申振钰，《科学无神论》第4期、第5期

神秘主义作为一种复杂的文化现象与具体时代的历史背景密切相关，苏联解体前后，流行于俄罗斯的神秘主义便是很好的例证。

20 世纪末，伴随着政治经济状况的恶化，俄罗斯的神秘主义逐步盛行。80 年代末，苏联的政治经济形势整体衰退，意识形态出现多元化倾向。神秘主义借机抬头，其中的特异功能、占星术、飞碟学甚至成为《真理报》、《消息报》和塔斯通讯社等官方媒体的关注点。90 年代初，苏联陷入生产停滞、失业率激增的困境，体制运转失灵。社会发展的骤然中断使得共产主义的意识形态完全失去说服力。这样的社会环境造成了两种状况：（一）民众更容易被神秘主义和伪科学所宣扬的奇迹吸引。通灵术和巫术甚至以“信息科学”的名号伪装自己，以取悦大众，获得经济利益。（二）科研院所丧失了其知识权威地位，使得伪科学无法得到批判和遏制。这些伪科学不仅渗透到高层次的学术机构中，而且获得了来自舆论界、政府和军方的一致支持。在这一时期，叶利钦政府不仅资助占星师进行扭力场实验，而且支持从花岗岩中提取核能的荒诞研究；俄联邦杜马的生态委员会甚至还组织会议听取通灵人士关于“飞碟”的报告；“心灵武器”、“抗重力武器”等伪科学军事项目作为军事界的“科学技术革命”被寄予厚望。

从上述现象来看，俄罗斯神秘主义泛滥的原因不外有三：（一）理性的堕落。20 世纪的后现代主义思潮宣称科学只是对世界进行描述的诸多系统中的一种叙事系统，科学的客观性、可检验性、逻辑性并不意味着真理。这种思潮给伪科学、反科学及神秘主义制造了广阔的发展空间，也导致了公共意识领域科学信念的丧失。（二）政府权力的滥用。在社会失序的情形下，政府、军队等公共权力放弃以共产主义意识形态规范各种思潮，反而与神秘主义、伪科学紧密勾结，成为俄罗斯神秘主义畅行的支柱。俄罗斯政府支持的 120 多个形形色色的“科学院”中很多都与伪科学相关。（三）媒体力量助推神秘主义、伪科学“雪崩”。意识形态全面失控后，媒体成为追逐经济利益的机器，对超感官知觉、不明飞行物、占星术、巫医、巫术等神秘主义的报道成为取悦受众的重要内容。

在国际社会的干预和俄罗斯本国的努力下，神秘主义的发展受到了一定程度的控制。英国《自然》杂志对俄罗斯的神秘主义状况进行了专题报道，认为这一状况将影响到俄罗斯社会的进步和整个科学的未来。俄罗斯科学院于 1998 年成立了反伪科学与科学研究造假委员会，从媒体入手打击伪科学，并规范学术评估制度。普京任总统后，批准成立了直属总统的科学委员会，进一步遏制神秘主义。

俄罗斯神秘主义一方面是社会主义制度母体衰落的结果，另一方面也破坏了这一制度的意识形态和人文基础，增强了社会的离心力，加速了社会主义制度的解体。神秘主义的流行还对年轻人的精神世界造成了极大影响，促成了很多其他社会问题，这也从侧面凸显出科学无神论的教育与研究工作具有紧迫性。

5. 宗教向高校渗透的隐形形式：文化宣教

左鹏，《科学与无神论》2010 年第 6 期

宗教作为一种对人类社会产生着相当影响的观念形态、文化传统、组织群体和生活方式，不可能被排除在高校教学和科研的视阈之外。在社会主义中国，高校应该以马克思主义的立场、观点、方法对宗教问题进行科学的批判和研究。同时，教育与宗教相分离，是自启蒙运动以来世界教育现代化发展的普遍潮流，也是我国宪法和法律确定的一项基本原则，因此，高校的宗教研究不应该被转变成利用公共教育资源论证宗教合理性，甚至组建团契、发展信徒的传教活动。然而，从20世纪80年代开始，随着我国宗教研究工作的逐步恢复，形形色色的传教现象也在高校复生，形成了大学校园宗教渗透的隐性形式——文化宣教。

文化宣教主要以四种形式展开：①建构教会之外的“文化神学”。在宗教研究逐渐恢复的过程中，境外宗教组织以学术交流、合作研究为名义向国内知识界渗透，而国内某些学者和教研机构也受经济利益的驱动而鼓吹“无立场”的“文化神学”研究，在文学、史学、哲学等各个学科领域广泛地宣言神学，从马克思主义立场展开的科学无神论研究反而被冷落。②出版以宣教为宗旨的图书。书籍音像出版物是当前神学传播的重要媒介。国内已有出版社连续出版大型的基督教研究丛书，相关通俗读物也不断出现，其中既有宣扬“智能设计论”等神学世界观的作品，也有从神学立场预测当前中国经济走势的言论。任由神学信仰自由阐发，势必危及社会主义主流文化乃至社会秩序。③举办带有宣教性质的研讨班。研讨班是宗教思想传播的重要途径。在这种形式下境外势力利用神学基金会加强对国内宗教研究界的渗透，不仅资助关于教会史和教义的研究项目，而且支持神职人员开展极具煽动性的演讲，这种研讨班的实质是借学术之名进行传教活动。④开设“知识性”、“学术性”的宗教课程和讲座。大学中的人文课程和讲座是开展素质教育和通识教育的主要渠道，涉及宗教内容也很有必要，但必须坚持以马克思主义科学无神论为指导。个别高校借宗教教育和信仰自由之名宣扬宗教的美好和永恒，公然反对无神论，甚至有高校聘请国外神职人员主办讲座。这种课程和讲座不仅是对宗教研究本身的伤害，也危及整个中国高等教育的质量和性质。

高校宗教研究领域一定要坚持以马克思主义基本理论为指导，以科学无神论的观点进行批判性的研究。放弃这一立场，任凭传教势力侵入大学校园，实际上是在利用公共教育资源为宗教服务，有强制学生接受宗教教育之嫌，与教育和宗教相分离的基本原则背道而驰。

第六篇

著作选介

马克思主义基本原理

1. 走向历史的深处——马克思历史观研究

陈先达，中国人民大学出版社2010年版

该书对马克思主义的唯物史观和社会发展规律进行了深入研究和思考。作者认为，在马克思主义哲学中，唯物史观确实集中而鲜明地表达了马克思的独创性和突出贡献。辩证法和认识论的某些原理，可以在马克思的先驱们那里找到初始状态：古希腊就出现了朴素唯物主义和辩证法的思想，而且黑格尔也在历史上第一次以唯心主义形式阐述了辩证法的基本规律，费尔巴哈等人则确立了本体论和认识论的唯物主义原则。但在社会领域，尽管人类也进行了长期探索，而且有某些唯物主义观点的萌芽，但从总体上说都是唯心主义的。在社会历史领域不像在自然领域和认识领域，可以通过倒转、剔除、清洗、补充来形成新的理论，而必须通过总结全部人类优秀文化遗产，重新研究历史和现实，才能从被繁芜复杂的意识形态、动机和偶然性层层包裹的历史表面走向历史的深处，揭示从未被发现过的历史自身的规律。而马克思正是通过对历史和现实的研究，发现和创立了历史唯物主义，它作为人类历史上划时代的思想认识，揭开了长期覆盖在社会机体上的帷幕，发现了人类社会发展的一般规律，从而能够指导着未来人类前进的步伐。

作者指出，只有把握唯物史观，对当代社会的许多现实问题才能够看得更高更远，比如对于不同制度条件下市场经济运行中的资本的地位和本质，就应当看到，在资本主义社会，资本有其自身的逻辑和规律，即对利润的追求和对劳动的强势地位，包括在政治领域中对政治权利的攫取和控制，在意识形态领域中通过传媒的占有而对思想的控制。但在社会主义条件下，资本运行的条件发生了变化。社会主义的经济和政治制度，会按照法律限制资本对劳动的优势权利，保护劳动者的权利，使两者得到适当的平衡，并防止资本对政治权力的入侵和用金钱制造的话语霸权，这是社会主义基本制度本身所要求的。而人们仍然应当警惕这些可能性。可以看出，在这个问题上，哲学会比单纯的经济学看得更远，这也是学习哲学、掌握唯物史观的好处和优势之一。

2. 探求马克思——《德意志意识形态》原文文本的解读与分析

魏小平，人民出版社2010年版

该书从文献学和文本学角度对《德意志意识形态》进行了全面深入的研究和解读。全书共五章。

第一章着重介绍《德意志意识形态》文献学研究的情况。对《德意志意识形态》手稿进行文献学讨论的意义在于从其结构中分析马克思和恩格斯思想的形成历程。由于手稿的未完成性和结构的复杂性，一些编排问题至今难有定论。该章对相关文献资料的分析和介绍，有助于我们对手稿文献的基本情况有所了解，对马克思和恩格斯的写作方式和合作过程有所了解，这对于研究他们思想的发展历程是有帮助的。

第二章是《德意志意识形态》文本内容与解读。本章根据MEGA2最新的试验版2004年鉴版，在参照中文版《德意志意识形态》的情况下，对《德意志意识形态》第一卷第一篇进行了逐字翻译，并结合着两种情况进行了必要的思想和文字的解读，对其中一些有争议的概念和词汇的翻译问题进行了深入的讨论。

第三章是《德意志意识形态》原文本中的理论问题研究。一些基本的理论问题，通过对其原文关键词汇的阅读和理解，有时能够带一种全新的认识，例如分工与私有财产、私有制的关系，分工与阶级分化的关系，以及分工与异化劳动的关系等。有时为了更加确切地理解马克思和恩格斯在研究这些问题时的思路变化和发展，作者还向前期文章的研究思路进行追溯，同时向其后期文章的研究思路进行追踪，从中不仅能够在一定程度上探索到其思想更加完整的发展轨迹，也能够更加确切地了解他们当时的思想含义。

第四章是《德意志意识形态》中文、德文对比中显现出来的理论问题及其研究。马克思和恩格斯所批判和讨论的一些核心问题，本身是通过德文词汇的辨析而展现其意义的。这样的问题在中文译本中难以得到确切的体现，如“能力”与“资产”、“财产”与“资产”、“利用”与“剥削”、“功利”与“公益”的不同含义可以体现出对事物的不同认识。这一现象还体现在对未来理想社会财产制度模式的论述中，例如，它究竟是“公有”、“共有”、“公共所有”、“社会所有”，还是“联合起来的个人所有”。这样的问题离开原文，几乎是难以进行确切理解的。

第五章是马克思和恩格斯思想比较研究。本书对马克思和恩格斯比较研究是从三个方面进行的：第一，硬件，即恩格斯的誊写笔迹和马克思恩格斯各自修改的笔迹。第二，对某个思想及观点通过与马克思和恩格斯前、后期文章中观点进行对比，推测该思想或观点与马克思和恩格斯本人的观点及他们之间的相互影响。第三，依据马克思和恩格斯既有的思维风格推测某个思想或观点出自谁手。

3. 面向“中国问题”的马克思主义哲学

韩庆祥，武汉大学出版社2010年版

本书是一部面向“中国问题”的集中研究马克思主义人学、能力本位理论和政治哲学的理论专著。全书分为四部分：第一部分为“基于马克思哲学的本性探寻哲学发展之路”（哲学理论依据)；第二部分为人学研究（核心论题)；第三部分为能力问题研究（延伸，深化)；第四部分主要探讨政治哲学视阈的社会层级结构（落实于“中国问题”)。本书学术性强，逻辑严谨，面向现实人的生活世界，不仅提出了许多先进理念，还紧紧围绕当代中国发展中的现实问题展开学理上的论述。

作者认为，马克思主义哲学在本质上是实践生成论，包括实践的生成、历史的生成、矛盾的生成和人的自我创造的生成。人是在自己的实践活动、历史活动、超越活动和自我创造过程中体现本质并解放自己、成为自己和实现自己的。人的解放与自由全面发展是主题，而且人在社会历史发展中的主体地位与作用日益突出。在中国传统社会中，人的自由全面发展难以实现的主要原因是传统的以权力层级为核心的社会结构。因此，当代中国的政治哲学应由以权力为本走向以能力为本，使人的能力得到充分发挥。从这个意义上说，加强党的执政能力建设，本质上就是把能力原则引入政治活动，用能力而不是权力来增强政治权威及其影响力。作者对马克思主义哲学、人学、能力理论以及当代中国政治哲学的一系列研究，反映了其哲学分析的完整框架和理论逻辑。

作者在本书中提出“社会层级结构理论”并据此对“中国问题”进行了解释。所谓社会层级结构，指在传统政治国家领域，依据权力至上和权力大小形成的权力级别阶梯，后延伸为在经济、社会和文化领域，根据人和人之间之权力大小而形成的地位层级、身份层级和关系层级。地位层级、身份层级和关系层级本质上是权力层级，权力层级造成了社会层级的普遍存在，由此衍生出层级文化。作者认为，对于传统社会层级结构，既要看到它对于今天社会运转的某种必要，又要清醒认识到它对于现代社会转型的阻滞。由于传统社会层级结构的危害存在于整个社会主义初级阶段，必须坚定不移地对其实施改造；由于传统社会层级结构的消极影响根深蒂固，必须循序渐进地加以改造。改革开放以来，中国共产党人主动从多方面来推进这一改造，并在这一改造中不断自我完善。邓小平强调要加强党和国家领导制度与领导体制改革，建立社会主义市场经济体制，反对权力过分集中、官僚主义和家长制。江泽民同志强调反对官本位，加强党的执政能力建设，改革和完善党的领导方式和执政方式。以胡锦涛同志为总书记的中央领导集体提出以人为本、执政为民、公平正义的执政理念，强调从制度上更好地发挥市场在资源配置中的基础作用，提高自主创新能力，加快行政管理体制改革，建设公共服务型政府，完善权力制约和监督机制，积极推进社会建设和社会管理体制改革。当今中国共产党人实际上是在不断超越和改造传统的社会层级结构的进程中领导我国改革开放和社会主义现代化建设的。

4. 马克思主义哲学原理新探

倪志安等，人民出版社 2010 年版

该书共有七章，分别详细阐述了哲学的基本问题与哲学的历史形态，马克思主义哲学的创立、创新与基本特征，马克思主义的物质观、实践观，马克思主义辩证法和马克思主义认识论，以及马克思主义历史观和马克思主义的社会进步观、人生观等。

该书是一部尝试从新的视角系统阐释马克思主义哲学基本原理的力作，其显著特色是，在强调马克思主义哲学变革在于用实践思维方式取代传统哲学思维方式的基础上，对一系列基本观点作了富有新意的阐释，并由此建构了一个马克思主义哲学基本原理的新教材体系。

该书对马克思主义哲学教科书的创新主要体现在以下几个方面。第一，全书贯彻马克思新哲学的从实践理解相关哲学问题的思维方式和思维逻辑，从而实现了马克思主义哲学从实践理解的一系列统一：实践的唯物论与辩证法、历史观的统一；实践的本体论与认识论、价值论的统一；实践的世界观与方法论、人生观的统一。第二，全书在从实践理解的基础上，对马克思主义哲学的基本原理，提出了一系列创新性的观点并进行了理论化、系统化的阐释。如对思维和存在关系的实践理解，从实践理解世界的物质统一性，对人类世界、社会历史时空的实践理解，对发展的本质、真理的本质、价值的本质、人生的本质的实践理解，对马克思主义辩证法的三大规律和历史观的三大规律的实践理解等。第三，全书彰显出马克思主义哲学方法论的意蕴和性质。全书对马克思主义哲学的相关原理，都注重揭示出其方法论意义，从而揭示出马克思主义对相关哲学问题的思想，又揭示出马克思主义对相关哲学问题的思考，以增强其培育人、塑造人的功能。第四，全书在对相关基本原理的阐释上，注重史论结合，注重问题的由来以及传统哲学的缺陷与马克思主义哲学的创新，从而突出了马克思主义哲学阐释相关问题的历史感、说服力与科学性。

5. 经济学的真相——宏观经济学批判

余斌，人民邮电出版社 2010 年版

马克思在《资本论》第一卷第二版跋中指出，“德国社会特殊的历史发展，排除了‘资产阶级’经济学在德国取得任何独创的成就的可能性，但是没有排除对它进行批判的可能性”。他的这段话同样适用于今天的中国。就当前中国的西方经济学研究而言，批判也应当是主流，否则也是不可能取得任何学术成就的。《经济学的真相——宏观经济学批判》一书运用马克思主义经济学原理和严密的逻辑思维，以事实为依据对西方宏观经济学的流行教科书及经典著作，进行了详细的全面批判与深入评析。

该书共分十八章，其标题分别是经济学基础知识、市场与政府、供给与需求、国内生产总值（GDP）、实际 GDP 与价格指数、消费与投资、总需求理论与乘数模型、货币和利率、银行和金融体系、中央银行和货币政策、经济增长的进程、经济发展的挑战、汇率与国际金融体系、开放经济的宏观经济学、失业与总供给的基础、保持价格稳定、宏观经济学流派及其论战、经济增长与经济稳定的政策。

在前三章基础知识部分，针对现代西方经济学中将“有没有将政府行为作为一个重要的内容和影响因素来加以研究”作为划分宏观与微观的本质这一说法，该书明确提出，用单个资本的运动与社会总资本的运动来区分微观经济科学和宏观经济科学的研究领域要合适得多；而马克思在《资本论》第二卷中所研究的总资本的物质补偿问题，由于西方经济学回避剩余价值理论从而在宏观经济学始终未能涉足，从而这种物质补偿的不平衡所导致的经济危机对于西方宏观经济学家始终是个谜。

在第 4 章至第 7 章，该书讨论了 GDP 的计算问题和凯恩斯宏观经济乘数模型的错误；在第 8 章至第 10 章，该书讨论了货币与金融体系相关理论的问题，指出开放经济中的货币政策已经成为国际银行家趁火打劫的工具。在第 11 章至第 12 章，该书认为最新的事实恰恰证明了萨缪尔森等所否定的马克思预言，即资本主义发展不平衡会不断加剧，商业周期的危害会越来越严重，贫苦大众会处于宏观经济学所论及的负消费状态。在第 13 章至第 14 章，该书分析了国际金融体系和经济全球化中的不对等性，要求对当前国际经济问题保持高度的警惕。在第 15 章至第 16 章，该书批驳了西方宏观经济学在失业和通货膨胀问题上将责任转嫁给工人阶级的理论，指出资本主义经济已经陷入了穷途末路的死胡同。在第 17 章该书明确指出西方宏观经济学的不同学派所代表的是资产阶级内部不同利益集团的利益，而垄断金融资本的利益最终占了上风。在第 18 章和后记中，该书指出最近的这场金融风暴吹走了西方经济学的“虚伪的遁词和空话”。

马克思主义中国化

1. 马克思主义中国化史

梅荣政主编，中国社会科学出版社 2010 年版

本书是武汉大学马克思主义理论系列学术丛书之第二批出版著作之一。以清晰的历史脉络、完整的逻辑体系，吸收学术界最新的研究成果，梳理了马克思主义中国化的历史进程，对其基本经验和规律进行了总结，是我国首次以“马克思主义中国化史”命名的专著。

全书除总序、序言、导言外，正文部分共分四篇十九章，最后是结论。第一篇：马克思主义传入中国的历史前提。以 1840 年至 1921 年为时间跨度，从工业革命与资本主义的发展、资本主义的全球扩张起笔，到十月革命开创世界历史的新时代为止，概述了近代世界历史发展的总趋势、西方列强入侵及近代中国社会的主要矛盾、面临的反帝反封建的两大历史任务。第二篇：马克思主义中国化的“第一次历史性飞跃”（1921—1949 年）。从中国共产党创立起笔，追踪了大革命时期马克思主义中国化的初始探索、土地革命时期马克思主义中国化的艰辛开拓和理论概括、抗日战争时期马克思主义中国化理论和实践的新进展、解放战争时期马克思主义中国化的成功推进。第三篇：马克思主义中国化第一个理论成果的完成（1949—1976 年）。梳理了社会主义制度的确立、马克思主义与中国实际“第二次结合”的初期探索、中国社会主义建设道路的初步探索、建设社会主义的重要指导方针、初步形成的社会主义建设的重大战略理论，阐述了毛泽东思想在社会主义革命和建设时期的发展。第四篇：马克思主义中国化进程中的“第二次历史性飞跃”（1976 年至今）。中国共产党人如何探索并回答了马克思主义中国化进程中的五个重大基本问题，即“什么是马克思主义、怎样对待马克思主义”的决定性回答，“什么是社会主义、怎样建设社会主义”的系统回答，“建设一个什么样的党、怎样建设党”的创造性回答，“实现什么样的发展、怎样发展”的科学回答，怎么理解中国特色社会主义旗帜、道路和理论体系。结论部分，总结了贯穿马克思主义中国化历史发展的十条基本经验。

本书以 20 世纪世界历史发展的全局为背景，以中国近代以来面临的两大历史课题即反帝反封建为历史和逻辑起点，宏观跨度大、涉及内容多，却能以探索和回答五个重大的基本问题为导索，全面研究和系统叙述了马克思主义中国化的宏大历史进程，特别是毛泽东思想与中国特色社会主义理论体系的形成、发展过程和主要内容，并从中提炼出贯穿马克思主义中国化历史发展的十条基本经验，体现了历史与逻辑、理论与实践、革命性与学术性的统一，是一部史论结合的思想理论史专著。

2. 马克思主义中国化研究报告 NO. 1

赵智奎、贾可卿主编，社会科学文献出版社 2010 年版

该报告集是中国社会科学院马克思主义研究院马克思主义中国化研究部的学者，从各自的学术背景和专长出发，新近撰写的报告和论文。报告集分为四大版块：马克思主义中国化的历史进程与基本经验、现代化与中国特色社会主义、思想文化与马克思主义中国化、马克思主义党的学说与党的建设。内容涵盖了马克思主义理论、哲学、经济学、政治学、历史学等诸多学科领域，但又始终围绕着马克思主义中国化这个中心问题，对马克思主义中国化的基本历程、实践形式、基本经验和规律以及马克思主义中国化、时代化、大众化等重大课题，进行了梳理和讨论，对学术理论界亟需深入讨论的问题，作了较为深刻的阐述和回答，给人以新的思考和启迪。

在马克思主义中国化的历史进程与基本经验这一版块中，主要讨论了毛泽东的思想与实践，如毛泽东关于社会主义商品生产的思想、毛泽东对中国农村社会主义现代化道路的探索、毛泽东教育思想，也讨论了中国特色革命道路的内涵及其对中国模式的影响。

在现代化与中国特色社会主义的版块中，讨论了中国特色社会主义理论的一些重要问题。如中国特色社会主义的学理分析与实践检验、中国农村集体经济现状及其发展前景、中国特色社会主义的国际化、西方经济危机对社会主义市场经济的警示、市场经济条件下的分配正义等问题。

在思想文化与马克思主义中国化的版块中，讨论了思想方法问题、当代西方文化批判的符号化和边缘化及其理论后果、马克思主义无神论的中国化道路、新时期我国爱国主义教育面临的挑战及其对策等问题。

在马克思主义党的学说与党的建设版块中，讨论了当代中国反腐倡廉建设的理论与实践、新形势下加强党的建设面临的十大挑战、党群关系的新形势新特点及对策。

在报告集中，中国社会科学院学部委员李崇富教授的论文《关于“普世价值”的追问和思考》认为，近几年中国一些学者提出和宣扬所谓“普世价值”，是一个有特定含义和企图的思想陷阱。论文在分析“普世价值”的久远历史根源和现实政治背景、分析思想文化的历史继承性与剥削阶级核心价值观的本质区别的基础上，从学理上揭示和论证了“普世价值”的片面性和荒谬性。马克思主义中国化研究部主任赵智奎研究员的论文《中国特色社会主义的学理分析与实践检验》认为，从学理上分析中国特色社会主义的概念和命题，就是科学地认识和处理马克思主义一般原理与中国特色的关系，即一般和个别、普遍和特殊、同一和差异、共性和个性的关系。论文在此基础上概括了中国特色社会主义的十大特征。论文认为，中国特色社会主义建设的实践，有巨大成就，也有诸多问题，需要从理论上进一步研究和解决。

该报告集是马克思主义中国化研究部的最新研究成果，既有基本的理论思考，又有对很多现实问题的关注和回答，体现了理论联系实际的学风。

3. 马克思主义中国化的进程及其规律研究

林志友，中国社会科学出版社2010年版

该书在学界研究的基础上，全面系统地论述了马克思主义中国化的历史进程和基本规律。首先从策略选择、制度构建和理念升华三个阶段阐述了马克思主义中国化的理论发展进程，认为，马克思主义中国化是一个由低到高、由浅入深、由表及里、由此及彼逐步演进的发展过程。

该书在展现马克思主义中国化历史进程的同时，进一步深化了马克思主义中国化基本规律的研究路径。作者从规律和规律性两个尺度去揭示规律，从理论发展形态和实践发展形态两个层面去审视规律，从马克思主义中国化三个阶段的历史进程去发现规律，展示了一种新的研究视角。

该书的内容包括一个导论和五个章节。在导论中，首先对马克思主义中国化进程和规律的研究现状进行了细致的梳理。其次对进程和规律的内涵进行了新的解读，对马克思主义中国化阶段划分提出了新的见解，认为马克思主义中国化首先是从策略层面开始的，然后进入制度层面，最后发展到理念层面。马克思主义中国化的内涵就是用马克思主义来解读中国的问题，同时又使中国丰富的实践经验上升为理论，并且同中国的历史传统、中国优秀文化相结合，以形成具有中国特性、中国作风和中国气派的中国化的马克思主义理论。

该书的第一、二、三章主要从马克思主义中国化的策略选择阶段、制度建构阶段和理论升华阶段来阐述马克思主义中国化的历史进程。该书首先对这三个阶段的时间进行了划分，并对各个阶段的历史进行了梳理。最后认为从马克思主义理论自身发展形态来看，当策略层面在实践中不断深化自己的原则，如果现有的制度无法包容这种发展，无力解释新出现的事实，它本身也就需要改变了，当制度层面发展到一定的程度，理念的深化也就提上了日程。从实践发展形态看，马克思主义中国化的进程是与特定的实践模式联系在一起的，在一个相当长的历史时期，它需要经历探索、形成并完善的发展过程。

该书的第四、五章主要研究了马克思主义中国化理论形态和实践形态的发展规律。在理论形态上，马克思主义自身就具有策略、制度和理念的三个层次结构，因此马克思主义自身发展规律和马克思主义与中国传统文化的结合规律也是从这三个层次展开的。在实践形态上，马克思主义中国化是中国社会发展的客观需要。马克思主义中国化的规律体现为：理论与实践的统一、坚持与发展的统一、阶段性与连续性的统一、前进性与曲折性的统一。总之，马克思主义中国化问题的研究，是一个长期的课题，任重而道远，该书形成了自己对马克思主义中国化规律的独特理解，对拓宽马克思主义中国化研究的理论视野具有启迪作用。

马克思主义发展史

1. 新中国意识形态史论

侯惠勤、姜迎春、吴波，安徽人民出版社 2010 年版

该书是中国社会科学院 2006 年立项的重大课题“马克思主义意识形态史”的系列成果之一。该书包括导论和十二个章节的内容，以新中国意识形态建设的基本经验为主线，以重大问题的讨论为引导，在给读者一个概览式印象的同时，侧重抓住争论较大、疑惑较多的问题展开叙述和论证。例如解放初期的学习改造和思想批判问题，“文革”时期的意识形态状况和性质问题，改革开放和我国主流意识形态的连贯性问题，21 世纪我国主流意识形态建设的创新性问题等。

该书认为，许多所谓历史真相的争论，其实都是对立的历史观、意识形态的斗争。因此，用唯物主义历史观梳理意识形态本身就成为准确把握历史的关键。中国共产党是一个高度重视并善于驾驭意识形态的马克思主义政党，围绕党的中心工作一刻也不放松意识形态工作，是新中国六十年主流意识形态建设的基本实践。从根本上说，新中国意识形态建设与坚持马克思主义的指导地位、建立和不断完善社会主义制度同命运，与马克思主义中国化时代化大众化的历程同步伐，与中国人民和中华民族的精神风貌同呼吸。毫无疑问，新中国辉煌的六十年也包含了意识形态建设的辉煌，同样，辉煌不等于没有失误和挫折，而能依靠自身的力量改正且不再重犯也不失为一种辉煌。歌颂辉煌和实事求是对于我们来说是一件事，这就是对于成就充分总结以求发扬光大，对于失误分清原因以免重犯。因此需要充分说理。不但能说服自己、说服党内，而且能说服别人、说服大众。

该书力图通过梳理新中国意识形态建设的经验和成就、总结失误和挫折、分清失误和挫折的原因，以达到避免重犯错误的目的。

2. 中国马克思主义发展史

郭德宏主编，中共中央党校出版社2010年再版

该书是为了适应中共中央党校教学的需要，配合中共党史和毛泽东思想基本问题的教学而完成的一部系统完整的中国马克思主义发展史。这部著作对于深入研究中国马克思主义形成和发展的历史具有重要的理论价值和学术价值；对于广大党员和干部坚定对马克思主义的信念，继续坚持和发展马克思主义，推进有中国特色社会主义的建设事业，具有重要的实践价值。

该书对中国马克思主义发展的历史作了全面、系统的梳理和总结，全书包括前言、四编十九章和结束语三大部分的内容。四编分别是：第一编马克思主义在中国的传播和中国马克思主义的萌芽，第二编马克思主义与中国实际相结合的第一次历史性飞跃，第三编毛泽东思想在建国后的继续发展，第四编马克思主义与中国实际相结合的第二次历史性飞跃。

该书指出，中国马克思主义的形成和发展经历了长期的探索和多次的曲折。在马克思主义传入中国之初，由于中国缺乏接受它的社会条件，它在中国并没有得到广泛传播。直到十月革命和五四运动以后，它才在中国广泛传播开来。马克思主义与中国实际相结合的两次历史性飞跃，中国马克思主义的形成和发展，是马克思主义发展史上的大事。它不是马克思主义在中国的简单运用，而是对马克思主义的重大发展，丰富了马克思主义的理论宝库，为马克思主义增添了新的内容。它不是在个别方面，而是在许多领域发展了马克思主义，极大地丰富和发展了马克思主义关于经济文化落后的国家无产阶级如何领导革命和建设的学说。与此同时，它也把中国的思想文化发展到了一个新阶段，使它出现了新的飞跃；指导中国革命和建设取得辉煌的成就，并在世界上产生了广泛而深远的影响。

该书通过对中国马克思主义的发展史的回顾总结，得出了一条最基本的经验：中国马克思主义的根本原则和生命力，就在于马克思主义与中国的实际相结合。要想使它得到新的发展，必须继续使马克思主义与当代中国的实际密切地结合起来。

3. 新编马克思主义哲学发展史

安启念，中国人民大学出版社2010年再版

该书是中国人民大学哲学系“211工程”的项目之一，是一本马克思主义哲学发展史的教材。全书由导论、八个章节和马克思主义哲学发展史中需要进一步研究的几个重大问题三

大部分组成。

该书站在21世纪的高度，广泛吸收中外哲学家马克思主义哲学反思的最新成果，对马克思主义哲学的发展历史做了新的审视与梳理，在马克思主义哲学的实质及其在东西方国家发展的具体机制、经验教训、当前面临的主要问题以及对西方马克思主义的认识等方面，提出了自己独到的见解，揭示出马克思主义哲学发展的内在逻辑。

该书指出，逻辑与历史的一致，是一切历史研究的最高境界。实现这种一致，最关键的是揭示和建立反映历史事实的那些概念之间的逻辑联系，展现概念和理论发展的必然性。能够揭示和展现出这种必然性，书写的历史就是有生命的，否则就只能是按照时间顺序简单罗列的历史材料。揭示理论发展的历史必然性，在马克思主义哲学这里，有一点特殊之处。马克思主义哲学的生命在于实践，在于马克思主义者批判、否定资本主义的实践。实践的需要促使马克思主义哲学诞生，实践需要的变化，决定了马克思主义哲学的发展。马克思主义哲学的演化逻辑就在马克思主义者革命实践的发展之中。

该书重在揭示和阐述马克思主义哲学发展史上各种事件和思想的内在统一性以及它们之间的密切联系，最主要的特色就是把从革命实践的需要出发揭示马克思主义哲学发展的历史必然性作为其内在逻辑和基本宗旨，这种内在逻辑不是按时间顺序罗列材料，而是采用逻辑的方式展现马克思主义哲学发展的历史过程。这对于人们从逻辑与历史相统一的角度来总结和把握马克思主义哲学发展史提供了新思路，具有一定的开拓意义。

国际共产主义运动

1. 世界社会主义跟踪研究报告 2009—2010——且听低谷新潮声（之六）

李慎明主编，社会科学文献出版社2009年版

这部著作汇集了50多篇国内学者关于世界社会主义运动的跟踪研究报告，报告对2009—2010年度世界社会主义运动研究领域的热点问题进行了深入探讨。全书共分为四大部分：总论，国际金融垄断资本主义与经济危机，世界社会主义道路的艰辛探索，加强社会主义核心价值体系建设、抵御各种错误思潮的影响。

“总论”篇刊登的是本书主编、中国社会科学院副院长、世界社会主义研究中心主任李慎明的《关于民主与普世民主的相关思考》一文。文章用马克思主义的世界观和方法论分析了民主的本质特征是一种国家形态，是在一定的阶级和有阶级的社会里，一个阶级对另一阶级、一部分人对另一部分人有系统地使用专政。资产阶级民主无法改变资产阶级专政的实质。所谓普世化的民主，不过是资本主义国家试图通过意识形态和平演变社会主义的工具，是为了通过将西方制度普世化达到使世界各国利益服从于西方利益的目的。

在“国际金融垄断资本主义与经济危机”篇中，学者们从马克思主义的立场、观点和方法出发，分析了美国金融危机的本质和原因。王伟光认为，在金融危机肆虐全球的时刻，重读《资本论》和《帝国主义论》能帮助我们更深刻地揭示这场危机的本质，金融危机的爆发

是资本主义基本矛盾发展的必然结果，应对金融危机一方面要加强金融监管和防范，一方面要坚持对资本主义的批判。另外，学者们还研究了各国共产党应对金融危机的策略。金融危机爆发后，各国共产党积极抓住这一历史机遇，进行新的策略调整，谋求在危机时刻推动社会主义事业的复兴与发展。

“世界社会主义道路的艰辛探索”篇主要是我国学者对各国共产党和拉美左翼政党进行的政策分析和前景预测。文章普遍认为，随着新自由主义政策对世界各国造成的危害日益显露，各国左翼力量迎来了发展的高峰期。由于拉美地区是受新自由主义危害最深的地区，因而那里的世界社会主义运动进入 21 世纪以来取得的成就最为突出，但由于拉美左翼政党普遍存在着理论基础薄弱和改良主义倾向严重的特点，所以在短时期内还无法成为威胁资本主义制度的强有力的力量。尽管如此，拉美社会主义运动的发展还是为人们展示了探索另一个世界的可能性，驳斥了新自由主义理论家和政治家所谓的除了资本主义外别无选择的论调。

在“加强社会主义核心价值体系建设，抵御各种错误思潮的影响”篇中，学者们集中批判了普世价值论和历史虚无主义。通过研究普世价值论和历史虚无主义对苏东剧变的影响以及俄罗斯各界人士对历史虚无主义的反思和批判，该书更深刻地表明一个国家的历史和文化对于本国坚持独立自主发展的重要性，用历史事实论证了加强社会主义核心价值体系建设的重要性，增强了我们抵御各种错误思潮的决心。

2. 世界社会主义共产主义运动新论（上、下册）

程玉海、林建华等著，人民出版社 2010 年版

本书探寻了世界社会主义共产主义运动发生、发展的机理，总结了 160 余年来世界社会主义共产主义运动的经验教训。全书由六大部分组成：

在综论部分，作者以时间为序，回顾了国际共产主义运动概念的由来与演变、世界社会主义的发展。作者认为 20 世纪世界社会主义运动受挫的主要原因在于执政党建设和工作中的致命缺陷、僵化的模式以及对生产力的片面认知，但最根本的原因在于许多社会主义国家未能把握新科技革命带来的发展机遇与新变化。因此，作者提出 21 世纪的世界社会主义运动要在实践中坚持创新，并预见 21 世纪世界社会主义将会“模式创新、百态纷呈”。最后，关于查韦斯的“21 世纪社会主义”，作者认为它与社会主义有些共同的价值取向，但更接近平民主义，即民粹主义。

第二部分主要剖析了马克思、恩格斯的社会主义思想与理论在东西方的实践以及马克思早期国家观的发展和转变，着重介绍了马克思对跨越卡夫丁峡谷与俄国革命策略的思考以及恩格斯晚年对“和平长入新社会”的思考。另外，作者还介绍了 19 世纪与 20 世纪初国际共运的重要人物和组织，提出应重新研究 1880—1895 年伯恩斯坦的思想变化；作者从第二国际破产的主客观因素——第二国际和工人运动本身的局限以及历史发展中的突发事件（一战）——出发，得出如下经验教训：工人阶级政党应不断提高整个工人运动水平，提高应变能力；既要维护民族和国家的根本利益，又要警惕资产阶级民族主义思想。

第三部分着重分析了共产国际的发展演变及其在世界社会主义运动中的功与过。共产国际对传播马克思主义，帮助各国无产阶级政党的成长，组织领导各国革命斗争，支持民族解放和反法西斯都作出了重大贡献。但共产国际的“左”倾错误对世界社会主义运动产生了消

极影响。此外，作者还展现了斯大林时期共产国际理论与实践上的变化以及斯大林对共产国际的种种削弱；称毛泽东对共产国际的指导是一个由全盘接受到审慎接受，再到独立探索的过程。

第四部分介绍了俄罗斯与苏联共产主义运动。此编中，作者回顾了列宁、斯大林、赫鲁晓夫和戈尔巴乔夫等原苏联领导人的社会主义建设理论与实践；介绍了列宁的文化建设思想、国民教育思想和反腐败的理论与实践；提出要正确客观地评价斯大林；作者在结合历史时代背景分析后指出，赫鲁晓夫的“总路线”理论基本符合历史发展要求，不宜全盘否定；最后介绍了戈尔巴乔夫时期苏联的内政外交，并总结了苏东剧变的惨痛历史教训。此外，作者还对苏联社会主义建设中遇到的如超越历史阶段问题、所有制问题等若干重大问题进行了思考。

第五部分着重介绍了中国共产主义运动与中国特色社会主义。作者沿着历史的脉络，展现了中国共产党人时代观与社会主义观的发展和对外开放的理论与实践发展；介绍了中国共产党在社会主义民主建设上的理论探索与实践以及在民族和宗教问题上的思考；作者认为，“三个代表”重要思想是对世界共产主义运动的重大理论贡献，构建和谐社会是对科学社会主义的重大发展；而“科学发展观”与“和平崛起”是中国共产党对于社会主义现代化建设指导思想的新发展，我们应该高度关注它们之间的辩证关系。

第六部分评析了当代社会民主党与民主社会主义。作者探究了民主社会主义的多元化特征的历史渊源；外在折中化即兼具实用主义和现实主义特点的理论渊源。作者认为，当代社会民主党已明确放弃把马克思主义作为统一的理论基础和指导思想，更加直接、积极地吸纳资产阶级各种观点学说。他们称宗教原则是其主要思想来源之一，对宗教采取了开发和接纳的态度；承认妇女在社会生活中的平等地位，支持她们为权利而斗争。此外，作者从基本含义、威胁来源、领导力量、实现途径和军事行动等方面剖析了当代社民党和平观的变化。最后，作者介绍并分析了法国、英国等西方主要社会党与社会党国际的理论发展与政治表现，并在读者面前绘制了一幅世界共产党与社会民主党之间百年关系的演变图，重点解析了“冷战时期”中共与西方社会民主党之间党际关系的确立与发展。

3. 英国共产主义的失落

［英］拉斐尔·艾肯·塞缪尔著，陈志刚、李晓江译，社会科学文献出版社 2010 年版

该书作者塞缪尔是英国著名的马克思主义史学家。他年轻时加入了英国共产党。1952 年与人共同创立了《过去和现在》杂志，开创了工人阶级历史的研究。由于不满苏联入侵匈牙利，塞缪尔于 1956 年退党。该书由塞缪尔在不同时期写就的论文汇集而成，分为三个部分，分别是“英国共产主义的失落”、“持久力”、“阶级政治学”，共十二章。

本书从多个层面和多重角度观察、解剖了英国共产主义的衰落，突破了历史的单一化叙述，这也使得本书避免了一般历史书籍的沉闷、枯燥，而变得十分鲜活、生动。该书认为，导致英国共产主义失落的主要原因至少有以下三个方面：其一，政党内部官僚主义滋长，党内民主受到压制；大量团体涌现，分裂主义滋长，以致党失去中心，最终引发了党派分裂，共产主义力量严重削弱。其二，思想多元、信仰丧失。党在指导思想上走向了右翼，这加剧了党内的分裂，也使得共产主义失去了吸引力。其三，党没有掌握足够的经济资源，活动经费困难，甚至在一定程度上要依赖党费，一些普通党员生活困难，为党费所累而不得不退党。

需要注意的是，共产主义在英国曾经既是英国共产党，也是英国工党的主要目标，而英国共产党实际上包括两个：一个是存在于1920—1991年的“大不列颠共产党”，另一个是1988年成立、存续至今的“不列颠共产党”。大不列颠共产党由不列颠社会党、共产主义团结小组、社会主义工党、南威尔士社会主义协会等4个小型马克思主义政党合并而成。1951年该党首次公布党纲《英国走向社会主义的道路》，主张“和平过渡”，不提无产阶级专政。从20世纪50年代开始，大不列颠共产党力量不断下降。60年代发生分裂，1977年又有一部分人分离出来。80年代后，党内形成了以《今日马克思主义》理论刊物为中心的“欧洲共产主义派”和以党报《晨星报》为核心的反对派，后者在1988年成立了不列颠共产党。1989年，东欧剧变对大不列颠共产党冲击很大，1990年尼娜·坦普尔当选为总书记后抛弃列宁主义，主张走民主社会主义道路。1991年党的名称改为“民主左翼”，《今日马克思主义》停刊，经历了71年历史的大不列颠共产党终结了。不列颠共产党声称继承了大不列颠共产党的传统，仍把民主集中制作为组织原则。2008年，该党有党员941人，虽然人数不多且在各类政治选举中收效甚微，但该党在英国工会运动、反战联盟、核裁军运动中有一定影响。2000年该党制定了新党纲《英国走向社会主义的道路》。

英国工党在第二次世界大战以后则主张“民主社会主义”道路，以H. 盖茨克尔为代表的右翼在1959年要求修改党章中有关生产、分配和交换手段公有的条文，放弃国有化政策，认为正是这一条款吓跑了中间选民。盖茨克尔的动议遭到党内左翼和工会的激烈反对。左翼主张实行更具有社会主义性质的社会经济政策。1964—1970年执政的H. 威尔逊领导的第四届工党政府，和1974—1979年威尔逊与J. 卡拉汉领导的第五届工党政府采纳了混合经济的概念，他们奉行的国内政策同保守党的国内政策的区别已越来越小。第五届工党政府垮台后，党内主张国有化的左派与主张混合经济的温和派之间的斗争变得尖锐化。此后，英国工党选票日渐减少，长达19年未能执政。1994年10月，担任工党主席三月之久的托尼·布莱尔再次提出修改党章第四条的动议，认为该条款体现的是老工党的传统，混淆了目的和手段的关系，与下届大选中的关键性问题——诸如环境、民主、社会正义等问题都无关。1995年4月29日，英国工党特别会议以65.23%对34.77%的多数通过了修改了第四条的新党章，并开始更大力度的改革。1997年，沉寂多年的工党终于在选举中获胜。

4. 欧洲社会民主主义的转型：与德国、瑞典学者对话录

何秉孟、姜辉、张顺洪编著，社会科学文献出版社2010年版

本书是作者于2007年9月15—30日在德国、瑞典学术访问期间同这两个国家的学者进行座谈的对话实录。访谈对象包括德国艾伯特基金会总部、德国社会民主党总部、特里尔大学、柏林自由大学、瑞典社会民主党总部、瑞典国会、斯德哥尔摩大学、瑞典工会联合会总部、瑞典社会民主青年团总部等机构。全书以15篇独立的座谈实录为主体，在每篇谈话录后面，附上了接受访谈的学者提供的相关著述的译文，以及国内学者发表的与主题密切相关的资料译文。本书深刻讨论了21世纪初社会民主党及社会民主主义面临的形势、挑战以及策略的调整变化，展示了社会民主主义演变的历史和趋势，深入揭示了社会民主主义的特征和实质。

本书的产生源于2007年国内掀起的那场关于民主社会主义的争论，当时一些发言人表示

出对在中国开展民主社会主义实践的坚定信念，认为民主社会主义是社会主义的最佳模式，只有民主社会主义才能救中国。这种言论，导致人们难以认识到民主社会主义的实质以及它与中国特色社会主义的区别。在何秉孟撰写的考察报告中，作者通过分析瑞典社会民主党的转型轨迹，深刻地揭示了社会民主党从社会主义政党向资本主义政党蜕变的过程，指出其与资产阶级右翼政党的区别仅在于主张用政府干预去减弱资本主义的消极影响，瑞典模式根本不是一种所谓的社会主义模式。

上篇《与德国学者对话实录》中，德国社会民主主义研究专家托马斯·迈尔教授用社会主义对社会民主党已经丧失吸引力的观点反驳了民主社会主义与社会主义等同论。尽管他本身对社会主义的理解带有很深的资产阶级意识形态的痕迹，不能为我们所认同，但他至少立场鲜明地表示出在他看来，社会民主主义不是一种社会主义模式，而且对于社会民主党而言，在苏东剧变之后，出于现实利益的考虑，他们倾向于使社会民主主义与社会主义尽可能地划清界限。在上篇的访谈中，马库斯·恩格尔斯博士解读了德国社会民主党《汉堡纲领》的制定过程和最新理论观点，在他看来德国社会民主党的转型不能说是从左转向右，而是从左转向现实，现实条件不允许德国社会民主党采取特别亲近工人阶级的纲领，这会使德国在经济全球化的条件下丧失竞争力，也会使德国遭到国际社会的孤立。这在某种程度上可以帮助我们认识当今世界资产阶级联合压制社会主义运动的实质，从而为制定新的社会主义复兴战略提供现实基础。

在下篇《与瑞典学者对话实录》中，瑞典研究委员会主席比扬·冯·西多斯分析了瑞典功能社会主义的内涵和实质。功能社会主义意味着从国家所有制形式的社会主义转向规范资本主义的社会主义，它不再强调生产资料公有制，而是强调通过国家法律、行政和社会政策来对私人资本加以限制或调解，使它发挥符合社会主义的价值观念。另外，瑞典学者还就瑞典是否是社会主义国家，瑞典模式的基本框架和内涵，全球化条件下瑞典模式面临的挑战和瑞典工会的发展等话题展开了讨论。在讨论中，大家对瑞典模式不可能向社会所有制式的社会主义回归，只能面对未来解决时代提出的新问题这一点具有普遍共识。由此可见，瑞典模式在资本全球化时代不可能成为一种挑战资本主义的力量，对于坚持走社会主义道路的中国而言具有具体措施上的借鉴意义而不具有方向性上的学习意义。

中国近代史

1. 中共党史人物传（精选本）（共 16 册）

中国中共党史人物研究会编，中共党史出版社 2010 年版

《中共党史人物传》是中共中央党史研究室及其下属的中共党史人物研究会历数十年精心编写的一部鸿篇巨制，至今已出版 100 卷，收录 1200 多篇人物传记，字数达 2800 万字，堪称迄今最权威的官方党史人物大全，是享誉海内外的党史资料集大成之作。《中共党史人物传（精选本）》这套丛书是经反复权衡，从《中共党史人物传》中择取党史上功绩卓著、影响

深远的代表人物传记，推出的精选本。经过此次增订精修后，这套精选本丛书更加突出了领袖人物传记，更加突出了关键人物之丰功伟绩，有助于读者了解中国共产党事业成功的伟大历程，是一部中共历史人物的大列传，是中共党史人物传记方面里程碑式的著作。

这套精选本丛书共16册，包括领袖卷、先驱卷、英烈卷、模范卷、军事卷（上)、军事卷（中)、军事卷（下)、民运卷、隐蔽战线卷、政治经济建设卷（上)、政治经济建设卷（中)、政治经济建设卷（下)、科教卷、文化卷、统战卷、国际友人卷等。在领袖篇中主要介绍了毛泽东、周恩来、刘少奇、朱德、任弼时、邓小平、陈云等领袖人物。在先驱篇中主要介绍了李大钊、陈独秀、董必武、宋庆龄、陈潭秋、何叔衡、王烬美、邓恩铭、李汉俊、蔡和森、赵世炎、邓中夏、张太雷、李达、罗亦农、瞿秋白、王若飞、吴玉章、高君宇等革命先驱。在英烈与模范卷中主要介绍了王进喜、孔繁森、苏宁、李向群、时传祥、孟泰、焦裕禄、雷峰、王尔琢、韦拔群、邓发、卢德铭、伍中豪、吉鸿昌、朱瑞、刘伯坚、刘胡兰、江竹筠、李兆麟、李硕勋、杨殷、杨开慧等英烈与模范人物。在军事卷中主要介绍了彭德怀、贺龙、刘伯承、陈毅、罗荣桓、徐向前、聂荣臻、叶剑英等军事将领。在民运卷中主要介绍了王荷波、邓培、邓颖超、向警予等历史人物。在隐蔽战线卷中主要介绍了孔祥桢、华克之、刘善本、李强、李克农等历史人物。在政治经济与建设卷中主要介绍了马文瑞、王稼祥、王鹤寿、邓子恢等历史人物。在科教卷中主要介绍了马叙伦、马寅初、邓稼先、华罗庚等历史人物。在文化篇中主要介绍了邓初民、田汉、齐白石、老舍等历史人物。在统战与国际友人卷中主要介绍了王昆仑、邓演达、冯玉祥、朱学范、许德珩等历史人物。

此次增订又收录了王首道、宋任穷、周光召、程潜、黎强等14位党史人物，共编写收录了278篇传记，以1400万字的容量，客观、翔实地呈现出中国共产党从诞生至今，在历史上产生重要影响的人物的传奇经历和不朽功业以及个人情怀。以人物串联起历史，为读者全面深刻地了解中共党史、中国近现代史，展示了一条粗大的脉络。

2. 中国共产党历史

杨凤城主编，中国人民大学出版社2010年版

中国人民大学中共党史系中共党史专业自20世纪50年代建立以来，就始终重视教材建设。20世纪80年代，曾经有过各种版本的中共党史教科书。此后，随着中共党史这一门课程从高校政治理论课体系中退出，加之其他复杂的社会原因，中共党史类教材鲜有出版。近20年来，中共党史研究的新材料、新观点、新成果不断涌现，这自然需要在教材中得到充分反映；从20世纪80年代以来，中国共产党又走过了20多年的历程，这20多年恰恰是中国改革开放和中国特色社会主义事业波澜壮阔、狂飙突进的历史时期，也是引起国内外瞩目的一段历史时期，这一段历史当然需要总结、需要大书特书。但目前使用的中国共产党历史教材基本上都是20世纪80年代出版的，无论是涵盖范围、材料还是观点均已落后于时代和学术的发展，考虑到教材应当跟踪和反映最新的有共识的学术成果和为了满足中共党史系本科教学亟须专业主干课教材的需要，中国人民大学中共党史系的教师集体编写了这部最新的中国共产党历史教材。教材的主要对象是中共党史专业和思想政治教育专业及其他相关专业的本科生，但也适当考虑到硕士研究生、党政干部和对党史国史有兴趣的读者的阅读需要。

该书共十一章，分为上、中、下篇。上篇是：新民主主义革命时期，具体又分为：中国

共产党的创立；在大革命的洪流中；掀起土地革命战争风暴；在抗日民族战争中发展壮大；夺取民主革命的全国胜利等五章，全面描绘了中国共产党从成立到领导全国人民夺取全国胜利、筹建新中国的壮丽历史画卷。中篇是：社会主义革命与社会主义建设时期，具体又分为：从新民主主义到社会主义的过渡；探索中国自己的社会主义建设道路；“文化大革命”等三章，全面记述了中国共产党从新中国的成立到“文化大革命”的历史。下篇是：改革开放和中国特色社会主义建设的新时期，具体又分为：历史性转折与改革开放的起步；改革开放的全面展开与治理整顿、深化改革；进入改革开放和现代化建设的新阶段等三章，全面展示了中国共产党领导全国人民推进改革开放和社会主义现代化建设的波澜壮阔、灿烂辉煌的历史进程。全书以中国共产党领导中国革命和建设中理论和实践的发展为脉络，用生动翔实的历史事实突出证明了“没有共产党，就没有新中国；没有共产党，就没有社会主义现代化”这一历史结论。

3. 建设马克思主义学习型政党

戴焰军主编，中共中央党校出版社 2010 年版

该书是国内长期从事党建理论研究的著名专家撰写的关于建设马克思主义学习型政党的一部力作。全书分为八章，共计 21.7 万字。

该书明确指出，党的十七届四中全会提出“建设马克思主义学习型政党”这一重大战略任务，是党重视学习的优良传统在新时期的继承与发展，是对党自身建设现实问题的深刻分析，也是全面推进党的建设的内在要求。

该书认为，马克思主义学习型政党具有四个方面的基本特征，即重视思想理论建设、具有开放意识、善于探索把握规律、勇于开拓进取。建设马克思主义学习型政党要把握四个基本要求：要有世界眼光，要有战略思维，要有创新意识，要有实践观念。

该书指出，学习型政党来源于学习型组织、学习型社会，把各级党组织建设成为学习型党组织是建设马克思主义学习型政党的基础工程。建设学习型政党不仅要重视学习，更要推进党的基层组织，加强和改进党组织在国家建设和社会中的功能。为此，要调整基层党组织的组织结构、完善服务功能；要健全基层民主，推进党务公开，增强基层党组织的生机和活力；要完善以党章为核心的制度体系建设；要完善思想政治教育功能，保障党的领导的有效性。

该书强调，建设马克思主义学习型政党要突出制度建设这一重点，既要形成严格科学合理的学习制度，还要高度重视相关制度的匹配和协调，克服和避免制度之间的冲突对立，不断地推进学习制度创新和发展，形成一种相互衔接、有机运作的学习制度体系。此外，该书认为，营造重视学习、崇尚学习、坚持学习、善于学习的良好氛围，是建设好学习型党组织的重要环境和前提条件。要通过强制性的学习制度规定，把全党学习的风气内化为一种习惯与自觉，实现内有动力和外有压力、强制性和自觉性的有机结合。

该书还认为，建设马克思主义学习型政党，学风问题也至关重要，要以良好的学风保障学习的实效，要以正确的方针引导学风建设，要以科学的方法推进学风建设，要把学习的成果体现在实际工作的绩效之中。

最后，该书还强调，建设学习型社会是执政党的历史职责，是建设现代化社会的必然要求，党不仅要建设学习型政党本身，还要以学习型政党建设带动学习型社会建设，团结和带领广大人民群众把我国建设成为富强、民主、文明、和谐的社会主义现代化国家。

思想政治教育

1. 新中国思想政治教育史纲（1949—2009）

王树荫、王炎，人民出版社 2010 年版

该书根据中国共产党的历史发展、思想政治教育的本质属性、中国共产党思想政治教育史自身的发展规律和内在特点，将中国共产党思想政治教育史分为新民主主义革命和社会主义革命这两个时期展开论述。该书通过分阶段的研究和讨论，叙述了中国共产党思想政治教育史的主要内容，划分了中国共产党思想政治教育史的基本线索和历史分期，为编撰中国共产党思想政治教育史著作和教材提供便利条件。该书分为六大篇目，一共由十六章组成。

第一篇新中国思想政治教育的开端，论述了中华人民共和国成立之后，中国共产党在执政条件下开展全国范围的思想政治教育的新历史时期。这一时期中国共产党充分运用执政党掌握的上层建筑和意识形态的力量，发挥思想政治教育的优势，扩大马克思主义在中国的宣传普及，使党的指导思想上升为国家的主流意识形态，同时加强执政党的自身建设，构建了适应新中国经济、政治形势和思想文化需要的思想政治教育工作制度。

第二篇社会主义思想政治教育的展开，论述了中国共产党人在 20 世纪 50 年代中期这个中国社会制度发生重大变革的历史时期，根据马克思主义基本理论，结合中国具体国情和社会主义改造的进程，创造性地开展了社会主义思想政治教育理论与实践的探索。一方面实现了把人的思想改造同生产资料所有制的改造有机结合起来这一思想政治教育史上的创举，另一方面从理论上对思想政治教育的本质特征及具有全局性、规律性和政策性的一系列重大问题进行了初步探索，确立了思想政治教育在社会主义时期的重要地位。

第三篇思想政治教育在曲折中发展，论述了中国共产党在全面推进社会主义思想政治教育的过程中，由于历史形成的阶级斗争的政治经验和习惯力量，未能摆脱以开展群众性政治运动为主要特征的传统模式的影响，最终走上了所谓“思想政治革命战线”的误区，导致思想政治教育的发展遭受困难。这一时期的思想政治教育存在积极和消极、正确和失误两种趋向，在曲折中有所前进，有所发展。

第四篇思想政治教育出现严重挫折，论述了“文化大革命”时期思想政治教育被“左”倾错误理论支配，贯彻“以阶级斗争为纲”，以搞政治运动为中心任务，严重影响了党的事业和社会主义建设的正常进程，使国家遭受严重挫折和破坏，留下许多极为深刻的教训。

第五篇思想政治教育的拨乱反正与理论创新，论述了“文化大革命”之后思想政治教育领域艰难启动了拨乱反正与改革探索的历史进程，开启了思想政治教育制度化、科学化的新时期。这一时期提出并明确了“思想政治工作是一门科学”的论断，正式创立、形成了思想政治教育专业与学科，并结合改革开放和各条战线的实际情况，制定通过了关于加强思想政

治教育的法规性文件。

第六篇思想政治教育的与时俱进和开拓创新，论述了党的十三届四中全会特别是十四大以来，党中央面对全球化浪潮下复杂的国际政治经济形势，面对社会主义市场经济条件下国内情况的具体变化，高度重视思想政治教育工作，进一步繁荣与发展了哲学社会科学，使得党的建设和群众性思想政治教育都取得了重大进展，为全面实现小康社会新目标与社会主义和谐社会建设提供了强大的理论武装和精神动力。

2. 解析与结构——当代中国思想政治教育的哲学反思

李合亮著，人民出版社 2010 年版

该书对思想政治教育的本性与本质展开了比较深入的探讨，它以思想政治教育的主体、客体、本质和价值为研究的逻辑起点，以哲学反思为研究视角，从解析与反思当前思想政治教育存在的问题入手，运用哲学思维和哲学方法，揭示主体、客体、本质和价值在思想政治教育中的专有特性，继而回归至思想政治教育的本源展开反思与追问。在整个反思、解析与建构的过程中，哲学思维贯穿始终。

（1）追本溯源：该书以主体、客体、本质和价值为研究基点，对思想政治教育的本性与本质展开追问。在思想政治教育体系中，主体、客体、本质和价值是这一体系最基本的构成要素，决定着思想政治教育的对象、任务、目标、内容和发展方向。对主体、客体、本质和价值等问题的判定，始终是认识和研究思想政治教育的源发性问题，是探究“思想政治教育是什么”这一本性研究中最具基础性和根本性的命题。长期以来，“思想政治教育的主体是什么”、“什么是思想政治教育的客体”等问题悬而未决，主体性迷失、主体迷失和客体迷失的问题在思想政治教育的理论与实践中普遍存在；学术界对思想政治教育本质的探索，基本上掩藏于教育本质的探讨之内；思想政治教育价值的研究仍停留在内在价值与外在价值、个人价值与社会价值、价值与功能等传统问题的争议中。作者在详尽梳理和评述当前学术界各种观点的基础上，阐明了主体、客体、本质和价值称谓的必要性，并将哲学意义上的主体、客体、本质和价值引入思想政治教育范畴，对思想政治教育的本性展开反思与追问。

（2）视角新颖：主体、客体、本质与价值作为哲学概念由来已久。作者运用马克思主义基本理论，以哲学反思为研究视角，将哲学范畴的概念引入思想政治教育领域，运用哲学思维、哲学方法去理解与认识思想政治教育，揭示主体、客体、本质和价值在思想政治教育中的特性，为我们重新审视和解读思想政治教育提供了崭新的视角和向度。作者的反思不是机械地将哲学中的基本概念比附于思想政治教育，也不是简单的概念置换、称谓改变，而是将思想政治教育的内容纳入到哲学基本价值概念中去进行深刻反思。首先，根据马克思主义“主体是人”的观点，作者结合思想政治教育这一学科的特殊性，将思想政治教育的主体具体细化为“国家等思想政治教育群体、思想政治教育者、作为自我教育主体的教育对象”三大类；其次，在反思哲学客体之内涵的基础上，作者将思想政治教育客体界定为“教育活动参与者、教育活动指向的受教育者”；再次，作者在考察思想政治教育起源动因的基础上，将思想政治教育的本质归结为工具性和目的性的统一。其中，工具性本质表现为政治工具性与社会服务性的有机互动，目的性本质则在于从政治化角度建设人自身；最后，作者从“主体需求”和“客体属性”双重向度出发，将思想政治教育价值界定为：思想政治教育研究的新视阈价值是指在思想政治教育实践活动中，思想政治教育以其特性与实践或合于个体政治社会化需要，或合于群体统治与发展需要而形成的一种关系，这种关系可展现为思想政治教育及其相关因素对于主体发展需要的一种积极意义。

(3) 素材鲜活：该书在保持系统的理论建构的前提下，侧重于对大学生思想政治教育的专题研究，把哲学的理论反思应用于思想政治教育的现实场景，将定性分析与定量分析相结合，实现了从"什么是思想政治教育"的理论构建到"怎样进行思想政治教育"实践建设的转向。作者以当代大学生的思想政治教育为研究对象，从"诱惑加大、喜欢反思、躲避崇高、深陷网络、认知失衡"五个方面对大学生的思想状况展开调查和剖析。在此基础上，作者提出了加强大学生思想政治教育的五个基本着力点，以区别于以往抽象空洞流于形式的口头说教。专著通过再现四川抗震救灾等一个个真实的场景、一个个感人肺腑的实例，用思想政治教育的柔性美丽和无形力量去震撼和感召每一位读者的心灵。

3. 思想政治教育基本理论问题研究

平章起、梁禹祥著，南开大学出版社2010年版

该书对思想政治教育的基本理论问题和理论体系建构进行了整体性、创新性的研究，并且密切联系实际，阐述了当今思想政治教育面对的诸多基本问题，为读者提供了比较全面的理论参考。

在思想政治教育基本理论问题研究方面，该书比较系统地研究了思想政治教育的学科地位、学科边界、研究对象、发展创新及其本质、价值、目标、内容、原则、方法、机制、载体、环境、领导、管理、主体建设等学科建设的基本理论问题。作者在研究中开辟了新的研究领域，对社会思潮、宏观思想政治教育、思想政治教育接受过程等目前研究中未曾涉及却是不可或缺的问题，进行了初步的研究；对以往研究中论述比较简单的问题，如思想政治教育的学科定位、思想政治教育的本质和规律、思想政治教育的学科化和科学化等，在理论的深度和广度上都进行了拓展；对以往研究中讨论较多但认识多有歧义的问题，如思想政治教育的定义、构成要素、主要矛盾和特殊矛盾、内在机制和工作机制等提出了新的看法。在思想政治教育理论体系的构建方面，作者认为思想政治教育理论体系是人们依据思想政治教育与社会系统相互之间，以及内部基本范畴、基本问题相互之间固有的、客观的逻辑关系而构建起来的知识体系。作者试图反映和体现思想政治教育所特殊要求：理论性和实践性、科学性与意识形态性的统一。

全书一共分为绪论、本质论、规律论、建设论、发展论五编，每编包括若干章。绪论编包括两章，概述思想政治教育的学科定位和研究对象；本质编包括4章，分别讨论思想政治教育的本质、价值、目标、内容，阐明本质对价值、目标、内容有着直接的内在规定性，价值、目标、内容都要体现本质的基本要求；规律编包括4章，深入探讨思想政治教育的过程、基本规律、具体规律、规律的转化形式，强调规律是在过程中体现出来的，因此要研究规律需要先研究过程；思想政治教育规律体系本身是由若干基本规律、众多具体规律以及规律的转化形式三个方面构成；建设编共5章，研究了思想政治教育的方法论、载体、环境、教育主体、领导管理等五个方面的建设问题，这些方面的建设是搞好思想政治教育最基本、最重要的环节；发展编包括两章，分别论述思想政治教育的继承借鉴与发展创新，以及思想政治

教育的科学化、现代化、国际化，这两章集中研究了在新形势下思想政治教育的发展方向、发展途径等问题。

4. 思想政治教育经济价值研究

罗爱平，湖北人民出版社 2010 年版

思想政治教育的经济价值是指思想政治教育劳动所创造的能促进社会经济增长和发展，满足人们物质和精神需要的效应。与人们长期以来形成的思维定势不同的是，作者认为思想政治教育并不是以政治为中介，而是通过自身对经济特别是对生产力发生作用的。这种作用可以分为宏观作用和微观作用两个层次。宏观作用是指，思想政治教育的实践作用能够形成一定的经济文化、经济道德和经济思想，即社会意识形态，以此影响整个社会的经济行为的价值取向。在微观层次上，作为经济主体的人，其经济行为、经济生活都会受到一定思想意识的支配。在现代条件下，思想政治教育不仅激发人们的主体意识、竞争意识，还帮助人们确立效益观念、时间观念、全球观念，从而推动经济的发展和社会的进步。该书在追溯中西思想政治教育经济价值思想的产生和发展的基础上，挖掘了马克思恩格斯理论学说中的思想政治教育的经济思想。该书构建的原理体系逻辑性、系统性较强，其主要观点如下。

一是思想政治教育具有推动生产力发展的精神动力价值。从马克思主义生产力理论来看，生产力由物的因素和人的因素构成，人的因素是推动生产力发展的决定因素。思想政治教育的目的在于提高人的思想政治道德素质，促进人的精神发展。所以，应该从思想政治教育对生产力主要因素——劳动者的作用去认识思想政治教育的经济作用。首先，思想政治教育激发和调动劳动者的生产积极性和创造性，能够加速生产力水平的提高和发展；其次，思想政治教育使人们认识到变革旧的生产关系，建立新的适合生产力发展的生产关系的必要性，使人们投入到变革生产关系的实践中去，最终使生产力得到解放和发展；最后，思想政治教育在科学转化为生产力中起着推动作用。思想政治教育能使劳动者对掌握科学技术的目的性和重要性有明确认识，它培养劳动者的思想品质，能调动起劳动者掌握专业技术知识的自觉性和积极性。

二是思想政治教育具有保证经济发展方向的价值。思想理论是解决社会基本矛盾，解放生产力，推动经济持续发展的思想前提，对经济起着导向和调节作用。思想政治教育能够保证我国改革开放沿着正确的方向发展，巩固和发展我国社会主义公有制，保证社会主义市场经济的正常运行。思想政治教育这一政治优势既是我国市场经济发展的驱动力，又是使经济沿着正确方向有序运行的有力保证。

三是思想政治教育具有营造经济进步的环境的价值。思想政治教育对经济进步的重要作用之一在于扫除精神障碍，创造一个良好的精神环境。思想政治教育可以促使人们全面地、辩证地看待经济的进步问题，使人们的眼光从片面的、狭隘的纯经济增长的旧框框中解放出来，代之以全面的系统的发展观念，从而为经济的全面进步提供总的方法论意义上的指导。

5. 德国政治教育研究

傅安洲、阮一帆、彭涛，人民出版社 2010 年版

该书通过全方位地研究德国政治教育体系的构建发展与功能作用，揭示其本质和特点，为我们加深对思想政治教育功能和规律的认识，借鉴西方发达国家的有益思想和经验，提供了有益的参考价值。该书的分析较深刻、透彻，研究目的明确，资料翔实，既有当代德国政治教育体系构建的历史背景和思想文化境遇的历史研究，又有当代德国政治教育体系及其构建和发展历程的考证研究，更有当代德国政治教育基本理论问题的系统阐述，还从战后政治文化变迁的高度揭示了当代德国政治教育的功能和作用，最后落脚到我国思想政治工作的借鉴启示，研究十分全面。该书一共分为七章，结构如下。

第一章至第三章，属于历史研究。作者比较系统地梳理了第二次世界大战结束之前德国政治教育的历史演变，包括第二帝国的“国民教育”、魏玛共和国“基于国家和民族的政治教育”、第三帝国的“政治教化”，阐述了当代帝国政治教育体系重启与构建的历史背景和思想文化境遇。

第四章属于体系研究。内容包括当代德国政治教育体系的构建与发展。并试图回答了以下几个问题：(1) 德国为何、怎样构建国家政治教育体系；(2) 在构建政治教育体系中遭遇的内部和外部挑战，以及应对方法；(3) 国家政治教育体系的重要构成要素，以及它们的结构特征；(4) 当代德国思想政治教育的特征。作者特别选取“联邦政治教育中心”、“学校政治教育”和“政治教育理论”三个主要维度，对其历史演化过程进行观测，从而揭示联邦德国政治教育体系构建和发展历程。

第五章属于理论研究。作者在历史研究和体系考证的基础上，重点研究并较为系统地梳理了当代德国政治教育的基本理论问题，探讨当代德国民主政治教育体系背后的那些有形的各种力量和无形的、潜在的精神和文化的影响因素。本章对德国政治教育理论的思想渊源进行了追溯，对德国政治教育的概念进行了深入辨析，对政治修养理论、政治认知——参与理论和政治社会化理论三个当代德国政治教育基本理论作了较为详尽的阐述，从整体上呈现了其理论特色和思想风格。

第六章属于功能研究。作者从战后德国政治文化变迁的角度，说明当代德国政治教育体系的功能和作用。在“政治教育是政治文化学习和传播的途径和方式”的理论预设下，以德国民众的“二战史观”和“对资产阶级民主政体及其价值观念的集体认同”为主要观测点，研究并阐明了第二次世界大战之后德国政治文化的变迁与转型，从而论证了德国政治教育体系在改变、创造、维持政治文化，培养资产阶级民主社会公民中发挥的作用。

第七章属于借鉴研究。作者从思想认识、理论创新、实践操作三个层面概述了德国政治教育给我们的启示，并提出了加强和改进当代中国思想政治工作的建议。

科学无神论

上帝的迷思 (The God Delusion)

[英] 理查德 · 道金斯著，陈蓉霞译，海南出版社 2010 年版

本书英文版首次出版于 2006 年，曾占据《纽约时报》非小说类畅销书排行榜长达一年，已被译成 32 种文字。该书的作者是一位进化生物学家，无神论者，曾当选为当今世界三大知

识分子之一。

该书从科学的角度和无神论的立场对宗教进行系统反思。主要内容包括三个方面：对上帝存在的驳斥、对宗教起源的检讨以及对宗教与道德关系的重新审视。其主旨在于从科学理性主义立场提升无神论者的自我意识。

作者认为"上帝假说"和任何假说一样，应该受到人们怀疑性的分析和批判；作者回顾了历史上形态多样的万物有灵论、多神论和一神论关于上帝的论述，对那些关于上帝存在的本体论、宇宙论和设计论等论证一一进行了驳斥，尤其是针对设计论，作者运用丰富的生物学知识，认为其无法解释统计学上的不可能事件，却假设了一个更为不可能的存在。进化论已经表明，生物界统计学上的不可能性及其表面上的设计性，都是从简单开始缓慢进化而来的。作者还从进化论的角度，认为关于上帝的观念本身经历了一个进化过程。

本书从心理基础和自然选择的角度论述了宗教的起源。作者认为宗教的产生和发展只是非理性心理需求的"偶然的副产品"，人类并不在本性上需要宗教，宗教的兴起是一种具有自然选择特点的文化基因复制现象。宗教的传播形式与生物学中的基因复制相似，而且带有自然选择的特点。宗教只是特定的文化现象，并不代表任何超越性的真理。

关于道德和宗教的关系，本书驳斥了"没有上帝，人们就没有道德"的观点，反对道德起源并依赖于宗教的原因有三：宗教战争和侵害等很难用"善"与"爱"来解读；个体的利他行为是进化的产物；社会文明在不断进化，道德情感就无须劳烦"神"来赋予。作者认为道德的基础是人类自然具有的道德情感，这种情感既不依赖超自然存在者的赋予，也不建立在宗教戒条之上，上帝或神的消逝并不必然导致道德基础的崩溃。在没有超自然宗教的情况下，人们能够走向幸福并且过上充实的生活。

该书最后指出宗教信仰不可避免的封闭性和排他性常常成为专制主义和对外战争的根据，因此，倡导科学无神论无疑是理性的选择，而且人们不同程度地具有无神论观念，至关重要的是要唤起人们作为无神论者的自我意识。

贯穿全书，作者论证了上帝是一种幻觉（delusion），并在书中引用了美国哲学家 R. Pirsig 的一句话："当一个人遭受 delusion 的痛苦时，叫做精神错乱；当许多人遭受 delusion 的痛苦时，叫做宗教。"

第七篇

课题概览

2010年度国家哲学社会科学基金课题简介（部分）

1. 马克思主义执政党治国理政与自身建设关系问题研究（重点项目）

山东大学政治学与公共管理学院：王韶兴

该课题的研究对象是马克思主义执政党治国理政与自身建设的关系，旨在探讨马克思主义执政党治国理政与自身建设的科学化要求及其实践机制。

该课题研究的基本内容：一是系统梳理和归纳马克思主义经典作家的党建思想，深入挖掘其当代价值。二是系统总结马克思主义政党执政90多年来的治国理政与自身建设历史经验，着重探讨社会主义政党政治的一般规律、共产党执政及其自身建设的根本规律及其在不同时代条件下、在不同的民族国家中的具体实践形式。三是分别以马克思主义执政党的管党治党能力、多党合作能力（中国共产党）、执掌政权能力、领导国家和社会能力以及政党外交能力为具体研究对象，对其科学内涵与基本特征、基本内容与价值指向、衡量标准与评价体系，及其各自建设的历史经验与时代要求、动力机制与条件支撑、指导原则与方法途径等问题进行专门研究，力求形成相应的带有规律性的认识。

该课题的主要创新点：第一，通过对马克思主义执政党处理治国理政与党的自身建设关系历史经验的研究，深化对社会主义政党政治规律、马克思主义政党执政规律及其自身建设规律的认识；通过对这“三个规律”的全面认识和准确把握，揭示马克思主义执政党的整体水平和综合能力的基本内容和实现机制。第二，根据社会主义政党政治新的实践和新的发展，着力于对马克思主义执政党先进性的内容支撑及其实践形式作进一步的论述；根据马克思主义执政党执政能力建设新的实践和新的发展，着力于对马克思主义执政党执政能力的来源及其发展机制作出进一步的回答。第三，在准确把握马克思主义执政党建设本质特征是党对社会主义政党政治规律、共产党执政规律及其自身建设规律的全面认识和自觉运用的综合能力建设的基础上，对马克思主义执政党综合能力的概念定义、本质特征、内容结构和发展机制等问题作深入研究，由此深化马克思主义执政党的管党治党、多党合作（中国共产党）、执掌政权、领导国家和社会以及政党外交能力在党综合能力体系中价值功能的认识，揭示执政党自身的制度化水平对于党实现治国理政与自身建设科学化的统领意义。第四，在遵循马克思主义执政党建设规律的前提下，着力研究如何将执政党建设的总体任务转换为执政党的整体水平和综合能力；将执政党建设的内容结构转换为执政党的管党治党、执掌政权以及领导国家和社会的具体水平和具体能力；将执政党建设的阶段性任务要求转换为执政党建设的长效机制，以此实现执政党建设的目标与内容相一致，任务与能力相协调，理论、制度、方法相配套。

2. 马克思主义经济学中国化研究（重点项目）

西南财经大学经济学院：蒋南平

中国正在构建和谐的、科学发展的社会主义市场经济，迫切需要科学的经济理论作指导，而实践中曾出现照搬照抄马克思主义经济学及西方经济学的本本主义之倾向，造成人们经济行为的错误及经济社会的重大损失（如形成计划经济的僵化及当前经济发展的深层次问题），因此，必须将马克思主义经济学中国化，才能正确地指导中国的改革实践。马克思主义经济学的中国化，是将具有全球性普遍指导意义的马克思主义经济学，运用于中国特殊的国情，并根据中国经济发展的实践，丰富及发展马克思主义经济学的一般理论的过程。

就目前已有的前期研究成果来看，马克思主义经济学中国化的研究成果极少，而学界对马克思主义中国化的研究虽然取得了较多的成果，但也还存在以下问题：一是马克思主义中国化是如何提出来的？二是马克思主义中国化的实质是什么？三是马克思主义如何中国化？围绕这些问题，理论界和实践上都还有大量工作可做。

在全球化与民族化交融背景下，研究马克思主义经济学中国化不仅要解决马克思经济理论与实践的结合（各个国家的实践特别是中国的实践结合），而且还要在此基础上形成由中国经济实践所反映出来的新的、具有普遍真理和普适价值的一般理论。这种一般理论，是对马克思主义经济学理论的继承和创新。

该课题要着重说明下列内容：

（1）马克思主义中国化与马克思主义经济学中国化的内涵；

（2）国内马克思主义经济学的研究成果；

（3）国外马克思主义经济学的研究成果；

（4）老一辈经济学家对马克思主义经济学中国化的理论贡献；

（5）马克思主义经济学中国化的民族性；

（6）马克思主义经济学中国化的全球性；

（7）全球化与民族化交融下的马克思主义经济学中国化的具体内容；

（8）全球化与民族化交融下的马克思主义经济学中国化的实现途径。

本课题从全球性的马克思主义研究视角，用方法群（孙冶方推崇的方法）研究马克思主义经济学具有一般性的普适性，再用马克思主义的辩证思维方法（即抽象—具体—抽象）、历史与逻辑的思维方法、理论与实践相结合的方法、一般—个别—一般及现代西方经济学的数理方法来研究马克思主义经济学的中国化的具体问题。

本课题的研究重点是从马克思主义经济学中国化的民族性与全球性研究中，提出符合马克思主义经济学指导世界性经济发展的新的一般原理，即中国化的马克思主义经济学的一般原理。本课题要突破以下几个理论难点：一是马克思主义经济学中国化如何民族化和全球化？二是中国化的马克思主义经济学是否具有普适价值？三是马克思主义经济学中国化的一般原理的内容是什么？

对马克思主义经济学中国化的理论研究中包含着马克思主义经济学世界性和民族性的研究，并在对其全球化与民族化的研究中形成其中国化的普适性理论，即完成对其中国化进行理论抽象的工作。在形成中国化的新的马克思主义经济学的一般原理后，再来验证马克思主义经济学中国化理论对当代中国经济改革的重大指导意义，这是一项开创性工作。

3. 东欧新马克思主义理论研究（重点项目）

中共中央编译局：衣俊卿

以南斯拉夫实践派、匈牙利布达佩斯学派、波兰和捷克等国的新马克思主义者为代表的东欧新马克思主义是最有影响的国外马克思主义流派之一，与卢卡奇开创的经典西方马克思主义和20世纪70年代之后的各种新马克思主义流派同样具有重要的理论地位，在西方学术界具有重要的影响，其部分代表人物目前依旧活跃在国际学术界。在国内学术界，对东欧新马克思主义的研究还停留于一般性介绍，且比较零散。因此，该课题将全面开启国外马克思主义研究的一个新领域，填补我国学术界的一个空白。

本课题将在对南斯拉夫实践派的彼得洛维奇、马尔科维奇、弗兰尼茨基和斯托扬诺维奇，匈牙利布达佩斯学派的赫勒、费赫尔、马尔库什和瓦伊达，波兰的沙夫和科拉科夫斯基，捷克斯洛伐克的科西克和斯维塔克等十几位东欧新马克思主义主要代表人物的个案研究的基础上，开展对东欧新马克思主义及其主要流派的总体性把握，主要包括以下几方面的内容和观点：

（1）研究东欧新马克思主义对马克思思想的理论阐述。同西方马克思主义和其他新马克思主义流派相比，东欧新马克思主义理论家对马克思思想的阐述最为系统和集中，特别体现在关于马克思的需要理论、异化理论、人的理解、实践哲学、辩证法等的理解中。

（2）研究东欧新马克思主义对社会主义理论和实践、历史和命运的反思，特别是对社会主义改革的理论设计。东欧新马克思主义理论家大多是东欧社会主义自治等改革实践的直接参与者，他们对社会主义的本质特征的阐述和构想，以及对社会主义实践的反思，值得我们认真分析、批判和借鉴。

（3）研究东欧新马克思主义对现代性危机的独特反思。由于对马克思思想有比较深入的理解和特有的东西方社会发展的比较视野，东欧新马克思主义理论家在现代性和启蒙批判、后现代性研究、微观政治哲学、价值哲学和伦理哲学等领域的许多思想具有理论厚度和深刻性。

4. 马克思主义宗教观在中国的理论和实践研究（重点项目）

国家宗教事务局：王作安

该课题拟研究的主要内容和基本思路。深入探讨马克思主义宗教观中国化的背景和前提，全面梳理建构马克思主义宗教观的理论政策体系，全面考察马列宗教观传入中国的历史过程及其传播情况，系统考察以毛泽东、邓小平、江泽民、胡锦涛为代表的几代中央领导集体认识和处理宗教问题的历史过程和每一阶段的创新成果，系统梳理和评述我国学术界对马列主义宗教观的研究和争论情况，全面阐述中国特色社会主义宗教理论这一当代中国马克思主义宗教观的科学体系，全面阐述中国特色社会主义宗教理论与马克思主义宗教观、列宁主义宗教观、毛泽东思想宗教观一脉相承又与时俱进的统一体系，全面阐述党和国家处理宗教问题的组织机构、工作体系及体制机制，对推动马克思主义宗教观中国化、时代化、大众化，推动宗教工作的理论、政策、实践、制度创新提出对策建议。

该课题有12大基本观点，其中认为马克思主义宗教观在中国的理论和实践有四大制约因素。中国共产党接受的马克思主义宗教观首先是马克思恩格斯的历史唯物主义世界观和方法论，其次是由列宁坚持和发展的马列主义宗教观；马克思主义宗教观在中国不同历史时期的理论和实践有成功经验也有失误和教训；中国特色社会主义宗教理论是当代中国的马克思主义宗教观，是包括邓小平理论宗教观、“三个代表”重要思想宗教观和科学发展观宗教观在内的科学体系，是与马列主义宗教观和毛泽东思想宗教观一脉相承又与时俱进的统一体系；马克思主义宗教观的科学体系包括基本理论和工作理论两大层面；马克思主义宗教观不是教条，而是供进一步研究的起点和方法，核心是用马克思主义的立场、观点、方法认识宗教现象、分析宗教问题、指导宗教研究和宗教工作；要坚持马克思主义宗教观普遍原理及其中国化基本成果，并在实践中不断丰富、发展和完善。

该研究有 8 大创新之处，其中包括对马克思主义宗教观中国化的背景和前提进行分析研究，对马列主义宗教观的科学体系进行全面梳理和理论建构，对马克思主义宗教观在中国的理论和实践分阶段进行历史考察和理论概括等。

5. 马克思主义文艺理论中国化研究（重点项目）

安徽大学中文系：赵凯

马克思主义文论的原典形态是否包含着丰富而完整的人文精神？在相当长的时间里，马克思主义文论被突出与强化的往往是为功利主义所阉割的某种局部与特指观点或者只是马克思主义文论原典的某一个维度或某一个知识领域。因此，在诸多的马克思主义文论的阐释形态中，人文精神实际上被埋没了。为此要对马克思主义文论的原典形态作扎实的文本研究。

该课题研究的主要问题包括：

（1）人文精神与历史精神能否在矛盾冲突中实现有机融合？人是历史的主体和创造者，历史是人的实践活动的过程与结果。譬如恩格斯“美学观点与历史观点”的文艺批评标准。“美学观点”作为对文艺审美特性的要求，体现出文艺作为人类掌握世界的特性原则，必然负载着历史因素与人文关怀，因为任何一种审美理想或审美趣味，都与特定历史阶段人类的生存状态与文明程度相联系。而“历史观点”作为对文艺在人类历史生成中意义的价值判断，其核心仍然不能摆脱作为审美实践活动的主体的人。

（2）如何汲取与整合多方面的思想资源，使得马克思主义文论的人文精神更契合当代性人文价值取向？西方文化与中国传统文化中的人文思想都应该是马克思主义文论人文精神当代构建中不可或缺的思想资源。西方文论注重对文艺创作主体、文本主体与欣赏主体的研究；中国传统文化就其民族性而言，是追求人性与人生和谐的文化。因此，要通过思想筛选与学理整合，从而使多种人文思想资源在马克思主义文论的逻辑框架中和谐共生，并由此衍生与创造出能够坦然面对当代文艺实践的新的人文命题、人文话语与人文阐释。

（3）马克思主义文论如何参与并指导当代文艺实践？人文精神的理性复归，使得马克思主义文论在与中国当代文艺实践的对话中获取新的生命活力与理论意义。因为它完全契合当代文艺实践的思想主潮与精神向度。新时期以来文学艺术的发展，始终贯穿着这样一条鲜明的主线，那就是人对自身生存方式与生存意义的不断自觉；对人生境遇意识的不断成熟与超越。但是当平面化、世俗化与商品化的文艺倾向愈演愈烈时，文艺的人性守护与人文关怀无疑面临着严重的威胁。对此马克思主义文论不能“失语”。坚持发挥文艺解放人、提升人的审美功能，推进与改善人与自然、人与社会以及人与人之间的和谐关系，这也正是马克思主义文论人文精神给予当代文艺实践的最重要的启示。

（4）如何在思想逻辑与实践指向上科学阐释马克思主义文论人文精神与“以人为本”的科学发展观的传承关系？人文精神是历史流动的产物，它既是理想的，又是现实的，其价值内涵也是与时俱进的。马克思主义文论的人文精神尤为表现出开放性、实践性与历史发展的品格，胡锦涛同志关于“在人民的伟大中获取艺术的伟大”的论述，为马克思主义文论的人文精神赋予了新的时代内容与新的思想意义。

6. 马克思主义的民主集中制思想与当代中国的政治发展

中国社会科学院马克思主义研究院：辛向阳

该课题研究的主要内容：

（1）马克思主义民主集中制思想的演变及发展进程。要分析马克思主义创始人是如何提出和怎样提出民主集中制思想的，要结合19世纪无产阶级革命的历史实际，深入研究马克思恩格斯对民主集中制思想的论述；要分析列宁在帝国主义和无产阶级革命的新阶段是如何提出和怎样提出民主集中制思想的，要结合当时的历史状况，深刻把握列宁民主集中制思想的真正含义，特别要对把列宁与马克思恩格斯在这一思想上割裂开来的观点进行剖析；要分析毛泽东在推进马克思主义中国化的过程中是如何提出和怎样提出民主集中制思想的，要结合中国的具体国情，深刻认识毛泽东对于民主集中制的科学论述；要分析邓小平、江泽民、胡锦涛等在推进中国改革开放发展的进程中是如何提出和怎样提出民主集中制思想的，要结合改革开放以来的实际，深刻领会中国特色社会主义理论体系中民主集中制思想的本质要求。

（2）系统梳理国外学者特别是西方学者关于民主集中制的观点。围绕着民主集中制，国外学者进行了多方面的研究，出版了很多有价值的著作和文章。但对于这些文章与著作，我们的研究还很不够。本课题要从三个方面进行系统研究：一是弄清楚国外学者在民主集中制问题上有哪些主要的观点；二是科学地剖析其中的一些错误观点；三是有针对性地回答国外学者提出的一些疑问。

（3）深入研究民主集中制与中国政治发展的内在关系，要研究从制度上如何进一步推进和完善民主集中制。

该课题研究的重点难点：

（1）科学地归纳马克思主义创始人所论述的民主集中制思想，同时分析列宁主义与马克思主义创始人在这一问题上的一脉相承性。

（2）分析民主集中制对于推动国际共产主义运动所起的作用，要回答国外一些学者在这个问题上臆造的种种观点，诸如民主集中制导致了共产党的极权主义、民主集中制只适应于革命时期而不适应于建设时期等。

（3）中国共产党运用和发展民主集中制的历史进程及基本经验，同时对比20世纪80年代欧洲共产主义运动放弃民主集中制原则的后果。

（4）对当前坚持好民主集中制原则的基本要求进行深入具体的分析研究，坚持好民主集中制必须坚持民主基础上的集中和集中指导下的民主相结合，以保障党员民主权利为根本，以加强党内基层民主建设为基础，切实推进党内民主，广泛凝聚全党意愿和主张，充分发挥各级党组织和广大党员的积极性、主动性、创造性，坚决维护党的集中统一。

（5）要对一些错误观点进行有说服力的分析，这包括：列宁建党建国的民主集中制实质是集中制；民主集中制的原则违背宪法主权在民的原则；民主集中制是推进党内民主的拦路虎和挡箭牌等。

7. 马克思主义大众化的制度建设研究

中共湖南省委党校：林国标

该课题主要包含三个部分：大众化模式论、大众化方法论、大众化评价论。

大众化模式论根据我党长期的马克思主义大众化的历史实践，总结和描述并反思几种主要的大众化模式。这些模式暂时概括为“启蒙—解释”模式、“民族—本土”模式和“大众—人本”模式。

大众化方法论介绍和评析历史上产生和运用过的主要的大众化方法。历史上曾产生过的主要的大众化方法大致有：“灌输—牵引”方法、“再造现实”的方法、“批评与自我批评”的方法和“群众运动”的方法。通过检视历史上产生和运用过的主要的大众化方法，课题指出过去在这些方法的运用上所存在的不足之处，同时说明在新的时代条件下，这些方法尚存的部分合理性以及开发和利用的可能性，进而指出如何根据时代要求，对这些方法进行综合创新。

大众化评价论是对推进马克思主义大众化所展开的绩效分析，也就是对于当代中国马克思主义大众化取得了哪些成效？还有哪些问题？效果与我们预期目标之间有多大的差距，差距在什么地方等进行评估，可能的话，建立标准化的评价体系。

(1) 理论创新的评价。对理论创新性的评价可以围绕以下几个方面设立评价指标：内容时代化、形式时代化、表达方式的时代化、问题的时代化。

(2) 大众的理论需求情况及理论满足大众需求情况的评价。对理论满足大众需求情况的评价可围绕以下几个方面设立评价指标：理论的大众性（即理论关注大众需求、回应大众关切、解答大众困惑方面)；大众的理论兴趣度；大众对马克思主义的认同度；基本原理、基本观点的通俗性；解决问题的具体性；大众理想信念的稳定性与明确性。

(3) 马克思主义在与各种非马克思主义的对比中的主导性地位的评价。对马克思主义在意识形态中的主导地位的评价可以围绕以下方面设计指标体系：社会思潮的活跃度、马克思主义引导舆论的情况、马克思主义对社会思潮的影响力、社会思潮对马克思主义的认同度、社会思潮对马克思主义的排斥度、马克思主义对其他社会思潮的整合度。

(4) 马克思主义层次化、生活化、制度化程度评价。设计指标体系包括：马克思主义的层次性（即在精神、制度、生活层次的表现形式)、民间话语中有多少属于马克思主义的概念与范畴、马克思主义对民众日常生活的参与和干预度、民众的日常交往礼仪有多少是基于马克思主义的价值观、民间信仰与马克思主义的关系。

8. 建设马克思主义学习型政党研究

北京师范大学政治学与国际关系学院：孙秀民

该课题主要研究中国共产党成立以来学习型政党建设的历史与基本经验，学习型政党建设现状、主要问题及其成因分析，国外政党（学习）建设的经验教训鉴戒与对国内学习型党组织建设创新性实践的总结评价，以及加强学习型政党建设的目标及路径选择。也就是在全球的视阈里，把建设马克思主义学习型政党放在国际共产主义运动史特别是中国共产党成立 90 年以来的历史纵深中，在系统总结中国共产党建设马克思主义学习型政党的历史经验，以及中共十六大以来保持共产党员先进性教育和学习实践科学发展观的新鲜经验基础上，围绕中共十七届四中全会提出的建设马克思主义学习型党组织的要求，分门别类地调查研究党政机关、事业单位、国有企业、农村、“两新”组织和社区学习型党组织建设，同时鉴戒国外政党（学习）建设经验教训和总结国内学习型党组织建设创新性实践，根据存在的问题有针对性地提出“复习”、“补习”和“预习”的举措，创设出有操作性的党政机关、事业单位、国有企业、农村、“两新”组织和社区学习型党组织建设方案。

该课题研究的主要特点是：对学习型政党建设研究化“整”为“零”，即将“学习型政党”分解为“党政机关学习型党组织”、“事业单位学习型党组织”、“国有企业学习型党组织”、“农村学习型党组织”和“‘两新’组织和社区学习型党组织”五个方面，并研究如何加强其建设；重视实证研究，即不仅采用大面积问卷和访谈调查方式收集基础研究资料，以案例方式系统整理各地的创新性实践经验，跟踪考察一些重要举措及实施效果；应用学习心理学、学习方法论和教育学的有关理论，并尽可能采用比较研究方法，鉴戒国外先进经验教训，构建促进学习型党组织建设的模型和机制。

9. 西方左翼学者论中国特色社会主义

中国社会科学院马克思主义研究院：范春燕

西方左翼学者对中国特色社会主义的研究主要集中在以下几个方面：中国特色社会主义的性质与走向；中国特色社会主义与中国改革开放前 30 年社会主义实践之间的关系；毛泽东思想、邓小平理论和经典马克思主义之间的关系；中国特色社会主义实践的成就与“代价”等。他们的研究，具有不同于西方主流“中国学”研究的特质。他们不仅关注有中国特色的“现代化道路”或“发展道路”，而且更为关注有中国特色的“社会主义道路”。他们往往把中国的发展置于世界社会主义实践的背景下来考察。他们的研究对象也就不仅仅限于一种对于发展中国家走向现代化具有示范意义的“中国模式”，而是一种具有资本主义替代性意义的“中国社会主义模式”。在他们的研究中，不仅包括对改革开放 30 年来中国的经济发展道路尤其是工农业发展道路的分析，也包括对中国社会的阶级结构、生态可持续性、医疗卫生制度、妇女地位、工人阶级意识等方面变迁的分析。从他们的相关著述中，既可以读到他们对中国特色社会主义实践的肯定和期待，也可以读到他们对中国特色社会主义走向的怀疑和担忧。

总的看来，西方左翼学者对于中国特色社会主义的认识有其独到之处。他们由于“置身事外”，所以能够在一定程度上对中国特色社会主义作出较为客观的评价和分析。他们中的大多数人对改革开放 30 年来中国所取得的巨大经济成就持肯定态度，有的学者还提出了一些具有启发性和建设性的意见和建议；另一方面，他们对于中国特色社会主义实践中存在的一些问题也往往能够直击要害，如他们对于贫富差距问题、生态可持续发展问题、社会主义理想信念弱化等问题的批评，则可以使我们保持警醒。但是，在西方左翼学者中也普遍存在着用马克思主义的一些教条性解释来剪裁中国现实的问题。由于他们对中国的具体情况了解得不够全面，就会开出一些不适当的“药方”。这就需要我们进行认真地研究和辨别。

本课题的创新之处主要体现在：从西方左翼的独特视角来透视中国特色社会主义的理论和实践，对于西方学者提出的一些问题，如中国特色社会主义和改革开放前 30 年社会主义实践的关系、中国特色社会主义所取得的成就和不足之处、中国社会主义实践的世界历史意义等进行再思考，汲取其有益观点，以达到对中国特色社会主义更为科学地理解和认知。

10. 马克思主义中国化的文化路径研究

苏州科技学院教育与公共管理学院：温波

本课题主要从出场学的角度研究马克思主义中国化的文化语境，马克思主义中国化实践路径与文化路径及其关系，马克思主义中国化的形态建构，马克思主义与中国本土文化的交往与对话以及马克思主义中国化当代文化路径等问题。首先，建立起哲学解释学研究框架，对马克思主义中国化的“原初文化语境”及在当代中国出场的新文化语境进行追问，从“原初”到当代文化语境，发生了什么样的变化和具有怎样的“历史间距”？而这一差异又是怎样达到统一的？并分析在理解→解释→视阈融合→应用这一过程中，马克思主义与中国本土文化是怎样达到融合与对接的？其次，以马克思主义交往实践观审视马克思主义与中国本土文化是如何进行交往与对话并实现中国化的？这包括“马克思主义中国化对中国传统文化的立场”与“中国传统文化对马克思主义中国化的影响”两个方面，从而阐明马克思主义中国化对中国传统文化的立场变革进程及马克思主义中国化的中国风格、中国气派、中国特色与中国传统文化的关系。第三，从历史的角度分析研究马克思主义中国化在不同历史时期的文化语境与文化路径。通过对不同历史时期文化语境与文化路径的比较，着重说明马克思主义中国化的理论形态是随着文化语境与文化路径方式的历史变化而演进的。第四，分析研究当代中国马克思主义出场的文化语境——差异性社会的文化矛盾及其根源，揭示出其出场的文化路径。

本课题认为马克思主义中国化的文化路径，就是指马克思主义从“原初”西方文化语境转变为中国文化语境，并与中国文化相结合形成具有中国气派、中国风格且与中国精神相贯通的中国形态。它与实践路径相辅相成、缺一不可，实践路径是“体”，文化路径是“翼”。正因为如此，马克思主义传入中国，除与中国实践结合外，还与中国本土文化进行交往与对话。因此，中国优秀传统文化是马克思主义中国化的文化来源，这正是马克思主义中国化具有中国风格、中国气派的关键所在。从出场学角度看，马克思主义中国化会随着文化语境与文化路径方式的历史变化重新设计和重新选择新的理论形态。当代中国马克思主义就是在解决中国特色社会主义文化矛盾中出场的。马克思主义中国化当代文化路径是：必须坚持建设社会主义核心价值体系，必须坚持马克思主义的文化领导权，必须建立社会主义文化统一战线，必须推动社会主义和谐文化建设，必须推进当代中国马克思主义大众化。

11. 马克思主义哲学当代发展研究

北京大学哲学院：仰海峰

本课题关注马克思主义哲学自其创立到当代发展的历史过程，揭示马克思主义哲学历史发展的内在逻辑、马克思主义哲学在当代所面临的挑战、马克思主义哲学当代发展的理论视阈及其问题域。一方面探索马克思主义哲学基础理论的当代建构，另一方面也为马克思主义哲学中国化提供一种理论思考路径。

本课题的研究主要包括三个部分：第一部分是马克思思想研究。这部分将采取跨学科的方法揭示马克思思想中哲学、政治经济学与科学社会主义思想的内在关系，从而重新探讨马克思哲学的基本理念及其思想史的意义，并揭示马克思哲学思想与当时的资本主义社会发展的内在关系。第二部分主要讨论组织化资本主义时代马克思主义发展中所遇到的问题及主要学者的解决思路。如果说马克思关注的主要是自由竞争的资本主义时代，那么，列宁、葛兰西、卢卡奇、早期法兰克福学派等关注的主要是组织化资本主义社会，因此如何在这一历史境域及其相关的思想境域中理解马克思并发展马克思的思想，这是今天仍然需要重新清理的问题。第三部分主要探讨后组织化资本主义时代马克思主义发展的历史境域与思想境域。这部分将揭示马克思主义哲学在当代所面临的新挑战及各种不同的研究思路，并在重新理解马克思思想的过程中重新探讨其内在理念。这三部分构成了有机的整体，从而为马克思主义哲学的当代发展提供新的理论探讨。

12. 马克思主义的劳动分配正义研究

山东大学哲学与社会发展学院：姜涌

自 20 世纪 70 年代以来，社会正义思想讨论受到了越来越多学者的关注，尤其是马克思的劳动分配正义思想变成了社会发展的平等诉求，例如，“马克思如何看待正义?”“马克思和正义的关系怎样?”这里需要说明的是政治哲学家探询的不是“财产是怎样分配的”，而是“怎样分配财产才是正义的或公平的”，这就是正义问题的提出。那么，如何诠释马克思的劳动分配正义及其价值呢?

马克思深刻地揭露和批判了资本主义社会的非正义现象，分析了资本主义社会的分配理论，提出了建立在劳动的基础之上和对资本的批判的基础之上的分配正义思想。在马克思看来如果由于财富不均而产生了贫困，这个社会的财富就没有被公正地进行分配。这样的财富分配的方式也是不符合正义的，即由于不恰当的分配让一部分人处于不利的状态。在被分成剥削与被剥削两部分的资本主义社会，由于资本对劳动的强势地位，是不可能实现财富的正义分配的。建立在异化劳动基础上的资本主义社会不仅不能正确分配财富，而且建立在资本基础上的财富分配也是不公正的社会分配，马克思对资本主义社会提出的这种价值批判是构想社会主义可能性的前提。首先，分配正义这一概念，是由“分配”和“正义”组成的复合概念。因此，为了理解马克思的分配正义论，一方面要考虑他的“分配”，另一方面要考虑他的“正义”。马克思把分配看作经济学的范畴，在与生产的关系中予以定位，分配作为经济活动的一个过程，是决定其后的交换和消费方式的要素。因此，马克思的正义论不单单是道德上的责难，形成他的正义论的核心概念是“劳动的异化”。这一概念除了是对资本主义道德批判的价值概念外，也是对资本主义进行社会科学分析的基石，是决定资本主义本性的概念，是对资本主义私有制的批判。其次，马克思明确提出：消费资料的任何一种分配，都不过是生产条件本身分配的结果。生产决定分配，生产方式决定分配方式，生产方式的性质和状况决定分配的性质、方式和状况。分配作为一种权利，直接来源于生产要素、生产条件、生产资料的所有权，决定于人在生产中的地位。因而分配是一种现实的经济权利与经济关系，而不是一种抽象的道德权利，生产关系产生出法权关系，而不是经济关系由外在于他的法权关系来调节。马克思提出，最公平合理的分配存在于共产主义高级阶段，是“各尽所能，按需分配”。

13. 互联网条件下马克思主义的传播与发展新走势

中国社会科学院马克思主义研究院：谭扬芳

本课题研究的基本观点：互联网的迅猛发展给马克思主义的传播与发展带来了双重影响，

我们应与时俱进采取相应举措以抓住机遇，应对挑战。

(1) 机遇。第一，互联网的发展加剧了资本主义社会的矛盾，使其矛盾的暴露更加直接和迅速，促进了人们对资本主义世界的深刻反思，对各种社会主义思潮也更加关注。同时让社会主义国家能够“近距离”地感受到发展的差距，更加便捷地学习发达国家的经验，促进自身发展。第二，互联网拓展了马克思主义传播的途径，给马克思主义注入了新的活力，创造了新的理论生长点。第三，互联网使马克思主义传播变得便捷和迅疾，使全球各地零散的“社会主义复兴的幽灵”长上“翅膀”，这有助于推动全球工人阶级的团结和联合。第四，互联网促进了人类生存方式、思维方式的改变，使人们的交往方式呈现出普遍性、直接性、互动性的特点。

(2) 挑战。第一，资本主义世界的反思在一定程度上缓和资本主义的社会矛盾，“延缓”了资本主义的生命。第二，人们的社会主义信念会在多重思想冲击下发生动摇，对马克思主义在意识形态领域的主导地位造成冲击。第三，网络经济、虚拟政治的发展及阶层分化现象的出现，使人们对马克思主义的解释力产生怀疑，增加了社会主义国家维护文化安全的成本。

(3) 对策。马克思主义的传播和发展手段应与时俱进，采取有效举措以迎接并应对国际互联网带来的机遇与挑战。

本课题研究的创新之处：

(1) 探索互联网同马克思主义传播与发展的双重关联，研究互联网给马克思主义带来的机遇和挑战，发掘马克思主义在现代科学技术条件下新的生长点，开拓马克思主义研究的新视角。

(2) 比较系统地分析当代国外马克思主义发展的理论轨迹，特别是剖析它在互联网条件下所面临的重大问题，为国内马克思主义研究提供重要的理论参考。

(3) 突出案例分析和问题意识，增强马克思主义研究的现实关联性和理论针对性。

14. 马克思经济学研究立场的转变及内在逻辑

华东理工大学人文科学研究院：方以启

马克思在1845年前对古典政治经济学的劳动价值论是持否定的态度的，把古典政治经济学当作一门关于“发财致富的科学”而加以批判，马克思的政治经济学理论研究还处于非马克思主义的历史阶段。1845年后，马克思开始肯定劳动价值论，并以劳动价值论为基础，以剩余价值论为核心，研究了资本主义社会的发生和发展，论证了资本主义必然灭亡的历史规律性，指出了社会主义革命和共产主义实现的必然性。

“哲学立场”是指，马克思对“哲学”持肯定态度，虽然马克思批判、否定这一哲学那一哲学，但是没有批判、否定“哲学”本身；他把“哲学”理解为提供解释世界的总原则、总公式，从原则出发去思考、解决各种问题。在《1844年经济学哲学手稿》和《神圣家族》中，马克思从人本主义哲学原则出发对古典政治经济学的劳动价值论进行否定，并宣布其“敌视人”的性质，对蒲鲁东的政治经济学批判表示了肯定和赞赏。

“实证科学立场”是指否定“哲学”，对现实问题的认识不以任何理论原则为根据而是以现实本身为根据，通过对现实的研究得出对现实的认识，把现实本身作为思维真理性的最高标准。在1845年的《关于费尔巴哈的提纲》中，马克思第一次表示了对哲学的反对和否定，以非哲学家和“哲学家”相对立。在《德意志意识形态》中，1845—1846年马克思在和恩格斯合著的《德意志意识形态》中再次表达了对“哲学”的否定，同时确立了“实证科学”的研究立场。这些事实还体现在马克思（恩格斯）后期大量的文本之中。

1845年后，马克思在《哲学的贫困》和《巴师夏和凯里》中分别对蒲鲁东、巴师夏和凯里从抽象的公平正义原则、和谐原则出发研究问题的研究立场进行了深刻的批判。同时，马克思在政治经济学研究中运用了实证科学的研究立场，并使自己的政治经济学理论成为实证科学。实证科学立场主要体现在后期《哲学的贫困》、《1857—1858经济学手稿》和《资本论》等文本之中。

西方经济学研究中，主要把“自私人”即“经济人”作为探究人类经济行为和市场经济的出发点，并由此推演出整个经济学体系和经济进化史。从抽象“经济人”假设之抽象原则出发研究经济问题的立场是错误的。西方学者不是从生产力发展的一定历史阶段的社会生产方式出发来说明正义观念的产生，而是从诸如“德性”、“自然状态”、“原初状态”和“个人权利”等抽象先验的观念构建出各种正义原则，用来解释社会经济现实并力图使这些正义原则得到实现和贯彻。这种不从社会经济结构本身而从抽象正义原则出发来研究经济现实问题的立场是非实证科学的，是根本错误的。

15. 战后“英国马克思主义”对历史唯物主义的反思与发展

南京大学哲学系：张亮

本课题研究的目的在于系统揭示“英国马克思主义”在坚持和发展历史唯物主义方面所作的贡献，并总结其在马克思主义本土化方面的经验与教训，以为建构具有中国特色马克思主义理论体系提供某些具有借鉴意义的思想成果。

本课题研究包括七个部分。

第一部分“英国马克思主义”的历史与独特理论道路将对“英国马克思主义”的战后形成、发展和分化过程进行全景式的重建，进而分析和说明其“通过学术研究实现理论创新”这一独特的理论道路。

第二部分“英国马克思主义”对历史唯物主义的反思与“重构”将重建20世纪50年代后期第一代英国新左派对斯大林主义的批判与反思，澄清“英国马克思主义”为什么以及在何种意义上把“经济基础与上层建筑”定位为一种“隐喻”，进而从马克思主义本土化这个视角出发，对柯亨的“分析的马克思主义”和哈维的历史地理学唯物主义的实质和思想效应进行分析、总结。

第三部分“英国马克思主义”对社会形态理论的深化与发展将着重研究多布的资本主义过渡理论、安德森的前资本主义社会形态理论以及希丁斯和赫斯特对马克思恩格斯前资本主义社会形态理论的再阐释，以系统总结“英国马克思主义”对社会形态理论的深化与发展。

第四部分“英国马克思主义”对阶级理论的深化与发展将着重研究汤普森的工人阶级理论、密里本德的当代资本主义阶级理论、“后马克思主义”对工人阶级的“解构”以及其他马克思主义者对“后马克思主义”阶级理论的批判，以系统总结“英国马克思主义”对阶级理论的深化与发展，并对其暴露出来的问题进行分析、评论。

第五部分“英国马克思主义”对国家理论的深化与发展将着重研究密里本德的资本主义

国家本质论和雅索普的资本主义国家形式论，以系统总结“英国马克思主义”对国家理论的深化与发展。

第六部分“英国马克思主义”的文化理论将以威廉斯、汤普森以及以霍尔为代表的伯明翰学派的文化研究论著为中心，系统阐述“英国马克思主义”在文化概念、工人阶级与文化、意识形态与大众文化、亚文化与政治抵抗等方面的基本观点，以揭示“英国马克思主义”在文化理论方面的开拓性成就及其巨大思想效应。

第七部分“英国马克思主义”的意识形态理论将以威廉斯、汤普森、霍尔、伊格尔顿、希丁斯、赫斯特、拉克劳、墨菲等人的论著为中心，系统阐述“英国马克思主义”在意识形态概念，大众传媒与意识形态，文学、审美与意识形态，意识形态霸权与社会主义等方面的基本观点，以揭示“英国马克思主义”意识形态理论的基本面貌及其巨大思想效应。

16. 国外马克思主义经济理论前沿研究——法国调节学派最新发展研究

上海交通大学国际与公共事务学院：吕守军

（1）项目研究的立意

作为后马克思主义经济学派和演化经济学派重要组成部分的法国调节学派，在与新古典经济学派、比较制度分析等学派的理论竞争中表现出强大的竞争力，具有重要的理论研究价值和借鉴意义。第一，法国调节学派对第二次世界大战后美国等国资本主义经济的研究，可以看作马克思对以英国为代表的自由资本主义研究的延续和补充，有利于加深对资本主义本质特征和发展趋势的理解，可以为政治经济学中资本主义部分提供新的理论和素材；第二，调节理论是探索资本主义发展规律、批判新古典经济学最有力的理论工具之一，例如，该学派提出的资本主义多样性理论否定了市场主导型资本主义的普遍适用性，否定了世界向市场主导型资本主义收敛的假说，可以为批判新自由主义、发展中国马克思主义经济理论提供丰富的思想资源。

（2）研究的主要内容

第一部分为结构论，主要考察该学派创立的理论和现实背景、方法论的哲学基础、学理基础、内部流派、发展脉络、最新状况和未来趋势等，重点考察作为其学理基础的马克思经济学、凯恩斯经济学在其中的作用。

第二部分为过程论，把法国调节学派的发展概括为以下两个时期，详细追踪、分析和概括其方法论和经济理论的展开轨迹，重点考察该学派基础理论的最新发展。

①“调节学派第一代”（1976—2002年）：a分析其“结构主义”方法论的哲学基础、创新点、存在的问题、被逐渐放弃的原因和过程；b考察福特主义论、后福特主义论、丰田主义论、货币金融论、经济危机论、技术创新论、经济周期论等的具体内容及产生时的特定时代背景，挖掘其理论提出者的潜意识结构，探索其理论的历史局限性。

②“调节学派第二代”（2003— ）：a探索第二代重新把“结构主义”作为方法论源泉的原因，考察其引进比较制度分析（青木昌彦）概念、强调“制度的阶层性”的方法论的哲学基础和存在的问题；b梳理制度形成论、资本主义多样性论、生产模型论、技术创新论的发展脉络和具体内容，对基础理论的最新发展和存在的问题进行全面整理并作出系统的表述。

第三部分为综合论，在上述考察结果的基础上，将法国调节学派与马克思经济学、凯恩斯经济学、新古典经济学派相比较，从而全面把握和凸显调节学派的方法论基础、前提假设、基本概念、具体理论、流派定位等理论特征。

第四部分为引申论，依据上述考察结果，阐明中国经济改革与发展如何借鉴法国调节学派的理论和政策、中国马克思主义经济学的发展如何批判地吸收调节学派的理论成果。

17. 当代国外共产党对社会主义理论的探索

中国社会科学院马克思主义研究院：王淼

第二次世界大战后，各国共产党人围绕着"什么是社会主义、如何巩固和建设社会主义"的根本问题而展开的社会主义理论研究与实践探索成为了当代政治舞台上的重要内容。本课题从战后国外共产党对社会主义的基本认识、对社会主义建设之路的探索、对政党建设的反思与发展、对新历史条件作出的政策调整等几个方面入手，系统地考察了当代国外共产党对社会主义理论的认识和理解。

第一，战后世界共产党的发展背景。战后世界共产党面临着时代主题变换、东西方冷战、冷战后世界格局变化的复杂外部环境，其发展经历了蓬勃发展、曲折前进、缓慢发展、遭受重创、逐渐复苏的发展阶段，而且发达国家、发展中国家、原苏东地区国家和越朝老古四国的共产党对社会主义探索历程及其发展现状各有特点。

第二，当代国外共产党对社会主义的几点基本认识。首先，从社会主义发展阶段、发展模式、本质特征和目标等方面来探讨"什么是社会主义"的问题；其次，对于社会主义的实现途径提出了不同的构想；最后，仍然对社会主义事业充满了信心。

第三，当代国外共产党对社会主义建设之路的探索。在政治制度建设方面，一些党主张坚持共产党领导的社会主义国家政权，但许多党不提无产阶级专政，还有一些党主张实行多党制和政治民主化；在经济体制建设方面，大多数共产党主张并实行多种所有制并存的经济基础。许多国家放弃了"平均分配"的形式，主张计划与市场相结合、以现代"混合经济"为基础的经济发展政策；在思想文化建设方面，各党都强调将民族传统价值观与社会主义思想相结合，发展和推进人类的文明和科技的进步；强调宗教的信仰自由、宗教与政治分离。

第四，当代国外共产党对社会主义政党建设的反思与发展。苏东剧变后，许多国家共产党开始了政党建设的反思，深刻分析了剧变的各方面原因。剧变的教训是各国共产党必须坚持党的领导、加强党的自身建设。

第五，战后国外共产党应对新条件、新情况作出的政策调整。国外共产党在坚持马克思主义的立场、观点和方法的基础上论证了全球化的本质是资本主义全球化，揭示了当前金融危机的本质就是资本主义基本矛盾的爆发，而且确信社会主义制度才是拯救当前全球环境危机的唯一出路。

总之，当前世界社会主义事业总体还处于低潮，各国共产党必须在以往成功的经验与失败的教训中寻找新的目标与方向，必须以科学严谨的态度去审视世界社会主义的未来前景。中国作为备受世界瞩目的新兴大国，更应该在吸收借鉴别国、别党经验教训的基础上继续我国的社会主义实践之路。

2010年度中国社会科学院重大重点课题简介(部分)

1. 马克思主义哲学中国化研究(重大课题)

中国社会科学院哲学所:谢地坤

本课题研究的主要问题:

(1)马克思主义哲学中国化的实质和内容。马克思主义哲学中国化的科学内涵在于马克思主义哲学与中国的特殊国情相结合、与中国人民的特殊实践相结合、与中国的特殊历史文化相结合。中国化的马克思主义哲学应当从这些特殊性出发,总结和概括中国革命、建设和改革的实践经验以及中国历史、思想和文化。

(2)马克思主义哲学中国化的现代性与民族性问题。马克思主义哲学在中国现代化建设过程中表现出它的现代品格,同时,中国现代化建设也为马克思主义哲学的创新提供了丰富的感性经验。同时,马克思主义作为具体民族国家的指导思想,必然要与其国情相结合,实现马克思主义哲学的民族化即本土化,马克思主义哲学中国化的进程就是马克思主义哲学民族化的进程。

(3)马克思主义哲学中国化的理论建构与方法创新。马克思主义哲学中国化是一个系统化的理论建构过程,需要在理论上进一步拓展马克思主义哲学,处理好马克思主义哲学与中国哲学、现代西方哲学的关系,在融会贯通的基础上实现方法创新。马克思主义哲学的三大来源是德国古典哲学、英国古典经济学和英法空想社会主义。如今,一方面关于马克思主义哲学来源的研究视阈逐渐扩大,超出了三大来源的范围;另一方面,三大来源本身学科面貌发生了很大改变,且出现融合之势;新学科也层出不穷。因此,借助现当代哲学方法,融汇各学科研究成果,是马克思主义哲学学科优势所在,也是其重要任务,更是马克思主义哲学中国化学科创新的题中之义。

本课题研究将在以下问题上有所突破:

(1)马克思主义哲学中国化与中国哲学的关系问题。有学者认为,马克思主义哲学中国化同时也是一个中国哲学的改造过程,即中国哲学现代化的过程。有学者指出,中国哲学与马克思主义哲学存在许多会通之处。有些学者则认为,中国没有哲学和哲学传统,或者认为中国哲学传统已经断裂。还有学者认为,中国哲学是一个有机整体,不可抽象出一个传统来与马克思主义哲学融合。马克思主义哲学与中国哲学对接是否可行,直接关系到马克思主义哲学中国化的可能性问题,这是本课题必须解决的一个问题。

(2)马克思主义哲学中国化与西方哲学的关系问题。马克思主义哲学本身来源于德国古典哲学,它与德国古典哲学的异同直至今日也没有得到完全解决,而这个问题对于理解马克思主义哲学的特质异常重要。关于马克思主义哲学中国化与西方哲学的关系问题,有人说,由于共产党人在中国进行马克思主义的宣传,才使得西方社会理论未能在中国实现;有人说,由于共产党人热衷从事政治救亡,压倒了西方资产阶级的思想启蒙。与此相联系,马克思主义哲学与西方哲学可以看作并行却不相交的两个哲学体系，无法相互融合。这也涉及马克思主义哲学中国化可否借助现当代哲学方法的问题，必须予以解决。

（3）马克思主义哲学中国化与现代化的关系问题。有学者指出，马克思主义中国化始终与世界的现代化运动相联系，是世界现代化的一部分。与此相联系，马克思主义哲学中国化也必须深入到中国现代化建设过程中去，分析和提炼实践中的重大问题以及在解决这些问题中的哲学观念和思想。有学者指出，马克思主义哲学中国化存在理论版本和实践版本。这也正是马克思主义实践品格的体现。但如何处理两者的关系，还是一个有待解决的问题。

2. 当前思想政治教育重大问题研究（重点课题）

中国社会科学院马克思主义研究院：李春华

本课题拟研究在当今经济全球化、政治多极化、文化多元化的宏观背景下，在我国经济社会发展进入关键时期的具体条件，特别是在经历了这次罕见的国际金融风暴之后，我国思想政治教育领域中具有重大理论意义与现实意义的若干问题。

近年来，思想政治教育的重大问题引起学界广泛的关注和研究，并取得了一系列研究成果。然而面对急剧发展的国际国内形势，面对我国改革发展关键期的新问题、面对青年学生积极活跃又充满困惑的思想状态，思想政治教育在解答人们思想困惑时常常显得力不从心，从而影响了思想政治教育的社会公信力。因此，加强思想政治教育重大问题研究，是增强马克思主义理论的科学性和真理性的迫切需要，是丰富和发展思想政治教育理论体系的重要途径，是增强思想政治教育吸引力、说服力、感召力，从而增强其实效性、实现思想政治教育目标的关键，具有极其重要的理论意义和现实意义。

本课题拟研究以下几个问题：一是我国思想政治教育的重大基本问题或核心问题的研究，试图解决目前我国的思想政治教育理论研究与教育实践活动中存在的泛化现象，明确思想政治教育重大基本问题的依据、原则和具体内容。二是关于全球金融危机引发的思想领域新变化的状况调查与研究，把握在由金融危机所引发的意识形态领域的渗透与反渗透斗争中出现的新特点，探索应对这些新变化的有效途径。三是关于当前我国宗教信仰及精神家园重建问题的研究，探讨马克思主义信仰和民间信仰、宗教信仰以及其他政治信仰的异同，以及这种异同对于个体在面临信仰选择时的影响等问题。四是关于思想政治教育在化解社会矛盾问题上的作用的研究。在解决社会矛盾的方法体系中，思想政治教育具有得天独厚的作用。本课题将重点研究思想政治教育在化解社会矛盾中发挥作用的逻辑依据。五是关于东欧剧变和苏联解体中思想政治教育的教训研究，探究思想政治教育在苏东欧剧变中的作用，试图从另一个视角来研究探索东欧剧变和苏联解体的原因；研究苏东剧变在思想政治教育上的经验教训以及对我们加强思想政治教育有哪些借鉴意义；试图开辟一个中国与苏联及东欧社会主义国家思想政治教育比较研究的新领域。

3. 资本论的历史逻辑与当代世界（重点课题）

中国社会科学院哲学所：李西祥

《资本论》是马克思一生最重要的著作，不仅是一部重要的经济学著作，也是一部重要的哲学著作，在这部巨著中，马克思通过对资本主义社会的剖析，揭示了历史发展的逻辑。一般而言，学界把资本论理解为一部经济学著作，而资本论的主要内容则构成了马克思主义的一个重要分支政治经济学的内容。但是，我们注意到，一些深刻的哲学家（如卢卡奇、阿尔杜塞等）则致力于从哲学维度阐释马克思的《资本论》，并取得了显著的成果。毫无疑问，在理解马克思的哲学思想时，撇开《资本论》这一重要著作，我们对马克思哲学思想的理解就会流于肤浅。马克思对资本主义社会的批判与解读，不仅是对资本主义社会的精辟分析，实际上也是对整个现代社会的分析。由于从根本上讲，当代世界（无论是资本主义还是社会主义）并未能超越马克思的《资本论》的批判视野，那么《资本论》的分析，对于把握历史发展的逻辑，理解当代社会的发展趋势，为我国当前的中国特色社会主义建设事业提供借鉴，就仍然具有重要的意义。因此，我们试图在唯物史观的指导下，通过对《资本论》及其手稿的解读，揭示《资本论》所阐发的历史逻辑，深化对马克思主义哲学的认识和理解。

本课题研究内容如下：

导论　从《资本论》及其手稿解读马克思的历史唯物主义思想

第一章　国外学者对《资本论》及其手稿的历史唯物主义思想研究

第二章　国内学者对《资本论》及其手稿的历史唯物主义思想研究

第三章　从《资本论》及其手稿看马克思历史唯物主义思想的发展过程

第四章　历史发展理论——《资本论》及其手稿的历史唯物主义思想解读之一

一　历史发展的主体

二　历史发展的基础

三　历史发展的归宿

四　历史发展的动力

五　历史发展的规律与逻辑

第五章　社会发展理论——《资本论》及其手稿的历史唯物主义思想解读之二

一　社会形态理论

二　资本主义批判

三　共产主义思想

四　理想社会的实现途径

第六章　人的发展理论——《资本论》及其手稿的历史唯物主义思想解读之三

一　异化与人的发展

二　劳动与人的发展

三　人的发展阶段理论

四　从物的依赖性到自由个性

五　历史、社会与人的发展

第七章　《资本论》历史逻辑的当代启示

一　重新理解资本主义

二　重新理解社会主义

三　重新理解资本主义与社会主义之间的关系

四　重新理解马克思的发展理论

五　重新理解当代世界格局

结语：《资本论》及其手稿研究对发展马克思主义哲学的重要意义

2010 年度教育部人文社会科学研究课题简介(部分)

1. 危机背景下马克思经济学宏微观体系探索——基于主流经济学与马克思经济学的比较研究

南开大学经济研究所：王璐

2007 年源起于美国华尔街次贷危机的全球性经济危机深刻表明，马克思经济学宏微观体系的逻辑架构及其理论研究对于探讨当代现实资本主义的经济规律仍然具有重要意义。

马克思经济学是马克思主义政治经济学的重要组成部分，其经由价值和剩余价值的微观理论基础到资本主义宏观经济分析的完整逻辑体系，是《资本论》诞生百余年来众多中外马克思主义经济学家孜孜不倦而努力探讨的重要学术目标。基于马克思经济学的理论基础、宏观分析及其研究方法等重要内容，以 2007 年美国次贷危机为背景，本课题拟在目前西方主流经济学历经思想史的范式转换与探寻宏观经济学之微观基础的理论争论中，探索对马克思经济学基于劳动价值论与剩余价值论的微观基础而深刻剖析资本主义宏观经济问题所形成的完整逻辑体系的塑造与创新。由此表明：以资本主义货币经济的社会关系为分析线索的马克思经济学，正是基于古典传统的劳动价值和剩余价值的微观理论基础，深刻剖析了资本主义竞争与积累、社会再生产、利润率下降、有效需求、尤其是经济危机与周期波动等宏观现实问题，由此形成一个逻辑一致的总量理论体系用以探讨资本主义的一般规律、内在矛盾和发展趋势。其中关键是将马克思有关资本主义各种现实经济问题的客观分析，特别是对于当前几乎影响世界各国的全球性资本主义经济危机问题的深刻解析，联系到西方主流经济学中经济自由主义和国家干预主义这两种主导范式的更迭与交替，从而突出马克思经济学完整体系的科学性及其在当代经济体制改革和发展演变中的学术价值。

课题主要内容包括：

（1）经济学分析范式在经济思想史上的历史转换。

（2）凯恩斯革命以后西方主流经济学界近三十年探寻宏观经济学的微观基础之争。

（3）从微观到宏观的完整马克思经济学分析体系：一个新的解析。

（4）古典传统的复归：基于经济危机的马克思经济学分析体系的重新解释。

2. 马克思人类解放理论的历史轨迹及其当代价值

河北师范大学法政学院：代俊兰

马克思人类解放理论是马克思主义基本原理的核心、灵魂、实质，是发展和落实科学发展观的理论基石和支撑，是世界历史时代人类解放的旗帜。研究马克思的人类解放理论，从理论上，可以为马克思主义中国化、时代化、大众化的“化什么”提供理论支持，以巩固马克思主义在意识形态中的指导地位。从实践上，为当代中国以人为本的社会实践，提供马克思主义的学理依据、学理合法性和现实导向航标。

本课题将以史为纵轴，以马克思人类解放理论的形成和发展为重点，回顾和考察马克思人类解放理论变化、发展、创新的历史轨迹。以论为横线，对马克思不同时期有代表性的文本进行“以马解马”的阐释，以展示马克思人类解放理论的丰富内容、逻辑架构、理论特色。通过史论结合的基本思路，再现马克思人类解放理论的思想渊源及其深远影响，并试图对马克思的人类解放理论作出客观评价，以明确它在时代境遇中的理论意义和现实价值。

本课题将以文本主题解读法、问题域方法、整体性方法为主展开研究。具体问题及其解决是马克思文本的切入点。林木盗窃问题，引发了《关于林木盗窃法的辩论》，使马克思首次关注并力图用法律武器捍卫贫苦群众的物质利益；摩泽尔地区农民的贫困问题，引发了《摩泽尔记者的辩护》，马克思指出官僚体制对农民贫困负有不可推卸的责任；人们在政治上的平等和在现实中的不平等问题，引发了《黑格尔法哲学批判》，获得了市民社会决定国家、经济决定政治的结论；德国的犹太人解放问题，引发了《论犹太人问题》；劳动异化问题，引发了《1844年经济学哲学手稿》；现实的人的生活生产问题，引发了《德意志意识形态》；现代资本主义社会人的全面“物化”问题，引发了《资本论》及其手稿；短暂的巴黎公社革命，引发了《法兰西内战》几稿；德国工人党的纲领问题，引发了《哥达纲领批判》。本课题将从整体性出发，通过对马克思以上文本主题的解读，呈现马克思人类解放理论的原初语境。

本课题的主要创新之处是：在分期问题上，把“人类解放范畴的明确提出”作为马克思理论整体性的界划标准；在学科视角上，把人类解放作为马克思理论的主题，而不是仅仅作为马克思哲学的主题；在研究目的上，提出把马克思人类解放理论中的经济解放理论、政治解放理论、精神解放理论和社会解放理论作为“以人的什么为本”的参照。

3. 马克思恩格斯正义理论研究

河南科技大学马克思主义学院：刘振江

本课题主要在理论上解决马克思恩格斯“有无正义”和“有何正义”的问题，实践上，解答马克思恩格斯正义批判理论“是否过时”的问题。通过整体性、系统性研究，旨在勾画出马克思恩格斯正义批判理论的轮廓，并在此基础上提出社会主义的正义原则。

本课题指出，马克思恩格斯的正义理论在性质上是正义批判理论，是无产阶级的正义理论，自由主义学者提出的正义理论是一种理性正义理论，是资产阶级的正义理论。马克思恩格斯用历史主义方法论对理性正义的普遍主义方法论进行解构，阐明了正义的经济实质和评判正义的两个尺度：生产力标准与人民利益标准。马克思恩格斯正是通过对近代理性的政治正义观的批判，揭示出无论是黑格尔的伦理国家神话，还是契约论国家工具观都有意掩盖国家的阶级本质。在资本主义生产方式下，私有制造成精神领域的抽象统治人、人被物奴役的“拜物教”意识，制造了“头足倒置世界”的奇异景象。经济正义宣扬的生产正义、分配正义和交换正义，只保留形式正义的外观，本质上是非正义的。马克思恩格斯批判理性正义理论，并不反对一般的正义要求，并不拒斥人类正义的理想。正义批判理论的主旨是通过超越资本主义制度的阶级局限性与形式正义的片面性，实现每个人自由而全面的发展。据此可见，马克思恩格斯正义理论是一种实质正义，按劳分配与按需分配是它的两种分配原则，人类解放是通往实质正义的唯一道路，而重建劳动者个人所有制和自由人联合体是它的经济基础与政治条件。

从历史上看，正义批判理论自诞生之日起便面临着理论与实践的双重挑战。无论以哈耶克为代表的左派，以“分析的马克思主义”为代表的右派，还是以罗尔斯为代表的中派，与正义批判理论之间都存在着深刻分歧。实践中，资本主义的勃兴与苏东剧变并不构成正义批判理论失败的证据，社会主义国家面临着各种困境，并不是正义批判理论过时的端倪。建构社会主义正义理论，需要加强以下三点：建构基础，重新思考社会主义与正义的关系；建构重点，确立社会主义正义原则；建构路径，思想与制度并重。

4. 市民社会：从哲学批判到社会建构

西南大学政治与公共管理学院：刘荣军

该研究认为，在当下中国发展进步的语境下，我们有必要站在“从哲学批判到社会建构”的高度上重新关注并深度推进“市民社会”理论的研究。这不仅因为在马克思对市民社会的哲学批判背后本身就逻辑地隐含着一个市民社会的理论建构，而且因为当代中国本身正现实地经历着一个市民社会的发展进程。

该研究围绕三个问题进行：

（1）马克思的市民社会理论包括哲学批判与社会建构两个方面，它们体现了从个体主体性的生成到社会公共性的回归的内在逻辑。

（2）市民社会的基本建制是市场经济及其与之本质相关的“私有财产”和“私人所有”问题。

（3）马克思关于市民社会中“私人—公民”的二重性规定，揭示了人的个体性、私利性、特殊性能否以及如何上升为社会性、公共性（公益性）、普遍性这一终极性问题。基于此，该研究贯彻从哲学批判与社会建构的结合中探讨市民社会的人学意义与社会功能的思想理念，采取二重性分析方法、史论结合、理论与现实结合的思路与方法，着重探讨了市民社会的构建与当代中国的社会启蒙、市民社会的哲学意义及其社会建制、马克思关于市民社会的人性规定、市民社会对于当代中国社会发展的现实意义等四个重点问题，以及马克思与黑格尔在市民社会上的逻辑对立与本质差别、马克思在对市民社会的显性批判中所隐含着的市民社会的积极性成果、当代中国建构社会主义市民社会的合法性亦即市民社会与社会主义的同一性以及市民社会与公民国家在当代中国发展中的互动关系等四个难点问题。

研究认为，人类社会要想在未来“消灭私有财产”，就必须先行地经历一个“私有财产的普遍化”的市民社会，使人自身的良知良能在私人社会和私人生活的驯化中展露出来；市民社会内部发展起来的以利益博弈和社会自治为基础的社会动力机制和社会制衡机制，是当代中国发展民主政治、建设和谐社会的理论基石。当代中国要正确处理个人与社会、劳动与资本、精英与大众、经济与政治、效率与公平、发展与和谐等关系问题，就必须建构一个以发达市场经济为基础的健全发展的市民社会；当代中国要想建构一个健全、发达而成熟的社会主义市民社会，就必须正确理解并切实把握市民社会与市场经济的本原关系、市民社会与公民国家的互动关系以及市民社会与社会主义的同一关系这样三个具有重大现实意义的理论问题，唯此才能在破除国家主义神话和防止自由主义（个人主义）泥淖的同时，把社会主义“合法性”的落实与公民社会“公共性”的回归统一起来。

5. 马克思主义价值理论与和谐社会价值观建设

贵州师范大学历史与政治学院：李金和

马克思主义价值理论研究，主要集中在20世纪六七十年代的苏联和80年代以来文化大发展大繁荣的中国。伴随中国特色社会主义建设实践的发展和我国马克思主义价值理论研究的深入，十六届六中全会以来，社会主义核心价值体系及其建设成为我国价值理论研究的焦点。

以20世纪90年代和党的十六届六中全会为分界点，马克思主义价值理论的研究大致可以划分为三个阶段：第一阶段，20世纪90年代以前，在认识论研究的大背景下对马克思主义价值理论的合法性、地位和作用、价值定义和价值本质、价值标准等基础理论问题展开研究；第二阶段，90年代初至党的十六届六中全会前，从中国化马克思主义价值理论研究和马克思主义价值理论的方法论研究两条线上双轨推进；第三阶段，党的十六届六中全会以来，在方法论研究深入的基础上对社会主义核心价值体系展开理论和实践的深度研究。

随着社会主义和谐社会建设实践的深入，在坚持和发展中深化马克思主义价值理论研究，加强和谐社会价值观建设，成为我国马克思主义价值理论研究中必须认真研究和回答的一个重要课题。

研究目标：

(1) 深化马克思主义价值理论中国化的研究，推进中国特色社会主义价值实践经验的马克思主义。

(2) 阐明用马克思主义价值理论指导和谐社会价值观建设的历史必然性。

(3) 探索社会主义核心价值体系建设的机制和方式。

研究内容：

(1) 用马克思主义价值理论指导和谐社会价值观建设的重要性和必要性。

(2) 马克思主义价值理论的文本解读与阐释。

(3) 马克思主义价值理论的历史发展。

(4) 马克思主义价值理论与近现代中国价值观的嬗变。

(5) 社会主义和谐社会构建中的当代中国价值观建设。

6. 后马克思主义的意识形态理论研究

南开大学哲学院：莫雷

意识形态理论是历史唯物主义的重要组成部分。后马克思主义的意识形态理论是马克思主义的意识形态理论在当今形势下的新发展，它有力地反驳了“意识形态终结论”。后马克思主义认为意识形态非但没有终结，反而如幽灵般渗透在我们生活的方方面面。它借鉴了黑格尔的辩证法、精神分析、后结构主义、后现代主义等一些新的理论资源并以此来重新阐释马克思主义的意识形态理论，剖析了意识形态的运作机制，揭示了当代资本主义左右公众想象的方式，从社会心理学和文化心理学等方面补充了马克思主义的意识形态理论，重新复兴了马克思主义的意识形态批判理论。如今，后马克思主义从一种思想倾向发展为一种被广泛接受和认同的理论范式。因此，研究后马克思主义的意识形态理论不仅对当代马克思主义及其意识形态理论的研究，而且对当代资本主义社会的发展趋势的研究等都具有重要的意义。

本课题的主要内容包括：

其一，研究后马克思主义意识形态理论的主要方法。后马克思主义的意识形态理论是在借鉴后结构主义、精神分析、语言分析的基础上对马克思主义意识形态理论的新阐释，是解构与建构的统一。

其二，分析后马克思主义意识形态理论的主要特征。为了把握后马克思主义的意识形态理论的主要特征，首先必须透彻地把握后马克思主义的主要代表人物拉克劳、墨菲、齐泽克等人的意识形态理论，在此基础上通过分析意识形态与社会存在的关系、意识形态与主体建构的关系，意识形态的主要运作机制等基本问题来把握后马克思主义的意识形态理论的主要特征。这一基本特征体现为反本质主义、反基础主义、侧重对意识形态进行社会心理学和文化心理学的研究、实现了意识形态研究重心的转移等。

其三，探索后马克思主义的意识形态与西方马克思主义的意识形态理论之间的关联。后马克思主义一方面吸收了西方马克思主义的意识形态理论，另一方面又对它们进行了改造。

其四，探讨后马克思主义的意识形态理论对马克思主义意识形态理论的贡献。深入分析后马克思主义意识形态理论与马克思主义意识形态理论之间的关联，正确评估后马克思主义及其意识形态理论的当代价值，揭示后马克思主义的意识形态理论的缺陷及内在不足之处。在此基础上，深化对马克思主义意识形态理论及其基本问题的研究。

7. 历史唯物主义的哲学经济学范式研究

南京大学哲学系：王浩斌

长期以来，在我们的经济学研究和哲学研究中，存在着一种经济学家拒绝哲学、哲学家漠视经济学的倾向，造成了经济学与哲学研究中的潜在危机。在经济学领域重实证轻人文，重数学轻反思，不能自觉地应用辩证唯物主义和历史唯物主义的方法来思考当下的经济问题。而在哲学领域，马克思主义哲学被教条化、模式化的做法在一定范围内仍存在，理论活动与现实生活严重脱节，使哲学成为脱离实践的抽象思辨。由于固守陈旧的理论范式，哲学日趋冷落干枯、经济学因过分追求数理化而成为“黑板经济学”，传统哲学和经济学日益丧失对当代现实的解释力和前瞻力。

为改变这种状况，已有许多学者进行了努力，他们强调在马克思主义研究中必须把哲学和政治经济学结合起来，由此来探究社会历史发展规律。但迄今为止，一方面还没有一部系统地从学术史、思想史的角度梳理马克思主义的经济学哲学范式的论著，特别是对列宁与西方马克思主义的经济学哲学范式关注不够。另一方面，在已有研究中，往往把马克思主义的经济学哲学范式归结于一个新兴学科——经济哲学。因为没有突破传统的学科分类，新兴的经济哲学要么被认为是部门哲学，即哲学的分支学科，或被认为是经济学分支学科，即经济学的方法论研究，还有就是被认为是哲学与经济学的交叉学科。这集中体现在其定位上：一是所谓“作为哲学的经济哲学”，认为它是将现成哲学知识应用于经济现象分析中的“应用哲学”；二是所谓“作为经济学的经济哲学”，主张经济哲学是讨论经济学之基础、方法、意义的经济方法论。这其中面临的问题是：这两个定位都没有超越传统哲学和经济学的理论范式，没有解决作为马克思主义理论所特有的经济学哲学范式同哲学、政治经济学具体学科之间的相同性和差异性的问题。

本课题将要打破传统哲学与经济学的学科分类及其理论范式，从学术史与思想史的角度来梳理马克思主义经济学与哲学相结合的条件、原因、目标指向以及实践途径。在进行学术史与思想史考察的同时，还通过对传统哲学和经济学进行批判性反思和创造性转换，从哲学的高度揭示当代世界经济与社会活动背后的真实本质，在此基础上确立一种新的理论范式和学术视野，并在当下中国社会建设与发展的历史实践中来检验这一理论范式的有效性，以此为解救当代人类的生存、发展困境提供新的思路。

其具体内容有：

(1) 马克思的哲学与政治经济学相结合所开辟的理论创新范式。

(2) 西方马克思主义理论发展进程中的哲学经济学范式及其启示。

(3) 列宁的理论创新与哲学政治经济学范式的关系。

(4) 政治经济学——哲学的理论创新范式与当代中国马克思主义的发展。

8. 国家意识形态安全与马克思主义大众化：基于社会政治稳定研究的视角

天津师范大学政治与行政学院：冯宏良

本课题的主要内容如下：

(1) 社会政治稳定与马克思主义大众化、意识形态安全三者之间的关系研究

马克思主义大众化的本质内涵在于将马克思主义的核心价值理念内化于人们的精神生活过程，进而在世俗生活领域形成人们对于中国特色社会主义理论体系基本观点与主张的认同，最终达至维护主流意识形态安全的目标。从这个意义上说，马克思主义大众化是巩固主流意识形态安全的重要途径。马克思主义大众化与意识形态安全、社会政治稳定之间存在着内在逻辑上的层层递进关系：马克思主义大众化有利于维护和巩固国家意识形态安全，而主流意识形态安全则构成了实现社会政治稳定的内在要求和基本内容。

(2) 国家意识形态安全的内在规定性研究

国家意识形态安全的实质是主流意识形态获得稳固的社会信仰基础，其内在规定性表现在以下四个方面：

形式与内容的统一。特定意识形态的理论内容和价值主张必须与现实的社会经济基础相一致，超越或滞后于社会经济发展要求的意识形态是很难获得社会认同的，这就要求意识形态内容的与时俱进，持续更新。

意识形态内容与制度结构相统一。即意识形态的理论逻辑与其外在表达形式的制度结构安排之间是契合的，而不是割裂的。

意识形态外在表达形态的制度结构与作为制度结构实践形式的政治运行机制之间是统一的，而不能是断裂的。制度结构作为意识形态理论逻辑的外在表达形式，只是一种静态的存在，因而还需要对于作为制度结构实践形式的政治运行机制进行动态考察。

意识形态宣传与政策落实及政治行为相统一。意识形态的生命力从根本上取决于其理论主张被大众接受的程度，这不仅需要意识形态的宣传，更需要一种实践上的注解，即把意识形态的价值主张具体化为政策并通过政治主体的政治行为加以执行和落实。

(3) 马克思主义大众化的实践策略研究

马克思认为："理论只要说服人，就能掌握群众；理论只要彻底，就能说服人。所谓彻

底，就是抓住事物的根本。但是，人的根本就是人本身。”理论的彻底不仅在于其内在逻辑的完整与严密，更在于其通过人的实践所展示出来的正确性与生命力。因而，实现当代马克思主义大众化的战略目标，需要适当的实践策略。具体来说，马克思主义大众化的实践策略表现在：宣传形式上的通俗性、丰富性；制度建构与政策制定上的民主性；政治运行中的法治性；政治行为上的亲民性。

9. 英国文化马克思主义研究

华东交通大学人文社会科学学院：李凤丹

本课题的主要内容和观点如下：

（1）英国文化马克思主义的本质。英国文化马克思主义本质上是西方马克思主义的一个流派，它通过分析当代发达资本主义社会尤其是消费社会的大众文化，试图发掘大众对统治阶级霸权的反抗潜能，从而寻求适合当代社会的民主的和社会主义的政治。

（2）英国文化马克思主义关注的重要问题。主体与结构的关系是英国文化马克思主义关注的重要问题。由于研究者对于主体能动性和社会结构之间的关系认识的不同，造成了英国文化马克思主义发展过程中的三次范式转变，依次为：文化主义，主要肯定主体能动性；结构主义，主要肯定结构的重要作用；霸权理论，同时承认主体能动性和结构的制约作用。对于主体与结构关系的认识以及由此引出的三种范式，不仅是研究者进行理论研究的依据，而且决定了英国文化马克思主义的历史发展进程。

（3）英国文化马克思主义与马克思主义的关系。虽然英国文化马克思主义以马克思主义尤其是唯物史观为理论基础，但它是在社会新境遇中出现的新的马克思主义形式，并主要在文化与阶级这两个范畴上实现了对马克思主义的继承与改造。

（4）英国文化马克思主义的理论与现实意义。理论意义在于：英国文化马克思主义实现了对英国传统史学、精英文化主义、苏联马克思主义、英国经验主义和欧陆理性主义等多种理论传统的批判性继承；其理论与实践相结合、跨学科和民族志等研究方法有典范作用和现实价值。现实意义在于：英国文化研究提倡对日常生活和普通文化的关注，这与中国的“以人为本”和科学发展观等政策有相通之处；还有英国文化马克思主义的代表人物霍尔对于媒体问题的研究、威廉斯关于“三种文化”的划分等，对于中国当前的大众传媒与文化建设都具有一定的参考价值。

第八篇

教育教学

辽宁大学马克思主义学院

一　研究生教育

辽宁大学马克思主义理论人才培养和学科建设具有悠久的历史和长期的学术积淀。1983年获国际共产主义运动史硕士学位授予权，1985年获科学社会主义硕士学位授予权，1998年获马克思主义理论和思想政治教育硕士学位授予权。2005年获马克思主义理论、政治学2个硕士学位一级学科授予权，马克思主义理论、思想政治教育2个博士学位授予权。至此，马克思主义学院共有博士点2个，硕士学位一级学科点2个，硕士学位二级学科点9个。9个二级学科硕士点分别是：马克思主义基本原理、马克思主义发展史、国外马克思主义、马克思主义中国化研究、中国近现代史基本问题、思想政治教育、科学社会主义与国际共产主义运动、中外政治制度、中共党史。其中，思想政治教育是辽宁省重点建设学科，马克思主义中国化研究是辽宁省重点骨干学科。

辽宁大学马克思主义学院研究生招生的层次有全日制硕士生、博士生，高校教师硕士生，以及思想政治教育专业辅导员方向硕士生和博士生。2007年以来，共招收硕士生313人，博士生22人，授予硕士学位111人，授予博士学位5人。在研究生培养中，坚持以人才培养质量为中心，在培养理念、课程体系、评价体系等方面进行主要改革，推行了专家报告、国内外考察、科研立项与奖励、学位论文纳入省级科研立项等新举措，主要培养研究生的创新能力和研究水平。

马克思主义理论学科整体性综合性研究特色突出。近年来，以马克思主义整体性研究为中心，以回答“什么是马克思主义”为问题导向，以回答“如何对待马克思主义”为实践指向，用整体性方法综合运用政治学、社会学、经济学、法学和伦理学的知识与方法，深度挖掘马克思主义理论的方法论意义。理论研究为实践服务特色显著。坚持学术研究与社会实践相统一，学科建设为现代化建设服务。既瞄准马克思主义理论的前沿问题，从深层次上回答和解决社会发展的理论与实际问题，承担并很好地完成了中宣部重大课题“六个为什么”等一系列重大任务；又瞄准地方经济建设和社会发展主战场，不断深化振兴辽宁老工业基地研究，诸多成果被国务院、中央有关部委、省委省政府采用。创设了“马克思主义论坛”、“中国特色社会主义论坛”、“理论课教师沙龙”、“辅导员沙龙”、“辅导员博士报告会”等学术交流讲坛。2007年以来，共获得国家社科基金、教育部社科基金、国际合作等项目90余项；共发表论文280篇，其中在CSSCI来源期刊发表论文78篇，出版学术著作29部；获得各级奖励90余项，其中省部级政府奖12项。

二 精品课程建设

马克思主义学院为全校本科生讲授“马克思主义基本原理概论”、“毛泽东思想和中国特色社会主义理论体系概论”、“中国近现代史纲要”、“思想道德修养与法律基础”、“形势与政策”等思想政治理论课，为全校硕士生、博士生开设“科学社会主义理论与实践”、“马克思主义与当代思潮”等思想政治理论课，为全校本科生开设“当代世界经济与政治”、“当代中国政府与政治”、“劳动法与就业创业导论”、“行为心理学”等通识课或选修课，为马克思主义理论、政治学等学科硕士生、博士生开设多门专业课或选修课。马克思主义学院于2009年被评为辽宁省高校思想政治理论课优秀教学团队。马克思主义学院共有2门校级精品课、2门省级精品课。

“毛泽东思想和中国特色社会主义理论体系概论”是辽宁大学校级精品课和辽宁省省级精品课。经过长期努力和建设，已经形成了一套较为完善的教学管理体系，并具备一支实力雄厚且具有丰富教学经验的教师团队，在多方面展示了本课程的突出特色。该课程教学团队具有结构合理、教研结合、优势互补、团结协作等特点，教学效果突出，社会实践活动贴近学生需求、贴近社会实际，深受学生欢迎，学生在社会实践中撰写的调研报告获奖或被有关地方政府网站转载。社会实践活动获辽宁省高校思想政治工作创新奖。在教学团队方面，有全国优秀教师1人，全国高校优秀思想政治理论课教师1人，辽宁省思想政治理论课优秀教学团队带头人1人，辽宁大学“十佳”教师1人。获得辽宁省思想政治理论课“精彩一课”一、二等奖各1人，辽宁省思想政治理论课“精彩多媒体课件”一等奖1人，辽宁省思想政治理论课“优秀教案”二等奖1人。

“马克思主义基本原理概论”是辽宁大学校级精品课和辽宁省省级精品课。围绕这门课程，已形成了一套具有特色的教学管理体系，有一支实力雄厚和具有丰富教学经验的师资团队。该课程已取得多项教学成果：辽宁省大学生思想政治理论教育先进工作者1人，沈阳市教学基本功比赛三等奖1人，辽宁大学优秀本科教师2人。获得辽宁省思想政治理论课“精彩一课”一、二等奖各1人，辽宁省思想政治理论课“精彩教案”一等奖1人，思想政治理论课“精彩多媒体课件”一等奖1人。

三 教学基本经验

辽宁大学马克思主义学院认真贯彻中央16号文件精神，深化教学内容、教学方法和课程体系改革，努力提高思想政治理论课的教学水平，不断提高思想政治理论课教学针对性实效性。2006年以来，全体任课教师在学生评价中不断获得优异成绩。2008、2009、2010年连续3年获得学生评价优秀率100%。思想政治理论课教学的主要做法是：

1. 组织好任课教师的教育培训工作。目前，学院已有4位教师参加了在中央党校举办的高校哲学社会科学教学科研骨干研修班，有16位教师参加了国家教育行政学院举办的高校思想政治理论课骨干教师研修班，全体教师参加了辽宁省教育厅举办的思想政治理论课教师培训班。为了上好新课，学院给每个教研部订阅相关资料、组织教师集体备课。学院还全力支持教师参加辽宁省相关学会组织的教学研究活动，使他们掌握教学大纲的基本要求，熟悉教材，了解教学方法和教学手段，提高自身的专业水平和教学能力。

2. 不断优化教学过程管理，提高教学效果。坚持日常教学管理规范化制度化，通过一系列具体管理措施，强化对教学过程的控制，并以此加强师生的交流和对话，增加课程的吸引力，教学效果不断提高。深化考试方式改革，“毛泽东思想和中国特色社会主义理论体系概论”课实行平时成绩40%、期末成绩60%的考评办法，重点考核学生的课堂表现、平时作业、社会实践等。通过过程管理，调动教师和学生两个积极性，激发学生的学习热情，活跃课堂氛围，密切师生交流，教学效果得到提升。

3. 采取多样化的教学方法。主要有：一是提问式。这种互动教学模式较常见，通常表现在课堂上教师与学生互动，从“教师提问、学生回答”不断向“学生提问、教师回答”转变，提升学生的课堂参与意识。二是演讲式。学生就自己关心的热点问题发表演讲。例如，在《形势与政策》的课堂上，让学生就一些实事热点问题发表演讲，学生通过查阅相关资料形成自己的演讲思路，并制作演讲课件。三是讨论式。讨论式就是在教师指导下，学生经过自学思考和师生间的相互交流和探讨，从而掌握和消化认识一种教学方法。四是辩论式。就某些重要问题展开辩论，使学生们通过辩论对这一重要问题提高认识。通过这种教学方法的开展，激发了学生们的研究兴趣。

4. 强化实践环节，把实践教学作为巩固思想政治理论课课堂教学成果的重要环节。由辽宁大学教务处、中国特色社会主义研究中心、马克思主义学院牵头，各学院共同配合，以“毛泽东思想和中国特色社会主义理论体系概论”课为载体，拿出1—2个学分，组织学生开展社会实践活动。社会实践活动由两个层次组成：第一层次是全院参与，全体学生在任课教师和辅导员的共同指导下，带着调研课题，利用暑期深入农村、社区、企业等调研考察，并写出实践报告。学校组成评委会对学生的实践报告审阅评比，选出优秀实践报告进行表彰，并在全校学生中巡回宣讲。第二层次是校内调研活动，由任课教师根据教学内容设计调研课题，组织学生在校内了解教师、学生、教学、科研以及对外交流等各方面情况，写出调研提纲，由教师评阅并记录平时成绩。任课教师还根据不同情况，采用参观访问、志愿服务、公益活动、专题走访等多种方式，引导学生开展社会实践、社会调研和社会服务。2007年以来，马克思主义学院每年编印一册学生优秀社会实践报告，体现和反映了思想政治理论课社会实践活动的实际成果。

四　学院机构建制

辽宁大学马克思主义学院设有马克思主义基本原理、中国化马克思主义、马克思主义发展史、思想政治教育、世界经济与政治5个教研部，科学社会主义、中共党史2个研究所，以及研究生思想政治理论教研中心，承担各类学生思想政治理论课教学和马克思主义理论专业博士生、硕士生培养。

学院党总支书记谢晓娟，学院院长房广顺，教育部暨辽宁省高校辅导员培训和研修基地主任刘志超、常务副主任谢晓娟，辽宁大学中国特色社会主义研究中心主任刘志超、常务副主任刘宁宁。

五　苏联社会主义革命和建设的经验教训学术研讨会、全国高校马克思主义理论学科研究会（第六次）学科论坛在辽宁大学召开

2008年11月20日，马克思主义理论研究和建设工程系列研讨会之“苏联社会主义革命和建设的经验教训学术研讨会”在辽宁大学隆重举行。会议由中央马克思主义理论研究和建设工程“国际共产主义运动史”课题组、辽宁大学马克思主义学院共同主办。出席会议的专家有：“国际共产主义运动史”首席专家中国社会科学院吴恩远、中国社会科学院张树华、华中师范大学俞思念等，中国社会科学院陆南泉、国际自然和社会科学院俞邃、山东省委宣传部张全新、江西师范大学祝黄河、山东聊城大学程玉海等参加了研讨会。辽宁省委宣传部常务副部长常卫国、辽宁省委高校工委副书记曲建武、辽宁大学党委书记王山、辽宁大学校长程伟也参加了研讨会。在研讨会上，吴恩远教授、俞邃教授、陆南泉教授、房广顺教授分别作了专题演讲。

2009年6月20—22日，由全国高校马克思主义理论学科研究会主办、辽宁大学马克思主义学院承办的“全国高校马克思主义理论学科研究会（第六次）学科论坛”在辽宁大学举行。来自全国30多所高校的50余名专家学者莅临会议。辽宁省委高校工委书记曲建武、辽宁大学校长程伟到会并致辞，辽宁大学党委副书记刘志超教授主持了开幕式，辽宁大学党委副书记、纪委书记、博士生导师张兴国教授主持了闭幕式。会议安排了六个主题报告，两场分组讨论。此次会议搭建了马克思主义理论学科建设的平台，沟通了学者之间的友谊，建立了学术间的联系，此次会议对辽宁大学马克思主义理论学科建设与思想政治理论课教育教学质量起到了推动作用。

六　博士生导师简介

张兴国（1951— ），男，教授，辽宁大学马克思主义基本原理专业博士生导师。主要从事马克思主义基本原理、马克思主义哲学、伦理学的教学与研究工作。现任辽宁省哲学学会常务理事，兼任国家哲学社会科学规划基金项目同行评审专家，在《社会科学战线》、《北京大学学报》、《学术研究》等刊物上发表学术论文40余篇，其中近10篇被《新华文摘》、“中国人民大学复印报刊资料”全文转载或“论点摘编”；参与、主持并完成国家社科基金、辽宁省社科规划基金项目、教育厅高校科研项目10余项，其中4项获辽宁省政府、辽宁省教育厅哲学社会科学学术成果奖。

房广顺（1960— ），男，教授，博士，辽宁大学马克思主义基本原理专业博士生导师。现任辽宁大学马克思主义学院院长、辽宁大学中国特色社会主义研究中心副主任、教育部高校辅导员培训和研修基地（辽宁大学）副主任，兼任中国社会科学院世界社会主义研究中心常务理事、辽宁省科学社会主义学会副会长、辽宁省高校思想理论教育研究会副会长、辽宁省理论宣传研究会副会长等，担任国家哲学社会科学规划基金项目同行评审专家、辽宁省社会科学规划基金评审专家、辽宁省社会科学成果奖评审专家。荣获全国优秀教师（2009 年）、全国优秀思想政治理论课教师（2009 年）、辽宁省高校学生思想政治工作先进个人（2003 年）等荣誉称号。主持完成了国家社科基金、教育部和辽宁省社科基金 20 余项，在《马克思主义研究》、《马克思主义与现实》等学术期刊发表论文 200 多篇，《新华文摘》、《中国社会科学文摘》、“中国人民大学复印报刊资料”转载论文 20 多篇，出版了《当代世界人权问题分析》、《当代中国国际战略思想新论》等多部学术著作，多项成果获辽宁省哲学社会科学研究优秀学术成果奖（政府奖）一、二等奖。

谢晓娟（1964— ），女，教授，博士，辽宁大学思想政治教育专业博士生导师。近 5 年主持并完成国家社会科学基金《全球化背景下的国际政治问题研究》以及《文化多样性与中国文化软实力建设》2 项，承担并完成教育部课题《大学生思想政治状况方法研究》1 项，承担并完成省级研究课题多项。近 5 年来在《马克思主义与现实》、《当代世界与社会主义》、《高校理论战线》等刊物上发表论文 30 余篇，多篇文章被“中国人民大学报刊复印资料”转载。出版《全球化与文化安全》专著 1 部。科研成果获得省政府奖励 3 项。入选辽宁省跨世纪人才培养工程。

耿丽华（1949— ），女，教授，辽宁大学马克思主义基本原理专业博士生导师。享受国务院颁发的政府特殊津贴。国家社科基金通讯评委。主持和参与完成的省部级、国家级课题 9 项；出版的个人专著、合著、主编、参编的著作与教材 17 部；在《当代世界与社会主义》、《国外理论动态》、《当代亚太》等期刊上发表论文 40 余篇。其中部分著作、论文获省级社会科学优秀学术成果著作一等奖、省精神文明建设“五个一工程”奖等。

刘志超（1951— ），男，教授，辽宁大学思想政治教育专业博士生导师。现任辽宁大学党委副书记、教育部暨辽宁省高校辅导员培训和研修基地主任，辽宁大学中国特色社会主义研究中心主任，辽宁省政府参事，辽宁省文联副主席。享受国务院颁发的政府特殊津贴。先后主持完成国家、省、市级科研课题 8 项，出版《思想理论教育创新与实践》、《建设学习型党组织高校辅导员读本》等著作、教材 15 部。其中专著《东北职业教育史》和《民主党派与中共合作史》获省社科成果奖一等奖，合著《社会主义荣辱观理论研究》获省哲学社会科学政府一等奖。在《马克思主义与现实》、《当代世界与社会主义》、《科学社会主义》等学术期刊发表论文40余篇，多篇论文被“中国人民大学复印报刊资料”转载，其中10余篇论文获国家和省级优秀成果一、二、三等奖。

贵州财经学院马克思主义学院

一　研究生教育

贵州财经学院马克思主义学院具有马克思主义理论一级学科硕士学位授予权，设有：“马克思主义基本原理”、“马克思主义中国化研究”、“马克思主义发展史”、“国外马克思主义”、“思想政治教育”和“中国近现代史基本问题研究”6个二级学科硕士学位授权点。2005年，学院获得“思想政治教育”、“马克思主义中国化研究”2个二级硕士点；2007年，开始招收“思想政治教育”、“马克思主义中国化研究”2个专业硕士研究生，2010年申报“马克思主义理论”一级学科硕士点并获批，是贵州省第二个拥有“马克思主义理论”一级学科硕士学位授权的单位，目前，在校研究生近百人。

二　精品课程建设

学院承担全校本科生和研究生思想政治理论课的教学和科研工作。目前，“马克思主义基本原理概论”被评为贵州财经学院校级精品课。四门本科生主干课程依托“马克思主义学院”主页，在网上介绍了包括师资队伍、教学大纲、视频资料、电子教案、多媒体教学课件、课程习题库、教学录像、考核方式方法、参考文献等内容。延伸了课堂教学，提高了课堂教学效果。

依托精品课程建设，思想政治理论课的教学水平和教学效果都有了很大提高，授课教师先后获得了各项奖励。在多次各类教学成果比赛中获奖，其中国家级教学成果二等奖1项，贵州省优秀教学成果奖4项，校级教学成果奖14项。

三　教学基本经验

马克思主义学院经过多年的探索和实践，在马克思主义理论教育和思想政治教育上积累了丰富的经验，主要包括以下几个方面：

1. 重视思想政治理论课教师队伍建设

马克思主义学院思想政治理论课教师都坚持正确的政治方向，有扎实的马克思主义理论基础，具有良好的思想品德、职业道德、责任意识和敬业精神，在事关政治原则、政治立场和政治方向的问题上都能坚决与中央保持高度一致。学院思想政治理论课教师选配合理。目前，我校思想政治理论课专兼职教师共计 50 名（教授 12 名，副教授 24 名），其中专任教师 36 名，兼职教师 14 名。学院高度重视高层次人才的引进工作，自 2008 年 6 月以来，共引进了清华大学、复旦大学、中国人民大学、中山大学、武汉大学、厦门大学、中共中央党校、南京大学等名牌大学的博士 21 人，专职教师中现有博士 27 人，博士的绝对数量和相对数量在贵州省思想政治理论课教学部门均为第一，专任教师中博士占比 58.7％。学院重视教师培养培训，新任专任教师都参加贵州省教育厅组织的岗前培训并持证上岗；所有专任教师都参加了贵州省宣传部与贵州省教育厅联合组织的思政课骨干教师培训，并选派部分教师参加教育部组织的课程培训或骨干研修班。马克思主义学院鼓励并支持专任教师攻读马克思主义理论相关学科博士学位，五年来已有数位教师考取博士（四位已经获得博士学位）。

2. 重视实践教学

学院鼓励教师创新社会实践方法，切实提高社会实践教学效果。在实践教学方面，主要采取了假期社会实践（调查）法、邀请专家学者等作专题报告、外出参观考察等形式。学院与校外建立了三个稳定的实践教学基地（与贵阳市公安局第一看守所共建的“社会帮扶教育基地”、与贵阳市公安局戒毒所共建的“警民共建戒毒基地”、与贵阳市花溪区郑山村共建的“社会主义新农村实践教学基地”）。学院有专门的指导教师和专项经费，实践教学覆盖大多数学生。实践教学引导大学生走出校门、深入基层、深入实际，促进大学生了解社会、了解国情，增长才干、奉献社会，锻炼毅力、培养品格，增强了社会责任感，树立了正确的世界观、人生观和价值观。

3. 积极探索教学方法改革、优化教学手段

在课堂教学方面，为了改进教学质量，提高教学水平，实现学校的人才培养目标，学院思想政治理论课四门主干课程全部实现了挂牌授课，参加预选正选学生比例达到 100％。挂牌授课提高了学生学习的积极性，也促进了教师教学质量的提高。每位教师都能使用多媒体教学手段进行教学，同时通过集体讨论、辩论赛、模拟法庭、社会调查报告等形式，让学生参与到教学中来，教学质量明显提高。积极改革考试评价方式，建立健全科学的考试考核评价体系。思想政治理论课四门主干课程全部实现闭卷考试，重视学生对知识的运用能力。

四　全国高等财经院校《资本论》研究会 2008 年第 25 届学术年会、第四届全国马克思主义院长论坛、全国高校马克思主义理论学科研究会第八次学科论坛在贵州财经学院召开

2008 年 7 月 22 日上午，全国高等财经院校《资本论》研究会 2008 年年会在贵州财经学院学术报告厅举行。原西南财经大学校长、研究会会长刘诗白，原首都经济贸易大学副校长、研究会副会长张六琥等与来自全国 20 多所财经院校、科研机构的 50 余位专家教授参加了会议。贵州财经学院院长、研究会副会长陈厚义教授在开幕式致欢迎词。中国社会科学院经济所所长、研究会副会长王成稼教授，《当代经济研究》常务副主编、研究会副会长丁堡骏教授在开幕式上致辞。刘诗白会长在开幕式后作了主题报告。与会专家、教授将对《资本论》的最新研究和认识进行了探讨和交流。

2010 年 4 月 10 日，第四届全国马克思主义院长论坛在贵州财经学院隆重开幕。中国社会科学院马克思主义学部主任、马克思主义研究院院长程恩富教授作《遵义会议与马克思主义中国化》主题报告。中央党校严书翰教授、吉林大学马克思主义学院院长韩喜平教授、西南大学政治与公共管理学院陈跃教授、武汉大学政治与公共管理学院院长佘双好教授、华南师范大学党委副书记黄晓波教授、华中师范大学政法学院原院长林剑教授等近百位专家学者出席了本次论坛。论坛围绕“遵义会议七十五周年与马克思主义中国化”等展开了热烈的研讨和主题发言活动。专家们强调，继承和发扬遵义会议精神，对于不断推进马克思主义的中国化、时代化和大众化具有非常重要的理论和现实意义！

五　机构建制概况

马克思主义学院院长：范方志教授（博士）；副院长：聂蒲生教授（博士）

马克思主义基本理论教研室主任：刘雪影副教授（博士）；副主任李飞龙副教授（博士）

中国化马克思主义教研室主任：刘海江副教授（博士）；副主任：叶丹江

思想道德修养与法律基础教研室主任：蒙锡岗副教授（博士）；副主任：骆剑琴副教授

中国近现代史纲要教研室主任：贺菊莲副教授（博士）；副主任：唐华容副教授

哲学教研室主任：李涛副教授（博士）；副主任：罗莉娅

综合教研室主任：郑全安副教授；副主任：文平副教授（博士）

学术委员会：主任，范方志；成员，聂蒲生、李涛、蒙锡岗、刘海江、刘雪影、贺菊莲、李飞龙、文平

六　专、兼职教授简介

程恩富，男，教授，博士生导师，中国社会科学院马克思主义研究院院长，国家马克思主义理论研究和建设工程首席专家，国家社科基金评委。贵州财经学院兼职教授。研究方向：中外马克思主义经济学。

胡乐明，男，教授，博士生导师，中国社会科学院马克思主义研究院原理研究部主任，贵州财经学院兼职教授。在各类刊物发表论文 40 余篇，主编、参编著作和教材 12 部，主持、参与多项国家级、省部级课题以及企业单位的横向课题。研究方向：马克思主义经济理论。

范方志，男，中国社会科学院金融研究所博士后，教授，贵州财经学院马克思主义学院院长，“宁波银行全员造富神话”独家分析人，2008 年网易“百名经济学家会诊中国”成员之一，现已在《当代世界与马克思主义》、《金融研究》、《国际金融研究》、《经济学动态》、《复旦学报》、《中国高等教育》和《统计研究》等刊物上公开发表学术论文近百篇，其中多篇被《马克思主义文摘》、“中国人民大学报刊复印资料”和国研网等全文转载，主持省级及博士后基金课题各 1 项，出版专著 1 部。先后参加国家教育部组织的赴美国考察团、应邀赴日本早稻田大学参加国际学术研讨会和应邀参加第二届贵州省委决策咨询博士高端论坛。主要研究领域：货币政策和房地产领域。

雷厚礼，男，教授，贵州省社会科学院副院长，贵州财经学院兼职教授。先后组织和参与完成国家社科基金课题 4 项，组织完成过省级课题 6 项，发表学术论文 100 多篇，被“中国人民大学报刊复印资料”转载 10 多篇，出版专著 7 部。《中国共产党执政学》一书获贵州省第八届哲学社会科学二等奖。研究方向：马克思主义党建理论。

曾羽，男，教授，贵州凯里学院院长，贵州财经学院兼职教授，贵州省高校首批哲学社会科学学科带头人。发表论文 20 余篇，出版专著 3 部，省部级以上科研项目 5 项，获省部级奖 2 项。研究方向：思想政治教育。

戴庆中，女，贵州财经学院院长助理、教务处处长，教授，全国“五一”劳动奖章获得者，贵州省“高等学校教学名师”，贵州省“全省优秀教师”，2002 年获贵州省第五届哲学社会科学优秀成果二等奖，2010 年获贵州省第八届哲学社会科学优秀成果二等奖，主持国家社科基金项目《全球化趋势下我国边远地区少数民族文化发展研究》和教育部人文社科“九五”规划项目《贫困地区发展的非经济因素研究》，主持省级课题 5 项，研究领域：哲学和伦理学。

杨未，女，教授，贵州财经学院党政办主任，主持完成了美国福特基金会温诺克项目《高校大学生社会性别意识提升与能力建设项目》，主持多项省级课题，多次荣获省部级奖项。研究方向：思想政治教育。

聂蒲生，男，博士，教授，贵州财经学院马克思主义学院副院长，贵州省高校哲学社会科学学术带头人，已在《学术研究》等中文核心期刊上发表论文 50 余篇，其中 CSSCI 期刊和北大版核心期刊 20 多篇，被“中国人民大学报刊复印资料”全文转载 2 篇，出版专著 2 部，已完成省部级科研项目 1 项，正在负责主持国家社会科学基金课题、教育部重点课题各一项，荣获贵州省第八次哲学社会科学优秀成果著作类三等奖（2010 年）。研究方向：中国近现代民族学史和社会学史。

何克，男，教授，贵州师范大学心理健康教育与咨询中心主任，贵州师范大学心理学学科带头人，发表论文 23 篇，专著 7 部，获省部级奖两项。研究方向：心理卫生。

浙江工商大学马克思主义学院

一　研究生教育

浙江工商大学马克思主义学院具有马克思主义一级学科硕士学位授予权。设有：马克思主义基本原理、马克思主义发展史、马克思主义中国化研究、国外马克思主义研究、思想政治教育和中国近现代史基本问题研究 6 个二级学科硕士点。每年招收硕士研究生 10 人以上。

本学科点学科队伍整齐，研究能力强。有 36 名成员，其中教授 14 人，博士 16 人，硕导

15人。本学科点研究特色明显，返本开源兼顾，既注重从整体上、从本来面貌上把握马克思主义理论及其发展规律；也非常关注马克思主义中国化的历程及其成果，关注社会思潮的变化及其对大学生的影响。从2005年1月—2010年12月，本学科点成员共主持省部级以上课题42项，其中国家社科基金课题4项，教育部课题10项；出版各种学术著作56部，其中专著21部；在核心期刊上发表论文221篇，其中权威刊物12篇，一级刊物29篇，被人大复印资料转载或收录34篇；获厅级以上科研奖励27项，其中省部级奖6项。总体研究水平在全省同类学科中名列前茅。

二　精品课程建设

马克思主义学院承担着浙江工商大学本部的思想政治理论课教学任务。其中，“马克思主义基本原理概论”、“毛泽东思想和中国特色社会主义理论体系”、“思想道德修养与法律基础”等3门课为省级精品课程，“中国近现代史纲要”为校级精品课程。

所有精品课程均采用多媒体互动式教学，并与学生社会实践等第二课堂活动紧密结合，注重感性认识与理性认识的相互促进。各精品课程间建立了模块化、通用化的教学素材库，并经常相互交换观察角度，使任何一门课程的教师能够在与学生互动探讨中与其他课程的观点相互印证。同时，网络教学等新手段的开拓，大大丰富了互动的形式和内容。

随着精品课程建设，思想政治理论课的老师们与广大学生教学相长，获得一批喜人的教学成果。其中，王光明教授获得2005年国家教学成果二等奖和省级教学成果一等奖；廖曰文教授于2006年获第三届全国教育科学研究优秀成果奖；杜利平教授于2007年获第二届中国教育教学创新成果奖；姚月红老师于2008年获第五次全国高等学校思想政治教育优秀专著、论文评选奖；廖曰文教授又于2009年获第六届高等教育省级教学成果奖；沈国桢教授所主持的团队于2010年获浙江省高校教师教学软件评比奖。

三　教学基本经验

多年的教学实践和不断紧跟时代步伐的学习创新，使该院在思想政治理论课教学上积累了丰富的经验和具有前瞻性的教学理念。

(一) 加强师资队伍建设是提高教学质量的组织保证

要培养一流的学生，就必须有一流的师资。为此，学院从两方面加强师资队伍建设：一是把好进口关。引进师资除坚持博士的最低学位要求和两篇一级刊物第一作者论文的学术要求外，还通过试讲和答辩进行考察，同时还邀请资深专家组成评审团队，确保引进质量。二是加强在岗教师的培训进修。2007年以来，学院组织多批教师赴全国各地以及北美、欧洲、东亚各国家和地区参加培训进修。通过不断的业务学习，该院教师在教学水平和学术水平上始终保持与时俱进，为培育一流的学生提供了充分的智力支持。

(二) 加强教学管理体系建设是提高教学质量的制度保证

在教学管理上，学院通过学生评教、教学评奖，在结果环节对教师进行反向激励。多年来，学生对我校思想政治理论课及授课教师的满意度一直居于各项课程前列。由于教学成果突出，沈国桢教授获评2007—2008年度浙江省高校“三育人”先进个人。在注重结果管理的同时，学院也重视过程管理，实行学院领导、教研室主任听课制度、新教师听课制度、教学督导制度，对教学质量进行全方位监控。制度的完善，为保证教学质量，提高学生的满意度提供了制度保证。

（三）保持教学内容与时俱进是提高教学质量的内在要求

1. 切实做好党的理论创新成果的“三进”工作

首先要认真学习，深刻领会，搞清楚这些创新成果的精神实质，搞清楚它们在马克思主义发展史的地位和作用，搞清楚它们对中国以至世界社会主义事业的深远影响。其次通过集体备课，提出如何宣传贯彻这些新思想、新观念的计划，以《邓小平理论和“三个代表”重要思想概论》为宣传贯彻的主体，同时全面渗透到其他思想政治理论课教学中去。第三要用学生喜闻乐见的语言和生动鲜活的事例把它们介绍给学生，同时使学生深刻地体会到马克思主义的强大生命力和科学青春。

2. 贴近现实、贴近学生，调整充实教学内容

我校的思想政治理论课教师非常注重社会热点问题，关注学生的思想实际，十分重视新知识、新材料的学习和收集，并将其充实到教学中去，不断更新丰富教学内容。

3. 注重教学与科研的相互助长，把科研成果充实到教学内容中去

我校的思想政治理论课教师注重围绕教学搞科研，利用科研促教学。如王来法教师把自己有关马克思主义认识论的研究成果运用到哲学教学中去；张文喜老师把自己有关历史唯物主义的研究成果运用到课堂教学中去；许新三老师把自己对邓小平社会主义市场经济理论课题的研究融入课堂教学之中；沈国桢老师把自己有关责任问题的研究成果运用到课堂教学中去。这样的例子不胜枚举，而这样做的结果是加深了学生对思想政治理论的理解，引起了他们的进一步思索，收到了良好的教学效果。当然，在这样做的时候必须坚持马克思主义的基本原理，不违背马克思主义的基本原理，不趁机贩卖私货。

（四）改革教学方式和方法是提高教学质量的有效方法

1. 转换《形势与政策》课的教学方式，开设“五当代”（当代政治、经济、文化、科技、法律）讲座

学校领导倡导并带头为学生做讲座，各有关部门、学院的领导踊跃参与，提升了形势与政策教育课的学术层次，提高了学生理解形势与政策的能力档次。2005年，这一教学改革项目获得了省教学成果一等奖和教育部教学成果二等奖。此后，这一做法不仅一直坚持下来，而且不断地得到完善。

2. 开展思想政治理论课的“读、写、议”活动，丰富思想政治理论课的教学内容

“读、写、议”是浙江工商大学的特色教学方法之一，这种方法非常适合于思想政治理论课教学，也是在思想政治理论课实践经费不足的情况下，丰富思想政治理论课教学内容、贯彻主体性教学理念的一种好办法。通过读几本好书、写一篇小论文、讨论一些现实问题，不仅更好地消化了课程的理论内容，而且提高了分析问题和解决问题的能力，坚定了对马克思主义的信念。

3. 加强师生互动，增加学生的参与性

强调课堂“师生互动”是当今大学教学的发展趋势。我校的思想政治理论课教学也比较注重通过“师生互动”来调动学生的学习兴趣和积极性。例如，吴忠良老师在讲解毛泽东的“十大军事原则”时，让学生现场配合演示，现场结合实际发挥，效果很好。

4. 探索科研式教学法

教师将与教材内容直接相关的课题作为内容，把自己课题申请时的设计思路和主要观点，课题立项后的调查提纲、问卷内容、调查后的统计数据、据此所写的论文，以及论文发表等科研过程中各个环节的做法、思路、结果等，结合教材内容，一一教给学生，让学生了解科研的基本规律和方法。同时让他们运用这种规律和方法去从事现实问题的调查和研究，从而进一步领会马克思主义的理论和原则。通过这种教学方法，既培养了学生的科学精神和科研能力，又加深了学生对马克思主义的理解。

四　学院机构建制概况

（一）党政班子

院长：王来法教授；副院长：崔杰研究员（兼）、詹真荣教授

党总支书记：崔杰研究员；副书记：王来法教授（兼）

（二）学术委员会

主任：王来法教授；副主任：何丽野教授

成员：廖曰文教授、詹真荣教授、何丽野教授、许新三教授、沈国桢教授、游海华教授

（三）内设机构

马克思主义基本原理教研室主任：何丽野教授

当代中国马克思主义教研室主任：杜利平教授

思想道德与法律基础教研室主任：沈国桢教授

中国近现代史纲要教研室主任：钱文艳副教授

大学生心理健康教育中心主任：王晓刚教授

五　中国国际共运史学会 2010 年年会、2011 年高校心理健康教育发展专家论坛在浙江工商大学举办

2010 年 10 月 26—31 日，由中国国际共运史学会和浙江工商大学共同主办的中国国际共运史学会 2010 年年会暨学术研讨会在杭州召开。学会会长、中央编译局副局长王学东研究员，浙江工商大学副校长华尔天研究员，学会副会长、中国人民大学李景治教授出席开幕式并致辞。本次年会的主题是“变化中的资本主义与社会主义”，来自中央编译局、中共中央对外联络部、中央党校、中国社会科学院、中国人民大学、同济大学等科研机构和高校的 150 余名专家学者出席了会议。本次年会对我国国际共运史和世界社会主义的研究和教学工作进行了深入探讨，先后有近 20 位学者作主题报告和大会发言；该院詹真荣教授主持并作了大会

发言、何丽野教授和游海华教授作了专题报告。

2011 年 4 月 20—22 日，由中国心理卫生协会大学生心理咨询专业委员会主办、浙江工商大学承办的第五届委员会第一次会议暨 2011 年高校心理健康教育发展专家论坛在我校隆重举行。来自全国高校的 200 多名从事大学生心理健康教育工作的专家、学者参加了研讨。教育部思政司思政处处长徐艳国，浙江省教育厅宣教处处长薛晓飞，全国大学生心理咨询专业委员会主任王建中等领导出席开幕式并作重要讲话。我校党委书记蒋承勇出席并致欢迎词，副书记王兴杰主持会议。全国大学生心理咨询专业委员会主任、北京航空航天大学副校长王建中教授，专业委员会副主任委员、浙江大学马建青教授，中央教育科学研究所孟万金教授作大会主题报告，围绕新时期我国高校心理健康教育工作的开展，总结了 20 多年来我国心理健康教育的发展和取得的成果，直面现存的问题，商讨解决问题的方案。

浙江理工大学马克思主义学院

一　研究生教育

2005 年获得马克思主义基本原理和思想政治教育二级学科硕士学位授予权。2011 年获得马克思主义理论一级学科硕士学位授予权，新增设了马克思主义中国化研究和中国近现代史基本问题研究两个二级学科。经过数年的发展，已经形成了较为明显的发展特色，对深化思想政治理论课教育教学发挥了显著的支撑作用。

不断扩大招生规模。目前马克思主义理论学科的研究生规模已经走在全省前列，在校学生超过 100 人，生源遍及全国各地；有硕士生导师 35 名，1/3 具有博士学位。

努力提高培养质量。马克思主义理论学科研究生培养工作扎实、措施得力，成效较为显著。学院设立了“马克思主义论坛”和“博士论坛”，设置了研究生学术促进专题项目，开展了“读书报告会”等制度化活动，同时还设立了“义华奖学金”，意在借助更加丰富多彩的学术资源，为学生创造良好的学习、研究氛围。仅就 2010 届研究生的学术研究而言，他们共发表论文 51 篇，生均 3 篇，在全校文科中领先；学位论文盲审一次通过率为 94.1%。2009 届 2 名学生分别获得了省、校两级优秀毕业生称号，2011 届又有 4 名学生分别获得了省、校两级优秀毕业生称号，其学位论文同时获得当年度学校优秀学位论文，3 名同学考上博士研究生。

二　精品课程建设

学院设立精品课程建设领导小组，统筹全院国、省、校级精品课程建设。精品课程建设实行课程负责人领衔的课程建设项目组制度。精品课程组与所在教学部既分工又协调，共同开展教研活动，有效地保证了精品课程建设的顺利开展。

2006年,《毛泽东思想、邓小平理论和“三个代表”重要思想概论》成功入选国家精品课程,成为浙江省第一家思想政治理论课国家级精品课程,也是当时除了“211”、“985”高校之外唯一一家省属本科院校获得的本门课程的最高级课程平台。2009年又获得《中国近现代史纲要》省级精品课程荣誉(全省第一家本门课程的省级精品课程)。

在国家精品课程建设带动下已形成了优质思政理论课课程群,全面覆盖了五门思想政治理论课。它们分别是:国家精品课程——《毛泽东思想和中国特色社会主义理论体系概论》,省级精品课程——《中国近现代史纲要》,校级精品课程——《思想道德修养与法律基础》和校级重点课程——《马克思主义基本原理》、《形势与政策》。思想政治理论课优质课程建设走在了全省的前列。

精品课程建设较好地发挥了示范、引导和辐射作用。目前已经接待过来自全国各地50多家高校的同行的来访,课程网站更是受到了省内外同行的高度赞赏和学生的普遍欢迎,访问量已超过75万次。该网址2005年初建,2010年改版再建,实现从申报模式向建设模式的成功转变,互动功能大为增强,成为师生交流的重要舞台,明显改善了大学城模式下师生学习交流状况;编辑制作的精品课程精彩多媒体课件2006以来一直在全省高校推广使用,2009年又被教育部评为优秀课件;2010年成功申报了教育部人文社会科学专项高校思想政治理论课精彩多媒体课件。

教学效果提高明显。经过多年的努力,思想政治理论课的教学效果发生了显著的变化,尤其是国家精品课程,任课教师的学生评教优良率达到100%、优秀率85%以上。2007年、2010年,在全校学生自发组织的“我心目中的好老师”(即“十佳教师”)公选活动中,分别有5位、3位思想政治理论课教师先后入选,其中谭劲松、渠长根、郑显理老师连续两届当选。

三 教学基本经验

优质的课堂教学、高水平的团队建设和卓有成效的思想政治理论课实践教学,是我们在教育教学实践中用力最多、成效最明显、影响最显著的三个亮点。

1. 着力提升课堂教学的吸引力

确立“加强思想政治理论课建设,提高教学效果是硬道理”的理念。提高教学效果最重要的是教师要坚持以教学为中心,处理好教学与科研的关系,潜心研究教学规律,改进教学方法,提高教学艺术,不断提升教师职业道德和职业技能修养。

在教学方法上我们较普遍地采用课题制研究型教学、时政要闻课前交流、案例和协作式教学、专题式教学、在线考试等多种具体方法,拓宽思想政治理论课的领域,深化思想政治理论课内涵,增进思想政治理论课的吸引力。

积极探索网络教育模式。每一门精品课程都制作并互联了自己的互联网开放式课程网站;拓展思想政治理论课教学平台,引入了4A网络课程,《中国近现代史纲要》、《思想道德修养与法律基础》、《马克思主义基本原理》三门课程投入首批4A网络课程平台建设,拓展了思想政治理论课动态教学和人机互动的新途径;建设开发在线考试系统,从2008年开始,国家精品课成功开发了“学生在线考试”系统，组建了由2000多道试题组成的试题库，已先后在全校2007、2008、2009三个年级的近万名本科生中使用。

2. 千方百计打造优秀团队

2007年，我院思想政治理论课教学团队获得了省内同行和主管部门的高度认可，成为第一支本科院校思想政治理论课省级优秀教学团队。这支团队中拥有全国优秀教师1人，省功勋教师1人，省级教学名师2人，校级教学名师1人，省级教坛新秀1人。其中15人次担任省级以上各种学术团体的常务理事以上的职务。

引导团队成员树立正确的教学科研观，要求思想政治理论课教师树立以教学带科研、用科研促教学的理念，重视思想政治理论课教学规律和教学方法的改革与研究，每月坚持1次团队集体教学研究，对教学重点、疑点、难点和热点问题进行研讨。

积极组织团队成员开展学术交流与考察活动，先后赴安徽小岗村、河南南街村、江苏华西村和井冈山、西柏坡、遵义、红岩村等革命历史纪念地及爱国主义教育基地学习考察。

高度重视青年教师培养。鼓励青年博士教师群体在教学、科研和研究生培养上积极发挥作用，有计划地选派优秀中青年教师出国留学、国内外访学等。现已培养在读博士和博士后各1人，组织教师赴国内外高校访学各3人。采取青年教师导师制，实行“定导师、定任务、定目标”的“三定”制度，由6名教学经验丰富、治学严谨、学术造诣深厚的教授对刚走进教学岗位的青年教师进行“一对一”指导，帮助青年教师过理论教学关、技能教学关和教书育人关。鼓励并协调青年教师担任学生组织指导教师或到基层挂职锻炼，现在已有17名教师担任校院两级学生社团的指导教师，选派了2名青年教师到浙江海宁和安吉挂职锻炼。

3. 积极探索思政理论课实践教学

思政理论课实践教学非常重要，但难度很大。我们坚持高标准、严要求，积极探索，努力提高实效，较好地拓展了思政理论教学的视野。

2006年，在广泛调查研究的基础上，结合本校实际，制定了《思想政治理论课实践教学操作规程》，规范了实践教学目标、基本原则、具体形式和手段、考核评估等。

明确实践教学目标：根据理论联系实际的教育理念和学以致用的教学思想，采取多种形式的实践教学，深化、拓展思想政治理论课教育教学内容，提高学生观察分析问题的能力，提升学生的思想政治素质，增进思想政治理论课的育人价值和导向功能。

实践教学基本要求：紧密结合课程教学大纲和具体内容，精心组织，周密安排；路径多样化，形式灵活化；注重实效，及时总结、评估；与学生的课程成绩对接；安全第一。关于具体的实践教学形式有：（1）课堂讨论、辩论赛、演讲赛等；（2）经典作品（著作、影视等）阅读；（3）专家讲座或学术报告；（4）外出参观考察；（5）社会调查；（6）创意或论文评比；（7）舞台剧VCR；等等。

注重学生实践教学成果的总结、表彰与宣传。实践教学成果的具体形式多种多样，包括调查报告、学术论文、读书报告、工作创意、主题舞台剧等，它们是检查学生参与实践教学的成效的主要依据。由任课教师按照一定比例评选优秀成果，通过学院和教学部审核确定优秀成果，由教务处和马克思主义学院共同签章，公开、现场发放优秀成果证书；优秀成果上传课程网站，溶入资源库共享，同时编辑印制优秀成果集；学年结束后，优中选优，正式出版思想政治理论课实践教学优秀成果。目前已经公开出版了《发现的魅力：思想政治理论课实践教学优秀成果撷英（2009）》和《发现的魅力：思想政治理论课实践教学优秀成果撷英（2010）》。

加强实践基地的建设，确保实践教学稳定和有效开展。我们开发、利用浙江和苏沪赣等周边省市的丰厚历史文化资源，尤其是杭州市的鲜活资源，与众多的相关单位和部门签订了实践教学合作协议，目前已达20多家，涉及工矿企业、街道社区、农村农民、学校以及多种纪念场馆、展览设施等等。

四　机构建制

院长	谭劲松
党总支书记	高丽静
副院长	渠长根
毛泽东思想和中国特色社会主义理论教学部主任	郑显理
中国近现代史纲要教学部主任	刘梅英
思想道德修养与法律基础教学部主任	荆钰婷
马克思主义基本原理教学部主任	肖香龙
当代世界经济政治与形势政策教学部主任	王继全
中国特色社会主义理论研究所所长	谭劲松
思想政治教育研究所所长	渠长根
中国近现代史基本问题与马克思主义发展史研究所所长	刘光勇
马克思主义基本原理研究所所长	陈雷
国外马克思主义与世界经济政治研究所所长	王继全
宗教文化研究所所长	蒋海怒

五　学科带头人简介

谭劲松，教授，浙江理工大学马克思主义学院院长，浙江省教学名师，浙江省功勋教师，全国优秀教师。现为世界政治经济学会理事、中国经济规律研究会理事、全国科学社会主义学会理事、浙江省科学社会主义学会副会长、浙江省《资本论》与社会主义经济研究会副会长、浙江省高校马克思主义理论教育研究会副理事长、浙江省马克思主义学会常务理事、浙江省高校《毛泽东思想和中国特色社会主义理论体系概论》研究会会长。

先后主持国家和省部级项目10项，获省部级、厅局级奖十多项，在《马克思主义研究》、《求是》、《人民日报》、《经济学动态》、《高校理论战线》、《中国特色社会主义研究》、《毛泽东邓小平理论研究》、《中国教育报》、《思想理论教育导刊》、《思想教育研究》、《华东师大学报》、《浙江社会科学》、《浙江学刊》、《红旗文摘》等刊物发表论文90多篇。

渠长根，教授，浙江理工大学马克思主义学院副院长。主持国家精品课程《毛泽东思想和中国特色社会主义理论体系概论》和省级精品课程《中国近现代史纲要》。

1998 年，被评为省“优秀青年教师”；2002 年，获学校“十佳优秀教师”称号；2007、2010 年，两度被学生公推为“我心目中的好老师”；2009 年，被评为“教学名师”。

近年来发表学术论文百余篇，出版个人学术专著《日本侵华思想理论探源》等 5 部，主编《马克思主义中国化、大众化和时代化若干问题研究》、《伟大的历程、辉煌的成绩——纪念十一届三中全会三十周年》等文集；主持完成省部级以上各种人文社科类研究课题 15 项；获得省部级教学成果奖 4 次；获得省部级以上社会科学优秀成果奖 3 次。被评为浙江省中青年学科带头人和“151”人才工程成员，担任浙江省当代国际问题研究会副会长、浙江省中共党史学会和当代史学会常务理事等学术职务。

第九篇

会议综述

“学习贯彻十七届四中全会精神，划清四条界限研讨会”综述

汪世锦

2010 年 2 月 3 日，由中国历史唯物主义学会和教育部社会科学发展研究中心共同举办的“学习贯彻十七届四中全会精神，划清四条界限”研讨会在京举行。来自中国社会科学院、北京大学、清华大学、中国人民大学、中央党校、国防大学和教育部社会科学发展研究中心的 30 余位著名专家学者参加了会议。会议由中国社会科学院学部委员、全国政协委员、中国历史唯物主义学会会长李崇富研究员主持。现就会议讨论的主要观点综述如下。

一　划清“四条界限”的必要性和现实意义

针对我国意识形态领域中存在的新自由主义、民主社会主义、民族虚无主义等错误思潮，《中共中央关于加强和改进新形势下党的建设若干重大问题的决定》指出：要“加强党的意识形态工作和思想政治工作，引导党员、干部增强政治敏锐性和政治鉴别力，筑牢思想防线，自觉划清马克思主义同反马克思主义的界限，社会主义公有制为主体、多种所有制经济共同发展的基本经济制度同私有化和单一公有制的界限，中国特色社会主义民主同西方资本主义民主的界限，社会主义思想文化同封建主义、资本主义腐朽思想文化的界限，坚决抵制各种错误思想影响，始终保持立场坚定、头脑清醒”。也就是说，党中央要求我们党员、干部“自觉划清马克思主义同反马克思主义的界限”，就是为了在国内外复杂的思想和政治碰撞中，增强坚持走中国特色社会主义道路的坚定性和自觉性。

与会学者一致认为，教育和引导党员、干部自觉划清“四条界限”，是党的思想理论建设中的一个重要而紧迫的问题，是建设马克思主义学习型政党的基本要求，对于提高全党的思想政治水平，坚定走中国特色社会主义道路的决心和信心，增强党的执政能力，具有重要意义。因此，李崇富指出，中央提出划清“四条界限”既有理论意义，也有现实意义。

侯惠勤（中国社会科学院马克思主义研究院党委书记、中国历史唯物主义学会常务副会长）指出，自十七大以来，中央提出了道路问题的重要性，胡锦涛同志强调走社会主义道路要坚定。这就要求我们要防止和粉碎西方一些国家对我们的西化和分化的图谋。因为不纠缠“左”和右，要沿着中国特色社会主义道路继续往前走，最大的危险就是来自西方的西化和分

化，他们利用先进的高科技手段西化、分化我们。克服这种危险的有效措施之一，就是中央所提出的广大党员要“划清四条界限”。

刘书林（清华大学教授）认为，结合时代进展，搞清楚什么是社会主义，怎么坚持社会主义，这是划清界限的要害。划清界限，讲清是非，是关系国家前途和命运的大事。因为当前我国正处于改革发展的关键时期，世界范围内各种思想文化交流、交融、交锋更加频繁，意识形态领域的斗争更趋激烈、更趋复杂，我们只有从理论与实际相结合的高度，自觉划清“四条界限”，才能用马克思主义特别是中国特色社会主义理论体系武装全党，才能在实践中更好地建设中国特色社会主义。

二　四个“划清界限”是一个有机的整体

学者们认为，“四个划清界限”之间有着密切的内在联系，是一个有机的整体。其中“马克思主义同反马克思主义的界限”与其他三条界限之间是“一总三分”的关系。只有第一条界限划清了，其他三条界限才能划清楚。同时，如果其他三条界限中任何一条界限没划清楚，第一条界限也就不可能真正划清楚。因此，在“一总三分”中，“一总”是指导性的、方向性的，“三分”也都不可少。

田心铭（教育部高等学校社会科学发展研究中心研究员）说，中央提“划清四个界限”，有一个方法论的启示。破、立要结合起来，这与正面宣传是一致的。四条界限中，划清马克思主义与反马克思主义的界限，是最重要的，管总的。胡锦涛同志提出什么是马克思主义，如何对待马克思主义，实际上是马克思主义观的问题。我们现在对马克思主义的理解存在误区，认为马克思说的都是马克思主义。实际上并不是马克思说的就是马克思主义。比如马克思的博士论文就不包括在马克思主义中，而马克思主义的后来者如毛泽东等人所说的新话也有属于马克思主义的。问题的关键是看是否具有马克思主义的根本特征。他认为，马克思主义的根本特征主要有两条：一是理论与实践的统一；另一是工人阶级的阶级性和科学性的统一。反马克思主义也有两条：一是公开的反马克思主义，如新自由主义；二是打着马克思主义的旗号的反马克思主义，典型的是所谓“只有民主社会主义才能救中国”的论调。其他三条界限中重要的是，政治上民主有社会主义民主与资本主义民主之分；经济上有公有制和私有制之分；文化上有社会主义文化与资本主义文化、封建主义文化之分。“四个划清界限”是一个整体，第一条是根本，其余三条是各个领域的具体表现。

卫兴华（中国人民大学教授）说，“四个划清界限”是一个整体，第一条是根本，其余三条是各个领域的具体表现，它们是紧密联系在一起的。如果没有公有制就没有社会主义，也就是说没有第二条就没有第一条。因为公有制是共产党执政的基础，当然我们对此没有解释好。有人提出非公有制也是共产党执政的基础，这是十分错误的和有害的。

吴易风（中国人民大学教授）说，“四个划清界限”中，第二条是经济基础问题的界限，其他三条是上层建筑的界限。现在媒体只讲金融危机而不讲经济危机，而实际上是经济危机，问题出在实体经济。西方为了克服危机，也提出了国有化。我们国家要避免危机的发生，必须划清资本主义的国有化和我们国家国有化的界限。

胡钧（中国人民大学教授）认为，在现实中划清界限要从各学科的实际出发，抓住其主要问题。如在哲学界一个很大的问题是物质本体论还是实践本体论？将社会发展史看作自然史进程还是人的本质的异化和复归的过程？再比如在经济学中，有人想用西方现代经济学来改造马克思主义经济学，等等。我认为，只有分领域划清界限，才能在总体上真正划清马克思主义与非马克思主义、反马克思主义的界限。

三　划清的标准和方法

党员、干部要能够自觉地划清马克思主义同反马克思主义的界限，就必须在实践中认真学习和掌握马克思主义的立场、观点和方法，不断增强识别真假马克思主义的政治敏锐性和政治鉴别力。就人们如何做到这种“自觉划清”的思维操作而言，还必须明确和掌握这种思想理论“划界”的根本标准、基本的思想方法。

侯惠勤说，要将马克思主义的基本原理与实践、时代特征、历史条件结合起来考虑。这四个划清不是一个抽象的、孤立的几条，而是一个整体。从整体上划清界限，最主要的是抓住三个问题，处理好三个关系：一是中国特色社会主义的中国特色与社会主义的关系，社会主义也是一种国际运动，因此，社会主义也是一种国际主义。爱国主义与国际主义的关系会出现新的问题。这一条我们过去比较忽视。二是学习资本主义和抵制、批判资本主义的关系，如何超越资本主义？三是共产主义理想性与现实性的关系问题。邓小平提出我们处于社会主义初级阶段，现在又将共产主义看作遥不可及的彼岸的乌托邦。社会主义是属于共产主义的范畴，现在必须加强共产主义现实性教育。

周新城（中国人民大学教授）说，要划清界限，全党要学习马克思主义的基本原理，这是根基。现在有一种不讲理论，不讲马克思主义基本原理，不讲历史唯物主义原理，只讲实际工作的倾向，这是划不清界限的根本原因，这对于马克思主义学习型政党的建设来说是要重点解决的问题。划清界限不仅是理论上的，而且是实践上的。

许志功（国防大学教授）指出，社会不稳定，党群、干群关系矛盾突出，主要有两个问题：腐败问题和分配不公问题。现在离发展的成果惠及全体人民还有很大的距离。把分配不公的问题解决得好一点，社会就稳一点。一些社会问题的出现，根据马克思主义原理，其原因要到社会的经济中去找，把经济基础搞得科学一点、稳妥实在一点，社会问题就少一点。当然，意识形态中马克思主义的指导作用是至关重要的，但理解马克思主义也要理论联系实际，毛泽东曾经说过，理论联系实际问题是党性问题。他认为，这个问题不解决，就不能划清界限。

吴雄丞（中央党校教授）说，马克思主义就是要同反马克思主义划清界限，如果不争论也不批判，好多事就稀里糊涂。划清界限，空喊没有意义，要找准对象，要理论联系实际，要拿出行动来，做点实事，党员干部尤其是高级干部要认真学习马克思列宁主义，需要学习马列原著。

李崇富指出，从总体上看，马克思主义基本原理及其体系，是如实地反映整个世界特别是人类社会发展的总趋势及其客观规律性的科学真理，而种种反马克思主义的思想观点，则往往是违背客观事实、逆历史潮流而动的主张或学说。故而，从认识论上说，我们要划清马克思主义同反马克思主义界限的问题，就是要分清真理与谬误的问题。所以，归根到底，社会实践是划分一切真理与谬误的根本标准，当然也是划分马克思主义与反马克思主义界限的根本标准。辩证唯物主义、历史唯物主义的世界观和方法论，作为马克思主义体系的基础性内容，“它把伟大的认识工具给了人类，特别是给了工人阶级。”① 马克思主义哲学是我们共产党人在政治上的“望远镜”和“显微镜”。只有坚持和运用马克思主义哲学的基本观点和思想方法，才有助于我们自觉地辨别思想政治上是非对错，有助于我们自觉地划清马克思主义同反马克思主义的界限。

四　马克思主义理论工作者的责任和建议

划清四条界限是马克思主义理论工作者必须坚持的立场。当前，在现实生活特别在教学和科研中，大量存在迫切需要弄清楚的问题，首先就是马克思主义同反马克思主义的界限问题。学者们说，尽管马克思主义在我国意识形态领域中居于指导地位，但在思想理论中仍然出现了一些噪音和杂音，比如新自由主义、民主社会主义、历史虚无主义以及“普世价值”论等。它们有的公开地、直接地反对马克思主义，有的冷落、嘲弄马克思主义。对于这些消极的东西，作为马克思主义的理论工作者，有责任从理论上予以澄清。

沙健孙（北京大学教授）说，四个划清界限的针对性很强，党员、党员干部都要划清四个界限，所以要抓党员教育、党内教育。提四点建议：第一，首要的是学习马克思主义，要读原著。建议中央作出决定，要求党员，特别是党的干部读《共产党宣言》、《帝国主义论》等经典著作。第二，驳斥西方的资本主义观点，要反对两种教条主义，既反对马教条，又反对西教条。第三，要联系实际，澄清一些思想上的混乱。第四，划清界限不能停留在论述上，要在政策上有所体现。

吴易风说，要划清界限，其重点和根本就是要学习经典著作，《马克思恩格斯文集》、《列宁专题文集》的出版，就是学习的好机会。

梁柱（北京大学教授）说，现在存在的非马克思主义和反马克思主义的思潮，其实也是一种现实的反映，这是一种对社会主义丧失信心、另找出路的表现。改革开放基本的政策面是没有错的。但现在出现了两个脱离的倾向：一是脱离了最高纲领，将社会主义初级阶段无限期地绝对化了，即将初级阶段模式化、固定化、永久化和独立化，这就脱离了马克思主义。二是在基本观念上，没有重视科学社会主义。基本的阶级分析现在基本不讲。阶级斗争是马克思主义的一条红线。现在我们一天都不讲阶级斗争就对了吗？有私有制的存在，有没有剥削的存在？划清四条界限必须坚持双百方针，但也不能放弃批判精神。

林建公（国防大学教授）说，中央在四个划清界限的问题上采取的是稳扎稳打的策略，把理想、信念教育落到实处，加强思想政治工作。我认为，四个划清必须以历史唯物主义作为思想武器：一是历史唯物主义是制定方针政策的理论依据，从实际出发，实事求是。二是

---

① 《列宁选集》第2卷，人民出版社1995年版，第311页。

用社会基本矛盾学说来研究新出现的社会现象。三是强调人民群众是社会的主体，解决人的现实的发展，加强文化建设，由现在的待遇养人发展到文化养人。

董学文（北京大学教授）说，最不好处理的是划清马克思主义与非马克思主义（包括假马克思主义和伪马克思主义）的界限。有不少人在纠正、补充和改造马克思主义，还有人在儒化马克思主义，对这些都要划清界限。提几条建议：一是划清界限由谁来划，要确定好划的主体；二是在什么范围内划，要确定好划的范围；三是使用什么方式划，要确定好划的方式方法，要正面宣传，切实做好学理性的划清活动，允许学术争论，做到百花齐放百家争鸣，同时注意在教学和教材中做好学理性的划清活动。

李崇富最后总结说，在四个界限中，第一条界限是管总的，其他三条是讲落实的。一是知道什么是马克思主义，学马克思主义，重点是学中国特色的马克思主义，要结合马克思主义原著，基本著作是哪些，不同的层次有不同的要求，读一本到几本，党校要开读书班。二是为什么有人拥护马克思主义，有人反对马克思主义，要用阶级分析的观点进行分析，到底代表哪个阶级的利益、哪个阶级的立场。三是到底怎么划，谁来划。党的高级干部带头划，理论工作者推动他们划，帮助他们划。明确划清的标准，看实践标准，看行动。四是如何划。站稳立场，坚定站在工人阶级的立场、党性的立场、广大人民群众根本利益的立场上。从基本观点上说，马克思主义要不要人本主义化，这是核心和要害，经济上要不要私有化，文化上要不要工人阶级的思想是统治的思想；从方法论上说，要坚持辩证唯物主义、历史唯物主义，没有阶级分析就没有马克思主义，要把原则的坚定性和策略的灵活性结合起来。总之，我们马克思主义的理论工作者要尽一个党的理论工作者应尽的责任。

（《马克思主义研究》2010 年第 4 期）

遵义会议与马克思主义中国化

——“第四届全国马克思主义院长论坛”综述

金民卿

由中国社会科学院马克思主义研究学部和马克思主义研究院主办、贵州财经学院承办的“遵义会议75周年与马克思主义中国化——第四届全国马克思主义院长论坛”，于2010年4月10—12日在贵阳隆重举行。在论坛开幕式上，贵州省委常委、宣传部部长谌贻琴发来贺信，中国社会科学院马克思主义研究学部主任、马克思主义研究院院长程恩富教授作“遵义会议与马克思主义中国化”的主题报告，贵州省政协副主席孔令中、贵州财经学院院长陈厚义教授分别讲话，中共中央党校严书翰、中国人民大学张宇、华南师范大学黄晓波、河北经贸大学武建奇、广州大学徐俊忠、吉林大学韩喜平等十位学者作主题发言。论坛期间，来自全国高校和研究机构从事马克思主义研究的近百位院长和学者，围绕“遵义会议与马克思主义中国化”的主题，深入探讨了遵义会议在马克思主义中国化思想史上的重要地位，就马克思主义中国化、大众化，中国特色社会主义理论体系，中国模式和中国道路以及马克思主义理论教学、政治文明建设、发展方式转变、文化意识形态、民营经济发展、新农村建设等问题展开广泛深入的研讨。论坛结束时，中国社会科学院马克思主义研究院马克思主义中国化研究部副主任金民卿研究员作总结发言。现将论坛主要研讨内容综述如下。

一　明确提出遵义会议在马克思主义中国化思想史上的历史定位

科学界定遵义会议在马克思主义中国化理论进程中的思想价值和历史定位，是马克思主义中国化研究中的一个重要理论问题。

程恩富教授在主题报告中明确提出：遵义会议在马克思主义中国化思想史上具有划时代的意义，是马克思主义中国化从曲折走向顺利、从艰辛探索走向逐步成熟的历史关节点。他认为，中国共产党领导中国人民奋发进取的光辉历程，同时也就是马克思主义中国化波澜壮阔的历史进程。马克思主义中国化的奠基、产生、发展、丰富和不断完善，是一个长期而开放的历史过程。遵义会议就是这个历史过程中一个重要的历史节点。会议促进了党的成熟，实现了党的独立自主，确立了以毛泽东为核心的党中央的正确领导，破除了“左”倾教条主义的统治，打破了“唯书论”、“唯共产国际论”的迷信思维，确立了马克思主义的正确路线，从理论主体、思想方法等不同层面上，为马克思主义中国化的进一步发展奠定了基础，扫清了障碍。此后，马克思主义中国化的进程虽然也有一些曲折，但总的来说是比较顺利的。会议给中国共产党留下了极其宝贵的优良传统：开始在全党范围内确立把马思主义基本原理同中国革命具体实际结合起来、独立自主地解决中国革命重大问题的基本原则和方针；开始形成一个成熟、坚强的中央领导集体及核心，保证了党的马克思主义路线的贯彻执行；开始从根本上改变党内生活不正常的状况，为按照民主集中制原则确立正确的领导制度和维护党的团结统一提供了宝贵的经验。这些优良传统对于推进马克思主义中国化至关重要，是其不断发展的重要条件，在此基础上马克思主义中国化的理论创新成果不断涌现。遵义会议以及其后马克思主义中国化的发展历程雄辩地证明：什么时候能够科学地对待马克思主义，真正把马克思主义普遍真理与中国实际相结合，中国革命和建设就必然能够取得胜利；什么时候不能科学地对待马克思主义，而只是教条主义地理解和运用马克思主义，就必然会给中国革命和建设带来损失。与会学者普遍认同程恩富教授的论断，认为这是一个具有学术突破性的观点。

在讨论中，学者们也提出了一些相近的论点。杨超提出，遵义会议在马克思主义中国化进程中起着举足轻重的作用，翻开了马克思主义中国化的新篇章；张乾元提出，遵义会议是马克思主义中国化第一次历史性飞跃的起点；贺菊莲提出，遵义会议是马克思主义中国化的重要里程碑。当然，有一些观点值得推敲和商榷。比如，有学者提出“遵义会议是毛泽东思想形成和发展的起点”的论断，这就与历史不相符合，毛泽东思想的形成和起点不是遵义会议，思想界已经公认《反对本本主义》是毛泽东思想初步形成的标志。还有学者提出“在遵义会议前谈不上把马克思主义和中国革命正确结合”的论断，这也不符合历史事实，中国革命道路的探索在井冈山时期就已经开始了，在中央苏区时期已经开辟了农村包围城市的革命道路，并形成了比较成熟的革命道路理论。

二　多角度研究马克思主义中国化的深层理论问题

在马克思主义中国化研究领域，历史进程、经验总结等方面的研究成果非常丰富。但是，要把马克思主义中国化的理论研究进一步提升，就必须从更深层次上探讨其理论内涵，分析其逻辑进程。

程恩富从历时态和共时态两方面阐述了马克思主义中国化的逻辑进程。从历时态的逻辑进程来看，马克思主义中国化包含着三个逻辑递进环节：一是学习与坚持，即全面准确地学习、宣传、坚持马克思主义，用马克思主义科学理论武装头脑，这既是马克思主义中国化的前提也是其有机组成部分；二是结合与转化，即在学习坚持的基础上，把它同中国实践相结合，并在结合过程中实现理论风格的空间转换，理论应用域的时间转换；三是突破与创新，即在结合运用的基础上，根据时代特点和实践要求，不断提出新的理论体系、概念论断、对策思路，形成中国化的马克思主义。三个逻辑环节的结果就是“两化”，即马克思主义理论的“中国化”和中国共产党人创新成果的“马克思主义化”。从共时态逻辑展开来说，马克思主义中国化也就是马克思主义的民族化、时代化和大众化的过程。

马克思主义中国化研究本身就是一个多维度的学术问题，必须展开多角度的探讨，才能更好地获得规律性的认识。

金民卿以“四化”来概括马克思主义中国化的四重理论维度。马克思主义中国化是一个由世界性理论向民族性理论转化的民族化过程，马克思主义作为一种世界性的科学思想体系，必须同各国的具体实践、各民族的文化相结合，才能发挥其真理性力量，才能真正对这个国家和民族产生科学指导意义；是一个由经典性理论向当代性理论转化的当代化过程，马克思主义具有真正的科学真理性、当代开放性，必须把马克思主义的经典性理论同当代科学理论、当代社会实践相结合，使之总能够展示出其当代性价值；是一个由普遍性真理向具体性实践转化的实践化过程，马克思主义必须同广大人民群众的实践相结合，才能焕发出强大的生命力、创造力、感召力；是一个由精英化理论向大众化理论转化的大众化过程，就是要在坚持马克思主义精髓的基础上，把马克思主义的根本原理以通俗化的语言、简明化的形式、大众化的风格，转化为广大人民群众所乐于并能够接受的形态，真正掌握群众并形成强大的实践力量。

黄晓波论述了马克思主义中国化的现实维度问题。马克思主义中国化的现实维度既是实践发展与马克思主义发展的内在要求，也是推进马克思主义中国化与人的全面发展的需要，因而是马克思主义中国化的基本向度；从现实要求出发阐释马克思主义理论，适时回答现实提出的重大课题，为马克思主义增添现代内容，促进中国化马克思主义向实践转化，是确立马克思主义中国化现实维度的具体路径；确立马克思主义中国化的现实维度，必须处理好历史与现实、现实与未来、民族立场与世界眼光的关系。

陈金龙分析了近代中国民族主义与马克思主义中国化的关系，认为民族主义既为马克思主义中国化奠定基础、准备条件，也为马克思主义中国化提供思想资源；马克思主义中国化实现了对民族主义的改造，赋予民族主义新的特点。

陆水明探索了党的理论创新的历程和特点，认为把马克思主义同中国的具体实际相结合是贯穿党的理论创新全过程的红线，搞好理论创新必须坚定对马克思主义的信仰、深刻总结历史经验教训、同错误认识做不断斗争，必须发扬马克思主义的批判精神，反对教条主义，正确对待各种优秀思想成果。

田鹏颖探讨了马克思主义中国化的世界历史价值，认为探索现代性新模式是马克思主义中国化的根本宗旨，“中国模式”的问世展示了马克思主义中国化的世界历史价值，是对人类现代文明发展的新贡献，增加了中国化马克思主义在世界历史文化中的话语权。

此外，有的学者还从微观角度对马克思主义中国化的一些具体问题进行分析，如陈亚联分析了毛泽东和邓小平关于“左”和右的有关论述，赵小狮论述了毛泽东“矛盾的斗争性是绝对的”之观点及其误用问题，王婉玲分析了邓小平的效率、公平、和谐社会思想的价值，余发良研究了江泽民的科技文化传播思想。更有学者把研究触角探到非常细微的领域，如刘雪影梳理了马克思主义中国化进程中对日俄马克思主义著作的选择和转变问题，聂蒲生梳理了新中国成立前马克思主义在四川传播的情况。

三 深入探讨马克思主义大众化的理论内涵和推进方法

如何全面深刻地把握大众化的理论内涵，而不把它单纯地等同于通俗化甚至庸俗化，是与会学者讨论的一个焦点。

金民卿提出了马克思主义大众化“两个飞跃”的观点。马克思主义大众化的核心，就是要把作为理论形态的马克思主义传播到社会大众当中，用以武装他们的头脑，指导他们的行动，在他们的社会实践中实现马克思主义的实践化。从动态的过程性角度来看，马克思主义大众化内在地包含着两个方面的飞跃：一方面，马克思主义要掌握社会大众，从思想家所创造的理论体系转化为社会大众的集体意志，实现由思想家的个人思想向广大群众的集体思想的飞跃。另一方面，广大群众要在马克思主义指导下实现从自在状态向自为状态转变，并把马克思主义深化到革命、建设和改革的实践当中，实现马克思主义从理论向实践的飞跃。马克思主义和社会大众是马克思主义大众化这个动态过程的两个重要因素，两个要素的真正结合是马克思主义大众化过程得以实现的标志。

赵铁锁从马克思主义中国化、时代化和大众化的辩证关系上界定了马克思主义大众化的内涵。“三化”是一个着眼于不同领域又密切联系、相互促进的统一整体。其中，中国化着眼于国情，从世界走向中国，是一个由外到内的吸收与创新的过程；时代化着眼于世情，从中国走向世界，是一个由内到外的顺应与引领潮流的过程；大众化着眼于民情，从精英走向群众，是一个由上到下的运用与发展的过程，也就是把马克思主义理论变成改造世界的物质力量的过程。

谭劲松认为，马克思主义大众化的实质就是，让马克思主义理论从课堂、书斋走进现代化建设实践，从武装理论工作者和知识精英扩展到武装广大群众，从注重结论的灌输到注重理解、认同和指导实践。

真正实现马克思主义的大众化，就必须深入探索大众化的方法，真正弄清楚“谁化”、“化谁”、“怎么化”等一系列问题，理顺大众化的实现步骤和逻辑进程。

谭劲松结合实际提出，马克思主义大众化应分层次、有重点推进。党内同党外比，重点在党内；领导干部同一般群众比，重点在领导干部；老中青不同年龄层次比，重点在青年尤其是青年大学生。推进马克思主义大众化要重点抓好“四个工程”、“四个拓展”、“四项工作”，同时要克服“四大负面影响”。“四大工程”指：提高领导干部的马克思主义理论修养是“重点工程”，对全体党员进行马克思主义基本观点、基本理论教育是“基础工程”，帮助青年学生确立马克思主义信仰和世界观是“希望工程”，对全体公民进行马克思主义基本常识教育是“普及工程”。“四个拓展”指：从学术性、前沿性的研究成果向与当前广大群众的实践密切相关的基础知识、基本观点、基本常识拓展，从理论研讨、著书立说、学术报告等向人民大众喜闻乐见、通俗易懂、生动活泼的形式和载体拓展，从领导干部、知识分子向人民大众特别是青年学生拓展，从注重规范领导干部、党政机关的话语系统向使马克思主义真正入耳入脑入心、指导实际行动拓展。“四项工作”指：建设马克思主义学习型政党，建设学习型社会，改革和创新推进马克思主义大众化的方法与艺术，高度重视推进马克思主义大众化的队伍建设。“四大负面影响”指：西方敌对势力贬低和攻击马克思主义的负面影响，苏东和平演变带来的社会主义信念危机的影响，市场经济对马克思主义理论学习与宣传带来的冲击和影响，党内腐败现象带来的马克思主义信仰危机的影响。

金民卿侧重于分析马克思主义大众化的逻辑进程。马克思主义作为内涵丰富、逻辑严密的理论体系，虽然有着大众化的内在需求和动力，但其本身却不是天然大众化的；社会大众对马克思主义有内在需求，但是他们也不可能自然而然地实现马克思主义化。马克思主义同社会大众之间必须有联系的中介，这个中介就是马克思主义化的知识分子；马克思主义化的知识分子并不是当然的马克思主义大众化的主体，它必须同社会大众相结合并掌握大众化的科学方法论即实现自身的大众化；社会大众在马克思主义知识分子的教育灌输下，才能真正实现自身的马克思主义化，并在社会实践中使马克思主义理论实践化，最终实现马克思主义大众化的根本目的。由此，知识分子的马克思主义化，马克思主义知识分子的大众化，社会大众的马克思主义化，马克思主义理论的实践化，构成了马克思主义大众化的几个重要逻辑环节。

四　着力探索中国特色社会主义理论体系的逻辑架构

深刻把握中国特色社会主义道路和理论的本质内涵，建构有中国特色社会主义理论体系的逻辑架构，是当前理论界面临的一个重大问题。

严书翰对中国特色社会主义理论体系的基本架构作了初步论述。他认为，不能再把中国特色社会主义理论体系分为三段论，而应该打通三个阶段之间的内在联系，使之成为一体。在此基础上，他提出了“六个板块”的观点，认为应该从基本方法论、总论（概括论述中国特色社会主义的理论精髓、实践道路、理论体系等内容）、历史发展（主要从理论史和实践史两个方面展开）、基本内容和逻辑建构（着重研究中国特色社会主义理论体系的内容包括哪些方面以及这些内容之间的内在逻辑关系）、道路研究（着重从总道路和具体道路两个方面展开）、世界历史意义和国外研究现状等六个方面展开研究。

张宇对中国特色社会主义经济理论体系作了较系统的论述。他认为，中国特色社会主义经济理论体系是对科学社会主义的继承与发展，是以马列主义为指导的，反映中国特色社会主义经济发展实践并为中国特色社会主义建设服务的，代表了最广大人民根本利益的，正确借鉴并广泛吸收西方经济学以及一切人类文明优秀成果的，具有中国特色、中国风格、中国气派的经济学理论。其内容主要包括：社会主义经济本质的理论，社会主义初级阶段基本经济制度的理论，社会主义分配理论，经济体制改革的理论，社会主义市场经济理论，中国特色的经济发展理论，经济全球化与对外开放的理论，自主创新和建立创新型国家的理论。当前，进一步完善中国特色社会主义经济理论体系要着重研究以下问题：关于社会主义经济的本质，关于社会主义初级阶段的基本经济制度，关于社会主义初级阶段的分配制度，关于社会主义市场经济，关于对外开放和独立自主。

与会学者还对中国特色社会主义理论体系的命脉、道路的内涵、制度的特色等提出看法。

许玉乾认为，马克思主义基本原理是中国特色社会主义理论体系具有生命力的真正命脉，在实践中继续发展这个理论体系必须坚守这一命脉；对于马克思主义基本原理的继承，不仅是毛泽东思想和中国特色社会主义理论体系能够成为或称得上现当代中国的马克思主义的根据所在，也是它们能够产生并在指导中国现当代革命和建设实践中发挥作用的根本原因。

柳国庆认为，中国特色社会主义道路是科学社会主义基本原则在中国的创造性运用和发展，其成功开辟是中国由不发达的社会主义国家变成富强民主文明和谐的社会主义现代化国家的一场伟大革命；这条道路的基本内涵是：坚持将发展生产力作为社会主义的根本任务，坚持将四项基本原则作为立国之本，坚持以公有制为主体、多种所有制经济共同发展的基本经济制度，坚持将马克思主义作为社会主义意识形态的指导思想，坚持以按劳分配为主体多种分配方式并存、最终达到共同富裕，坚持以人为本、努力实现人的全面发展。

张兴茂认为，在消灭了私有制后又在社会主义条件下允许存在并大力发展非公有制经济，是中国特色社会主义的根本特色，它是中国特色社会主义形成的历史和逻辑起点，把中国特色社会主义与经典社会主义、传统社会主义区别开来，这不仅没有违背科学社会主义的基本原则，而且是对经典马克思主义的重大发展，对传统社会主义的拨乱反正。此观点在论坛上一提出就引起较大争议。

在探讨中国特色社会主义理论体系逻辑架构的同时，与会学者还从政治文明建设、发展方式转变、文化意识形态、民营经济发展、新农村建设等具体领域，对发展中国特色社会主义的诸多现实问题作理论上的分析。

五　比较系统地阐述“中国模式”的制度性特征

一个时期以来，中国模式问题越来越引起学术界乃至整个社会的关注，如何正确看待中国模式热，全面理解中国模式的理论内涵和制度特征，已经成为马克思主义理论界不能回避的问题。

程恩富在论坛上专门发表长篇报告，系统论述中国模式的制度性特征。

程恩富对中国模式发表了重要评论，认为这个提法是能够站得住脚的。中外学术界用“模式”一词来描述和研究经济政治等问题是非常普遍的，模式是中性的。中国模式这个提法，邓小平等中国领导人曾经用过；我们讲中国模式并不是要硬性输出中国模式，让其他国家都按照中国模式来进行革命和建设，而只是说中国模式客观上必然会被别国借鉴和参考；当然，任何模式都要不断完善、发展和不断调整，中国模式也是如此。中国模式有政治、经济、文化等方面的内涵。从经济体制方面来看，中国模式包括四个方面的内涵，或者说是“四主型经济体制”，即公有主体型的多产权经济制度，劳动主体型的多要素分配制度，国家主导型的多结构市场制度，自立主导型的多方位开放制度。关于经济体制改革历程和中央文件的精神，应当说 1979—1992 年，是社会主义市场取向的改革，即试改式改革阶段；1992—2000 年，是建立社会主义市场经济体制的改革，即建立式改革阶段；2001—2010 年，是完善社会主义市场经济体制的改革，即完善式改革阶段；2010 年完善了以后，可以叫巩固社会主义市场经济体制阶段，即巩固式改革阶段，也可以叫微调式改革阶段。那种以美国的私有制自由市场经济体制为心目中的目标，一味强调“泛市场化改革”和“深化改革”等的观点，是极其有害的，不利于国家富强和共同富裕的。

杜人淮也对中国模式提出了自己的看法。他认为，“中国模式”是中国共产党把马克思主义基本原理同中国社会主义建设实践相结合，在反思“苏联模式”、借鉴吸收人类现代文明成果和总结改革开放实践经验基础上形成并得到升华的独具特色、充满活力和富有成效的经济发展理论与实践体系。“中国模式”的特殊规定性主要体现在：以惠及民生为发展核心，以改革开放为发展动力，以实现社会主义制度和市场经济制度有机结合为特征，以推进中国特色工业化、信息化、城镇化、市场化和国际化为支撑，以实现中国特色社会主义经济、政治、文化、社会和生态文明建设等协调发展为主要目标。

六 以理论创新捍卫和发展马克思主义

以创新推进马克思主义的与时俱进，是当代马克思主义理论工作者的重要任务。但是，理论创新绝不能背离和丢掉马克思主义的基本原理，尤其是在面临错误思潮冲击的情况下，马克思主义理论工作者应该勇敢地承担起捍卫马克思主义的任务。

许玉乾谈到理论创新和与时俱进时认为，中国特色社会主义理论体系与时俱进和开放的基础和前提是坚持马克思主义基本原理，舍弃了这一基础的与时俱进就不再是真正的与时俱进，其开放也不再是真正的开放。那样做的结果，无异于使中国特色社会主义理论体系放弃自身最本质的东西，从而也就使自身背离马克思主义，成为其他性质的理论。

金民卿在总结发言中提出，一个时期以来，人们只讲坚持和发展马克思主义，很少提捍卫马克思主义，但不提并不意味着这个任务不重要或不存在了。当前，存在一些反马克思主义的、非马克思主义的、假马克思主义的观点，应该引起人们关注。“马克思主义过时论”、“社会主义意识形态淡化论”、“庸俗宽容论”等错误思潮对马克思主义的指导地位构成冲击。对此，马克思主义理论界不应该听之任之，而应该坚决站出来，进行思想斗争，思想斗争本来就是马克思主义发展的规律，没有斗争就没有发展，没有批判就没有深刻发展。

与会学者一致表示，在新的历史条件下，坚持不懈地发展中国特色社会主义理论体系，不断推进马克思主义中国化的理论创新，是历史赋予当代中国共产党人的伟大使命，也是每一位马克思主义理论工作者的神圣职责。我们应该大力弘扬理论联系实际的学风，坚持实事求是的思想路线，不断把马克思主义普遍真理同发展着的中国实际和时代特征相结合，实现马克思主义普遍真理的“中国化”，不断把党带领人民创造的成功经验上升为理论成果，实现理论创新成果的“马克思主义化”，大力推进马克思主义的中国化、时代化和大众化。与此同时，必须增强政治敏锐性和政治鉴别力，筑牢思想防线，坚决抵制各种错误思想影响，自觉划清马克思主义同反马克思主义的界限，捍卫和发展马克思主义。

（《马克思主义研究》2010年第5期）

马克思主义与中国文化发展的当代阐释

——北京大学"马克思主义与中国文化发展学术研讨会"综述

叶红云　张学成

2010年3月26日，北京大学举行首届"马克思主义与中国文化发展学术研讨会暨北京大学中国文化发展研究中心成立庆典"。来自高校和科研院所的60多位知名学者参加了这一学界盛会。与会学者围绕"马克思主义与中国文化发展"这一主题展开了广泛而深入的讨论，就以下四个方面问题进行了深入而细致的探讨，达成了许多富有建设性的共识。

一　如何坚持以马克思主义为指导

马克思主义是我党我国的指导思想。然而，近年来，理论界在讨论中国文化发展问题时，就是否要坚持马克思主义为指导出现了不同的声音。与会学者就这一问题提出了鲜明的立场，发展中国文化必须坚持马克思主义为指导。

黄楠森认为，以马克思主义为指导来研究中国文化发展问题是必要而紧迫的。由于我们对文化还没有一个鲜明、准确、科学的认识，面对西方文化和中国传统文化的发展要求，其中的合理因素和需要剔除的成分，有很多问题还没有厘清和条理化。作为基本理论，我们研究西方文化、中国文化和现时代的社会主义文化都要以马克思主义为指导，也就是以它作为一种思想方法，从具体问题的研究中去得出结论。

吴树青认为，在坚持马克思主义基本原理的前提下，不断地实现马克思主义中国化、时代化、大众化。在中国，离开马克思主义是不行的，不坚持马克思主义基本原理，我们就没有出路。中国改革要不断强调吸收世界一切优秀文化成果。鉴别哪些是优秀成果，就要自觉坚持马克思主义为指导。另外，我们把国外不同的丰富多彩的优秀文明成果都吸收过来，但绝对不是简单叠加，不是简单地找个聚宝盆，把它们装在一起就万事大吉了，而是必须要转化成一个有机体的文明形式来。如何把这些不同的、各式各样的宝贝，转化成为有机宝贝，没有一套科学的方法是不行的，这套方法就是马克思主义的方法，就是马克思主义的世界观，马克思主义的唯物主义、辩证法、唯物史观，这是永远不会过时的。

郝立新认为，马克思主义作为一种文化，其强烈的意识形态性，实践性、思想性和现实性决定了它不是与其他文化并列的多元当中的一元，而是应该在意识形态、在思想文化上起主导作用。时至今日，我们仍然应该从科学性、民族性、大众性等方面去建设它。在一个文化多元的发展格局下，马克思主义的地位、命运和作用的问题需要引起我们严肃的思考。马克思主义不是高高在上的东西，但如何使它走向大众化，面对民众生活，并且在建设文化中产生积极影响和话语权，我们要有清醒的认识。马克思主义不能自言自语，要积极应对当代社会和文化发展的要求和挑战。

侯惠勤认为，马克思主义与中国文化发展，含义非常深刻，它不仅开拓了重大问题的研究域，而且表明了我们的理论立场，就是用马克思主义来指导我们当代的文化建设。中国特色社会主义的文化作为当代中国文化发展的新形态，这是一个非常完整的概念，我们已经形成了一个初步框架，即社会主义核心价值体系，社会主义核心价值体系就是体。

许全兴认为，中国共产党人旗帜鲜明，解决中国问题，一不是靠孔夫子，二不是靠西方资产阶级，而是靠马克思主义和中国化的马克思主义。这第一点是中国近现代历史最重要的。所以，我们讲老祖宗不能丢、马克思不能丢，丢了要亡党亡国。中国共产党应该有两个老祖宗，有了马克思老祖宗也不能不要孔夫子老祖宗。当然，这两个老祖宗也不能等齐，马克思主义还是最根本的。解决当代中国发展离不开马克思主义的指导，离不开我们自己的老祖宗，也离不开借鉴西方文明。离开了这些我们就不能搞中国特色社会主义。

二 如何处理马克思主义与中国传统文化的关系

任何一种文化都有多面性、复杂性。中国传统文化是一个复杂的整体，如何以马克思主义为指导，对中国传统文化展开批判性分析，取其精华去其糟粕，是讨论的热点。

黄楠森认为，我们不否认中国传统文化有精华也有糟粕，但是现在很少谈传统文化的糟粕，甚至它的封建性也不谈。实际上封建性不全是消极的，封建性实际上也有些积极的东西，但是应分析什么东西宜于现在或不适宜于现在。在这个问题上，不能采取绝对的态度。

汤一介用冯契先生的例子生动地说明了学者如何通过自己的生活实践和研究活动实现马克思主义中国化。在汤先生看来，冯先生把认识世界和认识自己看作同一过程，这无疑是中国认识世界的思维方式。冯先生在解释其“化理论为方法，化理论为德性”的命题时说：“哲学理论一方面要化为思想方法，贯彻于自己的活动，自己研究的领域；另一方面，又要通过自己的身体力行，化为自己的德行，具体化为有血有肉的人格。”马克思主义哲学向来认为理论与方法是同一的，中国哲学向来认为理论与德性是同一的，而冯先生把理论、方法与德行三者同一起来。冯先生运用逻辑的分析和思辨结合的深厚功力，使实践唯物主义辩证法具有更大的理论力量，他研究哲学的目的归根结底是为了用实践唯物辩证法来解决“性与天道”这一古老又常新的中国哲学问题。他认为，只有像冯先生这样运用马克思主义的实践唯物辩证法解释中国哲学问题，才是创建中国化的马克思主义哲学的一条重要道理。

陈来认为，在马克思主义中国化的过程中，马克思主义对中国文化的态度不能简单地归为一种。从 20 世纪 20 年代我们党成立以来，其实是有不同的声音。但不同的声音不等于是对立的。在马克思主义中国化的过程中，要解决从革命走到建设时代，马克思主义的普遍真理怎样与中国建设的具体实际结合这一重要问题。这个建设是广义的，不仅是经济建设，而且还要与社会主义和谐社会的建构结合起来的。要和这个现实结合起来，就要正确解决中国的马克思主义在当代发展中如何认识中国儒家伦理的问题。中国化的马克思主义和马克思主义中国化，都要正确解决对待孔子的问题。孔子不仅是在道德伦理上对中华民族作出了贡献，在相当意义上还是中国文化的象征。

郭建宁认为，马克思主义中国化这一过程实际上包含两个方面：一是和中国实践相结合，二是和中国文化相结合。也就是说马克思主义中国化不仅包括实践诠释，而且包括文化解读。马克思主义中国化的本质内容要在中国社会实践和中国文化传统两个维度上展开，并由此揭示马克思主义的实践意义和文化底蕴。马克思主义如何与中国文化链接具有关键性的作用和意义，只有实现马克思主义与中国文化的结合、融合、磨合、整合，马克思主义的传播和确立及马克思主义的中国化才能成为现实。中国文化的强大生命力不仅在于它的兼容性和柔韧度，也在于它的开放性和科学性。从科学发展观强调的以人为本到构建和谐社会的以和为贵都渗透着中国传统文化思想的精华，彰显着马克思主义中国化的文化内涵。

李德顺认为，马克思主义是各种各样的，中国文化所包含的层次有物质的、制度的、精神的。中国文化并非一定都是学术文化、思想文化，还有它的制度。中国文化就是中华文化生命历程的内容和成果。文化是人的存在，社会的存在，文化就是人化，是人的生活样式文化。这一点有时候并不依话语的变化而变化。传统文化因素是多样的，不同的历史时期会出现不同的内容，但它始终没有中断。

许全兴认为，中国的马克思主义应当是中国历史文化的继承者和发扬者，应当体现中华民族的民族精神、民族智慧、民族灵魂。只有这样的马克思主义才是真正中国化的马克思主义。中国化的马克思主义或者说中国的马克思主义，是把中华民族的精神、中华民族的灵魂与马克思主义的基本精神、马克思主义的灵魂融合起来，变成自己的东西。

北京大学中国文化发展研究中心主任孙熙国教授指出，西方曾有人称中国为“儒教中国”，我觉得这个命题的含义需要辨析，否则就有简单化的倾向。我国西南、西北地区的一些少数民族长期有自己的特殊信仰，你说它儒教化，就不符合事实。但你说它是异域文化，那也不对，因为无论是在政治认同，还是社会交往、人情伦理，甚至语言习惯等方面，它与内地民族又有非常多的共同点。所以，我们用中华文化来概括中国历史上的所有的文化资源。我们就是要研究如何在全球化的时代里将中华文化有机地与马克思主义、与各种外来文化中的有益因素相结合，以形成富有时代特色的中国新文化，为中华民族的复兴铸造文化之基。

王杰认为，马克思主义与中国文化的关系需要厘清两个方面的问题：一是马克思主义概念，是学理化的还是意识形态的马克思主义；二是中国文化，不是一个点，一个线，也不是一个面，而是一个球形，立体复杂的东西。马克思主义中国化，究竟是哪个层面上的中国化，还没有很好的区分。此外，马克思主义与中国文化不能同日而语，但是作为一种文化现象，作为一种思想，它同样遵循文化发展的规律。这个规律就是两点，一个是马克思主义与中国现实相结合，一个是与中国历史文化相结合。

周桂钿认为，实践证明，中国共产党是中华民族优秀传统文化的杰出继承者。中国文化的发展，可归纳为十六个字：古为今用，洋为中用，以民为本，综合创新。

三　如何处理中国文化与外来文化的关系

在经济全球化的格局中，任何一种文化的存在和发展都不是孤立的和封闭的。在中国文化发展进程中，需要科学看待外来文化的性质和影响，真正做到为我所用。

黄楠森认为，西方文化是外来文化，这个文化对中国来讲始终有个适应还是不适应的问题。我们应该吸收还是不应该吸收的问题。一概地否定或者一概地肯定，都是不对的。对这个问题还是应该具体问题具体分析。

汤一介用历史上佛教传入我国的例子介绍了外来文化中国化的经验。他指出，在唐朝，我国把印度佛教文化中国化了，出现了几个中国化的佛教宗派：天台、华严和禅宗。在七、八、九世纪时，印度佛教就已经衰落，几乎没有什么影响，但是在中国却获得了重大的根本性的发展。马克思主义中国化要重视这个经验。

张静如认为，在从国外传入中国的东西中，有的直接能用，但大部分东西，诸如思想、理论、学说、主义、方案、计划、措施以及生活方式和风俗习惯等等，都必须植入中国，与中国的情况紧密结合，并在使用中改造、丰富、发展，否则不但不能应用，而且可能影响社会的进步。中国文化具有很强的包容性，对外来的新鲜事物一般不会拒绝，不过总要把它改造为中国的东西，才容易被接受。近代以来，西方的学说传入中国，人们在学习效仿的过程中，西方的很多做法在中国不那么管用。这就不能不引起人们的思考，每个国家具体情况不同，再好的说法和做法也不能照搬。大致可以这样说，在五四运动前后，不少人形成共识。即无论引进国外何种学说，都应力求与中国文化相结合。

方克立强调了他的“马魂中体西用”说。他认为，研究中国现当代文化发展的道路和规律，实际上就是要解决中、西、马三种文化传统、三大文化思潮的关系问题，它的核心是马克思主义与中国文化的关系问题。马克思主义作为一种外来文化，要在中国生根，不能没有中国文化这个接受主体，在肯定民族文化主体性这一点上，马克思主义和新儒家并没有根本的分歧。马克思主义作为我们这个时代的先进文化，对主体文化的发展能够起到指引方向的作用，它决定了中国新文化的社会主义方向，这个与现代科学技术、管理经验等等其他的所谓西学之用又不同，按照传统的体用观，就是以精神指导原则为体，以原则之具体应用为用，则马克思主义是体，西方文化是用。所谓“以马学为魂”，就是以马克思主义的科学世界观和方法论为指导，坚持中国文化建设的社会主义方向；“中学为体”，就是以有着数千年历史积淀的自强不息、厚德载物、有容乃大的中国文化为运作主体、生命主体、创造主体和接受主体，坚持民族文化主体性功能；“西学为用”，就是以西方文化和其他民族文化，一切对主体文化有学习借鉴价值的东西为他山之石，为我所用，坚持对外开放的方针。“马魂中体西用”，既肯定了马克思主义在中国新文化建设中的指导思想作用，又突出强调了民族文化的主体性，同时又坚持面向世界，对外开放的方针，是一种比较符合中国实际的文化发展方针、理论模式。

赵敦华认为，中国文化、西方文化和马克思主义实际上是不可分割地联系在一起的，当代中国文化实际上就是这三个要素的有机结合。要在马克思主义取得主导地位的历史发展过程中汲取经验，发展当代中国文化。以学术为中心，把马克思主义当作一种学术、理论来研究，可称其为马学。在国学、马学之间，以西学为中介发展前两者；国学通过西学这个中介又可以和马学进行沟通，丰富马学，丰富中国化的马克思主义；反之，如果马学以西学为中介也可以丰富发展国学。

李士坤认为，中西文化争论的一百多年，是中西文化融合、结合的一百多年。虽然结合的程度各有不同，但不可否认的是，马克思主义和中国文化的结合是最精彩、最杰出、最有成就的。要更好地推进马克思主义的中国化、马克思主义和中国文化发展的相结合，我们还要开阔视野，在不同的层次上来理解它们的关系。

四　积极推进中国特色社会主义文化建设

中国特色社会主义文化建设进程中需要重视中国传统文化，把马克思主义中国化、时代化与大众化和构建中华民族共有精神家园结合起来。与会学者围绕如何在马克思主义与中国传统文化相结合的基础上，推进中国特色社会主义文化建设展开了多视角、多层面、多维度的探讨。

侯惠勤认为，搞文化研究既不能做泛政治化的意识形态的解读，也不能做非意识形态化的纯文化的解读，而要把两者统一起来，建设社会主义核心价值体系就很好地体现了两者。有些人就是用西方自由、民主、人权解构我们的中国特色社会主义制度，尤其是解构中国共产党的领导。他们就是用这样的标准把国家分为民主的、开放的和专制的国家，不承认共产党领导下可以有民主国家和民主社会。另一方面，核心价值观现在又单一化，把西方的民主、自由、人权似乎变成了一种普世价值，似乎只有这一种价值观，除此以外就没有第二种。社会主义核心价值观可以概括为二十个字，五点：第一，劳动至上。马克思、恩格斯认为，是从劳动打开人类社会发展的钥匙，劳动解放和劳动的复归、劳动的规律是马克思主义的核心，大家崇尚劳动也是因为它是中华文化的精髓。所以毛泽东说，“中华民族是一个勤劳勇敢的民族”。第二，人民至上。人民是最高的历史主体，是我们每个共产党人心中的上帝。第三，共同富裕。共同富裕是社会最有吸引力的价值观。第四，公平正义。当然这是以消灭阶级为内核的公平正义。第五，和谐进步。

郝立新认为，加强马克思主义在中国文化发展中的影响力，不能局限于文化谈文化，要从社会的发展、实践的发展来着眼于提高马克思主义的影响力。文化是对实践、对社会、对政治和经济的反映，因此在文化方面我们要有自己的策略。具体可以把它概括为四个“力”。即引领力、整合力、感召力、亲和力。马克思主义在其意识形态的含义之外，也讲它是一种文化，它应当在当代中国文化的融合当中凸显或者成为一种大众的文化、民族的文化，在文化的层面和维度上能够影响更多的人。

郭建宁认为，在中国特色社会主义文化建设过程中，要思考如何看待国学热和孔子热。第一，应当充分认识儒学、国学在当代中国社会中的重要作用。儒学在维护当代社会良知、弘扬人文精神方面，在缓解人类面临的维护民族团结，正确对待人与自然的紧张、人与社会的紧张、人自身的心理紧张和焦虑这三大紧张方面，起到其他思想难以替代的重要作用。第二，当前多讲一些国学，突出文化传承是必要的。这是因为儒学、国学百年来的历程是，五四时期是看不起，“文化大革命”时期是看不到，现在往往是看不懂。当前多谈一些国学、儒学，突出文化传承是十分必要的。第三，儒学、国学的大众化有许多程式值得马克思主义大众化借鉴。第四，多讲一些文化传承是必要的，但是也要注意防止在一些人的运作下，国学热变得太功利化。第五，对待儒学、国学的科学态度：儒学是多元文化中的一元，百家争鸣中的一家，在现代化过程中儒学既不能缺位也不能越位；对固有文化包括国学儒学既不能自卑，也不能自大，而是要自觉，形成文化自觉。马克思主义中国化和中国传统文化的关系，是 21 世纪中国文化建设最重大的课题，最艰巨的任务。

王东认为，要用文化创新和民族精神，筑起新的长城，为中国成为 21 世纪创新型国家树立起精神支柱。中国要成为 21 世纪创新型国家，要有两个突破：不仅要彻底突破传统计划经济的苏联模式，而且要根本突破资本主义、自由主义的西方模式、美国模式。我们最大的优势，一个是中国特色的社会主义市场经济，这是制度创新的优势，是马克思主义理论创新的优势。再就是三个软的东西：中华民族的传统文化、哲学智慧和教育。中国的取胜之道实际上就是以中国特色社会主义制度创新为支撑，把文化创新、哲学创新、教育创新融合起来，焕发出民族精神，以柔克刚。

周桂钿认为中国文化发展可归纳为十六个字：古为今用，洋为中用，以民为本，综合创新。能解决问题的理论，就是精华，不能解决实际问题的，或者有害于人民和国家的，就是糟粕。这二者的差别不是钦定的，历来由实践来检验。实践证明，中国共产党是中华民族优秀传统文化的杰出继承者。

陈志尚认为，推进中国文化建设要关注人的理论研究、要重视方法论问题，同时要讨论文化与经济政治的关系，特别是和经济的关系，具体地说就是市场与文化的关系。

李凯林认为，谈马克思主义和中国文化发展，从政治上讲，一方面，要抵御全盘西化对中国政治的冲击；另一方面，要凝聚中国国内的共识。能否凝聚国内政治上的共识，能否抵御西方政治文化的冲击，主要聚焦在民主理念、民主问题上。

张加才认为，马克思主义从传入到现在是一个共时性的，也是一个历时性的过程。可以概括为重叠共识、凸显特色、综合创新。马克思主义、中国文化与西方文化的激荡过程不是一种历史的误会，而是一个重要的历史发展时期，它达到了一种重叠共识。20 世纪 90 年代以来，国学兴起，中国哲学的合法性问题，“实施马克思主义理论研究和建设工程”等，这些都是在彰显它们各自的特色。同时，三者之间的综合创新也已在学界达成共识。

中国文化发展研究中心的成立是北京大学立足于 21 世纪中国长远发展的需要而作出的一个重要举措，也是贯彻落实党的十七大关于社会主义文化建设精神的一个重要体现。中心副主任程美东教授指出，中心将通过创办《北京大学马克思主义论坛》、《中国文化发展论坛》两份刊物，通过每年一次的北大中国文化发展论坛，通过出版《北京大学马克思主义文库》等一系列的形式来凝聚力量，致力于攻克当代中国文化发展领域的前沿课题，力争取得一批高水平的、有前瞻性的科研成果，为服务国家发展战略、构建社会主义和谐社会、推动社会主义文化的大发展大繁荣作出北大学人的应有贡献！

（《马克思主义研究》2010 年第 7 期）

列宁活在21世纪

——“纪念列宁诞辰140周年国际学术研讨会”综述

陈　红

2010年4月22—24日，纪念列宁诞辰140周年国际学术研讨会在莫斯科召开。此次会议是由俄罗斯国家历史博物馆——哥尔克列宁历史文物保护区、莫斯科金融法律学院、莫斯科大学哲学系、德国罗莎·卢森堡基金会和《选择》杂志基金会五家单位共同承办的。俄罗斯后苏联批判的马克思主义流派代表人物、《选择》杂志主编A. B. 布兹加林（A. B. Бузгалин）主持会议。大会主要围绕“列宁的理论遗产”、“列宁与现代政治进程”等主题展开研讨。来自美国、德国、匈牙利，以及俄罗斯国内的专家学者、社会活动家共70余人与会，会议地点先后设定在莫斯科大学哲学系和列宁博物馆，近50人作了主题发言。本文将有代表性的观点加以总结概括，主要内容如下。

A. B. 布兹加林的报告题目为《作为理论家的列宁》。该报告主要结合列宁的实践活动阐述其在理论方面的贡献，以此驳斥俄罗斯国内一些人的偏见，即对列宁理论贡献评价不高，而只将其看作聪明、灵活的政治家的观点。A. B. 布兹加林指出，列宁是一位可以称为“天才”的理论家和实践家，对这位社会创造者，他总是怀有崇敬之情，并认为自己是列宁的学生。布兹加林从五个方面阐述了列宁一生最重要的理论和实践：第一，列宁开始理论创作之时正是资本主义在俄国发展之时，一方面，无产阶级和资产阶级之间的斗争开始出现；另一方面，马克思主义在俄国开始传播。因此，列宁在这一时期研究资本主义的形成以及新政治主体的理论并不是偶然的，它丰富和发展了马克思主义基本原理。同时，列宁所论述的新的政治主体是20世纪主要的和强大的政治方向的体现，亦即“新型政党”是20世纪为社会主义而奋斗的主要的战士。社会主义的历史不能没有世界共产主义运动，也就意味着不能没有布尔什维克和列宁。第二，1905年革命是俄国资本主义发展的新阶段，当时资本主义体系已经取得了世界性的胜利，但在俄国封建主义残余依然存在并还有相当的影响。列宁证明，在资本主义革命中，无产阶级领导权的主要任务不是资本主义所有制改造，而是所有民主力量的改革，这是第一步；接下来资本主义革命转变为社会主义革命，无产阶级领导权的主要任务也相应地转变为社会主义革命，这是第二步。这种为争取基层民主制和社会主义而进行的一系列的斗争是20世纪所有国家左翼联盟共同面临的政治问题。而这正是1917年武装起义的理论基础，也是相对欠发达国家开始建设社会主义的理论依据。一百年后的今天，这依然是古巴、委内瑞拉、中国和越南等国所面临的主要任务。第三，第一次世界大战证明，资本主义变成了世界帝国主义体系，同时也证实了社会民主右翼不是别的，而是资本主义政治力量的一部分。它直接参与到夺走了千百万人生命的残酷屠杀之中。列宁对此进行了深刻的理论阐述，这便是列宁的辩证唯物主义逻辑学原理和帝国主义是资本主义最高阶段的理论。第四，革命和国内战争不仅震撼、同时也改变了世界，它使20世纪的历史产生了新的轨道。对此，列宁从政治、经济、社会、军事等不同角度阐述其关于国家的理论。第五，理论和实践提出了那个时代左派运动的重大问题：在世界革命进程陷入低谷的情况下，在封闭和落后的俄国建设社会主义是否可能；如果不走社会主义道路，国家和人民会陷入怎样的境地？对于这些理论和实践的召唤，列宁只是刚刚开始寻找答案，然而即便是对这些问题的初步回答也高于其后出现的大部分论著，这些论著要么理论上软弱无力、实践上背叛革命；要么陷入政治上的马基雅维利主义和冒险主义。总之，列宁是哲学家，是政治进程中的理论家，也是一位经济学家，对其理论贡献应给予正确的评价。

莫斯科大学经济系教授 A. И. 科尔加诺夫（A. И. Колганов），系后苏联批判的马克思主义流派的代表人物之一，他报告的题目为《我们应当汲取的经验》。科尔加诺夫认为，要研究列宁，确定他在历史中的地位，不仅要看过去，而且还要关注列宁为现在和未来能够提供的启示，即应当站在时代的高度分析从列宁那里所应当汲取的经验。他从四个方面阐述了这个问题：第一，在没有准确把握世界局势的情况下，不应当盲目地制定政治斗争的发展战略。目前我们对当代社会、对国内国际环境分析得不够充分，而准确地理解和把握时局是制定发展战略的前提基础，但这个工作我们没有做好。而列宁根据当时俄国国内形势和国际状况的科学分析，正确阐述了俄国的发展道路问题，这是我们应当学习的。第二，革命政党应当用先进的理论来武装。列宁在创建俄国共产党的过程中，认识到理论斗争的作用。他亲自创办《星火报》，发表了《从何着手?》、《什么是人民之友》等一系列论文，宣传革命理论。如果没有这样的组织和宣传，就不会形成统一的思想，也不会有革命的行动。总之，先进的理论及其在实践中的灌输和宣传是十分重要的。但遗憾的是，现在俄罗斯左翼的政党和组织恰恰缺少统一的思想和行动把人们团结起来。第三，革命者要有坚定的原则和立场，不应该轻易受群众情绪所左右。列宁曾多次指出，党的政策群众未必理解，需要耐心地向广大群众宣传讲解，和他们团结在一起，但不能放弃原则。而现在的一些左派受大众情绪影响，甚至一味迎合大众，这是没有原则性的表现。第四，在革命斗争中不应当妥协和让步。如果有所让步的话，也必须是为实现目标服务，比如列宁实行的新经济政策，这是原则性和灵活性的统一。但无原则的妥协和让步将一事无成，这应是我们切记的。总之，在我们的理论和实践活动中要认真研究这些经验，这是一笔宝贵的财富，它能够帮助我们解决现时代所面临的诸多问题。我们应当以自己的事业来纪念列宁。

美国左翼马克思主义经济学家、马萨诸塞州立大学教授大卫·科兹作了《革命与列宁遗产》的报告，他指出，列宁研究了帝国主义理论、国家理论、资本主义发展理论、革命的战略和战术等理论。关于这些理论在20世纪60年代的美国比较流行，但一直以来美国存在着一种观点，即认为列宁是觊觎政权。其理由是：俄国并不具备革命的条件，如农民占大多数，人们受教育程度低等。而且，从夺取政权的结果来看，社会主义体系在政治和经济方面依然有很多不足，辜负了人们的期望。科兹教授针对这种批评的声音阐述了自己的见解。他认为，列宁并不是对政权本身感兴趣，而是致力于建设一个劳动人民当家作主，没有剥削、没有压迫、没有贫穷的美好的新世界。这一主张激励和鼓舞了世界范围内强大的社会主义运动。苏联现在不复存在，一些人轻易忘却了苏联时期所取得的巨大成绩：科学技术发展；文化教育水平提高；经济稳定、没有通货膨胀；取得了反法西斯战争的胜利。今天，资本主义正逐渐丧失其合法性，在玻利维亚、委内瑞拉出现了建设社会主义的新的尝试。这些国家尽管没有建设社会主义的理想条件，但是，他们充分借鉴苏联时期的经验，利用一切可能的条件来建设社会主义。最后，科兹教授明确指出，1917 年俄国十月革命是伟大的，列宁关于革命的战略、战术以及夺取政权的主张是正确的。

德国左翼社会主义的代表人物——M. M. 萨瓦斯教授的大会发言论点鲜明，他主要是通过分析列宁的三本著作——《帝国主义是资本主义的最高阶段》、《怎么办?》、《国家与革命》来阐述列宁思想的现实意义。萨瓦斯教授认为，列宁的《帝国主义是资本主义的最高阶段》一书从经济上概括了帝国主义的五个基本经济特征，分析了帝国主义本性和实质，揭示了帝国主义的矛盾，为人们研究当代资本主义经济、研究世界资本市场和世界性金融危机等问题提供了科学的指导。他指出，关于当代世界性金融危机，实质上在列宁那里已有预言。而若要理解这场危机，还需要深入分析列宁关于金融资本的理论。萨瓦斯教授在谈《怎么办?》一书时特别提及了几个观点，认为至今其仍具有现实指导意义。譬如，“没有革命的理论，就不会有革命的运动”；自发的工人运动不能产生社会主义意识，这种意识只能从外面灌输进去。“只能从经济斗争范围外面，从工人同厂主的关系范围外面灌输给工人”等。萨瓦斯教授认为，读《国家与革命》一书有助于反思苏联解体的悲剧，有助于进一步思考今后如何做的问题。他充满激情地指出，改变世界没有革命是不能成功的，革命需要有客观的必要性和可能性，但夺取胜利是主体的事业，而不是客观的进程。为了改变世界，我们需要科学的理论指导，需要马克思列宁主义。

Л. К. 纳乌梅尼卡（Л. К. Науменко）在题为《列宁的逻辑》的报告中指出，马克思《资本论》的辩证法是将资本主义作为一个有机系统来加以研究的逻辑，在其中社会主义革命和社会主义是资本主义发展的最高阶段的产物。列宁的辩证法是将资本主义作为一个异质系统来加以研究的逻辑，他立足于资本主义发展不平衡规律，论述了社会主义革命可以首先在一国或数国取得胜利的理论。这对教条的马克思主义而言是谬误，但是，事实证明，列宁的论断是正确的。经济文化相对落后的国家在特定的历史条件下，可以率先建立起先进的社会主义制度，比如，俄国和中国在较短历史时期内建立了社会主义物质和文化的前提条件。这一事实说明，较高的发展阶段可以建立在较低的基础上，而且，就系统而言，“较低基础”的系统与较为成熟的系统相比更具有可塑性。最后，Л. К. 纳乌梅尼卡指出，当今世界瞬息万变，我们不可能在列宁那里寻找解决时代问题的现成的答案，就像当年列宁也不是在“马克思的宝库”中寻找现成的答案一样，我们需要发展列宁的理论。

俄罗斯科学院 B. H. 舍甫琴科（B. H. Шевченко）教授在《列宁的现实意义》的报告中指出，当代俄罗斯与 20 世纪初的俄国国情十分相似，研究列宁将会帮助我们弄清现在俄罗斯所面临的问题和矛盾。20 世纪初的俄国没有资本主义的特征，现在俄罗斯也没有。当时列宁指出，俄国正走向历史的死胡同，现在也是如此。列宁清醒地意识到，俄国要改造资本主义需要大量的资金，可这从何而来，当时俄国还有大笔债务，于是列宁决定不替沙皇偿还债务。列宁坚信，俄国唯一的道路就是走社会主义道路。现在俄罗斯的经济金融受制于西方，而若要走出困境必须摆脱这种依附状态。如何摆脱，这是需要深思的。总之，我们需要分析列宁，因为今天的俄罗斯和一百年前很相似。

《马克思反对马克思主义》一书的作者——俄罗斯科学院 В. М. 梅茹耶夫（В. М. Межуев）教授在发言时首先说："我想谈谈个人见解，可能会和多数人的观点不一致，但我希望提出来以供讨论。"概而言之，他主要阐述了四个观点：第一，要客观地评价列宁，尽管无法完全做到客观，但要将列宁放到俄国革命的历史中去评价。苏联时期包括现在一些知识分子对列宁的评价深受斯大林的影响。是斯大林将列宁变成在恩格斯之后的第三代马克思主义者，列宁本人从未这样定义过。列宁作为理论家而言，他并不比普列汉诺夫、葛兰西、卢卡奇等人更为重要，但列宁之所以更为著名，那是因为他领导布尔什维克夺取了政权，创建了一个现在已经不复存在的国家。第二，近代以来，俄国有三次革命运动的浪潮：第一次是1825年的"十二月党人起义"；第二次是"民粹派运动"；第三次是"十月革命"。列宁是第三次俄国革命的产物。这三次革命运动浪潮出现的原因都不是为了反对资本主义。在俄国始终存在的是专制的问题，而不是资本主义的问题，资本主义是不能仅通过革命的手段来战胜的。列宁晚年意识到，通过政治革命可以夺取政权，但推翻资本主义、建设社会主义需要文化革命。第三，列宁被认为是无产阶级领袖，但是，无产阶级作为一个民族阶级在俄国历史上根本就没有形成，在俄国存在的只是无产阶级政党。列宁代表的是俄国知识分子，而俄国知识分子具有两大特点：其一，盲目追求最高的社会理想；其二，缺少根基，他们所追求的社会理想都是借鉴西方的。第四，应该根据实际对马克思主义做一些修正。譬如，工人并不是一个阶级而是一个职业；重要的生产力不是工人而是知识；在一些发达国家，工人不再幻想制度的变更，也没有出现无产阶级的团结。再如，20世纪的历史表明，革命是落后国家的必然宿命，民主发达的国家是不会美化革命的。

莫斯科国立师范大学教授 Б. Ф. 斯拉文（Б. Ф. Славин）不同意梅茹耶夫的一些观点。他说："列宁是一个伟大的理论家，是革命导师，不能将卢卡奇、葛兰西等人与之等量齐观。葛兰西关于文化领导权理论和有机知识分子理论是借鉴列宁的，对此葛兰西本人也曾表述过，他认为列宁是自己的老师。"接下来，Б. Ф. 斯拉文教授指出，一些人认为列宁不是理论家，而是实践家，这是不正确的。分析评价列宁无须将其神圣化或妖魔化，需要的是理智的科学分析。列宁曾有过一些错误，但他又及时纠正了这些错误，我们可以将其看作列宁创造的开始。比如，1906年第一届国家杜马开幕，起初布尔什维克抵制国家杜马，但是后来列宁承认抵制是错误的，议会是与群众联系的桥梁，应充分发挥其作用。还有关于"战时共产主义政策"，众所周知，这是在战争的特殊环境下所采取的一系列非常政策和应急措施。它使新生的苏维埃政权战胜了困难，赢得了国内战争的胜利。但是在国内战争基本结束的情况下，继续推行战时共产主义政策，其结果是出现了严重的政治经济危机，列宁说："现实生活说明我们错了。"于是，列宁开始实行新经济政策，促进了生产力的发展，重新建立了工业与农业之间正常的经济联系，巩固了工农的联盟。最后，斯拉文教授还谈到了列宁与斯大林思想上存在的差异，认为他们分别代表两种不同的社会主义模式。

此外，擅长写列宁题材作品的俄罗斯著名剧作家 M. B. 沙特洛夫（M. B. Шатров）也在大会上发言，他主要讲述了自己的家庭生活和创作经历，以此来表达一种难以割舍的列宁情结。还有学者作了关于“布尔什维克活动家中，谁是列宁思想的继承者”问题的报告。该报告首先对季诺维耶夫、斯大林、布哈林进行了剖析。继而，特别是对托洛茨基的性格特点、思想经历予以重点分析，并将其生平分为三个时期：革命前时期（至 1917 年）；革命时期和国内战争时期（至 1923 年）；革命后时期（始于 1923 年）。在此基础上，有学者指出，后列宁时期的列宁主义实际上分裂成了两派：斯大林主义和托洛茨基主义，而后者长期以来被歪曲和误解，但是，托洛茨基相比较而言却是列宁思想彻底的继承者。也有学者总结和分析了俄罗斯国内对列宁各种不同的评价，他们指出，对列宁这样的人物存在严肃的科学的争论是正常的，但是，对于一些违背历史事实、带有严重个人偏见的观点要坚决予以驳斥。还有学者指出，列宁在特殊历史时期实行“战时共产主义”政策，后推行新经济政策，而列宁去世后，斯大林实质上又走向了“战时共产主义”政策，革命的手段和社会主义的目的相脱节，这是俄国革命的最大悲剧。另有学者专门研究了 1917 年以列宁为首的第一批革命党人从苏黎世出发、经由德国和瑞典秘密回国的经历。此外，列宁博物馆的工作人员还作了《关于列宁的假身份证》、《列宁与宗教》、《哥尔克列宁历史文物保护区——列宁遗产的保卫者》等报告。

总之，在本次会议上，诸多学者从不同角度对列宁及其思想和一些相关问题进行了分析和评价。他们从各个角度阐述自己的见解，并对上述问题进行了深入研究，这使得会议研讨的气氛颇为浓厚。尽管其观点各异，甚至存在分歧，然而有一点却是共同的，即列宁的遗产并没有成为历史，在现时代仍然具有重要的理论意义和实践价值，这也正如大会主题所表明的：列宁活在 21 世纪。

（《马克思主义研究》2010 年第 8 期）

深入研究中国社会发展道路的基本规律

——“第四届全国马克思主义与当代中国论坛”综述

胡鹤玖　盛　鹏　朱宗友

为贯彻落实党的十七大和十七届四中、五中全会精神，深入研究马克思主义基本理论，进一步推动马克思主义中国化、时代化和大众化，探索马克思主义与中国社会发展道路之间的关系，提高党的建设科学化水平，由中国马克思恩格斯思想研究会主办、阜阳师范学院思想政治理论课教学部、政法学院与河南大学哲学系承办的“第四届马克思主义与当代中国论坛暨马克思主义与中国社会发展道路”主题研讨会，于2010年11月19—21日在安徽阜阳举行。中国马克思恩格斯思想研究会会长、中国社会科学院马克思主义研究院党委书记侯惠勤教授出席会议并作专题报告。来自北京、河南、安徽、江西、上海、湖南、湖北、四川和江苏等地的100多位专家学者出席本届论坛。

一　关于中国特色社会主义发展道路与中国模式问题

与会专家学者从不同视角对中国特色社会主义发展道路进行了认真的研讨，提出了一些很有价值的理论观点。

关于中国社会发展道路问题。侯惠勤教授强调指出，“中国社会发展道路”本质上是一个政治选择问题，是当代中国向何处去的问题。在他看来，关于道路问题我们党从来是旗帜鲜明，坚定不移，基本上就是小平同志概括的三句话：不走老路、回头路；不走全盘西化的斜路；坚持走中国特色社会主义道路。他认为今天讲发展道路问题，如果朝前看，走回头路老路可能有，但不是主要的，主要的可能就是西化、分化，就是被资本主义同化。

关于中国特色社会主义发展道路选择的基本规律。吴兵副教授提出，结合论是社会主义发展道路选择的总规律，是我们60年来对社会主义发展道路探索总结出的基本经验。具体体现为：社会主义共性与个性的相互依存，现代化与中国发展特殊阶段的统一，历史规律性与主体选择性的统一，真理性与价值性的统一。

关于中国特色社会主义道路的内涵。胡鹤玖教授提出，中国特色社会主义道路是中国共产党领导人民立足基本国情所开创的社会主义发展道路，是以发展生产力和实现共同富裕为根本任务和根本目的的发展道路。同时，中国特色社会主义道路又是一条借鉴资本主义、建设社会主义市场经济的发展道路，是当代中国在改革开放的进程中面对全球化浪潮而开辟的一条和平发展之道路。孙其昂教授认为，可以从两个层次进行表达：一是基本层次或基本制度。二是操作层次，属于体制、机制的基本方面。在基本层次，主要有以下几点：坚持四项基本原则，坚持人民为本，坚持以经济建设为中心，坚持实事求是。在操作层次，有以下几个方面：市场经济体制，越来越多的民主，肯定文化多样性，社会空间越来越大，辩证地处理各种关系，开放中与时俱进。

关于中国模式问题。肖贵清教授指出，构建当代中国模式的话语体系，对于我们更好地坚持中国特色社会主义的发展道路具有重要意义。一是有助于消除人们对中国特色社会主义的种种误解和偏见。二是有助于广大人民群众深化对中国特色社会主义的理解，坚定中国特色社会主义的共同理想。三是有助于系统总结我国改革开放的历史经验，使人们认同中国特色社会主义，提升国家软实力。他还提出了中国模式的内涵，认为中国模式是对中国改革开放和社会主义现代化建设历程及其成果的系统阐释，是中国特色社会主义道路和中国经验的有机统一。它既是中国特色社会主义道路的实现形式，也是探索中国特色社会主义的理论经验的凝结。其内涵主要体现在以下几个方面：第一，把马克思主义基本原理与中国实际相结合，走适合本国国情的发展道路。第二，以经济建设为中心，实现经济、政治、文化和社会建设协调发展。第三，实现社会主义基本制度与市场经济的有机结合，建立社会主义市场经济体制。第四，坚持改革开放，正确处理改革、发展、稳定的关系。第五，独立自主地参与经济全球化。第六，不断总结经验，实行渐进式改革。第七，走和平发展道路。同时，肖贵清教授还指出了当代中国发展模式的价值及其独特性。当代中国发展模式的成就及其价值，就在于突破了苏联模式的束缚，把马克思主义与中国实际和时代特征相结合，引领当代中国走上了实现经济发展、政治民主、文化繁荣、社会和谐的道路，在坚持社会主义基本制度的基础上，积极借鉴包括发达资本主义国家发展经验在内的人类文明的共同成果，不断发展壮大自己，也使当代中国在世界社会主义发展处于低潮的形势下，焕发出勃勃生机。当代中国发展模式有其自身的特殊性，这包括全球化的时代背景、长期历史的积淀、厚重的民族文化传统、当代中国的国情、中国共产党的政治优势等等。

中国特色社会主义发展道路是在马克思主义的指导下发展起来的，因此对马克思主义的信仰就成为坚持中国特色社会主义发展道路的关键。黄明理教授指出，在我国，马克思主义由外来的一般学说发展成为国人政治信仰的灵魂，它经历了曲折的、辩证否定的历史演进过程：新民主主义革命时期，马克思主义信仰的主体由少数先觉分子到革命阶级整体的大发展；新中国成立后到“文化大革命”时期，经历了由理性地信仰化向非理性地信仰主义化的曲折；改革开放后至现在，则呈现出了波谷与波峰交错的更加复杂的阶段性：先由普遍情绪化怀疑到理性化反思，再由理性自觉到有序建构。马克思主义信仰在中国总体上呈现出信仰客体与时俱进的创新与信仰主体理性自觉的增强二者互动相生的良性生态。自觉地运用辩证发展的眼光看待信仰客体以便实现其中国化、时代化和大众化，将马克思主义的根本价值诉求对象化，这是马克思主义在中国信仰化演进历史的重要启示。

关于中国特色社会主义先进文化建设。姜迎春副教授认为，当代中国的社会主义先进文化建设，应当建立在马克思的文化批判思想基础上，否则，文化市场就会成为自发文化的乐园，以抽象人性论为思想基础的文化产品就会大肆泛滥，我们在“全球文化风暴”面前就会失去自身的特色和前进的方向。马克思的文化批判建立在经济批判的基础之上，它科学说明了资本的矛盾性及其在文化上的反映，为我们揭示了发展社会主义先进文化的历史必然性。马克思的文化批判思想一方面揭示了“文化悲剧”的社会根源，另一方面也指明了走出“文化悲剧”、走向文化和谐的现实道路。李齐全教授认为，在当今时代，文化越来越成为民族凝聚力和创造力的重要源泉，越来越成为综合国力竞争的重要因素，丰富精神文化生活越来越成为广大民众的热切愿望。她提出了提升我国文化软实力的实现路径：增强社会经济实力是提升文化软实力的物质基础；建构核心价值体系是提升文化软实力的深层动因；规范文化管理行为是提升文化软实力的法律保障；创新中华文化是提升文化软实力的不竭动力。

关于中国特色社会主义政治发展道路。孙其昂教授认为，我们应当旗帜鲜明地坚持中国特色社会主义政治发展道路，用中国自己的方法探索政治体制改革，坚持中国特色社会主义基本政治体制，建设中国特色社会主义政治体制。王传志副编审提出，积极稳妥推进政治体制改革，要坚持社会主义制度，要立足中国实际、坚持走中国自己的路，要坚持循序渐进、扎实推进，要坚持解放思想、大胆创新。

关于中国特色社会主义经济发展道路。高慧珠教授提出，所有制是社会经济关系的核心，是生产关系和社会制度的基础，也是区分不同性质的社会的根本标志。她认为，改革开放以来，中国特色社会主义改革实践对所有制理论的创新与发展主要有：(1) 破除了“纯而又纯”的公有制观念，创立了以公有制为主体、多种所有制共同发展的基本经济制度。(2) 纠正了“公有制为主体，就是国有经济为主体”的片面认识，与时俱进地拓展了公有制的内涵。(3) 破除了轻视集体所有制经济的片面认识，重新确立了集体所有制经济的地位与作用。(4) 破除了公有制只有单一实现形式的传统观念，拓展了公有制的多种实现形式。(5) 破除了非公即私的形而上学观点，创立了混合所有制新形式。

二 关于加强和改善中国共产党领导问题

党的领导是中国特色社会主义道路成功探索的关键。与会专家学者对新形势下党的领导面临的问题和挑战进行了广泛而深入的分析，并提出了许多重要观点。

侯惠勤教授指出，共产党是双重性的。现在它是执政党，但它绝对不是西方那种执政党，而更重要的一面是人民群众自我教育、自我提高、自己学会管理社会的最高政治形式，所以马克思主义学习型政党凸显的是共产党的这个职能。他认为，从原来的“本领危机”一直到现在讲要认识长期执政党的地位，这样抽象讲是不对的。我们不是本领危机，最根本的还是共产党脱离不脱离人民这个根本宗旨。所以我们讲是忠诚危机，是党对人民忠诚不忠诚，还有就是我们党最根本的任务是人民群众自我教育提高的一种政治形式，不要光把自己看成执政党，甚至想向现在所谓的执政党靠拢，那就必然社会民主党化，把精力过分放在什么选举程序上。

周宏教授认为当下在讨论政治体制改革、多党制、国家化、自由主义思潮等问题上，出现一种消解党的领导的倾向，值得关注。坚持党的领导当前面临着一些问题，如党的自我更新问题，有可能产生的脱离群众问题，有可能形成党的利益集团腐败、蜕化变质问题等。他提出了解决问题的路径。一是把党的领导置于人民的掌控之下；二是坚持理论建设，建设学习型政党，解决党的活力问题；三是保持党的纯洁性；四是严重的问题在于教育知识分子。

钱守云教授认为，中国是一个农民占人口绝大多数的国家，农民问题能否得到解决，关系到中国革命和建设事业的发展，而农民问题的核心是利益问题。

闫玉联副教授提出，多党合作制是我国政党制度的基本特征和精髓，是我国社会主义政党制度优越性的集中体现，也是区别于西方国家一党制和两党多党竞争制的显著标志。在多党合作中坚持共产党领导，保证了多党合作方向的正确和参与的有序；坚持共产党领导的多党合作，体现了目标的一致、政治的团结和参与的扩大。所以，在共产党领导的多党合作中，一党领导而不专制，多党合作而不竞争，互相监督而不反对，扩大了政治民主而又保持了社会稳定。在国家政权中，一党执政与多党参政的紧密结合，相辅相成。特别是民主党派参政，有助于共产党执政兴国、执政为民，有利于共产党民主决策、科学决策。而且各民主党派参政党作用发挥得越好，多党合作的成效就越大，对坚持和实现共产党领导和执政的帮助就越大。这正是我国政党制度的独创性所在。

朱宗友副教授从全球化的视角分析了党的领导面临的新挑战。他认为全球化是我们这个时代最为明显的特征，它是以经济全球化为基础的多维的过程和结果，已经并将继续对人们的生产生活产生影响。党的领导主要是政治领导、思想领导和组织领导。全球化对这些方面均提出了挑战。全球化对党的政治领导提出的新挑战主要体现在我国现代化建设坚持社会主义方向和道路问题上。全球化对党的思想领导提出的新挑战主要体现在马克思主义在意识形态领域的指导地位有被动摇的危险。全球化对党的组织领导提出的新挑战主要体现在党员和党员领导干部的先锋模范作用和骨干作用的发挥受到严重影响。

建设马克思主义学习型政党是加强和改善中国共产党领导的重大举措。张秀芹博士从历史维度、价值指向以及实践指向三个维度对马克思主义学习型政党的科学内涵进行了解读。在她看来，虽然马克思主义学习型政党是个崭新概念，但从历史维度来看，它是随着党员干部队伍建设的历史进程而逐渐生成的，具有丰富的历史实践经验和思想基础。全心全意为人民谋利益的价值取向是建设马克思主义学习型政党的共同愿景。学习科学理论，推进马克思主义中国化、时代化、大众化，建设中国特色社会主义，是马克思主义学习型政党的实践指向。

三　关于马克思主义中国化、时代化、大众化问题

与会专家学者认为，马克思主义中国化问题实质上就是哲学的"一般性"与"特殊性"即共性与个性的辩证关系问题。所以，一定要把马克思主义"一般"原理与中国特殊的具体实际结合起来，推进马克思主义中国化。

马克思主义时代化主要有两个方面的含义：第一，马克思主义本身是时代的产物，只有深入当时的时代，才能正确理解马克思、恩格斯的思想。第二，马克思主义是一个开放的体系，具有与时俱进的品质，因此有一个创新发展问题，即用适应新时代的思想观点补充和丰富马克思主义。

马克思主义大众化包含"化大众"和"大众化"两个层面。"化大众"即将当代中国马克思主义的科学理论同人民群众的实践活动结合起来，通过多种形式进行宣传、普及和推广，

把深邃的理论用简单质朴的语言讲清楚，让科学理论走入生动的社会实践的过程。“大众化”即人民大众学习、接受、实践当代中国马克思主义的过程，这使由被少数人理解掌握的理论成为广大党员普遍信仰、人民大众普遍接受和认同的强大思想武器，从而将其转化为人民大众认识和改造世界的强大物质力量的过程。

唐源昌教授认为，马克思主义中国化就是把马克思主义基本原理正确地和中国的革命和建设实际结合起来，时代化就是要求我们根据中国的国情和世情来解决历史时代课题，大众化就是必须将中国化了的马克思主义让干部和群众接受，并化为他们的具体的物质力量。

王金福教授认为，社会主义市场经济体制的确立，适应了中国改革开放形势发展的需要，但市场经济也使推进马克思主义“三化”工作遇到前所未有的挑战。如何在市场经济或者说是经济全球化的潮流中坚持马克思主义的“中心”地位，防止边缘化趋势，这是每一个马克思主义理论工作者都要深入思考的问题。

陶富源教授结合安徽师大房玫教授的先进事迹，认为当代大学生并不是天然地拒斥马克思主义，在大学生中推进马克思主义大众化主要职责在于教师，因此，思想政治理论课教师一定要坚定信心、坚持不懈、坚忍不拔，扎实推动马克思主义大众化。黄明理教授认为，各高校尤其是理工科高校上至学校党委、下至教师都要充分重视思想政治理论课在推进“三化”工作中的重要性，否则会造成部分教师的个人努力和实际“三化”效果相背离。王永贵教授认为，要实现高校马克思主义“三化”推动工作的可持续，学校党委主要领导的一贯重视、相关的教材建设乃是重要的环节。

丁慧民教授着重探讨了“以思想上的共识推进当代大学生马克思主义大众化”问题。她认为，高校的马克思主义基本理论教学在大学生马克思主义大众化进程中占有重要地位，担负着为中国特色社会主义事业培养合格建设者和可靠接班人的庄严使命。大学生则是马克思主义大众化的重要主体与担当者，对推进当代中国马克思主义大众化，具有重要的促进作用。要不断创新马克思主义理论教育的形式和载体，保持马克思主义大众化理论教育的生命力，使大学生从实践中认识和掌握马克思主义世界观和方法论；同时，要发挥青年马克思主义者的骨干作用，普遍提高大学生马克思主义的基本修养，使其自觉担当起当代马克思主义大众化传播者和承担者的历史使命。

戈士国副教授认为，马克思主义大众化虽然是思想理论问题，实质上也存在利益问题。若民众在理论推进或发展中看不到自身利益，则无法达成大众化的共识。他举例分析了“包容性增长”概念，说明在当代中国社会发展中要进行政治体制改革，尽力满足民众各种利益诉求，借此达成马克思主义大众化共识。

中共阜阳市委讲师团燕少红副教授长期从事马克思主义理论宣讲工作。他主要从操作层面，提出要提高理论宣讲水平，不断推进马克思主义理论的大众化。贾梅老师认为，大多数思想政治理论课教师真信、真学、真懂马克思主义，在高校为推进马克思主义“三化”工作作出了突出贡献。

四 关于马克思主义与高校思想政治教育问题

马克思主义是高校思想政治教育的重要内容，又对高校思想政治教育发挥着不可替代的指导作用。学者们探讨了有关马克思主义与高校思想政治教育问题。

王恒兵副教授提出，马克思主义经典作家的需要理论，是我们从事思想政治教育工作的理论前提和基础。这就要求我们掌握需要的多样性和层次性原理，增强思想政治教育工作的针对性；遵循需要的变化发展原理，增强思想政治教育工作的灵活性；掌握需要的发展不平衡性和条件制约性原理，增强思想政治教育工作说服力。

代玉启博士从规范性视角探讨了思想政治教育研究的问题。他认为，强调思想政治教育研究的规范性，目的在于检讨目前思想政治教育学科存在的问题，促进思想政治教育理论和实践创新，促使思想政治教育在原有基础上更系统的发展。探讨思想政治教育研究的规范性，有五个维度：体系意识与问题意识、泛化倾向与聚焦整合、借鉴发展与自主发展、本土关怀与世界视野、学术沉寂与争鸣繁荣。

檀江林教授从现代性的角度探讨了思想政治教育问题。他认为，在中国社会转型期，思想政治教育理应不断与时俱进，彰显现代性维度。但思想政治教育的现代性发展，往往受制于意识形态的刚性，从而约束了其应有功能的发挥，弱化了思想政治教育预期目标的实现。

周建华教授认为，对大学生进行系统扎实的当代中国马克思主义教育，不仅对于他们的健康成长具有根本的保障作用，对于在全社会推进当代中国马克思主义大众化也具有重要的促进作用。用马克思主义中国化的最新成果武装青年，引导大学生骨干努力成为坚定的青年马克思主义者是在大学生中推进马克思主义大众化的重要环节，而这一过程必须遵循马克思主义大众化的实践要求。具体说来就是：实施主体理应具有扎实的实践自觉素质；教育载体契合大学生接受规律的实践特质；教育语言贴近大学生的生活实践；活动开展凸显大众化的实践特性。

刘瑞平教授从“后喻文化”角度探讨了大学生的思想政治教育问题。在他看来，我国社会已经进入了后喻文化时代，“文化反哺”的特点意味着大学生思想政治教育具有特殊性：教育者与教育对象在信息的可得性方面发生了时空的错位；大学生捕捉信息的敏锐性要求，促使思想政治教育的对象发生着悄然变化；文化传承的特点必将对教育者提出严峻的挑战。要积极探索新时期大学生思想政治教育的新方法，即善于利用现代技术进行双向交流的方法；善于运用情感教育与说理教育结合起来的方法；善于将正式化教育向生活化教育延伸以形成合力的方法。要拓展与深化大学生思想政治教育的内容，加强大学生媒介素养教育，拓展大学生政治素养教育和深化心理素质教育。

（《马克思主义研究》2010 年第 12 期）

资本主义危机与出路:21 世纪社会主义

——“世界政治经济学学会第五届论坛”综述

丁晓钦

由世界政治经济学学会、中国社会科学院马克思主义研究学部和中国人民大学国际学院联合主办的“资本主义危机与出路：21 世纪社会主义——世界政治经济学学会第五届论坛”于 2010 年 5 月 29—30 日在苏州隆重举行，来自中国、美国、德国、英国、法国、日本、韩国、加拿大、澳大利亚、奥地利、爱尔兰、比利时、瑞典、挪威、西班牙、巴西、墨西哥、希腊、保加利亚、秘鲁、越南、中国台湾 22 个国家和地区的 150 多位学者出席了此次论坛。

论坛开幕式由世界政治经济学学会副会长、京都大学大西广教授主持，中国社会科学院副秘书长谭家林宣读李慎明副院长致辞，中国人民大学副校长王利明教授致欢迎词，世界政治经济学学会会长、中国社会科学院马克思主义研究学部主任、马克思主义研究院院长程恩富教授致开幕词，英国柏拉图出版社社长罗杰·范·查旺伯格接着宣布《世界政治经济学评论》(英文版) 创刊号在伦敦发行。随后，世界政治经济学学会颁发了第二届“21 世纪世界政治经济学杰出成果奖”，刘国光 (中国社会科学院原副院长)、大卫·科茨 (美国麻省理工大学教授)、伊藤诚 (日本东京大学教授)、卫兴华 (中国人民大学荣誉一级教授)、大卫·莱伯曼 (美国《科学与社会》杂志主编)、张薰华 (复旦大学教授)、迈克尔·佩雷尔曼 (美国加州大学奇科分校教授)、科伊乔·裴多洛夫 (澳大利亚悉尼大学研究员) 获此殊荣并分别发表获奖演说。

本届论坛共举行两次全体会议和 16 个研讨分会，围绕“资本主义危机与出路：21 世纪社会主义”这一主题，对资本主义经济和生态危机的制度根源及根本出路、社会主义的理论创新和实践评价等进行了深入的探讨。

一　当前经济危机的原因与对策

首先，本次论坛解析了资本主义经济危机爆发的原因及各国的应对举措。与会学者一方面批判了新古典经济学的实证主义危机理论、“利润挤压理论”，另一方面从资本过度积累、全球失衡、过度金融化等角度解释当前经济危机并提出应对策略。

罗莎·卢森堡基金会理事克里斯托·卢夫特教授认为，金融资产的长期过度积累改变了金融与生产部门之间正常的比例关系，造成由高度杠杆化的金融运作所驱动的资本主义的畸形发展，破坏了经济和社会稳定，最终导致当前危机。解决危机的直接方法就是减少金融资本的过度积累。

中国社会科学院副院长李慎明教授认为，危机可能迫使美国继续采取各种新老手段维护全球霸权，如果世界上其他大国强国应对正确，那么美国式资本主义模式和美国世界霸主地位将从根本上得到动摇，并引发全球经济秩序的深刻变化和全球政治格局的深刻变动。否则，不能排除美国式的资本主义模式经过调整后获得新的生机与活力，霸权主义和强权政治继续会在世界范围内得到巩固和加强。

中国社会科学院马克思主义研究学部主任程恩富教授认为，当今世界资本主义经济的基本矛盾通过以下四种具体矛盾和中间环节导致金融和经济危机：(1) 从微观基础分析，私有制及其企业管理模式容易形成高级管理层为追求个人巨额收入极大化而日益采用风险较大的金融工具以及次贷方式，从而酿成各种危机；(2) 从经济结构分析，私有制结合市场经济易于形成生产相对过剩、实体经济与虚拟经济的比例失衡，从而酿成各种危机；(3) 从经济调节分析，私有制垄断集团和金融寡头倾向于反对国家监管和调控，而资产阶级国家又为私有制经济基础服务，导致市场调节、国家调节和伦理调节三失灵，从而酿成各种危机；(4) 从分配消费分析，私有制结合市场经济容易形成社会财富和收入分配的贫富分化，导致生产和供给的无限扩大与群众有支付能力需求相对缩小的矛盾，群众被迫进行维持生计的含次贷在内的过度消费信贷，从而酿成各种危机。危机凸显出金融体系“有毒资产”难以根治，私有制公司治理弊端深重、贫富分化继续加剧、资本主义国家调节低效。上述经济迹象和走势表明，西方资本主义经济可能陷入长期动荡甚至生存危机。

英国中兰开夏大学珍妮弗·克莱格教授用马克思主义比例失调理论解释了危机的根源，指出根源在于发达资本主义经济体中第一生产部门的投资过剩。当发展中国家和地区的力量比较弱小时，发达资本主义经济体可以通过强权来为过剩资本的投资铺平道路。然而，随着发展中国家和地区力量的不断增强，一个更加多极的世界将会抑制垄断经济积累剩余价值的能力。因此，只有通过发达经济体和发展中经济体的协同增长，国际经济才能恢复平衡。爱尔兰国立大学特伦斯·麦克唐纳教授分析了国际金融危机对爱尔兰的影响，指出爱尔兰近三十年来基本上接受了美国新自由主义思想，金融机构从事大量高风险的金融衍生品交易，与华尔街紧密联系在一起，结果在20世纪90年代“高增长”的背后积累了巨大的泡沫，最终导致危机。

美国麻省理工大学大卫·科茨教授从资本积累的社会结构（Social Structure of Accumulation，SSA）的角度出发，分析了SSA演变对社会主义运动的含义。第二次世界大战后一段时间国家干预型SSA相对缓和了发达资本主义国家的积累过剩危机和阶级矛盾，降低了这些国家向社会主义过渡的可能性。新自由主义削弱了工人力量并引发严重的经济危机。如果危机持续很长时间，那么危机就有可能激化工人运动。中国人民大学卫兴华教授认为中国能够率先走出危机旋涡并重新走上快速发展轨道，主要得益于社会主义制度能集中力量办大事的优越性、强有力的宏观调控政策和我国国有经济的中坚作用，因此要继续加强马克思主义经济理论的指导地位，重视壮大和发展国有经济，确保公有制经济的主体地位和国有经济的主导地位。这些观点得到了绝大多数与会者的认同。

与会者讨论后一致认为，20世纪80年代末90年代初东欧剧变、苏联解体后，以新自由主义为主要推力的新一轮经济全球化是这场国际金融和经济危机的直接原因；危机的根本原因在于生产全球化与生产资料私人占有之间的矛盾、生产无限扩张与全球需求相对缩小之间的矛盾。如何将泛左翼思潮和运动发展为世界社会主义运动的复兴和高潮，是摆在一切进步人士和全世界人民面前的重大严肃问题。

二　生态危机的制度根源

在分析资本主义经济危机的同时，本次论坛还从不同角度分析了资本主义的生态和环境危机，讨论了生态公害问题和全球面临的生态挑战，深入研讨了生态危机的制度根源。

中国社会科学院马克思主义研究学部主任程恩富教授和贵州大学经济学院王朝科教授从马克思主义经济学理论层面对低碳经济进行了总结，构建了一个解释低碳经济的理论框架，为深化低碳经济的理论研究和政策研究提供了一种可资借鉴的方法，并提出以下命题：(1) 生产的持续增长和消费水平、消费质量的持续提高，依然是人类社会文明进步的核心主题，低碳经济与这个主题具有高度的兼容性。(2) 资本主义制度下由利润驱动的技术创新往往遵循“先污染后治理”的思路，在人类碳排放逼近自然界所能承载的最大排放量时，才开展相应的技术创新、制度创新和发展观变革。社会主义发展中国家应该在发展初期就将低碳经济融入技术创新、制度创新和观念变革。(3)“共同但有区别的责任”是国际社会合作、共同应对气候变化的基本原则。即使不算历史旧账，鉴于各国在经济规模、经济结构、消费水平、消费结构方面存在的巨大差异，各国也应该有区别地承担减排责任。如果资本主义国家违背该原则单纯根据国力强弱和各自利益来分配责任，那么国际合作势必举步维艰，从而贻误减排时机。(4) 减排是应对气候变化的权宜之计，长久之计应是根据自然系统可承载的最大二氧化碳排放量，按年度测算全球当年的排放量，并在各国之间公平分配碳排放权。(5) 给低碳经济奠定坚实的群众基础，需要强化先进消费文化的培育，开展国家主导下的消费能力建设，而这是追求利润最大化和销量最大化的资本主义经济所不愿看到的。

日本东京农业科技大学吉田央教授认为生态公害根源于资本对利润的追求。主要的生态公害问题——环境污染、食品污染、药品缺陷等——都是由新技术（如PCB、婴儿奶粉或新药品）引起的。大批量生产和大批量消费扩大和加深了这些损害。

墨西哥城市自治大学的路易斯·乔治·阿瓦雷兹·罗查内教授则对资本主义生态危机提出了更严厉的批判。他指出，几十年来，人们一直认为经济发展的主要内容就是增长，只有经济（国内生产总值）持续稳步的增长，人类的物质需求才能得到满足。然而，事实上增长并没有给人民带来福利，它只是资本主义发展的必要条件。资本主义不能停止增长，因为追逐利益就要不断地扩大生产。21世纪的社会主义绝不能追求不顾地球承载力的增长，问题在于以什么样的眼光和理念来设计放缓增长、兼顾经济发展和生态环境的计划。21世纪社会主义应坚持平等原则，消除贫困和世界上显著的不平等现象；奉行温和消费主义原则，尊重自然。

奥地利维也纳大学研究员约瑟夫·鲍姆也认为，生态危机根源于资本主义制度。他指出，尽管《京都议定书》减排承诺第一期的截止日期（2012年）日益迫近，但由于资本主义决策权的分散性，关乎人类共同命运的全球气候谈判进展缓慢，气候政策难以推行，这在哥本哈根会议上已得到充分体现。气候危机、环境危机和大范围的全球贫困都根源于世界资本主义体系短视的利润机制和强烈的积累动机。要克服这些危机就必须用可持续发展的机制替代利润机制，并增强公共产权和管制，从而实现更高的资源利用率、更小的污染排放和更公平的资源分配。

与会者大多认为，由于资本主义设定自然资源是无限供给的，所以它不可能最终消除生态矛盾，最多只能把生态系统的部分功能划归为商品以相对减轻资源流失和生态破坏的程度。例如，虽然碳市场可以通过市场机制来实现减排目标，但是它无法消灭污染的源头。因此，真正的可持续发展需要一种更加重视未来的自然观和社会经济制度观，它将更加关注如何补偿和管理人类经济活动对自然造成的消极影响。

三　21世纪社会主义构想

在分析资本主义危机的基础上，中国社会科学院马克思主义研究学部主任程恩富教授指出，危机的根本出路不是从新自由主义政策和体制转型为凯恩斯主义政策和体制，而是用现代马克思主义经济学的政策和体制，或者说用科学的社会主义市场经济政策和体制替代陈旧落后的、弊端丛生的各种资本主义市场经济政策和体制。对此，与会者积极响应，就社会主义提出了各种不同层次的理论构想。“21世纪社会主义”理论创始人之一汉兹·迪特里奇讲述了“21世纪社会主义”的科学哲学基础和基本特点，其他学者进一步阐述了“21世纪社会主义”的定义、要点、标准和范式及其蕴涵的复杂性和差异性。

墨西哥城市自治大学德籍教授汉兹·迪特里奇指出，马克思和恩格斯的辩证唯物主义和历史唯物主义的认识论与方法论基础是，自16世纪（伽利略）以来形成的所有现代实证科学的时间空间运动模式。在该模式中，时间范畴已得到扩展，并从三个方面定义我们的生活质量：我们生存的物质条件，我们生活的意义（超越意识）和我们的自觉意识。我们正在接近一个十字路口，公正民主社会和生命道德价值的伦理标准与经济社会组织及生产模式的事实标准在此交会。由此产生了21世纪社会主义实践的决定性问题：21世纪后资本主义社会和国家应该如何组织以满足其正义、民主和有意义的存在？答案是通过物质生产、道德意识和民主参与之间的相互作用。存在的这三个方面，是建设21世纪社会主义新社会的子系统，三者统一于时间。由于物质需要和生活质量只能通过社会劳动得到满足，而且商品的经济价值最终由时间（劳动价值）衡量，所以21世纪社会主义的普遍道德基础与其现实经济组织是一致的。因此，21世纪社会主义的两个基本特点是参与式民主和民主规划的等价经济。参与式民主将通过联合代表形式，使民主和随机选择机制在人类生存的四个基本社会关系（经济、政治、文化和军事）中运行；民主规划的等价经济将民主规划经济与劳动价值理论及等价原则结合起来，建立一种与牟利的资本主义市场经济有着质的不同的生产模式，其中的经济循环完全由价值决定，而不是价格。

美国佛罗里达棕榈滩州立大学大卫·佩内教授强调了21世纪的社会主义不能停留在以往

的荣誉和成就上。要取得对资本主义的制度优势，社会主义需要率先解决可持续发展的问题，也即协调好政治、经济、文化和环境四个要点之间的关系：(1) 政治体制必须是人民民主制，实行人民的政治议程。(2) 经济体制必须起生产的功能，满足人民政治议程各个方面所必需的基本物质需求。(3) 培养恰当的国家文化特征，培育人民的民族认同感，同时要让本国人民认识到与其他各族人民的共同利益。(4) 实现环境的可持续发展，可持续发展是社会主义优越性的重要体现。

卢森堡基金会克里斯托·卢夫特教授认为后资本主义社会要满足五个标准：第一，就贫困问题给出新的解决方案；第二，发展一个可持续的自然资源利用模式；第三，从为获取私人利润的剩余价值生产转向满足全人类生命需求（身体、文化和精神）的生产活动；第四，民主遍及政治领域和其他社会关系中；第五，重新定义GDP，加入人类进步的定性因素。

广西大学马克思主义经济学研究中心李欣广教授概括了21世纪社会主义的科学范式，认为21世纪社会主义在经济、政治、精神、生态各领域的科学范式分别是：社会主义市场经济、社会主义民主制度、引导与自由相结合的社会主义价值观、以社会主义制度优势调节市场经济与工业文明、走可持续发展道路的生态文明建设。该范式的总体特征是：劳动者的解放与人文精神的弘扬相结合；由工业文明转向生态文明；体现经济、政治、文化与生态之间关系的平衡协调。

挪威奥斯陆大学格诺特·恩斯特教授总结了复杂性理论在21世纪社会主义理论发展中的应用：(1) 新自由主义关于“经济人”的人类行为假设并非永恒不变的真理。合作战略和利他行为不只是理想主义，而是一种客观存在。合作甚至可以作为除突变和选择之外的第三类根本进化力量。(2) 马克思主义进步思想及历史科学是对长期阶级斗争中的经验与规律的提炼，能够从自组织临界理论中找到理论支持。相较之下，修正主义的历史诠释集中在“重要人物”的历史影响上，忽视群众的自组织能力，从而与运用自组织临界理论模型所得到的历史分析结果相矛盾。(3) 新的数学系统理论方法与分析社会和经济系统稳定性的新兴算法，可以用来管理、协调社会和经济。总之，来自复杂性理论及其相关领域的新兴科技成果有助于21世纪社会主义的发展。

四　拉美“新社会主义”实践和“中国模式”

在理论构想的基础上，与会学者讨论了当前拉美以及中国、越南等社会主义国家的社会主义实践，重点探讨了中国特色社会主义实践与拉美的“21世纪社会主义”实践。来自中国台湾的学者萧衡钟首先从政治的角度分析了“中国模式”的特点和长处，国内外多位学者则进一步探讨了中国特色社会主义改革的模式、特征和发展方向等议题。

1. 对拉美“新社会主义”实践的评价

日本东京国家大学新藤通弘教授在概括马克思科学社会主义构想的基础上赞扬和鼓励了拉美社会主义实践。他指出，委内瑞拉、玻利维亚和厄瓜多尔三个国家为了清除新自由主义都开始了宪政改革，建立自己的行政机构，并在经济领域通过实行以下措施来修复新自由主义政策造成的破坏：恢复经济金融主权以及自然资源主权、恢复国家对支柱产业的控制以保障人民的福利、恢复工人的劳动权利、消除贫困以及民众中大多数人的极端贫困、恢复企业所得税和个人所得税的累进税制、减少增值税等等。除此之外，这三个国家还致力于农业土地使用权结构的民主化以促进农村发展和社会公正；将调查官员舞弊情况和保护环境的条款纳入宪法，以维护公民权利，实现可持续发展。这些国家在社会改造进程中都采用了具体而务实的政策，虽然这些实践可能会有失误，但它们都是对社会主义道路的积极探索，都将有助于科学社会主义理论的发展。

此外，秘鲁阿普里马克卡埃拉·巴斯蒂达斯国立大学阿尔弗雷德·苏米·阿罗帕教授等学者也高度评价了21世纪社会主义在拉丁美洲重建中的作用。纽约大学西班牙籍教授艾德尔多·苏必瑞茨则讲述了拉美21世纪社会主义思潮和东方文化思想之间的渊源。

2. 对中国模式的探讨

中国社会科学院原副院长刘国光教授从“否定之否定”规律和历史唯物论出发，对中国模式的整体辩证关系提出了系统的马克思主义经济学见解，以推进“改革在更高层次上的综合”。这些见解包括计划与市场有机结合论、公平与效率并重论、所有制和分配关系统一论、解放思想与改革开放的辩证关系论等。回顾改革开放三十年，各项政策都经历了一个否定之否定的正、反、合过程，只有对新的矛盾进行新的反正才能使改革开放和社会主义建设事业在更高层次上达到新的综合。具体来说，关于经济运行机制，要在继续坚持市场改革的同时重新强调国家宏观计划调控的作用；关于所有制结构，要在坚持多种所有制共同发展的同时重新强调“公有制为主体”；关于分配关系，要从“让一部分人先富起来”转向“更加重视社会公平”。这正是中国模式的应有之义。

复旦大学张薰华教授运用唯物辩证法分析指出，“中国模式”的成功离不开计划生育。当然目前计划生育的某些具体做法还需斟酌改进，例如以下问题：（1）目前我国人口过剩源于小农经济，但计划生育法在执行过程中却放宽农村出生人口；（2）多生的条件是如果头胎是女婴，还可以再生第二胎，这不仅造成人口过剩，还导致性别比例失调。

中国文化大学政治学系萧衡钟博士认为，“中国模式”的主要特征除土地国有审批租赁承包以及关系国计民生的大企业国营外，还包括计划经济与市场经济并重、公有制与私有制并存、国有企业与民营企业并行等。2008年由美国次级房贷体系崩盘所引发的全球金融风暴，反衬出中国模式的价值。

江苏省委党校李炳炎教授概括了“中国模式”的十项要点：社会主义经济体制改革的性质是社会主义生产关系的自我完善；理论基础是马克思主义基本原理和社会主义市场经济理论；改革目标是建立完善的社会主义市场经济体制，实现富民强国、共同富裕；改革对象是自然经济体制和计划经济体制，而不是公有制；改革的依靠力量是工人、农民和知识分子等广大劳动者，而不是资本家尤其是跨国资本；改革的方式是从群众中来，到群众中去，而不是依靠少数地方政府官员和企业管理层；改革的宗旨是以人为本，促进人的全面自由发展；改革的路径是渐进式推进，始终充分考虑人民群众的承受能力，保持社会稳定；改革的效果是走向共同富裕，社会和谐发展；改革的前途是促进社会生产力的不断提高。

云南财经大学周文教授对中国经济模式提出了自己的理解：在中国复兴图强的历史环境中，发展经济成为举国上下的共识，于是中央和地方政府推动渐进的制度创新，不断放宽对资源利用的制度约束，充分发挥中国的劳动力比较优势。同时，注重短期利益而忽视长期利益的做法也带来了环境问题和社会公平的问题。因此，接下去的改革必须落实科学发展观，构建和谐社会，推动经济发展模式转型。当前中国的发展模式可以总结为由“资源扩展”向“技术深化”转型，这一转型必须依靠自主技术进步；而这又取决于合理的制度安排，即制度创新，其中一个必要条件就是构建“中国经济学”，摆脱西方主流经济学的话语权控制。

与会者经过讨论一致认为，“中国模式”是社会主义制度与市场经济体制结合的典范，成功的原因在于其基本抵制了市场原教旨主义的影响，坚持以公有制为主体、公平与效率并重、利益共享等原则。

此外，本次论坛还探讨了地缘政治经济学、发展中国家战略选择、中国经济发展方式转变、知识生产等问题，分别从政治、经济与技术战略选择的角度探讨非核心国家摆脱资本主义危机和不利竞争地位的出路，并对马克思劳动价值论和失业理论的新发展进行了研讨，增强了马克思主义经典理论对当前现实的解释力。

论坛闭幕式由罗莎·卢森堡基金会理事克里斯托·卢夫特教授主持。世界政治经济学学会副会长大卫·科茨宣读了《世界政治经济学学会第五届论坛宣言》。宣言指出，马克思主义经济学家有义务帮助建立未来社会的发展框架，为了完成这一使命，必须实现以下目标：首先，加强马克思主义者和左派内部的团结、合作与交流，通过不断地发展和创新马克思主义及其经济理论来反思并超越各种自由主义和凯恩斯主义的经济理论；其次，必须激活人类的科学和伦理资源，并将其集中应用于各个国家和地区向后资本主义社会转型的具体策略和方法上面，同时必须让人民熟悉这些转型的工具；最后，行动国际化，在世界范围内组织社会运动。世界政治经济学学会副秘书长丁晓钦博士宣布了新一届理事会名单。中国人民大学国际学院（苏州研究院）副院长杨志教授致闭幕词。最后，世界政治经济学学会第五届论坛在全体与会代表激昂的《国际歌》歌声中落下帷幕。

（《马克思主义研究》2010年第6期）

冷静的分析热切的期待

——"第十一次共产党和工人党国际会议"综述

聂运麟　刘卫卫　杨成果

由印度共产党（马克思主义）和印度共产党联合主办的第十一次共产党和工人党国际会议于2009年11月20—22日在印度新德里举行。来自48个国家的57个共产党和工人党的89名代表参加了这次会议。代表们围绕会议的主题"国际资本主义危机，工人和人民的斗争，替代方案，共产党和工人阶级运动的作用"进行了热烈的讨论，最后通过了《德里宣言》以及"关于纪念博帕尔毒气泄漏悲剧25周年的决议"和"关于塞浦路斯问题的决议"。

一　关于经济危机的性质和源头

资本主义经济危机是大会讨论的主要问题。早在2008年召开的第十次共产党和工人党国际会议上，就曾对此作出了重要结论：全世界正面临着大范围的严重的经济和金融危机，它是资本主义制度的固有危机不断深化的表现，表明了资本主义制度的历史局限性和革命推翻资本主义制度的必要性。参加第十一次共产党和工人党国际会议的代表认为，上述结论已经被证明是基本正确的，并根据一年多来经济危机的发展，再次对其性质进行了深入的讨论。与上次会议相比，这次讨论的特点是，它更加明确而没有任何异议地认定，此次经济危机就是马克思所说的资本主义周期性的生产过剩危机。

曾经在圣保罗会议上对资本主义经济危机作过精辟分析的英国共产党总书记罗伯特·格里菲斯在本次会议上再次发言指出："垄断资本家、政客及其经济学家想要公众把这场危机完全视为一场源于'信用危机'的金融危机：似乎危机完全是不计后果的抵押贷款公司和银行的过错；是借款超出自己偿还能力的低收入工人的过错；是本不应该首先把钱借给低收入工人的贪婪银行家的过错。"站在资本主义制度的立场上，这样描绘的确是一幅"合时宜的画面"。然而，事实并非如此，"这是一场体制性危机，是资本主义制度所固有的危机，是被马克思称之为周期性的生产过剩危机。与此同时，我们也应该注意到当前危机的一个重要特征，那就是马克思在《资本论》第三卷中定义的'虚拟资本'在这场危机中所起的作用。"罗伯特·格里菲斯坚定地指出："即使在资本主义制度下能够实现金融部门的国有化，但是只要资本主义制度存在，周期性的生产过剩的经济危机就会永远存在。"他还幽默地批评布朗说：

"英国首相布朗曾经宣称他已经使英国经济摆脱了'经济繁荣和经济萧条'的交替循环。一位古代英国的国王——卡纽特在位期间也曾经宣称他能够坐在海边阻挡浪潮的到来，但是他却湿了自己的脚。"

比利时工人党代表博杜安·德克斯强调了危机的性质，他指出："此次金融危机根源于生产过剩的结构性危机，生产过剩自从20世纪70年代初一直很严重。作为马克思主义者，我们知道这是和资本主义生产方式紧密联系的。"

为深入论证经济危机的性质，丹麦共产党代表亨利克·斯塔默·赫定还对此次危机产生的源头作了历史的追寻，借以说明近40年来资本主义周期性经济危机迟迟没有恶性爆发的原因："与通常的说法相反的是，这次危机并非是突如其来，许多人已预测到这次危机。唯一意外的是，这次危机拖了这么久才发生。""当前危机始于1987年纽约证券交易所在一天之内所经历的最大暴跌，这次暴跌比1929年的危机跌得还要多。随之而来的是一场真正的危机，到1989年冬季，主要资本主义工业国家的生产已经开始萎缩，失业率不断上升。但具有讽刺意味的是，就在这个时刻，欧洲的社会主义结束了，东欧经济体向西方资本主义的开放，从而使西方能够将危机'转嫁'给东欧国家。这在德国是最明显的，东德的工业企业被关闭，使其西德的同行能够生存下来。同样的事情也发生在其他前社会主义国家。正是这些国家感受到了危机的破坏性影响，生产下降30%—50%，这样，遭受破坏的就不是西欧资本主义国家。""在资本主义大国中，只有日本完全经历了这次危机，因为它无处可以转嫁危机。日本经济到今天仍未恢复。"

亨利克进一步指出："在整个90年代和新千年的初期，危机不断发生，然而每一次帝国主义都能够将危机'转嫁'给周边的增长区域——先是亚洲'四小龙'，后来是拉丁美洲。战争和大部分消费者的乐观情绪推动了生产，每次市场恢复了一点点，他们便把它称作'历史性'的繁荣，就这样持续了20年。现在已没有边缘区域可以转嫁危机了：东欧已被粉碎，拉丁美洲已拒绝新自由主义，东南亚本身受到危机的严重冲击。现在美国、欧洲和日本都充分感受到危机的痛苦。"亨利克最后说："现在已经很清楚，这不是什么'特殊'的危机，而是一次经典的、一般性的危机，是资本主义的生产过剩危机。"

其他国家共产党也发表了类似的看法。美共主席山姆·韦伯在美共机关刊物《政治事务》杂志2009年8月号发表的文章《美国共产党：变动世界一项正在进行中的工作》一文中指出："虽然目前这场经济危机是由房地产市场的崩溃而触发的，但它的存在却可以追溯到20世纪70年代后期资本主义长期发展的自然历史进程。30年前，美国资本主义被看似无法解决的各种矛盾——通货膨胀和失业率攀升、对美元作为一种国际性货币的信心不断下降，欧洲和亚洲新竞争对手的挑战，经济增速放缓和下降的收益率——所困扰。所有这些问题都出现在世界商品市场生产过剩逐步增加的这种背景之下。"

《德里宣言》集中反映了与会各国共产党和工人党的观点，再次强调了经济危机是资本主义所固有的制度性危机，指出"这场危机并非是由于少数人的贪婪或缺乏有效的监管机制而引起的过失。几十年来在全球化的过程中，利润最大化这个资本主义存在的理由急剧扩大了国家之间和国家内部的经济不平等。其必然后果是，世界绝大多数人的购买力下降了。因此，目前的危机是一个制度性危机。这再次证明了马克思主义的分析：危机是资本主义制度本身所固有的”。“它表明资本主义的主要矛盾正在激化，这个矛盾就是资本主义生产的社会性和资本家私人占有制之间的矛盾”。

二　关于“复苏”能否持久、危机是否正在过去

经济危机已经爆发了一年多，在某些地区还出现了“复苏”、“景气”的种种迹象，资产阶级政府及其经济学家便乐观地宣布“衰退即将结束”，“危机即将过去”。对此，大会进行了热烈的讨论，大多数国家共产党的代表认为，危机并没有过去，复苏难以持久。

匈牙利共产主义工人党主席格尤拉·瑟默指出：“危机还远没有结束，没有人能够预测到它的后果。”比利时工人党代表博杜安·德克斯认为，“危机并没有过去”，“再度恶化有极大的可能，危机会卷土重来”。葡萄牙共产党政治局委员安格鲁·阿欧维斯认为：“这场危机还远远没有结束，其危害和危险是显而易见的。”荷兰共产党代表威廉·凡克拉任伯格认为：“我们还仅仅处于资本主义严重危机的第一阶段。”美国共产党代表斯科特·马歇尔指出：“我们认为全球经济危机仍将继续并且不会减弱。”

英国共产党主席格里菲斯对资产阶级政府转嫁经济危机的政策作了有根据的分析。他指出：“在英国，政府、财政部和英格兰银行迄今已经从公共基金中划拨出 1.35 兆英镑（相当于 2.25 兆美元）的资金用于挽救银行、金融机构和金融市场。那些资金相当于英国全年 GDP 中每年公共开支总和的 2 倍，国民医疗服务预算的 10 倍，教育投资的 15 倍。已经划拨给英国的制造业和其他生产工业的资金不到 200 亿英镑。政府资助的不平衡反映了英国垄断资本的优先权特性和垄断资本的矛盾。现在英国的统治阶级已经对人民群众和工人阶级的工作、工资、退休金、社会福利、公共服务和工会权利发动了猛烈的攻击。不管 2010 年 5 月份哪个政府上台执政，这种攻击只会加强。”

丹麦的共产党代表贝蒂·弗瑞德斯伯则格·卡尔松揭示了工人阶级和劳动群众被动地卷入危机后在政府执行拯救计划过程中再度受到损害的情况指出：“在我国，所上交的个人收入所得税被投资到了股票市场，我们中的很多人却没有意识到自己通过工作所节省出来的钱被用于炒股和投机。”“直到 90 年代中叶，资本主义的北欧模式都是建立在税收所带来的集体权利基础之上的。只有国有部门中的工人通过工资节省了一部分钱来获得比大多数人更好的养老金，这部分钱以个人所得税的形式被国有企业——全民掌控或控股的公共企业——储存起来。在这场危机中，市政当局以及国家和养老保险公司在金融风暴中损失了很多钱财，这使一般人民群众也在这场危机中损失惨重。现在统治者采取了哪些政治举措来应对这场经济危机呢？绝大部分国家所采取的应对措施是大体相同的，即给予银行、其他的金融机构以及资本主义企业以巨额资金补助。不管在哪个国家，这些资金补助都是来自于那些亲眼目睹了公共服务正在走下坡路的纳税人、工人和弱势群体，如老年人、有孩子的家庭、年轻人、病患者等等。”

共产党和工人党的代表对各自国家工人阶级和劳动群众在危机时期的生活困境作了具体的论述：在西欧的德国，官方统计的 2009—2010 年度的冬季失业人数已经超过 500 万，但如果加上统计数据中被刻意隐瞒掉的数字，迄今为止真正的失业人数或许已经超过了 600 万；

在这个富裕的国家，1/3 的孩子不得不在贫困的环境中成长；超过 1/3 的劳动力必须在恶劣的工作条件下工作，而且这种趋势正在增长。在北欧的丹麦，该国的总人口为 500 万人，而失业人数已经超过 10 万人。在东欧的匈牙利，跨国公司的产值几乎占匈牙利 GDP 的 70%，2009 年匈牙利的 GDP 与前一年同期相比减少了 7%—9%，失业率大约是 10%，人们失去了资源、储蓄，越来越多的人生活在贫困之中。在横跨欧亚两洲的土耳其，官方公布的失业率是 15%左右，而真正的失业率却是 25%左右，政府还试图大幅度削减社会生活保障金。在南亚的印度，少数亿万富翁的财富相当于印度 GDP 的 25%，而印度 77%的人口（8.4 亿人口）每天的收入却不足 20 卢比，价格上扬到了天上，普通民众几乎不能满足基本需求，就更不用说获得医疗保健和教育了；超过 15 万的农民为摆脱负债和破产的悲剧而自杀；大多数的达利人、原住民以及穆斯林少数民族完全被排除在发展的进程之外。在北美的加拿大，失业率在继续上升，预计 2009 年底将正式超过 10%，建筑业、零售业、旅游业和公共部门的业绩也在下降。

《德里宣言》对危机期间资本主义国家工人阶级和劳动群众的状况作了总的估计："目前的危机可能是自 1929 年以来最尖锐、最广泛的危机，袭击了所有领域。不计其数的工厂被关闭。农业和农村经济正处于困境，加重了全球数以百万计的种植业者和农场工人的贫困和痛苦。数百万人失业而无家可归，失业增长到前所未有的程度，官方估计将突破 5000 万大关。不平等现象正在全球加剧——富人越来越富，穷人越来越穷。10 多亿人在忍饥挨饿，占人类的 1/6。青年、妇女和移民是首当其冲的受害者。"

总之，危机的损失被社会化了，而利润的私有化仍在继续，失业、饥饿、疾病、无家可归以及不安全感在不断增加。因此，美国共产党主席山姆 · 韦伯指出："有关经济活动将在今年年底或明年年初恢复的各种预测，在许多经济学家的头脑里都是有疑问的。如果经济的周期性路径是 L 型的——即程度严重、延续时间长的话，请不要感到惊讶。"

三　危机为什么没有促进工人运动的高涨

在当前资本主义世界的经济危机中，总的来说群众斗争是加强了，工人阶级的团结是加深了。然而，此次危机是 1929 年以来最严重的一次经济危机，根据历史的经验，经济危机会带来资本主义国家工人运动的高涨，甚至会造成资本主义的统治危机。然而，这种历史景观却没有再现。其原因何在？对此，与会的共产党和工人党代表展开了严肃的讨论，发表的一些见解值得重视。

土耳其共产党代表穆罕默德 · 克祖鲁吉尔对此次危机发生的历史背景作了深刻的分析。他指出，此前资本主义世界曾爆发过的两次大的经济危机（19 世纪末的经济危机和 1929 年的经济大萧条），由于在这两次危机前劳苦大众具有高昂的战斗士气，所以工人运动得到了增强。工人阶级事先在阶级斗争中所取得的经验，为工人以一种更加具有战斗精神的姿态应对危机提供了便利。与资本主义经济世界所爆发的前两次大危机不同，当前的这场危机发生在一个反对革命的时代，这意味着工人阶级的战斗经验相对薄弱。这一因素对危机期间阶级斗争的发展和阶级意识的增强产生了不良影响。这就给资产阶级通过思想手段和政治手段控制劳苦大众留下了更大的发展空间。

卢森堡共产党代表阿里·吕克尔特则从工人阶级的政治意识、苏东剧变的严重影响和社会主义理论的不足等三个方面分析了事情的缘由。他指出，首先，当今工人阶级的政治意识比过去几十年前差了很多，虽然有些工人正在改变对资本主义的认识并开始了完全不同的思考。然而，在大多数工人眼里，资本主义仍然在为他们提供比较舒适的物质生活，所以他们看不出有任何理由需要寻求其他的经济秩序。其次，具有重大战略意义并给各国共产党和全世界的共产主义运动带来巨大损失的社会主义的失败，至今仍对欧洲大陆有着非常严重的影响。反共产主义的思想清洗无处不在，这不仅仅存在于几个星期前我们所目睹的所谓纪念"柏林墙倒塌"的宣传活动中，而且存在于资产阶级的社会结构、学校和资产阶级的大众媒体中。最后，直到今天，共产主义运动仍然对社会主义失败的原因、社会主义运动的经验和成就、社会主义运动的缺点和不足、社会主义建设时期的社会矛盾等都缺乏基本的分析和共识；同时，对有关社会主义替代方案的标准和特征、社会主义生产力的发展、社会主义市场的发展、各种不同的经济管理方式、行之有效的社会主义计划、社会主义生产资料所有制的形式、政权机构建设和司法机制建设以及在经济和社会中捍卫人民群众当家作主地位的途径等方面，也都缺乏应有的共识。对上述问题的分析和所达成的共识乃是社会主义运动发展的一个最重要前提。

以色列共产党代表凡特恩·加特斯对社会主义理论的不足也表达了同感："特别是在苏联解体后，我们也期望澄清什么是社会主义。"

荷兰共产党代表威廉·凡克拉任伯格着重分析了社会福利政策与工人阶级政治意识的关系，认为欧洲的社会福利政策，已经弱化了经济危机对工人的影响："荷兰许多工人还能够量入为出，甚至有时沉溺于生活中的许多美好事物，比如去剧院、听音乐会、去博物馆、出国度假，等等，逃避现实世界的现象在不断增长。工人阶级的相当大部分倾向于继续过这种有点质量的生活，而对于这一生活背后的进程却不感兴趣。这些思想在支持保守的民族主义政治运动（这一运动害怕改变对伊斯兰教徒的移民政策，并积极推动贸易保护主义的措施）中找到了寄托，因此这导致人民大众不想通过发动工人运动来保护被破坏的社会福利事业。在欧洲各国的政治日程中，工人政治上的无权阶段还将继续。不管是我们的朋友还是敌人都必须承认，相对美国而言，迄今欧洲的社会福利措施已经弱化了经济危机的影响。"

德国共产党代表海因茨·施特尔认为，工人运动在经济危机时期没有得到增强的主要原因，是共产党还拿不出改变现状的对策。他指出，在一些受到这场危机影响的工厂、工业行政部门和机构的员工以及受到危机影响的人群中存在着反抗的思想。但是迄今仍缺乏一种全面的、团结的反抗。出现这种现象的原因之一，是在上班族和失业人群中广泛存在着对失去工作或者遭遇社会倒退的恐惧。另一个原因就是反共产主义宣传的影响，这种宣传确保不存在关于资本主义制度替代方案的讨论，并使得人们认为他们自身应受到谴责并应对这场危机的爆发负有个人责任。面对这种情况，"反资本主义力量、社会主义以及共产主义力量的影响力还不够，他们拿不出有效改变这种状况的策略，至少当今是如此"。

总之，在资本主义各国共产党看来，苏东剧变对世界社会主义运动的沉重打击及其严重影响、资产阶级政府的福利政策对经济危机的弱化、工人阶级既不满意现状又安于现状的政治意识、资本主义各国共产党没有制定出有效应对的理论与策略等，乃是此次经济危机时期工人运动没有得到增强的基本原因。

四 重振国际共产主义运动的热切期待

第十一次共产党和工人党国际会议对当前形势下的斗争任务进行了热烈的讨论，概括起来有两个方面：一方面，要采取反对经济危机的措施：争取稳定的全职就业，完全公共的、免费的卫生保健、教育和社会福利，反对两性不平等和种族主义，保护劳动人民和各阶层的权利，包括青年、妇女、移民工人和少数民族等；另一方面，要推动和平、进步、正义和社会主义事业的发展，不断积累力量，为革命形势的到来准备主观条件。

在讨论当前任务的过程中，重振国际共产主义运动的热切期待在与会代表的心中激荡，这突出表现在以下三个方面。

第一，要求加强国际共产主义运动的团结，并建立国际联合组织。第十一次共产党和工人党国际会议在其会议文件中，没有先例地列出了“背景资料”，专门介绍了各国共产党为重振国际共产主义运动和使所有共产党和工人党聚集在一起所作出的不懈努力：在1993年，印度共产党（马克思主义）首次进行了这种尝试，举办了“当代世界形势与马克思主义有效性”的国际研讨会，有21个政党与会，成功地使各与会方在捍卫社会主义事业和争取实现社会主义的斗争方面恢复了信心。从1998年开始，希腊共产党承担起组织共产党和工人党国际会议的责任，连续主办了7次国际会议，就世界的重大发展变化交换观点和分享斗争经验。参加会议的政党的数量持续增长，反映了马克思主义的重要性和有效性不断增强。为了促进国际会议的顺利召开，还成立了共产党和工人党的国际工作小组，决定参加会议的政党以及会议的主题、地点和日期等。鉴于会议不断取得成功，决定在世界不同地区轮流举办这个会议：第八次会议在葡萄牙首都里斯本举行；第九次会议在白俄罗斯的明斯克和俄罗斯的莫斯科举行；第十次会议在巴西的圣保罗举行；第十一次会议在印度的新德里举行；第十二次会议将在非洲大陆举行，由南非共产党主办，从而使会议涵盖了世界各大洲。

英共主席格里菲斯在大会的发言中，论述了当前加强国际共产主义运动团结的重要性：“当垄断资本家及其代言人在全球范围内通过一系列的机构来进行全面磋商和采取行动的时候，各国共产党为了工人阶级及其家庭、全人类、我们生存在其中的星球的利益、也有义务这样做。需要在全球范围内增进共产党和工人党之间的亲密关系，加强组织上的相互合作和相互协调。共产党和工人阶级的国际化是我们最大的潜力之一。”

许多欧美国家的共产党，如卢森堡、丹麦、德国、西班牙、加拿大等国的共产党建议：国际共产主义运动应该达成一致的行动纲领，用共同纲领来推动和巩固国际共产主义运动；国际联合要忠实于共产主义信仰，尊重不同的政治见解，反对修正主义和改良主义；创立一个常设工作委员会来推进这项工作；建立全球性网站，加强马克思列宁主义的教育；加强左翼的团结，促进不同政党在各主要领域的政治工作和工会工作中的合作；促进世界反帝国主义阵线的建立，采取联合行动；将“五一”变成为工人阶级的国际斗争日，等等。

第十一次共产党和工人党国际会议的有关文件没有采纳建立国际联合组织的建议，但要求各国共产党在反对帝国主义的斗争中采取联合行动，加强国际共产主义运动的团结与合作。会议号召："所有国家都必须采取具体行动，并在全球范围内进行协调，以解决下列问题：反对北约及其全球扩张，反对帝国主义军事侵略性的死灰复燃，反对外国军事基地；根据 2009 年 9 月在大马士革召开的特别会议的决定，将 11 月 29 日这一天作为声援巴勒斯坦人斗争日；将 2010 年作为战胜法西斯 65 周年纪念日；与工会进行合作，为了捍卫工人权利而加强群众的动员活动；为了让美国释放古巴的五名英雄而加强国际团结；为了加强群众性运动，与青年团体进行合作；对各国政府施加压力，强烈要求工作的权利。"

印共（马）同印共两党不计前嫌，彼此尊重，密切合作，成功举办第十一次共产党和工人党国际会议，受到与会各国共产党的肯定，认为这将有助于印度共产主义运动的巩固和壮大，同时也将有利于推动国际共产主义运动的发展进程。

第二，变被动防守的策略为主动进攻的策略。苏东剧变以后的二十多年，社会主义运动始终处于被动、防守的态势。不少国家的共产党认为，现在转变这种被动局面的时机已经来临，应该变防守为进攻。美国共产党代表斯科特·马歇尔的讲话反映了资本主义各国共产党联合起来进行斗争的愿望。他指出："马克思和恩格斯没有说过'全世界工人联合起来分享经验与信息'，显而易见，他们的意思是全世界工人联合起来进行斗争。在当今世界，我们如何使之成为现实，我们的第一个具体步骤是什么？我希望本次会议以及我们怀有的良好意图能够促进我们更加紧密团结以实现这一目标。"西班牙人民共产党代表乔斯·卡波·布罗沃也指出："资本主义制度的社会主义化是政治投机者的论调，社会主义是人类的选择，为社会主义消除疑虑的时刻到来了，要把斗争推向社会主义的真正选择。"匈牙利共产主义工人党主席格尤拉·瑟默认为："我们的主要任务，是为革命形势的到来作好准备。历史经验证明，如果主观条件在恰当的时刻不成熟，那么真正的革命形势就不会发挥作用。我们应该不仅批评资本主义制度，而且也应该向人们证明建立一个新世界的真正可能性。我们应该证明社会主义是代替现存资本主义体系的真正选择。"

《德里宣言》反映了与会各国共产党的意志和愿望："帝国主义由于苏联解体和这场危机之前的繁荣期而对工人阶级和人民的权利发动了前所未有的攻击。与此相伴随的是狂热的反共产主义的宣传，不仅在个别国家宣传，而且在全球和国际论坛上进行这种宣传，包括欧盟、欧安组织和欧洲委员会等。面对这些无情的攻击，我们的斗争迄今主要是防御性的斗争，是为了保护我们以前赢得的权利。今天的事态证明我们需要发动一次进攻，不仅是为了保护我们的权利，而且是为了赢得新的权利。不仅是为了赢得少数几项权利，而且是为了拆除整个资本主义的大厦——冲击资本主义的统治，实现社会主义的替代制度。"

《德里宣言》呼吁共产党和工人党在各自国家开展工作，发动广泛的斗争，争取广大人民的权利，反对资本主义制度。同时还强调在反对资本主义斗争中共产党领导的重要性："虽然危机是资本主义制度本身所固有的，但是资本主义制度不会自动崩溃。若没有共产党领导的反击，反动势力将会得到加强。在资本主义制度下，任何改革都无法消除剥削。资本主义必须被推翻。这就要求加强工人阶级领导的人民斗争。"

第三，对保护生态环境问题表现了前所未有的关注。对生态问题的漠视，是 20 世纪后期国际共产主义运动落后于现实并脱离广大人民群众的原因之一。第十一次共产党和工人党国际会议对保护生态环境问题表现了前所未有的关注，这既反映了人类生存发展的利益，也是对历史教训的深刻总结，更是工人阶级现实斗争的需要，是国际共产主义运动一个重大的进步。

芬兰、丹麦、西班牙、印度、孟加拉等国共产党的代表指出，无情的资本主义制度已经不能满足人民的基本需要，诸如工作权、卫生保健权、居住权、保护环境权与和平居住权，人类正面临着环境恶化和气候变化的巨大危险。共产党应该在反对环境恶化和气候变化的斗争中充当急先锋。早在一个世纪以前，马克思就曾经说过："人类依赖大自然而生存……人类是大自然的一部分。"恩格斯警告人们对于大自然的胜利及其所带来的大自然恶化，他写道："我们不要过分陶醉于对于大自然的胜利，因为每一次的胜利都会带来大自然的报复。"没有什么能够比拯救生命、大自然、地球和我们共同的家园更重要的了。西班牙人民共产党代表乔斯 · 卡波 · 布罗沃还创议开展一次反对破坏亚马逊河流域生态环境的世界行动等。

《德里宣言》反映了各国共产党对环境和气候问题的高度关注，用相当的篇幅论述了共产党人对解决环境和气候问题的立场。《德里宣言》指出："资本主义应对环境的破坏负主要责任，却试图把防止气候变化的所有负担转嫁到工人阶级和劳动人民的身上。资本主义以气候变化的名义提出的改组建议与保护环境毫不相干。由企业提出的'绿色发展'和'绿色经济'被用来强加新的国家垄断调节，推动了利润的最大化，使人民面临新的困难。因此，资本主义制度下的利润最大化与环保和人民的权利是不一致的。"

第十一次共产党和工人党国际会议专门通过了"关于纪念博帕尔毒气泄漏悲剧25周年的决议"，揭露以美国为首的发达资本主义国家将破坏生态环境的严重后果转嫁到发展中国家的可耻行径："以美国、欧洲或北方其他国家为基地的掠夺性跨国公司今天在发展中国家日益猖獗，在工业安全、有毒危险材料和环境污染方面公然违反国内法和国际法。危险的行业，低于标准的或过时的技术，被禁止的或有毒的物质，破坏环境的采掘业，都越来越多地被置于南方国家，从而严重阻碍了南方国家的发展。"决议呼吁全世界的进步力量在2010年开展纪念博帕尔毒气泄漏悲剧25周年的活动，抗议帝国主义的掠夺行径，支持印度和其他发展中国家人民保护生态环境的斗争。

《德里宣言》指出，无论是解决周期性的经济危机问题，还是解决地球的生态环境问题，人类都必须"从这种野蛮的资本主义中解放出来，必须实行真正的替代方案——建立社会主义制度。这就需要加强反帝国主义和反垄断的斗争。因此，我们争取替代制度的斗争是反对资本主义制度的斗争。我们争取替代制度的斗争，是为了建立一个没有人剥削人、国家剥削国家的制度。这个斗争是为了争取建立另一个世界：一个公正的世界，一个社会主义的世界"。

（《马克思主义研究》2010年第6期）

推进马克思主义中国化、时代化、大众化 把握社会主义意识形态主动权

——“中国社会科学院马克思主义研究院成立五周年大会暨研讨会”综述

谭扬芳

2010年12月24日上午，中国社会科学院马克思主义研究院成立五周年庆祝大会在京隆重举行。全国政协副主席、中国社会科学院院长陈奎元，中国社会科学院常务副院长王伟光，中央文献研究室主任冷溶，中央党史研究室主任欧阳淞，中央党校常务副校长李景田等领导，来自中宣部、中央政策研究室、国家社科规划办等单位的同志，马克思主义研究院的顾问、特聘研究员以及全国马克思主义研究（学）院等机构的400余名专家学者出席庆祝大会。中国社会科学院马克思主义研究学部主任、马克思主义研究院院长程恩富介绍了五年来的发展历程和学术成就。大会由中国社会科学院马克思主义研究院党委书记、副院长侯惠勤主持。下午召开了题为“推进马克思主义中国化、时代化、大众化，把握社会主义意识形态主动权”的学术研讨暨《马克思主义理论研究与学科建设年鉴》发布会。程恩富主编介绍了该《年鉴》出版的意义以及马克思主义理论学科建设的现状与趋势。

一　不辱使命——马克思主义研究院成绩喜人

中国社会科学院常务副院长王伟光在题为《努力建设一流的马克思主义研究阵地》的讲话中指出，组建马克思主义研究院，是实现中央要求努力把中国社会科学院建设成马克思主义坚强阵地的重要战略举措。马克思主义研究院成立五年来，在中国社会科学院党组的领导和陈奎元院长的指导下得以顺利发展，现已成为中国社会科学院努力发挥“三个定位”作用的一支重要力量。马克思主义研究院坚持正确的政治方向和理论导向，注意人才队伍建设，注重开拓创新，在推进马克思主义中国化、时代化、大众化方面作出了自己应有的贡献，取得了可喜的成绩。一是坚持明确的办院方针，理论方向正确。五年来，马克思主义研究院努力站在马克思主义理论研究和党的思想理论战线的前沿，努力站在中国特色社会主义理论创新的前沿，努力站在马克思主义国际理论交流的前沿，可以说，办院方针明确，理论导向正确，理论地位逐步显现，学术影响不断扩大，正在向成为马克思主义的坚强研究阵地迈进。二是以党和国家重大理论和现实问题为主攻方向，科研成果显著。其研究成果和创新平台，

在推进马克思主义理论研究、理论宣传和理论创新方面，发挥了应有的作用。三是实施人才强院战略，马克思主义研究人才队伍初步形成。马克思主义研究院现有人员已经达到140多人，其中具有高级职称的研究人员达到60人，拥有一批知名学者，一批中青年骨干正在成长起来。马克思主义研究院特别注重马克思主义外语人才引进，现已拥有英语、俄语、日语、法语等10个语种的能够交传口译的马克思主义研究人员。可以预见，马克思主义研究院多学科、多语种、高素质的人才队伍将为推进马克思主义中国化的理论创新，为扩大中国化马克思主义在国际上的话语权作出更大的成绩。四是加强管理，注重制度创新，推动马克思主义研究院全面建设。实践证明，院党组和陈奎元院长提出的管理强院战略是科研强院、人才强院的重要保证。

程恩富在《开拓创新进取，又好又快发展》的工作汇报中讲道，马克思主义研究院成立以来，一直自觉地站在推进马克思主义理论创新、中国特色社会主义政策创新和思想理论交锋的前沿，取得了骄人成绩。一是组织开展大量学术研究，推出大批学术成果。五年来，立项各类重大课题260余项，其中国家社科基金重大招标项目2项、社科院重大课题8项、国情调研重大项目9项；出版专著76部、译著18部、论文集27部、教材6种；发表论文1432篇、译文82篇、研究报告128篇。二是创办和组织一系列学会、论坛、报告会。如北京思想家论坛、全国马克思主义院长论坛、全国马克思主义青年论坛、中国经济社会发展智库论坛、世界政治经济学学会国际论坛、中外马克思主义学术报告会、马克思主义系列研讨会等。三是认真落实学术“引进来”、“走出去”的要求，以我为主，不断加强国际交往，努力站在马克思主义理论研究的国际前沿。四是加强期刊网络建设，不断完善和扩展理论研究和宣传平台，组建了马克思主义研究院“期刊网络中心”。出版了《马克思主义研究》、《马克思主义文摘》、《马克思主义理论研究与学科建设年鉴》、《国际思想评论》等刊物；创办了马克思主义研究网站。程恩富引用李长春同志的话说，中国社会科学院建立马克思主义研究院，带了一个好头，以后近三十所高等院校也都建立了马克思主义研究院，这件事本身就是一面旗帜。

张全景（中组部原部长）指出，马克思主义研究院建院五年来，做了大量的工作，取得了丰硕的成果，也积累了很多经验。这些年，马克思主义研究院和社科院的同志出版的一些东西，在党内和社会上有很大的反响。前几年中国社会科学院世界社会主义研究中心与全国党建研究会联合拍摄了《居安思危——苏共亡党的历史教训》，以后他们又拍摄了《颜色革命启示录》，还写了不少高质量的文章，其中李慎明同志曾指出，假若在今后十年或二十年左右，美国经济遭受大的灾难，那么，这个世界将极不平静。2007年美国、2008年国际发生金融危机，大体就是在十年左右，这恰恰证明了当年这个预见是对的。这也说明，用马克思主义指导哲学社会科学研究的重要性。程恩富同志也在这方面做了大量的研究工作，大家看了以后，都很受教育，很受启发。总的来说，马克思主义研究院在各个研究领域，特别是在马克思主义中国化、大众化、时代化研究方面出了不少创新成果。

田心铭（教育部社科中心原主任、马克思主义研究院特聘研究员）指出，马克思主义研究院是一片迅速建设成功的马克思主义坚强理论阵地和欣欣向荣的学术园地。五年来，一大批优秀研究成果在这里诞生，一大批充满生气的研究人员在这里成长，它的刊物《马克思主义研究》上的文章有了更加深刻、厚重的思想内容，它举办的各种马克思主义论坛在各地传播马克思主义的声音，它派出的国情调研人员把足迹留在了大江南北和祖国边陲，来自我国和世界各地的马克思主义的信奉者们像回家一样一次次会聚在这里研讨、切磋。

卫兴华（中国人民大学荣誉一级教授、马克思主义研究院特聘研究员）指出，马克思主义研究院成立五年来，著有大量的文章，作出了很好的成绩，而且它的学术影响、社会影响，在全国越来越大，全国许多高等学校或研究院也都建立了马克思主义学（研究）院，而中国社会科学院的马克思主义研究院可以说起了一个引领的作用，带头的作用。

徐崇温（中国社会科学院荣誉学部委员、马克思主义研究院特聘研究员）指出，五年来的实践证明，中央批准在中国社会科学院组建马克思主义研究院的决策是非常英明的。马克思主义研究院成立以后，不仅整合了院内外的力量，大大加强了我院对马克思主义理论的研究，而且在全国范围内起到了很好的作用，发挥了很好的影响。

傅青元（中国社会科学院原马列所党委书记、所长，马克思主义研究院特聘研究员）指出，马克思主义研究院成立以来，取得了巨大成就。这些成就不仅表现在马克思主义研究院自身的建设上——科研队伍不断壮大，学科建设日趋完善，科研成果日渐增多，青年学者迅速成长，所办刊物越办越好；还表现在社科院党组在成立学部时，成立了马克思主义研究学部。更重要的是，马克思主义研究院成立以来，在马克思主义几个研究领域，都发挥了龙头作用、基础作用和带动作用。

庞卓恒（天津师范大学历史与发展研究所所长、马克思主义研究院特聘研究员）指出，五年来马克思主义研究院高擎马克思主义旗帜，举办了一系列全国性重大学术活动，发表了一系列具有重大影响的学术成果，培育了一大批中青年马克思主义学者，在捍卫马克思主义、社会主义意识形态的主导地位中发挥了中流砥柱的作用。每当我阅读马克思主义研究院发来的通报、季报、专报时，就感到很激动，为我们有这样一个马克思主义强大阵地而激动。

二　继续加强马克思主义中国化、时代化、大众化的理论与实践问题研究

王伟光强调，马克思主义研究院要进一步准确把握时代特征，坚持用马克思主义基本原理分析解决各种重大理论和实践问题。我国已经进入全面建设小康社会、加快推进中国特色社会主义事业的新阶段，经济建设、政治建设、文化建设、社会建设、生态建设和党的建设等各个领域都取得了辉煌成就，经济社会发展和综合国力再上新台阶的历史时期已经到来。与此同时，我国的改革发展又面临一系列新任务、新情况、新课题，思想理论和意识形态领域面临很多新挑战，社会上对马克思主义理论的需求越来越旺盛，迫切需要推进理论创新，作出马克思主义的回答。如何科学总结中国特色社会主义发展的新鲜经验，深刻剖析经济社会发展过程中不可回避的矛盾和问题，形成有深度有价值的思想观点、理论成果和政策建议，积极推进马克思主义中国化、时代化、大众化，以发展着的马克思主义指导新的实践，是当代中国马克思主义理论工作者义不容辞的历史责任，也是马克思主义研究院义不容辞的政治使命。

程恩富指出，为把马克思主义研究院建设成为世界一流的马克思主义研究机构，我们需要继续加强马克思主义中国化、时代化、大众化的理论与实践问题研究。在马克思主义中国

化理论研究方面，如何把马列主义基本原理同中国化马克思主义有机衔接，如何把毛泽东思想同中国特色社会主义理论体系有机衔接，尚需努力。在马克思主义发展史研究方面，应把对中国化的马克思主义的历史实践和理论成果的研究纳入马克思主义发展史的长河中，将理论、历史、现实这三者的研究结合起来，提升到动态的历史过程中，提升到理论范畴概念的发展过程中进行研究，把坚持马克思主义基本原理和推进马克思主义中国化结合起来进行研究，在史料的基础上抓住本质问题进行理论思考。在国外马克思主义研究方面，要拓宽研究面，加强对社会主义实践的研究。在国际共运研究方面，要加强对国际共产主义运动史和当代世界社会主义运动的研究，加强同国内外相关学术机构和研究领域的交流与合作，提升科研能力与学科影响力。在思想政治教育研究方面，要进一步加强中国特色社会主义理论体系及社会主义核心价值体系教育等理论问题研究，要进一步关注与经济社会发展紧密联系的思想问题以及由社会矛盾引发的思想问题等现实问题研究，同时加强对策研究。

卫兴华认为，我们重视马克思主义理论工作，继续加强马克思主义中国化、时代化、大众化的理论与实践问题研究，首先要学习、弄懂、掌握马克思主义；然后是研究马克思主义，正本澄源，还马克思主义本来面目；第三是发展马克思主义，也就是我们所讲的马克思主义中国化，马克思主义时代化；第四是用马克思主义来掌握群众，也就是我们现在所说的大众化。

陈志尚（北京大学哲学系教授、马克思主义研究院特聘研究员）认为，推进马克思主义研究，有四个迫切需要加强研究的问题：一是必须发扬马克思主义的革命批判精神，更加坚决地批判各种反马克思主义的思潮，特别是民主社会主义、新自由主义、历史虚无主义；二是对马克思主义信仰观的研究和宣传；三是战争与和平问题的研究；四是中国社会主义经济规律的研究。

梅荣政（武汉大学政治与公共管理学院教授、马克思主义研究院特聘研究员）认为，要掌握和运用马克思主义世界观、历史观和科学方法论，推进马克思主义中国化、时代化、大众化，应当以“两个文集”为权威教材，努力推进马列主义、毛泽东思想经典著作的研究和教育。

陈瑛（中国社会科学院哲学所教授、马克思主义研究院特聘研究员）指出，推进马克思主义中国化的当务之急是坚持社会主义先进文化的前进方向。社会主义先进文化，应该是新民主主义先进文化的一种继承和发展。因此，应当加强对李大钊、鲁迅、瞿秋白、郭沫若等无产阶级文化巨匠的研究，尤其是要研究毛泽东思想。

赵明义（山东大学当代社会主义研究所教授、马克思主义研究院特聘研究员）认为，推进马克思主义大众化，提高对中国特色社会主义的认知度、认同度，必须有秩序地解决分配不公问题、企业改制过程中的公有资产流失等现实问题，同时，必须采取有效措施进一步加强对中国特色社会主义旗帜、道路、理论体系的研究。

庞卓恒认为，推进马克思主义中国化，促进广大干部牢固地树立起中国化的马克思主义的科学信仰，必须坚持“划清四个重大界限”。

姜述贤（中共中央对外联络部研究员、马克思主义研究院特聘研究员）认为，推进马克思主义时代化，需要不断地发展和创新社会主义理论，加强对世界社会主义的理论和实践的研究。

沈水荣（人民出版社纪委书记、中国共产党理论资源数据库负责人）认为，理论资源的数字化是推进马克思主义大众化的重要手段，马克思主义理论工作者应当重视互联网传播并积极参与研发。

周文（云南财经大学研究生部副主任）认为，推进马克思主义中国化，应当把马克思主义经济学视为一种方法、视角，而不是观点。在现阶段构建中国经济学的体系和框架中，我们更要注重发展和完善当代马克思主义经济学。

郑科扬（中共中央政策研究室原副主任、马克思主义研究院顾问）在书面发言中指出，马克思主义中国化、时代化、大众化不可分割，核心是中国化，是马克思主义在中国的当代化。马克思主义中国化、时代化、大众化要最大限度收到实效，最根本的是靠处于领导核心地位的执政党的努力。必须把增强推进马克思主义中国化、时代化、大众化的自觉性和实践能力，作为建设学习型政党的一项战略任务来抓。宣传、思想、文化战线上的共产党员当然义不容辞，但关键在于党的各级领导层以身作则，形成上下一心共同努力的局面。

三　积极把握社会主义意识形态主动权

王伟光指出，马克思主义理论工作者应当深刻把握思想理论领域的总体态势，在党和国家应对意识形态斗争的复杂局面中积极发挥作用。当前，就国际而言，世界政治、经济、文化、科技、军事等领域，呈现出一系列新变化、新问题，各种思想文化相互交锋，意识形态领域斗争尖锐复杂，各种敌对势力对我实施西化、分化的活动愈演愈烈，马克思主义正受到来自各方面的严峻挑战。与此同时，国内影响中国特色社会主义发展的错误思想、理论观点时有出现，极少数人不时发出噪音、杂音，企图否定马克思主义的指导，否定党的领导，否定社会主义制度。马克思主义研究院应当自觉地站在思想理论斗争的前沿，既反对对马克思主义的教条主义理解和僵化思想，也反对新自由主义、民主社会主义、历史虚无主义和西方普世价值观等错误思潮和理论观点，积极发展和创新马克思主义。

程恩富强调，在党和国家应对意识形态斗争的复杂局面中积极发挥作用是马克思主义研究院义不容辞的责任。马克思主义研究院将一如既往，利用好掌握的期刊网络资源，围绕重大的理论和现实问题编发有分量的理论文章，在宣传和发展马克思主义哲学社会科学和中国特色社会主义、掌握意识形态主导权方面发挥更加重要的作用。

侯惠勤认为，把握社会主义意识形态主动权，必须进一步加强党委对意识形态的领导，进一步推进社会主义核心价值体系的建设，增强社会主义意识形态的吸引力、说服力，进一步加强马克思主义理论研究和建设工程，进一步做好青少年和干部的思想政治教育，针对宗教问题、民族问题、热点问题，进一步做好理论上的释疑解惑工作。

田心铭认为，当代世界，我们同各种敌对势力在意识形态领域的斗争，本质上是社会主义价值体系和资本主义价值体系的较量。当代中国，意识形态领域斗争的焦点就是坚持还是否定马克思主义在意识形态领域的指导地位。在哲学社会科学的一些领域，以教条主义态度搬用西方思想理论，马克思主义被边缘化的现象让我们不能不感到忧虑。一些人鼓吹的新自由主义思潮、历史虚无主义思潮、“民主社会主义救中国”的思潮、“普世价值论”思潮和“儒化中国”思潮等，让我们不能不保持警惕，不能不在同它们的斗争中去坚持和发展马克思主义的理论阵地和舆论阵地。

梅荣政认为，把握社会主义意识形态主动权，必须重视原著的研读和教育。敌对势力对我国意识形态进攻的一个重要特点，就是把价值观输出作为核心内容，极力宣扬西方的自由、民主、人权等价值理念，采取折中主义、混合主义的手法，提出一些模棱两可、似是而非的观点，编造种种理论，肢解马克思主义的基本原理，歪曲马克思主义的科学精神以混淆视听。面对这种形势，我们只有重视原著的研读和教育，才能正本清源，与各种错误观点划清思想界限，在多元中立主导，在多样中谋共识，在多变中把握正确方向。

沈水荣认为，在我们当今社会中，存在着对马克思主义著作资源需求的饥渴，加强互联网上马克思主义理论的传播，是维护社会主义意识形态安全，把握意识形态主动权的迫切需要。

郑科扬指出，我们必须把推进马克思主义中国化、时代化、大众化的各项工作和整个过程，立足于巩固全党和全国各族人民共同奋斗的思想基础上，把工夫下在解决真学真信真用马克思主义的问题上，把主要精力用在更加紧密地团结全党全国人民始终高举中国特色社会主义伟大旗帜上。

与会者一致认为，马克思主义研究人员应当在党和国家应对意识形态斗争的复杂局面中发挥积极作用，特别是在意识形态理论研究中起到关键性的作用。事实上，马克思主义研究院的一些学者已经在把握社会主义意识形态主动权的理论研究方面站在了前沿。早在2006年，该院就有人著文指出，坚持马克思主义在意识形态领域的指导地位，牢牢掌握党领导意识形态的主动权，是新世纪新阶段加强党的执政能力建设提出的现实要求，是构建社会主义和谐社会的政治思想保证。

（《马克思主义研究》2011年第1期）

“国际金融危机对西方思想理论的冲击及资本主义走向研讨会”综述

谭扬芳

2010年3月29日，中国社会科学院世界社会主义研究中心、社会科学文献出版社在京联合举办“国际金融危机对西方思想理论的冲击及资本主义走向研讨会”。会议由中国社会科学院马克思主义研究院院长程恩富和世界社会主义研究中心副主任吴恩远分别主持。来自中宣部、中联部、中央编译局、中国社会科学院、北京大学、清华大学、中国人民大学、中央党校、国防大学及江苏、湖北、广东、河南、上海、重庆等地高校的专家学者200余人参加了会议，《人民日报》、《光明日报》、《学习时报》、《人民论坛》等媒体代表也参加了会议。中国社会科学院常务副院长王伟光、中国社会科学院副院长兼世界社会主义研究中心主任李慎明出席会议并作重要讲话。会议围绕主题进行了热烈而深入的研讨，进一步深化了对国际金融危机的原因、现状及趋势，国际金融危机对西方国家的新自由主义、社会民主主义思潮的冲击，国际金融危机爆发以来马克思主义在西方“复兴”的现状和前景，以美国为首的西方国家在国际金融危机条件下生存发展的举措以及我们对国际金融危机的应对之策等问题的认识。现将主要观点综述如下。

一　国际金融危机的根源、现状及趋势

2008年下半年，由美国“次贷”危机引发的国际金融危机，使世界经济陷入20世纪大萧条以来最困难的境地。危机的根源、现状及趋势成为本次会议讨论的热点。

1. 国际金融危机的根源

王伟光认为，金融资本的独立性、逐利性和贪婪性是形成金融危机的直接原因，资本主义私有制是形成金融危机的深层制度原因。资本主义危机产生的根本原因在于私有化制度，一方面生产力发展到高度社会化，资本也高度社会化；另一方面生产资料和成果愈来愈为一小撮垄断寡头所有，这种生产的社会性同生产资料私有性的资本主义基本矛盾，使商品经济内含的危机可能性转变成必然性。商品经济内在二重性矛盾只构成产生危机的可能，而资本主义私有制度使危机的产生成为现实。

李慎明认为，这场危机的直接和根本的原因，绝不仅仅是金融家的贪婪、银行监管制度

的缺失和公众消费信心不足等，更不是诺贝尔经济学奖得主、美国普林斯顿大学教授保罗·克鲁格曼所说的美国消费方式和中国汇率与外贸政策的联姻。从一定意义上说，目前这场正在深化的国际金融危机，不仅是对美国这种强权政治和霸权主义特别是其中金融霸权肆意泛滥的绝地“报复”，更是对美国所谓“民主制度”的根本挑战。这场国际金融危机的根本原因是生产社会化甚至生产全球化与生产资料私人占有之间的矛盾、生产无限扩张与社会有限需求之间的矛盾在经济全球化条件下深入发展的必然结果。

程恩富认为，西方金融危机的根源不是信心危机，而是由资本主义基本矛盾决定的周期性经济危机。新自由主义的资本主义更容易导致金融危机的关联性体现在两个方面：第一，解除对金融的管制；第二，贫富分化日益严重。可以说，这次金融危机是1980年以来新自由主义在全世界泛滥所导致的一个非常符合逻辑的结果。

杨斌（中国社会科学院马克思主义研究院副研究员）从微观基础、经济结构、经济调节、分配消费四个方面进行了分析，与马克思和列宁所处的时代相比，当今世界资本主义经济的基本矛盾何以更加容易导致次贷危机、金融危机和经济危机的机理。他认为，当今世界资本主义经济的基本矛盾是扩展了的全球基本经济矛盾，是经济不断社会化和全球化，与生产要素的私人所有、集体所有和国家所有的矛盾，与国民经济的无政府状态或无秩序状态的矛盾。

余斌（中国社会科学院马克思主义研究院研究员）认为，当前仍未走出困境的美国金融危机与世界货币体系有着密切的关系。美国金融大亨们的贪婪是布雷顿森林体系崩溃的根本原因，也是此次美国发生金融危机的主要原因之一。

2. 国际金融危机的现状及趋势

这场危机是资本主义世界的危机总爆发还是资本主义危机的局部反映，资本主义世界是否经过不断调整能够克服资本主义内部自身的矛盾。

王伟光认为，美国金融危机是资本主义制度性危机，最终是无法克服的。美国金融危机引发的全球性危机既是一场严重的金融危机，又是一场深度的经济危机、思想危机、社会危机和资本主义制度危机，是资本主义的全面危机。危机伴随社会的深刻变化。历史上，资本主义几次带有全球性的危机都曾引起时代和世界格局的重大变化。从长期来看，美国金融危机的结局将使世界经济进入一个大调整、大动荡时期。这次危机具有颠覆性、全面性、深度性和长期性的负面效应，将给世界经济社会发展带来重大和持续的破坏性影响，世界局势乃至格局将发生重大变化，世界发展进程和历史也将会发生重大转折。经济危机是资本主义经济制度本身所造成的，是资本主义生产方式内在矛盾的产物。要消灭危机就必须消灭资本主义制度。

李慎明认为，目前这场国际金融危机，已经给西方的经济社会生活造成巨大的困难，并对西方思想理论界以及资本主义走向和世界社会主义及左翼思潮都已经并将正在产生深刻的影响。可以说，从这次金融危机爆发开始直到21世纪前二三十年，乃至上半个世纪的世界格局都可能处于一种激烈动荡、变动甚至跳跃的状态。经济全球化正在深入发展，当前世界性的金融危机仍未见底，世界经济看似正在走出低谷，但新一轮更大的金融乃至经济危机极有可能就在这看似走出低谷中酝酿与集聚。全球经济在近两三年内稍有反弹之后有可能步入更大的低谷。从历史唯物主义和辩证唯物主义更广阔的角度讲，从历史学和政治经济学更广阔的时空观上讲，这场灾难还没有完，还在演进中，甚至极可能是刚刚开始，世界范围内的更深刻更全面的经济社会危机极可能还在后头。

谷源洋（中国社会科学院荣誉学部委员、世界经济与政治研究所研究员）认为，金融危机和经济危机导致全球9000万人再度陷入赤贫困境，主要集中在发展中国家，“联合国千年发展目标”如期实现的可能性不大；发达国家仍通过各种途径向发展中国家转嫁危机，金融危机充分暴露了美国金融体系的“利润私人化、损失社会化、危机全球化”的弊端。

程恩富、杨斌认为，这次西方国家的金融和经济危机具有与以前危机相比显著不同的特点，金融资本进行金融衍生品赌博时完全丧失了自控能力，催生全球金融衍生品泡沫膨胀到680万亿美元的巨大规模，相当于50万亿美元全球国内生产总值的十多倍，这就意味着这次危机具有摧毁西方资本主义经济的巨大能量。

二　金融危机对西方国家的新自由主义、社会民主主义思潮的冲击

这场金融危机首先引起西方国家的政治动荡和思想震动，促使不同阶级阶层和不同政治派别的人们在认识金融危机的原因、性质和后果的过程中，对西方的各种社会思潮进行反思和批判。他山之石，可以攻玉。金融危机对西方国家的新自由主义、社会民主主义思潮的冲击同样成为本次会议讨论的热点。

1. 国际金融危机中新自由主义的衰落

罗文东（中国社会科学院马克思主义研究院研究员）认为，国际金融危机充分暴露了新自由主义的实质和影响，迫使西方国家的各界人士对新自由主义的理论和政策，特别是对其集中体现的“华盛顿共识”进行比较客观的分析和评判，对其理论上的谬误和实践上的危害，有了更全面、更深刻的认识。这主要表现在三个方面：第一，国际金融危机打破了新自由主义的神话。这场国际金融危机给新自由主义所鼓吹和推行的价格和利率市场化、国有企业私有化、贸易自由化等理论观点以及政策主张和社会秩序以沉重打击，必然引发西方有识之士对新自由主义的意识形态和体制模式产生不同程度的“信任危机”。第二，新自由主义是导致国际金融危机的主要原因：解除对金融的管制，金融体系与实体经济严重脱节；贫富分化日益严重，加剧了生产过剩；推行贸易自由化和金融全球化，加剧世界经济动荡。第三，国际金融危机必然促使新自由主义走向衰落。为应对这次空前严重的国际金融危机，美英等西方资本主义国家的救市措施与新自由主义及其集中体现的“华盛顿共识”是背道而驰的。

谷源洋认为，国际金融危机对美国推行的新自由主义，对“盎格鲁—撒克逊模式”产生了冲击。出现了对美国治理全球能力的挑战。美国继续作为“世界警察”和“世界医生”的角色以及维持在国际经济金融组织中的特权地位已不再像以前那么容易了，越来越多的国家敢于对美国说“不”字，不服从美国“管教”，不接受美国推行的新自由主义，对美英“盎格鲁—撒克逊模式”产生了质疑，就连美国的盟友亦认为美国的模式“具有局限性”，“是不人道的”。金融危机对美国高消费低储蓄模式提出了挑战。美国现处于“超越大众消费阶段”，在危机时期，美国民众的“财富效应”锐减，不得不节衣缩食，抑制消费，增加储蓄，而从历史上看，美国的储蓄率从来没有超过10%，目前为6%—7%。由俭入奢易，从奢入俭难，

一旦经济复苏，美国仍将改变不了“透支消费”的生活方式。有经济学家现已开始警告说，美国必须从不可持续的“政府驱动型”增长模式转向“个人消费驱动型”增长模式。

2. 国际金融危机中社会民主主义的困境

国际金融危机的爆发，曾被许多人视为社会民主主义的机会。然而，随着金融危机的不断加剧和社会问题的日益增多，各国社会民主党不但没有赢得大选，反而丧失了更多选民。西方思想界如何评析诸如“社会民主主义当前的困境何在，其发展前景如何？它是否能够以及怎样才能实现复兴”之类的问题。

吕薇洲（中国社会科学院马克思主义研究院研究员）对国际金融危机爆发后西方国家思想界对社会民主主义的新认识作了深入评析。第一，国际金融危机爆发后社会民主主义的现实处境：正当人们普遍看好各国社会民主党时，它们却在 2009 年举行的欧洲议会选举中普遍遭遇了挫败。不仅欧洲几个最大的社会民主党所获投票率都创下了史上最低，执政的英国工党、西班牙社会党也遭遇了历史性挫折。保加利亚、匈牙利、斯洛文尼亚等国的社会民主党也受到了剧烈冲击。甚至连一向被称为福利国家橱窗的北欧也陷入了经济下滑的泥沼。可以说，国际金融危机中的社会民主党不但依然处于弱势地位，而且颓势愈发明显、处境更加艰难。第二，国际金融危机中社会民主主义陷入困境的原因：右翼政党借助自身的政治实力以及掌控传媒的优势地位，在应对危机中抢占先机，不断挤占左翼的理论阵地和政策空间；各国社会民主党在“第三条道路”指引下，程度不同地丧失了自己的身份特征，并因此遭到了传统支持者特别是党内左翼的强烈反对；社会民主党内部缺乏团结，且与左翼政党之间在理论政策上存在分歧，未能形成有效的联合之势，这也是导致其选民分散和选举失败的重要原因。第三，国际金融危机中社会民主主义的改革方案：在改革的思路方向上，将其出路定格在超越和摈弃“第三条道路”、回归社会民主主义的传统政策上。改革的具体策略主要包括：进一步强调社会公正的重要性，主张重新举起社会公正的旗帜，以彰显社会民主主义的传统特色；要致力于实现可持续发展，建设一个公正而可持续的经济；主张加强对国际金融资本的监管，实现全球治理；加强社会民主党内部及其同其他左翼政党的团结合作。

徐崇温（中国社会科学院哲学所研究员）认为，由于西欧国家的社会民主党推行的终究是一条充当“资本主义病床边的医生和护士”的路线，因而在把资本主义改变成为社会主义这个根本问题上就没有，也不可能取得什么成就。

李慎明强调，实践已经并将继续证明，不论是资产阶级右翼奉行的新自由主义或是凯恩斯主义，还是资产阶级中左翼所奉行的社会民主主义，都不能从根本上消除资本主义社会所固有的矛盾和危机，都不能改变资本主义衰颓的历史大趋势。及时了解国际金融危机对新自由主义、社会民主主义等西方思潮的强烈冲击，有助于我们把握西方思想理论的最新动向，划清马克思主义与西方社会思潮的界限，更好地坚持以马克思主义中国化的理论成果武装头脑、指导我们的实践。

三 国际金融危机爆发以来马克思主义在西方“复兴”的现状和前景

马克思主义是指导人们批判资本主义旧世界，实现人类解放和每个人自由全面发展的科学理论。金融危机爆发后，马克思的《资本论》在西方国家热销，马克思主义成为西方学术界研究的热点，越来越多的人希望通过马克思主义认识金融危机产生的原因，寻找克服这场危机乃至消除资本主义罪恶的现实途径和办法。国际金融危机爆发以来马克思主义在西方"复兴"的现状和前景成为本次研讨的重要问题。

侯惠勤（中国社会科学院马克思主义研究院党委书记、副院长）、辛向阳（中国社会科学院马克思主义研究院研究员）认为，从总体上看，在西方社会经济繁荣和世界社会主义运动遭受挫折时，马克思必然成为西方学者们攻击的对象，而一旦西方世界和国际社会出现危机和矛盾，其思想界就会这样那样地"回到马克思"，并给予各种恭维。西方思想界在这次国际金融危机中向马克思主义某种"回归"的价值在于，它确证马克思主义所揭示的资本主义矛盾和经济社会发展规律依然正确，许多在160多年前就已被马克思揭示过的资本主义引发的种种灾难在今天更加充分地显现出来；马克思准确预言了当代资本主义全球化的出现及其后果——即当前金融海啸的发生，并且为此预留了解救的药方；马克思提出的人类解放的主题从来没有失去它的效应。他们对此作了三个判断：一是马克思主义在西方社会的复兴是历史的必然；二是在西方社会中将会产生真正的马克思主义者；三是马克思主义在西方社会的大规模复兴还需要更多的主客观条件。

徐崇温认为，当前西方左翼学者的"马克思热"，根本原因在于资本主义弊端丛生，而作为批判资本主义的马克思主义颠扑不破。同时对这种"马克思热"又要清醒认识，准确把握其性质。现在西方的"马克思热"仅仅局限在学术界与学术层面，鲜有政治与社会层面。

李慎明认为，仅从技术经济学或经济管理学或公众心理学的角度，只能认识金融危机的某些现象，但都无法讲清它的实质和根源。只有从马克思主义政治经济学的角度，才能解释清楚这件大事的本质特征和根本原因。这也是《资本论》和马克思主义学说在西方重新获得青睐的主要缘由。我国的马克思主义理论工作者应该从中得到启示和鼓舞，增强运用马克思主义的立场、观点和方法分析解决重大理论和现实问题的自觉性和坚定性。没有革命的理论，便没有革命的运动。而正确的理论是正确行动的先导。先进的理论一旦被人们所认识和掌握，正确的行动是或早或晚的事。现在，西方的一些主要国家，不时地出现上万人的大罢工，强烈谴责资本主义特别是新自由主义，呼唤公平与公正，这也是过去相当长一段时间鲜见的现象。从　定意义上讲，西方国家的社会主义和左翼思想及其运动，决定于这次国际金融危机发展的广度与深度。如果广大发展中国家能正确应对，使以美国为首的西方国家无法大规模地从根本上向国外特别是发展中国家转嫁其危机，那么，这必将有助于马克思主义在西方的"复兴"和世界社会主义及左翼思潮的复兴，有助于中国特色社会主义的进一步的发展壮大。

四　我们对国际金融危机的应对之策

全球金融危机和经济衰退并不是发展中国家的过错，但危机带来的"国际同步震荡"，却对发展中国家造成了多重冲击。胡锦涛同志曾在一次讲话中指出：宁可把风险、困难估计得足一些，也千万不要因为估计不足而在风险发生时手足无措，陷于被动。对国际金融危机的应对之策成为与会学者关注的焦点。

李慎明强调了应对国际金融危机的四大要素。第一，要有坚强的信心同时又要有强烈的忧患意识。现在有“四大安全问题”摆在我们面前：经济安全特别是金融安全、社会安全特别是就业与分配问题、周边安全和意识形态安全。在未来三至五年乃至十年左右，应对这“四个安全问题”十分重要。假若我们及时抓住了机遇，正确应对了挑战，我国的改革开放和社会主义现代化建设就必然出现一个崭新的局面。第二，高度重视党的理论工作。以上所讲的“四个安全问题”中，其中最重要的是意识形态亦即理论安全最重要。坚持和创新了正确的理论，经济、社会和周边安全就有了可靠的前提与保证。第三，必须坚持公有制为主体、多种所有制经济共同发展的基本经济制度。第四，统筹国际国内两个大局，加强对宏观、战略、前瞻、全局性重大问题的研究。

程恩富认为，当前盛行“中国责任论”，希望中国拯救西方金融危机，对此，我们有必要清醒面对：第一，救人必先自救。在维护本国金融安全和科学发展的基础上，才可能谈到如何为别国提供帮助。同时，要审视我国的金融体系改革是否受到了自由化思潮的干扰，是否存在风险和漏洞，亡羊补牢，正当其时。第二，权利与责任相称。中国在担负起国际责任的同时，应当充分争取相应的权利，要将现有战略优势尽可能地转化为现实战略利益。第三，立足现实，放眼长远。在国际货币体系短时期内无法发生根本性改变的情况下，循序渐进地推进人民币的区域化和国际化，推进国际货币体系多元化和世界统一货币的建立；在更为完善的国际协调新机制和世界经济新秩序尚未确立之前，积极推动现有国际组织的组织和人员结构改革，增加发展中国家在联合国的理事名额，扩大发展中国家在国际货币基金组织等国际组织中的发言权和影响力。

侯惠勤认为，科学发展观是我国应对世界金融危机冲击的强大思想武器，只有坚定不移地贯彻落实科学发展观，才能掌握应对世界金融危机的主动权。必须坚持科学发展观实现又好又快发展的要求，防止经济的大起大落，保持经济平稳较快的发展；必须坚持在保持经济增长中进行结构调整，对三次产业结构、投资消费进出口结构、国民分配结构进行战略调整；必须坚持以人为本，通过大力推进民生建设，启动和提振消费；必须坚持可持续发展，推进粗放型、高碳经济型、资源依赖型发展方式向集约型、低碳经济型、创新驱动型发展方式的转变；必须完善有利于科学发展的机制体制，敢于触及既有的利益格局，大力推进体制改革和创新。

吴恩远认为，苏联应对20世纪30年代世界经济危机的战略举措：充分利用世界经济危机有利时机发展国家经济；引进资本主义的技术和科技人才；保持经济独立，仍然具有借鉴意义。

（《马克思主义研究》2010年第4期）

“中国无神论学会 2010 年年会暨科学无神论的理论与实践研讨会”综述

李建生

2010 年 6 月 26—27 日，由中国无神论学会、中国社会科学院科学与无神论研究中心、新疆社会科学院和新疆师范大学法经学院联合主办的“中国无神论学会 2010 年年会暨科学无神论的理论与实践研讨会”在乌鲁木齐召开。来自全国各地的专家学者 60 余人及列席学者共百余人参加了研讨会。研讨会围绕着科学无神论的理论与实践，就科学无神论与社会、科学无神论的理论体系和学科建设、无神论的宣传教育以及少数民族无神论教育等多个专题展开了广泛深入的研讨。

一

中国社会科学院马克思主义研究院研究员、科学与无神论研究中心主任、中国无神论学会副理事长兼秘书长习五一代表中国无神论学会回顾了学会近年来的工作。她说：我国的科学无神论事业发展当前正面临着新的机遇期。自改革开放以来，我国科学无神论事业的开展有两个重要的转折点。第一次是 20 世纪 90 年代末，第二次是 2009 年冬至 2010 年春。1978 年底“文化大革命”刚结束，任继愈先生就创建了中国无神论学会。其后，由于种种原因，学会的工作曾一度沉寂。20 世纪 90 年代，打着“特异功能”旗帜的新有神论沉渣泛起，成为影响社会稳定的重要问题。1996 年在任继愈先生的倡导下，中国无神论学会恢复工作。1999 年，在党中央的直接部署下，《科学与无神论》创刊。这是当代中国的无神论事业发展的第一个重要转折点。11 年来中国无神论学会和《科学与无神论》杂志为宣传科学精神，开展无神论教育，弘扬社会主义核心价值，为构建社会主义和谐社会作出了重要贡献。2009 年冬至 2010 年春，科学无神论事业的发展迎来了第二个重要转折点。2009 年 9 月，中国社会科学院发布了《加强马克思主义理论建设与理论研究实施方案（2009—2014）》，其中包括在马克思主义研究院组建中国社会科学院属“科学与无神论研究中心”。这是具有转折性的重要举措。2009 年 12 月 24 日，中国社会科学院批准马克思主义研究院成立“马克思主义无神论研究室”。2010 年 4 月 20 日，中国社会科学院批准成立“科学与无神论研究中心”。这是当代中国第一个“科学与无神论研究”的平台。

习五一说，培养高素质的专业人才，是当前科学无神论事业发展的中心环节。从2003年8月19日，胡锦涛同志作出关于“加强无神论研究和宣传教育”的重要批示，到2010年4月20日，中国社会科学院批准成立“科学与无神论研究中心”，科学与无神论的研究事业已经出现质的飞跃。但是，整体形势仍不容乐观。现实面临的问题异常严峻，理应承担的任务异常繁重，需要采取非常的措施，特事特办解决，从根本上扭转多年来的被动局面。

与科学无神论的宣传、教育工作相比，无神论研究的学术事业仍处于弱势地位。据统计，相关的学术著作和普及读物共计大约只有十几种。可以说，在当代中国学术界，科学无神论还没有形成独立的学科体系。为应对当前国内外严峻的局面，开展科学无神论学科的建设势在必行。只有形成系统的科学无神论的理论体系，才能为应对战略和具体政策，提供坚实的思想理论基础。当前我国科学无神论的研究工作，主要问题在于研究力量严重不足，人才奇缺，缺乏必要的资金支持，缺乏整体系统的研究计划和发展纲要。当前解决人才奇缺的问题，是最紧迫的核心环节。招聘和培养高水平的研究人员，是实现党中央领导战略部署的关键所在。

二

关于无神论与社会的关系，中国社会科学院马克思主义研究院党委书记侯惠勤研究员说，中国无神论学会自成立以来自强不息，艰苦奋斗，始终坚持旗帜鲜明，始终为党的思想宣传服务。他们不是关起门来搞学术，而是深入到实践中去，非常关心重大的思想理论动态，各个时期都拿出了很有分量的调查报告，他们的研究对社会是非常有意义的。

中国社会科学院荣誉学部委员、世界宗教研究所原所长、中国无神论学会副理事长杜继文研究员作了《科学无神论和它的社会职责》的发言，他认为，“宗教并不是人类的本然需求，有神论是被强加给人类头上的一种负担，一副枷锁。问题是，它的依据是否真实，它的存在是否合理，这种没有客观依据而又不合理的东西是怎样产生的，以及如何强加给人们而人们又自愿或不得不接受？这类问题需要回答，于是就有了自觉的无神论——即针对有神论、与有神论对立的无神论产生了。自觉的无神论担负的使命，是揭露和批判有神论的荒诞，驳斥神学的谬误，说明宗教鬼神论的根源以及战胜有神论的途径”。他说：“有神论和无神论涉及的仅是事实的真相问题，是孰更接近真理与孰更趋向谬误的问题，而与人的道德资质和政治趋向没有必然的联系。现在有些学者高谈宗教的道德属性，认为信教群众都是行善的，以至提倡用宗教维护社会治安，协调人际关系，不符合历史也不符合现实的事实，逻辑上不通；同样，说无神论就是邪恶，无法无天，或一定表现为政治进步，同样不符合事实，逻辑不通——因为政治和道德与宗教信仰是完全不同的领域。但是，一旦有神论被组织化，包括思想体系的构建和教会组织的确立，情况就有了根本性变化，它被进一步赋予了意识形态的意义，具有了社会性。单纯的有神论属于宗教观念，只限于精神层面；作为组织化了的宗教，具有了社会教化的功能，形成社会团体，精神力量就转化成了物质力量。”他认为：“具有社会性的宗教组织和难以数尽的教派而言，宗教不具有长期性，只有‘历史性’；不具民族性，只有‘多变性’。这在历史和现实中都有大量的例证。”杜继文说：大量历史事实证明，“宗教确实没有自身的本质，也没有自身的历史，它的本质和历史全在于它的社会性；它的规律就是受社会历史发展的规律所支配。对宗教的认识，必须深入到它的社会基础中去。他认为，基督宗教的有些“教义已经超出有神论的范围和信仰的本义，是给有神论——信仰对象增添的一种独特的世界观、人生观和价值观体系，反映着特定的社会关系和世俗利益，也给基督宗教的社会属性提供了更多适应的空间”。现实当中所发生的一些人利用宗教维护自身利益或从事违法犯罪活动“都属于宗教的社会性使然，是在信仰之外被附加进去的东西”。“近数十年来，在不同地区宗教确有不同程度的复归模样，但稍作分析可见，这主要不是它的有神论在起作用，而是它的社会性能在被人为地抬高和加强——它的有神论在被某些国家和某些集团当作谋取政治势力和经济利益的手段，呈现出一种文明的倒退，历史的倒退”，对这类情况，急需作全面的评估与探讨。无神论的又一重要社会职责，就是“把信仰从其添加物中剥离出来，还信仰以清净是科学无神论的任务之一，手段即是宗教信仰自由”。新疆师范大学李建生教授认为，充分认识科学无神论的社会职责，就是充分认识建立科学无神论学科的历史价值，明确科学无神论学科的历史任务。一个没有社会价值的学科或一个只有负价值的学科是不会有大的发展的，一个学科的社会价值不在于赶时髦，而是符合历史发展规律，只有这样的学科才会兴旺发达。只有理解了科学无神论的社会职责和价值，才能正确理解马克思主义宗教观和党的宗教政策中的一系列辩证关系，如为什么既要尊重群众的宗教信仰，又要力求把信仰从宗教迷雾中解脱出来；既要保护群众的宗教信仰自由权利，又要加强无神论的宣传教育；既要政治上团结合作，又要在信仰上“不能同意他们的宗教教义”；既要贯彻宗教信仰自由政策，又要依法管理宗教事务等。离开了科学无神论的社会职责，这一系列关系都无法得到合理解决。

中共中央文献研究室研究员杨明伟在发言中说，自中华人民共和国成立以来，科学无神论的宣传和教育，一直是我们思想理论建设和精神文明建设的极为重要的内容，是坚持马克思主义的题中应有之义。然而，自改革开放以来，随着经济社会的迅速发展和思想文化的多元化趋势，一段时间以来，在多种原因的共同影响下，社会上相当一些人在理想信念和精神追求方面出现了严重的问题，其中一个突出的表现是不相信社会主义，不相信共产党，甚至一些共产党员也闭口不谈马克思主义和共产主义理想信念，反而相信各种宗教，宗教迷信活动甚嚣尘上。面对这种极不正常的现象，一些专家学者出于社会责任感，表示了极大的担忧。杨明伟研究员就当前需要澄清和解决的几个问题提出了自己的看法，他认为，无神论是马克思主义的思想基础，宣传无神论与贯彻党的宗教信仰自由政策并不矛盾；提倡无神论，是社会和谐的重要基础，宣传无神论不仅不会损害社会和谐，相反，还能够正确引导妥善处理好社会矛盾；宗教的替代性满足不能解决现实生活中的道德修养和精神安慰问题，共产主义道德和中华传统美德才能真正满足人们无限的精神需求和精神超越。

三

关于科学无神论的理论体系和学科建设，许多专家认为，这次研讨会把建设科学无神论的理论体系和学科建设问题提上日程，在中国无神论发展史上具有重要意义。

河北师范大学法政学院教授李士菊认为，一个学科体系的建设必须有自己的一套基本概念、基本原理和基本方法。科学无神论体系的构建首先要解决的第一个问题是科学无神论的定义，即什么是科学无神论。“目前有两种认识，一种是科学（主要是自然科学）与无神论相结合，叫科学与无神论；另一种是指在社会历史领域中的马克思主义无神论，认为这是无神论发展的最高形态（古代朴素无神论、近代资产阶级无神论、马克思主义科学无神论）。当然也可以把二者结合起来，即凡是用科学的精神和科学方法来揭示宗教产生、发展规律的无神论，都叫科学无神论。但无论如何必须有一个科学的权威的界定。”

关于科学无神论的学科建设，李士菊认为，科学无神论的学科建设，除了必须有科学无神论的理论体系这个核心以外，还要有一系列的其他配套体系，如培养目标体系，课程体系，学位点的申报和建设，教学和研究人员梯队等。当前，在大学里，科学无神论能否进入课堂依然是一个悬而未决的问题。所以，科学无神论的学科建设难言轻松。科学无神论作为一个学科建设要研究如下几方面的问题：一是宗教现象和宗教问题研究，研究宗教为什么在 21 世纪会有这么大的变化和发展，特别是在社会主义国家为什么会迎来它的空前“繁荣”？二是要研究无神论发展的历史和规律，了解中外无神论发展的进程特点、内在动力和在不同时期的不同表现形式；三是研究科学无神论自身发展的现状，社会功能的发挥；四是研究和澄清作为马克思主义科学无神论中被误解、曲解的内容；五是研究社会主义时期我党的宗教政策，研究宗教法制建设，以及预测宗教发展的趋势；六是研究和创造宗教消亡的条件等。

李建生教授认为，建立科学无神论的理论体系应该加上一论，叫科学无神论的教育论，专门研究科学无神论教育的规律、原则、内容、方法以及科学无神论教育中遇到的一些具体问题。国家宗教局宗教研究中心加润国研究员认为，科学无神论与马克思主义宗教观研究在本质上是一致的。马克思主义宗教观的本质是科学无神论，不能把马克思主义宗教观简单地用所谓“五论”即“鸦片”论、统战论、适应论、文化论、和谐论等概括起来，这样做极易把具有丰富内容的马克思主义宗教观简单化。如把中国化马克思主义宗教观概括为“适应论”，这就有个还讲不讲引导，还讲不讲对宗教事务加以管理的问题。建立科学无神论的理论体系也同样，要防止把科学无神论丰富的内容简单化。他认为，“马克思主义宗教观是辩证唯物主义和历史唯物主义的科学无神论宗教观。”树立马克思主义宗教观，除了讲哲学中的唯物与唯心、辩证法与形而上学两个对子外，“还应该讲哲学基本问题的第三个对子：有神论和无神论”。“有神与无神的问题，是一个在马克思主义以前就已经解决了的过时问题。恩格斯不讲这个问题，是因为在当时的历史背景下已经没有必要；改革开放初期，哲学教科书不讲这个问题，当时有神论的影响很小，也许讲这个对子意义不大。但现在情况不同了，考虑到东欧剧变、苏联解体以来资本主义复辟、世界社会主义低潮，考虑到近年来新自由主义、社会民主主义、历史虚无主义盛行，考虑到唯心主义、形而上学和有神论泛滥，考虑到马克思主义指导地位动摇的严峻现实，在哲学基本问题上讲一讲有神论与无神论这个对子很有必要。”

四

关于科学无神论教育问题，侯惠勤研究员在会议致辞中指出：研究科学无神论，进行科学无神论的教育，如果说在内地还有争论，那么来到新疆就不会有这种争论。科学无神论不研究，不宣传，新疆就不会稳定。中央关于新疆工作座谈会提出发展是硬道理，是第一要务；稳定是硬任务，是第一责任。思想稳定是稳定的重中之重，思想要稳定，重要措施之一就是加强科学无神论的学科建设，加强科学无神论的宣传教育。河北省社会科学院研究员徐麟回顾了改革开放以来无神论宣传教育的历程，认为，改革开放以来，党的无神论宣传教育大致可以划分为三个阶段：(1) 党的十一届三中全会以后，随着指导思想上的拨乱反正，党的无神论宣传教育彻底摆脱了一度充当思想战线上的阶级斗争工具的尴尬处境，主要围绕“科教兴国”的基本国策展开。(2) 从 1999 年 6 月开始，随着取缔邪教“法轮功”的斗争逐步深入，中共中央宣传部宣传教育局编辑出版了《马克思主义唯物论和无神论教育学习》辑刊，《人民日报》从 6 月 21 日起连续发表以“崇尚科学，破除迷信”为主题的评论员文章，刊登《无神论系列谈》，揭开了无神论以科学世界观的面貌大范围传播的序幕。(3) 2004 年 5 月 27 日，根据胡锦涛总书记的指示，中宣部发出了《关于进一步加强马克思主义无神论研究和宣传教育工作的通知》。

许多学者以大量调查材料证明了当前对青少年和大学生进行科学无神论教育的重要性和紧迫性。北京科技大学文法学院教授左鹏通过对第一手资料调查分析认为，“在境外敌对势力主导的向高校的宗教渗透中，文化宣教已成为一种隐性形式。一些宗教团体和非政府组织打出‘学术交流’的旗帜，资助国内一些高校和研究机构的学者建构教会之外的‘文化神学’，翻译出版以宣教为宗旨的图书，以‘请进来’、‘走出去’的方式举办带有宣教性质的研讨班，开设‘知识性’、‘学术性’的宗教课程和讲座。此类文化宣教，同教育与宗教相分离的原则相悖，是境外敌对势力同我争夺大学生的重要举措。”在这种形势下，加强对大学生的马克思主义宗教观和科学无神论教育是抵御各种文化宣教的重要举措。东莞理工学院副教授苏亚玲通过调查问卷统计分析得出：大学生有宗教信仰者占被访人数的 7.65%，“信教学生最初接触宗教的原因主要是：承袭家庭传统占 37.5%，寻求心灵寄托占 35.94%，受信仰群体的感染 26.56%；大学生去宗教场所的主要原因从高到低依次为 (1) 祈福，占 51.73%；(2) 参观浏览，占 49.34%；(3) 陪同他人参观，占 44.68%；(4) 好奇，占 32.38%；在对待宗教的态度上，92%的信教学生对不同宗教信仰者持好感和理解态度，另有 89%的无宗教信仰学生对宗教信徒持好感和理解态度；无宗教信仰的学生中有 8.12%人有皈依某种宗教的想法，有 10.51%人没有参加宗教的原因是由于时间的限制，他们有可能成为潜在的宗教信仰人群。因此，需要加强对大学生共产主义信仰的教育及马克思主义关于宗教理论的教育”。有的新疆学者通过调查问卷统计分析得出，在新疆高校，大学生党员在马克思主义宗教观的认识上总体是好的，是清楚的，但仍有“11.75%的大学生党员信仰宗教”，绝对值仍是一个不小的数字，应引起有关部门的高度重视，注意加强马克思主义宗教观和科学无神论的教育。

学者们通过调查，认真分析了当前大学生宗教观的现状及特点。北京师范大学教授李志英通过对参加家庭教会的大学生信徒的调查分析认为，参加家庭教会的大学生信徒具有“对基督教的信仰更多带有终极追求的成分，对教会活动表现了很高的热忱”；“加入教会的途径多为传教的结果，入教与排遣不良情绪有关”；“价值观深受基督教的影响，显示了比较多的消极倾向”三个特点。杭州师范大学教授王康从心理学角度，对信仰基督教的大学生进行了宗教认同研究，得出：“中国大学生基督徒的宗教认同状况总体上支持西方宗教心理学的研究理论，大多数大学生基督徒基本的宗教认同都是从家庭中获得的，只有少数大学生基督徒的宗教信仰是在经过一番研究和慎思之后通过有意识的追求而获得的。”北京科技大学的红叶通过深入实际调查和访谈，详细分析了部分大学生信仰宗教的心理过程：(1) 重视形象，保证大学生对基督教“不排斥”；(2) 制造神秘，使大学生对基督教产生“好奇心”；(3) 营造氛围，让初次参加聚会的大学生“产生好感”；(4) 满足需求，让经常参加聚会的大学生“有归属”；(5) 寻求认同，与慕道、望道大学生“起共鸣”；(6) 守株待兔，使宗教易感群体对聚会产生“依赖感”；(7) 注重仪式，使信教大学生对教会充满“神圣感”；(8) 门徒训练，以授课的形式使大学生完全接受“有神论”。还有新疆学者通过问卷调查分析，得出当前新疆高校大学生宗教观具有马克思主义宗教观为主导的多元化和多样性、宗教观的不稳定性和可塑性以及马克思主义宗教观的不稳固性和反复性等特点。

关于进行科学无神论教育的目的，江西上饶市委党校教授万晓庆认为，培育科学精神是科学无神论教育的关键。“科学技术在推动社会发展的同时，并不会自发地把科学精神植入人的头脑中，离开了科学精神的培养，不论科学技术如何发达，愚昧都将会如影随形般跟着人类进入未来社会。”“从技术的层面看，科学技术是中性的，它没有国家、阶级、善恶之分。但从科学的伦理道德层面看，则完全不同，它是有善恶之别的。有人注意到，许多犯罪就是现代高科技的畸形产品，如使用计算机犯罪等。从这一点可知，科学精神其实是包含善恶理念的。科学的善恶理念实际上就是指，是用科学技术造福人类，还是危害社会。科学的伦理道德要求用科学为人类服务，促进社会发展；如果相反，就是科学精神的沦丧。”李建生教授认为，我们必须纠正将无神论宣传教育目的看作“企图消灭宗教”的错误认识，重新定位无神论宣传教育的目的；即一是培养科学精神，为人们认识和改造世界提供正确的出发点。要一切从客观实际出发，而不能从神出发；二是教育不信教群众要正确地对待宗教，正确地理解和贯彻党的宗教信仰自由政策，自觉地团结宗教人士和广大信教群众，共同建设社会主义。只有这样，我们所坚持的无神论才是真正科学的无神论。在高校进行马克思主义宗教观和科学无神论教育就是为了帮助大学生更好树立科学精神，用科学的态度正确对待宗教和一切有神论，自觉地抵御宗教有神论的侵蚀和影响，它与党的宗教信仰自由政策不是矛盾的，而是一致的。

本次年会在新疆乌鲁木齐举办，少数民族地区以及对少数民族学生的无神论教育问题也成为讨论的热点问题。新疆社会科学院副院长刘仲康研究员、新疆师范大学副校长蔡红生教授都就近来新疆地区在进行科学无神论教育方面取得的成绩进行了概括和总结。同时指出，目前新疆地区科学无神论教育还存在着“缺乏统一部署，整体推进力度不够；无神论宣传教育工作时断时续，没有持之以恒地进行下去；无神论宣传效果不佳，离预期目的有较大差距；无神论宣传和教育研究队伍屈指可数”等问题。喀什师范学院法政系教授戚甫娟认为，首届世界穆斯林大会的宗旨之一就是“在世界各地传播伊斯兰教，抵制马克思主义无神论和西方世俗化倾向”，因此，在多民族多宗教信仰的地区开展科学无神论的教育更具有特殊意义。当前多民族多宗教信仰地区开展无神论教育主要面临如下困难：“(1) 作为各民族文化根基的宗教文化，形塑了各民族文化的基本范式。新疆各少数民族受伊斯兰教宗教文化影响深远，宗教观念和宗教情感具有很强的认同功能。以强调伊斯兰教认同的伊斯兰原教旨主义是马克思主义无神论认同强有力的竞争者。(2) 宗教极端势力的渗透和破坏增加了多民族多宗教信仰地区开展无神论教育的难度。(3) 无神论思想宣传教育的研究成果较少。”

维吾尔族学者玉提库尔·达吾提认为，“面向少数民族地区高校学生的科学无神论教育课程化，在民族地区高校课程体系中有着不可代替的地位和作用。主要表现有以下几个方面：一是能促进民族地区高校课程体系的完善化和特色化。二是有助于少数民族地区高校学生在较短的时间内用科学无神论的理论体系武装自己的头脑。”新疆生产建设兵团党校教授王治强认为，在新疆少数民族地区，“随着社会的发展，少数民族的信仰状况发生了较大的变化。他们中的一部分人加入了中国共产党，放弃了宗教有神论的信仰，转而信仰了马克思主义，变成了无神论者；一部分人虽然没有加入共产党，但也不再坚持有神论；有一部分人虽仍信仰宗教，但有神论观念也逐渐淡薄。少数民族这种信仰状况的变化，为我们进行无神论宣传教育提供了更大的空间。”他认为在少数民族地区进行无神论教育的路径主要有：“(1) 少数民族无神论教育要针对不同对象区别教育”，“(2) 建立一种鼓励少数民族群众坚持无神论的有效机制”。

在进行科学无神论教育过程中，解决部分党员信教的问题是一个不容忽视的重要问题。习五一研究员针对近期国家级研究机构某课题组建议，采取“‘开放与宽容’的政策处理党员信教问题”的建议，通过对西藏地区调查以及总结西藏在解决这一问题的实践经验后认为，党员信教问题“是高举还是降下共产主义旗帜的大是大非问题”，“共产党员不得信仰宗教，这并不是新的、过高的要求”。无神论是人类社会文明和思想智慧的结晶。马克思主义无神论与“简单打倒宗教”的文化主义相反，共产党人要团结各阶层民众，包括无神论者和有神论者，齐心合力地为铲除宗教的社会根源，创造理想的共产主义社会而努力奋斗。在这个相当长的历史阶段中，根据不同的国度和社会发展程度，共产党人要制定相应的纲领和策略，将科学无神论的教育和宣传，纳入整个共产主义事业中。解决共产党员信教的问题“需要中央的权威声音，在党内进行振聋发聩的教育”。

与会专家学者还就反邪教问题、中国古代无神论的特点、进行科学无神论教育的具体方法、宗教传播的谜米学解释等诸多问题展开了讨论。

（《马克思主义研究》2010 年第 7 期）

“第五届全国高校马克思主义理论学科博导论坛”综述

陈晓雷　刘振宇

由全国高校马克思主义理论学科研究会主办，哈尔滨工程大学人文学院承办的“第五届全国高校马克思主义理论学科博导论坛”于2010年9月8—11日在哈尔滨工程大学召开。来自北京大学、中国人民大学、复旦大学、武汉大学、华中师范大学等80余所高校的近200位专家学者参加了此次论坛。教育部社科司副司长徐维凡出席会议并讲话，哈尔滨工程大学校长刘志刚致欢迎词。中国社会科学院靳辉明教授与教育部高校社科发展研究中心主任冯刚教授作了主题报告，张耀灿、陈占安、张雷声、顾钰民、佘双好、陈秉公等专家先后发言。大家就“马克思主义理论学科研究生培养”、“马克思主义理论二级学科建设中的重大理论与现实问题”、“思想政治理论课教育教学与教师队伍建设”问题进行了热烈的讨论。

一　马克思主义理论学科建设的规范化

学科建设的规范化是本次论坛的主要议题。教育部社科司徐维凡副司长针对当前各高校为申报学科点而迅速扩大师资队伍规模的现象指出：我国马克思主义理论学科队伍庞杂，学科建设的方向和目标不够明确。学科评审环节必须严格把握马克思主义理论学科的宗旨和目标。学科点、导师队伍、学科方向、人才培养方案的确定等都要严格遵循马克思主义理论学科的规律。

复旦大学顾钰民教授认为，马克思主义理论学科建设的规范化集中在三个方面：第一，学科队伍的规范化。必须把研究内容和重点定位在马克思主义理论研究方面。第二，研究方向和论文选题的规范化。必须体现马克思主义，必须体现当代重大的理论与实践问题，必须体现学科发展的前沿性问题。第三，学科课程设置的规范化。课程设置必须侧重理论性，其依据必须是马克思主义理论基础性的内容。

北京大学陈占安教授指出，马克思主义理论学科规范化从学科定位的角度看仍存在许多问题。在博士点、硕士点申报中反映出学科方向还不明确，在学科队伍建设工作中，打包运作、借船出海、借鸡下蛋的情况还相当普遍，课程设置也出现了不规范的现象。他认为学科建设必须从马克思主义理论的角度进行定位而不能仅是量的急剧扩张。

中国人民大学张雷声教授认为，马克思主义理论学科的规范化建设应从该学科的基本特征入手，它是加强学科规范化建设的前提和基础。马克思主义理论学科的基本特征体现为三方面：一是整体性，二是学术性与意识形态性相统一，三是服务性。整体性的内涵包括：方法的整体性、逻辑的整体性和历史的整体性；学术性与意识形态性相统一源于马克思主义思想路线与逻辑主线的相统一；服务性主要是指学科建设必须为思想政治理论课服务。

二　学科建设与思想政治理论课程建设、教学建设相互促进

与会专家普遍认为，学科建设和教学相辅相成，要把思想政治理论课教学提高到学科建设的高度，以学科来引领教学。徐维凡副司长指出，学科是研究领域中一整套成熟稳定的原理、定义、范畴、规则所组成的一种体系或范式，只有成熟的学科才能达到较高的理论高度。思想政治理论课要不断地为马克思主义理论学科建设提出新课题，不断推动学科建设上层次。

中山大学钟明华教授提出，马克思主义理论学科的建设必须服务于思想政治理论课，服务于高校思想政治教育教学的需要，否则学科建设就会缺乏实践的支撑。在教学理念上，应研究如何从教材体系向教学体系和学生认知体系的有效转换。教师应具有三种能力：一是把握力，二是建构力，三是适应力。

三　深入研究马克思主义理论学科的基本理论和社会思潮

在如何深入研究马克思主义理论学科的基本理论问题上，徐维凡认为，目前关于学科中基础性、学理性的研究成果还相对较少，并以吉林大学孙正聿教授承担的国家课题《马克思主义基础理论建设及学科建设》为例，提出应重点进行马克思主义基础理论的研究。

中国社会科学院靳辉明教授着重阐述了马克思主义理论学科的意识形态性、政治性和现实性，并以前苏联为鉴，提出在意识形态领域必须坚持马克思主义，抵制各种错误思潮的影响。他将错误思潮概括为四个方面：民主社会主义、新自由主义、历史虚无主义和普世价值论。他提出要结合各种思潮对当代大学生思想的深刻影响，来研究思想政治理论教育面临的实际困难，绝不回避。

针对马克思主义理论二级学科建设问题，武汉大学佘双好教授作了题为《思想政治教育研究范式与学科发展》的大会发言。他指出，思想政治教育学科正面临着重要的“范式”革命，应从传统的“范式”研究向多学科、多元化的方向发展，从注重教育规律的研究向整个社会宏观的思想政治教育发展。

围绕思想政治教育二级学科的建设问题，与会专家重点研讨了思想政治教育的概念、思想政治教育的合法性、思想政治教育的切入点以及思想政治教育的意识形态与非意识形态问题等。

（《学校党建与思想教育》2010 年第 31 期）

附录

2010年新书索引

中文著作

1. 毕国明、许鲁洲：《中国哲学与马克思主义哲学中国化》，人民出版社 2010 年版。

2. 曹玉涛：《分析马克思主义的正义论研究》，人民出版社 2010 年版。

3. 常艳：《马克思主义经典著作研究：恩格斯晚年社会发展理论研究》，中央编译出版社 2010 年版。

4. 陈先达：《走向历史的深处：马克思历史观研究》，中国人民大学出版社 2010 年版。

5. 陈永志等：《劳动价值论的创新与发展研究》，海峡出版发行集团、福建人民出版社 2010 年版。

6. 崔建民：《马克思恩格斯列宁斯大林论西亚非洲》，中国社会科学出版社 2010 年版。

7. 崔建霞：《七个怎么办：马克思主义与当代社会》，北京理工大学出版社 2010 年版。

8. 戴焰军：《建设马克思主义学习型政党》，中共中央党校出版社 2010 年版。

9. 邓达：《走"世界历史"之路：全球化视域中的马克思世界历史理论研究》，四川大学出版社 2010 年版。

10. 邓演平：《大学生思想政治教育论》，湖南大学出版社 2010 年版。

11. 丁淑杰、聂运麟：《美国共产党的社会主义理论与实践》，中国社会科学出版社 2010 年版。

12. 杜克丁：《马克思主义基本原理学习指要》，吉林大学出版社 2010 年版。

13. 丰子义：《走向现实的社会历史哲学：马克思社会历史理论的当代价值》，武汉大学出版社 2010 年版。

14. 冯国瑞：《走向智慧：现代科学与马克思主义哲学新探》，西安交通大学出版社 2010 年版。

15. 高家方：《马克思主义哲学经典解析》，中共中央党校出版社 2010 年版。

16. 高民政、薛小荣：《军事与政治要论：马克思主义军事政治学经典论述与基本观点》，时事出版社 2010 年版。

17. 郭德宏：《中国马克思主义发展史》，中共中央党校出版社 2010 年版。

18. 郭刚：《中国早期马克思主义的传播：梁启超与西学东渐》，人民出版社 2010 年版。

19. 郭湛：《面向实践的反思》，武汉大学出版社 2010 年版。

20. 韩庆祥：《面向"中国问题"的马克思主义哲学》，武汉大学出版社 2010 年版。

21. 何自力、张俊山、刘凤义：《高级政治经济学：马克思主义经济学的发展与创新探索》，经济管理出版社 2010 年版。

22. 洪永淼：《马克思主义经济思想与现实》，厦门大学出版社 2010 年版。

23. 侯惠勤：《马克思的意识形态批判与当代中国》，中国社会科学出版社 2010 年版。

24. 侯雨夫：《马克思的劳动价值论研究：理解、坚持、完善、发展》，社会科学文献出版社 2010 年版。

25. 胡海、杨青芝：《中国马克思主义文论重大争议问题探析》，河北大学出版社 2010 年版。

26. 黄力之、马驰：《马克思主义与资本主义文化矛盾》，河南大学出版社 2010 年版。

27. 黄志高：《三民主义论战与马克思主义中国化》，北京师范大学出版集团、安徽大学出版社 2010 年版。

28. 江守义、丁云亮、何旺生：《马克思主义文论》，北京师范大学出版集团、安徽大学出版社 2010 年版。

29. 柯锦华、任平：《马克思主义哲学研究范式：创新与转换》，社会科学文献出版社 2010 年版。

30. 李德顺、孙伟平等：《马克思主义哲学范畴研究》，中国社会科学出版社 2010 年版。

31. 李德义：《马克思主义军事理论的当代价值》，军事科学出版社 2010 年版。

32. 李凤丹：《英国文化马克思主义研究：基于大众文化与政治的关系》，江西人民出版社 2010 年版。

33. 李广昌：《民族主体性的觉解：马克思主义哲学中国化的想象力》，中国社会科学出版社 2010 年版。

34. 李红章：《概念框架与思想解读：马克思哲学解读状况的反思》，黑龙江大学出版社 2010 年版。

35. 李红专：《吉登斯社会历史观评析：兼论马克思主义的当代价值》，科学出版社 2010 年版。

36. 李惠斌、李义天、万俊人：《马克思与正义理论》，中国人民大学出版社 2010 年版。

37. 李善明、郭大力：《马克思主义关于经济学说史的经典著作·剩余价值理论（缩编典藏图本）》，人民日报出版社 2010 年版。

38. 李世书：《生态学马克思主义的自然观研究》，中央编译出版社 2010 年版。

39. 李泽中：《理论经济学研究与创新（下）》，中国社会科学出版社 2010 年版。

40. 刘德军、陶传平、韩明暖：《马克思主义中国化理论与实践》，山东大学出版社 2010 年版。

41. 刘放桐：《探索、沟通和超越：现代西方哲学与马克思主义哲学比较研究》，北京师范大学出版集团、北京师范大学出版社2010年版。

42. 刘怀玉、张传平、张一兵:《当代马克思主义哲学史》，北京师范大学出版集团、北京师范大学出版社2010年版。

43. 刘吉发:《政治实践论：基于马克思主义的广义视角》，人民出版社2010年版。

44. 刘家珉、林原:《从马克思劳动力价值与工资理论看现实经济危机》，中国经济出版社2010年版。

45. 刘建明:《马克思主义新闻观理论基础》，清华大学出版社2010年版。

46. 刘景泉:《马克思主义理论学科体系建设的思考》(上、下册)，南开大学出版社2010年版。

47. 刘敬东:《马克思世界历史理论：中国个案》，光明日报出版社2010年版。

48. 刘黎明、赵国祥、刘志军:《教育学视阈中的人：基于马克思主义人学的思考》，科学出版社2010年版。

49. 刘新刚:《马克思现代社会发展理论的价值维度》，中央编译出版社2010年版。

50. 刘增惠、王鸿冰:《马克思主义生态思想及实践研究》，北京师范大学出版集团、北京师范大学出版社2010年版。

51. 马驰:《西方马克思主义与中国当代文论》，河南大学出版社2010年版。

52. 马良:《詹姆逊的后现代马克思主义研究》，光明日报出版社2010年版。

53. 毛玉美:《毛泽东推进马克思主义大众化的历史贡献研究》，山东大学出版社2010年版。

54. 梅荣政:《马克思主义中国化史》，中国社会科学出版社2010年版。

55. 梅宪宾:《从必然王国到自由王国：马克思主义基本理论研究》，吉林大学出版社2010年版。

56. 倪志安:《马克思主义哲学原理新探》，人民出版社2010年版。

57. 彭洁:《全球化背景下的高校马克思主义理论教育研究》，四川大学出版社2010年版。

58. 彭升庭:《马克思主义哲学新论》，中国人民大学出版社2010年版。

59. 秦书生:《马克思主义基本原理的当代发展研究》，东北大学出版社2010年版。

60. 任平、陈忠:《当代视野中的马克思主义哲学》，人民出版社2010年版。

61. 商文斌、聂运麟:《战后英共的社会主义理论及英共衰退成因研究》，中国社会科学出版社2010年版。

62. 沈云锁、陈先奎:《马克思主义简史(修订本)》中国人民大学出版社2010年版。

63. 宋士昌、衣芳:《马克思主义中国化通论》(上、下册)，山东人民出版社2010年版。

64. 孙利天:《让马克思主义哲学说中国话》，武汉大学出版社2010年版。

65. 孙新彭:《时代性质判断与社会主义实践选择：马克思主义时代思想研究》，人民出版社2010年版。

66. 孙正聿:《当代中国马克思主义哲学专题研究》，吉林人民出版社2010年版。

67. 唐昆雄:《马克思主义与社会主义核心价值体系研究》，中国社会科学出版社2010

年版。

68. 唐晓勇:《马克思主义哲学原理》,西南财经大学出版社 2010 年版。

69. 陶德麟、汪信砚:《马克思主义哲学原理》,人民出版社 2010 年版。

70. 陶秀璈、包也和:《马克思主义哲学与近现代西方哲学(原著选读与解读)》,研究出版社 2010 年版。

71. 田克勤、张耀灿:《中国化马克思主义概论》,中国人民大学出版社 2010 年版。

72. 万斌:《马克思主义与当代》(2009),浙江大学出版社 2010 年版。

73. 汪信砚:《全球化、现代化与马克思主义哲学中国化》,武汉大学出版社 2010 年版。

74. 王广:《正义之后:马克思恩格斯正义观研究》,江苏人民出版社 2010 年版。

75. 王海军:《中国化马克思主义执政理论创新与发展的现实逻辑》,中共党史出版社 2010 年版。

76. 王浩斌:《马克思主义中国化模式论》,中国社会科学出版社 2010 年版。

77. 王浦劬、李涛:《马克思主义中国化 60 年》,知识产权出版社 2010 年版。

78. 王秀阁、杨仁忠:《马克思主义理论学科前沿问题研究》,人民出版社 2010 年版。

79. 王雨辰:《中国语境中的西方马克思主义哲学研究》,湖北长江出版集团、湖北人民出版社 2010 年版。

80. 王云中等:《马克思市场经济资源配置理论研究》,经济科学出版社 2010 年版。

81. 吴晓明:《哲学之思与社会现实:马克思主义哲学的当代意义》,武汉大学出版社 2010 年版。

82. 吴元梁、赵剑英:《马克思主义哲学形态的演变》(上、下卷),中国社会科学出版社 2010 年版。

83. 许俊达:《马克思主义经典文本解读新编》,北京师范大学出版集团、安徽大学出版社 2010 年版。

84. 薛学共:《中国传统文化与马克思主义中国化》,湖南师范大学出版社 2010 年版。

85. 杨永志、寇清杰、赵美玲、刘景泉:《中国特色社会主义与科学社会主义》,南开大学出版社 2010 年版。

86. 姚开建:《马克思主义经济学说史》,中国人民大学出版社 2010 年版。

87. 姚顺良、张一兵:《马克思主义哲学史:从创立到第二国际》,北京师范大学出版集团、北京师范大学出版社 2010 年版。

88. 姚燕:《生态马克思主义和历史唯物主义:九十年代以来生态马克思主义的思考》,光明日报出版社 2010 年版。

89. 姚允柱:《马克思主义与当代中国》,合肥工业大学出版社 2010 年版。

90. 于沛:《马克思主义史学理论论丛》(第 1 辑),中国社会科学出版社 2010 年版。

91. 余源培:《马克思主义经济哲学及其当代意义》,复旦大学出版社 2010 年版。

92. 俞可平、王伟光、李慎明等:《马克思主义在中国 60 年》,重庆出版集团、重庆出版社 2010 年版。

93. 岳川夫、沈济时:《马克思主义与中国》(第 2 辑),上海人民出版社 2010 年版。

94. 张国宏:《马克思主义中国化十论》，浙江大学出版社2010年版。

95. 张静:《马克思主义中国化基本问题》，南开大学出版社2010年版。

96. 张奎良:《马克思主义哲学中国化的基石与灵魂》，社会科学文献出版社2010年版。

97. 张雷声:《马克思主义理论学科研究与创新》，中国人民大学出版社2010年版。

98. 张乾元:《马克思主义与中国实际“第二次结合”的开篇研究》(1949—1966年)，中国社会科学出版社2010年版。

99. 张秀荣、韦磊、王鸿冰:《高校思想政治教育研究热点问题》，北京师范大学出版集团、北京师范大学出版社2010年版。

100. 张艳涛:《马克思主义哲学视阈中的“中国问题”》，中国社会科学出版社2010年版。

101. 赵宬斐:《政党政治与政治现代性：基于马克思主义政治哲学视野的研究》，中央编译出版社2010年版。

102. 甄喜善:《国际共产主义运动与中国发展研究：兼述马克思主义的发展历程》，中国社会科学出版社2010年版。

103. 郑国玺、薛建平:《马克思主义特色理论研究》，四川出版集团、四川人民出版社2010年版。

104. 郑又贤、李建平:《马克思主义中国化之思想方法透视》，社会科学文献出版社2010年版。

105. 周新城:《围绕改革问题马克思主义同反马克思主义的斗争：改革开放30年历程的回顾与总结》，中国社会科学出版社2010年版。

106. 朱国圣、林枫:《马克思主义新闻观研究》，新华出版社2010年版。

107. 朱志敏:《马克思主义中国化的理论与实践》，北京师范大学出版集团、北京师范大学出版社2010年版。

108. 宗占林:《马克思恩格斯哲学基本思想探讨与解析》，黑龙江大学出版社2010年版。

英文著作

1. 马克思与资本形成的动态：政治经济学的美学分析，*Marx and the Dynamic of the Capital Formation: an Aesthetics of Political Economy*, Beverley Best. New York: Palgrave Macmillan, 2010.

2. 马克思的烙印：俄罗斯和东欧地区的知识、权力和知识分子，*In Marx's Shadow: Knowledge, Power, and Intellectuals in Eastern Europe and Russia*, Brădătan, Costică. edited by Costica Bradatan and Serguei Alex. Oushakine. Lanham: Lexington Books, c2010.

3. 后结构主义视角中的马克思，*Marx Through Post-structuralism*, Simon Choat. London; NewYork: Continuum, 2010.

4. 全球经济中阶级斗争的辩证法，*Dialectics of Class Struggle in the Global Economy*,

Clark Everling. Abingdon, Oxon; New York, NY: Routledge, c2010.

5. 马克思资本论导读，*A Companion to Marx's Capital*, David Harvey. London; New York: Verso, c2010.

6. 卡尔·马克思的魅力，*The Seductions of Karl Marx*, Murzban Jal. Delhi: Aakar Books, 2010.

7. 马克思、革命与法律，*Marxism, Revolution and Law*, Head, Michael. VDM Verlag, 2010.

8. 马克思主义与世界政治：全球资本主义的角逐，*Marxism and World Politics: Contesting Global Capitalism*, edited by Alexander Anievas. London; New York: Routledge, 2010.

9. 20 世纪共产主义辞典，*A Dictionary of 20th-century Communism*, edited by Silvio Pons and Robert Service; translated by Mark Epstein and Charles Townsend. Princeton: Princeton University Press, c2010.

10. 全球资本主义危机：卡尔·马克思和利润体系的崩溃，*Global Capitalism in Crisis: Karl Marx and the Decay of the Profit System*, Murray E. G. Smith, Black Point, N. S.: Fernwood Pub., c2010.

11. 亚里斯多德、亚当·斯密与卡尔·马克思：21 世纪政治经济的根本问题，*Pack, Spencer J. Aristotle, Adam Smith and Karl Marx: on some Fundamental Issues in 21st Century Political Economy*, Spencer J. Pack. Cheltenham, Glos; Northampton, MA: Edward Elgar, c2010.

12. 伟大的著作、糟糕的辩论：共和制、利维坦与共产党宣言，*Great books, Bad Arguments: Republic, Leviathan, & the Communist manifesto*, W. G. Runciman. Princeton, N. J.: Princeton University Press, c2010.

13. 西方社会学家对印度社会的分析：马克思、斯潘塞、韦伯和得克汉姆，*Western Sociologists on Indian Society: Marx, Spencer, Weber, Durkheim, Pareto*, G. R. Madan. London; Boston: Routledge & Kegan Paul, 2010, c1979.

14. 作为政治学的生态社会主义：重构现代文明的基础，*Eco-socialism as Politics: Rebuilding the Basis of Our Modern Civilisation*, Huan, Qingzhi, Dordrecht: Springer, 2010.

15. 社会主义百年：20 世纪的欧洲左翼，*One Hundred Years of Socialism: the West European Left in the Twentieth Century*, Donald Sassoon. London: I. B. Tauris, 2010.

16. 拜金主义与社会主义之间，或者，金钱政治与民主之间的交锋，*Millionism vs. Socialism, or, Timocracy vs. Democracy*, by H. Slack Worthington. Kessinger Publishing, 2010.

17. 战后波兰的女性、共产主义和工业化，*Women, Communism, and Industrialization in Postwar Poland*, Malgorzata Fidelis. Cambridge; New York: Cambridge University Press, 2010.

18. 波兰的共产主义、民族主义与种族，*Communism, Nationalism and Ethnicity in Poland*, 1944-50, Michael Fleming. London; New York, NY: Routledge, c2010.

19. 共产主义之后的国家和市场建设：民主极端化的危险，*Building States and Markets after Communism: the Perils of Polarized Democracy*, Timothy Frye. New York: Cambridge University Press, 2010.

20. 俄罗斯的共产主义：一个解释性文献，*Communism in Russia: an Interpretative Es-*

say, Richard Sakwa. Houndmills, Basingstoke, Hampshire: Palgrave Macmillan, 2010.

21. 后共产主义时代的新兴资产阶级：中欧、俄罗斯与中国的比较研究，*The New Grand Bourgeoisie under Post -communism: Central Europe, Russia and China Compared*, Iván Szelényi. [foreign government document] Bethesda, Md.: LexisNexis A&LS, 2010.

22. 帝国主义、危机与阶级斗争：永恒的真理与当代资本主义的面罩，*Imperialism, Crisis and Class Struggle: the Enduring Verities and Contemporary Face of Capitalism*, [edited] by Henry Veltmeyer. Leiden; Boston: Brill, 2010.

23. 重新思考帝国主义，*Rethinking Imperialism*, Ray Kiely. Basingstoke: Palgrave Macmillan, c2010.

24. 意大利资本主义批判，*Italian Critics of Capitalism*, edited and translated by Lorella Cedroni. Lanham, Md.: Lexington Books, c2010.

25. 逃离资本主义：文学、理论与后世俗的现代性，*Exit Capitalism: Literary Culture, Theory, and Post -secular Modernity*, Simon During. London; New York: Routledge, 2010.

26. 民主社会中的工会主义和资本主义的未来，*The Future of Trades -unionism and Capitalism in a Democracy*, by Charles W. Eliot. Whitefish, MT: Kessinger Publishing, 2010.

27. 断裂的资本主义，*Crack Capitalism*, John Holloway. London; New York: Pluto; New York: Distributed in the U. S. exclusively by Palgrave Macmillan, 2010.

28. 极权资本主义及其超越，*Totalitarian Capitalism and Beyond*, George Liodakis. Farnham, England; Burlington, VT: Ashgate Pub. Company, c2010.

29. 政治经济、资本主义和大众文化，*Political Economy, Capitalism, and Popular Culture*, Ronnie D. Lipschutz. Lanham: Rowman & Littlefield Publishers, c2010.

30. 当代资本主义及其危机：21 世纪社会积累结构理论，*Contemporary Capitalism and its Crises: Social Structure of Accumulation Theory for the 21st Century*, edited by Terrence McDonough, Michael Reich, David M. Kotz. Cambridge; New York: Cambridge University Press, 2010.

31. 气候资本主义：全球变暖与全球经济的转型，*Climate Capitalism: Global Warming and the Transformation of the Global Economy*, Peter Newell, Matthew Paterson. Cambridge; Cambridge University Press, 2010.

32. 当代资本主义的公司力量与产权，*Corporate Power and Ownership in Contemporary Capitalism: the Politics of Resistance and Domination*, Susanne Soederberg. London; New York: Routledge, c2010.

33. 重思福利资本主义：当代法国与德国的经济调整，*Recasting Welfare Capitalism: Economic Adjustment in Contemporary France and Germany*, Mark I. Vail. Philadelphia: Temple University Press, c2010.

2010年论文索引

1. 白刚：《资本现象学——论历史唯物主义的本质问题》，《哲学研究》2010年第4期。

2. 毕顺堂、张勇：《论中国特色社会主义理论体系的建构理路》，《河北师范大学学报》（哲学社会科学版）2010年第3期。

3. 卞敏：《论中国特色社会主义理论体系的基本问题》，《东南大学学报》（哲学社会科学版）2010年第1期。

4. 蔡永生：《推进马克思主义中国化、时代化、大众化的一体化研究》，《教学与研究》2010年第2期。

5. 曹泳鑫：《马克思主义中国化时代化大众化的基本内涵和基本要求》，《毛泽东邓小平理论研究》2010年第1期。

6. 曹志平、陈建安：《以实践的观点理解科学——从马克思到劳斯、伊德》，《社会科学》2010年第3期。

7. 车玉玲：《后苏联时期的马克思主义与启示》，《哲学动态》2010年第3期。

8. 陈东辉：《改革开放以来党的发展思路的转变与生态文明建设》，《重庆社会科学》2010年第5期。

9. 陈东英：《马克思的共同体思想的主要来源和发展阶段》，《哲学动态》2010年第5期。

10. 陈培永、刘怀玉：《生态学马克思主义的生态政治哲学构架》，《南京社会科学》2010年第2期。

11. 陈文通：《如何认识科学社会主义的科学性》，《科学社会主义》2010年第1期。

12. 陈学明：《马克思“新陈代谢”理论的生态意蕴——J.B.福斯特对马克思生态世界观的阐述》，《中国社会科学》2010年第2期。

13. 陈远章：《全球化视域下建设马克思主义学习型政党的战略思考》，《湖湘论坛》2010年第3期。

14. 陈占安：《关于当前马克思主义理论学科建设的几点思考》，《北京教育》（德育版）2010年第1期。

15. 陈章亮：《马克思主义语境下的“中国模式”研究》，《思想理论教育》2010年第7期。

16. 程东旺：《论胡锦涛青年教育思想的特色》，《教育探索》2010年第1期。

17. 程恩富、胡乐明：《中国马克思主义理论研究60年》，《马克思主义研究》2010年第

1期。

18. 程恩富、王中保:《科学发展观的经济理论探讨》,《前线》2010年第4期。

19. 程伟:《主流意识形态建设面临的挑战及其对策》,《中州学刊》2010年第3期。

20. 迟全华:《"建设马克思主义学习型政党"的科学内涵》,《浙江学刊》2010年第1期。

21. 储峰、张磊:《马克思主义中国化的时代性论析》,《湖北行政学院学报》2010年第1期。

22. 戴安林:《邓小平的社会主义精神文明建设思想》,《重庆社会科学》2010年第5期。

23. 刁培萼:《试论实践辩证法 · 人学辩证法 · 教育辩证法的关系》,《教育文化论坛》2010年第2期。

24. 杜军林、吴阳松:《马克思跨越资本主义"卡夫丁峡谷"思想与现实社会主义发展》,《河西学院学报》2010年第1期。

25. 段忠桥:《历史唯物主义:"哲学"还是"真正的实证科学"——答俞吾金教授》,《学术月刊》2010年第2期。

26. 房广顺:《社会主义优越性的全部意义在于实践》,《人民论坛》2010年第4期。

27. 冯金华:《试论社会主义初级阶段的基本经济制度及其科学依据》,《毛泽东邓小平理论研究》2010年第1期。

28. 付文忠:《英美马克思主义辩证法研究的新趋势》,《中国人民大学学报》2010年第1期。

29. 高峰:《城市空间生产的运作逻辑——基于新马克思主义空间理论的分析》,《学习与探索》2010年第1期。

30. 高文新、孙永建:《中国特色社会主义的人类性意义》,《吉林大学社会科学学报》2010年第1期。

31. 高云涌:《辩证法研究的当代视野与发展趋势——从关系思维层面重释马克思辩证法》,《光明日报》2010年4月6日。

32. 高云涌:《资本逻辑与历史唯物主义的三重内涵》,《江苏社会科学》2010年第3期。

33. 葛荣晋:《马克思主义与构建"新实学"》,《教学与研究》2010年第1期。

34. 顾钰民:《队伍建设是学科建设的根本》,《思想理论教育导刊》2010年第1期。

35. 韩子睿:《图书对马克思主义学科发展的影响分析——基于CSSCI(2000—2007年度)数据》,《西南民族大学学报》(人文社科版)2010年第1期。

36. 郝文清、丁长青:《定义"马克思主义"时的理论困境及其破解》,《科学社会主义》2010年第2期。

37. 何干强:《展示马克思主义经济思想史研究的当代价值——评:20世纪国外马克思主义经济思想史》,《政治经济学评论》2010年第1期。

38. 何萍:《生态学马克思主义的理论困境与出路》,《国外社会科学》2010年第1期。

39. 侯惠勤:《马克思主义方法论的四大基本命题辨析》,《哲学研究》2010年第10期。

40. 侯惠勤:《中国共产党在意识形态建设理论上的创新》,《新视野》2010年第2期。

41. 胡钧:《不断深化和完善对社会主义市场经济体制的认识》,《政治经济学评论》2010

年第 1 期。

42. 黄家茂：《论科学发展观的八大特征》，《黄河科技大学学报》2010 年第 1 期。

43. 黄蓉生、白显良：《马克思主义大众化与大学生社会主义核心价值体系教育》，《马克思主义研究》2010 年第 2 期。

44. 黄士安、戴木才：《富强·民主·文明·和谐——我国社会主义核心价值体系现实目标的形成历程》，《科学社会主义》2010 年第 2 期。

45. 黄书进：《深刻理解和努力践行科学发展观的世界观和方法论》，《中国井冈山干部学院学报》2010 年第 3 期。

46. 黄文忠、傅尔基：《从六个方面划清社会主义初级阶段的基本经济制度与私有化和单一公有制的界限》，《毛泽东邓小平理论研究》2010 年第 2 期。

47. 纪宝成：《重视和加强对社会主义初级阶段基本经济制度的研究》，《政治经济学评论》2010 年第 3 期。

48. 贾根良：《"新经济思想史"刍议》，《社会科学战线》2010 年第 1 期。

49. 姜喜咏：《马克思主义哲学中国化的意义与价值——以"倾向论"为背景的反思》，《南京社会科学》2010 年第 5 期。

50. 靳辉明：《当前应加强马克思主义理论学科的规范化建设》，《思想理论教育导刊》2010 年第 1 期。

51. 靳辉明：《社会形态理论与历史价值观马克思社会形态理论的科学性和客观性》，《中国社会科学报》2010 年 6 月 15 日。

52. 孔根红：《危机与变革，前途与命运——简析社会主义、资本主义的几次反"危机"》，《毛泽东邓小平理论研究》2010 年第 1 期。

53. 李保忠、王以童：《科学发展观思想来源探析》，《中国井冈山干部学院学报》2010 年第 2 期。

54. 李春华：《当前思想政治教育的重大基本问题探析》，《思想理论教育》2010 年第 9 期。

55. 李佃来：《美国马克思主义的流派及其理论进展》，《学术月刊》2010 年第 4、5 期。

56. 李惠斌、周凡、朱昔群：《马克思主义经典著作基本观点研究 60 年中的主题转换（上）》，《理论视野》2010 年第 3 期。

57. 李惠斌、周凡、朱昔群：《马克思主义经典著作基本观点研究 60 年中的主题转换（下）》，《理论视野》2010 年第 4 期。

58. 李君如：《马克思主义中国化第二次飞跃是如何完成的》，《前线》2010 年第 4 期。

59. 李慎明：《理想信念是践行社会主义核心价值体系的重中之重》，《社会主义论坛》2010 年第 3 期。

60. 李士坤：《论建设社会主义核心价值体系的重要意义》，《中共福建省委党校学报》2010 年第 4 期。

61. 李曙新、徐修德：《社会建设理论提出的现实背景和思想来源分析》，《探索》2010 年第 2 期。

62. 李佑新、陈龙：《毛泽东“实事求是”思想的湘学渊源》，《哲学研究》2010 年第 1 期。

63. 李媛：《当代视野下的列宁和列宁主义》，《文汇报》2010 年 5 月 31 日。

64. 梁树发、黄刚：《试论马克思主义理论学科形成的科学基础》，《思想理论教育导刊》2010 年第 3 期。

65. 梁中堂：《一组处于马克思理论文献核心位置的文稿——纪念马克思“1857—1859 年文稿”产生 150 周年》，《兰州商学院学报》2010 年第 2 期。

66. 刘放桐：《再论如何看待马克思和恩格斯对同时代西方哲学的否定——对一种复旧性观点的回应》，《河南社会科学》2010 年第 1 期。

67. 刘国胜：《论马克思对作为历史前提的人的批判》，《广东社会科学》2010 年第 3 期。

68. 刘怀玉：《列宁帝国主义理论的当代意义》，《中国社会科学报》2010 年 4 月 22 日。

69. 刘力永：《布鲁诺 · 鲍威尔与青年马克思的思想转型》，《唯实》2010 年第 2 期。

70. 刘明海、高宜新：《新中国 60 年马克思主义中国化的“范式转换”》，《唯实》2010 年第 2 期。

71. 刘森林：《启蒙主义、浪漫主义与唯物史观》，《南京大学学报》（哲学 · 人文科学 · 社会科学版）2010 年第 3 期。

72. 刘森林：《提升、开拓、调整：马克思主义哲学研究方法论反思》，《学术研究》2010 年第 2 期。

73. 刘新刚、吴倬：《西方发展理论新范式的马克思主义意蕴及审视》，《教学与研究》2010 年第 4 期。

74. 卢冀宁：《时代主题转变与新中国“两个 30”年　我们党对马克思主义理论的发展和创新》，《理论学刊》2010 年第 3 期。

75. 鲁克俭：《国外学者对马克思意识形态理论的系统化》，《中共天津市委党校学报》2010 年第 1 期。

76. 陆杰荣：《马克思对“历史”理解的现实性思考方式》，《河北学刊》2010 年第 2 期。

77. 陆南泉：《斯大林模式究竟是怎样形成的》，《探索与争鸣》2010 年第 2 期。

78. 吕世荣、周宏：《怎样认识马克思主义指导》，《马克思主义研究》2010 年第 2 期。

79. 罗骞：《历史唯物主义：一种可能性思想》，《哲学研究》2010 年第 6 期。

80. 罗文东：《关于社会主义社会基本矛盾的理论分析》，《重庆邮电大学学报》（社会科学版）2010 年第 1 期。

81. 马驰：《西方马克思主义文艺理论研究中值得关注的几个问题》，《文艺理论与批评》2010 年第 1 期。

82. 马芳：《国内学术界关于公有制的主体地位是否巩固的观点评述》，《政治经济学评论》2010 年第 3 期。

83. 马国旺：《批判实在论增进马克思经济学方法论的创新之我见》，《经济学家》2010 年第 4 期。

84. 马建武：《中国特色社会主义民主形式及其发展途径探析》，《毛泽东思想研究》2010

年第 1 期。

85. 聂锦芳：《唯物史观的阐释方式与论证逻辑——再读〈德意志意识形态·费尔巴哈〉中“两个誊清稿”》，《天津社会科学》2010 年第 1 期。

86. 聂运麟：《中国特色社会主义理论体系的历史地位》，《社会主义研究》2010 年第 2 期。

87. 诺曼·莱文：《列宁国家思想来源的探询》，《现代哲学》2010 年第 2 期。

88. 欧阳康：《融入精神家园——马克思主义的当代价值与当代命运》，《华中科技大学学报》（社会科学版）2010 年第 1 期。

89. 彭必源：《对莱博维奇责难马克思相对剩余价值理论的分析》，《当代经济研究》2010 年第 2 期。

90. 彭厚文：《〈反对本本主义〉的出版经过、思想价值及实践意义》，《襄樊学院学报》2010 年第 1 期。

91. 彭修银、侯平川：《试论中国化马克思主义文艺理论的话语张力》，《中南民族大学学报》（人文社会科学版）2010 年第 1 期。

92. 亓光：《社会主义、自由主义与政治价值——20 世纪两大思潮争论的一种解释》，《社会科学》2010 年第 3 期。

93. 齐卫平：《马克思主义中国化历程中的六个“三”》，《桂海论丛》2010 年第 1 期。

94. 齐新宇、徐志俊：《政府行为对两大部类增长率的影响——基于一个扩大的马克思再生产模型》，《马克思主义研究》2010 年第 3 期。

95. 秦宣：《从整体上推进马克思主义研究和学科建设》，《理论视野》2010 年第 3 期。

96. 渠长根：《以科学发展观统领思想政治理论课与马克思主义理论学科建设》，《思想理论教育》2010 年第 3 期。

97. 任平：《论马克思主义出场学视域中的历史构境》，《南京大学学报》（哲学·人文科学·社会科学版）2010 年第 2 期。

98. 任洲鸿：《关于实现“按劳分配”理论创新的思考》，《经济学家》2010 年第 5 期。

99. 尚庆飞、王兵：《国外学者论毛泽东与民粹主义》，《南京大学学报》（哲学·人文科学·社会科学版）2010 年第 1 期。

100. 佘双好：《科学研究也是思想政治教育研究的基本规范》，《思想理论教育导刊》2010 年第 1 期。

101. 沈宝祥：《论社会主义发展的历史阶段及其认识方法》，《理论视野》2010 年第 4 期。

102. 沈耕：《全球化条件下社会主义与资本主义的互动特点》，《当代世界》2010 年第 3 期。

103. 沈湘平：《重解历史唯物主义：路径与意义——马克思主义哲学及唯物史观何以可能》，《光明日报》2010 年 1 月 5 日。

104. 石仲泉：《破除迷信，解放思想，科学地对待马克思主义——马克思主义中国化的基本经验之一》，《中国特色社会主义研究》2010 年第 1 期。

105. 斯拉沃热·齐泽克：《为列宁主义的不宽容辩护》，《马克思主义与现实》2010 年第

2 期。

106. 宋婕:《现代性弊端及其超越:毛泽东的"革命"方案》,《现代哲学》2010 年第 1 期。

107. 孙承叔:《马克思主义的市民社会理论及其当代价值》,《南京大学学报》(哲学 · 人文科学 · 社会科学版)2010 年第 1 期。

108. 孙麾:《马克思主义中国化的学术意义》,《哲学研究》2010 年第 3 期。

109. 孙来斌:《"马克思主义中国化、时代化、大众化与马克思主义理论创新学术研讨会"述要》,《思想理论教育导刊》2010 年第 6 期。

110. 孙显元:《"马克思主义中国化"的指称和涵义》,《合肥师范学院学报》2010 年第 1 期。

111. 孙育玮、张善根:《习惯权利的基本问题探析——对马克思一个重要法律思想的解读和运用》,《政治与法律》2010 年第 5 期。

112. 孙正聿:《"现实的历史"〈资本论〉的存在论》,《中国社会科学》2010 年第 2 期。

113. 孙正聿:《历史唯物主义与哲学基本问题——论马克思主义的世界观》,《哲学研究》2010 年第 5 期。

114. 覃正爱:《从认识论标准到价值论标准的跨越——邓小平对马克思主义真理标准问题的理论探索》,《江汉论坛》2010 年第 5 期。

115. 谭培文:《建国 60 年马克思主义中国化的内在根据》,《衡阳师范学院学报》2010 年第 1 期。

116. 唐正东:《科学发展观对历史经验论的超越及其理论意义》,《南京社会科学》2010 年第 1 期。

117. 陶德麟:《关于马克思主义大众化问题》,《红旗文稿》2010 年第 2 期。

118. 田心铭:《毛泽东的马克思主义观的核心思想——把马克思主义普遍真理同中国具体实际相结合》,《北京大学学报》(哲学社会科学版)2010 年第 2 期。

119. 万美容:《用中国特色社会主义理论体系武装教育青年的方法论思考》,《思想政治教育研究》2010 年第 1 期。

120. 汪正龙:《对马克思、恩格斯美学与文艺思想关系的再思考》,《中国人民大学学报》2010 年第 3 期。

121. 王代月:《马克思超越黑格尔市民社会理论的过程史研究》,《教学与研究》2010 年第 3 期。

122. 王东:《列宁思想在当代的四大生长点》,《中国社会科学报》2010 年 4 月 22 日。

123. 王建疆、徐大威:《马克思主义美学的本质特征及其中国化——接着董学文、朱立元先生讲》,《西北师大学报》(社会科学版)2010 年第 1 期。

124. 王金林:《列宁的政治遗产》,《中国社会科学报》2010 年 4 月 22 日。

125. 王炯华:《毛泽东的矛盾辩证法与李达》,《中共福建省委党校学报》2010 年第 2 期。

126. 王锟:《儒学与马克思主义哲学会通的审视及反思》,《哲学研究》2010 年第 1 期。

127. 王南湜:《认真对待马克思的"历史科学"概念——关于历史唯物主义理论特征的再理解》,《哲学研究》2010 年第 1 期。

128. 王南湜：《重估毛泽东辩证法中的中国传统元素——从中西思维方式比较视角考察》，《中国社会科学》2010 年第 3 期。

129. 王平：《“后马克思主义”是一种什么主义》，《学术月刊》2010 年第 3 期。

130. 王伟光：《从国际金融危机看社会主义的必然趋势和马克思主义的生命力》，《毛泽东邓小平理论研究》2010 年第 4 期。

131. 王伟光：《社会形态理论与历史价值观使马克思主义理论话语在中国实践中获得时代的升华》，《中国社会科学报》2010 年 6 月 15 日。

132. 王希恩：《多元文化主义与马克思主义民族理论的两点比较》，《科学社会主义》2010 年第 2 期。

133. 王晓红、杨巧蓉：《马克思晚年笔记的哲学创新：唯物史观的深化和拓展》，《江汉论坛》2010 年第 2 期。

134. 王晓升：《黑格尔历史哲学的扬弃与历史唯物主义的深化》，《中山大学学报》（社会科学版）2010 年第 3 期。

135. 王秀阁：《论社会主义核心价值体系引领机制的建构》，《马克思主义研究》2010 年第 1 期。

136. 王毅武：《论科学发展观的理论支点与创新》，《海南大学学报》（人文社会科学版）2010 年第 1 期。

137. 王雨辰：《从经典西方马克思主义研究到国外马克思主义研究：问题与反思》，《学术研究》2010 年第 3 期。

138. 卫兴华：《60 年来政治经济学几个理论问题的研究与发展评析》，《政治经济学评论》2010 年第 1 期。

139. 文兵：《后马克思主义“激进民主”的价值诉求与理论困境》，《哲学研究》2010 年第 4 期。

140. 文浩：《论中国马克思主义文论对接受美学的接受》，《文艺理论与批评》2010 年第 3 期。

141. 闻凤兰：《马克思主义社会科学方法论的建构》，《长白学刊》2010 年第 1 期。

142. 吴海山：《理论界关于资本主义社会内部“新社会因素”研究综述》，《当代世界与社会主义》2010 年第 2 期。

143. 吴汉全：《〈新民主主义论〉对马克思主义政治学的贡献——纪念〈新民主主义论〉发表 70 周年》，《政治学研究》2010 年第 1 期。

144. 吴家庆、罗凌波：《论中国共产党在和谐社会构建中社会整合机制的完善》，《湖南师范大学社会科学学报》2010 年第 2 期。

145. 吴敏英：《科学发展观：思想政治教育的根本指针》，《高校理论战线》2010 年第 1 期。

146. 吴宁：《工人阶级终结了吗——兼析 A. 高兹的〈告别工人阶级〉》，《社会》2010 年第 3 期。

147. 吴茜：《关于当代资本主义新变化的争论及其实质》，《社会主义研究》2010 年第

3 期。

148. 吴倩:《湖南农民运动考察报告的版本考略及其意义》,《湖南科技大学学报》(社会科学版) 2010 年第 2 期。

149. 吴远、曹芸:《列宁的马克思主义理论教育思想及其现实意义》,《江海学刊》2010 年第 3 期。

150. 武东生:《"学科"规范化的依据在"科学"》,《思想理论教育导刊》2010 年第 1 期。

151. 奚广庆:《拓展和深化新世纪世界社会主义研究》,《当代世界社会主义问题》2010 年第 1 期。

152. 夏东民、陆扬:《中国特色社会主义科学发展论——党的十六大以来马克思主义中国化理论创新的新体系》,《浙江学刊》2010 年第 3 期。

153. 夏建国:《论社会主义意识形态建设的根本问题》,《武汉大学学报》(人文科学版) 2010 年第 2 期。

154. 项启源、杨承训:《发展中国特色社会主义与壮大国有经济》,《毛泽东邓小平理论研究》2010 年第 3 期。

155. 谢富胜、李安:《国外学者对马克思国际价值理论的新探讨》,《中国人民大学学报》2010 年第 2 期。

156. 徐崇温:《毛泽东对适合中国国情的社会主义建设道路的先行探索》,《中共云南省委党校学报》2010 年第 2 期。

157. 徐禾:《马列主义经典作家关于社会主义生产资料所有制的有关理论》,《政治经济学评论》2010 年第 3 期。

158. 徐芹:《论列宁对民粹派"非资本主义道路"理论的批判》,《理论学刊》2010 年第 2 期。

159. 徐洋:《德国学者谈〈马克思恩格斯全集〉德文版的现状和历史》,《国外理论动态》2010 年第 5 期。

160. 许玲英:《论中国特色社会主义理论的世界视野》,《毛泽东思想研究》2010 年第 1 期。

161. 许耀桐:《关于民主集中制实质问题的探讨》,《上海行政学院学报》2010 年第 3 期。

162. 严书翰:《中国特色社会主义是扎根于当代中国的科学社会主义》,《理论学刊》2010 年第 3 期。

163. 杨爱珍:《对构建中国特色社会主义政党制度理论体系的思考》,《上海市社会主义学院学报》2010 年第 2 期。

164. 杨端茹、刘荣军:《哲学向度的马克思财富理论及其现实意义》,《哲学动态》2010 年第 5 期。

165. 杨海蛟、林毅:《新中国 60 年阶级阶层社会结构变迁与政治发展》,《西北大学学报》(哲学社会科学版) 2010 年第 3 期。

166. 杨继国:《基于马克思经济增长理论的经济危机机理分析》,《经济学家》2010 年第 2 期。

167. 杨建刚：《文本与意识形态——马克思主义与形式主义对话中的一个关键问题》，《文艺研究》2010年第1期。

168. 杨学功：《学术回顾与反思：马克思主义哲学研究30年（1978—2008）之一：从真理标准讨论到哲学教科书体系改革》，《中共天津市委党校学报》2010年第1期。

169. 杨学功：《学术回顾与反思：马克思主义哲学研究30年（1978—2008）之二："问题意识"凸显和领域（部门）哲学勃兴》，《中共天津市委党校学报》2010年第2期。

170. 杨学功：《学术回顾与反思：马克思主义哲学研究30年（978—2008）之三：从"领域分设"到"路径分化"》，《中共天津市委党校学报》2010年第3期。

171. 杨楹：《马克思主义生活哲学的当代价值》，《三明学院学报》2010年第1期。

172. 仰海峰：《学科整合与马克思思想研究方式的转变》，《学术研究》2010年第2期。

173. 姚芳、孙来斌：《列宁的农民思想政治教育思想及其现实意义》，《学校党建与思想教育》2010年第3期。

174. 姚宏志：《马克思主义中国化研究学科建设基本问题述论》，《教学与研究》2010年第5期。

175. 叶山土：《论科学发展观对统筹兼顾思想的丰富和发展》，《马克思主义与现实》2010年第2期。

176. 叶险明：《马克思世界历史理论的特性与世界历史理论基本问题——马克思主义世界历史理论在当代发展的一个重要逻辑环节》，《马克思主义研究》2010年第1期。

177. 衣俊卿：《论东欧新马克思主义的理论定位》，《求是学刊》2010年第1期。

178. 于桂芝：《马克思主义哲学中国化历程及经验教训探析》，《理论探讨》2010年第3期。

179. 俞可平：《中华人民共和国六十年政治发展的逻辑》，《马克思主义与现实》2010年第1期。

180. 袁祖社：《谁之"现实"与何种"合理性"——立足"思想史"的视野对马克思哲学研究所做的审视》，《学术研究》2010年第2期。

181. 曾文婷：《西方马克思主义视野中的生态社会主义——评生态学马克思主义的社会主义愿景》，《武汉大学学报》（人文科学版）2010年第2期。

182. 张盾：《马克思哲学研究的思想史路径　以"市民社会与历史唯物主义"为案例》，《哲学研究》2010年第1期。

183. 张丰清：《试论毛泽东思想的民族特色及其对中华民族凝聚力的影响》，《河南师范大学学报》（哲学社会科学版）2010年第1期。

184. 张福平、张云平：《共创共享：马克思主义大众化传播的模式选择》，《郑州大学学报》（哲学社会科学版）2010年第1期。

185. 张建忠：《论社会主义革命的理论逻辑及其历史演进》，《社会主义研究》2010年第2期。

186. 张炯：《马克思主义文艺理论及其面临的挑战》，《徐州师范大学学报》（哲学社会科学版）2010年第3期。

187. 张雷声：《必须加强马克思主义理论学科制度建设》，《思想理论教育导刊》2010 年第 1 期。

188. 张立波：《汉译“马克思”：历史、技术和政治》，《马克思主义研究》2010 年第 3 期。

189. 张亮：《从文化马克思主义到“结构主义的马克思主义”——20 世纪 60 年代初至 80 年代初英国马克思主义的发展历程》，《文史哲》2010 年第 1 期。

190. 张琳：《马克思主义经典著作传播史上的新贡献——访中央编译局原常务副局长顾锦屏》，《理论视野》2010 年第 2 期。

191. 张钦亚：《马克思主义中国化：概念逻辑辩证及相关问题分析》，《社会科学论坛》（学术评论卷）2010 年第 7 期。

192. 张三南：《论马克思主义民族理论中国化的历史发展——从经典作家民族理论到“中国模式”》，《民族研究》2010 年第 1 期。

193. 张绍宏：《和谐辩证法：破解马克思辩证法之谜》，《学术月刊》2010 年第 2 期。

194. 张曙光：《现代中国语境中的“马克思”与“孔夫子”——兼论传统的人文维度及其意义》，《哲学研究》2010 年第 2、3 期。

195. 张廷国、梅景辉：《历史唯物主义是什么意义上的“实证科学”——由俞吾金教授与段忠桥教授之争所想到的》，《学术月刊》2010 年第 2 期。

196. 张文喜：《马克思“历史科学”的具体化路径探讨》，《山东社会科学》2010 年第 4 期。

197. 张喜德、张富文：《列宁晚年对社会主义的新认识及其现代启示——兼论中国特色社会主义道路的科学性》，《湖湘论坛》2010 年第 1 期。

198. 张晓燕：《提高党的制度建设科学化水平》，《理论探索》2010 年第 3 期。

199. 张新：《论科学发展的本质和规律》，《教学与研究》2010 年第 3 期。

200. 张永光：《关于马克思主义社会建设理论研究的思考》，《求实》2010 年第 2 期。

201. 张永清：《马克思主义文学批评的困境与出路》，《中国人民大学学报》2010 年第 3 期。

202. 张远新：《具有重大价值的探索和回答——邓小平论“什么是马克思主义、怎样对待马克思主义”》，《思想理论教育》2010 年第 3 期。

203. 张越：《对〈十批判书〉的评论与争议之回顾与认识——一个关于中国马克思主义史学评价问题的个案研究》，《学术研究》2010 年第 2 期。

204. 张云阁：《马克思主义整体性的三维逻辑》，《新东方》2010 年第 2 期。

205. 章仁彪：《“全球—本土化”：马克思主义中国化与时代性——“全球化”语境下的马克思主义理论学科建设》，《思想理论教育》2010 年第 5 期。

206. 赵敦华：《马克思批判哲学的诞生》，《江淮论坛》2010 年第 2 期。

207. 赵家祥：《全面准确地理解“什么是社会主义，怎样建设社会主义”问题》，《理论视野》2010 年第 1 期。

208. 赵甲明、周雅难：《中国特色社会主义理论对真理与价值统一原则的坚持和发展》，

《毛泽东邓小平理论研究》2010年第5期。

209. 赵凌云、赵红星：《中国现代化进程中的三个30年与三次历史创造》，《红旗文稿》2010年第5期。

210. 赵兴良：《对中国特色社会主义理论体系哲学基础的几点思考》，《求实》2010年第5期。

211. 赵曜：《论中国特色社会主义理论体系（上）》，《社会主义论坛》2010年第1期。

212. 赵曜：《论中国特色社会主义理论体系（下）》，《社会主义论坛》2010年第2期。

213. 郑德荣：《科学发展观与全面建设小康社会关系的理性思考》，《毛泽东邓小平理论研究》2010年第4期。

214. 郑海呐：《马克思主义与中华民族精神的发展与升华》，《道德与文明》2010年第2期。

215. 郑吉伟：《“西方马克思主义”与经济学——兼谈我国西方马克思主义研究体系的逐步完善》，《教学与研究》2010年第5期。

216. 中共吉林省委党校课题组：《党的执政意识的理论内涵研究》，《中共天津市委党校学报》2010年第1期。

217. 钟明华：《关于加强马克思主义理论学科的规范化建设笔谈三：学术规范与马克思主义理论学科建设》，《思想理论教育导刊》2010年第1期。

218. 周凡：《关于马克思主义中国化的哲学反思》，《江海学刊》2010年第2期。

219. 周尚文：《列宁为维护苏维埃政权合法性的斗争》，《当代世界与社会主义》2010年第2期。

220. 周新城：《划清马克思主义同反马克思主义的界限》，《中华魂》2010年第3期。

221. 周新城：《新自由主义的核心观点及其对我国改革的影响》，《学习论坛》2010年第1期。

222. 朱奎：《论两种错误的所有制改革取向》，《毛泽东邓小平理论研究》2010年第2期。

223. 邹广文：《马克思文化哲学思想的展开逻辑》，《求是学刊》2010年第1期。

224. 邹诗鹏：《唯物史观与经典社会理论》，《学术研究》2010年第1期。

225. 邹晓芰、萧诗美：《毛泽东的理性观与中国哲学的现代化》，《中国人民大学学报》2010年第2期。

226. 祖嘉合、代玉启：《思想政治教育理论研究中的问题与思考》，《思想理论教育》2010年第11期。

227. 左亚文、王梅清：《列宁晚年社会主义改良思想解读》，《理论探讨》2010年第3期。

大事记

2010年1月20日，由中国经济社会发展智库理事会、中国社会科学院经济社会发展研究中心和首都经济贸易大学联合主办的“新养老保障理论与政策：中国经济社会发展智库第二届高层论坛”在首都经济贸易大学举行。来自中国社会科学院、中国人民大学、清华大学、福建师范大学、浙江大学、南京财经大学、辽宁大学、杭州市委党校等近20家单位的近百名专家学者出席会议。中国社会科学院副院长高全立、学部主席团秘书长何秉孟、马克思主义研究学部主任程恩富、学部委员李崇富、拉美研究所所长郑秉文，中国人力资源和社会保障部养老保险司副司长张建明，首都经济贸易大学校长文魁和党委副书记冯培，中国人民大学劳动人事学院副院长郑功成，浙江大学宁波理工学院院长许为民等领导和著名学者在会上发表演讲。与会者围绕论坛主题展开了广泛而深入的研讨，提出了“机关、事业和企业联动的新养老策论”等建设性新政策。

2010年2月3日，由中国历史唯物主义学会和教育部社会科学发展研究中心共同举办的“学习贯彻十七届四中全会精神，划清四条界限”研讨会在京举行。来自中国社会科学院、北京大学、清华大学、中国人民大学、中央党校、国防大学和教育部社会科学发展研究中心的30余位著名专家学者参加了会议。会议由中国社会科学院学部委员、全国政协委员、中国历史唯物主义学会会长李崇富研究员主持。

2010年3月26日，北京大学举行首届马克思主义与中国文化发展学术研讨会暨北京大学中国文化发展研究中心成立庆典。来自高校和科研院所的60多位知名学者参加了这一学界盛会。与会学者围绕“马克思主义与中国文化发展”这一主题展开了广泛而深入的讨论，就四个方面问题进行了深入而细致的探讨，达成了许多富有建设性的共识。

2010年3月29日，中国社会科学院世界社会主义研究中心、社会科学文献出版社在京联合举办“国际金融危机对西方思想理论的冲击及资本主义走向研讨会”。会议由中国社会科学院马克思主义研究院院长程恩富和世界社会主义研究中心副主任吴恩远分别主持。来自中宣部、中联部、中央编译局、中国社会科学院、北京大学、清华大学、中国人民大学、中央党校、国防大学及江苏、湖北、广东、河南、上海、重庆等地高校的专家学者200余人参加了会议，《人民日报》、《光明日报》、《学习时报》、《人民论坛》等媒体代表也参加了会议。中国社会科学院常务副院长王伟光、中国社会科学院副院长兼世界社会主义研究中心主任李慎明出席会议并作重要讲话。会议围绕主题进行了热烈而深入的研讨，进一步深化了对国际金融危机的原因、现状及趋势，国际金融危机对西方国家的新自由主义、社会民主主义思潮的冲击，国际金融危机爆发以来马克思主义在西方“复兴”的现状和前景，以美国为首的西方国家在国际金融危机条件下生存发展的举措以及我们对国际金融危机的应对之策等问题的认识。

2010年4月10—12日，由中国社会科学院马克思主义研究学部和马克思主义研究院主办、贵州财经学院承办的“遵义会议75周年与马克思主义中国化——第四届全国马克思主义院长论坛”在贵阳隆重举行。在论坛开幕式上，贵州省委常委、宣传部部长谌贻琴发来贺信，中国社会科学院马克思主义研究学部主任、马克思主义研究院院长程恩富教授作“遵义会议与马克思主义中国化”的主题报告，贵州省政协副主席孔令中、贵州财经学院院长陈厚义教授分别讲话，中共中央党校严书翰、中国人民大学张宇、华南师范大学黄晓波、河北经贸大学武建奇、广州大学徐俊忠、吉林大学韩喜平等十位学者作主题发言。论坛期间，来自全国高校和研究机构从事马克思主义研究的近百位院长和学者，围绕“遵义会议与马克思主义中国化”的主题，深入探讨了遵义会议在马克思主义中国化思想史上的重要地位，就马克思主义中国化、大众化，中国特色社会主义理论体系，中国模式和中国道路以及马克思主义理论教学、政治文明建设、发展方式转变、文化意识形态、民营经济发展、新农村建设等问题展开广泛深入的研讨。

2010年4月27日，中宣部、教育部在京联合召开会议，贯彻落实中央要求，就加强马克思主义理论研究和建设工程重点教材使用与任课教师培训工作进行专题部署。

《光明日报》2010年5月13日讯，近日，北京大学召开“五四理论研讨会”，探讨“马克思主义中国化、时代化、大众化与当代中国发展”。

2010年5月29—30日，由世界政治经济学学会、中国社会科学院马克思主义研究学部和中国人民大学国际学院联合主办的“资本主义危机与出路：21世纪社会主义——世界政治经济学学会第五届论坛”在苏州隆重举行，来自中国、美国、德国、英国、法国、日本、韩国、加拿大、澳大利亚、奥地利、爱尔兰、比利时、瑞典、挪威、西班牙、巴西、墨西哥、希腊、保加利亚、秘鲁、越南、中国台湾22个国家和地区的150多位学者出席了此次论坛。

2010年6月15日，由中国社会科学院经济社会发展研究中心和清华大学等单位联合主办的“中国经济社会发展智库第三届高层论坛”在清华大学召开。全国人大原副委员长成思危，中国社会科学院副院长李慎明，中国社会科学院特邀顾问刘国光、中国社会科学院马克思主义研究院院长程恩富、吉林省政协副主席林炎志、国家知识产权局原局长王景川、清华大学党委副书记邓卫、中国人民大学卫兴华教授等有关领导和著名学者出席论坛，来自全国30多家高校和研究机构的百余名专家学者，围绕国际金融危机后我国对外开放面临的新形势和新特点进行了广泛和深入的研讨。

2010年6月26—27日，由中国无神论学会、中国社会科学院科学与无神论研究中心、新疆社会科学院和新疆师范大学法经学院联合主办的“中国无神论学会2010年年会暨科学无神论的理论与实践研讨会”在乌鲁木齐召开。来自全国各地的专家学者60余人及列席学者共百余人参加了研讨会。研讨会围绕着科学无神论的理论与实践，就科学无神论与社会、科学无神论的理论体系和学科建设、无神论的宣传教育以及少数民族无神论教育等多个专题展开了广泛深入的研讨。

2010年9月18—19日，由中国经济规律研究会、河北经贸大学主办的“经济发展方式转变与经济规律”理论研讨会暨中国经济规律研究会第二十届年会在石家庄隆重召开。中国社会科学院学部委员刘国光、杨圣明和程恩富教授，中国人民大学卫兴华和胡钧教授，河北省委宣传部副部长戴长江，河北经贸大学校长王莹教授等有关领导和著名学者出席研讨会并作专题演讲。来自中国社会科学院、中国人民大学、中央党校、对外经济贸易大学、首都经济贸易大学、复旦大学、上海财经大学等40多家单位的近百名专家学者参加了会议。

2010年9月24—25日，由中华外国经济学说研究会、云南财经大学共同主办的“中华外国经济学说研究会第十八次学术研讨会暨外国经济学说与中国模式”在云南财经大学举行。程恩富、丁冰、李翀、颜鹏飞、尹伯成、王志伟、余文烈、胡乐明、沈越等来自全国各高校和科研院所的120余位专家学者出席了会议。中国社会科学院学部委员、马克思主义研究院院长、中华外国经济学说研究会会长程恩富对本次会议主题研讨的重大意义作了发言。研究会总顾问、首都经济贸易大学丁冰等教授作了专题发言。会议以坚持马克思主义为指导，以外国经济学说与中国模式为主题，展开了热烈的讨论。

2010年9月29日，由中国社会科学院马克思主义研究学部、中国经济规律研究会、中国历史唯物主义学会和中国未来研究会在京联合主办了“新中国成立61周年回顾与展望理论座谈会”，其主题是“科学发展，奔向未来”。与会者有张全景、张文范、徐振忠、卫建林等来自中央国家机关和部队的领导，何秉孟、程恩富、李崇富、侯惠勤、杨圣明、高恒、梁柱等社科研究机构和高校的知名学者，共80余人。会议由中国社会科学院学部主席团成员、马克思主义研究学部主任程恩富主持。大家满怀豪情地回顾了新中国成立61年来，所发生的深刻的历史性变革的社会历程，实事求是地总结社会主义实践所取得的伟大成就及其经验教训，并展望了中国特色社会主义事业的美好前景。与会者运用马克思主义的立场、观点和方法，对继续推进中国特色社会主义事业所面临的形势、任务、机遇和问题，互相切磋，在一些重大理论问题上增进了共识，增强了贯彻和落实科学发展观的自觉性和坚定性。

10月27日，由中央党校哲学教研部、中央党校社会发展研究中心、中国马克思主义研究基金会主办的“哲学与社会发展论坛（2010）”在京举行。中国马克思主义研究基金会副理事长郝时晋、中央党校校委委员兼哲学部主任贾高建致辞。来自学术理论界的80多名专家学者出席会议。论坛的主题为“中国发展道路的哲学探索”。

2010年10月31日，为了进一步推动马克思主义哲学中国化、时代化、大众化，实现当代中国马克思主义哲学的创新与发展，在武汉大学隆重举行“陶德麟先生八十华诞暨新中国马克思主义哲学研究六十年学术研讨会”。与会学者围绕陶德麟先生的学术人生与新中国马克思主义哲学六十年发展这一主题展开了深入的交流与探讨，为深化当代马克思主义哲学及其中国化、时代化、大众化的研究起到了重要的推动作用。

2010年11月4—5日，为进一步推进马克思主义理论研究和建设工程，宣传当代马克思主义理论研究成果和社会主义建设经验，由中央编译局与中共湖北省委宣传部联合主办、马克思主义理论研究和建设工程“马克思主义经典著作基本观点研究”课题组和华中科技大学承办的第七届“全国马克思主义论坛”在武汉举行。

2010年11月12—14日，为了深入学习贯彻党的十七届五中全会精神，更好地领会和实践科学发展观，研究和运用马克思主义生态观，推进“两型社会”和生态文明建设，由中共湖南省委宣传部、中国历史唯物主义学会、湖南省社会科学界联合会共同举办，湖南科技大学承办的“当代生态文明研究与两型社会建设”理论研讨会，在湖南湘潭市隆重召开。来自中国社会科学院、北京大学、中国人民大学、中共中央党校、国防大学等科研院所、高等院校、军事院校、省市自治区党校以及其他60多家单位近120位专家学者，出席研讨会。中共湖南省委常委、省委宣传部部长路建平出席会议，并发表重要讲话。与会专家学者紧紧围绕“当代生态文明研究与两型社会建设”这一主题，展开深入研讨和思想交流。

2010年11月19—21日，为贯彻落实党的十七大和十七届四中、五中全会精神，深入研究马克思主义基本理论，进一步推动马克思主义中国化、时代化和大众化，探索马克思主义与中国社会发展道路之间的关系，提高党的建设科学化水平，由中国马克思恩格斯思想研究会主办、阜阳师范学院思想政治理论课教学部、政法学院与河南大学哲学系承办的“第四届马克思主义与当代中国论坛暨马克思主义与中国社会发展道路”主题研讨会，在安徽阜阳举行。中国马克思恩格斯思想研究会会长、中国社会科学院马克思主义研究院党委书记侯惠勤教授出席会议并作专题报告。来自北京、河南、安徽、江西、上海、湖南、湖北、四川和江苏等地的100多位专家学者出席本届论坛。

《光明日报》2010年12月16日讯，转变经济发展方式、统筹城乡发展是实现我国经济又好又快发展的重要战略任务。以此为题，首都经济学家论坛近日在西安召开了第九次学术研讨会。此次会议由首都经济学家论坛主办、陕西省社会科学院和中共高陵县委承办。研讨会上，北京大学、清华大学、中国人民大学、北京师范大学、中央党校、中国社会科学院以及陕西省社会科学院的专家学者分别作了大会主题发言。高陵县委有关同志就该县统筹城乡发展问题做了系统介绍。来自首都各高校、科研机构的专家学者与陕西省社会科学界专家学者一道围绕我国经济社会发展的理论和实践、优化所有制结构、调整国民收入分配结构、转变农业发展方式与建设社会主义新农村、统筹城乡之间的关系等问题进行了热烈的探讨。

2010年12月24日上午，中国社会科学院马克思主义研究院成立五周年庆祝大会在京隆重举行。全国政协副主席、中国社会科学院院长陈奎元，中国社会科学院常务副院长王伟光，中央文献研究室主任冷溶，中央党史研究室主任欧阳淞，中央党校常务副校长李景田等领导；来自中宣部、中央政策研究室、国家社科规划办等单位的同志，马克思主义研究院的顾问、特聘研究员以及全国马克思主义研究（学）院等机构的400余名专家学者出席庆祝大会。中国社会科学院马克思主义研究学部主任、马克思主义研究院院长程恩富介绍了五年来的发展历程和学术成就。大会由马克思主义研究院党委书记、副院长侯惠勤主持。下午召开了题为“推进马克思主义中国化、时代化、大众化，把握社会主义意识形态主动权的学术研讨暨《马克思主义理论研究与学科建设年鉴》发布会”。程恩富主编介绍了该《年鉴》出版的意义以及马克思主义理论学科建设的现状与趋势。

《光明日报》2010年12月28日讯，由中国马克思恩格斯研究会、中央编译局《马克思主义与现实》杂志、广西师范大学主办的“推进马克思主义中国化时代化大众化——纪念恩格斯诞辰190周年学术研讨会”，近日在桂林市召开。来自理论界的近百位专家学者出席会议。